U0692841

本书出版得到清华大学双高计划资助

傅璇琮文集

唐翰林学士传论

第一册

中华书局

图书在版编目（CIP）数据

唐翰林学士传论/傅璇琮著. —北京：中华书局，2023.3
（傅璇琮文集）
ISBN 978-7-101-16141-0

Ⅰ.唐… Ⅱ.傅… Ⅲ.文官-列传-中国-唐代
Ⅳ.K820.42

中国国家版本馆 CIP 数据核字（2023）第 040332 号

书　　名	唐翰林学士传论（全四册）	
著　　者	傅璇琮	
丛 书 名	傅璇琮文集	
责任编辑	李碧玉　郭惠灵	
责任印制	管　斌	
出版发行	中华书局	
	（北京市丰台区太平桥西里 38 号　100073）	
	http://www.zhbc.com.cn	
	E-mail:zhbc@zhbc.com.cn	
印　　刷	北京中科印刷有限公司	
版　　次	2023 年 3 月第 1 版	
	2023 年 3 月第 1 次印刷	
规　　格	开本/920×1250 毫米　1/32	
	印张 45⅛　插页 8　字数 970 千字	
国际书号	ISBN 978-7-101-16141-0	
定　　价	298.00 元	

傅璇琮文集
出版说明

　　傅璇琮先生(1933—2016),浙江宁波人。1951年至1955年,先后就读于清华大学中文系、北京大学中文系,毕业后在北京大学中文系任助教。1958年3月调至商务印书馆任编辑,后因出版分工调整,进入中华书局工作,历任中华书局文学组编辑、古代史编辑室副主任、中华书局副总编辑、总编辑。2008年受聘为中央文史研究馆馆员。曾任国务院古籍整理出版规划小组成员、秘书长、副组长,中国唐代文学学会会长,中国人民大学国学院特聘教授,清华大学中文系教授、古典文献研究中心主任等。

　　傅璇琮先生是著名出版家。他一生致力于古籍整理出版事业,参与制订《古籍整理出版规划(1982—1990)》、《中国古籍整理出版十年规划和“八五”计划》、《中国古籍整理出版“九五”重点规划》。在中华书局主持或分管编辑工作的数十年间,策划、主持整理出版了一系列具有重大学术影响的古籍图书,培养了一批中青年编辑人才。

　　傅璇琮先生是著名学者,“学者型编辑”的杰出代表,在古代文史研究领域笔耕不辍，著作宏富。其撰著的《唐代诗人丛考》、《唐代科举与文学》等，体现了开创性的研究方法和深刻的治学理念，产生了广泛而深远的影响；其领衔和参与主编的《续修四库全书》、《续修四库全书总目提要》、《中国古籍总目》、《全唐五代诗》、《全宋诗》、《唐才子传校笺》、《宋才子传笺证》、《全宋笔记》、《唐五代文学编年史》等古籍整理图书和学术著作，成为相关领域的基础性文献和重要学术成果，在海内外学术界、出版界享有广泛和崇高的声誉。

此次整理出版《傅璇琮文集》，收录其个人著作《唐代诗人丛考》、《唐代科举与文学》、《唐翰林学士传论》、《李德裕年谱》四种，合著《李德裕文集校笺》、《河岳英灵集研究》两种，另将傅璇琮先生 1956 年至 2016 年间发表在报刊杂志和收录于文章专集的单篇文章，包括学术论文、杂文、随笔，以及所作序跋、前言、说明等三百六十馀篇，依时间为序结集为《驼草集》。

文集的出版，得到清华大学以及傅璇琮先生家属的鼎力支持，在此谨致谢忱！

中华书局编辑部

2023 年 3 月

目　录

下　编

盛唐、中唐卷

晚唐卷

前　言

　　1984 年冬,我撰成《唐代科举与文学》一书(陕西人民出版社,1986 年),在自序中曾说及,我想从不同的角度探讨有唐一代知识分子的生活方式和心理状态,并由此研究唐代社会特有的文化风貌,于是就先选择科举制度,想从科举入手,掌握科举与文学的关系,以便从较为广阔的社会背景来认识这一时期的文学。序言中还写道:"如果可能,还可以从事这样两个专题的研究:一是唐代士人是怎样在地方节镇内做幕僚的;二是唐代的翰林院和翰林学士。这两项专题的内容,其重点也是知识分子的生活。"在这之后,华南师范大学文学院戴伟华教授于 20 世纪 90 年代前期执教于扬州师范学院时,曾撰有《唐方镇文职僚佐考》、《唐代使府与文学研究》两部专著。我于 1993 年应邀为《唐方镇文职僚佐考》作序,序言中再次提及唐代的翰林学士与方镇幕僚。对前者,我较《唐代科举与文学》自序多说了几句,谓:"翰林学士,那是接近于朝政核心的一部分,他们宠荣有加,但随之而来的则是险境丛生,不时有降职、贬谪,甚至丧生的遭遇。他们的人数虽然不多,但看看这一类知识分子,几经奋斗,历尽艰辛,得以升高位,享殊荣,而一旦败亡,则丧身破家。这是虽以文采名世而实为政治型的知识分子。"

唐代士人参加地方节镇幕僚,人数很多,其在幕府的仕历对文人的生活道路与文学创作也很有影响。不少翰林学士在其早期,也曾做过方镇的文职僚佐。但翰林学士的社会地位与政治作用,是大大高于方镇幕僚的。唐朝翰林学士是文士参预政治的最高层次。在盛唐设置的这一颇有文采声誉的职位,一直延续到清朝末世,也就是 20 世纪初。作为社会政治文化的一种重要现象,作为封建时代文人的必然就仕之途,科举制与翰林院,进士与翰林学士,是研究唐至清一千二三百年历史文化所不可回避的。

但自 20 世纪 80 年代以来,唐翰林学士研究却不如方镇幕府研究成果多,工夫扎实。已有的论著,则大多属于史学研究,有些则偏向于宏观角度,对唐代翰林学士的政治作用作过高失实的估价。这当然还可另作专题探讨。问题是,很长时期,还没有像研究唐代科举与文学、唐代幕府与文学那样,把重点放在当时文士即知识分子的生活境遇与心理状态,并以此为中介环节,把它与文学沟通起来,以便进一步研究唐代文学进展的文化环境。

正因如此,现在我们对唐代翰林学士确有深入研究的必要。从我个人的治学思路着眼,我现在研究唐代翰林学士,则注意这样两点:一是把重点放在当时文人参预政治的方式及其心态,从而以较广的社会角度来探讨唐代的文人生活及文学创作;二是着重个案研究,避免笼统而又不适当的所谓宏观概括。就第二点而言,我想按不同的时段,来探索翰林学士群体在不同时期所处的政治环境与文化世态,并对有代表性的人物作某种典型性的剖析，然后可以作出总体性的、有学术价值的结论。

从以上的考虑出发，近几年来我就计划作"唐翰林学士传论"的专题项目，为有唐一代二百几十个翰林学士一一立传，这可能更有助于提供全面情况，也可为整个中国古代翰林学士研究提供一个文史结合的实例。我在具体操作中，尽可能扩大史料的辑集面，除两《唐书》及《全唐诗》、《全唐文》等基本材料外，还较广泛地涉及诗文别集、杂史笔记、石刻文献等。这样做，既可纠正史书中的某些误载，又可从这二百余位翰林学士经历中获取值得思考的历史文化现象。

这里所说的"纠正史书中的某些误载"，其主要内容为纠正《旧唐书》、《新唐书》的错失。应当说，两《唐书》是研究唐翰林学士的基本史料，但大约由于编纂、传刻中的客观原因，两《唐书》在记叙翰林学士事迹时多有舛失，特别是中晚唐，两《唐书》中纪、志、表、传，经常出现误记、漏载现象。遗憾的是，中华书局出版的点校本，几乎都未有校正。本书上编《唐翰林学士记事辨误》一文，对两《唐书》之讹误曾有所纠正，但限于篇幅，只能例举。现在通过这二百几十位翰林学士传记的撰写，就可对其差错作全面的梳理指正。我想，这对以后两《唐书》的重新整理校点，会有所佐助。

给唐代二百几十位翰林学士一一立传，应当说有较为充分的史料意义。唐代记述翰林学士的史书，主要是中晚唐时期韦执谊的《翰林院故事》、丁居晦的《重修承旨学士壁记》。这两部书提供了学士们任职期间的原始材料，很有史料价值。有些翰林学士，两《唐书》无传，其他书上也无记；有些虽两《唐书》有传，但未记其曾任翰林学士,如此,则如无韦、丁二书,就不能提供翰林学士实际姓名。但韦、丁二书,所记过于简略(间有疏误),只记学士入院、出院时间(有时记有年月),及在院期间所带的官衔。这对研究翰林学士的政治职能及社会作用是极不够的。现代学者、史学界前辈岑仲勉先生曾对丁居晦《壁记》作有注补,但也仅对任期的年月、官阶的迁转作简括的考证。而我们现在则需要全面了解这些学士的生平行迹、参政方式、生活心态、社会交流,这样才能对这一较高层次的文化群体有一个总体把握。本书尽可能扩大史料的辑集面,并对韦、丁二书及中唐时另一专著,即元稹的《承旨学士院记》加以补正,作此传论。希望这样做,既可纠正过去史书中的某些误载,又可从这二百余位翰林学士经历中获取值得思考的历史文化现象。

本书为翰林学士撰传,并不全面记述其一生事迹,因为这些学士大部分于两《唐书》中有传,不必重复。本书所撰,重点有二:一是其任职期间的表现,包括参预政治、草拟诏诰,以及任职时的生活状况、心态,及与其他文士的文学交往;二是入院前的仕历。因为过去史书所记,其早期仕迹甚为简略,有些则根本无记,实则其早期经历,尤其是早期的文学交游,对其入院很有影响,有必要加以考述。至于出院以后的仕历,一般都做大官,与翰林学士关系不是太大,就略加概述,不作细考。

书分上下两编。上编为九篇论文,虽各为专题论文,现辑集在一起,可以提供唐翰林学士史料基础、政治职能、文学活动等整体研究情况,其涵盖面则为盛唐到唐末,可谓有唐一代。下编则为自玄宗至敬宗朝共七十多位翰林学士的传记。最后附《唐翰林学士年表(玄宗—敬宗朝)》,则根据传中所考,按年编排,逐年记载学士入院、出院年月,及官阶迁转(有年龄可考者,于姓名下用括号、阿拉伯数字标明其年龄)。这虽为各传所考的结语,实则可从时间进度观察翰林学士任职及变迁的整体情况,类似于编年史的体裁,有为单篇传记所未及的长处。

近几年我从事唐代翰林学士与文学的研究,发表若干篇论文,已引起学术界的注意,并得到首肯。《文学评论》2005年第4期刊有陶文鹏、张剑两位学者一篇书评(《评傅璇琮〈唐宋文史论丛及其他〉》),就特别提及我的这方面研究,认为我的研究"鲜明地体现出著者善于文史结合、从人生状况和心理状态角度把握问题的功夫","使我们感到可从唐代的翰林学士这一角度,研究唐代士人的从政心理及其所遭致的不同境遇,拓展和深化唐代文学的研究"。受到学术界的鼓励,我确实更有信心来做此事,同时我更想起司马迁在其《太史公自序》(《史记》卷一三〇)中所引孔子的话:"我欲载之空言,不如见之于行事之深切著明也。"这也促使我以主要精力来作有唐一代二百几十位翰林学士传。两《唐书》除"儒学"专传外,又各列有"文苑""文艺"传,我希望也为当前唐史研究补一"翰学"传,以使唐翰林学士自玄宗开元二十六年(738)建置起,至唐末哀帝天祐四年(907),有一个完整的列传全书。这也算是新世纪所补作的一种唐代史书,堪为自慰。

本书所列之传,可谓盛唐、中唐卷,即从玄宗朝起,至穆宗、敬宗朝,而一般习称,从文宗朝开始,即为晚唐。晚唐时期不仅时间长,约八十年,且翰林学士人数多,有一百五十余人,差不多为盛、中唐的一倍。不仅人数多,并且撰写难度大。因为这一时期,两

《唐书》错失更多，而有关翰林学士的材料则少，如韦执谊《翰林院故事》、丁居晦《重修承旨学士壁记》那样的专书已未有。不过我已辑集材料，另可安排时间撰写。

我这里要特别感谢辽海出版社能翕然安排此书的出版，责任编辑还细心审阅，校正原稿中的错字。20 世纪 90 年代，我与学界友人合作，撰有《唐五代文学编年史》，也承辽海出版社出版，后于1999 年获国家图书奖。我的这部书，也可算是向辽海出版社的一个回报。

又，我于 2004 年被聘为郑州大学文学院兼任教授，关于唐翰林学士研究也得到郑州大学的科研资助，本书即为河南省普通高等学校人文社会科学重点研究基地"郑州大学中原文化资源与发展研究中心"课题成果。

2005 年 9 月初

上　编

唐翰林学士史料研究劄记

一

　　近数年来我较为集中时间研究唐代翰林学士,曾撰有数篇论文。不过我的研究视角与一般史学家稍有不同,我是想以社会—历史的文化背景来研究唐代这一部分士人的生活道路、思维方式和心理状态,从另一侧面来探索当时的时代风貌和社会习俗。正因如此,我所采用的史料,就不限于正史和职官典制之类,如我在有关李白、白居易及其他几篇论文中,就大量采录诗文别集、笔记小说及金石著录等资料。我感到,我们研究文史,不管是文学史,或哲学史、史学史,其治学结构,或云研究格局,一为史观,二为史料;史观是主体指导,史料是客体基础,二者不能缺一。对史料的认识、掌握和利用,实际上还可以是对史观的推动与整合。

　　近几年来我在研究实践中,日益感到史料的重要性和工作的艰巨性。唐代翰林学士研究史料,面相当广,内涵价值也很高,但问题也相当多。我们在使用中若不加辨析，就会在评议中出现不应有的偏失。如对翰林学士职能与地位的评价，一般多举中唐时陆贽为例，认为可以与宰相分庭抗礼，被目为"内相"①。陆贽与内相相联，虽已见于两《唐书·陆贽传》，但最早提及内相的，是稍后于陆贽不过二三十年的李肇，他在任职翰林学士期间于元和十四年（819）作有《翰林志》，曾特别叙及陆贽上疏。时陆贽为翰林学士，却在疏议中提议应将制诏起草归于中书舍人，不应由翰林学士专掌，认为此乃"事关国体，不合不言"。李肇谓："疏奏不纳，虽征据错谬，然识者以为知言。"接云："贞元末，其任益重，时人谓之内相，而上多疑忌，动必拘防。"这里李肇并不把内相归之于陆贽。因陆贽已早于贞元十一年（795）被德宗贬为忠州别驾，直至贞元末，顺宗接位，才于贞元二十一年即永贞元年（805）要陆贽返回京师，但陆贽已卒于贬所。陆贽在翰林学士任期内自作的奏议、文诰中从未自许为内相，当时的史料也未有人称其为内相（如权德舆《陆宣公翰苑集序》还称其"逢时而不尽其道"）。而且他之罢官与贬出，正出于当时宰相赵憬与户部侍郎裴延龄的串谋。李肇虽曰贞元末翰林学士被人目为内相，但接云："上多疑忌，动必拘防。"德宗后期有几位翰林学士也因此而辞职出院的，史书中也未有记当时翰林学士与宰相分庭抗礼之事。当然，关于此事，还可以专文另论，这里概述，就是想说明史料如实掌握与辨析的必要性。

---

① 这一论点过去相当普遍，近些年来较有代表性的如史念海主编《中国通史》第六卷，上海人民出版社，1997 年，第 950 页。

正因为如此,我想根据这几年来的研索所得与认识,就翰林学士史料方面作若干叙说,以供学界对唐代翰林学士作进一步研究之参考。前已提及,翰林学士史料,面广量多,作为专题论文,限于篇幅,不可能全面论述,故本文即以劄记的形式,就一些有代表性的史料酌予记叙和辨析。应当说,《旧唐书》和《新唐书》是这方面的最基本史料,此为众所周知,故这里不予专论。但可提醒一下,两《唐书》的有关记述,有不少错失。老一辈学者严耕望,就撰有长文《旧唐书本纪拾误》,共举出一百五十四条,其中有好几处曾引及唐丁居晦《重修承旨学士壁记》以纠《旧纪》之误①。当代青年学者武秀成有《〈旧唐书〉辨证》专著②,也有涉及翰林学士事迹者。拙作《唐翰林学士记事辨误》曾谓,两《唐书》无论纪、志、表、传,在记叙翰林学士事迹时,多有舛失,特别是晚唐部分③。从严格的整理要求来说,对两《唐书》,就不能只停留在版本对校上;如我们将整理与研究相结合,对原书所记史事加以疏证、辨析,这就会有高质量的点校本,对唐史(包括翰林学士)研究就极为有利。

关于唐人有关翰林学士的专著,《新唐书》卷六〇《艺文志》二,史部职官类,载有三种:《翰林志》一卷,李肇著;《翰林内志》一卷,未注著者;《翰林学士院旧规》一卷,杨钜著。李肇与杨钜两种,今存。《翰林内志》、《玉海》卷一六七引《中兴书目》有记,云:

---

① 此文初刊于《新亚学报》第 2 卷第 1 期,后经增订,载于所著《唐史研究丛稿》,香港新亚研究所出版,1969 年。
② 上海古籍出版社,2003 年。
③ 文载《燕京学报》新第 16 期,2004 年 5 月。

"集韦执谊《翰林故事》,李肇《志》,韦处厚、丁居晦、杜元颖《壁记》,元稹《记》,韦表微《学士新楼记》为一书。"亦云著者不知名。南宋时《郡斋读书志》、《直斋书录解题》皆未有著录,则此书于南宋前中期已佚,但所辑诸书,今仍存。北宋初所修之《文苑英华》,于卷七九七"厅壁记"类,载有韦处厚《翰林院厅壁记》、元稹《翰林承旨学士厅壁记》、丁居晦《重修承旨学士壁记》、杜元颖《翰林院使壁记》①。南宋前期洪遵编有《翰苑群书》三卷,唐代部分有李肇、元稹、韦处厚、韦执谊、杨钜、丁居晦六种,另还有宋人所作记北宋时翰林学士者。由此可见宋人对翰林学士史料的重视。又晁公武《郡斋读书志》卷七职官类,又著录有《翰林杂志》一卷,不题撰人,所辑除韦执谊、元稹、韦表微、杜元颖所著外,唐人还有郑璘《视草亭记》并序②。按:郑璘,两《唐书》无传,就《文苑英华》卷四四五"翰林制诏"类所载其《皇帝第八男祕第九男祚第十男祺封王制》,于文末署"乾宁四年九月",当为唐末昭宗时翰林学士。其《视草亭记》既与韦执谊、元稹等所著编于《翰林杂志》,当亦为同类著作,惜未传存。

上述唐人所著有关翰林学士之著,大致可分两类:一是李肇《翰林志》、杜元颖《翰林院使壁记》、韦处厚《翰林学士记》、韦表微《翰林学士院新楼记》、杨钜《翰林学士院旧规》,主要记述翰林学士院之建置、职能;二是韦执谊《翰林院故事》、元稹《承旨学士院记》、丁居晦《重修承旨学士壁记》,虽有前记亦述及建置、职能

---

① 《文苑英华》,中华书局影印本,1966年。
② 见孙猛《郡斋读书志校证》,上海古籍出版社,1990年,第310页。

等，但重点是以壁记的形式记叙唐玄宗至懿宗朝翰林学士名次①。这三种壁记提供不少史料，多可补证两《唐书》。但也仍有疏误，前辈学者岑仲勉有所正补，即其《翰林学士壁记注补》②。本文拟参酌岑著，重点考论韦执谊《翰林院故事》、元稹《承旨学士院记》、丁居晦《重修承旨学士壁记》，并再就金石、制文、诗文、类书等，记叙其史料价值及某些不足之处。

二

唐代官署，自中央至地方，从唐前期起就有一种风习，即于官厅壁上记叙历届官员姓名，有些并注明任职年月。著于中唐大历、贞元间的封演《封氏闻见记》，卷五有《壁记》一条，特记此事，首云："朝廷百司诸厅，皆有壁记，叙官秩创置及迁授始末。"后引书述《两京记》："郎官盛写壁记，以记当时前后迁除出入，寖以成俗。"因此下结语云："然则壁记之出，当是国朝已来，始自台省，遂流郡邑耳。"③

---

① 以上两类书，已收入我与施纯德合编的《翰学三书》，辽宁教育出版社，2003年。
② 原载于《历史语言研究所集刊》第十五本，1948年，今附载于岑仲勉著《郎官石柱题名新考订》，上海古籍出版社，1984年。
③ 赵贞信校注本，中华书局，1958年，按：所引《两京记》之"以记当时前后迁除出入"，《唐语林》卷八所引此条，"当时"作"当厅"，见中华书局1987年出版之周勋初校证本。

《两京记》所说的"郎官盛写壁记",可以唐玄宗时陈九言所撰的《尚书省郎官石记序》作证,文中盛赞尚书省郎官为"上应星纬,中比神仙",于是入仕后,"顷朝荣初拜,或省美中迁,升降年名,各书厅壁"①。据此,清人劳格《唐尚书省郎官石柱题名考》卷首例言,有更明确的说明:"唐尚书省左右司郎中、员外郎,及六部二十四郎中、员外郎,皆有厅壁记,以记其迁任罢斥之年月。"②《文苑英华》卷七九八"厅壁记"类,于尚书省,就录有孙逖《吏部尚书壁记》、杜颋《兵部尚书壁记》、独孤及《吏部郎中厅壁记》、权德舆《吏部员外郎南曹厅壁记》及《司门员外郎壁记》等。其他如御史台、九卿、国子监、秘书省等,均有。

至于地方节镇、州府、县曹,则厅壁之记更多,可以说是有唐一代甚有特色的文体,颇有史学、文学研究价值。马总《郓州刺史厅壁记》谓:"夫州郡厅事之有壁记,虽非古制,而行之已久。"③有些地方州县厅壁记,有起自初唐贞观,直至中唐大历;连续记叙的,如作于德宗贞元五年(789)的顾况《宋州刺史厅壁记》,有记云:"自贞观以来,列名氏者,以房梁公为首,存乎东壁;大历之后,继声躅者,宜司徒公为首,遂刊于座右。"④有些则过去所记有所缺

---

① 《全唐文》卷三六三,中华书局影印本,1983 年。又中华书局 1992 年之点校本《唐尚书省郎官石柱题名考》所载此序,文末署"开元廿九年岁次辛巳十月戊寅朔二日己卯建"。
② 见上中华书局点校本《唐尚书省郎官石柱题名考》。
③ 《全唐文》卷四八一。
④ 《全唐文》卷五二九。按:《全唐文》所载,此文后尚有顾况另一文《湖州刺史厅壁记》。

佚，又连续有所补记，如权德舆《京兆少尹西厅壁记》云："以旧记湮落，虑失其传，今断自太极元年而下，列其名氏岁月。"①又元结《道州刺史厅壁记》："故为此记，与刺史作戒，自置州以来，诸公改授、迁黜年月，则旧记存焉。"②白居易于德宗贞元十九年（803）所作《许昌县令新厅壁记》，则更提出新编题名记列于厅壁，云："先是邑居不修，屋壁无纪，前贤姓字，湮泯无闻，而今而后，请居厥位者编其年月、名氏。"③这可以说是中唐时地方文献的一大进展，不少地方，如县令、县丞、县尉等官署，都有厅壁记，今存者大多为中唐及晚唐前期所作（参《文苑英华》卷八〇四—八〇六"厅壁记"八、九、十）。

中唐时连续撰成的三种翰林学士厅壁记（即韦执谊、元稹、丁居晦所作），以及虽非题名却记叙翰林学士院建置之文（如李肇、杜元颖、韦处厚等），当与唐代这一厅壁文献撰作氛围有一定文化内涵的联系。

比较起来，韦执谊等这三种壁记有一定的优势与特色。这就是，上述的这些中央与地方官署壁记，其记文虽存，但所述任职者姓名却都湮没无闻；尚书省郎官石柱，于清代初期也已佚失一半，且所记仅为姓名，未有任职时间。现存的这三种翰林学士壁记，自唐玄宗开元后期起，至晚唐懿宗末，一百三十余年间，所记姓名基本齐全，且详叙官阶迁转年月，不仅为研究这一时期翰林学士

①见霍旭东校点《权德舆文集》卷二一，甘肃人民出版社，1999年。
②《全唐文》卷三八二。
③见朱金城《白居易集笺校》卷四三，上海古籍出版社，1988年，第2742页。

提供基本史料,还可补正唐代两部正式史书(《旧唐书》、《新唐书》)记事的疏失。兹分别考述。

韦执谊,两《唐书》有传,见《旧唐书》卷一三五、《新唐书》卷一六八。《旧传》谓:"执谊幼聪俊有才,进士擢第,应制策高等,拜右拾遗。"进士登第年不可知,其制举登科,据《唐会要》卷七六《制科举》,在德宗贞元元年(785),且列于首位(见《全唐文》卷五一德宗《授韦执谊等官诏》)。丁居晦《重修承旨学士壁记》记贞元后十二人,第一个为韦执谊:"贞元元年,自左拾遗充。"此云左拾遗,与两《唐书》本传所记之右拾遗有异,此是小事,可注意的是,韦执谊于贞元元年九月制举登科入仕,旋即于本年内又召入为翰林学士,这是前所未有的。又,《旧唐书》本传在记"拜右拾遗,召入翰林为学士"后,云"年才二十余",《新唐书》本传也谓"年逾冠,入翰林为学士",这是唐朝士人入为翰林学士最为年轻的,这当与他"幼聪俊有才"有关。且此人有识,在入院后第二年,即撰首创之作《翰林院故事》(文中署为贞元二年十月)。清修《四库全书总目》卷七九史部职官类,于李肇《翰林志》提要中称:"今以言翰林者,莫古于是书。"实则李肇《翰林志》撰于宪宗元和十四年(819),后于《翰林院故事》三十余年。

《翰林院故事》大致分为两部分,前一部分为概述唐翰林院、学士院之设置,及翰林学士之职能,可为前记;第二部分具体记述唐玄宗开元以来翰林学士姓名及官阶迁转。前记列叙唐自太宗起,即重视将"当时才彦"召入宫中,"内参谋猷,延引讲习,出侍舆辇,入陪宴私"。至玄宗朝,又明确"选朝官有词艺学识者,入居翰林,供奉别旨"。而"至(开元)二十六年,始以翰林供奉改称学士,由是遂建学士,俾专内命"。关于我国古代建置翰林学士,并于玄宗开元二十六年(738)自翰林院分出另设置学士院,《翰林院故事》是首记之作。唐代两部大型典章制度之书,一为《唐六典》,也撰成于开元二十六年,一为《通典》,著者杜佑于德宗贞元十七年(801)上奏,使人奇怪的是这两部书都未有一字提及翰林学士。关于开元二十六年建置翰林学士院,《旧唐书·职官志》、《新唐书·百官志》,及修撰于宋初的《唐会要》,都有所记,但就其文字记叙来看,都本于韦执谊《翰林院故事》及稍后的李肇《翰林志》。

《翰林院故事》前记有云:"屋壁之间,寂无其文,遗草简略于枏编,求名时得于邦老,温故之义,于斯阙如。"则在贞元初,翰林学士院内文献极少保存,开元以来之学士姓名,就只能向老一辈学人探询。按:唐之京都长安,玄、肃两朝历经安史之乱,德宗初期又有泾州兵变,屡经兵燹,宫廷迭遭破坏,简牍当散佚极多。贞元初,朝政稍为稳定,故前记谓:"群公以执谊入院之时最为后进,记叙前辈,便于列词,收遗补亡,敢有多让。"韦执谊就担此重任。当然,由于遗籍多有散佚,"其先后岁月,访而未详,独以官秩名氏之次,述于故事"。这里应予说明的是,唐时翰林学士是一种差遣之职,其初入院,及在院期间,须另带有正式官衔,如《新唐书·百官志》一谓:"自诸曹尚书下至校书郎,皆得与选。"清人钱大昕也指出,唐翰林学士"亦系差遣,无品秩,故常假以它官,有官则有品,官有迁转,而供职如故也"(《廿二史考异》卷五八)。韦执谊即谓,因"访而未详",年月未能有记,但可以将其所带之官衔记于姓名之后。《翰林院故事》所记官秩迁转,有些颇详,如肃宗朝潘炎,记为:"自左骁卫兵曹充,累改驾中,又充,中人又充,出守本官。"这就是说,潘炎以左骁卫兵曹参军的官衔(正八品下)入为翰林学士,后连续升迁为驾部郎中(从五品上)、中书舍人(正五品上),都在任职期间,后又以中书舍人出院。按:潘炎,附见于两《唐书》其子潘孟阳传。《旧唐书》卷一六二《潘孟阳传》记潘炎,仅一句:"礼部侍郎炎之子也。"即潘炎曾任礼部侍郎,仅此一记。《新唐书》卷一六〇《潘孟阳传》记潘炎事稍详,但仅起自代宗大历后期,未记肃宗时事。韦执谊所记潘炎于肃宗时在翰林学士任期内所历官阶,正可补两《唐书》之缺。于此也可见《翰林院故事》之史料价值。

除潘炎外,有些名人虽《唐书》等均有所记,但如无《翰林院故事》,则后人皆未能知其曾为翰林学士。如苏源明,是玄、肃两朝的诗文名家,韩愈于《送孟东野序》中,就将苏源明与陈子昂、元结、李白、杜甫等并提,云:"唐之有天下,陈子昂、苏源明、元结、李白、杜甫、李观,皆以其所能鸣。"①苏源明,《新唐书》卷二〇二《文艺传》中有传,与杜甫交友甚切,杜甫有好几首诗怀念他,如《怀旧》、《八哀诗·故秘书少监武功苏公源明》、《哭台州郑司户苏少监》②;另梁肃为独孤及所作行状③,颜真卿为元结所作墓碑④,以及李华《三贤论》⑤,都曾提及苏源明。但不管是《新唐书》本传,以及上述杜甫、梁肃、颜真卿、李华等诗文,都未记苏源明曾任翰

①见马其昶《韩昌黎文集校注》卷四,上海古籍出版社,1986年,第232页。
②分别见清仇兆鳌《杜诗详注》卷一四、一六、一四,中华书局点校本,1979年。
③梁肃《独孤及行状》,《全唐文》卷五二二。
④颜真卿《元君表墓碑铭并序》,《全唐文》卷三四四。
⑤李华《三贤论》,《全唐文》卷三一七。

林学士。韦执谊《翰林院故事》则明确记苏源明于肃宗至德（756）后以中书舍人入为翰林学士。如无韦执谊所记，则肃宗朝翰林学士就未有这一诗文名家。

当然，从史料的角度来看，韦执谊《翰林院故事》也有不足之处。总的来说，如韦执谊于前记中所说，由于材料散佚，其所能辑集到的学士，仅能记其名氏、官衔，"其先后岁月，访而未详"，不如以后元稹、丁居晦能记有年月日。又，韦执谊于贞元二年作此题名录，而现存的这一《故事》，尚有贞元后所记，计有德宗、顺宗、宪宗三朝学士名录，当为后继者续辑，这也是韦执谊于前记文末所说的"庶后至者，编继有伦"。应当说在贞元二年之后所记的三十余位学士名录，也颇可参考，不过比较起来，这后一部分与元稹、丁居晦两记相较，确有明显的不足：一是丁居晦自德宗朝起，就记有年月，元稹于元和朝的承旨学士，所记年月日更详，韦执谊《故事》则均未记有时间；二是现存《翰林院故事》后一部分，有些记事有缺，有些记事有误。限于篇幅，这里略举数例。如宪宗初期的李吉甫、裴垍，为当时名人，并由翰林学士擢迁为宰相的，史料极多，两《唐书》也均有传，但《翰林院故事》记此二人，仅列姓名，无一字叙其官秩迁转。又如宪宗时萧俛，《翰林院故事》记为："驾中充，又加知制诰，出守本官。"而据丁居晦《重修承旨学士壁记》，萧俛乃于"元和六年四月十二日自右补阙充"，后历经迁转，至元和九年十一月二十四日加驾部郎中，同年十二月十日加知制诰。丁氏所记有据。《旧唐书》卷一七二本传记其"元和六年，召充翰林学士"。又《旧唐书》卷一四《宪宗纪》，元和六年正月丙申，萧俛时为右补阙。据《旧唐书·职官志》，左右补阙为从七品上，驾部郎中为从五品上，由此知萧俛当先自右补阙入，后才迁为驾部郎中。《旧唐书·萧俛传》也记其于元和七年转司封员外郎（从六品上），九年改驾部郎中，并知制诰。《翰林院故事》此处所记乃又简又误。

类似情况，如亦为宪宗朝的张仲素，《翰林院故事》记自礼部员外郎充，丁居晦所记为元和十一年（816）八月十五日自礼部郎中充。按：清劳格《唐尚书省郎官石柱题名考》曾有考，谓石柱题名于礼部员外郎无张仲素名，礼部郎中则有。又杨巨源有《张郎中段员外初直翰林报寄长句》（《全唐诗》卷三三三）。按：段文昌于元和十一年八月十五日与张仲素同时入，时为祠部员外郎，则杨巨源此诗诗题中"张郎中""段员外"，即为张仲素、段文昌。诗题云"初直翰林"，而称张为郎中，可见丁居晦所记为确。由此可见，今存的《翰林院故事》，其后期为他人续作，其史料确切性不如韦执谊所作的前期。我们在研索贞元、永贞、元和时翰林学士在职期间的仕历，当应参据元稹、丁居晦所记及唐时其他史料，作综合的考辨。

三

关于元稹《承旨学士院记》①。

---

① 按：《文苑英华》卷七九七、《全唐文》卷六五四题作《翰林承旨学士厅壁记》，据前所述唐中央及地方官署之厅壁记文体，当以《文苑英华》、《全唐文》为是。宋洪遵《翰苑群书》所收，题为《承旨学士院记》，因《翰苑群书》传刊较广，多为人援引，为方便起见，姑仍作《承旨学士院记》。

元稹，《旧唐书》卷一六六、《新唐书》卷一七四有传，其生平事迹又见白居易《河南元公墓志铭》①。他于德宗贞元九年（793）明经及第，年仅十五；后于宪宗元和元年（806）与白居易同应制举登科，元稹仕为左拾遗，白居易任京兆盩厔县尉。元稹于宪宗朝备受朝中宦官的排挤、打击，外贬近十年，至元和末入朝。穆宗因赏识其文才，于即位初，即元和十五年（820）五月，便任其为祠部郎中、知制诰，也就是相当于中书舍人，可以入中书省起草政府诏令。长庆元年（821）二月，又入为翰林学士，同时并任其为承旨学士。

元稹在任职期间，有两点值得注意：一是与当时在宫中供职的文友多有文学交往，如与同为翰林学士的李德裕、李绅交友，时称"三俊"；与白居易关系更为密切，白居易于《余思未尽加为六韵重寄微之》诗自注云："予除中书舍人，微之撰制词；微之除翰林学士，予撰制词。"②白居易与元稹都注意于制诰文体的革新，白居易特赞许其为"制从长庆辞高古"③。二是元稹任学士承旨只半年后，即于长庆元年八月作此《承旨学士院记》。关于翰林承旨学士，唐时最先提出的是作于元和十四年（819）的李肇《翰林志》，但李肇仅云"元和已后，院长一人，别敕承旨，或密受顾问，独召对"。所述既略，且亦不确④。元稹所作此记，是唐时记述翰林承旨学士

———————

① 见《白居易集笺校》卷七〇。
② 见《白居易集笺校》卷二三。
③ 见前所引《余思未尽加为六韵重寄微之》，及为元稹所作墓志，又见元稹《制诰自序》，《全唐文》卷六五三。
④ 首任承旨为郑絪，系于永贞元年（805）八月宪宗即位后授予的，为元和元年（806）之前一年，李肇云"元和已后"，即不确。

建置、职能最为齐备的,后即为《唐会要》、两《唐书》等所承袭。尤其较韦执谊《翰林院故事》是一个很大的突破,即自首任郑絪起,至元稹前任杜元颖,对这十一位承旨学士,都一一记叙其官衔迁转的年月日,这是《翰林院故事》所未有的。如卫次公,《翰林院故事》仅列于德宗朝,只记为"补阙内供奉充"一句。而元稹所记为:"元和三年六月二十五日,以兵部侍郎入院充。七月二十三日,加知制诰。四年三月,改太子宾客出院,后拜淮南节度使。"两《唐书》本传也未有如此确切的记载。《翰林院故事》于李吉甫、裴垍都只列姓名,未记其事,元稹所记则如上述卫次公那样,都有具体的年月日记载。这样做,应当说对后来文宗时的丁居晦有很大的启示(详后)。

又,元稹自署为"长庆元年八月十日记",并称所记为"十七年之间,由郑至杜",即永贞元年(805)至长庆元年(821),由郑絪至杜元颖,共十一人。杜元颖于长庆元年二月十五日出院,任相,元稹接任为承旨学士,而元稹后又于同年十月十九日改为工部侍郎出院,则此《承旨学士院记》所记元稹,非其本人所记。又,现存的《承旨学士院记》,于元稹后,又有李德裕、李绅、韦处厚三人。这三人任承旨之职,都在元稹之后,则正如《直斋书录解题》所说,"盖后人所益"(卷六,职官类)。韦处厚出院在宝历二年(826)十二月十七日,则续记此三人当在文宗即位后不久,可能在大和元年(827)或稍后。由于距长庆时间较近,故虽非出自元稹之笔,但其史料可靠性还是较强的。如韦处厚《承旨学士院记》有云:"长庆四年二月二十三日,以侍讲学士权知兵部侍郎,知制诰,赐紫金鱼袋为翰林学士充。"即韦处厚原为翰林侍讲学士。按唐惯例,侍讲学士是不能直接任翰林承旨学士的,因韦处厚得到敬宗信重,故敬宗于长庆四年(824)正月即位不久,即于该年二月,使韦处厚由侍讲学士改为学士,并任承旨①。而后丁居晦《重修承旨学士壁记》,记韦处厚于长庆三年十月二十三日为兵部侍郎、知制诰时,仍"依前侍讲学士",后则又记为"四年十月二十三日,加承旨"。这就是说,韦处厚仍为侍讲学士,而于长庆四年十月接为承旨。这一方面与侍讲学士不能任承旨之通例不合,另一方面,又与《旧唐书》有关记载不合。《旧唐书》卷一七上《敬宗纪》,于长庆四年三月记韦处厚奏议,已称为翰林学士。由此则此《承旨学士院记》可订正丁居晦之误。又如李绅,丁居晦《重修承旨学士壁记》记为长庆二年二月十九日以中书舍人为承旨,而后接云:"三月二十七日,改中丞出院。"即任承旨只月余。而《承旨学士院记》则记其出院为长庆三年三月二十七日。按:李绅有诗《忆春日太液池亭候对》②,题下自注:"长庆三年。"即长庆三年春李绅尚在宫中值班。由此可证《承旨学士院记》为是,丁居晦《重修承旨学士壁记》所记"三月二十七日,改中丞出院","三月"前当漏记"三年"二字。

不过元稹所记也有误,如记第一位承旨学士郑絪,谓"贞元二十一年二月,自司勋员外郎、翰林学士拜中书舍人,赐紫金鱼袋充"。按:据《旧唐书》卷一四《顺宗纪》,德宗于贞元二十一年(805)正月癸巳卒,顺宗即位,同年八月,顺宗又因病传位于太子

①详参拙作《唐翰林侍讲侍读学士考论》,载《清华大学学报》2004年第5期。
②见《全唐诗》卷四八〇,中华书局点校本,1960年。

李纯,即宪宗接位,并改贞元二十一年为永贞元年。郑絪乃于宪宗接位后首任其为承旨学士的,元稹于前记中也明确记为:"宪宗章武孝皇帝以永贞元年即大位,始命郑公絪为承旨学士,位在诸学士上。"不知何以出现前后矛盾。元稹自己当不会出此错误,可能原作为"贞元二十一年八月",后传抄、传刻中将"八"字讹为"二"字。

四

关于丁居晦《重修承旨学士壁记》①。

丁居晦,两《唐书》无传。清徐松《登科记考》卷一九据《文苑英华》,谓长庆二年(822)进士试题为《琢玉诗》,而《全唐诗》卷七八〇于丁居晦名下有《琢玉》一诗,因系于长庆二年进士及第。又据《旧唐书》卷一七下《文宗纪》及卷一六七《宋申锡传》,丁居晦于大和五年(831)二月,在拾遗任。其早期仕迹,其他皆不详。此后,即据其《重修承旨学士壁记》(按:下文简称为丁《记》),于大和九年(835)至开成五年(840)曾先后两次任翰林学士之职。可

①按:此题名本宋洪遵《翰苑群书》。陈振孙《直斋书录解题》卷六职官类著录题作《重修翰林壁记》,无"承旨"字,当是,因所载学士,不限于承旨,大部分为翰林学士(及翰林侍讲、侍读、侍书学士等),故岑仲勉评为"名实不符,直应云《重修学士院壁记》也",见其《翰林学士壁记注补》(见前引述《郎官石柱题名新考订》)。因洪遵《翰苑群书》传刻较广,多为人援引,为方便起见,姑仍沿其名。

以说,如无此丁《记》,则唐代翰林学士就无丁居晦之名。

据丁《记》,丁居晦于大和九年(835)五月三日自起居舍人、集贤院直学士充,同年十月十九日又为司勋员外郎。按:前据《旧唐书·宋申锡传》,丁居晦大和五年时任拾遗,拾遗官阶为从八品上,起居舍人、司勋员外郎为从六品上,则丁《记》所记当与其仕历合①。丁《记》又载其后于开成三年(838)十一月十六日以御史中丞出院,而第二年(即开成四年,839)闰正月又以御史中丞入为翰林学士,五年(840)三月十三日迁为户部侍郎、知制诰,不料于同月二十三日卒,赠吏部侍郎。按:《全唐诗》卷五四五有刘得仁《哭翰林丁侍郎》诗,有云:“应是随先帝,依前作近臣。”据《旧唐书》卷一八上《武宗纪》,文宗于开成五年正月四日卒,武宗立,丁居晦既于开成五年三月卒,此前好几年在宫中任翰林学士之职,故刘得仁在悼诗中称“应是随先帝,依前作近臣”。又,丁居晦在任职期间,刘得仁又献有好几首诗,如《山中舒怀寄上丁学士》、《奉和翰林丁侍郎禁署早春晴望》、《上翰林丁学士》(均见《全唐诗》卷五四五),其《上翰林丁学士》有“官自文华重”“儒流此最荣”句,可见当时文士对翰林学士极高的赞誉。按:刘得仁多次应举,皆未能及第,其与丁居晦诗,多寄望其为之荐举。又李商隐有《为濮阳公与丁学士状》,乃李商隐于开成四年春代王茂元作。时王茂元为泾原节度使,因久驻边镇,颇想入京任职,故由李商隐代笔,

---

① 按:《全唐文》卷七五七小传称:“大和中官起居舍人、集贤院直学士,擢拾遗,改司勋员外郎。”与官品迁转不合,误。

致书与丁居晦,亦请为其助援①。由此可见翰林学士当时在社会上的声望,颇值得注意。

丁《记》之史料价值,一为时段长,二为记事确,兹分别概述。

元稹的《承旨学士院记》,虽所记官秩迁转较具体,但仅为宪、穆两朝(805—824),且只限于承旨,只十五人;韦执谊《翰林院故事》也只到宪宗元和末。丁《记》则自玄宗开元后期翰林学士建置开始,至懿宗咸通末,历时一百三十七年;所记学士虽有缺漏(详后),但有唐一代所记翰林学士,丁《记》是最多的,约一百八十人。又如文宗大和时袁郁,开成时敬晖,宣宗时严祁,懿宗时张道符、侯备、裴璩、卢深等,他书均未有记,而丁《记》则都记有其入院、出院及官秩之迁转。如无丁《记》,则唐翰林学士皆无其名。丁居晦自谓作此壁记在开成二年(837)五月十四日,则文宗后期及武、宣、懿三朝均为后人于壁上续补,即承袭丁氏之例,故仍有齐全、确切的特点。丁《记》史料的确切性,可述者甚多,今略举数例,供参阅。

沈传师,宪宗朝翰林学士,丁《记》所记为:元和十二年(817)二月十三日,自左补阙、史馆修撰充;十三年(818)正月十三日,迁司门员外郎;十五年(820)正月二十三日,加司勋郎中;闰正月二十一日,加兵部郎中、知制诰;长庆元年(821)二月二十四日,迁中书舍人。按:沈传师,杜牧曾为其作有行状,即《唐故尚书吏部侍郎赠吏部尚书沈公行状》②,文中叙其制科登第后,"授太子校书,

---

① 参见刘学锴、余恕诚《李商隐文编年校注》,中华书局,2002年,第331页。
② 《樊川文集》卷一四,上海古籍出版社,1978年,第212页。

鄠县尉,直史馆,左拾遗,左补阙,史馆修撰,翰林学士。历尚书司门员外郎,司勋、兵部郎中,中书舍人。"丁《记》所记官秩迁转,与杜牧所作《行状》相合。杜牧与沈传师相交甚深,其记事亦当确切,但杜牧于此处所记,皆未系年月,丁《记》又可补正《行状》。又《旧唐书》卷一四九《沈传师传》,于此段仕历,则记为:"授太子校书郎,鄠县尉,直史馆,转左拾遗,左补阙,并兼史职。迁司门员外郎、知制诰,召充翰林学士。"将翰林学士列于最后,而据丁《记》与杜之《行状》,沈传师自左补阙、史馆修撰即召入为翰林学士,司门员外郎、知制诰乃在职期间所迁之官秩。由此可见,丁《记》既能与同时人所作之《行状》相印证,又可补正《旧唐书·沈传师传》之差讹。

另一种情况是丁《记》与当时的制文相合。如裴谂,丁《记》有云:"会昌六年六月二日,自考功员外郎充,八月十九日,加司封郎中。"于此,崔嘏有《授裴谂司封郎中依前充职制》(《全唐文》卷七二六),称"翰林学士、考功员外郎裴谂",也就是裴谂在任翰林学士期间,由考功员外郎升迁为司封郎中,与丁《记》所叙完全相合。据《旧唐书》卷一八〇《李德裕传》,崔嘏于武宗会昌时即任中书舍人,也与丁《记》所记之会昌六年(846)合。又如宇文临,附见于《旧唐书》卷一六〇其父宇文籍传,仅一句:"大中初登进士第。"未记其为翰林学士事①。据丁《记》,宇文临曾两次入院,第一次为:"大中元年闰三月七日,自礼部员外郎充;其年四月,守本官出院。"第二次为:"大中元年十二月八日,自礼部郎中充。"对

① 按:《旧唐书》此一句亦不确,"大中"应作"大和",见孟二冬《登科记考补正》卷二〇大和元年条引胡可先说,北京燕山出版社,2003年,第829页。

此,崔嘏也有制文,即《授宇文临礼部员外郎制》、《授宇文临翰林学士制二首》(《全唐文》卷七二六)。其第二首制文明确称为"礼部郎中宇文临",即第一次以礼部员外郎入,第二次以礼部郎中入。又如萧寘,两《唐书》无专传。《旧唐书》卷一七九《萧遘传》、《新唐书》卷一〇一《萧复传》仅叙及一二句,而均未提及其曾为翰林学士。丁《记》记其"大中四年七月二十四日,自兵部员外郎充",这又与崔瑶《授萧寘充翰林学士制》(《全唐文》卷七五七)合,此制即称其为"朝议郎、行尚书兵部员外郎萧寘"。制文是当时的官方文书,也可以说是国史实录,由此也可见丁《记》史料性之确切。

又一种情况是丁《记》所记与金石类著作合。如柳公权,于穆宗即位初曾被召入为翰林侍书学士,这是唐朝唯一以书法擅长而被召入,并以翰林侍书学士命名的。据丁《记》,他曾三次入院、出院。第三次是文宗大和八年(834)十月十五日入,仍为侍书学士,所带官衔为兵部郎中、弘文馆学士;后大和九年(835)九月十二日,由侍书再加翰林学士之名。之后又累有迁转,至开成二年(837)四月为谏议大夫、知制诰;三年(838)九月十八日又迁工部侍郎、知制诰。今查宋欧阳棐所辑《集古录目》卷一〇,有《柳尊师墓志》,署为"翰林学士、谏议大夫柳公权撰并书。……碑以开成二年立,在华原县";又有《赠兵部尚书李有裕碑》,署为"中书舍人李景让撰,工部侍郎、知制诰柳公权书。……碑以开成四年立"①。其结衔与年份,均与丁《记》相符。金石录也是实录性著作,具有文物考古性质,由此也正可佐证丁《记》之史料价值。

①据清缪荃孙辑《云自在龛丛书》第一集。此二文缪辑皆据宋《宝刻丛编》。

丁《记》所记,大多记有年、月及日,此又可以从史书中得到印证。如文宗时郑覃,丁《记》记其于大和"七年六月十六日,改御史大夫出院"。今查《旧唐书》卷一七下《文宗纪》,大和七年(833)六月壬申,"以工部尚书、翰林侍讲学士郑覃为御史大夫"。按:据《旧纪》,该年六月丁巳朔,壬申恰为十六日。又如懿宗时翰林学士路岩,丁《记》记其于咸通五年"十一月十九日,以本官同中书门下平章事"。按:《新唐书》卷六三《宰相表》,咸通五年"十一月壬寅,翰林学士承旨、兵部侍郎路岩本官同中书门下平章事"。据陈垣《二十史朔闰表》①,咸通五年(864)十一月甲申朔,壬寅即十九日。

丁《记》也有缺漏。首先是受当时政事的影响,有意未列几个翰林学士之名。按:丁居晦于开成二年(837)作此记,而在此之前,大和九年(835)十一月发生甘露事变,当时任相的王涯、李训,凤翔节度使郑注,及时任翰林学士的顾师邕,均为宦官所杀。按:王涯于德宗、宪宗两朝曾任翰林学士,李训、郑注则于文宗大和后期为翰林侍讲学士。开成年间,正如《通鉴》卷二四六开成三年正月所云:"承甘露之乱,人情危惧,宦官恣横。"丁居晦当因忌讳,未列王涯、李训、郑注、顾师邕,这也是史料因受政治事件之牵累而削弱其真实性之一例。

其次可能因一些客观原因,在记叙中有所缺漏。如李绛,于宪宗元和二年(807)四月八日入,其间官秩有所迁转,元和五年(810)五月五日加司勋郎中,依前知制诰,而后却记谓:"十二日,迁中书舍人。"即仅隔数日,又由司勋郎中迁为中书舍人。而丁

①陈垣《二十史朔闰表》,中华书局,1962年。

《记》之前,元稹《承旨学士院记》已有记,为:"(元和)五年五月五日迁司勋郎中、知制诰,十二月正除。"正除即由知制诰正式转为中书舍人。又《通鉴》卷二三八元和五年十二月,亦记李绛因受宪宗的信重,"己丑,以(李)绛为中书舍人,学士如故"。由元稹《壁记》及《通鉴》,可确证李绛转授中书舍人在十二月,丁《记》此处之"十二日"应作"十二月"。又如杜元颖,丁《记》:"元和十二年□月十三日自太常博士充。二十日,改右补阙。□月十八日,赐绯。"有两处空缺。特别是丁居晦于开成二年五月作此记,在此之后则缺漏更多,如武宗朝之韦琮、魏扶,有记其入院及迁转,但未记其何时出院;懿宗朝刘承雍,仅云"咸通十四年十月贬涪州司户",但未记其何时入院。懿宗朝后期,如崔瑑、李溥、豆卢瑑,则仅记其姓名,未有记事。可能懿宗之后僖宗时,黄巢起兵,后长安被占,宫中焚毁,翰林学士院中文献当亦有散佚。实则按现有史料,对上述诸人事迹,仍可补辑。现举魏扶为例。

按:魏扶为武宗朝翰林学士,丁《记》记其于会昌二年(842)八月八日自起居郎充,后历经迁转,记云:"(四年)九月四日,拜中书舍人,依前充。"未记出院。岑仲勉《翰林学士壁记注补》也指出:"此未言何时出院,漏也。"但岑氏未有考补。今按:《旧唐书》卷一八下《宣宗纪》大中元年(847)有云:"三月丁酉,礼部侍郎魏扶奏:'臣今年所放进士三十三人……'"《唐会要》卷七六《贡举》中亦载:"大中元年正月,礼部侍郎魏扶放及第二十三人。"[1]又宋钱

---

[1] 《旧唐书·宣宗纪》谓及第者三十三人,此云二十三人。据《登科记考》引《册府元龟》,当从《唐会要》,以二十三人为是。

易《南部新书》戊卷："大中元年，魏扶知礼闱。入贡院，题诗曰：'梧桐叶落满庭阴，锁闭朱门试院深。曾是昔年辛苦地，不将今日负前心。'"①徐松《登科记考》卷二二乃据《唐诗纪事》系魏扶于此年知贡举。按唐科举惯例，知举者多于前一年秋冬，任为礼部侍郎或相应官职，第二年初主持考试②。而翰林学士不能知举，须先出院，任新职，乃可于明年春初知贡举。如此，则魏扶当于会昌六年(846)秋冬由中书舍人改任礼部侍郎出院，于明年即大中元年知举。又李商隐弟羲叟亦为大中元年进士及第(见《登科记考》卷二二)，李商隐特为作诗上献魏扶，题为《喜舍弟羲叟及第上礼部魏公》(《全唐诗》卷五四〇)，中云："国以斯文重，公仍内署来。"内署即翰林学士院。李商隐又有《献侍郎钜鹿公启》③，亦有云："窃计前时，承荣内署。"李商隐明确提出魏扶在此次知举前为在翰林学士院供职。由上述诸种材料，可补丁《记》之不足。

<h1 style="text-align:center">五</h1>

以下拟分叙石刻、制文等史料。

石刻的史料价值，宋欧阳修在其《集古录目序》中，认为"可与

---

①此据《学津丛书》本。按：《唐诗纪事》卷五一亦载此事，当承袭《南部新书》。
②参傅璇琮著《唐代科举与文学》第九章《知贡举》，陕西人民出版社，1986 年。
③《全唐文》卷七七八。侍郎钜鹿公，即指魏扶，参刘学锴、余恕诚《李商隐文编年校注》，第 1189 页。

史传正其阙谬者，以传后学，庶益于多闻"①。后赵明诚在其《金石录》自序中更进一步提出，过去史书所载君臣行迹，"若夫岁月、地理、官爵、世次，以金石考之，其牴牾者十常三四。盖史牒出于后人之手不能无失，而刻词当时所立，可信不疑"②。我们现在考析唐翰林学士生平事迹，除两《唐书》等史书外，自宋至清的石刻书目及近数十年来出土的文献材料，很值得使用。这方面的事例很多，前面在论述丁《记》时已有述及，今再略举数例。

吕向与尹愔是玄宗开元二十六年(738)建置的最早两位翰林学士，韦执谊《故事》与丁《记》虽都有记，但均甚简。如吕向，皆云自中书舍人充，后出院为工部侍郎，但何年出院，都未有记。《新唐书》卷二〇二本传也仅云"再迁中书舍人，改工部侍郎，卒，赠华阴太守"。今查宋佚名《宝刻类编》(粤雅堂丛书本)卷三，录有吕向所作碑目五件，其中《龙兴寺法现禅师碑》，天宝元年(742)九月立；《长安令韦坚德政颂》，天宝元年；《寿春太守卢公德政碑》，天宝二年(743)建。又《隋唐五代墓志汇编》(陕西卷)第一册有《大唐故银青光禄大夫太仆卿驸马都尉中山郡开国公豆卢公(建)墓志铭并序》③，署为"正议大夫、行中书舍人、侍皇太子及诸王文章、集贤院学士吕向撰"。据文中所记，豆卢建卒于天宝三载(744)三月二十四日，同年八月葬，则此时吕向既带有中书舍人官衔，则尚在翰林学士任。其出为工部侍郎，当在天宝三载或稍后。

---

① 见《欧阳修全集》卷四二，中华书局点校本，2001年。
② 见《宋本金石录》卷首，中华书局影印本，1991年。
③ 天津古籍出版社，1991年。

又尹愔，韦、丁所记仅一句，即自谏议大夫入。《新唐书》卷二〇〇《儒学传·赵冬曦传》后附载其事，也仅云："开元末卒，赠左散骑常侍。"今查宋佚名《宝刻类编》卷三，于唐韩择木所书诸项，有《左散骑常侍尹愔碑》，下云："吴巩撰，八分书，开元二十八年，京兆。"其左散骑常侍，即《新唐书》所记卒后赠官，可以互证，由此并可确定其卒当在开元二十八年（740），任翰林学士约两年。由此两例，可见石刻著录是可证实吕向与尹愔确为唐开元时最早的翰林学士。

又如肃宗时翰林学士赵昂，两《唐书》无传，《翰林院故事》记为肃宗至德以后第四人，云："自太博充，祠外又充，卒于驾外。"丁《记》无，当为缺漏。《全唐文》卷六二二载其文两篇:《浮萍赋》、《攻玉赋》，也看不出时间。清陆增祥《八琼室金石补正》卷五九则录有《故朝议郎行内侍省内侍伯上柱国刘府君（奉芝）墓志铭并序》，下署"宣义郎、行左金吾卫仓曹参军、翰林院学士赐绯鱼袋赵昂撰"。据文中所述，刘奉芝卒于上元元年（760）十二月十九日，葬于上元二年（761）正月十一日。此时赵昂已为翰林学士，则其入院当在此之前。又据《旧唐书·职官志》，仓曹参军官阶为正八品下，而太常博士为从七品上，如此，则赵昂当先由仓曹参军入，再迁为太常博士，后又迁为祠部员外郎（从六品上）。此又可纠正《翰林院故事》记赵昂"自太（常）博（士）充"之误。按:赵昂所撰刘奉芝墓志，《全唐文》未收。又如同为肃宗朝翰林学士的潘炎，《全唐文》卷四四二载其文十七篇，绝大部分为赋。今查三秦出版社于2000年出版的《全唐文补遗》（第七辑）收有潘炎所作高力士墓志，对高力士一生及唐玄、肃两朝政事均有研究价值，而《全唐文》亦未收。此文署"尚书驾部员外郎、知制诰潘炎奉敕撰",文中称高力士卒于宝应元年(762)八月八日,二年(763)四月十二日葬。则此时潘炎所带官衔与《翰林院故事》所谓"自左骁卫兵曹充,累改驾中,又充,中人又充,出守本官"不合,可进一步考证①。

又如代宗时于益,《翰林院故事》记为:"自驾部员外充,大谏又充,卒。"丁《记》则仅列姓名,未记其事。清王昶《金石萃编》卷九三著录有《大唐故左武卫大将军赠太子宾客白公神道碑铭并序》,下署:"朝议郎、行尚书礼部员外郎、翰林学士、赐绯鱼袋于益奉敕撰。"并记为"永泰元年三月廿四日建"。永泰元年为公元765年,为代宗即位后之第四年。按:此文亦载于《全唐文》卷三七一,但未有如《金石萃编》所署撰者姓名及官衔。而据《金石萃编》,则可确知于益于永泰元年三月已为翰林学士,所带官衔为礼部员外郎,此又可补正《翰林院故事》。

另如懿宗时李骘,还可将出土资料与书面文献结合,作综合的考察。正如陈寅恪总结王国维的治学成就,概括为三点,其中之一即"取地下之实物与纸上之遗文互相释证"②。李骘,两《唐书》无传,如无丁氏所记,则不知懿宗朝有这一翰林学士。丁《记》记李骘于咸通七年(866)三月自太常少卿入,同年七月迁中书舍人,九年(868)五月十六日出为浙西观察使。按:《千唐志》载有

---

① 按:宝应二年四月,潘炎既奉敕作高力士墓志,当在院中任职,其所带官衔既为驾部员外部、知制诰,则其入院及迁转当可另考,对韦、丁所记均能补正。
② 见《王静安先生遗书序》,载《金明馆丛稿二编》,上海古籍出版社,1980年,第219页。

《亡室姑臧李氏墓志铭并序》，署"进士清河崔晔撰并书"，中云："亡室姓李氏，讳道因，其先陇西成纪人。曾王父侨，官终相州成安令，娶清河崔庭曜女；王父应，官终岳州巴陵长，累赠户部尚书，娶清河崔少通女；显考骘，自中书舍人、翰林学士出拜江西观察使，薨于位，赠工部尚书。"由此可考见李骘望籍与家世。值得注意的是，志文记李骘出院，为任江西观察使，异于丁《记》之浙西观察使。按：《全唐文》卷七二四载有李骘《题惠山寺诗序》，文末署为："咸通十年二月一日，江南西道都团练观察处置等使、中散大夫、检校左散骑常侍、使持节都督洪州诸军事兼洪州刺史、御史中丞、上柱国、赐紫金鱼袋李骘题记。"此云咸通十年二月一日，正与丁《记》咸通九年五月出院合，而自署则记为在江西任。又唐末昭宗时黄璞，所作《王郎中传》(《全唐文》卷八一七)，记王棨于咸通三年(862)进士及第，后历仕中外，"李公骘时擅重名，自内翰林出为江西观察使，辟为团练判官"。晚唐五代时王定保《唐摭言》卷一〇《海叙不遇》条，记有："胡玢，不知何许人，尝隐庐山，苦心于五七言。……玢与李骘旧交，骘廉问江西，弓旌不至。"[1]直至宋王谠《唐语林》卷四记崔铉事，也提及"江西李侍郎骘"[2]。《全唐文》及笔记《唐摭言》、《唐语林》等所载，与《千唐志》所录参证，可见丁《记》之"浙西观察使"应为"江西观察使"。

---

[1]《唐摭言》，上海古籍出版社点校本，1959年，第112页。
[2]见周勋初《唐语林校证》，第381页。按：《唐语林》此处记："崔魏公铉与江西李侍郎骘同在李相石襄阳幕中。"此云襄阳，误，当为荆南(江陵)。《新唐书》卷一六〇《崔铉传》："擢进士第，从李石荆南为宾佐。"《全唐文》卷七二四小传亦记李骘"开成为荆南节度判官"。

当然,过去的金石文献,也并非全部可信,我们今天作研究,应当说有必要也有条件作综合的考核。如岑仲勉《翰林学士壁记注补》,于柳公权大和二年至五年间任翰林侍书学士时段,曾引《集古录目》:"《唐王播碑》……翰林学士承旨柳公权书……碑以大和四年正月立。"《金石录》卷九亦著录,建立年月同。岑氏考谓,此时柳公权尚为侍书学士,侍书学士与翰林学士有异,不能出任承旨,且此时任承旨可确定者为王源中。岑说是。又宋陈思《宝刻丛编》卷七引《集古录目》,有《唐左威卫将军李藏用碑》,云"唐礼部侍郎翰林学士王源中撰","碑以大和四年立"。《新唐书》卷一六四《王源中传》,其仕历从未有礼部侍郎,而在翰林学士任期,则为"累转户部郎中、侍郎"。又据丁《记》,大和二年(828)十一月迁为户部侍郎、知制诰,八年(834)四月出院。另,宋叶梦得《石林燕语》卷三,有云:"唐制,翰林学士本职在官下。"清叶廷琯曾援引宋李心传《旧闻证误》,谓唐时翰林学士职务有在官上,有在官下,未有定制,其中曾引及王源中所撰《李藏用碑》,称"中散大夫、守尚书户部侍郎、知制诰、翰林学士王源中"①。这较《集古录目》所载为详,当为南宋时尚存世的原件。又《全唐文》卷六九三有李虞仲《授学士王源中户部侍郎制》,中称"可尚书户部侍郎、知制诰,依前充翰林学士",也为一明证。由此可见,书面资料也可订正金石文献。

关于制文,明徐师曾《文体明辨序说》引颜师古云,制书乃"天

---

① 中华书局点校本,1984年,第39页。

子之言"①,就是以皇帝的名义所发的公文。李肇《翰林志》称"凡王言之制有七":即一曰册书,二曰制书,三曰慰劳制书,四曰发白敕,五曰敕旨,六曰谕事敕书,七曰敕牒。唐时这些制文,不一定全由翰林学士撰写,不论是开元前期或开元二十六年建立翰林学士后,有很大一部分还是由中书舍人或他官兼知制诰撰写的。这些制文,以皇帝名义发布,又受当时朝政各种事故、纷争的影响,其内容不一定符合实际,但今天仍可从较广的角度加以研察。宋初编纂大型诗文总集《文苑英华》,对制诰这一文体甚为重视,书中于卷三八〇至四一九,编有"中书制诰"四十卷;卷四二〇至四七二,编有"翰林制诏"五十三卷,可见其含量之重。此外又如《唐大诏令集》、《全唐文》及唐人别集中,还有《文苑英华》所未收的。当然,《文苑英华》关于"中书制诰""翰林制诏"的分类也有不确切处,如"翰林制诏"中,有南朝时沈约、徐陵,唐前期有苏颋、孙逖、张九龄等,都不是翰林学士。但其中某些分类,对我们研究翰林学士与中书舍人之职能分工,仍提供有用的史料。如卷三八四,"中书制诰"五,专列授翰林学士制文,其中薛廷珪《授起居郎李昌远监察陆扆并守本官充翰林学士制》,是证实李昌远于昭宗时为翰林学士之唯一材料。按:李昌远,两《唐书》无传,《新唐书》卷七二上《宰相世系表》二上,虽亦有李昌远名,但时代不合,非同一人。据《旧唐书》卷一七九《陆扆传》,陆扆于昭宗大顺二年(891)三月以监察御史召充翰林学士,与薛廷珪制文所记"监察陆扆"合,李昌远既与陆扆同制,则当亦于同时入院,此前已任起

①罗根泽点校《文体明辨序说》,人民文学出版社,1962年,第114页。

居郎。

又,《文苑英华》此卷所载授翰林学士制文,不仅为上述薛廷珪所作李昌远制提供具体事迹的史料,我们还能就其对翰林学士职能的评论,见出中晚唐时对翰林学士社会作用的看法。如崔碬《授萧邺翰林学士制》,前云"吾内有宰辅重德,作为股肱,外有侯伯众才,用寄藩翰",后云"至于参我密命,立于内庭,即必取其器识宏深,文翰遒丽",于是认为"此所以选翰林学士之意也"。把翰林学士的作用、地位与朝中的宰相、外藩的节镇并提。杜牧《庾道蔚守起居舍人李文儒守礼部员外郎充翰林学士等制》,认为之所以"拔出流辈,超侍帷幄",并不仅是"以文学止于代言,亦乃密参机要,得执所见";这才是"禁署之内,用才尤难"(李虞中《授学士路随等中书舍人制》)。正像崔碬特别提出的那样,翰林学士乃"参宥密之命,处侍从之地"(《授沈询翰林学士制》),"以备顾问,以参周旋"(《授宇文临翰林学士制》)。这也正如杜黄裳为顾少连所作神道碑①,称顾于德宗时为翰林学士,乃"赞丝纶之密命,参帷幄之谋献"。我们研究翰林学士的职能与作用,确可将制文与碑传、行状等结合起来,加以阐释。另外还可注意的是,《文苑英华》此卷所载白居易《授元稹中书舍人翰林学士制》,文中特别提及元稹在任祠部员外郎、知制诰时,即注意制诰文体的改革,"使吾文章言语,与三代同风,引之而成纶綍,垂之而为典训"。这也如同卷元稹《授学士沈传师加舍人制》所提出的,草制时要使"语言与三代同风"。这也可与白居易为元稹所作的墓志参看:"制

----

① 《全唐文》卷四七八《东都留守顾公神道碑》。

诰,王言也,近代相沿,多失于巧俗。自公下笔,俗一变至于雅,三变至于典谟,时谓得人。"①白居易在《余思未尽加为六韵重寄微之》诗中有云:"制从长庆辞高古,诗到元和体变新。"②将长庆时制文的演变与元和诗作的革新并提,这可结合元稹《制诰自序》③,作进一步研究。

现存制文还有值得注意的,如宣宗时翰林学士沈询,据丁《记》,大中元年(847)五月入,二年(848)十月二日,以起居郎、知制诰出院,后迁为中书舍人。《全唐文》七六七载有其几篇册授宰相的制文,参照《新唐书》卷六三《宰相表》,其《崔铉魏扶拜相制》,当在大中三年(849)四月;《魏暮拜相制》,当在大中五年(851);《授裴休中书门下平章事依前判盐铁制》,当在大中六年(852)八月。按:李肇《翰林志》及两《唐书》职官、百官志,授相制文应由翰林学士而不应由中书舍人撰作,而沈询连续作此三制,都在出院后中书舍人任上。可与此对照的,是昭宗时翰林学士李磎,《全唐文》卷八〇三载其文一卷,中有制文二十五篇,是唐末僖、昭两朝翰林学士所撰制文存世最多的。这二十五篇,除《授吏部侍郎徐彦若御史中丞制》官阶较高外,其他多为中下阶官,如外地中下州刺史、节度判官,甚至县令、县尉等。由翰林学士草撰这些制文,似也不合通则。又如李肇《翰林志》所论"王言之制有七",一为"立后建嫡"。立后即册封皇后。《文苑英华》卷四四六

①《河南元公墓志铭并序》,《白居易集笺校》卷七〇。
②《白居易集笺校》卷二三。
③《全唐文》卷六五三。

"翰林制诏"二十七"皇后册文",载杨钜《册淑妃何氏为皇后文》。《旧唐书·昭宗纪》载光化元年(898)"四月庚子,制淑妃何氏宜册为皇后"。杨钜此时在翰林学士任①。而《文苑英华》同卷又载有钱珝《册淑妃为皇后文》,钱珝时则为中书舍人②。如此,则册后制文也可由中书舍人撰作。这里提及的几项例子,对研究翰林学士与中书舍人的职能分工与历史变化,很有价值。

六

我们从较广的社会历史背景来研究唐代翰林学士,则可利用的文献史料就更为丰富。尤其是过去往往为人忽视的材料,用新的视角加以探索,更能做出合乎历史实际的评析。如唐五代的笔记,过去往往将其与小说合称,称笔记小说。有些就从单纯的历史角度加以判断,认为不足为据。如岑仲勉《翰林学士壁记注补》白敏中条,曾引及《剧谈录》、《唐语林》的有关记载,评为"说部多误,往往类此,不可轻信"。当然,唐五代时一些杂史、笔记,出于传闻,确有不实之处。如宣宗时有翰林学士韦澳,两《唐书》本传、《通鉴》、《唐诗纪事》(卷五〇)、《登科记考》(卷二一),及笔记《幽闲鼓吹》、《唐语林》、《东观奏记》等多有所记,可资参证。但

①见《旧唐书》卷一七七《杨收传》,又参见岑仲勉《补僖昭哀三朝翰林学士记》,载见《郎官石柱题名新考订》)。
②见《全唐文》卷八三六钱珝《舟中录序》,《新唐书》卷一七七《钱徽传》附。

《唐摭言》有一处云："韦澳、孙宏，大中时同在翰林。"（卷一五）后并详记宣宗"在太液池中宣二学士"。实则遍核材料，宣宗时并无孙宏为翰林学士者。又如作于僖宗中和年间的孙棨《北里志》，其郑举举条有记当时翰林学士郑蔚与一些文士在长安平康里夜宴欢聚之事，岑仲勉《补僖昭哀三朝翰林学士记》则以郑蔚为郑毂，定为僖宗时翰林学士。实则无论郑蔚或郑毂，都未记有翰林学士的材料。且按唐时规矩，翰林学士不可能到歌妓所居地。《北里志》此处所记只是一种趣闻。但笔记小说中确也有他处未见的材料，极可注意。如《太平广记》卷一九九《刘瑑》条，记刘瑑于大中时为翰林学士，深受宣宗信重，且录有宣宗所颁的制文，文末注云："出郑处诲所撰刘瑑碑。"经查《全唐文》，无郑处诲此文，他处也未见。按：《全唐文》卷八〇有宣宗《授刘瑑平章事制》、《授萧邺监修国史刘瑑集贤殿大学士制》，与《太平广记》所载均不同，则郑处诲所作碑文之宣宗制词，还可补唐时诏令。又如僖宗、昭宗朝翰林学士李磎，五代末北宋初孙光宪所著《北梦琐言》，其书卷六谓司空图撰有李磎行状，并录有李磎著作，云："其平生著文，有《百家著诸心要文集》三十卷，《品流志》五卷，《易之心要》三卷，注《论语》一部，《明无为》上下二篇，《义说》一篇。仓卒之辰，焚于贼火，时人无所闻也，惜哉。"按：《新唐书》卷六〇《艺文志》四，集部别集类，载有李磎《制集》四卷，《表疏》一卷，仅此两种。《旧唐书》卷一五七《李鄘传》附记其事，亦有云："所撰文章及注解书传之阙疑，仅百余卷，经乱悉亡。"但未有如司空图所作行状一一胪列其书名。《李磎行状》现存司空图文集中未有，如无《北梦琐言》所记，则李磎著述及治学趋向，历史上就一无陈迹。

现有唐人诗文中,有关翰林学士资料则更为繁富,举不胜举,限于篇幅,这里略举一二。唐人所作文中记有翰林学士者,主要为行状、碑传、墓志、书启;唐诗中堪可注意的是学士在院中值班时所作及相互酬唱,另有其他人赠诗,从中可以看出翰林学士的文学活动及交往。如韦处厚于宪宗元和十一年(816)曾出任开州刺史,在开州作有《盛山十二诗》(见《唐诗纪事》卷三一,《全唐诗》卷四七九),为五绝十二首,颇有地方特色(按:开州所治即今重庆开县)。他返朝后,于穆宗长庆元年(821)任翰林侍讲学士,曾将此诗转交京中友人,由此而和作者多人。韩愈于长庆二年(822)作有《韦侍讲〈盛山十二诗〉序》一文(《韩昌黎文集校注》卷四),谓"于时应而和者凡十人",有元稹、白居易等。韩愈特为提及:"于是《盛山十二诗》与其和者,大行于时,联为大卷,家有之焉。"可见当时翰林学士文学交往的社会影响。又如宣宗时翰林学士李淳儒,曾有和于兴宗在绵州所作诗《夏抄登越王楼临涪江望雪山寄朝中诸友》,据《唐诗纪事》卷五三所载,当时和者有十余人。至于翰林学士在院中任职期间唱和之作,则更多,这里可提一下《元和三舍人集》。《唐诗纪事》卷四二录有王涯、令狐楚、张仲素若干首诗,后云:"右王涯、令狐楚、张仲素五言、七言绝句共作一集,号《三舍人集》,今尽录于此。"据丁《记》,此三人于宪宗元和中期曾同时任翰林学士,《唐诗纪事》所录,即在院中唱和之作。《唐诗纪事》云"尽录于此",所录为八十八首,数量不少,但实际上并不全。复旦大学图书馆藏有明抄本《唐人诗集八种》,其中即有《元和三舍人集》,其书目录完整,正编有残缺。据目录,全书共收诗一百六十九首,其中王涯六十一首,令狐楚五十首,张仲素五十八首,今所存则各有缺佚,但仍存有一百十九首,较《唐诗纪事》多出三十余首①。唐代翰林学士在院中唱和之作,有一百六十余首,且编有成集,传于后世,这是稀例,很值得作进一步研究。

其他如宋代类书,在史料方面也颇可参考。如宋王应麟《玉海》卷二〇一"辞学指南"门,引《中兴馆阁书目》,有陆贽《备举文言》三十卷,"摘经史为偶对类事,共四百五十二门"。此当陆贽在翰林学士任职期间所作,类似于工具书,以供撰制参鉴。这还可以元稹诗佐证:元稹有《酬乐天余思不尽加为六韵之作》,其中有"白朴流传用转新"句,自注云:"乐天于翰林中,专取书诏批答词等,撰为程式,禁中号曰《白朴》。每有新入学士求访,宝重过于《六典》也。"②可见《白朴》一书,当时已有流传。宋王楙《野客丛书》卷三〇《白朴》条记云:"仆读元微之诗,有曰(按:见上引,略)。检《唐·艺文志》及《崇文总目》,无闻,每访此书,不获。适有以一编求售,号曰《制朴》,开帙览之,即微之所谓《白朴》者是也。为卷上、中、下三,上卷文武勋阶等,中卷制头、制肩、制腹、制腰、制尾,下卷将、相、刺史、节度之类。此盖乐天取当时制文编

①我于20世纪90年代前期曾计划重编唐人选唐诗,约请复旦大学中文系陈尚君教授参与,陈教授即提供此本,并写有前记。后于1996年在陕西人民教育出版社出版《唐人选唐诗新编》,此本未及收入。今据陈教授所录之本及前记,于此略作介绍。

②见杨军《元稹集编年笺注(诗歌卷)》,三秦出版社,2002年,第890页。按:此本及其他各本,自注中"乐天于翰林中专取书诏批答词等","专"字作"书"字,则连上为"翰林中书",白居易元和前期任翰林学士时未曾任中书舍人,此处不应称"中书"。宋王楙《野客丛书》卷三〇《白朴》条曾有引及,引文中"书"作"专",当是,今据改。

类,以规后学者。"由此,则《白朴》一书至南宋尚存,可与《玉海》所记陆贽《备举文言》共参。《玉海》卷二〇二、二〇三"辞学指南"门,又备列"制""诰""诏""表""檄"等文体,有据唐翰林学士所撰文体作例的。另外,宋代类书,如《古今源流至论》、《古今合璧事类备要》及明人《山堂肆考》,均有记翰林学士、中书舍人事例者,可备查检。

原载《文史》2004 年第 3 辑,中华书局,2004 年 8 月

唐代翰林与文学

——以文史结合作历史—文化的探索

　　我从事中国古代文学研究,除作家作品专题考证、论析外,总有一种意趣,就是想从不同的角度探讨一个时代知识分子的状况,由此进一步探讨某一历史时期社会特有的文化面貌。古代士子,也就是知识分子,往往是诗文、戏曲、小说描写的对象,而我们现在,也可以并应该将其作为学术研究的对象。正因如此,我于20世纪80年代前期,就想以唐代科举作为中介环节,把它与文学沟通起来,试图文史结合,选辑有关历史记载与文学描述的材料,来研究唐代士子的生活道路、思维方式和心理状态,想由此重现当时部分的时代风貌和社会习俗,这就是后于1986年出版的《唐代科举与文学》(陕西人民出版社)。我想,研究中国社会及其文化形态,我们如能打通文、史、哲等相关学科,着重于探讨知识分子的生活道路及社会处境,这将有利于对文学发展作全面的把握与历史的考察。中国大陆自20世纪90年代以来,在这方面已有一定成果,较早如南开大学罗宗强教授的《玄学与魏晋士人心态》(浙江人民出版社,1991年),今年我所看到的,如有《晚明士人心态及文学个案》(周明初著,东方出版社)、《市民、士人与故事:中国近古社会文化中的叙事》(高小康著,人民出版社)。这一研究动态,确也值得注意。

唐代翰林学士,应该说是当时士人参预政治的最高层次。翰林学士院与翰林学士,设置于盛唐,即唐玄宗开元后期。其与科举制度一样,从唐代开始,一直延续到清代。作为社会政治文化的一种重要现象与封建时代文人的必然求仕之途,翰林学士与翰林院,以及以进士为核心的科举制,是研究唐至清一千二三百年间历史文化所不能回避的。翰林学士与翰林院,可以从史学与文学不同角度进行研究。从史学角度研究,则侧重于制度的建置、人员的构成,以及职能作用、参政方式等等;从文学角度研究,则可以把重点放在当时文人参预政治的方式及其心态,从而以较广的社会角度来探讨这一特殊文学群体的生活方式及文学创作。这样做,其涉及面可能较为广阔,而探索到的东西则可能更有新鲜感。

就研究课题而言,唐代翰林与文学,其容量是相当大的。先是文献的整理,唐代虽有韦执谊《翰林院故事》、元稹《承旨学士院记》、丁居晦《重修承旨学士壁记》,记有一百七十余位翰林学士任职年月与官衔,但所记仍有漏误,且只至懿宗咸通年间,唐末僖宗、昭宗、哀帝三朝,因时已动乱,即未有记。近代前辈学者岑仲勉先生对韦、元、丁三书均有所订补,并对僖、昭、哀三朝翰林学士重加补辑①。

_____

①岑氏所著为《翰林学士壁记注补》、《补僖昭哀三朝翰林学士记》,原载《历史语言研究所集刊》第十一本、十五本等,今附载于岑仲勉《郎官石柱题名新考订》,上海古籍出版社,1984年。

但岑氏所著都在20世纪40年代，由于当时条件所限，不免尚有疏失，我们现在还应加以订补。另外，唐代翰林学士中有不少诗文名家，从盛唐至晚唐，历朝都有，如苏源明、陆贽、梁肃、王涯、白居易、令狐楚、李绅、李德裕、元稹、柳公权、吴融、韩偓，等等。在他们一生中，任翰林学士时间并不长，一般只不过几年，但翰林学士的政治经历，对其人生态度与创作思想还是有特殊影响的，而这方面，我们过去往往未加注意。如白居易撰写《新乐府》，一般均将其归属于立足现实，反映民间疾苦的创作观念，实际上这是白居易于翰林学士任内，从翰林学士的职能出发，立意于"时闻得至尊"，将其创作视为反映民情国政的奏议性诗篇。也正因此，他在离职后，因已无此政治职能，即辍笔不写。又如韩偓，我们也可从其生平的前后经历，以及身处于唐末乱世，来研究其任翰林学士对其人生态度与诗风的影响。

这样看来，唐代翰林与文学，是可以写成一本专著的。我现在这一单篇论文，当然不可能对此作全面铺叙。本文拟重点论述当时社会及一般文士对翰林学士特殊地位及身份的看法，由此即从几个方面探索翰林学士的社会处境与文学交往，并就其任职期间与职能有关的文化活动，择要介绍，以为学术界进一步作历史—文化考索提供有关的线索。

一

唐朝有好几位诗文名家，是将翰林学士赞誉为"天上人"的。

有唐一朝第一首赠翰林学士诗,是杜甫的《赠翰林张四学士
垍》①。张垍本为玄宗开元时驸马,天宝前期入为翰林学士②。杜
甫于天宝五载(746)入长安③,不久即写有此诗。此诗前四句云:
"翰林逼华盖,鲸力破沧溟。天上张公子,宫中汉客星。"学士院在
皇宫内,身为学士的张公子,就犹如天上客星。又如王涯于德宗
贞元二十年(804)由京畿蓝田县尉入为翰林学士④,诗人刘禹锡
特地写了一首《逢王十二学士入翰林因以诗赠》⑤,有句云:"厩马
翩翩禁外逢,星槎上汉杳难从。"按:此时刘禹锡任监察御史,秩正
八品上,而蓝田县尉仅九品下,刘之官秩要比王涯高好几阶,但因
王涯乃以蓝田尉入翰林学士,故刘禹锡则特喻为天上人,自谦为
难于随从。另如蒋防于穆宗长庆元年(821)十一月十六日入院,
同月二十八日赐绯⑥。这时诗人王建亦在京师长安,写有《和蒋学
士新授章服》诗,云:"瑞草唯承天上露,红鸾不受世间尘。翰林同

①见仇兆鳌《杜诗详注》卷二,中华书局,1979 年;又《钱注杜诗》卷九,上海
　古籍出版社,1979 年。
②参见傅璇琮《唐玄宗朝翰林学士传》,《文史》2003 年第 3 辑,中华书局,
　2003 年 8 月。
③闻一多《少陵先生年谱会笺》,见《唐诗论丛》,上海古籍出版社《蓬莱阁丛
　书》本,1998 年。
④据《旧唐书》卷一三《德宗纪》,卷一六九王涯本传,中华书局点校本,1975
　年。按:以下引述《旧唐书》、《新唐书》、《资治通鉴》,皆据中华书局点校
　本,皆不注版本与出版年月。
⑤瞿蜕园《刘禹锡集笺证》卷二四,上海古籍出版社,1989 年。
⑥据唐丁居晦《重修承旨学士壁记》,宋洪遵《翰苑群书》本,今编于傅璇琮编
　纂之《翰学三书》,辽宁教育出版社,2003 年。按:以下记叙翰林学士任职
　出入,凡见于韦执谊、元稹、丁居晦三书者,不具注。

贺文章出,惊动茫茫下界人。"①这里也把蒋防与王建自己比喻为天上与下界。

又如张仲素、段文昌同于宪宗元和十一年(816)八月十五日入为翰林学士,杨巨源作诗《张郎中段员外初直翰林报寄长句》②贺之,首二句即云:"秋空如练瑞云明,天上人间莫问程。"此时杨巨源在京师任太常博士,后以虞部员外郎出任凤翔少尹③,张籍作诗送行,盛赞其诗:"诗名往日动长安,首首人家卷里看。"④元稹在《授杨巨源郭同玄河中兴元少尹制》中也有赞誉之辞:"诗律铿金,词锋切玉;相如有凌云之势,陶潜多把菊之情。"⑤元人吴师道《吴礼部诗话》亦称其诗"清新明严,有元、白所不能至者"。有如此声誉的诗家,竟特称自己与这两位友人相比,乃"天上人间莫问程"。

唐朝翰林学士受到如此清高称誉,确为当时风气。但另一方面,翰林学士却另有一种社会处境,这里提供三例,似为一般人未曾注意的。

其一,韩愈《释言》:

---

① 《全唐诗》卷三〇〇,中华书局点校本,1960年。
② 《全唐诗》卷三三三。
③ 按:杨巨源,两《唐书》无传,其生平事迹可参傅璇琮主编《唐才子传校笺》第二册卷五《杨巨源传》(吴汝煜、胡可先笺),中华书局,1989年。
④ 张籍《送杨少尹赴凤翔》,《全唐诗》卷三八五。
⑤ 《全唐文》卷六四八,中华书局影印本,1983年。按:此制题中"兴元"当作"凤翔",以与杨巨源仕历相合,参《唐才子传校笺》第二册卷五《杨巨源传》。

元和元年六月十日，愈自江陵法曹诏拜国子博士，始进见今相国郑公。公赐之坐，且曰："吾见子某诗，吾时在翰林，职亲而地禁，不敢相闻。今为我写子诗书为一通以来。"愈再拜谢，退录诗书若干篇，择日时以献。①

按：韩愈于德宗贞元八年（792）进士登第，后历仕汴州、徐州幕府，贞元十七年（801）冬至长安调选，任国子监博士，贞元十九年（803）冬迁监察御史，因上书《论天旱人饥状》，得罪权臣，被贬为连州阳山令。贞元二十一年即永贞元年（805）八月，宪宗即位，大赦，量移为江陵法曹参军。元和元年（806）六月，又召入京，任国子博士②。韩愈此篇《释言》作于元和二年（807），文中所称郑公为郑絪。郑絪于贞元八年（792）即任翰林学士。宪宗于永贞元年八月登帝位，于同年十二月迁其为中书侍郎、平章事，至元和四年（809）二月③。郑絪在德宗时任翰林学士有十三四年，地位应是相当稳定的，但他却对韩愈表示，他"时在翰林"，"不敢相闻"，连想索取一个文士的诗作都不敢，乃因"职亲而地禁"。真有如韩愈另一首诗中所谓"深闺密"那种自我拘束之感④。

———————

①马其昶《韩昌黎文集校注》卷二，上海古籍出版社，1986年。
②参见张清华《韩愈年谱汇证》，见所著《韩学研究》下册，江苏教育出版社，1998年；又参傅璇琮主编《唐五代文学编年史·中唐卷》，辽海出版社，1998年。
③见丁居晦《重修承旨学士壁记》，《新唐书》卷六二《宰相年表》。
④韩愈《和虞部卢四汀酬翰林钱七徽赤藤杖歌》，钱仲联《韩昌黎诗系年集释》卷六，上海古籍出版社，1984年。

另一例:柳宗元于顺宗时与刘禹锡等随王叔文参预永贞新政。终因得罪宦官,新政失败,柳宗元被贬为永州司马,直至元和十年(815)。他于元和四年(809)致书与李建,题为《与李翰林建书》①。按:李建于顺宗时在翰林学士任,元和元年(806)后出院,此文标题仍称其为翰林学士,当为后人编集时所加,所谓"追呼其前官"②。李建当时在长安朝中任殿中侍御史(《旧唐书》卷一五五本传)。柳宗元特上此书,中称"仆曩时所犯,足下适在禁中,备观本末,不复一一言之",后即详叙贬所处境艰苦,"寸步劳倦",因此"唯欲为量移官",即使是"耕田艺麻,取老农女为妻",也可承受,可以见出柳宗元当时的心情。值得注意的是,这封书信的末尾,述及京中几位友人,谓亦已致函,请"求取观之",但特别提出:"敦诗在近地,简人事,今不能致书,足下默以此书见之。"敦诗为崔群,崔群于元和二年(807)十一月入为翰林学士;所谓"近地",即指学士院逼近于皇上内宫。按:柳宗元与崔群早期即颇有交往,德宗贞元中期,他与崔群同在朝中任秘书省校书郎,有一次崔群赴洛阳探亲,柳宗元与友人饯送,并特地为其作序,说他与崔群"忘言相视,默与道合"③。有如此交谊,柳宗元一旦处于贬谪之地,竟不敢直接致函,而在与其他友人信中,也只能委婉表示"默以此书见之",可见当时对翰林学士禁忌之处境,是很看重的。

---

①《柳宗元集》卷三十,中华书局点校本,1979 年。
②见前《柳宗元集》卷三十《与李翰林建书》校记中所引陈景云《柳集点勘》。
③《送崔群序》,《柳宗元集》卷二二。

其三例:众所周知,白居易与张籍是诗风相近、早有交往的诗友,但白居易于元和二年(807)入为翰林学士后,时任太常寺主簿闲职的张籍就避而不见,只在病中寄一诗给他,中云:"君为天子识,我方沉病缠;无因会同语,悄悄中怀煎。"①后白居易有诗答之,并稍作解释,称:"君病不来访,我忙难往寻。"②后白居易因母卒,丁忧外出,期满任太子左赞善大夫,此次也为闲职,张籍就常来访谈,白居易于《酬张十八访宿见赠》一诗中抒云:"昔我为近臣,君常稀到门;今我官职冷,唯君往来频。"③这当然如白居易于诗中所称"况君秉高义,富贵视如云",有张籍的个性,但由此也可见当时人对"步登龙尾上虚空,立去天颜无咫尺"④之近臣,有一种故意避开的心理。

当然以上三例也有其一定的特殊性,如郑絪于德宗时长期任翰林学士,而德宗对朝臣是十分猜忌的,如《资治通鉴》卷二三九元和十年(815)六月,记宰相武元衡被盗所杀,宪宗乃重用裴度,征讨淮西,此时记云:"初,德宗多猜忌,朝士有相过从者,金吾皆伺察以闻,宰相不敢私第见客。"外廷大臣如此,内廷翰林学士也有类似情况,如杜黄裳为翰林学士顾少连所作的神道碑《东都留

①《病中寄白学士拾遗》。据李建昆《张籍诗集校注》卷八,此诗作于元和四年(809)。台北"中华丛书·历代诗文集校注"本,2001年。
②《酬张太祝晚秋卧病见寄》,朱金城《白居易集笺校》卷九,上海古籍出版社,1988年。
③见上《白居易集笺校》卷六。
④白居易《醉后走笔酬刘五主簿长句之赠兼简张大贾二十四先辈昆季》,见《白居易集笺校》卷一二。

守顾公神道碑》,就特称其在职时"周密自制""谨审见称"①;《新唐书》卷一六二本传也称其"阅十年,以谨密称"。又如韦绶于德宗贞元时任翰林学士九年有余,"然畏慎致伤,晚得心疾,故不极其用",后即自辞出院(《旧唐书》卷一五八本传)。他还告诫其子,切勿任翰林学士。《新唐书》卷一六九其子韦温传,有记云:"(韦)绶在禁廷,积忧畏病废,故诫温不得任近职。"宪宗时,气氛稍有缓和,但柳宗元乃因政治原因贬出,不敢直接致函翰林学士,可以理解。而张籍则出于一种个人自重心愿,也可以理解。翰林学士与外界,主要是文字交往,尽量避开政治交结,这是唐朝廷所定的一种禁制,否则就要严加处分,如僖宗朝郑延昌,就因此而勒令出院,时为中书舍人的刘崇望,在其草制的《授翰林学士郑延昌守本官兼中书舍人制》②中就称:"亲近之地,慎密为先;尔既不能,何爽居外。"因此杜牧论及文宗时翰林学士周敬复时,即特称其"参密命于内庭,众推忠慎"③。

二

翰林学士建置于开元二十六年(738),但编撰于开元二十六

---

① 《全唐文》卷四七八。
② 《全唐文》卷八一二。
③ 《代人举周敬复自代状》,陈允吉点校《樊川文集》卷一五,上海古籍出版社,1987年。

年的官方政书《唐六典》却无一字提及;后修成于贞元中期的综合性典章制度专著《通典》,也未述有翰林院与翰林学士。两部正式史书《旧唐书》《新唐书》,有专节记述,但甚简略,且多不确,如《旧唐书·职官志》将翰林学士的设置延后于肃宗至德时期,而将翰林学士承旨又提前于德宗贞元时期。《新唐书·百官志》虽确切记为"开元二十六年,又改翰林供奉为学士,别置学士院,专掌内命",又谓"宪宗时又置学士承旨",纠正《旧唐书》之误,但仍有疏失,对翰林学士的职能,也未提及,只空泛地说"至号为内相",实则称翰林学士为内相,与唐朝实际情况不合①。

本文拟不限于官方史书,而从唐人所作诗文、笔记及后世金石著录中选辑有关史料,对翰林学士的职能及其对社会生活的影响,稍作具体的记述,并作适当的阐释。

前已提及的德宗前期翰林学士顾少连,他于贞元十九年(803)病逝,其友人杜黄裳曾为之作一碑文:《东都留守顾公神道碑》。碑中称其任翰林学士时,"赞丝纶之密命,参帷幄之谋猷",这可以说是对翰林学士职能的概括,即为皇帝起草事关大局的机密性公文,参预皇帝宫中筹划的政事。这也就如晚唐诗人杜牧所说的:"岂唯独以文学,止于代言,亦乃密参机要,得执所见。"②又白居易于穆宗长庆年间任中书舍人时,在为中书省起草的制词中,对翰林学士的职能,称述为:"予有侍臣,咸士之秀者,或左右

---

①近十余年来,有些史学论著对此有不同看法,此可另外讨论。
②《庾道蔚守起居舍人李汶儒守礼部员外郎充翰林学士等制》,《樊川文集》卷一七。

以书吾言动,前后以补吾阙遗。"①这就是说,翰林学士除了起草重要诏令文书,值班内廷,还供皇帝咨询,谋议政事。这是唐代翰林学士的特点。后来从宋代开始,翰林学士就逐渐与政事疏离,至清代,则翰林学士完全不能过问政事,与政治完全脱离,只做些举子考试官,及为宫中写春联、书匾额等闲适事务。从翰林学士的角度,研究中国古代士人(即知识分子)参预政治的变迁及心灵波折,还是很有意义的。

宪宗元和时翰林学士杜元颖,在《翰林院使壁记》一文中,说君主"详择文学之士置于禁署,实掌诏命,且备顾问"②,仍将翰林学士的职能概括为掌诏命、备顾问。中晚唐时,社会上对掌诏命、备顾问,是极为重视的。如宣宗时崔瑕《授萧邺翰林学士制》,中云:

> 吾内有宰辅重德,作为股肱;外有侯伯虎臣,用寄藩翰。至于参我密命,立于内庭,即必取其器识弘深,文翰道丽,动能持正,静必居中,指温树而不言,付虚襟而无隐,此所以选翰林学士之意也。③

此处几乎将翰林学士的地位,与朝中宰相、朝外节镇并提。当然,崔瑕这一制文,文词甚美,立意亦高,但实际上并非将翰林学士提

①《高鈇等一十人亡母郑氏等赠太君制》,《白居易集笺校》卷四八。
②见前《翰学三书》之《翰苑群书》卷二。
③见《文苑英华》卷三八四,《全唐文》卷七二六。

升为"内相",正如崔嘏另一制文《授宇文临翰林学士制》①所述,主要是"发挥丝纶,参侍顾问","以备顾问,以参周旋"。应当说,这是唐代文士参预政事的最高层次。正因如此,文宗时诗人刘得仁,在《上翰林丁学士》诗中,特别提出:

> 时辈何偏羡,儒流此最荣。②

中国古代士人多以入仕为人生首要目标,这也是影响士人心态的重要因素。韩愈就说,如果不从科举应试入手,顺序而上,有一定官位,则"虽有化俗之方,安边之画,不由是而稍进,万不有一得焉"③。就是说,在古代的社会环境,只有具备相应的官位,才能施展其"化俗""安边"的才略。由此看来,刘得仁认为翰林学士乃"儒流此最荣",确为当时社会之共识。

也正因此,当时不少诗文名家,多愿与翰林学士作诗文交往。如吴通玄、吴通微兄弟二人于德宗前期召入为翰林学士,"俱博学善属文,文采绮丽"(《旧唐书》卷一九〇《文苑传》下)。宋《宣和书谱》并特记云:"通玄不独以词章照映士林,而字画固自不凡。""故当时名臣碑刻,往往得其书则以为荣。"(卷九)吴通微也以书法著称,南宋陈思《书小史》卷十有记云:"通微工行草书,翰林习之,号院体。"当时以清雅婉丽擅名的诗人韦应物,特作诗与之唱

---

① 《全唐文》卷七二六。
② 《全唐诗》卷五四五。
③ 《上宰相书》,《韩昌黎文集校注》卷三。

和:《和吴舍人早春归沐西亭言志》①。诗中盛称其"一门双掌诰",并云虽"职密郊游稀",但仍能"清香肃朝衣"。诗末云:"名虽列仙爵,心已遗尘机。即事同岩隐,圣渥良难违。"希望其超脱世尘,但恐难于违拗君情("圣渥")。同时另有一诗人顾况,也有《和翰林吴舍人兄弟西斋》②,诗中也盛赞吴氏兄弟"西斋何其高,上与星汉通",但仍期望能"永怀洞庭石,春色相玲珑"。按:顾况于贞元三年(787)由江南征入为校书郎,后任著作佐郎,贞元五年(789)夏又出贬为饶州司户参军③。则顾况此诗似与韦应物同时前后所作。他们写此二诗,并无个人求荐意愿,完全是一种文情交友之谊。

同样情况,完全出于缅怀友情与交流文思的,还有世外人士。如唐末诗僧贯休有《寄翰林陆学士》诗④。此陆学士为陆扆,于昭宗大顺二年(891)入院,乾宁三年(896)七月因拜相出院。时贯休在荆南,此前曾与吴融有交往,吴融曾为其集作序,后吴融亦入朝为翰林学士⑤。由此诗,可见贯休虽在南方,与长安文士也多有交往。此诗后四句,先称赞陆所处之高位:"宝辇千官捧,宫花九色

①孙望《韦应物诗集系年校笺》卷八,中华书局,2002 年。按:孙笺系此诗于贞元五年(789)春韦应物任左司郎中时,似不确。韦应物于贞元三年(787)六月后由江州刺史入为左司郎中,四年七月后即出任苏州刺史,见傅璇琮《韦应物系年考证》,《文史》第五辑,中华书局,1978 年。

②《全唐诗》卷二六四。

③参傅璇琮《唐代诗人丛考·顾况考》,中华书局,1980 年。

④《全唐诗》卷八三四。

⑤参《唐才子传校笺》第四册卷十《吴融传》,周祖譔、贾晋华笺,中华书局,1990 年。

开。"但仍期望："何时重一见，为我话蓬莱。"即共叙旧情，爽抒心境。

可以注意的是，当时翰林学士确也多有主动作诗赠与友人。如元稹因得罪宦官，出贬为江陵士曹参军（元和五年），时白居易尚在翰林学士任，曾陆续寄与诗作，如《代书诗一百韵寄微之》、《禁中九日对菊花酒忆元九》等①。特别是刘禹锡有《翰林白二十二学士见寄诗一百篇因以答贶》②，诗云：

> 吟君遗我百篇诗，使我独坐形神驰。玉琴清夜人不语，琪树春朝风正吹。郢人斤斫无痕迹，仙人衣裳弃刀尺。世人方内欲相寻，行尽四维无处见。

按：刘禹锡与柳宗元同时参预永贞新政，刘被贬为朗州司马，长达十年，以"久落魄，郁郁不自聊"（《新唐书》卷一六八本传），而却于孤僻的贬地接到翰林学士白居易寄以诗百篇，真使他"独坐形神驰"。由此可见，当时白居易还是能不避禁闱，与友人作文学交往的。

以下我们从一些诗题中，可以见出在院的翰林学士如何主动作诗寄赠其他文士。

如韩愈《和崔舍人咏月二十韵》③。此崔舍人即崔群。崔群

---

① 《白居易集笺校》卷一三、一四。
② 瞿蜕园《刘禹锡集笺证》外集卷一，上海古籍出版社，1989 年。
③ 《韩昌黎诗系年集释》卷八。

于宪宗元和二年（807）十一月以左补阙入，七年（812）四月迁中书舍人，时仍在院。韩愈于七年二月因事由职方员外郎降为国子博士①，心情不好，崔群当于中秋作《咏月》诗，寄赠、慰勉之。韩愈又有《酬王二十舍人雪中见寄》②，此王二十舍人为王涯。王涯于元和九年（814）八月在翰林学士任内为中书舍人，韩愈时任考功郎中、知制诰，心情已较好转。由诗题，可见也是王涯在院中作诗寄与韩愈。

姚合也有好几首诗和答翰林学士友人，如《和李补阙曲江看莲花》③。李补阙为诗人李绅。李绅于元和十五年（820）闰正月十三日自右拾遗入为翰林学士，同月二十日迁升为右补阙，长庆元年（821）三月又加为司勋员外郎、知制诰。此当于元和十五年夏秋李绅游曲江观览莲花，特作诗赠与姚合，姚作和诗答之。姚合又有《和高谏议蒙兼宾客时入翰苑》④。此高谏议为高元裕。高元裕于文宗开成三年（838）自谏议大夫入为翰林侍讲学士，萧邺《渤海高公神道碑》⑤称其"兼充侍讲学士，寻兼太子宾客"。又姚合《和李十二舍人裴四二舍人两阁老酬白少傅见寄》⑥，此李十二舍人、裴四二舍人为裴素与李褒，二人于开成、会昌时在翰林学士任，裴于开成五年（840）六月迁中书舍人，会昌元年（841）卒官；

---

①参张清华《韩愈年谱汇证》，《韩学研究》下册。
②《韩昌黎诗系年集释》卷八。
③《全唐诗》卷五〇二。
④《全唐诗》卷五〇一。
⑤《全唐文》卷七六四。
⑥《全唐诗》卷五〇一。

李于会昌元年五月为中书舍人，则姚合此诗当作于会昌元年夏秋间。时白居易在洛阳任太子少傅闲职，裴、李二位学士当先有诗寄酬白居易，又寄赠姚合，姚合乃作诗和之。可惜的是，这里提及的姚合所和李绅、高元裕、裴素、李褒原诗，均未传存，而现在由姚合和作，可以得知李绅等翰林学士于任职期间与文士交往的信息。这又如同孟郊《奉报翰林张舍人见遗之诗》①，此"翰林张舍人"，现未有确考，但由此仍可得知这位翰林学士张舍人，对久处于贫困处境的孟郊，甚表同情，深致慰勉。另如《全唐诗》未收而于童养年《全唐诗续补遗》卷五收辑的张碧《答张郎中分寄翰林贡余笔歌》②，据《唐才子传校笺》卷五张碧传笺，此张郎中为张仲素。张仲素于元和十一年（816）八月十五日自礼部郎中入为翰林学士，与张碧同时。由此诗，可知当时翰林学士还主动以贡余之笔书赠友人，张碧特作诗和答之。张碧当时也有诗名，孟郊《读张碧集》，称其"陈词备风骨"③。惜张仲素此诗，亦未见。

翰林学士的诗文唱酬，除上述个别交往外，有时还有类似群体活动。这里可举两个例子，一是翰林学士与其他文士唱和结集，一是学士在院内值班时唱酬，编纂成集。今简述如下：

韦处厚，两《唐书》有传，其生平又见刘禹锡所撰《唐故中书侍郎平章事韦公集纪》④。韦处厚于元和元年（806）进士登第，后历任礼部、考功员外郎，元和十一年（816）出任开州（今重庆开县）刺

---

① 华忱之《孟郊诗集校注》卷七，人民文学出版社，1995年。
②《全唐诗补编》，中华书局，1992年。
③ 华忱之《孟郊诗集校注》卷九。
④《刘禹锡集笺证》卷一九。

史。据刘禹锡《韦公集纪》，他在开州三年，后因其执友崔群（时居相位）之荐，入朝升迁为户部郎中、知制诰，再过一年，即元和十五年（820）二月，即召入为翰林侍讲学士。在开州期间，在京的张籍即有诗寄他，题为《答开州韦使君寄车前子》，诗云："开州午日车前子，作药人皆道有神。惭愧使君怜病眼，三千余里寄闲人。"按：张籍于元和中曾长期患眼病，其所作《患眼》诗有"三年患眼今年校"之句①。由此可见，韦处厚对一般文士是很关心的，选取开州特产土药车前子远寄张籍，张籍乃特以诗答谢。令人注意的是，韦处厚在开州作有《盛山十二诗》，为五绝十二首，分题为《隐月岫》、《流杯渠》、《竹岩》、《绣衣石榻》、《宿云亭》、《梅溪》、《桃坞》、《胡卢沼》、《茶岭》、《盘石磴》、《琵琶台》、《上士瓶泉》②，所写颇有地方风采。他回京后，在任翰林侍讲学士时，遂将此诗转交京中友人，由此而和作者多人。韩愈于长庆二年（822）也就特为这次和作之集撰序，题为《韦侍讲〈盛山十二诗〉序》③，谓"于时应而和作者凡十人"，文中具体提及的则为六人，即元稹（时任宰相）、许康佐（时任京兆尹）、白居易（时任中书舍人）、李景俭（时任谏议大夫）、严謩（时任秘书监）、温造（时任起居舍人）。实际上张籍也有和作，见《全唐诗》卷三八六。韩愈于文末特别提出：

　　于是《盛山十二诗》与其和者，大行于时，联为大卷，家有

①按：以上二诗，均见于《全唐诗》卷三八六。
②《唐诗纪事》卷三一，《全唐诗》卷四七九。
③《韩昌黎文集校注》卷四。

之焉;慕而和者将日益多,则分为别卷。

这就是说,韦处厚此诗及和作大行于时,几乎家家有之。《新唐书·艺文志》四,集部总集类著录有《盛山唱和诗》一卷,可见此集在北宋前期还传存。应当说,《盛山十二诗》在唐长庆时之所以能有名家和作,且能"大行于时",与韦处厚作为翰林侍讲学士的特殊身份有关。

翰林学士于在职期间,值班或平时闲居,相互作诗唱和,从中唐至唐末,连续不断。如白居易于宪宗元和二年(807)十一月入院,六年(811)五月因丁忧外出,四五年间与在院友人多有唱酬,特别是与同时在院的钱徽,如《同钱员外禁中夜直》("此时闲坐寂无语,药树影中唯两人",《白居易集笺校》卷一四)、《冬夜与钱员外同直禁中》("夜深草诏罢,霜月凄凛凛;欲卧暖残杯,灯前相对饮",同上,卷五)、《立春日钱员外曲江同行见赠》("下直遇春日,垂鞭出禁闱;两人携手语,十里看山归",同上,卷一四)以及《和钱员外禁中夙兴见示》(同上,卷五)、《和钱员外早春独游曲江见寄长句》(同上,卷一四)、《和钱员外早冬玩禁中新菊》(同上,卷一四)、《和钱员外青龙寺上方望旧山》(同上,卷一四),都对我们今天了解唐翰林学士生活提供极为亲切的资料。可惜钱徽这方面的有关诗作都已不存。

稍后,李德裕与李绅于穆宗初立时(即元和十五年,820)闰正月入任为翰林学士;第二年(即长庆元年,821)二月,元稹也由祠部郎中、知制诰入院。《旧唐书》卷一七四《李德裕传》:"时德裕与李绅、元稹俱在翰林,以学识才名相类,情颇款密。"《旧唐书》卷一七三《李绅传》更记为"时称'三俊'"。他们三人任职共处时间并不长,不到一年,但他们相互间都有详细回忆之作。李德裕后在浙西观察使任上(宝历元年,825),作有《述梦诗四十韵》①,追忆翰林时情景,诗前自序特标为"忽梦赋诗怀禁掖旧游"。时元稹在浙东观察使任,就撰有和作,题为:《奉和浙西大夫李德裕述梦四十韵,大夫本题言曾于梦中赋诗以寄一二僚友,故今所和者亦止述翰苑旧游而已,次本韵》②。这两篇五言长诗,均详细记述翰林学士院所在地、院内布置及供职情况。使人奇怪的是,刘禹锡未曾任翰林学士,但他得到李德裕、元稹之作,也特地撰一和诗:《浙西大夫述梦四十韵,并浙东相公继有酬和,斐然继声,本韵次用》③。可见当时翰林学士的生活,颇受其他文士的关切。甚至还受宋人的注意,范仲淹也特地撰有《述梦诗序》④,提及:"时元微之在浙东,刘梦得在历阳,并属和焉。"作为"三俊"之一的李绅,虽未有此和作,但也有满含深情的回忆诗篇,如《忆夜直金銮殿承旨》、《忆春日太液池亭候对》⑤。元稹另有《寄浙西李大夫四首》,特抒共值翰林的难忘之情:"禁林同值话交情,无夜无曾不到明。"⑥

又如唐末著名诗人韩偓、吴融等,于昭宗时同在学士院供职,

---

①傅璇琮、周建国《李德裕文集校笺·别集》卷三,河北教育出版社,2000年。
②杨军《元稹集编年笺注(诗歌卷)》宝历二年,三秦出版社,2002年。
③《刘禹锡集笺证》外集卷七。
④《范文正公集》卷七,文渊阁《四库全书》本。
⑤《全唐诗》卷四八〇。
⑥见杨军《元稹集编年笺注(诗歌卷)》,长庆四年。

也多有和作,如韩偓《与吴子华(融)侍郎同年玉堂同直怀恩叙恳因成长句兼呈诸同年》、《和吴子华侍郎令狐昭化舍人(涣)叹白菊衰谢之绝次用本韵》①;吴融有《中秋陪熙用学士(薛贻矩)禁中玩月》、《和诸学士秋夕禁直偶雪》、《和韩致光侍郎(偓)无题三十首十四韵》、《八月十五日夜禁直寄同僚》②。唐末处于乱世的境遇,翰林学士忧虑不安与愤慨之情,在这些唱和诗什中都有曲折的反映。

以上翰林学士在职期间唱和之作,多收于各人文集或总集(即清编《全唐诗》),未有当时编成合集的。可以注意的是唐宪宗元和时王涯、令狐楚、张仲素三人,在院中竟集中精力,作有唱和诗一百多首,这不仅是唐代,就是翰林学士更为增多的宋代,也未曾再有的。按:此唱和诗集,名为《三舍人集》,唐宋两代公私书目均未有著录,最早见于南宋计有功《唐诗纪事》③,其书卷四二于王涯、令狐楚、张仲素名下各录有《宫中乐》、《圣神乐》、《春游曲》等唱和诗,而最后于张仲素条记云:"右王涯、令狐楚、张仲素五言、七言绝句共作一集,号《三舍人集》,今尽录于此。"据丁居晦《重修承旨学士壁记》及岑仲勉《翰林学士壁记注补》,令狐楚于元和九年(814)十一月自职方员外郎、知制诰入,十二年(817)三月迁中书舍人,八月四日出守本官;王涯于元和十一年(816)正月十八日自中书舍人入为翰林学士承旨,同年十二月十六日出院任

①《全唐诗》卷六八〇。
②以上四首,分见《全唐诗》卷六八四、六八五、六八六。
③《唐诗纪事》,上海古籍出版社点校本,1987年。

相;张仲素于元和十一年(816)八月十五日自礼部郎中入,十四年(819)三月二十八日迁中书舍人,后不久卒官。据此,则三人实未曾同时任中书舍人,但三人是于元和十一年八月至十二月同在翰林学士院供职的。唐宋人对中书舍人很看重,因三人在职期间都曾带过中书舍人官衔,故将其唱和集加上"三舍人"之名。

按:《唐诗纪事》所记《三舍人集》,录有八十八首诗,云"尽录于此",数量确已不少,但实际上《唐诗纪事》所载并不全。复旦大学图书馆藏有明抄本《唐人诗集八种》,其中即有《元和三舍人集》,其书目录完整,正编则有残缺。据目录,全书共收诗一百六十九首,其中王涯六十一首,令狐楚五十首,张仲素五十八首,今所存则多有缺佚,但仍存有一百十九首,较《唐诗纪事》多出三十余首。书中所收,以《宫中乐》、《春游曲》、《从军辞》、《思君恩》等为题,共有二十六题,每题下各人所作篇数不一,如《春游曲》,王涯二首,令狐楚三首,张仲素为三首;《塞上曲》,王涯二首,张仲素一首,令狐楚无。唐代翰林学士在院中唱和之作,有一百六十余首,且编有成集,传于后世,这确为稀例,很值得作进一步研究。

三

翰林学士因其身处宫中,接近帝王,草诏令,备顾问,由于其特殊地位,故前所引刘得仁诗称为"儒流此最荣"。也正因此,社会人士与之交往,往往就有实际目的,也就是求荐的意愿。而对于翰林学士来说,这种对"求荐"的回应,也不仅是一般的个人交际,实含有识拔人才的社会意义。前曾提及的《奉和浙西大夫李德裕述梦四十韵……》诗,有云:"宾亲多谢绝,延荐必英豪。"即一般的宾客亲友,多谢绝,但英豪之才,当荐引。这也可以说是唐朝翰林学士所发挥的社会文化作用,尤其是在科举考试中,提拔和交结人才,更为明显(详后)。

较早期间,可举两例。一为苏源明。苏源明于玄宗、肃宗两朝就文名甚高,与杜甫也交谊甚深。韩愈于德宗贞元年间在《送孟东野序》中提出"物不得其平则鸣"的文学主张,就在这一名篇中,他将苏源明与陈子昂、元结、李白、杜甫并提,云:"唐之有天下,陈子昂、苏源明、元结、李白、杜甫、李观,皆以其所能鸣。"[1]苏源明就在翰林学士任期内,一次面见肃宗,肃宗"问天下士",苏乃"荐(元)结可用";肃宗遂召见元结,"问所欲言",并即擢元结为右金吾兵曹参军、摄监察御史[2]。元结就因此由一普通文士而迈入仕途,由此也可见翰林学士在举荐人才中所起的实际作用。

二为吉中孚。吉中孚为"大历十才子"之一,他于德宗兴元元年(784)自司封郎中、知制诰入为翰林学士,至贞元二年(786)正月擢迁为户部侍郎,后即出院。而任职时,就曾"荐(卢)纶于朝"(《旧唐书》卷一六三《卢简辞传》)。卢纶也是"大历十才子"之一,与吉中孚早有交往。他于兴元元年朱泚之乱后,即出于河中节镇浑瑊幕中,未有仕进,故吉中孚特为推荐,后卢纶即入朝[3]。

---

①《送孟东野序》,《韩昌黎文集校注》卷四。
②见《新唐书》卷一四三《元结传》。
③关于卢纶事迹,可参傅璇琮《唐代诗人丛考·卢纶考》,中华书局,1980年。

正因如此,故韩愈自贬所返回途中,特向朝中三位翰林学士献诗,也就可以理解,这就是韩诗中少见的一篇五言古诗:《赴江陵途中寄赠王二十补阙李十一拾遗李二十六员外翰林三学士》①。前曾述及,韩愈于贞元十九年(803)十二月因上疏言事被贬为连州阳山县令,后贞元二十一年(805)二月大赦,八月宪宗即位,任其为江陵府法曹参军。韩愈本以为政局变更,可以直接返朝,却不料仍留于湖北,所谓"坎坷只得移荆蛮"(《八月十五日夜赠张功曹》)②,心理极不平衡,故特向王涯、李建、李程三位翰林学士献上此诗,称颂"三贤推侍从,卓荦倾枚邹;高议参造化,清文焕皇猷",从而表达自己的心愿与期盼:"殷勤谢吾友,明月非暗投。"

　　与韩愈这种向翰林学士求援类似者,中晚唐时还有李翱《与翰林李舍人书》③,薛逢《上翰林韦学士启》④,顾云《投翰林刘学士启》⑤等,都希望"垂一顾之恩,出陆沈之所;平生进退,决在指纵"(见顾云另一文《上翰林刘侍郎启》),可见当时文士的心情。类似的情况还有不少,见于诗作者,有卢肇《喜杨舍人入翰林》、曹邺《将赴天平职书怀寄翰林从兄》、李山甫《谒翰林刘学士不遇》、张蠙《投翰林张侍郎》、徐夤《献内翰杨侍郎》等⑥。

　　值得注意的是,晚唐两位诗文大家杜牧、李商隐,也有向翰林

①《韩昌黎诗系年集释》卷三。
②同上。
③《全唐文》卷六三六。
④《全唐文》卷七六六。
⑤《全唐文》卷八一五。
⑥以上分见《全唐诗》卷五五一、五九二、六四三、七〇二、七〇九。

学士求荐之事。按：杜牧于宣宗大中二年（848）由睦州刺史内迁为司勋员外郎、史馆修撰；大中四年（850）又由司勋员外郎改为吏部员外郎。唐代尚书省郎官，声望是很高的，"尚书郎皆是妙选"（《唐会要》卷五八载开元五年四月九日敕），"郎官最为清选"（《旧唐书》卷一六八《韦温传》）。但京官俸禄不如外地州官，且杜牧此时病弟孀妹又寄居地方，家庭负担过重，因此曾有《上宰相求杭州启》①，随后即又特地写一首诗致时为翰林学士的毕諴（字存之）、郑处诲（字庭美），及京兆尹郑涓（字道一）:《道一大尹、存之学士、庭美学士，简于圣明，自致霄汉，皆与舍弟昔年往还。牧支离穷悴，窃于一麾，书美歌诗，兼自言志，因成长句四韵，呈上三君子》②。诗题很长，婉抒自己穷悴处境，而于诗中则明确表示："若念西河旧交友，鱼符应许出函关。"果然不久即出守湖州③。

李商隐于武宗会昌二年（842）中书判拔萃科，选为秘书省正字，但不久丧母丁忧；后期满服阕，于会昌五年（845）入京师，待起复。这时孙毂正任为翰林学士，李商隐就有《上孙学士状》④，先赞誉孙学士"奋词笔""钧雅音"，"载观扫荡之勋，密见发挥之力"，后即"窃期光价，微借疏芜"，希望依靠孙学士之荣耀身价，予以汲引。不久李商隐即重任秘书省正字。后孙毂于会昌六年（846）二月由起居郎迁为兵部员外郎，仍在翰林学士任内，李商隐

---

①《樊川文集》卷一六。
②《樊川文集》卷二。
③此事可参胡可先《杜牧诗文人名新考》，见其所著《杜牧研究丛稿》，人民文学出版社，1993年。
④《全唐文》卷七七五。

又特为此写上《贺翰林孙舍人启》①，中有"某厚承恩顾"之语，则其返任秘书省正字，是有孙学士举荐之力的。

值得一提的是，李商隐不仅为自己，还代笔为他人求汲引。如《为濮阳公与丁学士状》②，此丁学士为丁居晦。丁居晦于开成三年(838)十一月入为翰林学士，开成四年(839)正月又自御史中丞改中书舍人。此时李商隐正在王茂元泾州幕府，就代王茂元上书给丁学士，表示不想再驻边地，希望入居京职，文末云："仰望音徽，不胜丹赤。"另还有《为度支卢侍郎贺毕学士启》③，为李商隐在徐州武宁节度支使卢弘止幕府时所作。毕学士为毕諴，于宣宗大中四年(850)二月十三日自职方郎中兼侍御史入为翰林学士。卢弘止过去曾受知于毕諴，故毕諴刚充任学士，即特为祝贺，并又表示，他(卢弘止)现在仍"坎坷藩维，淹留气律"，甚不得意，故于文末郑重表示："抃贺之余，兼有倚望。"可见当时地方节镇，也是很看重翰林学士在朝中"击水抟风，一举千里"之作用④。

四

识拔、荐举文士，翰林学士所起的作用，在科举考试方面更为

---

①《全唐文》卷七七五。
②《全唐文》卷七七三。
③《全唐文》卷七七六。
④按：此处所提及的李商隐文，其撰写时、事，参刘学锴、余恕诚《李商隐文编年校注》，中华书局，2002 年。

明显。大家知道,科举制的建置与发展,对唐代社会,包括政治、经济、文化,都有极大的促进。科举制采取一整套考试的办法,订立一定的文化标准,打破门阀等级限制,面向社会,招徕人才。柳宗元《送辛殆庶下第游南郑序》中曾说:

> 朝廷用文字求士,每岁布衣束带,偕计吏而造有司者,仅半孔徒之数。①

这就是说,每年集合于长安的举子,总有一千六百人左右。又唐代科举考试,大体分常科与制科。常科主要为进士与明经,一般每年举行,录取人数约为进士二三十人,明经百人左右。如此,则每年各地保送的举子,总体来说,录取者不过十分之一,这样,人才的竞争就很激烈。唐代科试又采取公开的方式,应试的举子可以先向公卿名人投献诗文,公卿名人可向知举者推荐。这当然会出现种种弊病,但总的来说,唐代科举考试确实扩大了当时士人的行踪,开阔了他们的视野,促进了社会各方面的交流,对当时的文人生活与文学创作,都有积极作用②。

唐代翰林学士在科举考试中所起的作用,大致有三个方面:一是出院后主持考试即知贡举,以及在职时协助知举者举荐人才,任通榜;二为覆试;三为制举试草拟策问。今分述如下。

---

①《柳宗元集》卷二三。
②关于唐代科举,可参吴宗国《唐代科举制度研究》,辽宁大学出版社,1992年;傅璇琮《唐代科举与文学》,陕西人民出版社,1986年。

唐初知贡举者为考功员外郎,开元二十四年(736)后,改由礼部主管,一般由礼部侍郎主持,后来也常由他官代替,称权知贡举。据清徐松《登科记考》所载,中唐以后,知贡举者多由中书舍人担任。《文献通考》卷三〇《选举考》三,有云:"开元时以礼部侍郎专知贡举,其后或以他官领,多用中书舍人及诸司四品清资官。"这就是说,不论是属于尚书省的礼部、兵部、户部等侍郎,或属于中书省的中书舍人,都是朝廷官,而翰林学士则是宫内"文学侍从之臣",虽带有外廷官衔,如中书舍人、侍郎、郎中、员外郎及拾遗、补阙等,但如清钱大昕《廿二史考异》所说:"学士亦差遣,非正官也。"(卷四四)"亦系差遣,无品秩,故常假以它官,有官则有品,官有迁转,而供职如故也。"(同上,卷五八)正因如此,唐代翰林学士与宋代不同,不能以翰林学士身份知贡举。不过唐时翰林学士还是可以在选拔人才中起作用的,这就是他们往往在考试前一年出院,任礼部侍郎、中书舍人或相关官职,已作好知贡举的安排,第二年年初即知举。

　　如陆贽于德宗贞元七年(791)八月以兵部侍郎出院,贞元八年(792)初知举,该年为有名的"龙虎榜"(详后)。顾少连于贞元八年四月由中书舍人改户部侍郎出院,贞元九年、十年(793、794)即以权礼部侍郎连续两年知举,于十四年(798)又知举。这几年进士、明经登第者有柳宗元、刘禹锡、元稹、李建、独孤郁、吕温等,后均为中唐时诗文名家。卫次公于宪宗元和三年(808)秋以中书舍人出院,元和四年(809)知举,《旧唐书》卷一五九本传称其"斥浮华,进贞实,不为时力所摇"。崔群于元和九年(814)六月出院为礼部侍郎,十年(815)知举,《旧唐书》卷一五九本传称其"选拔才行,咸为公当"。郑澣于文宗大和二年(828)六月以礼部侍郎出院,后于大和三年、四年(829、830)知举,《旧唐书》卷一五八本传:"典贡举二年,选拔造秀,时号得人。"其他还有,不列举。由此可见,他们知举时虽已为外朝官,实际则仍显示翰林学士在当时社会文化生活中的影响。

唐代知举者一般仅为一人,但另有佐助者,推荐人才,称为公荐或通榜。宋洪迈《容斋随笔·四笔》卷五《韩文公荐士》条:"唐世科举之柄,专付之主司,仍不糊名,又有交朋之厚者为之助,谓之通榜。"①当时翰林学士可以不出院,在任职期间作公荐或通榜。在当时举子录取中,有时通榜所起的作用更为实际,社会影响更大。如梁肃于元和七年(812)由左补阙入为翰林学士,陆贽于元和八年(813)初知举,即邀在院的梁肃为通榜。《唐会要》卷七六《缘举杂录》:"时崔元翰、梁肃文艺冠时,(陆)贽输心于肃与元翰,推荐艺实之士。"据徐松《登科记考》卷一三,此年录取进士二十三人②。宋洪兴祖《韩子年谱》引《科名记》,称"是年一榜多天下孤隽伟杰之士,号龙虎榜",后人又称为"有唐第一榜"③。中唐时古文名家如韩愈、欧阳詹、李观等即此年登第。韩愈后于《与祠部陆员外书》中还特别提出,此年"所与及第者皆赫然有声,原其所以,亦由梁补阙肃、王郎中础佐之,梁举八人,无有失者"④。李翱于贞元九年(793)所作的《感知己赋》,称"是时梁君之誉塞天下,属词求进之士,奉文章造梁君门下者,盖无虚日"⑤。可见梁肃

①《容斋随笔》,上海古籍出版社点校本,1978 年。
②赵守俨点校《登科记考》,中华书局,1984 年。
③明胡应麟《诗薮》外编卷三,中华书局上海编辑所,1958 年。
④《韩昌黎文集校注》卷三。
⑤《全唐文》卷六三四。

当时的影响。李观于本年登第后，又特地向梁肃推荐孟郊，其《上梁补阙荐孟郊崔宏礼书》先称未登第时，已蒙梁肃揄扬，故"远迩之人，以观为执事门生"，虽自谦为不敢当，实为自我赞誉，后即向梁肃举荐孟郊、崔宏礼，称"孟之诗，五言高处，在古无二"①。孟郊也特地献上一诗：《古意赠梁肃补阙》②。梁肃为中唐前期的古文革新名家，前承李华、独孤及，后启韩愈、柳宗元等。《旧唐书》卷一六〇《韩愈传》："大历、贞元间，文士多尚古学……而独孤及、梁肃最称渊奥，儒林推重。愈从其徒游，锐意钻仰，欲自振于一代。"可见梁肃于贞元八年佐助陆贽主持举试，录取贤才，有助于推动当时的古文运动。

关于翰林学士参预覆试，也有数例。如元和三年（808）制举试贤良方正能直言极谏科，当时应试者皇甫湜、牛僧孺、李宗闵等在策文中对时政多有指责，特别是皇甫湜更将抨击的矛头指向宦官，认为这些宦官"岂可使之掌王命，握兵柄，内膺腹心之寄，外当耳目之任乎"。当时试官吏部侍郎杨於陵、吏部员外郎韦贯之将其列为上策，但为"权幸者"即宦官所诬，于是皇帝又命翰林学士王涯、裴垍覆试③，王涯、裴垍倒也是赞同皇甫湜之说的，却又受宦官诬害，被贬出院。虽结局不佳，但也可见翰林学士虽在院内，必

---

① 《全唐文》卷五三四。
② 华忱之《孟郊诗集校注》卷六。
③ 关于此次制试，过去史书记载不一，甚至以为皇甫湜等乃藉策文攻击宰相李吉甫，并以为这是后来牛李党争的前奏。傅璇琮《李德裕年谱》对此有辨，见元和三年条。《李德裕年谱》，齐鲁书社，1984 年；河北教育出版社，2001 年新版。

要时可出来参预覆试，并力持正见。

以上是制举覆试，常科进士试也有覆试的，如武宗会昌五年（845），据《旧唐书》卷一八上《武宗纪》，是年由谏议大夫陈商权知礼部贡举，选进士及第者三十七人，但"物论以为请托"，于是就由翰林学士白敏中覆试，落张渎等七人。徐松《登科记考》卷二二亦载此，并引《册府元龟》云："敏中覆试落下，议者以为公。"曾为杜牧因欣赏其"长笛一声人倚楼"而称为"赵倚楼"的赵嘏[1]，先有诗贺张渎及第（《喜张渎及第》，《全唐诗》卷五五〇），后因其覆试下榜，又赠诗加以安慰：《赠张渎榜头被落》[2]，称"莫向花前泣酒杯，谪仙依旧是仙才"。这也是唐代科试的一段佳话。隔一年，又有一次覆试事件，即魏扶于会昌六年（846）十月由翰林学士任礼部侍郎出院，随即主持第二年（大中元年，847）贡举，其初选进士及第者三十三人，但魏扶特上奏，中云："其封彦卿、崔琢、郑延休，皆以父兄见居重位，不得令中选。"魏扶这里是较为慎重的，以此三人之父兄正居重位，为避嫌疑，建议不加录选。据《旧唐书》卷一八下《宣宗纪》，"诏令翰林学士承旨、户部侍郎韦琮重考覆"。经覆试，下敕："彦卿等所试文字，并合度程，可放及第。"结果与会昌五年不同，即维持原选。由此亦可见翰林学士在覆试中确有独立见解。

翰林学士参预科举考试的另一种情况，是为制举试草拟策

---

① 参见《唐摭言》卷七，古典文学出版社，1957年。
② 亦见《全唐诗》卷五五〇。按：此事亦载于《唐摭言》卷一一，《唐诗纪事》卷五六，均作张渎，《旧唐书·武宗纪》作张渎，当误。

问。按：制举与常科不同，非每年定期举行，而据实际政局需要，确定具体时间，并名义上由皇帝主持。《通典》卷一五《选举》三，记为："试之日或在殿廷，天子亲临观之。"①不过制举试名义上由天子亲试，实际上还是委派官员考阅策文，而因制举的策问乃以天子名义发之，故有时即由在宫中任职的翰林学士起草，如同草拟制诰。如陆贽于德宗贞元元年（785）在翰林学士任，是年九月制举试，就由他撰拟《策问贤良方正能直言极谏科》《策问博通坟典达于教化科》《策问识词韬略堪任将帅科》②。这里值得一提的是长庆元年（821）十一月制举试，当时考试官为外廷中书舍人白居易、膳部郎中陈岵、考功员外郎贾𫗧，而为天子穆宗起草策问的，则为时任翰林学士的李德裕。北宋时宋敏求所编之《唐大诏令集》卷一〇六，载有长庆元年试制科举人敕，题下署为李德裕③。此篇策问一开始即提出："古人有言，当引一代之人，以理一代之务。虽隽贤茂彦，不乏于时，然亦在敷纳以言，精核其实。"后又云："当体予衷，不惧后害。"就是劝勉应试者讲实话，不要有顾虑。这样的策问是颇有气度的，正因如此，此年应试者庞严就严责现实："今朝廷用人不以仁，而悯默低柔；进人不以义，而因循持疑。

---

① 王文锦等点校《通典》，中华书局，1988年。
② 《陆宣公集》卷四"制诰"，浙江古籍出版社，1988年。
③ 按：商务印书馆1959年点校本《唐大诏令集》题作长庆二年，误，应为长庆元年。中华书局1960年影印明刊本《册府元龟》卷六四四《贡举部》即收有此文，列于长庆元年十一月，是，详参傅璇琮、周建国《李德裕文集校笺》之"新补李德裕佚文佚诗"，河北教育出版社，2000年。

言有不符于行,才有不足于用矣。"①沈亚之对策,其质直更有过于庞严,认为"今仕进之风益坏",所谓天灾之祸,实际上"皆由尚书六曹之本坏而致乎然也"②。应当说,如此激发的议论,实受李德裕所谓"当引一代之人,以理一代之务"之启示。由此亦可见翰林学士在参预科举考试中甄别人才的作用。

据上所述,可见唐时翰林学士在科试中的作用与影响,也正因此,应试的举子请其推荐、举引就很多,如前引李翱《感知己赋》所云,当时"属词求进之士,奉文章造梁君门下者,盖无虚日",确实如此。如韩愈、李观、李绛、崔群同于贞元八年(792)登第,而据《唐摭言》卷七《知己》所载,在此之前,他们就已"共游梁补阙之门",竟"居三岁"。同是中唐时期的符载,在其《送袁校书归秘书省序》中,特别提出:

> 国朝以进士擢第,为入官者千仞之梯。③

这可以说是唐代知识分子对生活道路认识的共识,尤其是中晚唐时更为突出。正因如此,中晚唐,特别是晚唐,向翰林学士进献诗文,以求举荐,就极为繁多。这里仅略举数例,以供研究。

以绝句"洞房昨夜停红烛,待晓堂前拜舅姑。妆罢低声问夫婿,画眉深浅入时无"而为人赞赏一时的朱庆馀,曾长期应试不

---

① 《文苑英华》卷四九〇,中华书局影印本,1996年。
② 《文苑英华》卷四九二。
③ 《全唐文》卷六九〇。

第,他写此诗,也题为《近试上张籍水部》①,献给时任水部员外郎的张籍,希望张籍能向主考官推荐。而同时前后,他又连续上诗给翰林学士蒋防、李绅,其《上翰林蒋防舍人》②,称赞蒋防"清重可过知内制",又经常与皇帝游宴:"看花在处多随驾,召宴无时不及旬。"朱庆馀自己却长期处于困境,故诗末云:"应怜独在文场久,十有余年浪过春。"十余年连续应试不第,真是"浪过春"。又《上翰林李舍人》诗③,首云:"记得早年曾拜识,便怜孤进赏文章。"按:朱庆馀为越州(今浙江绍兴)人,李绅于贞元末、元和初也在东南吴越一带,故云"早年曾拜识"。李绅于元和十五年(820)闰正月自右拾遗内供奉入为翰林学士,后历迁转,于长庆二年(822)二月改为中书舍人,三年(823)二月任御史中丞出院。蒋防于长庆元年(821)十一月自右补阙充,三年(823)三月迁为司封员外郎、知制诰,四年(824)二月出院。此二诗均称为舍人,当作于长庆二三年间④。这样过了几年,朱庆馀终于在宝历二年(826)登进士第,张籍还特作一诗《送朱庆馀及第归越》⑤,以浙东特有的山水美景庆贺之:"有寺山皆遍,无家水不通;湖声莲叶雨,野气稻花风。"

晚唐时期,政治腐败,社会动乱,科举考试弊病更多。宣宗大

---

①《全唐诗》卷五一五。
②《全唐诗》卷五一四。
③同上。
④按:唐时知制诰为他官代行中书舍人之职,也是中书舍人的前阶,故多称知制诰为中书舍人。
⑤《全唐诗》三八四。

中七年(853),崔瑶主举,"以贵要自恃,不畏外议;榜出,率皆权豪子弟"①。又大中十四年(860),裴坦主举,"中第者皆衣冠士子,是岁有郑义则故户部尚书澣之孙,裴弘故相休之子,魏当故相扶之子,令狐滈故相绹之子,余不能遍举"②。这种情况就使贫寒士人屡次应试不第。同为宣宗时诗人李频,多次不第,困居长安,在《长安书怀投知己》一诗中就感叹"徒随众人后,拟老一生中"③。懿宗时诗人邵谒,宋人诗话曾誉其诗句"不知天上月,曾照几多人",以为较李白之"今人不见古时月,今月曾经照古人",为"造语尤更省力"④。他有《下第有感》一诗,中云:"古人有遗言,天地如掌阔。我行三十载,青云路未达。"⑤应举考试竟已有三十年,由此可见晚唐士人蹭蹬失时之境。

正因如此,贫寒士人就多寄望于翰林学士。晚唐寒士群体"咸通十哲"之一张蠙有《投翰林张侍郎》诗⑥,自叹"举家贫拾海边樵",至此已"十载身辞故国遥"。按:此"翰林张侍郎"既与张蠙同时,当为张祎。张祎于咸通九年(868)六月自刑部员外郎入为翰林学士,在职期间历迁工部、户部、兵部侍郎,十三年(872)五月受宰相韦保衡之谮,出贬为封州司马。而张蠙则于咸通十一年

---

①《唐语林》卷三《方正》,周勋初校证本。中华书局,1987年。
②《册府元龟》卷六五一《贡举部·谬滥》,中华书局影印本,1960年。
③《全唐诗》卷五八九。
④李希声《诗话》,见郭绍虞《宋诗话辑佚》本,中华书局,1980年。
⑤《全唐诗》卷六〇五。
⑥《全唐诗》卷七〇二。

（870）十一月经京兆府试，解送举试，即"咸通十哲"之一①。张蠙此诗当于京兆府试后，上于翰林学士张祎，希望"愿与吾君作霖雨，且应平地活枯苗"。值得注意的是，此诗中已云"十载身辞故国遥"，则咸通十一年之前已辞故乡十年，奔波求试，而其正式登第则在昭宗乾宁二年（895）②，自咸通十一年至乾宁二年，也已为二十五年，如再加前十年，更可见张蠙应试之苦。

与张蠙同于乾宁二年进士登第的黄滔，也有类似情况。黄滔于唐末五代初与韦庄、罗隐、杜荀鹤齐名，交游颇广，后中原战乱，他就与韩偓共至闽中，为闽国文坛宗主。但他生平前期，也甚坎坷。他于咸通十三年（872）春第一次应试，随即落第。自咸通十三年至乾宁二年，有二十几年，多次落第，也多次向公卿名人行卷求荐，如僖宗乾符三年（876）九月向刑部郎中郑诚上书乞援（《全唐文》卷八二三《刑部郑郎中启》）；乾符四年（877）落第东归前，上书尚书右丞崔沆，倾述食贫计尽，难寓长安（《全唐文》卷八二四《崔右丞启》）；昭宗大顺二年（891）冬，上书将主贡举之裴贽，请其"曲赐悯伤，直加赏录"（《全唐文》卷八二四），但均未如愿。如此，则他于乾宁元年冬、二年初，连续上诗文献翰林学士薛贻矩、赵光逢。薛、赵二人此时均在院内③。《全唐文》卷八二四载黄滔《翰林薛舍人启》、《薛舍人启》二文，称颂薛贻矩"标表士林，梯航陆海"。赵光逢于乾宁元年（894）以户部侍郎为翰林学士承旨，黄

---

①参《唐才子传校笺》第四册卷十《张乔传》笺。
②徐松《登科记考》卷二四。
③参岑仲勉《补僖昭哀三朝翰林学士记》，《郎官石柱题名新考订》附。

滔也特上一诗《投翰林赵侍郎》①,呼吁:"愿向明朝荐幽滞,免教号泣触登庸。"

可能黄滔此次向两位翰林学士求荐,终于在乾宁二年(895)登第,而此次举试,又由翰林学士在覆试中起关键作用。据四部丛刊本《黄御史集》附录《昭宗实录》,乾宁二年主举者为崔凝,初试后,"宣翰林学士承旨、户部侍郎、知制诰陆扆,秘书监冯渥,于云韶殿考所试诗赋";结果原所取张贻宪等五人,"所试诗赋,不副题目,兼句稍次,且令落下"。又据《唐摭言》卷七《好放孤寒》条,此次录取者"孤寒中唯程晏、黄滔"。黄滔于《成名后呈同年》诗中感叹"二纪如鸿历九衢"②。应当说,经二十余年的波折,此次总算得以如愿,与这几位翰林学士极有关系。由此亦可见,即使在唐末混乱世态中,翰林学士在选拔、举荐中还是能有清醒意识,起积极作用的。

五

翰林学士就其职务本身与文学较有直接关系的,是为皇帝撰写制诰(或称诏文)。元和时翰林学士李肇所撰《翰林志》,曾把翰林学士所担任撰写的"王言之制",分列七类,主要则为:赦书、德音、立后(皇后)、建储(太子)、大诛讨、拜免三公将相,等等。

---

① 《全唐诗》卷七〇六。
② 同上。

研究者一般认为唐代诏文是一种骈体文,而骈文的特点是讲究对偶与声律,注重用典与辞藻。清《四库全书总目提要》即讥刺"唐代王言率崇缛丽,骈四俪六,累牍连篇"(卷四六《新唐书》提要)。而其内容则又纯为官方政令,与文学距离较远,故一般文学史著作也就多不列入研究的范围。

不过我们现在还是可以拓展视野,从文史结合的角度来看待诏文的价值与意义。北宋时欧阳修根据他在翰林院任职期间草制诏文的体验,认为这些诏文"其上自朝廷,内及宫禁,下暨蛮夷海外,事无不载",而一般时政记、日历,则"有略而不记"①。清代学者顾炎武也提出:"夫史以记事,诏、疏俱国事之大,反不如碑、颂乎?"②这就是说,这些诏文事涉国政大事,均为第一手材料,较后来重新编修的史书,更有原始史料的意义。宋初编修的《文苑英华》,列于"翰林制诏"的共有五十三卷(卷四二〇—四七二),其中除皇帝登位赦书,以及册封后妃、任命宰相大臣外,还涉及赈贷灾害、处理税役、改制法令、诫励风俗,以及同国内少数民族政权及周边国家交往的文书,等等,范围极广。至于诏文采用骈体,也有当时的实用性,如前引欧阳修《内制集序》即提及:"而制诏取便于宣读,常拘以世俗所谓四六之文。"后宋人谢伋在《四六谈麈》中也谓骈体"施于制、诰、表、奏、文檄,本以便于宣读,多以四字六字为句"。正因为唐代诏文的影响,两宋时期四六文体即甚盛,南宋时洪迈《容斋随笔·三笔》卷八《四六名对》条,称四六骈俪,

①《内制集序》,《欧阳修全集》卷四二,中华书局,2001年。
②《日知录集释》卷二六《新唐书》条,花山文艺出版社,1991年。

"上自朝廷命令诏册,下而搢绅之间,笺、书、祝、疏,无所不用"。《直斋书录解题》卷一八于南宋时翰林学士汪藻《浮溪集》处称"四六偶俪之文,起于齐、梁,历隋、唐之世,表章诏诰多用之",而北宋绍圣后,"习者益众,格律精严,一字不苟措"①。这是可以从文体学的角度作进一步研究的。

唐朝翰林学士所撰制诰,最具代表性的是德宗时期陆贽,以及穆宗时期元稹,他们都在创作实践与理论阐释上有所改革、创新。这方面,近些年来已有论著探讨,限于篇幅,这里就不重述,现就其历史影响等作些补充。

昭宗乾宁三年(896)七月,陆扆由翰林学士承旨升迁为宰相。陆扆为陆贽后裔,故翰林学士杨钜起草的《授陆扆平章事制》特别提及陆贽,称"况尔伯祖贽,昔以才行,尝居禁林","书命谏章,流在人口"②。北宋时诗人黄庭坚也特将陆贽与韩愈、杜甫并提,称:"文章韩杜无遗恨,草诏陆贽倾诸公。"③至于与黄庭坚同时的苏轼,其《乞校正陆贽奏议进御札子》,已多为人引用,不再举。值得一提的是,南宋时专录散文体的真德秀《文章正宗》,因陆贽制诰为骈体,谓"以其词尚偶俪",故不选录,但于卷三所录两汉诏令后,特加"按"云:"自汉及唐,唯兴元赦令,能兴起人心。"④可见即使古文理论家,对陆贽骈文体制诰,也评誉极高。

《新唐书·艺文志》三,类书类,著录有陆贽《备举文言》二十

---

① 《直斋书录解题》,上海古籍出版社点校本,1987年。
② 《全唐文》卷八一九。
③ 《病起荆江亭即事十首》之七,《黄庭坚诗集注》,中华书局,2003年。
④ 《文章正宗》,文渊阁《四库全书》本。

卷，未有说明。宋晁公武《郡斋读书志》卷一四亦著录为二十卷，谓"总四百五十余门，议者谓大类《六帖》而文辞过焉"①。而南宋末王应麟《玉海》所记较为具体，《玉海》卷二〇一据《中兴馆阁书目》，记云："陆贽《备举文言》三十卷，摘经史为偶对类事，共四百五十二门。"这当是在翰林学士任职期间，因骈文撰写注重对偶、用典，就特将经史等书，按类摘录，竟有四百五十二门。此书则南宋时尚存，后亡佚。由此也可见翰林学士对类书编纂的重视。

与此相类的有白居易所编的《白朴》，也是翰林学士撰写制诰的参考用书。元稹《酬乐天余思不尽加为六韵之作》，其中有"《白朴》流传用转新"句，自注云："乐天于翰林中书取书诏批答词等，撰为程式，禁中号曰《白朴》。每有新入学士求访，宝重过于《六典》也。"按：此处"翰林中书"，世所传《元氏长庆集》、《全唐诗》及新近出版的《元稹集编年笺注（诗歌卷）》②，皆同。白居易于宪宗元和前期曾任翰林学士，穆宗长庆初任中书舍人，如此则"翰林中书"一词似与其经历相合。但元稹注文中又云"每有新入学士"，则为专指翰林学士院。今查宋王楙《野客丛书》卷三〇有《白朴》条，记云：

> 仆读元微之诗，有曰"《白朴》流传用转新"，注云："乐天于翰林中，专取书诏批答词，撰为程式，禁中号曰《白朴》。每新入学，求访，宝重过于《六典》。"检《唐·艺文志》及《崇文

①孙猛《郡斋读书志校证》，上海古籍出版社，1990年。
②杨军《元稹集编年笺注（诗歌卷）》，三秦出版社，2002年。

总目》，无闻，每访此书不获。适有以一编求售，号曰《制朴》，开帙览之，即微之所谓《白朴》者是也。为卷上中下三，上卷文武勋阶等，中卷制头、制肩、制腹、制腰、制尾，下卷将相、刺史、节度之类。此盖乐天取当时制文编类，以规后学者。①

此段文字提供的材料，首先可订正原元稹注中"翰林中书"之误，"书"应作"专"，即可确定《白朴》一书为白居易在翰林学士任期内所作；其次，可以使后人了解此书编撰的具体内容。白居易此书虽已不存，但从王楙关于制头、制肩等所记，对研究唐代诏文撰写很有史料价值。

又，白居易《余思未尽加为六韵重寄微之》一诗，中有"制从长庆辞高古"句，自注云："微之长庆初知制诰，文格高古，始变俗体，继者效之也。"②按：元稹于穆宗即位初，元和十五年（820）五月任祠部郎中、知制诰；长庆元年（821）二月入为翰林学士、承旨，同年十月迁工部侍郎出院。他撰作制诰的时间并不长，仅一年余，但却极关心制诰文体改革。白居易在《元稹除中书舍人翰林学士赐紫金鱼袋制》中，即提到元稹自上年任祠部郎中、知制诰时，即"能芟繁词，划弊句，使吾文章言语，与三代同风"③。后为元稹所作墓志，更有具体记述："制诰，王言也，近代相沿，多失于巧俗。自公下笔，俗一变至于雅，三变至于典谟，时谓得人。"④据 1956 年文学

---

①此据中华书局出版之王文锦点校本，1992 年。经查，其他各本均同。
②见《白居易集笺校》卷七〇。
③《白居易集笺校》卷五〇。
④《河南元公墓志铭》，《白居易集笺校》卷七〇。

古籍刊行社印行的影宋抄本《元氏长庆集》六十卷,元稹所作制诰就有十一卷(卷四〇至五〇),不仅数量不少,且文体多有革新。陈寅恪《元白诗笺证稿》第四章及朱金城《白居易集笺校》都有所论证,此不赘。我们今天可以从中晚唐制诰写作实践及后世评论来探索元稹、白居易这次文风改革的影响。元稹力求语言质朴,文思清新,对中晚唐的确起有示范作用。据笔者比较核阅,中晚唐时,不论是翰林制诏、中书制诰,都出现骈散结合、文词流畅的新风,尤其如穆宗后期庞严,武宗时封敖,宣宗时杜牧,更为突出。这对宋代的制诰撰写也很有影响。如白居易于元稹制词中提出"使吾文章言语,与三代同风",欧阳修也特别提出"复诰命于三代之风"①。前所引范仲淹《述梦诗序》(《范文正公集》卷六),也认为元稹"书诏雅远,甚有补益之风"。据北宋前期《丁晋公谈录》所记,王禹偁认为"长庆中名贤所行诏诰,有胜于《尚书》者",特举元稹所行牛元翼制,谓"以此方之,《书》不如矣",于是"众皆伏之"②。同是北宋时人田锡,也以元稹与韩愈、柳宗元、白居易并提:"锡以是观韩吏部之高深,柳外郎之精博;微之长于制诰,乐天善于歌谣。"③

　　唐翰林学士在职期间除撰草制诰外,还有多方面的文化活动。如早期即代宗时翰林学士常衮、柳伉,曾奉命参与佛经的翻译。释慧灵《仁王护国经道场念诵轨仪序》载:"乃大兴善寺大广

①《外制集序》,《欧阳修全集》卷四一。
②据上海师范大学古籍整理研究所编纂之《全宋笔记》第一辑第四册,大象出版社,2003年,第261页。
③田锡《咸平集》卷二《贻宋小著书》,文渊阁《四库全书》本。

智三藏不空与义学沙门良贲等一十四人,开府鱼朝恩、翰林学士常衮等,去岁夏四月,于南桃园再译斯经,至秋九月,诏资圣、西明两寺各五十人,百座敷阐,下紫微而千官作礼,经出内而万姓观瞻。"①据《旧唐书》卷一一《代宗纪》,永泰元年(765)九月,吐蕃进军逼凤翔府、盩厔县,京师戒严:"时以星变,羌虏入寇,内出《仁王佛经》两舆付资圣、西明二佛寺,置百尺高座讲之。及奴虏寇逼京畿,方罢讲。"《资治通鉴》卷二二三永泰元年九月也载:"庚寅朔,置百尺高座于资圣、西明两寺,讲《仁王经》,内出经二宝舆,以人为菩萨、鬼神之状,导以音乐卤簿,百官迎于光顺门外,从至寺。"另《贞元续开元释教录》卷上也记有:"爰命……翰林学士常衮等于大明宫南桃园详译《仁王》……至(永泰元年)四月十五日译毕送上。"又《宋高僧传》卷三《唐大圣千福音飞锡传》记:"代宗永泰元年四月十五日,奉诏于大明宫内道场同义学沙门良贲等十六人参译《仁王护国般若经》并《密严经》。先在多罗叶时,并是偈颂,今所译者多作散文。不空与(飞)锡等及翰林学士柳伉重更详定。"②这当与代宗崇信佛教有关,翰林学士作为近臣,不得不参与。

　　翰林学士应命撰写的,还有宫中宦官和地方节镇的碑传墓志。翰林学士为宦官撰写的这方面材料,据《全唐文》及石刻文献来看,相当多,有些是难得的史料。较早的如肃宗时翰林学士潘炎,曾为高力士作墓志铭:《大唐故开府仪同三司兼内侍监上柱国

----

① 《全唐文》卷九一六。
② 范祥雍校点《宋高僧传》,中华书局,1987 年。

齐国公赠扬州大都督高公墓志铭并序》，三秦出版社据陕西出土文物编成的《全唐文补遗》第七辑（2000年5月）所载，此志署为“尚书驾部员外郎、知制诰潘炎奉敕撰”，所记有多为史书所未载的。中晚唐时更多，今所见者也多有见于石刻著录，如清《金石萃编》卷一一七录有懿宗时翰林学士刘瞻《刘遵礼墓志铭并序》，卷一一八录有昭宗时翰林学士裴廷裕《大唐故内枢密使吴公（承泌）墓志并序》等。这些墓志均署有撰写者官衔及年月，因此也为考索翰林学士任职时间提供可信史料，有些也为现代研究者所未及①。又中晚唐时藩镇势力更强，但他们仍看重翰林学士的声望，无论在世或去世，多请翰林学士为其撰写德政碑或墓志铭。据杜牧为崔郾所作行状（《礼部尚书崔公行状》，《樊川文集》卷一四），崔郾在敬宗时任翰林侍读学士，仅几个月内，就为郑滑节度使高承简撰德政碑，为魏博节度使田季安及陈许节度使王沛之父撰神道碑。杜牧文中称，“是三者，皆御劄命公，令刻其辞”，且因其出于“师臣之辞”，“恩礼亲重，无与为比”。可见当时翰林学士为地方节镇撰碑立传，社会极为看重。

又《白居易集笺校》卷一八载《太平乐词二首》，题下有白氏自注：“已下七首在翰林时奉敕撰进。”即除此《太平乐词二首》外，尚有《小曲新词二首》、《闺怨词》三首，均为五言绝句。有云：“岁丰仍节俭，时泰更销兵；圣念长如此，何忧不太平。”（《太平乐词》）“霁色鲜宫殿，秋声脆管弦；圣明千岁乐，岁岁似今年。”（《小

①如刘瞻所作《刘遵礼墓志铭并序》，岑仲勉《补僖昭哀三朝翰林学士记》即未引用。

曲新词》)可见是应君王之命,为宫中节日撰行乐之词。这在后世,也多有所见,如宋时所编《岁时杂咏》,其卷四"春贴子·皇帝阁",即收有苏轼诗六首,中有云:"翰林职在明光里,行乐诗成拜舞中。""皇太后阁"六首中有云:"边庭无事羽书稀,闲遣词臣进小诗。"可见是苏轼在任翰林学士期内所作乐词。《岁时杂咏》此卷又有欧阳修所作(如"皇帝阁"六首、"皇后阁"六首、"夫人阁"六首、"温成皇后阁"四首),另又有宋祁、晏殊、夏竦等同类之作。直至清朝,翰林院庶吉士更有撰乐词及为宫中写春联,书匾额等①。这当都是从唐代开始,延续下来的。

值得一提的是,翰林学士还为皇帝编纂、辑集当时人的诗作。如元和中期任翰林学士的令狐楚,编有《御览诗》一卷,今所传毛晋汲古阁刻本,所署为"翰林学士、守中书舍人、赐紫令狐楚奉敕撰进"。按:令狐楚于元和十二年(817)三月迁中书舍人,同年八月出院,则此书当作于元和十二年夏秋间。此书收有三十位诗人,二百八十九篇诗(主要是大历至元和初期),诗体基本上为近体五七言律绝。根据书名,虽供皇帝御览,实则提供了中唐大历诗坛情况,其中有不少作家作品,即赖此书以传,后《唐诗纪事》、《全唐诗》多采自此书②。

又此书后附陆游跋语,陆游引有当时所见的卢纶碑文,有云:"元和中,章武皇帝命侍丞采诗第名家,得三百一十篇,公之章句,

①此可参近代前辈学者齐如山《中国的科名》第十九章《翰林》,《齐如山全集》八上。
②参见傅璇琮编《唐人选唐诗新编》,陕西人民教育出版社,1996年。

奏御者居十之一。"又《新唐书》卷二〇三《文艺传下·卢纶传》载:"宪宗诏中书舍人张仲素访集遗文。"按:张仲素于元和十一年(816)八月入为翰林学士,后于十四年(819)三月在任期内迁为中书舍人。此处称其为中书舍人,则宪宗当于令狐楚《御览诗》编成后,又命张仲素专辑卢纶之诗,当时得有三百一十篇,而前《御览诗》所收为十分之一。清编《全唐诗》有卢纶诗五卷(卷二七六—二八〇),也有三百二十余首。可见卢纶诗之传存,是得力于元和时这两位翰林学士辑集之功的。

翰林学士在职期间所作,除单篇诗文外,还有多类学术专著,这也值得注意。如唐末昭宗时翰林学士裴廷裕所著《东观奏记》,记宣宗曾召翰林学士韦澳,谓他每召见外地节度、观察使,很想事先知道各州郡情况,命韦澳编一部有关诸州境土风物及民俗利弊之书。韦澳就广为搜辑,《新唐书·艺文志》史部地理类,就著录有韦澳《诸道山河地名要略》九卷,注云:"一名《处分语》。"后薛弘宗被任为邓州刺史,他于受命、退朝后,见到韦澳,谓:皇上处分(即处理)本州事,真使人惊讶。韦澳询之,即其所编书中所记的①。可惜此书也未传存,否则对后世了解当时唐代各地的社会、经济等情况,就极为有利。又如同为宣宗大中时翰林学士刘瑑,编有《大中刑法统类》一书,六十卷(据《新唐书·艺文志》史部刑法类,一名《大中刑法总要格后敕》)。他从唐初武德时起,至大中时,二百数十年,就有关法令制敕,选二千八百六十五条,分六百

---

① 按:此事《旧唐书》卷一六九《韦澳传》,《资治通鉴》卷二四九大中九年五月,皆有记,当均本《东观奏记》。

四十六门,"类而析之,参订重轻",可以说是唐朝一部法律条令汇编,故"法家推其详"①。

另,唐自穆宗朝起,设置翰林侍讲、侍读学士。翰林侍讲、侍读学士,由于职能有所分工,在职期间编撰有儒家典籍与史书多种,如穆宗时韦处厚、路随有《六经法言》、《宪宗实录》,敬宗时崔郾、高重有《诸经纂要》,文宗时郑澣有《经史要录》,许康佐有《新注春秋列国经传》,丁公著有《礼志》②。这些书专业性较强,当为有唐一代经学、史学、子学方面的代表性著作。应该说,这与一般翰林学士专职于草制诏诰文书,共同构成唐时高层文士具有时代特色的文化职能,很值得从历史—文化角度加以研究。

原载《人文中国学报》第十一期,《名贤讲席——中国古典文学研究前沿的思考》(香港浸会大学中文系主办,2004 年 12 月 1 日)。香港浸会大学《人文中国学报》编辑委员会编,上海古籍出版社,2005 年 8 月

①见《新唐书》卷一八二本传。
②详参傅璇琮《唐翰林侍讲侍读学士考论》,北京,《清华大学学报》2004 年第 5 期。

李白任翰林学士辨

一

　　近二十年来，关于李白的研究，成果丰硕，特别是有关李白生平的考述，如李白的家世与出生地、李白的两次入长安、李白的交游等，很有创见。我个人认为，这些年来有关李白作品的论证和李白事迹的考索，其成就是超过对同时期诗人杜甫的研究的。但有些问题似还有模糊不清之处。近年来我因研究唐代翰林与文人生活的关系，搜集了一些材料，其中也涉及李白于天宝初入长安任翰林供奉问题。最近写有一篇《唐玄肃两朝翰林学士考论》①，本拟同时论述李白的翰林供奉一节，限于篇幅，不便细述，故另撰此文，以便将这一问题说得更充分一些，谨供李白研究者研讨。

①刊载于《文学遗产》2000年第4期。

李白于唐玄宗天宝元年(742)秋应诏入长安,为翰林供奉,天宝三载(744)春离开长安,随即在洛阳与杜甫会面。尽管目前有李白两次入长安、三次入长安等不同说法,但天宝初几年在长安,这是没有异议的。而且这二三年间李白的生活与创作也很受人关注,是李白生平研究中一个重要环节。但这里却有一个问题,即李白这几年应诏入宫中,是为翰林供奉还是翰林学士? 随即又产生一些疑问,就是这时的某些作品,如《宫中行乐词》、《清平调》,是否为李白所作,以及是什么原因使他不得不离开长安。这些看来都是已经解决的问题,但我近来翻阅这些年来的有关论著,却觉得这些不成问题的问题,还是需要清理的。

二

　　1999年《光明日报》的《史林》副刊(第266期),刊有《古代翰林制度及其对封建文化的影响》一文(作者杨果),把李白、杜甫与宋代的苏轼、欧阳修、王安石、司马光同列于翰林学士之列。我当时看了很奇怪,因杜甫虽考过进士,与个别翰林学士也有过交往,但他本人与当时的翰林学士院毫无关系,李白则在历史上仅记为翰林供奉,怎么能把这两位诗人与真正是宋朝翰林学士的苏轼、欧阳修等并列呢? 我最初以为这大约是搞历史的人不太懂文学家的生平事迹,以致出现这一不应有的疏误,但后来翻阅近些年来的一些论著,不意发现竟有好几家说及李白于天宝初任为翰林学士。

较早的，如安旗先生于 1983 年所写的《李白传》（文化艺术出版社，1984 年），以文学笔调描写李白进宫的情景，明确把李白说成翰林学士，如："大家都要来看看天子亲自召见的翰林学士"（132 页）；"贺知章站出来说：'李学士醉了……'"（147 页）；"翰林院一角，一群蚊子在哼哼：'他哪里像个翰林学士！'"（154页）等。

　　中国社会科学院文学研究所编的《中国文学通史系列·唐代文学史》（人民文学出版社，1995 年），在有关李白一章中，虽没有明确说李白是翰林学士，但在提及翰林供奉时，仍认为这"是皇帝的机要秘书，地位特殊而重要"，把翰林供奉与翰林学士混同。书中还引录《新唐书·百官志》一句话："内宴则居宰相之下，一品之上。"其实《新唐书·百官志》的这句话说的就是翰林学士，而且还不是初期，是就中唐时期翰林学士地位逐步提高以后而说的。

　　郁贤皓先生主编的《李白大辞典》（广西教育出版社，1995年），于《李翰林》条下注云："李白于天宝元年（742）至三载（744）曾奉诏入翰林院，为翰林学士，又称翰林供奉。"（1 页）

　　詹锳先生主编的《李白全集校注汇释集评》（百花文艺出版社，1996 年），在注释《翰林读书言怀呈集贤诸学士》诗时说："李白在朝，即为翰林学士，未授他官。"（卷二二，3467 页）

　　《唐代文学研究》第六辑（广西师范大学出版社，1996 年），载有李子龙先生《读〈李白集〉三题》一文，其中也说及："即如他（按：指李白）奉诏翰林学士之初。"（336 页）

　　应当说，这几位先生在李白研究中，是作出过引人注目的成绩的,但为什么都把李白说成天宝时期的翰林学士呢?

按:《旧唐书·文苑传》说李白"待诏翰林",《新唐书·文艺传》说李白"供奉翰林",都未有"翰林学士"一词。李白自己也只称"翰林供奉李白"(《为宋中丞自荐表》)①,从来没有说自己做过翰林学士。他的友人,如杜甫、贾至、任华、独孤及、魏万等,在所作与李白交往的诗文中,也未称其为翰林学士。——这应当说是现存最原始的材料,值得注意。

中唐时,曾有几位翰林学士,根据他们在翰林学士院中所见到的壁上所书材料,详细载录自玄宗开元以后的翰林学士姓名(包括翰林学士承旨以及翰林侍讲、侍书学士)。如元稹有《承旨学士院记》,记载贞元二十一年(805)至长庆四年(824)期间的翰林学士承旨姓名,及任职时间;韦执谊有《翰林院故事》,记开元至宪宗元和时期的翰林学士姓名,及以什么官职入充,以什么官职出院;丁居晦有《重修承旨学士壁记》,记开元至咸通年间的翰林学士姓名,及入、出之年月与官职②。此三书,以丁居晦所记时间最长,人物最多。按:丁居晦于文宗大和九年(835)五月入院,开成三年(838)十一月以御史中丞出院,后又于开成四年(839)闰正月入院,五年(840)三月卒。当然这里就有两个问题,一是丁居晦此记,据丁氏自云作于开成二年(837)五月,而其卒年又为开成五年,怎么能记翰林学士姓名至懿宗咸通年间(860—873)呢?岑仲

①见朱金城《李白集校注》卷二六,上海古籍出版社,1980 年,1518 页。
②按:以上三书均由南宋洪遵编入《翰苑群书》。

勉先生《翰林学士壁记注补》①有很好的解释,书中谓:"盖丁氏记述,应至作记日止,过此则后来入院者各自续题。"可见所谓学士院壁记,其姓名皆为入院的学士自己所题,因此可以确信。二是丁居晦所记,题云《重修承旨学士壁记》,实则所记不限于承旨(按:承旨是宪宗即位后所定的每一时期翰林学士首领),凡翰林学士及侍讲、侍书学士,都予记入,这样似名实不符。不过丁氏此书,南宋陈振孙《直斋书录解题》卷六职官类,著录其书,仍为《重修翰林壁记》一卷,可见此书确为当时的实际记录。

应当说,元稹、韦执谊、丁居晦所记的翰林学士姓名,也是唐代有关这方面的原始材料,是可信的。正因如此,唐代研究前辈学者岑仲勉先生即据这几份材料,对从开元至昭宗约170年间的翰林学士,作了总体事迹的考索,是20世纪唐代翰林学士研究的重要成果,是可以作为依据的。

韦执谊《翰林院故事》所记玄宗朝的翰林学士,依次为吕向、尹愔、刘光谦、张垍、张淑(应作埱)、张渐、窦华、裴士淹;肃宗朝的翰林学士,依次为董晋、于可封、苏源明、赵昂、潘炎。丁居晦的《重修翰林壁记》,玄宗朝八人,与韦执谊所记同,肃宗朝四人,缺赵昂,岑仲勉《翰林学士壁记注补》则据《翰林院故事》补入,仍为五人。可以注意的是,有关唐代翰林学士,其姓名记于学士院壁上而为唐代当时人著录并考述的,均无李白。这便值得我们考虑。

---

① 岑仲勉《翰林学士壁记注补》,原刊于《历史语言研究所集刊》第十五本,1948年;后又附载于上海古籍出版社1984年出版的《郎官石柱题名新考订》之后。

三

以上应当说是确切可靠的证据，说明李白于天宝初应诏入宫，只为翰林供奉，非为翰林学士。不过这里还有一个误会，即翰林供奉可能就是翰林学士，两者大约是同一而异名。从有些学者所记，似乎有这一意思。上述《李白大辞典》，于"李翰林"一条，即谓李白奉诏入翰林院"为翰林学士，又称翰林供奉"(1页)。又《李白选集》(上海古籍出版社，1990年10月)，在注《翰林读书言怀呈集贤诸学士》一诗时，就说"开元二十六年，又改翰林供奉为学士"，也容易使人以为翰林供奉与翰林学士确为同一职事，只不过于开元二十六年改了名称。

应当说，所谓开元二十六年改翰林供奉为学士，是有所依据的。翰林院之设，始于唐玄宗。《新唐书·百官志》一谓："玄宗初，置翰林待诏，以张说、陆坚、张九龄等为之，掌四方表疏批答、应和文章；既而又以中书务剧，文书多壅滞，乃选文学之士，号翰林供奉，与集贤院学士分掌制诏书敕。开元二十六年，又改翰林供奉为学士，别置学士院，专掌内命。"此处《新唐书·百官志》的文字，大致是本于中唐时李肇《翰林志》、韦执谊《翰林院故事》的，但概述得不够清楚。如说玄宗最初建翰林院，设翰林待诏，命张说等人为之，实际上张说等人至少于开元十年以前未作过翰林待诏，而这时已有翰林供奉(为吕向，详下文)，并非开元十三年置集贤院后才改翰林供奉的。

开元二十六年以后任为翰林学士的吕向，《新唐书》卷二〇二有传，称"玄宗开元十年，召入翰林"。又同书卷二〇〇《儒学下·赵冬曦传》，载赵于开元初由监察御史坐事贬岳州，后召还复官，与秘书少监贺知章等为集贤院修撰，而这时"翰林供奉吕向、东方颢为（集贤）校理"。据岑仲勉《注补》所考，赵冬曦召还，为开元十年，对照《新唐书》吕向本传，则吕向于开元十年已为翰林供奉。

实际上，玄宗于开元初建立翰林院时，所谓翰林供奉、翰林待诏，实为同一职名，并非如《新唐书·百官志》所说，先是待诏，后改供奉。如《资治通鉴》卷二一七天宝十三载正月记："上即位，始置翰林院，密迩禁廷，延文章之士，下至僧、道、书、画、琴、棋、数术之工皆处之，谓之待诏。"清顾炎武《日知录》卷二四有《翰林》一条，即据两《唐书》，记唐代历朝工艺书画之士，及僧、道、医官、占星等，均入"待诏翰林"之列，而这些人又称之为翰林供奉。

开元二十六年则不同，"始别建学士院于翰林院之南"（李肇《翰林志》），"由是遂建学士，俾专内命"（韦执谊《翰林院故事》）。就是说，在此之前，设有翰林供奉（或翰林待诏），其人大致分两类，一是工艺书画、僧道医术等人，一是文学之士（如吕向等）；而开元二十六年起，选取一部分文学之士入学士院，"专掌内命"，同时在翰林院中还是有供奉等人，并不是单纯地把所有的翰林供奉改为学士。就是说，并非改名称，而是另选人。因此韦执谊《翰林院故事》在叙述学士院建立后，就说："其外有韩翃（应作法）、阎伯玙、孟匡朝、陈兼、蒋镇、李白等，在旧翰林中，但假其名，而无所职。"所谓"外"，即学士院之外。其意谓开元二十六年建学士院后，仍还有一部分人在过去的翰林院中（其中就有李白），不过

"假"翰林之"名",而未就学士之"职"。因此宋代叶梦得在《石林燕语》中也说:"唐翰林院,本内供奉艺能技术杂居之所,以词臣侍书诏其间,乃艺能之一尔。开元以前,犹未有学士之称,或曰翰林待诏,或曰翰林供奉,如李太白犹称供奉。"[1]

应当说,在此之后,凡称翰林供奉或翰林待诏,皆非翰林学士,也不像开元二十六年以前那样,有时还能与集贤院学士、中书舍人等,分掌制诏,他们一般是书画家、医官、僧道。如玄宗时著名书法家蔡有邻,据《金石萃编》卷八十八所录《章仇元素碑》(天宝七载十月建),即署为"翰林学士院内供奉"。又宋陈舜俞《庐山记》卷三著录有《简寂先生陆君碑》,注谓"中岳道士、翰林供奉吴筠文并序"。又《册府元龟》卷五四《帝王部·尚黄卷》二:"(敬宗宝历)二年三月戊辰,命兴唐观道士孙准入翰林。"又卷一八○《帝王部·滥赏》:"(宝历)二年十一月己卯,赐翰林僧惟真绢五十匹。惟真以异术出入禁署。"

四

以上所述关于开元时期翰林院建置的演变以及翰林供奉与翰林学士于开元后期的区分,从这一大背景来观察李白天宝初几年在长安的生活与心情可能会更清楚一些。

关于这一点,我觉得安旗先生《李白纵横谈》(陕西人民出版

---

[1]《石林燕语》卷七,中华书局点校本,1984年。

社,1981年)有一段话倒是较为确切的,书中叙述李白第二次入长安,说:"'翰林待诏'就是待在翰林院里,听候皇帝下诏,或帮助起草些文书,或回答皇帝的咨询,或侍候皇帝宴游,做些点缀太平的诗文,本是个帮闲的角色,但在当时一般人心目中,毕竟还是相当荣耀的。"(41页)这里所谓"相当荣耀",不只一般人的心目中是如此,李白本人自我感觉更为优佳。他本早有抱负,"拜一京官",但一直未有机会,只能流落各地:"少年落魄楚汉间,风尘萧瑟多苦颜。"现在却忽然意想不到地直上云霄:"忽蒙白日回景光,直上青云生羽翼。"他确实是颇为得意的,就在这首诗中,说自己有幸陪从皇上到骊山温泉去宴游,于是"王公大人借颜色,金璋紫绶来相趋"①。

我以为,我们看李白自己描述这段时期的生活,最好把有关作品分成两部分,一是李白当时在长安所写的,身处其境时他是怎么看待的;二是离开长安后他是怎么回顾的。这两部分作品确实有所不同,我们分别来作一些分析,可能会更合乎实际。

李白作品的系年,研究者多有不同意见。长安这几年的诗作,我们可以选择确切系年的作为例子来说。我觉得,这二三年的作品,如《金门答苏秀才》、《游宿温泉宫作》、《从驾温泉宫醉后赠杨山人》、《温泉侍从归逢故人》、《朝下过卢郎中叙旧游》、《玉壶吟》、《羽林范将军画赞》等,其内容,一是表现得意之状,以及对

---

①按:此诗,宋本《李翰林集》卷八、清编《全唐诗》卷一六八、朱金城《李白集校注》卷九,均题作《驾去温泉后赠杨山人》,此从徐俊《敦煌诗集残卷辑考》(中华书局,2000年),题为《从驾温泉宫醉后赠杨山人》。

皇上的感恩之情；二是抒发未能遂志之意，并作离开长安、"归卧白云"的准备。这两方面，有关的研究著作已论述得很多，这里不必再重复。我认为其中有一点可以注意，就是李白此时所作，没有说自己为皇帝起草过制诏等机要文书，连一些比喻性的词句也没有。稍为接近的，如"晨趋紫禁中，夕待金门诏"，那也不过是说到翰林院值班，等候上面有什么事情要办。而且接着又说："观书散遗帙，探古穷至妙。片言苟会心，掩卷忽而笑。"（以上皆见《翰林读书言怀呈集贤诸学士》）原来在院里他只不过看看一些散遗之书，相当寂寞。这时的集贤院学士，其职责主要也是校理经籍、编著目录，与开元中期"分掌诏书敕"大为不同，因此李白与他们可以作心理上的沟通。

这里还应提一件事，此事看来似乎是一个细节，但对我们考察李白在长安这几年的生活，是应予重视的，而这，却恰好为李白研究者所忽略。唐代的翰林学士，严格说来，只是一种差遣之职，并非官名。《新唐书·百官志》一曾说："自诸曹尚书下至校书郎，皆得与选。"诸曹尚书，如尚书省的各部侍郎，官阶为正四品下，校书郎为正九品下，不管品阶差得多远，都可入充为翰林学士。这是唐代的特殊现象，因此引起宋人的注意。宋叶梦得特别提出："如翰林学士、侍读学士、侍讲学士、侍书学士，乃是职事之名耳。"（《石林燕语》卷五）清人钱大昕也说："学士无品秩，但以它官充选……学士亦差遣，非正官也。"（《廿二史考异》卷四四）"亦系差遣，无品秩，故常假以它官，有官则有品，官有迁转，而供职如故也。"（同上，卷五八）

这就是说，一个翰林学士，他必须带有其他正式的官职，这样,他才有一定的品位,才有一定的薪俸。如德宗初一位翰林学士姜公辅,他原是以左拾遗入充,"岁满当改官,公辅上书自陈,以母老家贫,以府掾俸给稍优,乃求兼京兆尹户曹参军"(《旧唐书》卷一三八本传)。诗人白居易也是如此,他于元和二年以集贤校理入为翰林学士,第二年由集贤校理改为左拾遗。元和五年,又可改官,这时他上奏:"臣闻姜公辅为内职,求为京府判司,为奉亲也。臣有老母,家贫养薄,乞如公辅例。"于是朝廷也给予京兆尹户曹参军的官衔,实际上则仍为翰林学士(《旧唐书》卷一六六本传)。京兆府户曹参军为正七品下,比左拾遗要高好几阶,而主要是京兆户曹参军薪俸收入明显增多,因此白居易很高兴,特地写了一首诗:《初除户曹喜而言志》,其中说:"俸钱四五万,月可奉晨昏。廪禄二百石,岁可盈仓囷。喧喧车马来,贺客满我门。不以我为贪,知我家内贫。"[1]元稹也特地作了一首和诗,点明"君求户曹掾,贵以禄奉亲"[2]。可见仅任翰林学士是没有经济来源的。

这就是说,凡翰林学士,都须带有官衔。如与李白同时的代宗时翰林学士于益,据《金石萃编》卷九三著录的《大唐故左武卫大将军赠太子宾客白公神道碑铭并序》,于益撰,所署为:"朝议郎、行尚书礼部员外郎、翰林学士、赐绯鱼袋。"宋叶梦得《石林燕语》卷四,说唐代翰林学士,其授衔"或在官上,或在官下,无定制"。他据其家中所藏唐碑,引录两个例子,一是大和中《李藏用碑》,撰者为"中散大夫、守尚书户部侍郎、知制诰、翰林学士王源

---

①朱金城《白居易集笺校》卷五、卷五一,上海古籍出版社,1988年。
②《和乐天初授户曹喜而言志》,《元稹集》卷六,中华书局,1982年。

中";一为大中中《王巨镛碑》,撰者为"翰林学士、中散大夫、守中书舍人刘瑑"。就是说,不管任翰林学士在先在后,是一定带官衔的。

翰林学士如此,翰林供奉、翰林待诏也是如此。前面已举过数例。又如清胡聘之《山右石刻丛编》卷六载《大唐龙角山庆唐观纪圣之碑》,碑阴有撰者吕向署衔,为"朝议郎、守尚书主客郎中、集贤院学士、翰林院供奉、轻车都尉……"①,则吕向除翰林供奉外,还有从五品上的尚书主客郎中。又如《金石萃编》卷一〇七《邠国公(梁守谦)功德碑》,篆额者为翰林待诏陆邳,其衔为"朝议郎、权知抚州长史、上柱国、赐紫金鱼袋"。可见其所带之官衔,不仅有京官,还有地方官。这又可见于白居易在穆宗长庆年间任中书舍人时起草的《侯丕可霍丘县尉制》②。原来这位侯丕也是翰林待诏(制词云"执艺以事上,奉诏而处中"),现在给予"守寿州霍丘县尉,依前翰林待诏",是因为"既宠之以职名,又优之以禄俸",因为地方官的薪俸是高于京官的。

从以上事例,我们当可有这样一个认识,即无论是开元时期,还是天宝及天宝以后,翰林学士以及翰林供奉(翰林待诏),都应该带有正式官衔,这一方面是个人地位及生活保障的依据,一方面也是朝廷对其待遇的确认。这是一个通例,但偏偏李白除了"翰林供奉"外,什么也没有,这不是一个空架子吗?这确实很奇怪,很值得探究。如果刚召入,有待考查,暂不带官衔,还可理解;

----

① 《山右石刻丛编》,见严耕望《石刻史料丛书》甲编,台北艺文印书馆。
② 朱金城《白居易集笺校》卷五、卷五一,上海古籍出版社,1988年。

第二年整整一年，还是没有，直至第三年，天宝三载春李白离去，也还仅仅是一个"高士"（其友人李华语）。这究竟是什么原因呢？尽管魏颢《李翰林集序》中说玄宗曾表示要授予中书舍人，这只是李白去世后的一句虚辞，不足为信；而且即使如此，这位帝王也不过略作表示而已，并未真的授予。我觉得这值得我们思考，那就是，尽管历史上记载唐玄宗如何对他宠遇，却始终不给他一个官衔，实际上只不过把他当作一个陪同宴游的侍者。李白《宫中行乐词八首》，前三首曾见于法藏敦煌遗书。据徐俊《敦煌诗集残卷辑考》卷上所录，敦煌抄件原卷题下所署作者姓名为"皇帝侍文李白"。这是抄录者加的，但也可见当时确有人把李白仅仅视为皇帝的"侍文"，这是很有意思的。

更有意思的是，即使如此，李白在刚刚离开时，仍很向往以后再返朝廷。如《赠崔侍御》诗，据詹锳先生校注本（卷八），此诗作于天宝三载秋，刚离长安不久，仍希望崔侍御再荐于朝。又如《走笔赠独孤驸马》（同上，卷八），此位独孤驸马为独孤明，玄宗之婿。李白先颇为眷恋地说："是时仆在金门里，待诏公车谒天子"，而现在"一别蹉跎朝市间，青云之交不可攀"，因此希望"傥其公子重回顾，何必侯嬴长抱关"。李白的这种心态，一直是保持着的，而且对唐玄宗的感恩之意，以及对天宝初宫廷生活的怀念之情，比刚离开长安时更为深切，也正在这时，他诗中出现了替皇帝起草政书、密参朝政等文词。如约作于天宝十二载（753）的《赠崔司户文昆季》（詹校注本卷九）中云："攀龙九天上，忝列岁星臣。布衣侍丹墀，密勿草丝纶。"后至德二载（757），浔阳出狱，在宋若思席，作《为宋中丞自荐表》，说天宝初名动京师，"上皇闻而悦之，召入禁掖,既润色于鸿业,或间草于王言"。我觉得,这样写与其自己于天宝初在长安所作的不合,也与翰林供奉的身份不符。我们往往把李白的高傲看得太重,实际上李白难免于世俗,他是不能脱离社会实际的。他一直是想回到朝廷中去的。又如《寄上吴王三首》(詹校注本卷十二),约作于天宝七载,中云:"客曾与天通,出入清禁中。襄王怜宋玉,愿入兰台宫。"如吴王可以延揽,他也愿意入以备顾问,也因此,他在回顾天宝初时,就竭力夸大玄宗对他的宠遇、重视。后来李阳冰、范传正、刘全白等所作的序、碑等文,说他在宫中作和蕃书,专掌密命,潜草诏诰,等等,俨然已在一般的翰林学士之上,是否属实,甚可怀疑。老实说,即使当时的几位翰林学士,也不一定能受此重任(参拙作另文《唐玄肃两朝翰林学士考论》)。

至于范传正所作的李白墓碑,题中提及"唐左拾遗、翰林学士";裴敬所作墓碑,也说是"翰林学士",等等,这些也是不足为据的。裴敬所作墓碑中还述及李白曾在太原解救郭子仪,后郭子仪又回报救李白,都为明显讹传,渲染得更多,而离事实也越远。即如他之受谗被迫离开长安,种种说法,也都须重新考虑,据可靠材料加以论证,如高力士为之脱靴、进谗言于杨贵妃,等等,皆为后来传说之辞。杨玉环于天宝头三年,还只是以女道士身份在宫中,虽已受到唐明皇的宠爱,陪从到温泉等处游乐,但不可能如宋朝乐史在《杨太真外传》中所述,高力士在此时已当面称杨氏为"妃"。据陈寅恪《元白诗笺证稿》第一章《长恨歌》所考,杨玉环先于开元二十三年十二月被册为玄宗子寿王之妃,后玄宗宠爱之武惠妃于开元二十五年卒,后宫无有当其意者,遂听从高力士之意,于开元二十八年十月将杨氏召入宫中。但为掩人耳目,于此时先将其度为女道士,至天宝四载八月,才册为贵妃,公开身份。

又如魏颢《李翰林集序》说李白是因为受张垍之谗才被迫出走的,现在的研究者据张垍这时也正好为翰林学士,以证实李白为"同列所谗"。这似乎已成为定论,实则尚可探究。据韦执谊《翰林院故事》,张垍于开元二十六年自太常少卿入为翰林学士,是学士院建立后与刘光谦同为第一批学士。但丁居晦《重修翰林学士壁记》则记张垍为由太常卿入充。新旧《唐书》本传都未记张垍何时任翰林学士。据《旧唐书》卷九《玄宗纪》,天宝十三载三月,张垍因涉安禄山事,与其兄均、弟埱都被贬出,这时他任为太常卿。同一年,张垍又被召回,复为太常卿。则他任太常卿,时间较晚。又《通鉴》卷二一五,天宝四载五月,垍方为兵部侍郎。就官阶而言,兵部侍郎为正四品下,太常少卿为正四品上,太常卿为正三品。按正常而言,则张垍任太常少卿、太常卿当在天宝四载任兵部侍郎以后,而他由太常少卿、太常卿入为翰林学士,也就不可能在天宝四载以前。岑仲勉先生《翰林学士壁记注补》也曾考证刘光谦以起居舍人充翰林学士当在天宝五载以后,决非开元二十六年首批入院的。据此,则李白于天宝头几年在翰林院时,张垍还未为翰林学士,他就不可能因"同列"而妒忌李白。

总之,关于李白与翰林供奉,还是应从史料清理入手,对过去的各种说法作细致、求实的考析,切不要囿于成说,以免由误传误。谨以此向当代李白研究者求教,并祈赐正。

2000 年 4 月

原载《文学评论》2000 年第 5 期,2000 年 9 月

从白居易研究中的一个误点谈起

一

　　唐代文学研究,近二十年来确实有很大的进展。前两年,董乃斌、赵昌平、陈尚君三位学者,曾就史料、视角和方法等几个方面,总结性地谈到 20 世纪唐代文学研究的进程,一致认为,唐代文学最好的研究成果,还是出在最近二十年①。这当也为学界之共识。

　　但任何一门学科,或具体一个学术领域,有时总也会出现某些不足之处。我们对学科建设,最好能保持清醒的认识,不要盲目乐观。我个人认为,目前唐代文学研究,从大的范围来说,似还有两方面的问题:一是进展不平衡,有些课题现在还很少有人涉及,成果极少,有些则无论观点表达还是材料运用,多有重复;二

---

①见《世纪之交的对话——古典文学研究的回顾与瞻望》,《文学遗产》编辑
　部编,上海古籍出版社,2000 年。

是经常出现事实陈述的错误。特别是对一些大作家,如李白、杜甫、王维、白居易、韩愈、李商隐等,每年至少有好几十篇文章,好几种专著。而有些论著为了显示特色,就硬造出一些新见,实际上却常常出现事实性、常识性的失误。

现在我想举近些年来关于白居易研究中的一个事例,就我们现在治学如何加强基础知识的修养,谈谈自己的一些看法。

二

《文学遗产》1994年第6期曾刊有一文,题为《论白居易思想转变在卸拾遗任之际》(作者王谦泰)。此文发表后,曾受到学界的注意和重视,《唐代文学研究年鉴》1995、1996年合辑①中《元白研究概况综述》特为之介绍,说:"建国以来的文学史著作与诸多的白居易研究著述大都认为,白居易的思想与创作大致可分为前后两个阶段,前期积极进取,后期消极独善,而其左迁江州之际则为这种转变的分界线。"王文就此提出了不同意见,认为"'左迁江州'说的'划界法不符合实际',应为'元和五年卸拾遗任之时'"。后《唐代文学研究》第7辑又有一文:《白居易的历史使命感与家族责任感》②(作者严杰),文中认为:"元和三年(808年)任左拾

①广西师范大学出版社,1998年。
②此文也见于《唐代文学研究年鉴》(1999)中《元白研究概况综述》,广西师范大学出版社,2000年。

遗,对于白居易来说是积极参政的好时机",由此也同意这样的论断:"左拾遗任满,是白居易思想转变的关键时期。"后来有些文学史论著也同意并转述这一说法。

应当说,王谦泰、严杰两位学者的文章,是有值得肯定之处的,特别指出过去的不少论著把白居易思想与创作的转变只限定在左迁江州之际,未免简单化。这样说有助于对白居易思想变化与创作进展的深入思考。但王谦泰先生的正面论述,却大可商榷。

为便于论析,这里先把王文的论点大致转述于下,即:元和三年白居易任左拾遗,这是一个近职,有机会直接对皇帝讲话。白居易在三年谏官任中,对于自以为朝廷处置失当应该匡正的各种大事,几乎无一例外地提出过意见和建议。与此同时,他写了大量激烈干预社会现实的诗。这样就引起执政者的不满,白居易也无奈,请授京兆府判司。这样,就任京兆府户曹参军,就离开近臣行列,丢掉了直接参预朝政的权利。接着文章就明确下了这样的结论:"从开始做官到衔拾遗任,是向上的,进取的;一任拾遗,触怒皇帝,得罪了权贵,受到疏远,意识到壮志终于难酬的时候,退步抽身思想便取而代之,成为他仕宦思想的主流。贬江州后每况愈下。"文章最后又说:"他的理想撞碎之日,就是拾遗秩满重新处置之时。"

表面看来,这样的论述,从逻辑上是说得通的,但这里著者却回避或疏忽了一个基本事实,即白居易在那几年主要是任翰林学士之职,并不存在拾遗卸任不卸任的问题;文中没有准确理解与正确解释左拾遗与翰林学士的关系,因此出现了不应有的常识上的失误。

按：白居易于德宗贞元十六年（800）春进士及第，年二十九，但并未入仕。贞元十九年（803），他与元稹等参加吏部书判拔萃科考试，通过后任秘书省校书郎（元稹也任同职）。这样一直过了三年，于宪宗元和元年（806）春，就与元稹同罢校书郎，闭户累月，准备"才识兼茂明于体用"科的制举试，同年四月通过后，他担任盩厔县尉（盩厔在长安西郊，时为京畿县）。就在这年十二月，白居易与友人陈鸿等同游县里的仙游寺，作有《长恨歌》，出了名。元和二年（807）十一月四日，自盩厔尉入京应试，召入为翰林学士。这年他三十六岁。元和三年（808）四月二十八日，仍任翰林学士，而由盩厔尉改为左拾遗。元和五年（810）五月，因秩满，白居易自请，由左拾遗改为京兆府户曹参军，同时仍任翰林学士之职。元和六年（811年）四月，因其母卒，白居易丁忧，就出院，同时也罢去京兆府户曹参军。自元和六年至九年（814），他就退居于京郊渭南下邽村。元和九年冬，因丁忧期满，又出任为太子左赞善大夫。元和十年（815）六月，宰相武元衡上朝时为方镇所遣之刺客杀害，白居易第一个上疏请捕刺客，却蒙越职言事之罪，出贬为江州司马，时年四十四岁。这是白居易前半生的大概仕历情况①。

读者可以看到，自元和二年十一月至六年四月，白居易一直是在翰林学士院，而在翰林学士任期内，先是带着盩厔尉原官衔，后改为左拾遗，后又改为京兆府户曹参军。这里就有个问题，这几个官，即盩厔县尉、左拾遗、京兆府户曹参军，与翰林学士是什

---

① 参见两《唐书》本传，及朱金城《白居易年谱简编》（见《白居易集笺校》附录，上海古籍出版社，1988年）。

么关系呢？很可惜，现在搞文学研究的人，很多对此是不大清楚的，这就造成论述中的种种疏误。

按：翰林学士建立于唐玄宗开元年间，它是唐朝中期后知识分子参预政治的最高层次，对文士生活、思想及文学创作，都有较大影响。在盛唐时设置的这一颇有文采声誉的职务，一直延续到清朝末世，也就是20世纪初。宋朝开始，翰林学士的职责逐渐与政治疏远，明清时则更与朝政无关，但其名望却一直是很高的。明代时，"非进士不入翰林，非翰林不入内阁"（《明史·选举志》）；在清代，殿试后只有一甲中式前三名，才能进入翰林院修撰、编修，"翰林官七品，甚卑，然为天子文学侍从，故仪制同于大臣"（朱克敬《暝庵二识》卷二《翰林仪品记》）。从唐代开始，这一延续一千二三百年的历史现象，与科举制一样，是中国古代士人文化的重要组成部分，很值得探讨。但可惜长期以来，我们从文学或文化的角度对此进行研究，还很不够，导致与翰林学士有关的文人生活和创作，不少学者还很陌生。

杜甫于天宝时曾有一诗送当时的翰林学士张垍，称誉为"天上张公子，宫中汉客星"（《赠翰林张四学士垍》）①。德宗贞元二十年（804），王涯由长安郊区蓝田县尉入为翰林学士，这时刘禹锡在京任监察御史，其官品（正八品上）要比王涯高好几阶（蓝田县尉为正九品下），但他在京城的路上见到王涯，就特地写了一首诗《逢王十二学士入翰林因以诗赠》，称誉为"厩马翩翩禁外逢，星槎上汉杳难从"。刘禹锡后于文宗大和二年（828），在华州作有一

————————

①《钱注杜诗》卷九，上海古籍出版社，1979年。

诗,称曾为翰林学士的钱徽、李绛、崔群等为"天上草诏人"①。杜甫和刘禹锡都把翰林学士赞颂为天上人。韩愈于贞元二十一年(805)秋,刚由阳山贬所北上至衡阳,在赴江陵途中,就马上写一长诗给当时在长安的王涯、李建、李程三位学士,希望他们为他的不幸遭遇求情。之所以如此,因为他认为这三位是"高议参造化,清文焕皇猷;协心辅齐圣,致理如毛辔"②。这就是说,这三位是皇帝身边的人,能够辅佐参议,使新登位的君主有一番新政。

事情还不止如此,在唐代,也有并非翰林学士而仍称之为学士的。如李白于天宝初召入长安为翰林供奉,并非翰林学士,但范传正于宪宗元和十二年(817),裴敬于武宗会昌三年(843),先后作有李白墓碑碑文,都公然称之为"翰林学士李公"。又如柳宗元于元和四年(809)在永州贬所,曾有信写给京中的两位友人,一是李建,一是萧俛。李建于贞元末至元和初曾任翰林学士,此时则已出院任殿中侍御史;萧俛于元和六年(811)才入为翰林学士,此时则为右拾遗。也就是,一个是已不任学士,一个是尚未任学士,可是唐宋人所编的柳宗元文集,都把这两封书信题为《与李翰林建书》、《与萧翰林俛书》③。可见当时人的心理,总是想把文人尽可能往翰林学士的称号攀附的。

这种情况,是与唐代翰林学士的职责有关的。唐前期中枢机

①以上皆见《刘禹锡集笺证》卷二四,上海古籍出版社,1989年。
②《赴江陵途中寄赠……》,见《韩昌黎诗系年集释》卷三,上海古籍出版社,1984年。
③《柳宗元集》卷三〇,中华书局点校本,1979年。

构实行三省制,各有所分工,即中书省掌握出令权,门下省掌握覆勘权,尚书省则掌握政务执行权,共同组成最高政权机构。中书省属下的官员中书舍人,即根据皇帝的命令起草重要政令(即"诏诰"),是很重要的职务,从太宗朝起,就选取有文名才气的朝臣担任此职。据中唐时韦执谊所撰的《翰林院故事》,唐玄宗即位后,鉴于政令繁多,中书舍人忙不过来,就在宫中设置近臣,"以通密命",建立翰林院,选择朝官中有词艺学识者,"入居翰林,供奉别旨",并与集贤院学士分掌制诏书敕。当时一些有文采的大臣,如张说、张九龄,以及吕向、尹愔等,都担任过这种职务。不过当时还称为翰林供奉或待诏翰林。至开元二十六年(738),玄宗又有新的措施。据李肇《翰林志》、韦执谊《翰林院故事》及《新唐书·百官志》,开元二十六年,于翰林院之外另建学士院,设立翰林学士,"专掌内命",意谓从这一年开始,原来的一部分翰林供奉选入为学士,专门为皇帝起草文告,而"集贤所掌于是罢息",即集贤学士不再掌制诰,主要管"刊缉古今之经籍"(《旧唐书·职官志》二)。至于另一部分翰林供奉,则仍留在翰林院内,"但假其名,而无所职"。

翰林学士地位之重要,主要在于与中书舍人分工。中唐时,特别是宪宗元和初即明确规定,凡朝中的重要命令,如"赦书、德音、立后(即封皇后)、建储(即立太子)、大诛讨、拜免三公将相",都由翰林学士起草,"余则中书舍人主之,其翰林学士、中书舍人分为两制"①。也就是说,起草政令的层次明显分开,原来中书舍

---

① 见《册府元龟》卷五五〇《词臣部·总序》,及李肇《翰林志》。

人的一部分重要职务为翰林学士分去。而且,学士院与中书省的地理环境也不同。中书省虽也是中枢机构,但总是在外廷,即宫城以外;而学士院则在宫城以内,且与皇帝所居之地甚近,"在银台门内,麟德殿西,重廊之后"①。根据近二十年来的考古研究,所谓银台门即在大明宫西侧,学士院可有一小门与大明宫内部相通。翰林学士值班即在皇帝居地附近,皇帝可以经常召学士至宫中商议时事,有时还可亲自去学士院探问。如德宗时,"乘舆每幸学士院,顾问赐赍无所不至"②。德宗时一位学士韦绶,夜间在学士院值班,已就寝,德宗却带着妃子韦氏去看他,见他已睡,且冬天甚寒,就特地命韦妃把所带之蜀袍覆盖他身上,"其待遇若此"③。

德宗时另一翰林学士顾少连于贞元十九年(803)卒,其友人杜黄裳曾为其作一神道碑,碑文中称其任翰林学士时,为"赞丝纶之密命,参帷幄之谋猷"④。这可以说是对翰林学士职能的极为确切的概括。前一句是说起草重要政令,起草前还可参与商议;后一句是说充当皇帝的参谋顾问,能对一些重大政事提出商榷意见,也就是杜牧所说的:"岂唯独以文学,止于代言,亦乃密参机要,得执所见。"⑤与白居易同时,一起在学士院供职的钱徽,因得

---

①见韦执谊《翰林院故事》。
②见李肇《翰林志》。
③见《新唐书》卷一六九《韦绶传》。
④杜黄裳《东都留守顾公神道碑》,《全唐文》卷四七八。
⑤杜牧《庾道蔚守起居舍人李文儒守礼部员外郎充翰林学士等制》,《全唐文》卷七四八。

到宪宗的信任,宪宗曾单独召见他议事,钱徽则"从容言它学士皆高选,宜预闻机密,广参决",得到宪宗的认可①。

以上关于翰林学士的建置及职能,对于我们进一步了解白居易的政治表现及诗歌创作是有用的。这里还有一个常为人忽视的问题,且直接涉及所谓白居易卸拾遗任一事,即翰林学士本身是否即是官位,它在任期内如何迁转?

最早来说明这一问题的还是与白居易同时的李肇,他于宪宗元和后期也曾作过翰林学士。他根据亲身见闻,写有《翰林志》,是唐代最为全面记述翰林学士的专书。他在书中说:"凡学士无定员,皆以他官充。下自校书郎,上及诸曹尚书,皆为之。"这就是说,翰林学士都是由别的官员充任的,上自尚书各部侍郎(官阶为正四品下),下至校书郎(正九品下),不管品阶差得多远,都可入任。这是唐代的特殊现象,因此引起宋人的注意,宋叶梦得特别提出:"如翰林学士、侍读学士、侍讲学士、侍书学士,乃是职事之名耳"(《石林燕语》卷五)。这里明确提出翰林学士只是一种差遣之职,并非官名。因此清代学者钱大昕在《廿二史考异》中有几处就说及:"学士无品秩,但以它官充选","学士亦差遣,非正官也"(卷四四);"亦系差遣,无品秩,故常假以它官,有官则品。官有迁转,而供职如故也"(卷五八)。

官与职的区别,我们还可以举白居易自己所写的一篇文章来作佐证。白居易友人李建,于贞元末、元和初曾为翰林学士(前已述及),他于穆宗长庆元年(821)卒,白居易特为其作一碑文:《有

①见《新唐书》卷一七七《钱徽传》。

唐善人碑》①。碑中概述李建的仕历，把官、职、阶、勋、爵分得很清楚：

> 公官历校书郎、左拾遗、詹府司直、殿中侍御史、比部兵部吏部员外郎、兵部吏部郎中、京兆少尹、澧州刺史、太常少卿、礼部刑部侍郎、工部尚书；职历容州招讨判官、翰林学士、鄜州防御副使、转运判官、知制诰、吏部选事；阶中大夫；勋上柱国；爵陇西县开国男。

这是当时人叙当时事，应当说是可信的。由此可见，如校书郎、左拾遗等是官，翰林学士、知制诰等是职。而凡翰林学士，都须带有官衔。如代宗时翰林学士于益，据清王昶所编《金石萃编》卷九三著录的《大唐故左武卫大将军赠太子宾客白公神道碑铭并序》，于益撰，所署为："朝议郎、行尚书礼部员外郎、翰林学士、赐绯鱼袋。"宋叶梦得《石林燕语》卷四，说唐代翰林学士，其结衔"或在官上，或在官下，无定制"。他据其家中所藏唐碑，引录两个例子，一是大和中《李藏用碑》，撰者为"中散大夫、守尚书户部侍郎、知制诰、翰林学士王源中"；一为大中中《王巨镛碑》，撰者为"翰林学士、中散大夫、守中书舍人刘瑑"。就是说，不管任翰林学士在先在后，是一定要带官衔的。这是因为，翰林学士本身是一种职务，他必须带有其他正式的官职名称，这样才有一定的品位，有一定的薪俸。而同时，不管所带的是什么官衔，他仍在内廷供

---

① 见《白居易集笺校》卷四一。

职,承担翰林学士的职能,并不去做所带官衔的职务。

翰林学士在任期内,按照规定,经考核,官位是有迁转的,但进度有快有慢。德宗朝时,表面上看起来宰相的任期很短,翰林学士相对来说较为稳定,因此在贞元末有人把翰林学士称为"内相"。事实上德宗朝的翰林学士,其官位升迁是很慢的。李肇《翰林志》说,有些甚至十三考(年)也未有升迁的。像卫次公,于贞元八年(792)以左补阙入院,直至贞元二十一年顺宗即位后才加以司勋员外郎,有十四年。同时的郑絪也是如此。宪宗即位,元和时期情况有所改进。如与白居易同时的几位翰林学士,李绛于元和二年四月自监察御史(正八品上)入,四年四月加为司勋员外郎(从六品上),五年五月进为司勋郎中(从五品上),不久又升为中书舍人(正五品上)。又如崔群,元和二年十一月自左补阙(从七品上)入,三年四月加库部员外郎(从六品上),五年五月,加库部郎中(从五品上),七年四月迁中书舍人(正五品上)。但不管他们所带是何种官衔,都仍在学士院内,即仍在宫中供职,并不因任监察御史、左补阙、尚书诸曹,以及中书舍人,就改至外廷做事。

从这一大环境,我们就可准确地了解白居易在任期内迁转的实况。元和元年(806年)四月,他任盩厔县尉。元和二年(807年)十一月五日召入为翰林学士,仍带盩厔县尉。盩厔为京畿,其县尉为正九品下,是相当低的。不到半年,元和三年(808)四月,迁为左拾遗(从八品上),升了两阶。尽管在入院初几个月中他所带的官衔是盩厔县尉,但并不去盩厔县任职,以后为左拾遗,也是如此。拾遗、补阙,都属于门下省。据《旧唐书·职官志》二"门下省",其所属之官"补阙、拾遗之职,掌供奉讽谏……凡发令举事,有不便于时，不合于道，大则廷议，小则上封"。就是说，补阙、拾遗，都是谏官，可以向上讽谏，但他们都处于外廷，不可能亲自向皇帝进言，只能书面上奏；所谓廷议，也是在朝廷群臣场合议事。王谦泰先生的文中说白居易"元和三年被拜为左拾遗，这是一个近职，有机会直接对皇帝讲话"，这是不合左拾遗官制的。白居易有《初授拾遗献书》，是元和三年五月八日上奏的，说"臣伏奉前月二十八日恩制，除授臣左拾遗，依前充翰林学士者"，因此又谓："臣又职在中禁，不同外司。"①这就明显表示，他虽官为左拾遗，但并不到外面的门下省去值班，其本职还在"中禁"的学士院。直至元和五年(810)五月，自左拾遗改为京兆府户曹参军，他在《谢官状》中仍说："臣叨居近职，已涉四年。"②还是说这四年是"居近职"，并非在外廷。

元和五年五月，白居易由左拾遗改为京兆府户曹参军，这在王谦泰的文章中，说是白居易仕历中由近疏远的关键。文中认为，白居易在任拾遗时，触怒了皇帝，又受到腐朽势力的痛恨，"不愿拔擢重用他"，这样使白居易"就任户曹参军，离开近臣行列，丢掉了直接参预朝政的权利"。这是完全违背事实的。

丁居晦《重修承旨学士壁记》中记载："五年五月五日，改京兆府户曹参军，依前充。"所谓"依前充"，就是依旧任翰林学士，这样直到六年(811)四月，因母丧丁忧，才外出。从五年五月至六年四月，还有近一年的时间，仍在学士院，并没有离开近臣行列。

①见《白居易集笺校》卷五八。
②见《白居易集笺校》卷五九。

至于由左拾遗改为京兆府户曹参军,据《旧唐书》本传,是白居易自己请求的:"居易奏曰:'臣闻姜公辅为内职,求为京府判司,为奉亲也。臣有老母,家贫养薄,乞如公辅例。'"按:姜公辅于德宗建中元年(780)自左拾遗入为翰林学士。《旧唐书》卷一三八《姜公辅传》记云:"岁满当改官,公辅上书自陈,以母老家贫,以府掾俸给稍优,乃求兼京兆尹户曹参军,特承恩顾。"对此,钱大昕《廿二史考异》卷六〇曾有解释,说:"盖拾遗虽为两省供奉官,秩止从八品,京府参军秩正七品,俸给较厚。"姜公辅的请求完全是从实利出发的,当时德宗皇帝很看重他,特为批准,并仍留在学士院内,而且不久又擢升他为宰相。可见姜公辅并非因改为京兆府户曹参军,不再任左拾遗,而受到德宗的疏远。现在白居易援姜公辅的先例,也得到宪宗皇帝的允准,因此他特地写了《初除户曹喜而言志》一诗①,说:"诏授户曹掾,捧认感君恩,感恩非为己,禄养及吾亲。"因为这样一来,"俸钱四五万,月可奉晨昏;廪禄二百石,岁可盈仓囷"。因此,友人来贺喜的也多:"喧喧车马来,贺客满我门。不以我为贪,知我家内贫。置酒延贺客,客容亦欢欣。"白居易这样写,应当是如实的。这时,元稹贬官在江陵,闻讯后也特地写了一首《和乐天初授户曹喜而言志》诗,说:"君求户曹掾,贵以禄奉亲。闻君得所请,感我欲沾巾。"并自称"我实知君者,千里能具陈"②。元、白为知己之交,元稹因此而高兴得流泪,并没有因所谓离左拾遗之近职而表示忧愤,这应当说

---

①见《白居易集笺校》卷五。
②见《元稹集》卷六,中华书局,1982年。

都是实情。

　　事实上，如前论翰林学士职能所述，白居易这时虽改为京兆府户曹参军，但仍像姜公辅那样，依然在学士院任职，并不外出至京兆府做事。而且在五月以后，他还照常向皇帝言政事，如《请罢兵第三状》，即元和五年六月十五日进，痛斥宦官吐突承璀向河北诸道进兵，时间已长，"竟未立功"，根据当前情况，"陛下犹未罢兵，不知更有何所待"？言辞是相当耿直的。元和六年初，又有《论严绶状》，认为江陵节度使赵宗儒"众称清介有恒"，而严绶则"众称怯懦无耻"，现在却要使严绶去接赵任，正是"大乖群情，深损朝政"①。这样说，确是无所畏惧的。《资治通鉴》卷二三八于元和五年六月曾记："白居易尝因论事，言'陛下错'，上色庄而罢，密召承旨李绛，谓'白居易小臣不逊，须令出院'。绛曰：'陛下容纳直言，故群臣敢竭诚无隐。居易言虽少思，志在纳忠。陛下今日罪之，臣恐天下各思箝口，非所以广聪明，昭圣德也。'上悦，待居易如初。"这些都说明，白居易在元和五年五月由左拾遗改为京兆府户曹参军以后，仍然同以前一样据直言事，并在内廷；宪宗有时虽不高兴，但因其他学士为之申述，仍待之如初。

　　应当说，翰林学士上书言事，是与所带官衔无关的，这是翰林学士本身的职能。如白居易《论（吐突）承璀职名状》云："右，缘承璀职名，自昨日来，臣与李绛等已频论奏。"此为元和四年作。又《论元稹第三状》②云："右，伏缘元稹左降事宜，昨李绛、崔群等

①以上二文均见《白居易集笺校》卷五九。
②以上二文均见《白居易集笺校》卷五九。

再已奏闻。"元和五年作。这两年,李绛、崔群都同在学士院,一为司勋郎中,一为库部郎中,这两种官都属尚书省,并非如白居易那样为左拾遗,但照样经常向皇帝上书议政。由此可见,白居易自左拾遗改为京兆府户曹参军,并不是卸左拾遗之任,而是照样尽翰林学士之职。

20世纪40年代,朱自清先生曾为林庚先生《中国文学史》一书作序,序中曾提到"文学史的研究得有别的学科作根据,主要的是史学"。结合关于白居易卸左拾遗一事,重温朱先生之说,确为至言。

三

当然,作为一个文人,特别是像白居易那样深具历史传统而又富有现实思考的作家,处于翰林学士那样的政治环境,其心境是不会平板的。一方面他感到机遇难得,荣幸异常,一首作于元和四年的诗就以热情的词句歌颂当今的盛世:"元和运启千年圣,同遇明时余最幸";"步登龙尾上虚空,立去天颜无咫尺";"身贱每惊随内宴,才微常愧草天书"[1]。即使以讽刺现实著称的"新乐府",也有谀颂之作,如《贺雨》,说元和三年冬至第二年春一直未有雨,大旱,皇帝下了自我检讨的"罪己诏",就马上见效,"诏下才

---

[1]《醉后走笔酬刘五主簿长句之赠兼简张大贾二十四先辈昆季》,见《白居易集笺校》卷一二。

七日,和气生冲融",下起了大雨,于是"乃知王者心,忧乐与众同"①。

但另一方面,假使只写这样的诗,白居易就不成其为文学史上的白居易了。他对当时的政事确实是相当投入的,他对宦官的专权,方镇的跋扈,地方官吏的向上纳贿,皇帝宫内的私下聚财,都敢于直言极谏。这些建议,宪宗有些采纳,有些拒绝,特别是牵涉宦官的事,他大多不听(宦官吐突承璀早年曾是宪宗在东宫时的随从,一直受到宠信)。元稹因得罪宦官,受到贬责,白居易极力上言,宪宗均未采纳,这对白居易刺激极大。元和四年,白居易还带左拾遗官衔时,接到元稹的诗,中有"不是花中偏爱菊,此花开尽更无花",就深有所感。这时他在学士院中值班,虽有皇帝所赐之酒,有宫中所栽之花,他还是感到十分孤独、寂寞:"赐酒盈杯谁共持,宫花满把独相思。相思只傍花边立,尽日吟君咏菊诗。"②

有一情况很值得深思,即白居易写他在学士院中值班,其心情总是很落寞,甚至很凄凉的。如《答马侍御见赠》,中云:"谬入金门侍玉除,烦君问我意何如。蟠木讵堪明主用,笼禽徒与故人疏。"③有时他与另一学士钱徽同值夜班,冬夜深寒,相对饮酒,但还是"夜深草诏罢,霜月凄凛凛"④。有时单独一个人值班,更是"心绪万端","独宿相思",怀念远地的元稹:"三五夜中新月色,

①《白居易集笺校》卷一。
②《禁中九日对菊花酒忆元九》,见《白居易集笺校》卷一四。
③《禁中九日对菊花酒忆元九》,见《白居易集笺校》卷一四。
④《冬夜与钱员外同直禁中》,见《白居易集笺校》卷五。

二千里外故人心","五声宫漏初明后,一点窗灯欲灭时"。①

韩愈的一位好友独孤郁,于元和五年四月入为翰林学士,后因其岳父权德舆作了宰相,他就避嫌,于同年九月主动要求出院。这时白居易特地送他一诗:"碧落留云住,青冥放鹤还。银台向南路,从此到人间。"②意思是说,你这次出去,等于鹤向天空放还,又如走向人间,自由生活。白居易在这几年中确已有摆脱拘束的心理。他在任职期间,有一人为他画像,他看了后,"静观神与骨,合是山中人"。这是因为,这几年来,"况多刚狷性,难与世同尘。不惟非贵相,但恐生祸因。宜当早罢去,收取云泉身"③。元和六年四月后,他因母丧丁忧,退居下邽乡村,回顾在翰林学士任期的情况:"中年忝班列,备见朝廷事。作客诚已难,为臣尤不易。况予方且介,举动多忤累。"这样,出院后,退居农村,远离政事,忽有一种悠然自如之感:"自从返田亩,顿觉无忧愧。"④

在这之后,特别是元和十年贬江州之后,更引起他对这五年翰林学士生活的反思,终于得出出人意料的结论。他认为,元和十年之贬,表面看来,是因为宰相武元衡被盗所杀,他第一个上疏要求追查凶手,被指责为越位,而实际上其祸根则在元和二年至六年的学士期间。他于贬江州后的第二年即元和十一年,在《与杨虞卿书》中,说他"始得罪于人也,窃自知矣"。这是因为"当其

---

①《八月十五日夜禁中独直对月忆元九》、《禁中夜作书与元九》,见《白居易集笺校》卷一四。
②《翰林中送独孤二十七起居罢职出院》,见《白居易集笺校》卷一四。
③《自题写真》,见《白居易集笺校》卷六。
④《适意二首》,见《白居易集笺校》卷六。

在近职时,自惟贱陋,非次宠擢",就积极上言,"不识时之至讳","直奏密启"。这样一来,"握兵于外者,以仆洁慎不受赂而憎;秉权于内者,以仆介独不附己而忌;其余附丽之者,恶仆独异,又信猜猜吠声,惟恐中伤之不获"。由此得出结论:"以此得罪,可不悲乎!"①所谓"可不悲乎",就是中国古代文人积极参政,秉公直言,往往就成为政治斗争的牺牲品。

五年间的翰林学士生活,是白居易一生从政的最高层次,也是他诗歌创作的一个高峰;但同时又给他带来思想上、情绪上的最大冲击。在这之后他就逐渐疏远政治,趋向闲适。我们确可从唐代的翰林学士这一角度,来研究唐代士人的从政心理及所遭致的不同境遇,拓启文学研究的一个新的视野。

原载《文学评论》2002年第2期,2002年3月

①《适意二首》,见《白居易集笺校》卷四四。

唐翰林侍讲侍读学士考论

一

　　唐代翰林学士建置于玄宗开元二十六年(738),此后历肃宗、代宗、德宗、顺宗,历朝每年都有翰林学士在宫中任职,总计有四十一人。宪宗于永贞元年(805)八月即位,于原翰林学士中,"择年深德重者一人为承旨"[1],"位在诸学士上"[2]。这是翰林学士机构设置的一大进展,使每年值班充职的学士有一个"院长",更体现制度化。后宪宗于元和十五年(820)正月为宦官谋杀,其子李恒立,是为穆宗。穆宗即位初,于翰林学士又有新的设置。据晚

---

[1]《旧唐书》卷四三《职官志》二。
[2] 唐元稹《承旨学士院记》,宋洪遵编于《翰苑群书》卷二,见傅璇琮编校《翰学三书》上册,辽宁教育出版社,2003年。

唐时丁居晦《重修承旨学士壁记》①，韦处厚于元和十五年二月二十四日，自户部郎中、知制诰入翰林学士院，为侍讲学士；同日，路随自司勋员外郎、史馆修撰为侍读学士。侍讲、侍读学士，在中晚唐历时并不长，仅穆宗、敬宗、文宗及武宗初，约二十余年，且又被认为名次不高，作用不大，故凡研究唐翰林学士，对此并不重视。有的学者还认为丁居晦所记路随之为侍读学士，侍读乃侍讲之讹，侍读学士实无②，故并不予以重视，迄今也无专文对此加以论述。实则侍讲学士、侍读学士可以说是承上启下的一个设置，自北宋起，直至清朝，历代都有，且不断规范化，其在中晚唐时，也有其特殊作用，地位并不低。故今特撰此文，拟填补一定的空白。

据《宋会要辑稿·职官》六之五六，北宋太宗曾于"听政之暇，日阅经史，患顾问阙人，太平兴国八年（983）始用著作佐郎吕文仲为侍读"③。但此时仅称为侍读，正式建立翰林侍讲学士、侍读学士，乃在真宗咸平二年（999）。《宋史》卷六《真宗纪》一，咸平二

①唐丁居晦《重修承旨学士壁记》，洪遵《翰苑群书》编于卷六，见《翰学三书》上册。

②见岑仲勉《翰林学士壁记注补》，原载《历史语言研究所集刊》第十五本，1948年，今据岑仲勉《郎官石柱题名新考订》附载，上海古籍出版社，1984年，第271页。按：岑氏所据之一，为韦处厚《翰林学士记》（原编于洪遵《翰苑群书》，今亦收于《翰学三书》），中有云："处厚与司勋郎中路随职参侍讲。"岑氏因云韦处厚既与路随同时任职，可见路随即同为侍讲。按：此文又收于《文苑英华》卷七九七，此句"侍讲"则作"侍读"，不过下注云"一作讲"。洪遵为南宋时人，则北宋《文苑英华》时，即作"侍读"。后《全唐文》卷七一五所载，亦作"侍读"。可见当时韦处厚所记，还是认为他与路随在院中，乃侍奉皇上稽读经籍。

③清徐松辑《宋会要辑稿》，中华书局影印本，1957年。

年七月，"丙午，置翰林侍读学士，以兵部侍郎杨徽之等为之；置翰林侍讲学士，以国子祭酒邢昺为之"。关于此事，南宋初程俱所著《麟台故事》有具体的记述，其书卷三《选任》，有云："真宗咸平二年七月丙午，以兵部侍郎兼秘书监杨徽之、户部侍郎夏侯峤并守本官充翰林侍读学士，国子祭酒邢昺守本官充翰林侍讲学士，翰林侍读兵部员外郎吕文仲为工部郎中充翰林侍读学士"；并认为宋朝正式以翰林侍读、翰林侍讲加学士之名的，即自真宗时始，谓："帝聪明稽古，奉承先旨，首置此职，择耆儒旧学以充其选，班秩次翰林学士，禄赐如之。"①叶梦得《石林燕语》卷二也记此事，并谓其班秩虽"次翰林学士"，而"禄赐并与之同"②。《石林燕语》同卷并记，"（杨）徽之尝为东宫官，乃特置翰林侍读学士"。据《宋史》卷二九六《杨徽之传》，真宗未即位为太子时，曾以杨徽之为太子左庶子，后任东京开封府尹时，又召杨徽之与毕士安充开封府判官，故对其甚为信重，乃于咸平二年秋，"特置翰林侍读学士，命与夏侯峤、吕文仲并为之，赐宴秘阁，且褒以诗"。由此可见，北宋前期正式确定有翰林侍讲学士、翰林侍读学士，当承袭唐穆宗时之设置；也可佐证丁居晦记韦处厚为侍讲学士，又记路随为侍读学士，并不误，因如无丁居晦所记，真宗时也不可能特设侍读学士，以与侍讲学士并立。且据宋叶梦得《石林燕语》卷一，"侍读仍班侍讲上"，可见宋代对侍读学士是很重视的。据宋洪遵《翰苑群书》卷十《学士年表》所记北宋真宗、仁宗、英宗三朝，不断记

---

① 见张富祥《麟台故事校证》，中华书局，2000年。
② 宋叶梦得撰、宇文绍奕考异《石林燕语》，中华书局点校本，1984年。

有侍讲、侍读学士姓名，如仁宗天圣六年（1028）九月，冯元以龙图阁学士兼侍讲学士；庆历五年（1045），叶清臣与宋祁均为翰林侍读学士，宋祁并以翰林侍读学士兼龙图阁学士；至和二年（1055），吕溱在翰林侍读学士任，并出知徐州；嘉祐元年（1056），王洙并以翰林侍读学士兼侍讲学士。又洪遵《翰苑遗事》曾据宋敏求《退朝录》，也记有"蔡文忠以翰林兼侍读两学士"。

又据清鄂尔泰、张廷玉《词林典故》卷二，金、元二朝，都置有翰林侍讲、侍读学士①。至明初，则更进一步规范化。明黄佐《翰林记》②卷一《官制因革》中载，明太祖洪武十四年（1381）五月，定侍读学士二人，侍讲学士二人；同卷《列衔》又记，翰林学士为正五品，侍读、侍讲学士为从五品。同卷更对侍读、侍讲二者职掌有明确的规定："侍读学士之职，凡遇上习读经史，则侍左右，以备顾问，帅其属以从。侍讲学士之职，凡遇上讲究经史，亦如之。"则似一为陪读，一为陪讲。又据《词林典故》，清前期规定，设置翰林侍读、侍讲学士各三员，官品晋升为从四品。

从以上概略的介绍，可以得出两点：一、唐代中期设置翰林侍讲学士、侍读学士，历时虽不长，但影响深远。宋至清近九百年间，于翰林学士院中特设这两类学士，均为沿袭唐制；且明代明确定侍讲、侍读各二员，可能也参照唐代，唐代的侍讲学士，一般即不超过二人（参见丁居晦《重修承旨学士壁记》）。二、自宋至清，侍读学士，都与侍讲学士并立不缺，而且北宋时侍读学士的班秩

①《词林典故》也收编于《翰学三书》，见傅璇琮编校《翰学三书》上册。
②明黄佐《翰林记》也收编于《翰学三书》，见傅璇琮编校《翰学三书》上册。

还在侍讲学士之上（见前所引《石林燕语》卷一）。由此更可进一步佐证，唐穆宗时路随被授为侍读学士，是确实的。

　　翰林学士院虽早建于玄宗开元二十六年（738），但前期入院的学士，其姓名、官衔，并无明确的记录。韦执谊于德宗贞元二年（786）任翰林学士时，已注意于此，因此"收遗补亡"，补记开元后的学士姓名及官衔迁转，并希望"庶后至者，编继有伦"①。自此以后，即有将入院者姓名题记于院内壁上。唐元和时翰林学士李肇于所著《翰林志》中，记学士院，北五厅间，东一间是承旨阁子，并学士杂处之，题记名氏于壁者，自吕向始，建中已后，"年月迁换，乃为周悉"。元稹于长庆元年（821）八月作《承旨学士院记》，也说他将郑絪开始的承旨学士姓名及迁转官衔，"书于座隅"，即承旨厅内的壁上。这当是自德宗贞元以后翰林学士院一个好的风尚。因此丁居晦于文宗开成二年（837）五月作《重修承旨学士壁记》，就自称"学士姓名，此本据院中壁上写"。由此可证，路随所授的侍读学士，当是从当时壁上所书札录，并不讹，也因此成为北宋真宗设置翰林侍读学士的依据。

二

　　上一节主要是论述自宋开始，历金、元、明、清，都设有翰林侍讲学士、侍读学士，说明中唐时期于翰林学士院中设置侍讲、侍读

①见韦执谊《翰林院故事》，文后署"贞元二年龙集景寅冬十月记"。见洪遵《翰苑群书》卷四。

学士对后世确实是有影响的。这里拟再补述穆宗时之设置这两类学士，还受本朝的启示，即玄宗开元前期建立集贤院所定的职能与建构。

玄宗于即位后，就很关心经史典籍的阅读与整理，而且为此特设侍读。《旧唐书》卷八《玄宗纪》下，开元三年（715），"冬十月甲寅，制曰：'朕听政之暇，常览史籍，事关理道，实所留心，中有阙疑，时须质问。宜选耆儒博学一人，每日入内侍读。'以光禄卿马怀素为左散骑常侍，与右散骑常侍褚无量并充侍读"。《唐会要》卷三五《经籍》又记："开元三年，右散骑常侍褚无量、马怀素侍宴，言及内库及秘书坟籍。上曰：'内库书皆是太宗、高宗前代旧书，整比日，常令宫人主掌，所有残缺，未能补缉，篇卷错乱，检阅甚难，卿试为朕整比之。'"①由此可见，侍读之名在玄宗开元时确立，其职掌，一是备帝王研读典籍时顾问，二是整理宫内藏书。

此后，就正式召选学术之士入于乾元殿，"编校群书"②。开元六年（718）冬，乾元院更名丽正院，继续编修书籍。开元九年春，撰成《群书四部录》二百卷③。开元十年九月，当时任宰相的张说任为都知丽正殿修书使。十三年，玄宗为封禅泰山，张说受命撰制封禅仪注，就是在丽正书院内召集学士进行的。稍后于此年四月，即改丽正院之名，正式建立集贤院，以张说知院事。据《唐会要》卷六四，集贤院内除学士（五品以上充）、直学士（六品

---

①宋王溥《唐会要》，中华书局，1955年。
②见《资治通鉴》卷二一一开元五年十一月。又《玉海》卷五二引韦述《集贤记注》："（开元）六年三月五日，学士以下始入乾元院。"
③据《旧唐书·玄宗纪》上，《通鉴》卷二一二，《玉海》卷五二引《集贤记注》。

以下充)外,还特设侍讲学士,当时侍讲学士有国子博士康子元、监察御史敻业、四门博士敬会直、右补阙冯骘。据《玉海》卷二六引《集贤记注》,开元十九年三月,康子元还与其他学士陈希烈等"于三殿侍讲。先是,讲《周易》毕,子元等各蒙锡赍"。由此可见,当时集贤院侍讲学士是以讲儒家经典为主,且甚受皇上的重视。这里应注意的是,集贤院前身丽正书院,主要为整理宫廷图书,开元十三年张说以宰臣主持集贤院,其职责之政治、文化品位明显提高。撰成于开元二十六年的《唐六典》,卷九"中书省"附集贤殿书院,记其职掌为:"掌刊缉古今之经籍,以辨明邦国之大典,而备顾问应对。凡天下图书之遗逸,贤才之隐滞,则承旨而征求焉。其有筹策之可施于时,著述之可行于代者,较其才艺,考其学术,而申表之。"①可见集贤院在刊缉经籍时,还可借以"辨明邦国之大典",且可为朝廷推荐和考察人才。这正如张九龄在《集贤殿书院奉敕送学士张说上赐宴序》所说:"是以集贤之庭,更为论思之室矣。"②这其实已含有翰林学士的部分职责,中晚唐时有些翰林学士也确有兼集贤院学士或直学士的。

穆宗于刚即位时,即设置翰林侍讲、侍读学士,固然有可能受玄宗时集贤院建置侍讲学士的启示,同时也与他对文士的重视有关。这一点过去常为人忽视。在史书记载中则有好几处提及他"盛陈倡优杂戏","游畋声色,赐与无节",谏议大夫郑覃、崔郾等于元和十五年(820)十月上奏,称"陛下宴乐过多,畋游无度"(以

---

①陈仲夫点校《唐六典》,中华书局,1992年。
②唐张九龄《曲江集》卷一六,四部丛刊本;又见《文苑英华》卷一六八。

上见《通鉴》卷二四一,又参见《旧唐书·穆宗纪》)。这当然也是穆宗的弱点,是他后几年"败度乱政"(《旧唐书·穆宗纪》末史臣评语)的原由。不过他接位的第一年,其重视、擢用文士,却值得注意。这里拟略作概述。

按:宪宗于元和十五年正月二十七日为宦官陈弘志谋杀,时太子李恒为另一宦官中尉梁守谦拥立,接帝位,即穆宗,时年二十六岁。值得一提的是,穆宗即位的第一天,乃先召见宪宗时留任的翰林学士段文昌、杜元颖、沈传师、李肇,以及他在东宫时为其侍读的薛放、丁公著(按:丁公著后于文宗时也被任为侍讲学士),也就是先与宫内六位文职官员聚谈,第二天才集合群臣。稍过数日,复又任翰林学士段文昌为宰相,这是他即位后直接提拔翰林学士为相的首例(以上见《通鉴》卷二四一,及《旧唐书·穆宗纪》)。同月(即闰正月),即穆宗登位后的第十天,在同一天,又新召入三位翰林学士,即当时已较有文名的李德裕、李绅、庾敬休(见丁居晦《重修承旨学士壁记》)。而后又仅隔一个月,二月十四日,韦处厚乃由户部郎中、知制诰入为侍讲学士,路随由司勋员外郎、史馆修撰入为侍读学士。再过一个月,又有一首创之例,即召著名书法家柳公权入翰林学士院,给予一个特名:侍书学士。这时柳公权正在夏州幕府,为夏州观察判官。据《旧唐书》卷一六五《柳公权传》:"穆宗即位,入奏事,帝召见,谓公权曰:'我于佛寺见卿笔迹,思之久矣。'即日拜右拾遗,充翰林侍书学士。"据丁居晦《重修承旨学士壁记》,此事在该年三月二十三日。清钱大昕《廿二史考异》卷六〇中载:"翰林有侍书、书诏学士,惟见于公权传。"这也确是一个特例。这样,在这一年,在翰林学士院,学士共有九位,这是唐朝建置翰林学士后人数最多的一年。在翰林学士以外,同年五月,元稹由膳部员外郎迁升为祠部郎中、知制诰,即能在中书省起草官方文书,第二年又正式任为翰林学士,"在翰林时,穆宗前后索诗数百篇,命左右讽咏"①。又韩愈于元和末因上书谏奉佛骨被贬潮州,元和十五年正月自潮州量移袁州,九月,即又召韩愈入朝为国子祭酒。十二月,白居易则自司门员外郎擢迁为主客郎中、知制诰②。穆宗即位的头一年,能如此重视、提拔当时的著名文士官员,这很值得研索。

三

唐时翰林侍讲、侍读学士共十七人。因篇幅所限,本文不能对此十七人一一详考,这里拟先就首任韦处厚、路随稍加考述。

韦处厚,两《唐书》均有传,其生平又见刘禹锡所撰《唐故中书侍郎平章事韦公集纪》③。《旧唐书》卷一五九《韦处厚传》载:"元和初,登进士第,应贤良方正,擢居异等,授秘书省校书郎。"清徐松《登科记考》卷一六即据《旧传》系于元和元年(806),同年登进士第者有李绅、高钺等。后李绅即与韦处厚同年入翰林学士院,

———————

① 见白居易所作《元公墓志铭》,朱金城《白居易集笺校》卷七十,上海古籍出版社,1988 年。
② 元稹、韩愈、白居易等事,参见《旧唐书·穆宗纪》、《通鉴》,及拙编《唐五代文学编年史·中唐卷》,辽海出版社,1998 年。
③ 见瞿蜕园《刘禹锡集笺证》卷一九,上海古籍出版社,1989 年。

高鈇于长庆元年（821）十一月入为翰林学士。可见当时科举登第与翰林入选的关系。又据《登科记考》，本年制举登科者还有元稹、白居易、独孤郁等①。韦处厚于登第后任秘书省校书郎。《旧传》接云："裴垍以宰相监修国史，奏以本官充直史馆，改咸阳县尉，迁右拾遗，并兼史职。修《德宗实录》五十卷，上之，时称信史。"按：据《新唐书》卷六二《宰相表》，裴垍于元和三年（808）九月至五年（810）十一月居相位，则韦处厚当于这一时期入史馆修史。又《旧唐书》卷一四《宪宗纪》，元和五年十月"庚辰，宰相裴垍进所撰《德宗实录》五十卷。……史官蒋武、韦处厚等颁赐有差"。也正因此，据《旧传》，乃"转左补阙、礼部考功二员外"。

此后韦之仕历稍有波折。据《旧传》，他"早为宰相韦贯之所重"，韦贯之于元和九年（814）十二月拜相，时宪宗专意于征讨淮西节镇吴元济，而韦贯之则主张罢兵，与宪宗意见不合，即于元和十一年八月被罢相，韦处厚也受连累而出为开州（今重庆开县）刺史。又据刘禹锡《韦公集纪》，他在开州三年，后因"其执友崔敦诗为相，征拜户部郎中，至阙下，旬岁间以本官知制诰"。崔敦诗为崔群，崔群于元和十二年七月拜相，韦处厚既在开州有三年，则当于元和十四年返回，升迁为户部郎中、知制诰，再过一年，即元和十五年二月，又召入为翰林侍讲学士。

比较起来，路随早年的仕历较为平稳。据《旧唐书》卷一五九本传，路随曾以明经及第。其父名泌，曾在河中节度使浑瑊幕府任判官。德宗贞元三年（787），泌随同浑瑊至平凉参预与吐蕃结

---

①清徐松撰、赵守俨点校《登科记考》，中华书局，1984年。

盟,吐蕃背盟,与唐交战,路泌随即被劫。《旧唐书·路随传》记载:"元和五年,边吏以(路泌)讣至,随居丧,益以孝闻。服阕,擢拜左补阙。……俄迁起居郎,转司勋员外郎。自补阙至司勋员外郎,皆充史馆修撰。"时当在元和中后期。据丁居晦《重修承旨学士壁记》,路随即以司勋员外郎入为翰林侍读学士的,而此时,他的官衔虽为左补阙、起居郎、司勋员外郎,而实际上却在史馆任职。由此可见,韦处厚与路随在入院前都曾在史馆修史,韦处厚参预修撰的《德宗实录》,还被誉为信史。

穆宗于元和十五年二月二十四日召韦处厚、路随为侍讲、侍读学士稍后十余日,三月壬子,即召他们二人于大明宫太液亭,"讲《毛诗·关雎》、《尚书·洪范》等篇。既罢,并赐绯鱼袋"(《旧唐书·穆宗纪》)。可见穆宗对他们二人的信重。此后,韦、路二人,以为"既居纳诲之地,宜有以启导性灵,乃铨择经义雅言,以类相从,为二十卷,谓之《六经法言》,献之"(《旧唐书·韦处厚传》)。又据《旧唐书·路随传》,这部《六经法言》是"探三代皇王兴衰"之迹。《新唐书》卷五九《艺文志》三,即以此《六经法言》列于子部儒家类。

据《旧唐书·穆宗纪》,《六经法言》于长庆二年(822)四月撰成进上,同年闰十月,穆宗即又命这两位"兼充史馆修撰《宪宗实录》",且明确规定,应"更日入史馆","《实录》未成,且许不入内署"。这就是说,韦、路二人虽在翰林学士院,但专职却在于史馆修撰《宪宗实录》,并应"更日"(即隔日)至史馆,在修撰期间,更允许不必在学士院值班。这时,韦处厚已由户部郎中、知制诰迁为中书舍人,因此刘禹锡在《韦公集纪》中云:"内署故事与外廷不同,凡言翰林学士必草诏书,有侍讲者专备顾问,虽官为中书舍人,或它官知制诰,第用其班次耳,不审言于训词。"刘禹锡此文作于开成二三年间(837—838),此时尚有侍讲学士二人(王起、高元裕),他当对此时情况较为了解,故能对翰林学士与翰林侍讲学士的职掌区别有明确的阐释。也正因此,路随后于大和二年(828)十二月拜相,文宗在其《路随平章事制》中对路随在穆宗时的业绩评誉为:"祗事穆宗,侍经内殿,敷尧、舜之大典,畅周、孔之遗风。雅言玉音,奥义冰释;润色王度,发挥圣聪。"①即赞许其敷释儒家经典,以有益于朝政,是把侍讲、侍读作为"人师"来看待的。也正因此,长庆四年五月路随在职时迁为中书舍人,李虞仲所草拟的《授学士路随等中书舍人制》,就特称为:"澄澄天倪,落落风韵。气含古道,行为人师。"②应当说,侍讲、侍读学士虽不起草重要诏令、禁密文书,但其"行为人师"的地位值得重视;《旧唐书·韦处厚传》即记穆宗"以其学有师法",乃召入为侍讲学士。

不过韦处厚虽处于侍讲学士职位,仍能参预政事。据《旧传》,当时任户部侍郎的张平叔,"以征利中穆宗意,欲希大任,以榷盐旧法为弊年深,欲官自粜盐,可富国强兵,劝农积货,疏利害十八条"。韦处厚则"抗论不可","乃取其条目尤不可者,发十难以诘之"。《全唐文》卷七一五载有韦处厚《驳张平叔粜盐法议》,韩愈也有《论变盐法事宜状》,与韦处厚所议同③。据《通鉴》卷二

---

① 见《唐大诏令集》卷四八。
② 见《文苑英华》卷三八四,中华书局影印本,1966年。
③ 见马其昶《韩昌黎文集校注》卷八,上海古籍出版社,1986年。

四二,此时为长庆二年(822)四月,韦、路二人即已撰成《六经法言》,即将修撰《宪宗实录》。

以后,敬宗于长庆四年(824)正月即位。二月,将韦处厚由侍讲学士改为翰林学士,并加承旨之号,为当时翰林学士院之院长。韦处厚改任翰林学士后,更积极参预朝政。当时,好几位翰林学士如李绅、庞严、蒋防,因受宰相李逢吉的排挤,被贬外出,韦处厚极力为之辩诬。后文宗于开成二年(826)十二月接帝位,即位之初就擢任韦处厚为宰相,而由路随接替其为承旨(路随于长庆四年四月敬宗时也已由侍读学士改为翰林学士)。后韦处厚于大和二年(828)十二月卒,路随又接替其相位。由此可见,中唐时这两位首置的侍讲、侍读学士,仕途进展极引人注目,这在当时一般翰林学士中也是少见的。可见,唐代的侍讲、侍读学士,尤其是侍讲学士,其职掌固然与翰林学士有别,但其地位、声誉并不低。我们研究古代翰林学士,自唐至清,对此是不应忽视的。

这里还值得一提的是韦处厚的文学交往活动。如前所述,他于元和十一年(816)九月因受韦贯之罢相的牵累,外出为开州刺史。这时与韩愈、白居易多有交往的著名诗人张籍有诗寄他,题为《答开州韦使君寄车前子》,诗云:"开州午日车前子,作药人皆道有神。惭愧使君怜病眼,三千余里寄闲人。"按:张籍于元和中曾长期患眼病,其所作《患眼》诗有"三年患眼今年校"①。由此可见,韦处厚特为此寄开州土产药车前子给时在京中的张籍,张籍即以诗答之。可见在这之前,他与张籍已有交往。更令人注意的

---

①按:此二诗皆见《全唐诗》卷三八六。

是,他在开州作有《盛山十二诗》①,为五绝十二首,分题为《隐月岫》、《流杯渠》、《竹岩》、《绣衣石榻》、《宿云亭》、《梅溪》、《桃坞》、《胡卢沼》、《茶岭》、《盘石磴》、《琵琶台》、《上士瓶泉》,颇有地方特色。他回京后,在任翰林侍讲学士时,曾将此诗转交京中友人,由此而和作者多人。韩愈于长庆二年(822)有《韦侍讲〈盛山十二诗〉序》②特别提及:"于时应而和者凡十人。"文中具体提及的和者有:"通州元司马为宰相,洋州许使君为京兆,忠州白使君为中书舍人,李使君为谏议大夫,黔府严中丞为秘书监,温司马为起居舍人,皆集阙下。"据此,则六人为:元稹(时任宰相)、许康佐(时任京兆尹)、白居易(时任中书舍人)、李景俭(时任谏议大夫)、严謩(时任秘书监)、温造(时任起居舍人)。据此六人仕历,则韩愈作此文当在长庆二年五月一日至六月五日间③。又韩愈文中说和者凡十人,其中具体提到的为此六人,实际上张籍也有和作,见《全唐诗》卷三八六。韩愈于文末特别提出:"于是《盛山十二诗》与其和者,大行于时,联为大卷,家有之焉;慕而和者将日益多,则分为别卷。"这就是说,韦处厚此诗及和作,大行于时,几乎家家有之。《新唐书·艺文志》四,集部总集类,还著录有《盛山唱和诗》一卷,可见此集在北宋前期还传存。这应当是研究唐代翰林与文学一个很好的事例。又,韩愈于文题特标以"韦侍讲",文中又称"侍讲六经禁中",可见当时对侍讲学士是甚为看重的。

---

① 《盛山十二诗》,载《唐诗纪事》卷三一,《全唐诗》卷四七九。
② 见《韩昌黎文集校注》卷四。
③ 参据张清华《韩愈年谱汇证》,见《韩学研究》下册,江苏教育出版社,1998年。

又，韦处厚卒后，李翱、白居易分别作有祭文，见《全唐文》卷六四〇、六八一。后刘禹锡特为其文集作纪（即前已提及的《唐故中书侍郎平章事韦公集纪》），也可见其在当时文学界的声望。

四

韦处厚、路随之后，敬宗时侍讲学士有三人：崔郾、高重、宋申锡；文宗时十一人：郑澣、许康佐、丁公著、郑覃、路群、高重、王起、高元裕、高少逸、李训、郑注；武宗时二人：郑朗、卢懿，总共十五人（内高重重见）。其中宋申锡、郑覃、王起、李训、郑朗五人，后曾被任为宰相。如加上前韦、路二人，则中晚唐时翰林侍讲、侍读学士共十七人，有七人曾入居相位，占近一半，这也值得注意。

崔郾与高重，是敬宗接帝位后最早被召入为翰林侍讲学士的，时为长庆四年（824）六月。据杜牧所作崔郾行状[1]，谓"敬宗皇帝始即位，旁求师臣"，经宰相牛僧孺推荐，乃入为翰林侍讲学士。可以注意的是，崔郾在职期间，宝历元年上半年，高承简罢郑滑节度使，当地人入朝，请朝中为高承简建树德政碑。据杜牧所作行状，当时宦官认为，按"翰林故事，职由掌诏学士"，即应由翰林学士撰文。而敬宗则命崔郾为之，认为高承简既有功绩，"吾以师臣之辞，且宠异也"。《全唐文》卷七二四即载有崔郾《高公德

---

[1] 《礼部尚书崔公行状》，陈允吉点校《樊川文集》卷一四，上海古籍出版社，1978年。

政碑》。杜牧所作行状，后又叙二事："居数月，魏博节度使史宪诚拜章为故帅田季安树神道碑，内官执请亦如前辞。上曰：'魏北燕赵，南控成皋，天下形胜地也。吾以师臣之辞，且慰安焉。'居数月，陈许节度使王沛拜章乞为亡父树神道碑，内官执请如前辞。上曰：'许昌天下精兵处也，俗忠风厚，沛能抚之，吾视如臂。吾以师臣之辞，而彰其忠孝焉。'是三者，皆御札命公，令刻其辞，恩礼亲重，无与为比。"这就是说，按翰林通例，这三篇文章应由翰林学士代笔撰写，而敬宗却连续三次称侍讲学士为"师臣"，认为由崔郾以"师臣之辞"起笔，是对方镇的看重。这也可见侍讲学士在当时的声望。又，宋申锡于敬宗宝历二年（826）九月入为翰林侍讲学士，同年十二月改为翰林学士，于文宗大和元年（827）奉诏为义成军节度使李听作德政碑，称："圣皇践位之明年，以大和记岁号。……军使宋守义列疏其事。……词臣奉诏，勒铭贞石。"①时为翰林学士的宋申锡，自称"词臣"，以与崔郾之被称为"师臣"相比勘，值得作进一步研索。

郑澣与许康佐是文宗即位后最早召入为翰林侍讲学士的，时在大和元年四月。同年，翰林学士韦表微作《翰林学士院新楼记》②，称大和元年"夏四月，中书郑舍人、驾部许郎中皆以鸿文硕学为侍讲学士，有诏赐宴，始觞于斯，中外之知者朝昏皆贺"，此亦可见由翰林学士角度对侍讲学士的看重。又，《唐语林》卷二记文宗欲设置诗学士七十二员，李珏进言表示无此必要，其奏议中有

①此文见《全唐文》卷六二三。
②《全唐文》卷六三三，又载于《翰学三书》所编之《翰苑群书》卷三。

云:"陛下昔者命王起、许康佐为侍讲,天下谓陛下好古宗儒,敦扬朴厚。"①《通鉴》卷二四六记此事在开成三年(838)。由此亦可见,当时任用侍讲学士,被人视为"好古宗儒"。

前已记述,中晚唐时侍讲、侍读学士共十七人,文宗时为十一人,所占比重最大。当时召入者,多称文宗为"好经义""尚古学""重儒术"。如郑覃,大和三年(829)九月自右散骑常侍入为侍讲学士,第二年(即大和四年)六月出守工部尚书,后于大和六年三月又以工部尚书入为侍讲学士。之所以第二次召入,乃如《旧唐书》卷一七三《郑覃传》所记:"文宗好经义,心颇思之。(大和)六年二月,复召为侍讲学士。"高元裕于开成三年(838)五月至本年八月为翰林侍讲学士,萧邺所作《高公神道碑》有云:"文宗重儒术,尊奉讲席。公发挥教化之本,依经传纳,上倾心焉。"②王起情况更为特殊。按:唐代文士入翰林学士院,所带之官衔,一般为尚书诸司郎中(从五品上)、员外郎(从六品上),以及七品上之殿中侍御史、左右补阙,以及从七品上之左右拾遗,也有低至正九品上之校书郎的。唐代召文臣入为翰林学士,未有官阶限制,不视官品高下,而且大多以中下等为主。这也是唐代翰林学士人员建构的特点,也可以说是唐代用人开放之优点。而王起,于文宗开成三年五月自工部尚书判太常卿入为侍讲学士。按:《旧唐书·职官志》一,工部尚书为正三品,与宰相称号的门下侍郎、中书侍郎

①见周勋初《唐语林校证》卷二,中华书局,1987年。
②按:萧邺此文,题为《大唐故吏部尚书赠尚书左仆射渤海高公神道碑》,载《全唐文》卷七六四;又《金石萃编》卷一一四也据原刻著录,但文字多有残缺。

为同等品阶,比翰林学士在职期间以升迁中书舍人(正五品上)为荣还要高好几阶。而且王起在开成三年以前,于穆宗长庆二年、三年(822、823)即以礼部侍郎连续两年知贡举。《旧唐书》卷一六四本传,称其"掌贡二年,得士尤精"。据徐松《登科记考》卷一九,这两年进士登第者,如白敏中、周墀、丁居晦、李训等,后都为翰林学士。以这样高品阶,且又典知过科举,而再入为翰林侍讲学士,不仅唐代,以后自宋至清都未曾再有过。文宗之所以召其入充侍讲学士,乃如《旧唐书·王起传》所云"文宗好文,尤尚古学","郑覃长于经义,(王)起长于博洽",故"俱引翰林,讲论经史"。

也正因此,侍讲学士的著述与一般翰林学士有明显的不同。翰林学士在职期间,其职能主要是起草制诏,代拟批答。据《新唐书·艺文志》四著录,如常衮有《诏集》六十卷,段文昌有《诏诰》二十卷,郑畋有《凤池稿草》三十卷,封敖有《翰稿》八卷,李磎有《制集》八卷等。白居易文集,还特列有"翰林制诏"四卷。而侍讲学士,则大多有经史学术专著。如前所述,穆宗时韦处厚、路随,合著有《六经法言》、《宪宗实录》。又如敬宗时崔郾、高重,编撰有《诸经纂要》。据《旧唐书》卷一五五《崔郾传》:"郾退与同列高重抄撮《六经》嘉言要道,区分事类,凡十卷,名曰《诸经纂要》,冀人主易于省览。"《旧唐书·敬宗纪》记此事在宝历元年(825)七月。《新唐书·艺文志》三,将此书列于子部儒家类。而高重又自作《春秋纂要》四十卷,《新唐书·艺文志》一,列于经部春秋类,并注云:"帝好《左氏春秋》,命(高)重分诸国各为书。"

文宗时,侍讲学士郑澣有《经史要录》二十卷,《新唐书·艺文志》三,列于子部儒家类;郑并参预修撰《宪宗实录》(见《新唐书·艺文志》二,史部实录类)。许康佐,据《通鉴》卷二四五大和九年(835)四月,于《考异》中引《补国史》,谓许康佐曾进其所著《新注春秋列国经传》六十卷(又见《唐语林》卷六)。《新唐书》可能即因此将许康佐列入"儒学"列传(卷二○○)。又丁公著,《旧唐书》卷一八八本传,载其"著《礼志》十卷";《新唐书·艺文志》一,经部礼类,也著录《礼志》十卷;《新唐书·艺文志》三,子部儒家类,还著录其《皇太子诸王训》十卷,则为宪宗元和时任太子及诸王侍读时所作(据《旧唐书》卷一八八本传),这也与丁公著后入为侍讲学士有关。至于王起,在为皇上讲解时,还应召著有文字训诂类的书《写宣》,即《旧唐书》卷一六四本传所记:"(王)起侍讲时,或僻字疑事,令中使口宣,即以牓子对,故名曰《写宣》。"另郑覃于大和元年(827)入为侍讲学士时,即提出一项大计划,建议全面校订经书,并加以刊石。《旧唐书》卷一七三本传:"覃长于经学,稽古守正,帝尤重之。覃从容奏曰:'经籍讹谬,博士相沿,难为改正。请召宿儒奥学,校定六籍,准后汉故事,勒石于太学,永代作则,以正其阙。'从之。"后郑覃于大和九年为相,又兼判国子祭酒,更采取实际措施,起用起居郎周墀等,"校定九经文字,旋令上石"。《旧唐书》卷一七下《文宗纪》,开成二年十月,"癸卯,宰臣判国子祭酒郑覃进《石壁九经》一百六十卷"。这就是传于后世的著名"开成石经"。

应当说,翰林学士制诏之作,政治现实性较强,对认识和研究当时朝政和社会情况有直接的史料价值;从文学的角度,也可以由此探索文体的演变发展。而侍讲学士之作,就上面所举的例子来看，则专业学术性较强，对研究有唐一代经学、史学、子学等，也很有价值。唐代翰林侍讲学士在这方面的业绩，过去一向不被人注意，我们现在研究唐代以及整个古代翰林制度与职能，对此应有足够的重视和恰当的科学评析。这也是本人撰写此文的原由和企望。

至于当时侍讲学士与文士的交往，一般未有如上述韦处厚盛山唱和诗那样一种诗歌唱和之风，但交往还是有的。虽然这些交往不一定在侍讲学士任职期内，但对研究当时文风还颇可参考。如李德裕于文宗大和四年（830）冬，在赴西川节度使任途中，经汉州（今四川广汉市），有《汉州月夕游房太尉西湖》五律二首，郑澣即有和诗二首。这时郑澣已出院二年，任兵部侍郎，在京中。可见在此之前，他在任侍讲学士时已与李德裕有交往。又，刘禹锡也有和诗①。刘禹锡另有《和郑相公以考功十弟山姜花俯赐篇咏》诗，作于文宗开成三年（838），时在洛阳。郑相公为郑覃。按：郑覃于大和二年六月自侍讲学士出院为礼部侍郎，于大和三年、四年连续两年知贡举，这也值得注意。郑覃后于大和九年十一月甘露事变后入居相位。考功十弟为郑朗，时为考功郎中，过两年，开成五年四月也入为侍讲学士。由此可见郑覃、郑朗曾先后任为侍讲学士，都与刘禹锡有诗作交流②。许康佐则早期即与元稹有诗作酬和，元稹有《酬许五康佐》诗，自注"次用本韵"。元稹此诗

---

① 见傅璇琮、周建国合撰《李德裕文集校笺》之别集卷四，河北教育出版社，2000年。
② 按：刘禹锡此诗之撰写时间，及郑覃、郑朗事，参见陶敏、陶红雨《刘禹锡全集编年校注》卷一一，岳麓书社，2003年。

作于元和五年(810),时正被贬为江陵府士曹参军①。此当为许康佐以诗远慰,元稹即次韵相答。至于王起,则与文士交往更多,与白居易、张籍、元稹、刘禹锡、李德裕均相交甚深。会昌三年知贡举时,华州刺史周墀赋诗寄和,王起与此时登榜进士二十余人均作诗相和。这种唱和之风较韦处厚盛山十二诗,气象更盛,一时传为佳话②。

---

①参见杨军《元稹集编年笺注(诗歌卷)》,三秦出版社,2002 年,第 294 页。
②详见《唐摭言》卷三,又《唐五代文学编年史·晚唐卷》,辽海出版社,1998 年。

唐翰林学士记事辨误

　　此文虽标曰"唐",而文中所考主要为中晚唐,即穆宗(820—824)、敬宗(824—826)、文宗(826—840)、武宗(840—846)、宣宗(846—859)、懿宗(859—873)六朝。在此之前,我已撰有数文,考述唐翰林学士的事迹,如《唐玄肃两朝翰林学士考论》(《文学遗产》2000 年第 4 期)、《唐代宗朝翰林学士考论》(《中华文史论丛》2001 年第 3 辑)、《唐德宗朝翰林学士考论》(《燕京学报》新第 10 期,2001 年 5 月)、《唐永贞年间翰林学士考论》(《中国文化研究》2001 年秋之卷)、《唐宪穆两朝翰林学士考论》(《文史》2002 年第 3 辑)、《中国最早两位翰林学士考——吕向、尹愔传论》(《文献》2002 年第 4 期)。近年来我集中考索中晚唐时期翰林学士,发现这时期的翰林学士确有新的特点。一是人数骤增,在这六朝的五十余年中,有一百十余人,而玄宗开元二十六年起至宪宗末,八十二年,只六十余人;二是参预政治密切,学士间的内部纠纷增多;三是翰林学士与文士交往较多,文化活动频繁。因此这时期的翰林学士的确值得作深入的考察。

　　但我在查核有关史料、文献时,发现其记学士的事迹,有不少差错。记载穆宗朝以后的翰林学士入院、出院年月者,较早的为唐人丁居晦《重修承旨学士壁记》,后有新旧《唐书》,唐宋时期的杂史、笔记,以及清人所编的《全唐诗》、《全唐文》,徐松《登科记考》等。这应当说是研究唐翰林学士的基本史料。但这些史料,却存在不少问题,清人及近现代学者曾在其著述中对此有所考正。我发现,在记中晚唐翰林学士事迹时,上述史书,特别是两《唐书》,错失甚多。本文拟就这一时期的翰林学士记事,举例辨析上述史书失误之处,希望引起注意。又如《重修承旨学士壁记》,须补正者更多,岑仲勉先生过去曾有所辨正①,为节省篇幅,本文对此书就不再论列(又:后文引及此书,均简称以为丁《记》)。

一

以《登科记考》而论,这里可举三例。

柳公权,穆宗、敬宗时为翰林侍书学士,《旧唐书》卷一六五、《新唐书》卷一六三有传。两《唐书》本传皆载其宪宗元和初进士擢第,但未记确年。《登科记考》卷一七则明确系于元和三年,所据为《唐语林》文:"柳公权擢第,首冠诸生,当年登宏词科。"徐松有"按"云:"按:首冠诸生,谓状元也。元、二年状元已见,则公权当是此年状元。"应当说这只是一种推测,关键还在于未读通《唐语林》原文。《唐语林》此处见该书卷四,实出于唐赵璘《因话录》

────────
① 附见《郎官石柱题名新考订》,上海古籍出版社,1984 年。

卷三商部下，先叙元和中柳宗元善书，接云：“长庆已来，柳尚书公权，又以博闻强识工书，不离近侍。柳氏言书者，近世有此二人。尚书与族孙璟，开成中同在翰林，时称大柳舍人、小柳舍人。自祖父郎中芳以来，奕世以文学居清列。舍人在名场淹屈，及擢第首冠诸生，当年宏词登高科。”此处“自祖父郎中芳”句以后，即叙柳璟事，柳璟之祖即为柳芳（见《旧唐书》卷一四九），而柳公权，祖名为正礼（见《旧唐书》公权本传）。由此可见，所谓“擢第首冠诸生，当年宏词登高科”，并非柳公权，而为柳璟（《登科记考》卷二十已记柳璟为宝历元年状元，同年登博学宏词科），徐松未查《因话录》原文，也不复核《旧唐书·柳璟传》，遂致此显误。

王源中，文宗时翰林学士，《新唐书》卷一六四有传。按：《新传》仅云“擢进士，宏辞”，未言何年，而《登科记考》卷一七则明确系于宪宗元和二年，并列为状元，出处谓“见《旧书·文苑·卢景亮传》”。经查核，《旧唐书·文苑传》见卷一九〇（分上、中、下），并无卢景亮传。《新唐书》卷一六四有《卢景亮传》，但也未有一字提及王源中。徐松竟如此疏失，实难以理解。更使人奇怪的是，朱金城先生《白居易集笺校》卷四九“中书制诰”，于王源中授检校刑部员外郎充观察判官制文的笺注中，在述及元和二年进士时，也注谓见《新唐书》卷一六四《卢景亮传》、《登科记考》卷一七，竟沿袭其误。当然，王源中确是元和二年登第的，但其根据应为褚藏言《窦巩传》：“元和二年举进士，与今东都留守、左仆射孙公简，故吏部侍郎、兴元节度使王公源中，中书舍人崔公咸，制诰李公正封，同年上第。”（《全唐文》卷七六一）

薛廷老，文宗时翰林学士，《旧唐书》卷一五三、《新唐书》卷一六二有传。《新传》记其"及进士第"，《旧传》未载，《登科记考》即据此列于未知登科年之卷二七。岑仲勉《登科记考订补》据《卓异记》有所考①。今查《卓异记》有《门生为翰林学士撰座主白麻》条，云："惟廷老翰林时，座主庾公拜兖海节度，廷老为门生，得为麻制，时代荣之。"按：《旧唐书》卷一七下《文宗纪》下，大和四年十一月："癸巳，以左丞庾承宣为兖海沂密等州节度使。"②而薛廷老，据丁《记》，即在大和四年入院（但薛为庾所撰制文，未传存）。庾承宣于元和十三、十四年知贡举（见《唐语林》卷八《神龙元年已来累为主司》条）。岑仲勉仅据《卓异记》，谓庾主持元和十三、十四年贡举，未确定薛廷老何年登第。今按：李让夷于元和十四年登第（《旧唐书》卷一七六本传），大和元年十二月自左拾遗入为翰林学士，而薛廷老于大和四年入院，《旧唐书·薛廷老传》即记曰："与同职李让夷相善，廷老之入内署，让夷荐挈之。"后薛因"终日酣醉"，出院，"让夷亦坐廷老罢职"。由此则可知，薛与李早有交情，二人当同于元和十四年登进士第，此即可补正《登科记考》。

二

至于《全唐诗》、《全唐文》，其记事之误，又多于《登科记考》。

---

① 附于中华书局 1984 年《登科记考》点校本后。
② 按：中华书局点校本，于此处"庾承宣"，"庾"误排作"康"。庾承宣，两《唐书》虽无传，但有数处见，皆作"庾"，无作"康"者。

如韦表微,穆宗朝翰林学士,《全唐诗》卷四七三载其诗一首,题作《池州夫子庙麟台》。按:此即《全唐文》卷六三三韦表微所作《麟台碑铭》后之铭文,故为四言。其实这种铭文是不应列于诗体的。问题主要还在于《全唐诗》所载诗题中之"池州"二字。池州在今安徽(《元和郡县图志》卷二八江南道,有池州),而《麟台碑铭》序中谓:"元和五年冬十一月,表微以滑之从事使乎郓阳,停骖访古,经获麟之旧址。"滑州属河南道,在今河南滑县等地。韦表微当于元和前期在滑州幕府,因事出使东行,至郓阳。郓阳即郓州,在今山东郓城、东平等地,即所谓鲁地,故赞颂孔子,铭中有"于昭鲁邑,栖遑孔门""墙仞迫陋,崎岖阙里"之句。《唐诗纪事》卷五四已记韦表微此诗,诗题即为《池州夫子庙麟台》,《全唐诗》当即本此。当代学者王仲镛《唐诗纪事校笺》于此虽曾用《唐文粹》、《文苑英华》相校,却未指出"池州"之误①。

又蒋防,《全唐诗》卷五〇七小传:"元和中李绅荐为司封郎中、知制诰,进翰林学士。"《唐诗纪事》卷四一蒋防条,又云:"元和中,李绅及防荐庞严为翰林学士。"皆记为宪宗元和时。按:李绅、蒋防与庞严确有交情,且互相推荐入为翰林学士,在研究中唐翰林学士时也值得注意。但据丁《记》及有关记载,蒋防于穆宗长庆元年十月入,李绅于长庆二年二月入,庞严于长庆二年三月入,三人入翰林学士院均在长庆年间,即宪宗元和以后,且李绅之入在蒋防之后,怎能为之推荐?《全唐诗》小传又云蒋防先被荐为司封郎中,后进为翰林学士。按:《全唐文》卷七一九蒋防《连州静福

---

①《唐诗纪事校笺》,巴蜀书社,1989年。

山廖先生碑铭并序》,有云:"长庆末,余自尚书司封郎、知制诰、翰林学士得罪,出守临汀。"据丁《记》,蒋防于长庆元年十一月十六日自右补阙充,二年十月九日加司封员外郎,三年三月一日加知制诰,四年二月贬汀州长史。则蒋防所带官衔为司封员外郎,非司封郎中,且其为司封员外郎乃在入院后第二年,非《全唐诗》小传所谓先任司封郎中,后人为翰林学士。可见《全唐诗》小传此处虽仅二句,却有好几处错失。

又,《全唐文》卷七一九载蒋防《授李鄘门下侍郎平章事制》。按:《旧唐书》卷一五七《李鄘传》,鄘于元和五年冬为淮南节度使,十二年(817)征拜门下侍郎、平章事,入相。《旧唐书》卷一五《宪宗纪》下,元和十二年冬,"甲申,以淮南节度使、检校左仆射李鄘为门下侍郎、同中书门下平章事"。《新唐书》卷六二《宰相年表》记李鄘授相在元和十二年十月甲戌,十二月戊寅至任。而据上述,蒋防于长庆元年(821)十一月才入为翰林学士,在此之前任拾遗、补阙之职,绝不能于此时撰宰相授命制文。经查《唐大诏令集》卷四七"命相",亦收有《李鄘平章事制》①。文末署"元和十二年十月",而未注撰者名,由此可知此决非蒋防作,《全唐文》所载误。

但《唐大诏令集》亦有误处,卷一○六载《长庆二年试制科举人敕》,题下署李德裕撰,文末署"十月二十三日"。按:《旧唐书》卷一一六《庞严传》:"长庆元年应制举贤良方正能直言极谏科,策入三等,冠制科之首。是月,拜左拾遗。"《登科记考》卷一九即据此列庞严于长庆元年登制科贤良方正能直言极谏科。《全唐文》

①《唐大诏令集》,商务印书馆排印本,1959年。

卷七二八也载有庞严《对贤良方正能直言极谏策》。我与周建国同志合撰的《李德裕文集校笺》，于"新补李德裕佚文佚诗"部分即收有《长庆元年试制科举人敕》①。按：《唐大诏令集》载此文，题作长庆二年，文末署十月二十三日，而李德裕于长庆二年二月已出翰林院，改任为御史中丞，九月出为润州刺史、浙西观察使，不可能在十月尚作此敕文。经检《册府元龟》卷六四四"贡举部"，收有此文，有"长庆元年十一月戊午御宣政殿，试制科举人，制曰"，与《旧唐书·庞严传》所载时间相符。《唐大诏令集》不知何以有此显误。

李让夷，据丁《记》，于文宗大和元年十月二十二日，自左拾遗改史馆修撰入为翰林学士，中经迁转，于大和三年十一月加职方员外郎。与其同时，时为中书舍人的李虞仲有《授学士李让夷职方员外郎充职制》（《全唐文》卷九六三），即记此事。但《全唐文》卷三六六又有贾至《授学士李让夷职方员外郎充职制》，文字亦同。贾至为玄宗、肃宗时人，距文宗早六七十年，绝不可能有此作。《全唐文》误收②。

周墀，《旧唐书》卷一七六有传，有云："大和末，累迁至起居郎。墀能为古文，有史才，文宗重之，补集贤学士。"另《全唐文》卷七五五有杜牧所作《周公墓志铭》③，记其登进士第后，为湖南团练巡官，丁母忧，"后自留守府监察真拜御史，集贤殿学士"。这牵涉到唐代集贤殿书院建制事。集贤殿书院置有学士、直学士，与

①傅璇琮、周建国编撰《李德裕文集校笺》，河北教育出版社，2000年。
②清劳格《读全唐文札记》对此已有提及。
③《樊川文集》卷七亦载此《周公墓志铭》，文字与《全唐文》同，见上海古籍出版社陈允吉点校本，1978年。

翰林学士相同,是一种职务,非官,按当时规定,五品以上的官才可入为集贤殿学士,六品以下只能为直学士(参见《旧唐书》卷四三《职官志》二),而起居郎为从六品上,监察御史为正八品上,都不能列为集贤学士的。可见《旧传》与《全唐文》所记均有误。

《全唐文》又有明显的文字抄写之误。如武宗时翰林学士徐商,两《唐书》都有传(《旧》卷一七九,《新》卷一一三),而曾在其幕府的李骘所作《徐襄州碑》,记其行事最详。《全唐文》卷七二四载此碑文,有云:"大中十年春,今丞相东海公自蒲移镇于襄。四十年诏征赴阙。今天子咸通五年,公为御史大夫,自始去襄,于兹六年矣。"这就是说,宣宗大中十年春,徐商为襄州刺史。至于"诏征赴阙"为"四十年",则大误。据《唐刺史考全编》卷一八九,徐商于大中十年至咸通元年任为襄州刺史、山南东道节度使①。按:宣宗于大中十三年八月七日卒,懿宗接位,第二年改为咸通元年,但据《旧唐书》卷一九上《懿宗纪》,咸通改元在该年十一月,则当时人称咸通元年有仍为十四年的。由此则《全唐文》所载此《徐襄州碑》,"四十"当为"十四"之误。此当非撰碑者误写,而是《全唐文》抄写之误。

三

宋欧阳修《集古录》与赵明诚《金石录》,是现存最早较完整

---

① 郁贤皓著《唐刺史考全编》,安徽大学出版社,2000 年。

的金石文献著录之作，史料价值很高，不少后来失传的墓志碑传，多可由此获得线索。但我这次考索中晚唐翰林学士行迹，发现二书也有疏失之处。如宋陈思《宝刻丛编》卷七引《集古录目》，载有《唐左威卫将军李藏用碑》，云："唐礼部侍郎翰林学士王源中撰。""碑以大和四年立。"此云"礼部侍郎"，误①。《新唐书》卷一六四《王源中传》，其仕历从未有礼部侍郎，而在翰林学士任期，则为"累转户部郎中、侍郎"。又据丁《记》，大和二年十一月五日迁为户部侍郎、知制诰，八年四月出院。另，宋叶梦得《石林燕语》卷三，有云："唐制，翰林学士本职在官下。"清叶廷琯曾援引宋李心传《旧闻证误》，谓唐时翰林学士职名有在官上，有在官下，未有定制，其中即引及王源中所撰《李藏用碑》，称"中散大夫、守尚书户部侍郎、知制诰、翰林学士王源中"②。这较《集古录》所载为详，当为南宋时尚存世的原件。又《全唐文》卷六九三李虞仲《授学士王源中户部侍郎制》，中称"可尚书户部侍郎、知制诰，依前充翰林学士"，也为一明证。

《集古录目》又著录有《唐王播碑》，记云"翰林学士承旨柳公权书"，"碑以大和四年正月立"。《金石录》卷九，建碑年月同。按：《旧唐书》卷一七下《文宗纪》下，大和四年正月，"甲午，守左仆射、同平章事、诸道盐铁转运使王播卒"。《全唐文》卷七一四有李宗闵所撰《故丞相尚书左仆射赠太尉太原王公神道碑铭并序》，

---

① 经查清文渊阁《四库全书》本《集古录》，亦著录此碑，同云"大和四年"。但题简略，仅为《唐李藏用碑》，后亦简云"王源中撰"，无"礼部侍郎"等字。

② 见《石林燕语》卷三，中华书局点校本，1984年，第39页。

记王播卒后，天子震悼，罢朝三日，并命兵部侍郎一员奉命至其家，册封为太尉，后又遣官员陪葬。葬礼毕后，"其子镇，以宗闵晚陪公于相位之末，稍窥公之行，请铭其烈，以垂于后，且不宜拒。遂铺其荦荦所能言者于金石云"。按：该年正月甲午为十九日，卒后有册封、行葬，其后王播子又请李宗闵为撰碑文，撰写当又需一段时间，则所谓"碑以大和四年正月立"，就时间进度而言，正月十九日卒，当月立碑，是不可能的。又碑文末云："其从事故相国程公异、今荆州相国段公文昌。"即李宗闵撰此文时，段文昌正在荆州任上，而《旧唐书·文宗纪》下，段文昌由淮南节度使授江陵尹、荆州节度使，在大和四年三月。据此即可确证，此碑绝不可能立于大和四年正月，《集古录》、《金石录》不知何以有此显误。又，段文昌又于大和六年十一月改为剑南西川节度使，则李宗闵撰此碑文，当在大和四年三月至六年十一月间。而据丁《记》，大和三年十二月至八年三月，王源中为承旨学士。唐翰林学士自宪宗时设置承旨，按体制，承旨学士在同一时期只能一人。则李宗闵撰此碑文及立碑期间，柳公权绝不可能衔为"翰林学士承旨"，此为《集古录》又一误载。另，据丁《记》，柳公权于大和五年七月出院，又于八年十月再入为侍书学士，此后又有迁转，于九年九月由侍书改为学士，开成三年九月十八日，迁工部侍郎、知制诰，加承旨。即开成三年九月后，柳公权就能有承旨称号。《集古录跋尾》另录有《唐何进滔德政碑》，开成五年立，署"翰林学士承旨兼侍书柳公权撰并书"[1]，即与丁《记》所叙仕历相符，可为一旁证。

----

[1] 见《欧阳修全集》卷一四二，中华局书点校本，2001 年，第 2293 页。

四

　　唐宋时期，杂史、笔记等著述繁盛，古代有时统称为小说。应当说，这些笔记小说之书，不仅对文学研究，对历史研究也有极大的参考价值。这在宋代就受到重视，司马光在《资治通鉴》撰成后向皇帝进书表中，就称他在编撰中，"遍阅旧史，旁采小说"。宋祁分工撰写《新唐书》列传，也多采摭唐五代时笔记，较《旧唐书》有更广的内容。清修《四库全书总目提要》于卷一四〇子部小说类序中，就说"唐宋而后，作者弥繁"，虽有失真之处，"然寓劝戒、广见闻，资考证者亦错出其中"。在具体的提要中，也多从史学的角度对其长处作肯定的评述，如本文将予评析的唐裴廷裕《东观奏记》，称其"书中记事颇具首尾，司马光作《通鉴》，多采其说"；宋孙光宪《北梦琐言》，提要中虽批评"其记载颇猥杂，叙次亦颇冗沓"，但所记"往往可资考证"。《四库全书总目提要》对唐宋笔记小说有一总的评估原则，即康骈《剧谈录》提要中云："稗官所述，半出传闻，真伪互陈，其风自古未可全以为据，亦未可全以为诬，在读者考证其得失耳，不以是废此一家也。"我在作唐翰林学士传论时，即注意采择小说笔记、杂史等书，同时注意其失实之处。这里即略举数例。

　　令狐绹，据丁《记》，于宣宗时曾两次入翰林院，第一次为大中二年二月自考功郎中、知制诰入，三年五月改御史中丞出；第二次为大中三年九月自御史中丞入，并充承旨，四年十一月，拜相出院，此又可参见《旧唐书》卷一七二、《新唐书》卷一六六本传。在第一次入院前，曾于大中元年三月由户部员外郎出为湖州刺史（参见《吴兴志》及《两浙金石志》卷三《唐天宁寺经幢》），大中二年召入朝，后即为翰林学士。《剧谈录》卷上《宣宗夜召翰林学士》条，记令狐绹自湖州入朝，唐宣宗即召入宫中，与之详谈。这一记载对晚唐时翰林学士的政治待遇研究，颇有参考价值，但文中云"居岁余，遂为宰相"，则误。据前引丁《记》及两《唐书》本传，令狐绹拜相乃在第二次出院时，即大中四年。《唐语林》卷二亦载此事，同误。

宣宗时翰林学士崔慎由，据《新唐书·宰相年表》及《通鉴》卷二四九，于大中十年十二月拜相。又据《旧唐书·宣宗纪》下，大中十二年正月出为剑南东川节度使。宋钱易《南部新书》丙卷，记大中十年春宣宗一日微行，至京郊新丰，见一布衣，此人谈及崔慎由将出镇西川；宣宗听后甚为惊异，返朝后，即于第二天下敕令其出镇剑门。按：据前所引《旧纪》及《新表》，《南部新书》所谓大中十年春罢相出镇，实则此时崔慎由尚未入相，且所记官职也误，应为东川节度使，非西川节度使。《四库全书总目提要》曾赞誉《南部新书》"虽小说家言"，而"于考证尚属有裨"（卷一四○子部小说家类），但此条记崔慎由事，则有显误①。

五代时王定保《唐摭言》，《四库全书总目提要》也极为肯定，认为"是书述有唐一代贡举之制特详，多史志所未及，其一切杂

---

① 《东观奏记》卷中记懿宗朝翰林学士郑言事，曾叙及："至大中十一年崔慎由由户部侍郎秉政。"《唐语林》卷七亦引有此条，但记云大中十二年。周勋初《唐语林校证》即谓应作大中十年十二月。可见崔慎由入相事，唐人《东观奏记》、宋人《唐语林》亦有误。

事，亦足以觇名场之风气"（卷一四〇子部小说家类）。但其书记宣宗朝翰林学士韦澳事，却云："韦澳、孙宏，大中时同在翰林。"（卷一五《杂记》）据两《唐书》及有关唐翰林学士材料，不仅宣宗朝，且整个唐代，翰林学士中都未有孙宏之名。

《北梦琐言》卷三《杜审权斥冯涓》条，中云"杜有江西之拜"，并记杜在赴任前曾与冯涓叙谈，拟聘冯为其幕府僚佐，"欲以南昌笺奏任之"。《唐语林》卷七亦载此。按：杜审权于宣宗大中后期曾为翰林学士，后于懿宗咸通五年二月出为浙江西道观察使（据《旧唐书》卷一九上《懿宗纪》）。杜审权仕历中从未出镇江西。不知《北梦琐言》何以有此误。

《北梦琐言》记晚唐懿宗朝翰林学士，还有两误。一是卷五《裴氏再行》条，谓裴璩曾"廉问江西"。按：裴璩，两《唐书》无传，据丁《记》，其于咸通五年至八年任翰林学士，又据《新唐书》卷九《懿宗纪》及《通鉴》卷二四三，裴璩于咸通三至五年内曾任浙西镇海节度使，从未在江西任过职，此与前《北梦琐言》记杜审权出镇江西，同误。另一误处，为卷五《韦尚书鉴卢相》条，记"唐大中初卢携举进士"。按：《旧唐书》卷一七八卢携本传，明确记卢为"大中九年进士擢第"，《登科记考》卷二二即据此系于大中九年，是。大中共十三年，不能以大中九年称为"大中初"。

五

应当说，两《唐书》是研究唐翰林学士的基本史料，除列传外，

《旧唐书》的本纪,《新唐书》的《宰相世系表》及《宰相年表》,更需参考引用。但遗憾的是,两《唐书》无论纪、志、表、传,在记叙翰林学士事迹时,多有舛失。特别是晚唐部分,"唐代诸帝实录自武宗以后,缺而不纪"(《旧五代史》卷一三一《贾纬传》),因此清人钱大昕认为《旧唐书》于晚唐史事,所记虽"卷帙滋繁,而事迹之矛盾益甚"(《廿二史考异》卷五七)。有些是所记本已简略,不复杂,但却有明显的错失。如《新唐书》卷一七七《韦表微传》谓韦表微任翰林学士时,曾推荐韦处厚、路随入为学士。而据丁《记》及有关记载,韦表微于穆宗长庆二年二月入院,而韦处厚、路随都于两年前即元和十五年二月即已入翰林学士院。又如宇文临,无专传,仅附于其父宇文籍传(《旧唐书》卷一六〇)之后,仅一句:"大中初登进士第。"但就此一句,即误。据丁《记》,宇文临于宣宗大中元年闰三月以礼部员外郎入为翰林学士。《全唐文》卷七二六崔嘏《授宇文临礼部员外郎制》,记其在此之前,已先在地方幕府、后在朝中任职,早有声誉,"佐云幕而郁有佳声,处霜台而介然独立"。据此,则如何于大中初即大中元年才登进士第呢?又如《旧唐书》卷一五三《薛廷老传》,记其"宝历(825—826)中为左拾遗",而据《旧唐书》卷一七上《敬宗纪》,长庆四年(824)十二月已在左拾遗任,可见同一书中,纪与传互相矛盾。

有时记一人之事却有好几处错,这里即举宣宗朝两位翰林学士蒋伸、杜审权为例。《旧唐书》卷一四九《蒋伸传》,先云"登进士第,历佐使府";后云:"大中初入朝,右补阙、史馆修撰,转中书舍人,召入翰林为学士。"所记较笼统,《新唐书》卷一三二本传则较具体,且确切:"大中二年,以右补阙为史馆修撰,转驾部郎中、知制诰。白敏中领邠宁节度,表伸自副,加右庶子。入知户部侍郎。"据有关记载,蒋伸无论在入院之前或在院中,从未任中书舍人,《旧传》此处误以知制诰为中书舍人,实际上知制诰只是一种职务,本身无官阶,须以他官来兼,中书舍人本身即有官阶(正五品上)。又白敏中于大中五年三月由宰相出为邠宁节度使。《通鉴》卷二四九记其出行前,"请用裴度故事,择廷臣为将佐,许之";"四月,以左谏议大夫孙景商为左庶子,充邠宁行军司马,知制诰蒋伸为右庶子,充节度副使"。蒋伸后又入朝为户部侍郎,并于大中十年八月以户部侍郎入为翰林学士①。由此可见,《旧传》云在任中书舍人后即召入为翰林学士,又误。但《新传》亦有误,云"九年,为翰林学士",应为大中十年。此外,关于记蒋伸任相、罢相,亦有误。丁《记》谓大中十二年五月二十三日,蒋伸以兵部侍郎、判户部出院,同年十二月二十九日,入相,同中书门下平章事。《旧传》仅云"大中末"。《新唐书》卷八《宣宗纪》记为大中十二年二月甲寅,与《新唐书》卷六三《宰相年表》同,而《旧唐书》卷一八下《宣宗纪》下,却系于大中十三年:"四月,以翰林学士承旨、兵部侍郎、知制诰蒋伸本官同平章事。"《通鉴》卷二四九亦有载,记大中十二年"十二月甲寅,以伸同平章事"。则《旧纪》所谓十三年四月,误。关于蒋伸之罢相年月,《旧唐书》卷一九上《懿宗纪》,竟记有两处,一为咸通二年九月,以毕诚为工部尚书、同平章事,"蒋伸罢知政事";一为咸通十年正月,"中书侍郎、兼户部尚书、平章事蒋伸为太子太保,罢知政事,病免也"。据《新唐书·宰相年

①丁《记》谓大中十一年,应是十年,参考岑仲勉补证。

表》下,蒋伸于咸通三年正月出为河中节度使,后即未再入相,两《唐书》本传也未有记。可见《旧唐书》于晚唐本纪,竟有如此舛误。

　　关于杜审权,《旧唐书》卷一七七本传,记其世系,云:"祖佐,位终大理正。佐生二子,元颖、元绛。……绛生二子,审权、蔚。"而《新唐书》卷七二上《宰相世系表》二上,杜氏,于元绛下空一格,其下为审权,就表格上下而言,则元绛为其祖,非其父,与《旧传》异,当误。钱大昕《廿二史考异》卷五〇即已指出:"按:审权即元绛子,中间不应空格。"(按:此处中华书局点校本亦失校,未指出)另一误处为《旧唐书·宣宗纪》,大中十三年正月,"以虢陕观察使杜审权为户部侍郎、判户部事"。据丁《记》,杜于大中十二年五六月间自刑部侍郎入为翰林学士①,后又转户部侍郎、知制诰,则其为户部侍郎乃在翰林学士任职期间,非出院后,《旧纪》此处系于大中十三年正月,显然无据。另,丁《记》记杜审权于大中十三年十二月三日,"守本官同平章事",为唐代翰林学士由其本职直接提升为宰相的一例。其任相的年月,《新唐书·懿宗纪》与卷六三《宰相年表》均记为大中十三年十二月甲申。使人感到奇怪的是,《旧唐书·懿宗纪》却于咸通元年二月记:"以河中节度使杜审权为兵部侍郎、判度支,寻以本官同平章事。"这就是其拜相的时间较丁《记》及《新纪》、《新表》为后一年,且非由翰林学士直接提升,而是先已出为河中节度使,再由河中召回。这又与《全唐文》卷八三所载懿宗《授杜审权平章事制》不合,此制文称其前所

―――――――――

①丁《记》仅记大中十二年,岑仲勉补证谓当在五六月间。

任之官职为"翰林学士承旨、通议大夫、守尚书兵部侍郎、知制诰",后云"可守本官同中书门下平章事";文中又云"先皇帝籍其令誉,擢处禁林",后云"逮余建统,屡承密旨,每多宏益,弥见慎修",因此"是用委兹大政,列在中枢",完全未提河中节度使事,乃直接由翰林学士任命的。至于杜审权罢相之时间,则《旧传》又出现明显的错误,云:"(咸通)九年罢相,检校司空、兼润州刺史、镇海军节度使、苏杭常等州观察使。"而《旧纪》则记于咸通五年二月,《新表》与《通鉴》(卷二五〇)又记为四年五月,各异。经查《唐大诏令集》,卷五四有《杜审权镇海军节度使平章事制》,文末署咸通四年五月,与《新表》《通鉴》同,且文中有云:"出入五载,初终一途。"从大中十三年起,按传统计算惯例,至咸通四年,确是五年。《旧纪》与《通鉴》等各有不同,但只差一年,而《旧传》却记为咸通九年,其差误实在太大。

上述杜审权一人的记事,就两《唐书》而言,其硬伤错误,就有《新唐书·宰相世系表》、《旧唐书·宣宗纪》、《旧唐书·懿宗纪》、《旧唐书》本传等四处。而这四处错误,中华书局点校本也都未有校记校出。这牵涉到我们对古籍整理质量的评估与要求。中华书局的"二十四史"点校本,被誉为经系统整理,是学术界普遍使用的通行定本。应当说,这套点校本确有较好的质量,但其整理工作仅停留在版本对校上。真正从定本来说,只是几个版本对校,是达不到这一要求的。以上所举的一些例子,都属于基本事实,如我们在整理上不加以梳理指正,则读者、研究者在使用上就会引发出不少问题。整理应与研究相结合,对原书所记史事加以疏证、辨析,这才能有真正符合高质量标准的定本。

据笔者考核,除本文前已提及外,穆宗朝至懿宗朝,两《唐书》记翰林学士事有误者,尚有三十四人,即:崔郾、王源中、许康佐、柳公权、丁公著、路群、李珏、周墀、高少逸、郑朗、封敖、徐商、裴谂、令狐绹、郑颢、崔慎由、毕諴、苏涤、韦澳、庾道蔚、孔温裕、高璩、刘邺、张道符、杨收、路岩、赵骘、李瓒、于琮、刘瞻、郑畋、张裼、韦蟾、卢携。我们要全面研究中晚唐翰林学士,如不订正两《唐书》记事之误,肯定会出现不少差错,并有导致理论探讨不确或失误的可能。限于篇幅,本文就不再一一列考,谨先列出人名,以提请研究者注意。

原载《燕京学报》新 16 期,2004 年 5 月

《蒙求》流传与作者新考

我国古代的儿童启蒙读物，一般认为名声大、影响广的，乃为《千字文》、《三字经》，实际上产生于约中唐时期的《蒙求》一书，其知识含量、流传领域、历史影响，是曾超过《千字文》、《三字经》的。但很长时期以来，此书却未引起足够的重视与注意，且其作者是谁，也多有分歧，至今尚存有误解。为寻根索源，还历史本来面目，本文特为此加以考索，希望得到学术界的关注。

一

按：《千字文》为南北朝时期梁朝周兴嗣辑集书法家王羲之传存的字为一千字，每四字一句，对偶押韵，依理成文，实际上是应当时梁武帝之命，教宫中诸王练习书法的。《三字经》相传为南宋后期王应麟所编，每三字一句，二句一韵，依韵成篇，开头如"人之初，性本善"，宣扬儒家义理。《蒙求》在形式上上承《千字文》，也是四字一句，二句一韵，但其字数远远超过《千字文》、《三字经》。

依现在保存的敦煌抄写本及《四库全书》本、日本古抄本等统计，全书共 596 句,2384 字。

《蒙求》不仅字数多,篇幅长,而且知识含量高,涉及领域广。《周易·蒙卦》有云:"匪我求童蒙,童蒙求我……蒙以养正,圣功也。"《蒙求》的作者当本此意,编了这么一部知识课本,作为初学阶段的启蒙读物,以立身养正,故云"蒙求"。此书不局限于儒学义理之教,而着重于记述历史人物的事迹言行,想通过对前贤的称述,反映社会形态,表达作者理想,启发孩童心智。书中入选的人物,涉及社会各个阶层,既有帝王将相、达官贵人,也有平民百姓、隐士学人。有鼓励勤奋好学、刻苦训练的,如"匡衡凿壁,孙敬闭户""孙康映雪,车胤聚萤";有称赞父母教育子女的,如"陵母伏剑,轲亲断机";有赞扬子女孝养父母、友爱兄弟的,如"毛义奉檄,子路负米""姜肱共被,孔融让果";也有记述文化、技术等文明成果的,如"蒙恬制笔,蔡伦造纸""杜康造酒,仓颉制字";还有写文人学者的多种轶闻逸事的,如"屈原泽畔,渔父江滨""张翁失意,陶潜归去"。这里只能略举数例,但由此已可看出其涉及面既广,趣味性又强。

不仅是正文,据现在留存的作者自注与后人注解,其典故出处,所用之书,也极浩博,如义理之作,有《论语》、《孔子家语》、《列子》、《庄子》、《韩子》;历史典籍,有《左传》、《战国策》、《史记》、《汉书》、《后汉书》、《三国志》等;传记,有《列女传》、《列仙传》、《楚国先贤传》、《孝子传》、《高士传》;甚至还有不少笔记小说,如《世说新语》、《西京杂记》、《搜神记》、《幽冥录》、《神怪志》等。

这样典故多、引书博、立意高、文化含量广，而又可读性强的启蒙读物，在我国古代是少有的。

这部书在我国古代以及国外（如日本），极有影响。此书所记的人物，上起先秦，下迄魏晋南北朝，即都是唐以前，未记有唐本朝的。据现有记载，当为中唐时期之书，作者姓名为李瀚或李翰（详后考述）。据《新唐书·艺文志》三，子部杂家类，著录有王苑《续蒙求》三卷，白廷翰《唐蒙求》三卷。王苑、白廷翰，生平不详，当为晚唐时人。据前所述，《蒙求》所记皆为唐前之事，而这两部书，一标曰"续"，一标曰"唐"，则明显因鉴于《蒙求》在社会上已广为流传，于是想承袭下来，记唐朝之事。又晚唐著名诗人杜荀鹤有《赠李镡》诗（《全唐诗》卷六九二），题下自注："镡自维扬遇乱，东入山中。"晚唐时扬州自黄巢起兵，多有战事，杜的这位友人当因避乱，移居山中。这位友人家破财亡，经济困难，诗中称其"著卧衣裳难办洗，旋求粮食莫供炊"，而在这样缺衣少食的艰难处境中，这位穷读书人还不忘用《蒙求》向孩子讲授："地炉不暖柴枝湿，犹把《蒙求》授小儿。"

另据日本《三代实录》元庆二年八月二十五日条记，当时日本阳成天皇之弟贞保亲王还读过《蒙求》一书："是日，皇弟贞保亲王于披香舍始读《蒙求》。"还有四位朝臣一起侍读（据《中日汉籍交流史论》，杭州大学出版社，1992年版）。元庆二年为公元878年，相当于唐僖宗乾符五年。可见《蒙求》一书此时已流传于日本，并得到日本皇室的重视，作为宫中的读物。

宋朝随着科举事业的进一步发展，文化普及，印刷业兴盛，《蒙求》续编之作成为当时的热点。据南宋两部目录学著作，即晁公武《郡斋读书志》卷一四,陈振孙《直斋书录解题》卷一四,子部类书类有下列诸书:北宋中期范镇《本朝蒙求》三卷,记宋太祖至仁宗朝事,即北宋前期的人和事,以诲谕孩童,传授本朝的历史知识。除宋本朝外,还有扩大范围,记前代好几朝的,如《两汉蒙求》十一卷。清乾隆时修《四库全书》,也将其列入"存目",提要中谓:"是书仿唐李瀚《蒙求》之体,取两汉之事,以韵语括之,取便乡塾之诵习。"除两汉外,宋代还有取自春秋之事的《左氏蒙求》,取自南北朝之事的《南北史蒙求》、《十七史蒙求》。此外,还扩大社会面,有《训女蒙求》,《四库全书总目》卷一三七存目提要谓"是书仿李瀚《蒙求》之体,类集妇女事迹"。另有《赵氏家塾蒙求》、《宗室蒙求》,可见范围之广。

宋以后,元、明两朝,仍有续作。金元时名家元好问有《十七史蒙求序》一文(见《遗山先生文集》卷三六),谓《蒙求》一书,唐时已甚重之,"迄今数百年之间,孩幼入学,人挟此册,少长则遂讲授之",可见金、元之际的北方,《蒙求》也很流行。元好问在序中提及宋朝王逢原有《十七史蒙求》,现在吴庭秀、吴庭俊兄弟又仿王逢原之书,另作一部《十七史蒙求》,于是特为其作序。《四库全书》于类书类又特收有元人胡炳文《纯正蒙求》一书,《四库全书总目提要》卷一三六称:"炳文是书则集古嘉言善行,各以四字属对成文,而自注其出处于下,所载皆有裨于幼学之事。"颇予以赞赏。另外,《四库全书总目》卷一三八子部类书类,又著录有明万历时姚光祚《广蒙求》三十七卷。

清代有无类似的增补之作,未有记载。不过清嘉庆时编《学津讨原》丛书的张海鹏,在辑印《蒙求》时说:"骈罗经史,属对工整,于初学大有裨益,因刻诸家塾,为课孙之助。"可见乾隆、嘉庆时,《蒙求》原书刊刻相当普遍,被誉为"于初学大有裨益"。

《蒙求》本书的流传,也值得作一介绍。

前已述及,《新唐书·艺文志》已著录有续增之作,如《续蒙求》、《唐蒙求》,但却未著录《蒙求》原作,使人感觉很奇怪。但敦煌写本则有,据现在敦煌文献有关的研究著作,敦煌藏经洞先后出土有三件《蒙求》。前二件于1908年被伯希和携往法国,现编号分别为 P. 2710 和 P. 4877;后一件为甘肃敦煌研究院藏,编号为敦研95号。这三件虽均为残卷,所存不足全书十分之一,但仍有极大的史料价值。如敦研95号,文中"虎"字均作"唬",当避唐高祖父名虎之讳;又"世"字缺最后一笔,即避唐太宗李世民讳。由此可考定此为唐时抄写,《蒙求》则确为唐人所作,可证清《四库全书总目》所谓五代时书之误(详见后考)。由此也可以确定,《蒙求》一书,于中晚唐时已流传至西北,并有好几种抄本。(按:关于敦煌抄写本,可参汪泛舟《〈蒙求〉补足本》,邰惠利《敦煌本〈李翰自注蒙求〉初探》,见敦煌研究院编《敦煌研究文集》,甘肃民族出版社,2000年版;郑阿财《敦煌本〈蒙求〉及注文之考订与研究》,见台湾敦煌学会编印《敦煌学》第24辑,2003年版。)

北宋《崇文总目》,南宋晁、陈二志,均著录《蒙求》,可见此书入宋后,一直流传。陈振孙虽对此书有所讥评,但仍谓此书因"取其韵语易于训诵","遂至举世诵之,以为小学发蒙之首"。敦煌抄写本中,P. 4877 及敦研95号,都有作者自注,而《直斋书录解题》卷一四就另记有宋人徐子光注本(八卷),清乾隆时修《四库全书》,就将此注本收入(见《四库全书总目》卷一三五,作二卷)。

可见徐注本自宋后一直流传。值得注意的是，1974年7月28日，国家文物保护科学研究所和山西省雁北地区应县文物工作者，检查应县佛宫寺木塔塑像残破情况时，在佛像胸部发现一批刻经、写经、书籍、佛画等文物160件，后于1991年7月汇编为《应县木塔辽代秘藏》一书，由文物出版社出版。其中就有《蒙求》，有记为：麻纸，蝴蝶装，残存七叶半，每叶十行，行四句十六字。楷书，"明""真"缺笔避讳，当刻于兴宗重熙之后。自"燕昭筑台"始，迄卷终，后附"音义"存八行。按：重熙为辽兴宗（耶律宗真）年号，公元1032—1054年，相当于北宋仁宗年间。如此，则当刻于北宋中期，虽有残佚，却是现在存世的最早刻本，由此也可见《蒙求》也曾往北流传于辽。

据此，则应当说，现在存世最早的《蒙求》抄本，为中晚唐时敦煌本，最早刻本，为北宋中后期的辽刻本。至清康熙时编纂《全唐诗》，将《蒙求》作为四言诗，列于谣、酒令、占辞之后，为卷八百八十一，仅本文，无注。乾隆时修《四库全书》，则于子部类书类收入徐子光注本《蒙求集注》二卷；此后嘉庆时张海鹏编《学津讨原》，咸丰时余肇钧编《明辨斋丛书》，都据《四库全书》本辑入。后至近代，《蒙求》版本收集又有较大的进展。杨守敬《日本访书志》卷十一，以及日人森立之《经籍访古志》卷五，记载日本有旧抄本《蒙求集注》三卷；另日本元化中天瀑山人林衡（述斋）所刊《佚存丛书》第四帙，也有古本《蒙求》三卷。这几种日本旧抄本、古本，一个很大的特点，是保存较完整的唐人李良荐《蒙求》表及李华序。这是敦煌本发现前，中国本土各本所未见的。

也就是说，目前存世的《蒙求》，按时代先后，主要有：敦煌抄写本,辽刻本,清康熙时《全唐诗》本,乾隆时《四库全书》本,相当于清嘉庆时日本林述斋所刊《佚存丛书》古抄卷子改装本,19世纪中后期杨守敬《日本访书志》、森立之《经籍访古志》著录的旧刻旧抄本。各本有的有作者自注或宋徐子光注,有的无注;有的有唐李良荐表及李华序,有的没有;各本文字也各有差异或缺佚(特别是敦煌本)。现在确实有条件,也有必要,参校各本,整理出一种完整的汇校定本,并进一步作一新注、今译本。

二

现在拟对《蒙求》作者及成书年代加以考释。

《蒙求》作者,有两种记载,也即两种说法,一为李翰,一为李瀚。按照寻根索源的原则,遵循前辈学者陈垣先生所倡导的追核初始料的主张,本文拟从古代各本著录及有关记述加以系统的考索。

最早的本子,即敦煌抄本 P.2710 本所载李良《荐〈蒙求〉表》及李华所作序,均作李瀚;敦研 95 号本,亦作李瀚;P.4877 本仅存二叶正文,未记有作者名。其次,辽刻本也未有作者姓名。再其次,南宋两本目录著作,晁公武《郡斋读书志》作"唐李瀚撰"(卷一四),明确标为唐人,但其名仍作"瀚",又同卷著录《两汉蒙求》、《南北史蒙求》,亦谓"皆效李瀚也";陈振孙《直斋书录解题》亦称唐人,但作"李翰",不过上海古籍出版社 1987 年 12 月点校本引清卢文弨校本,谓卢校本作"瀚",可见《直斋书录解题》所传诸本,也有作"瀚"的。

清初《全唐诗》卷八八一所载《蒙求》,于作者李瀚名下则明确记为"唐末五代人"。乾隆时所修《四库全书》,其《总目》卷一三五《蒙求集注》提要,亦作"晋李瀚撰",并引《新五代史·桑维翰传》,称其为五代晋高祖时翰林学士。后周中孚《郑堂读书记》卷六十对此有所辨正,认为作者应为唐人李翰,非五代晋时李瀚,但未有细考。对此有明考者,为20世纪前半期学者余嘉锡,其所著《四库提要辨证》卷一六,引用日本天瀑山人林述斋《佚存丛书》第四帙所辑古本《蒙求》,称卷首有天宝五年饶州刺史李良荐表,赵郡李华序,又谓杨守敬《日本访书志》所录古抄卷子改装本,李良荐表署为天宝五年八月一日,饶州刺史,因此称即与《新唐书·文艺传》所记之翰林学士李翰同时,《蒙求》即为此李翰作。余嘉锡此说出后,现在敦煌学者都表赞同,以为定论。其实,余氏批驳《四库全书总目》所谓五代晋时之作是对的,但定为唐代宗时翰林学士李翰,则实未细考,且有疏失,应重加辨析。

为便于考述,今据敦研95号、P.2710本,并参校各本,将李良荐表择要摘录如下:

> 窃见臣境内寄住客前信州司仓参军李瀚,学艺淹通,理识精究,撰古人状迹,编成音韵,属对类事,无非典实,名曰《蒙求》,约三千言,注下转相敷演,向万余事。儿童三数岁者,皆善讽读,谈古策事,无减鸿儒,素不谙知,谓疑神遇。司封员外李华,当代文宗,名望凤著,与作序云:不出卷而知天下,其《蒙求》哉……伏愿依资量授一职,微示劝诫。

按:前已引及的元好问《十七史蒙求序》,也已提及"李华作序,李良荐于朝",但未记具体年月,并仍称《蒙求》作者为李瀚。敦煌本于李良荐表末,仅署"月日,饶州刺史李良上表",也未记具体年月。日本《佚存丛书》本标为"天宝五年饶州刺史李良",杨守敬《日本访书志》著录的古抄卷子改装本署为"天宝五年八月一日饶州刺史李良"。余嘉锡对此是提出过三处误点的:第一,"天宝元年改州为郡,刺史为太守","若谓为江南西道之饶州,则天宝元年已改为鄱阳郡,表上于五载,不当有饶州刺史"。第二,"唐玄宗天宝三年改年为载,此表仍署天宝五年,不用当时制度"。第三,据《新唐书·李华传》,李华于肃宗上元中曾被召为司封员外郎,天宝五载尚未登朝。应当说,余氏提出的这三个误点是有道理的,但他认为这三处误点仅是后世"传抄者各以其意妄为删改",于是以为,李良此表仍为天宝五载时作,《蒙求》作者即为同时人李翰,非李瀚,翰、瀚二字通用,实为一人。余氏此说仅为推测,实未尝"反复推求"。

根据《旧唐书·玄宗纪》,天宝元年(742)二月丙申,明确记载为:"天下诸州改为郡,刺史改为太守。"又天宝三载(744)正月丙辰朔,记载:"改年为载。"至肃宗至德三载(758),此二项又恢复原状,诸郡改为州,称刺史,又改至德三载为乾元元年,改载为年。这是统一的官令,李良如于天宝五载(746)在鄱阳郡任太守,是绝不会自称"天宝五年饶州刺史"的。尤其是李华,李良荐表中称其时任司封员外,更为荒谬。与李华同时的独孤及曾为李华文集作序:《检校尚书吏部员外郎赵郡李公中集序》(《全唐文》卷三八八),称李华于"开元二十三年举进士,天宝二年举博学宏词,皆为科首,由南和尉擢秘书省校书郎",至天宝八载,又"历伊阙尉"。按:秘书省校书郎官阶为正九品上,伊阙属河南府,为畿县。据《旧唐书·职官志》,畿县尉为正九品下,而尚书省诸司员外郎为从六品上,李华怎么可能于天宝二年为正九品上之秘书省校书郎,天宝五载前突然升五六阶之司封员外郎,天宝八载又突然降为正九品下之伊阙尉?

李良荐表中失实最为突出的是关于所谓李翰的记载。李翰为代宗时翰林学士,我曾撰有《唐代宗朝翰林学士考论》(载《中华文史论丛》2001年第3辑,上海古籍出版社),中有专节记述李翰生平。李翰,《旧唐书》卷一九〇下《文苑传》、《新唐书》卷二〇三《文艺传》有传,但较简略。中唐前期古文名家梁肃有《补阙李君前集序》、《送李补阙归少室养疾序》(《全唐文》卷五一八)。梁肃与李翰为同时之友人,因此所记之事是可信的。梁肃《补阙李君前集序》记李翰"弱冠进士登科,解褐卫县尉"。又李翰自作《殷太师比干文》(《全唐文》卷四三二),称"天宝十祀,余尉于卫"。由此,则李翰登进士第年虽未能确知,但其登第后之首任官(即解褐)为卫县尉,而天宝十载(751)也还在卫县尉任。由此也可推知李翰登进士第当在天宝十载前几年,很可能即为天宝五载前后,时仅二十岁(弱冠)。这就与所谓作于天宝五年李良荐表所谓"前信州司仓参军李瀚"有冲突。据《元和郡县图志》卷二八,信州与饶州同属江南西道,邻近,则此李瀚暂时寄住于饶州,与刺史李良交往,亦合乎情理。问题是信州位居中州,中州之司仓参军为正八品上,而卫县县尉官阶仅为从九品上。如此,则李良此表所记与代宗时翰林学士李翰事迹有明显不合:一、按唐科举制,已任过官职者不能再举进士考试,如天宝五载前李翰已任过信州司仓参军,怎么能再举考呢? 二、李翰于天宝五载前已为正八品上之信州司仓参军,何以天宝十载又降任为从九品上之卫县县尉? 李良荐表中明确要求是希望"依资量授一职",即在州司仓参军的官阶上再加提升,何以反而降阶? 三、梁肃明确记李翰于进士登第后首任官(即解褐)为卫县尉,怎么在几年前已任为信州司仓参军?

从李翰事迹所考,可知所谓李良荐表作于天宝五年,是不可靠的。敦煌抄本是现存最早的传本,就只记"月日",较为合理。由此应当得出这样的结论:一、李良荐表,李华序,其真实性是不成问题的,因敦煌本、元好问序都提及。二、日本所传诸本所记天宝五年,不可信,根据表中称李华时任司封员外郎,则当在肃宗上元时(760—761年)。三、《蒙求》作者为李瀚,敦煌本、元好问序、两宋时目录、《四库全书》本,及日本诸古本,都作瀚,从水,非代宗时翰林学士李翰。梁肃所作的两篇序,《全唐文》卷四三〇所载李翰文,及《新唐书·艺文志》,都未有一字提及《蒙求》一事。

最后,我想侧面提供一个信息:《文苑英华》卷三九八"中书制诰",有常衮《授李瀚宗正少卿制》,《全唐文》卷四一二所收此文,亦作"李瀚"。据考,常衮于宝应元年(762)四月后入为翰林学士,代宗永泰元年(765)出任中书舍人,至大历九年(774)十二月改为礼部侍郎(参见前所提及的我所撰《唐代宗朝翰林学士考论》)。如此,则常衮此篇制文当为大历时所作,中称李瀚曾任银青光禄大夫、亳州刺史,现任宗正少卿。可见这一时期确有一个李瀚,瀚非通作翰。当然这一李瀚是否即为撰《蒙求》的李瀚,限于史料,未能确定,但常衮制文中称其"识精于理,才辨于政;祗服礼训,甄详事经",也是颇有学识的。

原载《寻根》2004 年第 6 期,大象出版社,2004 年 12 月

岑仲勉《补僖昭哀三朝翰林学士记》正补

一

　　唐代翰林学士与唐代科举,都是研究唐代士人生活与社会文化的重要课题,自 20 世纪 80 年代以来,已多受学界关注,并陆续有研究成果问世。就史料来说,唐代翰林学士较唐代科举,有一优点,即保留的原始材料较多。唐代登科记,在唐代本是历年都有,在中唐穆宗长庆(821—824)前,就纂编有十几种,均系私人所编,后宣宗大中十年(856)还下令编撰官修登科记,成书十三卷。可惜,这些登科记,后都佚失。清道光时徐松著《登科记考》,只能从唐宋时期的史书、文集、笔记、类书中,辑集有关资料(参拙著《唐代科举与文学》第一章《材料叙述:唐登科记考索》,陕西人民出版社,1986 年)。唐代翰林学士创建于开元二十六年(738),玄宗一朝,学士并不多,只八人,但已受到社会的重视。杜甫于天宝前期曾有《赠翰林张四学士垍》一诗(仇兆鳌《杜诗详注》卷二),

称"天上张公子，宫中汉客星"。因学士院在宫内，靠近君主，故杜甫认为犹如天上客星，极赞其地位之亲高。也正因此，德宗时翰林学士韦执谊，就特撰有《翰林院故事》，把玄宗朝起的翰林学士姓名，及入院、出院所带的官衔，都逐一记录。此书虽撰于贞元二年（786），但后来仍有人继续著录，直至宪宗元和末。但韦氏所记，仅有姓名、官衔，未记入、出的年月。后就有元稹《承旨学士院记》、丁居晦《重修承旨学士壁记》，补记有年月日，且丁氏所记，直至晚唐懿宗咸通十五年（874）。当然，韦、元、丁三家所记，也间有疏失，如人名漏略，年月错误，官衔不当，等等。但这三书仍从总体上提供自开元盛唐至咸通晚唐一百三十余年的翰林学士名录，这是唐登科记都已佚失所不能比的。

遗憾的是，唐代自僖宗朝起，进入连续兵乱时期，京师长安更迭遭破坏。这样，僖宗、昭宗、哀帝三朝（874—907），三十余年间，就没有翰林壁记，成为一个空段。二十世纪三四十年代间，前辈唐史学家岑仲勉先生，就毅然下决心广辑资料，将这空段补起来，撰有《补僖昭哀三朝翰林学士记》（原载《历史语言研究所集刊》第十一本，1943年，后编列于《郎官石柱题名新考订》，上海古籍出版社，1984年）。这篇四万余字的长文考出僖宗朝二十人，昭宗朝三十人，哀帝朝四人，除有三人重见，共检考出五十一位翰林学士姓名及入院、出院的时间，这是很不容易的。如僖宗时徐彦若，虽两《唐书》有传，且在昭宗朝曾居相位，但两《唐书》本传却无一字提及其为翰林学士，岑仲勉先生（按：以下均简称岑氏）就从五代时刘崇远所作的笔记《金华子杂编》，考出其于乾符、光启间为翰林学士。岑氏涉及的面很广，如从《唐摭言》考出王彦昌，从《桂苑笔耕集》考出侯翩,从《册府元龟》考出封渭,同时更多情况则从《文苑英华》、《全唐文》所载的制文检寻出线索。这样,使我们对唐代翰林学士的研究,有一个完整的史料结构。前辈学者这种学术奉献和沉潜功力,确令人敬钦。

但可能限于各种客观条件,岑氏在考索中,仍有所疏失,有些是明显的疏忽,如昭宗朝杨注,岑氏简略地谓:"注,《旧唐书》卷一七七附见其父收传。"实则《旧唐书·杨收传》明确记杨收有三子:鉴、钜、鏻;收又有弟严,严有子二:涉、注。《新唐书》卷一八四《杨收传》与卷七一下《宰相世系表》所载均同。又如昭宗朝吴融,岑氏有援引其所撰制文《授孙德昭安南都护府充清江军节度使制》,此处"清江"应作"静海"(参郁贤皓《唐刺史考全编》卷三一,安徽大学出版社,2000年)。除这些简略而明显的疏忽外,在考索中还有好几处误失或缺漏。鉴于岑氏此文对研究唐末三朝翰林学士颇有参考价值,且其所考也多为人援引,为更准确掌握这三朝翰林学士史事,今特作此正补,谨供文史学界参阅并指正。

二

岑氏有时所考,未细核原文,只从文题便匆促作出误断。

如列为僖宗朝翰林学士的郑延昌,《新唐书》卷一八二有传,记其于懿宗咸通末进士登第后,即在郑畋凤翔幕府。《新唐书》本传接云:"(郑)畋再秉政,擢司勋员外郎、翰林学士。"据《新唐书》卷六三《宰相年表》,郑畋于僖宗中和元年(881)六月拜相,并兼京城四面行营都统,十一月罢为太子少傅、分司东都;二年二月,又为司空兼门下侍郎同中书门下平章事,三年七月又罢为检校司徒、守太子太保。《通鉴》卷二五四、二五五所记同。时僖宗因黄巢兵据长安,就一直屯驻于蜀中,郑畋也当由凤翔至成都,居相位。《新唐书》郑延昌传既云"畋再秉政,擢司勋员外郎、翰林学士",则当于中和二年(882)二月郑畋又任宰相时,即被推荐为学士,并以司勋员外郎入。

但岑氏据《文苑英华》卷三八二所载刘崇望《授翰林学士郑延昌守本官兼中书舍人制》,判定郑延昌为光启初(885)入,其所据为刘崇望任翰林学士的时间为光启二年(886)至文德元年(888),其所草拟的制文即在此期间,因此推断为光启元年入院,至二年末又加兼中书舍人。这看起来似有所据,但实际上却未细研制文原意,以致与事实本身不合。

按:刘崇望此制,《文苑英华》卷三八二、《全唐文》卷八一二均载,文云:"敕:以尔影缨著称,梦笔为文,富以美才,披其禁闼。典由中之诏,成布下之言,方谓得人,雅当入侍。盖闻羊祜谋议,是草皆焚;周仁重厚,其言不泄。亲近之地,慎密为先,尔既不能,何爽居外。西省亦吾教诰之地,戒之可矣。可依前件。"应当说,此制的含义是很明显的。文中先是赞誉其文采,故云"方谓得人,雅当入侍"。但翰学之地,当以"慎密为先",而郑延昌却于此"不能",于是只好"居外"。"西省"即中书省之别称,也就是为了照顾,还是使其任中书舍人。这就是说,此篇制文乃使其出院,而并不是使其在任翰林学士期间又兼中书舍人。岑氏未研文义,故所作的判断与事实相反。

又，如前所述，郑延昌为郑畋再任宰相时推荐入院，而郑畋又由于当时的人事原因，于第二年（即中和三年）二月罢相，则郑延昌可能受此影响，也于中和三年二月后出院。这还可举一佐证，即僖宗因广明元年（880）十二月黄巢入据长安，出奔至成都；中和三年（883）四月，唐军收复长安，但僖宗在成都仍再停留一年多，于光启元年（885）正月才启程离蜀返京。宋黄休复《益州名画录》卷上《常重胤》条，记僖宗返回前，令重胤写其真容及随从文武臣僚于成都行宫中和院，其遣从臣僚有记其姓名及官衔，当时记翰林学士的，有乐朋龟等五人，并无郑延昌。由此可见，光启元年前一年即中和四年（884）年底前，郑延昌已不在翰林学士任，这与上述他因受郑畋于中和三年二月罢相之牵连而出院相合。由此可见岑氏仅据刘崇望《授翰林学士郑延昌守本官兼中书舍人制》而定于光启初入，确实不切。

又，岑氏在考另一翰林学士崔凝时，也引及刘崇望另一制文《授中书舍人崔凝、右补阙沈仁伟并守本官充翰林学士制》。如前所述，他已提及刘崇望任翰林学士在光启二年末至文德元年，而此为崔凝、沈仁伟始授翰林学士的制文，那就是崔、沈之任翰林学士只能在光启二年末以后，但前已提及的《益州名画录》卷上，光启元年前的中和四年末记于中和院壁上，已有翰林学士崔凝、沈仁伟之名。岑氏倒是注意到了这时间上的冲突，因此曾提出："岂凝及仁伟之制非崇望所为而《英华》误署其名？"但这里仅提疑问，未作进一步考索，而在记述郑延昌时，却又排除这一疑义，肯定刘崇望作制在光启二年。今查《新唐书》卷六〇《艺文志》四，著录有刘崇望《中和制集》十卷，明确定其所作制文乃在中和年间，非光启时。这就可以佐证,前所提及的刘崇望所作授郑延昌、崔凝、沈仁伟等翰林学士制文乃作于中和时,他可能在蜀任司勋、吏部员外郎时又兼知制诰,故可起草制文,且数量也不少,北宋前期尚存有十卷。这些,岑氏都未考及。

另一例,关于赵光逢。赵光逢为昭宗时翰林学士,新旧《唐书》、新旧《五代史》皆有传。《旧唐书》卷一七八本传记其为僖宗乾符五年(878)登进士第,登第后曾出为外镇幕府,后入朝,“历礼部、司勋、吏部三员外郎,集贤殿学士,转礼部郎中”。按:充职于集贤殿学士,官阶需在五品以上,尚书诸司员外郎为从六品上,只能为“直集贤殿学士”,这里《旧传》当缺一“直”字,惜中华书局点校本未校出。

《旧传》接云:“景福中,以祠部郎中、知制诰,寻召充翰林学士。”景福为昭宗立朝后第三个年号(890—891)。但岑氏又另引黄滔《赵员外启》(《全唐文》卷八二四),谓此书启中有三次称赵光逢为员外、学士,则赵光逢当由员外郎入,《旧唐书》只提“祠部郎中”,当为“从略”,即《旧传》漏略赵光逢先由员外郎入,后迁升为郎中。这又是岑氏未细读原文误作判断。按:黄滔《启》中有云:“伏以曦辔流辉,已侵穷腊;禹门飞浪,即到登时。莫不禹多士之精诚,仁有司之新命。”按:唐代进士、明经等常科考试,一般在年初进行,但各地州府所贡的举子在秋冬之际(最迟在十月)即陆续集中于京都,进行报到及行卷、求荐等活动(参拙著《唐代科举与文学》第四章《举子到京后活动概况》,陕西人民出版社,1986年)。黄滔此处所述的“已侵穷腊”“即到登时”,当是他作为应试的举子,已在京师,快到年底,表现一种期望登榜的心理。从这封书启中所述,他曾见到过这位赵员外、学士:"近者面获起居,亲叨然诺,自归旅舍,彻坐寒宵。"

问题是,黄滔曾多次应试不第,最终登第在昭宗乾宁二年(895)。如果此篇《赵员外启》在此次登第前所写,则当在乾宁元年(894)冬,而此时赵光逢已为翰林学士承旨、兵部侍郎(参见《旧唐书》卷二〇上《昭宗纪》乾宁二年三月),这就与称员外不合。据前所引《旧唐书》本传记载,赵光逢自僖宗于光启元年(885)返京后,历任太常博士,礼部、司勋、吏部三员外郎,并兼直集贤殿学士,即当僖宗末、昭宗初。黄滔这一《赵员外启》,也当在这一期间,其称学士者,并非指翰林学士,而是指直集贤殿学士,与时任员外郎相合。唐时如只称学士,不一定即为翰林学士,如黄滔另有《寄同年崔学士》诗(《全唐诗》卷七〇五),此即作诗寄其同年登第者崔仁宝(见徐松《登科记考》卷二三),而崔仁宝未曾为翰林学士。因此不能仅据黄滔《赵员外启》中称员外、学士,而断定赵光逢为自员外郎入。《旧唐书》本传明确记述,赵光逢由员外郎入,后迁礼部郎中,又转祠部郎中、知制诰,这才入为翰林学士。岑氏这也是未研文意而致误断。

另一例,张玄晏。张玄晏,两《唐书》无传,《新唐书》卷六〇《艺文志》四,著录《张玄晏集》二卷,称其为"昭宗翰林学士"。岑氏在考述中援引钱珝《授右司郎中张玄晏翰林学士制》(《文苑英华》卷三八四),又据钱珝《舟中录序》,确定其任中书舍人在乾宁二年(895)十一月至光化三年(900)六月,也就是作此制文的时段。具体而言,此制文中有"吾越在关辅,不遑燕居",乃指唐昭宗因避凤翔兵逼,出驻华州,时在乾宁三年(896)七月,至光化元年

（898）一月，因谓此"当是乾宁、光化间昭宗幸华州时之制"。这是对的。但岑氏不顾钱珝制文称张玄晏为右司郎中，而据张玄晏自己所作的《谢奉常仆射启》中所云"伏奉敕命授尚书驾部员外郎、知制诰，依前充职者"，而定张玄晏为自员外郎充，这却不确。

按：《全唐文》卷八一八载有张玄晏好几篇书启，其中有《未召试前与孙相公启》，此孙相公为孙偓。据《新唐书》卷六三《宰相年表》，孙偓于乾宁二年（895）十月入相，四年（897）二月罢相，这正与张玄晏入为翰林学士时段相合。张玄晏当在正式入院前须先考试（此可参韩偓《金銮密记》，见《说郛》卷四），在试前乃先上书给宰相孙偓，对孙"许与之恩言""提拔之隆旨"，深表感恩之情："倍怀感激之心，冀竭效酬之节。"另有一篇《谢时相启》则是考试入院后又对宰相致谢："某今日伏奉宣召，伏蒙圣慈令充职翰林者。"而岑氏所援引的《谢奉常仆射启》，则应为入院后历经数月又改官职所上，中有云："寻过津涯，每惭觊冒，孰谓才逾累月，又陟华资，南宫秩换其词司，西掖名参于演纶。"应予注意的是，张玄晏另有一《谢时相启》，这一《谢时相启》，与前所述及的《谢时相启》，应当说对象相同，而时间不同，前所述及的《谢时相启》是刚入院所表示的谢意，此一《谢时相启》，乃云："顾惟鲰浅，寻过津涯，忽自秋而徂冬，每素飧而尸禄。"此云自秋至冬，与《谢奉常仆射启》所谓"才逾累月"相合，且这两封书启都有"寻过津涯"同一词语。可见这一《谢时相启》又与《谢奉常仆射启》为同时所作。这一奉常仆射，据郁贤皓、胡可先合著《唐九卿考》（中国社会科学出版社，2003年）108页所记，为乾宁三四年间任太常卿的孙储，而孙储又为孙偓亲兄。可见张玄晏乃于入院后数月，即自秋至冬,又上书给宰相孙偓,及孙偓之兄,时任太常卿、检校右仆射的孙储,乃在院期间迁升官衔而致谢意。可以注意的是,《全唐文》所载的此篇《谢时相启》即云:"某伏奉今日敕,授尚书驾部郎中、知制诰,依前充职者。"而岑氏所引即与此《谢时相启》同时撰写的《谢奉常仆射启》却云:"某伏奉敕命,授尚书驾部员外郎、知制诰,依前充职者。"此一为驾部郎中,一为驾部员外郎,同时所写,则必有一误,而岑氏则两者并存,归纳为张玄晏于乾宁三年秋先为驾部员外郎,于此年冬又改为驾部郎中。今查《文苑英华》卷六五三,亦载有张玄晏这篇《谢奉常仆射启》,则作:"某伏奉敕命,授尚书驾部郎中、知制诰,依前充职者。"《全唐文》依据《文苑英华》录入,但误将"驾部郎中"改为"驾部员外郎",岑氏仅据《全唐文》,未再核《文苑英华》,故致误断。应当说,据钱珝制文,张玄晏于乾宁三年由右司郎中入为翰林学士,至同年冬,又改为驾部郎中,不过又新加知制诰,这就与《谢奉常仆射启》所谓"才逾累月,又陟华资,南宫秩换其词司,西掖名参于演綍"相合:即右司郎中、驾部郎中均属尚书省,也就是同处"南宫",所谓秩换,也就是均为郎中,官秩均为从六品上,故仅云"换";至于"西掖",则喻中书舍人,知制诰乃为中书舍人之前阶,也可为中书舍人之别称。

又,从张玄晏这几篇书启中,可以提供给我们一个思考,即前些年,有关唐代翰林学士研究的论著,有些过分强调其所谓"内相"的地位与作用,认为翰林学士的实际职能已超过外廷宰相,而在晚唐,又与宰相、枢密使(即宦官)共同形成三大机构的中央政权。实际上,即使在翰林学士创建阶段唐玄宗时,有几位学士也是靠宰相杨国忠提拔、召入,并一直依附于杨国忠的;晚唐更是如此，张玄晏与前所记述的郑延昌就是明显的例子。又如《通鉴》卷二五四载，中和元年（881）正月，僖宗因黄巢进兵关中，仓皇出奔，"时百官未集，乏人草制，右拾遗乐朋龟谒田令孜而拜之，由是擢为翰林学士"。田令孜就是当时掌有兵权的宦官。晚唐僖宗、昭宗两朝，好几位翰林学士都是因附结宦官而擢迁的。这都值得我们思考，对唐代士人的政治趋向作求真务实的研索。

另一例，卢说。卢说，两《唐书》无传。岑氏就钱珝所作《翰林学士兵部侍郎卢说妻博陵郡君崔氏进封博陵郡夫人制》（《文苑英华》卷四一九），提出卢说曾为翰林学士、兵部侍郎。又钱珝任中书舍人为乾宁二年（895）十一月至光化三年（900）六月，岑氏再据卢说仅存一文《授马殷湖南节度使制》（《文苑英华》卷四五八），断定卢说为昭宗乾宁末入为翰林学士，后历任兵部侍郎。按：《文苑英华》所载此制，其题实为《授李思敬马殷湖南节度使制》，《全唐文》卷八二一同。岑氏则将此题仅录马殷一人，漏"李思敬"之名。不过他在论述中还是考及李思敬，但文意不清，据《文苑英华》所载制文的文题，将李思敬与马殷同任湖南节度使来考，认为两《唐书》本纪与《通鉴》所记互异，未能有确切的把握。但他仍据此制，定卢说于乾宁末入院。

按：《通鉴》卷二六〇，乾宁三年（896）三月，"保大节度使李思孝表请致仕，荐弟思敬自代，诏以思孝为太师，致仕，思敬为保大留后"；同年九月，即"以保大留后李思敬为节度使"。这是李思敬事。《通鉴》于同年九月又载："以湖南留后马殷判湖南军府事。"关于湖南事，《旧唐书》卷二〇上《昭宗纪》有较详的记载：同年（即乾宁三年）四月，"湖南军乱，杀其帅刘建锋，三军立其部将权知邵州刺史马殷为兵马留后"。由此,则可知乾宁三年四月,湖南军乱,其主帅、湖南节度使刘建锋被杀,部将推奉马殷为兵马留后,至同年九月,朝廷正式任命其判湖南军府事,也就是实际任为湖南节度使。按:保大节度使治鄜州,唐时属关内道,即在陕中。由此可见,卢说此制,所任实为二人,一在北,一在南,称保大为"束神京襟带",称湖南为"扼衡越咽喉",非常清晰。其叙李思敬,制中称"有以难兄告老,沥恳以闻,俾谐内举之诚,爰颁试守之命",即乾宁三年三月保大节度使李思孝表请致仕,荐其弟思敬,乃授以为保大留后。后叙马殷,称:"有以元戎殒丧,军俗上陈,言其以得士心,可使为帅,姑徇人欲,爰假武符。"也与该年四月湖南事合。制文在叙上述事后,一称"或曾未报期",一称"或始逾星纪",即不到半年,至九月,各授正职。由此可以考定,此制当撰于乾宁三年九月,因二人同任节度使,故可在同一制文中颁发,这在唐代制文中常有。由此,则其制题实应为《授李思敬保大节度使、马殷湖南节度使制》,此当为《文苑英华》漏略,岑氏未注意于此。而且乾宁纪年为894—898,共五年,卢说既于乾宁三年九月已撰有制文,则其入院当更在此前,故岑氏断其为乾宁末入,也不确。

三

这里再举数例,正补其误断和缺漏。

昭宗时翰林学士薛贻矩,新旧《唐书》无传,新旧《五代史》却有传。据有关记载及岑氏所考,薛贻矩曾两次入院,先是于昭宗乾宁元年（894）由起居舍人入，于乾宁二年（895）七月出，后又于同年冬以中书舍人入，在职期间历户部、兵部侍郎，并为学士承旨。此后，据《旧唐书》卷一七七《崔胤传》，时任宰相的崔胤与朱全忠交结，操纵朝政，排斥异己，贬陆扆为沂王傅，王溥为太子宾客，又贬出翰林学士三人，即薛贻矩夔州司户，韩偓濮州司户，姚洎景王府咨议。岑氏在叙及薛贻矩贬夔州司户时，引有吴融《送薛学士赴任峡州》及贯休《送薛侍郎贬峡州司马》二诗，应当说这是研究唐代翰林与文学的很好材料。但岑氏谓"唐无峡州，有硖州"，因此认为薛是贬硖州，《旧唐书·崔胤传》所谓贬夔州有误，或"后来累贬"，即先贬硖州，后贬夔州。岑氏所谓唐无峡州，并无论证，实则著于中唐时李吉甫的《元和郡县图志》，后传世整理本《阙卷逸文》卷一，就有峡州，州内并有夷陵县、西陵峡等（见贺次君点校本，中华书局，1983 年），与贯休诗"夷陵山水称闲游"合。《新唐书》卷四〇《地理志·山南道》，也有峡州夷陵郡。《全唐诗》卷五八八又有李频《峡州送清彻上人归浙西》，李频也为晚唐人。因此不能说唐无峡州。夔州与峡州邻近，故吴融、贯休所送诗均概称峡州。

另，杜晓是昭宗后期的翰林学士，为僖宗时翰林学士杜让能子。《新唐书》卷九六《杜让能传》曾略有记，但未记其曾为翰林学士。《旧五代史》卷一八、《新五代史》卷三四则有杜晓传，所记较详。据新旧《五代史》本传，杜晓早年仕宦曾得到宰相崔远的扶助，很可能其入为翰林学士，也由崔远的推荐。也正因此，《旧五代史》本传云："及崔远得罪，出守本官。"按：据《通鉴》卷二六五，天祐二年（905）五月，当时的宰相柳璨"恃朱全忠之势，恣为威福",排斥异己,就贬崔远为莱州刺史;六月,崔远等又被迫自尽而死。岑氏据此,即谓杜晓"(天祐)二年五月,出守本官",后即不叙,似杜晓于唐末即再未入朝。实际上,《旧五代史》本传接云:"居数月,以本官知制诰,俄又召为学士,迁郎中充职。"这就是说,杜晓于天祐二年秋冬,又入为翰林学士,并由员外郎升为郎中,仍在职。岑氏只记其天祐二年五月出院,未再核《旧五代史》,故有缺漏。

李磎,岑氏曾于僖宗朝、昭宗朝两次记其入院,是。按:李磎于僖宗后期曾任翰林学士,后辞归华阴。《旧唐书》卷一五七本传接云:"王铎镇滑台,杖策诣之。铎表荐于朝,昭宗雅重之,复召入翰林为学士。"据此,则李磎于昭宗时再入,乃由王铎所荐。而据《旧唐书》卷一九下《僖宗纪》,王铎为滑州刺史、郑滑观察处置使,在中和元年(881)七月,至四年(884)十一月又改为沧州刺史,而中和年间李磎正在淮南高骈幕府,不可能又至北方向王铎求荐。且《旧纪》又载,中和四年十二月,新除沧德节度使王铎为魏博节度使乐彦祯所杀,《通鉴》卷二五六同。中和四年距昭宗即位,尚有四年,王铎怎么可能向昭宗推荐李磎,李磎因而又入为翰林学士呢?《旧传》此处所记显误,但如不予考核,很可能就以为李磎之所以能于昭宗时再次入院,乃因地方节镇王铎所荐。岑氏于此忽略,故本文借此予以补正。

四

岑氏考述时,有时未注意考查较早的出处。这里拟举数例,并加论证。

侯翩,两《唐书》无一字有记,岑氏就崔致远《桂苑笔耕集》卷四《与翰林侯翩学士书》,考出僖宗中和二年(882)时有翰林学士侯翩,这是很难得的。按:此时僖宗因避黄巢兵,尚居于蜀中成都;新罗人崔致远时在淮南高骈幕府,代高骈致书与侯翩,感谢所草的制文。岑氏又接引《益州名画录》卷上《常重胤》条,记僖宗于光启元年(885)正月离蜀前中和院壁上有翰林学士中书舍人侯翩(关于《益州名画录》所载中和院画像及记姓名事,已见前引)。岑氏即谓:"据此知翩在中和、光启间以中舍充学士。"但又云:"至何时,何官出,他无可考。"

其实,关于侯翩事,还另有材料可加补证。五代后期孙光宪所撰《北梦琐言》,就记有两条。其书卷五《淮浙解纷诏》有云:"唐僖宗皇帝,蒙尘于蜀,朝士未集,缺人掌诰。乐朋龟、侯翩辈虽居翰林,而排难解纷之才,非所长也。高太尉镇淮海,拥兵不进,与浙西周宝不睦,表章递奏,各述短长。朝廷欲降诏和之,学士草词,殊不惬旨。"此处明确记述唐僖宗在蜀时有翰林学士乐朋龟、侯翩。乐朋龟,《新唐书·艺文志》四著录其文集,并明载其为"僖宗翰林学士"。而僖宗在蜀时翰林学士未有两个姓侯的,且《北梦琐言》此处所记乐朋龟、侯翩所草制文,即与高骈在淮南之事有关,可见侯翩、侯翩实为一人。《北梦琐言》卷五另有《符载侯翩归隐》条,又记侯翩为成都人,"僖皇播迁,擢拜中书舍人,翰林学士";但后"僖宗归阙,除郡不赴,归隐导江别墅";此后王建镇蜀,建立地方政权,又聘侯翩,"屈致幕府"。由此可见,《益州名画录》卷上所记中和院壁上虽尚有侯翩之名,但据严耕望《唐仆尚丞郎表》卷六所考,此画之作实在中和四年(884)九、十月间。也就是说,中和四年九、十月间僖宗即将离蜀,将随驾在蜀的文武臣僚姓名记于壁上,此时侯翽尚在;但僖宗于第二年即光启元年(885)正月启程,侯翽则在此前辞职留蜀,后即在王建幕府。这就可以补岑氏所谓何时、何官出院之无考。又,清吴任臣《十国春秋》卷四四"前蜀诸臣列传",也有侯翽专传,所据即《北梦琐言》所载。至于其名,翽、翾何者为是,则俟考。

又如沈仁伟,两《唐书》也无一字记载,岑氏援引赵崇望《授中书舍人崔凝、右补阙沈仁伟并守本官充翰林学士制》,又据《益州名画录》卷上中和院壁写真,考出沈仁伟约僖宗年间为翰林学士,是。但赵崇望所撰制文中有"三代丝纶,一门冠盖,不坠其业者,伊仁伟有之",岑氏只云"考唐代沈氏两代翰林知制诰者惟传师、询父子为然",未提及沈仁伟。确实,新旧《唐书·沈询传》,都未提及沈询有子。今查《北梦琐言》卷五《沈蒋人物》条,记有沈询,并特为加注:"沈询子仁伟,官至丞郎,人物酷似先德,所谓世济其美。"(上海古籍出版社《唐五代笔记小说大观》本,2000年)这就可与《元和姓纂》卷七参证。由此即可补证赵崇望制文中"三代丝纶,一门冠盖"。

与此有联系,应查核较早出处的,还有昭宗时翰林学士令狐涣。按:令狐涣为令狐楚孙,令狐绹子,其事附见于《旧唐书》卷一七二、《新唐书》卷一六六《令狐楚传》。但两《唐书》均未记令狐涣任翰林学士事,岑氏就清徐松《登科记考》卷二四大顺二年(891)进士登第者罗衮名下,检出《永乐大典》所引《临邛续志》,记有"蜀先主致书于翰林令狐学士",由是考析此令狐学士为令狐涣。这当然是一条好线索，但实际上记罗衮及令狐涣此事，较早者为《北梦琐言》，即其书卷五《罗衮不就西川辟》条。《永乐大典》所引《临邛续志》，当纂修于元、明际，则其所载此事当即承袭此前三四百年的《北梦琐言》。

我们对某一事作判断，确应多查资料。如昭宗时翰林学士杨钜，著有《翰林学士院旧规》，这也是唐人所著有关唐翰林学士一部很好的史料书，后编入宋洪遵《翰苑群书》。但岑氏提及此事曾有说，谓有一本记此书为李愚作，并引《旧规》内所记"契丹书头云，敕契丹王阿保机"，进而论述，谓阿保机是辽太祖名，其称王（帝）始天祐四年（907），直至后唐明宗天成元年（926）乃卒，而李愚于五代后唐时为翰林学士。岑氏乃云："其书与（李）愚完全无关，亦未惬当。"即杨钜作此书当在唐末任翰林学士时，不可能记有辽王阿保机，此书有可能为五代后唐时翰林学士李愚所作。

按：杨钜附见于两《唐书·杨收传》后，所记甚略，《旧唐书》传所记，甚至谓"从昭宗东迁，为散骑常侍，卒"。按：昭宗由于朱全忠所迫，于天祐元年（904）正月由长安迁移洛阳，当年八月即被害。由此，则杨钜当即卒于唐末天祐年间。且岑氏又谓杨钜此书所记，其标明时日最晚者为天复三年（903）七月二十一日，则与所记"契丹王阿保机"不合。这看起来似有一定道理，但《旧唐书》传所记实有误。今查《全唐文》卷八一九有杨钜所作《唐御史里行虞鼎墓志铭》，文中称虞鼎生于会昌元年，卒同光元年，年八十三。文中又记虞鼎卒前曾嘱其子请杨钜为作墓志，钜在文后云："况钜与公同年，知公为最深，铭安得而辞耶？"此所谓同年，按唐登科通例，乃同年登进士第者，墓志特别标出虞鼎"登咸通十年进士"。

由此可知此文确出于杨钜之手。而墓志称虞卒于同光元年,同光为五代后唐庄宗年号,元年为公元923年。由此可以确定,杨钜于后唐同光元年尚在世,此时距唐之亡(907)已有十几年。由此可证《旧唐书》所谓杨钜随昭宗东迁后即卒,实误。由此并可推知,杨钜作此《翰林学士院旧规》,当自昭宗时任翰林学士起着手,出院后在五代时仍陆续撰写,故记天祐四年(907)阿保机称王,也与杨钜身历不发生冲突。岑氏未注意杨钜所作的这篇墓志,故有不确切的判断。

又,杨钜此篇墓志还可纠正徐松《登科记考》之误。徐《考》卷二三,据《永乐大典》所引《苏州府志》,谓杨钜与钱珝同于僖宗广明元年(880)登第。《永乐大典》所引《苏州府志》并无具体说明,而杨钜所作墓志,明确记虞鼎为咸通十年(869)登进士第,而自己又与其同年登第,交情又深,故愿为其撰作墓志。这是非常确切的,当可信从(按:2003年北京燕山出版社出版的孟二冬《登科记考补正》于此也未提出)。

岑氏对翰林学士有制文传世的,也对其撰写年月有所考核,但有些却未作判断。如昭宗时翰林学士韩仪(韩偓之兄),有《授朱朴平章事制》,岑氏已据《文苑英华》卷四五○所载,谓文末署乾宁三年八月,又引《新唐书》卷一○《昭宗纪》、《新唐书》卷六三《宰相年表》,均记朱朴于乾宁三年(896)八月拜相,但又谓《旧唐书·昭宗纪》则记朱朴拜相在乾宁四年(897)五月己亥朔,对此时间互异,岑氏未予考析。按:朱朴入相事,《通鉴》卷二六○有较详的记述,乾宁三年七月,水部郎中何迎、道士许岩士等皆荐朱朴"有经济才";同年八月,昭宗"愤天下之乱,思得奇杰之士不次用之",此时任为国子博士的朱朴又自我表荐,昭宗即任以为相。后各书又记朱朴与孙偓于乾宁四年二月罢相,由此则《旧纪》记朱朴于乾宁四年五月拜相,明显有误。这牵涉到此制文的撰写年月,且《通鉴》等所记甚明,不知何以岑氏却未作考析。

唐末昭宗、哀帝二朝,距五代梁朝很近,因此有好几个翰林学士继续就仕于梁,不像韩偓那样以忠节自持,毅然离开京洛,长期居于南方,即使有征召也不返。因此我们现在记述当时的翰林学士,要注意五代史的材料。岑氏对此也有引及,不过也有忽略。如姚洎,据有关史料,于昭宗天复元年(901)入,兼中书舍人,天复三年(903)二月因受宰相崔胤谋害,与韩偓等同时贬出,姚贬为景王府咨议(参见《旧唐书》卷一七七《崔胤传》)。岑氏于此后即无考,并援引《唐摭言》卷一三所记:"梁太祖受禅,姚洎为学士。"即谓:"则洎逮事朱梁,其终官不可考。"实际上,姚洎虽于天复三年(903)二月出为景王府咨议,但不久又入为中书舍人,《旧唐书》卷二〇下《哀帝纪》,天祐二年(905)八月,"戊子,制中书舍人姚洎可尚书户部侍郎,充元帅府判官,从(朱)全忠奏也"。姚洎当受朱全忠的信重,天复三年(903)二月虽因受崔胤之陷而被迫出院,但崔胤不久又为朱全忠谋杀,姚洎即又复为中书舍人,并迁升为户部侍郎。所谓"充元帅府判官",即在朱全忠的军中幕府。又《旧五代史》卷四《梁太祖纪》开平二年二月,"兵部侍郎姚洎为卤簿使"。按:开平二年为908年,即朱全忠立朝后的第二年,此时朱全忠拟巡视洛阳,姚洎随行,即任其为卤簿使。按:元帅府判官、卤簿使,都不可能为翰林学士兼任的,因此《唐摭言》所谓"梁太祖受禅,姚洎为学士",不确。同时,《旧五代史》卷八《梁末帝纪》,

乾化三年(913)"秋九月甲辰,以光禄大夫、守御史大夫、吴兴郡开国侯姚洎为中书侍郎、平章事"(《新五代史》卷三《末帝纪》同)。新旧《五代史》虽未有姚洎传,但由以上所引,姚洎在梁的仕迹是甚为显贵的。由此则岑氏所谓姚洎逮事朱梁,其终官不可考,不确。

<h1 style="text-align:center">五</h1>

岑氏所考,有两位是否真为翰林学士,甚可疑,今特提出,供进一步查考。

一个是郑彀。岑氏于僖宗朝翰林学士列有郑彀,所据仅为《北里志》郑举举条。按:长安平康里,为当时歌妓所居地,有所谓三曲,特别是南曲、中曲,多居"妓中有铮铮者"。郑举举,就是居于曲中"善令章""巧谈谐"的歌妓。岑氏所引为下一段:"今左谏王致君调、右貂郑礼臣彀、夕拜孙文府储、小天赵为山崇皆在席。时礼臣初入内庭,矜夸不已,致君已下,倦不能对,甚减欢情。举举知之,乃下筹指礼臣曰:'学士语太多。翰林学士虽甚贵甚美,亦在人耳,至如李骘、刘允承、雍章亦尝为之,又岂能增其声价耶。'"岑氏谓:"按:唐末未闻郑彀其人,郑毅见《郎官柱》封外,当即其人。"岑氏将《北里志》所述的郑彀移为郑毅,这仅是无凭据的猜测,且即使郑毅,也无任翰林学士的记载。据《新唐书》卷一八五《郑畋传》,记郑薰有子毅,"方畋秉政,擢为给事中,至侍郎"。《新唐书》卷一七七《郑薰传》,更未记其子事。郑畋秉政(即居相位)在僖宗中和元年至三年间(881—883),而孙棨之《北里志》自序,署为中和甲辰,即中和四年(884)。中和年间正是僖宗在蜀,长安为黄巢兵所据,正处于兵荒马乱中,郑毂怎能于此时在长安宴聚于北里呢?又孙棨在序中明确地说:"诸妓皆居平康里,举子、新及第进士、三司幕府但未通朝籍未直馆殿者,咸可就诣。"就是说,一些年轻的应试举子,新及第进士,以及刚入仕但尚未能至文馆、殿阁者,才能到妓女处去,可见当时身居宥密之地的翰林学士,是不可能随便到平康里聚宴的。《北里志》此处所记,只是一种趣闻,而所谓郑毂或郑毂,无任何一条材料可以佐证其曾为翰林学士。

另一个是杜荀鹤。杜荀鹤为晚唐后期著名诗人,他长期居住于现在的安徽一带(本为池州人),写有不少反映民生疾苦、表现自我忧愤的诗篇。从五代后期及宋初起,就有一些笔记记述他依附于朱全忠,写诗谀颂,后即由朱全忠表荐为翰林学士。现在一般文学史著作,在记述杜荀鹤生平时,也都记其为翰林学士,岑氏更明确定为天祐元年(904)以主客员外郎、知制诰充,不过又云"无何卒",即卒于天祐元年。其实,杜荀鹤之任翰林学士,极可疑,对过去的记载应重新考虑。

首先是杜荀鹤本人的作品从未涉及他曾任翰林学士,也不像僖宗、昭宗朝一些学士尚存有在职期间所撰的制词。有些早期的笔记,其记叙也与杜荀鹤经历不合。如北宋初期张齐贤《洛阳搢绅旧闻记》卷一《梁太祖优待文士》条,记杜与朱全忠之关系甚详,也多为后人援引。此条先写"梁祖之初兼四镇也,英威刚很",而此时"进士杜荀鹤以所业投之,且乞一见"。按唐时习俗,如只称进士，是尚未及第的举子，这就是说杜荀鹤当时为求及第，前去拜谒朱全忠，请其荐引。后朱全忠接见他，这时正好下雨，朱"仰首视之，天无片云，雨点甚大"，就对杜说："此所谓无云而雨，谓之天泣，不知是何祥也。"意谓是不祥的征兆。杜就马上献上一诗："同是乾坤事不同，雨丝飞洒日轮中。若教阴朗都相似，争表梁王造化功。"这首诗明显是想化解朱对无云而雨的揣恐心理，并借以表达其对朱的赞仰之情，因此朱特为开宴，"极欢而散"。按：据《旧唐书·昭宗纪》及《通鉴》卷二六四，朱全忠晋爵封梁王在天复三年（903）二月，《新唐书·昭宗纪》及新旧《五代史·梁太祖纪》则记为天复元年（901）正月。又《通鉴》卷二六二天复元年五月，又明确记朱全忠兼领宣武、宣义、天平、护国四镇节度使。这都是天复元年、三年间事。而杜荀鹤登进士第则早在昭宗大顺二年（891），为天复元年前的十年。由此可见，《洛阳搢绅旧闻记》记杜荀鹤在登第前去拜见朱全忠，这时朱已兼四镇节度使，且所作诗中称朱为梁王，与杜荀鹤的行迹均不合。由此可见过去所记杜曾拜谒朱全忠并为其作"争表梁王造化功"一诗，完全出于传闻，并不合实际。

关于杜荀鹤任翰林学士，正史所记的有《旧五代史》卷二四杜本传，称杜荀鹤"既擢第，复还旧山。时田頵在宣州，甚重之。頵将起兵，乃阴令以笺问至太祖，遇之颇厚。及頵遇祸，太祖以其才表之，寻授翰林学士、主客员外郎。既而恃太祖之势，凡缙绅间己所不悦者，日屈指怒数，将谋尽杀之。苞蓄未及泄，丁重疾，旬日而卒。"这里所述，时间历程不清楚，今据《通鉴》等所载，具述如下：田頵为宁国军节度使（治安徽宣州），与淮南扬州节镇杨行密争夺地盘，常有交战。昭宗天复三年（903）八月，田頵拟与寿州奉国节度使朱延寿联合，这时正好杜荀鹤在其幕府，就派遣杜先至寿州（在皖北），后至大梁（即河南开封），先后与朱延寿、朱全忠交结。但此年九月，朱延寿为杨行密所杀，十二月，田頵也因兵败，坠马而死，由此，则第二年（即天祐元年，904）杜荀鹤就留在朱全忠军中。据《旧五代史》，朱"即以其才表之，寻授翰林学士、主客员外郎"。按唐通例，翰林学士须在朝廷宫中、皇帝左右供职的，而据《旧五代史》及有关笔记等所记，天祐元年杜荀鹤一直在朱全忠的元帅幕府。我们可以举另一例子，即与杜同时，也为朱全忠表荐的一位翰林学士，来作比较。此人名张策，新旧《五代史》均有传。据《旧五代史》卷一八《张策传》，张策前期在西北节镇王行瑜、韩建军幕府，后应聘至朱全忠处，为朱全忠赏识，"天祐初，表其才，拜职方郎中、兼史馆修撰，俄召入为翰林学士。转兵部郎中、知制诰，依前修史；未几，迁中书舍人，职如故"。这就是说，张策为朱全忠所荐，为翰林学士，遂入唐廷宫中。又，据《旧唐书》卷二〇下《哀帝纪》，天祐四年（907）三月，朱全忠逼哀帝传位，时朱在大梁，哀帝在洛阳，哀帝就"以中书侍郎、平章事杨涉押传国宝使，翰林学士、中书舍人张策为副"，由洛阳赴大梁。这是明显的例证，说明张策由朱全忠所荐，为翰林学士，就入于唐哀帝宫中，并不在梁王府内。而杜荀鹤，天复三年（903）秋冬至大梁，天祐元年（904）即因重疾而卒，不到一年，一直未在洛阳，这就不可能在翰林学士院内供职。据现有《旧五代史》等所记，有可能朱全忠曾表荐其为翰林学士，但杜荀鹤当因病未赴职，不久即卒。至于《旧五代史》记杜在朱的幕府，恃朱之权势，拟谋杀缙绅间己所不悦者,也无据,且与杜之经历、性情不合,因杜荀鹤长期在东南,与中原洛阳、大梁等地之缙绅并无交往。且此事别的书有相反的记载,如南宋的《唐诗纪事》《郡斋读书志》都记为杜因倚朱权势,"侮易缙绅,众怒欲杀之"。可见杜荀鹤晚年的行迹,多有互相矛盾之记,揣测不实之词,应予清理。限于篇幅,这里仅就翰林学士事予以辨析,其他可再考索。

原载《唐研究》第十卷,北京大学出版社,2004 年

《翰学三书》编纂小记

　　《翰学三书》是一部古籍整理著作,书名是我起的,它实际上包括三部书,即宋洪遵《翰苑群书》,明黄佐《翰林记》,清鄂尔泰、张廷玉《词林典故》。关于翰林院和翰林学士,唐以后各朝正史中的职官志都有所记叙,但较为简略,历代文集、笔记也有记载,但较为分散。《翰学三书》所辑集的这三部书则既较为系统,又十分具体,记载唐、宋、明、清翰林学士院的建置、沿革,以及这几个朝代翰林学士的职能、作用,可以说是我们今天研究翰林学士的基本史料。此书由我与台湾学者施纯德先生合作编纂,由辽宁教育出版社出版。

　　1984 年冬,我撰成《唐代科举与文学》(陕西人民出版社,1986 年)一书,在自序中曾述及,拟通过科举考试这一中介环节,从一个侧面来探讨有唐一代知识分子的生活方式和心理状态,序言中还提到:"如果可能,还可以从事这样两个专题的研究,一是唐代士人是怎样在地方节镇内做幕僚的,二是唐代的翰林院和翰林学士。这两项专题的内容,其重点也是知识分子的生活。"在这之后,戴伟华教授即从事于唐代方镇幕府与文学的研究。我曾为戴著《唐方镇文职僚佐考》(天津古籍出版社,1994 年)一书作序,序言中再次提及唐代的翰林学士与方镇幕僚,对前者,则较《唐代科举与文学》自序多说了几句,谓:"翰林学士,那是接近于朝政核心的一部分,他们宠荣有加,但随之而来的则是险境丛生,不时有降职、贬谪,甚至丧生的遭遇。他们的人数虽然不多,但看看这一类知识分子,几经奋斗,历尽艰辛,得以升高位,享殊荣,而一旦败亡,则丧身破家。这是虽以文采名世而实为政治型的知识分子。"

这是我就唐朝而言的。唐朝的翰林学士是文士参预政治的最高层次,对其生活、思想及文学创作,都有很大影响。宋代,则随科举制的进一步发展,翰林学士不但人数增多,且与文化的关系更为深切。明清两代,翰林学士虽已不像唐代那样能密切参预政治,但其名望却一直很高。明代时,"非进士不入翰林,非翰林不入内阁"(《明史·选举志》)。在清代,殿试后只有一甲中式前三名,才能进入翰林院修撰、编修,"翰林官七品,甚卑,然为天子文学侍从,故仪制同于大臣"(朱克敬《暝庵二识》卷二《翰林仪品记》)。作为社会政治文化的一种重要现象,作为封建时代文人的必然就仕之途,科举制与翰林院,进士与翰林学士,是研究唐至清一千二三百年历史文化所不可回避的。惟其如此,我近几年来即集中研究唐代的翰林学士,已写有《唐玄肃两朝翰林学士考论》(《文学遗产》2000 年第 4 期)、《李白任翰林学士辨》(《文学评论》2000 年第 5 期)、《唐代宗朝翰林学士考论》(《中华文史论丛》2001 年第 3 辑)、《唐德宗朝翰林学士考论》(与施纯德先生合撰,《燕京学报》新第 10 期,2001 年 5 月)、《唐永贞年间翰林学士考论》(《中国文化研究》2001 年秋之卷)等专文。与此同时,我又从事于文献资料的整理，这是我们作专题研究的基础工作。以下即简要介绍《翰苑群书》、《翰林记》、《词林典故》的编纂情况。

《翰苑群书》，南宋时洪遵编。洪遵为洪皓子，其兄适，其弟迈，父子四人均为当时著名文士，其事迹见《宋史》卷三七三《洪皓传》。洪遵于南宋初高宗时中博学宏词，赐进士出身，绍兴二十五年(1155)权直学士院，后孝宗时为翰林学士承旨。南宋时陈振孙《直斋书录解题》记其书为三卷，云："自李肇而下十一家及年表、中兴后题名共为一书，而以其所录遗事附其末，总为三卷。"（卷六职官类）《直斋》虽未具体著录所包含的书名，但确切记述"自李肇而下十一家"，而附以年表及中兴后题名。清朝中期的《知不足斋丛书》所收《翰苑群书》为二卷，清乾隆时所修《四库全书》则编为十二卷，卷数虽不同，所收的书则相同，即李肇《翰林志》、元稹《承旨学士院记》、韦处厚《翰林学士记》、韦执谊《翰林院故事》、杨钜《翰林学士院旧规》、丁居晦《重修承旨学士壁记》、李昉《禁林宴会集》、苏易简《续翰林志》、苏耆《次续翰林志》、洪遵《翰苑遗事》，及记北宋时的《学士年表》，记南宋前期的《翰苑题名》。以上诸家，李肇、元稹、韦处厚、韦执谊、杨钜、丁居晦为唐人，李昉、苏易简、苏耆及洪遵为宋人。

关于清时所见的《翰苑群书》所收书的种数，清乾隆时《四库全书总目提要》曾提出疑问，说南宋时《直斋书录解题》明确提出为"自李肇而下十一家"，这十一家是不包括《学士年表》、《翰苑题名》及洪遵自撰的《翰苑遗事》的，如此则清初所见实际只有九家，又据宋末元初的《文献通考》，记述翰林院的书，尚有唐张著《翰林盛事》一卷，宋李宗谔《翰苑杂记》一卷，因此《四库全书总目提要》说："若合此二家，正足十一家之数，岂原本有之而今本佚其一卷耶？"《四库全书总目提要》这里提出的疑问是有道理的，但说可以补张著、李宗谔两家之书，则纯为猜测之词。张、李二书在清初也已不存。据《直斋》所记，张著的《翰林盛事》所录为唐初至天宝年间的"儒臣盛事"，且编录于卷五典故类，可见并非专记翰林学士之书（按：唐初至玄宗开元中期约一百年间是未设有翰林学士的）。倒是同为南宋时的晁公武，在《郡斋读书志》的"读书附志"职官类中著录《翰苑群书》，提供了值得探索的讯息，其提要中说，此书三卷，自李肇《翰林志》到李昉《禁林宴会集》为第一卷，苏易简、苏耆、洪遵等书为第三卷，这都与清时所传相同，中间一卷即第二卷，为钱惟演《金坡遗事》、晁迥《别书金坡遗事》、李宗谔《翰苑杂记》。此三人，《宋史》皆有传，此三书约至清初则皆已不存。可见《翰苑群书》在南宋时确为三卷，后佚失中间一卷。

我们这次重编，当然不可能编入钱、晁、李三书，但经考虑，另外补入三家，即唐代韦表微《翰林学士院新楼记》和杜元颖《翰林院使壁记》，及宋周必大《玉堂杂记》。这三家恐比已佚失的钱、晁、李三家之书，史料价值更高。唐代的韦、杜二文，是近代史学前辈岑仲勉先生于1943年《历史语言研究所集刊》第十一本一篇论文中提出来的。按：韦表微，《旧唐书》卷一八九下、《新唐书》卷一七七有传，他于唐德宗贞元时登进士第，穆宗长庆二年（822年）入为翰林学士，后文宗大和二年（828）又迁为翰林学士承旨。其所著《翰林学士院新楼记》载于《全唐文》卷六三三。据宋《宝刻丛编》，此文刊于大和元年十二月，记长庆二年以来新建的翰林学士院。杜元颖，《旧唐书》卷一六三、《新唐书》卷九六有传。其所著《翰林院使壁记》作于元和十五年（820），这时杜元颖正以中书舍人入充翰林学士。按：唐代于学士院中设有中使二人，以宦官中较高职位者充当，向翰林学士传达皇帝的密命，韦、杜二文于此都有具体记述，对研究唐代翰林学士的职能以及宦官所起的作用，很有参考价值。《玉堂杂记》著者周必大为南宋时著名学者，《宋史》卷三九一有传。他于孝宗时曾以礼部侍郎兼权直学士院，又为礼部尚书兼翰林学士，后曾拜右丞相。正因为他曾入为翰林学士，有亲身经历，因此所记南宋前期高宗、孝宗两朝翰林学士，内容十分具体。清《四库全书总目提要》认为，"得（周）必大此书"，"南渡后玉堂旧典亦庶几乎厘然具矣"。因此我以为，这次补入的韦、杜、周三书，对《翰苑群书》是一次新的充实。

《翰苑群书》，今传有《知不足斋丛书》本（作二卷），《四库全书》本（作十二卷）。此次即以影印文渊阁《四库全书》本作底本，校以《知不足斋丛书》本，并将杜元颖、韦表微、周必大三书依时代先后插入相应位置。李肇《翰林志》另有《百川学海》本，此次也作为参校。《玉堂杂记》以清道光欧阳荣刊、咸丰元年续刊的《庐陵周益国文忠公集》作为底本。

《翰林记》二十卷，《四库提要》卷七九史部职官类著录，最初说"不著撰人名氏"，后据《明史·艺文志》所载，则谓黄佐撰。《岭南丛书》本之伍元薇于道光十一年辛卯（1831）跋，谓明焦竑《国史经籍志》已明载为黄佐所作。按：黄佐，《明史》卷二八七有传，广东香山人，明嘉靖时历任翰林编修、侍读，后又掌南京学士院，因此对明代中期以前翰林学士的官制、职掌等甚为熟悉。《四库提要》所评较为客观、实际，云："所载皆明一代翰林掌故，始自洪武,迄于正德、嘉靖间。每事各有标目,凡二百二十六条,本末赅具,首尾贯串,叙次颇为详悉。……其十七、十八两卷具列馆阁题名,尤足以见一代人材升降之概。"此次整理,以《岭南丛书》本作底本,校以文渊阁《四库全书》本,凡底本有误,即据《四库》本改正,如卷三《擢用耆俊》条"世疑诸四皓","疑"应作"拟";卷五《优老》条"谕令风雨及大寒暑免朝","谕"应作"仍";同上条"俾耆寿俊在厥服",应作"俾膳饮从于游";卷八《论荐》条"荐都督许贵往果平贵",应作"荐都督许贵果往平靖之"等,可见《四库全书》本还是有一定校勘价值的。

关于《词林典故》:清乾隆九年(1744)十月,以重建翰林院落成,乾隆皇帝亲临其地,与翰林学士等共同宴饮、赋诗,即命当时掌院学士鄂尔泰、张廷玉等编纂此书。历经三年,乾隆十二年(1747)春编成并奏上,后即收入《四库全书》。全书共八卷。卷一《临幸盛典》,记述乾隆九年君臣在翰林院宴饮、唱和盛况。卷二《官制》、卷三《职掌》,从汉代开始叙述至清朝前期,以表明翰林词臣为皇帝起草制诏,是从汉代开端的,而从唐开始则对翰林学士的官制与职掌有具体的记述。卷四《恩遇》,记述从唐玄宗起,历宋元明清,君主对翰林学士一直十分看重,屡加奖谕恩赐。卷五《艺文》主要辑集唐至清历代君臣的有关诗文。卷六上《仪式》、卷六下《廨署》,也与前《官制》、《职掌》一样,作具体的记述。卷七、卷八均为《题名》,自顺治初至乾隆十年,记载历年、历科的掌院学士、教习庶吉士、经筵讲官、日讲起居注官、南书房入直、馆选等姓名,类似于唐代丁居晦《重修承旨学士壁记》。此书因奉乾隆之命而作,故对清朝皇帝特别是乾隆帝,多有感恩奉谀之辞。

但此书仍有两大特点：一是按门类（如官制、职掌、仪式、廨署），作历史沿革的纵述，并且引用了自唐至明的不少杂史、笔记，使我们可以对翰林学士有一个历史性的全面了解；二是重点记述清代前期翰林学士的情况，特别是最后两卷题名，有助于对这一时期翰林院内主要成员作具体的考索和研讨。

2001 年 6 月

下　编

玄宗朝翰林学士传

吕　向

　　吕向,《新唐书》卷二〇二《文艺传》中有传,云:"吕向字子回,亡其世贯,或曰泾州人。"据《元和郡县图志》卷三,泾州属当时关内道,治所保定县在今甘肃东部泾川县。传又云:"少孤,托外祖母隐陆浑山。"但《旧唐书》卷一一一《房琯传》称"东平吕向",谓琯少好学,"性好隐遁,与东平吕向于陆浑伊阳山中读书为事,凡十余岁"。据《元和郡县图志》卷十,东平为郓州州治所在县,在今山东省西南。《旧唐书·吕向传》仅谓"或曰泾州人",而《旧唐书·房琯传》则明确称"东平吕向"。又中唐德宗时窦臮所作《述书赋》也提及吕向,称为东平人(《全唐文》卷四四七)。则吕向当为东平人。世系不明,当出身于一般平民。

　　又《新唐书》卷六〇《艺文志》四载《五臣注文选》三十卷,云:"衢州常山尉吕延济、都水使者刘承祖男良、处士张铣、吕向、李周翰注，开元六年工部侍郎吕延祚上之。"《全唐文》卷三〇〇有吕延祚《进集注文选表》，中云："乃求得衢州常山县尉臣吕延济、都水使者刘承祖男臣良、处士臣张铣、臣吕向、臣李周翰等，或艺术精远，尘游不杂，或词论颖曜，岩居自修，相与三复乃词，周知秘旨，一贯于理，杳测澄怀……记其所善，名曰集注，并具字音，复三十卷。"这里"词论颖曜，岩居自修"，当指吕向。可惜这里提到的几个人，除吕向外，两《唐书》皆无传。这里可以注意的是，《文选》五臣注于开元六年（718）上，成书当在此前数年间，这时吕向为"处士"，与前所述吕向与房琯隐于陆浑山合。由此亦可知吕向早年即参与《文选》注，尚未出仕。这与《新传》所云"强志于学，每卖药，即市阅书，遂通古今"，也相合。可见吕向早年即有文名，且善于书法："工草隶，能一笔环写百字，若萦发然，世号'连锦书'。"（《新唐书》本传）大约因此，遂于开元十年被召入翰林院，为翰林供奉。

《新唐书》吕向本传明确记载："玄宗开元十年（722），召入翰林，兼集贤院校理，侍太子及诸王为文章。"又《旧唐书》卷一九〇中《文苑中·贺知章传》："开元十年，兵部尚书张说为丽正殿修书使，奏请知章及秘书员外监徐坚、监察御史赵冬曦皆入书院，同撰《六典》及《文纂》等。"《新唐书》卷二〇〇《儒学下·赵冬曦传》："开元初，迁监察御史，坐事流岳州。召还复官，与秘书少监贺知章、校书郎孙季良、大理评事咸廙业入集贤院修撰。是时，将仕郎王嗣琳、四门助教范仙厦为校勘，翰林供奉吕向、东方颢为校理。"由此可见，开元十年，张说为丽正殿修书使，推荐贺知章等入丽正殿修书，其中有吕向，而吕向此时为翰林供奉。这都可证实，吕向确于开元十年入为翰林供奉,而《翰林院故事》认为是"首充",则翰林供奉可能是开元十年正式建置的,在这之前曾有所谓翰林待诏,实未正式定名。

对此,还可举一佐证。宋人所编的两部类书,即《职官分纪》卷一五,《玉海》卷三一、卷一六七所引唐韦述《集贤记注》,有云:开元十一年,丽正学士张说(时为宰相)率丽正殿文士向皇上进献所赋诗,"上各赐赞以褒美之,敕曰:'得所进诗,甚有佳妙。风雅之道,斯为可观。并据才能,略为赞述。具如别纸,宜各领之。'上自以五色笺八分书之"。就是说,玄宗读到各文士的诗作,甚为欣赏,就按各人的"才能"分别赐以赞词,如张说为:"德重和鼎,功逾济川。词林秀逸,翰苑光鲜。"贺知章为:"礼乐之司,文章之苑。学优艺博,才高思远。"其中也有吕向,注为"校理"。其赞词为:"族茂飞熊,才方班马。考理篇籍,抑扬风雅。"应当说,校理的品阶并不高,在学士之下,但这四句的评语却是不低的。在赐赞词后,玄宗又令画像,藏于书院,有张说、徐坚、贺知章等十八人,其中也有吕向,见《历代名画记》卷九。这真有如唐太宗于武德九年(626)令阎立本画杜如晦、房玄龄等十八学士像,立于宫中,因此当时称能入文学馆者,谓之"登瀛州"(见《唐会要》卷六四,《历代名画记》卷九)。由此可见,吕向当时的翰林供奉之地位与境遇,是大大优于天宝初同为翰林供奉的李白①。

《新唐书·吕向传》在记开元十年召入翰林后,接云:"时帝岁

①李白于天宝元年至三载为翰林供奉的情况,请参阅我的另一篇论文:《李白任翰林学士辨》,见本书上编。

遣使采择天下姝好，内之后宫，号'花鸟使'。（吕）向因奏《美人赋》以讽，帝善之，擢左拾遗。"此《美人赋》见《全唐文》卷三〇一，从文中看不出写作时间。按：吕向于开元十三年（725）春已为左补阙（见后）。左右拾遗为从八品上，左右补阙为从七品上。吕向当由左拾遗迁为左补阙，则其因进《美人赋》而擢为左拾遗，当在开元十一二年间。由此可见，翰林供奉，其本身就须带有一定官衔，以后设置翰林学士时也是如此。这就是说，吕向于开元十年召入为翰林供奉，当带有官衔，不久迁为左拾遗，后又升为左补阙，而其职事则仍为翰林供奉。

清王昶《金石萃编》卷七五著录有《述圣颂并序》，题下署为："京兆府富平县尉达奚珣撰序，左补阙、集贤殿直学士吕向撰颂并书。"又引《石墨镌华》，云："碑在华阴县岳庙中，达奚珣撰序，吕向撰颂并书，不著年月。"此云"不著年月"，实则可以考知。宋王应麟《玉海》卷三一《圣文·唐华阴祠碑阴》亦记此事，并引《会要》："开元十二年十一月四日庚午，上幸东都，十日至华州，命刺史徐知仁与信安王祎勒石华岳祠南道，上御制碑文，仍书之。"此事亦见《旧唐书》卷八《玄宗纪》上，开元十二年（724）"冬十一月庚申，幸东都，至华阴，上制岳庙文，勒之于石，立于祠南之道周"。《新唐书·吕向传》："天子数校猎渭川，向又献诗规讽，进左补阙。帝自为文，勒石西岳，诏向为镌勒使。"

从上述材料，可以确定，玄宗于开元十二年十一月庚申自长安赴洛阳，途中经华阴，为作华岳祠庙文。第二年，乃于祠庙南立碑（《玉海》卷三一引《通典》"十三年于华州岳祠南立碑"），即命吕向赴华阴刻石，吕向则因此与时任京兆府富平县尉的达奚珣为玄宗立碑而撰《述圣颂并序》，颂为吕向作，序为达奚珣作。达奚珣《华山述颂序》(《全唐文》卷三四五)即记皇上撰文，"藻翰自天，发挥神化，建碑于庙，以光宠焉"，于是"乃命朝英，实司其事"；文末谓："敢托吕补阙向为之颂云。"则吕向此时确带左补阙的官衔。

吕向此行的官衔与时间，还可有两个佐证。一为孙逖《春初送吕补阙往西岳勒碑》(《全唐诗》卷一一八)，中有"语别梅初艳""往来春不尽"句，与诗题之"春初"合。二为徐安贞(开元中任中书舍人)诗《送吕向补阙西岳勒碑》(《全唐诗》卷一二四)，有云："圣作西山颂，君其出使年……寒尽函关路，春归洛水边。"开元十三年春，玄宗仍在洛阳，吕向当奉命自洛阳赴华阴勒碑刻石，故徐安贞诗谓"春归洛水边"。大约吕向离洛阳时，朝中有好几位文士为之赠诗饯行的。时孙逖也任左补阙(见《旧唐书》卷一九〇中《文苑传》)。

《新唐书》本传接云："以起居舍人从帝东巡。帝引颉利发及蕃夷酋长入仗内，赐弓矢射禽。向上言……帝顺纳，诏蕃夷出仗。"吕向所议，《全唐文》卷三〇一题为《谏令突厥入仗驰射疏》。玄宗封禅泰山在开元十三年十月、十一月间，则吕向于此时已由从七品上的左补阙迁为从六品上的起居舍人。

《新唐书》本传又接云："久之，迁主客郎中，专侍皇太子，眷赉良异。"未载升迁时间。今查宋赵明诚《金石录》目录第一千三十一有《唐龙角山纪圣铭》，谓："明皇撰，并八分书，开元十七年九月。"清人胡聘之《山右石刻丛编》所记则较详，其书卷六著录有《大唐龙角山庆唐观纪圣之铭》，谓在浮山(今山西东部)。末署

"开元十七年太岁己巳九月乙丑朔三日辛卯建"。《山右石刻丛编》录有全文（《全唐文》卷四一唐玄宗名下亦有《庆唐观纪圣铭并序》），文后有《庆唐观纪圣铭碑阴》，首列诸皇子及朝中大臣姓名、官衔，后有吕向，署为："敕建造模勒龙角山纪圣碑使、朝议郎、守尚书主客郎中、集贤院学士、翰林院供奉、轻车都尉、赞谕皇太子兼侍庆王忠王棣王鄂王荣王光王仪王颖王永王文章臣吕向奉敕题碑阴并建碑。"可见这次也如前开元十三年奉命赴华阴勒碑同样，吕向为建造模勒专使前往龙角山并题碑阴，此时他已为主客郎中。主客郎中为从五品上，因此可正式充任集贤院学士，但仍为翰林供奉，并兼皇太子及玄宗诸子侍读。

吕向在任主客郎中期间，诗人储光羲曾有诗献之。储光羲《贻主客吕郎中》（《全唐诗》卷一三九），题下自注："即皇太子赞谕。"此称主客郎中，又谓太子赞谕，皆与前所引庆唐观碑阴题名相符，当即为吕向。诗云："上士既开天，中朝为得贤。青云方羽翼，画省比神仙。委佩云霄里，含香日月前。君王倘借问，客有《上林》篇。"按：储光羲于开元十四年进士登第，登第后尚有几年未释褐入仕，现可知者约开元十八年官安宜县尉。开元十九年迁下邽县尉[1]。而吕向于开元十九、二十年间已改为都官郎中（详后）。储光羲另有《洛阳道五首献吕四郎中》（《全唐诗》卷一三九），有云："少年不得志，走马游新市。"孟浩然有和作《同储十二

---

① 见傅璇琮主编《唐才子传校笺》第一册卷一《储光羲传》，陈铁民笺，中华书局，1987年。

洛阳道中作》,据佟培基《孟浩然诗集注》①卷中,谓储、孟二诗均作于开元十五年春,时二人均在洛阳。此说可信。储光羲此前虽已登进士第,但未得入仕,故有求于吕向,希望他向上推荐("君王倪借问,客有《上林》篇"),并将吕向赞誉为"开天"之"上士","画省"之"神仙",由此也可看出当时士人对翰林供奉能亲近君主的地位已相当看重。

《旧唐书》卷一九四上《突厥传》上记云:"(开元)二十年,阙特勒死,诏金吾将军张去逸、都官郎中吕向赍玺书入蕃吊祭,并为立碑。"《新唐书》卷二一五下《突厥传》下亦记此事,谓:"使金吾将军张去逸、都官郎中吕向奉玺诏吊祭,帝为刻辞于碑。"但《新唐书》记为开元十九年,与《通鉴》卷二一三所记同,《通鉴》记开元十九年"三月,突厥左贤王阙特勒卒,赐书吊之"。当时唐朝为与突厥修好关系,故其左贤王阙特勒卒,特遣朝臣吊丧,并为刻石立碑。此时吕向已改为都官郎中。

《新唐书》吕向本传接着记其父卒,"向终丧,再迁中书舍人"。据前所述,吕向于开元十九年三月已为都官郎中,开元二十六年以中书舍人为翰林学士(详后),则其守丧及免丧后迁为中书舍人,当在此数年间。《贞元续开元释教录》有记云:"故金刚智三藏行记一卷,右灌顶弟子正议大夫、行中书舍人、侍皇太子诸王文章、集贤院学士吕向敬师三藏,因而纪之。"吕向为金刚智法师作传记,又见于中唐时权德舆《唐大兴善寺故大宏教大辩正三藏和尚影堂碣铭并序》(《全唐文》卷五〇六),中云:"初先大师之灭

---

① 上海古籍出版社,2000 年。

也，吕工部向、杜卫公鸿渐为之记。"按：吕向、杜鸿渐所作记文，今皆不传。《宋高僧传》则有传，其书卷一《唐洛阳广福寺金刚智传》记金刚智于开元二十一年"八月既望"卒，"其年十一月七日葬于龙门南伊川之右"①。据此，则吕向任中书舍人约在开元二十二三年间。

韦执谊《翰林院故事》记玄宗于开元二十六年建翰林学士院，以"太常少卿张垍、起居舍人刘光谦等首居之"。此不确②。丁居晦《重修承旨学士壁记》，记"开元后八人"，首二人即为吕向、尹愔，记吕向为："中书舍人充供奉，出院拜工部侍郎。"此处"供奉"二字衍，因吕向此前早已是供奉，开元二十六年是入为学士。吕向在这之前已有文名，此时已为中书舍人（正五品上）。中书舍人本来就是为皇帝起草诏诰文书的，在建立翰林学士时，吕向以中书舍人入充，理所当然。在以后中晚唐时，翰林学士于任期内往往是以升迁中书舍人为荣的。

《新唐书》本传云："向终丧，再迁中书舍人，改工部侍郎，卒，赠华阴太守。"丁居晦所记，则以吕向后出院，任工部侍郎（官阶为正四品下，高于中书舍人）。但何时出院，何年卒，未有确记。宋佚名《宝刻类编》卷三，录有吕向所作碑目五件，其中《龙兴寺法现禅师碑》，天宝元年九月立；《长安令韦坚德政颂》，天宝元年立；《寿春太守卢公德政碑》，天宝二年建。又《隋唐五代墓志汇编》陕西卷第一册有《大唐故银青光禄大夫太仆卿驸马都尉中山郡开

---

①范祥雍校点《宋高僧传》，中华书局，1987年。
②详见后有关刘光谦、张垍传辨析。

国公豆卢公（建）墓志铭并序》①，署为"正议大夫、行中书舍人、侍皇太子及诸王文章、集贤院学士吕向撰"。据文中所记，豆卢建卒于天宝三载（744）三月廿四日，同年八月葬，则此时吕向尚为中书舍人，未出院。其出为工部侍郎，及卒，则当在天宝三载或稍后。

吕向自开元十年为翰林供奉，至二十六年正式为翰林学士，其间虽有居丧，但其在翰林供奉任职，总有十余年，可以说是唐代建立翰林院后供职最早、任期最长的一位。就他在这期间的作为来看，当时的翰林供奉，并不是如后世所记仅系工艺书画之徒，及僧道、医官、占星等（参顾炎武《日知录》卷二四《翰林》条）。据《新唐书·百官志》所记，翰林供奉在开元二十六年前，"与集贤院学士分掌制诏书敕"，即行使中书舍人的部分职能。此外，就吕向的有关材料，翰林供奉还有以下一些情况：一、为皇帝勒碑刻石，做文字方面的服务工作。如吕向开元十三年至华阴，开元十七年至浮山，均为玄宗所作碑文书写刻石，发挥其书法才艺。可见这是翰林供奉、翰林学士作为文士所行使的职务。至于开元十九年奉命出使突厥，虽是专使之命，但也是奉皇帝之命去刻辞立碑的。二、翰林供奉处于宫中，接近皇上，也就因此而能参预政事，进行规谏。如吕向于开元十年刚召入为翰林供奉，就因玄宗常遣使"采择天下姝好，内之后宫"，特地写上《美人赋》加以劝谏。《新唐书》本传说是"帝善之，擢左拾遗"。但据德宗时窦臮《述书赋》所记，吕向这一举动当时是有风险的，说他奉上此赋，"忤上"，即触怒了皇帝。据《述书赋》自注所引张说谏文，玄宗甚至因此而想

---

①天津古籍出版社，1991年。

将吕向杀死。张说所作的谏文中说:"陛下纵不能用,容可杀之乎? 使陛下后代有慼谏之名,而(吕)向得敢谏之直,与小子为便耳,不如释之。"①玄宗因张说进言,才改变态度,对吕向给予赏赐,这使吕向如《述书赋》注中所说,"翰林待诏,频上赋颂,皆主讽谏"。这也是以后翰林学士参政议事的先兆。三、作翰林供奉者一般有较高的文化素养。如吕向,年轻时就参与《昭明文选》的注释,成为后世有影响的《五臣注文选》作者之一。他尤善于书法。《述书赋》称为:"吕公欧钟相杂,自是一调。虽则筋骨干枯,终是精神险峭。其于小楷,尤更巧妙。"其注文更赞其"文词学业,当代莫比"。正因此,开元时以诗文著称的徐安贞、王翰及储光羲等,都与之有诗文交往。中晚唐时,有些翰林学士本身即为诗文名家,有些则与其他文士素有交往,这在开元时即有开端。四、《新唐书》卷六〇《艺文志》四,记有《严从集》三卷,云:"(严)从卒,诏求其稿,吕向集而进焉。"严从,两《唐书》无传,生平不详。宋晁公武《郡斋读书志》卷一七录有严从《中黄子集》三卷,云"右唐严从,开元中为著作郎,春宫侍读,集贤院学士卒。自号中黄子。当时命太子侍文吕向访遗文于家,得《训考》、《经颂》等八篇,序为三卷。"严从于开元中为太子侍读,又为集贤院学士,与吕向同职,当为同时友人,故吕向奉命为其编集。从中唐开始,翰林学士奉皇帝之命编前世或当世诗文集者,其例甚多,著名者如令狐楚奉宪宗之命编大历前后诗作《御览集》,今传世②。

---

① 按:张说此文,今不存。
② 见傅璇琮《唐人选唐诗新编》,陕西人民教育出版社,1996 年。

尹愔

尹愔,附见于《新唐书》卷二〇〇《儒学传》下《赵冬曦传》后,因赵冬曦于开元中曾为集贤院直学士,故于传末云:"开元集贤学士,又有尹愔、陆坚、郑钦悦、卢僎,名稍著。"其后即附尹愔等四人简传。

据传,尹愔为秦州天水(今属甘肃)人。其父名思贞,"明《春秋》,擢高第",曾因张说之荐,为四门助教。尹愔之父治儒学,而尹愔本人则专攻道家玄学,传称其"博学,尤通老子书",后遂为道士。《太平广记》卷二六《叶法善》条,记叶于庚申六月三日卒于长安景龙观,时"弟子既齐物、尹愔,睹真仙下降之事,秘而不言"。按:叶法善自曾祖起,三代均为道士,唐高宗时即有声名。《旧唐书》卷一九一《方伎传》有专传,谓"自高宗、则天、中宗历五十年,常往来名山,数召入禁中,尽礼问道"。玄宗初,"仍依旧为道士,止于京师之景龙观","当时尊宠,莫与为比"。卒于开元八年。开元八年即庚申(720),与《太平广记》所载卒年合。由此可见尹愔于此时也已为道士,为名家叶法善弟子。

又《全唐文》卷九二七载尹愔所撰《五厨经气法序》一文,文末署:"开元二十三年十二月十一日,京肃明观道士臣尹愔上。"文中有云:"伏读此经五章,尽修身卫生之要。全和含一,精义可以入神;坐忘遗照,安身可以崇德。研味滋久,辄为训注。臣草茅微贱,恩霈特深,天光不违,自忘鄙陋。俯伏惭惧,徊徨如失。臣愔顿首顿首。"此段文字甚可注意:一、自称为道士,时间是开元二十三年(735)十二月十一日。二、这不是一般性的序文,文末所署,于姓名后特标为"上",文中好几处都自称为"臣",且云"恩需特深,天光不违",显然是因受皇上恩眷,特以所注之书进献。这就与韦执谊《翰林院故事》所载开元中设置翰林供奉,吕向与尹愔"首充"相合。不过韦执谊所记,二人为翰林供奉时,吕向为中书舍人,尹愔为谏议大夫,有误,吕向事,前已辨析,尹愔事详后。

吕向于开元十年(722)入为翰林供奉,尹愔何时为翰林供奉,限于史料,未可确知,但从上引《五厨经气法序》,则开元二十三年(735)以前当已任翰林供奉。

这里有一个问题,即道士是否能充翰林供奉。《新唐书·百官志》一,只说"乃选文学之士,号翰林供奉",实际上唐代的翰林供奉,范围是相当广的。司马光《资治通鉴》卷二一七天宝十三载正月有记,谓:"上(指玄宗)即位,始置翰林院,密迩禁廷,延文章之士,下至僧、道、书、画、琴、棋、数术之工皆处之,谓之待诏。"清顾炎武《日知录》卷二四《翰林》条,据两《唐书》,记唐列朝工艺书画之徒,及僧人、道士、医官、占星等,均入"待诏翰林"之列,而这些人又称之为翰林供奉。尹愔于开元中后期虽为道士,但也入翰林院为供奉,他之编注《五厨经气法》,可能也是受命而作的。《全唐文》卷九二七载丁政观《谢赐天师碑铭状》,中云:"敕内肃明观道士尹愔宣敕,内出御文,赐臣师主。臣跪奉天章,仰瞻宸翰,以惶以喜。"此也正可证实尹愔虽为道士,实在宫中任职,即翰林供奉。

《旧唐书》卷九《玄宗纪》下,开元二十五年正月,"癸卯,道士尹愔为谏议大夫、集贤学士兼知史馆事"。关于此事,《新唐书》尹愔本传有具体的记述:"初为道士,玄宗尚玄言,有荐愔者,召对,喜甚,厚礼之,拜谏议大夫、集贤院学士,兼修国史,固辞不起。有诏以道士服视事,乃就职,颛领集贤、史馆图书。"从上引《五厨经气法序》,开元二十三年十二月,尹愔已为京肃明观道士,并为翰林供奉,但未署有官衔,这次明确给予正五品上的谏议大夫,他以为要自道士退出,因此固辞,但玄宗仍允许其以道士身份从职,并可穿道服,他就服从。这时孙逖为中书舍人(见《旧唐书》卷一九〇中《文苑传》),有他起草的《授尹愔谏议大夫制》(《全唐文》卷三〇八),有云:"道士尹愔,识洞微妙,心游淡泊,祗服玄元,弘敷圣教。虽浑齐万物,独诣于清真;而博通九流,兼达于儒墨。……可朝请大夫、守谏议大夫、集贤院学士、兼知史官事。"对其治学之精与博是极赞扬的。不过当时人对他也有一定的看法,如《新唐书》卷三四《五行志》一,记云:"开元二十五年正月,道士尹愔为谏议大夫,衣道士服视事,亦服妖也。"

尹愔自以翰林供奉为谏议大夫并兼修国史,颇积极从事。如《旧唐书》卷四三《职官志》二"史馆"下,有记云:"开元二十五年三月,右相李林甫以中书地切枢密,记事者官宜附近,史官尹愔奏移史馆于中书省北,以旧尚药院充馆也。"按:张九龄于开元二十四年(736)十一月罢相,李林甫兼中书令,遂集大权于一身,为控制史官记事权,就建议将史馆移近于中书省,尹愔则亦附和其议,就进言"移史馆于中书省北",而当时中书省即在宫内。因此王维《和尹谏议史馆山池》诗(《全唐诗》卷一二六),首云:"云馆接天居,霓裳侍玉除。"云馆指史馆,谓此时史馆靠近皇帝居住之地,即在宫中。王维诗又表示对尹愔能以"霓裳"（即道服）而侍奉君王的羡慕之情。

按：王维此诗，已称尹愔为谏议，且称其从职之地"史馆山池"，则当作于开元二十五年正月以后。诗中又有"春池百子外"，即在春日。王维约于开元二十三年三月前后在朝中任右拾遗，二十五年秋赴河西节度使幕为监察御史兼节度判官，二十八年冬以殿中侍御史知南选，出使岭南[①]。据此，则王维此诗很可能即作于开元二十五年春（开元二十八年尹愔已卒，见后）。王维此诗末云："君恩深汉帝，且莫上空虚。"意谓皇上恩眷既如此之深，则不应再弃官从仙。由此可见王维对尹愔的境遇也是很看重的。

于是，开元二十六年玄宗创建翰林学士，就将吕向与尹愔作为首批引入。值得注意的是，尹愔当时是道士，而吕向又服膺于佛学，其于开元二十一二年间为高僧金刚智所作行记，自称"灌顶弟子"。玄宗作为一国之君，把这两位释、道之士召为翰林学士，可见开元盛世确有开放之气度，这对于研究唐代初创阶段的翰林学士制度，也颇值得思考。

不过尹愔在入翰林学士院后，未有事迹记述，可能因其不久即卒。《新唐书》本传记云："开元末卒，赠散骑常侍。"未有确切年月。今查宋佚名《宝刻类编》卷三"名臣·唐"，于韩择木所书诸项，有《左散骑常侍尹愔碑》，下云："吴巩撰，八分书，开元二十八年，京兆。"这是意外的发现。岑仲勉为丁居晦《重修承旨学士壁记》作补注，在考证有关学士事迹时也曾引及《宝刻类编》，但可

---

①参见《唐才子传校笺》第一册卷二《王维传》，陈铁民笺。

惜于此处却失之交臂，未考及尹愔的卒年。今从《宝刻类编》著录的碑目，可知尹愔卒于开元二十八年（740）或稍前，他任翰林学士大约只二年。

尹愔著述，除《全唐文》所载《五厨经气法序》外，其他未见。上引王维《和尹谏议史馆山池》，是为和作，则尹愔亦曾有诗，且能为当时已有诗名的王维所和，可见尹愔在当时文士中亦颇有声誉。

刘光谦

刘光谦，两《唐书》无传，其他材料也少，因此其字号、籍贯、生卒年均不可知。现仅就其翰林学士任职事，加以考述。

韦执谊《翰林院故事》、丁居晦《重修承旨学士壁记》均记刘光谦由起居舍人入为翰林学士。在唐人史料中，最早记刘光谦为起居舍人的是李林甫《进御刊定礼记月令表》（《全唐文》卷三四五），中云："乃命集贤院学士、尚书左仆射兼右相、吏部尚书李林甫，门下侍郎陈希烈，中书侍郎徐安贞，直学士、起居舍人刘光谦，宣城郡司马齐光乂，河南府仓曹参军陆善经，修撰官家令寺丞兼知太史监事史玄晏，待制官安定郡别驾梁令瓒等，为之注解。"

岑仲勉为丁居晦《重修承旨学士壁记》作《注补》，曾提及此。但他据清徐松《登科记考》卷九，谓李林甫此表"系天宝五载所上"，似不确。按：《登科记考》卷九天宝五载（746），据《册府元龟》、《唐会要》，载正月二十三日诏，中云"其《礼记·月令》，宜改为《时令》",后即引李林甫此表,岑氏《注补》即据此系于天宝五载。按:《唐会要》卷七七《论经义》确有此诏,但此诏的重点是改《礼记·月令》为《时令》,而李林甫所上表,则仍肯定《月令》之宗旨,他不过邀集陈希烈、徐安贞、刘光谦等为皇上的刊定本作注解,则应在天宝五载正月之前。

《旧唐书》卷九《玄宗纪》下,天宝元年(742)二月丙申,祭天地于南郊,赦天下,"改侍中为左相,中书令为右相,左右丞相依旧为仆射","天下诸州改为郡,刺史改为太守"。《通鉴》卷二一五所记同。李林甫表中自称"尚书左仆射兼右相",称齐光义为"宣城郡司马",则当在天宝元年二月以后。又称陈希烈为门下侍郎,据《旧唐书》卷四三《职官志》二,"门下侍郎"下注云:"隋曰黄门侍郎,龙朔为东台侍郎,咸亨改为黄门侍郎,垂拱改为鸾台侍郎,天宝二年改为门下侍郎。"由此,则李林甫此表当上于天宝二年以后,天宝五载正月以前,这也就是刘光谦任起居舍人、直学士的时间。又,起居舍人官阶为从六品上,按规定,五品以上官才能为集贤院学士,六品以下在集贤院称直学士,故刘光谦这时只是直学士。

但仅据此还不能断定刘光谦何时入院。今查宋孙逢吉《职官分纪》卷一五引唐韦述于天宝时所作的《集贤记注》,于"习艺馆内"下有注云:"刘光谦,开元二十九年以习艺馆内入院校理。"[1]《玉海》卷一六五亦引此,于"内"下增"教"字,作"习艺馆内教"。

_____

①中华书局1988年2月据商务印书馆影印文渊阁《四库全书》本。

校理是直学士以下的职务。韩愈于宪宗元和时有《送郑十校理序》①，称"郑生涵始以长安尉选为校理"。据《旧唐书》卷四二《职官志》一，京兆、河南、太原府诸县尉为正九品下。韩愈文中又谓："其他学士皆达官也，校理则用天下之名能文学者。"就是说，集贤院中凡学士、直学士，都有一定高度的官阶，校理则只因其有文名而用之，"苟在选，不计其秩次"。从郑涵以正九品下的长安尉入为校理，可见刘光谦于开元二十九年（741）入院为校理，只不过习艺馆内教，不可能已为起居舍人。韦执谊《翰林院故事》谓开元二十六年（738）建立翰林学士院，"太常少卿张垍、起居舍人刘光谦等首居之"。就刘光谦来说，他这时还不可能任起居舍人，因此也不能首批进入学士院（张垍，见后），《翰林院故事》此说不确。如前吕向、尹愔传所考，尹愔于开元二十八年或稍前卒，吕向于天宝三载或稍后卒，院内乏人，刘光谦当于天宝四五载间以起居舍人充。

韦执谊记刘光谦为："自起（居舍）人充，累以司中，又充。"丁居晦《壁记》记为："起居舍人充，累迁司封郎中。"岑仲勉《注补》有所考，谓："今《郎官柱》封中有刘光谦，次于杨玄章之前，据《郎官考》五，天宝九载，玄章尚是殿中侍御史，则光谦官封中，当在天宝后半叶。"岑氏的意思是，杨玄章于天宝九载尚为殿中侍御史，从七品上，而司封郎中为从五品上，则其为司封郎中当在天宝九载以后，而刘光谦在杨之前，则其为司封郎中当在天宝九载前后。岑氏的推测有一定道理。这里还可补一佐证，《郎官考》卷五司封郎中，刘光谦之前有李稹，据《旧唐书·礼仪志》四，天宝十载正

①《韩昌黎文集校注》卷四，上海古籍出版社，1986年。

月,李稹为大理少卿。按:大理少卿系从四品上,则此时李稹已由司封郎中(从五品上)升迁,刘光谦在其后,亦可证其由起居舍人进为司封郎中,当在天宝中后期。

不过刘光谦何时出院,则不可知。岑氏《注补》谓:"至光谦是否因天宝乱出院,或其他事故,不得而详。"限于史料,确也如此。但有一点可以注意,前引李林甫的上表,由他领衔,邀集贤院诸人参与注解《礼记·月令》,其中陈希烈明显为其助手,是李林甫将其"引为宰相,同知政事,相得甚欢";"李之阴谋奸画足以自固,亦希烈佐佑唱和之力"(《旧唐书》卷九七《陈希烈传》)。而徐安贞,他较长时间任中书舍人,"在中书省久,是时李林甫用事,或言计议多所参助"(《新唐书》卷二〇〇《儒学传》下)。这就可以作如下的推测:一、刘光谦于天宝前期以起居舍人入为翰林学士,当由李林甫所荐。这与天宝后期翰林学士张渐、窦华依附于宰相杨国忠一样,当时的翰林学士并无独立的政治地位与作用,只能依靠执政、掌权者。二、李林甫于天宝十一载(752)十一月卒,杨国忠随即专权,诬告李林甫与外族阿布思谋反,遂由玄宗下令制削李林甫官爵,子孙除名外流,"近亲及党与坐贬者五十余人"(《通鉴》卷二一六天宝十二载二月)。刘光谦或于此前已卒,或即于李林甫卒后,受此牵累而外出。这可能也是其事迹所载甚少的原因。

张　垍

张垍为张说子,其传附见于《旧唐书》卷九七、《新唐书》卷一二五《张说传》后。张说有子三人，即均、垍、埱。垍、埱为玄宗朝翰林学士。

张说在玄宗朝曾"三登左右丞相，三作中书令"（《唐语林》卷四《容止》）。"前后三秉大政，掌文学之任凡三十年，为文俊丽，用思精密"，为"朝廷大手笔"，"当时荣宠，莫与为比"（《旧唐书》本传）。这就是张垍兄弟在开元时仕历荣显的基础。

张垍早年最大的机遇是做驸马都尉。《旧唐书》卷十《肃宗纪》，记肃宗李亨为玄宗第三子，"母曰元献皇后杨氏，景云二年乙亥生"；"开元十五年正月，封忠王"。《旧唐书》卷五二《后妃下·杨氏传》，杨氏生肃宗后，又生一女，后封为宁亲公主，"张说以旧恩特承宠异，说亦奇忠王仪表，心知运历所钟，故宁亲公主降说子垍"。其时在开元十六年（728）。《唐大诏令集》卷四一《封唐昌公主等制》，下署"开元十六年"，中云："今选婚华族，待礼笄年，宜加玺绶之典，俾开汤沐之赋。第四女可封唐昌公主，第六女可封常山公主，第八女可封宁亲公主，各食实封五百户。唐昌公主出降张垍，俱用八月十九日。"[1]此处提供公主下降的确切日期，但"唐昌公主出降张垍"有误。[2]《新唐书》卷八三《诸帝公主传》，记玄宗女二十九人，其中唐昌公主嫁薛鏽，宁亲公主嫁张垍，常山公主嫁薛谭。《唐大诏令集》此处当为："唐昌公主出降薛鏽，常山公主出降薛谭，宁亲公主出降张垍，俱用八月十九日。"

---

[1] 宋敏求编《唐大诏令集》，商务印书馆排印本，1959 年。

[2] 岑仲勉《唐史馀瀋》亦已指出此句"必有夺误，否则不应云'俱用八月十九日'"（卷二《玄宗诸女》条），上海古籍出版社，1979 年。

《旧唐书》卷八《玄宗纪》上，开元十八年（730）四月，"壬戌，幸宁亲公主第，即日还宫"。可见唐玄宗对其女嫁于张说之子，是很重视的。其《答张说谢赐碑额表批》，还特地说："方接婚姻之礼，长荣带砺之族。"（《全唐文》卷三七）后张说于开元十八年十二月病逝，二十年八月墓葬，张九龄为作《张公墓志铭》（《全唐文》卷二九二），文末提及："长子均，中书舍人；次曰垍，驸马都尉、卫尉卿；季曰埱，符宝郎。"卫尉卿官品为从三品，是相当高的。但据《通鉴》卷二一四开元二十三年（735）六月所记："驸马皆除三品员外官，而不任以职事。"则张垍之为卫尉卿，只是一个虚衔。

张垍于开元中为驸马都尉、卫尉卿，至开元末（二十九年），史书中未记有其他官职。韦执谊《翰林院故事》："至（开元）二十六年，始以翰林供奉改称学士，由是遂建学士，俾专内命，太常少卿张垍、起居舍人刘光谦等首居之。"但具体开列的名单，"开元已后"，前四名依次为吕向、尹愔、刘光谦、张垍。张垍名下云："自太常卿充，贬卢溪郡司马。"丁居晦《壁记》，前云"学士姓名，此本据院中壁上写"，即翰林学士院墙壁上记有入院名单次序。其"开元后八人"，前四名次序也同韦执谊《翰林院故事》，于张垍名下云："太常卿充。"这就是说，首批入院的，是吕向、尹愔，于开元二十六年入，详见前吕、尹传，而开元二十年至二十九年，却未有记张垍为太常卿或太常少卿的，并有相反的例证，即《通鉴》卷二一五天宝四载（745）五月记："李适之与李林甫争权有隙。适之领兵部尚书，驸马张垍为侍郎，林甫亦恶之，使人发兵部铨曹奸利事，收吏六十余人付京兆与御史对鞫之。"按：《新唐书》卷六二《宰相年表》中，李适之于天宝元年（742）八月入为左相，同月又兼兵部尚书。很可能李适之兼兵部尚书后即荐引张垍为兵部侍郎。由于李林甫与李适之争权,设法陷害,李适之于天宝五载四月罢相,张垍则亦同时由掌实权的兵部侍郎转为虚职的太常少卿(或太常卿)。兵部侍郎为正四品下,太常少卿为正四品上,太常卿为正三品。按官阶升迁惯例,张垍不可能在兵部侍郎之前为太常少卿或太常卿。这就是说,天宝四载五月之前,张垍不可能任太常少卿或太常卿,也就是在这之前他不可能是翰林学士。与张垍同时入院的刘光谦,也是天宝四五年间才入院的(详见前刘光谦传)。

又《通鉴》卷二一五天宝六载十一月,李林甫"以杨钊(按:即以后改名之杨国忠)有掖庭之亲,出入禁闼,所言多听,乃引以为援,擢为御史","钊因得逞其私志,所挤陷诛夷者数百家","幸太子仁孝谨静,张垍、高力士常保护于上前,故林甫终不能间也"。《通鉴考异》引《明皇杂录》、《新书·李林甫传》,言李林甫数危太子(即后肃宗),意欲动摇其太子地位。据此,则张垍此时当已入翰林,故能在宫中,亲近皇帝,保护太子,如在外庭,无论如何高官,也不可能做到的。

另可注意的是杜甫奉赠张垍的诗,明确写其为翰林学士:《赠翰林张四学士垍》(仇兆鳌《杜诗详注》卷二,又见《钱注杜诗》卷九)。而据诸家年谱,杜甫是天宝五载才入长安的(详参闻一多《少陵先生年谱会笺》①)。此诗前四句将翰林学士的地位写得极高:"翰林逼华盖,鲸力破沧溟。天上张公子,宫中汉客星。"学士院逼近皇宫,身为学士的张公子,就犹如天上客星。诗的后半篇

①闻一多《唐诗杂论》,上海古籍出版社《蓬莱阁丛书》本,1998年。

云："无复随高凤，空余泣聚萤。此生任春草，垂老独漂萍。倘忆山阳会，悲歌在一听。"是杜甫感叹自身坎坷不遇，希望张垍为之荐引。这可以说是有唐一朝第一个写翰林学士的诗，也是唐代不少文人向翰林学士求援的首篇。《杜诗详注》卷六又有《送翰林张司马南海勒碑》："冠冕通南极，文章落上台。诏从三殿（原校：一云天上）去，碑到百蛮开。野馆秋花发，春帆细雨来。不知沧海使，天遣几时回。"诗题中"司马"，下有校"一云学士"。当作"学士"，且亦为张垍。吕向于开元中期为翰林供奉时，亦曾出使为皇帝勒碑（详见前吕向传）。张垍当在任职期间，曾出使海南，杜甫特作诗送之。由此可见杜甫与张垍有所交往，也是当时翰林学士文学交往一个很好的例证。又《旧唐书》卷一〇二《韦述传》末有记萧颖士事，称萧"富词学，有名于时，贾曾、席豫、张垍及（韦）述皆引为谈客"。萧颖士是中唐时古文运动的先驱，天宝时已颇有文名，张垍这时也"引为谈客"，可见张垍与文士是很有交往的。

李肇《国史补》卷上又记有："张均、张垍兄弟俱在翰林，垍以尚主，独赐珍玩，以夸于（张）均。均笑曰：'此乃妇翁与女婿，固非天子赐学士也。'"《旧唐书》张垍本传也有记："垍，以主婿，玄宗特深恩宠，许于禁中置内宅，侍为文章，尝赐珍玩，不可胜数。"由此可见玄宗对张垍是很眷顾的，他之入翰林，当也出于玄宗之意。张垍是唐朝以驸马都尉入翰林的首例，也是兄弟二人同任学士之职的首例，这也是值得注意的。

但张垍与其兄张均于天宝时先受到李林甫的排挤，后受到杨国忠的陷害。《旧唐书》本传记张均"自以才名当为宰辅，常为李林甫所抑"；李林甫卒，杨国忠用事，又"心颇恶之"，"仍以均为大理卿。均大失望,意常郁郁"。张垍的境遇也如此,终于遭致天宝十三载(754)贬斥。《旧唐书·玄宗纪》天宝十三载:"三月丁酉,太常卿张垍贬卢溪郡司马,垍兄宪部尚书均贬建安太守。"关于此事,中唐元和时刘肃所撰《大唐新语》,所记既简括又确切:"驸马张垍,以太常卿、翰林院供奉官赞相礼仪,雍容有度。玄宗心悦之,谓垍曰:'朕罢(陈)希烈相,以卿代之。'垍谢不能当。杨贵妃知之,以告杨国忠,杨国忠深忌之。时安禄山入朝,玄宗将加宰相,命垍草诏。国忠谏曰:'禄山不识文字,命之为相,恐四夷轻于唐。'玄宗乃止。及安禄山归范阳,诏高力士送于长乐坡。力士归,玄宗问曰:'禄山喜乎?'力士对曰:'禄山恨不得宰相,颇有言。'国忠遽曰:'此张垍告之也。'玄宗不察国忠之诬,疑垍漏泄,大怒。黜垍为卢溪郡司马,兄均为建安郡司马,弟埱(按:当作埱)为宜春郡司马。"此后两《唐书》本传及《通鉴》均有所载。

《旧唐书·张垍传》:"岁中召还,再迁为太常卿。"杜甫另有《奉赠太常张卿垍二十韵》(《杜诗详注》卷三),闻一多《少陵先生年谱会笺》系于天宝十三载,以为:"岁中,张垍自卢溪召还,再迁为太常卿,公复上诗求助。"又引前杜甫《赠翰林张四学士垍》诗"倘忆山阳会"句,又引此诗"桃阴想旧蹊"句,谓"张必公之旧交";又引此诗"几时陪羽猎,应指钓璜溪",谓"是仍望其汲引也"[1]。可见杜甫与张垍是颇有交谊的。不过张垍虽于当年召还,仍为太常卿,当不再入翰林学士院,其出院时间在天宝十三载

---

[1] 此又可参见《唐五代文学编年史》初盛唐卷,系于天宝十四载十月,辽海出版社,1998年。

三月。

关于张垍与李白，这里说明两点：一、李白于天宝元年（742）就应诏入长安，为翰林供奉；天宝三载（744）春，因不得意，离开长安。关于出走的原因，中晚唐之际刘全白《唐故翰林学士李君碣记》谓"同列者所谤"，魏颢《李翰林集序》谓"以张垍谗逐"。刘、魏二人都以李白为翰林学士，而张垍此时亦在院中，因此是"同列"，李白乃受张垍之忌，被谗而出。这是不可靠的，因李白此时在长安为翰林供奉，非翰林学士[1]；又据上所考，天宝元年至三年，张垍尚在兵部侍郎任，未曾以太常卿或太常少卿而入为翰林学士。这一长时期的误解现在可以澄清。二、李白有《玉真公主别馆苦雨赠卫尉张卿二首》，研究者有以此诗系李白于开元十八年第一次入长安时作，此张卿为张垍，但也有不同意见。此与张垍任翰林学士的时间无甚关系，限于篇幅，这里不加讨论。

现在记述张均、张垍的结局。天宝十四载（755）十月安禄山起兵南下，十五载（756）六月攻陷潼关，唐玄宗仓皇出奔。张均、张垍却未随从。据《旧传》、《通鉴》等所记，当玄宗至剑州普安郡时，刑部侍郎房琯随至，玄宗问及张均兄弟，琯曰："臣离京时，亦过其舍，比约同行，均报云已于城南取马。观其趣向，来意不切。"由此可见张均兄弟的意向。后安禄山将留在长安的张均、张垍徙往洛阳，任张均为中书令，张垍则与陈希烈同时为宰相，于是"贼势大炽"（《通鉴》卷二一八至德元载，即天宝十五载）。正因如此，造成玄宗对二人的忿恨。肃宗至德二载（757），唐军收复长

────────────

[1] 参傅璇琮《李白任翰林学士辨》，见本书上编。

安、洛阳后,处分为安禄山所任伪职的官员。《旧唐书》卷十《肃宗纪》,至德二载十二月下制:"达奚珣等一十八人,并宜处斩;陈希烈等七人,并赐自尽;前大理卿张均特宜免死,配流合浦郡。"这里只提及张均,且是免死。但据《通鉴》卷二二〇所记,肃宗特向玄宗为张均兄弟说情(肃宗之妹宁亲公主即嫁于张垍),玄宗即做出决定:"张垍为汝长流岭表,张均必不可活,汝更勿救。"肃宗只得"泣而从命"。这就与前所引《旧唐书·肃宗纪》不合。而两《唐书》张均本传,则谓张垍已早死于安禄山占据洛阳时,张均则特为免死,长流合浦郡。关于这方面的记载,其他一些笔记,也多有不同,看来还是两《唐书》本传所记较合于情理。

《新唐书》卷六〇《艺文志》四,著录《张均集》二十卷,但身为翰林学士的张垍,据现有史料,无诗文传世。又据宋陈思《宝刻丛编》卷八"陕西永兴军路·京兆府·万年县",有《唐兴唐寺金字大般若经藏铭》,著录为:"唐张垍撰,李仙行书,天宝中立。"则当是张垍于翰林学士时作,但此文也不传。

张　埱

张埱,为张说子,张均、张垍弟。两《唐书》无专传,其事迹附见《旧唐书》卷九七、《新唐书》卷一二五《张说传》后,其名作埱,偏旁为"土"。但《新唐书》卷七二下《宰相世系表》二下,《唐郎官石柱题名考》卷一六金部员外郎,均作"琡",当不确。

张埱事,所记甚少。作于开元二十年(732)的张九龄《故开府仪同三司行尚书左丞燕国公张太师张公墓志铭并序》(《全唐文》卷二九二)，文末记张说三子："长子均，中书舍人；次曰垍，驸马都尉、卫尉卿；季曰埱，符宝郎。"据《旧唐书》卷四二《职官志》一，符宝郎，为从六品上，与尚书诸司员外郎同阶(又可参见宋孙逢吉《职官分纪》卷六)。其时张埱恐仅二十岁左右，有从六品上的官阶，已不算低。此当因张说曾为宰相，张垍为驸马都尉，而赐此虚衔。

在此以后，就未有记。韦执谊《翰林院故事》在记吕向、尹愔、刘光谦、张垍后，云："自后给事中张埱、中书舍人张渐、窦华等相继而入焉。"丁居晦《重修承旨学士壁记》也记张埱为"给事中充"。给事中为正五品上，与中书舍人同阶，属门下省。又前所考，张垍约于天宝四五年后入院，张埱当在其后，天宝中期。

天宝十三载(754)三月，张垍因受杨国忠之陷害，被贬为卢溪郡司马(见前张垍传)，"埱自给事中为宜春郡司马"(《新唐书·张说传》)。当于此时即出院。后张垍于岁中召还，再迁为太常卿，张埱当也召回，是否复原职，不详。

安史乱起，长安陷，张均、张垍受伪职，肃宗至德二载受严惩(详见前传)。张埱情况，则不可知。在玄宗朝翰林学士中，张埱事迹是记载最少的，也无诗文传世。

又，李白有《夜别张五》一诗，岑仲勉《唐人行第录》曾提出此张五为张埱，谓："首四句云：'吾多张公子，别酌酣高堂。听歌舞银烛，把酒轻罗霜。'擘首即称公子，继而叙述华侈，活现贵家气概。今既知垍为张四，故疑张五为垍弟埱也，待证之。"此处岑氏仅以张四为张垍而推论张五为垍弟埱，并无其他证据，故只以疑问提出,并云"待证之"。

李白《夜别张五》诗云:"吾多张公子,别酌酣高堂。听歌舞银烛,把酒轻罗霜。横笛弄秋月,琵琶弹陌桑。龙泉解锦带,为尔倾千觞。"从诗的本身看不出此张公子的具体身份,也未能确定写作时间。现在有些研究者则即据岑氏《唐人行第录》而确定此张五为张垍。安旗主编的《李白全集编年笺注》,因定《玉真公主别馆苦雨赠卫尉张卿二首》为开元十八年李白第一次赴长安时所作,遂将《夜别张五》也编于开元十八年①,似李白于该年也与张垍相聚。这些只能备参,未能如杜甫赠张垍几首诗那样可以确定。

张　渐

张渐,两《唐书》无传,其事迹的记载也极少,且很分散。从《旧唐书》卷一〇〇《苏晋传》得到一个线索,谓张渐之父名仲之,仲之兄循之,洛阳人。《旧唐书·苏晋传》云:"晋与洛阳人张循之、仲之兄弟友善。"据《旧传》,苏晋父苏珦,在武则天专政时,连任监察官(监察御史、御史大夫),对时政累有切谏;神龙初,武三思擅权,更受到排挤。苏晋则年轻时就有文名,时人誉为"此后来王粲"。玄宗即位初,苏晋任中书舍人,"每有制命,皆令晋及贾曾为之"。由此可见,与其交友并为其所善的张循之、仲之,确"以学业著名"。

---

① 见安旗主编《李白全集编年笺注》,巴蜀书社,1990 年,第 138 页。

张渐少时，即经历其父被杀的不幸遭遇。《旧唐书·苏晋传》记："（张）循之，则天时上书忤旨被诛。仲之，神龙中谋杀武三思，为友人宋之逊所发，下狱死。"此事，《旧唐书》卷一〇六《王琚传》、卷一八六下《酷吏·姚绍之传》、卷一九〇中《文苑·宋之问传》，及《新唐书》卷一九一《忠义·王同皎传》、卷二〇二《文艺·宋之问传》、卷二〇九《酷吏·姚绍之传》皆有记，多有异同。比较起来，以《通鉴》卷二〇八中宗神龙二年（706）三月所记较为确切："初，少府监丞弘农宋之问及弟兖州司仓之逊皆坐附会张易之贬岭南，逃归东都，匿于友人光禄卿、驸马都尉王同皎家。同皎疾武三思及韦后所为，每与所亲言之，辄切齿。之逊于帘下闻之，密遣其子昙及甥校书郎李悛告三思，欲以自赎。三思使昙、悛及抚州司仓冉祖雍上书告同皎与洛阳人张仲之、祖延庆、武当丞寿春周憬等潜结壮士，谋杀三思，因勒兵诣阙，废皇后。上命御史大夫李承嘉、监察御史姚绍之按其事，又命杨再思、李峤、韦巨源参验。（张）仲之言三思罪状，事连宫壸。再思、巨源阳寐不听，峤与绍之命反接送狱。仲之还顾，言不已，绍之命捽之，折其臂。仲之大呼曰：'吾已负汝，死当讼汝于天！'庚戌，同皎等皆坐斩，籍没其家。"《通鉴》并有《考异》，引及《御史台记》、《朝野佥载》及《唐历》、《统记》等，又可参见拙编《唐才子传校笺》卷一《宋之问传》及第五册《补正》①。

　　由此可见，张仲之反对武三思是很坚决的，而所受的遭遇又甚惨，在处死前即已被捽断臂。幸亏其下狱死后，其子张渐受到

────────

①《唐才子传校笺》第一册，中华书局，1987年；第五册，1995年。

苏晋的抚养，"晋厚抚仲之子渐，有如己子，教之书记，为营婚宦"（《旧唐书·苏晋传》）。这时，神龙二年(706)，张渐当还是孩童，其生年或在700年左右。苏晋卒于开元二十二年(734)，"及晋卒，渐制犹子之服，时人甚以此称之"(同上)。时当三十余岁。

开元及天宝前期，张渐仕历不明。《唐尚书省郎官石柱题名考》卷一六金部员外郎，有张渐，或在天宝前期。据《严州图经》卷一"题名"："张渐，天宝九载十月自饶州刺史拜"；"张朏，天宝十载三月十日自抚州刺史拜"。则天宝九载(750)十月前，张渐曾任江西鄱阳郡太守(饶州刺史)，九载十月至十载三月任浙江新定郡太守(严州刺史)，此后即入朝依附于杨国忠。

据《旧唐书》卷九《玄宗纪》下，天宝十载(751)五月，"剑南节度使鲜于仲通将兵六万讨云南，与云南王阁罗凤战于泸川，官军大败"。杨国忠时为御史大夫兼兵部侍郎，掩匿鲜于仲通之败，自请兼领剑南节度使，时为天宝十载十一月。《新唐书》卷二〇六《外戚·杨国忠传》："俄加本道兼山南西道采访处置使，开幕府，引窦华、张渐、宋昱、郑昂、魏仲犀等自佐，而留京师。"就是说，杨国忠于天宝十载、十一载之际，身在京师，而遥领剑南、山南西道，并借开设幕府之名，将窦华、张渐引入。又《旧唐书》卷一一五《赵国珍传》："天宝中，以军功累迁黔府都督，兼本管经略等使。时南蛮阁罗凤叛，宰臣杨国忠兼剑南节度，遥制其务，屡丧师徒。中书舍人张渐荐国珍有武略，习知南方地形，国忠遂奏用之。"此当也在天宝十载、十一载间(参郁贤皓《唐刺史考全编》卷一七五"黔州")。据此，则张渐当已以中书舍人而在杨国忠剑南幕府，但仍在长安。又据《旧唐书·赵国珍传》，赵在黔中是有政绩的，"在五溪凡十余年,中原兴师,唯黔中封境无虞"。可见张渐有一定见识。

天宝后期又有一值得注意的事。刘太真《送萧颖士赴东府序》(《全唐文》卷三九五),中云:"顷东倭之人,逾海来宾,举其国俗,愿师于夫子。非敢私请,表闻于天子,夫子辞以疾而不之从也。"有唐一朝,日本屡有遣唐使来中国,进行文化交流。他们当仰慕萧颖士的文名,请其到日本讲学,这应当说是件好事。《旧唐书》卷一九〇中《文苑下·萧颖士传》、《新唐书》卷二〇二《文艺中·萧颖士传》都记有此事,不过《新唐书》本传记为新罗人来聘。据陈铁民《萧颖士系年考证》①,当以东倭即古日本为是,其时在天宝十二载(753)三月。当时萧颖士在长安,待制史官。刘太真《序》是说萧颖士自己"辞以疾而不之从",而《新唐书·萧颖士传》则谓:"倭国遣使入朝,自陈国人愿得萧夫子为师者,中书舍人张渐等谏不可而止。"则天宝十二载三月,张渐仍为中书舍人。

据韦执谊《翰林院故事》、丁居晦《重修承旨学士壁记》,张渐是"以中书舍人充",即先已任中书舍人,后以中书舍人入为翰林学士。很可能杨国忠于天宝十一载十一月李林甫卒后居相位,撤原来的剑南幕府,遂荐张渐以中书舍人入翰林学士院。日本使者请萧颖士赴日,确是要正式上表的,张渐因已在翰林禁中,接近皇上,故有可能对此表示意见。不过他为何反对萧颖士赴日,尚待研究。

清顾燮光《梦碧簃石言》卷二录有唐玄宗第五孙女墓志(原名

①载《文史》第37辑,中华书局,1993年2月。

为《皇第五孙女墓志铭并序》），署为"中大夫、行中书舍人、翰林院待制、上柱国臣张渐撰，朝议郎、行太子宫门郎、翰林院供奉臣刘秦书"。文中称："以天宝十三载岁次甲午十一月七日丁酉，恬然委顺，时春秋廿一岁……以其载十一月廿九日庚寅法葬于京兆咸宁县义本乡之铜人原，乃命小臣志于幽壤。"这里称张渐为翰林院待制，实即翰林学士。另据韦执谊《翰林院故事》，董晋于肃宗时曾以校书郎入充翰林学士（丁居晦《壁记》同）。韩愈《董公行状》亦记有"拜秘书省校书郎，入翰林为学士"（《韩昌黎文集校注》卷八）。而《旧唐书》卷一四五《董晋传》则记为："授校书郎、翰林待制。"可见唐代玄、肃两朝，亦即翰林学士前期，翰林学士也可称翰林待制。由此，则天宝十三载（754）十一月，张渐已在翰林学士任上。

上述墓志的撰写也是翰林学士的职务之一，这也是张渐传存的惟一文章，但《全唐文》未载①。《全唐诗》卷一二一录有其所作诗一首，题《朗月行》："朗月照帘幌，清夜有余姿。洞房怨孤枕，挟琴爱前墀……"按：写闺怨之情也是盛唐诗常见的基调，王昌龄七绝如《长信秋词》、《青楼曲》、《闺怨》，都是名作。张渐此诗，如"去岁草始荣，与君新相知。今年花未落，谁分生别离"，文词清新，情意真切。可以注意的是，与张渐、窦华共同依附杨国忠的宋昱，天宝后期也任中书舍人。《全唐诗》卷一二一录其《晓次荆江》、《樟亭观涛》等作，如"秋色湖上山，归心日边树"，"向夕垂钓

---

①宋陈思《宝刻丛编》卷八"陕西永兴军路·京兆府·万年县"，著录有《唐青城县令曹琳墓志》，谓唐张渐撰，天宝六年。则当另有一文，但也未传存。

还，吾从落潮去"，也可称为佳句。

这些大约都是早年所作，后来他们身居要位，心境就不同了。《旧唐书》卷一〇六《杨国忠传》："国忠之党翰林学士张渐、窦华，中书舍人宋昱，吏部郎中郑昂等，凭国忠之势，招来赂遗，车马盈门，财货山积。"正因如此，天宝十五载（至德元载，756）六月，杨国忠随从唐玄宗匆忙西出，"其党翰林学士张渐、窦华，中书舍人宋昱，吏部郎中郑昂，俱走山谷，民争其赀，富埒国忠。（宋）昱恋赀产，窃入都，为乱兵所杀；余坐诛"（《新唐书》卷二〇六《杨国忠传》）。《旧唐书·杨国忠传》也谓张渐等"及国忠败，皆坐诛灭"。很可能马嵬驿之变，杨国忠被杀，其亲信如张渐、窦华等也被杀。

窦　华

窦华，两《唐书》无传。《元和姓纂》卷九河南洛阳窦氏，记有："戒盈，青州刺史。生庭芝、庭华。庭华，中书舍人。"岑仲勉《元和姓纂四校记》谓："《翰林院故事》、《重修壁记》暨《会要》五七有窦华，官翰林学士、中书舍人，应即此庭华。"[1]岑说是。两《唐书》的有关记载，均记作窦华。惟《新唐书》卷七一下《宰相世系表》一下，仍记为窦庭华，其父诚盈，"青州刺史"，四子：庭芝，太府少卿；庭华，中书舍人；庭蕙，扬府长史；庭芳，未注官职。

宋赵明诚《金石录》卷七有《唐北海太守窦诚盈碑》，下注云：

---

[1]《元和姓纂四校记》，郁贤皓、陶敏校订本，中华书局，1993年。

"徐浩撰并八分书,题额李遇正书,天宝七载正月。"①据《元和郡县图志》卷十,河南道有青州,《新唐书》卷三八《地理志》二,河南道有青州北海郡。按:唐初,地方建制,改郡为州,太守为刺史,而玄宗天宝元年二月,"天下诸州改为郡,刺史改为太守"(《旧唐书》卷九《玄宗纪》下)。又据《元和郡县图志》卷十,青州是唐高祖武德二年建立的(相当于今山东潍坊、青州等地),而天宝元年又改为北海郡。《金石录》著录为"北海太守",又云"天宝七载正月",符合当时改州郡名体制,可信。可惜徐浩此碑碑文,现在未见,因此我们未能详知窦诚盈的生平与家世。按:李邕于天宝六载(747)正月在北海任上为李林甫陷害,被杀,则可能接任者为窦诚盈,而不久即卒,故徐浩所撰之碑在天宝七载立。徐浩擅长于制诰文体,肃宗、代宗两朝连任中书舍人,"时天下事殷,诏令多出于浩";"玄宗传位诰册,皆浩为之"(《旧唐书》卷一三七《徐浩传》)。天宝前期,徐浩约四十余岁,已有文名。由他来为这位北海太守撰写碑文,也可见窦诚盈当时已有声誉。

窦华早年仕历不详。清赵钺、劳格《唐御史台精舍题名考》(《月河精舍丛书》本)卷三"碑阴额题名",有"知杂御史",下注"自天宝元载已后",有窦华名。"知杂御史"并不是专有官称,据《旧唐书》卷四四《职官志》三,"御史台",其中有侍御史,其职务为"掌纠举百僚,推鞫狱讼",有注云:"侍御史年深者一人判台事,知公廨杂事。"又《新唐书》卷一三四《杨慎矜传》记杨于玄宗时"迁侍御史,知杂事"。《唐御史台精舍题名考》卷三"碑阴额题

<hr>

① 《宋本金石录》,中华书局影印本,1991年。

名·知杂御史"也有杨慎矜名。由此,则窦华当于天宝前期曾任侍御史。侍御史为从六品上。窦华于天宝七八年间丁父忧(见前徐浩所撰《窦诫盈碑》),不久即为杨国忠引入。

据《新唐书》卷二○六《外戚·杨国忠传》,杨国忠在兼兵部侍郎时,曾遥领剑南节度使、山南西道采访处置使,"开幕府,引窦华、张渐、宋昱、郑昂、魏仲犀等自佐,而留京师"。时在天宝十载(751)、十一载(752)间(详见前张渐传)。天宝十一载十一月李林甫卒,杨国忠正式任宰相(右相),撤幕府,当于此时荐张渐、窦华以中书舍人入为翰林学士。韦执谊《翰林院故事》、丁居晦《重修承旨学士壁记》,在张渐后,记窦华由中书舍人充。又,《玉海》卷一六七《宫室院·唐集贤殿书院》引韦述《集贤记注》,中云:"自贺知章至窦华,开元十三年四月至天宝十四载,集贤院学士、直学士三十三人。"集贤殿书院创设于开元十三年(725),是唐朝中央有盛誉的文化机构,五品以上才能入为学士,六品以下则称为直学士(《新唐书·百官志》二)。中书舍人为正五品上,窦华当于天宝十二载起,既由中书舍人入为翰林学士,同时又兼集贤书院学士。又据前所引《新唐书·宰相世系表》,窦庭华之子"叔展,左拾遗"。宋孙逢吉所撰《职官分纪》卷一五有引《集贤记注》,称"(天宝)十三年,窦叔展以宜寿尉迁左拾遗,入院待制。叔展则中书舍人华之子,父子相次入院"。左拾遗为从八品上,故只能为待制,但父子相次入院,在当时是享有荣誉的。

窦华以中书舍人入为翰林学士,当在宫中值班,但仍依附于宰相杨国忠。《通鉴》卷二一七天宝十三载曾记有一事:"杨国忠忌陈希烈,希烈累表辞位。上欲以武部侍郎吉温代之,国忠以温附安禄山,奏言不可,以文部侍郎韦见素和雅易制,荐之。八月丙戌,以希烈为太子太师,罢政事,以见素为武部尚书、同平章事。"按:陈希烈于天宝五载(746)四月李适之为李林甫所排挤而荐引入相,至此则为杨国忠所忌而罢相。据《旧唐书》卷一〇八《韦见素传》:"国忠访于中书舍人窦华、宋昱等,华、昱言(韦)见素方雅,柔而易制。上亦以经事相王府,有旧恩,可之。"宰相人选,是朝中大事,虽最后由皇帝任命,但实际主意却是杨国忠征询窦华等而提出的。

这是杨国忠倚重于窦华等,而另一方面窦华等也就献媚于杨国忠。《旧唐书》卷一〇六《杨国忠传》载,杨国忠于天宝十一载后继李林甫为相,"以宰臣典选","故事,吏部三铨,三注三唱,自春及夏,才终其事。国忠使胥吏于私第暗定官员,集百僚于尚书省对注唱,一日令毕,以夸神速,资格差谬,无复伦序"。这样不按照规制办事,完全出于个人私意,而"其所昵京兆尹鲜于仲通、中书舍人窦华、侍御史郑昂讽选人于省门立碑,以颂国忠铨综之能"。正因如此,窦华与张渐、宋昱等"凭国忠之势,招来赂遗,车马盈门,财货山积"(同上)。翰林学士如此依附权贵,招赂聚财,在唐朝还是极少见的,这也是天宝后期整个腐败政局所造成的。

这里还应提出的是,两《唐书》记窦华、张渐天宝后期的仕历,一般都称为中书舍人,很少称为翰林学士,这值得注意。这一方面因为唐代的翰林学士是一种差遣之职,并非官名。宋叶梦得《石林燕语》卷五谓:"如翰林学士、侍讲学士、侍书学士,乃是职事之名耳。"清人钱大昕也说:"学士无品秩,但以它官充选","学士亦差遣,非正官也"(《廿二史考异》卷四四);又称翰林学士"有官则有品,官有迁转,而供职如故也"(同上,卷五八)。这就是说,一个翰林学士,他必须带有其他正式的官衔,这样,才有一定的品位,有一定的薪俸。韦执谊《翰林院故事》、丁居晦《重修承旨学士壁记》在记各朝翰林学士时,都记任期内官位的迁转。如前刘光谦传,丁氏《壁记》就记为:"起居舍人充,累迁司封郎中。"就是说,刘光谦自起居舍人入为翰林学士,后又由起居舍人(从六品上)迁为司封郎中(从五品上),但仍在翰林学士任内。又如白居易自元和二年(807)至六年(811)在翰林学士任,他先以集贤校理为左拾遗,元和五年改为京兆府户曹参军。京兆府户曹参军为正七品下,比左拾遗(从八品)要高好几阶。正因如此,唐人往往就以翰林学士所带的官衔称呼。另一方面,唐代玄宗、肃宗两朝,中书舍人,其政治声望与文学声誉,是大大超过这一时期翰林学士的,如玄宗时期的孙逖、贾曾,肃宗时期的徐浩、贾至,凡册立帝位,发重要诏令,都出自这几位中书舍人之手。故两《唐书》多以中书舍人称时为翰林学士的窦华、张渐,可以理解。

天宝十五载(至德元载,756)六月,安禄山军攻陷潼关,玄宗西走,杨国忠于马嵬驿为众军所杀,窦华、张渐等也"皆坐诛灭"(《旧唐书·杨国忠传》),详见前张渐传。

又前所引《新唐书·宰相世系表》,记窦华兄庭芝,太府少卿。《通鉴》卷二一七记天宝十四载(755)十二月,安禄山起兵南下,时安西节度使封常清入朝,唐玄宗即任其为范阳、平卢节度使,赴洛阳抵御安军,但屡败,"封常清帅余众至陕,陕郡太守窦庭芝已奔河东,吏民皆散"。此又见《旧唐书·安禄山传》。则天宝后期,窦华之兄庭芝曾任陕郡太守。

窦华，无诗文传世。

裴士淹

裴士淹，两《唐书》无传。《新唐书》卷七一上《宰相世系表》一上，记裴士淹为礼部尚书、绛郡公；其祖知节，南和令；父倩，未注官职。颜真卿《正议大夫行国子司业上柱国金乡县开国男颜府君神道碑铭》（《全唐文》卷三四一），记颜允南之交友，中有"河南陆据，彭城刘铼、刘秩，陇西李揆，河东裴士淹，特敦莫逆之欢"。则裴士淹为河东人。

裴之早年仕历不详。清赵钺、劳格《唐郎官石柱题名考》卷六司封员外郎、卷七司勋郎中，皆记有裴士淹。卷七司勋郎中，裴士淹之后为韦咸、崔圆，而据《旧唐书》卷九《玄宗纪》下，天宝十五载（756）六月，"庚子，以司勋郎中、剑南节度留后崔圆为蜀郡长史、剑南节度副大使"。天宝十载、十一载之际，杨国忠遥领剑南节度，即将崔圆由司勋员外郎提升为司勋郎中，兼蜀大都督府左司马、知节度留后（《旧唐书》卷一〇八《崔圆传》）。裴士淹之名既在崔圆之前，则其任司勋郎中当在天宝中期。

韦执谊《翰林院故事》记"开元已后"翰林学士八人，最后一个是裴士淹："自给中充，出为礼侍。"丁居晦《重修承旨学士壁记》记"开元后八人"，第八位是裴士淹："给事中充，知制诰。"就是说，裴士淹是由给事中入为翰林学士的。司勋郎中官阶为从五品上，给事中与中书舍人相等，为正五品上。很可能裴士淹于天宝十载(751)前后由司勋郎中升迁为给事中,不久,即以给事中入翰林学士院。

《旧唐书》卷九《玄宗纪》下,天宝十四载(755)三月,明确记载裴士淹以给事中身份出使河北等地:"(三月)癸未,遣给事中裴士淹等巡抚河南、河北、淮南等道。"此事,以《通鉴》所记较详。《通鉴》卷二一七,天宝十四载二月,记当时宰相韦见素、杨国忠对安禄山已有怀疑,"(韦)见素因极言禄山反已有迹";于是三月辛巳,"命给事中裴士淹宣慰河北",实际上是去视察。《通鉴》于此年四月接着记:"安禄山归至范阳,朝廷每遣使者至,皆称疾不出迎,盛陈武备,然后见之。裴士淹至范阳,二十余日乃得见,无复人臣礼。"此事,唐姚汝能《安禄山事迹》亦有记,大致相同:"禄山自归范阳,逆状渐露,惧朝廷诛之,使者将至,辄称疾不迎,严介士于前后,成备而后见之。士淹之至也,亦如之,令武士引入,无复人臣之礼,士淹宣旨而退。"

这是关于裴士淹仕历最早的记载。应当提出的是,《旧纪》、《通鉴》及《安禄山事迹》虽然都称裴士淹为给事中,而裴士淹此时当已由给事中入为翰林学士。奉皇帝旨意,出外考察军情,这也是唐代翰林学士的职务之一。中唐时德宗皇帝遭"泾师之变",曾于兴元元年(784)派遣翰林学士陆贽至李怀光军中宣谕,陆贽即奉命与李晟、李怀光洽商军情(详见两《唐书·陆贽传》及《通鉴》有关记载)。

与此相关的,还须辨析一事。《全唐诗》卷一二四载有裴士淹一诗,题为《白牡丹》,诗云:"长安年少惜春残,争认慈恩紫牡丹。别有玉盘乘露冷,无人起就月中看。"关于此诗,中唐时段成式《酉阳杂俎》曾有记载，其书前集卷一九《广动植之四·草篇》记云："开元末，裴士淹为郎官，奉使幽冀回，至汾州众香寺，得白牡丹一窠，植于长安私第，天宝中，为都下奇赏。当时名公，有《裴给事宅看牡丹》诗，诗寻访未获。一本有诗云：'长安年少惜春残，争认慈恩紫牡丹。别有玉盘承露冷，无人起就月中看。'太常博士张乘尝见裴通祭酒说。"这里提及的裴通，为裴士淹子，见《新唐书》卷五七《艺文志》一，经部《易》类："裴通《易书》一百五十卷：字又玄，士淹子，文宗访以《易》义，令进所撰书。"《新唐书·宰相世系表》一上，也载有裴士淹第二子通。由段成式所记，则关于裴士淹植白牡丹及所传之诗，乃得之于裴士淹子裴通之说，当可信。这就是说，裴士淹出使幽冀回，经汾州，得一白牡丹，移植于长安宅中，而为都下奇赏，当时就有一位名公，作有《裴给事宅看牡丹》一诗，此诗原本虽未见，但另有一诗相传。由此可见，诗为他人作，《全唐诗》列于裴士淹名下，误。不过由此也可看出，裴士淹作为翰林学士，与当时文士也有所交往。

当然，《酉阳杂俎》此则所记裴士淹仕历，有不确之处。裴此次奉使幽冀，就前所考，为天宝十四载三月官给事中时，故当时名公所作诗，题也即为《裴给事宅看牡丹》，则《酉阳杂俎》所谓"开元末，裴士淹为郎官"而出使，即与史书所记不合。又谓此白牡丹乃"天宝中"为都下所赏，也不确，当在天宝末。按：裴士淹出使河北，在三月，四月返长安，这与诗中所谓"长安年少惜春残"，时节相符。

天宝十五载（756）六月，安禄山军攻占潼关，向关中推进，唐玄宗仓皇西奔，后至四川成都。这次随从玄宗赴蜀的，翰林学士只裴士淹一人(张垍、张渐、窦华等,见前传),且得到玄宗的信重。作于宪宗元和初(807)的刘肃《大唐新语》卷八即记有:"玄宗幸成都,给事中裴士淹从。士淹聪悟柔顺,颇精历代史。玄宗甚爱之,马上偕行,得备顾问。"晚唐李冗《独异志》卷下亦云:"玄宗幸蜀,裴士淹从驾,马上以商较当时卿相。"关于此事,《新唐书》卷二二三上《奸臣上·李林甫传》所载较详:"帝之幸蜀也,给事中裴士淹以辩学得幸。时肃宗在凤翔,每命宰相,辄启闻。及房琯为将,帝曰:'此非破贼才也。若姚元崇在,贼不足灭。'至宋璟,曰:'彼卖直以取名耳。'因历评十余人,皆当。至(李)林甫,曰:'是子妒贤疾能,举无比者。'士淹因曰:'陛下诚知之,何任之久邪?'帝默不应。"

关于对房琯的议论,《唐语林》所记更为具体,其书卷三"品藻"类,有云:"玄宗西幸,驾及古界,灵武递至,房琯新除丞相。玄宗于马上看除目,顾左右,谓裴士淹曰:'亦不是灭贼手。'士淹低语曰:'请陛下勿复言。'上色少愧。"前引《大唐新语》及《新唐书·李林甫传》在记述议论房琯事,均未记有裴士淹"低语"。按:据《旧纪》,玄宗于天宝十五载(756)七月"甲子(十二日),次普安郡,宪部侍郎房琯自后至,上与语甚悦,即日拜为吏部尚书、同中书门下平章事",即任为相。八月癸未朔(初一)抵成都,癸巳(十一日)接到灵武来使,告知皇太子李亨即帝位,玄宗事先未知,因此时兵权已在李亨手中,他只得自称上皇,并命随身的宰臣韦见素、房琯奉册书赴灵武。房琯等见到肃宗(李亨),"肃宗以琯素有重名,倾意待之",随即"诏加持节、招讨西京兼防御蒲潼两关兵马节度等使"(《旧唐书》卷一一一《房琯传》)。据此,则《唐语林》所谓玄宗在赴蜀途中，"灵武递至"，及"房琯新除宰相"，均不确。但玄宗在成都闻知房琯掌握兵权，有所不悦，说了一句讥刺的话，裴士淹马上低语："请陛下勿复言。"当是裴士淹觉得这涉及肃宗，不利于玄宗当时的政治境遇。这也符合翰林学士在君主左右参政议政的身份。

正因如此，玄宗就于至德二载（757）春将裴士淹由给事中（正五品上）升迁为礼部侍郎（正四品下），并在成都主持贡举考试。据《唐语林》卷八"神龙元年已来累为主司者"，有裴士淹：至德二年、三年。按：至德二载春，长安尚为安禄山军占领，不过据徐松《登科记考》卷七，当时唐廷分别在江淮、成都府、江东诏试进士，在成都即由裴士淹知举。韦执谊《翰林院故事》记裴士淹"出为礼侍"。按唐朝惯例，翰林学士因在宫廷禁中，不能出外廷主持科试，一般是先出院，任礼部侍郎，然后知贡举。据此，则裴士淹当于至德元载末、二载初出为礼部侍郎。这也是唐朝翰林学士出知贡举试的首例，很值得注意。又，至德二载九月，唐军收复长安，第二年，至德三载，亦即乾元元年（758），春，裴士淹又在长安再次主持科举考试。本年进士登第者有柳伉，后为代宗时翰林学士，曾因上疏斩宦官程元振而闻名一时（详见后代宗朝柳伉传）。

裴士淹此后的仕历为：宝应二年（763）三月在兵部侍郎任，见《唐会要》卷一《帝号》上，记肃宗于宝应元年四月十八日卒，宝应二年三月庚午葬于建陵，庙号肃宗，哀册文由"兵部侍郎裴士淹撰"。文见《全唐文》卷四九裴士淹《肃宗大宣孝皇帝哀册文》。按：此文后有《章敬皇后哀册文》，亦裴士淹撰。据《旧唐书》卷五二《后妃传》下，章敬皇后吴氏为代宗生母，早在开元二十八年

（740）即卒，因肃宗于宝应二年三月行施葬礼，代宗遂从宰臣郭子仪等建议，即将其母谥为章敬皇后，祔葬于肃宗皇陵。裴士淹《章敬皇后哀册文》也即宝应二年三月作。值得注意的是，裴士淹已于至德二载（757）初春出翰林院，为礼部侍郎，知贡举，后于宝应二年（763）三月在兵部侍郎任，却仍能撰皇帝、皇后葬礼册文，而这时翰林学士已有董晋、于可封、苏源明等。可见唐朝前期，一些重要制诰册文，不一定非出于翰林学士之手。

唐代宗永泰二年（766）八月，裴士淹在礼部尚书任。《唐会要》卷三七《礼仪使》记云：“永泰二年八月十三日，礼部尚书裴士淹除礼仪使。”又见于《旧唐书》卷十一《代宗纪》。礼部尚书（正三品）虽然官阶要高于兵部侍郎，但在唐朝，尚书一般均为虚衔，不如侍郎有实权。

大历五年（770）八月，贬官外出。《旧唐书·代宗纪》，大历五年五月，“庚辰，贬礼仪使、礼部尚书裴士淹为虔州刺史，户部侍郎、判度支第五琦为饶州刺史，皆鱼朝恩党也”。又《旧唐书》卷一八四《宦官·鱼朝恩传》末云：“朝恩素待礼部尚书裴士淹、户部侍郎判度支第五琦，二人亦坐贬官。”按：代宗即位初，先后去除宦官李辅国、程元振，而重用鱼朝恩。《通鉴》卷二二三代宗广德元年（763）十二月记：“以鱼朝恩为天下观军容宣慰处置使，总禁兵，权宠无比。”后来元载拜相，与鱼朝恩争权，代宗也嫉恨鱼朝恩骄横太甚，遂于大历五年三月，与元载谋议，暗杀之。裴士淹当因受牵累而出贬，但他如何受鱼朝恩信用，不详。

按：清王昶《金石萃编》卷七九载有《裴士淹题名》，注云“在华岳颂碑左侧”，记云：“礼部尚书裴士淹出为饶州刺史，大（此下

原注:庙讳)五年六月六日,于此礼谒。"所谓"庙讳",当为"历"字,系避乾隆弘历名讳。又同卷有《华岳苏敦苏发等题名》:"大历中,发任华阴县令,时礼部尚书河东裴公出牧鄱阳,敦与发、彻同送至此。……五年夏六月六日。"按:裴士淹于五月庚辰下制外贬,至六月六日才至华州,且有当地华阴县令陪登华岳,可见此次贬谪,并不很严。

此后行迹不详。郁贤皓《唐刺史考全编》卷一五〇江南东道温州,引顾况《祭裴尚书文》,定裴士淹于大历九年(774)卒于温州刺史任。此为推测,不一定确实。

裴士淹诗,前已考,《全唐诗》所载《白牡丹》诗非其所作;此外,近代学者孙望先生《全唐诗补逸》卷五尚补辑有《游石门洞》一诗,采自《永乐大典》卷一三〇七四(见《全唐诗补编》137页,中华书局,1992年10月)。按:此又见于《古今图书集成》卷一三三《方舆汇编·山川典》。但是否为其所作,尚待考。《全唐文》卷四〇九载其文五篇,除前所引《肃宗大宣孝皇帝哀册文》、《章敬皇后哀册文》外,另有《内侍陈忠盛神道碑》,作于肃宗乾元三年(760)五月,在礼部尚书任。此当亦奉皇帝之命为宦官撰作碑文。其他两篇,《对大夫祭判》、《对不供夷盘判》,似为吏部铨试时所作,具体年月不详。总之,其在翰林学士任期内,无诗文传世。

肃宗朝翰林学士传

董　晋

　　董晋是肃宗时首任翰林学士。其生平,两《唐书》有传,见《旧唐书》卷一四五,《新唐书》卷一五一。又有权德舆《唐故宣武军节度副大使知节度事……董公神道碑铭》(《权载之文集》卷一五)[1],韩愈《赠太傅董公行状》(《韩昌黎文集校注》卷八)[2]。据上述所记,董晋字混成,河中虞乡万里人。权德舆《神道碑》称其"三代有令德,而无贵仕",即非世族出身。

　　这里拟主要记二事,一是他前期任翰林学士的时间,二是他后期任宣武节度使时对韩愈文人群体形成的作用。

　　董晋一生仕历,即从以校书郎入为翰林学士起始。韦执谊

---

[1]《权载之文集》,商务印书馆四部丛刊本。
[2]马其昶《韩昌黎文集校注》,上海古籍出版社,1986年。

《翰林院故事》记"至德已后",第一位即董晋,云:"自校书郎充,出为汾州司马。"丁居晦《重修承旨学士壁记》则仅云"秘书省校书郎充",未记出院后任何职。权德舆所作《神道碑》,有记其任翰林学士事,云:"初肃宗受端命以合兵车,思欲去元元于汤火,致王度于金玉,以文告威让远猷密布之为重也,故公解巾披荆,校文视草,凡三徙官,被以采章。"权德舆赞誉其在学士院期间为皇帝草制文诰的业绩,其人在肃宗即位初,其间曾"三徙官",后出为御史监察官。但也与韦、丁二记相同,均未记有具体年月。

韩愈《赠太傅董公行状》所记较详,在记"少以明经及第"后,即云:"宣皇帝居原州,公在原州,宰相以公善为文,任翰林之选闻,召见,拜秘书省校书郎,入翰林为学士。三年出入左右,天子以为谨愿,赐绯鱼袋,累升为卫尉寺丞。出翰林,以疾辞,拜汾州司马。崔圆为扬州,诏以公为圆节度判官,摄殿中侍御史。以军事如京师朝,天子识之,拜殿中侍御史、内供奉。"韩愈于德宗贞元中曾在董晋节度幕府,故所作《行状》对其仕历所记较为具体,但其间也有误,如此处谓董晋于原州谒见肃宗,即不确。

《旧唐书·董晋传》记云:"至德初,肃宗自灵武幸彭原,晋上书谒见,授校书郎、翰林待制,再转卫尉卿,出为汾州司马。"(《册府元龟》卷九七《帝王部·奖善》所记同)这里牵涉到原州与彭原是否同一地,及肃宗在至德元载(756)六月以后的行迹。

据唐宪宗元和八年(813)撰成的李吉甫《元和郡县图志》卷三关内道有原州,另有宁州,彭原即为宁州所属县①。如此则为两

---

①贺次君点校《元和郡县图志》,中华书局,1983年。

地。又据《旧唐书》卷十《肃宗纪》,《通鉴》卷二一八,天宝十五载(756)六月,马嵬驿之变后,玄宗赴蜀,太子李亨(即肃宗)受命留关中抵御安禄山军。肃宗遂北上,先至彭原,后至平凉(即原州),在平凉只停留数日,即听取朔方留后杜鸿渐等建议,再北行,于七月初至灵武(今宁夏银川东南,黄河东岸),并于同月即帝位,改元至德。后又听李泌之议,应军事需要,又于九月自灵武南下,十月再至彭原,直至年底。第二年(即至德二载)正月初一,尚在彭原受朝贺,随后又南下至凤翔,直至九月收复长安,十月返京。

据此,则肃宗于至德元载六月北上时是经过原州的,但只停留几天,而九月南下,未经过原州,而于十月至明年元月,一直在彭原。因此《旧唐书·董晋传》谓"肃宗自灵武幸彭原,晋上书谒见",是符合肃宗当时行止及地理方位的,韩愈《行状》云"宣皇帝居原州,公在原州",不确。韩愈似误以彭原为原州,对当时的州县建置不甚清楚。

又据韩愈《行状》及《旧传》,董晋先以明经及第,但未记何年。大约董晋于明经及第后,未曾入仕,适值安禄山之乱,他正好又在彭原,遂于至德元载十月至十二月间向肃宗"上书谒见"。而据韩愈《行状》,"宰相以公善为文,任翰林之选闻,召见,拜秘书省校书郎"。此宰相似为崔圆。从董晋后出院时即受崔圆之聘为汾州司马,不久又随其赴扬州淮南节度使幕府(详见后)来看,他与崔圆关系是很密切的。崔圆于天宝十五载(即至德元载)六月在任剑南节度使时已由唐玄宗任为中书侍郎、同中书门下平章事,至德二载正月又自蜀来到彭原,仍在肃宗朝居相位。由此,很可能董晋先于至德元载十至十二月间因向肃宗上书,任为秘书省校书郎,崔圆于第二年即至德二载正月至彭原,又推荐董晋为翰林学士。据韩愈所作《行状》,董晋卒于贞元十五年(799),年七十六,则当生于开元十二年(724),至德二载(757)为三十四岁。据《通鉴》卷二一八所载,肃宗于灵武即帝位时,"文武官不满三十人",可见人才极缺。董晋是肃宗在西北时惟一的翰林学士,这时尚未收复长安,军事紧张,因此权德舆所作《神道碑》称其"解巾披荆,校文视草",职务繁重,可惜其所起草的诏诰文书未见存世。

韩愈《行状》谓"三年出入左右,天子以为谨愿,赐绯鱼袋,累升为卫尉寺丞"。秘书省校书郎为正九品上,官阶是很低的,这大约是董晋原先由明经及第,未曾授其他官职。卫尉寺丞为从六品上,可见三年内升迁是很快的。

韩愈《行状》谓"三年出入左右"后,乃"出翰林,以疾辞,拜汾州司马。崔圆为扬州,诏以公为圆节度判官,摄殿中侍御史"。《旧唐书·董晋传》记与崔圆的关系更为明显,云:"出为汾州司马。未几,刺史崔圆改淮南节度,奏晋以本官摄殿中侍御史,充判官。"又韦执谊《翰林院故事》也记为:"出为汾州司马。"由此可见,董晋出院时,先为汾州司马。若任职期三年,以至德二载(757)正月算起,则出院应是乾元二年(759)下半年或上元元年(760)初。

据《旧传》所叙,董晋出为汾州司马时,崔圆正在汾州刺史任,后崔圆改为淮南节度使,又聘他至扬州。又据《旧唐书》卷一〇八《崔圆传》及郁贤皓《唐刺史考全编》[1],崔圆任汾州刺史当在上元

---

[1]《唐刺史考全编》第二册,安徽大学出版社,2000年,第1215页。

元年、二年间（760—761），上元二年二月又改任淮南节度使（《旧唐书·肃宗纪》）。如此，则董晋约于乾元二年（759）下半年或上元元年（760）初离开翰林学士院，又受崔圆之聘，为汾州司马。由此可见，唐代文士之能入翰林学士院以及出院后之任职，宰相是起很大作用的，如同玄宗天宝时翰林学士张渐、窦华，就是因宰相杨国忠之荐而入①。

这里有一个问题需要讨论，即《全唐文》卷三六七贾至《授董晋殿中侍御史制》是否为贾至所作。制文云："汾州司马董晋，恪慎励精，详于吏事，饮冰将命，克有成绩。准绳之地，举直任能。俾彰善于使车，宜即真于宪简。可殿中侍御史。"贾至在玄、肃两朝曾任中书舍人，颇有文名。他在肃宗朝任中书舍人，为至德元载（756）八月至乾元元年（758）春，后因党争纠纷外出，至代宗于宝应元年（762）四月即位才又入朝复原职，但仅一年又以为尚书左丞②。而据上所考，董晋出为汾州司马在乾元二年（759）下半年或上元元年（760）初，上元二年（761）二月后又改为淮南节度使判官。这就是说，董晋出院及改赴扬州期间，贾至都在外地，未在中书舍人任。可见《全唐文》所载《授董晋殿中侍御史制》，非出贾至之手，乃他人之作而误入贾至名下。

以上所考，主要为董晋入任翰林学士及出任其他官职的年月，这些，唐人所记及现代学者（如岑仲勉）所考，均未确切，本文

①见前《玄宗朝翰林学士传》。
②关于贾至的生平仕历，参见傅璇琮《唐代诗人丛考·贾至考》，中华书局，1980 年。

理清一个大致轮廓。以下概述董晋此后的仕历，重点介绍其任汴州刺史、宣武节度使时韩愈的文学活动。

据韩愈《行状》、权德舆《神道碑》、两《唐书》本传、《新唐书·宰相年表》等记载，董晋在崔圆淮南幕府，不久，即入朝为殿中侍御史，德宗时又历任御史中丞、华州刺史、尚书左丞、太常卿。贞元五年（789）二月为门下侍郎、同平章事。这是唐朝翰林学士升迁至宰相的第一位，颇可注意。但过去研究者往往把翰林学士视为入相的阶梯，实际上并非如此。唐朝由翰林学士直接升为宰相，是极少数，大多则在离开学士院后，任其他官职，后因各种原因拜相，而其间翰林学士与宰相，没有必然的因果关系。如这第一位任相的董晋，其出院在乾元二年（759）或上元元年（760），入相为贞元五年（789），相隔有三十年，中间历任多种官职，又经过两个皇朝（代宗、德宗）。

贞元九年（793）五月，董晋罢相为礼部尚书，后为东都留守。贞元十二年（796）夏，汴州节度使李万荣病甚，其子李迺谋为乱，后为部下所执，送京师，德宗皇帝就于此年七月派遣董晋由东都留守改为宣武节度使。董晋赴任时，韩愈受聘从行。

按：韩愈于贞元八年（792）春登进士第，同年参加吏部博学宏辞试，落第①。贞元九年、十年，又应吏部试，均未取。贞元十一年五月，离长安，在洛阳、河阳闲居。贞元十二年七月，即应董晋之聘赴汴州幕，任观察推官（带校书郎衔）。应予注意的是，韩愈入

---

① 本文所叙韩愈行迹，据李翱《韩公行状》、皇甫湜《韩文公墓铭》《神道碑》、两《唐书》本传，及宋人诸家年谱。

汴州幕,是他入仕的开端,也就是在此后几年,即有条件约集一些
文士,进行有意识的文学交流活动。开始他与李翱交结,论道析
文。李翱后在其所作《祭吏部韩侍郎文》有云:"贞元十二,兄在汴
州,我游自徐,始得兄交。视我无能,待予以友,讲文析道,为益之
厚。"(《李文公集》卷十六)韩愈在《与冯宿论文书》中也谓:"近李
翱从仆学文,颇有所得。"(《韩昌黎文集校注》卷三)第二年,张籍
由和州来汴,经孟郊介绍,与韩愈交友。韩愈《此日足可惜一首赠
张籍》诗有云:"念昔未知子,孟君自南方,自矜有所得,言子有文
章。……开怀听其说,往往副所望。"(《韩昌黎诗系年集释》卷
一)①上引《与冯宿论文书》在述及李翱后,又提及张籍:"有张籍
者,年长于翱,而亦学于仆,其文与翱相上下,一二年业之,庶几乎
至也。"后又继续与孟郊、李翱论文说诗,相互唱和,贞元十四年,
韩、孟、李有《远游联句》,韩愈有《答孟郊》、《醉留东野》(均见《韩
昌黎诗系年集释》卷一),孟郊有《汴州别韩愈》诗②。这时张籍曾
有信致韩愈,劝其"弘广以接天下士,嗣孟轲、扬雄之作,辨扬墨老
释之说,使圣人之道复见于唐",韩愈则有《答张籍》、《重答张籍
书》(《韩昌黎文集校注》卷二)。这些,都为唐代使府与文学研究
提供极好的材料,也是韩愈从事古文运动、主张诗格新变的开始。
而这些,都是在董晋的节度幕府进行的。这是董晋在任翰林学士
后,又一次在文学活动上所做出的贡献,虽时隔多年,但与早年的
翰林学士文化职能不无关系。

---

① 钱仲联《韩昌黎诗系年集释》,上海古籍出版社,1984 年。
② 华忱之、喻学才《孟郊诗集校注》卷八,人民文学出版社,1995 年。

董晋卒于贞元十五年（799）二月宣武节度使任。其所著，无诗，《全唐文》卷四四六载其文两篇：《冠冕制论》（即《旧传》所载）、《义阳王李公德政碑记》（在相位时所作）。又清陆心源《唐文拾遗》卷二三载文三篇：《昭德王皇后祔庙奏》、《公主出嫁行册礼奏》、《册公主典故奏》，皆贞元初期任太常卿时作。这就是说，他在翰林学士任期内，无诗文传世，这是很可惜的。

于可封

于可封，两《唐书》无传。《新唐书》卷七二下《宰相世系表》二下，有于可封，"国子司业"；又记其父于汪，秘书监；汪子：公胄、庭顺、庭海、庭谓、复，后为可封。《元和姓纂》卷二略同。按：《新表》谓于氏从西魏孝武帝入关，遂为京兆长安人。但于复子于頔，两《唐书》有传，《旧唐书》卷一五六《于頔传》记为河南人，《全唐文》卷六二一载有于可封文，小传称其为洛阳人。则于氏入唐后又有自长安东迁至河南洛阳的。

于可封之仕历不详。韦执谊《翰林院故事》"至德已后"第二人为于可封，云"自补阙充，出为司业"。丁居晦《重修承旨学士壁记》："于可封：补阙充，迁礼部员外郎、知制诰，除国子司业，出院。"均未记其具体年月。岑仲勉《翰林学士壁记注补》①，曾云："其官司业，殆继苏源明。"按：据《通鉴》卷二二〇，苏源明于至德

①附见《郎官石柱题名新考订》，上海古籍出版社，1984年5月。

二载(757)十月由国子司业擢为考功郎中、知制诰(苏之事迹详见后苏源明传),但《旧唐书》卷四四《职官志》三,国子司业有二员,则于可封不一定非接苏源明之任不可。且至德二载十月为肃宗刚返回长安,此当为于可封入院之际,不可能即已出院继苏源明为国子司业。

据前董晋传,肃宗于至德元载(756)六月北上,七月至灵武即位,九月南下,十月至彭原,董晋在彭原上书谒见,后于至德二载正月因宰相崔圆之荐,入为翰林学士。此为肃宗朝第一个翰林学士。后唐军于至德二载九月收复长安,肃宗于十月返京,在这之前肃宗在彭原、凤翔等地,正处于战争交激之际,于可封不大可能在此时进入。于可封当于至德二载十月至十二月间,先为(左右)补阙,后入为翰林学士。

《翰林院故事》仅云"自补阙充,出为司业",丁氏《壁记》则增补其间"迁礼部员外郎、知制诰"。按:左右补阙为从七品上,礼部员外郎为从六品上。清赵钺、劳格《唐尚书省郎官石柱题名考》卷二〇礼部员外郎亦有于可封。按:翰林学士任职期间之升迁,一般为一年左右,于可封于至德二载冬入,则其迁礼部员外郎或在乾元元年(758)秋冬。国子司业为从四品下,较礼部员外郎高好几阶,其迁为国子司业可能在肃宗后期,即上元、宝应年间(760—762),肯定代宗广德元年(763)十月前已不在此职位。

按:代宗于宝应元年(762)四月即位,后数月间集中兵力东进,于十月收复曾再次为史朝义所据的洛阳;第二年广德元年正月,终于在河北中部消灭史朝义军,历经八年的安史之乱平定。但正因如此,唐朝在西部兵力空虚,吐蕃就乘机东进,于广德元年七月，"尽取河西、陇右之地"（《通鉴》卷二二三）。但这时掌握兵权的宦官程元振"皆不以闻"（同上）。吐蕃军遂于该年十月攻陷长安，代宗在此之前出奔陕州。据《旧唐书》卷十一《代宗纪》，十月"戊寅，吐蕃入京师，立广武王承宏为帝，仍逼前翰林学士于可封为制封拜"。《通鉴》卷二二三记吐蕃入长安后，"立故邠王守礼之孙承宏为帝，改元，置百官，以前翰林学士于可封等为相"。

据《旧唐书》卷八六《高宗中宗诸子传》，高宗第六子章怀太子李贤，贤有三子，其二为守礼，守礼有子承宏。《新唐书》卷八一《三宗诸子传》同。由此，则《通鉴》谓"守礼之孙承宏"，误。以行辈而论，承宏较代宗为高一辈。可能正由于此，郭子仪收复长安后，"送承宏于行在（陕州），上不之责，止于虢州"（《旧唐书》卷八六）。这可能也因吐蕃在长安只十余天，不久即退，承宏也仅为被迫，未有作为。

可能也正因此，于可封也未受责罚。《新唐书·宰相世系表》记其为国子司业，即为其终官。又宋陈思《宝刻丛编》卷十"陕西永兴军路·耀州"，有："《唐国子司业于立政碑》：撰人姓名残缺，陈道正八分书，调露元年十二月。"下注据《金石录》①。紧接其后、与此并立者有："《国子司业于可封碑》：弟淑之撰，调露元年立。"下注据《诸道石刻录》②。按：调露元年（679）为高宗年号，时

①《宝刻丛编》，此据《丛书集成》据《十万卷楼丛书》本排印，云丛书只有此本。
②按：《宋本金石录》目录，第七百二十三有《唐国子司业于立政碑》，下注"撰人姓名残缺，陈道正八分书，调露元年十二月"（中华书局 1991 年影印本），但未记于可封碑。《诸道石刻录》已佚。

为高宗后期。于立政为于志宁子,于志宁在高宗时曾为相(见《旧唐书》卷七八《于志宁传》)。据此,则调露元年所立的于立政碑,合于时序,可信。但紧接其后的《国子司业于可封碑》,亦记为调露元年立,当如岑仲勉《注补》所言,因国子司业官职偶合,当时编金石者遂将于可封碑也误记为调露元年。不过由此可知,后人为于可封立碑,仍记其为国子司业,则确未受吐蕃入据长安之事的影响。

　　另,宋欧阳修《集古录跋》有一为他书所未及的材料,其书卷八有《唐于复神道碑》,为宪宗元和时立,卢景亮撰。此文未见于《全唐文》①。据前所引《新唐书·宰相世系表》,于复为可封兄,其子于頔,两《唐书》有传,其本人事迹则不详。《集古录跋》引录其碑文二句:"其弟可封好释氏,复每非之。"欧阳修并加评议:"然可封之后不大显,而复之后甚盛,以此见释氏之教,信向者未必获福,毁贬者未必有祸也。"②由此则于可封也是翰林学士中较信从于释氏的,与玄宗朝第一个翰林学士吕向相似③。

　　于可封无诗,《全唐文》卷六二一载其文一篇:《至人心镜赋》(题下注:以人心融道清鉴应物为韵),未详其作年,可能应试而作。首云:"庄生有言曰,至人用心若镜,有旨哉是言也。"可见他也信从老庄之说。文接云:"夫镜也者,以明为体,是故有来而必应;心也者,以静为照,亦可不思而元通。拂拭生光,挂新台而月

---

① 《全唐文》卷四四五载有卢景亮所作之《照露盘赋》一文,小传称卢为德宗、宪宗时人。
② 此《集古录跋》,见《欧阳修全集》卷一四一,中华书局点校本,2001 年。
③ 见前《玄宗朝翰林学士传》。

满;罔象求得,映赤水而珠融。"颇含哲理,辞亦清新,较其前任董晋,显有文采。

苏源明

苏源明是唐玄、肃两朝翰林学士中文名最高,且与当时诗文名家交往最广的。韩愈于德宗贞元年间提出"物不得其平则鸣"的文学主张,就在这一名篇中,他将苏源明与陈子昂、元结、李白、杜甫等并提,云:"唐之有天下,陈子昂、苏源明、元结、李白、杜甫、李观,皆以其所能鸣。"然后提及与他同时的孟郊、李翱、张籍,认为是承接以上的名人,"三子者之鸣信善也"(《送孟东野序》,《韩昌黎文集校注》卷四)。

苏源明,《新唐书》卷二〇二《文艺中》有传,云:"苏源明,京兆武功人,初名预,字弱夫。"苏之改名,是为避代宗名讳。杜甫《怀旧》诗下自注:"公前名预,避御讳,改名源明。"①按:据《旧唐书》卷十一《代宗纪》,代宗为玄宗孙,开元时初名俶;肃宗乾元元年(758)四月,立为皇太子,改名为豫;宝应元年(762)四月,肃宗卒,代宗即位。据此,苏源明为避帝讳改名,当在宝应元年四月以后,也就是他大半生是以预名世的。因此,《宋本金石录》目录卷七,"第一千三百二十二《唐赠文部郎中薛悌碑》",天宝十三载(754)立;"第一千三百六十一《唐五源太守郭英奇碑》",乾元二

---

①仇兆鳌《杜诗详注》卷一四,中华书局,1979年,下所引同。

年(759)三月立,皆著录为"苏预撰"。

《新唐书》本传称其"少孤,寓居徐兖"。关于其早年生活,杜甫后于夔州所作的《八哀诗·故秘书少监武功苏公源明》有具体的记述:"武功少也孤,徒步客徐兖。读书东岳中,十载考坟典。时下莱芜郭,忍饥浮云巘。负米晚为身,每食脸必泫。夜字照爇薪,垢衣生碧藓。"唐代翰林学士,未有如苏源明那样早期如此贫苦的。

苏源明后于玄宗开元十五年(727)曾至洛阳应制举试。苏有《自举表》(《全唐文》卷三七三),自称"草莽臣","臣山东一布衣",则尚未入仕。《表》中又云:"伏奉今年正月五日制,诣阙自举。"按:《旧唐书》卷八《玄宗纪》上:"(开元)十五年春正月戊寅,制草泽有文武高才,令诣阙自举。"据陈垣《二十史朔闰表》,该年正月戊寅,即为正月五日。又清徐松《登科记考》卷七开元十五年,据《册府元龟》,记为:"九月庚辰,帝御雒城南门,亲试沉沦草泽、诣阙自举文武人等。"不过此次制举试,苏源明并未中选。上引杜甫《八哀诗》有云:"制可题未干,乙科已大阐。"乙科为进士试。按:唐代科举试规定,凡制举试已中选者,即可入仕,这样就不能再应进士试①。杜诗意为此次举试不久,苏于进士试即大为顺利,也就是登第。《新传》以其于天宝间登进士第(《登科记考》同),当不确。杜甫于开元二十六年(738)前后曾东至齐赵,就与苏源明相识、共游,时苏已任监门冑曹②。杜甫《壮游》诗,中云:

---

① 见傅璇琮《唐代科举与文学》第六章《制举》,陕西人民出版社,1986 年。
② 参见闻一多《少陵先生年谱会笺》(收于《唐诗杂论》,上海古籍出版社,1998 年);又《唐五代文学编年史》初盛唐卷开元二十六年条(辽海出版社,1998 年)。

"忤下考功第,独辞京尹堂。放荡齐赵间,裘马颇清狂。春歌丛台上,冬猎青丘旁。……苏侯(自注:监门胄曹苏预)据鞍喜,忽如携葛彊。"监门胄曹为京官,或此时正出使在齐赵,遂与杜甫相识,交游颇乐。由此亦可见苏源明在此之前已进士及第,并已入仕。

自开元后期至天宝前期,苏之仕历不明。现可知者,天宝九载(750)在河南令任,与元结结交,元结时隐居于商馀山①。天宝十二载(753)七月在东平太守任(见《全唐诗》卷二五五苏著《小洞庭洄源亭宴四郡太守诗并序》)。东平郡原即郓州,治所东平(即今山东东平县)。第二年(天宝十三载)秋入朝(见《全唐诗》同上卷《秋夜小洞庭离宴诗并序》,又见《新唐书》本传)。

《新传》接云:"召源明为国子司业。"则苏源明于天宝十三载秋入朝即任国子司业,直到天宝末(十五载六月),在长安三年间,与郑虔、杜甫、独孤及等人交往。

按:郑虔,《新唐书》卷二〇二《文艺》中有传,杜甫《存殁口号二首》(《杜诗详注》卷一六)及唐张彦远《历代名画记》卷九,皆称其为"高士"。好书善画,尤长于作诗,据说唐玄宗曾因此称誉为"郑虔三绝"②。但郑虔一生坎坷,开元末、天宝初被人告"私撰国史"(此事见后),被外谪将近十年。天宝九载秋冬被召回,为广文馆博士。《唐会要》卷六六《广文馆》条:"天宝九载七月十三日

---

① 参见孙望《元次山年谱》,中华书局上海编辑所,1962年;又《唐五代文学编年史》初盛唐卷天宝九载。
② 见《新唐书》郑虔本传,唐张怀瓘《书断》卷三,及杜甫《八哀诗·故著作郎贬台州司户荥阳郑公虔》:"昔献书画图,新诗亦俱往。沧洲动玉陛,宣鹤误一响。三绝自御题,四方尤所仰。"

置,领国子监进士业者。博士、助教各一人,品秩同太学。以郑虔为博士,至今呼郑虔为郑广文。"又王定保《唐摭言》卷一《广文》条:"天宝九年七月,诏于国子监别置广文馆,以举常修进士业者,斯亦救生徒之离散也。"这就是说,当时国子监、太学中生徒(学生)求学以备考进士试,有离散的现象,唐朝廷为补救这种情况,另设广文馆,品阶同太学,招收"修进士业者",相当于进士考试的补习班。但当时广文馆虽新设于国子监,房舍却极破败①。天宝十三载(754)秋连续阴雨三个多月,房子多半倒塌,主管部门不但未予修复,而且还打算撤毁,挪作别的用处。《新唐书》郑虔传亦载:"久之,雨坏庑舍,有司不复修完,寓治国子馆。"当时杜甫也在长安(参见闻一多《少陵先生年谱会笺》),特地提到郑虔的苦难处境及苏源明对他的资助,其诗《戏简郑广文虔兼呈苏司业源明》(《杜诗详注》卷三)有云:"广文到官舍,系马堂阶下。醉则骑马归,颇遭官长骂。才名三十年,坐客寒无毡。赖有苏司业,时时与酒钱。"国子司业相当于国子祭酒的副职,从四品下,而广文博士为正六品上,因此可以说苏源明是郑虔的上级,但两人仍为平等相处的文友。

苏源明与郑虔学术交流,还有一事值得一提。《封氏闻见记》卷十《赞成》条云:"天宝初,协律郎郑虔采集异闻,著书八十余卷。人有窃窥其草稿,告虔私修国史,虔闻而遽焚之。由是贬谪十余年,方从调选,授广文馆博士。虔所焚书,既无别本,后更纂录,率多遗忘,犹成四十余卷,书未有名。及为广文博士,询于国子司业

---

① 见《唐语林》卷五所记,周勋初校证本,中华书局,1987年。

苏源明,源明请名《会粹》,取《尔雅》序'会粹旧说'也。"杜甫《八哀诗·荥阳郑公虔》也曾提及此书,写作"荟蕞",文义相通。这实是一种类书体。晚唐懿宗时段公路所著笔记《北户录》,辑有《会粹》佚文二十余则,其内容以记植物为多,又有记动物、文具等,各条涉及地域有江南越州,岭南交州、潨州、高州,西域河西、安西,及勃律国、大食国等①。由此可见《会粹》一书在晚唐时尚存,但后世不传。就《北户录》所引,可见郑虔此书极为博洽,苏源明将此书定名为"会粹",也足见其见识之精,及其与郑虔交谊之深。

前已述及,杜甫于开元二十六年前后曾与苏源明有齐赵之游。从上述杜甫记郑虔之诗,也可见出苏源明天宝后期在长安,与杜甫相交更切。杜甫后于《哭台州郑司户苏少监》诗,首二句即云:"故旧谁怜我,平生郑与苏。"(《杜诗详注》卷十四)

苏源明这时与之交友者,还有中唐前期享有盛名的古文家独孤及。德宗时翰林学士、古文名家梁肃,为独孤及的弟子,其所作《金鱼袋独孤公行状》(《全唐文》卷五二二)有云:"天宝十三载,应诏至京师。……以洞晓玄经对策高第,解褐拜华阴尉。……赵郡李华、扶风苏源明并称公为'词宗',由是翰林风动,名振天下。"据徐松《登科记考》卷九,该年试洞晓玄经等制举,在十月一日。此时苏源明已在长安任职。据梁肃所作《行状》,则苏源明此时与李华亦有交往,曾共同对独孤及加以赞许,由此使独孤及"名振天下",此亦可见苏源明当时在文坛上的地位与影响。另,李华《三贤论》(《全唐文》卷三一七),三贤为元德秀、萧颖士、刘迅,其中

---

①参见《唐才子传校笺》第五册郑虔条,陈尚君所作补正,中华书局,1995年。

述及元德秀时,特别提到苏源明对他的称许:"若司业苏公,可谓贤人矣,每谓当时名士曰:'使仆不幸生于衰俗;所不耻者,识元紫芝。'"此亦被载于《新唐书》卷一九四《卓行·元德秀传》。元德秀为元结从兄。

又,苏源明于天宝时期的文友还有权倕、席豫。《新唐书》卷一九四《权皋传》:"父倕与席豫、苏源明以艺文相友。"权倕为德宗贞元中期诗文名家权德舆之祖父。席豫,《旧唐书》卷一九〇中《文苑》有传,玄宗时曾任中书舍人,"与弟晋俱以词藻见称"。可见苏源明于天宝时以文会友,颇广。

以下叙苏源明后半生,即主要任翰林学士事。

《新唐书》本传:"安禄山陷京师,源明以病不受伪署。肃宗复两京,擢考功郎中、知制诰。"按:安禄山军于天宝十五载(756)六月占据长安,此时苏源明当因病未能随玄宗出走,但也不受安禄山伪职,故肃宗于至德二载(757)十月自凤翔返京后,即授以考功郎中、知制诰(《通鉴》卷二二〇即明确记于至德二载十月)。

韦执谊《翰林院故事》"至德已后",第三人为苏源明,记云:"自中书舍人充。"丁居晦《重修承旨学士壁记》同。但均未记年月。唐代往往以尚书诸司郎中兼知制诰作为中书舍人的预备官阶,不久即正除中书舍人。《通鉴》卷二二〇乾元元年(758)提供一个线索:该年五月记:"张后生兴王(李)佋,才数岁,欲以为嗣,上疑未决,从容谓考功郎中、知制诰李揆曰:'成王(按:即后代宗)长,且有功,朕欲立为太子,卿意何如?'揆再拜贺曰:'此社稷之福,臣不胜大庆。'上喜曰:'朕意决矣。'"《旧唐书·肃宗纪》即记乾元元年五月"庚寅,立成王俶为皇太子"。据此,则李揆于乾元元年五月已为考功郎中、知制诰，当在此之前已接苏源明任，由此亦大致可定，苏源明于至德二载(757)十月为考功郎中、知制诰，第二年(乾元元年)五月前由考功郎中、知制诰正除中书舍人，后即以中书舍人入为翰林学士。

苏源明在任翰林学士期间，其所作为有两大特点，一是积极参预政事，评议时政之失，二是尽力推荐人才，特别是文学之士。《新唐书》本传载："是时，承大盗之余，国用窭屈，宰相王玙以祈禬进，禁中祷祀穷日夜，中官用事，给养繁靡，群臣莫敢切诤。昭应令梁镇上书劝帝罢淫祀，其它不暇及也。源明数陈政治得失。"按：肃宗于至德二载尚停留在凤翔时，即已"常使僧数百人为道场于内，晨夜诵佛"(《通鉴》卷二一九)。收复长安返朝后，这种崇信鬼神的风习更进一步发展。"太常少卿王玙专依鬼神以求媚，每议礼仪，多杂以巫祝俚俗。"肃宗竟因此擢迁其入相，为中书侍郎、同平章事(见《通鉴》卷二二〇乾元元年五月)。同时他又宠用宦官李辅国，使其专掌兵权，甚至朝中所发的制敕官文，都须经李辅国签署，才能施行，"常于银台门决天下事，事无大小，辅国口为制敕，写付外施行，事毕闻奏"(《通鉴》同上，乾元二年四月)。按：右银台门内即翰林学士院，由此可见，李辅国实际上已能监督和控制翰林学士的政治作为。但即使如此，苏源明还敢于直言上疏，指斥政失。乾元二年(759)九月，史思明再度率兵南下，攻占洛阳；十月，肃宗表示要亲征。《旧唐书·苏源明传》记"源明因上疏极谏"，其奏文又详载于《全唐文》卷三七三。这一奏议谓当时朝政之失，造成"饿夫执役，仆于行间，日见二三；市井馁餧求食，死于路旁，日见四五"。又谓当今"大河南北，举为寇盗"，影响一般官员的薪俸和将士的粮食供应,而另一方面却是"中官冗食,不减往年,梨园杂伎,愈盛今日"。这应该说只有在翰林学士院内,靠近皇宫,才能上言,如仍为考功郎中,虽兼知制诰,仍在外廷,是没有条件能使肃宗见到的。《旧传》记:"帝嘉其切直,遂罢东幸。"也可见翰林学士参政议政所能起的作用。这也是唐玄、肃两朝翰林学士参预政事最为突出的。

与此同时,诗人元结也有上书,作《时议》三篇,斥言当今"百姓疾苦,时有不闻",而"厩刍良马,宫籍美女,舆服礼物,休符瑞谍,日月充备",且"朝廷歌颂盛德大业,听而不厌",甚至"凡有诏令丁宁,事皆不行,空言一再,颇类谐戏"。应该说,元结与苏源明是有同感而发的。正因如此,当肃宗召见苏源明,"问天下士,(苏)荐结可用"(以上见《新唐书》卷一四三《元结传》)。按:苏源明于天宝中即已赞赏元结,见前所引《集古录目》,又颜真卿《元君表墓碑铭并序》(《颜鲁公文集》卷五)也记有:"尝著《说楚赋》三篇,中行子苏源明骇之曰:'子居今而作真淳之语,难哉!然世自浇浮,何伤元子。'"①不过当时只赞叹而已,未有实效,乾元二年苏源明在宫中任职,身居学士要位,经他推荐,元结在上《时议》后,不久即被任命为右金吾兵曹参军、摄监察御史,充山南东道节度参谋。可见翰林学士在推荐人才过程中所起的实际作用。中晚唐时,不少文士多有求荐于翰林学士,可以说苏源明起了良好的开端。

苏源明何时出院,未能确知。《翰林院故事》只记其入院,"自

---

① 《颜鲁公文集》,商务印书馆四部丛刊本。

中书舍人充"；丁居晦《重修承旨学士壁记》则在"中书舍人充"后云"出守本官"，即出院时仍为中书舍人。《新传》则谓"后以秘书少监终"。中书舍人为正五品上，秘书少监为从四品上，是升了两阶的。其出院可能在肃宗末、代宗初，其卒则在代宗广德二年（764）。杜甫在成都，有《哭台州郑司户苏少监》（《杜诗详注》卷十四），谓"凶问一年俱"。仇注引宋黄鹤注，谓"苏、郑（虔）同是广德二年卒"。又杜甫《八哀诗·故秘书少监武功苏公源明》（《杜诗详注》卷十六）记苏卒时情景，有云："呜呼子逝日，始泰则终塞，长安米万钱，凋丧尽余喘。"前人即有认为苏源明是因饥饿而死的，仇注引胡夏客曰："武功少孤忍饥，为官又以饥终，读此不禁三叹。"《旧唐书》卷十一《代宗纪》，广德二年有记："是秋，蝗食田殆尽，关辅尤甚，米斗千钱。"此年秋关辅确有蝗灾，杜甫当因传闻而表示对挚友的悼念之情。

关于苏源明的著述，《新唐书》卷六〇《艺文志》四别集类著录为："《苏源明前集》三十卷。"何以云"前集"，不可解，但即使这三十卷前集，后亦不存。今存苏源明诗仅二首，见《全唐诗》卷二五五在东平所作的《小洞庭洄源亭宴四郡太守诗》、《秋夜小洞庭离宴诗》。看来苏源明所长还在于文，《全唐文》卷三七三载文五篇，除前已记述的《自举表》、《谏幸东京疏》外，有为《元包》一书所作的传文三篇（详后）。按：《宋本金石录》目录记有其文之篇目，为："第一千三百二十二《唐赠文部郎中薛悌碑》：苏预撰，徐浩八分书，天宝十三载二月"；"第一千三百六十一《唐五源太守郭英奇碑》：苏预撰铭，顾诚奢八分书，韦述撰序，乾元二年五月"；"第一千三百七十五《唐渭南令路公遗爱表》：苏源明撰，行书，上元二年"。上述《唐赠文部郎中薛悌碑》，宋陈思《宝刻丛编》卷十"陕西永兴军路·河中府"亦有著录，并有内容介绍："悌，长卢人，中宗时为雍州司兵参军，坐魏元忠流死袁州。天宝中，子伯连为咸宁令，追赠悌文部郎中。"薛悌，《新唐书》卷七三下《宰相世系表》三下仅记其名，别无记述。《宝刻丛编》卷八"陕西永兴军路·京兆府·万年县"又著录有《唐代宗赐建法和尚塔额碑》，下注："唐苏源明撰，段光献行书，大历六年。"以上从石刻书目中所见的篇目，皆未见于《全唐文》。苏源明文绝大部分佚失，确甚可惜。

　　《全唐文》卷三七三载有苏源明《〈元包〉首传》、《〈元包〉五行传》、《〈元包〉说源》三文。关于《元包》一书，《新唐书》卷五七《艺文志》一，《易》类，有记云："卫元嵩《元包》十卷。苏源明传，李江注。"南宋时晁公武《郡斋读书志》（卷一）、陈振孙《直斋书录解题》（卷一）也均列于《易》类，而清修《四库全书总目》却列于卷一〇八子部术数类。卫元嵩为北周人，《直斋》对其书评价不高，谓"其书以八卦为八篇首。……用意僻怪，文意险涩，不可深晓。"而为之作注、稍后于苏源明的李江，却对此书甚为赞许，书前其序云："包之为书也，广大含弘，三才悉备，言乎天道，有日月焉，有雷雨焉；言乎地道，有山泽焉，有水火焉；言乎人道，有君臣焉，有父子焉。理国理家，为政之尤者。"对苏源明所作"传"，评价更高："秘书少监武功苏源明，洗心澄思，为之修传，解纷以释之，索隐以明之。帝王之道，昭然著见，有以见理乱之兆，有以见成败之端。"可见苏源明之"传"，是能将《易》理与治国之道相结合的。但《全唐文》仅录其"传"三篇，实际上据文渊阁《四库全书》，所存五卷本《元包》，差不多每卷都有苏"传"，可见苏源明对哲理的探索极感兴趣,故其《〈元包〉说源》有云:"哲人观象立言,垂范作则,将以究索厥理,匡赞皇极,推吉凶于卦象,陈理乱于邦家。广论《易》道,冀裨帝业,盖时尚质之书也。"

赵 昂

赵昂,两《唐书》无传。《元和姓纂》卷七有记:"司封郎中赵昂,冯翊郃阳人。"郃阳,今陕西合阳县东南。

赵昂,仅见于韦执谊《翰林院故事》,其"至德已后"第四人为赵昂,云:"自太博充,祠外又充,卒于驾外。"丁居晦《重修承旨学士壁记》未有记,当为漏略。

清陆增祥《八琼室金石补正》卷五九录有《故朝议郎行内侍省内侍伯上柱国刘府君(奉芝)墓志铭并序》,下署:"宣义郎、行左金吾卫仓曹参军、翰林院学士赐绯鱼袋赵昂撰,从侄朝议郎、行卫尉寺丞、翰林待诏秦书。"据文中所述,刘奉芝卒于上元元年(760)十二月十九日,葬于上元二年(761)正月十一日。此时赵昂已为翰林学士,则其入院当在此之前。据前苏源明传所述,苏源明入为翰林学士当在乾元元年(758)上半年,赵昂入院名次接于苏后,则当在乾元元年、二年间。

据《八琼室金石补正》所署,赵昂此时所带官衔为左金吾卫仓曹参军。《旧唐书》卷四四《职官志》三:"左右金吾卫之职,掌宫中及京城昼夜巡警之法,以执御非违。"赵昂作为文臣,当然不可能去行使这种巡警职务,但翰林学士所带官衔有属于武官,则为少见。又据《旧唐书·职官志》，仓曹参军为正八品下，而太常博士为从七品上，如此，则赵昂当先由仓曹参军入，再迁为太常博士，后又升迁为祠部员外郎（从六品上）。《翰林院故事》记赵昂"自太（常）博（士）充"，误。

又据《八琼室金石补正》所署，墓志书写者刘秦为翰林待诏，即翰林供奉。刘秦所带之官衔为卫尉寺丞，其官阶为从六品上，则较赵昂所带之仓曹参军要高好几阶。由此可见，翰林供奉（翰林待诏），其声望与职务待遇乃低于翰林学士，但其所带之官衔却有高于学士的，当由各人具体情况而定。这一事例颇可注意。

赵昂所撰刘奉芝志，《全唐文》未收，清末陆心源《唐文拾遗》有载，见卷二七，当据《八琼室金石补正》。据赵昂所撰《志》，刘奉芝为宦官，"出入宫禁，周游里间，望之俨然，真天子之近臣矣"。据《旧唐书》卷一八四、《新唐书》卷二〇七《高力士传》，高力士所属的宦者十余人中，有刘奉庭。这些人"并内供奉，或外监节度军，修功德，市鸟兽，皆为之使，使还，所裒获，动巨万计，京师甲第池园、良田美产，占者什六"（《新唐书·高力士传》）。刘奉庭当为刘奉芝兄，因据赵昂所撰《志》，刘奉芝为其父第二子，又云其兄时任右监门卫大将军伯。不过赵昂所记刘奉芝之品行尚可，称其"夙奉严训，早闻诗礼，谦和仁厚，履信资忠，口不茹荤，心唯奉佛"；"自出身事主廿余年，三命益恭，四知尤慎，言辞谨密"。赵昂于文末自称"昂学旧史事，书法不隐，举善无遗，庶旌恭友之风，以成褒贬之义"。意谓是按修史之法，不隐恶，不遗善。但由此也可见，唐朝翰林学士多有为宦官撰墓志碑传的，这当也是奉皇帝之命，而成为学士的一种职务，中晚唐时类似情况不少，赵昂此文当为先例。

《翰林院故事》云"卒于驾外",意谓卒于驾部员外郎任内。但《元和姓纂》记为"司封郎中赵昂",意谓司封郎中当其终官。《唐尚书省郎官石柱题名考》卷五司封郎中亦记有赵昂。司封郎中为从五品上,又较员外郎高几阶,赵昂当由祠部员外郎迁为司封郎中。"驾外"误。但其卒于何年,则不可考。

赵昂所著,除前述《刘志》外,《全唐文》卷六二二载文两篇:《浮萍赋》、《攻玉赋》(题下注:以他山之石为韵)。当为应试或唱酬之作。

潘　炎

潘炎,附见于两《唐书》其子潘孟阳传。《旧唐书》卷一六二《潘孟阳传》仅一句:"礼部侍郎炎之子也。"《新唐书》卷一六〇《潘孟阳传》所叙则起自大历后期,肃宗时未记,当然更无记翰林学士事。

《新唐书·潘孟阳传》谓"史亡何所人"。《元和姓纂》卷四则记为:"唐监察御史潘玠,世居信都,称相乐之后。玠生炎,礼部侍郎。"潘玠,两《唐书》亦未有记载。据《元和郡县图志》卷一七,信都县属冀州(今河北冀州市)。

潘炎早年仕历,即起自韦执谊、丁居晦所记的翰林学士。《翰林院故事》"至德已后"第五人,也即肃宗朝翰林学士最后一位,潘炎:"自左骁卫兵曹充,累改驾中,又充,中人又充,出守本官。"《重修承旨学士壁记》略同，惟"左骁卫"之"左"为"右"，又中间未记"累改驾中"。按：《旧唐书》卷四四《职官志》三，左右骁卫兵曹参军，官阶为正八品下，可见其入院之品阶不高。又据前赵昂传所述，赵昂约于乾元元年、二年间（758—759）以仓曹参军入，潘炎接靠其后，且同为武官衔，又同为正八品下，则很可能同时或稍后入为翰林学士。

潘炎入院后，曾迁为驾部郎中（从五品上）、中书舍人（正五品上），后即以中书舍人出院。按：《唐大诏令集》卷二八有《册雍王为皇太子文》，下署为潘炎撰，首云："维广德二年岁次甲辰，三月戊辰朔，二日己巳。"《全唐文》卷四四二所载潘炎文，亦有此作。此云广德二年（764）三月二日。《通鉴》卷二二三广德二年则记为："（正月）乙卯，立雍王适为皇太子。"与《新唐书·宰相年表》同，当以《通鉴》所记为是。

据《新唐书·潘孟阳传》，潘炎为肃、代两朝理财名臣刘晏之婿，惟正因如此，潘炎后半生即受当时党争之累而坎坷不止。在上述草拟《册雍王为皇太子文》后，刘晏即为人所告，谓与宦官程元振交结，程元振因吐蕃入侵长安而得罪，刘晏也就罢相，时在广德二年正月癸亥（据《旧唐书·代宗纪》、《新唐书·宰相年表》及《旧唐书》卷一二三《刘晏传》）。潘炎既为刘晏之婿，则当也受牵连而出院，其册太子文即为其在翰林学士任期最后一篇诰文。也就是说，潘炎于肃宗后期入为翰林学士，延续至代宗初，广德二年正月以中书舍人出院。

此后仕迹，《新唐书·潘孟阳传》有述，谓："大历末官右庶子，为元载所恶，久不迁。（元）载诛，进礼部侍郎。"按：代宗即位初，元载就居相位,颇专权,亦忌刘晏之才。大历十二年(777)三月,元载为代宗所嫉恨,罢相,被诛。当时审讯元载,即由吏部尚书刘晏主持。同年四月,潘炎即由右庶子迁为礼部侍郎(《旧唐书·代宗纪》)。又据《唐语林》卷八,潘炎于大历十三、十四年连续两年知举。大历年间,连续两年、三年知科举贡试者,有潘炎、常衮,潘、常二人在此之前都曾任翰林学士。权德舆《唐故朝散大夫守秘书少监致仕周君墓志铭并序》(《全唐文》卷五〇六),记周渭于大历十四年登进士第,文中有云:"大历末,常、潘继居小宗伯,号为得士。"这也可见翰林学士在科举取士中所起的作用。

《唐语林》卷三又有记曰:"潘炎,德宗时为翰林学士,恩渥极异。其妻刘氏,晏之女也。京尹某有故,伺候累日,不得见,乃遗阍者三百缣。夫人知之,谓潘曰:'岂有人臣,京尹愿一见,遗奴三百缣帛?其危可知也。'遂劝潘公避位。"此又见于《幽闲鼓吹》、《南部新书》等书。所云潘炎为德宗时翰林学士,时代不合,显然有误。所记之事在潘炎任翰林学士时还是知贡举时,尚未能定。唐代,特别是中晚唐时期,礼部知举这种干谒之风是很盛的。

潘炎的结局,也仍然受刘晏之累。《新唐书·潘孟阳传》:"(刘)晏得罪,坐贬澧州司马,时舆疾上道,不自言。于邵高其介,申救,不见听。"按:代宗于大历十四年(779)五月卒,德宗即位,于八月召杨炎为相。杨炎原也受元载之累而外贬,此时复入为相,就为元载复仇,首先把矛头指向刘晏,向德宗进言。刘晏遂于建中元年(780)正月罢相,二月贬忠州刺史,七月被缢死。《旧唐书·刘晏传》载,刘晏贬出时,"家属徙岭表,连累者数十人"。潘炎为其家属,当然贬出。澧州,治所澧阳县,唐时属武陵郡(见《元和郡县图志·阙卷逸文》),在今湖南澧县。

《全唐诗》卷二七二载潘炎诗一首:《清如玉壶冰》(五言排律),似为应试时所作。《全唐文》卷四四二所载,除上述《册雍王为皇太子文》外,尚有数篇。又《全唐文补遗》(三秦出版社,2000年)第七辑载有潘炎所作高力士墓志铭,署"尚书驾部员外郎、知制诰潘炎奉敕撰"。此为《全唐文》等未载。

代宗朝翰林学士传

常 衮

常衮,两《唐书》有传,见《旧唐书》卷一一九,《新唐书》卷一五〇。又《新唐书》卷七五下《宰相世系表》五下载其世系,其曾祖毅,杞王府司马;祖楚珪,雍王府文学。楚珪有子四人,依次为无名,礼部员外郎;无为,三原令;无欲,未记官职;无求,右补阙。常衮为无为子。但常衮有《叔父故礼部员外郎墓志铭》(《全唐文》卷四二〇),称其叔无名"即文学之第三子"。如此,则《新传》记无名为长子,并为常衮父无为之兄,误。又《旧传》载"常衮,京兆人也",《新传》同,而上述《叔父故礼部员外郎墓志铭》称"河内温人也"。此当为郡望,《新传》谓"唐有新丰常氏",据《元和郡县图志》卷一,新丰即属京兆府。则两《唐书》本传称其为京兆人,是。又于邵有《与常相公书》(《全唐文》卷四二六),称己与常衮同里,且同年登进士第:"昔尝陪相公乡里之举,时应神州甲乙之选。"《旧唐书》卷一三七《于邵传》即称其为京兆万年人。

两《唐书》本传皆载常衮"天宝末举进士",徐松《登科记考》卷九即据此记常衮登玄宗天宝十四载(755)进士第。《旧唐书·于邵传》亦记于邵"天宝末进士登科",亦与《与常相公书》所记合。按:据《旧唐书》本传所载,衮卒于德宗建中四年(783),年五十五,则生于玄宗开元十七年(729),天宝十四载(755)登进士第时年仅二十七岁。

《旧唐书·常衮传》在记其进士登第后,叙其仕历为:"历太子正字,累授补阙、起居郎。宝应二年,选为翰林学士、考功员外、郎中、知制诰,依前翰林学士。永泰元年,迁中书舍人。"《新唐书·常衮传》则极简略,关于这段时期的官职迁转,只两句话:"由太子正字,累为中书舍人。"一字未提任翰林学士之事,值得推究。

又,《颜鲁公文集》卷一《皇帝即位贺上皇表》,为至德元载(756)七月颜真卿向时在成都的唐玄宗所上,文后有"上皇批答"几行文字,注谓"常衮行"①。则此时常衮随玄宗在蜀,替皇帝起草对臣下奏议的批答。按:此年为其进士登科后第二年,即使随玄宗入蜀,也不可能在皇帝身边对大臣所上表起草批答。《全唐文》卷四一五确也载有常衮此文(题为《玄宗答颜真卿贺肃宗即位表》)。清劳格《读书杂识》卷六《文苑英华辨证补》即认为《全唐

---

①按:此据《四部备要》本《颜鲁公文集》。《文苑英华》卷五五三、《全唐文》卷三三六皆收有颜真卿此文,但文末都未有"批答"。

文》此处为误载①。

　　韦执谊《翰林院故事》记宝应(762—763)以后翰林学士六人，首为常衮，记云："自补阙充，迁考中，又充，出知制诰。"丁居晦《重修承旨学士壁记》所记宝应后六人，亦首列常衮，云："右补阙充，累加工部员外郎、知制诰，出守本官。"二者所记，稍有差异，而最大的问题，则均未记载常衮入翰林学士院与出翰林学士院之年月。岑仲勉《翰林学士壁记注补》对此有所考证。今参岑氏《注

---

① 按：劳格此说是，但另一处考常衮文则有误。其所著《读书杂识》卷八《读全唐文札记》，谓《全唐文》卷二五有玄宗《宣慰湖南制》，卷四一四常衮文又有《宣慰湖南百姓制》，劳格云"当删此存彼"，即非常衮作，其意当谓常衮不可能在玄宗朝撰写制词。按：此制文乃因湖南诸州连遭水灾（"震泽之南，数州之地，顷以水涝暴至，沲潜溃溢，既败城郭，复潴原田"），故特下宣慰之制，并派朝臣前往视察。可注意的是，文中云"宜令中散大夫、给事中贺若察往湖南宣慰处置"。此贺若察，两《唐书》未有记。梁肃有《处州刺史李公墓志铭》（《全唐文》卷五二一；又见胡大浚校点《梁肃文集》卷五，甘肃人民出版社 2000 年版），文中云："给事中贺若察宣慰南方，请公为寮佐。"即指宣慰湖南事。而此处州刺史李公，乃代宗、德宗时人，未在玄宗朝任职。《全唐文》卷四一○又载常衮《授贺若察给事中制》，称"中散大夫、行尚书吏部郎中贺若察"，而此吏部郎中贺氏，又见独孤及《吏部郎中厅壁记》（《毗陵集》卷一七），称"岁在乙巳，河南贺若公用贞干谅直，实莅厥位"。乙巳，即代宗永泰元年(765)。独孤及亦中唐时人。又《旧唐书》卷十一《代宗纪》大历二年(767)，八月"辛卯，潭、衡水灾"，年末又记："是秋，河东、河南、淮南、浙江东西、福建等道五十五州奏水灾。"又《册府元龟》卷一六二《帝王部·命使》二，有云："大历二年八月，以潭、衡水灾，命给事中贺若察使于湖南宣慰。"此可为确证。而大历二年，常衮正任中书舍人，可撰制词。由此，则《全唐文》卷二五玄宗名下之《宣慰湖南制》，误，当属常衮，劳格之说不确。

补》,考述如下。

　　《旧传》明确提及常衮于宝应二年(763)选为翰林学士。按:
代宗于宝应元年(762)四月其父肃宗卒后即位,宝应是肃宗的年
号,第二年七月壬子改元广德,广德则为代宗的年号。这就是说,
凡广德元年正月至六月,当时人是称宝应二年的。据前韦执谊、
丁居晦所记,常衮以补阙为翰林学士,而据《旧传》,入学士后,又
由补阙迁为起居郎,后又为考功员外郎、考功郎中。补阙为从七
品上,起居郎为从六品上,郎中则为从五品上。可见常衮是按正
常程序升迁的。堪可注意的是,《全唐文》卷四一七载有常衮《谢
除考功郎中知制诰表》,首云:"臣衮言,伏奉去年十二月二十六日
恩制,授臣考功郎中,余如故。"后又云:"爰锡朝章,俾迁郎位,典
掌如旧,宠荣有加";"禁垣之右,朝奉如纶;宸扆之前,夜参视草。
以地尤密,惟才必精。"这几句所述与翰林学士身份相符。而《文
苑英华》卷五八八所载此表,于著者常衮名下注"宝应二年"。这
就提供一个重要的信息,即常衮此表当为宝应二年年初所作,而
其授考功郎中并依前为翰林学士当在上一年即宝应元年十二月
二十六日。代宗于宝应元年四月即位,则常衮当为宝应元年四月
以后由右补阙入翰林,后又陆续迁为起居郎、考功员外郎、考功郎
中。《旧唐书·常衮传》记衮于宝应二年始为翰林学士,当
不确①。

----

① 按:岑仲勉《注补》谓若据《文苑英华》所记,常衮于宝应元年一年之内,自
　补阙迁起居郎,又迁考中、知制诰,"未及一岁,固不应经过三迁也",因疑
　《文苑英华》所注之"宝应"应是"广德"。岑说有一定道理,但终是推测,
　《文苑英华》明言"宝应二年",当有所据。

其次是常衮于何年出院？应当说，韦执谊《翰林院故事》谓"迁考中，又充，出知制诰"，是较为确切的。《旧传》在叙其任考功郎中、知制诰并依前为翰林学士之后，接云："永泰元年，迁中书舍人。"从上下文意来看，常衮应是由考功郎中出院，出院后又升迁为中书舍人（正五品上），而中书舍人之职也就是知制诰，与《翰林院故事》所记"出知制诰"意合。

这里再提供两个较为直接的证据。一为释慧灵《仁王护国经道场念诵轨仪序》（《全唐文》卷九一六）："乃大兴善寺大广智三藏不空与义学沙门良贲等一十四人，开府鱼朝恩、翰林学士常衮等，去岁夏四月，于南桃园再译斯经，至秋九月，诏资圣、西明两寺各五十人，百座敷闸。下紫微而千官作礼，经出内而万姓观瞻。"据《旧唐书》卷十一《代宗纪》，永泰元年（765）九月，吐蕃因受仆固怀恩之诱，进军逼凤翔府、盩厔县，京师戒严："时以星变，羌虏入寇，内出《仁王佛经》两舆付资圣、西明二佛寺，置百尺高座讲之。及奴虏寇逼京畿，方罢讲"；后吐蕃兵退，同年十月，"己未，复讲《仁王经》于资圣寺"。《通鉴》卷二二三永泰元年九月也载："庚寅朔，置百高座于资圣、西明两寺，讲《仁王经》，内出经二宝舆，以人为菩萨、鬼神之状，导以音乐卤簿，百官迎于光顺门外，从至寺。"另《贞元续开元释教录》卷上也记有："爰命……翰林学士常衮等于大明宫南桃园详译《仁王》……至（永泰元年）四月十五日译毕送上。"由此可见，常衮作为翰林学士，当时是奉命参与佛经翻译的（这与代宗崇信佛教有关，翰林学士作为近臣，不得不参与，玄宗时吕向作为翰林供奉，也数次出外为玄宗立碑镌刻）。据此，则永泰元年四月，常衮尚在翰林学士任。

第二个材料为《全唐文》卷四一〇载常衮《授郎士元等拾遗制》，称"前渭南县尉郎士元等"。拙著《唐代诗人丛考》中《钱起考》，曾考郎士元于宝应元年为渭南尉，二年闰正月尚在任①。蒋寅《大历诗人研究》述及郎士元生平时，也谓郎于宝应元年任渭南尉，不过他进一步确定郎士元于大历元年（766）入朝任拾遗②。我想此说是可信的。左右拾遗，官品为从八品上。按唐惯例，授六品以下官，由外廷中书省发制词，不由翰林学士草诏（参见李肇《翰林志》）。据此，常衮既于大历元年行此文，则已在中书省，不在学士院，与《旧传》所云"永泰元年，迁中书舍人"合，参照前慧灵文及《贞元续开元释教录》，则常衮出院当在永泰元年下半年。

由此可以考定，常衮当为代宗刚即位不久，也即宝应元年（762）四月后入为翰林学士，于永泰元年（765）下半年出院，共约三年余，当是代宗时首任翰林学士。韦执谊、丁居晦所记宝应后学士六人，首列常衮，当有所据。

常衮于永泰元年任中书舍人，大历九年（774）十二月改任礼部侍郎，并于次年春起，连续三年主持贡举考试。其真正名扬一时的，应当说是在中书舍人任期，也就是大历中期。这时杨炎也为中书舍人。《旧传》称"衮文章俊拔，当时推重，与杨炎同为舍人，时称为常、杨"。《旧唐书》卷一一八《杨炎传》也记："迁中书舍人，与常衮并掌纶诰，衮长于除书，炎善为德音，自开元已来，言诏制之美者，时称常、杨焉。"宋计有功《唐诗纪事》卷二九常衮条

---

①《唐代诗人丛考》，中华书局，1980年。
②蒋寅《大历诗人研究》，中华书局，1995年，第281页。

也称:"为中书舍人,文采赡蔚,长于应用,誉重一时。"①应当说,制诏也是唐代的一种重要文体。它是一种官方的实用文书,虽与我们通常理解的文学性的散文、骈文不同,但在当时与文人的社会生活与仕宦之途是密切相关的。如常衮为杨炎任知制诰所撰的制词中说:"诏令之重,润色攸难,其文流则失正,其词质则不丽。固宜酌风雅之变,参汉魏之作,发挥纶旨,其在兹乎。"②常衮于此对诏令的修辞,要求是很高的,提出要参照秦汉赋作,并有所革新。这与后来长庆时的白居易任中书舍人、元稹为翰林学士时所提倡的文体创新,主张是一致的,很值得研究。

《新唐书》卷六〇《艺文志》四集部别集类,载:"常衮《集》十卷,又《诏集》六十卷。杨炎《集》十卷,又《制集》十卷,苏弁编。"常衮的制诏集竟达六十卷,为杨炎的六倍,可见他在当时的影响是超逾杨炎的。但常、杨的这些集子都没有传下来,南宋的晁、陈二志都未有著录。清人编《全唐文》,常衮之作有十一卷(卷四一〇至四二〇),除首列赋两篇,其余绝大部分为制、表、墓志等。杨炎之文列于《全唐文》的仅二卷(卷四二一至四二二),其制文也仅二篇:《王缙兼幽州节度使制》、《杜鸿渐兼东都留守制》,不过从这两篇制文中倒可以看出当时中书舍人职权之重:王缙之兼幽州节度使,杜鸿渐之兼东都留守,都是以宰相之位去兼的。这样的制词应当由翰林学士撰写,而却出于中书舍人之手,这与当时元载在相位专权,又与王缙、杨炎交善,都有关系。唐代的中书舍

---

①《唐诗纪事》卷二九,上海古籍出版社,1965 年。
②《授庚准杨炎知制诰制》,《全唐文》卷四一〇。

人,其在朝廷、社会及文人生活中的影响,是不可轻视的。

这里还可一提的是,北宋初期所编的《文苑英华》,是按文体分的,首列赋、诗、歌行,接着是包含有韩愈《原道》、柳宗元《天说》、杜牧《罪言》等的杂文,然后就是中书制诰(卷三八〇至四一九)、翰林制诏(卷四二〇至四七二),以及策问、判、表等。按分类体例,中书制诰当出于中书舍人,翰林制诏当出于翰林学士。常衮有不少制文是编入《文苑英华》中的翰林制诏,而核其写作时间,则多在大历元年之后,即在中书舍人任内。应当说,《文苑英华》把中书制诰与翰林制诏分列,有便于对唐代这两类官方文书的研究,但其具体编排却多有不合理之处。如将卷四二四沈约《南郊恩诏》、张九龄《南郊赦书》,卷四二五孙逖《天宝三载亲祭九宫坛大赦天下制》,均列入翰林制诏,实则沈约为南朝梁时人,张九龄仕宦于开元中期,当时未设置翰林学士,而孙逖撰此文时为中书舍人。唐代不管前后期,对中书舍人是很看重的,好些重要文书仍由中书舍人及其他兼知制诰的职官撰写。如前曾述及,与常衮同年登进士第的于邵,曾任谏议大夫、知制诰,"当时大诏令,皆出于邵"(《旧唐书》卷一三七本传)。

据上所考,常衮于永泰元年(765)下半年出翰林学士院,为中书舍人,大历九年(774)十二月改任礼部侍郎。也就是说,大历前期、中期,常衮任中书舍人长达九年。可以注意的是,常衮在任中书舍人时所撰的制词,品阶是相当高的,如《全唐文》卷四一五所载《大历四年大赦天下制》、《大历五年大赦天下制》、《大历七年大赦天下制》。据李肇《翰林志》,宪宗元和时起,"凡赦书、德音、立后、建储"等,都是由翰林学士撰制的,而在玄宗、肃宗、代宗等几朝,中书舍人所草拟的制文,其政治品位,有时还超过翰林学士。这值得作进一步研究。

但唐代文人以中书舍人、翰林学士之任参预政事,有时是很复杂的。如《新唐书·常衮传》:"由太子正字,累为中书舍人。文采赡蔚,长于应用,誉重一时。鱼朝恩赖宠,兼判国子监。衮奏:'成均之任,当用名儒,不宜以宦臣领职。'"此事《通鉴》卷二二四大历元年八月亦载:"甲辰,以鱼朝恩行内侍监、判国子监事。中书舍人京兆常衮上言:'成均之任,当用名儒,不宜以宦臣领职。'"鱼朝恩是代宗朝最受皇帝宠信,也最为专横的宦官,《通鉴》卷二二四大历五年正月记其"专典禁兵,宠任无比,上(指代宗)常与议军国事,势倾朝野。朝恩好于广座恣谈时政,陵侮宰相,元载虽强辩,亦拱默不敢应"。正因此,虽常衮上言不宜任鱼朝恩判国子监事,但代宗还是应鱼朝恩之请,在其赴国子监上任时,还"命宰相以下送朝恩上"(《通鉴》同上卷大历元年八月)。值得注意的是,正是常衮,起草撰写《授鱼朝恩国子监制》(《全唐文》卷四一二),首述国子监责任之重:"敬业乐群,系于化成,旧选尤重,参其事任,今亦难之。"继之即极称鱼朝恩"雅达名理,参尚儒玄,远涉源流,旁通训诂",因此能"用宏儒风,式允公望"。这与他在此之前上言"不宜以宦臣领职",完全是截然相反的两种格调。

常衮在大历以后,还有两件事值得一提,这两件事都与当时的文化有关。

一是常衮与当时的文人颇有交往。《全唐诗》卷二五四载常衮《晚秋集贤院即事寄徐薛二侍郎》,其中叙及与徐、薛的交友:"旧德双游处,联芳十载余。北朝荣庾薛,西汉盛严徐。侍讲亲华宸,微吟步绮疏。"末云:"序秩东南远,离忧岁月除。承明期重入,江海意何如。"关于此诗,我在《唐代诗人丛考·司空曙考》中曾定其作于永泰元年至大历二年间,后蒋寅《大历诗人研究》下册《大历诗人生平事迹订补》,考订此诗当作于大历八年或九年秋,时常衮仍为中书舍人。蒋寅说是,不过他并未进一步阐明此诗的政治背景,现拟作若干补充。

按:常衮诗题中"徐薛二侍郎",乃指徐浩、薛邕。两位在当时都以文才著称,尤其是徐浩,肃宗在灵武即位之初,即任徐浩为中书舍人,"时天下事殷,诏令多出于浩"(《旧唐书》卷一三七本传);代宗时,又升迁为吏部侍郎、集贤殿学士。《旧传》载:"坐以妻弟冒选,托侍郎薛邕注授京尉,为御史大夫李栖筠所弹,坐贬明州别驾。"《旧唐书·代宗纪》系此事于大历八年:"二月甲子,御史大夫李栖筠弹吏部侍郎徐浩。徐浩、薛邕违格,并停知选事……五月乙酉,贬吏部侍郎徐浩明州别驾,薛邕歙州刺史,京兆尹杜济杭州刺史,皆坐典选也。"其实这几处都记得不很清楚。《通鉴》倒是有点睛之笔的,卷二二四大历八年载其事,指出:"吏部侍郎徐浩、薛邕,皆元载、王缙之党。"元载在代宗即位之初就任宰相,后协助代宗去除宦官专权者鱼朝恩,更得代宗的宠信,但随即志气骄益僭侈无度。《通鉴》于大历六年(771)八月曾记:"上(代宗)益厌元载所为,思得士大夫之不阿附者为腹心,渐收载权。丙子,内出制书,以浙西观察使李栖筠为御史大夫,宰相不知,(元)载由是稍绌。"因此,大历八年二月由李栖筠出面弹劾徐浩、薛邕,是有代宗嫉恨元载,想抑制其权势的政治背景的。而常衮与杨炎友善,又同为中书舍人,杨炎则又受到元载的赏拔,因此常衮对徐、薛远贬东南之同情与怀念,确有当时的政治背景。值得注意的是,那时几位大历诗人如钱起、卢纶、司空曙,以及以写古文著称的独孤及,都有和常衮之作,题《奉和中书常舍人晚秋集贤院即事寄徐薛二侍郎》:《全唐诗》卷二三八钱起,卷二七六卢纶,卷二九三司空曙,卷二四七独孤及。而钱起、卢纶等人也都受元载的提携,在京城宴游唱和,差不多是奔走于元载、王缙之门的(此事《文学遗产》1998年第3期查屏球《元王集团与大历京城诗风》一文,有很好的论析)。可见,在大历总的政治、文化环境中,常衮与钱起、卢纶等京城诗人尚有一种共同心境。

此外,他与曾得到过杜甫赞誉的诗人兼古文家元结也有交往。元结于大历七年卒于长安,年五十四,颜真卿曾为作《元君表墓碑铭》(《全唐文》卷三四四),中云:"中书舍人杨炎、常衮皆作碑志,以抒君之志业。"可惜杨、常所作的碑志皆已失传,但也可见常衮与当时文士的联系及对他们的关切。

《旧唐书》卷一一九《杨绾传》载绾为礼部侍郎时,曾上疏陈述唐代科举贡试之弊。《通鉴》卷二二二系此事于广德元年(763)六月,杨绾以为"古人选士必取行实,近世专尚文辞",积弊甚深,请停止明经、进士等科,恢复过去察荐之制。《旧唐书·杨绾传》记:"代宗以废进士科问翰林学士,对曰:'进士行来已久,遽废之,恐失人业。'"这里并未指明翰林学士是谁。广德年间任翰林学士,除常衮外,当另有柳伉,代宗"以废进士科问翰林学士",常、柳二人都有可能。不过这里常衮可能性较大,据《旧唐书·常衮传》,常衮后来做宰相时,掌有用人权,"尤排摈非文辞登科第者",可见常衮是重视文辞,重视科第的,这也与大历时的文风有关。

另一件事是他晚年在福建做官时对地方教育的开发。据两《唐书》本传及《通鉴》所载,常衮于大历九年由中书舍人迁为礼部侍郎,连续主持三年贡举考试。大历十二年元月,代宗治元载、王缙罪,元载被勒令自杀,王缙、杨炎均被贬出,常衮却被任命为相,但接着又牵涉到种种人事矛盾。大历十四年五月代宗病死,德宗立,常衮即贬为潮州刺史。建中元年(780),杨炎再度入相,常衮因杨炎之力,由潮州迁为福建观察使,直至建中四年(783)正月,一直在福建任。《新唐书》本传载:"始闽人未知学,衮至,为设乡校,使作为文章,亲加讲导,与为客主钧礼,观游燕飨与焉,由是俗一变,岁贡士与内州等。"这是符合实际的,韩愈在一篇文章中曾作过具体的记述:韩愈与欧阳詹同于贞元八年(792)登进士第,欧阳詹卒,韩愈为作《哀辞》,就特别叙及常衮在福建的业绩:"今上(指德宗)初,故宰相常衮为福建诸州观察使,治其地。衮以文辞进,有名于时,又作大官,临莅其民,乡县小民有能诵书作文辞者,衮亲与之为客主之礼,观游宴飨,必召与之。时未几,皆化翕然。詹于时独秀出,衮加敬爱,诸生皆推服,闽越之人举进士由詹始。"

《旧唐书》卷一二《德宗纪》上,建中四年(783)正月,"丙午,福建观察使常衮卒"。两《唐书》本传也都载常衮卒于官,年五十五。《新传》并于传末特为记云:"其后闽人春秋配享衮于学官云。"

柳 伉

柳伉,两《唐书》无传,事迹不详。《元和姓纂》曾提及柳伉,云:"冯翊谏议大夫侃。"①则为冯翊（唐时治同州,今陕西大荔县）人。又《困学纪闻》卷一四引南宋时尚存之唐《登科记》,载柳伉为肃宗乾元元年(758)进士②。其早年事迹仅此两条。

韦执谊《翰林院故事》记代宗宝应以后,继常衮之后第二人即柳伉,云:"自校书郎充,出鄠县尉,改太博,又充,兵外又充,大谏又充,寻丁忧。"丁居晦《重修承旨学士壁记》"宝应后六人",第二人柳伉:"秘书省校书郎充,累加太常博士、谏议大夫,依前充。"皆未记具体年月。按:秘书省校书郎官阶为正九品上,较低,一般为进士登第经吏部试合格后所授官。柳伉于肃宗乾元元年(758)登进士第,可能在此后几年中即仕为秘书省校书郎。据前常衮传,常衮于宝应元年(762)四月代宗即位后不久即入为翰林学士,柳伉继其后,而又于广德元年(763)十一月已为翰林学士、太常博士(详后)。太常博士为从七品上,较校书郎高五阶,其升迁当有一定时间,故其入学士院,当也在宝应元年下半年。

又,《翰林院故事》谓由校书郎"出鄠县尉","出"字误。鄠县为京兆县,京县尉为从八品下,较校书郎高一阶。柳伉在入院前当已有数年任秘书省校书郎,在其入院后则即擢迁一阶,为鄠县尉,而仍任为翰林学士,如姜公辅、白居易在学士任内曾为京兆府户曹参军。故不能谓"出",应为"迁鄠县尉,仍充"。

柳伉最突出的事迹,是广德元年(763)十一月上疏请斩宦官程元振。按:代宗于宝应元年(762)四月即帝位,是得宦官李辅

---

①参见《元和姓纂四校记》,郁贤皓、陶敏校补本,中华书局,1994年。
②《困学纪闻》卷一四,商务印书馆排印本,1959年。

国、程元振之力的。当时李辅国的权位在程元振之上,以司空兼中书令,又号为尚父。后程元振就出主意,由代宗出面,解除李辅国的军政大权;十月份的一个夜里,李辅国在家中被杀,据说是"盗入其第"。由此程元振执掌军事大权。第二年广德元年(763)正月,安史之乱最终平定,却又引起吐蕃的军事侵略,而同时唐朝的大将仆固怀恩又不满朝政,起兵反叛,唐朝中央朝廷处于东西军事威胁之中。十月,吐蕃突然进军至长安西郊,"边将告急,程元振皆不以闻"(《通鉴》卷二二三)。在吐蕃军即将攻入长安时,代宗才匆忙奔赴华州另一宦官观军容使鱼朝恩的军营。《通鉴》对此有记:"骠骑大将军、判元帅行军司马程元振专权自恣,人畏之甚于李辅国。诸将有大功者,元振皆忌疾欲害之。吐蕃入寇,元振不以时奏,致上狼狈出幸。上发诏征诸道兵,李光弼等皆忌元振居中,莫有至者,中外咸切齿而莫敢发言。"(卷二二三广德元年十月)柳伉就是在这种"中外咸切齿而莫敢发言"的情况下奋然上疏的。

《旧唐书》卷十一《代宗纪》:广德元年"十一月辛丑(朔),太常博士柳伉上疏,以蕃寇犯京师,罪由程元振,请斩之以谢天下。上甚嘉纳,以元振有保护之功,削在身官爵,放归田里"。此处记柳伉,仅云太常博士;《新唐书》卷二〇七《程元振传》记此事,则称为"太常博士、翰林待诏"。南宋时王应麟在《困学纪闻》卷一四加以辩驳,云:"以《翰林(院)故事》考之,伉是时为学士,非待诏也。"王应麟于此处并引北宋时苏轼试制科对策文:"及其有事且急也,虽代宗之庸,程元振之用事,柳伉之贱且疏,而一言以入之,不终朝而去其腹心之疾。"对此,王应麟亦辩云:"伉以博士在禁林,职近而亲,不可谓贱且疏。"①

按:据《旧唐书》卷四四《职官志》三,太常寺,有太常博士四人,从七品上,"掌五礼之仪式,本先王之法制,适变随时而损益焉。凡大祭祀及有大礼,则与(太常)卿导赞其仪。凡公已下拟谥,皆迹其功行,为之褒贬"。可见太常博士只是从事于朝廷礼乐仪式及榷议大臣谥号之官,与现实政事无关。柳伉如果只是太常博士,按规定是不当上此疏的。《全唐文》卷四五七载有柳伉《请诛程元振疏》,首云:"臣出身事君,忝备近密,夙有志愿,铭之在心。"太常博士在外廷,不可能自称为"近密"。柳伉主要是以翰林学士的身份,才能与皇帝亲近,才能上这一份既与当时政事直接有关又有一定机密意味的奏疏,故篇末云:"伏乞陛下读臣此表一二十遍,亲与朝廷商量,事若可行,则自处置,不用露臣此表。"这就是说,柳伉是在内廷学士院值班时撰写此疏,并由内使直接递上,外面不知,因此说,若认为可行,则处理程元振事乃由皇帝亲定,不必对外提及这份奏表。这也符合当时翰林学士办事的体制。

值得注意的是,柳伉的这份奏表,言词十分质直,它并不限于斩除程元振个人,而且述及解除宦官的总的军权,甚至还直接批评代宗,说:"天下之心,皆恨陛下不练士卒,疏远贤良,委任宦官,离间将相,以至于此。"这样直接指斥当今皇上,是唐玄宗设立学士院以后翰林学士中的第一个。

柳伉上疏的主要内容,《新唐书·程元振传》概述为:"必欲存

①岑仲勉《注补》亦曾引及《困学纪闻》此语,但误记为卷一八。

宗庙社稷,独斩元振首,驰告天下。悉出内使隶诸州,独留(鱼)朝恩备左右,陛下持神策兵付大臣。"这就是说,一是斩程元振,二是将宦官掌管的军权转给朝中大臣掌管,鱼朝恩可留在皇帝左右供职,其他宦官则出由地方官吏管理。这确是一个大胆的建议,在唐代是有很大影响的。过了将近半个世纪,裴度于穆宗长庆时(821—824)一篇奏议中还说:"臣读国史,知代宗朝蕃戎侵轶,直犯都城。代宗不知,盖被程元振蒙蔽,几危社稷。当时柳伉,乃太常一博士耳,犹能抗表归罪,为国除害。"①当然,裴度上此疏,是因为与元稹有矛盾,说元稹与宦官相联,阻挠其用兵(裴度时任河东节度使,充镇州四面行营招讨使),不过他特别举柳伉为例,也可见柳伉表请斩程元振,对唐朝中后期政治是有影响的。当然,裴度仍称柳伉为太常博士,是他对翰林学士的忽视。

还值得一提的是,柳伉奏疏中最后几句话。他说陛下在处理完斩程元振,并以军权交付朝中大臣之后,还应削尊号,下诏引咎自责,并提议诏文中应有这样的意思:"天下其许朕自新改过乎,宜即募士西与朝廷会;若以朕恶未悛耶,则帝王大器,敢妨圣贤,其听天下所往。"这几句话应是触大忌的。其意谓:天下如果认定我确实改过自新,则应马上召募士兵,到西面来,与朝廷共同抵御外敌;如果认为我还未能革除旧恶,则帝王之位本为大器,当听天下民意,不要妨碍圣贤之人。在古代封建社会,能说这样的话,真是大胆之极。代宗当出于当时的实际处境,缓解矛盾,把程元振

①见《旧唐书》卷一七〇《裴度传》,又见《全唐文》卷五三七《论元稹魏弘简奸状疏》。

削去官爵,放归田里(第二年正月,又令流放于外)。

据《翰林院故事》,柳伉于广德元年(763)十一月衔太常博士官位,后又迁为兵部员外郎(从六品上)、谏议大夫(正五品上),官阶较高,当受一定的重视,也需有相当的时间。

又,《宋高僧传》卷三《唐大圣千福寺飞锡传》记:"代宗永泰元年四月十五日,奉诏于大明宫内道场同义学沙门良贲等十六人参译《仁王护国般若经》并《密严经》。先在多罗叶时,并是偈颂,今所译者多作散文。不空与(飞)锡等及翰林学士柳伉重更详定。"①由此,则永泰元年(765)四月柳伉仍在翰林学士院。其参与佛经翻译事,与前常衮同,这也可作为唐代翰林学士研究的一条值得思考的材料。

《翰林院故事》记柳伉迁谏议大夫后丁忧外出,则可能与常衮差不多同时,于永泰元年(765)、大历初(766)出院,出院后事迹不详。其著作,除上述《请诛程元振疏》外,别无诗文传世。

张　涉

张涉,《旧唐书》卷一二七有传,《新唐书》无传。《旧传》谓:"张涉者,蒲州人,家世儒者。"

关于其早期仕历,《旧传》有记云:"涉依国学为诸生讲说,稍

---

① 范雍祥点校《宋高僧传》卷三,中华书局,1987年。按:原文"柳伉"之"伉"误作"抗",失校。今改。

迁国子博士,亦能为文,尝请有司日试万言,时呼张万言。"此处所载,一是过略,二为不明,时间、地点均不清楚。其所记较为详切的,为中唐时期的《封氏闻见记》,其书卷十《敏速》条有云:"天宝中,汉州雒县尉张陟应一艺,自举日试万言,须中书考试。陟令善书者三十人,各令操纸执笔而席,环庭而坐,俱占题目,身自巡席,依题口授。言讫即过,周而复始。至午后,诗笔俱成,得七千余字,仍请满万数。宰相曰:'七千可为多矣,何必须万?'具以状闻,敕赐缣帛,释太公庙丞,直广文馆。特号为张万言。"此亦见于宋王谠《唐语林》卷三《夙慧》条,其名亦作"陟",当作"涉"①。清徐松《登科记考》卷二七即据此系于未能确定年份的制科。按:此类制科似不规范,或当出于传闻,但由此可知者,张涉于玄宗天宝中曾任汉州雒县尉。据《元和郡县图志》卷三一,汉州属剑南道,所属有雒县。张涉当于天宝中在任雒县尉时又至长安应制举试,以才艺闻名,乃直广文馆(广文馆可参前肃宗朝苏源明传所述郑虔事)。

张涉在天宝时即已任县尉、直广文馆,出仕甚早,但此后仕历不明,至代宗时则入为翰林学士。

韦执谊《翰林院故事》代宗"宝应已后"列五人,常衮、柳伉后为于益,于益后为张涉。丁居晦《重修承旨学士壁记》则记"宝应后六人",张涉居常衮、柳伉后,列为第三,次为李翰,于肃、于益在李翰后,为代宗朝最后两位。张涉,《翰林院故事》记为:"靖恭太

①参方积六、吴冬秀编撰《唐五代五十二种笔记小说人名索引》,中华书局,1992年,第102页。

子庙丞充,迁左省常侍,又充,卒。"《重修承旨学士壁记》记为:"靖陵太子庙丞充,累迁左散骑常侍,依前充,敕停。"两者所记有异,所记出院事,一云卒,一云敕停,以丁居晦所记为是(详后)。

又,丁居晦记张涉自靖陵太子庙丞充。岑仲勉《注补》有所正之,谓:"同书(即《旧唐书》)一〇七,玄宗第六子琬,天宝末赠靖恭太子,此作靖陵误,应依《故事》作靖恭也。"按:岑说是。《旧唐书》卷一〇七《玄宗诸子传》,琬为玄宗第六子,天宝十四载十一月安禄山反,起兵南下,玄宗即任琬为征讨元帅,高仙芝为副,但不数日,琬卒(《旧唐书》卷九《玄宗纪》下,琬卒于天宝十四载十二月辛亥)。《旧传》谓:"琬素有雅称,风格秀整,时士庶冀琬有所成功,忽然殂谢,远近咸失望焉。赠靖恭太子,葬于见子西原。"可能正因琬有人望,故特赠封太子庙衔,并立官署。张涉当于天宝末直至肃宗朝,由直广文馆改为靖恭太子庙丞,而于代宗即位后又由此入充翰林学士。但具体年份仍未能确定,其名次既在常衮、柳伉之后,李翰之前(李翰入院在大历五年五月以后,详其传),则张涉入院当在大历初期。

韦执谊、丁居晦均记张涉于翰林学士任期内曾升迁为左散骑常侍,但未记何时。《旧唐书·张涉传》则记为德宗初即位时,云:"德宗在春宫,受经于涉。及即位之夕,召涉入宫,访以庶政,大小之事皆咨之。翌日,诏居翰林,恩礼甚厚,亲重莫比,自博士迁散骑常侍。"据《旧传》所记,则张涉于德宗即位时才召入为翰林学士,此有误。关于此事,《册府元龟》卷一七二《帝王部·求旧》二所记较确,云:"德宗即位初,以国子博士、翰林学士张涉为左散骑常侍,仍为学士。"①据此,则张涉于代宗大历时,在翰林学士任期内,已升任为国子博士(正五品上,与中书舍人、给事中同阶),同时在东宫为太子侍读,得到德宗的信重,故德宗在其即位时,一方面咨询政事,一方面又擢迁其官位。中晚唐时,有好几位文士曾因任太子侍读,后即召入为翰林学士。

但张涉却因识见不高,反而因此而受牵累。《旧传》载:"上(指德宗)方属意宰辅,唯贤是择,故求人于不次之地。涉举怀州刺史乔琳为相,上授之不疑,天下闻之者皆愕然。数月,琳以不称职罢,上由是疏涉。俄受前湖南都团练使辛京杲赃事发,诏曰:'尊师之道,礼有所加;议故之法,恩有所掩。张涉贿赂交通,颇骇时听,常所亲重,良深叹惜。宜放归田里。'"又《旧唐书》卷一二《德宗纪》上,建中元年(780)三月,"辛未,左散骑常侍、翰林学士张涉放归田里"。此事,《旧唐书》卷一二七《乔琳传》亦有载,云:"出为怀州刺史。琳素与张涉友善。上在春宫,涉尝为侍读。及嗣位,多以政事询访于涉,盛称琳识度材略,堪备大用,因拜御史大夫平章事。琳本粗材,又年高有耳疾,上每顾问,对答失次,论奏不合时。幸居相位,凡八十余日,除工部尚书,罢知政事。"又据《新唐书》卷六二《宰相表》中,乔琳于大历十四年(779)八月甲辰,与杨炎同时拜相,而于"十一月壬午,琳罢为工部尚书"。乔琳居相位之职虽只八十余日,但这也是唐代因翰林学士之荐而任宰相的首例。

---

① 岑仲勉《注补》亦引此,但记卷数为一二七,误,且未记"《帝王部·求旧》二"数字。

关于"受前湖南都团练使辛京杲赃事",《新唐书》卷一四七《辛云京传》附从弟京杲传未有记载。按：据传，辛云京在平定安史之乱的战事中，颇有功，代宗前期，治太原，也甚有政绩，"大历三年，检校左仆射，卒，年五十五，代宗为发哀流涕，赠太尉，谥曰忠献"。辛京杲也曾从李光弼在山西与安史之军战，曾得肃宗赞赏。《新传》有记曰："代宗立，封肃国公，迁左金吾卫大将军，进晋昌郡王，历湖南观察使，后为工部尚书致仕。朱泚盗京师，以老病不能从，西向恸而卒，赠太子少保。"对辛京杲全是正面、肯定的评述，未记有向张涉进贿事。据《旧唐书·代宗纪》，辛京杲任潭州刺史、湖南观察使，在大历五年（770）五月，何时改任，未有确记①。不过辛京杲在湖南任职，是有弊政的，《旧唐书》卷一三一《李皋传》有记云："建中元年，迁湖南观察使。前使辛京杲贪残……"因此张涉于大历时任翰林学士，位居亲近，乃受方镇贿赂，是有可能的。这种情况，玄宗时翰林学士的张渐、窦华等已有（见前张、窦传）。

又，乔琳此人，确不足称，德宗建中四年（783）十月，朱泚作乱，占长安称帝，即起用乔琳为吏部尚书；后官军收复长安，乔琳即被诛杀。

据上所考，则丁居晦《重修承旨学士壁记》谓张涉在院后敕停，较确切，即《旧唐书·德宗纪》建中元年三月"辛未，左散骑常侍、翰林学士张涉放归田里"。韦执谊《翰林院故事》记其"迁左

①参郁贤皓《唐刺史考全编》卷一六六江南西道潭州，安徽大学出版社，2000年，第2412页。

省常侍又充,卒",以为在院中任职时卒,不确。

张涉此后行迹不详,亦无诗文传世。唐朱景玄《唐朝名画录》,载唐朝以画名世者,分神、妙、能、逸四品,能品又分上中下,能品下二十六人,其中记有张涉,谓"王㐖、萧溱、张涉、张容,皆士女之特善也",即张涉乃以绘仕女著称。但此张涉是否为大历时期翰林学士张涉,未能确定。正如孟郊有《奉报翰林张舍人见遗之诗》,岑仲勉《注补》于张涉条下曾提及,但此翰林张舍人是否即为张涉,也甚可疑,因张涉在院中任职期间未任中书舍人或兼知制诰。故岑仲勉后亦云:"此诗之考证,尚须存疑。"华忱之《孟郊诗集校注》对诗中之"翰林张舍人"亦未有考①。

李　翰

李翰,两《唐书》有传,见《旧唐书》卷一九〇下《文苑传》下,《新唐书》卷二〇三《文艺传》下,但甚简略。又中唐前期古文家梁肃有《补阙李君前集序》②(《全唐文》卷五一八)、《送李补阙归少室养疾序》(同上),也叙其事迹。以上是考索李翰生平的基本史料。

李翰,赵郡赞皇人(按:此当为郡望),与同时稍前的古文名家

①见《孟郊诗集校注》卷七,人民文学出版社,1995年,第339页。
②按:梁肃《补阙李君前集序》、《送李补阙归少室养疾序》,均见于《全唐文》
　卷五一八;又见于胡大浚等编《梁肃文集》卷二,甘肃人民出版社,2000年。
　以下所引,卷数、出处从略。

李华同宗。两《唐书》本传均载李翰进士登第，梁肃《补阙李君前集序》则谓"弱冠进士登科，解褐卫县尉"。此当在天宝中后期，因《新传》在记"调卫尉"后接云："天宝末，房琯、韦陟俱荐为史官，宰相不肯拟。"这当也本于梁肃的《补阙李君前集序》："始君筮仕，值蔽善者当路，故屈于下位（自注：天宝末房公琯、韦公陟荐公充史官、谏司之任，当国者不听，乃已）。"天宝末，当权者为宰相杨国忠。

安史之乱初期，李翰"从友人张巡客宋州"。《旧传》载："（张）巡率州人守城，贼攻围经年，食尽矢穷方陷。当时薄巡者言其降贼，翰乃序巡守城事迹，撰张巡、姚闾等传两卷，上之，肃宗方明巡之忠义，士友称之。"《全唐文》卷四三〇载李翰《进张巡中丞传表》，谓"臣少与巡游，巡之生平，臣所悉知"。可见张巡坚持守城和不屈殉节的忠义事迹，是靠李翰所撰的传文才得以辨明，这是关键之作，李翰也因此而为人所知，可见他在肃宗后期即有文名①。

《旧传》在叙述李翰撰张巡传之后，接云："上元中为卫县尉，入朝为侍御史。"此处谓上元中为卫县尉，不确，因上元为肃宗年号（760—761），而据前所述，李翰进士登科后仕为卫县尉，天宝末房琯等又曾推荐其为史官，而为当权者所抑。更使人奇怪的是，《旧传》叙李翰生平，即到此为止，也就是至肃宗时止，而实际上李翰的主要事迹是在代宗时，包括代宗大历时任翰林学士，《旧唐

---

① 按：《旧唐书》卷一九二《张巡传》，肃宗时期张巡之坚持守城，时人甚有异议，"于是张澹、李纾、董南史、张建封、樊晃、朱巨川、李翰咸谓巡蔽遮江淮，沮贼势，天下不亡，其功也。翰等皆有名士；由是天下无异言"。称李翰在当时已为有名之士。又经查核，除李翰外，此处所列李纾等人皆无有议叙张巡之文。

书》本传对此却一字未提。《新传》记叙李翰后半生也甚简略，仅云："翰累迁左补阙、翰林学士。大历中，病免，客阳翟，卒。"两《唐书》本传皆漏略一事，即李翰于大历五年左右曾在淮南节度使幕府，任书记，并为杜佑《通典》撰写序言。

梁肃《补阙李君前集序》云："其后以书记再参淮南节度幕。"不过梁肃此处并未指明李翰在淮南幕府的时间。李翰的《淮南节度行军司马厅壁记》，末署"大历五祀夏五月丁丑记"，文中又有"韦公统戎旅"语①。郁贤皓《唐刺史考全编》"淮南道·扬州"，据《旧唐书》本纪，列崔圆于肃宗上元二年（761）二月至代宗大历三年（768）六月在任，韦元甫于大历三年闰六月至六年八月在任，则李翰大历五年五月作此记时正在淮南韦元甫幕。又戴伟华《唐方镇文职僚佐考》，据独孤及《毗陵集》卷一六《送蒋员外奏事毕还扬州序》，记李翰在韦元甫以前即已在崔圆幕②。独孤及序中称"李司直翰"，则李翰于崔圆幕中已带大理司直的官衔。

李翰曾为杜佑《通典》撰序，这里就有一个撰序的时间问题。《旧唐书》卷一四七《杜佑传》记杜佑于德宗贞元十七年在淮南节度使任上时完成《通典》二百卷，"自淮南使人诣阙献之"。不过他在献书上表中有"自顷纂修，年逾三纪"之语（《全唐文》卷四七七所载杜佑《进通典表》同）。贞元十七年为公元801年，上推三纪，当为大历元年（766）。而据《旧唐书·杜佑传》，杜佑曾得韦元甫的赏识，"元甫为浙西观察、淮南节度，皆辟为从事，深所委信，

①《全唐文》卷四三〇。
②《唐方镇文职僚佐考》，天津古籍出版社，1994年，第353页。

累官至检校主客员外郎"。则李翰与杜佑曾同时在韦元甫幕。可以注意的是，李翰《通典》序中云："淮南元戎之佐曰尚书主客郎京兆杜公君卿，雅有远度，志于兴邦，笃于好古，生而知之。以大历之始，实纂斯典，累纪而成。杜公亦自为序引，各冠篇首。"①这就牵涉到李翰此序所作之时间。前已述及《旧唐书·杜佑传》，杜佑于贞元十七年撰成后上献朝廷，而李翰序中称呼杜佑，一为"淮南元戎之佐"，即淮南节度使之僚佐，二为"尚书主客郎"，即《旧唐书·杜佑传》所称在淮南幕时所署之官衔"检校主客员外郎"。如李翰此序为贞元十七年杜佑于全书撰成后上献时所作，则杜佑此时已为检校礼部尚书、检校右仆射，李翰不可能以幕府中同事之口吻只称之为"杜公君卿"。又本文所引李翰此序，记杜佑"以大历之始，实纂斯典，累纪而成"，此本于《全唐文》。中华书局1988年12月出版之点校本《通典》，以清末浙江书局刻本为底本，而浙本是据清乾隆时武英殿本翻刻的，此本卷首李翰之序，"累纪而成"之"纪"则作"年"，中华书局点校本有校记，谓此系清人妄改，北宋本及《文苑英华》卷七三七作"纪"。这倒提供一个信息，即《通典》的流传版本中，有一种是作"累年而成"的，而这恰好符合杜佑、李翰二人的交友实情，即：杜佑于大历初已开始纂修《通典》，"累年而成"，大历五年前后与李翰同在淮南幕府，共同讨论此书，于是又请李翰为之作序（李翰序中云"翰与杜公数旬探讨，故颇详旨趣，而为之序"）。杜佑于此时已大体成书，且于各类之前写就序引，此后约又经过三十年左右的修订，于贞元十七年定

①《全唐文》卷四三〇。

稿。李翰,则据梁肃《补阙李君前集序》及《新唐书》本传,大历时即出学士院,归阳翟,不久即病卒,不可能于贞元十七年仍在世。因此可以说,清武英殿刻本之"累年而成"是胜于宋本的,我们不能完全以版本的早晚来定文字的是非。

李翰对于编撰《通典》一类的政书,是很有见识的。他在序中一开头即批评当时"儒家者流"为"博而寡要,劳而少功"。因此他认为,"君子致用在乎经邦,经邦在乎立事,立事在乎师古,师古在乎随时。必参今古之宜,穷终始之妙"。他认为只有这样能通古今,才可称为"通儒"。

梁肃《补阙李君前集序》在记叙李翰任淮南幕府后,云:"天子闻其才,召拜左补阙,俄加翰林学士。"则此次代宗皇帝将李翰召入,主要是李翰的文才已为人所称。

《册府元龟》卷二六三记:"(大历)八年十月,敕中书舍人常衮、谏议大夫杜亚、起居郎刘湾、左补阙李翰考吏部选人判。"本年冬刘晏知三铨事,用常衮、杜亚、刘湾、李翰等参与吏部选人判,吉中孚等五人登书判拔萃科。这时李翰既已任为左补阙,当同时已入学士院。据此,则他充任翰林学士,当在大历五年(770)五月以后,大历八年(773)十月以前,也即为大历中期。

按:韦执谊《翰林院故事》记代宗朝翰林学士,依次为常衮、柳伉、于益、张涉、于肃,而无李翰。丁居晦《重修承旨学士壁记》"宝应后六人",常衮、柳伉、张涉后为李翰,当是,但仅记一句:"左补阙充。"对这位当时颇负文名的翰林学士,韦、丁两书,所记如此缺略,甚可怪。

李翰何时出院,丁居晦《重修承旨学士壁记》未记,《新传》也只说"大历中,病免"。梁肃《送李补阙归少室养疾序》虽也未记具体年月,却透露李翰出院的原因,云:"夫君子之道,与命与时,三者并,则不期达而达,不然则或鼓或罢,或塞或通,是以长卿屡去其官,而君亦以疾退息,各其时也。"梁肃与李翰为挚友,他在这里提到君子之道须与命、与时相合,才能有所达,而现在李翰与命、时均不合,则只能以疾告退。很可能在大历后期,他看不惯元载的专权,自己又无有可为,就主动求退(关于李翰出院及退阳翟的时间,可参后德宗朝梁肃传),归居河南阳翟(阳翟即在少室山东南附近),当不久去世。

李翰退居阳翟后,曾编其所作为《前集》三十卷,请梁肃为之作序。梁肃《补阙李君前集序》谓:"君既退,归居于河南之阳翟,家愈贫而禄不及,志愈迈而文益壮,暇日以尝所述作三十卷,目为《前集》,命予序之。"按:《新唐书》卷六〇《艺文志》四集录别集类即著录"李翰《前集》三十卷",但仅此一种。可能李翰在退居阳翟不久,把此前所作先编为《前集》,拟以后再有续作,可编为"后集",但不久即谢世,故只有《前集》。可惜这三十卷《前集》,至南宋时已不传,《郡斋读书志》、《直斋书录解题》均未著录。现李翰所存,仅有文,无诗,《全唐文》所载为十三篇①。堪可注意的是,

---

① 按:宋赵明诚《金石录》目录,第一千五百三十八,有《唐太子典膳郎郑君碑》,注云:"李翰撰,徐珙八分书,李阳冰篆,大历十三年十月。"又第一千五百六十七《唐立汉黄公碣》,注云:"李翰撰,张从申行书,李阳冰篆,建中元年三月。"(《宋本金石录目录》卷八,中华书局影印本,1991年)此二文,赵明诚既有记,北宋末则仍存;《全唐文》未载。由此,李翰之作,南北宋之际佚失较多。

这十三篇,没有一篇是在翰林学士任内所作的制诏诰令,他在翰林学士期内的活动也未有记载。很可能如前所述,李翰是一个有个性、有见识的人,他虽在翰林学士院,但那时的朝政为元载所把持,他不能有所为,因此虽处于近职,也就虚度而过。

李翰的著述,确实佚失极多,即如当时著称于世的《张巡姚訚传》,《新唐书》卷五八《艺文志》二,传记类也著录:"李翰《张巡姚訚传》二卷。"韩愈于宪宗元和时也曾读过,其《张中丞传后叙》有云:"元和二年四月十三日夜,愈与吴郡张籍阅家中旧书,得李翰所为《张巡传》。翰以文章自名,为此传颇详密,然尚恨有阙者,不为许远立传,又不载雷万春事首尾。"①于是特为补叙许远、南霁云及张巡事。但李翰后来传世的,只有《进张巡中丞传表》,无《张巡姚訚传》。又,欧阳修《集古录跋尾》卷八曾记有《唐张中丞传》②,谓:"右《张中丞传》,李翰撰。"又称"以翰所记,考《唐书》列传及韩退之所书,皆互有得失,而列传最为疏略";"翰之所书,诚为太繁,然广记备言,所以备史官之采也"。据此,则欧阳修是见过李翰原作的,故有此评议。可能北宋中期后佚亡③。

李翰之文虽于宋后失传甚多,但在唐时是声誉很高的。梁肃《补阙李君前集序》称唐朝开国至此时将近二百年,文章有三变,开头是初唐陈子昂,"以风雅革浮侈",其次是开元时张说,"以宏茂广波澜",第三变则为天宝以后的萧颖士、贾至、独孤及,也就是

①《韩昌黎文集校注》卷二,上海古籍出版社,1986年。
②见李逸安点校《欧阳修全集》卷一四一,中华书局,2001年。
③关于相传李翰曾撰有《蒙求》,本书上编《〈蒙求〉流传与作者新考》已有
　辨析。

韩愈倡导的古文运动的前驱,而梁肃认为,在这一时期,李翰最为特出:"若乃其气全,其辞辨,驰骛古今之际,高步天地之间,则有左补阙李君。"按:梁肃卒于德宗贞元九年(793),年四十一(见崔元翰《右补阙翰林学士梁君墓志》,《全唐文》卷五二三)。他这篇序当作于大历后期,此时不过二十六七岁,但已为李华、独孤及所称许,崔元翰所作《墓志》称其"年十八,赵郡李遐叔、河南独孤至之始见其文,称其美"。而此时梁肃于李翰当为后辈,但已以文友自许,故序中称"君与予实有伯喈、仲宣之义"。

于益、于肃

于益、于肃,为兄弟二人,其事迹附见于两《唐书》其父于休烈传(《旧唐书》卷一四九,《新唐书》卷一○四),但所记极为简略,如《旧传》云:"嗣子益,次子肃,相继为翰林学士";"肃官至给事中"。《新传》云:"二子益、肃,及休烈时,相继为翰林学士。益,天宝初及进士第。肃,终给事中,赠吏部侍郎。"仅此数句。

于益、于肃,确以家世文史盛名。其父休烈之高祖志宁,在太宗时,曾为著名的贞观十八学士之一,又为中书侍郎,居相位。于休烈,则于玄宗开元初即有文名,《旧传》谓:"自幼好学,善属文,与会稽贺朝、万齐融、延陵包融为文词之友,齐名一时。"关于贺朝、万齐融等,《旧唐书》卷一九○中《文苑中·贺知章传》亦有记,云:"先是神龙中,(贺)知章与越州贺朝、万齐融,扬州张若虚、邢巨,湖州包融,俱以吴、越之士,文词俊秀,名扬于上京。"神龙为中宗年号(705—706)。按：于休烈卒于大历七年(772)，年八十一，则神龙时为十四五岁，开元初为二十余岁。

《旧唐书·于休烈传》称其为河南人，《新唐书·于志宁传》谓京兆高陵人。《新唐书》卷七二下《宰相世系表》二下，于氏自西魏孝武帝时即西入关，遂为京兆长安人。

按：据两《唐书·于休烈传》，于休烈曾仕为集贤殿学士、比部郎中，天宝后期为宰相杨国忠排挤，出为外郡太守；肃宗时复又入朝，为工部侍郎、修国史，但又为宰相李揆所忌，由实职的工部侍郎转为国子祭酒，仍留于史馆，"休烈恬然自持，殊不介意"(《旧传》)。代宗即位，元载居相位，"称其清谅"(《新传》)，累升为工部尚书，封东海郡公。应当说，于益、于肃兄弟二人在代宗一朝相继为翰林学士，是与于休烈受到元载信重有关，故《新传》称益、肃二人"及休烈时，相继为翰林学士"。

可以注意的是，韦执谊《翰林院故事》、丁居晦《重修承旨学士壁记》所记于益、于肃二人入院次序有所不同，韦执谊所记为常衮、柳伉、于益、张涉、于肃，缺李翰。丁居晦所记为：常衮、柳伉、张涉、李翰、于肃、于益。韦记将于益列于肃前，且在张涉前，丁记则将于氏兄弟列于最后，而于肃在于益前。岑仲勉《注补》已注意于此，并引及《金石萃编》九三《白道生碑》予以论证。今据岑说，再加阐释。

清王昶《金石萃编》卷九三著录有《大唐故左武卫大将军赠太子宾客白公神道碑铭并序》，下署："朝议郎、行尚书礼部员外郎、翰林学士、赐绯鱼袋于益奉敕撰"，并记为"永泰元年三月廿四日建"。永泰元年为公元765年，为代宗即位之第四年。

按:此文亦载于《全唐文》卷三七一,但未有如《金石萃编》所署撰者姓名及官衔。文中记碑主白道生为西北边城名将,曾任宁朔州刺史,颇有功;其子元光,代宗时为朔方先锋使、同节度副使、开府仪同三司,封南阳郡王,"皇上宠乃茂功,义崇追远",遂追封其父,并"以永泰元年三月二十四日,迁窆于万年县凤栖原"。据此,则可确定于益在永泰元年三月已为翰林学士,且其所带官衔为礼部员外郎。按:韦执谊记于益由驾部员外郎入,后改谏议大夫,未记礼部员外郎(丁居晦未记于益官衔)。据前所考,常衮为宝应元年(762)四月后入充翰林学士,柳伉于广德元年(也即宝应二年,763)十一月前已为翰林学士,则于益当于广德二年(764)入院。又前已考李翰于大历五年(770)五月以前尚未任翰林学士,则《翰林院故事》将于益列于第三位,即在常衮、柳伉之后入,是符合实际的。丁居晦将于益列于于肃之后,作为代宗朝最后一个入翰林学士者,则不当,也与《旧唐书·于休烈传》所云"嗣子益,次子肃,相继为翰林学士"不合。

驾部员外郎、礼部员外郎为从六品上,谏议大夫为正五品上,比前者要高好几阶,从前者晋升到后者也需有相当时间。《翰林院故事》谓于益卒于其任职期间所带官衔谏议大夫,这也与《新唐书》卷七二下《宰相世系表》二下记于益"谏议大夫"相合,但未能知其卒年。

《新唐书·于休烈传》记于益"天宝初及进士第",其他仕历皆未载,而两《唐书·于肃传》则皆谓其官至给事中,与前引《新唐书·宰相世系表》同。据韦、丁所排列的次序,于肃在后,则其入院当在大历中后期,但当在大历七年于休烈卒之前。据韦、丁所记,于肃由比部员外郎(从六品上)入,后迁考功郎中(从五品上),又升为给事中(正五品上),与谏议大夫同阶,同时兼知制诰,也是中书舍人的前阶,可见他也卒于给事中官衔期间,不过卒年也不详。

于肃有文一篇:《内给事谏议大夫韦公神道碑》(《全唐文》卷三七一)。此韦公(名不详)即一宦者,卒于乾元元年(758)七月二十八日,乾元二年(759)五月七日与其妻合葬。此碑当为于肃奉命而作,则其在肃宗时已在朝中任职,但未知其具体官职,且是否如其兄于益那样曾科举及第,亦不详。

于益、于肃其他著作均无著录,也未见与当时士人有文字交往。

傅璇琮文集

唐翰林学士传论

第二册

中华书局

德宗、顺宗朝翰林学士传

张 周

张周,两《唐书》无传,籍贯、字号及年岁均不详。《太平广记》卷三一二《徐焕》条,据《山水小牍》,记有张周,乃晚唐一武将,非此张周。

张周的事迹,则仅为韦执谊《翰林院故事》、丁居晦《重修翰林学士壁记》所记。韦执谊《故事》于"建中已后",首为张周,记云:"自洛阳尉充,改河南县丞又充,改兵曹又充,改虢州司马又充。"丁《记》则自德宗朝起,皆记有年月,其"建中后八人",第一位也为张周,云:"大历十四年六月,自洛阳县尉充。建中二年,改河南府兵曹参军。兴元二年六月,除虢州司马,依前充。"

按:唐代宗皇帝于大历十四年(779)五月辛酉卒,太子李适即位,为德宗,时年三十八。张周于是年六月即入为翰林学士,则确为德宗朝第一个召入翰林学士院的。

韦、丁二记均谓张周由洛阳县尉入充,此当是张周此前所任的实际官职。据《旧唐书》卷四二《职官志》,京兆、河南、太原府诸县尉为正九品下,官阶较低。按唐代科举制惯例,进士及第经吏部试合格后,一般先入为校书郎。校书郎官阶为正九品上,也较洛阳县尉高一阶。张周由外地基层官吏召入为翰林学士,官阶又较低,不知是何人推荐,这是值得注意的。

按:张周于大历十四年六月入为翰林学士,而此时在学士院任职的已有一人,为张涉。《通鉴》卷二二五大历十四年七月载:"上之在东宫也,国子博士河中张涉为侍读,即位之夕,召涉入禁中,事无大小皆谘之;明日,置于翰林为学士,亲重无比。乙未,以涉为右散骑常侍,仍为学士。"据此,则张涉乃于德宗即位后始召入,而实际上张涉于大历前期即已任为翰林学士(详见代宗朝张涉传),《通鉴》此处所记误。

至于张周在任职期间的官阶迁转,韦执谊《故事》与丁《记》稍有不同。《故事》在记洛阳县尉后,记为:"改河南县丞又充,改兵曹又充。"丁《记》则未记河南县丞,而云:"建中二年改为河南兵曹参军。"丁《记》所记较具体,既有年份,又有地区。这里可据石刻文献加以佐证。清陆耀遹《金石续编》卷九载有《大唐泾王故妃韦氏墓志铭序》,下署"给事郎、行河南府洛阳县丞、翰林学士、赐绯鱼袋臣张周撰"。此为张周自署。按:泾王李侹为肃宗第七子。《旧唐书》卷一一六《肃宗诸子传》记李侹云:"至德二载十二月进封泾王。乾元三年,领陇右节度大使。兴元元年薨。"又据《旧唐书》卷一二《德宗纪》,泾王侹卒于兴元元年(784)五月,时当随德宗在汉中。张周此文又载于晚清陆心源《唐文拾遗》卷二四。文中记韦氏卒于建中二年(781)十二月己酉,葬于建中三年(782)二月庚申。当时京师尚无兵乱,德宗及朝臣仍在长安。陆耀遹所据为《古泉山馆金石文编》,有云:"此刻向来金石家皆未著录,恐系新出土者。"即出土于陕西关中,是难得的文献。

据文中所记,泾王妃韦氏葬于建中三年二月,时张周仍在翰林学士任,其官衔为洛阳县丞,而洛阳县丞则为韦、丁二记所无。又据《元和郡县图志》卷五"河南道"一,《新唐书》卷三八《地理志》二"河南道",河南府所属县,有河南、洛阳二县,实际上都在府内,类似于京兆府之长安、万年二县。此河南、洛阳均为赤县,按:《旧唐书·职官志》,县尉官阶为从七品上,而河南府兵曹参军则为正七品下,由此则张周确先为洛阳县丞,后迁为河南府兵曹参军。又据《墓志铭序》,建中三年(782)尚为洛阳县丞,则其迁为河南府兵曹参军,当在三年二月以后。

据上所考,则可订正韦、丁二记,应作:张周于大历十四年(779)六月自洛阳县尉入充翰林学士,建中三年(782)二月前迁为洛阳县丞,此后又升迁为河南府兵曹参军。

丁《记》最后云:"兴元二年六月,除虢州司马,依前充。"韦执谊《故事》同,但未记年月。按:兴元二年即贞元元年(785),据《旧唐书·德宗纪》,由兴元改贞元年号,在贞元元年正月丁酉朔日,则是年六月不应仍称兴元二年,可能当时壁上所记有误。丁《记》于此后的陆贽名下,亦有类似的记载:"兴元二年六月,迁谏议大夫。"此待考。

又,虢州亦属河南府,应为上州,上州司马官阶为从五品下。

按:唐军于兴元元年五月收复京城,六月下旬德宗自汉中出发返朝,七月中抵长安。在此之前,张周当随德宗迁移奉天、汉中等地,后返长安,其间官阶累有升迁。但其所带的官衔,都是地方官,这在当时也无他例,很值得研究。

张周何时出院,韦、丁均未有记,只云"改虢州司马,又充"。岑仲勉《翰林学士壁记注补》谓"岂卒官欤",也只是揣测。

张周所著《泾王妃韦氏墓志铭序》,当也为奉朝命而作,这也是唐翰林学士的职能之一。其他则别无著录。他在学士院任职约有七年,时间不短,但无甚表现。

姜公辅

姜公辅,两《唐书》有传,见《旧唐书》卷一三八,《新唐书》卷一五二。《旧传》云:"姜公辅,不知何许人。"《新传》则谓"爱州日南人",未知何据。按:《新唐书》卷七三下《宰相世系表》三下,姜氏,中云:"汉初,姜氏以关东大族徙关中,遂居天水。蜀大将军平襄侯维,裔孙明,世居上邽。"《新表》载姜公辅祖神翊,舒州刺史;父挺,未载官职。姜神翊与姜明,似非一系,则《新传》所云爱州日南人,或有可能。《元和郡县图志》卷三八岭南道爱州,所属县有日南,在今越南中部。

《旧传》记其早年仕历,为:"登进士第,为校书郎;应制策科高第,授左拾遗。"《新传》略同,唯"左拾遗"作"右拾遗",小异。《唐会要》卷七六《制科举》条,载:"建中元年,贤良方正能直言极谏科,姜公辅、元友直、樊泽、吕元膺及第。"孟二冬《登科记考补正》

卷一一,据胡可先、陈尚君所补,即据乾隆《广东通志》,系姜公辅于代宗大历十四年(779)进士及第,可参(徐松《登科记考》则据《旧传》系于未知年份之卷二七)①。

据《唐会要》,建中元年贤良方正能直言极谏科,所列四人,姜公辅名居首位。陆贽后所草制之《姜公辅左庶子制》即记有:"首举高第,擢居谏曹。"②由此,则姜公辅于大历十四年(779)进士及第后为校书郎,第二年建中元年(780)制举登科,为左(右)拾遗,同年又召入为翰林学士,其仕历之顺速,在唐翰林学士早期是极少见的。又《文苑英华》卷四九一载直言极谏策问,下署"建中元年正月十五日",后即载姜公辅对策。可以注意的是,此次制科,虽云"直言极谏",姜公辅之策文则以赞颂为主,其开篇即云:"伏维陛下,玄德统天,文思居业,慎重光之丕绪,返淳古之休风。"末云:"伏见陛下,以道生成,以德覆载,赏以春夏,刑以秋冬,捐金玉于江湖,反珍奇于薮泽;委符瑞为草莽,用忠良为灵庆;临群下以正德,惠兆人以厚生。诚太平之道也,刑措之渐也,臣不胜其忭。"按:此时德宗即位虽仅半年,尚有新政措施,《通鉴》卷二二五大历十四年五月有记云:"于是中外皆悦,淄青军士,至投兵相顾曰:明主出矣,吾属犹反乎!"姜公辅策文当也反映当时社会心态,可能也正因此而受到德宗赏识,于同年即以左拾遗召入为翰林学士。

韦执谊《翰林院故事》记"建中已后"第二人,即姜公辅,谓

---

① 孟二冬《登科记考补正》,北京燕山出版社,2003年。又,孟《补》所引胡、陈二君之补,所引《广东通志》记姜公辅为钦州人,恐不确,当从《新传》为爱州日南人。
② 刘泽民校点《陆宣公集》卷六,浙江古籍出版社,1988年。

"自拾遗充"。丁居晦《重修承旨学士壁记》则明确记:"建中元年,自左拾遗充。"按:建中元年三月,张涉即因错荐乔琳为相及涉嫌受贿事,出院,放归田里,这时在学士院中只张周一人(见前张涉、张周传),故可能德宗即同时召拔姜公辅、赵宗儒、归崇敬三人,入为翰林学士(赵、归二人,见后传)。

关于姜公辅于任职期间的官位迁转,《旧传》记云:"岁满当改官,公辅上书自陈,以母老家贫,以府掾俸给稍优,乃求兼京兆尹户曹参军,特承恩顾。"《新传》略同。关于此事,清钱大昕《廿二史考异》卷六〇《姜公辅传》条有云:"唐时翰林学士无品秩,但为差遣,故常带它官,支其俸给。公辅本以左拾遗入翰林,岁满改官,乃兼京兆户曹参军。元和初白居易亦以左拾遗为翰林学士,及当改官,引公辅例,除京兆户曹参军。盖拾遗虽为两省供奉官,秩止从八品,京兆府参军秩正七品,俸给较厚,故恬退者喜居之。"钱氏此段考释对研究翰林学士官位迁转与生活境遇颇可参考,其中提及白居易事,详见后宪宗朝白居易传。不过钱氏最后一句"故恬退者喜居之",不确。按其所述,京兆府户曹参军,乃为姜公辅在翰林学士任职期间所带之"它官",并不因此赴京兆府供职,其由左拾遗为京兆参军,只为官位迁转,俸给稍优,而实仍在院中,并非恬退,此应予辨明,否则易引起误解。又据《旧唐书》卷四四《职官志》三,京兆府户曹参军为二人(正七品下),故姜公辅虽兼其官位,当并不影响其职务。

据丁居晦所记,姜公辅改京兆府户曹参军,在建中四年(783)四月。《旧传》于此后称姜公辅"才高有器识,每对见言事,德宗多从之"。这时河北、山东的四个藩镇主帅(朱滔、田悦、王武俊、李纳)已起兵作乱,并与淮西节镇李希烈联结,唐朝廷正处于仓惶应付之中。不久,建中四年十月,长安又发生泾军之变,德宗匆促出奔咸阳、奉天(今陕西乾县)。关于此时姜公辅情况,《通鉴》较两《唐书》本传有较实的记载。如记泾原乱军由长安东门外窜入时,"喧声浩浩,不复可遏,百姓狼狈骇走",这时德宗就特地"遣普王谊(按:为德宗之侄)、翰林学士姜公辅出慰谕之"(《通鉴》卷二二八)。可见当时翰林学士职能是很受重视的,并不仅限于在宫中草制文书,还可外出慰谕军队。后兴元元年(784)二月德宗在奉天,因李怀光另有密谋,与唐将李晟不和,在此军情紧急时刻,德宗遂特遣翰林学士陆贽去李怀光军中宣慰,并邀李晟参议军事。

《通鉴》后又记,姜公辅随普王(李)谊虽往泾原军中慰谕,实则整个京城已乱,德宗只得匆匆出走。临走时,"姜公辅叩马言曰:'朱泚尝为泾帅,坐弟滔之故,废处京师,心尝怏怏。臣谓陛下既不能推心待之,则不如杀之,毋贻后患。今乱兵若奉以为主,则难制矣。请召使从行。'上仓猝不暇用其言,曰:'无及矣。'遂行。"这样,泾原乱军就果然推奉朱泚,居于宫中,并由朱泚来组织临时政权。后德宗初至奉天,有人上言:"朱泚为乱兵所立,且来攻城,宜早修守备。"但时任宰相的卢杞却以为"朱泚忠贞,群臣莫及","上亦以为然"。而姜公辅仍进谏,应对朱泚深加防备,加强防卫,这样才能"有备无患"。后朱泚兵果至,因德宗所驻之地,兵力已有积聚,"城人为之增气",故迫使朱泚兵退。此时随德宗出走者翰林学士有六七人(详见有关传记),其较关切军情政事者当推姜公辅,可能也正因此,德宗就于当年十月丁巳,即命姜公辅与刑部尚书萧复、刑部侍郎刘从一,"并以本官同中书门下平章事",

同居相位(以上均见《通鉴》卷二二九)。

韦执谊《故事》在记姜公辅"改京兆府户曹,又充"后,接云:"迁大谏、平章事。"丁《记》也于"四年四月改京兆府户曹军"后,记为"拜谏议大夫,平章事"。《旧唐书·德宗纪》上,于建中四年十月丁巳记:"以吏部尚书萧复、刑部侍郎刘从一、谏议大夫姜公辅并以本官同中书门下平章事。"姜公辅是唐朝由翰林学士直接提升为宰相的第一人。此前肃宗时翰林学士董晋,隔两朝,至德宗贞元时才拜相;代宗时常衮,虽在代宗本朝拜相,但出院后隔了好几年,累任其他官职,后才入相。

不过姜公辅入相后,不到半年即被罢免,这与德宗个人的好恶有关。兴元元年(784)二月,因李怀光反叛,德宗又自奉天奔赴梁州(州治兴元府,今陕西汉中)。三月"庚寅,车驾至城固。唐安公主薨,上长女也"(《通鉴》卷二三〇)。《旧传》于此记为:"上悲悼尤甚,诏所司厚其葬礼。"姜公辅则进谏:"非久克复京城,公主必须归葬,今于行路,且宜俭薄,以济军士。"应该说,在当时战乱中,姜公辅这一建议是合乎情理的,但却使德宗大怒,对时为翰林学士的陆贽云:"唐安夭亡,不欲于此为茔垅,宜令造一砖塔安置,功费甚微,不合关宰相论列。姜公辅忽进表章,都无道理,但欲指朕过失,拟自取名。朕比擢拔为腹心,乃负朕如此!"

今存陆贽奏议,有《兴元论解姜公辅状》、《又答论姜公辅状》(《陆宣公集》卷一五),两《唐书》本传即据陆贽这两份奏议,记叙姜公辅为德宗罢免事。陆贽曾对德宗所谓"造塔役费微小,非宰相所论之事"提出异议,认为朝中议事,"但问理之是非,岂论事之大小",以造塔而论,"若造塔为是,役虽大而作之何伤;若造塔为非,费虽小而言者何罪"。德宗对此不满意,再遣宦官宣谕,谓姜公辅才行,实不配为相,朕在奉天时就拟将其罢免,并与其谈过,后因李怀光事起,就拖延下来,姜当知朕本意,就以造塔立论,"卖直取名"。陆贽虽然再上奏解释,并直言:"今陛下以素欲废罢公辅之心,而谓其所行皆非良善,则是迁怒而积愤之气未平也。"德宗还是于兴元元年四月将姜公辅罢免为左庶子。《旧唐书·德宗纪》上,兴元元年四月"甲寅,以谏议大夫、平章事姜公辅为左庶子"。

《旧传》接云:"寻丁母忧,服阙,授右庶子,久之不迁。"按:《唐会要》卷七一《州县改制》条,金州,有云:"石泉县,圣历元年改为武安县,神龙元年改为石泉县,后废;贞元元年十二月,刺史姜公辅请复置之,从之。"又贺次君点校本《元和郡县图志》之"阙卷逸文"卷一,山南道金州,有引《舆地纪胜》云:"石泉县,贞元元年刺史姜公辅奏置。"均记姜公辅于贞元元年(785)在金州刺史任①。由此,则姜公辅于兴元元年四月罢为左庶子,可能德宗返京后改任其为金州刺史,后因丁母忧,罢职。其授金州刺史,时间虽不长,可补两《唐书》本传之缺,故值得一提。

后贞元八年(792)四月,陆贽拜相,姜公辅当因"久之不迁",长期居右庶子之闲职,就"以有翰林之旧,数告贽求官"。陆贽大约感到为难,乃"密谓公辅曰:'予尝见郴州窦相,言为公奏拟数矣,上旨不允,有怒公之言。'公辅恐惧,上疏乞罢官为道士,久之未报。后又廷奏,德宗问其故,公辅不敢泄贽,便以参言为对。帝

---

①金州,其辖境相当今陕西南部石泉、旬阳等地,沿汉水。

怒,贬公辅为泉州别驾"(《旧传》)。《新传》略同。这里牵涉到窦参之事。按:窦参于贞元五年(789)二月与董晋同时入相,八年(792)四月被贬为郴州别驾,这涉及与陆贽矛盾事,详见后陆贽、吴道玄传,此不赘。姜公辅之所以向德宗言及窦参,当以为窦已外贬,无所顾忌,但不料又引起德宗的嫉恨,即更将他外贬。时在贞元八年十一月:《旧唐书·德宗纪》下,贞元八年十一月"己巳,贬右庶子姜公辅泉州别驾"。

泉州在福建,当时也算是僻远之地,而且终德宗朝后期十余年,未予量移,至"顺宗即位,起为吉州刺史,寻卒"(《旧传》)①。顺宗永贞元年为公元805年,则姜公辅外贬已有十四年,如顺宗未接位,即不可能有改授之命。德宗对朝臣之贬,往往是贬其终身的,如另一翰林学士陆贽,也于任相时贬忠州别驾,从贞元十一年(795)四月起,也于顺宗即位后才下诏追回,但也已卒于任。

《旧传》末云:"宪宗朝赠礼部尚书。"时在宪宗元和元年(806)二月:《旧唐书》卷一四《宪宗纪》上,元和元年二月癸卯,"赠故吉州刺史姜公辅礼部尚书"。姜公辅于永贞元年三月虽诏为吉州刺史,但当未就任即卒,《旧纪》此处仍称其为吉州刺史。

姜公辅曾与柳宗元之父柳镇交友。柳宗元《先君石表阴先友记》,第二位即姜公辅,云:"姜公辅,为内学士,以奇策取相位。好谏诤,免。后以罪贬,复为刺史,卒。"(《柳宗元集》卷一二)所谓

---

① 按:韩愈《顺宗实录》卷二,记永贞元年三月壬申,"以故相抚州别驾姜公辅为吉州刺史"(《韩昌黎文集校注》外集下卷)。此云"抚州",当误。

"以奇策取相位"，当指议朱泚事。可见姜公辅在贞元、元和时，是有一定声誉的。

《新唐书·艺文志》未有记其著述。今所存者仅文两篇：《白云照春海赋》、《对直言极谏策》（《全唐文》卷四四六）。《白云照春海赋》或为州府试试题。在翰林学士任期无制诰传世。

赵宗儒

赵宗儒，两《唐书》有传，见《旧唐书》卷一六七，《新唐书》卷一五一。《旧传》仅云"赵宗儒字秉文"，未载籍贯，《新传》则云"邓州穰人"。《新唐书》卷七三下《宰相世系表》三下，南阳赵氏，著录有赵宗儒。据《元和郡县图志》卷二一，邓州属山南道，所属县即有穰、南阳等，则《新传》所载与《新表》合。

《旧传》记其父骅，官为秘书少监。《新传》记赵骅事较详，谓字云卿，开元中擢进士第，曾任地方县丞。曾因陷于安禄山军，被贬为晋江尉；后召入朝，历任左补阙、比部员外郎。与当时著名文人如殷寅、颜真卿、柳芳、陆据、萧颖士、李华、邵轸等交友，齐名，时人称为"殷颜柳陆，李萧邵赵"，"谓能全其交也"。这也是赵宗儒所受的家世教养。

《旧传》："宗儒举进士，初授弘文馆校书郎。满岁，又以书判入高等，补陆浑主簿。数月，征拜右拾遗，充翰林学士。"《新传》略同。赵宗儒何年进士及第，未有确记，故清徐松《登科记考》列于未有确年之卷二七。韦执谊《翰林院故事》"建中已后"第三人为赵宗儒，云"拾遗充"。丁居晦《重修承旨学士壁记》则具体记为："建中元年，自左拾遗充。"《旧纪》记为"右拾遗"，有小异。据前姜公辅传，很可能与姜公辅、归崇敬同时于建中元年（780）三月后入为翰林学士。

按：据《旧传》，赵宗儒卒于文宗大和六年（832），年八十七，则当生于玄宗天宝五载（746）。建中元年入翰林时，为三十五岁。

据丁《记》，赵宗儒于建中"四年加屯田员外郎，依前充"。按：赵宗儒与姜公辅同于建中元年以左拾遗入，姜公辅于建中四年四月由左拾遗改迁为京兆府户曹参军，《旧唐书·姜公辅传》称其"岁满当改官"，也就是，按官制，已满三年，经考核，可以擢迁。赵宗儒当也与姜公辅同于建中四年四月，由左拾遗（从八品上）迁为尚书省工部屯田员外郎（从六品上）。不过赵宗儒不久即因事出院。丁《记》谓同年（即建中四年）"十一月，出守本官"（韦执谊《翰林院故事》亦谓"出守本官"，但未记年月）。《旧传》仅云"丁父忧"，《新传》记赵骅事，则谓："泾原兵反，骅窜山谷，病死，赠华州刺史。"按：泾原乱兵于建中四年十月入长安，德宗出走，赵骅当于此时逃至长安附近山谷，寻又病死，赵宗儒于是年十一月出守本官，当与此合。

《旧传》记赵宗儒居父忧，免丧后，复为司门、司勋员外郎。又据《唐会要》卷五八《考功郎中》条，赵宗儒于贞元六年（790）由司勋员外郎迁考功郎中，则其任司勋员外郎当在贞元初期，也就是出翰林学士院后数年间。可以注意的是，这时赵宗儒已颇有文名。柳宗元于元和前期曾致函赵宗儒，时赵为荆南节度使（详后)。柳宗元《上江陵赵相公寄所著文启》①,首云:"往者尝侍坐于崔比部,闻其言曰:'今之为文,莫有居赵司勋右者。'自是恒欲饰其所论著,荐之阁下,病其未就,将进且退者殆十数焉。"此处所云的崔比部为崔鹏,字元翰,两《唐书》有传,见《旧唐书》卷一三七,《新唐书》卷二〇三《文艺传》。《旧唐书·崔元翰传》,载窦参于贞元五至八年间在相位时,曾"用为知制诰,诏令温雅,合于典谟";《旧传》又称:"其对策及奏记、碑志,师法班固、蔡伯喈,而致思精密。"贞元时有文坛卓誉者权德舆曾为其文集作序,称其文"如黄钟玉磬,宏璧琬玉,奏于悬间,列在西序。其彰彰者,虽汉庭诸公,不能加也"(《比部郎中崔君元翰集序》,《全唐文》卷四八九)。又据前所引柳宗元所作书启,崔元翰当时称赵宗儒为"赵司勋",即赵在司勋员外郎任,也就是贞元前期。有如此盛名的崔元翰,竟称之为:"今之为文,莫有居赵司勋右者。"赵宗儒虽已离翰林学士院,但也不过几年,可见赵任翰林学士时颇有文名,并与当时著名文士有所交往。柳宗元于贞元五年(789),年十七,即已应进士试,但连续几年,都未登第,至贞元九年(793)始中进士。《柳宗元集》卷三三《与杨诲之书》:"吾年十七,求进士,四年乃得举。"这几年中他已是准备向赵宗儒进文,以求举荐。

赵宗儒主要仕历是在出院以后。据《旧传》,德宗时,贞元六年(790)由司勋员外郎迁考功郎中,后丁母忧;终丧,授吏部郎中。十一年(795),迁给事中。十二年(796)十月,与谏议大夫崔损同日以本官同中书门下平章事,这是德宗朝曾任翰林学士后为宰相

---

① 见《柳宗元集》卷三六,中华书局点校本,1979 年。

的第三例(前为姜公辅、陆贽)。但不到两年,贞元十四年(798)闰五月,罢相,为左庶子①。居此虚职达六年,后迁为吏部侍郎。宪宗朝,有数次外任节镇②。元和元年至三年(806—808),为东都留守,还为礼部尚书③。寻又为江陵尹、荆南节度使,元和六年(811)四月召入朝为刑部尚书。七年(812)正月,又出任兴元尹、山南西道节度使(按:《旧传》云八年,误,《旧唐书·宪宗纪》确记为元和七年正月己巳)。至九年(814)三月,入朝为御史大夫。同年七月,又出任河中尹、河中晋绛等州节度使,至元和十二年(817)。后入朝,为吏部尚书。中唐时,翰林学士在出院后,多有出任地方节镇者,这也值得作综合性的考察、研究。

此后,历穆宗、敬宗、文宗,史称其"怯不任事",故多挂虚衔,如太子少傅、太常卿④、太子少师、太子太保、太子太傅等。《旧传》于传末评曰:"宗儒以文学进,前后三镇方任,八领选部,略于仪矩,切于治生,时论以此少之。"

赵宗儒于元和前期与朝臣、文士亦有诗文交往。宋计有功《唐诗纪事》卷四五记有赵宗儒《和黄门相公诏还题石门洞》诗,注:"黄门,武元衡也。"诗云:"益部恩辉降,同荣汉相还。韶芳满

---

① 《全唐文》卷五三德宗《罢赵宗儒平章事诏》有云:"给事中、平章事赵宗儒,早以文学,累更职任,自居枢近,颇历岁时,虽凤夜载勤,而政理犹郁,式移秩序,以叶朝经。可太子右庶子。"
② 可参郁贤皓《唐刺史考全编》,安徽大学出版社,2000年。
③ 见朱金城《白居易集笺校》卷五七《与宗儒诏》。
④ 《全唐文》卷六四八有元稹《授韦皋吏部尚书赵宗儒太常卿制》、《授赵宗儒尚书左仆射制》。按:元稹于穆宗初曾入朝为知制诰、翰林学士,此两制当此时期作。

归路,轩骑出重关。望日朝天阙,披云过蜀山。更题风雅韵,永绝翠岩间。"《全唐诗》卷三一八载赵宗儒诗一首,即此诗,当即据《唐诗纪事》。又,赵宗儒所和之武元衡原作,见《全唐诗》卷三一六,题为《元和癸巳,余领蜀之七年,奉诏征还,二月二十八日清明,途经百牢关,因题石门洞》,首云:"昔佩兵符去,今持相印还。"元和癸巳为元和八年(813)。

按:武元衡于元和初与李吉甫、郑絪同在相位。元和二年(807)十月,蜀中之乱平,需有人治理,即任武元衡为剑南西川节度使,赴蜀途中有诗寄李吉甫、郑絪。后李吉甫出为淮南节度使,二人亦有诗唱酬。元和六年(811)正月,李吉甫再次入相;八年(813)正月,武元衡也召入,与李吉甫等共居相位①。武元衡此诗当于元和八年二月由蜀返京途中经百牢关作。而此时赵宗儒正在山南西道节度使任,当为武元衡途经兴元府时,以诗相交,赵特为撰此和作。

又,前曾提及柳宗元《上江陵赵相公寄所著文启》,据前所述,赵宗儒约于元和三四年间为江陵尹、荆南节度使,元和六年返朝。柳宗元此时尚在永州贬所。柳宗元在永州,不时上书给京中友人及方镇大臣,如李吉甫于元和五年在淮南节度使任时,柳宗元就有《上扬州李吉甫相公献所著文启》(《柳宗元集》卷三六),抒其不平之感慨,并望其荐引。他上书致赵宗儒,也是如此,中有云:"谨献杂文十首,傥还以数字,定其是非,使得存于世,则虽生与蛮夷居,魂与魑魅游,所不辞也。"《柳宗元集》卷三五又有《贺赵江

---

① 参傅璇琮《李德裕年谱》(修订版),河北教育出版社,2001年。

陵宗儒辟符载启》,当也同时前后所作,首云:"伏闻以武都符载为记室,天下立志之士,杂然相顾,继以叹息,知为善者得其归向,流言者有所间执。直道之所行,义风之所扬,堂堂焉实在荆山之南矣。幸甚幸甚!"按:符载于贞元时曾在韦皋西川节度使幕府,有文才。后韦皋卒,刘辟擅立,宪宗于元和初遣军平定之,其幕府文人多另有所授,唯符载遭忌嫉,未得其职,赵宗儒在江陵,聘其入幕府。柳宗元于此贺启中既赞誉赵宗儒之赏识人才,同时又出于自己的意望,文末云:"巧言难明,下流多讪,自非大君子出世之气,则何望焉!瞻望清风,若在天外,无任感激欣跃之至。"但现有材料,未见赵宗儒之回应。

按:《柳宗元集》卷三五另有《上广州赵宗儒尚书陈情启》,中华书局出版之点校本,其所附注引"孙曰",谓赵宗儒尝为广州节度使,元和元年四月,以安南都护赵昌为广州刺史、岭南节度使,"则此启当是与昌,而后来传写误耳"。此说是。据《旧唐书·宪宗纪》,元和元年四月"壬寅,以前安南经略使赵昌为广州刺史、岭南节度使",三年四月"乙亥,以岭南节度使赵昌为江陵尹、荆南节度使"。《柳宗元集》卷二二《送赵大秀才往江陵谒赵尚书序》,亦称此赵尚书"由交、广临荆州",并云"自吾窜永州三年",亦与赵昌任职时合①。

《全唐文》卷四三八载赵宗儒文二篇,一为《请权罢应制奏》,实即《旧传》所载"穆宗即位,以初释服,令尚书省官试先朝所征集

①岑仲勉《唐集质疑》亦有考及《上赵昌尚书启》,所见同,可参。见《唐人行第录》后附,中华书局上海编辑所,1962年。

应制举人,宗儒奏曰"之奏议。另一为《顺宗至德大圣大安孝皇帝哀册文》,记元和元年正月十九日"太上皇"崩,七月十一日迁葬于丰陵,此与《旧唐书·宪宗纪》记顺宗于元和元年正月甲午卒,七月壬寅葬丰陵合。而《旧唐书·赵宗儒传》谓"德宗崩,顺宗命为德宗哀册文,辞颇凄恻",以顺宗哀册文为德宗哀册文,显误。

归崇敬

归崇敬,两《唐书》有传,见《旧唐书》卷一四九,《新唐书》卷一六四。《旧传》:"归崇敬字正礼,苏州吴郡人也。"《新传》同。《元和姓纂》亦记为吴郡人。《旧传》虽历记其曾祖、祖、父名,但皆云因崇敬故,赠官,可见归崇敬家世并不显著。

《旧传》:"崇敬少勤学,以经业擢第。"未记科第名。《新传》则具体记为:"天宝中,举博通坟典科,对策第一,迁四门博士。"徐松《登科记考》卷九则列于玄宗十载(751)博通坟典科,谓:"柳宗元《四门助教厅壁记》:'归崇敬,天宝中举博通坟典科,对策第一。'《苏州府志》列于是年。"经查《柳宗元集》卷二六《四门助教厅壁记》,并无此语(据中华书局点校本),仅于"归散骑由是为左拾遗"句下引"韩曰",有此数语(按:"韩曰"实出于《新传》,见前引)。《苏州府志》或记有天宝十载,与《新传》之"天宝中"合,当是。但《登科记考》于同年又记归崇敬复以"才可宰百里"科及第,所据亦仅为《新传》。实则《新传》于"迁四门博士"后叙云:"有诏举才可宰百里者,复策高第,授左拾遗。"而《旧传》则明确记为:"天宝末,对策高第,授左拾遗。"由此,归崇敬当于天宝中期登博通坟典科,为四门助教,天宝末又举试才可宰百里科,登科后改授左拾遗。《登科记考》所记当有误,今加订正。

又,柳宗元此文为贞元时作,他特地将归崇敬与贺知章并提,认为四门助教官位虽低,但"非博雅庄敬之流,固不得临于是,故有去而升于朝者",因此"贺秘书由是为博士,归散骑由是为左拾遗"。柳文此处提及归崇敬称其为"散骑",系归崇敬后任翰林学士时所带之官衔(详后)。

此后,归崇敬官职迁转,《旧传》记为:"改秘书郎,迁起居郎、赞善大夫,兼史馆修撰,又加集贤殿校理。以家贫求为外职,历同州、润州长史,会玄宗、肃宗二帝山陵,参掌礼仪,迁主客员外郎。又兼史馆修撰,改膳部郎中。"

这里值得一提的是,归崇敬于代宗大历三年(768)出使新罗,当时在京多位诗人曾作诗饯送。据《唐会要》卷九五《新罗》条,大历二年(767),新罗国主宪英卒,"册立其子乾运为王";"三年二月,命仓部郎中归崇敬兼御史中丞持节册命,又册乾运母为太妃"。《旧唐书》卷一九九上《东夷·新罗传》亦记为大历三年。归崇敬此次出行时,当时在京诗人以《送归中丞使新罗》为题作诗相送的,有皇甫冉(《全唐诗》卷二五〇)、皇甫曾(同上,卷二一〇)、耿湋(同上,卷二六九)、李端(同上,卷二八六),吉中孚亦有《送归中丞使新罗吊祭册立》(同上,卷二九五)①。独孤及且特为

---

① 参陶敏、李一飞、傅璇琮著《唐五代文学编年史·中唐卷》大历三年,辽海出版社,1998年。

作序,其《送归中丞使新罗吊祭册立序》(《全唐文》卷三八七),称:"今天子以公身衣儒服,力儒行,行之修可移于官,学之精可专对四方,是故公任执法之位,且使操节以济大海,颁我王度于大荒之外。"可见归崇敬于早期即与文士颇有交往,且有声誉。

两《唐书》本传对归崇敬此次出行,评价甚高,云:"至海中流,波涛迅急,舟船坏漏,众咸惊骇。舟人请以小艇载崇敬避祸,崇敬曰:'舟中凡数十百人,我何独济?'逡巡,波涛稍息,竟免为害。故事,使新罗者,至海东多有所求,或携资帛而往,贸易货物,规以为利;崇敬一皆绝之,东夷称重其德。"《新传》所记略同。

归崇敬出使返回后,即授国子司业,兼集贤学士,"与诸儒官同修《通志》,崇敬知《礼仪志》,众称允当"(《旧传》)。后虽因事出贬为饶州司马,但旋即入朝,德宗即位第二年,就将他召入为翰林学士:"建中初,又拜国子司业,寻选为翰林学士,迁左散骑常侍。"(同上)

丁居晦《重修承旨学士壁记》:"归崇敬:建中元年自国子司业充;四年,迁左散骑常侍。"归崇敬当与姜公辅、赵宗儒同时于建中元年(780)三月被召入(参见前姜公辅、赵宗儒传)。按:国子司业从四品下,左散骑常侍本为从三品,代宗广德二年(764)升为正三品(《旧唐书·职官志》二),相当于尚书省各部尚书。以如此高品阶入院,这不仅是德宗朝,就是此前如肃、代等朝似也未有。这当与他在入院前已有长期仕历有关。

又据《新传》,归崇敬卒于贞元十五年(799),年八十八①,则

---

① 《旧传》谓年八十,似不确,现即据《新传》。

生于玄宗先天元年(712),建中元年入院时已六十九岁,这也是此时前后任翰林学士年龄最高的。

归崇敬在学士院内官衔的迁转,据丁《记》,建中四年(783)迁左散骑常侍,贞元七年(791)六月除检校户部尚书兼本官;七月,迁正工部尚书。八年(792),除兵部尚书,致仕,出院。韦执谊《故事》则谓左散骑常侍后,为"户曹又充",以户部尚书为户曹,不确。又,《旧唐书·德宗纪》下,贞元七年"八月己丑,以翰林学士归崇敬为工部尚书"。八月己丑即八月一日,与丁《记》所记七月,稍有异。《旧纪》于贞元八年七月甲寅朔,又记:"以翰林学士归崇敬为兵部尚书,致仕。"可补丁《记》仅记"贞元八年",未记七月。

《旧唐书·德宗纪》下,贞元十五年(799)四月"乙未,特进、兵部尚书归崇敬卒"。《旧传》谓因其卒,"废朝一日,赠左仆射"。其子登,宪宗时曾任兵部侍郎,兼判国子祭酒事,迁工部尚书,有文誉。登子融,文宗时为翰林学士(详后传)。

《新唐书》卷六○《艺文志》四,集录别集类著录有《归崇敬文集》二十卷。南宋时晁、陈二志未记,当北宋中期后已不传。《全唐文》卷三七九载其文四篇,皆议礼仪之奏疏,均本两《唐书》本传。

陆　贽

陆贽,两《唐书》有传,见《旧唐书》卷一三九,《新唐书》卷一五七。另有权德舆《唐赠兵部尚书宣公陆贽翰林集序》[1]，韩愈《顺宗实录》卷四《陆贽传》[2]。权德舆、韩愈皆与陆贽同时，所记详实，两《唐书》本传多采权《序》与韩《传》。

当代有关陆贽生平研究及著作评论，亦不少，较著者有于景祥《陆贽研究》（辽宁人民出版社，1998年），王素《陆贽评传》（南京大学出版社，2001年），刘泽民校点《陆宣公集》（浙江古籍出版社，1998年）。均可参。

权《序》："公讳贽，字敬舆，吴郡苏人。"韩《传》同。两《唐书》本传均谓苏州嘉兴人。据《元和郡县图志》卷二五江南道浙西观察使，所属州有苏州、吴郡，嘉兴则为所属县之一（即今浙江嘉兴）。

权《序》："溧阳令侃之子。"《元和姓纂》卷十、《旧传》同，韩《传》与《新传》未记。《新唐书》卷七三下《宰相世系表》三下，则记其父名灏，吏部郎中。据有关论著考证，《新表》误[3]。

《旧传》："贽少孤，特立不群，颇勤儒学。"则其父早卒。《旧传》又云："年十八，登进士第。"权《序》、韩《传》、《新传》均同。按：陆贽卒于顺宗永贞元年（805），年五十二（详后）。由此，则当生于玄宗天宝十三载，年十八登进士第，则为代宗大历六年（771）。唯《郡斋读书志》卷一七著录《陆贽奏议》十二卷、《翰苑

---

[1]《全唐文》卷四九三；又见霍旭东校点《权德舆文集》卷二三，甘肃人民出版社，1999年。

[2]见马其昶校注《韩昌黎文集校注》外集下卷，上海古籍出版社，1986年；又阎琦校注《韩昌黎文集注释》卷十，三秦出版社，2004年。

[3]参见刘家钰、张扬《陆贽家世考辨》，《文献》1990年第3期。

集》十卷,注谓"大历八年进士"。清徐松《登科记考》卷十,虽引《顺宗实录》"年十八进士及第",但仍据晁《志》,系于大历八年。当前研究者多以为晁《志》与徐《考》均误,应据权《序》等所记卒年、年岁推计,其登第年为大历六年①。实则据徐《考》卷十,卢景亮可确定为大历六年进士及第,《文苑英华》卷一八四"省试诗",有卢景亮与郑絪《寒夜闻霜钟》,即当为大历六年进士试诗。而《文苑英华》卷一八七"省试诗",有陆贽、周存、员南溟、常沂《禁中春松》诗,周存、员南溟、常沂均为大历八年进士及第者。这应为确证之材料。晁《志》明载大历八年,晁公武当见到南宋前期尚传存之唐登科录材料。同是南宋前期的计有功,其《唐诗纪事》卷三二陆贽条,即记为"大历八年试《禁中春松》"。由此,则权《序》等所记年十八登第之年如不误,则其生年应为肃宗至德元载(756),惟其卒时年岁当为五十,非五十二。

《唐诗纪事》卷三二又载钱起《喜贽擢第还苏州》诗:"乡路归何早,云间喜擅名。思亲卢桔熟,带雨客帆轻。夜火临津驿,晨钟隔浦城。华亭养仙羽,计日再飞鸣。"《全唐诗》卷二三七亦载,题作《送陆贽擢第还苏州》。按:据《旧唐书》卷一六八《钱徽传》,徽(钱起子)为吴郡人。钱起与陆贽同乡,当早已相识,故及其登第还家,特作诗相送,祝贺。又据《唐才子传校笺》,卷四钱起传笺②,钱起约生于睿宗景云元年(710)左右,则此时已六十余岁,

---

①如王素《陆贽评传》上编第二章第二节《应举》。
②傅璇琮主编《唐才子传校笺》第二册卷四《钱起传》,傅璇琮笺,中华书局,1989年。

在长安,任司勋员外郎(参《唐文拾遗》卷四九怀素《自叙帖》,见《唐才子传校笺》第五册陶敏补笺)。

权《序》接云:"应博学宏辞科,授郑县尉,非其好也。省母归寿春,刺史张镒有名于时,一获晤言,大加赏识。"两《唐书》本传略同。郁贤皓《唐刺史考全编》卷一三〇,记张镒于大历十二年至十四年(777—779)五月为淮南寿州刺史。据此,则陆贽当于大历八年进士登第后,又应博学宏词试,授华州郑县尉,因不中意,罢秩后即归常州省母,途经寿州,谒见刺史张镒,当在大历十二三年间。

权《序》接云:"是岁,以书判拔萃,调渭南簿,御史府以监察换之。"《旧传》亦略谓:"又以书判拔萃,选授渭南县主簿,迁监察御史。"权《序》所谓"是岁",即陆贽谒见寿州刺史张镒之年,但亦未标具体年月。按:卢纶有《驿中望山戏赠渭南陆贽主簿》(《全唐诗》卷二七八):"官微多惧事多同,拙性偏无主驿功。山在门前登不得,鬓毛衰尽落尘中。"按:卢纶于大历中曾因元载、王缙之荐,历任阌乡尉、密县令、监察御史;后大历十二年三月,元载被贬赐死,王缙亦外贬,卢纶坐累罢官,但仍居长安,有时在洛阳(参见《唐五代文学编年史·中唐卷》)。由此,则卢纶此诗,当为卢纶于长安、洛阳途中作。可见卢、陆二人此前亦已相识。按:钱起与卢纶均为"大历十才子"名家,由此也可见陆贽早期与当时诗人已甚有交往。

又韩《传》、《新传》均作"渭南尉",现据卢纶诗,则当以权《序》、《旧传》为正,应作渭南主簿。不久,即入朝任监察御史,均在大历时。

代宗于大历十四年(779)五月卒,德宗接位,第二年改为建中元年(780)。陆贽于德宗即位后召入为翰林学士,但陆贽入院之时间,现研究者多有歧见,应加辨析。

　　权《序》:"德宗皇帝春宫时知名,召对翰林,即日为学士,由祠部员外郎转考功郎中。"《旧传》:"德宗在东宫时,素知贽名,乃召为翰林学士,转祠部员外郎。"《新传》略同,谓:"帝在东宫,已闻其名矣,召为翰林学士。"韩《传》于"迁监察御史"后,云:"未几,选为翰林学士,迁祠部员外郎。"按:权《序》所谓"即日",有些论著(如于景祥《陆贽研究》)即据此定陆贽入任翰林学士在大历十四年德宗刚即位时。又王素《陆贽评传》第二章《应举及初仕》,据陆贽《册蜀王妃文》、《册杞王妃文》都标有"建中二年十一月某日",即谓德宗建中二年(781)十一月某日召见陆贽,将此文作为试作,试作后以本官监察御史入居翰林,但又云尚是临时性的"使职"。按:《册蜀王妃文》、《册杞王妃文》见《陆宣公集》卷六,确皆标为"建中二年十一月某日"。此时陆贽尚未正式入院,作为监察御史,是不能作此制诰的。这当如白居易文集中"翰林制诰",中有非其任职时所作,岑仲勉特有考,认为非白居易之作(详后白居易传)。权《序》在文末,称其文集中"其关于时政,昭昭然与金石不朽者,惟制诰奏议乎;虽已流行,多谬编次",则权德舆当时已见到有人为陆贽编次制诰奏议,已有"多谬"。故《册蜀王妃文》是否陆贽所作,甚可疑,更不可能据此来考定陆贽入翰林的时间。

　　陆贽入院年月,当仍应依据丁居晦《重修承旨学士壁记》。

　　丁《记》中建中入院者为八人,陆贽列于姜公辅、赵宗儒、归崇敬三人之后,此三人皆于建中元年三月同时入(见前姜公辅等三人传）。丁《记》于归崇敬后，列陆贽，云："建中四年三月，自祠部员外郎充。"即陆贽先已为监察御史（正八品上），后迁祠部员外郎（从六品上），建中四年（783）三月，即以祠部员外郎入。韩《传》："迁监察御史，未几，选为翰林学士，迁祠部员外郎。"《旧传》亦云："乃召为翰林学士，转祠部员外郎。"则均以入为翰林学士后，再迁为祠部员外郎，不确。

丁《记》接云："其年十一月，转考功郎中。"《旧唐书》卷一二《德宗纪》上，建中四年十二月，"乙丑，以祠部员外郎陆贽为考功郎中，金部员外郎吴通微为职方郎中，翰林学士亦如故。"则丁《记》作十一月，误。权《序》谓："由祠部员外郎转考功郎中。朱泚之乱，从幸奉天。"按：德宗出奔奉天在建中四年十月，陆贽随行。权《序》将其迁考功郎中叙于随德宗赴奉天之前，亦不确。韩《传》、《旧传》虽未记迁考功郎中之具体年月，但均叙于随赴奉天以后，是。

丁《记》："兴元二年六月，迁谏议大夫。"按：《旧纪》兴元元年（784）六月癸丑记："考功郎中、知制诰陆贽，司封郎中、知制诰吉中孚，并为谏议大夫，水部员外郎顾少连为礼部郎中，并依前充为翰林学士。"与吉中孚、顾少连并记，当是。且兴元元年之第二年，正月丁酉朔，即宣制大赦，改元贞元，未有称兴元二年者，丁《记》云"兴元二年六月"，误，"二"当作"元"。又陆贽与吉中孚皆以尚书郎中兼知制诰，此亦为丁《记》所缺。谏议大夫为正五品上，较郎中高二阶。

丁《记》："十二月，转中书舍人。"《旧纪》兴元元年十二月，"辛卯，以谏议大夫陆贽为中书舍人，依前翰林学士"。丁《记》接云："贞元三年,丁忧。""六年,迁兵部侍郎,又加知制诰。"《旧唐书》卷一三《德宗纪》下,贞元六年二月,"丙戌,以中书舍人陆贽权兵部侍郎"。但未言复入翰林学士。韩《传》则确记为:"免丧,权知兵部侍郎,复入翰林。"两《唐书》本传同。

丁《记》:"七年,出守本官。"《旧纪》贞元七年(791)八月丙申,"翰林学士陆贽为兵部侍郎,罢学士"。关于陆贽出院的原因,牵涉当时人事纷争,后有详述。

此后,陆贽于贞元八年(792)春知贡举;四月,擢任宰相,以中书侍郎同中书门下平章事。但贞元十年(794)十二月,为户部侍郎裴延龄所谮,罢相,为太子宾客。贞元十一年(795)四月,又出贬为忠州(今重庆忠县)别驾。直至顺宗立,永贞元年(805)三月,下诏还朝。《顺宗实录》卷二记此事,有云:"德宗自贞元十年已后,不复有赦令。左降官虽有名德才望,以微过忤旨谴逐者,一去皆不复叙用。至是人情大悦。而陆贽、阳城皆未闻追诏而卒于迁所,士君子惜之。"

以下拟就三个方面论述其在翰林学士期间所表现的职能作用,即:一、直言朝政与撰写制诰;二、关于所谓陆贽"内相";三、陆贽与科举考试。

一、关于直言朝政与撰写制诰。

据前所述,陆贽生于肃宗至德元年(756),则其于德宗建中四年(783)四月入为翰林学士,年仅二十八岁。这不仅在当时,即使有唐一朝,如此年轻即入院为学士,也极稀见。可能也正因年轻,又加以他自少即"特立不群,颇勤儒学"(《旧传》),故敢直言时政得失。《通鉴》卷二二八建中四年八月载:"时两河用兵久不决,赋役日滋,(陆)贽以兵穷民困,恐别生内变,乃上奏,其略曰:'克敌之要,在乎将得其人。……是知立国之安危在势,任事之济否在人。'"后同年十月,因泾原兵乱,德宗出奔奉天,陆贽又上奏,据《通鉴》载,有云:"兵连祸结,行及三年,征师日滋,赋敛日重,内自京邑,外洎边陲,行者有锋刃之忧,居者有诛求之困,是以叛乱继起,怨讟并兴,非常之虞,亿兆同虑。唯陛下穆然凝邃,独不得闻。"《通鉴》于十一月又记:"上问陆贽以当今切务,贽以向日致乱,由上下之情不通,劝上接下从谏";并直言此次变乱将起时,"亿兆同忧,独陛下恬然不知,方谓太平可致"。元胡三省《通鉴》注,于此处评议云:"德宗致乱之事,诚如贽言","陆贽此言,诚足以箴砭德宗之失"。《通鉴》卷二三〇兴元元年二月又记陆贽谏言之事,胡三省于此处又注云:"为上追仇陆贽尽言而贬贽张本。"在另一处,胡注又谓:"此数语,曲尽德宗心事,异日安免追仇乎?"胡注确有所见。由此可见,翰林学士虽在宫中,能随时向皇帝进言,参预政事,但实话过多,就难免使祸难暗伏,结果使险境丛生。后白居易于元和十年(815)贬江州司马,他即认为此次之贬,其祸根即植于前数年在翰林学士期间之直言(详后宪宗朝白居易传)。

权《序》对陆贽代皇帝撰制诏书,是很注意陆贽主张应"痛自引过",有云:"尝从容奏曰:'此时诏书,陛下宜痛自引过,以感人心。昔禹汤以罪己勃兴,楚昭以善言复国。陛下诚能不吝改过,以言谢天下,俾臣草辞无讳,庶几群盗革心。'上从之。故行在诏书始下,虽武人悍卒,无不挥涕激发。议者以德宗克平寇乱,不惟神武之功,爪牙宣力,盖亦资文德腹心之助焉。"陆贽草制的《奉天改元大赦制》(《陆宣公集》卷一),确为德宗代言,自责错失,甚至有："天谴于上而朕不寤,人怨于下而朕不知";"上累于祖宗,下负于蒸庶,痛心靦貌,罪实在予"。这种君主自责之辞,不但在当时,在后世更不易见到。正因如此,收到很好的效果:"赦下,四方人心大悦。及上还长安明年,李抱真入朝,为上言:'山东宣布赦书,士卒皆感泣,臣见人情如此,知贼不足平也。'"(《通鉴》卷二二九)

陆贽的诏文,对后世影响是很大的。《宋史》卷三三八《苏轼传》记苏轼"比冠,博通经史,属文日数千言,好贾谊、陆贽书"。苏轼后入朝任官,特上奏,编校陆贽文集,其《乞校正陆贽奏议进御札子》中,还特别提及:"德宗以苛刻为能,而贽谏之以忠厚;德宗以猜疑为术,而贽劝之以推诚。"又如南宋时专辑录散体的真德秀《文章正宗》,因陆贽制诏为骈体,谓"以其词尚偶俪",故不选录,但于卷三所录两汉诏令后,特加按语云:"自汉及唐,唯兴元赦令,能兴起人心。"可见即使古文理论家,对陆贽骈文体制诏,也评誉极高。

《新唐书·艺文志》三,类书类,著录有陆贽《备举文言》二十卷,但未有说明。南宋晁公武《郡斋读书志》卷一四亦著录为二十卷,谓"总四百五十余门,议者谓大类《六帖》而文辞过焉"。后南宋王应麟《玉海》所记又较为具体,《玉海》卷二〇一据《中兴馆阁书目》,记云:"陆贽《备举文言》三十卷,摘经史为偶对类事,共四百五十二门。"这当是在翰林学士任职期间,因制诰用骈文体,骈文撰写注重对偶、用典,就特从经史等书,按类摘录,竟有四百五十二门。此书则南宋时尚存,后亡佚,由此也可见当时翰林学士,从写作的实用出发,对类书编纂是相当重视的。此可与宪宗时白居易于翰林学士任内编《白朴》一书参看(详宪宗朝白居易传)。

二、关于所谓陆贽"内相"。

过去往往把翰林学士称为"内相",意指处于宫中的宰相,而这宫中的宰相,其职权则是超过外面的正式宰相,而"内相"的称呼,则又认为是从德宗时的陆贽开始的。如前几年出版的一部《中国通史》,论述"隋唐官制"时就说:"受到皇帝信任的翰林学士,如德宗时的陆贽,还可以与宰相分庭抗礼,被目为'内相'。"①

把陆贽说成为"内相",通常即见于两《唐书》陆贽本传及《通鉴》。《旧唐书》卷一三八《陆贽传》云:"贽初入翰林,特承德宗异顾,歌诗戏狎,朝夕陪游。及出居艰阻之中,虽有宰臣,而谋猷参决,多出于贽,故当时目为内相。"《新唐书》本传所记更进一步,谓:"虽外有宰相主大议,而贽常居中参裁可否,时号内相。"《通鉴》卷二三〇德宗兴元元年二月,记德宗因李怀光反,不得不又从奉天出奔梁州,云:"贽在翰林,为上所亲信,居艰难中,虽有宰相,大小之事,上必与贽谋之,故当时谓之内相。"《通鉴》虽也有内相之说,但所记较为客观,只说德宗常与之谋议,并不像两《唐书》本传所说的那样,外面宰相所议决之事,还要由陆贽来"参裁可否"。

这里确有两个问题,一是"内相"之称是否即自陆贽始,二是当时作为翰林学士的陆贽,其权是否超过外廷的宰相。

自两《唐书》及《通鉴》记载后,一般确以为"内相之称,自唐

①见白寿彝主编《中国通史》第六卷第九册,上海人民出版社,1997年,第950页。

陆宣公始"①。但无论陆贽本人及同时人，都未有"内相"之说。与陆贽同时的权德舆于宪宗元和时作《陆宣公翰苑集序》，是最早全面评价陆贽政绩、文词之文，也没有"内相"之称，反而说："古人以士之遇也，其要有四焉：才、位、时、命也。仲尼有才而无位，其道不行；贾生有时而无命，终于一恸；惟公才不谓不长，位不谓不达，逢时而不尽其道，非命欤？"对陆贽的"不尽其道"，深为惋惜，根本没有"常居中参裁可否"之意。

历史上最早提及"内相"一词的，是李肇。李肇也是一位翰林学士，他于宪宗元和十四年（819）作《翰林志》，其中提到同为翰林学士的吴通微、吴通玄兄弟与陆贽有矛盾，"争恩不叶，甚于水火"，而吴氏兄弟也甚为德宗宠信，于是陆贽于贞元三年（787）上疏，主张把翰林学士的一种特权即起草朝政大令的制诏之权回归于外廷的中书舍人，但，"疏奏不纳"。李肇接云："贞元末，其任益重，时人谓之内相。而上多疑忌，动必拘防，有守官十三考而不迁，故当时言内职者，荣滞相半。"这里的内相，并非专指陆贽。因为陆贽于贞元十一年（795）因触怒德宗，就贬至忠州，整整十年，只到贞元二十一年（805）正月，德宗死，顺宗立，才下诏召回，而陆贽已死。李肇说的是德宗贞元晚期，谓那时学士的职任更重，当时称为内相。不过李肇又马上说，皇帝非常疑忌，对学士一举一动都防范得很严，甚至有十几年也不给以升官位的。由此可见，陆贽在翰林学士期内，并未有内相之称。

这里拟仍以陆贽为例，就翰林学士参预政治的角度，重点谈

_____

①见北宋时笔记莫君陈《月河所闻录》。

几件事,来论证过去所谓"虽外有宰相主大议,而贽常居中参裁可否"是否确实。

第一件事,关于当时宰相卢杞。建中四年十月,德宗仓促出奔,曾任西川节度使,后还朝挂一宰相虚衔的崔宁也与其他几个同僚随同西行。而在长安称帝的朱泚行反间之计,发布命令,假装封崔宁为相(中书令)。卢杞因与崔宁有个人私怨,就乘间陷害他,命令崔宁原来的一个部下伪造一封崔宁给朱泚的书信,使崔宁无以自辩。于是德宗听信卢杞,把崔宁杀死,并命陆贽起草诛杀崔宁的文书。陆贽对此是有怀疑的,就要求把崔宁给朱泚的信拿来看看,但卢杞只简单地回答"其书已失",根本不理陆贽的要求。结果崔宁被杀,而"中外称其冤"。以上见《旧唐书》卷一一七《崔宁传》。这里可见,当时任宰相的卢杞行其所当行,陆贽未能"居中参裁可否"。

第二件事,是关于宰相姜公辅的罢免。姜公辅是比陆贽早几年任翰林学士的,建中四年十月德宗刚从长安出走时,姜公辅曾建议先将当时居于长安的朱泚斩除,以免乱兵奉以为主(因朱泚是朱滔之兄,朱滔正在河北一带叛乱),但德宗仓促之间未听。德宗刚到奉天,有人报告朱泚已在长安称帝,但卢杞认为朱泚为人笃实,不会反,而姜公辅则建议应重兵加强防守德宗的住处,以防万一。后朱泚之兵果来进攻,德宗就因此赏识姜公辅,马上任命他为宰相(谏议大夫、同中书门下平章事)。这是德宗刚到奉天的第八天,也是唐代由翰林学士直接迁升为宰相的第一个(关于姜公辅,可参前姜公辅传)。

但不久就有变化。姜公辅当宰相的第二年,即兴元元年

（784）二月，本为唐大将、与朱泚作战的李怀光，在奉天附近反叛，德宗又匆忙逃奔梁州（今陕西汉中）。途中其长女唐安公主病亡，德宗就要为女儿在当地造一塔，并加厚葬，姜公辅加以劝阻。这就触犯了德宗，德宗与陆贽商议，想罢免姜公辅。今存陆贽奏议，有《兴元论解姜公辅状》、《又答论姜公辅状》（见《陆宣公集》卷一五），记叙此事。据此二状所记，德宗曾遣宦官告知陆贽，造塔的费用并不多，这不应该是宰相所论之事，姜公辅之所以如此，"但欲指朕过失，拟自取名"。陆贽回答，谓姜公辅是以谏议大夫入相的，以事相谏，乃其职分，并非过当。又对德宗所谓"造塔役费微小，非宰相所论之事"提出异议，认为朝中议事，"但问理之是非，岂论事之大小"，以造塔而论，"若造塔为是，役虽大而作之何伤；若造塔为非，费虽小而言者何罪"。德宗对此不满意，再遣宦官表示，说姜公辅的才行，实不配当宰相，我早在奉天时就想把他罢免了，也曾与他谈过，后因李怀光事起，就拖延下来，姜知道我的本意，就故意以造塔之论，来"卖直取名"。陆贽虽然再上奏解释，但只能是说一些虚词了。这样，就于兴元元年四月将姜公辅降为左庶子，姜公辅在相位不到七个月。姜的罢相制文是由陆贽起草的。可以注意的是，制文中说姜公辅"自处台司，累疏陈乞，忌满思退，持盈守谦。留中久之，重难其请，式光扬抑，俾尹宫坊"。就是说，姜早已提出要辞去相位，而皇上则又几次留他，实在难于其请，只好如此。这完全是官场套话，对两方面都保留面子，可见翰林学士草拟公文实在有很大难处的。

第三件也有关宰相之事。建中四年十月，萧复同时与姜公辅任为宰相。他在任相不久，曾向德宗进言，说宦官宜在宫中供奉，不应委以兵权国政，德宗听了不高兴。萧复后又言德宗即位以来，重用杨炎、卢杞，而杨、卢二人干扰朝政，以致造成现在的动乱。有一次他与卢杞共同奏事，当着德宗的面，说："卢杞言不正！"德宗大怒，事后向左右说："萧复轻朕！"就于兴元元年元月，借口国家赋税，多出于江淮，应派大臣前去宣慰，即任命萧复仍带着宰相的官衔而为江南宣慰使（《通鉴》卷二二九记此事，司马光特加一句："实疏之也。"）。同时，德宗又派遣宦官，向陆贽告知此事，还特地说，萧复最初接受这一任命，后又联络另一宰相及其他朝臣，想挽留他，问陆贽如何处置。陆贽有《奉天论解萧复状》（《陆宣公集》卷一四），回答很得体，说："臣缘自到行在，常居禁中，向外事情，视听都绝，忽承顾问，莫测端由。"表示他不过问外廷的人事。同时他还是为萧复辩解，认为他"用虽不周，行则可保"，绝不会"翻覆挟奸"，至于或遣或留，还是建议再向朝中大臣征求意见。后萧复出使回来，又对朝政有所议论，德宗更不高兴，索性把他相位罢免。陆贽虽也有所奏议，但德宗根本不听。可见翰林学士作为"天子之私人"，处境也是很难的。

　　第四件，也就是陆贽在翰林学士任期内参预政治的最后一件事，牵涉到他是如何被排除出院的。原来与他同年入学士院的，有吴通微、吴通玄兄弟二人。兄弟二人，同一年被任为翰林学士，这在历史上是少见的，而所以能如此，又与德宗个人有关。据《旧唐书》卷一九〇《吴通玄传》，吴氏兄弟之父道瓘原为道士，"善教诱童孺"，代宗大历时被召入宫中，"为太子、诸王授经"，吴通玄弟兄也因此能出入宫掖。当时德宗为太子，既有这一层原因，再加上吴通微、吴通玄也善作文，文采绮丽，于是就被召入院。

但不久，吴氏兄弟就与陆贽发生矛盾。《旧唐书·吴通玄传》载："陆贽富词藻，特承德宗重顾，经历艰难，通玄弟兄又以东宫侍上，由是争宠，颇相嫌恨。"这是唐代翰林学士内部的第一次人事纷争，这种纷争以后在每一朝经常都会发生，这也是翰林学士研究值得注意的现象。陆贽是有政见、有文采的人，但性格也有偏急。就在贞元三年(787)索性提出，把起草制诏的职权返归于中书舍人。德宗出于牵制宰相之权，又要在身边有一个咨询班子，当然不会同意。正好这一年陆贽因母卒，丁忧出院，至贞元六年(790年)二月才免丧又入院。而吴氏兄弟正好乘陆贽出院期间，与宰相窦参联结。过了一年，他们想办法，于贞元七年八月让陆贽出任兵部侍郎，并让他准备主持明年春天的贡举考试，于是就正式把他挤出学士院。《通鉴》卷二三三记陆贽此事，特别加了一句话："窦参恶之也"。《旧唐书·吴通玄传》则谓"皆通玄谮之也"。实际上，则是内部的翰林学士与外廷的宰相，互相联结，共同把陆贽排除的。这里也可见，翰林学士作为文人参预政治，在整个中枢机构，其个人实没有什么基础。

不过过了不久，吴通玄与窦参也出了事。原来窦参有族子窦申，得到窦参宠信，而对外则招权纳贿。窦申同时又是李则之的族甥，李则之是李唐宗室，嗣虢王，其先世为唐高祖第十四子。李则之于贞元初为左金吾卫大将军，算是高位。吴通玄与窦参虽把陆贽排除出学士院，还想继续陷害他，于是通过窦申与李则之勾结，买通人上书，诬告陆贽于贞元八年春知贡举，收受贿赂，所选人士不实。这引起德宗的注意，德宗也有耳目，察知窦参等互相联络的情况，反而把李则之、窦参、窦申贬逐，窦参与吴通玄不久还被处死。为什么德宗这次处分得如此严厉呢？从史书的一些记载看，他倒并非一定站在陆贽一边，他有他自己的想法。他在答复陆贽的一份奏议中，说窦参"此人交结中外，意在不测"；又说："窦参在彼，与诸戎帅交通，社稷事重。"（《陆宣公集》卷一九《商量处置窦参事体状》、《奏议窦参等官状》）德宗作为一个君主，对宰相交结中外，尤其是外结方镇，内结翰林学士，更不放心。第二，据史书记载，吴通玄曾取李唐宗室一个女子为外妇（情妇），为德宗所知，这也犯了忌讳，德宗认为是"污辱近属"。而且作为宫中的翰林学士，既与宰相勾结，又与高位的宗室联通，这更犯了大忌，因此德宗也要把吴通玄杀死。

这时吴通玄之兄吴通微总算未卷入纷争，未受罪。《旧唐书·吴通微传》载："通玄死，素服待罪于国门，帝特宥之，通微竟不敢为丧服。"自此吴通微就谨慎小心，一直到贞元十四年，还在学士院内（见后吴通微传）。陆贽则因窦参等事发，为德宗提升为宰相（贞元八年四月）。但他自以为受德宗的信知，又屡次上书，直言时政，又造成德宗的不满。这时德宗又宠信户部侍郎、判度支裴延龄，而裴之为人则"奸宄用事，天下嫉之如仇，以得幸于天子，无敢言者。陆贽独以身当之……累上疏极言其弊"（《旧唐书·陆贽传》）。结果，德宗偏信裴延龄，于贞元十年（794）十二月把陆贽罢去相位，第二年四月更把他远贬为忠州别驾。这时陆贽脱离翰林学士院已好几年，但正如上面引述过的元代胡三省所作的《通鉴注》所说，陆贽在奉天、梁州供职翰林学士时的直言极谏，使德宗恨记在心，"为上追仇陆贽尽言而贬贽张本"。

正因如此,德宗中期以后,也即陆贽被贬以后,翰林学士中出现长期稳定的局面。据《新唐书·宰相年表》,贞元十年至二十年,当时每一宰相在任期,一般不过二三年,最长不超过四年,而这时的翰林学士,如韦绶(十年),顾少连(十二年),郑絪(十三年),卫次公(十三年),韦执谊(十六年),任期如此之长,也是前后几朝所未有的。但正如李肇《翰林志》所载,在任期虽然长,官位却升得很慢,甚至有十三考(年)也未有升迁的(唐代的翰林学士只是差遣,其品阶与俸禄要靠所带的官位来定)。而且这些学士,虽表面上受到德宗的眷顾,而实则战战兢兢,不敢有什么举动,更未有像陆贽那样直言极谏。如顾少连,前面曾提及杜黄裳曾为他作碑文,碑文说他在翰林将近十二年,以"周密自制","以谨审见称","谠言硕书,人莫得闻"。又如韦绶,《旧唐书》本传,说"绶所议论,常合中道,然畏慎致伤,晚得心疾,故不极其用"。他是想以心疾为借口要求退出的,后又好几次提出,并说其母年老,请求解职赡养,使得德宗很不高兴。

这些情况,提供我们现在研究者一个冷静的思考:究竟如何实事求是地探讨唐代的知识分子怎样在高层次参预政治,并在这种参预中,知识分子到底能起多大的作用,最终他们又能为自己争得什么。——唐代是这种参预的起始阶段,而从唐以后的长远进程来看,翰林学士这一文人的特殊阶层,就逐渐被迫与现实政治疏远并淡漠了。这是我国古代文化研究中一个值得注意的现象。

三、陆贽与科举考试。

陆贽参预科举考试有两种情况,一是制举试草拟策问,二是主持进士、明经等试,即知贡举。唐代科举考试一般分常科与制举两种,常科基本上为每年在长安(有时在洛阳)举行,主要为选取进士、明经等;另一为制举试,制举与常科不同,非每年定期举行,而据实际政局需要,确定具体时间,并名义上由皇帝主持①。不过制举试名义上由天子亲试,实际上还是委派官员考阅策文,而因制举的策问乃以天子名义发之,故有时即由在宫中任职的翰林学士起草,如同草拟制诰。德宗贞元元年(785)九月制举试,就由陆贽撰拟《策问贤良方正能直言极谏科》、《策问博通坟典达于教化科》、《策问识词韬略堪任将帅科》(《陆宣公集》卷四)。据现有史料,这是唐代制举试由翰林学士起草策问的第一个。

按:贞元元年上半年,朱泚、李怀光等之乱刚平,政局稍为稳定,因此贞元元年正月丁酉朔,特宣制大赦天下,改元贞元。德宗又于是年九月乙巳,特"御正殿,策贤良方正能直言极谏等三科举人"(《旧纪》)。值得注意的是,陆贽起草的策问中仍隐含君主自责之意,其贤良方正能直言极谏策问,虽有自誉之辞,但仍云:"然而浮靡不革,理化不行,暴乱不惩,奸犯不息。……意者朕不明欤,势不可欤?"因此希望应试者能"匡朕之寡昧,拯时之艰灾,毕志直书,无有所隐"。这样的策问,颇能与政事相触,也可看出陆贽作为翰林学士对朝政的关切与参预。此次贤良方正能直言极

①参见傅璇琮《唐代科举与文学》第六章《制举》,陕西人民出版社,1986年,又2003年修订新版。另吴宗国《唐代科举制度研究》第四章《制举》,辽宁大学出版社,1992年。

谏登科者,有韦执谊、钱徽、穆质、柳公绰、归登等,后皆为名臣。后穆质卒,柳宗元为作祭文,特为提及此次举试:"贤良发策,始振其仪。天子动容,敬公直辞。抗奸替否,与正为期。"(《柳宗元集》卷四〇)可见时人对此次制举策试的重视。

陆贽参预科举试的第二种情况,即他于贞元七年(791)八月以兵部侍郎出院,第二年即贞元八年(792)权知贡举。唐代与宋代不同,翰林学士不能知举,因为其在内廷供职,但唐代有好几次特作安排,即前一年翰林学士先出院,任礼部侍郎、中书舍人或相关官职,即预作知举的安排,第二年年初即知举。陆贽是这种情况的第二例,第一例是唐玄宗、肃宗时裴士淹(见前裴士淹传)。

如前所述,陆贽于贞元七年八月虽受人排挤,被迫出院,但德宗仍对其有一定信重,故安排他主持第二年举试。而陆贽这次知举在选拔人才,促进文学发展上,是起相当作用,影响很大的。宋洪兴祖《韩子年谱》引《科名记》,称"是年一榜多天下孤隽伟杰之士,号龙虎榜";后人又称为"有唐第一榜"(明胡应麟《诗薮》外编卷三)。中唐时古文名家如韩愈、欧阳詹、李观等即于此年登进士第。关于此年举试对当时文士选拔的影响与意义,详参后梁肃传。

关于陆贽的著作,最早记载的是权《序》。权《序》所记,主要分三类,一为《制诏集》十卷,为"秉笔内署"所起草的文诰;二为《奏草》七卷,为在翰林学士任期所上的奏议;三为《中书奏议》七卷,为出院后任中书侍郎平章事(实在相位)所上的奏疏。另有别集十五卷,则为诗、文、赋、表、状等。权德舆所编为前三类,但后未存。《新唐书·艺文志》四别集类,著录有陆贽《论议表疏集》

十二卷,又《翰苑集》十卷,注云"韦处厚纂"。南宋陈振孙《直斋书录解题》卷一六著录有《陆宣公集》二十二卷,谓:"(权)序又称别集文、赋、表、状十五卷,今不存。"又,《新唐书·艺文志》另著录有《遣使录》一卷(史录),《备举文言》二十卷(子录类书类),《集验方》十五卷(子录医术类),后亦未存。

关于陆贽著作编纂、流传情况,可参于景祥《陆贽研究》附录一《陆贽著作考录》。今人整理本,通行者有刘泽民校点《陆宣公集》(浙江古籍出版社,1988年,《两浙作家文丛》)。

吴通微

吴通微,两《唐书》无专传,其事附见于《旧唐书》卷一九〇下、《新唐书》卷一四五吴通玄传后。《旧传》记吴通微为兄,通玄为弟,《新传》则以通玄为兄,通微为弟。未知孰是。如吴通微为通玄之弟,但其入任翰林学士仍在其兄之前,故现列于先。

《旧唐书·吴通玄传》记为海州人。按:据《元和郡县图志》卷一一,海州属河南道,所属县有朐山、东海、沭阳、怀江,其辖境相当于今江苏连云港、东海、沭阳等地。

传又云:"父道瓘为道士,善教诱童孺,大历中,召入宫,为太子、诸王授经。德宗在东宫,师道瓘,而通玄兄弟,出入宫掖,恒侍太子游,故遇之厚。"此当为德宗即位后,吴通玄兄弟同为召入翰林学士院的历史因素。

又《新唐书》卷一五九《柳晟传》记晟之父谭,尚和政公主(肃宗女）。谭卒时，柳晟年仅十二，代宗即因姻亲之故，召入养于宫中，"使与太子、诸王受学于吴大瓘并子通玄"。此吴大瓘当即两《唐书·吴通玄传》之吴道瓘，但一作大，一作道（中华书局点校本未有校核）。由此亦可证吴通玄兄弟确于早期随父常出入东宫。

吴通微早年仕历不详，其最早记载为起自德宗建中四年（783）。《旧传》："通微，建中四年自寿安县令入为金部员外，召充翰林学士，寻改职方郎中。"《新传》略同。此前是否应科举及第，亦未详，徐松《登科记考》未载。

韦执谊《翰林院故事》："金外充，职中又充。"与《旧传》合。丁居晦《重修承旨学士壁记》则谓："建中四年，自金部郎中充。"不确。按：《旧唐书》卷一二《德宗纪》上，建中四年十二月，"乙丑，以祠部员外郎陆贽为考功郎中，金部员外郎吴通微为职方郎中，翰林学士如故"。陆贽于建中四年三月以祠部员外郎入，至十二月迁转为考功郎中（参见前陆贽传），吴通微当稍后于陆贽入，亦当为员外郎，故于建中四年十二月又同时迁为郎中（《唐尚书省郎官石柱题名考》卷一六金部员外郎记有吴通微名，且列于窦参前，当可信）。

韦执谊《故事》记吴通微在翰林学士任期内历迁之官秩为："金外充，职中又充，知制又充，改大谏又充。"未记年月。丁《记》记其入院后，为："累迁中书舍人，赐紫金鱼袋，卒官。"亦甚简。《旧传》稍有补记，于职方郎中、知制诰后，记云："（贞元）七年，改礼部郎中，寻转中书舍人。"今据有关史料，补述如下。

据上所记，吴通微于建中四年十二月，由金部员外郎（从六品上）迁为职方郎中（从五品上），但此时未兼知制诰。《唐会要》卷五五《中书舍人》条有记云："（贞元）四年二月，以翰林学士、职方郎中吴通微，礼部郎中顾少连，起居舍人吴通玄，左拾遗韦执谊，并知制诰。"则其兼知制诰在贞元四年（788）二月。

这里值得一提的是，当时诗人名家韦应物、顾况，均与吴通玄、通微有文字交往，并盛称其才。《旧传》已称吴通玄兄弟"俱博学善属文，文采绮丽"。韦应物有《和吴舍人早春归沐西亭言志》："晓漏戒中禁，清香肃朝衣。一门双掌诰，伯侍仲言归。亭高性情旷，职密交游稀。赋诗乐无事，解带偃南扉。阳春美时泽，旭霁望山晖。幽禽响未转，东原绿犹微。名虽列仙爵，心已遣尘机。即事同岩隐，圣渥良难违。"按：此诗题称"吴舍人"，诗中又云"一门双掌诰"，孙望《韦应物诗集系年校笺》卷八①、陶敏、王友胜《韦应物集校注》卷五②，皆谓系吴通玄兄弟，是。按：韦应物于贞元三年（787）六月后由江州刺史入为左司郎中，四年七月后出任苏州刺史③。诗题称吴通玄兄弟为舍人，即中书舍人，当即指贞元四年二月吴氏二人在翰学时兼知制诰，唐时多有称知制诰为中书舍人者。韦应物诗中"阳春美时泽""东原绿犹微"句，则可确定此诗作于贞元四年早春④，即吴通玄兄弟此年二月兼知制诰后。又诗

①孙望《韦应物诗集系年校笺》，中华书局，2002年。
②陶敏、王友胜《韦应物集校注》，上海古籍出版社，1998年。
③见傅璇琮《韦应物系年考证》，载《文史》第五辑，中华书局，1978年，后收于《唐代诗人丛考》，中华书局，1980年。
④按：陶敏、王友胜《韦应物集校注》谓此诗"贞元五年正月在长安作"，而书后附录《简谱》却记贞元四年在长安先任为左司郎中，"旋出为苏州刺史"，贞元五年仍在苏州刺史任，前后矛盾。孙望《韦应物诗集系年校笺》云："贞元五年孟春左司郎中任内作。"亦误。

中云:"一门双掌诰,伯侍仲言归",即是吴通玄仍在院中值班,吴通微则出归,此诗当和吴通微所作《早春归沐西亭言志》者(吴诗不存)。此诗对翰林学士声望、地位评价当然很高,称其为"仙爵",唯同时因此而"职密交游稀"。不过韦应物仍期望其"亭高性情旷","名虽列仙爵,心已遣尘机",但又云"即事同岩隐,圣渥良难违",即虽有超脱世尘之意望,但恐难于违拗君情。

顾况约于同时作有《和翰林吴舍人兄弟西斋》(《全唐诗》卷二六四)。按:顾况于贞元三年(787)由江南征入为校书郎,后任著作佐郎,贞元五年(789)夏为人所诬出贬为饶州司户参军①。诗中有"春色相玲珑"句,似亦为贞元四年春作。韦应物诗题"归沐西亭",顾况此诗云"吴舍人兄弟西斋",则西亭、西斋当为吴氏兄弟居舍。顾诗亦称其地位极高:"西斋何其高,上与星汉通",但亦盼望能有另一"虚空"之境:"久怀巴峡泉,夜落君丝桐;信是怡神所,迢迢蔑华嵩。"由此亦可见吴氏兄弟当时与文士甚有文学交往。

《旧唐书·吴通玄传》谓通微"(贞元)七年,改礼部郎中,寻转中书舍人"。韦、丁皆未记改礼中事,仅丁《记》云:"累迁中书舍人。"后贞元八年(792)四月,吴通玄事发(详见前陆贽传,后吴通玄传),吴通玄自翰林学士贬出,为泉州司马,寻赐死(《通鉴》卷二三四)。《旧传》记谓"通玄弟兄"与陆贽"争宠,颇相嫌恨";《新唐书》卷一四五《窦参传》亦谓"吴通玄兄弟皆在翰林,与(陆)贽轩轾不得"。但据现有史料,与窦参联结、排挤陆贽的,实为吴

---

① 参见傅璇琮《唐代诗人丛考·顾况考》。

通玄,也正因此,吴通玄贬出及赐死,吴通微仕历未受影响。《旧传》记云:"通玄死,(通微)素服待罪于国门,帝特宥之,通微竟不敢为丧服。"即吴通微仍在学士院任职。

权德舆《祭故徐给事文》(霍旭东校点《权德舆文集》卷三九),首云:"维贞元十四年,岁次戊寅,八月戊寅朔,十日丁亥,右谏议大夫裴佶、中书舍人翰林学士吴通微……等,谨以清酌庶羞之奠,敬祭于故给事中赠礼部尚书徐公(岱)之灵。"据此,则至贞元十四年(798)八月,吴通微仍任翰林学士,其所带官衔中书舍人亦未改。

韦、丁二书皆未记其何时出院,丁《记》仅云"卒官",则当于贞元十四年八月后卒于翰林学士任内。

《新唐书·艺文志》未著录其著述。《全唐文》卷四八一载其《内侍省内侍焦希望神道碑》,当在任职期间为宦官所作碑传,这也是唐翰林学士的职务之一。就前所引韦应物、顾况诗,吴通微当先已有诗,故韦、顾相继作和,惜其诗无一首传存。

不过吴通微当时又以书法著称。宋陈思《书小史》卷十有记云:"通微工行草书,翰林习之,号院体。"陈思此书搜辑材料较广,当有据。清《四库全书总目》卷一一二《书小史》提要谓:"(陈)思蒐罗编辑,汇为斯编,亦是以为考古者检阅之助也。"由此可见吴通微之行书草书,能为当时翰林院、学士院内仿习,并号为院体,亦可见其影响。又《宋高僧传》卷二四有《唐京师千福寺楚金传》,末云:"紫阁峰草堂寺飞锡碑文,吴通微书。"亦可见其书法在当时之声誉。又宋钱易《南部新书》亦有记,其己卷谓:"中土人尚札翰,多为院体者。贞元年中,翰林学士吴通微,常攻行草,然体近吏,故院中胥吏多所仿效,其书大行于世,故遗法迄今不泯,其鄙拙则又甚矣。"此所谓中土,当指五代时北方诸朝。钱易对所谓院体贬其为"鄙拙",与陈思《书小史》所记不合。

吴通玄

吴通玄,两《唐书》有传,《旧唐书》列之于卷一九〇《文苑传》下,与王维、李白、杜甫、李商隐等同卷,当以其为"词藻婉丽",堪与唐时文坛名家并列;而《新唐书》则见之于卷一四五,同卷有元载、杨炎、窦参等,则列之于奸佞之臣。

两《唐书》本传皆记其为海州人,其父道瓘为道士,善教谕,代宗时因召入东宫,为太子、诸王授经,吴通玄与其弟通微则其年少时即随父出入宫中,为当时太子(后即为德宗)所识。参见前吴通微传。

《旧传》叙其早期仕历为:"通玄幼应神童举,释褐秘书正字、左骁卫兵曹、大理评事。建中初,策贤良方正等科,通玄应文词清丽,登乙第,授同州司户、京兆户曹。"吴通玄何年应神童举,无确切记载。按唐科举制,中唐起,神童试不一定每年举行,但应试者须在十岁以下[1]。其神童举应试及第后,授秘书正字(正九品下),当不过十余岁;此时前后,当仍随其父出入东宫。至建中元年(780)前,已仕至从八品下之大理评事,亦显示其前期仕历之

---

[1] 参傅璇琮《唐代诗人丛考·杨炯考》。

顺速。

建中元年正月制举试，设有贤良方正能直言极谏科、文辞清丽科、经学优深科、高蹈丘园科、军谋越众科、孝田力田闻于乡闾科等。其同一年制举策试科目之多，是以前肃、代两朝所未有的，当为德宗即位之初，想以此招揽人才并树立其威信。据《唐会要》卷七六《制科举》条，此年文辞清丽登科者有奚陟、梁肃、刘公亮、郑辕、沈封、吴通玄。梁肃为中唐前期古文名家，后与奚陟均入为翰林学士（见后梁肃、奚陟传）。又据清徐松《登科记考》卷一一，此年贤良方正能直言极谏登科者有姜公辅，姜公辅即于同年召入翰林学士院（见前姜公辅传）。可见此年制举登科者确有人才。故《旧传》叙其早年仕历时，即称其与通微"俱博学善属文，文采绮丽"。

韦执谊《翰林院故事》记吴通玄"侍御史充"，未记年。丁居晦《重修承旨学士壁记》记为："建中四年，自侍御史充。"按：《旧唐书》卷一二《德宗纪》下，建中四年（783）十二月乙丑，记陆贽由祠部员外郎为考功郎中，吴通微由金部员外郎为职方郎中，"翰林学士并如故"，后即记云："以侍御史吴通玄为起居舍人，充翰林学士。"即建中四年十二月乙丑，吴通玄始入为翰林学士，此前已任为侍御史（从六品下），入院时改为起居舍人（从六品上），与韦执谊《故事》"侍御史充，起人又充"，丁《记》"自侍御史充，累迁起居舍人"，稍有异。

吴通玄当与吴通微于建中四年十月随德宗出奔，通微此前已为翰林学士，是年十二月德宗尚在奉天，可能为加强其周边咨询及草诏人员，又使吴氏兄弟皆入。《旧传》谓二人"同职禁署，人士

荣之"。此为唐时兄弟同为翰林学士之第二例,首例为玄宗时张
垍、张塇,而张垍为玄宗女婿(驸马都尉)。可见兄弟二人同入,皆
同与君主之特殊关系有关。

韦执谊《故事》、丁《记》记吴通玄在任职期间官阶迁转,皆未
记年月。《故事》云:"侍御史充,起人又充,又知制诰,又赐紫,又
大谏充,并同年月日授。"丁《记》:"建中四年自侍御史充,累迁起
居舍人,谏议大夫,赐紫金鱼袋。"《故事》所谓"并同年月日",不
知何意,或意为其间迁转与吴通微同年月日,如《唐会要》卷五五
《中书舍人》条,即记:"(贞元)四年二月,以翰林学士、职方郎中
吴通微,礼部郎中顾少连,起居舍人吴通玄,左拾遗韦执谊,并知
制诰。"即同于贞元四年二月兼知制诰。

又德宗于建中四年(783)、兴元元年(784)在奉天、梁州时,在
翰林学士中是较信重陆贽的,所谓"贽在翰林,为上所亲信,居艰
难中,虽有宰相,大小之事,上必与贽谋之"(《通鉴》卷二三〇,兴
元元年三月)。但自平定泾原兵乱,返回长安后,德宗态度有所改
变,对吴氏兄弟,特别是吴通玄,甚为偏重。如《唐会要》卷三《皇
后》条,有云:"德宗皇后王氏,贞元二年十一月册为皇后,其月二
十一日忌。三年正月,上尊谥曰昭德皇后。其谥册文初令兵部侍
郎李纾撰,上以纾谓皇后为'大行皇后',非也,诏学士吴通玄为
之。"同条又记:"(同年)三月,以皇后庙乐章九首付有司,令议庙
舞之号,礼官请号坤元之舞,从之。其乐章初令宰臣张延赏、柳浑
等撰,及进,留中不下,又命翰林学士吴通玄为之。"据《旧唐书·
德宗纪》上,贞元二年(786),"十一月甲午,册淑妃王氏为皇后";
"丁酉,册皇后王氏,是日后崩,谥曰昭德"。谥皇后册文及皇后庙

乐章,是当时大典,德宗特命吴通玄撰写。《旧传》亦记此事:"通玄词藻婉丽,帝尤怜之。贞元初,昭德王皇后崩,诏李纾为谥册文,宰相张延赏、柳浑为庙乐章。及进,皆不称旨,并召通玄重撰。凡中旨撰述,非通玄之笔,无不愤然,重之如此。"

又宋赵明诚《金石录》,目录第一千五百八十八有《唐内侍监鱼朝恩碑》,云:"吴通玄撰,通微行书,贞元四年五日。"其卷二八跋尾,云:"右唐鱼朝恩碑,吴通玄撰,通微书。朝恩虽以谴死,然其徒如窦文场、焦奉超犹居中用事,故德宗朝诏为立碑。通玄兄弟于陆贽谤毁抵排,无所不至,至为朝恩碑,则称颂功德,如此可以见其为人矣。"①按:鱼朝恩于肃宗、代宗二朝极受恩宠,并专军权,后于大历五年(770),因与宰相元载矛盾,又受代宗之忌,遂被害,而官书仍称为"自缢而死"(《旧唐书》卷一一《代宗纪》大历五年二月)。又《旧唐书》卷一八四《窦文场传》:"初鱼朝恩诛后,内官不复典兵";但后德宗于泾中兵乱平定,"还京,颇忌宿将,凡握兵多者,悉罢之",又命宦官窦文场分统神策军。贞元四年(788)之为鱼朝恩立碑,固应窦文场等之请,当也为德宗重又宠信宦者;由此也可见吴氏兄弟在翰学期间受德宗之亲信。

两《唐书》本传皆记为,由此而使陆贽与吴通玄"颇相嫌恨",《新传》更谓:"(陆)贽自恃劲正,屡短通玄于帝前,欲斥远之",并上奏:"今四方无事,制书职分宜归中书舍人,请罢学士。"陆氏此奏,李肇《翰林志》详录,并系于贞元三年。实则此时陆贽亦仍任翰林学士,何以主此说,仍可疑。此奏议,现存陆贽文集均未载,

---

①《宋本金石录》,中华书局1991年据《古逸丛书三编》影印。

权德舆为其集所作序亦未提及。

据两《唐书》本传，吴通玄后遂与宰相窦参交结，"共倾陆赞"，且"令人造谤书，言赞考试举人不实，招纳贿赂"。而德宗经过检核，认为吴通玄作为内廷学士，竟与处廷宰相联结，而宰相窦参又"与诸戎帅交通"（《陆宣公集》卷一五《奏议窦参等官状》），就引起德宗极大嫉恨；且又闻知"时通玄取宗室女为外妇"（《旧传》），德宗更认为是"污辱近属"，犯大忌。《旧传》即记："帝大怒，罢窦参知政事，寻贬郴州司马……通玄泉州司马。帝召见之，亲自临问，责以污辱近属。行至华州长城驿，赐死。"据《旧纪》，时在贞元八年（792）四月①。（关于窦参事，参见前陆赞传）这是德宗朝翰林学士受贬责最重一案，可能也因此，贞元后期翰林学士皆谨慎自拘，亦多未有作为。

吴通玄人品，可再议，其文采则确为当时所重。除文辞外，还擅长书、画。宋时《宣和书谱》卷九专列有吴通玄条，称其"善画及书，于行草尤长"，又云："通玄不独以词章照映士林，而字画固自不凡。至德宗每有撰述，非得通玄笔，卒不满意，其词翰之妙，为时器重如此。故当时名臣碑刻，往往得其书则夸以为荣；至于文稿，断幅残纸，人争传之。"又谓："今御府所藏行书三：鱼朝恩神道碑稿上下，度人经（下注：不完）。"据此，则北宋徽宗时宫中尚存有吴通玄行书三幅，其鱼朝恩神道碑，徽宗时尚存，故《金石录》有记

①按：《旧传》记吴通玄"（贞元）七年，自起居郎拜谏议大夫、知制诰"，而《新传》则谓"贞元十年，通玄拜谏议大夫"。吴通玄已于贞元八年四月贬死，何以能再有此"十年"？惜中华书局点校本亦未校正。

（见前）。此文后则不存，《全唐文》未载。

《新唐书·艺文志》未著录其著述。《全唐诗》、《全唐文》亦未载其诗文。

顾少连

顾少连，《新唐书》有传，见卷一六二，又杜黄裳有《东都留守顾公神道碑》（《全唐文》卷四七八）。杜《碑》云："公讳少连，字夷仲，吴郡人也。"《新传》同，也记其为"苏州吴人"。《新传》又记其官终东都留守，卒，年六十三，但未记年月。杜《碑》则记为："以贞元癸未年十月四日，薨于洛阳崇让里之私第，春秋六十三。"贞元癸未为贞元十九年（803），以此推算，则其生年为玄宗开元二十九年（741）。

《新传》："举进士，尤为礼部侍郎薛邕所器，擢上第。"杜《碑》："齿列上庠，升堂睹奥。时小宗伯薛公邕深所叹异，以为东南之美尽在，廊庙之器不孤，擢进士甲科。"徐松《登科记考》卷一〇系于代宗大历五年（770），是年知举者为薛邕。同年登第者有大历十才子诗人李端。时顾少连三十岁。

《新传》记其登第后，"以拔萃补登封主簿"。杜《碑》则记登第后丁父忧，"久之，以书判高第典校秘文，秩满授登封主簿"；后"亚相于公顾推义行，诏拜监察御史"。杜《碑》所记较细，但亦未记年月。

后顾少连即进为翰林学士。《新传》："德宗幸奉天，徒步诣谒,授水部员外郎、翰林学士。"杜《碑》:"京师内乱,銮辂时巡,公节见艰危,步至行在,陈少康灭浇之计,墨翟设拒之宜。帝纳其忠,拜水部员外郎、翰林学士。"则顾少连亦随德宗奔赴奉天,当于建中四年(783)冬十二月为翰林学士。丁居晦《重修承旨学士壁记》记为:"建中四年,自水部员外郎充。"丁《记》与韦执谊《翰林院故事》均将顾少连列于吴通玄后,而吴通玄之人为翰林学士在建中四年十二月乙丑(见《旧唐书》卷一二《德宗纪》),则顾之人,或与吴通玄同时,或稍后,但总是在该年十二月(见前所引丁《记》)。

又据《旧纪》,顾少连于兴元元年(784)六月,由水部员外郎迁为礼部郎中。此时,李晟所率领之唐军已收复长安,但德宗尚停留在汉中,兴元元年七月,才启程赴凤翔,旋返至长安。杜《碑》记为:"随难南梁,迁礼部郎中,加朱绂银绶,学士如故。赞丝纶之密命,参帷幄之谋猷,屡献嘉言,克昌大业。"则在奉天、汉中,顾少连"屡献嘉言",得到德宗的信重,但具体情况不详。此处"赞丝纶之密命,参帷幄之谋猷",是德宗时士人对翰林学士职能与地位的概括,在贞元后期已有此种认识,很值得注意。

韦执谊《故事》亦云:"水外充,礼中充。"丁《记》则缺记礼(部郎)中,于"建中四年自水部员外郎充"后,即记为:"贞元四年二月,加知制诰。"似以水部员外郎兼知制诰,不确。《新传》也未有记礼中,于水部员外郎后即云"再迁中书舍人"。

按:《唐会要》卷五五《中书舍人》条,贞元四年(788)二月,顾少连与吴通微、吴通玄、韦执谊,并知制诰,并记顾少连时为礼部郎中。又丁《记》记:"(贞元)七年,迁中书舍人。"即由礼部郎中、知制诰正除(也即升迁)为中书舍人。

关于顾少连之出院,韦执谊《故事》仅记为"出为户侍"。丁《记》记有具体年月:"(贞元)八年四月,改户部侍郎,赐紫金鱼袋,出院。"杜《碑》《新传》均未记出院事,不过杜《碑》对顾在任职期间的周密谨审,特为称誉,云:"公在翰林,仅将一纪,富平以周密自制,万石以谨审见称。故造辟而言,诡辞而出,谠言硕画,人莫得闻。帝深嘉之。"《新传》亦云:"阅十年,以谨密称。"德宗朝前期之翰林学士,陆贽以直言称,终遭冷遇、贬斥;吴通玄好于交结,亦致厄运。顾少连当有鉴于此,以周密、谨审自约,遂使德宗"深嘉之"。

顾少连于贞元八年(792)四月以户部侍郎出院,第二年春,即以权礼部侍郎知贡举,见徐松《登科记考》卷一三。此年登进士第者有苑论(状元)、柳宗元、刘禹锡、武儒衡、薛公达、卫中行,明经科有元稹,后多为名家。贞元十年,顾少连又知贡举。徐松《登科记考》卷一三,云见《唐语林》。按:《唐语林》卷八记"神龙元年已来累为主司者",有顾少连,云:"顾少连再,贞元十年、十四年。"①据《登科记考》,顾少连于贞元九年已知举,此当为《唐语林》漏略。吕温于贞元二十年(804)作有《祭座主故兵部尚书顾公文》(《全唐文》卷六三一),有云:"门生侍御史王播,监察御史刘禹锡、陈讽、柳宗元,左拾遗吕温、李逢吉,右拾遗卢元辅,剑南西川观察支使李正叔,万年县主簿谈元茂,集贤殿校书郎王启,秘书省校书郎李建,京兆府文学李逢,渭南县尉席夔,鄠县尉张隶初,奉礼郎独孤郁,协律郎萧节,奉礼郎时元佐,荥阳主簿李宗衡,前乡

①见周勋初《唐语林校证》,中华书局,1987年。

贡进士郑素等。"这都是贞元九年、十年、十四年进士登第而于贞元二十年在长安者。这是德宗朝翰林学士出院后主持科试的第二例（贞元八年为陆贽），这也可就翰林学士在科举取士中所起的作用，作进一步的研究。

《新传》有记"历吏部侍郎"，但未记年月。《旧唐书·德宗纪》贞元十六年（800）五月"丁卯，以吏部侍郎顾少连为京兆尹"。按：贞元十四年春，顾少连以尚书左丞权礼部侍郎知贡举，则其改吏部侍郎当在贞元十四、十五年间（吏部侍郎与尚书左丞同为正四品上）。

在此期间，《新传》则专记一事："历吏部侍郎。裴延龄方横，无敢忤者，尝与少连会田锞第，酒酣，少连挺笏曰：'段秀实笏击贼臣，今吾笏将击奸臣。'奋且前。元友直在座，劝解之。"按：裴延龄于贞元前期确受到德宗信重，陆贽即因其向德宗进谮言而被贬责为忠州别驾（详见陆贽传）。顾少连在翰林学士时极为谨慎，而出院后，则敢于如此，故杜《碑》亦有记曰："时有权臣怙宠，人多附丽，公面折其短，数而绝之，群臣为危，正色不挠。"即指此事。李肇《唐国史补》卷上亦记有："裴延龄恃恩轻躁，班列惧之。唯顾少连不避延龄，尝画一雕，群鸟噪之，以献之。上知众怒如是，故益信之，而竟不大用。"①

但《新传》记此事在顾少连任吏部侍郎时，不确。据《旧唐书》卷二三五《裴延龄传》，裴卒于贞元十二年，而据前所述，顾少连于贞元九年、十年以礼部侍郎知贡举，十四年以尚书左丞知贡

---

① 《唐国史补》，上海古籍出版社点校本，1979年。按：此又见《唐语林》卷六。

举，皆尚未任吏部侍郎，但已离翰林学士之职，则可肯定。

据前所记，顾少连于贞元十六年五月丁卯由吏部侍郎改为京兆尹，后于十七年十月庚戌，再由京兆尹改为吏部尚书（《旧唐书·德宗纪》）；十八年"六月癸巳，以吏部尚书顾少连为兵部尚书、东都留守、东都畿汝防御使"（同上）。杜《碑》记云："以贞元癸未年十月四日，薨于洛阳崇让里之私第，春秋六十三。"杜《碑》又特为记曰"都人罢市而洒泣"，可见其当时的社会声望。

《全唐文》卷六三一载有吕温《祭座主故兵部尚书顾公文》，即祭顾少连（前已述）。唯首句云"唯贞元十年岁次甲申月日"，按：贞元时岁次甲申应为贞元二十年，此"十年"当作"二十年"①。

《新传》末曰："始，少连携少子师闵奔行在，有诏同止翰林院，车驾还，授同州参军。"又《新唐书》卷一七九《顾师邕传》，师邕亦为少连子，文宗时，李训荐为水部员外郎、翰林学士，后甘露之变，顾师邕受宦官之害，流放崖州，"至蓝田赐死"。此亦为父子先后同任翰林学士之一例。

《柳宗元集》卷三〇有《与顾十郎书》，注引"韩曰"，谓此十郎为少连子。又校记引陈景云《柳集点勘》，谓少连子师闵，元和中尝为潭部从事，"永、潭地近，疑此乃致师闵也"。当是。此文首云："四月五日，门生守永州司马员外置同正员柳宗元，谨致书十

---

① 按：徐松《登科记考》卷一四贞元十年于顾少连知举下亦引吕温此文，徐松"按"云："贞元十年为元和十年之讹。"亦误。岑仲勉《唐集质疑》有《祭座主顾公文》条，亦略有考，举王播、刘禹锡、柳宗元、吕温、王起、独孤郁六人当时所任官职，谓"少连之卒，应在贞元末年"（见《唐人行第录》本，中华书局上海编辑所，1962年，第403页）。

郎执事。"柳氏自称门生,当确在顾少连知举时及第者。此时柳宗元因参与永贞新政,后与刘禹锡等被贬,元和前期为永州司马,当有求于少连子,有云:"今惧老死瘴土,而他人无以辨其志,故为执事一出之。"文中对顾少连于贞元时知举提拔人才,仍极赞誉,有云:"大凡以文出门下,由庶士而登司徒者,七十有九人。"

顾少连无诗,文亦仅存两篇,见《全唐文》卷五一四:《嵩岳少林寺新造厨库记》(按:宋赵明诚《金石录》卷九有录其题,谓"顾少连撰,崔溉正书"。此文作于贞元十四年)、《请以问经义录于纸上以便依经疏对奏》(按:此即《唐会要》卷七五《明经》条所载)。

奚陟

奚陟,两《唐书》有传,见《旧唐书》卷一四九,《新唐书》卷一六四。又刘禹锡有《唐故朝议郎守尚书吏部侍郎上柱国赐紫金鱼袋赠司空奚公神道碑》(《刘禹锡集笺证》卷二)[1]。

《旧传》:"奚陟字殷卿,亳州人。"《新传》:"奚陟字殷卿,其先自谯亳西徙,故为京兆人。"刘《碑》则谓字殷衡,与两《唐书》不同,但云京兆人,则与《新传》同,云:"其先在夏为车正,以功封于薛下,故以降为谯郡人。或因仕适楚,复之秦,会为京兆人。"[2]

---

[1] 瞿蜕园《刘禹锡集笺证》,上海古籍出版社,1989年。
[2] 柳宗元《先君石表阴先友记》(《柳宗元集》卷一二)则记为:"奚陟,江都人。"不确。

又刘《碑》及《旧唐书》卷一三《德宗纪》下，均记奚陟卒于贞元十五年（799）十月，《旧传》云卒年五十五。据此，则当生于玄宗天宝四载（745）。

《旧传》云"陟少好读书，登进士第，又登制举文词清丽科"，但未言何年。刘《碑》亦仅云："及从乡赋，暨升名太常，果居上第。"《新传》则记为"大历末，擢进士、文辞清丽科"。按：《旧唐书》卷一五五《窦常传》记常"大历十四年登进士第"，褚藏言《窦常传》（《全唐文》卷七六一）亦记其大历十四年举进士，又云："与故吏部侍郎奚陟、商州牧卞俛、秘书独孤绶同年上第。"徐松《登科记考》卷一一，即据此载奚陟于大历十四年（779）登进士第。时奚陟为三十五岁。

据徐松《登科记考》，大历十四年知贡举为潘炎。温庭筠《乾腰子》有记云："侍郎潘炎进士榜有六异：朱遂为朱滔太子；王表为李纳女婿，彼军呼为驸马；赵博宣为冀定押衙；袁同直入番为阿师；窦常二十年称前进士；奚某亦有事，时谓之六差。"《唐诗纪事》卷三二《王表》条，亦有此记，奚某作奚陟，云："其一，奚陟也"，末云"奚某亦有事"。似对潘炎此年所选之人有微词，具体则不详。

又《唐会要》卷七六《制科举》，记建中元年文辞清丽科，有奚陟、梁肃、刘公亮、郑辕、沈封、吴通玄。梁肃为中唐前期古文名家，吴通玄亦以文采清丽著称，均为贞元时翰林学士（另见梁肃、吴通玄传）。由此，则奚陟于大历十四年（779）进士及第，第二年建中元年（780）又制举登科，可见确有文才。

奚陟制举登科后仕历，《新传》较《旧传》为详，云："授弘文馆校书郎。德宗立，谏议大夫崔河图持节使吐蕃，表陟自副，以亲老辞不拜。杨炎辅政，召授左拾遗。居亲丧，毁瘠过礼。"《新传》当本刘《碑》，刘《碑》云："公居文词清丽之目，授弘文馆校书郎。时德宗新即位，声烜房庭，西戎畏威，底贡内附。诏谏议大夫崔河图，持节即房帐以报之。使臣欲盛其宾寮以自大，遂嘿表公为介，授大理评事。除书到门，公方为人子，不敢许以远，称病弗果行。归宁寿春，养志尽敬。丞相杨炎勇于用才，擢公为左拾遗，奉安舆而西。"

此后，奚陟即召入为翰林学士。韦执谊《翰林院故事》于"贞元已后"列有奚陟，云："起郎充，病不入。"此"贞元已后"，不确，奚之被召，在兴元元年（784），即在贞元前。丁居晦《重修承旨学士壁记》所记较确，记"兴元后二人"，即奚陟、吉中孚。记奚陟云："兴元元年，自起居郎充，病免。"关于此事，刘《碑》所记较切，其记奚陟于建中初应召为左拾遗，奉亲至长安，但不久其亲人卒，居丧未满，即发生京师泾军之乱（建中四年十月），后即"徒行间道以归王所，既中月而诏授起居郎，充翰林学士"。按：德宗本于建中四年十月出奔奉天，后因李怀光谋乱，于兴元元年三月又自奉天南行至梁州。奚陟当先至奉天，后又随德宗赴梁州，至梁州后，不久（"中月"），德宗即召其为翰林学士。但刘《碑》即云奚陟因"创钜愈迟，病不拜职"，即虽已授其为翰林学士，实未到位，当因病"创钜"之故。

据刘《碑》及两《唐书》本传，奚陟后历任太子司议郎，金部、吏部员外郎，左司郎中。贞元八年（792），擢为中书舍人。可以注意的是，奚陟任中书舍人，既受上级重视，自身也颇尽职。《旧传》称："贞元八年，擢拜中书舍人。是岁，江南、淮西大雨为灾，令陟劳问巡慰,所在人安说之。"《新传》所记略同。《旧唐书·德宗纪》下亦载贞元八年,"八月乙丑,以天下水灾,分命朝臣宣抚赈贷,河南、河北、山南、江淮凡四十余州大水,漂溺死者二万余人。"《唐会要》卷七七《巡察按察巡抚等使》条,记贞元八年八月诏,因水灾,令朝臣往各地巡抚,有中书舍人奚陟、左庶子姚济语、秘书少监雷咸、京兆少尹章武等。《通鉴》卷二三四贞元八年也载此,谓:"八月,遣中书舍人京兆奚陟等宣抚诸道水灾。"可见当时赴各地宣抚,以奚陟为首。奚陟任翰林学士,为时虽极短促,其主要表现在中书舍人任上,而当时中书舍人还可受遣赴各地慰抚灾民,这有助于对中唐时中书舍人的研究,并可与翰林学士职能作比较。

奚陟后迁刑部侍郎,又知吏部选事,升吏部侍郎,"所莅之官,时以为称职"(《旧传》)。

奚陟与柳宗元之父亦有交往,柳宗元《先君石表阴先友记》(《柳宗元集》卷一二),有记奚陟,称其"柔敏,至吏部侍郎。世谓陟善宦,然其智足以自处也"。

《新传》又称"陟少自底厉,著名节。常荐权德舆为起居舍人、知制诰,杨於陵为郎中,其后皆有名"。其荐权德舆、杨於陵,当本刘《碑》,刘《碑》对其举荐贤才,颇为赞许,谓:"公少以名器自任,及显达,急于推贤。视其所举,则在西省荐权丞相,由右史掌训词;在中铨表杨仆射,由地曹郎综吏部。二公后为天下伟人。"

又李观有《与吏部奚员外书》(《全唐文》卷五三二),当为李观在应试前上书于奚陟,请其举荐,文中称其为"十丈",谓与其舅相交甚善,有云:"观之舅与十丈日与相善,古人之分也。始命观曰:吾有故人某,光大威重人之杰者,必能倜傥成尔。"后又云:"今去举已促,甚自激发,其有未知己者,大可畏也,俾未知之有闻,非十丈谁哉?"按:李观于贞元八年(792)登进士第(参《登科记考》卷一三),此称奚陟为吏部员外郎,则或在贞元七年冬。此亦可见奚陟在当时年轻举子、文士中的声誉。

《旧唐书·德宗纪》下,贞元十五年(799)十月,"吏部侍郎奚陟卒",刘《碑》同。《旧传》:"年五十五。"

《新唐书·艺文志》未著录其著述。《全唐诗》、《全唐文》亦未载其诗文。

吉中孚

吉中孚,《旧唐书》无传,《新唐书》卷二〇三《文艺下·卢纶传》后有记,云:"中孚,鄱阳人。官户部侍郎。"仅此二句,却有一大误,即记其为鄱阳人,实应为楚州人。《新唐书》卷六〇《艺文志》,别集类,著录《吉中孚诗》一卷,注云"楚州人"。《元和姓纂》卷一〇亦载:"淮阴贞元户部侍郎吉中孚。"据《新唐书》卷四一《地理志》五,淮南东道有楚州淮阴郡,其辖境相当今江苏淮河以南,宝应县、盐城市以北地区①。

按:吉中孚同时友人,如卢纶、李端、李嘉祐等,均有诗述及其

---

①关于《新唐书》误记吉中孚为鄱阳人,宋吴缜《新唐书纠谬》卷一二亦略提及。

乡园故家为楚州。卢纶《送吉中孚校书归楚州旧山》(《全唐诗》卷二七六),有云:"年来倦萧索,但说淮南乐。""喜逢邻舍伴,遥语问乡园。"李端《送吉中孚拜官归楚州》(同上,卷二八四),云:"孤帆淮上归,商估夜相依。……乡树尚和云,邻船犹带月。"李嘉祐《晚春送吉校书归楚州》(同上,卷二〇六),云:"诗人饶楚思,淮上及春归。"又谓:"高名乡曲重。"这几位友人都把吉中孚赴楚州说成归,又称楚州为其乡园。卢纶另有一长诗,题为《纶与吉侍郎中孚……兼寄夏侯侍御审侯仓曹钊》(同上,卷二七七),提及吉中孚时,更明确地说:"侍郎文章宗,杰出淮楚灵。"由以上材料,应可确定,吉中孚为楚州淮阴人。

不过吉中孚虽非鄱阳人,但早期则曾居于鄱阳。关于这点,《唐才子传》卷四《吉中孚传》所记倒是值得注意的,谓:"中孚,楚州人,居鄱阳最久。"此当本《旧唐书》卷一六三《卢简辞传》:"父纶,天宝末举进士,遇乱不第,奉亲避地于鄱阳,与郡人吉中孚为林泉之友。"此处称卢纶"天宝末举进士,遇乱不第",误,卢纶当生于玄宗天宝七载(748),见《唐才子传校笺》卷四《卢纶传》笺所考①。安禄山起兵于天宝十四载(755)十一月,十二月陷洛阳,十五载(756)陷潼关,唐玄宗西奔四川。卢纶当因中原兵乱,南下避难,时在天宝十五载,其《纶与吉侍郎中孚……兼寄夏侯侍御审侯仓曹钊》诗有云:"是月胡入洛,明年天陨星。夜行登灞陵,惝恍靡所征。云海一翻荡,鱼龙俱不宁。因浮襄江流,远寄鄱阳城。"(《全唐诗》卷二七七)则卢纶于天宝十五载初避乱至鄱阳,时为

①傅璇琮主编《唐才子传校笺》第二册卷四。

九岁,这时吉中孚当亦在鄱阳,即为少年之交(又,《旧唐书·卢简辞传》称吉中孚为鄱阳郡人,亦误)。卢纶于大历初还京师,在鄱阳居有十年,则吉中孚居于鄱阳,时间也不短。

吉中孚早年曾一度为道士,后还俗入仕。李端有《闻吉道士还俗因而有赠》(《全唐诗》卷二八五):"闻有华阳客,儒裳谒紫微。旧山连药卖,孤鹤带云归。柳市名犹在,桃源梦已稀。还乡见鸥鸟,应愧背船飞。"李端此诗作于何时,尚不能确知,当在吉中孚由道士还俗而尚未入仕时。卢纶《送吉中孚校书归楚州旧山》(同上,卷二七六),题下自注:"中孚自仙官入仕。"李嘉祐《晚春送吉校书归楚州》(同上,卷二〇六),题下亦注为:"吉中孚曾为道士。"

吉中孚何时入仕任校书郎,未有明确记载。但可以确知的是,吉中孚于代宗大历三年(768)二月已在长安,并有诗《送归中丞使新罗吊祭册立》(同上,卷二九五)。此归中丞,为归崇敬。《新唐书》卷二二〇《新罗传》:"大历初,宪英死,子乾运立。……诏仓部郎中归崇敬往吊,监察御史陆珽、顾愔为副,册授之。"《唐会要》卷九五《新罗》,则明确记于大历三年,云:"大历二年,宪英卒,册立其子乾运为王。三年二月,命仓部郎中归崇敬兼御史中丞,持节册命。"同时作诗送行的,还有皇甫冉、皇甫曾、耿湋、李端、钱起、顾况、独孤及并为此作序:《送归中丞使新罗吊祭册立序》(《毗陵集》卷一五)[1]。又李端有《卧病闻吉中孚拜官寄元秘

———————————
[1]参见傅璇琮主编《唐五代文学编年史·中唐卷》,辽海出版社,1998年,第194—195页。

书昆季》(《全唐诗》卷二八六),中云:"毛遂登门虽异赏,韩非入传滥齐名。云归暂爱青山出,客去还愁白发生。"意谓吉中孚拜官,而李端自己却未如愿,故特写此诗以求。按:李端于大历五年(770)才登第(见徐松《登科记考》卷一〇),此诗当作于大历五年前数年间。李端另有《送吉中孚拜官归楚州》(《全唐诗》卷二八四),其中叙其初入仕拜官情况,有云:"初戴莓苔帻,来过丞相宅。满堂归道师,众口宗诗伯。须臾里巷传,天子亦知贤。出诏升高士,驰声在少年。自为才哲爱,日与侯王会。""丞相",即指时任宰相的元载。李端前诗题中所谓"元秘书昆季",即指元载之子伯和、仲武、季能等(参见《旧唐书》卷一一八《元载传》)。吉中孚当于大历二三年间因得元载之子推荐,元载引荐为校书郎。又前所引《晚春送吉校书归楚州》诗,当作于大历四年至六年间在京任司勋员外郎时(参见《唐才子传校笺》卷三《李嘉祐传》、卷四《吉中孚传》之笺证)。由此可知,吉中孚任校书郎,当在大历前期。

又,《唐才子传》卷四《吉中孚传》,称其至长安后,"谒宰相,有荐于天子,日与王侯高会,名动京师",后云:"无几何,第进士,授万年尉,除校书郎。"此处前数句即本于李端《送吉中孚拜官归楚州》诗,而后云"第进士,授万年尉",则无据。吉中孚当由荐入仕,未经由科举考试而授官。

吉中孚任校书郎时,曾数次返居楚州,返乡离京时,当时名家诗友,多相聚唱和,以诗饯送,如前引李嘉祐《晚春送吉校书归楚州旧山》,卢纶《送吉中孚校书归楚州旧山》,李端有两诗:《送吉中孚拜官归楚州》、《冬夜与故友聚送吉校书》(《全唐诗》卷二八四),司空曙有《送吉校书东归》(同上,卷二九二)。吉中孚作为中唐时翰林学士，他本人是"大历十才子"之一，其与文人交往，在当时是很突出的，很值得研究。

大历八年(773)，吉中孚又在京应吏部铨试。《唐摭言》卷一三《无名子谤议》，载有无名子自称山东野客，上书于刘晏(称"吏部足下")，谓"一昨所试，四方毕臻，公但以搜索为功，纠评为务"，后又云："且两京常调，五千余人，书判之流，亦有硕学之辈，莫不风趋洛邑，雾委咸京。其常衮之徒，令天下受屈；且衮以小道矫俗，以大言夸时，宏辞曾下登科，平判又不入等；徒以窃居翰苑，谬践掖垣，虽十年掌于王言，岂一句在于人口。"后又提及杜亚、李翰。按：据《旧唐书》卷一二三《刘晏传》，大历八年(773)，晏以吏部尚书"知三铨选事"。《旧唐书》卷一一《代宗纪》，大历八年"八月甲寅，诏吏部尚书刘晏知三铨选事"。又《册府元龟》卷六三五："(大历)八年十月，敕中书舍人常衮、谏议大夫杜亚、起居郎刘湾、左补阙李翰考吏部选人判。"此处所记常衮、杜亚、李翰，皆与无名子所上书合(常衮于大历前期曾为翰林学士，后又改任中书舍人，故无名子所上书，称其"窃居翰苑"，"十年掌于王言")。可见此书所记，即为大历八年冬吏部铨试，此山东野客当为落选之士，故借此横言。可以注意的是，书中也叙及吉中孚，云："且吉中孚判以'大明御宇'为头，以'敢告车轩'为尾，初类是颂，翻乃成箴。其间又以'金盘'对于'玉府'，非惟问头不识，抑亦义理全乖。"由此可见，吉中孚确于此年应吏部铨试，且入选，还因此而为山东野客所讥。由此可考知，《唐才子传》卷四称吉中孚为"登宏辞科"，误；又所作笺证并引常衮于大历十年至十二年以礼部侍郎知贡举，即谓吉中孚于大历十年或十一年曾应制科，亦误。

吉中孚此次吏部铨试入选，当又入仕，但任何官，未可知。现可知者，他于德宗建中元年（780）春已任为京兆万年县尉，见韦应物《春日郊居寄万年吉少府中孚卢少府伟夏侯校书审》①。按：韦应物于大历十四年（779）七月辞栎阳令，闲居于长安西郊沣上，至建中二年（781）四月除尚书比部员外郎②。又令狐楚《白杨神新庙碑》（《全唐文》卷五四三），有自注："建中初，吉公以万年尉为黜陟判官至此。"《册府元龟》卷一六二："建中元年二月，发黜陟使分往天下，以……刑部员外郎裴伯言往河东、泽潞、磁邢等道。"则吉中孚当于建中元年二月前即已任万年县尉，该年二月又充河东黜陟使裴伯言之判官曾至太原。韦应物此诗当作于建中元年或二年春（按：夏侯审于建中元年登科为校书郎），以二年春可能性较大。韦应物同时又有《春宵燕万年吉少府中孚南馆》（《韦应物集校注》卷一），颇称其文采，且叙彼此之友谊，有云："宾筵接时彦，乐燕凌芳岁。稍爱清觞满，仰叹高文丽。欲去返郊扉，端为一欢滞。"

丁居晦《重修承旨学士壁记》，记兴元后二人，即奚陟、吉中孚，记吉中孚云："兴元元年自司封郎中、知制诰充。"则其入翰林学士院前已为司封郎中。京兆万年县尉为从八品下，司封郎中为从五品上，即自建中二年至兴元元年，仅三四年，已擢升几阶。丁《记》又记兴元元年"六月，改谏议大夫"。《旧唐书》卷一二《德宗纪》，兴元元年六月，"考功郎中、知制诰陆贽，司封郎中、知制诰吉

---

① 据陶敏《韦应物集校注》，上海古籍出版社，1998年。
② 参傅璇琮《唐代诗人丛考·韦应物系年考证》。

中孚,并为谏议大夫,水部员外郎顾少连为礼部郎中,并依前充翰林学士"。按:此时德宗仍在汉中,兴元元年七月始返长安。由此,则吉中孚当于建中四年(783)十月随德宗西奔,且时已为知制诰,草制文书,当受到德宗赏识,遂将其召入,为翰林学士,并在数月内即由司封郎中擢迁为谏议大夫。

丁《记》接云:"贞元二年,迁户部侍郎,出院。"《旧唐书》卷一二《德宗纪》,记为贞元二年(786)正月:"谏议大夫、知制诰、翰林学士吉中孚为户部侍郎、判度支两税,元琇判诸道盐铁、榷酒。"吉中孚在学士院的时间并不长,其所作,仅见于宋赵明诚《金石录》著录一篇,即卷八所记:"《唐定光上人塔铭》,吉中孚撰,行书,姓名残缺,贞元元年十月。"此文后亦不存。

《旧唐书·德宗纪》后于贞元四年又载:"八月,以权判吏部侍郎吉中孚为中书舍人。"

吉中孚于贞元二年正月出院任户部侍郎后,曾荐其好友卢纶于朝。《旧唐书》卷一六三《卢简辞传》:"贞元中,吉中孚为翰林学士、户部侍郎,典邦赋,荐纶于朝。"此前,卢纶在河中,贞元二年十月在长安,当因吉中孚之荐①。但卢纶入朝后任何官职,则未有记。

贞元四年八月任中书舍人后,吉中孚事迹不详,其卒当在贞元五年或稍前。卢纶有诗,题云《纶与吉侍郎中孚、司空郎中曙、苗员外发、崔补阙峒、耿拾遗湋、李校书端风尘追游向三十载,数

---

① 参傅璇琮主编《唐五代文学编年史·中唐卷》,贞元二年。

公皆负当时盛称荣耀,未几俱沉下泉……》①。据《唐五代文学编年史·中唐卷》,此诗作于贞元五年(789),可证。

从此诗题中,确可见吉中孚在大历时与卢纶等文学交往甚密,如前所述与诸人送归崇敬出使新罗;其任校书郎时归楚州,诸人相聚作诗钱送。又李端《慈恩怀旧》(《全唐诗》卷二八四),序云:"余去夏五月,与耿湋、司空文明、吉中孚同陪故考功王员外来游此寺。员外,相国之子,雅有才称……遂赋五物,俾君子射而歌之。"司空曙即有《残莺百啭歌同王员外耿拾遗吉中孚李端游慈恩各赋一物》(同上,卷二九三),即在大历十一年五月时。此考功王员外即宰相王缙子。

当时诗人对吉中孚之文采是甚为称誉的。如前引卢纶《纶与吉侍郎中孚……兼寄夏侯侍御审侯仓曹钊》诗,即称:"侍郎文章宗,杰出淮楚灵。掌赋若吹籁,司言如建瓴。"卢纶《送吉中孚校书归楚州旧山》(《全唐诗》卷二七六)就称其早期即已"新诗满帝乡","到处人争识"。司空曙赠诗称之为"少年芸阁吏",李端赠诗云"驰声在少年",皆称许其早年即有诗名。卢纶又屡有诗相忆:《春日山中忆崔峒吉中孚》(同上,卷二七八)、《洛阳早春忆吉中孚校书司空曙主簿因寄清江上人》(同上)。李端亦有,如《宿山寺雪夜寄吉中孚》(同上,卷二八五),有云:"鄙夫今夜兴,唯有子猷知。"

《新唐书·艺文志》著录《吉中孚诗》一卷,但传于后世者仅诗一首:《送归中丞使新罗册立吊祭》(《全唐诗》卷二九五),

①刘初棠《卢纶诗集校注》卷二,上海古籍出版社,1989年。

文无。

《唐诗纪事》卷七九有张夫人条,注谓吉中孚侍郎妻,载《拜新月》一诗。韦庄《又玄集》卷下则载张夫人诗二首:《拜新月》、《拾得韦氏钿子因以诗寄》;"张夫人"下注:"吉中孚侍郎妻。"韦縠《才调集》卷一六同。明胡应麟《诗薮》外编卷四有云:"吉中孚列大历才子,而篇什殊不经见。独其妻张氏有《拜月》七古,可参张籍、王建间。"则评价不低。唯张夫人,其事迹不详,吉中孚同时人亦未有提及。唐蔡省风编《瑶池新咏》收其诗八首,今有俄藏敦煌残本传世(参见荣新江、徐俊《唐蔡省风〈瑶池新咏〉重研》,《唐研究》第七卷)。姑附于此。

韦执谊

韦执谊在德宗朝翰林学士中有两个特点,一是他在任职期间,编撰第一部记叙翰林学士建置、职能及名录的专著;二是他后于顺宗朝任宰相,与翰林学士王叔文等合作,共行新政,但也因此而被远贬。

韦执谊,两《唐书》有传,见《旧唐书》卷一三五,《新唐书》卷一六八。《旧唐书》将其与卢杞、裴延龄、李实、王叔文、皇甫镈列于同卷,很明显,以他与卢杞等同类,视为奸佞之臣;《新唐书》则将他与王叔文、陆质、刘禹锡、柳宗元、程异等同卷,较集中于永贞新政之事,稍有不同。

《旧传》称其为京兆人。刘禹锡《唐故中书侍郎平章事韦公

（处厚）集纪》称"杜陵韦公执谊"①。杜陵，在京兆万年县东南二十里②。

《旧传》云："执谊幼聪俊有才，进士擢第，应制策高等，拜右拾遗。"《新传》略同。按：韦执谊进士登第年不可知，其制策登科在德宗贞元元年（785）。《唐会要》卷七六《制科举》载："贞元元年九月，贤良方正能直言极谏科：韦执谊、郑利用、穆质……"，共十四人，而以韦执谊列于首名。此又见《全唐文》卷五一德宗《授韦执谊等官诏》："贤良方正能直言极谏韦执谊等，达于理道，甚用嘉之，位以旌能，宜升秩叙。其第三等人委中书门下即超资与处分，第四等人即优与处分，第五等人即与处分。"第三等实际上是制科试的首列。由此，则韦执谊即于贞元元年九月经制举试登科，即入仕，为右拾遗。

丁居晦《重修承旨学士壁记》记贞元后十二人，第一位即韦执谊："贞元元年，自左拾遗充。"此云左拾遗，与两《唐书》本传所记之右拾遗有异，此是小事，可注意的是，韦执谊于贞元元年九月制举登科授为左（右）拾遗，却于本年内即入为翰林学士，这是此前未有，在有唐一代的翰林学士中也极为少见。

《旧传》在记"拜右拾遗，召入翰林为学士"后，云"年才二十余"；《新传》也谓"年逾冠，入翰林为学士"。这是唐朝士人入为翰林学士最为年轻的，这当与他"幼聪俊有才"有关。且此人有

①见瞿蜕园《刘禹锡集笺证》卷一九，上海古籍出版社，1989年。
②李吉甫撰、贺次君点校《元和郡县图志》卷一关内道京兆府，中华书局，1983年。

识,在刚入院的第二年,即撰首创之作《翰林院故事》(文末署"贞元二年龙集景寅冬十月记")。此作大致分两部分,前一部分为概述唐翰林院、学士院之设置,及翰林学士之职能,可为前记;后一部分具体记述唐玄宗开元以来翰林学士姓名及官阶迁转。前记列叙唐自太宗起,即重视将"当时才彦"召入宫中,"内参谋猷,延引讲习,出侍舆辇,入陪侍宴"。至玄宗朝,又明确"选朝官有词艺学识者,入居翰林,供奉别旨"。而"至(开元)二十六年,始以翰林供奉改称学士,由是遂建学士,俾专内命"。关于我国古代建置翰林学士,并于玄宗开元二十六年(738)自翰林院分出另设置学士院,《翰林院故事》是首记之作。唐代两部大型典章制度之书,一为《唐六典》,也撰成于开元二十六年,一为《通典》,著者杜佑于德宗贞元十七年(801)上奏,使人奇怪的是这两部书都未有一字提及翰林学士。关于开元二十六年建置翰林学士院,《旧唐书·职官志》、《新唐书·百官志》,及修撰于宋初的《唐会要》都有所记,但就其文字记叙来看,都本于韦执谊《翰林院故事》及稍后的李肇《翰林志》。

《翰林院故事》前记有云:"屋壁之间,寂无其文,遗草简略于桥编,求名时得于邦老;温故之义,于斯阙如。"则在贞元初,翰林学士院内,文献极少保存,开元以来之学士姓名,就只能向老一辈学人探询。按:唐之京都长安,玄、肃两朝历经安史之乱,德宗初期又有泾州兵变,屡经兵燹,宫廷迭遭破坏,简牍当散佚极多。贞元初,朝政稍为稳定,故前记谓:"群公以执谊入院之时最为后进,记叙前辈,便于列词,收遗补亡,敢有多让。"韦执谊就担此重任。当然,由于遗籍多有散佚,"其先后岁月,访而未详,独以官秩名氏之次,述于故事"。韦执谊即谓,因"访而未详",年月未能有记,但可以将其所带之官衔记于姓名之后。《翰林院故事》所记官秩迁转,有些颇详,如肃宗朝潘炎,记为:"自左骁卫兵曹充,累改驾中,又充,中人又充,出守本官。"这就是说,潘炎以左骁卫兵曹参军的官衔(正八品下)入为翰林学士,后连续升迁为驾部郎中(从五品上)、中书舍人(正五品上),都在任职期间,后又以中书舍人出院。按:潘炎,附见于两《唐书》其子潘孟阳传。《旧唐书》卷一六二《潘孟阳传》记潘炎,仅一句:"礼部侍郎炎之子也。"即潘炎曾任礼部侍郎,仅此一记。《新唐书》卷一六○《潘孟阳传》记潘炎事稍详,但仅起自代宗大历后期,未记肃宗时事。韦执谊所记潘炎于肃宗时在翰林学士任期内所历官阶,正可补两《唐书》之缺,于此也可见《翰林院故事》之史料价值。

除潘炎外,有些名人,虽《唐书》等均有所记,但如无《翰林院故事》,则后人皆未能知其曾为翰林学士。如前所记肃宗时翰林学士苏源明,是玄、肃两朝的诗文名家,杜甫、梁肃、颜真卿、李华等诗文,都有所记,但均未记其曾任翰林学士。韦执谊《翰林院故事》则明确记苏源明于肃宗至德(756)后以中书舍人入为翰林学士。如无韦执谊所记,则肃宗朝翰林学士就没有这一诗文名家。

当然,从史料的角度来看,韦执谊《翰林院故事》也有不足之处。总的来说,如韦执谊于前记中所说,由于材料散佚,其所能辑集到的学士,仅能记其名氏、官衔,"其先后岁月,访而未详",不如以后元稹、丁居晦能记有年月日。又,韦执谊于贞元二年作此题名录,而现存的这一《故事》,则尚有贞元后所记,计有德宗、顺宗、宪宗三朝学士名录,当为后继者续辑,这也是韦执谊于前记文末所说的"庶后至者,编继有伦"。应当说贞元二年之后所记的三十余位学士名录,也颇可参考,不过比较起来,这后一部分,与元稹、丁居晦两《记》相较,确有明显的不足:一是丁居晦自德宗朝起,就记有年月,元稹于元和朝的承旨学士,所记年月日更详,韦执谊《故事》则均未记有时间;二是现存《翰林院故事》后一部分,有些记事有缺,有些记事有误。限于篇幅,这里略举数例。如宪宗初期的李吉甫、裴垍,为当时名人,并由翰林学士擢迁为宰相,史料极多,两《唐书》也均有传,但《翰林院故事》记此二人,仅列姓名,无一字叙其官秩迁转。又如宪宗时萧俛,《翰林院故事》记为:"驾中充,又加知制诰,出守本官。"而据丁居晦《重修承旨学士壁记》,萧俛乃于"元和六年四月十二日自右补阙充",后历经迁转,至元和九年十一月二十四日加驾部郎中,同年十二月十日加知制诰。丁氏所记有据。《旧唐书》卷一七二本传记其"元和六年,召充翰林学士",又《旧唐书》卷一四《宪宗纪》,元和六年正月丙申,萧俛时为右补阙。按:据《旧唐书·职官志》,左右补阙为从七品上,驾部郎中为从五品上,由此可知,萧俛当先自右补阙入,后才升为驾部郎中。《旧唐书·萧俛传》也记其于元和七年转司封员外郎(从六品上),九年改驾部郎中,并知制诰。《翰林院故事》此处所记乃又简又误。

类似情况,如亦为宪宗朝的张仲素,《翰林院故事》记自礼部员外郎充,丁居晦所记为元和十一年(816)八月十五日自礼部郎中充。按:清劳格《唐郎官石柱题名考》曾有考,谓石柱题名于礼外无张仲素名,礼中则有。又杨巨源有《张郎中段员外初直翰林报寄长句》(《全唐诗》卷三三三)。按:段文昌于元和十一年八月十五日与张仲素同时入，时为祠部员外郎，则杨巨源此诗诗题，即为张仲素、段文昌。诗题云"初直翰林"，而称张为郎中，可见丁居晦所记为确。由此可见，今存的《翰林院故事》，其后期为他人续作，其史料确切性不如韦执谊所作的前期，我们在研索贞元、永贞、元和时翰林学士在职期间的仕历，应当参据元稹、丁居晦所记及唐时其他史料，作综合的考辨。

《翰林院故事》记韦执谊于"拾遗充"学士后，云："又知制诰，又赐绯。"丁居晦《重修承旨学士壁记》则于"贞元元年自左拾遗充"后，云："二月，加知制诰，赐绯鱼袋。"如此，则加知制诰为贞元元年二月，实误。按：《唐会要》卷五五《中书舍人》条有记："（贞元）四年二月，以翰林学士、职方郎中吴通微，礼部郎中顾少连，起居舍人吴通玄，左拾遗韦执谊，并知制诰。"则韦执谊兼知制诰，在贞元四年（788）二月，《重修承旨学士壁记》当于"二月"前漏"四年"二字。

韦执谊何时出院，韦、丁二书均未有明确记载。《翰林院故事》仅云"又起人充"，《重修承旨学士壁记》亦仅云"迁起居舍人，丁忧"。《旧唐书》则有较详的记述："德宗尤宠异，相与唱和歌诗，与裴延龄、韦渠牟等出入禁中，略备顾问。德宗载诞日，皇太子献佛像，德宗命执谊为画像赞，上令太子赐执谊缣帛以酬之。执谊至东宫谢太子，卒然无以藉言，太子因曰：'学士知王叔文乎？彼伟才也。'执谊因是与叔文交甚密。俄丁母忧，服阕，起为南宫郎，德宗时召入禁中。"这里提供几点线索，试析之。《旧唐书》卷一三五有裴延龄、韦渠牟传，二人在贞元中皆得德宗宠信，陆贽任宰相时，曾上疏劾奏裴延龄"险猾售奸，诡谲求媚"，时裴为户部侍郎、判度支。后陆贽受裴之诬害而罢相,时在贞元十年(794)十月。《旧唐书·韦渠牟传》云:"陆贽免相后,上躬亲庶政,不复委成宰相,庙堂备员,行文书而已。除守宰、御史,皆帝自选择。然居深宫,所狎而取信者裴延龄、李齐运、王绍、李实、韦执谊洎渠牟等,皆权倾相府。"据此,则贞元十年十二月陆贽罢时及稍后,韦执谊仍在学士院内任职。

《旧唐书·韦渠牟传》又记:"贞元十二年四月,德宗诞日,御麟德殿,召给事中徐岱、兵部郎中赵需、礼部郎中许孟容与渠牟及道士万参成、沙门谭延等十二人,讲论儒、道、释三教。"关于此事,《旧唐书》卷一三《德宗纪》亦有记:贞元十二年四月"庚辰,上降诞日,命沙门、道士加文儒官讨论三教,上大悦"。按:据《旧纪》,此时前后数年,于四月皆未记德宗生日重视释、道事,如此,则《旧唐书·韦执谊传》所载"德宗载诞日,皇太子献佛像"当即在贞元十二年四月,此时太子仍称韦执谊为学士,则韦执谊此时当仍在院中。又据《旧唐书》卷一四《顺宗纪》,顺宗李诵,为德宗长子,生于上元二年(761),贞元十二年(796)为三十六岁。

《旧唐书·韦执谊传》载此事后,云:"俄丁母忧",则当在贞元十二、十三年间;"服阕,起为南宫郎",当在贞元十六、十七年间。南宫郎是一个虚职,但韦执谊仍受德宗的信用,"时召入禁中"。

《旧唐书·韦执谊传》后记:"及顺宗即位,久疾不任朝政,王叔文用事,乃用执谊为宰相,乃自朝议郎、吏部郎中、骑都尉赐绯鱼袋,授尚书左丞、同平章事,仍赐金紫。"按:据《旧唐书》卷一四《顺宗纪》,德宗于贞元二十一年(805)正月癸巳卒,顺宗即于同月丙申即位,二月"辛卯,以吏部郎中韦执谊为尚书左丞、同中书门下平章事"。白居易时在长安，为校书郎，上书于韦执谊，提出改革时政的设想，题为《为人上宰相书》①，首云"二月十九日，某官某乙谨拜手奉书献于相公执事"，书中又云"相公自拜命以来八九日"，与韦执谊任相之时合。又《顺宗实录》卷一载王叔文入为翰林学士在二月壬戌，壬戌为二月二十二日（《旧纪》谓壬寅，误）。即白居易上此书，王叔文尚未入翰林，新政尚未正式实施，此文虽题曰为人上书，实则是表达白居易自己的见解。

白居易极力主张，当今皇上初接位，首要之事是"令宜布新"，这是"百辟倾心，凄凄然以待主上之政也；万姓注目，专专然以望主上之令也"。白居易虽未具体论述新政的内容，但希望宰相能先广听天下之心声，不要耽误时机，要使新政"在于疾行"。因此白居易借此上书，着重地说："所以主上践祚未及十日，而宠命加于相者，惜国家之时也；相公受命未及十日，而某献于执事者，惜相公之时也。夫欲行大道，树大功，贵其速也。"由此也可见，当时的长安士人确为普遍希望朝廷能尽快施行新政。

又《全唐文》卷五五顺宗《授韦执谊尚书左丞平章事制》，就韦执谊任翰林学士，称誉为："久参内署，动直静专，累践中台，职修事举。克有公望，冠于群伦。"

关于永贞新政，另详德宗朝王叔文传，此不赘。《旧唐书·韦执谊传》概述谓："（王）叔文欲专国政，故令执谊为宰相于外，己自专于内。"当时在相位的有数人，最能与王叔文相配合的是韦执谊，这是有唐一代，宰相与翰林学士能互相配合、行施朝政的唯一

①见朱金城《白居易集笺校》卷四四，上海古籍出版社，1988年。

实例。不过《顺宗实录》几次记述"叔文与执谊争权数有异同"①，《旧传》也记为："执谊既为叔文引用，不敢负情，然迫于公议，时时立异。""叔文诟怒，遂成仇怨。"《旧传》所记，是受《顺宗实录》影响的，而《顺宗实录》又出于韩愈之手，韩愈执于偏见，对韦执谊任翰林学士，也甚为贬责，称其"年二十余入翰林，巧惠便辟，媚幸于德宗，而性贪婪诡贼"，又记云："其从祖兄夏卿为吏部侍郎，执谊为翰林学士，受财为人求科第，夏卿不应，乃探出怀中金以内夏卿袖，夏卿惊曰：'吾与卿赖先人德致名位，幸各已达，岂可如此自毁坏！'摆袖引身而去。"这应为不实之词。瞿蜕园《刘禹锡集笺证》附录二交游录，于《韦执谊》条亦引有《顺宗实录》此文，评曰："此为诬诋之词不待言，即令有此事，必行于无人之处；执谊既必不自言，夏卿亦不至不顾族谊宣之于众以败其操检也。《顺宗实录》之不可据往往如此。"

永贞元年（805）八月庚子，顺宗因宦官之迫，传位于太子，宪宗立，遂即将王叔文贬出；十月，柳宗元、刘禹锡等贬为八州司马；十一月，韦执谊贬为崖州司马。《旧传》谓："及宪宗受内禅，王伾、王叔文徒党并逐，尚以执谊是宰相杜黄裳之婿，故数月后贬崖州司户。"《全唐文》卷五六宪宗《贬韦执谊崖州司马制》，斥其执政时，"直谅无闻，奸回有素；负恩弃德，毁信废忠；言必矫诬，动皆蒙蔽；官由党进，政以贿成"。而与此同时，白居易却特作《寄隐者》一诗，云："卖药向都城，行憩青门树。道逢驰驿者，色有非常惧。

①《顺宗实录》，见马其昶《韩昌黎文集校注》外集下卷，上海古籍出版社，1986年。

亲族走相送，欲别不敢住。私怪问道旁，何人复何故；云是右丞相，当国握枢务。禄厚食万钱，恩深三日顾。昨日延英对，今日崖州去。由来君臣间，宠辱在朝暮。青青东郊草，中有归山路。归去卧云人，谋身计非误。"朱金城《白居易集笺校》卷一系此诗于永贞元年，时白居易在长安，任校书郎，谓"今日崖州去"句疑指韦执谊之贬官。由此可见白居易当时仍寄予同情。

《新唐书·艺文志》未著录韦执谊著作。《全唐文》卷四九五载其文三篇：《市骏骨赋》、《与善见禅师帖》、《翰林院故事记》。无诗。

梁　肃

梁肃，《旧唐书》无传，《新唐书》附于卷二〇三《文艺·苏源明传》后，甚简，仅九十余字，且所记有误（详后）。惟其同时有权德舆《祭梁补阙文》（《全唐文》卷五〇八），崔元翰《右补阙翰林学士梁君墓志铭》（同上，卷五二三），崔恭《唐右补阙梁肃文集序》（同上，卷四八〇），所记较详，为研究梁肃事迹之基本史料。现代研究成果，有蒋寅《梁肃年谱》①，胡大浚《梁肃年谱》②。蒋、胡两谱，在记叙具体行迹及著作系年上，时有所异，但均对梁肃生平有系统的清理与论述。

崔《志》："梁君讳肃，字宽中。"权《祭文》："我思古人，乃得敬

①见蒋寅《大历诗人研究》下编，中华书局，1995年。
②见胡大浚校点《梁肃文集》附录，甘肃人民出版社，2000年。

之。"《新传》当据崔、权所记,云:"肃字敬之,一字宽中。"又与梁肃同时,曾与之有交游之陈谏,其《心印铭序》(《唐文粹》卷六一)亦有云:"安定梁肃字敬之,学止观法门于沙门元浩。"又云:"谏获与敬之游,又尝闻浩公之言,故序其所由然,著于铭之首云。"

崔《志》称梁肃"其生安定人",并称其五代祖为隋时刑部尚书梁毗。按:《隋书》卷六二《梁毗传》即载毗为"安定乌氏人"。安定郡乌氏县,相当于今甘肃泾川县东北。梁肃《过旧园赋》自注则云:"高祖父赵王府记室宜春公洎曾王父侍御史府君已降,三世居陆浑。……开元中为大水所坏,始徙于函谷。"(《梁肃文集》卷一。按:以下所引梁肃文,为方便起见,即据胡大浚校点本《梁肃文集》)。则自其曾祖父起,即徙居陆浑(今河南嵩县东北),至其父时又移居函谷关(今河南新安县东)。《过旧园赋》序即云:"新安东南十数里,旧居在焉。"则梁肃幼时亦即居函谷关。

按:据崔《志》,梁肃卒于德宗贞元九年(793)十一月,年四十一,则当生于玄宗天宝十二载(753)。

梁肃《过旧园赋》序云:"余行年十八,岁当上元辛丑,盗入洛阳,三河间大涂炭,因窜身东下,旅于吴越。"赋又云:"截湔河以径度,趣诸越而休止。在长洲与兰陵,亦一闰而三徙。"按:《文苑英华》卷一三〇载此文,"十八"作"八十",显讹;《全唐文》卷五一七所载作"十八",亦误。岑仲勉《唐集质疑》谓此"十八"实为"九"字,"一字而误析为两也"[1],是。且梁肃已明言"上元辛丑",即肃

---

① 《唐集质疑》之《过旧园赋》条,见岑仲勉《唐人行第录》,上海古籍出版社,1962年,第398页。

宗上元二年(761)，梁肃既生于天宝十二载(753)，则此年确为九岁。上元二年，安史之乱尚未平定，此时河南洛阳等地又遭战乱，梁肃一家就因此南徙，先居越地，后迁苏州(长洲)，定居于常州(兰陵)。

梁肃长期居住于常州，约二十年左右，在此期间，可以注意的，一是他早年即与僧徒交游，接受佛学；二是师事古文家独孤及、李华，正式介入中唐古文运动之行列。

梁肃十二岁时，即受经于释门湛然。湛然亦为常州人，曾作有《维摩经略疏》，梁肃后为其作序，云："肃尝受经于公门，游道于义学，虽钻仰莫能，而嗟叹不足，故序其述作之所以然著乎辞。疏成之岁，岁在甲辰，吾师自晋陵归于佛龛之夏也。"(《梁肃文集》卷二《维摩经略疏序》)甲辰，即广德二年(764)，梁肃年仅十二。《宋高僧传》卷六《湛然传》，称其为常州人，"学徒愈繁"，而"其朝达得其道者惟梁肃学士"。梁肃又有《送沙门鉴虚上人归越序》，中云："东南高僧有普门元浩，予甚深之友也。"(《梁肃文集》卷二)元浩，亦见《宋高僧传》卷六，也提及梁肃："其儒流受业，翰林学士梁公肃。"此后梁肃作有《越州开元寺律和尚塔碑铭》(《梁肃文集》卷四)，《金刚般若波罗密经石幢赞》(同上)，《台州隋故智者大师修禅道场碑铭》(同上，卷四)，《天台法门议》(同上，卷一)，其他论、记、序、碑、铭、墓志等多有述及佛学者，这在中唐古文家中是甚稀见的。

独孤及于大历八年(773)为常州刺史，九年三月到任，十二年四月卒于任(参郁贤皓《唐刺史考全编》卷一三八江南东道常州)。独孤及到任后，梁肃即拜谒、师事之。其《常州刺史独孤及集后序》特记云："初公视肃以友,肃仰公犹师。"(《梁肃文集》卷二)《祭独孤常州文》又云:"顾惟小子,慕学文史。公初来思,拜遇梅里。如旧相识,绸缪慰止。更居恤贫,四稔于此。"则独孤及在常州四年,梁肃一直陪侍左右,并代笔为其撰文,如《为常州独孤使君祭李员外文》、《为独孤常州祭福建李大夫文》、《为独孤郎中祭皇甫大夫文》等(同上,卷六)。独孤及后于大历十二年卒,梁肃特为送葬,并作祭文(《祭独孤常州文》,《梁肃文集》卷六)、行状(《常州刺史赐紫金鱼袋独孤公行状》,同上),后又为编其文集,《常州刺史独孤及集后序》记独孤及卒后,"于是缀其遗草三百篇,为二十卷,以示后嗣"(同上,卷二)。李舟《独孤常州集序》也称:"常州讳及,有遗文三百篇,安定梁肃编为上下帙,分二十卷。"(《全唐文》卷四四三)崔祐甫《独孤公神道碑铭》亦云"公有集二十卷行于代"(《全唐文》卷四〇九)。《新唐书·艺文志》四,别集类著录"独孤及《毗陵集》二十卷",南宋《郡斋读书志》(卷四上)、《直斋书录解题》(卷一六),及《四库全书》等著录,均为二十卷。则独孤及传世之文集二十卷,当皆源自梁肃所编①。

关于梁肃早年,应补正两处。一为《新唐书》卷二〇二《文艺·苏源明传》有云:"源明雅善杜甫、郑虔,其最称者元结、梁肃。"苏源明亦为肃宗时翰林学士,与杜甫、郑虔、元结确有交往,见前肃宗朝苏源明传。但苏于广德二年(764)即卒,时梁肃仅十

---

① 《四库全书总目》卷一五〇《毗陵集》提要,谓集中《马退山茅亭记》乃柳宗元所作,则后世传刻时,也有误收。

二岁,居于常州,苏源明则长期在北方,不能在其卒前即已称识梁肃。二为崔元翰《志》记:"年十八,赵郡李遐叔、河南独孤至之始见其文,称其美,由是大名彰于海内。"按:梁肃年十八为大历五年(770),此时李华仍隐居于山阳为农,山阳在今江苏淮安,而梁肃则长期居于常州;独孤及于大历三年至五年为濠州刺史,五至八年为舒州刺史(参郁贤皓《唐刺史考全编》),大历九年三月始至常州刺史任。因此,大历五年李华、独孤及不可能与梁肃结识。

据胡大浚《梁肃年谱》,梁肃于大历十三年(778)秋后曾应诏至京师,所考较详实,是。按:约于此年,曾为翰林学士的李翰,离京赴阳翟(详见前代宗朝李翰传),梁肃特作序送之(《送李补阙赴少室养疾序》,《梁肃文集》卷二),后又为其文集作序(《补阙李君前集序》,同上)。按:李翰,两《唐书》虽有传,但甚简略,如无梁肃此二文,则李翰事迹及其文学创作在当时的影响,今天就无详切的材料。这如同前所述梁肃为独孤及所作祭文、序文,可见梁肃确很注意与当时文士的交往。又如大历十一年(776),梁肃年二十四,尚在常州,又作有《送耿拾遗归朝廷序》(《梁肃文集》卷二)。耿拾遗即耿湋,耿湋亦为大历十才子之一。卢纶已有《送耿拾遗湋充括图书使往江淮》(《全唐诗》卷二八〇),梁肃此序云:"国家方偃武事,行文道,命有司修图籍,且虑有缺文遗编,逸诗坠礼,分命史臣求之天下。……拾遗耿君于是拥轻轩,奉明诏,有江湖之役,亦勉己事,将复命阙下。七月乙未,改辕而西,将朝夕论思。……众君子盖将贺不暇,彼吴秦离别,于我何有,作者之志,小子承命而序之。"则此序乃作于耿湋自吴返京之时。颜真卿亦有《送耿拾遗联句》(《颜鲁公文集》卷一五),其中湋诗有"吴兴贤太守,临水最殷勤"句,颜真卿之为湖州(吴兴)刺史在大历八年(773)正月至十二年(777)四月。又刘长卿亦有《送耿拾遗归上都》诗(《刘随州集》卷八),时刘长卿贬谪于睦州(约大历十一、十二年间)。据此,则耿湋之离吴、越返京,确当在大历十一年夏①。后梁肃于贞元六年(790),又为大历时著名诗人戴叔伦撰神道碑(《唐容州刺史戴公神道碑》,《梁肃文集》卷五)。可见梁肃所撰对中唐诗文研究极有文献价值。

崔《志》:"建中初,以文辞清丽应制,授太子校书。"《唐会要》卷七六《制科举》条记建中元年(780)文辞清丽科,有奚陟、梁肃及吴通玄等。奚陟、吴通玄亦为德宗时翰林学士。《唐大诏令集》卷一○六《建中元年试制举人策问》,署为"二月十五日"。这当与梁肃《过旧园赋》序所谓"上嗣位岁,应诏诣京师,其年夏,除东宫校书郎"(《梁肃文集》卷一)合。《新传》亦云:"建中初,中文辞清丽科,擢太子校书郎。"

但梁肃并不赴任,《过旧园赋》序于"其年夏,除东宫校书郎"后,接云"遂请告归觐于江南"。崔《志》亦云"请告还吴"。后又丁母忧,至贞元二年(786),至扬州,入淮南节度使杜亚幕,任掌书记。崔《志》又云:"其后,淮南节度使、吏部尚书京兆杜公表为殿中侍御史内供奉,管书记之任。……贞元五年……征还台。"此

---

① 参见《唐才子传校笺》第二册卷四《耿湋传》,傅璇琮笺;又傅璇琮著《唐代诗人丛考·耿湋考》。

"杜公"为杜亚①。

贞元五年(789)十二月辛未,杜亚改为东都留守(《旧纪》),梁肃即应征至京师,正式任为监察御史(正八品上),后又转为右补阙(从七品上),见崔《志》。梁肃《述初赋并序》云:"以监察御史征,俄转右补阙。间一岁,加翰林学士。"(《梁肃文集》卷一)

关于入为翰林学士,韦执谊《翰林院故事》仅记有一句:"补阙兼太子侍读充。"丁居晦《重修承旨学士壁记》则具体记为:"贞元七年,自左补阙充,兼皇太子侍读,守本官,兼史馆修撰。"未记出院年月。据崔《志》,梁肃卒于贞元九年十一月,即梁肃未出院,卒于任。

如此,则梁肃于贞元七年(791)入院,贞元九年(793)十一月卒,在院约二年有余。崔恭《唐右补阙梁肃文集序》概述云:"朝廷尚德,故以公为太子侍读;国尚实录,故以公为史馆修撰;发诰令,敷王猷,故以公为翰林学士。三职齐署,则公之处朝廷不为不达矣。"不过梁肃在此期间,较为突出的是参预科举进士试,协助陆贽,选拔人才。

陆贽于贞元七年出院,贞元八年初知贡举(见前陆贽传),他即聘请在职的梁肃,作为佐助者,推荐人才,称为公荐或通榜。宋洪迈《容斋四笔》卷五《韩文公荐士》条云:"唐世科举之柄,专付

_____

① 杜亚于德宗兴元元年十二月至贞元五年十二月为淮南节度使,杜佑于贞元五年十二月接任淮南节度使(《旧唐书·德宗纪》,并参郁贤皓《唐刺史考全编》)。而《新唐书·梁肃传》却记为"杜佑辟淮南掌书记",显误,惜中华书局点校本未予校正。

之主司,仍不糊名,又有交朋之厚者为之助,谓之通榜。"当时翰林学士可以不出院,在任职期间担任公荐或通榜。在当时举子录取中,有时通榜所起的作用更为实际,社会影响更大。韩愈于贞元八年被录取为进士及第,他后于《与祠部陆员外书》中,就特别提出:"往者陆相公司贡士,考文章甚详,愈时亦幸在得中,而未知陆之得人也。其后一二年,所与及第者皆赫然有声,原其所以,亦由梁补阙肃、王郎中础佐之,梁举八人,无有失者。"①当时梁肃作为通榜,举荐人才,在当时是很有影响的,韩愈即称为"至今以为美谈"。如贞元十八年(802),权德舆知贡举,祠部员外郎陆傪与权德舆交往契合,乃为佐助,为通榜,此时韩愈任四门博士,在长安,就特地上书给陆傪,推荐本年应举者侯喜等十人。前所引韩愈此书,即举梁肃先例,并云:"彼之职在乎得人,执事之志在乎进贤,如得其人而授之,所谓两得其求,顺乎其必从也。"又《旧唐书》卷一五九《崔群传》:"群年未冠举进士,陆贽知举,访于梁肃,议其登第有才行者,肃曰:'崔群虽年少,他日必至公辅。'果如其言。"又《新唐书》卷一七九《王涯传》:"涯博学,工属文,往见梁肃,肃异其才,荐于陆贽,擢进士。"于此皆可见梁肃作为通榜所起的作用。

　　按:韩愈于贞元三年即至长安应试,连续未能及第。欧阳詹也是连续考了六次,其他如李观等,都屡次应试未及第。据徐松《登科记考》卷一三,此年录取进士二十三人。宋洪兴祖《韩子年谱》引《科名记》,称"是年一榜多天下孤隽伟杰之士,号龙虎榜"。

---

①马其昶《韩昌黎文集校注》卷二,上海古籍出版社,1986年。

后人又称为"有唐第一榜"①。中唐时古文名家如韩愈、欧阳詹、李观等皆为此年进士登第者,这对当时古文运动当有一定推动作用。

《唐摭言》卷七有记云:"贞元中李元宾、韩愈、李绛、崔群同年进士。先是四君子定交久矣,共游梁补阙之门。居三岁,肃未之面,而四贤造肃多矣,靡不偕行。肃异之,一日延接。"按:梁肃于贞元六年初入朝,此云李观、韩愈等四人在贞元八年初及第前共游梁肃之门,已有"三岁",则并不确切,但当时文士甚仰慕梁肃,亦于此可见。《旧唐书》卷一六〇《韩愈传》即有记云:"大历、贞元之间,文字多尚古学,效扬雄、董仲舒之述作,而独孤及、梁肃最称渊奥,儒林推重。愈从其徒游,锐意钻仰,欲自振于一代。"由此亦可见梁肃任翰林学士期间参预科举取士,在中唐古文运动中所起的作用。

贞元八年初举试后,仍有人向梁肃推荐。如李观于本年登第后,又特地向梁肃推荐诗人孟郊,其《上梁补阙荐孟郊崔宏礼书》(《全唐文》卷五三四),先称自己未登第时,已蒙梁肃揄扬,故"远迩之人,以观为执事门生";后即向梁肃推荐孟郊、崔宏礼,称"孟之诗,五言高处,在古无二"。孟郊也特献上一诗:《古意赠梁肃补阙》②。至第二年,贞元九年,李翱通过州府试,至长安应明年举试,是年九月,他又向梁肃献文求荐,其《感知己赋序》云:"贞元九年,翱始就州府之贡举人事,其九月,执文章一通谒于右补阙安定

---

① 明胡应麟《诗薮》外编卷三,中华书局上海编辑所,1958年。
② 华忱之《孟郊诗集校注》卷六,人民文学出版社,1995年。

梁君。是时梁君之誉塞天下,属词求进之士奉文章造梁君门下者,盖无虚日。"(《李文公集》卷一)可见即使此年梁肃虽未再出任通榜,但仍居翰林,而"属词求进之士"造访者,仍"无虚日"。

可惜梁肃不久即病逝。崔《志》:"(贞元)九年冬十有一月旬有六日,寝疾于万年之永乐里",年四十一。权德舆有《祭梁补阙文》。崔恭又为其文集作序,特称其文"粹美深远,无人能到"(《唐右补阙梁肃文集序》,《唐文粹》卷九二)。崔恭称"收其制作,编成二十轴",即二十卷。《新唐书·艺文志》四,也著录为《梁肃集》二十卷;陈振孙《直斋书录解题》卷一六别集类也记为二十卷,当皆本崔恭所编,南宋前期尚存,但后即散佚,未有专集传世。《全唐文》载其文一〇四篇(卷五一七至五二二),另有佚篇(如戴叔伦《神道碑》,即未见于《全唐文》)。现胡大浚编校《梁肃文集》(甘肃人民出版社,2000年)为六卷。

韦 绶

韦绶,两《唐书》皆附其弟贯之传,见《旧唐书》卷一五八,《新唐书》卷一六九。又《旧唐书》卷一六八其子韦温传,谓京兆人。

《旧传》未记其早年行迹,《新传》则有所记,云:"举孝廉,又贡进士,礼部侍郎潘炎将以为举首,绶以其友杨凝亲老,故让之,不对策辄去,凝遂及第。"按:据清徐松《登科记考》卷一一,杨凝为大历十三年(778)进士登科(状元),知举者为礼部侍郎潘炎。

《新传》接云:"后擢明经,辟东都幕府。"未有确年。又《旧唐书》卷一五九《路随传》，记其父泌，"建中末，以长安尉从调，与李益、韦绶等书判同居高第，泌授城门郎。属德宗违难奉天，泌时在京师，弃妻子潜诣行在所"。此书判当为吏部常调铨试。如此，则韦绶当于大历末、建中初明经登第后，在洛阳东都幕府，于建中末即建中四年（783）应吏部书判拔萃试，与路泌、李益等同举高第，当又授官，但不详。《旧唐书》卷一三〇《李泌传》则提供线索。据《旧传》，李泌于贞元初期在相位，"至贞元五年，以前东都防御判官、殿中侍御史、内供奉韦绶为左补阙，监察御史梁肃右补阙"。《新唐书》卷一三九《李泌传》亦记此事，云："凡三年，始以韦绶、梁肃为左右补阙。"

如此，则韦绶当又与梁肃同时入学士院。

韦执谊《翰林院故事》于贞元后记："韦绶，补阙充。"丁居晦《重修承旨学士壁记》贞元后记："韦绶，贞元七年，自左补阙充。"与梁肃同，当同时召入。《旧传》对韦绶在翰林学士任职期间评誉云："德宗朝为翰林学士。贞元之政，多参决于内署，绶所议论，常合中道。"《新传》亦云："德宗时，以左补阙为翰林学士，密政多所参逮。"《新传》更有具体记述："帝尝幸其院，韦妃从。会绶方寝，学士郑絪欲驰告之，帝不许。时大寒，以妃蜀襦袍覆而去，其待遇若此。"其细节，当本笔记小说。

不过两《唐书》本传对韦绶如何参与当时政事，却未有记载，而对其在职期间的心情则有细致的描述。《新传》云："每入直，逾月不得休。以母老，屡丐解职，每请，帝辄不悦。出入八年，而性谨畏甚。晚乃感心疾，罢还第，不极于用。"《旧传》所记稍简，但语气亦重，"然畏慎致伤，晚得心疾，故不极其用"。由此可见，德宗对翰林学士的管制是相当严的。

正因如此，他就以心疾而辞职出院。《唐国史补》也记云："起居舍人韦绶以心疾废。"丁《记》记为："(贞元)十六年十月，丁忧。"谓"丁忧"，似不确。而且他不仅自己不愿继续做翰林学士，他还劝其儿子以后也不要任此职。《新唐书》卷一六九其子韦温传，记云："绶在禁廷，积忧畏病废，故诫温不得任近职。"正因此，韦温于文宗大中时由考功员外郎擢为谏议大夫，甘露事变后，文宗想召他入为翰林学士，韦温念其父之教，就固辞。杜牧为其所作之墓志，也述其事，叙文宗已下疏召其入院，"公(韦温)立银台外门，下拜送疏入，具道先常侍(即其父韦绶)遗诫，子孙不令任密职，言恳志决"①。

按：韦绶于贞元七年(791)入，十六年(800)出，在院当九年有余，《新传》云："出入八年。"不确。两《唐书》本传及丁《记》均未记带何官出院，杜牧所作韦温墓志，称韦绶"右散骑常侍致仕"，《旧唐书·韦温传》也谓"以散骑常侍致仕"，则出院时授以此虚衔而致仕。《唐国史补》称其为"起居舍人"，当不确。

杜牧《韦公(温)墓志铭并序》在记韦绶"以致仕官屏居两郊"后，接云："公(韦温)早夜侍侧，温清饮食，迎情解意，一经心手，积二十余年。"则约卒于穆宗长庆年间(821—824)。

韦绶的著述《新唐书·艺文志》未有著录，《全唐文》、《全唐诗》亦未载其成篇之作。《旧唐书·韦温传》载温于武宗时为宣歙

---

①杜牧《唐故宣州观察使御史大夫韦公墓志铭并序》，见陈允吉点校《樊川文集》卷八，上海古籍出版社，1978年。

观察使,卒于任,有记云:"既疾,召亲属,赋绶诗'在室愧屋漏',因泣下曰:'今知没身不负斯诚矣!'"《全唐诗》卷七九五即据此载韦绶此句。又《新唐书·韦绶传》载韦绶辞职出院后,曾奉命和德宗《黄菊歌》,亦不存。但可见其生前亦均有诗作。

郑 絪

郑絪,两《唐书》有传,见《旧唐书》卷一五九,《新唐书》卷一六五。《旧传》谓:"郑絪字文明。父羡,池州刺史。"未记籍贯。《新传》:"郑絪字文明,馀庆从父行也。"据《旧唐书》卷一五八、《新唐书》卷一六五《郑馀庆传》,馀庆为郑州荥阳人。又《新唐书》卷七五上《宰相世系表》五上,亦记郑羡为池州刺史,惟记郑絪云:"絪字文明,相德宗。"按:郑絪于德宗、顺宗二朝,连任翰林学士,后宪宗接位,擢郑絪为相(详后),《新表》此处显误,惜中华书局点校本未予校正。

据《旧传》,郑絪卒于文宗大和三年(829),年七十八,则当生于玄宗天宝十一载(752)。

《旧传》记其早年仕历为:"絪少有奇志,好学,善属文。大历中,有儒学高名,如张参、蒋乂、杨绾、常衮,皆相知重。絪擢进士第,登宏词科,授秘书省校书郎、鄠县尉。张延赏镇西川,辟为书记;入除补阙、起居郎,兼史职。"《新传》所记略同。按:据《旧唐书》卷一二《德宗纪》上,张延赏于大历十四年(779)十一月由荆南节度使改任西川节度使,贞元元年(785)八月入朝改授左仆射,则郑絪在张延赏西川幕,当在德宗建中年间(780—783)。而在此之前,大历中已为国子司业张参等所知。后进士及第,惟登第年未详,或为大历中后期。

张延赏于贞元元年八月入朝为左仆射,郑絪当也因此"入除补阙、起居郎,兼史职"(《旧传》)。随后,即入为翰林学士。

韦执谊《翰林院故事》记:"郑絪:封外、知制诰,赐绯。"丁居晦《重修承旨学士壁记》记有具体年月:"贞元八年,自司勋员外郎、知制诰充;五月,赐绯鱼袋。"韦、丁二记,一云封外,一云勋外。按:《旧传》于"入除补阙、起居郎,兼史职"后云:"无几,擢为翰林,转司勋员外郎、知制诰。"又元稹《承旨学士院记》记郑絪于"贞元二十一年二月,自司勋员外郎、翰林学士拜中书舍人",韩愈《顺宗实录》卷一同。如此,则韦执谊《故事》作"封外",误①。

郑絪于德宗朝任翰林学士达十三年,但《旧传》所记甚略,仅云:"德宗朝,在内职十三年,小心兢谦,上遇之颇厚。"按:郑絪于贞元八年五月以司勋员外郎、知制诰入,至贞元二十一年(805)正月德宗卒,其间十三年,官阶均未升迁,至贞元二十一年(亦即永贞元年),顺宗接位之次月,才由司勋员外郎擢为中书舍人(详后)。翰林学士于任职期内如此长时期未有擢迁,这是唐历朝所未有的,这是德宗贞元中后期特殊现象,颇值得研索。

《新传》则具体记其一事:"德宗自兴元还,置六军统军视六尚

---

① 按:清劳格于《唐尚书省郎官石柱题名考》卷六已谓,据《旧传》、丁《记》,应是勋外,非封外。又岑仲勉《翰林学士壁记注补》亦云"《翰林院故事》作封外误",但又云:"据本纪,似先授勋外知诰乃充翰林也。"按:《旧唐书·德宗纪》于贞元八年未记郑絪事,此云"据本纪",误,应云"据本传"。

书，以处功臣，除制用白麻付外。又废宣威军益左右神策军，以监军为中尉。窦文场恃功，阴讽宰相进拟如统军比。絪当作制，奏言：'天子封建，或用宰相，以白麻署制，付中书、门下。今以命中尉，不识陛下特以宠文场邪？遂著为令也？'帝悟，谓文场曰：'武德、贞观时，中人止内侍，诸卫将军同正赐绯者无几。自鱼朝恩以来，无复旧制。朕今用尔不谓无私，若麻制宣告，天下谓尔胁我为之。'文场叩头谢。更命中书作诏，并罢统军用麻矣。明日，帝见絪曰：'宰相不能拒中人，得卿言乃悟。'"

《通鉴》卷二三五亦记此事，系于贞元十二年（796）六月，并有云："是时窦（文场）、霍（仙鸣）势倾中外，藩镇将帅多出神策军，台省清要亦有出其门者。"可见德宗自泾州兵变后，即重用宦官，专掌军权。郑絪反对用白麻发制诰以授命宦官军任，这应当是当时翰林学士参预政事值得肯定的举措。

惟《旧传》记郑絪于德宗朝任翰林学士，其总体评价仍为"小心兢谦"。这可从韩愈一文得到佐证。韩愈《释言》有云："元和元年六月十日，愈自江陵法曹诏拜国子博士，始进见今相国郑公。公赐之坐，且曰：'吾见子某诗，吾时在翰林，职亲而地禁，不敢相闻。今为我写子诗书为一通以来。'愈再拜谢，退录诗书若干篇，择日时以献。"（《韩昌黎文集校注》卷二）按：韩愈于贞元十九年（803）冬由国子监博士迁监察御史，因上书《论天旱人饥状》得罪权臣，被贬为连州阳山令。贞元二十一年即永贞元年（805），量移为江陵法曹参军；元和元年（806）六月，又召入京，任国子博士。韩愈此篇《释言》作于元和二年（807），此时郑絪正居相位（详后）。韩愈所云郑絪在任翰林学士时得见韩愈诗，当在贞元中后期,"时在翰林","不敢相闻",连索取一个文士之诗作都不敢,"职亲而地禁",可见其拘束之感。

而顺宗即位后,郑絪则又积极参政,而且仕途显顺。

前已述及,德宗于贞元二十一年正月癸巳卒,太子李诵即位,为顺宗,自此即开始所谓永贞新政,王叔文充分发挥翰林学士的职能,起积极主导作用(详见后王叔文传)。

据《顺宗实录》(卷一),《旧唐书》卷一四《顺宗纪》,永贞元年二月壬戌,王叔文、王伾入为翰林学士,同日,又以司勋员外郎、知制诰郑絪迁为中书舍人。又丁居晦《重修承旨学士壁记》,郑絪于贞元二十一年二月二十二日(即壬戌)迁中书舍人,赐紫金鱼袋;同日,卫次公由左补阙加司勋员外郎,赐绯鱼袋。郑、卫二人是德宗朝十三年间从未升迁的翰林学士,王叔文当希望由此能与当时资历最深的翰林学士共谋新政。但郑絪不愿与王叔文合作,《旧传》称:"及王伾、王叔文朋党擅权之际,絪又能守道中立。"实际则与宦官交结,抵制永贞新政。正因如此,宦官俱文珍等在排斥王叔文退出翰林学士院后,又于此年七月密谋要挟顺宗下令由皇太子李纯监国,八月庚子又下制"令太子即皇帝位",即宪宗接位。《册皇太子赦诏》、《顺宗传位皇太子改元诏》,就是由郑絪起草的(见《全唐文》卷五一一)。宪宗即位之同月(八月),王叔文、王伾就被贬谪,次月(九月),柳宗元、刘禹锡又被贬出,永贞新政就此告终。

宪宗于永贞元年八月即帝位,随即任郑絪为翰林承旨学士。这是唐朝第一位翰林承旨学士,亦即在位的翰林学士之首。元稹《承旨学士院记》:"旧制,学士无得以承旨为名者,应对、顾问、参会、旅次，班第以官为上下。宪宗孝武皇帝以永贞元年即大位，始命郑公絪为承旨学士，位在诸学士上，居在东第一阁。"翰林承旨，又号称院长。李肇《翰林志》即谓："元和已后，院长一人，别敕承旨，或密受顾问，独召对。"中晚唐时，翰林承旨学士有其特殊地位，备受社会关注和重视。

同年（即永贞元年）十二月，郑絪又擢迁为宰相。《旧唐书》卷一四《宪宗纪》上，永贞元年十二月，"壬戌，以朝请大夫、守中书舍人、翰林学士、上柱国郑絪为中书侍郎、同平章事、集贤殿学士"。郑絪升迁如此快速，李肇《翰林志》有云："及顺宗不豫，储位未立；王叔文起于非类，窃学士之名，内连牛美人、李忠言，外结奸党，取兵柄，弄神器，天下震骇。是时郑絪为内庭之老，首定大计。今上即位，授絪为中书侍郎、平章事。"也就是说，宪宗之能接帝位，郑絪曾起"首定大计"的作用，故宪宗先任其为承旨，很快又擢迁为宰相。

但郑絪为相后，毫无政绩。《旧传》有记，云："宪宗初，励精求理，絪与杜黄裳同当国柄。黄裳多所关决，首建议诛惠琳、斩刘辟及他制置。絪谦默多无所事，由是贬秩为太子宾客。"宪宗即位之初，就立意于加强中央政权，削弱地方藩镇势力，元和初即注意于削平擅权私立的西川节镇刘辟。《通鉴》卷二三七元和元年（806）正月记："刘辟既得旌节，志益骄，求兼领三川，上不许。""上欲讨（刘）辟而重于用兵，公卿议者亦以为蜀险固难取。杜黄裳独曰：'辟……取之如拾芥耳！臣知神策军使高崇文勇略可用，愿陛下专以军事委之，勿置监军，辟必可禽。'上从之。翰林学士李吉甫亦劝上讨蜀，上由是器之。"杜黄裳当时力主征讨刘辟，并建议在征讨中不要由宦官监军，这是很有见地的。正由于此，高崇文所统率的神策军很快就平定刘辟之乱（元和元年九月）。郑絪于此却"谦默多无所事"，形成鲜明的对照。

与此同时另有一事，是郑絪虽居相位，但仍依附于宦官势力。《新唐书》卷一四六《李吉甫传》有记云："中书吏滑涣素厚中人刘光琦，凡宰相议为光琦持异者，使涣请，常得如素。宦人传诏，或不至中书，召涣于延英承旨，迎附群意，即为文书，宰相至有不及知者。由是通四方赂谢。"就是说，当时中书省堂后吏滑涣，与宦官主权者、知枢密刘光琦相结，有时宦官传下诏文，可即由滑涣接下，不必再使宰相有所知。而据《通鉴》卷二三七元和元年八月载，当时居相位的"杜佑、郑絪等皆低意善视之"。

元和四年（809）二月，郑絪即罢为太子宾客。《通鉴》卷二三七元和四年："上以门下侍郎、同平章事郑絪循默取容，二月丁卯，罢絪为太子宾客。"《唐大诏令集》卷五五"罢免"上，有《郑絪太子宾客制》，中云："早以令闻，入参禁署，永惟勤绩，出授台司。期尔有终，匡予不逮；岁月滋久，谋猷寝微。罔清净以慎身，每因循而保位。既乖素履，且郁皇猷。宜副群情，罢兹枢务。"此制实为白居易所撰，见《白居易集笺校》卷五四"翰林制诏"一，时白居易在翰林学士任。由此可见白居易对郑絪甚为不满，故其措辞极为严厉，甚至认为罢郑絪相位，是因"宜副群情"。

郑絪后历任岭南节度使，同州刺史，东都留守，河中节度使，文宗大和二年（828）入为御史大夫，兼校左仆射，兼太子太保。后求致仕，大和三年（829）十月卒，年七十八。仕历虽繁，但政绩一般。

《新唐书》卷六〇《艺文志》四,集部别集类,著录《郑絪集》三十卷,后未存。《全唐文》卷五一〇载其文十篇,其中《册皇太子赦诏》、《立广陵郡王为皇太子诏》、《顺宗传位皇太子改元诏》,撰于顺宗时(见前述)。德宗时在院十三年,无一篇制诏之作。《全唐诗》卷三一八载诗五首,一般。

郑馀庆

郑馀庆,两《唐书》有传,见《旧唐书》卷一五八,《新唐书》卷一六五。《旧传》:"郑馀庆,字居业,荥阳人。"《新传》同,云"郑州荥阳人"。据《元和郡县图志》卷八河南道,郑州所属县七,有荥阳县(今河南省荥阳县东北)。

《新传》称其"三世皆显宦",但未有具体记述。《旧传》则有记:"祖长裕,官至国子司业,终颍川太守。长裕弟少微,为中书舍人,刑部侍郎。兄弟有名于当时。父慈,与元德秀友善,官至太子舍人。"

《旧传》又记:"大历中举进士。"《新传》则仅云"擢进士第"。柳宗元《先君石表阴先友记》记有郑馀庆,中华书局点校本《柳宗元集》卷一二所载此文,有引孙注,谓"大历十二年中进士第"。徐松《登科记考》卷一二即据此系于大历十二年(777)。是年知举者为常衮。

又据《旧传》,郑馀庆卒于宪宗元和十五年(820),年七十五,则当生于玄宗天宝五载(746)。大历十二年登进士第,为三十二岁。

《旧传》于其进士登第后，记云："建中末，山南节度使严震辟为从事。"据《旧唐书》卷一二《德宗纪》上，严震于建中三年（782）十一月为梁州刺史、山南西道节度使。则郑馀庆虽于大历十二年进士及第，但未入仕，五年后才入严震之山南西道节度使幕。《旧传》后又云："贞元初入朝，历左司、兵部员外郎，库部郎中。"由此即擢入为翰林学士。

韦执谊《翰林院故事》仅记："郑馀庆，库中充。"丁居晦《重修承旨学士壁记》则有具体记述："贞元八年四月二十四日，自库部郎中充。十三年五月二十八日，迁工部侍郎、知吏部选事。"《旧传》记为："（贞元）八年，选为翰林学士。十三年六月，迁工部侍郎、知吏部选事。"

按：贞元八年（792），翰林学士院人员变动较大，四月，吴通玄出贬为泉州司马，顾少连由中书舍人改户部侍郎出院（另归崇敬于七月由工部尚书改兵部尚书致仕）。由此，则郑馀庆于是年四月下旬召入，或与此有关（同时入院者有卫次公，详后卫次公传）。

关于郑馀庆出院，《旧唐书·德宗纪》亦有记，谓贞元十三年（797）五月，"壬子，以库部郎中、翰林学士郑馀庆为工部侍郎、知吏部选事"。岑氏《注补》有云："壬子是二十七日，与此差一日；《旧唐书》本传作十三年六月，误。"此日、月之差，仅为小异。

郑馀庆在院六年，时间不算短，但有关在院任职的记载却没有。《全唐文》卷四七八载其文四篇，也没有在职期间的制诰之作。郑馀庆之仕绩，见于记载的，则在出院之后。如贞元十三年五月出院迁为工部侍郎，知吏部选事。刘禹锡后来在《嘉话录》中曾称:"宣平郑相之铨衡也,选人相贺,得入其铨","时人服之"(《太平广记》卷一八六《郑馀庆》条)。可能也因此,即于第二年,即贞元十四年(798)七月升任为宰相。《旧唐书·德宗纪》贞元十四年七月壬申,"以工部侍郎郑馀庆为中书侍郎、同平章事"(《旧传》及《新唐书·宰相年表》同)。可以注意的是,权德舆此时任司勋郎中兼知制诰,有代郑馀庆作《让中书侍郎平章事表》(《全唐文》卷四八五),中云:"自奉禁中之职,累叨望外之恩。"则自称任职翰林学士时是曾受皇上器重的。

但郑馀庆在相位仅两年,即罢免,且出贬为郴州司马。《通鉴》卷二三五贞元十六年(800)九月:"中书侍郎、同平章事郑馀庆与户部侍郎、判度支于頔素善,頔所奏事,馀庆多劝上从之。上以为朋比,庚戌,贬馀庆郴州司马,頔泉州司户。"所谓"朋比",具体内容不详。权德舆为于頔弟于頔所作先庙碑铭中,就极称于頔"贞干强敏,程功赋职,历户部侍郎",而却"以公事贬泉州司户"(《全唐文》卷四九七《大唐金紫光禄大夫守司空同中书门下平章事充太微宫使上柱国燕国公于公先庙碑铭》)。可见郑馀庆因与于頔合作共事,即受德宗猜忌,而被贬出。这如同此前陆贽之被贬。

也如同陆贽,郑馀庆在贞元时一直在贬所。《旧传》称:"凡六载。顺宗登极,征拜尚书左丞。宪宗嗣位之月,又擢守本官平章事。"《通鉴》卷二三六顺宗永贞元年(805)三月记:"德宗之末,十年无赦,群臣以微过谴逐者皆不复叙用,至是始得量移。壬申,追忠州别驾陆贽、郴州别驾郑馀庆、杭州刺史韩皋、道州刺史阳城赴京师。"是年五月,郑馀庆任为尚书左丞(《顺宗实录》)。宪宗于八月乙巳即位,同月癸亥,即任郑馀庆为相,同中书门下平章事(《旧唐书》卷一四《宪宗纪》上,《新唐书·宰相年表》)。

但不到一年,即元和元年(806)五月,郑馀庆又被罢相。《旧唐书·宪宗纪》上,元和元年五月,"庚辰,左丞、同平章事郑馀庆为太子宾客,罢知政事";九月"丙午,以太子宾客郑馀庆为国子祭酒";十一月庚戌,"以国子祭酒郑馀庆为河南尹"。这次虽不是德宗贞元时外贬,但实际上是受谴罢相。关于此事,《通鉴》卷二三七元和元年所记较为详切:"堂后主书滑涣久在中书,与知枢密刘光琦相结,宰相议事有与光琦异者,令涣达意,常得所欲,杜佑、郑絪等皆低意善视之。郑馀庆与诸相议事,涣从旁指陈是非,馀庆怒叱之;未几,罢相。"两《唐书》本传略同。《新唐书》卷一四六《李吉甫传》更明确记为:"郑馀庆当国,尝一责怒(滑涣),数日即罢去。"可见郑馀庆此次之罢相,实受宦官之诬害,由此亦可见郑馀庆鲠直之品格,与郑絪不同(关于滑涣事,可参前郑絪传,及后宪宗朝李吉甫传)。

据《旧传》,郑馀庆于元和六年(811)四月,又召入朝为兵部尚书,后改太子少傅;九年(814),出任山南西道节度使,"三岁受代,(元和)十二年,除太子少师";"及穆宗登极,以师傅之旧,进位检校司徒,优礼甚至。元和十五年十一月卒"。元稹时为祠部郎中、知制诰,撰有《赠郑馀庆太保制》(《全唐文》卷六四七)。

可以注意的是,郑馀庆不仅自重品行,且甚重视提拔人才。《旧唐书》卷一六〇《韩愈传》,记韩愈于贞元前期应进士试,"投文于公卿间,故相郑馀庆颇为之延誉,由是知名于时。寻登进士第"。元和五年(810),韩愈以都官员外郎分司东都,曾有《上郑尚

书相公启》，称："愈幸甚，三得为属吏，朝夕不离门下，出入五年。"（《韩昌黎文集校注》卷二）

又如孟郊，《旧唐书》卷一六〇《孟郊传》称："李翱分司洛中，与之游，荐于留守郑馀庆，辟为宾佐。"韩愈《贞曜先生墓志铭》也谓："故相郑公尹河南，奏为水陆运从事。"（《韩昌黎文集校注》卷六）郑馀庆为河南尹在元和元年（806）十一月，可见他虽罢相外出，仍十分重视文学人才，除韩愈外，即又聘孤贫的孟郊为其幕僚。孟郊此时特作有《寒地百姓吟》，题下自注："为郑相其年居河南畿内，百姓大蒙矜恤。"[1]《旧唐书·孟郊传》又载："郑馀庆镇兴元，又奏为从事，辟书下而卒。馀庆给钱数万葬送，赡给其妻子者累年。"韩愈《贞曜先生墓志铭》也称："郑公以节领兴元军，奏为其军参谋，试大理评事。"时为元和九年（814）。

《新唐书》卷五八《艺文志》二，史部仪臣类，著录有："郑氏《书仪》二卷，郑馀庆。"又卷六〇《艺文志》四，集部别集类："《郑馀庆集》五十卷。"《旧传》于传末亦记为："有文集、表疏、碑志、诗赋共五十卷，行于世。"可惜其集没有传世。《全唐诗》卷三一八载诗二首，《全唐文》卷四七八载文四篇。

卫次公

卫次公，两《唐书》有传，见《旧唐书》卷一五九，《新唐书》卷

---

[1] 华忱之《孟郊诗集校注》卷三，人民文学出版社，1995年。

一六四。《旧传》:"卫次公字从周,河东人。"《新传》谓"河中河东人",则以河东为县名。据《元和郡县图志》卷十二河东道河中府,所属县七,其中有河东县(今山西永济县西南)。

《旧传》:"器韵和雅,弱冠举进士。礼部侍郎潘炎目为国器,擢居上第。"《新传》略同。徐松《登科记考》卷十一即据此系于代宗大历十三年(778),因是年知举者即为礼部侍郎潘炎。

按:《旧传》云"弱冠举进士",即大历十三年卫次公年二十,则当生于肃宗乾元二年(759)。而《旧传》记卫次公卒于元和十三年(818),年六十六,则应生于玄宗天宝十二载(753),大历十三年已为二十六岁,不当云"弱冠",《旧传》有误。《新传》即仅云"举进士"。

据两《唐书》本传,卫次公即入仕为崇文馆校书郎,后改任渭南尉。权德舆有《崔吏部卫兵部同任渭南县尉日宿天长寺上方唱和诗序》(《全唐文》卷四九〇)。此崔吏部为崔邠,字处仁,卫兵部即卫次公,字从周。文中称:"元和三年秋,处仁为吏部侍郎,从周为兵部侍郎。"权德舆此文作于元和三年(808),故称为崔吏部、卫兵部。权文云:"初,二贤皆以秀造分校秘府、宏文之书。贞元初,同为渭南尉,联曹结绶,相视莫逆。"据《旧唐书》卷四四《职官志》三,渭南为畿县,县尉有二名,正九品下,较崇文馆校书郎之从九品下要高两阶,故可谓升迁。据权文,崔邠与卫次公于贞元初同为渭南县尉,而《旧唐书》卷一五五《崔邠传》谓"贞元中授渭南尉",谓"贞元中",不切。

又据权文文题,崔、卫二人在任渭南尉时,游天长寺,有诗唱和,文中称"有《清秋仁祠》往复十七韵之作"。但此唱和之作,后未存。《全唐文》卷五二六载卫次公《渭水贯都赋》一文，详述"清渭天凿，名都王制；贯金城千里之域，写银河九霄之势"。则当作于渭南尉时。由此可见，卫次公早期即与文士交往，并有诗文创作。

《旧传》于渭南尉后，接云："严震之镇兴元，辟为从事，授监察，转殿中侍御史。"据《旧唐书·德宗纪》，严震于建中三年（782）十一月至贞元十五年（799）六月为兴元尹、山南西道节度使。则卫次公当于贞元前期曾在严震幕府。权德舆曾撰有严震墓志，极称其在山南西道幕中精选人才："而又精于鉴裁，敏于推择，能树善于幕庭，终翱飞于公朝，率由慰荐，而后光大，至于为宗工近臣贤大夫良二千石者，列于中外。"（《唐故山南西道节度营田观察处置等使……严公墓志铭》，《全唐文》卷五〇五）严震幕中确有人才，如同为贞元时翰林学士郑馀庆，也曾在山南西道幕中任职。

《旧传》接云："贞元八年，征为左补阙，寻兼翰林学士。"韦执谊《翰林院故事》："补阙内供奉充。"丁居晦《重修承旨学士壁记》："卫次公：贞元八年四月二十四日，自左补阙充。"前已述及的权德舆《崔吏部卫兵部……唱和诗序》亦记为："厥后同为左右补阙，从周以本官入为翰林学士，处仁累以尚书郎知制诰。"卫次公确以左补阙入，与丁《记》合。

值得注意的是，卫次公于贞元八年（792）入，此后终德宗一朝，至贞元二十一年（805）正月德宗卒，官秩未有迁转，始终保持从七品上之左补阙，与同年入院之郑絪同。李肇《翰林志》虽称"德宗雅尚文学，注意是选"，但终云"上多疑忌，动必拘防，有守官十三考而不迁"。卫次公即历十三年而未迁者。

卫次公在长达十三年翰林学士任期内，在翰林学士职能方面也确未有表现。至德宗卒，顺宗立，倒有所表现。《旧传》记为："二十一年正月，德宗升遐。时东宫疾恙方甚，仓卒召学士郑絪等至金銮殿。中人或云：'内中商量，所立未定。'众人未对，次公遽言曰：'皇太子虽有疾，地居冢嫡，内外系心。必不得已，当立广陵王。若有异图，祸难未已。'絪等随而唱之，众议方定。"《通鉴》卷二三六所记同。由此，顺宗于贞元二十一年（805）正月二十六日即位。据丁《记》，卫次公于"二月二十二日，加司勋员外郎，赐绯鱼袋；三月十七日，知制诰"。这就是说，卫次公自贞元八年四月以从七品上之左补阙入，历十三年，至贞元二十一年二月，才升迁为从六品上之司勋员外郎。

不过此后数月期间，卫次公与郑絪联合，是反对王叔文新政的。《旧传》："及顺宗在谅闇，外有王叔文辈操权树党，无复经制，次公与郑絪同处内廷，多所匡正。"特别是宦官俱文珍等谋使顺宗禅位，议立宪宗，排除王叔文，于是挟持顺宗"召翰林学士郑絪、卫次公、王涯等入至德殿，撰制诏而发命焉"（《顺宗实录》卷四）。

《旧传》在记"转司勋员外郎"后，接云："久之，以本官知制诰，赐紫金鱼袋，仍为学士。权知中书舍人，寻知礼部贡举。"按：据丁《记》，卫次公于贞元二十一年二月二十二日迁为司勋员外郎，三月十七加知制诰，即未逾一月，而《旧传》却云"久之，以本官知制诰"，"久之"，误。至于权知中书舍人、知贡举，丁《记》记为元和三年（808）正月，谓："元和三年正月，拜权知中书舍人出院。"即卫次公是于元和三年以中书舍人知举。这可有《唐语林》为证：

《唐语林》卷八历叙唐时以中书舍人知举者，即有卫次公。徐松《登科记考》卷一七亦记卫次公于元和三年以中书舍人知贡举。问题在于卫次公何时出院。岑仲勉《注补》有云："唐例翌年知举者率于上年八九月除出（可于《旧唐书》宣、懿、僖纪见之），又由翰林知举者不复留院，使如《记》文谓次公元和三年正月始拜权知中书舍人出院，则与三年知举一事不能相容，是知三年字必有误也。"于是定"三年字必为二年之讹"。

按：权德舆《崔吏部卫兵部……唱和诗序》记卫次公入为翰林学士，崔邠以尚书郎知制诰，后云："既而处仁西垣即真，从周复以外郎掌诰，洎处仁迁小宗伯，而从周即真，俄掌贡举，实为之代。"据《旧唐书》卷一五五《崔邠传》，崔邠"以兵部员外郎知制诰至中书舍人"，即权文所谓"处仁西垣即真"。又据《旧唐书·崔邠传》，邠后即为礼部侍郎。徐松《登科记考》卷一六、一七，记崔邠于元和元年、二年连续两年知贡举。又《唐语林》卷八记"神龙元年已来，累为主司者"，有"崔邠再，元和元年、二年"。权德舆文云"处仁迁小宗伯，而从周即真，俄掌贡举，实为之代"，即意谓，崔邠迁礼部侍郎（"小宗伯"）知举后，卫次公又即由知制诰改为中书舍人（"即真"），且云"俄掌典举"，即迁改为中书舍人，马上（"俄"）知贡举。《旧唐书·卫次公传》也记为"权知中书舍人，寻知礼部贡举"。唐代惯例，知举者一般确在前一年任命，但也可能有例外，卫次公于元和三年正月初受任为权知中书舍人，仍有可能于同年正月或二月知举，时间并不冲突。如按岑说，卫次公于元和二年正月出院，则距元和三年正月尚有一年，不合于《旧传》所云"权知中书舍人，寻知礼部贡举"。因此丁《记》记卫次公于元和三年正月以权知中书舍人出院,是与权文、《旧传》所记合,不误。

卫次公于元和三年知举,这是唐翰林学士于出院后即主持礼部贡举的第三例(此前为裴士淹、陆贽)。《旧传》称卫次公此次知举,"斥浮华,进贞实,不为时力所摇"。

卫次公后于元和三年六月又以权知兵部侍郎再入为翰林学士,详见后宪宗朝卫次公传。

李　程

李程,两《唐书》有传,见《旧唐书》卷一六七,《新唐书》卷一三一。《旧传》:"李程字表臣,陇西人。父鹔伯。"《新传》:"李程字表臣,襄邑恭王神符五世孙也。"据《旧唐书》卷一《高祖纪》,《新唐书》卷七八《宗室传》,唐高祖李渊祖李虎,历仕北魏、北周、隋。李虎有子八,第三子昞,即李渊父,后追称世祖;第八子亮,生子神通、神符,即封襄邑恭王,李程即神符五世孙。据此,李程虽为李唐宗室,但世系已远,对其仕历实未有影响。又按:《新唐书》卷七十上《宗室世系表》上,李程父单名鹔,无"伯"字,与《旧传》异。

《旧传》记李程于"贞元十二年进士擢第,又登宏辞科";《新传》称:"擢进士、宏辞,赋《日五色》,造语警拔,士流推之。"[1]徐松

①按:中华书局《新唐书》点校本,以此标点为"擢进士宏辞,赋《日五色》",将此"进士""宏辞"连读,不妥。

《登科记考》卷一四即据《旧传》，系李程于贞元十二年（796）擢进士第，又登博学宏辞科；进士试，赋题为《日五色赋》，诗题为《春台晴望诗》。李程与柳宗元同为本年登科。

由此，则李程早年即以赋名世，故宣宗时赵璘在其《因话录》中即谓："李相国程、王仆射起、白少傅居易兄弟、张舍人仲素，为场中词赋之最，言程式者，宗此五人。"（卷三商部下）《全唐文》录李程文为一卷（卷六三二），除卷末《李光颜神道碑》外，其余即为赋作，二十五篇，这是贞元、元和时少见的。

《旧传》于进士及第、宏辞登科后，接云："累辟使府，（贞元）二十年入朝为监察御史，其年秋召充翰林学士。"《新传》亦谓由监察御史召为翰林学士。韦执谊《翰林院故事》仅云"察院充"，丁居晦《重修承旨学士壁记》则记有具体年月："贞元二十年九月二十七日，自监察御史充。"《旧唐书》卷一三《德宗纪》下，则记为贞元二十年（804）十一月，云："十一月丁酉，以监察御史李程、秘书正字张隼、蓝田县尉王涯并为翰林学士。"按：贞元十六年（800）在院学士已仅为三人：韦绶、郑絪、卫次公；十六年十月韦绶又丁忧外出，自此至贞元二十年就再未进人，四五年间仅为郑、卫二人，这在唐代翰林学士院人员配备中是极罕见的，应是德宗于后期无所作为、对翰林学士职能并不重视的表现。但长期只有二人，总非正常，故于贞元二十年后半年同时召入三人。惟《旧纪》所记月份与丁《记》有异，丁《记》也记张隼于是年九月二十七日入，《旧唐书·李程传》也云"是年秋"。不过《旧唐书》卷一六九《王涯传》又记为"二十年十一月，召充翰林学士"，与《旧纪》同。如此，则究竟为九月或十一月，似未能定。

关于李程在学士院任职期间，有两处史籍所记有误，应予辨正。

《新传》："德宗季秋出畋，有寒色，顾左右曰：'九月犹衫，二月而袍，不为顺时。朕欲改月，谓何？'左右称善，程独曰：'玄宗著《月令》，十月始裘，不可改。'帝矍然止。"按：此所载，实本于晚唐时《因话录》，《因话录》卷一宫部有记云："德宗尝暮秋猎于苑中，是日天色微寒，上谓近臣曰：'九月衣衫，二月衣袍，与时候不相称，欲递迁一月，何如？'左右皆拜谢。翌日，命翰林议之，而后下诏。李赵公吉甫，时为承旨，以圣人能上顺天时，下尽物理，表请宣示万方，编之于令。李相程初为学士，独不署名，具状奏曰：'臣谨按《月令》，十月始裘。《月令》是玄宗皇帝删定，不可改易。'上乃止。由是与吉甫不协。"

按：德宗在位时，贞元二十年秋李吉甫尚居外任，为饶州刺史；第二年永贞元年（805）八月，宪宗立，李吉甫始入朝为考功郎中、知制诰，同年十二月二十四日，为翰林学士承旨（详见后宪宗朝李吉甫传）。如此，则《因话录》所记德宗时李吉甫已为翰林学士承旨，且因议事不合，李程遂与李吉甫不协，显误。《新传》虽未载李吉甫名，但所谓"德宗季秋出畋"，也与李程于九月二十七日或十一月入院情事不合。

另一为《旧传》所载："顺宗即位，为王叔文所排，罢学士。"事实是，顺宗于贞元二十一年正月二十六日即位，三月十七日，即擢迁当时在院的学士卫次公、李程、张聿、李建、凌准官秩（据丁《记》），李程自监察御史（正八品上）迁为水部员外郎（从六品上），后于宪宗元和三年七月才出院，顺宗时并未有罢李程学士之事。《旧传》此处所记之误,不知何所据。

顺宗时,李程确是附和郑絪、卫次公,抵制王叔文新政的。《通鉴》卷二三六永贞元年三月载:"宦官俱文珍、刘光琦、薛盈珍皆先朝任使旧人,疾叔文、(李)忠言等朋党专恣,乃启上召翰林学士郑絪、卫次公、李程、王涯入金銮殿,草立太子制。"这样,遂于四月初一日正式立顺宗子李纯为太子。宦官俱文珍等即是为此作抵制王叔文的准备,而俱文珍之所以召集郑絪等四人参预此机密,当事先即有所选择。

宪宗即位后,元和初期李程在院中官阶之迁转,据丁《记》,为:元和元年(806)九月,加朝散大夫,赐绯鱼袋;二年(807)四月二十一日,转司勋员外郎;三年(808)七月二十三日,知制诰,同年即出院为随州刺史。

按:白居易于元和二年(807)十一月五日入为翰林学士(详后宪宗朝白居易传),则与李程同院半年有余。后白居易于元和十四年(819)春由江州员外司马赴忠州刺史任,途中会李程于武昌,时李程为鄂岳观察使(见后),白居易作《重赠李大夫》七律一诗,其中特为叙及共在院中值班情景:"早接清班登玉陛,同承别诏直金銮。凤巢阁上容身稳,鹤锁笼中展翅难。"(《白居易集笺校》卷一七)

可以注意的是,顺宗时,刘禹锡、柳宗元参预王叔文新政,而李程则附和郑絪,随从宦官俱文珍抵制王叔文。但事过十余年,刘、柳与李程却仍有情谊,如刘禹锡于穆宗长庆元年(821)由连州(刺史)赴夔州刺史任,途经武昌,获李程接待,刘禹锡连续作有《鄂渚留别李二十一表臣大夫》、《答表臣赠别二首》、《始发鄂渚寄表臣二首》、《出鄂州界怀表臣二首》、《重寄表臣二首》（以上均见《刘禹锡集笺证》外集卷五），深表情怀。又柳宗元于元和十四年（819）十月卒于柳州，后柩北归，途经武昌，李程特托刘禹锡代作祭文，刘禹锡有《为鄂州李大夫祭柳员外文》（同上，外集卷十），特叙早年李程与柳宗元交情："昔者与君，交臂相得。一言一笑，未始有极。驰声日下，骛名天衢。射策差池，高科齐驱。携手书殿，分曹蓝曲。心志谐同，追欢相续。或秋月衔觞，或春日驰觳。甸服载期，同并宪府。察视之列，斯焉接武。君迁外郎，予侍内闱。出处虽间，音尘不亏。"以上皆叙贞元时事，所谓"君迁外郎，予侍内闱"即二人同于贞元二十年（804）为监察御史，后柳宗元改迁礼部员外郎，李程入内廷为翰林学士，"出处虽间"，但"音尘不亏"。后顺宗朝事，即避开，仅概略称"势变时移，遭罹多故"。应该说，李程对刘、柳是有歉情的，故在此祭文中，特托刘禹锡之笔，云："平生密怀，愿君遣吐。"

　　李程出院后仕历颇为频繁，据两《唐书》纪传，大致为：元和中，李夷简镇西川，应征为成都少尹，西川节度行军司马。元和十年（815），入为兵部郎中，寻知制诰。元和十一年（816），为中书舍人，权知京兆尹事。十二年（817），权知礼部贡举。十三年（818），为礼部侍郎；六月，出为鄂州刺史、鄂岳观察使，后入为吏部侍郎。长庆四年（824）五月，敬宗即位后，入相，以本官（吏部侍郎）同中书门下平章事。宝历二年（826）九月，出为河东节度使。文宗大和四年（830）三月，改为河中尹、河中晋绛节度使。大和六年（832）七月，入朝征为左仆射。七年（833）六月，又出为汴州刺史、宣武军节度使。九年（835），复为河中晋绛节度使。开成元年

（836）五月，复入为右仆射，兼判太常卿事。开成二年（837）三月，出为襄州刺史、山南东道节度使。《旧传》记其任山南节度使后，即曰"卒"。《新传》则称："武宗立，为东都留守，卒，年七十七。"《旧唐书》卷一八上《武宗纪》，会昌元年（841）二月："赐仇士良纪功碑，诏右仆射李程为其文。"则会昌初李程尚在朝，但所谓仇士良记功碑，《全唐文》未载。

郁贤皓《唐刺史考全编》卷四八都畿道东都，记李程于会昌元年、二年间在东都留守任，当是。按：牛僧孺子会昌二年（842）为东都留守，当系接替李程。李程或即于会昌二年卒于任，年七十七。以此推计，则其生年为代宗永泰二年（766）。

李程于元和十二年（817）以中书舍人权知贡举，这是唐翰林学士出院后历任他职，后又知举之一例。

《新唐书》卷六十《艺文志》四，集部别集类，著录有李程《表状》一卷，或为翰林学士任职期间所作。但此书后未存。《全唐文》卷六三二载其文一卷，除卷末《李光颜神道碑》外，其他二十五篇均为赋，前已述。《全唐诗》卷三六八载其诗五篇，一般。

张　聿

张聿，两《唐书》无传。《全唐诗》卷三一九小传，仅有一句，云"建中进士"，未知何据。徐松《登科记考》卷二七，即据《全唐诗》小传，谓张聿于德宗建中年间进士登第。按：《文苑英华》卷一八〇诗（省试附州府诗），录有张聿《膏泽多丰年》、《望禁苑祥光》;卷一八一诗(同上),有张荐《圆灵水镜》、《夏首犹清河》;卷一八三诗(同上),有张荐《景风扇物》;卷一八五诗(同上),有张荐《剑化为龙》;卷一八七诗(同上),有张荐《余瑞麦》。《全唐诗》卷三一九所载张荐诗,即此数首,当即据《文苑英华》。今查《登科记考》卷十一,建中元年至四年(780—783),未记有进士试诗题,此数首诗或即为州府试之诗题。

又白居易《岁暮枉衢州张使君书并诗因以长句报之》(《白居易集笺校》卷二十),为张荐后在衢州刺史时所作(详后),中有"万言旧手才难敌"句,白氏自注:"张曾应万言登科。"日试万言科为制举试科目之一。据此,张荐或于建中年间进士登第后,又应制举万言科,登科,有文名,白居易于三十余年后(按:白氏此诗作于长庆二年在杭州刺史任时,详后),尚称誉其"才难敌"。

张荐于贞元前期、中期仕历不详,现可知者即于贞元二十年(804)由秘书省正字入为翰林学士。韦执谊《翰林院故事》仅言"正字充"。丁居晦《重修承旨学士壁记》记云:"张荐:贞元二十年九月二十七日自秘书省正字充。"《旧唐书》卷一三《德宗纪》下,则记为贞元二十年十一月,谓:"十一月丁酉,以监察御史李程、秘书正字张荐、蓝田县尉王涯并为翰林学士。"九月或十一月,未能定(参见前李程传)。按:据《旧唐书》卷四二《职官志》一,正字为正九品下,甚低,由此则知张荐此前之官职,品秩是不高的。

顺宗即位后,张荐有所升迁。丁《记》载:"(贞元)二十一年三月十七日,迁左拾遗。"系与卫次公、李程、王涯、李建、凌准同日擢迁。左拾遗为从八品上。入院不到半年,即提升好几阶,由此亦可见当时对翰林学士境遇之关注。

当时在院之学士对王叔文新政，态度不一，详见前郑絪、卫次公及后王叔文传。张弘似处于中间状态，并不公然表示支持或反对。正因此，据《通鉴》卷二三六载，永贞元年（805）三月，宦官俱文珍等策划先立李纯（即后之宪宗）为太子，召集郑絪、卫次公、李程、王涯商议，即未有张弘。不过张弘后亦未列入王叔文集团而被贬出。据丁《记》所载，张弘于"元和元年十一月加朝散大夫，赐绯鱼袋；二年正月，出守本官"。

限于史料，张弘此后仕历不详。《白居易集笺校》卷五五"翰林制诏"二，有《张弘都水使者制》，云："前湖州长史张弘，顷以艺文，擢升朝列，尝求禄养，出署外官。名不为身，志亦可尚。丧期既毕，班序当迁。俾领水衡，以从优秩。可都水使者。"此文列于翰林制诏，故朱金城《笺校》系于元和二年（807）至六年（811）白氏在翰林学士任期。制云"顷以艺文，擢升朝列"，云"顷"，即时间不久，当指召入为学士，而又云"前湖州长史"，当为元和二年正月出院后，后又改为湖州长史，当在元和前期①。而可能在湖州长史不久，又遇丧期，丁忧离任，期满后又入为都水使者，或在元和中期。

①郁贤皓《唐刺史考全编》卷一四〇江南东道湖州，亦引白居易此制，云："按：白居易于元和十五年冬召回长安，知制诰，长庆二年又出为杭州刺史。此制约作于长庆初。"遂系张弘于长庆元年（821）为湖州刺史。按：郁氏所考不确。白居易《张弘都水使者制》中明记为"前湖州长史张弘"，非刺史，据《元和郡县图志》卷二五江南道，湖州为上州；又据《旧唐书》卷四四《职官志》三，上州，刺史一员，从三品，次别驾，从四品下，又次为长史，从五品下，即长史非刺史。又《旧唐书》同卷，都水监使者，正五品上。则张弘由前湖州长史任都水使者，乃由从五品下迁为正五品上。

《白居易集笺校》卷四八"中书制诰"一，又有《张聿可衢州刺史制》。既为中书制诰，故《笺校》即系于穆宗长庆元年（821）至二年（822）白居易任中书舍人时。首称"中散大夫、行尚书工部员外郎"，末云"可使持节衢州刺史，散官、勋如故"。又《白居易集笺校》卷二十有《岁暮枉衢州张使君书并诗因以长句报之》，《笺校》系于长庆二年（822）白居易在杭州刺史任。与前《张聿可衢州刺史制》参照，则张聿确于长庆元年、二年间任衢州刺史，长庆二年冬有书并诗寄杭州刺史白居易，白氏即以此七律答谢，诗云："两州彼此意何如，官职蹉跎岁欲除。浮石潭边停五马，望涛楼上得双鱼。万言旧手才难敌，五字新题思有余。贫薄诗家无好物，反投桃李报琼琚。""万言"句有自注"张曾应万言登科"，前已述及。《笺校》引《方舆胜览》、《演繁露》等书，证释"浮石潭"即衢州之一景点。

另外，元稹有《永福寺石壁法华经》一文（《全唐文》卷六五四），记长庆四年（824）杭州刺史白居易立石壁法华经于杭州钱塘湖永福寺中，并记载当时捐款凿经立碑者，有"衢州刺史张聿"。元稹自署此文作于长庆四年四月十一日，时任越州刺史、浙江东道都团练观察处置等使。由此，则张聿于长庆四年夏尚在衢州刺史任。

《唐刺史考全编》卷一四七江南东道睦州，引《严州图经》："张聿：宝历□年□月□日自屯田郎中拜。"谓："按：宝历中韩泰在睦刺任，疑张聿在大和初接韩泰任。又按：《云间志》卷中《知县题名》有张聿。"备考。

张聿此后仕历，未有记载。又《新唐书·艺文志》未著录其著作。《全唐诗》卷三一九所载诗,前已述;《全唐文》未载其文。

王 涯

  王涯,两《唐书》有传,见《旧唐书》卷一六九,《新唐书》卷一七九。《旧传》:"王涯字广津,太原人。"《新传》:"王涯字广津,其先本太原人,魏广阳侯冏之裔。"刘禹锡于文宗大和三年(829)为王涯所作之《代郡开国公王氏先庙碑》(《刘禹锡集笺证》卷二),记王氏先世,谓:"东汉有征君霸,霸孙甲亦号征君,徙居祁县,为著姓,故至于今为太原人。"据《元和郡县图志》卷一三河东道太原府,所属有祁县。如此,太原实为王氏郡望,其具籍不详。

  《旧传》记王涯于贞元八年(792)进士擢第。《新传》记云:"涯博学,工属文。往见梁肃,肃异其才,荐于陆贽,擢进士。"按:德宗贞元八年陆贽知举,梁肃时为翰林学士,受陆贽之聘为通榜,协助推荐人才,该年进士登第者有韩愈、李观、李绛等名士,号"龙虎榜",详见前陆贽、梁肃传。王涯则亦因梁肃之荐,登进士第。

  《旧传》于其进士擢第后,接云"登宏辞科",《新传》亦云"擢进士,又举宏辞";刘禹锡《代郡开国公王氏先庙碑》亦谓王涯"早在文士籍,射策连中",均未记年月。按:《文苑英华》卷七载有王涯《瑶台月赋》,名下注云:"至元十八年试宏博。""至"当为"贞"之误,徐松《登科记考》卷一五即据《文苑英华》此注,系于贞元十八年(802)登博学宏辞科。

  又,《新传》记文宗时"甘露之变",王涯因李训、郑注之牵连而为宦官仇士良等所杀,有评曰:"然涯年过七十,嗜权固位,偷合(李)训等,不能絜去就,以至覆宗。"《通鉴》卷二四五文宗大和九年(835)记王涯为宦官禁军追擒,亦云"涯时年七十余"。以此推算,其生年当在代宗永泰元年(765)或稍前。由此,则其进士及第年约为二十八岁,博学登科年为三十八岁,其入为翰林学士(贞元二十年,804)时年四十岁。在该年诸学士中,年龄较轻。

王涯之任翰林学士,仅韦执谊《翰林院故事》、元稹《承旨学士院记》有记,丁居晦《重修承旨学士壁记》未有。此乃丁居晦此记作于文宗开成二年(837)五月,即"甘露事变"后二年,当避忌讳,未记王涯。

韦执谊《翰林院故事》仅记:"蓝田尉充,补阙供奉又充。"按其体例,皆未记入、出年月。《旧唐书》卷一三《德宗纪》下,记贞元二十年(804)"十一月丁酉,以监察御史李程、秘书正字张聿、蓝田县尉王涯并为翰林学士。"《旧传》亦于"登宏辞科"后云:"释褐蓝田尉,二十年十一月,召充翰林学士。"据前李程、张聿传,此三人入院,有九月、十一月二说,但在贞元二十年,是确定的。

刘禹锡有《逢王二十学士入翰林因以诗赠》[1]诗,诗中云:"厩马翩翩禁外逢,星槎上汉杳难从。定知欲报淮南诏,促召王褒入九重。"题下自注:"时贞元二十年,王以蓝田尉充学士。"按:此时刘禹锡任监察御史,秩正八品上,而蓝田县尉仅正九品下,刘之官

---

[1] 按:翟蜕园《刘禹锡集笺证》卷二四,此诗题中"王二十"作"王十二"。陶敏、陶红雨《刘禹锡全集编年校注》(岳麓书社,2003年)据《四部丛刊》本改为"王二十",是,详参岑仲勉《唐人行第录》。

秩要比王涯高好几阶,但因王涯乃以蓝田尉入为翰林学士,刘特喻为天上人,自谦为难于随从,表达仰慕、企羡之情①。

　　王涯入院后官秩之迁转,韦执谊《翰林院故事》记为:"补阙供奉又充。"蓝田县尉为正九品下,补阙为从七品上。据丁居晦《重修承旨学士壁记》,卫次公、李程、张聿、李建、凌准均于顺宗即位后,永贞元年(805)三月十七日擢迁官秩。王涯于前一年(贞元二十年)九月(或十一月)与李程、张聿同时入,则永贞元年三月十七日之迁秩,当亦有王涯,王涯即由蓝田县尉迁补阙。顺宗朝,于三月十七日后即未对翰林学士再有所提升。今检韩愈有《赴江陵途中寄赠王二十补阙李十一拾遗李二十六员外翰林三学士》诗(《韩昌黎诗系年集释》卷三),据韩诗各注本及现有研究成果,此诗作于永贞元年八九月间,此王二十补阙为王涯,李十一拾遗为李建,李二十六员外为李程。由此即可确定,王涯于永贞元年三月十七日自蓝田尉迁补阙,同年秋仍为此官秩②。

　　顺宗朝,王涯当是依附郑絪、卫次公,抵制王叔文新政的。因此是年三月,宦官俱文珍等策划立李纯(即后之宪宗)为太子,就召集翰林学士郑絪、卫次公、李程、王涯入金銮殿,"草立太子制"(《通鉴》卷二三六)。

　　《旧传》记王涯于在职期间历左补阙后,又为起居舍人(从六品上),当在宪宗元和初。而元和三年(808),王涯即参与覆评制

①按:据刘禹锡此诗,及《旧纪》、《旧传》,王涯确以蓝田尉入为翰林学士,而《新传》却云"以左拾遗为翰林学士",显误。

②按:《旧传》记有"召充翰林学士,拜右拾遗,左补阙",于补阙前有右拾遗,当不确。

科试,而遭受外贬。《旧传》:"元和三年,为宰相李吉甫所怒,罢学士,守都官员外郎,再贬虢州司马。"《新传》:"元和初,会其甥皇甫湜以贤良方正对策异等,忤宰相,湜坐不避嫌,罢学士,再贬虢州司马。"关于此次制举策试,及王涯等之贬,是否与宰相李吉甫有关,史书所记多有差异,并有误解,可详参傅璇琮《李德裕年谱》元和三年条①。此略举有关记载如下:

《唐会要》卷七六《制科举》条:"(元和三)年四月,以起居舍人、翰林学士王涯为都官员外郎,吏部员外郎韦贯之为果州刺史。先是,策贤良,诏杨於陵、郑敬、李益与贯之同为考官,是年牛僧孺、皇甫湜、李宗闵条对甚直,无所畏避,考官考三策皆在第,权幸或恶其诋己。而不中第者,乃注解其策,同为唱诽。又言(王)涯居翰林,其甥皇甫湜中选,考核之际,不先上言,故同坐焉。居数日,贯之再黜巴州司马,涯虢州司马,杨於陵遂出为广州节度使。"

元和三年三月,试制科(贤良方正能直言极谏科),知考官为外廷官员,即户部侍郎杨於陵等,录取者有牛僧孺、皇甫湜、李宗闵等;后有争议,宪宗乃命翰林学士王涯、裴垍等覆试,这当是唐翰林学士参与制举覆试的首例。至于所谓此次制举对策,所指斥者为宰相李吉甫,则与事实不合。现所传存的皇甫湜对策,对当时宰相是极为肯定的。皇甫湜《对贤良方正能直言极谏策》(《全唐文》卷六八五),即称"陛下寤寐思理,宰相优勤奉职",因此建议皇上"日延宰相与论义理",而其斥责之对象则为当时掌有实权

---

①傅璇琮《李德裕年谱》,齐鲁书社,1984 年;河北教育出版社,2001 年修订新版。

的宦官："夫裔夷亏残之微，褊险之徒，皂隶之职，岂可使之掌王命，握兵柄，内膺腹心之寄，外当耳目之任乎？此壮夫义士所以寒心销志泣愤而不能已也！"这也就是《唐会要》所谓的"权幸"。皇甫湜之落第，杨於陵、王涯、裴垍等之被贬，实际上出于当时宦官的策划。李翱《唐故金紫光禄大夫尚书右仆射致仕……杨公（於陵）墓志铭》（《全唐文》卷六三九），也称："会考制举人，奖言直策为第一，中贵人大怒。"

当时白居易也为翰林学士，也参与此次覆试，在杨於陵、裴垍、王涯等被贬出后，就特上疏（《论制科举人状》，《白居易集笺校》卷五八），有云："臣昨在院与裴垍、王涯等覆策之时，日奉宣令臣等精意考核。臣上不敢负恩，下不忍负心，惟秉至公以为取舍。虽有仇怨，不敢弃之；虽有亲故，不敢避之，惟求直言，以副圣意。故皇甫湜虽是王涯外甥，以其言直合收，涯亦不敢以私嫌自避。当时有状，具以陈奏。不意群心嗷嗷，构成祸端。"白居易以当时人言当时事，当可信，他没有一字道及宰臣李吉甫事，又极为王涯辩白。这与王涯为人极不同，即白居易后于元和十年（815）任太子左赞善大夫时，因宰臣武元衡被盗所杀，急上疏请捕贼，反而为执政者所忌，贬江州刺史，"诏出，中书舍人王涯上疏论之，言居易所犯状迹，不宜治郡，追诏授江州司马"（《旧唐书·白居易传》）。此亦可见王涯之为人（详后）。

王涯后于元和十一年（816）又入为翰林学士承旨。元和三年此次出院后仕历，待见宪宗朝王涯传。

李 建

　　李建,两《唐书》有传,见《旧唐书》卷一五五,《新唐书》卷一
六二。另外白居易有《有唐善人碑》①,元稹有《唐故中大夫尚书
刑部侍郎上柱国陇西县开国男赠工部尚书李公墓志铭》②,皆详记
其生平。白居易《有唐善人碑》称尚有"史官起居郎渤海高鈇作行
状",但高氏所作行状未存。另外白居易尚有与元稹合署之《祭李
侍郎文》③。

　　白《碑》云:"公名建,字杓直,陇西人。魏将军申公发,公十五
代祖也。"并记其祖珍玉,绵州昌明令;父震,雅州别驾。李建生
平,附于两《唐书》其兄李逊传后,《旧唐书》卷一五五《李逊传》所
记先世与白《碑》同,并云"世寓于荆州之石首",后又云:"逊幼
孤,寓居江陵,与其弟建,皆安贫苦,易衣并食,讲习不倦。"《旧唐
书·李建传》亦称"家素清贫,无旧业,与兄造、逊于荆南躬耕致
养,嗜学力文"。元《志》记李建早期任秘书省校书郎时,与同僚白
居易、元稹结交,"杓直常自言,在江陵时无衣食"。可见李建早期
家世清贫,这在当时翰林学士中还是少有的。

　　《旧传》与白《碑》、元《志》俱谓李建登进士第,但未记何年。

---

①朱金城《白居易集笺校》卷四一。
②《全唐文》卷六五五。
③朱金城《白居易集笺校》卷四〇。

按：吕温有《祭座主故兵部尚书顾公文》(《全唐文》卷六三一)，此顾公为顾少连。顾少连卒于德宗贞元十九年(803)，吕温此祭文作于贞元二十年①。题称"座主"，所列门生有王播、刘禹锡、柳宗元、吕温、李建等。按：顾少连于贞元九年、十年、十四年曾连续三年知贡举，刘禹锡、柳宗元于九年进士及第，王播十年及第，吕温十四年及第，见清徐松《登科记考》卷一三、一四，皆有依据，惟李建及第仅见于吕温所作祭文，可定为顾少连知举时门生，但未能确切定于何年(徐松《登科记考》列于贞元十四年，但亦云"见吕温祭文，其年未详，附此俟考")。李建与刘禹锡、柳宗元交友甚深(见后)，很可能与刘、柳同为贞元九年及第。

按：据白《碑》，李建卒于穆宗长庆元年(821)，年五十八，则当生于代宗广德二年(764)；若贞元九年进士登第，为三十岁。

《旧传》："举进士，选授秘书省校书郎。"《新传》亦云"贞元中补校书郎"。白居易《祭文》称白与元"辱与公游，十九年矣。昔贞元岁，俱初筮仕，并命同官，兰台令史"。以长庆元年(821)前推十九年，当为贞元十九年(803)，是年白居易与元稹均以书判拔萃登科，授秘书省校书郎。如此，则李建当亦于贞元十八、十九年入为秘书省校书郎，与白、元同署，即有深交。元《志》称："公始校秘书时，与同省郎白居易、元稹定死生分。"白《祭文》亦特称："以公明达，以我顽鄙。度长絜能，信非伦拟。一言吻合，不知所以。莫逆之交，贵从兹始。"可见李建早年既与刘禹锡、柳宗元同年登第，

①按：《全唐文》卷六三一所载此篇祭文，首云"维贞元十年岁次甲寅月日"，"十年"为"二十年"之讹，详见前顾少连传。

又与白居易、元稹同署，建莫逆之交，故此后李建与几位多有诗文交往。

李建于贞元十九年与白、元同在秘书省校书郎任，第二年即贞元二十年入为翰林学士，这样的际遇可能是白居易、元稹所想象不到的。韦执谊《翰林院故事》仅略记为"校书郎、拾遗充"，丁居晦《重修承旨学士壁记》云："贞元二十年十二月二十二日，自秘书省校书郎充；二十一年三月十七日，迁左拾遗。"即贞元二十年底仍以秘书省校书郎入，顺宗即位后，于三月十七日，与卫次公、李程、王涯等同时升迁。据此，则《旧传》所记"德宗闻其名，用为右拾遗、翰林学士"，《新传》谓德宗"擢左拾遗、翰林学士"，皆以德宗在位时擢为左（右）拾遗，并以此入，均误。惟《新传》据元《志》，记李建此次之入，为宰相郑珣瑜推荐："德宗思得文学者，或以建闻，帝问左右，宰相郑珣瑜曰：'臣为吏部时，当补校书者八人，他皆藉贵势以请，建独无有。'"于是"上嘉之，使居翰林中"（元《志》）。这是唐翰林学士依宰相举荐得以召入之一例。

可能李建因与刘禹锡、柳宗元科举同年，交谊深切，故在顺宗朝时，对王叔文新政未有明显抵制，大约持中间立场。可能也因此，据《通鉴》卷二三六，宦官俱文珍等于永贞元年（805）三月"启上召翰林学士郑絪、卫次公、李程、王涯入金銮殿，草立太子制"，即未有李建。也正因此，柳宗元贬永州时，还特地致信李建，抒其郁怀（详后）。

关于李建何时出院，两《唐书》所记亦有误。韦执谊《故事》谓"出为府司直"，丁《记》："改詹事府司直。"皆未记年月，但出为詹事府司直，当是（韦执谊《故事》于"府"前疑漏"詹"字）。《旧传》则记为："元和六年，坐事罢职，降詹事府司直。高郢为御史大夫，奏为殿中侍御史，迁兵部郎中、知制诰。"《新传》乃云："顺宗立，李师古以兵侵曹州，建作诏谕还之，词不假借。王叔文欲更之，建不可，左除太子詹事。"据此，则李建即在顺宗时因与王叔文意见不合，即出院，并"左除太子詹事"。白《碑》亦略记此事："翰林时，以视草不诡随，退官詹府。詹府时，以贞恬自处，不出户辄逾月。鄜帅路恕高之，拜请为副。"元《志》云："会德宗皇帝崩，郓帅擅师于曹，诏归之，公不肯与姑息。时王叔文恃幸，异公意不随，卒用公意，郓果怗。后一年，司直詹事府。会朝廷以观察防御事授路恕治于鄜，恕即日就公求自贰。"应当说，白、元所记是较确的，不过也未明标年月。今略考述。

按：李师古侵曹州，李建起草与王叔文异，韩愈《顺宗实录》未有记。《旧唐书》卷一四《顺宗纪》于永贞元年二月仅记为："壬子，淄青李师古以兵寇滑之东鄙，闻国丧也。"《旧唐书》卷一二四《李师古传》有具体记述："及德宗遗诏下，告哀使未至，义成军节度使李元素以与师古邻道，录遗诏报师古，以示无外。师古遂集将士，引元素使者谓曰：'师古近得邸吏状，具承圣躬万福。李元素岂欲反，乃忽伪录遗诏以寄。师古三代受国恩，位兼将相，见贼不可以不讨。'遂杖元素使者，遽出兵以讨元素为名，冀因国丧以侵州县。俄闻顺宗即位，师古乃罢兵。"《新唐书》卷二一三《李师古传》略同。《通鉴》卷二三六永贞元年亦记有此事，系于二月，谓："壬子，李师古发兵屯西境以胁滑州。"后因受宣武军节度使韩弘之阻，"师古诈穷变索，且闻上即位，乃罢兵"。由此，则李师古事发，报至朝廷，李建草诏令其返镇，文辞较激，王叔文可能使其稍改和缓,但据元《志》所记,"卒用公意",可见李建并不因此而受排斥出院。且其事在二月,据丁《记》,三月十七日,李建与其他几位学士均迁升官秩,李建迁左拾遗。又韩愈于是年八九月间作有《赴江陵途中寄赠王二十补阙李十一拾遗李二十六员外翰林三学士》①,尚称李建为拾遗、翰林学士。可见《新传》所谓李建被王叔文罢除,误。

至于《旧传》所谓"元和六年,坐事罢职",亦误。元《志》称:"后一年,司直詹事府。"所谓"后一年",则当为永贞元年之后一年,为元和元年。岑仲勉《翰林学士壁记注补》谓《旧传》之"元和六年",此"六"与"元","笔势相近",或当作元和元年,则与元《志》暗合。岑说有一定道理。总之,李建之出院,与王叔文及李师古发兵侵曹事均无关,且也并非"左除"。据《旧唐书》卷四二《职官志》一,詹事府司直为正七品上;卷四四《职官志》三,"东宫官属"记司直一人,为正九品上。《新唐书·百官志》同。白《碑》、元《志》皆未言李建出院为"左除",白《碑》云:"翰林时,以视草不诡随,退官詹府。詹府时,以贞恬自处,不出户辄逾月。"元《志》更明记:"后一年,司直詹事府。"均记为詹事府,与韦执谊《故事》、丁《记》之詹事府司直同,《旧传》亦同,惟《新传》作"左除太子詹事"。左拾遗为从八品上,如改为太子詹事(正九品上),则确为降好几阶。而白《碑》记李建"前后著文凡一百五十二首",举其"卓然者"五篇,中有《詹事府司直》,可见确未有任太子詹事。

又《旧唐书》卷一四《宪宗纪》载,元和三年(808)二月"丙子,

<hr>

① 详见钱仲联《韩昌黎诗系年集释》卷三,上海古籍出版社,1984年。

以左金吾卫大将军路恕为鄜州刺史、鄜坊节度使"。元《志》称："会朝廷以观察防御事授路恕治于鄜,恕即日就公求自贰。"白《碑》："鄜帅路恕高之,拜请为副。"则李建当于元和三年二月后在路恕鄜坊节镇幕府。又据元《志》,李建后又"归为殿中侍御史"。《旧传》亦有记,并更具体："高郢为御史大夫,奏为殿中侍御史。"(《新传》未记)据《旧唐书》卷一四七《高郢传》:"元和元年冬,复拜太常卿,寻除御史大夫;数月,转兵部尚书。……六年七月卒。"则李建当于元和三四年间又应高郢之荐,入朝为殿中侍御史。

李建于元和四年(809)在长安,可从柳宗元致其函得证。《柳宗元集》卷三〇《与李翰林建书》中云"前过三十七年",引"补注"谓:"元和四年,公年三十七。"又引陈景云《柳集点勘》:"书作于元和四年。"柳宗元此信中谓另有函致裴垍、萧俛,裴、萧时均在朝中任职;又云:"敦诗在近地,简人事,今不能致书,足下默以此书见之。"按:敦诗为崔群,此云"在近地",即喻在翰林学士任。崔群于元和二年十一月六日入翰林(见丁《记》)。由此可证,李建确于元和四年已返朝,任殿中侍御史(或兵部郎中,知制诰)①。

柳宗元此信不仅对李建仕历可作佐证,其文献意义还在于可以见出李建对当时外贬友人之关切,对当时文人群体交往很有研究价值。柳宗元于书信中云:"州传遽至,得足下书,又于梦得处

---

① 《柳宗元集》载此书启,题称李翰林,实则李建于前几年已出院;同卷又有与萧俛书,题作《与萧翰林俛书》,实则萧俛于元和六年四月十二日才入院(丁《记》)。陈景云《柳集点勘》谓题称"翰林"者,乃后人编文集时偶举前后所历之官。可见此非柳氏原题,亦可见后人对翰林学士身份之看重。

得足下前次一书,意皆勤厚。"又云:"仆在蛮夷中,比得足下二书,及致药饵,喜复何言!"可见李建不仅致书于被贬者柳宗元、刘禹锡,还递赠药物。这当然可能与早期同年登第有关,也可见李建对柳、刘永贞时参预新政也表示理解,并不坚持反对,故柳宗元于此书中即云:"仆曩时所犯,足下适在禁中,备观本末,不复一一言之。"可以注意的是,书后特别提及:"敦诗在近地,简人事,今不能致书,足下默以此书见之。"可见唐时翰林学士处境,确多禁忌,政治上被贬之人,是不能直接与身处禁中的近臣交往的,柳氏只能请李建"默以此书见之"。

又,李建与白居易更有文学交往。李建诗文今已不存,白居易却有好几首诗深叙友情。白居易作于会昌二年(842)之《感旧》一诗(《白居易集笺校》卷三六),其自序称:"故李侍郎杓直,长庆元年春薨。元相公微之,大和六年秋薨。……四君子,予之执友也。"前引元《志》及白《祭文》,贞元十九年,元、白与李建即同任职秘书省校书郎,"莫逆之交,贵从兹始"。如《寄李十一建》(《白居易集笺校》卷五),时白居易尚在盩厔尉任,约元和元年(806),李建就与其约期访叙:"前时君有期,访我来山城。"又《同李十一醉忆元九》(同上,卷一四):"花时同醉破春愁,醉折花枝作酒筹。忽忆故人天际去,计程今日到凉州。"孟棨《本事诗》有记:"元相公稹为御史,鞠狱梓潼,时白尚书在京,与名辈游慈恩寺,小酌花下,为诗寄元曰……"即此诗。按:元稹使蜀鞠狱,在元和四年三月,可证李建于元和四年春已返长安,与白居易同游慈恩寺,醉忆元稹之行。时白居易在翰林学士任。元和十年(815),白居易丁忧期满,为太子左赞善大夫闲职,心情当然不好,但仍云"近岁将心地,回向南宗禅","进不厌朝市,退不恋人寰",因云"昨日共君语,与余心脣然"。不久,就在同一年七月,白居易因上疏请捕刺杀宰相武元衡之凶手,被诬,出贬为江州司马。据称,白氏启程日,仅李建一人送行,白于途中作《别李十一后重寄》(同上,卷一〇),有云:"秋日正萧条,驱车出蓬荜。回望青门道,目极心郁郁。岂独恋乡土,非关慕簪绂。所怆别李君,平生同道术。"李建对于流贬处境的友人如柳宗元、刘禹锡、白居易等,能有如此深情,实很难得。

又,李建后于元和十一年(816)因事出为澧州刺史,白居易有《东南行一百韵》(同上,卷一六),自注云:"(元和)十年春,(元)微之移佐通州。其年秋,予出佐浔阳。明年冬杓直出牧澧州。"白于元和十二年(817)仍在江州时又有《秋日怀杓直》诗(同上,卷七),题下自注"时杓直出牧澧州"。诗中详叙元和前期同在长安频相交游之情景:"忆与李舍人,曲江相近住。……携持小酒榼,吟咏新诗句。同出复同归,从朝直至暮。"

李建后又入朝任太常少卿,并于元和十五年(820)初以本官知贡举。《唐摭言》卷一四《主司称意》条称:"元和十五年闰正月十五日,太常少卿知贡举李建下二十九人,至二月二十九日,拜礼部侍郎。"《唐摭言》将此列于"主司称意",即对此次举试所取之士是首肯的。白《碑》亦云:"在礼部时,由文取士,不听誉,不信毁。"元《志》也记为:"于礼部中核贡士,用己鉴取文章,选用多荐说者,遂为礼部侍郎,迁刑部。"唐时知举者所取举子,多用荐者之言,这是正常的。而徐松《登科记考》卷一八元和十五年条,引《册府元龟》却谓:"是年礼部侍郎李建知贡举,(李)建取舍非其人,又惑于请托，故其年不为得士。竟以人情不洽，遽改为刑部侍郎。"《旧传》亦曰："寻以本官(太常少卿)知礼部贡举。建取舍非其人，又惑于请托，故其年选士不精，坐罚俸料。明年，除礼部侍郎，竟以人情不洽，改为刑部。"《新传》未记此事。据《登科记考》卷一八，此年进士及第者，如卢储、郑亚、吕述、施肩吾、崔嘏、卢弘止，亦为当时有名之文士，不能全谓"取舍非其人"。《唐语林》又有记云："元和十五年，太常少卿李建知举，放进士二十九人。时崔嘏舍人与施肩吾同榜。肩吾寒进，为嘏瞽一目，曲江宴赋诗，肩吾曰：'去古成段，著虫为虾。二十九人及第，五十七眼看花。'"可见当时对此榜亦有称之者。此亦可为唐翰林学士出院后再知贡举之一例。

又，《旧传》谓明年改除礼部侍郎，后又改刑部侍郎，而据《唐摭言》(上引)，应在元和十五年二月二十九日改除礼部侍郎，后又改刑部侍郎。《旧传》云明年，不确。

《旧唐书·穆宗纪》载，长庆元年二月"壬辰，刑部侍郎李建卒"。元《志》记卒时"年五十八，是岁长庆元年之二月二十有三日也。上为之一日不视事，以工部尚书追命之"。而《旧传》却记为"长庆二年二月卒"，显误，惜中华书局点校本于此类误处，多未校正。

《新唐书·艺文志》未著录其著作，《全唐诗》、《全唐文》亦未有载。惟白《碑》对其著述却有记："善理王氏《易》、左氏《春秋》，前后著文凡一百五十二首，皆诣理撮要，词无枝叶，其卓然者有《詹事府司直》、《比部员外郎厅记》、《请双日坐疏》、《与梁肃书》、《上宰相论选事状》，秉笔者许之。"可见他与当时古文名家、贞元前期翰林学士梁肃,也有文字交往。据前所述,他于元和前期与白居易、元稹均有诗唱和,后又向外贬的刘禹锡、柳宗元有书信问候,惜均未能传世。

凌　准

凌准,两《唐书》无专传,附《旧唐书》卷一三五、《新唐书》卷一六八《王叔文传》后,皆甚简。其事迹所记较详者,为其元和元年(806)于贬所连州卒后,柳宗元于永州司马任期所撰之《故连州员外司马凌君权厝志》(《柳宗元集》卷一〇);柳宗元另有《哭连州凌员外司马》诗(同上,卷四三),亦记有其事。

柳《志》称其"富春凌君"。据《元和郡县图志》卷二五江南道杭州,管县八:钱塘、余杭、临安、富阳、于潜、盐官、新城、唐山。于富阳县云:"本汉富春县,属会稽郡。晋孝武帝太元中,避郑太后讳,改'春'为'阳'。"即今浙江富阳市,在杭州稍南。

柳《志》称其字宗一,"以孝悌闻于其乡,杭州刺史常召君以训于下"。又云:"读书为文章,著《汉后春秋》二十余万言,又著《六经解围人文集》,未就。有谋略,尚气节,赒人之急。"柳宗元《哭连州凌员外司马》一诗记其早年生活曰:"寂寞富春水,英气方在斯。著书逾十年,幽颐靡不推。天庭揽高文,万字若波驰。"可见凌准早年长期居于家乡,已专耽于著述,并有文名。

柳《志》接云:"年二十,以书干丞相。丞相以闻,试其文,日万言,擢为崇文馆校书郎。"具体年月不详,据后文所述其出任邠宁节度掌书记,则其为崇文馆校书郎当在德宗建中(780—783)初。由此,则凌准未曾应科试,乃以上书而受召入仕。

柳《志》又接云:"又以金吾兵曹为邠宁节度掌书记。泾之乱,以谋画佐元戎,常有大功,累加大理评事、御史,赐绯鱼袋。"《柳集》于"泾之乱"下,注引孙(即孙汝听)曰,谓:"建中四年十月,泾原节度使姚令言反,推朱泚为主。准时为邠宁掌书记,以谋佐其节度使韩游瓌,破贼有功。"据《通鉴》卷二二八,泾原节度使姚令言谋乱在建中四年(783)十月,时韩游瓌尚为邠宁留后,但有战功,后即于兴元元年(784)被授以"奉天定难功臣"(《旧唐书》卷一四四《韩游瓌传》),并受任为邠宁兵马使(《旧唐书·德宗纪》兴元元年四月壬寅)。据此,则凌准于建中时即在邠宁幕府,任掌书记,有佐助之力。柳宗元《哭连州凌员外司马》诗,即称其"记室征西府,宏谋耀其奇"。在幕府时所带官秩,累有迁转,"换节度判官,转殿中侍御史"(柳《志》)。这样,一直到贞元十二年(796),"府丧罢职"。据《旧唐书·德宗纪》,贞元四年(788)七月庚戌,张献甫代韩游瓌为邠宁节度使;十二年五月丙戌,张献甫卒于官。如此,则凌准在邠宁,至少有十四年(783—796)。这也促使他著有《邠志》一书。

《新唐书》卷五八《艺文志》二,史部传记类,著录有:"凌准《邠志》二卷。"《直斋书录解题》卷五杂史类则著录为三卷,云:"唐殿中侍御史凌准宗一撰。邠军即朔方军也。此本从盱江晁氏借录,其末题曰:'文忠修《唐史》,求此书不获。今得于忠宪范公之孙伯高,其中尚多误,当访求正之。绍兴乙丑晁公鄹。'"此云"殿中侍御史凌准宗一撰",似即为原书款署。殿中侍御史为凌准在邠宁幕府后期之官衔,约为贞元前期(如前所述,凌准于贞元十二年五月后才离职返朝),也正因此,其所记事甚为具体、详切。

按:据《直斋书录解题》所云,北宋欧阳修撰《唐书》,未得见《邠志》,但据盱江晁氏于绍兴乙丑(十五年,1145)所题,则南宋前期,尚有传存,惜此书后又佚,今不存。不过司马光撰《资治通鉴》,在记述德宗兴元元年(784)及贞元初李怀光变乱时,于《考异》中有好几处引及《邠志》,可见北宋中期《邠志》仍传存。中唐时邠宁节度治邠州(今陕西彬县),其辖境相当于今甘肃东部及陕西彬县、永寿等地,正是德宗时唐军与李怀光交战之地。《通鉴考异》中所引《邠志》,有些极为细致,如卷二三一兴元元年七月丁亥,记朝廷遣谏议大夫孔巢父至河中李怀光军宣慰,《考异》引《邠志》:"七月十二日,驾还长安。上使谏议大夫孔巢父、中官谭怀仙持诏赦怀光曰:'奉天之时,非卿不能救朕;今日之事,非朕不能容卿。宜委军赴阙,以保官爵。'使者将至,怀光阴导其卒使留己。卒之蕃、浑者希怀光意,辄害二使,欲食其肉。怀光翼而覆之,全尸以闻。"《新唐书·艺文志》列之于传记类,《直斋书录解题》列之于杂史类,就所引此则所记,可见无论传记体或杂史体,均甚详切,除直记月日外,还摘引朝廷诏文,当凌准在邠宁幕府时参据有关文献记录。除《通鉴考异》外,不知是否还有其他书引述,俟考。

柳《志》于"府丧罢职"后,接云"后迁侍御史,为浙东廉使判官",又称其治绩:"抚循罢人,按验污吏。吏人敬爱,厥绩以懋,粹然而光。"《柳集》引宋孙汝听注:"(贞元)十八年正月,以常州刺史贾全为浙东观察使,以准为判官。"《旧唐书·德宗纪》,贞元十八年正月"庚辰,以常州刺史贾全为越州刺史、浙东观察使"。则凌准当于贞元十二年（796）五月后入朝，由殿中侍御史（从七品上）迁侍御史（从六品下），至贞元十八年（802）正月后又至越州，为浙东判官，而所带之官衔仍为侍御史。

韦执谊《翰林院故事》记载："凌准，浙东判官充。"丁居晦《重修承旨学士壁记》："凌准，贞元二十一年正月六日，自侍御史充。"又《旧唐书·德宗纪》亦记云："二十一年春正月辛未朔，御含元殿受朝贺。是日，上不康。丙子，以浙东观察判官凌准为翰林学士。"是月丙子，即初六。这是德宗朝召入内廷的最后一位翰林学士。

按：据《旧纪》，贞元二十一年（805）正月初一，德宗虽御殿受朝贺，但已"不康"，二十三日即卒，在这种情况下，为什么还要将凌准从浙东判官召入呢？这当与王叔文有关。《旧传》即谓："王叔文与准有旧，引用为翰林学士。"王叔文为越州山阴人，王伾为杭州人，同为浙东人，当即早已相识，故在德宗已病，面临去世时，就设法引进凌准，使其成为顺宗时新政的参预者。《旧传》称"贞元二十年自浙东观察判官、侍御史召入"，则凌准此次入院，早有准备，即于贞元二十年十二月已由浙东入长安。

凌准初入院，即有表现。柳《志》称："德宗崩，迩臣议秘三日乃下遗诏，君独抗危词，以语同列王伾，画其不可者十六七，乃以旦日发表，六师万姓安其分。"关于宦官（"迩臣"）秘不发丧事，《通鉴》亦有记载，其卷二三六永贞元年正月，记德宗去世时，"仓猝召翰林学士郑䌤、卫次公等至金銮殿，草遗诏。宦官或曰：'禁中议所立尚未定。'众莫敢对。次公遽言曰：'太子虽有疾，地居冢嫡，中外属心。必不得已，犹应立广陵王，不然，必大乱。'䌤等从而和之，议始定。"此又见两《唐书》卫次公本传，但未载于韩愈《顺宗实录》。两《唐书》与《通鉴》所载，将抵制宦官，促使顺宗即位，归功于卫次公及郑䌌，柳宗元却记为凌准。柳在《哭连州凌员外司马》诗中又再次强调："孝文留弓剑，中外方危疑。抗声促遗诏，定命由陈辞。"柳宗元写此，仅于此事后一年，且当时同在朝中，当更可信。《通鉴》所谓宦官提出"禁中所议尚未定"时，"众莫敢对"，更与柳宗元所记不合。

丁《记》记此年"三月十七日，改都官员外郎"，则与其他几位学士一样，同时迁官。侍御史为从六品下，都官员外郎为从六品上。丁《记》又记其于五月九日出院，即"出守本官、判度支"。韦执谊《翰林院故事》亦云"出判度支"。为何此时即出院，史书上未有说明。柳《志》有云："由本官参度支，调发出纳，奸吏衰止。"《柳集》引宋孙汝听注："王叔文兼度支盐铁副使，以准佐其府。"此注当是。《顺宗实录》卷二曾记，三月丙戌，下诏，以宰相杜佑充度支并盐铁使，王叔文仍在翰林学士职，但兼任为度支盐铁副使，并解释云："初，叔文既专内外之政，与其党谋曰：'判度支则国赋在手，可以厚结诸用事人，取兵士心，以固其权。'骤使重职，人心不服。藉杜佑雅有会计之名，位重而务自全，易可制，故先令佑主其名，而除之为副以专之。"这当然出于韩愈对王叔文嫉视之见，但由此也可看出，王叔文是重视判度支职权的，于是先由自己掌其实权，后即让凌准出院，专职其事。柳宗元在《哭连州凌员外司马》一诗中也称："徒隶肃曹官，征赋参有司。"

由此可见，凌准在王叔文实施新政时，与刘禹锡、柳宗元同样，是积极配合的。据前所述，凌准是一个有独立主见，有实际办事能力之士，因此得到王叔文的重用。《顺宗实录》卷五即谓："叔文入至翰林……刘禹锡、陈谏、韩晔、韩泰、柳宗元、房启、凌准等主谋议唱和，采听外事。"

也正因此，永贞元年八月四日，顺宗禅位，太子李纯立，是为宪宗。六日，即贬王伾为开州司马，王叔文为渝州司户；九月，贬柳宗元、刘禹锡为外州刺史，凌准当亦同时贬为和州刺史。《旧唐书》卷一四《宪宗纪》，永贞元年十月己卯，诸人再贬为外州司马，凌准由和州刺史改为连州司马。据《元和郡县图志》卷二九，连州属江南道湖南观察使，所属县三：桂阳、阳山、连山，相当于今广东西北部连县、阳山等县，较柳宗元所贬之永州更为僻远。

凌准于第二年即元和元年（806）六月即卒于贬所。柳宗元时在永州，特为作《故连州员外司马凌君权厝志》，叙其一生事迹，又作《哭连州凌员外司马》诗，诗后云："念昔始相遇，腑肠为君知。进身齐选择，失路同瑕疵。本期济仁义，今为众所嗤。灭名竟不试，世义安可支！恬死百忧尽，苟生万虑滋。顾余九逝魂，与子各何之？我歌诚自恸，非独为君悲。"深致悼念之情。

《旧传》："准有史学，尚古文，撰《邠志》二卷。"惜未传存。

王叔文

王叔文，两《唐书》有传，见《旧唐书》卷一三五，《新唐书》卷一六八。其事迹又见韩愈《顺宗实录》（《韩昌黎文集校注》外集下卷）及司马光《资治通鉴》。比较起来，柳宗元《故尚书户部侍

郎王君先太夫人河间刘氏志文》(《柳宗元集》卷一三)、刘禹锡
《子刘子自传》(《刘禹锡集笺证》外集卷九),所记较为公平、确
切。柳、刘与王叔文共同参与新政,柳文作于永贞元年(805)六七
月间①,此时王叔文虽已失势,但尚未贬谪;刘文作于武宗会昌二
年(842),时年七十有一,且距永贞已三十七年,故亦能直叙其事。

　　两《唐书》本传及《顺宗实录》卷五都记王叔文为越州人(今
浙江绍兴)。柳宗元《河间刘氏志文》称:"夫人既笄五年,从于北
海王府君讳某。"所谓北海,刘禹锡《子刘子自传》曾言"叔文北海
人,自言猛之后,有远祖风。"则所谓北海人乃出于王叔文自言,亦
即唐人借重名门望族的习俗。清钱大昕《廿二史考异》亦云:"此
云北海者,举其族望也。"又柳宗元《河间刘氏志文》记王叔文之父
曾应明经举及第,授任城(今山东济宁)尉,"会世多难,不克如志,
卒以隐终"。可能安史乱起,即归居山阴,隐居不仕。

　　《顺宗实录》称王叔文"以棋入东宫"(卷五),与王伾"俱待诏
翰林,数侍太子棋"(卷一)。刘禹锡《子刘子自传》亦谓:"时有寒
隽王叔文以善奕棋得通籍博望。"博望苑为汉武帝为其子卫太子
所建以交接宾客之所(见《汉书》卷六三《戾太子刘据传》及注)。
两《唐书》本传也皆言"以棋待诏"。

　　所谓待诏翰林,也称翰林供奉。详参前玄宗朝吕向传。概略

_____

①按:柳宗元此文所记,王叔文之母刘氏卒于永贞元年六月二十六日,卒后
　"天子使中谒者临问其家",而后又云"是年八月某日,祔于兵曹君之墓",
　则此文似作于八月。而宪宗于八月庚子(初四日)即位,壬寅(初六日)即
　下令贬谪王伾、王叔文。柳文不可能作于八月,应作于六七月间,其"八月
　某日,祔于兵曹君之墓",乃预设之词。

言之,玄宗开元前期,建翰林院于宫中,大致有两类人:一是属于文学之士,主要为皇帝批答、起草文书,并陪侍皇帝作诗文唱酬;另一类是书画琴棋等才艺之士及僧道医卜等,也属于宫中陪侍之列。后至开元二十六年(738),玄宗另建学士院,将上述第一类的文士移入学士院,称翰林学士,"专掌内命"(《新唐书·百官志》一);第二类则仍在翰林院,称呼未改。翰林待诏、翰林供奉,其政治地位与社会声誉当然低于翰林学士,但仍有出色人才,从一些石刻、碑文材料中,可见到有不少著名书画家。由此可见,王叔文虽门第低微,但因善棋,得入于太子宫中,授为翰林供奉。

柳宗元《河间刘氏志文》称王叔文"贞元中待诏禁中,以道合于储后,凡十有八载"。顺宗李诵于贞元二十一年(805)正月即位,柳文谓王叔文在太子宫有十八年,则其入宫当在贞元四年(788)①。据柳氏所记,作此文时,王叔文为五十三岁,则当生于玄宗天宝十二载(753)②。其于贞元四年入宫,则为三十六岁,太子李诵时为二十八岁。

在这长达十八年间,王叔文不只以棋陪侍太子,还"献可替否,有匡弼调护之勤",也即刘禹锡《子刘子自传》所云"因间隙得言及时事"。韩愈《顺宗实录》却讥王叔文此时已"诡谲多计",并特记一事:"上在东宫,尝与诸侍读并叔文论政。至宫市事,上曰:'寡人方欲极言之。'众皆称赞,独叔文无言。既退,上独留叔文,

①《柳宗元集》此文引宋孙汝听注,亦称王叔文于"贞元初,出入东宫,娱侍太子"。
②《柳宗元集》此文引宋孙汝听注,亦云"天宝十二年,叔文生"。

谓曰：'向者君奚独无言，岂有意邪？'叔文曰：'叔文蒙幸太子，有所见，敢不以闻。太子职当侍膳问安，不宜言外事。陛下在位久，如疑太子收人心，何以自解？'上大惊，因泣曰：'非先生，寡人无以知此。'遂大爱幸。"（《顺宗实录》卷一）两《唐书》本传亦载此事，当本《顺宗实录》，不过《旧唐书》本传称其"粗知书，好言理道"，未如《顺宗实录》直斥其为"诡谲多计"。

正因韩愈有此偏见，即又记王叔文"密结韦执谊，并有当时名欲侥幸而速进者陆质、吕温、李景俭、韩晔、韩泰、陈谏、刘禹锡、柳宗元等十数人，定为死交，而凌准、程异等又因其党而进，交游踪迹诡秘，莫有知其端者"。将刘禹锡、柳宗元称之为"名欲侥幸而速进者"，作为实录，实不应如此徇私。陆质、吕温、刘禹锡、柳宗元等，应该说都是当时有识之士。韦执谊与王叔文于贞元中期即"交甚密"，顺宗时，共同施行新政，见前韦执谊传。

柳宗元《河间刘氏志文》记顺宗即位后，王叔文"由苏州司功参军，为起居舍人、翰林学士"。《通鉴》卷二三六永贞元年二月壬戌也记："苏州司功王叔文为起居舍人、翰林学士。"韦执谊《翰林院故事》、丁居晦《重修承旨学士壁记》则仅记由起居舍人入为翰林学士（丁《记》亦记为二月二十二日）。由此，则王叔文在起居舍人前为苏州司功参军。表面看来，王叔文曾在苏州任功曹参军，为其实职，如《通鉴》卷二三六永贞元年三月，记侍御史窦群谒见王叔文，向其进言："去岁李实怙恩挟贵，气盖一时，公当此时，逡巡路旁，乃江南一吏耳。今公一旦复据其地，安知路旁无如公者乎？"元胡三省注更云："叔文本苏州司功，故云然。"这实是一种误解。

前曾论述,唐代翰林学士实际上是一种差遣之职,并非官名,在任职期间,须带官衔,以此定其品位、俸禄。清钱大昕《廿二史考异》卷五八即谓唐翰林学士"亦系差遣,无品秩,故常假以它官,有官则有品,官有迁转,而供职如故也"。学士如此,翰林待诏、翰林供奉也是如此。且无论学士与待诏、供奉,有时也常带有地方官衔的,如前所记之姜公辅,后宪宗朝之白居易,在学士任职期间曾迁转为京兆府户曹参军。又如《金石萃编》卷一〇七《邠国公(梁守谦)功德碑》,篆额者为翰林待诏陆邳,其衔为"朝议郎、权知抚州长史、上柱国、赐紫金鱼袋"。又如白居易《侯丕可霍丘县尉制》,此侯丕也是翰林待诏,现在则为"可守寿州霍丘县尉,依前翰林待诏"(《白居易集笺校》卷五一)。由此可见,陆邳、侯丕虽带地方官衔,实仍在宫中任职。白居易在制词中说得很明白,这是"既宠之以职名,又优之以禄俸"。由此可证,王叔文之为苏州司功参军,即其长期任翰林待诏时所带之官衔,并不是他真的在苏州任官。苏州司功按唐时官阶,当属于中州诸司参军事,为正八品下(见《旧唐书·职官志》一),品阶不高。《通鉴》所记窦群语,仅以"江南一吏"讥刺之,也示轻视之意。

丁《记》接云:"三月十六日,以本官加度支盐铁转运副使,依前充。"《旧唐书·顺宗纪》永贞元年三月,"丙戌,检校司空、同平章事杜佑为度支盐铁使";戊子,"以翰林学士王叔文为度支盐铁转运副使,杜佑虽领使名,其实叔文专总"。王叔文是想借此掌握财赋实权。作于该年六月的柳宗元《河间刘氏志文》即以肯定语气记述,谓王叔文此时"有弥纶通变之劳,副经邦阜财之职"。

王叔文与宰相韦执谊,朝臣程异、韩泰、刘禹锡、柳宗元、翰林

学士凌准等合作,所施行的新政,据《顺宗实录》、《旧唐书·顺宗纪》、《通鉴》等记载,大致有:

二月六日,罢翰林院中医工、相工、占星、射覆、冗食者四十二人。

二月二十一日,谴责京兆尹李实"残暴掊敛之罪",远贬为通州长史,"市井欢呼,皆袖瓦砾遮道伺之,(李)实由间道获免"。

二月二十四日,罢宫市、五坊小儿。《通鉴》卷二三六记此事,称宫市为"贞元之末政事为人患者"。早在贞元十三年(797),徐州刺史、徐泗濠节度使张建封入京师参见德宗,就奏议过宫市,要求予以禁止。《旧唐书》卷一四〇《张建封传》载:"时宦者主宫中市买,谓之宫市,抑买人物,稍不如本估。……人将物诣市,至有空手而归者,名为宫市,其实夺之。"但当时户部侍郎苏弁"希宦者之旨",谓不宜停,于是"上(德宗)信之,凡言宫市者皆不听用"。前亦曾述及,顺宗为太子时,其左右也曾与他议论过宫市,可见这是贞元中期后有关长安民生的大事。韩愈虽对王叔文有偏见,但《顺宗实录》中记此,谓因此而"人情大悦"。

二月二十五日,罢盐铁使额外进献。

三月一日,出宫女三百人,又出掖庭教坊女乐六百人,召其亲属归之。《顺宗实录》记云:"百姓相聚,欢呼大喜。"

三月三日,下诏追还德宗时被贬远出的名臣,即忠州别驾陆贽、郴州别驾郑馀庆、杭州刺史韩皋、道州刺史阳城等返朝。可惜陆贽、阳城未及闻诏而卒。

应当说,上述的这些措施是得人心的,也能为一般朝臣所接受,即使罢宫市影响宦官的额外之利,但对其上层权势影响还并不大,因此还未能受其阻抑。即使对王叔文深有成见的韩愈,在其所著《顺宗实录》中,于三月十七日记王叔文任为度支盐铁副使,依前翰林学士,著录制文,称王叔文"精识瑰材,寡徒少欲,质直无隐,沈深有谋。其忠也,尽致君之大方;其言也,达为政之要道"。此是当时实录史料,当时新政实施过程中朝中的评议。后来柳宗元在永州贬所致京兆尹许孟容函,也说他当时与王叔文共事,其宗旨即在于"立仁义,裨教化","利安元元为务"(《柳宗元集》卷三〇)。刘禹锡《子刘子自传》也称:"叔文实工言治道,能以口辨移人。既得用,自春至秋,其所施为,人不以为当非。"

从当时新政实施的先后过程来看,关键时刻是在五月。《顺宗实录》载:五月"辛未,以右金吾大将军范希朝为检校右仆射,兼右神策京西诸城镇行营兵马节度使。叔文欲专兵柄,藉希朝年老旧将,故用为将帅,使主其名,而寻以其党韩泰为行军司马专其事"。此事引起宦官极大震动,"宦者始寤兵柄为叔文等所夺,乃大怒曰:'从其谋,吾属必死其手!'"于是立刻下令地方将领,不要把兵权交给范希朝。范希朝至京西奉天(今陕西乾县),"诸将无至者,韩泰驰归白之,叔文计无所出,惟曰:'奈何,奈何!'"(《通鉴》卷二三六)就在此五月份内,宦官俱文珍就设法将王叔文移至外庭,表面上升迁为户部侍郎,实为免去翰林学士。《顺宗实录》卷三记五月辛卯"以王叔文为户部侍郎"事,有具体记述:"初,叔文欲依前带翰林学士,宦者俱文珍等恶其专权,削去翰林之职。叔文见制书大惊,谓人曰:'叔文日时至此商量公事,若不得此院职事,即无因而至矣。'王伾曰诺,即疏请,不从;再疏,乃许三五日一入翰林,去学士之名。"王伾时亦为翰林学士,为王叔文再三疏请,仍不从,还是去学士之名,可见当时宦官之权实高于翰林学士。

王叔文以朝中之将范希朝来统驭神策军,这应是一大改革,如果成功,则宦官集团就失去军权,唐朝政局将出现新变,并如有些史家所论,宪宗也不至最终为宦官所弑。但从德宗时起,宦官掌握军中大权已成定局,凭王叔文等文人集团,不可能扭转这一格局。结果俱文珍等就立即反击,罢免王叔文的翰林学士之职,逐出内廷。我们可以从现有的史料中考见,所谓永贞新政,其施行时期实际上仅二至四月,五月以后再无举措,也就是自王叔文出院后,新政即停止。此后,六月,王叔文母病重将死,柳宗元曾代为其上表,即《为户部王叔文陈情表》(《柳宗元集》卷三八),请求待其母病情稍有好转,"冀微臣驽骞再效",但未有回复。这时大权当已在俱文珍等宦官手中。

丁《记》载曰:"五月二十四日,迁户部侍郎,余依前。"即仍任翰林学士,误。

王叔文之母于六月去世,即迫王叔文丁忧,免去一切官职。接着,七月,顺宗在俱文珍等胁迫下,让太子监国。八月四日,顺宗禅位,宪宗立,六日,即"贬右散骑常侍王伾为开州司马,前户部侍郎、度支盐铁转运使王叔文为渝州司户"(《旧唐书·顺宗纪》)。九月,又贬柳宗元等为外州刺史;十月,追贬为外州司马,即"八司马"。

王叔文贬渝州(今重庆)后,"明年诛之"(《旧传》)。前所引柳宗元《寄许京兆孟容书》(《柳宗元集》卷三〇),谓王叔文"凡事壅隔,很忤贵近;狂疏缪戾,蹈不测之辜,群言沸腾,鬼神交怒"。对王叔文之悲惨结局深致同情,同时对其遭遇之复杂也表示理解。

从王叔文在顺宗朝的事迹,可以看出,所谓永贞新政,实际上即是以翰林学士王叔文为代表的文人集团与当时握有军政大权的宦官集团的一场政治斗争。这一文人集团确有革新的志向,且如上所述,其最初几个月的所为,是得人心的,韩愈《顺宗实录》有好几处特地标出"人情大悦"等字句。刘禹锡在时隔三十余年所作的《子刘子自传》,也谓此时王叔文"其所施为,人不以为当非"。关键就在夺兵权,这既表现这一时期文人集团极不寻常的抱负,但也表现出王叔文等过高估计自己力量的弱点。现在有些论著将中唐以后的翰林学士职能评估过高,认为翰林学士作为一个单独实体,与外廷宰相、内廷宦官(枢密使),共同构成新的中枢机构,甚至认为翰林学士之实权已能超出宰相,这种误解就是由于未对唐代翰林学士作具体的考察而造成的。

总之,永贞时期,王叔文拟发挥翰林学士的特殊作用,积极参预中央重大决策,这是唐代翰林学士的一次突出事件。而其最终失败,也是中唐社会文人参预政治而遭致惨败的一个值得注意的事例。

可能由于王叔文的特殊经历,王叔文无诗文传世。《新唐书·艺文志》也未记有其著述。

王　伾

王伾,两《唐书》有传,见《旧唐书》卷一三五,《新唐书》卷一六八。两《唐书》本传皆记其为杭州人。按：王叔文为越州山阴人，同属浙东道，可能早年即相识，后则同在东宫任职。

《旧传》："始为翰林侍书待诏，累迁至正议大夫、殿中丞、皇太子侍书。"《新传》亦云："始以书待诏翰林，入太子宫侍书。"韩愈《顺宗实录》卷一记："上学书于王伾，颇有宠；王叔文以棋进，俱待诏翰林。"（《韩昌黎文集校注》外集下卷）由此，则王伾与王叔文于贞元时同为翰林待诏（翰林供奉），王伾善书法①，入太子宫中侍书，此亦为翰林供奉职能之一。其正议大夫、殿中丞当系翰林待诏任期内所带之官秩。

《顺宗实录》于贞元二十一年（805）正月记："闻德宗大渐，上疾不能言，（王）伾即入，以诏召叔文入，坐翰林中使决事。伾以叔文意入言于宦者李忠言，称诏行下，外初无知者。"由此则德宗虽未卒，病已重，而太子李诵亦因病，不便言语，王伾因得太子之宠信，即以翰林待诏之身份，利用其在宫中之处境，上下交通，使王叔文"坐翰林中使决事"，这确非寻常。

关于王伾入任翰林学士之时间，诸书所记有异，今考述如下：

《顺宗实录》卷一永贞元年二月："壬戌，制殿中丞、皇太子侍书、翰林待诏王伾可守左常侍，依前翰林待诏。"《旧传》所记与《实录》同，记为："顺宗即位，迁左散骑常侍，依前翰林待诏。"《新传》略同。《顺宗实录》卷二又记，永贞元年三月"辛未，以翰林待诏王伾为翰林学士"。按：三月庚午朔，辛未则为初二。而《旧唐书》卷一四《顺宗纪》，以王伾之入，系于二月壬寅："以太子侍书、

———————

①明陶宗仪《书史会要》卷五唐，列有王伾。

翰林待诏王伾为左散骑常侍,充翰林学士。"丁居晦《重修承旨学士壁记》又记为:"贞元二十一年二月二日,自散骑常侍充。"当应以《顺宗实录》为准,二月壬戌先由殿中丞迁为左散骑常侍,三月辛未(初二)即以左散骑常侍入为翰林学士。《旧纪》之"二月壬寅",误,丁《记》之"二月"应作"三月"。

又两《唐书》本传皆仅记其为翰林待诏,未记其后入为翰林学士,则为明显疏失。

王伾在王叔文行施新政时,其本人未曾提出新见,也"无它大志"(《新传》)。他主要起上下沟通、内外联系的作用。如《顺宗实录》卷五记:"伾以侍书幸,寝陋,吴语,上所褒狎。而叔文颇任事自许,微知文义,好言事,上以故稍敬之,不得如伾出入无阻。叔文入至翰林,而伾入至柿林院,见李忠言、牛昭容等,故各有所主,伾主往来传授。"此大致为两《唐书》本传所本。韩愈当然对王伾亦有褊狭之见,但王伾当时所起的实际作用也大致如此,特别是对王叔文,起积极协助的作用。

如永贞元年五月,宦官俱文珍策划外授王叔文为户部侍郎,使其离开学士院(见前王叔文传)。"叔文见制书大惊,谓人曰:'叔文日时至此商量公事,若不得此院职事,即无因而至矣。'"王伾"即疏请,不从;再疏,乃许三五日一入翰林"(《顺宗实录》卷三)。后王叔文因母卒,丁忧免职,王伾又为其疏请复官,《顺宗实录》、《新传》皆有记。《顺宗实录》卷四,七月,记曰:"伾日诣中人并杜佑请起叔文为相,且总北军。既不得,请以威远军使平章事,又不得。其党皆忧悸不自保。伾至其日,坐翰林中,疏三上,不报,知事不济。行且卧,至夜忽叫曰:'伾中风矣!'明日,遂舆归不出。"在王叔文居丧期间,王伾尚申请使居相位,且掌军权,似与情理不合,但由此也可见对王叔文之关切。

史书又有记王伾广受贿赂。《新传》记曰:"当其党盛,门皆若沸羹,而伾尤通天下赋谢,日月不阕。为巨柜,裁窍以受珍,使不可出,则寝其上。"《旧传》更明记为:"室中为无门大柜,惟开一窍,足以受物,以藏金宝,其妻或寝卧于上。"此当皆采小说轶闻,不一定可靠。当时施行新政,时紧事繁,内外矛盾激烈,王叔文、王伾不可能作此"珍玩赂遗"之事。

据《旧唐书·顺宗纪》,八月庚子(初四)顺宗下诏禅位,壬寅(初六)即"贬右(似依前作"左")散骑常侍王伾为开州司马,前户部侍郎、度支盐铁转运使王叔文为渝州司户"。两《唐书》本传亦均记为贬开州司马。惟丁《记》则谓"贬开州司户","户"当为"马"之误。开州,今重庆开县。

《全唐文》卷五六载宪宗《贬王伾开州司马王叔文渝州司户参军制》:"银青光禄大夫、守散骑常侍、翰林学士、上柱国、富阳县开国男王伾,将仕郎、前守尚书户部侍郎、充度支及诸道盐铁转运等副使、赐紫金鱼袋王叔文等,夙以薄伎,并参近署。阶缘际会,遂沾恩荣。骤居左掖之秩,超赞中邦之赋。曾不自厉,以效其诚,而乃漏泄密令,张皇威福,畜奸冒进,黩货彰闻。迹其败类,载深惊叹。夫去邪厝枉,为国之要;惩恶劝善,制政之先。恭闻上皇之旨,俾远不仁之害,宜从贬削,犹示优容。伾可开州司马员外置同正员,叔文可守渝州司户参军员外置同正员,并驰驿发遣。"所列罪状,实甚空虚,且所谓"漏泄密令",亦未明所指。文后并谓"恭闻上皇上旨",盖宪宗虽受禅制,但未正式登位,即云王伾、王叔文之贬,出于其父上皇之旨,实为依托之辞。

又,两《唐书·王叔文传》皆言贬渝州后,明年诛死。《旧唐书·王伾传》仅言贬开州司马,《新唐书·王伾传》则谓"贬开州司马,死其所",或未如王叔文为诛死。

宪宗朝翰林学士传

李吉甫

李吉甫，两《唐书》有传，见《旧唐书》卷一四八，《新唐书》卷一四六。《旧传》："李吉甫字弘宪，赵郡人。"《新传》同。据《元和郡县图志》卷一七河北道，有赵州赵郡，所属县有赞皇。按：李吉甫父李栖筠，《新唐书》卷一四六《李栖筠传》，言栖筠曾封赞皇县子，李吉甫也曾封赞皇县侯，则其祖籍当为赞皇（今河北赞皇县）。

《新唐书》卷七二上《宰相世系表》二上，详记李吉甫先世，其祖肃然，父载，皆未有官衔，居赵郡。李肇《国史补》卷中曾有记，云："李载者，燕代豪杰，常臂鹰携妓以猎，旁若无人，方伯为之前席，终不肯仕。"陈寅恪曾有论，谓："是栖筠之父载，终身不仕，而地方官吏敬惮之如此。斯亦山东士族本为地方豪强，不必以仕宦而保持其地位势力之例证也。"①

《新唐书》卷一四六《李栖筠传》:"始,居汲共城山下。"权德舆《唐故银青光禄大夫御史大夫赠司徒赞皇文献公李公文集序》亦记为:"初未弱冠,隐于汲郡共城山下。"②可见李栖筠年未二十即离赵郡旧地而徙居于汲郡共城(今河南辉县)。后又应举登第,历仕肃宗、代宗朝。代宗时仕至御史大夫,大历十一年(776)卒,年五十八。李氏由李栖筠起始,即离河北赵郡,居长安、洛阳。陈寅恪《论李栖筠自赵徙卫事》对此有所论析,可参。

李吉甫早年即居于长安,宋敏求《长安志》卷八《安邑坊》,有云:"中书侍郎、同中书门下平章事、赵国公李吉甫宅。"其早年仕历,《旧传》概略记之,谓:"吉甫少好学,能属文。年二十七,为太常博士,该洽多闻,尤精国朝故实,沿革折衷,时多称之。迁屯田员外郎,博士如故,改驾部员外。"按:两《唐书》本传,李吉甫卒于宪宗元和九年(814),年五十七,则当生于肃宗乾元元年(758)。所谓"年二十七,为太常博士",则当为德宗兴元元年(784)。但《新传》云"贞元初为太常博士",不确。

《旧传》又云:"宰臣李泌、窦参推重其才,接遇颇厚。"《新传》略同。按:李泌于贞元三年(787)六月入相,五年(789)三月卒;窦参于贞元五年二月与董晋同为相(见《新唐书·宰相年表》)。则李吉甫为此二宰臣所重,当在贞元四五年间。又李吉甫《编次郑

---

① 《论李栖筠自赵徙卫事》,载陈寅恪《金明馆丛稿二编》,上海古籍出版社,1980年。
② 霍旭东校点《权德舆文集》卷二三,甘肃人民出版社,1999年。

钦悦辨大同古铭论》(《全唐文》卷五一二),有云:"辛未岁,吉甫转驾部员外郎。"则《旧传》所谓"改驾部员外",即在贞元七年辛未(791)。

《旧传》接云:"及陆贽为相,出为明州员外长史。"《新传》更明记为"李泌、窦参器其才,厚遇之;陆贽疑有党,出为明州长史。"按:窦参于贞元八年(792)四月乙未被贬为郴州别驾。李吉甫《编次郑钦悦辨大同古铭论》有云:"壬申岁,吉甫贬明州长史。"壬申即贞元八年,则李吉甫之贬为明州(今浙江宁波),当确受窦参之事牵连,在贞元八年四月以后。

窦参固然与陆贽有矛盾,但窦参之贬,且后"赐死",实出于德宗疑忌,非陆贽促使(见前德宗朝陆贽传)。德宗于贬窦参后,又欲杀之,陆贽曾上疏解救,奏曰:"窦参与臣无分。因事报怨,人之常情。然臣参宰衡,合存公体,以(窦)参罪犯,置之死地,恐用刑太过。"(《旧唐书》卷一三六《窦参传》)

由此,则李吉甫之贬,为窦参之事牵连,非出陆贽之意。当时因坐窦参之事而贬者,不止李吉甫,如元稹岳丈韦夏卿也坐交结窦参而由给事中出为常州刺史。又如唐次,本为礼部员外郎,因受窦参器重,贬为开州刺史,"在巴峡间十余年,不获进用。西川节度使韦皋抗表请为副使,德宗密谕皋令罢之"(《旧唐书》卷一九○下《文苑·唐次传》)。可见此次诸人坐贬,均出德宗之意。

李吉甫在明州,贞元九年(793)作有《杭州径山寺大觉禅师碑铭并序》(《全唐文》卷五一二),又有《编次郑钦悦辨大同古铭论》(同上),鲁迅据《太平广记》卷三九一即将此文辑入《唐宋传奇集》（卷二）。又有《唐茶山诗述碑阴记》①。由此亦可见李吉甫早年之文才与学识。

后陆贽于贞元十年（794）十二月罢相，为太子宾客；贞元十一年（795）四月又贬为忠州别驾（详见前陆贽传）。据史书所载，谓当时宰相欲害陆贽，特意安排李吉甫为忠州刺史，以便对陆贽进行报复。《旧唐书·李吉甫传》："久之遇赦，起为忠州刺史。时贽已谪在忠州，议者谓吉甫必逞憾于贽，重构其罪。"《新传》谓："贽之贬忠州，宰相欲害之，起吉甫为忠州刺史，使甘心焉。"但李吉甫至忠州，厚礼相待，二人相得甚欢。《旧唐书·陆贽传》："贽在忠州，与吉甫相遇，昆弟、门人咸为贽忧，而吉甫忻然厚礼，都不衔前事，以宰相礼事之。"两《唐书·李吉甫传》所载略同。《册府元龟》卷八八五《总录部·以德报怨》亦载吉甫至忠州，待陆贽"以宰相礼事之，犹恐其未信不安，遂与之亲狎，若平生还往者"。这又可佐证前所述李吉甫之贬明州，非出陆贽之意，李吉甫当知之，故此次至忠州，厚礼待陆贽。陆贽前为翰林学士，李吉甫后为翰林学士，此亦可见唐翰林学士以文相交之心情。

又《新传》谓，李吉甫如此对待陆贽，乃受当权者之忌，"坐是不徙者六岁"。此当是揣测之辞。不过李吉甫在忠州任，确有六年，至贞元十七年（801），因病罢任，但仍留于忠州；贞元十八年（802），改授郴州（今湖南郴县）刺史，贞元十九年（803）秋后又改为饶州（今江西鄱阳）刺史。永贞元年（805）八月，宪宗刚即帝位，

---

① 此文已佚，据《宝刻丛编》卷一四。参傅璇琮《李德裕年谱》贞元十年，齐鲁书社，1984 年版；又河北教育出版社，2001 年修订新版。

李吉甫被召入朝，为考功郎中、知制诰（按：此段所记，参据《李德裕年谱》）。

可以注意的是，李吉甫这几年在南方几个城市，间有诗作，并受当时文士唱和。如欧阳修《集古录跋尾》卷八记《唐神女庙诗》，题下注"贞元十四年"，跋云："右《神女庙》诗，李吉甫、丘玄素、李贻孙、敬骞等作。余贬夷陵令时，尝泛舟黄牛峡，至其祠下，又饮虾蟆碚水，览其江山巉绝穷僻，独恨不得见巫山之奇秀，每读数子之诗，爱其辞翰，遂录之。"又赵明诚《金石录》卷九目录，第一千六百三十七，有"唐李吉甫《神女庙》诗"，下注"正书"，未载年月。《宝刻丛编》卷一九夔州路夔州，有"唐杂言神女词"，云："唐忠州刺史李吉甫撰，正书，无姓名，贞元十四年正月二十五日刻。"此诗或为贞元十一年（795）李吉甫由明州赴忠州途中经夔州时作，宋时尚有石刻。又《金石录》卷九记有"唐李贻孙《神女庙诗》"，记为会昌五年（845）九月。陆游《入蜀记》卷六亦记为："祠旧有乌数百，送迎客舟。自唐夔州刺史李贻孙诗已云'群乌幸胙余'矣。"则李贻孙于武宗会昌五年任夔州刺史时得见李吉甫刻石诗，特有和作。但后仅有此一句，全诗不存①。《集古录跋尾》提及的丘玄素、敬骞诗，亦未见。

又柳宗元有《奉和杨尚书郴州追和故李中书夏日登北楼十韵之作依本诗韵次用》，《柳宗元集》卷四二载此，注引宋孙汝听云："先是贞元中李吉甫为郴州刺史，有《北楼诗十韵》，至是於陵和之，公亦和焉。"按：杨於陵于元和十一年（816）四月自户部侍郎、

————————

① 参见孙望《全唐诗补逸》卷一二，编于中华书局《全唐诗补编》，1992年。

判度支出为郴州刺史,有此和李吉甫诗,时柳宗元已由永州改刺柳州,继有和作。《全唐诗》卷三三〇载杨於陵诗三首,但无此和作。今录柳诗,以备参:"郡楼有遗唱,新和敌南金。境以道情得,人期幽梦寻。层轩隔炎暑,迥野恣窥临。凤去徽音续,芝焚芳意深①。游鳞出陷浦,唳鹤绕仙岑。风起三湘浪,云生万里阴。宏规齐德宇,丽藻竞词林。静契分忧术,闲同迟客心。骅骝当远步,鸂鶒莫相侵。今日登高处,还闻《梁父吟》。"由此可见柳宗元对李吉甫之景仰。可惜李吉甫之《神女庙》与《夏日登北楼十韵》二诗均已不存,但竟有好几位文士和作,可见其诗文创作在当时之声誉。

宪宗即位后,李吉甫之仕历有很大变化。《旧传》:"宪宗嗣位,征拜考功郎中、知制诰,既至阙下,旋召入翰林为学士,转中书舍人,赐紫。"《新传》略同。《旧唐书》卷一四《宪宗纪》上,具体记载为:永贞元年(805)八月"丙寅,以饶州刺史李吉甫为考功郎中,夔州刺史唐次为吏部郎中,并知制诰";同年十二月壬戌,"以考功郎中、知制诰李吉甫为中书舍人,以考功员外郎裴垍为考功郎中、知制诰,并充翰林学士"。丁《记》记为:"李吉甫:永贞元年十二月二十四日,自考功郎中、知制诰充。二十七日,迁中书舍人,赐紫金鱼袋。"又元稹《承旨学士院记》:"李吉甫:永贞元年十二月二十四日,自考功郎中、知制诰入院。二十七日,正除,仍赐紫金鱼袋充。"据此,则李吉甫入院时间当为永贞元年十二月二十四日,以考功郎中、知制诰入;二十七日,正除,即正式任为中书舍

---

① 按:此二句,《柳宗元集》注引"孙氏"云:"凤去以比吉甫,芝焚以比杨尚书也。"

人,并为翰林学士承旨。因同日郑絪由翰林学士承旨拜相(见《旧纪》,又参前德宗朝郑絪传),李吉甫乃接郑絪之承旨位。

可以注意的是,李吉甫长期在南方任地方官,有十余年,而宪宗刚即位,就召其入朝,虽为外廷郎官(考功郎中),实为起草诏令,即知制诰,再过几月,随又召入为翰林学士,并为承旨,接替唐代第一位承旨学士郑絪,为有唐一代第二位翰林学士承旨。应当说,这当与当时任宰相的郑馀庆有关。按:据《旧唐书·德宗纪》下,贞元十六年(800)九月,郑馀庆因事罢相位,出贬为郴州司马(此乃受德宗之猜忌,参前德宗朝郑馀庆传),而李吉甫于贞元十九年(803)夏至郴州刺史任,虽仅有几个月,旋又转为饶州刺史,但终与郑馀庆为同僚。李为刺史,郑为司马,李当为上级,但二人当相交甚好。永贞元年三月,顺宗下诏追还前所贬官,其中有郑馀庆;五月,郑入朝为尚书左丞;七月,宪宗受禅,即任郑为相。据《旧唐书·宪宗纪》下,永贞元年八月癸亥,郑馀庆以尚书左丞同中书门下平章事,入相。此后第三天,即八月丙寅,召李吉甫入朝为考功郎中、知制诰。应当说,李吉甫长期在外,恐未能为宪宗所知,只能由郑馀庆举荐。由此也可佐证,宰相对朝臣、文士之入任翰林学士是相当有作用的。

据元稹、丁居晦所记,李吉甫于永贞元年十二月二十七日为翰林学士承旨。第二年,元和元年(806)十二月,加银青光禄大夫;元和二年(807)正月二十一日,拜中书侍郎平章事。这也是宪宗朝由翰林学士直接擢迁为宰相之第二例(此前为郑絪)。李吉甫在院时间并不长,只不过一年零一个月,主要在元和元年。时间虽不长,李吉甫在元和元年却甚有表现,在当时也极受重视。

大致可举以下三事。

一、积极赞助征讨刘辟,并密献计策。刘辟本为西川行军司马,永贞元年十二月,拥兵胁迫唐朝廷任命为剑南西川节度使。元和元年正月戊子,下诏讨刘辟,命高崇文将兵入蜀。《旧唐书·李吉甫传》谓:"刘辟反,帝命诛讨之,计未决,吉甫密赞其谋,兼请广征江淮之师,由三峡路入,以分蜀寇之力。事皆允从,由是甚见亲信。"《新传》亦谓:"刘辟拒命,帝意讨之未决,吉甫独请无置,宜绝朝贡,以折奸谋。"并称:"刘辟平,吉甫谋居多。"《通鉴》卷二三七元和元年亦详载其事,称"翰林学士李吉甫亦劝上讨蜀,上由是器之"。元和二年二月李吉甫拜相。《唐大诏令集》卷四六所载《李吉甫平章事制》,即有"王纲以张,蜀寇斯殄,左右密勿,实由嘉言"等语。又《唐会要》卷五三《委任》条,亦谓:"李吉甫自翰林学士参定平蜀。"这是宪宗朝初期翰林学士参预政事的突出表现。

二、罢斥与宦官相勾结的中书吏滑涣。《旧传》:"宪宗初即位,中书小吏滑涣与知枢密中使刘光琦昵善,颇窃朝权,吉甫请去之。"按:此事《新传》所记较详,云:"中书吏滑涣素厚中人刘光琦,凡宰相议为光琦持异者,使涣请,常得如素。宦人传诏,或不至中书,召涣于延英承旨,迎附群意,即为文书,宰相至有不及知者。由是通四方赂谢,弟泳官至刺史。郑馀庆当国,尝一责怒,数日即罢去。吉甫请间,劾其奸,帝使薄涣家,得赀数千万,贬死雷州。"郑馀庆身居宰执,因曾斥责滑涣,竟至罢相(参见前宪宗朝郑馀庆传)。当时宰臣如杜佑、郑絪等"皆低意善视之"(《通鉴》卷二三七元和元年八月)。其时李吉甫在翰林学士职,官衔为中书舍人,按例滑涣为其属吏,故用计谋揭发其奸恶,也间接打击宦官的势力。

三、阻止李锜领盐铁使。浙西观察使李锜骄纵不法,贞元后期已甚跋扈,德宗屡姑息之。《新唐书·李吉甫传》云:"时李锜在浙西,厚赂贵幸,请用韩滉故事领盐铁,又求宣、歙。(上)问吉甫,对曰:'昔韦皋蓄财多,故刘辟因以构乱。李锜不臣有萌,若益以盐铁之饶,采石之险,是趣其反也。'帝寤,乃以李巽为盐铁使。"据《旧纪》,元和元年四月丁未,杜佑罢领度支、盐铁、转运等使,以兵部侍郎李巽代其任,则李吉甫之阻止李锜领盐铁等使,即在四月间。后李锜于元和二年(807)十月反,果不出李吉甫所料。

李吉甫卒后,其政友、时为宰臣的武元衡有《祭李吉甫文》(《全唐文》卷五三一),中叙其任职翰林学士时,云:"属元圣御极之初,昊天降休之日,公内参密命,外正戎机,竭心膂以振皇纲,励精诚以辅元化。故得三光离朗,九有澄清,南定句吴,西歼邛僰,默运宏略,弘宣大猷。"可见李吉甫在院任职期内,不仅限于草撰制诰,主要还在于参密命,议政事。正如宪宗在其《授李吉甫中书侍郎同平章事制》(《全唐文》卷五六)中,称其在院时"深中不回,独立无惧。经纶常见其道远,激切多至于涕零。王纲以张,蜀寇斯殄;左右密勿,实由嘉言。"

李吉甫此后仕历大致为:元和二年(807)正月至三年(808)九月在相位;三年九月出镇扬州,为淮南节度使;五年(810)十二月罢淮南任;六年(811)正月又任相;元和九年(814)十月卒,年五十七。李吉甫于元和前期两次任相,甚有政绩,史书多有记述,其间也有异说,详见拙著《李德裕年谱》,此不赘。

《新唐书·艺文志》四,著录有《李吉甫集》二十卷,今仅存诗四首(《全唐诗》卷三一八),文一卷(《全唐文》卷五一二),所佚甚多。前曾记述,李吉甫在明州、忠州等地方任官职时,多有诗文,同时或后人也有和作。李吉甫是颇注意古今诗文辑集的,如《玉海》卷五四《艺文》记有:"李吉甫《古今文集略》二十卷,又《表类》五十卷,亦名《表启集》。"同卷"书目"类又载:"李吉甫集梁陈迄唐开元歌诗三百二十首为《丽则集》五卷,又集唐人表章笺启露布等为《类表》五十卷。"此《类表》似为供翰林学士作表章笺启等参考之类书。

《新唐书·艺文志》载其著述颇多,计有:注《一行易》(《新志》一,经部易类,注云"卷亡");《六代略》三十卷(《新志》二,史部杂史类);《顺宗实录》(《新志》二,史部实录类,韩愈等撰,李吉甫监修);《元和国计簿》十卷,《元和百司举要》一卷(《新志》二,史部职官类);《元和郡县图志》五十四卷,《十道图》十卷(《新志》二,史部地理类);《古今说苑》十一卷(《新志》三,子部儒家类);《一行传》一卷(《新志》三,子部道家类);《李吉甫集》二十卷(《新志》四,集部别集类);《古今文集略》二十卷,《国朝哀策文》四卷,《梁大同古铭记》一卷,《丽则集》五卷,《类表》五十卷(《新志》四,集部)。由此可见其治学之广博。

《直斋书录解题》卷六职官类著录其《元和百司举要》二卷,卷八地理类著录其《唐十道图》一卷,《元和郡县志》四十卷,则此三书南宋前期尚存。后所传存者惟《元和郡县图志》一书(亦有缺卷),其他皆佚,实在可惜。

裴 垍

裴垍,两《唐书》有传,见《旧唐书》卷一四八,《新唐书》卷一六九。《旧传》:"裴垍字弘中,河东闻喜人。"《新传》记为"绛州闻喜人"。据《元和郡县图志》卷一二,绛州属河东道,所属县有闻喜(即今山西闻喜县)。

《旧传》又云:"垂拱中宰相居道七代孙。"惟《新唐书》卷七一上《宰相世系表》一上,记裴垍七世祖名鸿智,襄州长史、高邑县侯。裴居道为另一族系,非裴垍先世。《旧传》当误。

《旧传》:"垍弱冠举进士。贞元中,制举贤良极谏,对策第一。"《新传》略同,惟未记贤良对策之年。徐松《登科记考》卷一三据《册府元龟》、《唐会要》,系于贞元十年(794)贤良方正能直言极谏科,列第一名。

《旧传》记裴垍制举登科后,"授美原县尉"。据《元和郡县图志》卷二,美原为京兆府畿县。此后仕历为:"拜监察御史,转殿中侍御史,尚书礼部、考功二员外。"(《旧传》)《新传》所记较略,仅云"四迁考功员外郎"。

此后即入为翰林学士。《旧传》:"元和初,召入翰林为学士,转考功郎中、知制诰,寻迁中书舍人。"《新传》亦略谓:"宪宗元和初,召入翰林为学士,再迁中书舍人。"两《唐书》本传此处所记仅数句,却有两处疏失,一是其入为翰林学士非元和初,而在元和元年前一年(永贞元年,805);二为裴垍迁为中书舍人时,又为翰林学士承旨，非仅为学士。今据丁居晦《重修承旨学士壁记》、元稹《承旨学士院记》，记其年月如下：

丁《记》载："裴垍：永贞元年十二月二十五日，自考功员外郎充。二十七日，迁考功郎中、知制诰，赐绯鱼袋。元和元年十一月，加朝散大夫，赐紫。二年四月十六日，迁中书舍人。三年四月二十五日，出院，拜户部侍郎。"元《记》载："裴垍：元和二年四月十六日，自考功郎中、知制诰、翰林学士赐紫金鱼袋，拜中书舍人充。三年四月二十五日，出院，拜户部侍郎。其年冬，拜中书侍郎平章事。"

据丁《记》，李吉甫于永贞元年十二月二十四日由考功郎中、知制诰入，即较裴垍前一日为翰林学士，实则为同时入院。在院期间，裴垍与李吉甫合作是很融洽的。如《旧传》记："李吉甫自翰林承旨拜平章事，诏将下之夕，感出涕，谓垍曰：'吉甫自尚书郎流落远地，十余年方归，便入禁署，今才满岁，后进人物，罕所接识。宰相之职，宜选擢贤俊，今则懵然莫知能否。卿多精鉴，今之才杰，为我言之。'垍取笔疏其名氏，得三十余人；数月之内，选用略尽，当时翕然称吉甫有得人之称。"按：李吉甫于元和二年（807）正月二十一日拜相，二人共在院一年余，而李吉甫于出院入相前夕，特地与裴垍叙谈，请其推荐人才，且都得到选用。《旧传》又谓："垍在翰林，举李绛、崔群，同掌密命。"《新传》亦记："垍为学士时，引李绛、崔群与同列。"按：李绛于元和二年四月八日入，崔群于同年十一月六日入（详见后李绛、崔群传），此时裴垍已为学士承旨，有权推荐人才，可见裴垍确能发挥翰林学士的职能，注意在识拔人才中起应有的作用。

裴垍在职期间，特别是充任承旨之后，是积极参与政事的。《旧传》记："初，垍在翰林承旨，属宪宗初平吴、蜀，励精思理，机密之务，一以关垍。"《新传》也称"中外机筦，垍多所参与"。《新传》虽又云"以小心慎默称帝意"，实际上裴垍并非纯然"小心慎默"，而能大胆直言。如《通鉴》卷二三七元和二年十一月，记镇海节度使李锜之乱平后，"有司籍锜家财输京师"，裴垍就与李绛共同上言："李锜僭侈，割剥六州之人以富其家，或枉杀其身而取其财。陛下闵百姓无告，故讨而诛之，今辇金帛以输上京，恐远近失望。愿以逆人资财赐浙西百姓，代今年租赋。"同卷元和三年正月，癸巳，因群臣上尊宪宗尊号睿圣文武皇帝，遂发布赦令。这时宦官知枢密刘光琦请求派遣宦者将赦令分送诸道节镇，"意欲分其馈遗"，裴垍也与李绛上奏："敕使所至烦扰，不若但附急递。"意即不必特派敕使，只快递驰驿即可。

　　正因如此，白居易草撰的《除裴垍中书侍郎同平章事制》，叙其在学士任职期内之绩，有云："内掌纶言，密参枢务，严重有大臣之体，温雅秉君子之文。每献纳之时，动有直气；当顾访之际，言无隐情。远图是经，大事能断。匡予不逮，时乃之功。"（《白居易集笺校》卷五四"翰林制诏"一；又载《唐大诏令集》卷四六）白居易制词，重点突出"动有直气""言无隐情"。

　　按：白居易于元和二年（807）十一月入为翰林学士，与裴垍共处虽仅半年，但二人交情甚深。白居易后于元和六年（811）四月丁母忧退居下邽（见后白居易传），元和九年（814）仍在服丧期，作有《梦裴相公》一诗，深切怀念二人在院时情景："五年生死隔，一夕魂梦通。梦中如往日，同直金銮宫。仿佛金紫色，分明冰玉容。

勤勤相眷意,亦与平生同。既寤知是梦,悯然情未终。追想当时事,何殊昨夜中?自我学心法,万缘成一空。今朝为君子,流涕一沾胸。"(《白居易集笺校》卷十)元稹可能受此启发,后亦有《感梦》一诗(《元稹集编年笺注(诗歌卷)》)[1],题下自注:"梦故兵部尚书相公。"诗中忆念裴垍"拔我尘土中,使我名字美",深为怀念。因元稹于元和四年(809)任监察御史,即由时任宰相裴垍提拔的。元稹后在《上门下裴相公启》(《全唐文》卷六五三)中,即称誉裴垍"甄辨清净,号为名流,及其为相也,构致群材"。

如上所述,裴垍任职期内与李绛共上疏,曾得到宪宗重视与赞同,但却受到宦官的嫉恨,因而有元和三年(808)四月覆试制举试而被迫出院。关于元和三年制举试,参见前德宗朝王涯传,及后之白居易传,为便于阅览,现再概述于下。

元和三年四月制举试贤良方正能直言极谏科,当时应试者皇甫湜、牛僧孺、李宗闵等在策文中对时政多有指责,特别是皇甫湜将抨击的矛头指向宦官,认为这些宦官"岂可使之掌王命,握兵柄,内膺腹心之寄,外当耳目之任乎"。当时试官吏部侍郎杨於陵、吏部员外郎韦贯之将其列为上策,但为"权幸"者所阻,于是宪宗又命翰林学士王涯、裴垍、白居易覆试。《旧唐书·裴垍传》记:"垍居中覆视,无所同异。及为贵幸泣诉,请罪于上,宪宗不得已,出於陵、贯之官,罢垍翰林学士,除户部侍郎。"《旧传》此处所记,应当说是较为客观的,所谓"贵幸",实指宦官。

关于元和三年制科案,史书所记颇有歧异。《旧唐书·宪宗

---

①杨军《元稹集编年笺注(诗歌卷)》,三秦出版社,2002年。

纪》上,谓皇甫湜等"策语太切,权幸恶之"。《唐会要》卷七六《制科举》条所载与《旧纪》及《旧唐书·裴垍传》同,称"权幸或恶其诋己",未记具体姓名。但《通鉴》卷二七三所记,却归咎于李吉甫,谓:"李吉甫恶其言直,泣诉于上,且言:'翰林学士裴垍覆策,湜,(王)涯之甥也,涯不先言;垍无所异同。'上不得已,罢垍、涯学士,垍为户部侍郎,涯为都官员外郎。"实则皇甫湜之对策,实为指斥宦官,裴垍、王涯之出院,也均与李吉甫无关。岑仲勉《通鉴隋唐纪比事质疑》263 页《李吉甫出镇淮南》条,《唐史馀瀋》卷三《牛李问题》条,均有所辨析①。详傅璇琮《李德裕年谱》元和三年②。

且裴垍此时由中书舍人出院为户部侍郎,中书舍人为正五品上,户部侍郎为正四品下,就官阶而言,实为升迁,非降贬,且仍留朝中,与王涯之由起居舍人改为都官员外郎(均为从六品上),旋贬为虔州司马不同。此时李吉甫仍在相位,应当说,裴垍虽被迫出院,但能如此安排,当与李吉甫有关。另一事也可佐证,即李吉甫于同年九月出镇扬州,为淮南节度使,在去相位前,他即向宪宗推荐裴垍接任宰相。《旧唐书》卷一四八《李吉甫传》载为:"吉甫以裴垍久在翰林,宪宗亲信,必当大用,遂密荐垍代己,因自图出镇。"《旧唐书·裴垍传》亦谓:"其年秋,李吉甫出镇淮南,遂以垍

①岑仲勉《通鉴隋唐纪比事质疑》,中华书局,1964 年;《唐史馀瀋》,上海古籍出版社,1960 年。
②傅璇琮《李德裕年谱》,齐鲁书社,1984 年;河北教育出版社,2001 年修订新版。

代为中书侍郎、同平章事。"①这与李吉甫于元和二年入相前特向裴垍咨询人才,是前后一致的。

《旧纪》元和三年九月"丙申,以户部侍郎裴垍为中书侍郎、同平章事"。裴垍任相后,仍"齐整法度,考课吏理",并继续举荐人才,"用韦贯之、裴度知制诰,擢李夷简为御史中丞,其后继踵入相,咸著名迹"(《旧传》)。但可能因劳累过度,"元和五年,中风病";后"疾益痼,罢为兵部尚书,仍进阶银青。明年,改太子宾客,卒"。《新传》略同。但《新传》却记为,裴垍入相后,"多变更吉甫时约束,吉甫复用,衔之";《通鉴》亦记为"李吉甫恶之"(李吉甫于元和六年正月由淮南入朝,再次任相)。所载均不实,傅璇琮著《李德裕年谱》已有辨析。按:《旧唐书》卷一四八将裴垍、李吉甫、权德舆合为一卷,卷后"史臣曰",对裴、李之政绩及二人关系有总述,今摘录有关评议,备参:"吉甫该洽典经,详练故实,仗裴垍之抽擢,致朝伦之式序。吉甫知垍之能别髦彦,垍知吉甫之善任贤良,相须而成,不忌不克。"这样的评议,应该说较为公道,符合实际。

《新唐书》卷五八《艺文志》二,史部实录类,著录《德宗实录》五十卷:"蒋乂、樊绅、林宝、韦处厚、独孤郁撰,裴垍监修。"当为裴垍在相位时,监修国史。《旧纪》元和五年十月"庚辰,宰相裴垍进所撰《德宗实录》五十卷"。司马光作《通鉴考异》,也有引及《德

---

① 宋王谠《唐语林》卷六据《刘宾客嘉话录》,亦有云:"李安邑(指李吉甫)之为淮海也,树置裴光德(指裴垍)。"见周勋初《唐语林校证》,中华书局,1987年,第581页。

宗实录》。《直斋书录解题》卷四起居类亦著录为五十卷，则南宋前期尚传存，后佚。

《全唐文》卷六一六载其文三篇：《上德宗实录表》、《汰僧道议》、《郭子仪传论》。《全唐诗》未载其作。

李　绛

李绛，两《唐书》有传，见《旧唐书》卷一六四，《新唐书》卷一五二。另外刘禹锡有《唐故相国李公集纪》（《刘禹锡集笺证》卷一九），乃为其文集所作序，亦记其生平。

《旧传》："李绛字深之，赵郡赞皇人也。"赵郡赞皇，即今河北赞皇县（参见前李吉甫传），盖其祖籍。《旧传》记其先世，云："曾祖贞简。祖刚，官终宰邑。父元善，襄州录事参军。"《新传》未记。《新唐书》卷七二上《宰相世系表》二上，记其曾祖贞简，司农卿；其祖名岗，与《旧传》所记异，任武成令。据《元和郡县图志》卷十一河南道，武成县属曹州（今山东菏泽、曹县等地）。《新表》又记其父元善，襄州录事参军，与《旧传》同。如此，则其祖、父二代，均为一般地方官。

《旧传》："绛举进士，登宏辞科，授秘书省校书郎。"《新传》则云："擢进士、宏辞，补渭南尉。"实则应据《旧传》，李绛登宏辞科后，先任秘书省校书郎，"秩满，补渭南尉"，《新传》失记。刘禹锡《唐故相国李公集纪》于此所记更详，谓"以词赋升甲科，授秘书省校书郎。岁满从调，有司设甲乙问以观决断，复居高品，补渭南尉"。又《郡斋读书志》卷一七别集类著录《李绛论谏集》七卷,记为"贞元八年进士",则当据南宋前期所传存的唐登科记。徐松《登科记考》卷一三即据此系于贞元八年(792)。是年进士登第者尚有韩愈、李观、欧阳詹、崔群等,均为名士,称"龙虎榜",详见前德宗朝陆贽、梁肃等传。又《登科记考》据《文苑英华》,系李绛于贞元九年(793)登博学宏辞科。

据《旧传》,李绛卒于文宗大和四年(830),年六十七,则当生于代宗广德二年(764)。贞元八年登进士第,当为二十九岁。后元和二年(807)为翰林学士,年四十四。

《旧传》于渭南尉后,接云:"贞元末,拜监察御史。元和二年,以本官充翰林学士。"丁居晦《重修承旨学士壁记》记为:"元和二年四月八日,自监察御史充,加主客员外郎。"《旧唐书》卷一四八《裴垍传》曾谓:"垍在翰林,举李绛、崔群,同掌密命。"按:裴垍于永贞元年(805)十二月入为翰林学士。此时亦仍在院,为考功郎中、知制诰,则李绛之入,出于裴垍之荐。这也是唐代翰林学士互荐之一例。

又据元稹《承旨学士院记》,李绛后于元和四年(809)四月十七日,由主客员外郎转为司勋员外郎、知制诰,接替卫次公,为承旨学士。此后为:"五月十九日,赐紫金鱼袋。五年五月五日,迁司勋郎中、知制诰。十二月,正除。六年二月二十七日出院,拜户部侍郎。其年十月,拜中书侍郎平章事。"丁居晦《重修承旨学士壁记》于记元和二年四月八日入院后,云:"四年四月十七日,加司勋员外郎、知制诰。五月十九日,赐绯。五年五月五日,加司勋郎中,依前充。十二日,迁中书舍人,赐紫。六年二月二十七日,出院,拜户部侍郎。"元、丁所记大致相同,但仍各有差失。

据元《记》,李绛于元和四年四月十七日由主客员外郎转为司勋员外郎、知制诰,同时即任为承旨学士,而丁《记》缺记。丁《记》于宪宗朝往往漏记承旨事,如郑絪、李吉甫、裴垍、卫次公等,均未记承旨学士事。

丁《记》于元和五年(810)五月五日加司勋郎中后,记为:"十二日,迁中书舍人,赐紫。"则似为同月(五月)又由司勋郎中迁为中书舍人。而《唐会要》卷五七《翰林院》条有记:"(元和)五年十二月,以司勋郎中、知制诰李绛为中书舍人,依前翰林学士,面谕吐突承璀用兵无功,合加明责。"元《记》亦明确记为"十二月,正除"。正除,即由兼知制诰正式任为中书舍人。《通鉴》卷二三八元和五年十二月记:"翰林学士、司勋郎中李绛面陈吐突承璀专横,语极恳切。……己丑,以绛为中书舍人,学士如故。"如此,则丁《记》之"十二日"中之"日"字当为"月"字传抄之误。

元《记》记李绛于元和六年(811)二月二十七日以户部侍郎出院,"其年十月,拜中书侍郎同平章事"。《旧唐书·宪宗纪》上,则记为元和六年十二月己丑,《新纪》、《通鉴》同。《新唐书》卷六二《宰相年表》,则记为"十一月己丑",此"十一月",显误,惜中华书局点校本未予校正。

李绛在院共三年零十个月,任职期内,亦积极参预政事,敢于上言,主要针对宦官、方镇。今概述如下。

一、《旧传》:"宪宗即位,叛臣李锜阻兵于浙右。锜既诛,朝廷将辇其所没家财",李绛即上言劝阻,以为应将其家财"并赐本道,代贫下户今年租税",又云"翰林学士裴垍、李绛上言",即二人合奏(参见前裴垍传)。

二、《旧传》:"时中官吐突承璀自藩邸承恩宠,为神策护军中尉,乃于安国佛寺建立《圣政碑》,大兴功作,仍请翰林为其文。"李绛则以为皇上立位,施新政,革旧弊,不必以文字立碑,"而尽圣德"。《通鉴》卷二三七亦记有此事,系于元和四年六月,较详,且记吐突承璀特请翰林学士撰碑文,并云"臣已具钱万缗,欲酬之"。

三、《通鉴》卷二三七元和四年三月记:"上以久旱,欲降德音,翰林学士李绛、白居易上言,以为'欲令实惠及人,无如减其租税';又言'宫人驱使之余,其数犹广,事宜省费,物贵徇情'。又请'禁诸道横敛以充进奉';又言'岭南、黔中、福建风俗,多掠良人卖为奴婢,乞严禁止'。"可见其议政之面甚广。

四、《旧传》:"绛后因浴堂北廊奏对,极论中官纵恣、方镇进献之事。宪宗怒,厉声云:'卿所论奏,何太过耶?'绛前论不已。"中有云:"且臣与中官,素不相识,又无嫌隙,只是威福太盛,上损圣朝,臣所以不敢不论耳。"《通鉴》卷二三八元和四年八月亦有记。由此可见李绛对当时宦官专横,坚决反对,而李绛终亦因此而受到宦官报复。《旧传》记:"(元和)六年,犹以中人之故,罢学士,守户部侍郎,判本司事。"《通鉴》元和六年二月也记为:"宦官恶李绛在翰林,以为户部侍郎,判本司。"唐翰林学士受宦官排斥,而被迫出院,其例不少,很值得作统一考索。

但《旧传》所记亦有不确切处,如云:"前后朝臣裴武、柳公绰、白居易等,或为奸人所排陷,特加贬黜,绛每以密疏申论,皆获宽宥。"按:裴武事见《通鉴》元和四年八九月所记,但未记有贬黜,《通鉴·考异》且有辨析《李司空论事集》记事之误者。柳公绰事也同。最明显为白居易事。按：白居易于元和六年(811)四月丁母忧出院，未有贬黜，且李绛于此前即同年二月已出院。后白居易于元和十年(815)因上书言武元衡事确实被贬(白居易事见后白居易传)，但李绛于元和九年(814)已罢相，十年出为华州刺史，更与此无关。可见《旧传》记李绛事虽详，但仍有误，应加辨正。

又，李绛与李吉甫之关系，史籍所载多有曲解，也应加辨析。按：李绛于元和二年四月八日入院，六年二月二十七日出院，李吉甫于元和二年正月拜相，三年九月出为淮南节度使，六年正月由淮南入朝，复为相，则在此期间，大部分时间二人不是同在朝廷。《旧唐书·李绛传》记李绛在翰林学士任内，亦无一字提及与李吉甫之关系者。但《新传》、《通鉴》多记李绛与李吉甫不合，并谓李吉甫多恶李绛。《通鉴》卷二三七元和二年十一月载，宪宗召李绛议事，谈及昭义节度使卢从史事，谓李吉甫密奏，郑絪将宪宗之语泄于卢从史，李绛为之辩解。此事《旧唐书·李绛传》未载，《新传》却有记，并引李绛语曰："恐吉甫势轧内忌，造为丑辞，以怒陛下。"傅璇琮著《李德裕年谱》元和二年条，对此有辨，并谓北宋吴缜《新唐书纠谬》已逐项加以驳斥，《新唐书》所记皆与李吉甫、郑絪仕历不合。现代唐史研究专家岑仲勉在其所著《通鉴隋唐纪比事质疑》、《隋唐史》(卷下)更详为考析①。所谓李吉甫诬构郑絪，吴缜《新唐书纠谬》已指出："此盖李绛之门生故吏撰集绛事者务多书其事，以为绛之美。"《李德裕年谱》曾引清劳格《劳氏碎金》

---

① 岑仲勉《通鉴隋唐纪比事质疑》，中华书局，1964 年；《隋唐史》，中华书局，1982 年。

所云，《李相国论事集》成于宣宗大中年间，"传闻异辞，不无失实，适值李卫公（指李德裕）迁谪之后，故于赵公（指李吉甫）不无贬词"。岑仲勉《隋唐史》更明确定为："《论事集》由牛党造以诋吉甫，所言自有参错不实。"按：《李相国论事集》为蒋偕所编，蒋偕为蒋乂子，而蒋乂于元和时即与李吉甫有隙。清《四库全书总目》卷五七史部传记类，于《李相国论事集》提要中即讥斥其"编次芜杂，亦乖体例"。现在实可据其书所奏论事，与诸史所载详加考索，对此作全面梳理。

李绛于元和六年（811）二月出院，同年十二月拜相。此后仕历，颇为频繁，两《唐书》纪、传及《通鉴》，均有记，此处即不重述①。文宗大和二年（828），任兴元尹、山南西道节度使；三年冬，南蛮侵西蜀，李绛奉命率兵赴援；四年二月，为乱兵所害，时年六十七。

李绛卒后三年，其二子琢、顼辑集其遗稿，送交刘禹锡，刘禹锡应邀为其编集，并作序，即《唐故相国李公集纪》。《集纪》称集其所作"四百余篇，勒成二十卷"，未提及《论事集》。《新唐书》卷六〇《艺文志》四，别集类，著录《李绛集》二十卷，则当为刘禹锡所编，至北宋前期尚存，而南宋时晁、陈二志均未有记，当北宋中期后已佚。清编《全唐文》载李绛文两卷（卷六四五、六四六），除

---

① 按：史籍所载，其间亦有误，如《旧传》记李绛于元和十五年（820）为兵部尚书，"穆宗即位，改御史大夫"，则其任兵部尚书在穆宗即位前。而据《旧唐书》卷一六《穆宗纪》，李绛由河中观察使入朝为兵部尚书在元和十五年七月壬寅，而穆宗即帝位在元和十五年正月丙午。即其任兵部尚书亦在穆宗即位后，《旧传》所记不确。

赋及神道碑各一篇外,其余皆为奏议、对问,凡四十二篇,主要即据《李相国论事集》。

《全唐诗》卷三一九载其诗二首:《省试恩赐耆老布帛》、《和裴相公答张秘书赠马诗》,一般。

崔　群

崔群,两《唐书》有传,见《旧唐书》卷一五九,《新唐书》卷一六五。《旧传》:"崔群字敦诗,清河武城人,山东著姓。"《新传》记为"贝州武城人"。据《元和郡县图志》卷一六河北道,贝州清河郡,所属县有武城(今河北省武城县)。

《新唐书》卷七二下《宰相世系表》二下,记崔群父名积,字实方,检校金部郎中。而柳宗元《先君石表阴先友记》(《柳宗元集》卷一二),记为:"崔積,清河人,至检校郎官。子群。"又牛僧孺《崔相国群家庙碑》(《全唐文》卷六八二),作于元和十四年(819)五月,应崔群之请而撰,亦记其父"讳積,字实方",则《新表》作"积",误。又《新表》记崔群祖名朝,字懿宗,而牛僧孺所作《家庙碑》,则记"字守忠"。中华书局点校本均未有校。

《旧传》记崔群"十九登进士第",后又云:"群年未冠举进士,陆贽知举,访于梁肃,议其登第有才行者,肃曰:'崔群虽少年,他日必至公辅。'果如其言。"《新传》亦云:"未冠,举进士,陆贽主贡举,梁肃荐其有公辅才,擢甲科。"徐松《登科记考》卷一三即据此系于德宗贞元八年(792),同年登第者有韩愈、李观、欧阳詹、李绛等,时号为"龙虎榜"。

按:两《唐书》本传皆谓崔群未冠,年十九,登进士第,这涉及崔群之生年。若据《旧传》所记"十九登进士第",则当生于代宗大历九年甲寅（774）。而《旧传》又记崔群卒于文宗大和六年（832），年六十一,《新传》同。如此,则当生于大历七年壬子（772），贞元八年应为二十一岁,不能说"未冠",更不能说年十九。今检《白居易集笺校》卷三一《七年元日对酒五首》,其五有云"同岁崔何在",自注:"余与吏部崔相公甲子同岁。"据朱金城笺,此诗作于大和七年（833），崔群卒于大和六年（832）八月,故云"何在"。其诗第四又有云:"梦得君知否,俱过本命年。"自注:"余与苏州刘郎中同壬子岁,今年六十二。"刘郎中即刘禹锡,壬子为大历七年（772）。又《白居易集笺校》卷十《自觉二首》,有"同岁崔舍人"句,作于元和六年（811）;丁忧退居于下邽,诗中又有"四十未为老"句,元和六年,白居易正值四十。又,刘禹锡有《乐天示过敦诗旧宅有感一篇吟之泫然追想昔事因成继和以寄苦怀》一诗（《刘禹锡集笺证》外集卷四）,诗末自注:"敦诗与予及乐天三人同甲子。"如此,则崔群与白居易、刘禹锡同年,即均生于大历七年。据此,两《唐书》本传所谓年十九,未冠,举进士第,显误,未知其何所据。中华书局点校本也未有校。

《旧传》于进士登第后,接云:"又制策登科,授秘书省校书郎。"《新传》亦云:"举贤良方正,授秘书省校书郎。"皆未载何年。《唐会要》卷七六《制科举》条,记贞元十年十二月贤良方正能直言极谏科,首为裴垍（见前裴垍传）,中有崔群。《登科记考》卷一三据此即系于贞元十年（794）。

如此，则崔群当于贞元十年十二月后，任秘书省校书郎。贞元中期，当即居此任。可以注意的是，此时崔群也仅二十余岁，但已与柳宗元、韩愈、刘禹锡、李建、韩泰等有交往，且甚挚切。如柳宗元有《送崔群序》(《柳宗元集》卷二二)，称"崔君以文学登于仪曹，扬于王庭，甲俊造之选，首雠校之列"，即举贤良方正后为秘书省校书郎，未言及后来之仕历，当在贞元十四五年间，时柳宗元任集贤殿正字，职相近，故有交往。此时崔群赴洛阳探亲，京中友人相送，柳宗元特为作序，文中赞誉崔群"有柔儒温文之道，以和其气，近仁复礼，物议归厚"，并述及崔群近数年来在京，"尝与陇西李杓直、南阳韩安平泊予交友。杓直敦柔深明，冲旷坦夷，慕崔君之和；安平厉庄端毅，高朗振迈，说崔君之正"。李杓直即李建，贞元末、永贞时为翰林学士，对王叔文新政持中立态度，未公然反对；韩安平即韩泰，参预永贞新政，后与柳宗元、刘禹锡同贬，为八司马之一。

《旧传》于秘书省校书郎后面接云"累迁右补阙"，《新传》同，实则崔群于右补阙前曾有数年在宣歙节度使幕府，并带监察御史里行官衔，两《唐书》本传于此未载。今检刘禹锡有《举崔监察群自代状》(《刘禹锡集笺证》卷一七)，文末署"贞元十九年闰十月日"，即此时刘禹锡由渭南主簿擢迁为监察御史。此《自代状》首称"宣歙池等州都团练判官监察御史里行崔群"，后云："右臣蒙恩授监察御史，伏准建中元年正月五日制，常参官上后三日举一人自代者。伏以前件官在诸生中号为国器，縻维外府，人咸惜之，臣既深知，敢举自代。"由此，则崔群于贞元十九年(803)闰十月前已在宣歙池等州幕府任都团练判官，官衔为监察御史里行。由此，亦可见刘禹锡于贞元中期与崔群亦颇有交往(文中称"臣既深知")。

又韩愈有《与崔群书》,据《韩昌黎文集校注》(卷三)马其昶注及张清华《韩愈年谱汇证》①,作于贞元十八年(802),时韩愈在长安任国子四门博士。《书》中称崔"寻承已达宣州",则崔群赴宣州幕,在贞元十七、十八年间。韩愈极称宣州幕人才之盛,"主人仁贤,同列皆君子"。按:此时宣歙池州观察使为崔衍(贞元十二年八月至永贞元年八月,见《旧唐书》之《德宗纪》、《宪宗纪》)。《旧唐书》卷一八八《崔衍传》称:"迁宣歙池观察使,政务简便,人颇怀之。其所择从事,多得名流。……幕中之士,后多显达。"韩愈后所作之《送杨支使序》(《韩昌黎文集校注》卷四),亦有谓:"愈在京师时,尝闻当今藩翰之宾客惟宣州为多贤,与之游者二人:陇西李博,清河崔群。"可见崔群虽远在江南幕,但已闻名京中,故刘禹锡于贞元十九年受任监察御史,即举荐之。

又韩愈《与崔群书》,自称交往相识者已不少,"至于心所仰服,考之言行而无瑕尤,窥之阃奥而不见畛域,明白淳粹,辉光日新者,惟吾崔君一人"。视崔群为惟一挚友。

由上所述,可见崔群在入任翰林学士前,与当时知名文士结交既广,相知又深。

前面提及之韩愈《送杨支使序》,为韩愈于贞元二十年(804)在阳山贬处所作,则此时崔群尚在宣歙幕。《旧唐书·宪宗纪》上

---

① 马其昶《韩昌黎文集校注》,上海古籍出版社,1986年;张清华《韩愈年谱汇证》,《韩学研究》下册,江苏教育出版社,1998年。

载永贞元年八月"甲寅,以常州刺史穆赞为宣歙池观察使,以前宣歙观察使崔衍为工部尚书"。据此,则可能崔衍离镇入朝,崔群也即受荐返朝,为右补阙。韩愈《游青龙寺赠崔大补阙》(《韩昌黎诗系年集释》卷五),此崔大即崔群(见岑仲勉《唐人行第录》)。中云"去岁羁帆湘水明",指永贞元年(805)八九月间由郴州赴江陵途中,则此诗为元和元年(806)秋在长安作(诗中云"秋灰初吹季月管"),即此前崔群已在朝中,为右补阙。

《旧传》接云:"元和初,召为翰林学士,历中书舍人";后云"迁礼部侍郎,选拔才行",即出院知举,但均未记年月。《新传》略同。今据丁居晦、元稹所记如下:

丁居晦《重修承旨学士壁记》:"崔群:元和二年十一月六日,自左补阙充。三年四月二十八日,加库部员外郎。五月五日,加库部郎中、知制诰。十二月,赐绯。七年四月二十九日,迁中书舍人。九年六月二十六日,出院,拜礼部侍郎。"元稹《承旨学士院记》:"元和六年二月四日,以库部郎中、知制诰、翰林学士、赐绯鱼袋充。七年四月二十九日,正除。九年六月二十六日,出院,拜户部侍郎。十二月,拜中书侍郎平章事。"丁、元此处所记,各有疏失。

按:两《唐书》本传皆记以右补阙入,丁《记》云左补阙,此为小异。主要是元和三年(808)四月二十八日,由补阙(从七品上)迁为库部员外郎(从六品上),而于同年五月五日,即不到十天,竟又擢为库部郎中(从五品上),于情理不合。岑仲勉《注补》即谓"颇背迁转常例,疑五月上或夺年分"。按:据丁《记》,李绛与白居易均于元和五年(810)五月五日迁官,即李绛于元和五年五月五日由司勋员外郎迁司勋郎中,白居易亦于该年五月五日由左拾遗改任京兆府户曹参军,崔群当亦与李绛、白居易同时迁转,丁《记》于此"五月五日"前应加"五年"二字。

又元稹《承旨学士院记》记崔群于六年二月四日为学士承旨,岑仲勉《翰林承旨学士厅壁记注补》谓此前李绛为承旨,李绛于元和六年(811)二月二十七日出院,"若群于二月四日已充,则同时有两承旨,疑二月或三月之误",备参①。

元稹又记崔群于元和九年(814)六月二十六日出院,改任户部侍郎;同年十二月拜相,为中书侍郎平章事。丁《记》则记出院为礼部侍郎,非户部。《旧传》记为先迁礼部侍郎,后转户部侍郎。按:白居易有《渭村退居寄礼部崔侍郎翰林钱舍人诗一百韵》,《白居易集笺校》卷一五系于元和九年秋。又徐松《登科记考》卷一八据《唐才子传》沈亚之、裴夷直等传,系崔群于元和十年(815)以礼部侍郎知贡举。如此,则崔群当于元和九年六月先以礼部侍郎出

---

① 又按:史籍记崔群在院期间职事,另有误者,如《唐会要》卷四《储君·杂录》条,谓元和十年,"惠昭太子既薨,穆宗时为遂王,宪宗以澧王居长,又多内助,将建储贰,命翰林学士崔群与澧王作让表,群执奏曰……"。按:崔群于元和九年六月已出院,何能于元和十年仍为翰林学士。查《旧唐书》卷一四《宪宗纪》上,元和六年闰十二月"辛亥,皇太子宁薨,谥曰惠昭"。《通鉴》卷二三八亦记元和六年闰十二月"辛亥,惠昭太子宁薨";同卷元和七年七月又记:"乙亥,立遂王宥为太子,更名恒。恒,郭贵妃之子也。诸姬子澧王宽,长于恒;上将立恒,命崔群为宽草让表,群曰……"则惠昭太子宁卒于元和六年闰十二月,崔群作让表为元和七年,时即在学士任。《唐会要》记为十年,显误。《旧唐书·崔群传》亦记此事,而云"元和七年,惠昭太子薨",亦误。

院,翌年初以礼部侍郎知举,这是合于唐代科举试体制惯例的(参见傅璇琮《唐代科举与文学》第九章《知贡举》①)。又韩愈有《除崔群户部侍郎制》(《韩昌黎文集校注》外集上卷)。按:韩愈于元和九年十二月戊午(十五日)为考功郎中、知制诰,元和十年仍在此任。此为韩愈任知制诰时所存惟一制词,中云:"比参密命,弘益既多,及贰仪曹,升擢惟允。"则可确证崔群先为翰林学士,后出院为礼部侍郎("贰仪曹"),现又由礼部侍郎改户部侍郎,故有此制。

又《旧唐书·宪宗纪》下,元和十二年(817)七月丙辰,"以朝散大夫、守尚书户部侍郎、上护军、赐紫金鱼袋崔群为中书侍郎、同中书门下平章事"。《新唐书》卷六二《宰相年表》同。由此可证,元稹所记,谓崔群于元和九年六月以户部侍郎出院,"户"字误,应为"礼",此其一;后接云:"十二月,拜中书侍郎平章事",更显误,应作"十二年七月"。

崔群于元和二年十一月入,九年六月出,在院前后有八年,在元和时期翰林学士中其任职时间是较长的。《唐大诏令集》卷四七《崔群平章事制》,赞其在此任期内之业绩,云:"自承我密命,职参内廷,高文焕发于纶言,敏识详达于国典。伏奏无挽,直躬不回。勤劳八年,始终一致。"《旧传》亦概称为:"群在内职,常以谠言正论闻于时。"并举例云:"时魏博节度使田季安进绢五千匹,充助修开业寺。群以为事实无名,体尤不可,请止其所进。"

白居易与崔群同于元和二年十一月六日入院,白后于元和六

①傅璇琮《唐代科举与文学》,陕西人民出版社,1986年。

年四月丁忧外出，两人相处，前后五年，交谊甚深。白居易后于大和六年（832）十月作《祭崔相公文》（《白居易集笺校》卷七〇），有云："始愚与公，同入翰林。因官识面，因事知心。献纳合章，对扬联襟。以忠相勉，以义相箴。朝案同食，夜床并衾。绸缪五年，情与时深。"由此可见，翰林学士也有二人同值夜班，即使是承旨，也并非只一人独守。其与崔群交友，可参朱金城《白居易交游考·崔群》①。

又《白居易集笺校》卷五四"翰林制诏"一，有《除崔群中书舍人制》。按：据前所述，崔群迁中书舍人在元和七年四月二十九日，而白居易已于六年四月出院，故岑仲勉《〈白氏长庆集〉伪文》定为伪作②。今检此文，首云"库部郎中、知制诰、翰林学士崔群"，崔群确由库部郎中、知制诰迁为中书舍人。中又云："自列内朝，兼司诰命，事烦而益密，职久而弥精。六年于兹，勤亦至矣。"与崔群仕历合。故此制虽非出于白居易之手，但不能说是伪造，应是当时正式制文。对于岑氏所辩之伪文，可再作统一考核。

又，崔群无论在任职期间或出院以后，对当时文士均甚为关切。如白居易后于元和十三年（818）十二月由江州司马改迁为忠州刺史，据云即得自崔群之力，崔群时在相位。前曾述及，崔群于贞元中即与柳宗元甚有交往，柳宗元后贬为永州司马，于元和四年（809）致李建书（《柳宗元集》卷三十《与李翰林建书》），特请将此书信于方便时转致时在院中的崔群："敦诗在近地，简人事，今

---

① 载朱金城《白居易研究》，陕西人民出版社，1987 年。
② 岑仲勉《〈白氏长庆集〉伪文》，载《岑仲勉史学论文集》，中华书局，1990 年。

不能致书,足下默以此书见之。"(参见前德宗朝李建传)后柳宗元于元和十四年(819)卒,崔群作有《祭柳州柳员外文》(《全唐文》卷六一二),称其"早著嘉名,远播芳烈",又称其才略如"镆铘锋利,浮云可决;骐骥逸步,飞尘可绝",评价甚高,并寄以深情。

崔群出院后之仕历,大致为:元和十年(815)以礼部侍郎知贡举,"选拔才行,咸为公当"。这是唐翰林学士出院后即主持贡举试、选拔人才之一例(见前陆贽等传)。后改户部侍郎。元和十二年(817)七月拜相,为中书侍郎、同中书门下平章事。后为皇甫镈所诬,元和十四年(819)十二月罢为湖南观察使。穆宗立,召为吏部侍郎,旋为御史中丞,后又任徐州刺史、武宁军节度使。因军事有失,入朝为秘书监,分司东都。后又历仕华州刺史、宣州刺史、荆南节度使等。文宗大和五年(831)检校左仆射,兼吏部尚书。六年(832)八月卒,年六十一。卒后,白居易有《祭崔相公文》(《白居易集笺校》卷七十)。

《新唐书·艺文志》未著录其著述。《全唐文》卷六一二载其文六篇,中有两篇册文,其中一篇为元和七年十月在学士任期内所撰册太子文,另一篇为元和十四年七月作。其诗则无全篇,仅有与人唱和之联句,如《白居易集笺校》外集卷上"诗文补遗"载《杏园联句》,有白居易、崔群、李绛、刘禹锡,作于文宗大和二年(828)春,在长安。崔群句为:"杏园千亩欲随风,一醉同人此暂同。"又《全唐诗》卷七九〇联句,又有《春池泛舟联句》,有裴度、刘禹锡、崔群、贾餗、张籍,崔群句为:"柳丝迎画舸,水镜写雕梁";"逸韵追安石,高居胜辟彊",亦大和二年作。可见崔群于晚年时仍与诸文士诗文交酬。

白居易

白居易,两《唐书》有传,见《旧唐书》卷一六六,《新唐书》卷一一九。按:记叙白居易生平者,除两《唐书》本传外,尚有唐李商隐《唐刑部尚书致仕赠尚书右仆射太原白公墓碑铭》(《全唐文》卷七八〇),及宋陈振孙《白香山年谱》,清汪立名《白香山年谱》,今人有朱金城《白居易年谱》①,罗联添《白乐天年谱》②,蹇长春《白居易评传》③。有关白居易研究论著亦多,专著有陈寅恪《元白诗笺证稿》④,岑仲勉《〈白氏长庆集〉伪文》、《从〈文苑英华〉中书、翰林制诏两门所收白氏文论〈白集〉》⑤。20世纪80年代以来,论著更多。白居易生平事迹已较清晰,其诗文创作与文学思想,论述也多。为避免重复,本文主要记述其翰林学士任职期间事迹,以及翰学职能与其创作的关系。

《旧传》记"白居易字乐天,太原人",后即详叙世系与郡籍,《新传》略同。关于白居易家世、种族、郡望与籍里,过去史籍所载,既有异,且纷繁,蹇长春《白居易评传》对此有所综述,可参,此不赘。简言之,白居易于代宗大历七年(772)诞生于郑州新郑县

①《白居易集笺校》附,上海古籍出版社,1988年。
②罗联添《白乐天年谱》,台湾编译馆,1989年。
③蹇长春《白居易评传》,南京大学出版社"中国思想家评传丛书",2002年。
④陈寅恪《元白诗笺证稿》,中华书局上海编辑所,1959年。
⑤见《岑仲勉史学论文集》,中华书局,1990年。

东郭宅。其祖白锽此时已罢巩县令,徙居于新郑;其父白季庚,曾任宋州司户参军、彭城令,以及衢州、襄州别驾等。

德宗贞元十六年(800),白居易应试进士及第,时年二十九。贞元十九年(803)春,与元稹登书判拔萃科,并同授秘书省校书郎,即始与元稹建交。宪宗元和元年(806)正月,罢校书郎,与元稹同居长安,闭户累月,揣摩时事,习作《策林》(成七十五篇)。同年四月,应才识兼茂明于体用科,又与元稹同登科,元稹入朝为左拾遗,白居易则任京畿盩厔县尉。是年十二月,与陈鸿、王质夫同游盩厔郊外仙游寺,共话唐玄宗、杨贵妃事,白居易作《长恨歌》,后陈鸿作《长恨歌传》,旋即闻名于时。

白居易任盩厔尉后,即于第二年(元和二年,807)召入为翰林学士。《旧传》先记“授盩厔县尉、集贤校理”,后云:“居易文辞富艳,尤精于诗笔。自雠校至结绶畿甸,所著歌诗数十百篇,皆意存讽赋,箴时之病,补政之缺,而士君子多之,而往往流闻禁中。章武皇帝纳谏思理,渴闻谠言,二年十一月,召入翰林为学士。”《新传》则简载为:“调盩厔尉,为集贤校理,月中,召入翰林为学士。”按:李商隐《白公墓碑铭》记元和元年任盩厔尉,接云:“明年,试进士,取故萧遂州瀚为第一,事毕,为集贤校理。”此所谓“试进士”,即临时调至长安,为京兆府试进士举子。《白居易集笺校》卷四七“试策问制诰”门类,有《进士策问五道》,题下自注“元和二年为府试官”[1]。按:唐代州府试,一般在七八月间(参傅璇琮《唐代科

————————

[1] 按:原传本如宋绍兴本、马本等皆作“三年”,朱金城《笺校》据《文苑英华》本及李商隐《墓碑铭》,改作“二年”,是。

举与文学》第三章《乡贡》)。白居易又有《曲江早秋》(《白居易集笺校》卷九),题下自注"二年作",可证是年七月间即自盩厔县至长安参预京兆府试,而试毕即又调入为集贤校理。

韦执谊《翰林院故事》记白居易"盩厔尉、授集贤校理充"。丁居晦《重修承旨学士壁记》则记有具体年月:"元和二年十一月六日,自盩厔县尉充。"此与白居易所作之《奉敕试制书诏批答诗等五首》自注相合,云:"元和二年十一月四日,自集贤院召赴银台候进旨。五日,召入翰林,奉敕试制诏等五首。翰林院使梁守谦奉宣:宜授翰林学士。"(《白居易集笺校》卷四七)由此可概括为:元和二年七月自盩厔尉调至京师,充府试官,选考举子,事毕调为集贤校理;十一月四日,又由集贤院奉召至宫中;五日,试制诏等;六日,正式入院。罗联添《白乐天年谱》元和二年记此,亦引及上述材料,则云:"乐天是以集贤校理充任翰林学士,《壁记》谓自盩厔尉充,是错误的。"按:集贤校理亦为差遣之职,非正式官名,白居易是以盩厔县尉入为集贤校理,十一月六日仍以盩厔县尉官阶入为翰林学士,丁《记》未有误。也正因此,数月后,元和三年四月二十八日,即由正九品下之京兆县尉迁为从八品上之左拾遗,而非从集贤校理迁。

又宋董逌《广川书跋》卷八《盩厔尉题跋》有云:"唐都关中,盩厔在畿内,为望至重,而尉尤为要任,自进士第一与贤科中选人得补。就以题名考之,皆自此入翰林充学士者接武,不者犹为真御史。"备考。

关于翰林学士入院考试,李肇《翰林志》有记,谓:"凡初迁者,中书、门下召令右银台门候旨。其日入院,试制书答共三首,诗一首,自张仲素后加赋一首。试毕封进,可者翌日受宣,乃定。"李肇此志撰于元和十四年(819),据此,则唐翰林学士入院前均须考试。白居易之《奉敕试制书诏批答诗等五首》,可以说是唐翰林学士自玄宗开元二十六年(738)建立以来,首次记叙有此考试者。此后惟唐末昭宗时韩偓《金銮密记》有云:"昭宗召偓入院,试文五篇:《万邦咸宁赋》、《禹拜昌言诗》、《武臣授东川节度使制》、《答佛詹国进贡书》、《批三功臣让图形表》。"①但唐代翰林学士入院考试是否如科举试那样,亦有落第者,未有史料记载,甚可疑。又如《旧唐书》卷一六五《柳公权传》记柳公权本在夏州幕府任掌书记,后因事入朝,穆宗召见,谓:"我于佛寺见卿笔迹,思之久矣。"于是"即日拜右拾遗,充翰林侍书学士"(详见后柳公权传)。所谓"即日",则明显未经考试。唐代翰林学士入院,绝大多数都未记有考试者,更未记有虽应荐而终因举试不合格而未入者。此事可作进一步综合考虑。

丁《记》记白居易于元和二年十一月六日入院后,接云:"三年四月二十八日,迁左拾遗。"按:崔群与白居易同时入院,亦同于三年四月二十八日由左补阙迁为库部员外郎。《白居易集笺校》卷五九即有《谢官状》,题下署为"新授将仕郎守左拾遗翰林学士臣白居易、新授朝议郎守尚书库部员外郎翰林学士云骑尉臣崔群",云:"右臣等伏奉恩制除前件官,今日守谦奉宣进旨,特加慰谕,并赐告身者。"由此可证,白居易确实与崔群同日迁进,亦即同上谢

---

① 陈尚君据《说郛》卷四、卷七五辑,见《中华野史》唐朝卷,泰山出版社,1999年,第720页。

状。惟《旧传》记谓:"(元和)三年五月,拜左拾遗。""五"字误,中华书局点校本未有校。

丁《记》接云:"(元和)五年五月五日,改京兆府户曹参军,依前充。"关于此次改官,有些研究者联系白居易前几年屡上奏议讽谏,认为因此即触怒皇帝,得罪权贵,受到疏远,于是白居易只好抽身思退,出为京兆府判司。有以为白居易此次改为京兆府户曹参军,乃"由内官转为外官","遭到冷落的一个更直接的信息",并引其《初除户曹喜而言志》诗,以为"分明流露出一种被弃置的失落感"(蹇长春《白居易评传》,123页)。

《旧传》对此即有记述:"五年,当改官,上谓崔群曰:'居易官卑俸薄,拘于资地,不能超等,其官可听自便奏来。'居易奏曰:'臣闻姜公辅为内职,求为京府判司,为奉亲也。臣有老母,家贫养薄,乞如公辅例。'于是,除京兆府户曹参军。"《新传》略同。白居易所述姜公辅事,《旧唐书》卷一三八《姜公辅传》亦有记,姜公辅于德宗建中元年(780)自左拾遗入为翰林学士,"岁满当改官,公辅上书自陈,以母老家贫,以府掾俸给稍优,乃求兼京兆尹户曹参军,特承恩顾"。左拾遗官阶为从八品上,京兆府户曹参军官阶为正七品上,而主要是"俸给较厚"(清钱大昕《廿二史考异》卷六十)。姜公辅的请求是从实利出发的,德宗对他很看重,特为批准,并按惯例,仍留在学士院内,并不外出,且不久又擢其为宰相。

据《旧传》,白居易此次改官,宪宗先与崔群商议,因崔群当时为翰林学士承旨,为院长。崔群当即转告白居易,白居易就为此上奏。《白居易集笺校》卷五九有《奏陈情状》,题下注"元和五年四月二十六日进",首云:"右,今日守谦奉宣圣旨,以臣本官合满,欲议改转，知臣欲有陈露，令臣将状来者。"后即具述："臣母多病，臣家素贫。甘旨或亏，无以为养；药饵或缺，空致其忧。情迫于中，言形于口。伏以自拾遗授京兆府判司，往年院中曾有此例，资序相类，俸禄稍多。傥授此官，臣实幸甚。"后又有《谢官状》，题下注："元和五年五月六日进"，自署"新授京兆府户曹参军翰林学士臣白居易"。佐证丁《记》，则五月五日授京兆府户曹参军，五月六日乃进谢官状。状中自称"位卑俸薄，家贫亲老，养缺甘馨之费，病乏药石之资"，而现在改任，则"俸料稍优"，"胜登贵位"。应该说这不是一种失落感。

白居易为此还特写有一诗，题为《初除户曹喜而言志》(《白居易集笺校》卷五)，首云："诏授户曹掾，捧诏感君恩。感恩非为己，禄养及吾亲。"其实际所得为："俸钱四五万，月可奉晨昏；廪禄二百石，岁可盈仓囷。"诗中还特地描述友人多来拜贺："喧喧车马来，贺客满我门。不以我为贪，知我家内贫。置酒延贺客，客容亦欢欣。笑云今日后，不复忧空尊。"由此，则唐时翰林学士声誉虽高，但左右拾遗，俸禄并不高，甚至有时得病也"乏药石之资"，这也值得研究。又，白居易还将此诗寄给时在江陵的友人元稹，元稹即写有《和乐天初授户曹喜而言志》(见杨军《元稹集编年笺注(诗歌卷)》，301页)，谓"君衣不盈箧，君食不满囷"，而现在"闻君得所请，感我欲沾巾"，故特写此和作，并致贺意。

事实上，白居易虽带有京兆府户曹参军官衔，但如同姜公辅(见前德宗朝姜公辅传)，依然在学士院内任职，并不外出至京兆府做事。而且在五月以后，他还照常直言奏事，如《请罢兵第三状》(《白居易集笺校》卷五九)，元和五年六月十五日进，痛斥宦官吐突承璀向河北诸道进兵,拖时既久,而"竟未立功",言辞甚鲠直。元和六年初,又有《论严绶状》(同上,卷五九),认为江陵节度使赵宗儒"众称清介有恒",而严绶则"众称怯懦无耻",现在却命严绶去接赵任,正是"大乖群情,深损朝政"。这些都说明白居易由左拾遗改为京兆府户曹参军,仍在内廷供职,如前一样积极关心政事,据直言事,发挥翰林学士职能。

不过白居易不久因其母卒,丁忧,出院。《旧传》:"(元和)六年四月,丁母陈夫人之丧,退居下邽。九年冬,入朝,授太子左赞善大夫。"丁居晦《重修承旨学士壁记》则仅记"丁忧"二字,未记年月。

如此,则白居易任翰林学士,前后共六年。据罗联添《白乐天年谱》,白居易于元和二年十一月入院,至十二月间,只近两月,即撰有制诏二十余篇。按:此时白居易仅带盩厔尉官衔,而《新唐书》卷四六《百官志》一,谓翰林学士"入院一岁,则迁知制诰,未知制诰者不作文书",仅以白居易实际情况而言,《新唐书》此处显误。

白居易在职期间,一直是积极参议政事。如元和三年四月制举策试贤良方正能直言极谏举人,皇甫湜等指陈时政之失,得罪贵幸(宦官),试官杨於陵,覆试翰林学士王涯、裴垍均受累出贬(详见前王涯、李吉甫、裴垍等传)。《通鉴》卷二三八元和三年五月即记白居易为此上疏,直言:"今陛下明下诏令,征求直言,反以为罪,此臣所以未谕也。"(《论制科人状》,《白居易集笺校》卷五八)《通鉴》同卷元和三年九月又记:"淮南节度使王锷入朝。锷家巨富,厚进奉及赂宦官,求平章事。翰林学士白居易以为:'宰相人臣极位,非清望大功不应授。……若(锷)除宰相,四方藩镇皆谓锷以进奉得之,竞为刻剥,则百姓何以堪之!'"白居易此奏,其矛头又直指藩镇。

元和四年,白居易上奏直言更多,仅《通鉴》(卷二三七)所记,就有:三月,"上以久旱,欲降德音,翰林学士李绛、白居易上言,以为'欲令实惠及人,无如减其租税';又言'宫人驱使之余,其数犹广,事宜省费,物贵徇情';又请'禁诸道横敛以充进奉';又言'岭南、黔中、福建风俗,多掠良人卖为奴婢,乞严禁止'。闰月己酉,制降天下系囚,蠲租税,出宫人,绝进奉,禁掠卖,皆如二人之请"。白居易上言,见《奏请加德音中节目二件》(《白居易集笺校》卷五八),其《贺雨》诗亦略记其事(同上,卷一)。《通鉴》又记:"夏四月,山南东道节度使裴均恃有中人之助,于德音后进银器千五百余两。翰林学士李绛、白居易等上言:'均欲以此尝陛下,愿却之。'上遽命出银器付度支。既而有旨喻进奏院:'自今诸道进奉,无得申御史台;有访问者,辄以名闻。'白居易复以为言,上不听。"白居易所奏,见《白居易集笺校》卷五八《论裴均进奉银器状》、卷五九《奏所闻状》。《通鉴》记"上不听",可见翰林学士奏事,并非全能为君主接受。又如《通鉴》卷二三八元和四年十月,记宪宗任宦官左神策中尉吐突承璀为左右神策、河中、河阳等道行营兵马使,征讨成德节度使王承宗。白居易上奏,以为不宜用宦者统领诸军,"臣恐四方闻之,必轻朝廷;四夷闻之,必笑中国"(见《白居易集笺校》卷五九《论承璀职名状》),但"上皆不听"。《旧唐书》白居易本传更记为:"惟谏承璀事切,上颇不悦,谓李绛曰:'白居易小人,是朕拔擢致名位,而无礼于朕,朕实难奈.'"《通鉴》元和五年六月,更记宪宗有一次召李绛,谓曰:"白居易小臣不逊,须令出院。"正因如此,元和五年二月元稹为宦官所辱,既被殴打,又被贬官(贬江陵士曹),白居易与李绛、崔群等分别上言劝谏,而宪宗均"不听"。这也可见当时翰林学士参预政事的处境。

白居易的谏诤行迹,涉及白居易《新乐府》诗的创作。一般论白居易《新乐府》,大致仅从文学创作观念出发,即一般理解的立足现实,反映民间疾苦的意向,但并未与白居易此时任翰林学士联系起来。实际上白居易当时在翰林学士任内,从翰林学士的职能出发,立意于"时闻得至尊",将其创作视为反映民情国政的奏议性诗篇。《新乐府》五十首,见《白居易集笺校》卷三,题下注"元和四年为左拾遗时作"①。如前所述,元和四年是白居易奏议时政最多的一年,可相关考虑。作于《新乐府》同时的有《寄唐生》一诗(《白居易集笺校》卷一),中云:"非求宫律高,不务文字奇。惟歌生民病,愿得天子知。未得天子知,甘受时人嗤。"这应当说是与《新乐府》写作同时的创作观,即"歌生民病"的诗只有能"得天子知",才能有实际作用。《新乐府》最后一首,也可以说是总结篇,题为《采诗官》,就强调乐府之作,起关键作用者即所谓采诗官,有了采诗官,才能"下流上通上下泰",并直接表达:"君兮君兮愿听此,欲开壅蔽达人情,先向歌诗求讽刺。"就是说,能让君

---

①陈寅恪《元白诗笺证稿》第五章《新乐府》,谓《新乐府》五十首并非全写于元和四年,也有元和五年之作,并时有修改,至元和七年改定,可参。应当说主要作于元和四年。

主采听,诗歌创作就可先为讽刺之作。

此后白居易所论诗,这一观念更明确。如元和十年(815),白居易任太子左赞善大夫时所作的《读张籍古乐府》一诗(《白居易集笺校》卷一),认为张籍确善于乐府诗,"尤工乐府诗,举代少其伦";但如果"时无采诗官,委弃如泥尘",因不能上达君主,这种"裨教化""济万民"之作是起不了实际作用的,因此建议"愿播内乐府,时得闻至尊"。又如稍后同一年冬在江州时所作之《与元九书》(同上,卷四五),称在翰林时,"身是谏官,月请谏纸,启奏之外,有可以救济人病,裨补时阙,而难于指言者,辄咏歌之,欲稍稍递进闻于上"。元和十一年(816)在江州时所作《与杨虞卿书》(同上,卷四四),称在近职时,"凡直奏密启外,有合方便闻于上者,稍以歌诗导之,意者欲其易入而深诫也"。由此可见,白居易是将《新乐府》作为奏议的诗化形式来看待的。也正因此,白居易的五十首《新乐府》,并非全是歌生民病,有些还是歌颂君主圣德的,如《牡丹芳》,题下自注:"美天子忧农也。"诗中有云:"元和天子忧农桑,恤下动天天降祥。去岁嘉禾生九穗,田中寂寞无人至;今年瑞麦分两岐,君心独喜无人知。"

白居易离开翰林学士院后,尤其是贬江州司马后,讽谕诗创作就基本停止。现在一般研究者多从白居易文学观念的变化加以探讨。实际上,我们从其翰林学士仕历来看,应当说他在离职后就自认为已无此政治职能,也就可以辍笔不写。

这里拟再探索一下白居易在翰学任职期间的心情变化。他在入院前期,情绪是很高的,其《初授拾遗献书》(《白居易集笺校》卷五八),谓:"臣所以授官已来,仅将十日,食不知味,寝不遑安,惟思粉身,以答殊宠。"在《初授拾遗》诗中更举陈子昂、杜甫加以比较:"杜甫陈子昂,才名括天地;当时非不遇,尚无过斯位。"另作于元和四年之《醉后走笔酬刘五主簿长句之赠兼简张大贾二十四先辈昆季》(同上,卷一二),首云:"元和运启千年圣,同遇明时余最幸。始辞秘阁吏王畿,遽列谏垣升禁闱。"遂即自炫:"步登龙尾上虚空,立去天颜无咫尺。"

但随后因政事变动,其奏议未能全被采纳,经常受到宦官的阻抑,其心情也逐渐冷漠。如《答马侍御见赠》(《白居易集笺校》卷一四),中云:"谬入金门侍玉除,烦君问我意何如。蟠木讵堪明主用,笼禽徒与故人疏。"有时他与另一学士钱徽同值夜班,冬夜深寒,相对饮酒,但还是"夜深草诏罢,霜月凄凛凛"(《冬夜与钱员外同直禁中》,《白居易集笺校》卷五)。有时单独一个人值班,更是"心绪万端","独宿相思",怀念远地的挚友元稹:"三五夜中新月色,二千里外故人心","五声宫漏初明后,一点窗灯欲灭时"(《八月十五日夜禁中独直对月忆元九》《禁中夜作书与元九》,同上,卷一四)。

白居易对翰林学士的地位与境遇,确实逐渐有冷静的认识。如他于元和十二年(817)在任江州司马时,曾写有一首长诗寄赠友人元稹、李建等(李建于元和初也仍在学士院),其间曾说及"入视中枢草"的难得机遇,但后边特写有这样两句:"日近恩虽重,云高势却孤。"(《东南行一百韵寄通州元九侍御澧州李十一舍人……》,同上,卷一六)这两句话颇有典型意义,概括性极强,意谓翰林学士虽亲近皇帝,恩遇亦重,但又如天上白云,虽高高在上,其本身则仍是"势孤"。

元和十年(815)贬江州后,更引起他对五年间翰林学士生活的反思。元和十年之贬,表面看来,是宰相武元衡被盗所杀,他第一个上疏要求追查此案,被指责为越位(时任太子左赞善大夫,确为闲职),而其祸根实始于翰林学士任期。他于贬江州后第二年(即元和十一年)写有《与杨虞卿书》(同上,卷四四),即明确提出:"始得罪于人也,窃自知矣。"这是因为"当其在近职时,自惟贱陋,非次宠擢",就积极上言,"不识时之至讳","直奏密启"。如此,则"握兵于外者,以仆洁慎不受赂而憎;秉权于内者,以仆介独不附己而忌;其余附丽之者,恶仆独异,又信猜猜吠声,惟恐中伤之不获"。由此得出结论:"以此得罪,可不悲乎!"所谓握兵于外,就是地方藩镇,所谓秉权于内,就是宫中宦官。他认为自己此次之贬出,实出于在任翰林学士期间得罪了他们。所谓"可不悲乎",实是中国古代文人积极参政,秉公直言,往往成为政治斗争的牺牲品。

　　白居易于在职期间另有一特出之业绩,即所撰制诏之多,现所保存者,可以说居唐翰林学士第一位。《白居易集笺校》列"翰林制诏"共四卷(卷五四至五七)。岑仲勉《〈白氏长庆集〉伪文》根据白居易任职期间,考其在出院之后的,断为伪作。但认为可以考定在任职期间所作,也有一百二十二首,另有存疑,尚不能断为非白氏之作的,有二十二首。这一百四十余首,不仅数量多,且史料价值高,很值得研讨。如按过去一般说法,认为翰林学士所撰制词,都是高级层次,如李肇《翰林志》所云,乃立后、建储、任免宰相、大将等,而可以确定为白居易所作的,如《裴克谅权知华阴县令制》(《白居易集笺校》卷五四),则为县令制词。又如岑仲勉断为伪作的,也可据其所述仕历,考证其历史真实性。这方面尚可作进一步研究。

又《新唐书·艺文志》著录白居易著述多种,现据元稹诗及宋王楙《野客丛书》,白居易在翰林学士任期内还编有《白朴》一书,值得一提。元稹《酬乐天余思不尽加为六韵之作》,其中有"白朴流传用转新"句,自注云:"乐天于翰林中书取书诏批答词等,撰为程式,禁中号曰《白朴》。每有新入学士求访,宝重过于《六典》也。"(杨军《元稹集编年笺注(诗歌卷)》)①《白朴》一书,《新唐书·艺文志》未著录,白居易自己也未曾提及,这是一部颇可注意之书,应是当时翰林学士院内撰写制诰的参考用书,类似陆贽的《备举文言》(参见前德宗朝陆贽传)。不过元稹此诗自注"翰林中书"语,今所存元稹集各本皆同,而宋王楙《野客丛书》卷三十《白朴》条所记,则有异。此条对《白朴》所记亦甚详切,全文为:"仆读元微之诗,有曰'白朴流传用转新',注云:'乐天于翰林中,专取书诏批答词,撰为矜式,禁中号为《白朴》。每新入学,求访,宝重过于《六典》。'检《唐·艺文志》及《崇文总目》,无闻,每访此书不获。适有以一编求售,号曰《制朴》,开帙览之,即微之所谓《白朴》者是也。为卷上中下三卷,上卷文武阶勋等,中卷制头、制肩、制腹、制腰、制尾,下卷将相刺史节度之类。此盖乐天取当时制文编类,以规后学者。"②

王楙所载,"翰林中书"作"翰林中专",是,即白居易于翰林

---

① 杨军《元稹集编年笺注(诗歌卷)》,三秦出版社,2002年。
② 此据中华书局出版之王文锦点校本,1992年。

中编撰此书。按:白居易于元和前期任翰林学士,穆宗长庆初任中书舍人,如依"翰林中书",则似白居易于翰林学士及中书舍人时编此书,即与上下文义不通。又就王楙所记,此书南宋前期尚存,且具体记述制词的结构范例,对研究唐代诏文很有史料价值。

白居易出院后仕历亦甚频繁,今据两《唐书》纪、传及有关论著如年谱、传记等,概述如下:元和六年(811)丁母忧出院,退居京畿下邽。元和九年(814),丁忧期满,冬,召授太子左赞善大夫入朝。十年(815),因上疏请捕刺宰臣武元衡之盗事,秋,被贬江州司马。十三年(818)十二月,改任忠州刺史,传为崔群之力。十五年(820)正月,宪宗卒,穆宗立,夏,白居易自忠州召还入朝,十二月改授主客郎中、知制诰。穆宗长庆元年(821)十月,转中书舍人。时元稹先后任祠部郎中、知制诰及翰林学士,白居易就与元稹合作,倡议诏制文体之改革、创新,详见后元稹传。长庆二年(822)七月,出任杭州刺史。长庆四年(824)五月,改除太子左庶子分司东都(洛阳)。敬宗宝历元年(825)三月,出任苏州刺史;二年(826)九月,罢官。文宗大和元年(827),分居洛阳、长安。二年(828)二月,由秘书监除刑部侍郎。三年(829)三月,以太子宾客分司洛阳。四年(830)十二月,为河南尹,此后即长居洛阳,历任太子宾客分司东都、太子少傅分司东都,武宗会昌元年(841)后以刑部尚书致仕。会昌六年(846)八月卒,年七十五。

《新唐书·艺文志》四,集部别集类,有《白氏长庆集》七十五卷。白氏文集,后世流传亦甚繁,现代有关论著多有论述,此不赘。现编纂较详确者,为朱金城《白居易集笺校》,上海古籍出版社,1988年。又《宣和书谱》卷九"行书",亦立有白居易专条,谓

"白居易以文章名世,至于字画,不失书家法度,妙处与时名流相后先",并记宋徽宗御府尚存有行书五幅。则白居易尚以行书著称于宋。

卫次公

卫次公,两《唐书》有传,见《旧唐书》卷一五九,《新唐书》卷一六四。

按:卫次公于德宗贞元八年(792)已入为翰林学士,后历顺宗朝,至宪宗元和三年(808)正月,以司勋员外郎、知制诰改权知中书舍人,出院,并知元和三年贡举。《旧传》接云:"真拜中书舍人,仍充史馆修撰,迁兵部侍郎、知制诰,复兼翰林学士。"未记年月。《新传》所记更略,仅云:"由中书舍人充史馆修撰,改兵部侍郎。"未记再入院事。

按:权德舆《崔吏部卫兵部同任渭南县尉日宿天长寺上方唱和诗序》(《全唐文》卷四九〇),有记崔郊、卫次公早年同仕渭南尉事,时为元和初(此文详见前德宗朝卫次公传)。文中记卫次公接崔郊知贡举事。按:前已记叙,崔郊于元和元年(806)、二年(807)知举,卫次公于元和三年(808)知举。权德舆此文接云:"元和三年秋,处仁为吏部侍郎,从周为兵部侍郎。"《旧唐书》卷一五五《崔郊传》,载崔郊由礼部侍郎转吏部侍郎,《旧唐书·卫次公传》未记改兵部侍郎年月,据权德舆文,则在元和三年秋。

元稹《承旨学士院记》,记卫次公:"元和三年六月二十五日,以兵部侍郎入院充。七月二十三日,加知制诰。"如此,则卫次公于元和三年六月二十五日,以兵部侍郎再入翰林学士院,并为承旨学士。如此,则六月二十五日前,已为兵部侍郎,权德舆文所云是年秋为兵部侍郎,不确。

按:此前任承旨者为裴垍,裴垍于元和三年四月二十五日以户部侍郎出院,后即拜相(见前裴垍传)。此时在院中者,卫次公资历最深(即贞元八年入,已有十七年),故可能即以此重新召入,并同时任为承旨学士。

丁居晦《重修承旨学士壁记》记元和后,卫次公再入:"元和三年六月二十五日,自权知兵部侍郎充。七月二十三日,加知制诰。"与元稹所记同,惟未记承旨事。

后不到一年,即出院。元稹《承旨学士院记》:"(元和)四年三月,改太子宾客出院,后拜淮南节度使。"丁《记》所记亦同:"四年三月,除太子宾客。"关于此事,《旧传》叙为:"与郑絪善,会郑絪罢相,次公左授太子宾客。"《新传》略同。《通鉴》卷二三七元和四年(809)有记:"给事中李藩在门下,制敕有不可者,即于黄纸后批之。吏请更连素纸,藩曰:'如此,乃状也,何名批敕!'裴垍荐藩有宰相器。上以门下侍郎、同平章事郑絪循默取容,二月丁卯,罢絪为太子宾客,擢藩为门下侍郎、同平章事。"郑絪事,详见前传。按:郑絪与卫次公同于德宗贞元八年(792)入,直至贞元末,未有变动,贞元十七年(801)至二十年(804)九月前,院中即仅郑、卫二人。顺宗时,二人又密切合作,顺依宦官俱文珍,抵制王叔文新政。宪宗于永贞元年(805)八月立,十二月即任郑絪为相。卫次公于元和三年六月再次入院,且又同时为承旨,此时郑絪也正在相位。据此，卫次公此次再入，当出郑絪之力，故郑絪于元和四年二月丁卯因"循默取容"，无所作为，而罢为太子宾客，则卫次公即于同年三月，亦因其与郑絪善而出院。唐时翰林学士之入、出，多由于宰相之人事关系。

《旧传》接云："改尚书右丞，兼判户部事，拜陕虢等州都防御观察处置等使。"《旧唐书·宪宗纪》上，元和六年（811）二月癸巳："以右丞卫次公为陕府长史、陕虢观察使。"则虽于元和四年三月左除太子宾客，后仍授以实职，且为方镇重任。又据《旧唐书·宪宗纪》下，元和八年（813）九月戊辰，以窦易直为陕虢观察使，则据《旧传》，并参《旧纪》，于元和八年九月入朝，"征为兵部侍郎"，后又改尚书左丞。《旧传》又有记云："改尚书左丞，恩顾颇厚。上方命为相，已命翰林学士王涯草诏，时淮夷宿兵岁久，次公累疏请罢。会有捷书至，相诏方出，宪宗令追之，遂出为淮南节度使、检校工部尚书，兼扬州大都督府长史、御史大夫。"按：据《旧纪》，卫次公任淮南节度使，在元和十二年（817）十月甲申。

按：《旧传》所云"淮夷宿兵岁久"，乃指元和中期征讨淮西节镇吴元济事。《通鉴》卷二四〇元和十二年二月已记"淮西被兵数年"，当时朝臣对这一征讨也有不同意见，翰林学士令狐楚即附和宰相李逢吉"不欲讨贼"，被罢出院。据史载，当时随唐节度使李愬屡败淮西兵，元和十二年十月己卯，攻入蔡州，执吴元济以献。这与《旧传》所云"会有捷书至，相诏方出，宪宗令追之，遂出为淮南节度使"，时间不合。《旧纪》记为，元和十二年十月甲申，"以左丞卫次公代（李）鄘为淮南节度使"，此后，"己卯，随唐节度使李愬率师入蔡州，执吴元济以献，淮西平"。据陈垣《二十史朔闰表》(中华书局1962年新一版),元和十二年十月丁巳朔,十八日为甲戌,《旧纪》作"甲申"误(甲申应为该月二十八日),而己卯为二十三日。《通鉴》卷二四〇元和十二年十月记李愬平吴元济事,《考异》引《实录》"己卯执元济",谓"乃奏到日也",则奏到日己卯(二十三日),已在甲戌(十八日)后五天。

又据元稹《承旨学士院记》,王涯于元和十一年正月十八日以中书舍人入为翰林学士承旨,但同年十二月十九日即以任相出院(见后王涯传)。由此,王涯亦不可能于元和十二年十月仍在学士院为卫次公拜相草诏。由此可证《旧传》所记卫次公拜相事,甚误。中华书局点校本未予校正。

又《太平广记》卷一五九《卫次公》条,据《续定命录》,亦有类似记载,云:"唐吏部侍郎卫次公,早负耿介清直之誉,宪宗皇帝将欲相之久矣。忽夜召翰林学士王涯草麻,内两句褒美云:'鸡树之徒老风烟,凤池之空淹岁月。'诘旦,将宣麻,案出,忽有飘风坠地,左右收之未竟。上意中辍,令中使止其事,仍云麻已出,即放下,未出即止,由此遂不拜,终于淮南节度使。"此处虽未言及淮西战事,但仍提及王涯,又误记其为吏部侍郎,且更以神秘之笔写之,为时俗小说传闻之辞。《旧传》或亦采自传奇小说之作。

《旧唐书·宪宗纪》下,元和十三年(818)七月,"辛丑,以门下侍郎、同平章事李夷简检校左仆射、同平章事、扬州大都督府长史、淮南节度使";十月"癸亥,前淮南节度使卫次公卒"。《旧传》:"元和十三年十月,受代归朝,道次病卒,赠太子少保,年六十六,谥曰敬。"则其免淮南节度使在元和十三年七月。

《新唐书·艺文志》未著录其著作。《全唐文》卷五二六仅载其文一篇:《渭水贯都赋》,为早年任渭南县尉时所作(详见前德宗时传)。《全唐诗》未载其诗。

钱　徽

钱徽,两《唐书》有传,见《旧唐书》卷一六八,《新唐书》卷一七七。《旧传》:"钱徽字蔚章,吴郡人。"按:钱徽为钱起子,《新唐书》卷二〇三《文艺下·卢纶传》附钱起传,谓吴兴人。据《元和郡县图志》卷二五浙西,有湖州吴兴郡,另有苏州吴郡。《旧传》云吴郡人,不确。

钱起为"大历十才子"之一,为代宗时著名诗人。钱徽应有文学家世涵养,故其任翰林学士前后,与白居易、韩愈、刘禹锡等亦多有文学交往。

《旧传》记钱徽"贞元初进士擢第"。徐松《登科记考》卷一二即系于贞元元年(785)。所据一为《旧传》所云贞元初,另一为白居易《和钱员外卢员外早春独游曲江》诗"醉思诗侣有同年"句,自注:"云夫、蔚章同年及第。"云夫为卢汀字。所引另有韩愈《酬司门卢四兄云夫院长望秋作》,五百家注引集注:"卢四名汀,贞元元年进士。"是。《登科记考》又据《永乐大典》所引《苏州府志》,钱徽于本年又登贤良方正能直言极谏科。按:据《旧传》,钱徽卒于文宗大和三年(829)三月,年七十五,则生于玄宗天宝十四载(755)。贞元元年进士及第时,为三十一岁。

《旧传》记钱徽于贞元初登进士第后，仅云"从事戎幕"，后即云"元和初入朝"，则贞元一朝，均未记其仕历。《新传》则有具体记叙，有云："徽中进士第，居穀城。穀城令王郢善接侨士游客，以财贷馈，坐是得罪。观察使樊泽视其簿，独徽无有，乃表署掌书记。"据郁贤皓《唐刺史考全编》，樊泽于德宗兴元元年（784）正月至贞元三年（787）闰五月为襄州刺史、山南东道节度使，又于贞元八年（792）二月至十四年（798）再任，贞元十四年九月卒于任。按：《新传》记钱徽在樊泽幕，直至泽卒，则其在山南东道节度使幕，当在樊泽第二次任时，即贞元十四年前数年。据《元和郡县图志》卷二一山南道，襄州所属县有穀城县，"东南至州一百四十五里"。由此，则钱徽于贞元十四年入幕前曾居穀城，而非如《新传》所云"徽中进士第，居穀城"，实则其于进士登第后，先在剑南西川幕府。

《全唐文》卷六九○载有符载《剑南西川幕府诸公写真赞》，首云"戊辰岁，尚书韦公授钺之四年也"。按：韦皋于贞元元年六月即为剑南西川节度观察使（《旧唐书》卷一二《德宗纪》上）。戊辰为贞元四年（788），故云"韦公授钺之四年"。符载接云："韦公虚中下体，爱敬士大夫，故四方文行忠信豪迈倜傥之士，奔走接武，麕至幕下，搢绅峨峨，为一时伟人。"乃请沙门义全为幕士十三人写真，符载为作赞词。钱徽即列于第十一，云："大理钱评事徽字文美：和顺中积，英华外发。碧海灵珠，秋天朗月。风度可法，文章无辙。何许凤栖，峨峨双阙。"同行有司空曙，亦为"大历十才子"之一。符载既于贞元四年写此赞语，则钱徽入韦皋幕，即在贞元四年前，当于贞元元年进士及第、制举登科后，即应聘入剑南西川幕。《新传》既缺记钱徽曾在西川幕任职，又云进士及第后居山南东道襄州附近之穀城，不确。又符载记钱徽字文美，或为早年之字，后改为蔚章。由符载所记，钱徽早年已甚有文采。

《新传》在叙樊泽幕后，接云：“又辟宣歙崔衍府。”据《唐刺史考全编》卷一五六，崔衍于贞元十二年（796）至永贞元年（805）任宣歙池观察使。钱徽当于贞元十四年（798）樊泽卒后转至崔衍幕。《旧唐书》卷一八八《崔衍传》称崔衍在宣歙任时，“政务简便，人颇怀之。其所择从事，多得名流。……幕中之士，后多显达”。翰林学士崔群亦曾在其幕（见前崔群传），则钱徽在贞元后期曾与崔群为同幕僚友。

由此可知，钱徽于贞元元年登第后，累聘于藩镇幕府，历时二十一年。这也是唐代文士仕历的一个特点。

《旧传》载：“元和初入朝，三迁祠部员外郎，召充翰林学士。”《新传》则记为：“入拜左补阙，以祠部员外郎为翰林学士。”则钱徽于元和初入朝时先为左补阙（从七品上），后迁为祠部员外郎（从六品上）。

韦执谊《翰林院故事》记钱徽“左补阙充，祠外又充”，即先以左补阙入，后于院中任职期内又由左补阙迁为祠部员外郎。而丁居晦《重修承旨学士壁记》则记为：“元和三年八月二十六日，自祠部员外郎充。”未记左补阙事，与《新传》所记先以左补阙入朝，后以祠部员外郎为翰林学士合。

又《全唐诗》卷四六五载杨衡《答崔钱二补阙》二句（按：仅此二句，无全篇）：“陇首降时雨，雷声出夏云。”诗题之“崔钱”，当为崔群、钱徽①。按：崔群于元和二年(807)十一月六日自左补阙入为翰林学士，三年(808)四月二十八日改库部员外郎。就杨衡诗"雷声出夏云"句，则当作于元和三年四月间，即初夏。而钱徽于元和三年八月二十六日以祠部员外郎入，此前曾任左补阙。由杨衡此二句诗，亦可佐证，钱徽入院前确曾任左补阙，同时亦可见钱徽当时虽尚未入院，但已与崔群同作诗赠杨衡，杨衡即以诗答之（按：崔、钱原诗未见）。杨衡，两《唐书》无传，事迹亦不详，可参阅《唐才子传校笺》卷五《杨衡传》，吴汝煜笺②。杨衡亦为中唐德宗、宪宗时人，与符载、崔群等有交往。存诗虽少，但仍有声誉。宋范晞文《对床夜话》卷四，曾谓："杨衡诗，宋人颇有好评。"由杨衡此二句诗，亦可见钱徽于入院前亦已注意与文士诗文交往。

又，韦执谊《翰林院故事》云自左补阙充，与两《唐书》本传异，当从丁《记》，以祠部员外郎入。但丁《记》所记年月也有与两《唐书》本传有异的。如丁《记》记元和六年(811)四月由祠部员外郎迁为祠部郎中，至八年(813)五月，转司封郎中，兼知制诰，而《旧传》则记六年转祠部郎中时已加知制诰；丁《记》谓元和十年(815)为中书舍人，而《旧传》却记为"九年，拜中书舍人"。似以丁《记》为确。《新传》未记具体迁转年月，但却记有承旨，为他书所无，谓："三迁中书舍人，加承旨。"即其迁中书舍人时又加承旨，则当在元和十年七月二十三日（丁《记》）。按：元稹《承旨学士院记》记宪穆两朝翰林承旨学士，明确指出："用是十七年之间，由郑

①参陶敏《全唐诗人名考证》，陕西人民教育出版社，1996年，第692页。
②见傅璇琮主编《唐才子传校笺》第二册，中华书局，1989年。

至杜,十一人。"此十七年间,记郑絪至杜元颖,十一人,实无钱徽。

岑仲勉《注补》对此有考,云:"按:《承旨学士院记》,崔群以九年六月二十六日出院,王涯以十一年正月十八日入院,承旨一职,中间空悬年余,则疑《新唐书》之有据而元、丁两记殆漏也。"此说似有理,但如据岑说,钱徽于元和十年七月二十三日迁中书舍人,同时加承旨,至元和十一年正月出院,其间任承旨亦仅半年;而崔群于九年六月二十六日出院,若以钱徽于十年七月二十三日接任承旨,此前亦有一年零一月未有承旨,故也未能以缺员而谓必应有人相接。且元稹作此《承旨学士院记》在长庆元年(821)八月,距元和九、十年仅六七年,时距不长,当不致漏略,故《新传》所云"加承旨"并无据。其间钱徽本人或他人,及《通鉴》等史书,亦未有提及其为承旨者。

又《白居易集笺校》卷五五"翰林制诏"二,有《钱徽司封郎中知制诰制》,中云:"祠部郎中、翰林学士钱徽,蔼然儒风,粲然词藻,缜密若玉,端直如弦。自参禁司,益播其美。贞方敬慎,久而弥彰。应对必见于据经,奏议多闻于削稿。迨今六载,其道如初。嘉其忠勤,宜有迁擢。俾转郎吏,仍参纶阁。"按:钱徽自祠部郎中转司封郎中、知制诰,在元和八年五月九日,白居易则已于元和六年四月丁忧出院,退居下邽。岑仲勉《〈白氏长庆集〉伪文》断为伪作。按:此制非白居易作,当是,但制中所叙甚合钱徽实情,钱徽确由祠部郎中转司封郎中、知制诰(据此并可纠正《旧传》之误,见前述)。且谓钱入翰学,已"迨今六载",亦甚切合。故此制文,虽非白氏所作,但当仍为正式制文,后人编白集时杂入其中的。

钱徽在院期间业绩,《旧传》无甚记载,《新传》有记,云:"是时,内积财,图复河湟,然禁无名贡献,而至者不甚却。徽恳谏罢之。帝密戒后有献毋入右银台门,以避学士。梁守谦为院使,见徽批监军表语简约,叹曰:'一字不可益邪!'衔之。"此可见钱徽对方镇、宦官的态度,以及宦官对他的嫉恨。亦如前述《钱徽司封郎中知制诰制》中所云"缜密若玉,端直如弦"。

钱徽在院中值得一提的是与白居易诗作交酬,及在院中值班情景。按:钱徽于元和三年八月以祠部员外郎入,至六年四月转为祠部郎中,而白居易先于元和二年十一月已入,六年四月丁忧外出,故白居易在院中所作与钱徽交游及唱和之作,均称为钱员外。如《冬夜与钱员外同直禁中》(《白居易集笺校》卷五),有云:"夜深草诏罢,霜月凄凛凛。欲卧煖残杯,灯前相对饮。"《同钱员外禁中夜直》(同上,卷一四):"宫漏三声知半夜,好风凉月满松筠。此时闲坐寂无语,药树影中惟两人。"则二人常于夜间同在院中值班。又《立春日酬钱员外曲江同行见赠》(同上),有云:"下直遇春日,垂鞭出禁闱。两人携手语,十里看山归。"则有时下值出院,亦可偕同出游。又,白居易有好几首题为和钱诗的,如《和钱员外青龙寺上方望旧山》(同上,卷一四)、《和钱员外早冬玩禁中新菊》(同上)、《和钱员外禁中夙兴见示》(同上,卷四),可见钱徽在院中也作有不少诗,但可惜均已失传。所幸白居易于《登龙昌上寺望江南山怀钱舍人》一诗,自注中尚保留钱徽诗二句。据《白居易集笺校》卷一六,白居易此诗作于元和十五年(820)任忠州刺史时。诗中述白居易出城西,登龙昌上寺,遥望前山,"忽似青龙阁,同望玉峰时"。青龙阁即长安青龙寺阁,白、钱二人在翰学时曾共游青龙寺(见《和钱员外青龙寺上方望旧山》,同上,卷一四),白即在诗中接云:"因咏松雪句,永怀鸾鹤姿。六年不相见,况乃隔荣衰。"句下自注:"昔常与钱舍人登青龙寺上方,同望蓝田山,各有绝句,钱诗云:'偶来上寺因高望,松雪分明见旧山。'"(按:此时钱徽在虢州刺史任)则此二句,为钱徽在翰林学士任期内与白居易同游唱和之作。

按:钱徽在翰林学士时,确实甚有诗名。孟郊有《送淡公十二首》,华忱之《孟郊诗集校注》卷八载此,谓作于元和七年至九年间,时孟郊在洛阳,送诗僧淡公自洛阳归越中。第一首前六句云:"燕本冰雪骨,越淡莲花风。五言双宝刀,联响高飞鸿。翰苑钱舍人,诗韵铿雷公。""燕本"指贾岛,"越淡"指淡公,言二人五言可称双宝,而其间时居翰苑的钱舍人徽,其诗声韵则又如响雷,可见他对钱徽诗作之称扬。又,孟郊卒于元和九年八月,而钱徽于元和十年七月才迁任中书舍人,孟郊此诗称钱舍人,当因钱徽于元和八年五月为司封郎中、知制诰,唐时即习称知制诰为中书舍人①。

关于钱徽出院,丁《记》仅云"十一年,出守本官",即出为中书舍人,未记月日。《旧唐书》卷一五《宪宗纪》下,元和十一年(816)正月,"庚辰,翰林学士钱徽、萧俛各守本官,以上疏请罢兵故也"。按:此年正月丁卯朔,庚辰为十四日,此可补丁《记》之缺记月日。《旧传》:"十一年,王师讨淮西,诏朝臣议兵,徽上疏言用兵累岁,供馈力殚,宜罢淮西之征。宪宗不悦,罢徽学士之职,守

① 《孟郊诗集校注》卷八于此未作说明。按:此书由华忱之、喻学才校注,人民文学出版社,1995年。

本官。"《通鉴》卷二三九亦记此,谓:"时群臣请罢兵者众,上患之,故黜徽、俛以警其余。"按:征讨淮西吴元济是当时军政大事,朝中确有争议,翰林学士有参预此政争者,不免受影响。

据两《唐书》本传,钱徽于元和十一年正月仍为中书舍人,后却又徙为太子右庶子,并出为虢州刺史。至穆宗立,长庆元年(821)才入为礼部侍郎。

又据有关韩愈年谱(如张清华《韩愈年谱汇证》),翰愈于元和十一年正月迁任中书舍人,而是年五月,因力主征讨淮西,与宰相议不合,亦被降为太子右庶子,此时作有《奉酬卢给事云夫四兄曲江荷花行见寄并呈上钱七兄阁老张十八助教》(《韩昌黎诗系年集释》卷九),"钱七兄阁老",即钱徽。宋洪兴祖《韩子年谱》即引此诗中"岂如散仙鞭笞鸾凤终日相追陪"句,谓"时公与徽同为庶子也"。即钱徽虽于元和十一年正月出院时仍为中书舍人,但于是年夏秋又改为太子右庶子闲职,得与同处闲职的韩愈交游。

韩愈于同年夏又有《奉和钱七兄曹长盆池所植》(同上,卷九),诗后却附有钱徽《小庭水植率而成诗》,五律:"泓然一缶水,下与坳堂接。青菰八九枝,圆荷四五叶。动摇香风至,顾盼野心惬。行可采芙蓉,长江讵云涉。"韩愈当和此诗而作。由此可见,钱徽此时与韩愈同为太子右庶子,同一处境,当亦有同一心情,故作诗唱和。这是现存钱徽一首完整佚诗,与前佚句二,均为《全唐诗》失收。

另,韩愈后于元和十二年(817)十二月以太子右庶子改任刑部侍郎,是为实职,即有《举钱徽自代状》(《韩昌黎文集校注》卷八),仍称钱徽为太子右庶子。状中盛赞钱徽,称:"前件官器质端方,性怀恬淡,外和内敏,洁静精微。可以专刑宪之司,参轻重之议。况时名年辈,俱在臣前,擢以代臣,必允众望。"

《新传》记钱徽后又出任虢州刺史:"徙太子右庶子,出虢州刺史。"何时出任虢州,未有明记①。而白居易有《钱虢州以三堂绝句见寄因以本韵和之》七绝一诗,据《白居易集笺校》卷一八笺注,此诗作于元和十五年(820),时白居易尚在忠州刺史任。按:白居易于此年夏自忠州召入朝,任尚书司门员外郎,则钱徽于元和十五年上半年尚在虢州刺史任。穆宗于是年正月即帝位,政局有所变化,钱徽当即于元和十五年秋冬入朝,迁任礼部侍郎,并于第二年长庆元年(821)春主持科举考试。

长庆元年春钱徽知贡举,为当时一重大科试案。《通鉴》卷二四一,及两《唐书》之李宗闵、钱徽、王起及元稹、李绅等传皆有记述,其中涉及牛李党争,认为李德裕因其父李吉甫于元和初即与李宗闵有隙,故此次即借机攻击李宗闵,《通鉴》更谓:"自是德裕、宗闵各分朋党,互相倾轧,垂四十年。"关于此次之所谓牛李党争,傅璇琮《李德裕年谱》曾引岑仲勉之说,予以辨析,此不赘。现据《旧唐书·钱徽传》及有关记载,概述如下。

长庆元年,钱徽以礼部侍郎知举。时元和后期曾为翰林学士、穆宗初拜相,现即将出任西川节度使之段文昌,及现任翰林学士之李绅,各以所善举子向钱徽推荐,段文昌还将图书古画馈赠钱徽。而同时,中书舍人李宗闵也以其婿苏巢求荐于钱徽。结果,段文昌、李绅所荐俱落选,李宗闵等所荐俱登第。时议纷然,

---

① 《唐刺史考全编》据上引韩愈文,定于元和十二年,未确。

段文昌于出任西川前也特向穆宗面告,穆宗向翰林学士元稹、李绅等询问,元、李等皆谓"诚如文昌言"。穆宗就命中书舍人王起、主客郎中知制诰白居易覆试,结果李宗闵等所荐者俱落第,于是贬钱徽为江州刺史,李宗闵为剑州刺史,杨汝士为开江令。还命元稹特为此撰一制词:《诫励风俗德音》(《全唐文》卷六五〇,又见《唐大诏令集》卷一一〇,题《诫励风俗诏》,署为长庆元年四月)。

　　《通鉴》并有记云:"或劝(钱)徽奏文昌、绅属书,上必悟。徽曰:'苟无愧心,得丧一致,奈何奏人私书,岂士君子所为耶!'取而焚之,时人多之。"应当说,唐朝科举取士,未如北宋开始采取糊名制,因此事先请托是所见不鲜的,钱徽此次知举,段文昌、李绅与李宗闵等,两方均有所托,钱徽似也无所取贿,未涉及个人品德。但此次科试,也确有弊端,即初选时,贵门势要子弟多,所取者才艺不高,正如《旧唐书》卷一六四《王起传》所谓"势门子弟,交相酬酢,寒门俊造,十弃六七"。

　　据《旧纪》、《旧传》,钱徽即于长庆元年四月出贬江州刺史。又据《嘉泰吴兴志》卷一四,长庆元年十二月十五日又改为湖州刺史。《旧传》未记湖州任,《新传》有记,云"转湖州",后云:"还,迁工部侍郎,出为华州刺史……文宗立,召拜尚书左丞。……大和初,复为华州。"此时钱徽与白居易、刘禹锡仍有诗文交往,白居易有《喜钱左丞再除华州以诗伸贺》(《白居易集笺校》卷二五),刘禹锡有《途次华州陪钱大夫登城北楼春望……》(《刘禹锡集笺证》卷二四)。

　　《旧传》后云:"(大和)二年秋,以疾辞位,授吏部尚书致仕。

三年三月卒,时年七十五。"《旧唐书·文宗纪》上,则记于大和三年正月:"庚寅,吏部尚书致仕钱徽卒。"庚寅为该月初九日。似以《旧纪》作正月为是,可参见朱金城《白居易研究》之《白居易交游考》所记钱徽条。

《新唐书·艺文志》未著录其著述。《全唐诗》、《全唐文》亦未载其诗文,实则其生前所作诗文甚多,多与友人唱酬,惜均不存。

韦弘景

韦弘景,两《唐书》有传,见《旧唐书》卷一五七,《新唐书》卷一一六。《旧传》:"韦弘景,京兆人。后周逍遥公夐之后。祖嗣立,终宣州司户;父尧,终洋州兴道令。"《新唐书》卷七四上《宰相世系表》四上所记同。

《旧传》又记:"贞元中始举进士,为汴州、浙东从事。"《新传》略记为:"擢进士第,数佐节度府。"如此,其在汴州、浙东幕,当在贞元中后期及元和初。《旧传》接云:"元和三年,拜左拾遗,充集贤殿学士,转左补阙,寻召入翰林为学士。"《新传》仅云"以左补阙召为翰林学士",未记年。

韦执谊《翰林院故事》仅记韦弘景名,未记事,与前李吉甫、裴垍同,未知何故。丁居晦《重修承旨学士壁记》则具体记为:"元和四年七月一日,自左拾遗、集贤院直学士充。九月,转左补阙。"据此,则韦弘景当于元和初入朝,三年(808)任左拾遗,并兼集贤殿直学士;四年(809)七月,以左拾遗(从八品上)入,再过两月,即同年九月,转为左补阙(从七品上)。如此,则两《唐书》本传皆记以左补阙入,误。又按唐官制,集贤书院,集贤学士须以五品以上官充,六品以下为直学士。左拾遗为从八品上,故只能兼为直学士,而《旧唐书》本传谓"充集贤殿学士",漏"直"字,惜中华书局点校本未有校。

韦弘景在院任期内,史籍未有具体记载。《旧传》有记其出院事:"普润镇使苏光荣为泾原节度使,弘景草麻,漏叙光荣之功,罢学士,改司门员外郎。"《旧唐书》卷一五《宪宗纪》下,亦有记:元和八年十月,"戊戌,以神策普润镇使苏光荣为泾州刺史、四镇北庭行军泾原节度使。翰林学士、司封员外郎韦弘景守本官,以草光荣诏漏叙功勋故也。"按:苏光荣,两《唐书》无传。《旧唐书》卷一六二《韩全义传》,记贞元中征淮西吴少诚,韩全义因宦官窦文场之荐,为蔡州四面行营招讨使,但韩"将略非所长",兵屡败。贞元十六年(800),又大败于溵水,诸镇兵皆亡归本镇,"惟陈许将孟元阳、神策将苏光荣等数千人守溵水"。《新唐书》卷一四一《韩全义传》、卷二一四《吴少诚传》所记略同。或许此亦为苏光荣一功,而为韦弘景撰制文时漏记。但即使如此,亦未能因此迫使其出院,由此亦可见翰林学士当时之处境。

又,丁《记》记韦弘景于元和七年二月五日由左补阙迁司门员外郎,八年十月二十日出守本官,即出院时仍为司门员外郎。而《旧纪》则记为司封员外郎。清劳格于《唐尚书省郎官石柱题名考》卷六司封员外郎卷末"附存",即有考,谓"《纪》作司封误",是。又《旧传》谓"罢学士,改司门员外郎",云"改",亦非,因在此之前,元和七年二月五日已由左补阙迁升为司门员外郎,此次为出守本官,不能谓"改"。可见丁《记》均可订正《旧唐书》纪、传之误。

白居易于文宗大和二年(828)曾作有《喜与韦左丞同入南省因叙旧以赠之》(据《白居易集笺校》卷二五),诗中有自注:"宪宗朝与韦同入翰林。"按:白居易于元和二年十一月入,六年四月出,与韦弘景同院有两年,故诗云:"早年同遇陶钧主,利钝精粗共在镕。"即亦曾共同切磋时政。

《旧传》载其出院后之事,云:"转吏部员外、左司郎中,改吏部度支郎中。张仲方贬李吉甫谥,上怒,贬仲方。弘景坐与仲方善,出为绵州刺史。"《旧唐书·宪宗纪》下,亦载张仲方此事,元和十二年(817)三月戊辰:"太常定李吉甫谥曰敬宪,度支郎中张仲方非之。上怒,贬为遂州司马。赐吉甫谥曰忠。"按:李吉甫卒于元和九年(814),卒后议谥,意见不一,亦是常事,而张仲方此次之议,实出于反对对藩镇用兵。《唐会要》卷八十《朝臣复谥》条有详记,引张仲方奏议,奏议中称近期战事不断,"逮今四载,祸乱之兆,实始其谋",即征讨淮西实始于李吉甫。故《唐会要》记云:"宪宗方用兵,恶仲方深言其事,怒甚,贬为遂州司马。"《新唐书·韦弘景传》亦记为"宪宗意弘景擿助",即以为韦弘景亦附和张仲方之说,故亦贬出。可见当时朝臣、文士确有反对对淮西用兵的(参见后徐晦、令狐楚传)。

《旧传》接云:"宰相李夷简出镇淮南,奏为副使。"按:李夷简于元和十三年(818)七月出为淮南节度使,因其与力主用兵征讨淮西之裴度不合,故辞去相位,出镇,当因此亦即奏用韦弘景。

韦弘景此后仕历,大致为京兆少尹、给事中、刑部侍郎、吏部侍郎、陕虢观察使。又据《旧唐书·文宗纪》上,大和二年(828)二月,入任尚书左丞。而此时,白居易由秘书监为刑部侍郎,同在朝,白居易就特作一诗以赠韦弘景:《喜与韦左丞同入南省因叙旧以赠之》(《白居易集笺校》卷二五),云:"早年同遇陶钧主,利钝精粗共在镕(自注:宪宗朝与韦同入翰林)。金剑淬来长透匣,铅刀磨尽不成锋。差肩北省惭非据,接武南宫幸再容。跛鳖虽迟骐骥疾,何妨中路亦相逢。"这可以说是韦弘景与当时文士作文学交往的惟一现存材料,故录全诗,备参。

据《旧传》及《旧唐书·文宗纪》,大和三年(829)九月,又改除礼部尚书,四年(830)十三月,出为东都留守。大和五年(831)五月卒,年六十六。

《新唐书·艺文志》未著录其著述。《全唐文》卷四八二载其《封还刘士泾授太仆卿诏疏》,即《旧传》所载者。

独孤郁

独孤郁,两《唐书》有传,见《旧唐书》卷一六八,《新唐书》卷一六二(附于其父独孤及传后)。另韩愈有《唐故秘书少监赠绛州刺史独孤府君墓志铭》(《韩昌黎文集校注》卷六),权德舆有《祭子婿独孤少监文》(《权德舆文集》卷四十)。

韩《志》云:"君讳郁,字古风,河南人。常州刺史赠礼部侍郎宪公讳及之第二子。"《旧传》亦云:"独孤郁,河南人。父及。"《新唐书》卷一六二《独孤及传》称为河南洛阳人。独孤及为中唐前期古文名家,与李华、萧颖士等齐名,大历九年至十二年(774—777)任常州刺史时,梁肃从之游,拜其为师(见前德宗朝梁肃传)。

韩《志》:"君生之年,宪公殁世。"宪公即独孤及。据梁肃所作独孤及行状,崔祐甫所作独孤及神道碑(皆见前梁肃传),独孤及卒于代宗大历十二年(777)四月。又据韩《志》,独孤郁卒于元和十年(815)正月,年四十,《新传》亦谓"卒年四十"。据此,则当生于大历十一年(776)。如此,则独孤及大历十二年卒时,独孤郁为二岁,而韩《志》又云"君生之年,宪公殁世",前后有异,未知何故。

又《旧传》记独孤郁"贞元十四年登进士第"。按:独孤郁有《上权侍郎书》(《全唐文》卷六八三),首云:"贞元十三年八月日,独孤郁谨上书于舍人三兄阁下。"末云:"不肖辱承大贤之心深矣,非又敢以假喻自荐也,意欲以大贤择众贤如七十子之徒,是亦方孔子于大贤也。"独孤郁之上此书,乃为翌年初应进士试做准备,以求举荐。权德舆即有《答独孤秀才书》(《权德舆文集》卷三二)。独孤郁以是于贞元十四年(798)进士登第,与《旧传》合。徐松《登科记考》卷一四即据此系于贞元十四年。又吕温亦于此年登进士第,此年知举者为顾少连。后顾少连卒,吕温于贞元二十年(804)作有《祭座主故兵部尚书顾公文》,举有诸门生之名(见前德宗朝顾少连传),其中有独孤郁,此亦为一确证。

又韩《志》记独孤郁于元和十年(815)正月卒,年四十,即生于大历十一年(776),前已述。如此,则贞元十四年及第时应为二十三岁,而韩《志》又云"年二十四登进士第",其《志》文所记,前后矛盾，惜现韩集整理校注本均未指及。

《旧传》记其进士及第后，接云："文学有父风，尤为舍人权德舆所称，以子妻之。"《新传》略同。韩《志》亦记为："时故相太常权公掌出诏文，望临一时，登君于门，归以其子。"按：权德舆于贞元十四年(798)四月由驾部员外郎迁司勋郎中兼知制诰，十五年(799)又迁为中书舍人(参蒋寅《权德舆年谱略稿》，《大历诗人研究》下册，中华书局，1995年)。则当于贞元十四年独孤郁进士及第后，权德舆赏识其才，即以其女妻之。

韩《志》记其登第后仕历为："选授奉礼郎。杨於陵为华州，署君镇国军判官，奏授协律郎。朋游益附，华问弥大。"按：据李翱《杨公墓志铭》(《全唐文》卷六三九)，德宗卒(贞元二十一年正月)后，杨於陵先为告哀使出使太原、幽镇等十道，后还朝为华州刺史，其年冬又出为浙东观察使。如此，则独孤郁当于顺宗永贞元年间在杨於陵华州幕府，并已甚有文名，此为两《唐书》本传未载。

韩《志》又记："元和元年，对诏策，拜右拾遗。"《旧传》亦载："元和初，应制举才识兼茂明于体用，策入第四等，拜左拾遗。"徐松《登科记考》卷一六即据此并《唐会要》所载元和元年才识兼茂明于体用科，有独孤郁，并有元稹、白居易、萧俛等。《全唐文》卷五九宪宗《处分及第举人诏》，列独孤郁、白居易为第四等。《全唐文》卷六八三亦即载有独孤郁《对才识兼茂明于体用策》。

按：韩《志》谓独孤郁此次登科后，授为右拾遗，《新传》同，而《旧传》则记为左拾遗。唐时拾遗、补阙，史籍所记，左、右多有差异。

据韩《志》及两《唐书》本传，此后数年独孤郁历任右补阙，又兼史馆修撰。《旧传》记其于元和四年（809）转为右补阙时云："又与同列拜章论中官吐突承璀不宜为河北招讨使，乃改招抚宣慰使。"《新传》略同。按：此事，《旧唐书·宪宗纪》上，元和四年十月亦有记，称："京兆尹许孟容与谏官面论，征伐大事，不可以内官为将帅，补阙独孤郁其言激切。"《旧唐书》卷一八四《宦官·吐突承璀传》记此事，亦云："补阙独孤郁、段平仲尤激切。"惜独孤郁此次上奏之文后未传存，《全唐文》未载。

此后，独孤郁即召入为翰林学士。《旧传》："五年，兼史馆修撰，寻召充翰林学士，迁起居郎。"丁居晦《重修承旨学士壁记》记为："元和五年四月一日，自右补阙、史馆修撰改起居郎充。"右补阙为从七品上，起居郎为从六品上。但不到半年，即"九月，出守本官"（丁《记》）。韩《志》于此有具体记述："权公既相，君以嫌自列，改尚书考功员外郎，复史馆职。"韩《志》所述不足之处，即未云出院。《旧传》则明言："权德舆作相，郁以妇公辞内职。"于是"迁郁考功员外郎，充史馆修撰、判馆事"。参合丁《记》，当先以本官（起居郎）出院，后又改考功员外郎（同为从六品上），在史馆任职，预修《德宗实录》。

按：权德舆于元和五年九月丙寅，由太常卿为礼部尚书、同中书门下平章事。而权德舆刚入相，独孤郁即于同月提出辞职，求出院，可见其为人极注意避嫌。时白居易正同在院，特作诗赠别："碧落留云住，青冥放鹤还。银台向南路，从此到人间。"（《翰林中送独孤二十七起居罢职出院》，《白居易集笺校》卷一四）诗中以独孤郁出院，喻为天上白鹤飞翔天空，可以自由在人间往返。

这也表现白居易当时的心境(白居易此时心情,可参前白居易传)。

据《旧传》,独孤郁后于元和七年(812)又复为考功员外郎、知制诰,即在中书省起草诏诰。八年(813),转驾部郎中,十月,复入院为翰林学士。丁《记》则记为:"元和八年十二月二十二日,自驾部郎中、知制诰充。"韩《志》云"权公去相,复入翰林",未记年月。据《旧纪》及《新唐书》卷六二《宰相年表》,权德舆罢相在元和八年正月,则独孤郁再次入院,在十月抑或十二月,未能确定。

但仅一年,独孤郁又因病出院。韩《志》:"九年,以疾罢,寻迁秘书少监,即闲于郊。"丁《记》:"九年,以疾辞内职,十一月,改秘书少监。"

由此可见,独孤郁虽两次在院,但时间均不长,第一次仅半年,第二次亦不到一年,且其间亦有病。但权德舆在祭文中仍极称之:"训辞温雅,视草宥密,当时之选,必居第一。"

据韩《志》,独孤郁卒于元和十年(815)正月:"十年正月,病遂殆。甲午,舆归,卒于其家。赠绛州刺史。年四十。"是年四月,独孤郁之兄朗托韩愈为作墓志铭,谓:"子知吾弟久,敢属以铭。"则谓韩愈早与独孤郁有交。权德舆于四月作有祭文《祭子婿独孤少监文》(《权德舆文集》卷四十)。同年十月二十一日,独孤郁妻亦卒,年仅三十一。权德舆乃为其女作墓志铭(《独孤氏亡女墓志铭并序》,《权德舆文集》卷十六),以志悼念,并对独孤郁有甚高评价:"始绛州以褐衣纳采,其后为侍臣、史官,更掌中外诰诏,皆再命或三命,十数年间便蕃清近,咺赫光大,天下公议,以宰政待之。"按:《新传》有云:"郁有雅名,帝遇之厚,议者亦谓当宰相,共以早世惜之。"所谓"议者亦谓当宰相",或即本于权德舆此说。

独孤郁著作,《新唐书》卷五八《艺文志》二,史部实录类有《德宗实录》五十卷,裴垍监修,当是元和初期在史馆修撰时著。又卷六十《艺文志》四集部,有《元和制策》三卷,下注:元稹、独孤郁、白居易。当为三人在翰林学士任期内各自所撰的制文,由后人选编,各为一卷。元、白皆有制文传存,惜独孤郁无,但由此亦可见唐宋间仍有人将独孤郁制诏辑集,并与元、白所作合为一书传世。

《全唐文》卷六八三收有独孤郁文五篇。中有《答孟郊论仕进书》,文中有云"如仆琐琐方困",又云:"吾子知仆将宦游",似尚未登第,或已登第而尚未有一定官位者①。此文题云"答孟郊",但孟郊诗文中未有涉及独孤郁者。另有《辩文》,似反对彩饰之作,有云:"而曰必以彩饰之能,援引之富,为作文之秘诀,是何言之末欤?"似与当时古文派作者力主朴质直言、宣扬圣贤之道一致。

《全唐诗》未载其诗。

萧　俛

萧俛,两《唐书》有传,见《旧唐书》卷一七二,《新唐书》卷一

---

① 《唐五代文学编年史》中唐卷,系此文于贞元十六年(800),谓独孤郁将出仕,有书答孟郊论仕进,即独孤郁于贞元十四年登进士第,孟郊则于十五年选调溧阳尉。备考。又,《唐五代文学编年史》,傅璇琮主编;中唐卷,陶敏、李一飞、傅璇琮著,辽海出版社,1998年。

〇一。《旧传》:"萧俛字思谦。曾祖太师徐国公嵩,开元中宰相。祖华,袭徐国公,肃宗朝宰相。父恒,赠吏部尚书。皆自有传。"按:萧嵩、萧华、萧恒,两《唐书》亦皆有传,见《旧唐书》卷九九,《新唐书》卷一〇一。又据《新唐书》卷七一下《宰相世系表》一下,萧俛父萧恒,官殿中侍御史。由此可见其世袭贵胄。

《旧传》:"俛,贞元七年进士擢第。"《新传》则仅云"贞元中及进士第"。徐松《登科记考》卷一二即据《旧传》系于贞元七年(791)。同年有令狐楚、皇甫镈,后萧俛于仕历升迁中即得此二人扶助者。

《旧传》又云:"元和初,复登贤良方正制科。"《新传》亦记其进士及第后,"又以贤良方正对策异等"。按:《唐会要》卷七六《制科举》条,元和元年(806)四月,才识兼茂明于体用科,登科者有元稹、独孤郁、白居易等,其中亦有萧俛。本年制举尚有达于吏治可使从政科,但无贤良方正科(元和三年有)。两《唐书》本传记元和初登贤良方正科,显误,中华书局点校本未有校。

据传,萧于制举登科后,先任右拾遗,后迁右补阙。《旧唐书》卷一四《宪宗纪》上,元和六年正月丙申,"敕谏议大夫孟简、给事中刘伯刍、工部侍郎归登、右补阙萧俛等于丰泉寺翻译《大乘本生心地观音经》"。时白居易在翰林学士任,有为宪宗草制的《答孟简萧俛等贺御制新译大乘本生心地观经序状》(《白居易集笺校》卷五六"翰林制诏"三)①。则此时萧俛仍在右补阙任。

---

①按:《白居易集笺校》卷五六所载此文,题中"心地观经",据《旧纪》,于"观"字下当缺一"音"字,惜《笺校》本未有校。

丁居晦《重修承旨学士壁记》载："元和六年四月十二日,自右补阙充。"与《旧传》合。而韦执谊《翰林院故事》却谓"驾中充"。据丁《记》,萧俛自元和六年(811)四月十二日入院,"七年八月五日,加司封员外郎。九年十一月二十四日,加驾部郎中。十二月十日,加知制诰"。即加驾部郎中在元和九年(814)十一月,即在入院后四年,《翰林院故事》所记显误。此盖非出韦执谊之手,为后在院中者误记。

又《旧唐书》卷一七二《令狐楚传》另有一误,载："楚与皇甫镈、萧俛同年登进士第。元和九年,镈初以财赋得幸,荐俛、楚俱入翰林,充学士。"《新唐书》卷一六六《令狐楚传》亦有记,虽未标年,但仍载皇甫镈向宪宗举荐令狐楚、萧俛,宪宗即"召为翰林学士"。按:令狐楚确为元和九年入院(见后令狐楚传),而萧俛则于元和六年已入。又据两《唐书·皇甫镈传》,元和六年皇甫镈尚未得势。

又《白居易集笺校》卷五四"翰林制诏",有《除萧俛起居舍人制》："左补阙、翰林学士萧俛:顷居谏列,职司其忧。夙夜孜孜,拾遗左右。朕嘉乃志,选在内庭。自参密近,益见忠谠。始终不替,尤足多之。记事之官,一时清选。俾膺是命,以弘劝奖。"岑氏《注补》谓:"疑六七年间俛并未经此改官而制是伪作也。"岑说是。按:萧俛于元和六年四月十二日入,而白居易已于是年四月三日丁忧出院,作制时间不合。且据此制,其除起居舍人,乃由左补阙改任,而据丁《记》,萧俛于元和六年四月十二日以右补阙入,至七年八月五日加司勋员外郎,在职期间,未有改除起居舍人。此确与萧俛仕历不合。可见白集之翰林制诏伪作,情况确实复杂,可再作统一考索。

丁《记》未记萧俛出院事，仅云："（元和）九年十一月二十四日，加驾部郎中。十二月十日，加知制诰；十二日，赐绯。"后未记。《旧唐书》卷一五《宪宗纪》下，则有记：元和十一年（816）正月"庚辰，翰林学士钱徽、萧俛各守本官，以上疏请罢兵故也。"《通鉴》卷二三九元和十一年正月亦记："庚辰，翰林学士、中书舍人钱徽，驾部郎中、知制诰萧俛，各解职，守本官。时群臣请罢兵者众，上患之，故黜徽、俛，以警其余。"

丁《记》记钱徽于元和十一年出院（未记月日）。《旧唐书》卷一六八《钱徽传》亦记为："王师讨淮西，诏朝臣议兵，徽上疏……宪宗不悦，罢徽学士之职，守本官。"如此，则萧俛与钱徽同于元和十一年正月出院。而《旧传》却又云："坐与张仲方善，仲方驳李吉甫谥议，言用兵征发之弊，由吉甫而生，宪宗怒，贬仲方，俛亦罢学士，左授太仆少卿。"张仲方事，《旧唐书·宪宗纪》下，元和十二年三月戊辰有记："太常定李吉甫谥曰敬宪，度支郎中张仲方非之。上怒，贬为遂州司马。"《唐会要》卷八十《朝臣复谥》亦载有此事（见前韦弘景传）。张仲方之贬确实在元和十二年三月，而萧俛出院在十一年正月，故与张仲方贬事无关，而《旧传》却谓萧俛之出，受张仲方之贬牵连，则为明显错误。按：萧俛于元和十一年正月守本官出院，即仍任驾部郎中。有可能张仲方于元和十二年三月出贬，因亦涉及淮西战事，萧俛又受此牵连，由驾部郎中改太仆少卿。太仆少卿为闲职，故《旧传》称之为"左除"。

此后，《旧传》概叙为："（元和）十三年，皇甫镈用事，言于宪宗，拜俛御史中丞。俛与镈及令狐楚，同年登进士第。明年，镈援楚作相,二人双荐俛于上。自是顾昐日隆,进阶朝议郎、飞骑尉,袭徐国公,赐绯鱼袋。穆宗即位之月,议命宰相,令狐楚援之,拜中书侍郎、平章事,仍赐金紫之服。八月,转门下侍郎。"

《全唐文》卷六四穆宗《授萧俛中书侍郎平章事制》一文中写到萧俛在宪宗朝任翰林学士时的状况,云:"尝事先朝,职居宥密,奏议无挠,忠劳益彰。"其褒赞之辞,实一般。萧俛在院虽有五年,但确无特殊业绩,与同院学士亦未有交往及诗文唱和等记述。惟此前此后,尚有。如柳宗元有《与萧翰林书》,载《柳宗元集》卷三十。按:柳宗元于此书中自称"今已三十七矣",即作于元和四年。时柳宗元在永州贬地,而萧俛尚未入院,任拾遗、补阙之职,题称"萧翰林",为后人编集时所加。柳宗元于此信中极言处境之艰苦,望为一言,则萧俛与柳宗元亦早有交往。又萧俛于穆宗时任相,白居易作有《萧相公宅遇自远禅师有感而赠》(《白居易集笺校》卷一九)。诗中云:"半头白发惭萧相,满面红尘问远师。应是世间缘未尽,欲抛官去尚迟疑。"时白居易在朝任中书舍人,则曾在萧俛宅中,与此禅师共叙。

据两《唐书》纪、传,萧俛此后仕历,大致为:长庆元年(821)正月,罢相,守仆射;后历仕吏部尚书、兵部尚书、同州刺史、太子少保分司东都等,文宗大和五年(831)七月,守左仆射致仕。会昌二年(842)二月卒(《旧唐书》卷一八上《武宗纪》)。

《旧传》赞誉萧俛"性介独,持法守正",而《新传》于传后却特有一段评议,云:"俛议销兵,宁不野哉!当此时,河朔虽挈地还天子,而悍卒顽夫开口仰食者故在,彼皆不能自返于本业者也。又朱克融等客长安,饿且死,不得一官,而俛未有以措置,便欲去兵,使群臣失职，一日叫呼，其从如市，幽、魏相挺，复为贼渊，可谓见豪末而不察舆薪矣。"其讽刺之辞，甚为深切，对研究萧俛及当时翰林学士之主张销兵、不事征讨，颇可参资。

《新唐书·艺文志》对萧俛著述未有著录。《全唐文》卷五四五载其文三篇:《请放免当司诸色本利钱奏》、《辞撰王承宗先铭奏》、《对穆宗问兵法有必胜疏》，后二文即据《旧传》载录。

明陶宗仪《书史会要》卷五，记其"善草书"，未有具体记述。

刘从周

刘从周，两《唐书》无传，仅《新唐书》卷七一上《宰相世系表》一上有记，记其官为左补阙;又记其曾祖子玄，祖𫗧，父贽。

按:刘子玄即著名史学家刘知己。《旧唐书》卷一〇二《刘子玄传》即载"刘子玄，本名知己"，又记"子玄子贶、𫗧、汇、秩、迅、迥，皆知名于时";又记刘𫗧著有《史例》、《传记》、《乐府古题解》三书。《新唐书·艺文志》则著录刘𫗧有《国朝传记》二卷，《传记》三卷，《乐府古题解》一卷，《史例》三卷。据两《唐书·刘子玄传》，刘知己子如刘贶、刘秩、刘迅等也均各有专著。可见刘从周出身于学问世家，惜刘从周虽曾入翰林，但其事迹及著作均不详。

岑仲勉《注补》引《元和姓纂》，载刘子玄生𫗧，河南功曹，生贽，贽生从周，左补阙。与《新表》所记同(按:岑氏未引及《新表》)。

关于刘从周之仕迹，唐人所记，主要即为韦执谊《翰林院故事》、丁居晦《重修承旨学士壁记》。韦《故事》:"补阙充,卒赠礼部员外。"丁《记》:"元和八年七月二十七日,自左补阙充,卒。"则似卒于翰学任期,可能在院期间不长,故未记出院年月。韦《故事》云"卒赠礼部员外",丁《记》未记。

另有记及刘从周者,为《白居易集笺校》卷五五"翰林制诏"二,有《除卢士玫刘从周等官制》。岑仲勉《〈白氏长庆集〉伪文》谓据丁《记》,刘从周于元和八年七月二十七日已自左补阙入翰林,"则其授补阙时最迟不过八年初",即白居易已于元和六年出院,故断此制为伪作。按:此制记刘从周授以左补阙,而刘从周虽以左补阙入院,但其任左补阙,有可能在白居易尚任翰林学士期间,即元和六年四月前,不能据此即断为伪作。

按:此制文中云:"前侍御史卢士玫,尝在西川,时为从事,乱危潜伏,能洁其身。前监察御史刘从周,顷佐宣城,奉公守政,端士之操,终然不渝。时所称论,并宜甄奖。况学术词藻,见推于众,并命清贯,佥以为宜。记事尽规,各伫能效。士玫可起居郎,从周可右补阙。"

按:卢士玫,两《唐书》有传,即《旧唐书》卷一六二,《新唐书》卷一四七。但两《唐书》传没有记其早年事,制文称其"尝在四川",则当为元和初在刘辟西川幕,后刘辟叛乱,故制文云"乱危潜伏,能洁其身",应当说制文此处所述与事实相合。又制文称刘从周"顷佐宣城",亦可以李绅诗间接佐证。

李绅有《过吴门二十四韵》(《全唐诗》卷四八一),中云:"忆昨麻衣日,曾为旅棹游。放歌随楚老,清宴奉诸侯。"自注:"贞元中,余以布衣多游吴郡中,韦夏卿首为知遇,常陪宴席,段平仲、李季何、刘从周、綦毋咸十余辈，日同杯酒。"据《唐刺史考全编》卷一三九，韦夏卿于贞元十二年至十六年（796—800）在苏州刺史任。则此一时期，李绅游吴郡，与刘从周相识，刘从周有可能即在苏州刺史韦夏卿幕，后又转至宣州幕府，而于元和前期入朝为监察御史（正八品上），后迁升为左补阙（从七品上），再过几年，又以左补阙入为翰林学士。

《除卢士玫刘从周等官制》称其"学术词藻，见推于众"，但未有诗文传存。在元和一朝翰林学士中，刘从周仕迹、著作及与文士交往等，资料记载是最少的。

徐　晦

徐晦，《旧唐书》卷一六五有传，《新唐书》附于卷一六〇《杨凭传》后。《旧传》未载其郡籍、字号。《新唐书》卷七五下《宰相世系表》五下，北祖上房徐氏，有徐晦，但亦未注字号、官职。《新唐书·杨凭传》后附传，谓其字大章。

两《唐书》传皆言其进士擢第，但未记年。徐松《登科记考》卷一五系于德宗贞元十八年（802），其所据为《玉芝堂谈荟》及《永乐大典》所引《莆阳志》。《莆阳志》记为："贞元十八年，徐晦状元。"本年知举者为权德舆。按：徐晦此次及第，曾得力于欧阳詹之举荐。《新唐书》卷二〇三《文艺·欧阳詹传》："初，徐晦举进士不中，詹数称之，明年高第。"按：欧阳詹于贞元八年（792）与韩愈等同登进士第，贞元十五年（799）冬，欧阳詹为国子监四门助教,曾荐举韩愈为国子博士(见韩愈《欧阳生哀辞》,《韩昌黎文集校注》卷五);约贞元十七年(801)秋冬卒①。可见徐晦早期即受名家赏识。

《旧传》于进士擢第后云:"登直言极谏制科。"《唐会要》卷七六《制科举》条,元和三年四月贤良方正能直言极谏科有徐晦。徐松《登科记考》卷一七即据此系于元和三年(808)。按:此年制举试,皇甫湜等即因直言而落选(见前裴垍等传),徐晦则登科,故两《唐书》传云"授栎阳尉"。据《元和郡县图志》卷二,栎阳亦为京兆畿县,在长安东北。翌年七月,徐晦仍在栎阳尉任,即发生杨凭事,徐晦即由此而为时所称。

《通鉴》卷二三八元和四年载:"秋七月壬戌,御史中丞李夷简弹京兆尹杨凭,前为江西观察使贪污僭侈;丁卯,贬凭临贺尉。……凭之亲友无敢送者,栎阳尉徐晦独至蓝田与别。太常卿权德舆素与晦善,谓之曰:'君送杨临贺,诚为厚矣,无乃为累乎?'对曰:'晦自布衣蒙杨公知奖,今日远谪,岂得不与之别!借如明公他日为谗人所逐,晦敢自同路人乎!'德舆嗟叹,称之于朝。"两《唐书》传亦记此事,但未如《通鉴》标有具体年月。杨凭,两《唐书》有传,《旧唐书》卷一四六《杨凭传》记其曾为湖南、江南观察使,"性尚简傲,不能接下,以此人多怨之",又称其任此二镇时,有"奢侈"之缺失。而此时李夷简正以御史外出巡属,到江西时,杨凭即"颇疏纵,不顾接之,夷简常切齿"。李夷简当因此私怨而报复之,故《新唐书》卷一六〇《杨凭传》记此,即评李夷简"缘私怨,

---

① 见《唐五代文学编年史》中唐卷。

论者亦不与"。也正因此,徐晦在回答权德舆时,即借称"为谗人所逐"。不过徐晦此次"称之于朝",李夷简倒因而奏荐其为监察御史。

此后,《旧传》接云:"历殿中侍御史、尚书郎,出为晋州刺史,入拜中书舍人。"《新唐书·杨凭传》后记徐晦事,则仅云:"后历中书舍人。"应当指出的是,两《唐书》此处均漏叙徐晦任翰林学士事。因据《唐刺史考全编》卷八一河东道晋州,引《淳熙三山志》卷二一《秩官类·郡守》,曰:"徐晦,宝历元年自晋州刺史入拜中书舍人,是年出为福建观察使。"如此,徐晦则于敬宗宝历元年(825)自晋州刺史入为中书舍人,则其任晋州刺史当在穆宗长庆年间(821—824)。而据丁《记》,徐晦早于宪宗元和九年(814)七月已入任翰林学士。由此可见,两《唐书》传于徐晦出任晋州刺史前皆未记充任翰林学士事,应是明显的疏失。

韦执谊《翰林院故事》记为:"都外充,赐绯,封中又充,出守本官。"丁居晦《重修承旨学士壁记》:"元和九年七月二十三日,自东都留守判官、都官员外郎充。十年七月二十三日,封司封郎中。十二年二月十一日,出守本官。"

徐晦任职,前后四年。元和十二年(817)初,正是淮西征讨高峰期间,当时制诰草撰繁忙,何以恰于此时出院,甚可疑。且徐晦于该年二月十一日出院,即于同月十三日召沈传师、杜元颖入(见后沈、杜传),沈、杜在院时即忙于与战事有关之诏令。由此,徐晦或可能与前钱徽、萧俛相近,对征讨事并不关心,即求辞出院。

徐晦出院,仍为司封郎中,后出为晋州刺史,并据前所引述之《淳熙三山志》,宝历元年(825)自晋州刺史入为中书舍人,同年又出为福建观察使。

此后仕历，《旧传》记为："（宝历）二年，入为工部侍郎，出为同州刺史兼御史中丞。大和四年，征拜兵部侍郎。五年，为太子宾客、分司东都。晦性强直，不随世态，当官守正，惟嗜酒太过，晚年丧明，乃至沉废。以礼部尚书致仕。"于文宗开成三年（838）三月卒（《旧唐书·文宗纪》记为开成三年四月卒）。

关于徐晦晚年在洛阳失明的情况，可参白居易《吟四虽》诗，有云："酒酣后，歌歇时。请君添一酌，听我吟四虽。年虽老，犹少于韦长史。命虽薄，犹胜于郑长水。眼虽病，犹明于徐郎中。家虽贫，犹富于郭庶子。"其自注云："分司同官中……徐郎中晦因疾丧明。"据《白居易集笺校》卷二九，此诗作于大和八年（834），时白居易为太子宾客、分司东都，故称与徐晦"分司同官"。据此，则徐晦于大和五年分司东都，居洛阳后不久即丧明。又徐晦嗜酒，当为时人所称，约作于晚唐文宗时之《大唐传载》曾记有："徐尚书晦、沈吏部传师，徐公嗜酒，沈公善餐。杨东川嗣复尝云：'徐家肺，沈家脾，真安稳耶？'"

《新唐书·艺文志》未著录其著述。《全唐文》卷六一一载其文一篇《海上生明月赋》，或为州府、省试之赋文。

令狐楚

令狐楚，两《唐书》有传，见《旧唐书》卷一七二，《新唐书》卷一六六。又刘禹锡有《唐故相国赠司空令狐公集纪》（《刘禹锡集笺证》卷一九），亦详记其生平（后简称刘《集纪》）。现代人成果，有傅璇琮主编《唐才子传校笺》卷五《令狐楚传》，吴汝煜、胡可先笺（中华书局，1989年），尹占华、杨晓霭校笺《令狐楚集》，附《令狐楚年谱》（甘肃人民出版社，1998年）。

《旧传》："令狐楚字壳士，自言国初十八学士德棻之裔。"《新传》则直载为"德棻之裔也"。而据《新唐书》卷七五下《宰相世系表》五下，令狐楚非令狐德棻直系。刘禹锡《彭阳侯令狐氏先庙碑》（《刘禹锡集笺证》卷二），所述令狐楚之世系，也无令狐德棻之名。由此则《新唐书》纪、传互异，当以表为是。《旧传》所谓"自言"，也未知所据。

两《唐书》本传皆未记郡籍。刘《集纪》云"燉煌人"。刘禹锡《彭阳侯令狐氏先庙碑》（同上，卷二），先云："令狐，晋邑也"，后记其后世曾为燉煌郡太守，"子孙因家，遂占数为郡人"。则燉煌为其先世郡籍。吴、胡《笺》谓令狐楚之父承简先官汾州司法参军，后终太原府功曹参军，"故刘禹锡《集纪》谓其'家于并、汾间'。……两地均隶属于唐河东节度管辖。……可知其家实在太原"。

关于令狐楚之年岁，也有异说。《旧传》记为文宗开成二年（837）十一月卒，年七十二。《新传》虽未记何年卒，但亦曰"卒年七十二"。《旧唐书》卷一七下《文宗纪》下，载开成二年十一月"丁丑，兴元节度使令狐楚卒"。而刘《集纪》虽亦云卒于开成二年十一月，但谓"享年七十"。如按两《唐书》本传所记，开成二年卒，年七十二，当生于代宗大历元年（766），而以刘《集纪》年七十推算，则生于大历三年（768）。吴、胡《笺》据令狐楚《夏至日衡阳郡斋书怀》诗，考谓应生于大历元年，刘《集纪》于"七十"下夺"二"字。尹、杨《年谱》据令狐楚《祭丰州李大夫十八丈文》及李商隐《代彭阳公遗表》等，考谓刘《集纪》所记是，两《唐书》误。按：两说各有所据，似亦各有理，但均为推测，可并存供参。

《旧传》："楚儿童时已学属文，弱冠应进士，贞元七年登第。"若以大历三年生，弱冠（二十岁）为贞元三年（787），则其于贞元前期即已数次应举，至贞元七年（791）始登第，已为二十四岁。李逢吉有《送令狐秀才赴举》七绝诗（《全唐诗》卷四七三），有云："子有雄文藻思繁，龆年射策向金门。"当为令狐楚早年应试时赠送之作。由此亦可见时人对令狐楚早期文采已有高评。刘《集纪》亦有记："天授神敏，性能无师，始学语言，乃协宫徵，故五岁已为诗成章。既即冠，参贡士，果有名字。时司空杜公以重德知贡举，擢居甲科。"

徐松《登科记考》卷一二，记贞元七年进士及第者三十人，有尹枢、令狐楚、萧俛、皇甫镈等，知举者杜黄裳，即刘《集纪》所云"司空杜公"。按：此时卢纶在河中节度使浑瑊幕，令狐楚及第后返太原省亲，经河中，卢纶有诗送之，即《送尹枢令狐楚及第后归觐》："贡文齐受宠，献礼两承欢。鞍马并汾地，争迎陆与潘。"（《卢纶诗集校注》卷一①，并参见《唐五代文学编年史》中唐卷）将尹枢、令狐楚比喻为陆氏兄弟与潘岳（按：令狐楚后任翰林学士时，应宪宗之命，为卢纶编集，也可能同早期与卢纶交结有关）。

据两《唐书》传及刘《集纪》，令狐楚于及第后，曾应桂管观察

---

①刘初棠《卢纶诗集校注》，上海古籍出版社，1989年。

使王拱之聘，仕其幕府，不久即还太原，以奉养其父。在太原，又相继在河东节度使李悦、郑儋、严绶幕，官至监察御史。严绶在河东任，为贞元十七年（801）八月至元和四年（809）三月（据《通鉴》卷二三七）。由此，则令狐楚自贞元中期至元和初，均在河东幕府，其间所起草的奏疏为时所称。《旧传》记："楚才思俊丽，德宗好文，每太原奏至，能辨楚之所为，颇称之。"《新传》略同。《郡斋读书后志》卷二，著录有《令狐楚表奏》十卷，有引其自序："登科后，为桂、并四府从事，掌笺奏者十三年，始迁御史。缀其稿，得一百九十三篇。"①此《表奏》，宋后已佚。《全唐文》所录，其在桂、并四府所草表奏，约六十余篇。按：《全唐文》编令狐楚文共五卷（卷五三九至五四三），约一百四十余篇，则其早期在幕府所撰奏表，已近一半。

又刘禹锡《彭阳唱和集后引》（《刘禹锡集笺证》外集卷九）中有云："贞元中，予为御史。彭阳公从事于太原，以文章相往来，有日矣。"按：刘禹锡于贞元十九年（803）由渭南主簿入朝为监察御史，顺宗即位后迁为屯田员外郎。据此，则德宗贞元后期，刘禹锡虽尚未与令狐楚见面，但已有文字交往。

《旧传》接云："丁父忧，以孝闻。免丧，征拜右拾遗，改太常博士、礼部员外郎。母忧去官。服阕，以刑部员外郎征，转职方员外郎、知制诰。"《新传》简记为："以亲丧解，既除，召授右拾遗。宪宗时，累擢职方员外郎、知制诰。"据《新传》所叙，则德宗时已入朝为右拾遗，宪宗时则累迁为职方员外郎。按：德宗于贞元二十一年（805）正月卒，顺宗立，令狐楚有为河东节度使严绶草撰之《为

---

①此据孙猛《郡斋读书志校证》卷一八，上海古籍出版社，1990年，第23页。

严尚书贺登极赦表》(《全唐文》卷五三九)①,则此时令狐楚仍在太原幕府,并未入朝。刘《集纪》即记为:"元和初,宪宗闻其名,征拜右拾遗。"由此,则《新传》所记误。

据吴、胡《校笺》及尹、杨《年谱》,令狐楚于元和前期仕历大致为:元和四五年间,亲丧期满,入朝为右拾遗,后历太常博士、礼部员外郎、刑部员外郎、职方员外郎,知制诰,至元和九年(814)入为翰林学士。

韦执谊《翰林院故事》记为"职外、知诰充,又赐绯",未记年月。丁居晦《重修承旨学士壁记》:"元和九年七月二十五日,自职方员外郎、知制诰充;十二月十一日,赐绯。"《旧唐书·宪宗纪》下,所记有异,谓元和九年十月"甲寅,以刑部员外郎令狐楚为职方员外郎、知制诰";同年十一月戊戌,"以职方员外郎、知制诰令狐楚为翰林学士"。《旧纪》所记较实,当是,丁《记》仅记作七月,不确。又丁《记》于"十二月十一日赐绯"后,却又云"十一月七日,转本司郎中",月份竟如此错颠。岑氏《注补》改为"十一月十一日,赐绯,十二月七日,转本司郎中",于"郎中"下再补"知制诰"。虽为推测,但可从。又刘《集纪》记其除刑部员外郎后,又云:"未几,改职方,知制诰,词锋犀利,绝人远甚。适有旨,选司言高第者视草内庭,宰臣以公为首,遂转本司郎中,充翰林学士。"乃谓以职方郎中入充翰林学士,当系刘氏误忆。

又两《唐书》本传皆言令狐楚此次之能召入为翰林学士,出于皇甫镈之力。《旧传》谓:"楚与皇甫镈、萧俛同年登进士第。元和

---

① 按:《全唐文》于此题中"严"原作"郑",误,据尹、杨《令狐楚集》点校本改。

九年，镈初以财赋得幸，荐俛、楚俱入翰林，充学士。"《新传》同，不过未记"元和九年"。按：萧俛已于元和六年入，时皇甫镈尚未有权，《旧传》记萧俛亦为九年因皇甫镈之荐入，显误（详见前萧俛传）。又《旧唐书》卷一三五《皇甫镈传》记皇甫镈元和前期仕历，为："兼御史中丞，赐金紫，判度支，俄拜户部侍郎。"后云："时方讨淮西，切于馈运，镈勾剥严急，储供办集，益承宠遇，加兼御史大夫。"《新唐书》卷一六七《皇甫镈传》亦谓："宪宗方伐蔡，急于用度，镈衰会严亟，以办济师，帝悦，进兼御史大夫。"而元和九年，淮西之征尚未开始。《旧唐书》卷一四八《李吉甫传》："淮西节度使吴少阳卒，其子元济请袭父位。"据《旧唐书·宪宗纪》下，吴少阳于元和九年九月卒，当时朝廷还遣使吊祭；至元和十年正月，才正式下诏征讨吴元济。因此两《唐书》本传记皇甫镈因讨伐淮西而得用，即举荐令狐楚，而令狐楚之入翰林，亦仍在元和九年，即正式讨伐淮西之前，可见两《唐书》所记不确。当然，令狐楚与萧俛同样，在此后仕历中确也有得皇甫镈之助。又，皇甫镈为配合征战，筹集财资，也不必纯以个人品格着眼，加以片面否定。

丁《记》后记令狐楚于元和"十二年三月，迁中书舍人"。元稹《承旨学士院记》则记为："元和十二年二月二十四日，以职方郎中、知制诰、翰林学士赐绯鱼袋充。三月二十日，正除。"按：王涯于元和十一年（816）正月十八日以中书舍人任翰林承旨，十二月十六日拜相（见后王涯传），承旨位缺人，令狐楚即于第二年即元和十二年（817）二月二十四日以职方郎中、知制诰充任承旨学士，三月二十日正除为中书舍人。丁《记》仅记迁中书舍人，刘《集纪》也仅言"满岁，迁中书舍人"，均未提承旨事，两《唐书》本传同。唐代史籍往往对充任承旨学士未加提及。

又，元和十二年二月下旬，当时在院者共五人，即令狐楚、张仲素、段文昌、沈传师、杜元颖，以令狐楚入院时间最早，故即选其为承旨。

令狐楚后于同年即元和十二年八月出院（见后），在院前后有四年。刘《集纪》叙其任职时，盛赞其"专掌内制，武帐通奏"，而"冠于一时"，但在院期间，除元和十二年八月因草制《授裴度彰义军节度使制》而致其出院外，无一篇制诏传存。令狐楚在院时，也未如元和前期的白居易、裴垍、李绛等，对朝政多直言奏议。他可能主要还在于"柏梁陪燕，嘉猷高韵"（刘《集纪》），在此期间，于文献辑集与诗文创作方面较为突出。今分述于下。

关于《御览诗》的编纂。《御览诗》，今所传最早、也较为通行的刻本为毛晋汲古阁本，书前署为"翰林学士、朝议郎、守中书舍人、赐紫令狐楚奉敕纂进"，当为令狐楚自题。据前所述，令狐楚于元和十二年三月迁中书舍人，八月出院，则其书纂成当为元和十二年夏秋间。云"奉敕纂进"，书名为"御览"，则当为遵宪宗之旨所纂。这也可以说是唐翰林学士职能之一。南宋陈振孙《直斋书录解题》卷一五总集类载："《唐御览诗》一卷。唐翰林学士令狐楚纂刘方平而下迄于梁锽凡三十人，诗二百八十九首。一名《唐新诗》，又名《选进集》，又名《元和御览》。"毛晋汲古阁刻本于书后附有陆游跋，中云："右《唐御览诗》一卷，凡三十人，二百八十九首，元和学士令狐楚所集也。"按：《御览诗》所收三十位诗人都是唐肃、代和德宗时人，即主要是大历和贞元时的近期诗作，亦即所谓"唐新诗"。诗体基本上为近体五七言律绝，清《四库全书总目提要》卷一八六认为"大致雍容谐雅,不失风格",应该说是提供中唐大历时期诗坛的实况。令狐楚能着眼于此,确为不易。从文献角度看,其中不少诗人、诗作,即赖此以传,如无此书,有些诗作就不能流传,《唐诗纪事》《全唐诗》即多采自此书①。

关于卢纶诗的辑集。前所引《御览诗》后陆游跋(又见《渭南文集》卷二六)云:"按:《卢纶墓碑》云:'元和中,章武皇帝命侍丞采诗第名家,得三百一十篇,公之章句,奏御者居十之一。'②今《御览》所载卢纶诗正三十二篇,所谓居十之一者也。"按:《御览诗》选卢纶诗三十二首,是所收三十位诗人中选诗最多的。编于德宗贞元初期的高仲武《中兴间气集》,也主要选大历诗家二十六人,其中如钱起、韩翃、郎士元、皇甫冉等,皆为"大历十才子"诗人,但却未收卢纶。令狐楚将卢纶诗录入最多,一方面可引起对卢纶作为大历诗风代表的注意,一方面也为卢纶诗集编纂提供文献基础。《新唐书》卷二〇三《文艺下·卢纶传》载:"宪宗诏中书舍人张仲素访集遗文。"则宪宗当于令狐楚《御览诗》编成后,又命时亦为翰林学士的张仲素专辑卢纶之诗,当时得有三百一十篇,当在《御览诗》所选基础上辑成的。后李德裕于文宗时又重加辑集,据说"得诗五百篇"(《旧唐书》卷一六三《卢简辞传》,并参后李德裕传)。

---

①关于此书,参见傅璇琮编《唐人选唐诗新编》,陕西人民教育出版社,1996 年。
②按:陆游此跋所引《卢纶墓碑》,未注著者。今检北宋赵明诚《金石录》目录卷十,第一千九百十有《唐兵部尚书卢纶碑》,下注:"卢言撰,崔倬正书,大中十三年七月。"(见《宋本金石录》,中华书局影印本,1991 年)此文后佚,《全唐文》未收。关于卢言,参陈耀东《〈全唐文〉佚目作者事略考》,收于其所著《唐代诗文丛考》,浙江教育出版社,2004 年。

关于《元和三舍人集》。唐代翰林学士在院期间,有时互有诗歌唱和,如前所述白居易、钱徽等。但这些唱和之作,多收于各人文集,未有在当时编成合集,且所作后亦多有散佚。而令狐楚与王涯、张仲素同在院时,集中精力,作有唱和诗一百多首,且编成集,这在唐宋两代也未曾再有。此书唐宋两代公私书目均未有著录,最早见于南宋计有功《唐诗纪事》,其书卷四二于王涯、令狐楚、张仲素名下各录有《宫中乐》、《圣神录》、《春游曲》等唱和诗,而最后于张仲素条下记云:"右王涯、令狐楚、张仲素五言、七言绝句共作一集,号《三舍人集》,今尽录于此。"按:令狐楚于元和九年十一月自职方员外郎、知制诰入,十二年三月迁中书舍人,八月四日出守本官;王涯于元和十一年正月自中书舍人入为翰林学士承旨,同年十二月出院任相;张仲素于元和十一年八月自礼部郎中入,十四年三月迁中书舍人,后不久卒官。据此,则三人实未曾同时任中书舍人,但三人是于元和十一年八月至十二月同在院内。唐宋人对中书舍人很看重,因三人在职期间都带过中书舍人官衔,故后人将其唱和集加上"三舍人"之名。

按:《唐诗纪事》所记《三舍人集》录有八十八首诗,云"尽录于此",实则所载并不全。复旦大学图书馆藏有明抄本《唐人诗集八种》,其中即有《元和三舍人集》,其书目录完整,正编则有残缺①。据目录,全书共收诗一百六十九首,其中王涯六十一首,令狐楚五

①复旦大学中文系陈尚君教授曾据复旦大学图书馆所藏明抄本加以整理,拟收辑于《唐人选唐诗新编》(傅璇琮、陈尚君、徐俊合编),将由中华书局出版。陈尚君教授于整理说明中,谓此书当即《新唐书·艺文志》著录之《翰林歌词》(一卷),备参。

十首,张仲素五十八首,今所存则亦有缺佚,但仍存一百十九首,较《唐诗纪事》多出三十余首。书中所收,以《宫中乐》、《春游曲》、《从军辞》、《思君恩》等为题,共有二十六题,每题下各人所作篇数不一,如《春游曲》,王涯二首,令狐楚三首,张仲素三首;《塞上曲》,王涯二首,张仲素一首,令狐楚无。唐代翰林学士在院中唱和之作,有一百六十余首,且编有成集,传于后世,这确为稀例。

由此可见,令狐楚在院时,主要着眼于文学活动,这当然也可属于翰林学士职能,但总与政治关系不大。意料不到的是,他之离职出院却与当时政事直接有关。

《旧传》:"时用兵淮西,言事者以师久无功,宜宥贼罢兵,惟裴度与宪宗志在殄寇。十二年夏,度自宰相兼彰义军节度、淮西招抚宣慰处置使。宰相李逢吉与度不协,与楚相善。楚草度淮西招抚使制,不合度旨,度请改制内三数句语。宪宗方责度用兵,乃罢逢吉相任,亦罢楚内职,守中书舍人。"《新传》略同。刘《集纪》亦有记:"会淮右稽诛,上遣丞相即戎以督战,公草诏书,词有涉嫌者,相府上言,有命中书参详审定,因罢内职,归阁中。"刘禹锡此处所记,未提具体人事关系,可能避嫌,但所叙仍为同一事。

据元稹《承旨学士院记》,令狐楚"八月四日,出守本官"。丁《记》同。按:据《旧纪》,裴度于元和十二年七月丙辰授为兼彰义军节度使、淮西宣慰招讨处置使,八月庚申离京赴行,宪宗"御通化门送之"(《通鉴》卷二四〇)。庚申为八月初三日,则第二天(八月四日)即使令狐楚出院。又据《新唐书》卷六二《宰相年表》,李逢吉于同年九月丁未罢相,出为剑南东川节度使。则《旧传》记李逢吉罢相在令狐楚出院前,不确。

又《册府元龟》卷五三三对令狐楚所草制文及改字,有具体记载:"(元和)十二年七月丙辰,以中书舍人、平章事裴度为门下侍郎、平章事,充彰义军节度、申光蔡等州观察、淮西宣慰处置等使,其制翰林学士、中书舍人令狐楚所草也。度以是行兼招抚,请改其辞中'未翦其类'为'未革其志',又以韩弘为都统,请改'更张琴瑟'为'近辍枢轴',又改'烦我台席'为'授以成算',宪宗皆从之,乃罢楚学士。"按:《唐大诏令集》卷五二有《裴度门下侍郎彰义军节度宣慰等使制》,下署仍为令狐楚名,《册府元龟》所载裴度请改三处,亦仍未改,《全唐文》卷五三九所载令狐楚此文,亦同。按:此三句,当时裴度所谓兼为招抚及兼顾韩弘,可能改后稍为稳妥,但原文与当时征讨之大局未有影响;且制中仍甚赞誉裴度,称其"精辨宣力,坚明纳忠,当轴而才谋老成,运筹而智略前定",且称此次出征,"付以兵要,必得万人之心",应当说与宪宗征讨大局相称。而令狐楚却因此被罢出院,此种人事关系之复杂,可待研究。

令狐楚此后仕历,两《唐书》纪、传及刘《集纪》所载甚明,不必细述。大致为:元和十三年(818)四月,出为华州刺史;十月,皇甫镈为相,便改为河阳怀节度使。十四年(819)七月,又因皇甫镈之荐,入京为中书侍郎、同中书门下平章事,拜相。十五年(820)正月,宪宗卒,穆宗立,又因人事纠纷,七月出为宣歙观察使;八月再贬为衡州刺史。后又累任各地节度,文宗开成二年(837)十一月,卒于山南西道节度使任,年七十(或七十二)。卒后,其子绚辑其父之文,成一百三十卷,请刘禹锡为之作序,刘即撰《唐故相国赠司空令狐公集纪》。

又，令狐楚后半生与刘禹锡、白居易诗歌唱和甚多，刘禹锡有《彭阳唱和集引》(《刘禹锡集笺证》外集卷九)，称："聆风相悦者四十年，会面交欢者十九年，以诗见投凡七十九首，勒成三卷。"现白居易集中与令狐楚唱酬诗，也近二十首。至于与元稹关系，元和十四、十五年间甚为曲折。

关于令狐楚著述，《新唐书》卷五九《艺文志》三记有："《元和辨谤略》十卷，令狐楚、沈传师、杜元颖撰。"卷六〇《艺文志》四记曰："令狐楚《漆奁集》一百三十卷。"此外还有"《梁苑文类》三卷，《表奏集》十卷。"此外还有："《断金集》一卷，李逢吉、令狐楚唱和。《彭阳唱和集》三卷，令狐楚、刘禹锡。僧广宣与令狐楚唱和一卷。"详参吴、胡《校笺》及尹、杨整理校笺《令狐楚集》。

郭　求

郭求，两《唐书》无传。

《元和姓纂》卷十京兆郭氏，记有郭齐宗："司农郎中、怀州刺史"，又云"曾孙求，校书郎"。则郭求为京兆人。郭齐宗，两《唐书》亦无传。《旧唐书》卷一九〇中《文苑中·员半千传》："上元初，应八科举，授武陟尉。属频岁旱饥，劝县令殷子良开仓以赈贫馁，子良不从。会子良赴州，半千便发仓粟以给饥人。怀州刺史郭齐宗大惊，因而按之。"此上元为高宗年号(674—676)，则郭齐宗任怀州刺史或在上元、仪凤(676—679)间。又《会稽辍耕录》

载："郭齐宗,光宅元年十月自右卫将军授。"光宅为武周年号
(684),则郭齐宗当仕宦于高宗、武周间。

郭齐宗后,世系不详。记郭求事迹最早者,为《唐摭言》卷二
《府元落》条,记九人,即虽为京兆府试首名解送,但后省试仍未及
第,中有郭求:"郭求:元和元年。"郭求为京兆人,故在京兆举试。
元和元年(806)府试虽列为第一,但第二年即元和二年(807)初礼
部省试,未及第。按:《全唐诗》卷七七九载郭求诗一首,题为《日
暖万年枝》,五言六韵。《全唐诗》郭求此诗实本《文苑英华》,《文
苑英华》卷一八七以"日暖万年枝"为题者有四首,撰者为蒋防、郭
求、王约、郑师贞。按:《文苑英华》编例,此处所列诗为省试或州
府试之诗。王约、郑师贞,无考。蒋防,两《唐书》也无传,也未知
其是否登第,穆宗长庆年间为翰林学士(见穆宗朝蒋防传)。《文
苑英华》所载此四首诗,如"新阳归上苑,嘉树独含妍"(蒋防),
"隐映当龙阙,氤氲隔凤池"(王约),"禁树敷荣早""光摇连北阙"
(郑师贞),皆写京兆景观。据此,则很可能此即为元和元年京兆
府试之诗。

又《唐会要》卷七六《制科举》,记元和三年(808)贤良方正能
直言极谏科,登科者有郭球。徐松《登科记考》卷一七元和三年,
贤良方正能直言极谏科,即据《唐会要》,列有郭球。不过徐氏有
按语,云:"按:球疑即元年府元落之郭求。"府元落即前引《唐摭
言》卷二所记者,惟徐氏未注明《唐摭言》。徐氏所疑当是,"球"
为"求"之形讹(《唐会要》类似讹字者甚多)。由此,则郭求虽于
元和二年未进士及第,但于元和三年三月应制举试,登贤良方正
能直言极谏科。按:此年贤良方正能直言极谏科为一大科案,皇

甫湜等应试,覆试落第,试官及覆试官亦有因此而贬官者(参见前裴坰、王涯等传)。郭求此年应试策文未见。

此后即韦执谊《翰林院故事》、丁居晦《重修承旨学士壁记》所记入翰林院事。韦《故事》记为:"蓝田尉、授集贤校理充,拾遗又充,出守本官。"丁《记》:"元和十一年十一月六日,自蓝田尉、史馆修撰充。八月,迁左拾遗。十一月八日,出守本官。"

韦《故事》未记年月,丁《记》虽有记,但此处所记,甚有错讹。如丁《记》记元和十一年十一月六日自蓝田尉入,何以又于同年八月(即十一月六日之前)迁左拾遗? 清劳格《读书杂识》卷六已谓"《壁记》年月有误",但未有考。岑仲勉《注补》则有辩说,谓:"盖《壁记》系依入院先后为序列,今下文张仲素、段文昌二人均于十一年八月十五日入院,使求是同年十一月入,何为居张、段之前,如谓是传刻错简,则《翰林院故事》亦次求于令狐楚后,王涯、段文昌、张仲素前也。"岑氏又以王涯于元和十一年正月十八日入为翰林承旨,即推断为:"(王)涯之复入,在十一年,此处之十一年,殆'九年'之误,而下文'八月'之上殆夺'十年'二字也。"

按:岑氏指出丁《记》年月差舛,是。但定郭求于元和九年十一月六日入,仅为推测,无确据。韦《故事》及丁《记》所列次序,确以入院时间先后排列,大致相同。现郭求在令狐楚之后,而据前所考,令狐楚之入在元和九年十一月戊戌,是年十一月甲戌朔,戊戌为二十五日。如此,则按岑说,令狐楚之入即晚于郭求(十一月六日入),其排列应在郭求之后,不能在前,故岑氏定郭求于九年十一月六日,未能成立。而郭求既在令狐楚之后,令狐楚在元和九年十一月二十五日入,则郭求可能于十年一月入,"十一年"

之"一","十一月"之"十",均为衍文;同年(即十年)八月,迁左拾遗,似较合情理。

郭求于元和三年制举登科,此后事迹不详,其仕历当有一定时段。《元和姓纂》撰成于元和七年,其记郭求为校书郎,当为此次制举登科后所授。所谓校书郎,或为崇文馆校书郎(从九品下),或为弘文馆校书郎(从九品上)。后改为蓝田县尉(畿县尉,正九品下),再由蓝田县尉入兼史馆修撰(或集贤校理),如白居易于元和元年四月为盩厔县尉,二年秋由盩厔尉入兼集贤校理,后即以盩厔尉、集贤校理入为翰林学士。郭求当于元和三年四月制举登科后为崇文(或弘文)校书郎,后为蓝田尉,后又以蓝田尉入朝兼史馆修撰或集贤校理,累历六七年,于元和十年正月入院,再历数月,又迁右拾遗(从八品上)。

丁《记》仅云"十一月八日,出守本官",未记何年。岑氏《注补》据《新唐书·韦贯之传》及《旧唐书·宪宗纪》,谓郭求出院当在元和十一年(816)八九月间,是。今再考述如下。

据《新唐书》卷六二《宰相年表》,韦贯之于元和九年十月戊辰入相(尚书右丞、同中书门下平章事)。《新唐书》卷一六九《韦贯之传》,记元和中皇甫镈、张宿受宪宗宠信,韦贯之则言张宿奸佞,由是张宿等怨之;韦贯之与裴度论兵事,又不合,于是罢为吏部侍郎。《旧唐书》卷一五《宪宗纪》下,元和十一年八月壬寅,亦记为:"贯之以淮西、河北两处用兵,劳于供饷,请缓(王)承宗而专讨(吴)元济,与裴度争论上前故也。"《通鉴》卷二三九元和十一年八月亦记此,但未提及裴度,云:"中书侍郎、同平章事韦贯之,性高简,好甄别流品,又数请罢用兵;左补阙张宿毁之于上,云其朋党,八月壬寅,贯之罢为吏部侍郎。"《新唐书·韦贯之传》叙其罢为吏部侍郎时,"于是翰林学士、左拾遗郭求上疏申理,诏免求学士,出贯之为湖南观察使。不三日,韦顗、李正辞、薛公幹、李宣、韦处厚、崔韶坐与韦贯之厚善,悉贬为州刺史"。

　　按:韦贯之当时并不一概反对征讨,而认为先征讨淮西吴元济,后再平山东王承宗,与裴度并不对立,且也符合当时唐朝兵力、财力实际,故《新唐书·韦贯之传》谓"后四年乃克蔡,皆如贯之策云"。可能也正因此,郭求乃为之"上疏申理",却因当时人事朋党之争,受累而出。由此也可见唐时翰林学士确实并无实力,往往受政事或人事纷争牵累而被排斥出院。

　　据《新唐书·韦贯之传》,郭求为之上疏而被迫出院后,"出贯之为湖南观察使"。据《旧唐书·宪宗纪》、《通鉴》,韦贯之于元和十一年八月罢相,后又贬湖南观察使,在元和十一年九月丙子。故岑氏《注补》谓郭求出院当在此年八九月间,丁《记》之"十一月八日,出守本官",当为"十一年八月,出守本官",当是。

　　郭求此后仕迹不详。至文宗大和五年(831)九月,《旧唐书》卷一七下《文宗纪》下,记云:"甲辰,贬太子左庶子郭求为婺王府司马,以其心疾,与同僚忿竞也。"据《旧唐书》卷四四《职官志》三,东宫馆属有太子左庶子,官阶虽为正四品上,实为闲职。又《旧唐书》卷一七五《宪宗诸子传》有:"婺王怿,长庆元年封。"长庆元年封,又见《旧唐书》卷一八《穆宗纪》长庆元年三月戊午。李怿为穆宗弟,而文宗李昂为穆宗第二子。《旧唐书·文宗纪》所记郭求事,不甚清楚,由东宫出为诸王府第,不仅仍为闲职,又当为"贬"。

此后,郭求又离开长安,居洛阳。白居易《吟四虽》一诗(《白居易集笺校》卷二九),作于大和八年(834),白居易时为太子宾客分司东都,年六十三。诗中提及四位友人,其中有郭求。诗云:"酒酣后,歌歇时,请君添一酌,听我吟四虽。年虽老,犹少于韦长史。命虽薄,犹胜于郑长水。眼虽病,犹明于徐郎中。家虽贫,犹富于郭庶子。"自注中有云:"郭庶子求,贫苦最甚。"自注又谓此四位"皆分司同官"。其中徐郎中即徐晦,亦为元和时翰林学士(见前徐晦传)。郭求于大和五年九月已罢太子左庶子,白居易当仍沿袭旧称。此时郭求当又为东都分司,不仅官闲,且又甚贫。

郭求著作,除前已引述的《日暖万年枝》一诗外,其他未有。《新唐书·艺文志》也未有著录。

王 涯

王涯,前德宗朝已有传。据前考述,王涯于德宗贞元二十年(804)十一月由蓝田县尉入为翰林学士,其间历顺宗朝,后于宪宗元和三年(808)四月,因参与覆试制举试(贤良方正能直言极谏科),"权幸"(宦官)以为"涯居翰林,其甥皇甫湜中选,考核之际,不先上言"(《唐会要》卷七六《制科举》),乃与考试官韦贯之等同时贬出,王涯贬为虢州司马。

王涯于元和中期又入为翰林学士,并充承旨。今将其前后仕历,考述于下。

《旧唐书》卷一六九《王涯传》,记王涯于贬虢州司马后,即谓

"（元和）五年，入为吏部员外"，则以元和五年即由虢州司马入朝为吏部员外郎，实误。《新唐书》卷一七九《王涯传》记为："罢学士，再贬虢州司马，徙为袁州长史。"《新传》于此确可补《旧传》之缺，并纠其误。《新传》此年所记，还可以韩愈诗佐证。

《韩昌黎诗系年集释》卷六有《祖席》二诗，一题为"前字"，一题为"秋字"。《集释》引方崧卿《举正》云："旧注云：以王涯徙袁州刺史而作。……公时在东都，故云：'祖席洛桥边'。"又引方世举《笺注》："公与涯同年进士，虢州又近东都，故有《祖席》之作。"据《元和郡县图志》卷六，虢州属河南道，辖境相当今河南卢氏、灵宝、栾川等地，的确靠近洛阳（位洛阳西南）。此当为王涯由虢州司马改为袁州刺史，当时南下，须经洛阳，韩愈即祖饯宴送，作此二诗："祖席洛桥边，亲交共黯然。野晴山簇簇，霜晓菊鲜鲜。书寄相思处，杯衔欲别前。淮阳知不薄，终愿早回船。"（"前字"）"淮南悲木落，而我亦伤秋。况与故人别，那堪羁宦愁。荣华今异路，风雨苦同忧。莫以宜春远，江山多胜游。"（"秋字"）《集释》及张春华《韩愈年谱汇证》皆系于元和三年，张《谱》并引王元启云："涯贬虢州，在初夏，徙袁当在深秋，故有菊鲜、木落等句。"以为即在元和三年。按：韩愈于元和二年六月以国子博士分司东都，元和三年、四年均在洛阳。王涯有可能于元和三年四月贬虢州，是年秋徙迁袁州刺史，但也有可能在元和四年（809）。韩愈与王涯确实于贞元八年（792）同登进士第，永贞元年（805）秋自贬地阳山北返，赴江陵途中曾作诗寄尚在翰林学士任中的王涯、李程等，请其援荐，故早有交谊。此次王涯虽由州司马提升为州刺史，但处地却远，韩愈此时由京中分司在外，也未得意，故二人相聚，确有

"亲交共黯然"之感，但还是寄以慰藉："莫以宜春远，江山多胜游。"宜春即袁州。按：王涯当时唱酬之诗不存。

又，玄、肃两朝颇有名声，肃宗时曾任宰相的房琯，天宝时曾因人事牵累，贬宜春太守。两《唐书》有传。古文名家李华曾为袁州撰《唐丞相太尉房公德铭》（《全唐文》卷三一八）。柳宗元又有《唐相国房公德铭之阴》（《柳宗元集》卷九），中云："今刺史太原王涯，嘉公之道犹在乎人，袁人不忘公之道，为之刻石。"则柳宗元作此文时，王涯在袁州刺史任，王涯特为李华原作刻石立碑。柳文虽未标年月，但于此可佐证王涯当于元和前期确实任袁州刺史。柳文又云"王公尝以机密匡天子于禁中"，即在此之前王曾任翰林学士。

《旧传》后云："五年，入为吏部员外郎。七年，改为兵部员外郎、知制诰。"而《新传》于记袁州刺史后，接云："宪宗思之，以兵部员外郎召，知制诰。"王涯当由虢州司马改任袁州刺史后，元和五年（810），以吏部员外郎召入朝，七年（812），再改为兵部员外郎、知制诰。又据《旧唐书·宪宗纪》下，元和七年六月"乙丑，以兵部员外郎王涯知制诰"。则当先由吏部员外郎改兵部员外郎，后再以兵部员外郎兼知制诰。两《唐书》本传于此各有所失。

又，王涯以吏外入朝，离袁州，时在巴州的羊士谔闻讯后曾有一诗寄怀：《郡中端居有怀袁州王员外使君》（《全唐诗》卷三三二）。按：羊士谔于元和三年十月也因人事纠纷，由侍御史贬资州刺史，未及到任，又贬为巴州刺史。元和六年（811）尚在巴州（参见《唐才子传校笺》卷五《羊士谔传》，吴汝煜、胡可先笺）。此诗诗题既称员外，又称袁州使君，则正为已有朝命为吏部员外郎而仍未离刺史任之王涯。诗云:"珥笔金华殿,三朝玉玺书。恩光荣侍从,文采应符徐。"句下自注:"王自贞元以至元和,并掌客命。"即指王涯。诗末云:"风波移故辙,符守忽离居。济物阴功在,分忧盛业余。弱翁方大用,延首迟双鱼。"意即忽闻有新命,"方大用",故寄予重望。又诗之首句"忆作同门友,承明奉直庐"。诗中自注又云:"王尤精太玄,自为深知,时在宪司,休注释,与予自躬冠服,辄诣松庭,永日言集。"则二人早年即相识,并甚有交往。羊士谔当时亦为名家,《唐诗纪事》卷四三羊士谔条,谓张为所作《主客图》,"以乐天为广大教化主,士谔为入室"。

　　随后即牵涉到王涯再次入任翰林学士的时间问题。《旧传》于"五年,入为吏部员外郎"后云:"七年,改兵部员外郎、知制诰。九年八月,正拜舍人。十年,转工部侍郎、知制诰,加通议大夫、清源县开国男,学士如故。"据此,则王涯于元和十年,由中书舍人(正五品上)转迁为工部侍郎,但仍知制诰,又云"学士如故",即如过去那样,仍入为翰林学士。《新传》未记有具体年月,而谓:"宪宗再思之,以兵部员外郎召,知制诰,再为翰林学士,累迁工部侍郎,封清源县男。"则以兵部员外郎、知制诰入,后在院时累迁工部侍郎,却又未提及中书舍人。

　　按:丁居晦《重修承旨学士壁记》作于文宗开成二年(837),在大和九年(835)"甘露之变"后,为避嫌,未记王涯。韦执谊《翰林院故事》于元和后,则仍记有王涯,云:"中书舍人充,又赐绯。"明确记为由中书舍人入,两《唐书》本传皆与此不同。元稹《承旨学士院记》记为:"元和十一年正月十八日,以中书舍人入院充。十月十七日,拜工部侍郎、知制诰。"即王涯于元和十一年(816)正月十八日为翰林学士承旨，而此前先已为中书舍人，后于同年十月十七日迁为工部侍郎、知制诰。

岑仲勉《注补》对年月记载有所质疑。岑氏意谓，《翰林院故事》将王涯之名列于郭求之后，段文昌之前，郭求入院，"颇难专据"，但总当在令狐楚入院之后（岑氏定令狐楚入院在元和九年七月二十五日）；又据韦《故事》所记"以中书舍人充"，又《旧唐书·宪宗纪》下，记元和九年闰八月十八日（壬戌），"以中书舍人王涯、屯田郎中韦绶为皇太子诸王侍读"，因此认为："涯复入翰林，应为九年闰八月后也。"现代研究者也有沿袭岑氏此说的，如吴汝煜、胡可先于《唐才子传校笺》卷五《王涯传》所作笺中，即据岑氏考订，谓王涯之入翰林即在元和九年。实则元和十年六月间，王涯仍在中书省，任中书舍人。《旧唐书》卷一六六《白居易传》，记元和十年七月，"盗杀宰相武元衡，居易首上疏论其冤，急请捕贼以雪国耻。宰相以宫官非谏职，不当先谏官言事"，又因其他人"有素恶居易者"，就贬白居易为江州刺史。《旧传》接云："诏出，中书舍人王涯上疏论之，言居易所犯状迹，不宜治郡，追诏授江州司马。"《新唐书》卷一一九《白居易传》记此事，亦谓"中书舍人王涯上言不宜治郡"。王涯只是在白居易贬江州刺史之"诏出"才看到，因而上疏的，可见非在内廷。据此，则元和十年七月，王涯仍为中书舍人，尚未入院，故两《唐书》记白居易此事，未提王涯为翰林学士。

又岑氏《注补》考郭求事，曾定其为元和九年十一月入（详见前郭求传）。如按岑此考，王涯既在郭求后入，则就不应以元和九年十一月前入，即未能如岑氏所谓以元和九年闰八月为界。实际上岑氏另有说。其另一篇《元稹〈翰林承旨学士厅壁记〉注补》，认为元稹此《记》体例，凡原已为翰林学士而拔充承旨者，均书为"翰林学士……充"，另如自外廷径入为翰林学士（如李吉甫）或承旨者（如卫次公），均书为"入院"或"入院充"，现元稹所记王涯，书为"入院充"，韦执谊《故事》亦云"中书舍人充"，则王涯当自外廷径入，非拔自原为翰林学士。岑氏又据韩愈《祭张虞部文》亦仍止称"中书舍人王涯"，未称其为学士。如此，则岑氏仍赞同元稹所记，王涯于元和十一年正月十八日以中书舍人入，并同时任承旨。如此，则与其《注补》所考谓元和九年入有异。又据前《郭求传》，郭求实为元和十年十一月六日入为翰林学士，王涯既列于郭求之后，则据元《记》乃于元和十一年正月入，合于情理。

又，钱徽、萧俛因当时议战事不合朝旨（见前钱、萧传），于元和十一年正月十四日被迫出院，王涯当因此二人出院，后数日（即正月十八日）受召入院，也与当时情事相合。

如前所述，白居易于元和十年因上疏议武元衡被杀事，先被贬为江州刺史，时为中书舍人之王涯却又上疏，不使其任郡守，白又降贬为江州司马。实际上白居易于元和三年制举案覆试事，曾特为上疏，其中提及王涯，为之辩解："故皇甫湜虽是王涯外甥，以其言直合收，涯亦不敢以私嫌自避。"而王涯却于元和十年对白居易作如此斥责，有附和权贵之嫌，可对其人品作进一步探索。

又元稹《承旨学士院记》于元和十一年正月王涯入院并充承旨后，接记同年"十月十七日拜工部侍郎、知制诰"。而《旧传》却谓"十年，转工部侍郎、知制诰"，显误。

《新传》记其在院时，甚受宪宗亲重，云："涯文有雅思，永贞、元和间，训诰温丽，多所稿定。帝以其孤进自树立，数访逮，以私居远,或召不时至,诏假光宅里官第,诸学士莫敢望。"按:李肇《国史补》卷中曾有记:"旧百官早朝,必立马于望仙、建福门外,宰相于光宅车坊,以避风雨。"清徐松撰、张穆校补《唐两京城坊考·校补记》卷三《两京·光宅坊》亦引《唐国史补》此条,并按云:"按:车坊属太仆寺。"①亦即《旧传》此处所称之"官第"。又李揆于肃宗时曾居相位(见《旧唐书》卷一二六,《新唐书》卷一五〇),有《谢赐光宅坊宅表》(《全唐文》卷三七一),中云:"中使某至,奉宣圣旨,知臣无宅,以光宅坊去内最近,赐臣宅一区,宠渥特临,喜惧交集。"又云:"今宅在庙图,地近丹禁,朝天不远于咫尺,捧日如奋于云霄。"可见光宅坊非为一般,故"诸学士莫敢望"(《新传》)。

也正因此,宪宗于元和十一年同年之内,即举拔王涯为相。《旧唐书·宪宗纪》下载元和十一年十二月"丁未,以翰林学士、尚书工部侍郎、知制诰王涯为中书侍郎、同平章事"②。《新唐书》卷六二《宰相年表》与《通鉴》卷二三九所记同。《唐大诏令集》卷四七《王涯平章事制》即对其翰学任职甚加奖赞:"属者禁垣挥翰,五字日宣;选部持衡,九流风动。荐居肘腋之地,历试股肱之才。进尝伏于青蒲,出不浅其温树。牟融得大臣之节,毛玠有古人之风。"③

实际上王涯此次再入,虽为承旨,但任职期不长,不到一年,且未有施展。《全唐文》卷四四八载其文一卷,无一文为翰林学士时所草制诰及言事奏议者。因此也如《旧传》记其任相后,谓"坐

①《唐两京城坊考》,中华书局,1985 年。
②按:此月丁未为十六日,而元稹《承旨学士院记》记为"十二月十九日",不确。
③按:《唐大诏令集》于文末署为元和十一年十一月,"十一月"误。

循默不称职罢"。

元和十一年秋冬间,王涯与同在院的学士令狐楚、张仲素,相互唱和,作诗多首,后编为《元和三舍人集》,是当时翰林学士在院中少见的唱和集(详见前令狐楚传)。

此后仕历,两《唐书》纪、传及《通鉴》均有记,不细述。大致为:元和十三年(818)八月罢相,为兵部侍郎。穆宗即位,元和十五年(820)正月,出为剑南东川节度使;长庆四年(824),入为御史大夫(按:两《唐书》本传谓在长庆三年,误),后累历户部尚书、盐铁转运使、山南西道节度使、太常卿、吏部尚书、诸道盐铁转运使等。文宗大和七年(833)七月,再入相,与李训、郑注相合。《通鉴》卷二四四文宗大和七年记:"王涯之为相,(郑)注有力焉。"元胡三省注并谓"是必因(郑)注以结王守澄也",则王涯于后期又结附宦官。大和九年(835)十一月"甘露之变",又为宦官另一派仇士良等所杀(详后文宗朝郑注、李训传)。《旧传》记其被杀时,"涯以榷茶事,百姓怨恨,诟骂之,投瓦砾以击之";又称其"贪权固宠,不远邪佞之流,以至赤族"。《新传》亦谓其晚年"嗜权固位,偷合(李)训等,不能絜去就,以至覆宗";而其所居永宁里,"乃杨凭故第,财贮钜万,取之弥日不尽"。又成书于晚唐僖宗时苏鹗《杜阳杂编》卷中有云:"王涯初为大官,名德闻望,颇为朝廷钦仰",但"末年恃宠固位,为士大夫讥之"[1]。王涯于中唐翰林学士中,其品行为最为人所讥刺者。

王涯著述,《新唐书》卷五八《艺文志》二,史部,有《唐循资

①阳羡生点校《杜阳杂编》,上海古籍出版社《唐五代笔记小说大观》本,2000年。

格》五卷;卷五九《艺文志》三,子部,有注《太玄经》六卷,又《月令图》一轴。《直斋书录解题》卷一九有《王涯集》一卷。后皆不传。《全唐诗》卷三四六编其诗一卷,其中即有与令狐楚、张仲素唱和诗,即后编于《元和三舍人集》者。《全唐文》卷四四八载其文十四篇,《唐文拾遗》卷二三辑其文一篇。

张仲素

张仲素,两《唐书》无专传,仅《旧唐书》卷一七九《张濬传》略记云:"祖仲素,位至中书舍人。"《唐才子传》卷五有张仲素传,《唐才子传校笺》之吴汝煜笺,对其生平有所考述;另《唐才子传校笺》第五册,张仲素传又有陶敏、陈尚君补笺①,均可参。

《旧唐书·张濬传》称"河间人"。《新唐书》卷七二下《宰相世系表》二下,河间张氏,有张仲素,"中书舍人";又载其祖感,未记有官职;父应,安南都护。吴《笺》据白居易《燕子楼三首》诗序及清光绪《宿州志》,考谓河间为张氏郡望,张仲素之本贯实在宿州符离(今安徽宿县)。陶敏补笺,亦据白居易诗,考光绪《宿州志》卷一八《物志·儒林》所谓"同县二张",实非张仲素,且谓明嘉靖《宿州志》、清道光《宿州志》也未有"符离五子"记载,张仲素非符离籍,仍以河间人为是。按:陶说是。

---

①傅璇琮主编《唐才子传校笺》第二册卷五《张仲素传》,吴汝煜笺,中华书局,1989 年;第五册,中华书局,1995 年。

又，上引《新表》记张仲素之父张应，为安南都护。《旧唐书》卷一三《德宗纪》下，记贞元四年（788）四月"辛酉，以吉州刺史张庭为安南都护、本管经略使"。郁贤皓《唐刺史考全编》卷三一〇岭南道安南都护府，即引《旧纪》此记，并引《旧唐书·李复传》，记有"安南经略使高正平、张应相次卒官"，并据《新表》，谓《旧纪》"张庭"应为"张应"之讹。陶敏、陈尚君补笺均谓郁说是，并谓张应至任后不久即卒，当在贞元四五年间（788—789）。按：《旧纪》"张庭"字讹，中华书局点校本未有校。

又《新唐书·张濬传》仅载张仲素名，《新唐书》卷五九《艺文志》三，子部类书类，著录有张仲素《词圃》，注云："字绘之。"白居易《燕子楼三首》序有"昨日司勋员外郎张仲素缋之访予"之句（《白居易集笺校》卷十五）。吴《笺》谓绘、缋二字，古通。

《唐才子传》卷五《张仲素传》云："贞元十四年李随榜进士，与李翱、吕温同年。"此当据当时尚传存之唐人登科录，徐松《登科记考》卷一四则据此系张仲素于贞元十四年（798）登进士第，又据《广川书跋》载李翱《慈恩题名》："李翱第一，张仲素次之。十人解送而九人入等。"徐松谓："盖李、张皆于上年为京兆等第也。"按：《文苑英华》卷三二载吕温、张仲素、王季友《鉴止水赋》，《唐才子传》卷五亦记吕温为贞元十四年进士及第，此《鉴止水赋》当为赋作试题①。是年知举者为顾少连，德宗时翰林学士，同年登第者如独孤郁、王起、李建等，后亦为翰林学士。

①按：《旧唐书》卷一三七、《新唐书》卷一六〇《吕温传》皆记吕温"贞元末"进士及第，误。中华书局点校本未有校。

又闻一多《唐诗大系》记张仲素生年为 769 年(代宗大历四年),未有考,当仅为推测。如以 769 年生,则贞元十四年(798)登第时为三十岁。

《唐才子传》后云:"以中朝无援不调,潜耀久之。复中博学宏辞,始任武康军从事。"何年中博学宏辞科,徐松《登科记考》未载。按:此时,博学宏辞已非制举,当为吏部铨试,故徐松《登科记考》亦可不列。又吴《笺》疑"武康"为"武宁"之误,谓徐州节度于永贞元年(805)三月赐名武宁军(见《旧唐书·顺宗纪》及《通鉴》卷二三六)。白居易《燕子楼三首》序中有云:"徐州故张尚书有爱妓曰眄眄,善歌舞,雅多风态。予为校书郎时,游徐、泗间,张尚书宴予。酒酣,出眄眄以佐欢。"又提及"缋之从事武宁军累年,颇知眄眄始末"。缋之即张仲素字(见前述)。吴《笺》谓此张尚书为张愔,张愔任徐州节度使在贞元十六年(800)至元和元年(806),而白居易为校书郎后曾游徐、泗,在贞元二十年(804),见《白居易集笺校》之《燕子楼三首》笺及后所附朱金城《白居易年谱》,由此则张仲素当于贞元十六年后入徐州张愔幕。又张仲素有《贺破贼表》、《贺捉获刘辟等表》(《全唐文》卷六四四),即元和元年唐军征讨西川节镇刘辟,六月大破叛军,九月擒获刘辟。陶敏补笺谓据此,张仲素当时仍在徐州幕,代张愔向朝廷进献贺表。张愔于元和元年冬卒,张仲素可能于张愔卒后离徐州幕,入朝。

《旧唐书》卷一六四《杨於陵传》:"(元和)七年,吏部尚书郑馀庆以疾请告,乃复置考判官,以兵部员外郎韦顗、屯田员外郎张仲素、太学博士陆亘等为之。"则元和七年(812)前张仲素已在朝任屯田员外郎(从六品上),屯田员外郎前任何职,无史料。

此后，元和十年（815），在司勋员外郎任，与白居易有诗唱和。前所引述的白居易《燕子楼三首》之序云："徐州故张尚书有爱妓曰盼盼，善歌舞，雅多风态。予为校书郎时，游徐、泗间，张尚书宴予。酒酣，出盼盼以佐欢，欢甚。……迩后绝不相闻，迨兹仅一纪矣。昨日，司勋员外郎张仲素缋之访予，因吟新诗，有《燕子楼》三首，词甚婉丽；诘其由，为盼盼作也。缋之从事武宁军累年，颇知盼盼始末。……予爱缋之新咏，感彭城旧游，因同其题作三绝句。"据《白居易集笺校》卷一五，白居易作此诗在元和十年（815），时已丁忧期满，在朝任太子左赞善大夫。又据朱金城《白居易年谱》，白居易于贞元十九年（803）任校书郎，二十年（804）春曾游洛阳、徐州，其时二人在徐州张愔幕府已相识。而元和十年，张仲素又访之，时已由屯田员外郎改为司勋员外郎。按：张仲素《燕子楼诗三首》载《全唐诗》卷三六七。前所引白居易《燕子楼三首》自序，对张仲素此诗甚为称赏，云"词甚婉丽"，故特为和作。

　　又，《唐才子传》谓张仲素"贞元二十年迁司勋员外郎，除翰林学士"，则大误。前已考述，德宗贞元后期直至宪宗元和元年，张仲素一直在徐州张愔幕府，而其为翰林学士，则在元和十一年（816）。《唐才子传》此处误载，不知出于何书。

　　关于张仲素入院，韦执谊《翰林院故事》所记仅一句，云"礼部员外充"。丁居晦《重修承旨学士壁记》记为："元和十一年八月十五日，自礼部郎中充。"一为礼外，一为礼中，当以丁《记》为是，此可以杨巨源诗参证。杨巨源有《张郎中段员外初直翰林报寄长句》（《全唐诗》卷三三三），此段员外为段文昌，丁《记》即记其于元和十一年八月十五日自祠部员外郎充，韦《故事》亦记为"祠部员外充"。杨巨源诗题称张、段同时初值翰林,称段为员外,则称张为郎中,当是。

按:杨巨源此诗云:"秋空如练瑞云明,天上人间莫问程。丹凤词头供二妙,金銮殿角直三清。方瞻北极临星月,犹向南班滞姓名。启沃朝朝深禁里,香炉烟外是公卿。"将二人以尚书郎官入为翰林学士称誉为"天上人间莫问程"。其实唐人对尚书省郎官是极为看重的,如《唐会要》卷五八载玄宗开元五年(717)四月九日敕,称"尚书郎皆是妙选"。文宗时翰林学士韦温曾谓:"国朝已来,郎官最为清选。"(《旧唐书》卷一六八《韦温传》)而杨巨源以翰林学士与郎官作比,称"天上人间莫问程",可见当时文士的一种社会心理。

杨巨源,两《唐书》无传。《唐才子传》卷五有《杨巨源传》,据吴汝煜、胡可先笺,杨巨源于元和九年(814)六月后随河中张弘靖入朝为秘书郎,十一年(816)前后任太常博士,十三年(818)改为虞部员外郎,旋出任凤翔少尹。赴任时,张籍有《送杨少尹赴凤翔》诗(《全唐诗》卷三八五),首二句为"诗名往日动长安,首首人家卷里看",可见其当时之诗名。由杨巨源赠张仲素、段文昌诗,也可由此考见当时翰林学士与文士的交往。

又,张仲素以礼部郎中任翰林学士时,当时另有一诗人答其赠诗,值得一提,即张碧《答张郎中分寄翰林贡余笔歌》,为七古。此诗《全唐诗》未收,近代学者童养年于《全唐诗续补遗》卷五中辑入①。《唐才子传》卷五有《张碧传》,吴汝煜、胡可先笺,引有此诗,并据丁《记》,谓中唐德、顺、宪三朝时,以郎中充翰林学士并姓

①见陈尚君编纂《全唐诗补编》,中华书局,1992 年。

张者,仅张仲素一人。诗中云:"我之宗兄掌文橪,翰林分与神仙毫",又赞誉其诗"东风吹柳作金线,狂涌辞波力生健;此时捧得江文通,五色光从掌中见";末云"手擎瑟瑟三十斗,博归天上书《黄庭》;梦中摆手不相许,怅望空乘碧云去",似有望请举荐之意。据《唐才子传》及《唐诗纪事》卷四五,张碧于贞元间应试进士,累举不第,而后退隐,读李白诗,慕其为人。孟郊有《读张碧诗》,称"陈词备风骨"(《孟东野诗集》卷九),当亦有诗名。由上引张碧答和张仲素诗,可见张仲素在任翰林学士时,主动赠诗与笔给文士,也可见当时翰林学士与文士之交往。

关于张仲素、段文昌之入为翰林学士,《旧唐书》卷一五八《韦贯之传》尚记有一事,时韦贯之为宰相,"同列以张仲素、段文昌进名为学士,贯之阻之,以行止未正,不宜在内庭"。《新唐书》卷一六九《韦贯之传》更记为:"贯之谓学士所以备顾问,不宜专取辞艺,奏罢之。"按:韦贯之于元和十一年八月壬寅(九日)罢相,而张、段则于同年八月十五日入,即张、段之入,乃为韦罢相后,而韦之罢相,又与裴度论事不合有关。《旧唐书》卷一五《宪宗纪》下,元和十一年八月记韦贯之罢相后,有云:"贯之以淮西、河北两处用兵,劳于供饷,请缓(王)承宗而专讨(吴)元济,与裴度争论上前故也。"正因如此,张、段之所以能在韦贯之罢相后数日即入,也当与裴度有关,因裴度当时是力主全力征讨的。此年正月十四日,钱徽、萧俛即因不主张用兵而被迫出院,此时郭求也于八月出院,院中仅徐晦、令狐楚、王涯三人,在征战正急、制令日繁的情况下,必须急调人才。又据《唐会要》卷五七《翰林院》所记元和十三年(818)事,张仲素等是主张用兵的:"(元和)十三年,上御麟德殿,召对翰林学士张仲素、段文昌、沈传师、杜元颖,以仲素等自讨叛奉书诏之勤,赐仲素以紫,文昌等以绯。"按:此"讨叛",即指平淮西吴元济。据史载,唐将李愬于元和十二年(817)十月擒获吴元济,十一月诛吴元济于京兆,十三年正月朔,受朝贺,大赦。《旧唐书》卷一五《宪宗纪》下,十三年"二月乙亥,御麟德殿,宴群臣,大合乐,凡三日而罢,颁赐有差"。此当即《唐会要》卷五七所载赐张仲素等。由此亦可见,文士之入为翰林学士,与当时执政者即宰相有极大关系,如当时韦贯之未罢相,裴度未力荐,张仲素、段文昌也就未能入。

张仲素入院后,丁《记》记云:"(元和)十三年正月十二日,加司封郎中、知制诰,二月十八日,赐紫。十四年三月二十八日,迁中书舍人。卒官,赠礼部侍郎。"元稹《承旨学士院记》:"元和十三年二月十八日,以司封郎中、知制诰、翰林学士赐紫金鱼袋充①。十四年三月二十八日,正除。其年卒,官赠礼部侍郎。"则张仲素于元和十三年二月十八日赐紫后,即又任承旨,此为丁《记》未记。

又,张仲素于元和十一年八月十五日以礼部郎中入,至十三年二月十八日,改司封郎中、知制诰,即其间约有一年半时间加知制诰者,而此期间正为淮西战事最为繁剧之时,翰林学士为此撰写制诰诏令一定很多,前引《唐会要》所记亦称其"奉书诏之勤"。张仲素所草制诰,虽未有传存,但当时一定不少。如此则所谓翰林学士在院期间未加中书舍人时,只有兼知制诰,才能撰制,确与事实不合。

---

①按:此处"充"字原无,据岑氏《注补》补。

据元《记》，张仲素于元和十四年三月二十八日迁中书舍人，"其年卒，官赠礼部侍郎"。则其在院，前后四年。在院期间，除撰制诏诰外，尚有三事可述：

一、曾为卢纶辑集。《新唐书》卷二〇三《文艺下·卢纶传》："宪宗诏中书舍人张仲素访集遗文。"按：令狐楚在院期间曾应宪宗之嘱编中唐前期诗选《御览诗》，其中所选卢纶诗最多，为三十二首（见前令狐楚传）。后所传本《御览诗》附有陆游跋，有云："按：《卢纶墓碑》云：'元和中，章武皇帝命侍丞采诗第名家，得三百一十篇，公之章句，奏御者居十之一。'今《御览》所载纶诗正三十二篇，所谓居十之一者也。"令狐楚所选卢纶诗最多，一方面可能与其诗学观念有关，另一方面也有可能因得有张仲素所编之卢纶诗集。

二、宋陈思《宝刻丛编》卷八引《京兆金石录》："《唐赠左武卫上将军彭献忠碑》，张仲素撰，郭叔瑜书，王遂篆额。元和十二年。"此即《全唐文》卷六四四所载张仲素《内侍护军中尉彭献忠神道碑》。据文中所载，彭献忠为宦官，建中三年（782）入侍宫殿，得到德宗之宠信；宪宗元和三年（808）为左神策军副使，六年（811）十月迁升为左领军卫大将军、知内侍省事，充左神策等护军中郎将兼左卫功德使；十二年（817）二月卒，十月十四日葬。文中云："词臣奉诏，传信扬芳，焯叙德善，永垂贞石。"奉皇帝之命为宦官撰写碑铭，这是唐翰林学士职能常例，也值得作综合考察。

三、《新唐书》卷五九《艺文志》三，子部类书类，著录有张仲素《词圃》十卷。按：此类所录，前有规模较大的类书，如《艺文类聚》一百卷，《北堂书钞》一百七十三卷，及武后时所编之《三教珠英》一千三百卷等。可以注意的是，另有中唐时翰林学士所编，如陆贽《备举文言》二十卷，元稹《元氏类集》三百卷，白居易《白氏经史事类》三十卷（一名《六帖》）。这几部书一般是为翰林学士撰写制诰或其他文士应试时所参用的。张仲素当时以赋著称，李肇《翰林志》记文士应召入院，须经文试，即"试制书答共三首，诗一首"（此可参前白居易传），后又云："自张仲素后加赋一首。"这就是说，自张仲素后，翰林学士召试又加试赋一项。唐赵璘《因话录》卷三，称元和以来，"李相国程、王仆射起、白少傅居易兄弟、张舍人仲素为场中词赋之最，言程式者，宗此五人"。可见张仲素赋作在当时的声望。《全唐文》卷六四四载张仲素文二十七篇，其中十九篇为赋，这在中唐翰林学士中是极为少见的。《新唐书》卷六〇《艺文志》四，集部最后一类，又著录"张仲素《赋枢》三卷"，同类有王昌龄《诗格》、皎然《诗式》等，则此《赋枢》当亦为写作指南一类之书。由此可见，张仲素之《词圃》、《赋枢》，后虽未传，但对研究唐时赋体文学的发展、传播，当甚有参考价值。

又，张仲素于元和十一年秋冬间，与令狐楚、王涯同在院，有诗唱和，后编成集，为《元和三舍人集》，详见前令狐楚传。《全唐诗》卷三六七载其诗一卷，计三十八首，其中即有《元和三舍人集》所收者。

段文昌

段文昌，两《唐书》有传，见《旧唐书》卷一六七，《新唐书》卷八九（附于其高祖段志玄传后）。《旧传》："段文昌字墨卿，西河人。"《新传》:"文昌字墨卿,一字景初,齐州临淄人。"所记郡籍不同。《新唐书》卷七五下《宰相世系表》五下,记"段氏出自姬姓","世居武尉",后"徙河南"。元稹《唐左千牛韦珮母段氏墓志铭》(《全唐文》卷六五五)亦称段氏为"武威段氏",武威当为郡望。又《元和郡县图志》卷一三河东道有汾州,即西河郡,在今山西省中部,与《新唐书·段志玄传》所云齐州临淄人,亦不同。当各因其先世仕历不同,所记有异。而段文昌,则两《唐书》本传皆记为"家居荆州""世客荆州",当较合于实际。荆州,治所为江陵(今湖北荆门市)。

又《旧传》称其高祖志玄,祖德皎。《新唐书·宰相世系表》则记段志玄子瓘,瓘有三子:怀昶、怀晏、怀皎;怀皎子谔,谔子文昌。如此,则《旧传》称文昌祖德皎,"德"字误,因据《新表》,瓘子三人名,皆以"怀"字行。

关于段文昌早期生活,过去也有两处误载。宋王谠《唐语林》卷六谓"文昌少孤,寓居广陵之瓜洲,家贫力学。"而同卷另一条又载:"段相文昌,少寓江陵,甚贫窭。每听曾口寺斋钟动,诣寺求食。寺僧厌之,乃斋后扣钟,冀其来不逮食。后登台辅,出镇荆南,题诗曰:'曾遇阇梨饭后钟。'"前一条,周勋初《唐语林校证》谓"不知源出何书";后一条,谓原出《北梦琐言》卷三《段相踏金莲》,后《类说》、《说郛》皆据《北梦琐言》有载。

按:两《唐书》本传及有关记载,均谓段文昌世居荆州。《旧传》记其父谔,循州刺史,《新表》则记谔为荣州刺史,有所不同(中华书局点校本未有校),但均与广陵(扬州)无关。《太平广记》卷一五五《段文昌》条引《定命录》有云:"父锷(按:此字当误,应作谔），为支江宰,后任江陵令"；又称段文昌"长自渚宫"。《太平广记》卷一三八《段文昌》条引《录异记》,又谓段文昌"负才傲俗,落拓荆楚间",均记其早年在荆州江陵。《旧传》更云："先人坟墓在荆州。"因此《唐语林》所谓段文昌"少孤,寓居广陵",失实。

又前所引述《唐语林》同卷所引《北梦琐言》一条,却记段文昌为"少寓江陵",较合实际,但此条又记当地僧寺求食事,唐末五代王定保《唐摭言》所记,则为王播事。两《唐书·王播传》亦有类似记载,并可参《唐诗纪事》卷四五王播条,及许浑《和淮南王相公与宾僚同游瓜洲别业题旧书斋》（《全唐诗》卷五三五）。由此,则《北梦琐言》虽记段文昌少寓江陵,是,但记"诣寺求食",应是王播事,且在广陵（扬州）,亦与段文昌无关。

段文昌子段成式所著《酉阳杂俎》,其书《续集》七,记有："贞元十七年,先君自荆入蜀,应韦南康辟命。"据《旧传》,段文昌卒于文宗大和九年（835）三月,年六十三,则当生于代宗大历八年（773）,贞元十七年（801）当为二十九岁。段文昌于二十九岁才由荆入蜀,应聘至剑南西川幕府,可见他早年确长期居于荆州,可能也未应科举考试,故徐松《登科记考》即未列其名。又韦皋于德宗贞元年间即任剑南西川节度使、成都尹,后封南康郡王,故又称韦南康。符载作于贞元四年（788）的《剑南西川幕府诸公写真赞》序中曾称："韦公虚中下体,爱敬士大夫,麏至幕下,搢绅峨峨,为一时伟人。"（《全唐文》卷六九〇）可见韦皋在西川节镇是颇善意于招募文才之士的,故段文昌特意由荆入蜀。

《旧传》接云："李吉甫刺忠州,文昌尝以文干之。及吉甫居相位,与裴垍同加奖擢,授登封尉、集贤校理。"按:李吉甫于贞元十一年(795)夏由明州员外长史迁为忠州刺史,十七年(801)因病罢任,但仍留于忠州,至十九年(803)夏改郴州刺史任(见前李吉甫传)。忠州治所临江县,在今重庆忠县。由此,可能段文昌于贞元十七年入韦皋幕后,于十七、十八年内曾去忠州探访李吉甫,"以文干之",具体不详。

李吉甫于宪宗元和二年(807)正月与武元衡同时入居相位,同年十月,武元衡出为剑南西川节度使,元和三年(808)九月,李吉甫出为淮南节度使。如此,则可能段文昌于元和二三年间,武元衡镇蜀时,被召为其婿(段文昌于元和初期仍在西川),后又由李吉甫、裴垍之荐,入朝。登封县为畿县,属河南道,段文昌当以正九品下之登封县尉官衔,入朝为集贤校理,并非在登封县供职。

《旧传》随后记为:"俄拜监察御史,迁左补阙,改祠部员外郎。元和十一年,守本官,充翰林学士。"《新传》所记甚略,于登封尉、集贤校理后,仅"再迁左补阙"一句,后即述翰林学士事。据丁居晦《重修承旨学士壁记》,段文昌与张仲素同于元和十一年(816)八月十五日入,段文昌是"自祠部员外郎充",与《旧传》合。韦执谊《翰林院故事》亦记为"祠部员外充"。

关于段文昌之入为翰林学士,两《唐书》皆记当时有争议。《旧传》云:"文昌,武元衡之子婿也。元衡与宰相韦贯之不协,宪宗欲召文昌为学士,贯之奏曰:'文昌志尚不修,不可擢居近密。'至是贯之罢相,李逢吉乃用文昌为学士。"《新传》亦有记,但未提武元衡事,亦未提李逢吉,仅云:"宪宗数欲亲用,颇为韦贯之奇诋,偃蹇不得进。贯之罢,引为翰林学士。"按:《旧传》所载,韦贯之仅提及段文昌，而两《唐书·韦贯之传》则记韦贯之当时不主张入任翰林学士者，为张仲素、段文昌二人，且亦未提及武元衡，只谓此二人"行止未正"。按：武元衡于元和十年（815）六月已为盗所杀，元和十一年七八月间，韦贯之已与武元衡无实际利害冲突。据前张仲素传所考，韦之力阻张、段二人召入，与当时征讨战事有关。韦贯之当时与力主征讨的裴度常"争论上（宪宗）前"，结果，韦贯之于元和十一年八月九日罢相，张、段二人于同月十五日入院，可能即为裴度举荐。段文昌入院时，为四十四岁。

又，段文昌初入院时，当时颇有诗名的杨巨源有诗寄献段文昌、张仲素，参见前张仲素传。

丁《记》接云："十三年正月十二日，加本司郎中。二月十八，赐绯。"此次迁赐，也与张仲素等同时。据史载，元和十二年十月，唐将李愬擒获淮西吴元济，十一月诛吴元济于京兆；十三年正月朔，宪宗即受朝贺，大赦。又《旧唐书》卷一五《宪宗纪》下，十三年"二月乙亥，御麟德殿，宴群臣，大合乐，凡三日而罢，颁赐有差。"关于当时翰林学士赏赐，《唐会要》卷五七《翰林院》有记："（元和）十三年，上御麟德殿，召对翰林学士张仲素、段文昌、沈传师、杜元颖，以仲素等自讨叛奉书诏之勤，赐仲素以紫，文昌等以绯。"可见段文昌等对当时征讨、用兵之积极支持与效勤。

丁《记》接云："十四年四月，加知制诰。十五年正月二十三日，迁中书舍人。闰正月一日，赐紫。"元稹《承旨学士院记》则记为："元和十五年闰正月一日，以中书舍人、翰林学士与杜元颖同承旨，仍赐紫金鱼袋。"

岑仲勉《注补》谓据《旧唐书·宪宗纪》下，宪宗卒于元和十五年正月二十七日庚子,依此,则段文昌于正月二十三日迁中书舍人,当仍在宪宗时。《旧传》则谓"穆宗即位,正拜中书舍人",误。《新传》记段文昌于宪宗时迁中书舍人,但又将其任承旨亦记于宪宗时,谓:"迁中书舍人,遂为承旨。穆宗即位,屡召入思政殿顾问。"据元《记》,段文昌于元和十五年闰正月一日,与杜元颖同为承旨,已在宪宗卒后,《新传》此处所记亦不确(中华书局点校本,于《旧传》、《新传》此处之误,皆未有校正)。

按:翰林学士承旨是宪宗即位初创建的,但终宪宗一朝,同一时期,只设承旨一人,前后相继,有时尚有空缺。而穆宗即位初,又将段文昌与杜元颖同任为承旨,这是首创,但似也仅此一例,后未有。

《旧唐书》卷一六《穆宗纪》,元和十五年闰正月辛亥(初八),记云:"舍人、翰林学士、武骑尉、赐紫金鱼袋段文昌为中书侍郎、同平章事。"元稹《承旨学士院记》同,记为:"(闰正月)八日,拜中书侍郎、同中书侍郎平章事。"(丁《记》则于"闰正月一日赐紫"后,谓"八月,拜中书侍郎、平章事","月"当为"日"讹)这是穆宗时由翰林学士直接提升为宰相的首例。

《唐大诏令集》卷四七载有《段文昌平章事制》,文末署"元和十五年闰正月",未署撰者。《全唐文》卷七二四杜元颖文,载有此制。杜元颖此时正任为翰林学士承旨。制文称段文昌"自掌文翰苑,列籍金门,出入五年,恭勤一致";又赞其"修词每掇其菁华,所尚者风格;发言必深于指要,所贵者变通。识古今理乱之源,知遐迩利病之本"。但《全唐文》卷六一七载其文四篇,无一篇制诰文字。

其任职期间应命所作之《平淮西碑》,则为争议甚多一文。《旧唐书》卷一六〇《韩愈传》云:"仍诏愈撰平淮西碑,其辞多叙裴度事,时先入蔡州擒吴元济,李愬功第一,愬不平之。愬妻出入禁中,因诉碑辞不实,诏令磨愈文,宪宗命翰林学士段文昌重撰文勒石。"《新唐书》卷二一四《吴元济传》亦有记:"(韩)愈以元济之平,繇(裴)度能固天子意,得不赦,故诸将不敢首鼠,卒禽之,多归度功,而(李)愬特以入蔡功居第一。愬妻,唐安公主女也,出入禁中,诉愈文不实。帝亦重牾武臣心,诏斫其文,更命翰林学士段文昌为之。"段文昌《平淮西碑》(《全唐文》卷六一七)文后亦云:"诏命掌文之臣文昌勒铭淮浦。"关于韩、段此两篇碑文,后罗隐《说石烈士》(《全唐文》卷八九六),《芝田录》(《类说》卷一一引),各有所记,后人亦多有不同评论。现代学者罗联添《记〈平淮西碑〉》,对此有综述,可参。罗氏以为宪宗所以允从愬妻之诉说,命段文昌重写,"盖以河北、山东藩镇之乱未清,仍须借重武臣"[1]。当然,段文昌重写之《平淮西碑》,与韩愈所作,其重点及优缺点,可再作比较研究,但我们从翰林学士研究角度,主要在论述此为翰林学士职能之一,只能听从上旨。

段文昌后之仕历颇繁,不再细述。罢相后,历任各地节镇,如剑南西川、淮南、荆南等。详见两《唐书》纪、传。文宗大和九年(835)三月卒,年六十三。

《旧传》谓"有文集三十卷",《新唐书》卷六〇《艺文志》四,别集类所载同,后不存。《全唐文》卷六一七载文四篇;《全唐诗》卷

---

①罗联添文,载《韩愈研究》论文集第一辑,中州古籍出版社,1996年。

三三一载诗四首,皆辑自《唐诗纪事》卷五〇。其诗文除《平淮西碑》外,皆与翰林学士无关。

又,其子成式,有文才,附见两《唐书·段文昌传》,著有《酉阳杂俎》,是唐时著名志怪笔记小说体著作。

沈传师

沈传师,两《唐书》有传,见《旧唐书》卷一四九,《新唐书》卷一三二。另有杜牧《唐故尚书吏部侍郎赠吏部尚书沈公行状》(《樊川文集》卷一四)①。按:《旧唐书》卷一四九虽标为沈传师传,实际上所记主要系其父沈既济事,记沈传师事仅数行,甚略。《新唐书》卷一三二本传所记较详,但大多即本于杜牧所作《行状》。

《元和姓纂》四十七寝,记沈传师,谓"吴兴武康人"。杜牧《行状》未记其郡籍。两《唐书》本传则皆称为苏州吴人。据《元和郡县图志》卷二五,湖州吴兴郡有武康县(今属浙江德清县)。又徐松《登科记考》卷一五记沈传师于贞元二十一年(805)登进士第,系据《永乐大典》所引《苏州府志》,而《嘉泰吴兴志》卷一六《贤贵事实》所引《吴兴统志》又谓沈传师为德清县人。可能其本籍仍为吴兴,而后则长期居于苏州。

其父沈既济,德宗初曾因杨炎之荐,任左拾遗、史馆修撰,后

---

①陈允吉点校《樊川文集》,上海古籍出版社,1978年。

杨炎谴逐,也就受累贬处州司户,后入朝,终礼部员外任。所著《枕中记》(《唐文拾遗》卷二四),为唐时传奇名作。

两《唐书》本传及杜牧《行状》,记沈传师事迹,均自进士擢第始。《旧传》仅言"擢进士",杜牧《行状》则记为"贞元末",并言时权德舆知举,给事中许孟容特向权德舆推荐。杜牧《行状》又云:"文公门生七十人,时人比公为颜子。"即以沈传师为权德舆知举时录取举子之翘秀者。徐松《登科记考》卷一五,贞元二十一年,知举者即权德舆,同年登第者另有牛僧孺、李宗闵等。杜牧《行状》已云此年登第者七十人,又杨嗣复《丞相礼部尚书文公权德舆文集序》(《全唐文》卷六一一)亦谓"擢进士第者七十有余";同年及第者萧籍,其所作《祭权少监文》(同上,卷六九五)亦谓:"公昔在贞元,实司文衡,第甲者七十有二人。"按:唐进士科,一般录取者不过三四十人,而此年却达到七十余人。据《旧唐书》卷一四《顺宗纪》,德宗于贞元二十一年正月卒,顺宗立,三月下旬进士放榜,而此时正为王叔文新政施展之际,可能与由此而多提拔人才有关。

杜牧《行状》记进士及第后,接云:"联中制策科。"《唐会要》卷七六《制科举》条,即记元和元年(806)四月才识兼茂明于体用科,有沈传师,即进士及第后之第二年,故杜牧《行状》云"联中"。同登此科者有元稹、白居易、独孤郁、萧俛,后皆为翰林学士。沈传师此次制举登科后,据杜牧《行状》,历仕为:"太子校书,鄠县尉,直史馆,左拾遗,左补阙,史馆修撰。"当均在元和前期,后即入为翰林学士。

现补记沈传师进士登第之年岁,并兼考《旧唐书》所记之误。

《旧传》有云："转宣州刺史、宣歙池观察使。入为吏部侍郎。大和元年卒，年五十九，赠吏部尚书。"杜牧《行状》及《新传》皆未记卒于何年。按：《旧唐书》卷一七上《文宗纪》上，大和二年十月癸酉，以右丞沈传师为江西观察使；卷一七下《文宗纪》下，大和四年九月丁丑，"以（沈）传师为宣歙观察使"；七年四月甲申，"以（沈）传师为吏部侍郎"。如此，则沈传师于大和二年至七年（828—833）仍历镇江西、宣歙。杜牧《池州造刻漏记》（《樊川文集》卷十）曾记："某大和三年佐沈吏部江西府……后二年，公移镇宣城。"即杜牧于这几年间即在沈传师幕府。由此，则《旧传》谓"大和元年卒"，显误（中华书局点校本未有校）。杜牧《行状》后记沈传师自宣州入为吏部侍郎（即大和七年），又经"二年考覆搜举"，后即"及薨于位"，则当卒于大和九年（835）。《旧传》所记"元年"，"元"当为"九"之形讹。

大和九年卒，年五十九，则当生于代宗大历十二年（777）。贞元二十一年（805）进士及第，为二十九岁；后元和十二年（817）入为翰林学士，当为四十一岁，在当时院中是最为年轻的。

韦执谊《翰林院故事》记沈传师："补阙充。"丁居晦《重修承旨学士壁记》，记为："元和十二年二月十三日，自左补阙、史馆修撰充。"杜牧《行状》记其翰林学士前，亦为左补阙、史馆修撰，任翰林学士后则为"历尚书司门员外郎"。但两《唐书》本传却均记为由左补阙迁司门员外郎、知制诰，后才召充翰林学士，当不确。且沈传师入院后虽有迁转，但其以本官兼知制诰乃在穆宗即位后，即元和十五年（820）闰正月二十一日，以兵部郎中知制诰，此亦为两《唐书》本传之误。

丁《记》记其入院后，云："十三年正月十三日，迁司门员外郎；二月十八日，赐绯。"按：此次升迁、赏赐，与张仲素、段文昌同时。《唐会要》卷五七《翰林院》记云："（元和）十三年，上御麟德殿，召对翰林学士张仲素、段文昌、沈传师、杜元颖，以仲素等自讨叛奉书诏之勤，赐仲素以紫，文昌等以绯。"此因淮西战平，吴元济于元和十二年十一月被诛，宪宗乃于十三年正月朔日，朝贺，宣赦。《旧唐书》卷一五《宪宗纪》下，十三年"二月乙亥，御麟德殿，宴群臣，大合乐，凡三日而罢，颁赐有差"。张仲素、段文昌等皆于十三年正月十二日迁转（见前张、段传）。丁《记》此处记为："正月十三日。""三"字当为传写之误。

丁《记》接云："十五年正月二十三日，加司勋郎中。闰正月一日，赐紫。二十一日，加兵部郎中、知制诰。"按：段文昌亦于正月二十三日由祠部郎中、知制诰迁中书舍人，闰正月一日加承旨（见前段文昌传），杜元颖、李肇亦于闰正月一日赐紫（见后杜、李传），此当因元和十五年正月宪宗卒，穆宗立，穆宗表示对翰林学士的信重。《旧唐书》卷一六《穆宗纪》即记，元和十五年正月"丙午，即皇帝位于太极殿东序。是日，召翰林学士段文昌、杜元颖、沈传师、李肇、侍读薛放、丁公著对于思政殿，并赐金紫"，而第二天（丁未），才"集群臣班于月华门外"。

丁《记》又记："长庆元年二月二十四日，迁中书舍人。"元稹时已入为翰林学士、中书舍人，有《沈传师授中书舍人制》（《全唐文》卷六四八），称为："洁净精微，风流儒雅，名因道胜，信在言前。谦而愈光，卑以自牧，专对无不达，群居若不知。而又焕有文章，发为词诰，使吾禁中无漏露之患，而朕语言与三代同风，勤亦至矣。"对沈传师在院期间之职责表现甚为赞誉,并特标以"与三代同风",亦表现元稹对制诏文体改革创新的意向(此参见后穆宗朝元稹传)。

杜牧《行状》记其迁中书舍人后云:"时穆宗皇帝亲任学士,时事机秘,多考决在内,必取其长,循为宰相。公密补弘多,同列每欲面陈拜章,互来告公,必取规议,用为进退。岁久,当为其长者凡再,公皆逡巡不就。上欲面授之,公奏曰:'学士院长,参议大政,出为宰相,臣自知必不能为。凡宰相之任,非能尽知天下物情,苟为之必致败挠。况今百姓甚困,燕赵适乱,臣以死不敢当,愿得治人一方,为陛下长养之。'因出称疾,特降中使刘泰伦起之,公称益笃。故相国李公德裕与公同列友善,亦欲公之起,辞说甚切,公终不出。"按:元和十五年闰正月一日,段文昌与杜元颖同受任为翰林学士承旨,而同月八日段文昌又出任宰相,杜元颖于长庆元年(821)二月十五日又拜相出院,时当有人提议请沈传师充任承旨,但沈传师力辞,亦可见其"恬退无兢"(《旧传》)之品行。

杜牧《行状》后记为:"因诏以本官兼史职,出归纶阁。久处密近,思效用于外,恳请于丞相不已,由是出为湖南观察使、兼御史大夫。"《旧传》亦于"以本官兼史职"后,记为"俄兼御史中丞,出为潭州刺史、湖南观察使"。又欧阳修《集古录跋尾》卷八著录《唐韩愈罗池庙碑》[1],引有《穆宗实录》,云:"长庆二年二月,传师自尚书兵部郎中、翰林学士罢为中书舍人、史馆修撰,其九月,愈自兵部侍郎迁吏部。"韩愈确于长庆二年(822)九月由兵部侍郎迁

---

[1]《集古录跋尾》,见《欧阳修全集》卷一四一,中华书局点校本,2001年。

改为吏部侍郎，则沈传师亦当于长庆二年二月出院。唯所引《穆宗实录》，所谓由兵部郎中罢为中书舍人，则误。因沈传师在院期间已由兵部郎中（从五品上）迁为中书舍人（正五品上），何以又谓出院时以兵部郎中罢为中书舍人？但时间可佐证，由此可补丁《记》"二月十九日"前加"二年"二字（岑氏《注补》亦已提及），即长庆二年二月十九日以中书舍人出院，"以本官兼史职"。

沈传师与李德裕元和十五年闰正月至长庆二年二月同在院中任职，据杜牧《行状》，二人"同列友善"。如前所述，李德裕曾力劝沈传师升任承旨。李德裕于大和三年（829）春为浙西观察使、润州刺史后，曾作有《招隐山观玉蕊树戏书即事奉寄江西沈大夫阁老》（《李德裕文集校笺》别集卷三），中云："玉蕊天中树，金闺昔共窥。……今来想颜色，还似忆琼枝。"自注："内署沈大夫所居门前有此树，每花落，空中回旋久之，方集庭际，大夫草诏之月，皆邀予同玩。"此时沈传师任江西观察使（见后），见此诗后，即作有《奉酬浙西尚书九丈招隐山观玉蕊树戏书见怀之作》（《全唐诗》卷四六六），中云："曾对金銮直，同依玉树荫。……劳君想华发，仅欲不胜簪。"二诗是对同值翰学时的回忆，提供了有意义的史料。

另，翰苑外之文士沈亚之有诗寄赠沈传师：《题海榴树呈八叔大人》（《全唐诗》卷四九三），七律，前四句云："曾在蓬壶伴众仙，文章枝叶五云边。几时奉宴瑶台下，何日移荣玉砌前。"蓬壶即蓬莱，相传为仙人所居，此处即喻为翰林学士院。次句即谓经常陪侍皇上，以供咨询。此亦可见当时对翰林学士特殊境遇的仰慕之情。

沈传师任职于翰苑,前后六年,时间不短,但无一篇制诰传存。《全唐文》卷六八四仅载其《元和辨谤略序》。编纂《元和辨谤略》一书,当是其在院时的一项职务。《旧唐书》卷一九〇下《文苑下·唐次传》,载唐次于德宗贞元八年因窦参之贬,受累出为开州刺史,约十余年,"久滞蛮荒,孤心抑郁,怨谤所积,孰与申明,乃采自古忠臣贤士,遭罹谗谤放逐,遂至杀身,而君犹不悟。其书三篇,谓之《辨谤略》,上之。德宗省之,犹怒,谓左右曰:'唐次乃方吾为古之昏君,何自谕如此!'"后又记宪宗"尝阅书禁中,得(唐)次所上书三篇,览而善之,谓学士沈传师曰:'唐次所集辨谤之书,实君人者时宜观览。朕思古书中多有此事,次编录未尽。卿家传史学,可与学士类例广之。'传师奉诏与令狐楚、杜元颖等分功修续,广为十卷,号《元和辨谤略》"。按:沈传师与令狐楚、杜元颖同在院内,应为元和十二年二月至八月,令狐楚于该年八月八日出院。《旧唐书·宪宗纪》下,记元和十二年十月"癸酉,内出《元和辨谤略》三卷付史馆"。时令狐楚已出院,故由沈传师撰序。

又,前所引述的《旧唐书·宪宗纪》,记《元和辨谤略》为三卷,而《旧唐书·唐次传》则谓唐次原著为三卷,沈传师等乃"广为十卷"。沈传师《序》亦曰十卷。《新唐书》卷五九《艺文志》三,子部儒家类,著录唐次《辨谤略》三卷,另有《元和辨谤略》十卷,注云"令狐楚、沈传师、杜元颖撰"。由此,则《旧纪》元和十二年十月癸酉所记之"三卷",误。沈传师于序中称此书"上自周汉,下洎隋朝,求史籍之忠贤,罹谗谤之事迹。……编次指明,勒成十卷"。应当说是一部贯通古今、以史为鉴之书。可惜宋时已不存,南宋晁、陈二志均未有著录。

可能也正因此，沈传师的史学专长受到当时社会的重视。《新唐书》卷五八《艺文志》二，史部实录类，有《顺宗实录》五卷，注谓"韩愈、沈传师、宇文籍撰，李吉甫监修"。当为李吉甫第二次在相位时（元和五年至九年）监修，沈传师时尚未入院，任史馆修撰。《新唐书·艺文志》同卷又著录有《宪宗实录》四十卷，沈传师参预编撰，当在穆宗长庆初。《新传》记其出镇湖南时，云："方（沈）传师与修《宪宗实录》未成，监修杜元颖因建言：'张说、令狐峘在外官论次国书，今纂史残课，请付传师即官下成之。'诏可。"《旧唐书·穆宗纪》则记杜元颖此建言在长庆三年六月："六月，宰相、监修国史杜元颖奏：史官沈传师除镇湖南，其本分修史，便令将赴本任修撰。从之。"按：杜牧《行状》亦有记，谓沈传师参与"撰《宪宗实录》未竟，出镇湖南，诏以随之，成于理所，时论荣之"。按：沈传师于长庆二年二月出院，俄出为湖南观察使（杜牧《行状》），当在长庆二年三四月间，而其出任时，杜元颖即上言使其在任时仍修撰《宪宗实录》，则其奏言应在长庆二年六月《旧纪》列于三年六月，当误。

据杜牧《行状》及《旧唐书·敬宗纪》，沈传师后于敬宗宝历二年（826）六月离湖南任，入朝改为尚书右丞。其在湖南任，约有三四年，其间有一诗：《次潭州酬唐侍御姚员外游道林岳麓寺题示》（《全唐诗》卷四六六）。关于此诗，欧阳修《集古录跋尾》卷九有著录，题为"唐沈传师游道林岳麓寺诗"，题下注"长庆中"，跋云："左岳麓寺诗，沈传师撰并书。题云'酬唐侍御姚员外'，而二人之诗不见，不知为何人也。独此诗以字画传于世，而诗亦自佳。传师书非一体，此尤放逸可爱也。"（《欧阳修全集》卷一四二）欧阳修云唐、姚不知何人,二人之诗不见,实则同为宋人的赵德麟在其所著《侯鲭录》(卷一)有所记,谓:"姚员外诗不复见之,今得唐侍御诗,题云'儒林郎守监察御史唐扶'。"唐扶,两《唐书》有传,《旧唐书》卷一九〇下《文苑下》记唐扶"元和五年进士登第,累佐使府。入朝为监察御史,出为刺史。大和初,入朝为屯田郎中"。《全唐诗》卷四八八载其诗二首,其一即为《使南海道长沙题道林岳麓寺》,与沈传师诗同为七言排律。又段成式《酉阳杂俎》前集卷一九:"岭南茄子,宿根成树,高五六尺,姚向曾为南选使,见之。"[1]《唐尚书省郎官石柱题名考》卷八司勋员外郎、卷一二户部员外郎均有姚向名。如此,据《全唐诗》所载唐扶诗题,则可能此次当系唐扶、姚向出使南海,经长沙,作此题岳麓寺诗。唯姚向诗已佚,未传。可以注意的是,刘禹锡亦有和作,题为《唐侍御寄游道林岳麓二寺诗并沈中丞姚员外所和见征继作》(《刘禹锡集笺证》外集卷六),中云:"星使双飞出禁垣,元侯饯之游石门。"可证确为唐、姚出使,经长沙,沈传师特为饯宴、和诗。刘禹锡时为夔州刺史,故诗中又有"远持青琐照巫峡,一夏惊断三声猿"句(刘于长庆四年又自夔州转和州)。由此,可见沈传师刚离翰林学士院,与当时文士仍极有交往。

又,欧阳修于此跋尾中,不仅赏识沈诗,并极称誉其字体,谓"传师书非一体,此尤放逸可爱也"。其《集古录跋尾》卷八记韩愈所撰《罗池庙碑》、《黄陵庙碑》,皆记为沈传师书。宋陈思《书小史》卷十记有沈传师,谓"材行有余,工书,有楷法"。明陶宗仪

---

[1] 按:此参见陶敏《全唐诗人名考证》,陕西人民教育出版社,1996年,第542页。

《书史会要》卷五也称其"善楷、隶、行书，以书自名"。可见沈传师所书字，于宋元时尚传世。

沈传师又曾历任江西观察使（文宗大和二年十月至四年九月）、宣歙观察使（大和四年九月至七年四月，皆据《旧唐书·文宗纪》）。沈传师主此二镇，都辟杜牧在其幕府。《旧唐书》卷一四七《杜牧传》："沈传师廉察江西、宣州，辟牧为从事，试大理评事。"杜牧有《和宣州沈大夫登北楼书怀》（《樊川文集·外集》），七律，沈传师原诗不存。另朱庆馀有《上宣州沈大夫》（《全唐诗》卷五一四），中云："帝命几曾移重镇，时清犹望领春闱。登朝旧友常思见，开幕贤人并望归。""时清犹望领春闱"，乃谓当时文士极盼沈传师能知贡举，提拔人才。又，当时另一诗家赵嘏有《宛陵寓居上沈大夫二首》（《全唐诗》卷五四九），七律。赵嘏后于武宗会昌二年（842）才登进士第，此时尚在漫游求荐中；《全唐诗》同卷又有《下第寄宣城幕中诸公》，则赵嘏当时在宣州，对沈传师颇有期望。

沈传师后于大和七年（833）四月由宣歙入朝，为吏部侍郎；九年（835）卒（见前考），年五十九，赠吏部尚书。

按：宋赵明诚《金石录》目录卷十，第一千八百二十六，有"唐沈传师墓志"，下注："权璩撰，侄尧章正书，大和九年。"（据中华书局影印本《宋本金石录》，1991年）按：杜牧为沈传师所作有行状，则此当由权璩撰为墓志。权璩为权德舆子，《新唐书》卷一六五有传，附于《权德舆传》后。据传，权璩于文宗大和时曾任中书舍人，大和九年（835）六月，李宗闵因与郑注、李训有人事纠纷，出贬为明州刺史，权璩也受牵连，于八月甲午出贬为郑州刺史。《金石录》著录此沈传师墓志，撰与书均在大和九年，则当在权璩仍在中书舍人任时，沈之卒或即在大和九年上半年（两《唐书》本传及杜牧《行状》均未记卒于大和九年何月）。惜此墓志未传存，《全唐文》也未记权璩文。

沈传师著述，已见前述。《全唐文》卷六八四载其《元和辨谤略序》一篇，《全唐诗》卷四六六载诗五首。

最后可再补一事。《白居易集笺校》卷五四"翰林制诏"，有《授沈传师左拾遗史馆修撰制》，朱金城笺据岑仲勉《〈白氏长庆集〉伪文》，以为沈传师授左拾遗必在元和六年四月以后，时白居易已丁忧出院，故当为伪作。按：沈传师之为左拾遗，不一定在元和六年四月以后，仍有可能尚在白居易在翰林学士任时。制中先称"京兆府鄠县尉沈传师"，又云："惟尔先父，尝撰《建中实录》，文质详略，颇得其中。"即合沈既济实际。制又云："庶职之重者其史氏欤！历代以来，甚难其选。非雄文博学，辅之以通识者，则无以称命。今兹命尔，其有旨哉！"末云："尔宜继前志，率前修，无忝尔父之官之职。可左拾遗、史馆修撰。"如此实笔，不可能是捏造，故所谓白居易翰林制诰之伪作，确有必要作综合的考察。

杜元颖

杜元颖，两《唐书》有传，见《旧唐书》卷一六三，《新唐书》卷九六（附杜如晦传后）。《旧传》："杜元颖，莱公如晦裔孙也。父佐，官卑。"《新传》记杜元颖为杜如晦五世孙。又《新唐书》卷七二上《宰相世系表》二上，记元颖之父名佐，官大理正，官阶确不高。又《新传》记杜如晦为京兆杜陵人，唐太宗贞观初曾任宰相。

两《唐书》本传皆未载杜元颖字号，亦未记早年行迹，唯云贞元末登进士第，徐松《登科记考》卷一五即据此系杜元颖于贞元二十一年（805）。但《登科记考》卷一四又据白居易《七年元日对酒诗》注"余与循州杜相公及第同年"，系于贞元十六年（800），因白居易为贞元十六年进士及第者（见前白居易传）。经查《白居易集笺校》卷三一《七年元日对酒五首》，作于大和七年（833）在洛阳为河南尹时，其五有"同年杜又无"句①，自注称"与循州杜相公及第同年"，当为确记。由此可断定，两《唐书》本传所记贞元末，显误，徐松则又据此重见于贞元二十一年，亦极疏失。

又，杜元颖卒于大和六年十二月，《新传》记其年六十四，则当生于代宗大历四年（769）。贞元十六年进士及第，为三十二岁。

《旧传》记其进士登第后，云"再辟使府"，《新传》则谓"又擢宏词"，皆极简略。今据《因话录》、《唐语林》，作具体考述。赵璘《因话录》卷二："族祖天水昭公，以旧相为吏部侍郎，考前进士杜元颖宏词登科，镇南又奏为从事。"此"族祖天水昭公"，乃赵璘自称其先世赵宗儒。《唐语林》卷四对此更有细述，谓："赵昭公以旧相为吏部侍郎，考前进士杜元颖宏词登科；及镇荆南，又奏为从事。"按：赵宗儒，两《唐书》有传，德宗建中时曾为翰林学士（见前传），贞元十二年（796）至十四年（798）在相位，二十年（804）任吏

① 按：杜元颖卒于大和六年（832）十二月，白此诗即作于杜卒后不到一年间，故云"同年杜又无"。

部侍郎,宪宗元和元年(806)十一月改为东都留守、东畿汝防御使(《旧唐书》卷一四《宪宗纪》上)。其以吏部侍郎考选博学宏词,当时已非制举,为进士及第后吏部铨试①。徐松《登科记考》卷一六列于元和元年,大致可从,但称为制举科,则非。又《旧唐书》卷一六七《赵宗儒传》记其任东都留守后,云:“入为礼部、户部二尚书,寻检校吏部尚书,守江陵尹、兼御史大夫、荆南节度营田观察等使。……六年,又入为刑部尚书。”据《旧唐书·宪宗纪》上,赵昌于元和三年(808)四月由岭南节度使为荆南节度使,但又旋征为太子宾客(《旧唐书·赵昌传》)。故《唐刺史考全编》卷一九五定赵宗儒任荆南节度使在元和三年至六年,是。由此,则赵宗儒于元和元年铨试杜元颖,选其登科,元和三年又辟其入荆南幕府。

又元稹有《送杜元颖》:“江上五年同送客,与君长羡北归人。今朝又送君先去,千里洛阳城里尘。”又有《三月三十日程氏馆饯杜十四归京》,有云:“江春今日尽,程馆祖筵开。我正南冠絷,君寻北路回。”按:元稹于元和五年(810)贬江陵府士曹参军(见后穆宗朝元稹传),即与杜元颖同在赵宗儒江陵府幕,元诗云“江上五年同送客”,则此诗当作于元和九年(即元和五年后元在江陵五年),故杨军《元稹集编年笺注(诗歌卷)》即系于元和九年②。由此亦可见,杜元颖当先于元稹在江陵,后与元稹共有诗唱酬并饯送友人,至元和九年春北上返京,元稹特又赠诗,致以深情:“逾年长倚玉,连夜共衔杯。涸溜沾濡沫,余光照死灰。”又,元和六年三

①参见傅璇琮《唐代科举与文学》第六章《制举》,陕西人民出版社,1986年。
②见杨军《元稹集编年笺注(诗歌卷)》,三秦出版社,2002年,第471—472页。

月,严绶接赵宗儒任,则杜元颖仍留于江陵,在严绶幕,于元和九年春返京。

又,《文苑英华》卷四九一载杜元颖《茂才异等对策》,未注年月。徐松《登科记考》卷一八系于元和十一年(816),有说。而孟二冬《登科记考补正》卷一五,据陈尚君补,列于贞元二十一年(805)。按:孟《补正》将杜元颖之博学宏词列于制举,亦列为贞元二十一年,则同一人于同一年应两次制科举,于唐科举试体制不合。徐松之说有一定道理,杜元颖当于元和九年自江陵北返,逾二年,乃于十一年应茂才异等制举试,登科后即正式入仕,为太常博士。第二年,元和十二年,即入为翰林学士,旋改右补阙,即《新唐书》本传所载:"数从使府辟署,稍以右补阙为翰林学士。"

又,《旧传》记云:"元和中为左拾遗、右补阙,召入翰林,充学士。"以补阙为入院之前,误(详后),但记有拾遗,则为《新传》漏记,而有史料可证。李德裕有《掌书记后壁记》①,有云:"丙申岁,丞相高平公始自枢衡以膺谋帅,以右拾遗杜君为主记。"此文末署"元和十四年四月十一日",时李德裕在河东节度使幕府。丙申为元和十一年(816)。此年正月,张弘靖求罢相位,乃出为太原尹、河东节度使(《旧唐书·宪宗纪》下)。如此,则张弘靖出镇河东时,即辟杜元颖入其幕府,并奏其为右拾遗(从八品上)。李德裕此文后又云:"明主惜其忠规,复拜旧职,寻参内庭视草之列。"即杜元颖旋又被召入朝,仍为右拾遗,同年又应茂才异等制举试,登

---

①见傅璇琮、周建国《李德裕文集校笺》别集卷七,河北教育出版社,2000年。

科后又迁为太常博士（从七品上）。又，白居易《东南行一百韵》，诗题中有寄诸友人如元稹、韦处厚等，其中提及"杜四拾遗"。《白居易集笺校》卷一六考为作于元和十二年，时白仍在江州司马任。诗中有"今春席八姐"句，当作于春后，而杜元颖已于此年二月由太常博士入院。盖白居易于元和十年出贬江州，此后二年皆在外地，未细悉杜元颖之迁秩情况。但由此仍可证杜元颖确曾任拾遗之职，且为其仕历较早者。

关于杜元颖之入院，韦执谊《翰林院故事》记为"太博充"，丁居晦《重修承旨学士壁记》为"元和十二年二月十三日，自太常博士充"。与沈传师同时入（见前沈传师传）。此乃因当时正为征讨淮西紧急之际，而此前院中四人，徐晦于二月十一日出院，仅令狐楚、张仲素、段文昌三人，故再召沈、杜二人同时入院。

丁《记》于二月十三日自太常博士入后，接云："二十日，改右补阙。"《翰林院故事》则谓"拾遗又充"，误，拾遗应为入院前，见上述。太常博士与左右补阙皆从七品上，故于入院后不到十天即可改。唯此后丁《记》记为："□月十八日，赐绯。""月"前缺字。按：段文昌、沈传师均于十三年（818）二月十八日赐绯，据《唐会要》卷五七《翰林院》条，有云："（元和）十三年，上御麟德殿，召对翰林学士张仲素、段文昌、沈传师、杜元颖，以仲素等自讨叛奉书诏之勤，赐仲素以紫，文昌等以绯。"则丁《记》所记赐绯，应补为"十三年二月"。

丁《记》后云："十四年三月二十一日，加司勋员外郎。"按：《旧传》云："手笔敏速，宪宗称之。吴元济平，以书诏之勤，赐绯鱼袋，转司勋员外郎、知制诰。"《新传》略同。岑仲勉《注补》于此有云："唐制，率先知制诰乃正拜中舍，今元颖十五年迁中舍，知此处夺知制诰三字。"按：迁升中书舍人不一定先须兼知制诰。据丁《记》，杜元颖后于元和十五年（820）十一月十七日由中书舍人迁为户部侍郎，加知制诰，而两《唐书》则记户部侍郎时，未加"知制诰"，有可能其误将户部侍郎时知制诰移于司勋员外郎。

元稹《承旨学士院记》记杜元颖："元和十五年闰正月一日，以司勋员外郎、知制诰、翰林学士充，赐紫金鱼袋。"丁《记》则仅记"十五年闰正月一日，赐紫"，未记承旨事。按：此次杜元颖与段文昌同时任为承旨学士，此为穆宗即位初对翰林学士信重的表现，参见前张仲素、段文昌、沈传师传。

据元、丁所记，杜元颖后即于元和十五年闰正月二十一日由司勋员外郎、知制诰正除中书舍人；十一月十七日，又迁为户部侍郎、知制诰（又见《全唐文》卷六四八元稹《授杜元颖户部侍郎依前翰林学士制》）；长庆元年（821）二月十五日，以本官同中书门下平章事，任宰相。《新传》即谓："穆宗以元颖多识朝章，尤被宠，拜中书舍人、户部侍郎，为学士承旨，以本官同中书门下平章事、建安县男。自帝即位，不阅岁至宰相，搢绅骇异。"《旧传》则称："辞臣速达，未有如元颖之比也。"这也是穆宗朝自翰林学士直接入居相位之又一例。

又，《旧唐书》卷一六《穆宗纪》，长庆元年二月壬申，段文昌免相出镇西川，杜元颖接任，《新唐书》卷六三《宰相年表》同。唯《旧传》记为"长庆元年三月"，此"三"当为"二"之形讹，惜中华书局于此显误亦未有校。

《唐大诏令集》卷四七有《杜元颖平章事制》，署李德裕撰，长庆元年二月。制中叙杜元颖在院任职之业绩："间者妖孽相挺，纷乱南北，朝夕机命，迅如风霆，而翰动若飞，神无滞用。"可见元和后期，杜元颖在征讨淮西战事中，制诏撰写，甚勤。时李德裕亦在翰林学士任，与杜元颖交谊甚切。

又，杜元颖在院时，撰有《翰林院使壁记》，《全唐文》卷七二四所载未署年月，《文苑英华》卷七九七于文末署为"时庚子岁夏五月一日记"。庚子为元和十五年，时杜元颖已为翰林承旨、中书舍人。此记虽作于穆宗时，但所叙翰林院使，则为宪宗时事，称学士虽"掌诏命""备顾问"，而实际上，"军国之重事，古今之大体，庶政之损益，众情之异同"，之能"悉以关揽，因而启发"，须倚仗由宦官承担的翰林院使（二员）。因其职责乃"进则承睿旨而宣于下，退则受嘉谟而达于上"，即翰林学士之所谓受密旨，进要策，实际上是由任翰林院使的宦者起上下串通作用的。这对研究唐时翰林学士院机构及宦官所起的作用，很有参考价值。

但杜元颖于长庆三年（823）十月出为西川节度使，此后就无政绩。文宗大和三年（829），南诏攻蜀，且一度进入成都，平民死伤甚众。十二月丁卯，即被贬为循州司马；大和六年（832）十二月，卒（《旧唐书》卷一七下《文宗纪》下）。《新传》后记云："元颖与李德裕善，会昌初，德裕当国，因赦令复其官。"

《全唐文》卷七二四载其文四篇：《授段文昌中书侍郎平章事制》《请令沈传师在外修实录奏》《翰林院使壁记》，皆在院时所作；另《对茂才异等策》，已见前述。

《新唐书》卷五八《艺文志》二，史部，记其与韦处厚、路随监修《宪宗实录》，当为长庆前期任相时。《新唐书》卷五九《艺文志》三，子部，记与令狐楚、沈传师合撰《元和辨谤略》十卷，作于元和后期（见前令狐楚、沈传师传）。又同上卷六〇《艺文志》四，集部别集类，著录有"杜元颖《五题》一卷"，书名含义不详，书亦未存。

关于杜元颖诗才与文名，可以白居易一诗参证。白居易有一诗，诗题颇长，为：《昨以拙诗十首寄西川杜相公，相公亦以新作十首惠然报示，首数虽等，工拙不伦，重以一章，用伸答谢》。《白居易集笺校》卷二六系于文宗大和二年（828），时白居易在朝为刑部侍郎，杜元颖在西川任。白诗云："诗家律手在成都，权与寻常将相殊。剪截五言兼用钺，陶钧六义别开炉。惊人卷轴须知有，随事文章不道无。篇数虽同光价异，十鱼目换十骊珠。"由此可见，当时白居易曾寄诗十首与杜，杜即作诗十首相报，而白居易作为一代名家，却称自己所作与杜之和诗，"篇数虽同光价异"，既为自谦，亦为对杜诗才之赞誉。惜清编《全唐诗》卷四六四仅载其诗一首：《赋得玉水记方流》，又载于《文苑英华》卷一八六"省试诗"，同题作者另有吴丹、郑俞、白居易、王鉴、陈昌言，为贞元十六年进士试诗题（见《登科记考》卷一四）。

李　肇

李肇，两《唐书》无传。《新唐书》卷七二上《宰相世系表》二上，记有李华（字遐叔），李华名下一格为鹗，鹗旁为肇，注为"大理评事"。岑仲勉《注补》即据此以李肇为李华子。按：梁肃《为常州独孤使君祭李员外文》①，记李华有二子，但未记其名，仅云"鞠然二孤，诉彼穹苍"。又独孤及《检校尚书吏部员外郎赵郡李公中集序》（《全唐文》卷三八八），则有记李华长子名，谓"公长子羔，字宗绪"，亦与《新表》所记之"罴"异②；仍未记其次子名。《旧唐书》卷一九〇下《文苑下·李华传》未记其后世；《新唐书》卷二〇三《文艺下·李华传》也仅云："宗子翰，从子观，皆有名"，未记其亲子。又《新表》所记李肇与李罴虽并列，但字形不一，未如兄弟名，故颇疑李肇上格另有一人名（即其父），而《新表》缺记；或《新表》此处所记之李肇，与宪宗时翰林学士李肇，为同名异人③。

可以注意的是，李肇《国史补》卷上有记李华《含元殿赋》事，直称李华名，且谓其"失节贼庭"，完全不像儿子记父之笔调。故李肇当非李华子。

另唐人记述，有记李肇姓名，实与此元和时翰林学士李肇非一人者。一为崔损《祭成纪公文》（《全唐文》卷四七六），作于德宗贞元十二年（796），文中记同祭者有赵宗儒、权德舆等，其中有"左拾遗李肇"（《文苑英华》卷九八四所载同）。岑仲勉《读全唐文札记》即云："至著《国史补》之李肇，元和七年尚为试太常寺协律，断非此人，亦未闻同姓名者，李肇字殆有误。"④二为作于贞元十八年（802）的李公佐《南柯太守传》⑤，此文末记云："前华州参

①见胡大浚、张春雯编校《梁肃文集》卷六，甘肃人民出版社，2000年。
②中华书局点校本对此亦未有校。
③参见李一飞《〈唐国史补〉作者李肇行迹考略》，载《文献》1991年第2期。
④附辑于岑仲勉《唐人行第录》，中华书局上海编辑所，1962年。
⑤见李时人编校《全唐五代小说》卷二三，陕西人民出版社，1998年。

军李肇赞曰:贵极禄位,权倾国都,达人视此,蚁聚何殊。"曰"赞",即对《南柯太守传》是称誉的。但李肇《国史补》则对《南柯太守传》甚加贬责,其书卷下先称当时传奇之作如沈既济《枕中记》、韩愈《毛颖传》,为"二篇真良史才也",又提及"有传蚁穴而称李公佐《南柯太守》",则"皆文之妖也"。应当说,《南柯太守传》引及之李肇,与《国史补》著者李肇,亦当为同名异人,因此也不能据以定本传传主李肇于贞元十八年(802)前曾为华州参军。

有关较早记载李肇行迹的,为王建《荆南赠别李肇著作转韵诗》(《全唐诗》卷二九七)。诗中自称"两京二十(原校:一作十二)年,投食公卿间;封章既不下,故旧多惭颜",可见王建此前曾多年应试,都未中第。贞元后期,王建离幽州幕南下,拟远赴岭南幕府从事,于元和初留寓荆州,即作有此赠别李肇诗①。诗中有云:"欣欣还切切,又二千里别。楚笔防寄书,蜀茶忧远热。……会合何时节,莫叹各从军。……争向巴山夜,猿声满碧云。"据此诗意,则为王建南下,而李肇又将赴蜀,各将依从节镇幕府(即诗中所谓"从军")。按:据《旧唐书·宪宗纪》上,永贞元年(805)十二月"壬子,以右谏议大夫韦丹为梓州刺史,充剑南东川节度使";元和元年(806)四月"己亥,以前剑南东川节度使韦丹为晋绛观察使"。此时正为西川节镇刘辟不听朝命,宪宗命高崇文率军讨之(参见前李吉甫、裴垍传)。韩愈《唐故江西观察使韦公墓志铭》(《韩昌黎文集校注》卷六)对此有具体记述,谓:"刘辟反,围梓州,诏以公为东川节度使、御史大夫。公行至汉中,上疏言:'梓州

---

① 参见《唐才子传校笺》第二册卷四《王建传》,谭优学笺。

在围间,守方尽力,不可易将。'征还,入议蜀事。刘辟去梓州,因以梓州让高崇文,拜晋慈隰等州观察防御使。"这就是说,韦丹于永贞元年十二月授为剑南东川节度使,但实未到任,仅至汉中,后于元和元年四月又改为晋绛观察使。不过韦丹在晋绛也仅半年,"不半岁,元和二年二月拜洪州观察使"(杜牧《唐故江西观察使武阳公韦公遗爱碑》,《樊川文集》卷七)。韦丹在江西任较长,至元和五年(810)八月,卒于任。

由此可以推知,李肇可能于元和元年初受韦丹之辟,自荆州赴蜀,后韦丹改任,未至梓州东川任,李肇当即随韦丹至晋绛幕。后又至江西幕,因李肇有《东林寺经藏碑铭并序》(《全唐文》卷七二一),记元和四年(809)释灵彻向韦公(丹)建议,组建殿堂,收藏历代经典,"以备名山之阙,而资学者之求",韦丹欣然同意。序文后云:"(元和)五年,韦公薨,七年,博陵崔公以仁和政成,恫默旧绩,由是东林以遗功得请篆刻之盛,其成公志。故家府从事李肇为之文。"此处"博陵崔公"为崔芃,据《旧纪》,元和六年(811)八月,以常州刺史崔芃为洪州刺史、江西观察使;元和七年(812)十一月己卯,崔芃卒于任。李肇自称"故家府从事",则可能曾随韦丹在江西幕,元和五年韦丹卒,李肇入朝。

又,王建诗题称"李肇著作",如为著作郎,则官阶为从五品上,与尚书诸司郎中同一品阶,初入幕府,不可能有如此高的官阶。唐时进士及第,释褐后一般为校书郎(正九品上)。王建此诗诗题之"著作"似当作"校书"。不过王建诗是盛赞李肇声誉的,谓"早岁慕嘉名",并具体描述同在荆州幕中,"主人开宴席,礼数无形迹。醉笑或颠吟,发谈皆损益"。由此亦可见李肇早期与文士的交往。

又北宋陈舜俞《庐山记》卷二,载有《东林寺经藏院碑》,署为:"元和七年岁次壬辰九月丙辰朔十五日庚午,朝请郎、试太常寺协律郎李肇撰。"则撰时在任的江西观察使崔芃尚未卒(卒于元和七年十一月),与文中所述合。陈舜俞此记,有云:"凡唐以前碑记,因其有岁月、甲子、爵里之详,故并录之,庶或有补史氏。"即有实据①。由此即可定,元和七年(812)九月,李肇已在朝中,为朝请郎、试太常寺协律郎。协律郎为正八品上。由前正九品之校书郎,历经数年,升秩为正八品上之协律郎,也合乎仕例。

此后即入为翰林学士。

韦执谊《翰林院故事》记为"监察御史充",未记年月。丁居晦《重修承旨学士壁记》:"元和十三年七月十六日,自监察御史充。"则在此之前,即元和七年九月后,李肇已由太常寺协律郎改为监察御史(均为正八品上),至此即以监察御史入为翰林学士。丁《记》接云:"十四年四月五日,迁右补阙。五月二十四日,赐绯。"左右补阙为从七品上,故云迁。按:李肇自著之《翰林志》,有云:"元和十二年,肇自监察御史入,明年四月,改左补阙,依旧职守。"此云"元和十二年",《百川学海》、《知不足斋丛书》及文渊阁《四库全书》各本皆同,《翰林志》原传抄时当即有误,"二"应作"三"。《翰林志》又云"明年四月,改左补阙",一为四月,一为五

---

① 按:岑仲勉《注补》亦引《庐山记》,但云《庐山记》卷一、卷五有记此碑铭者,实则《庐山记》仅三卷,并无卷五,且所记李肇所署撰碑年月及官衔,实在卷二,未在卷一。

月,左、右补阙亦有异;但差别不大,不必细考。

丁《记》接云:"十五年闰正月一日,赐紫。二十一日,加司勋员外郎。"按:此时宪宗已卒,穆宗刚即位。《旧唐书》卷一六《穆宗纪》:"(元和)十五年正月庚子,宪宗崩。丙午,即皇帝位于太极殿东序。是日,召翰林学士段文昌、杜元颖、沈传师、李肇、侍读薛放、丁公著对于思政殿,并赐金紫。"按:正月庚子为正月二十七日,丙午为闰正月初三。丁《记》记段文昌、沈传师、杜元颖赐紫,皆作闰正月一日,当据《旧纪》,为闰正月三日(又见前段文昌等传)。

丁《记》又云:"长庆元年正月十三日,出守本官。"即出院,仍为司勋员外郎(从六品上)。出院的具体原因不详。按:元和十五年正月,穆宗即位后,一方面固然仍重视原任翰林学士,并于闰正月一日将段文昌、沈传师同升任为承旨,闰正月八日又提迁段文昌为宰相,但同时于闰正月至三月间,召李德裕、李绅、庾敬休、韦处厚、路随、柳公权入院。长庆元年,又召元稹、高鈇、蒋防。有唐一代,每一皇朝,翰林学士多有新旧交替,李肇于长庆元年初出院,可能亦与此有关。

李肇在院时间为两年半,其入院时,淮西之战已毕,战事高潮已过,故其入院后,制诏等撰写当已不繁,而其在院时所作《翰林志》,则为唐翰林学士之重要著作。清《四库全书总目提要》称"今以言翰林典故者,莫古于是书"(卷七九史部职官类),不够确切,因此前三十余年,韦执谊已于德宗贞元二年(786)十月著有《翰林院故事》,最早提出翰林学士始建于玄宗开元二十六年(738),并概叙其职能,后又列记开元以后翰林学士名单。不过李肇《翰林志》仍有其特点,详述初唐起始的学士制度,及开元二十六年建置翰林学士后的职能、建构及有关议论,两《唐书》之《职官志》、《百官志》即大多本此。当然李肇的某些记述也有可商之处,特别是所谓翰林学士"时人谓之内相",及所引陆贽贞元三年奏议提出的"宰臣有备位之名",均不切实。此可作进一步研讨。

又李肇自述,作此文是"改左补阙,依旧职守"时,且言此时"中书舍人张仲素、司门员外郎沈传师在焉",则当在元和十四年三月以后(张仲素迁中书舍人在三月二十八日,段文昌以祠部郎中加知制诰在四月,杜元颖由左补阙为司勋员外郎、知制诰在三月二十一日)。又前引《四库全书总目提要》有云:"按:肇所作《国史补》,结衔题尚书左司郎中,此书结衔则题翰林学士、左补阙,王定保《摭言》又称肇为元和中中书舍人,《新唐书·艺文志》亦云肇为翰林学士坐荐柏耆,自中书舍人左迁将作少监,以唐官制考之,盖自左司改补阙,入翰林后为中书舍人,坐事左迁。"《四库全书总目提要》此处所述,不仅对李肇行实甚有错记,且对唐官制也有误解:左司郎中为从五品上,补阙为从七品上,怎能由左司降为补阙,再入翰林?

李肇出院后仕历如下:

李肇于长庆元年(821)正月出院,而同年十二月却又被贬出。《旧唐书》卷一六《穆宗纪》:长庆元年十二月戊寅,"贬员外郎独孤朗韶州刺史,起居舍人温造朗州刺史,司勋员外郎李肇澧州刺史,刑部员外郎王镒郢州刺史,坐与李景俭于史馆同饮,景俭乘醉见宰相谩骂故也。兵部郎中知制诰冯宿、库部郎中知制诰杨嗣复各罚一季俸料,亦坐与李景俭同饮,然先起,不贬官"。按:此事又见《旧唐书》卷一七一《李景俭传》，谓长庆元年十二月，李景俭时为谏议大夫，与冯宿、李肇同谒史官独孤朗，乃于史馆饮酒，"景俭乘醉诣中书谒宰相，呼王播、崔植、杜元颖名，面疏其失，辞颇悖慢"，于是被贬，"是日同饮于史馆者皆贬逐"。据《新唐书·宰相年表》，时在相位者确为王播、崔植、杜元颖。又据《通鉴》卷二四二长庆元年十月记："丙寅，以盐铁转运使、刑部尚书王播为中书侍郎、同平章事，使职如故。播为相，专以承迎为事，未尝言国家安危。"当时李景俭当主要是面责王播。

关于此次降贬，时为中书舍人的白居易，曾特为论奏：《论左降独孤朗等状》（《白居易集笺校》卷六十），中云："伏以两省史馆，皆是近署，聚饮致醉，理亦非宜。然皆贬官，即恐太重。况独孤朗与李景俭等皆是僚友，旦夕往来，一饭一饮，盖是常事。景俭饮散之后，忽然醉发，自犹不觉，何况他人？以此矜量，情亦可恕。臣又见贞元之末，时政严急，人家不敢欢宴，朝士不敢过从。众心无惮，以为不可。自陛下临御，及此二年，圣慈宽和，天下欣戴。臣恐此诏或下，众情不免惊忧。兼恐朝廷官寮，从此不敢聚会。四方诸远，不知事由，奔走流传，事体非便。伏维宸鉴，更赐裁量，免至贬官，各令罚俸。"白居易此奏所论，是颇合情理的，尤其是所提出的贞元后期"时政严急"之状，对研究德宗朝政治状态极有意义，当时能有如此直论者，恐也不多。

不过很可惜，白居易此奏为长庆元年十二月十一日上，而《旧唐书·穆宗纪》记李景俭、李肇等贬谪在十二月戊寅，即十二月十五日，这就是说，穆宗当仍听从当时宰相的意见，维持原贬。这是穆宗即位后最大一次文臣贬谪事件。

李肇遂于长庆元年十二月出贬澧州,州治澧阳县(今湖南澧县)。又据前引《旧唐书·李景俭传》,后元稹为相,景俭追还,授少府少监,"从坐者皆召还"。按:元稹于长庆二年(822)二月入相,六月罢相,而据《旧纪》,李景俭确于长庆二年五月辛卯朔,由德州刺史入为谏议大夫,即元稹尚居相位时。但两《唐书》未记"从坐者"召还时日。白居易另有《李肇可中散大夫郢州刺史王镒朗州刺史温造可朝散大夫三人同制》(《白居易集笺校》卷五十),云:"敕:朝请大夫、使持节澧州诸军事、澧州刺史、上柱国、赐紫金鱼袋李肇等:乃者李景俭使酒获戾,而肇等与之会饮,失于检慎,宜有所惩,由是左迁,分为郡守。今首坐者既复班列,缘累者亦当征还。但以长吏数易,其弊颇甚。况闻三郡皆有政能,人方便安,不宜迁换。故吾以采章阶级并命而就加之。"白居易时仍为中书舍人,长庆二年七月出为杭州刺史,而李景俭于长庆二年五月由德州刺史入朝,即"今首坐者既复班列",则此制当作于长庆二年五六月间。据此制,则李肇等未如李景俭由外州入朝,而仍在原任,但加以爵秩,以示慰勉①。

李肇另著有《国史补》三卷,署为"唐尚书左司郎中李肇撰",书前序中称"予自开元至长庆撰《国史补》",书中有记长庆二年事(如记韦山甫"长庆二年卒于余干"),由此则李肇约于长庆二三年间入朝,为左司郎中。

---

① 按:刊于《文献》1991年第2期之李一飞《〈唐国史补〉作者李肇行迹考略》,亦引及白居易此制,但对制题有误读,将李肇理解为改授中散大夫、郢州刺史,王镒改为朗州刺史,温造为朝请大夫,与制文文意不符。

李肇后又升任为中书舍人。唐末五代时王定保《唐摭言》曾有三处提及李肇中书舍人，但均有误。如卷一《述进士》下篇，谓"元和中，中书舍人撰《国史补》"，同卷《两监》、卷三《散序》亦均概称"李肇舍人《国史补》"。按：元和时李肇虽在翰林学士院，但尚未任中书舍人（或兼知制诰）。较为确切的是《新唐书》卷五八《艺文志》二，著录李肇《国史补》，有云："翰林学士，坐荐柏耆，自中书舍人左迁将作少监。"柏耆受贬事，《旧唐书》卷一七上《文宗纪》上，系于大和三年（829）五月。柏耆，两《唐书》均有传，即《旧唐书》卷一五四，《新唐书》卷一七五。史称其"素负志略，学纵横家流"。宪宗元和时征讨淮西，柏耆即配合说服镇州王承宗，"宣导上旨，众心乃安"（《旧传》），"由是声震一时，迁起居舍人"（《新传》）。文宗大和初，兖海节度使李同捷反，唐朝廷"诏两河诸镇出兵，久无功"（《新传》），于是任命柏耆为德州行营诸军计会使加以宣谕，柏耆用计直驰入沧州，"取同捷赴京，沧、德平"（《旧传》）。但这一行动却受到诸镇武将的妒忌，"诸将嫉耆功，比奏攒诋，文宗不获已，贬耆循州司户参军"（《新传》），而宦官"又奏耆于同捷处取婢九人，再命长流爱州，寻赐死"。文宗完全是慑于藩镇与宦官之胁迫而作出这一处理的。这一事件，不止柏耆本人，还有其他人受到牵连。如当时著名古文家李翱，于大和三年（829）二月在中书舍人任，"谏议大夫柏耆将使沧州军前宣谕，翱尝赞成此行。柏耆寻以擅入沧州得罪，翱坐谬举，左授少府少监"（《旧唐书》卷一六〇《李翱传》）。而时亦为中书舍人的李肇，也当于同时因曾举荐柏耆而受到降谪。

　　此后李肇行迹不详。李德裕《怀崧楼记》，据《李德裕文集校笺》别集卷七,作于文宗开成元年(836)七月在滁州刺史任。此文主要怀念往昔同在翰林学士院任职的友人,有云:"元和庚子岁,予获在内庭。同僚九人,丞弼者五,十数年间,零落将尽。今所存者,唯三川守李公(绅)而已。"句下自注,记已殁者七人,中有"舍人李公",即李肇。由此可见,李肇确曾任中书舍人,而其卒当在大和三年五月至开成元年间。

李肇著作主要为专著三种,即前已提及的《翰林志》、《国史补》,及《新唐书》卷五八《艺文志》二,史部目录类所著录的《经史释题》二卷。《国史补》主要记载开元至长庆间事,清《四库全书总目提要》评为"可采操者不一而足"(卷一四〇子部小说家类)。《经史释题》,《新唐书·艺文志》仅载其书目,未有说明。北宋于真宗朝也曾任翰林学士之钱易,于其所著《南部新书》丙卷则有记:"李肇自尚书郎守澧阳,人有藏书者,卒岁玩焉。因著《经史目录》。"则为长庆间贬谪澧州时所作,由此亦可见李肇对藏书文化的重视。可惜此书后佚,否则可借以考索当时经史书籍传存的情况。又,其诗未存。《全唐文》卷七二一载文两篇,即前已述及的《翰林志》前序,及《东林寺经藏碑铭并序》。

穆宗、敬宗朝翰林学士传

李德裕

李德裕,两《唐书》有传,见《旧唐书》卷一七四,《新唐书》卷一八〇。另有傅璇琮著《李德裕年谱》,傅璇琮、周建国合撰《李德裕文集校笺》①。今据傅著《年谱》,傅、周《校笺》,并参稽有关史籍,概述如下。

李德裕,字文饶,祖籍赵郡(今河北赞皇县)。德宗贞元三年(787)出生于京兆长安。时其父李吉甫在京,任太常博士。贞元八年(792),李吉甫因牵连宰相窦参事,由驾部员外郎贬明州员外长史,此后直至永贞元年(805),十余年间,李吉甫历任忠州、郴州、饶州等刺史(详见前宪宗朝李吉甫传)。在此期间,李德裕即

①傅璇琮《李德裕年谱》,齐鲁书社,1984年;河北教育出版社修订新版,2001年。傅璇琮、周建国《李德裕文集校笺》,河北教育出版社,2000年。

随父徙居各地，如《旧传》所云："贞元中，以父谴逐蛮方，随侍左右，不求仕进。"

宪宗于永贞元年八月即位，李吉甫即应召入为考功郎中、知制诰，同年十二月又受任为翰林学士承旨，后于元和二年（807）至九年（814），曾两度任相，又曾为淮南节度使（元和三年九月至五年）。《旧唐书·李德裕传》称此一期间，"以父再秉国钧，避嫌不仕台省，累辟诸府从事"，并谓"耻与诸生同乡赋，不喜科试"。李德裕确未应科举试，至于元和前期应辟在方镇幕府，未详，现可知者，为元和八年（813）以荫补校书郎（据《白居易集笺校》卷五四《赠吉甫先父官并与一子官制》，并参《李德裕年谱》）。

元和九年（814）十月李吉甫卒，李德裕服丧丁忧。十二年（817），期满，河东节度使张弘靖辟其入幕，任掌书记。十四年（819），"从弘靖入朝，真拜监察御史"（《旧传》）。刘禹锡《和浙西李大夫示述梦四十韵并浙东元相公和斐然继声》，曾追叙李德裕自太原归朝事，云："车骑方休汝，归来欲效陶（自注：大夫罢太原从事，归京师）。南台资睿谔，内署选风骚。"（《刘禹锡集笺证》卷七）即谓其入朝为监察御史，旋即召入为翰林学士。

据《旧唐书》卷一六《穆宗纪》，元和十五年（820）正月庚子（二十三日），宪宗卒，闰正月丙午（初三），穆宗即位。穆宗于即位后仅九日，即同时召李德裕、李绅、庾敬休入为翰林学士。《旧纪》，元和十五年闰正月甲寅（十一日），"以监察御史李德裕、右拾遗李绅、礼部员外郎庾敬休并守本官，充翰林学士"。此时宪宗朝翰林学士所留仅三位（沈传师、杜元颖、李肇），故穆宗特另新召三位，后于二三月间，又召三位：韦处厚、路随、柳公权（详见后传）。这也表现穆宗即位初对文士参预政事的重视。

韦执谊《翰林院故事》所记仅止于宪宗朝李肇，此后未记。丁居晦《重修承旨学士壁记》记李德裕："元和十五年闰正月十二日，自监察御史充。"据《旧纪》，该年闰正月甲寅为十一日，丁《记》记谓十二日，有小异。丁《记》后又记："二月一日，赐紫。二十日，加屯田员外郎。"此即《旧传》所云"是月，召对思政殿，赐金紫之服。逾月，改屯田员外郎"。按：监察御史为正八品下，屯田员外郎为从六品上，入院不到一月，即升迁数阶，可见穆宗对其信重。

又，《旧纪》长庆元年正月有记李德裕上疏论驸马事，称"翰林学士、司勋员外郎李德裕上疏曰"，记李德裕此时所带之官衔为司勋员外郎。按：丁《记》及两《唐书》本传，皆未有记李德裕于翰学任期内曾任司勋员外郎。后于文宗大和四年（830）贾𫗧奉诏所作之《赞皇公李德裕德政碑》（《全唐文》卷七三一），有谓："元和十五年，以本官召充翰林学士。时穆宗皇帝初即位，对见之日，即赐金紫，迁屯田员外郎。"清劳格《唐尚书省郎官石柱题名考》卷八即因所存司勋员外郎碑刻中未有李德裕名，即于"附存"中引丁《记》、贾𫗧《德政碑》，谓《旧纪》作"司勋"误。又，此亦可以《旧纪》长庆元年三月所记作证。《旧纪》于长庆元年三月记："己未，以屯田员外郎李德裕为考功郎中，左补阙李绅为司勋员外郎，并依前知制诰、翰林学士。"即李德裕于元和十五年二月二十日由监察御史迁屯田员外郎，时隔一年，长庆元年三月又由屯田员外郎升为考功郎中，其间并未有司勋员外郎衔。《旧唐书》于同一卷，只隔一年，所记官名即有如此之误。惜中华书局点校本未有校。

丁《记》亦云："长庆元年三月二十三日，改考功郎中、知制诰。"又接云:"(长庆)二年正月二十九日,加承旨。二月四日,迁中书舍人。十九日,改御史中丞,出院。"《旧纪》则未记承旨事,记为:二月"丁卯,以考功郎中、知制诰李德裕为中书舍人,依前翰林学士";同月辛巳,"以翰林学士、中书舍人李德裕为御史中丞",未记出院,亦疏略。

又,元稹《承旨学士院记》亦有记李德裕,云:"长庆元年正月二十九日,以考功郎中、知制诰、翰林学士赐绯鱼袋。二月四日,迁中书舍人充,余如故。十九日,改御史中丞,出院。"此处所记亦有误:(一)"长庆元年"之"元年"应为"二年",即于长庆二年正月二十九日接替元稹为承旨(元稹于长庆元年二月十六日为承旨,十月十九日出院,详见后元稹传)。(二)加考功郎中为长庆元年三月,元年正月尚为屯田员外郎。(三)迁中书舍人及以御史中丞出院,亦均在长庆二年。元《记》之"二月四日"前,亦应加"二年"。按:元稹作此《承旨学士院记》乃在长庆元年八月。南宋陈振孙《直斋书录解题》即称元稹此作"专载承旨姓名,自贞元二十一年郑絪,至元和十五年杜元颖并(元)稹,为十二人。末又有李德裕、李绅、韦处厚三人,盖后人所益也"(卷六《职官类》)。即李德裕后,非元稹原作,故后人有误记。

李德裕在院任期仅两年零两个月,时间并不长,而《旧传》则称为:"禁中书诏,大手笔多诏德裕草之。"《新传》亦云:"凡号令大典册,皆更其手。"但现存其所撰制诰,仅《杜元颖平章事制》,《唐大诏令集》卷四七载,题下署为李德裕作,文末署"长庆元年二月",即长庆元年二月壬申,杜元颖由翰林学士、户部侍郎、知制诰升任宰相。按:此文,《会昌一品集》及别集皆未收,《李德裕文集校笺》即据《唐大诏令集》补入（734页）。

可以注意的是，李德裕除撰制诏外，仍承袭元和前期如白居易、裴垍等，亦甚关切时政，直言时弊。如《旧纪》长庆元年正月，载李德裕上疏，有云："近日驸马多至宰相及要官宅，此辈无他才可以延接，唯是漏泄禁密，交通中外。伏望宣示驸马等，今后有事任至中书见宰臣，此外不得至宰臣及台省官私第。"这是因为当时穆宗"怠荒于政，故戚里多所请丐，挟宦人诇禁中语，关托大臣"（《新传》）。

同年十一月，制举试，即贤良方正能直言极谏科，当时考试官为外廷官员，即中书舍人白居易、膳部郎中陈岵、考功员外郎贾餗，而为天子穆宗起草策问的则为内廷翰林学士李德裕。这当也是翰林学士的职能之一，类似于替皇帝起草诏令，因制举是以天子名义主试，与常科考试的进士、明经试不同。李德裕此次起草策问也是唐代翰林学士参预科举考试的一种方式。李德裕起草的策问，见《唐大诏令集》卷一〇六及《册府元龟》卷六四四（详参《李德裕文集校笺》之"新补佚文佚诗"）。此篇策问一开始即提出："古人有言，当引一代之人，以理一代之务。虽隽贤茂彦，不乏于时，然亦在敷纳以言，精核其实。"后又云："当体予衷，不惧后害。"所谓"予衷"，是替皇上立言，有如陆贽于兴元时替德宗起草诏令，深表自责之意。李德裕这几句是劝勉应试者要讲实话，不必后惧，鼓励应试者对当前朝政直言。正因如此，此年应试者庞严在对策中就严责现实："今朝廷用人不以仁，而悃默低柔；进人不以义，而因循持疑。言有不符于行，才有不足于用矣。"（《文苑英华》卷四九〇）沈亚之策文，其质直更有过于庞严，直言"今仕进之风益坏",又认为所谓天灾之祸,实际上"皆由尚书六曹之本坏而致乎然也"(同上,卷四九二)。应当说,如此激烈之议论,实受李德裕提出的"当引一代之人,以理一代之务"的启示。

除政治参预外,李德裕在职期间另一特点是他与同院学士交友甚切。《旧传》:"时德裕与李绅、元稹俱在翰林,以学识才名相类,情颇款密。"《旧唐书》卷一七三《李绅传》亦记为:"岁余,穆宗召为翰林学士,与李德裕、元稹同在禁署,时称'三俊',情意相善。"按:李德裕与李绅于元和十五年(820)闰正月同时入,元稹则于长庆元年(821)二月入,十月出院(详见后元稹传),李德裕与元稹同在院中为长庆元年二月至十月,时间虽不长,交谊却仍深。李德裕后于宝历元年(825)任浙西观察使时,曾作有长诗《述梦诗四十韵》(《李德裕文集校笺》别集卷三),寄时为浙东观察使元稹,追忆共在翰林的情景。此诗自序有谓:"忽梦赋诗怀禁掖旧游。"诗中云:"静室便幽独,虚楼散郁陶(自注:学士各有一室,西垣有小楼,时宴语于此)。花光晨艳艳,松韵晚骚骚。画壁看飞鹤,仙图见巨鳌(自注:内署垣壁,比画松鹤。先是西壁画海中曲龙山,宪宗曾欲临幸,中使惧而涂焉)。……荷静蓬池鲙,冰寒郢水醪(自注:每学士初上赐食,皆是蓬莱池鱼脍,夏至后赐及颁烧香酒)。荔枝来自远,芦橘赐仍叨(自注:先朝初临御,南方曾献荔枝,亦蒙颁赐,自后以道远罢献也)。"此诗不但描述李德裕与元稹等在翰林供职的情景,而且记载唐代翰林学士院的所在地、内部布置以及生活情况,对研究唐翰林学士工作环境颇有史料价值。

元稹《寄浙西李大夫四首》(《全唐诗》卷四一七),其二三两首也记同在翰林时事,云:"蕊珠深处少人知,网索西临太液池。浴殿晓闻天语后,步廊骑马笑相随(自注:网索在太液上,学士候对,歇于此)。""禁林同直话交情,无夜无曾不到明。最忆西楼人静夜,玉晨钟磬两三声(自注:玉晨观在紫宸殿后面也)。"

又沈传师于宪宗元和十二年(817)二月已入院为翰林学士,长庆二年(822)二月出院(见前宪宗朝沈传师传)。李德裕也与之友善,曾推荐他接任学士承旨(见杜牧《沈公行状》,《樊川文集》卷一四)。李德裕后在浙西观察使任时,也作有诗,忆与沈传师同在院中供职情事:"玉蕊天中树,金闺昔共窥。落英开舞雪,密叶乍低帷。"自注谓:"内署沈大夫所居门前有此树,每花落,空中回旋久之,方集庭际。大夫草诏之月,皆邀予同玩。"沈传师亦有和作(见《全唐诗》卷四六六),参见前沈传师传。

李德裕在院期间,还另有涉及人事纷争一事。长庆元年三月科举考试,时礼部侍郎钱徽知举;试后,李宗闵等因涉请托,罢官外出,钱徽也被贬。《旧唐书·李宗闵传》与《通鉴》所记均以为此次事件与李德裕有关,李德裕与李宗闵从此时起,各分朋党,互相倾轧,即所谓牛李党争,垂四十年。实际上此次科试案,李绅、元稹较参预,与李德裕无关,参《李德裕年谱》,此不赘。李德裕出院后仕历,则多与牛李党争有关,史书所载也各有歧异,傅璇琮著《李德裕年谱》已有辨析,此处也不复述。

其后仕历,大致为:穆宗、敬宗、文宗、武宗朝,即自长庆二年(822)至会昌六年(846),曾任地方节镇,主要为浙西观察使、义成节度使、剑南西川节度使、淮南节度使等。曾两度任相,即文宗朝大和七年(833)二月至八年(834)十月;武宗朝,开成五年(840)

九月至会昌六年(846)四月。会昌六年(846)三月,武宗卒,宣宗即位,四月,即令李德裕罢相,出为江陵尹、荆南节度使;九月,又改为东都留守。宣宗大中元年(847)十二月,贬为潮州司马;大中二年(848)九月,再贬为崖州司户参军。大中三年十二月初十(即公元850年1月26日),卒于崖州贬所,年六十四。

应当说,李德裕无论在地方节镇,或在朝中任相,都甚有政绩,特别是武宗会昌时,摧抑藩镇,抵御回鹘、吐蕃等侵扰,抑制宦官权力,改进科举试制,在晚唐是甚为突出的,后世评议亦极高,宋叶梦得《避暑录话》卷二甚至称许"李德裕是唐中世第一等人物"。后人对其文学评价也高,如清王士禛《池北偶谈》卷一七论及李德裕文集《会昌一品集》时,就认为:"别集忆平泉五言诸诗,较白乐天、刘梦得不啻过之。"详参傅璇琮著《李德裕年谱》大中三年条。

李德裕在任外地节镇时,有与元稹、白居易、刘禹锡等以诗交酬,特别是与刘禹锡。后刘禹锡于大和七八年间编纂与李德裕唱和诗,题为《吴蜀集》。其《吴蜀集引》(《刘禹锡集笺证》外集卷七)有云:"长庆四年,予为历阳守,今丞相赵郡李公时镇南徐州,每赋诗,飞函相示,且命同作。尔后出处乖远,亦如邻封。凡酬唱始于江南,而终于剑外,故以'吴蜀'为目云。"时刘禹锡在苏州刺史任。由此亦可见李德裕与当时文人的交往。

李德裕之诗文集及专著(如《次柳氏旧闻》、《会昌伐叛记》、《大和辨谤录》等),《李德裕年谱》大中六年条及《李德裕文集校笺》前言均有著录,可参,此处即不复述。

李 绅

　　李绅,两《唐书》有传,见《旧唐书》卷一七三,《新唐书》卷一八一。另唐人所作记其事迹者,有白居易《李公家庙碑铭》(《白居易集笺校》卷七一),沈亚之《李绅传》(《全唐文》卷七三八)。现代学者的有关著作,有卞孝萱《李绅年谱》①,《唐才子传校笺》卷六《李绅传》吴企明笺②,《唐五代文学编年史》(中唐卷、晚唐卷)③,及朱金城《白居易研究》之《李绅与"元白"》④,王旋伯《李绅诗注》⑤。李绅为中晚唐时著名诗人,文学史著作及近二十余年来报刊上有关论文,亦多述及。因此本书所作李绅传,不拟全面记叙,主要为参考现有成果,对其翰林学士仕历及有关文学活动加以考述。

　　《旧传》:"李绅字公垂,润州无锡人。"《新传》称其为"中书令敬玄曾孙",而《旧唐书》卷一○六《李敬玄传》则记为亳州谯人。《唐诗纪事》卷五亦记李敬玄为亳州人;《唐才子传》卷六《李绅传》即明确记李绅为亳州人,实仅依其祖籍。《新唐书·李绅传》

---

①卞孝萱《李绅年谱》,载《安徽史学》1960年第3期。
②傅璇琮主编《唐才子传校笺》第三册卷六《李绅传》,中华书局,1990年。
③《唐五代文学编年史》,傅璇琮主编;中唐卷,陶敏、李一飞、傅璇琮著;晚唐卷,吴在庆、傅璇琮著。辽海出版社,1998年。
④朱金城《白居易研究》,陕西人民出版社,1987年。
⑤王旋伯《李绅诗注》,上海古籍出版社,1985年。

叙其为李敬玄曾孙后,即云"地宦南方,客润州"。按:《元和郡县图志》卷二五江南道,无锡属常州,润州所属县则为丹徒、丹阳、金坛、延陵、上久、句容。两《唐书·地理志》同。如此,则两《唐书》本传记李绅为润州人,误。李绅《过梅里》诗七首(《全唐诗》卷四八一),其诗前小序即称"家于无锡四十载"。

据李绅《墨诏持经大德神异碑铭》(《全唐文》卷六九四),李绅生于代宗大历七年(772)。《旧传》记其少年时即有诗名:"绅六岁而孤,母卢氏教以经义。绅形状眇小而精悍,能为歌诗。乡赋之年,讽诵多在人口。"《新传》亦称其时"于诗最有名"。其著称于时、久传后世之《古风》二诗,即作于早期贞元时。宋范摅《云溪友议》卷上《江都事》有载:"初,李公赴荐,常以《古风》求知,吕光化温谓齐员外煦及弟恭曰:'吾观李二十秀才之文,斯人必为卿相。'果如其言。诗曰:'春种一粒粟,秋成万颗子。四海无闲田,农夫犹饿死。''锄禾日当午,汗滴禾下土。谁知盘中餐,粒粒皆辛苦。'"《唐诗纪事》卷三九李绅条亦载此,题作"悯农"。此为德宗贞元十七年(801)秋李绅赴长安应试时,向吕温求荐时所上(见《唐五代文学编年史·中唐卷》)。李绅能在早期即撰有此悯农之作,确为作《新题乐府》建树创作基础。

如前所述,李绅于贞元十七年(801)秋在长安应举科试,十八年(802)初,韩愈曾向此年通榜帖陆傪荐士子十人,其中即有李绅。《唐摭言》卷八《通榜》:"贞元十八年,权德舆主文,陆傪员外通榜帖,韩文公荐十人于傪。"韩愈有《与祠部陆员外书》(《韩昌黎文集校注》卷三),所荐十人,称此十人"或文或行,皆出群之才也"。李绅此年虽未及第,但也可见其文才已为人所称。

后李绅又于贞元二十年（804）秋在长安，当亦再次应试，寄住于元稹之靖安里第，与其交谈《莺莺传》之写作，并特为其作《莺莺歌》。元稹《莺莺传》（《太平广记》卷四八八）在详述张生、崔氏之事后，云："贞元岁九月，执事李公垂宿于余靖安里第，语及于是。公垂卓然称异，遂为《莺莺歌》以传之。"此贞元岁当为贞元二十年（参朱金城《李绅与"元白"》）。当时白居易亦在长安，当亦因元稹介绍，与李绅相识。白居易后所作《醉送李二十常侍赴镇浙东》（《白居易集笺校》卷三一），即有回忆当时在靖安里共聚之情景："靖安客舍花枝下，共脱青衫典浊醪。"又《靖安北街赠李二十》（同上，卷一五），亦有云："还似往年安福寺，共君私试却回时。"

　　据《旧传》及徐松《登科记考》，李绅后于宪宗元和元年（806）进士及第。及第后，返江东，镇江节度使李锜辟其入幕府，为从事。元和二年（807），李锜叛乱，李绅因不从其命，被执；同年十月，李锜乱平，得免。李绅当于此后，即元和二三年间，返朝，任校书郎，并作有《新题乐府》二十首。李绅原作已佚，但元稹、白居易有和作，特别是白居易于翰林学士任期特撰作《新乐府》五十首，不仅对中唐诗风，且对唐翰林学士以诗歌创作直接参预朝政甚有影响。李绅原创之功，甚不可没。

　　按：元稹和作，题为《和李校书新题乐府十二首》，杨军《元稹集编年笺注（诗歌卷）》系于元和四年（809），时元稹在京任监察御史。元稹于诗前序云："予友李公垂贶予《乐府新题》二十首，雅有所谓，不虚为文。予取其病时之尤急者，列而和之，盖十二而已。昔三代之盛也，士议而庶人谤。又曰，世理则词直，世忌则词隐。予遭理世而君盛圣，故直其词以示后，使夫后之人谓今日为不忌之时焉。"元稹所和十二首,有引李绅诗题下之原注者,如《蛮子朝》,题下注:"李传云:贞元末,蜀川始通蛮国。"《阴山道》,题下注:"李传云:元和二年,有诏悉以金银酬回鹘马价。"据此,则李绅当于元和二三年间返朝后任校书郎,乃于此期间作《新题乐府》二十首,并赠交元稹,元稹亦于元和三四年间,"取其病时之尤急者",和作十二首。后白居易作有《新乐府》五十首(《白居易集笺校》卷三),题下自注:"元和四年为左拾遗时作。"时白居易任翰林学士,官衔为左拾遗(见前宪宗朝白居易传),当见到元、李之作,乃又参据时事,扩而充之,为五十首。此亦为中唐时文学创作交流之一大事。

李绅后之仕历,为:元和七年(812),仍为校书郎,曾从役至常、苏二州,见《全唐诗》卷四八一《过吴门二十四韵》、卷四八二《毗陵东山序》,又参见《唐五代文学编年史·中唐卷》元和七年。元和九年(814),在国子助教任,见白居易《初授赞善大夫早朝寄李二十助教》(《白居易集笺校》卷一五)、《渭村酬李二十见寄》(同上)。由此可见,《旧传》所谓"元和初,登进士第,释褐国子助教",疏误;又谓"(李)锜诛,朝廷嘉之,召拜右拾遗",亦误。据上所述,李绅应于李锜乱平后,元和二三年返朝,始为校书郎,元和九年前改国子助教,非李锜事后即召为右拾遗。

《新传》记李锜平后,称李绅"久之,从辟山南观察使"。虽未有记年,但可补《旧传》之缺,《旧传》未记。李绅有《南梁行》(《全唐诗》卷四八〇),即记山南西道梁州(兴元府)之行,有句云:"公言可荐承明庐。"自注:"元和十四年,故山南节度使仆射崔公奏观察判官,蒙以书奏见委,常戏拙速。"此崔公为崔从,元和十三年

（818）至长庆元年（821）为兴元尹、山南西道节度使。此诗后又云："青天诏下宠光至，颁籍金闺征石渠。"自注："是岁五月，蒙恩除右拾遗。"此后，元和十五年（820）正月，穆宗即位，即召为翰林学士。

《旧唐书》卷一六《穆宗纪》，元和十五年闰正月甲寅，"以监察御史李德裕、右拾遗李绅、礼部员外郎庾敬休并守本官，充翰林学士"。这是穆宗即位后首批召入的翰林学士，值得注意（参见前李德裕传）。闰正月甲寅为十一日。丁居晦《重修承旨学士壁记》则记为："元和十五年闰正月十三日，自右拾遗内供奉充。"作十三日。而李绅后所作之《趋翰苑遭诬构四十六韵》（《全唐诗》卷四八〇），有云："选贤方去智，招谏忽升愚。"自注："穆宗听政五日，蒙恩除右拾遗，与淮南李公召入翰林也。"按：据《旧纪》，穆宗于闰正月丙午（初三）即位，"听政五日"，当为初七（庚戌）。则当时记时有小异。

丁《记》接云："二月一日，赐绯。二十日，迁右补阙。"其赐、迁，时日均与李德裕、庾敬休同。《旧传》亦云"寻转右补阙"。唯《旧·穆宗纪》后记其改授司勋员外郎时，则记为左补阙，亦有小异。拾遗为从八品上，补阙为从七品上。

丁《记》接云："长庆元年三月二十三日，加司勋员外郎。"《旧纪》长庆元年三月，"己未，以屯田员外郎李德裕为考功郎中，左补阙李绅为司勋员外郎，并依前知制诰、翰林学士"。此云"依前知制诰"，不当，因此前未有授为知制诰。《旧传》亦与丁《记》同，谓"长庆元年三月，改司勋员外郎、知制诰"，即由左补阙迁为司勋员外郎（从六品上），始加知制诰。

丁《记》后云："（长庆）二年二月十九日，迁中书舍人、承旨。二十五日，赐紫。"《旧传》："二年二月，超拜中书舍人，内职如故。"未记承旨。《旧纪》亦未记承旨。署名为元稹之《承旨学士院记》即明记为："长庆二年二月十九日，自司勋员外郎、知制诰、翰林学士赐绯鱼袋，迁中书舍人充。"即接替李德裕。李德裕于长庆二年（822）二月十九日改御史中丞，出院（见前李德裕传）。

丁《记》又接云："三月二十七日，改中丞，出院。"前未记年，粗阅，似即在长庆二年。元稹《承旨学士院记》则记为："（长庆）三年三月二十七日，改御史中丞，出院。"是。李绅《忆春日太液池亭候对》（《全唐诗》卷四八〇），题下自注："长庆三年。"即长庆三年春仍在院中。

如此，李绅在院三年零三个月（元和十五年闰正月至长庆三年三月），其间任承旨者有一年余。白居易《李公家庙碑铭序》（《白居易集笺校》卷七一）概称其业绩，为："承颜造膝，知无不言。献替启沃，如石投水。"元王恽《玉堂嘉话》卷一载有孔温业所撰《李绅拜相制》（武宗会昌二年二月十二日），中云："中立不倚，方严寡徒。长庆一朝，委遇斯极。入参禁密，出总纪纲，王猷多润饰之能，邦宪著肃清之称。"[1]惜李绅于此期间所撰制文，《全唐文》卷六九四仅载一篇：《授韩弘河中节度使制》。据《旧唐书》卷一五六《韩弘传》，弘于元和十五年六月为河中尹、河中晋绛节度观察等使，此制当李绅在院时作。可注意的是，李绅此时初入院，为右补阙，尚未加知制诰，可见唐翰林学士入院不足一年，还未加

---

① 按：此制，《唐大诏令集》未收，《唐文拾遗》卷三〇即据《玉堂嘉话》辑人。

知制诰,仍能撰写制诏。又《新唐书》卷六〇《艺文志》四,集部,有李绅《批答》一卷,当为代穆宗所作批答之文,惜后世亦无传。

　　李绅在院时,与其他学士同僚相处甚好。《旧传》称:"穆宗召为翰林学士,与李德裕、元稹同在禁署,时称'三俊',情意相善。"前已述及,李绅与元稹早有交谊,与李德裕则此时始交,李绅后之仕历多与李德裕有关,武宗时即因李德裕举荐,入朝拜相。李绅并与元稹推荐蒋防、庞严入为翰林学士。《旧唐书》卷一六六《庞严传》云:"严与右拾遗蒋防俱为稹、绅保荐,至谏官内职。"《册府元龟》卷四八二《台省部·朋附》亦载:"李绅为户部侍郎,与庞严友善。长庆中穆宗召严为翰林学士,又赐以金紫,皆绅引之也。"按:蒋防于长庆元年十一月入,庞严于长庆二年三月入,李绅时正任学士承旨。此可为学士互助之例。不过,李绅后之坎坷遭遇,也与李德裕、元稹有关;蒋防、庞严之出院,也受到李绅贬谪之牵累(见后)。

　　李绅有忆叙任期时生活情景的,如《南梁行》、《趋翰苑遭诬构四十六韵》、《忆春日太液池亭候对》、《忆夜直金銮殿承旨》、《忆春日曲江宴后许至芙蓉园》(以上均载于《全唐诗》卷四八〇,亦即在《忆昔游》三卷诗中)。又姚合有《和李补阙曲江看莲花》(《全唐诗》卷五〇二),五言排律,详叙秋时曲江景致。诗题称李绅为补阙,当作于元和十五年秋。由此亦可见李绅在院时与文士之交往。

　　李绅任期内之纷争,一为长庆元年春之科试案,此事涉及钱徽、段文昌、李德裕、元稹等(参见诸人传)。两《唐书·李绅传》虽未记李绅事,但亦与李绅有关。

《通鉴》卷二四一长庆元年三月记,云:"右补阙杨汝士与礼部侍郎钱徽掌贡举,西川节度使段文昌、翰林学士李绅各以书属所善进士于徽;及榜出,文昌、绅所属皆不预,及第者,郑朗,覃之弟;裴譔,度之子;苏巢,(李)宗闵之婿;杨殷士,汝士之弟也。文昌言于上曰:'今岁礼部殊不公,所取进士皆子弟无艺,以关节得之。'上以问诸学士,德裕、积、绅皆曰:'诚如文昌言。'上乃命中书舍人王起等覆试。夏四月,丁丑,诏黜朗等十人,贬徽江州刺史,宗闵剑州刺史,汝士开江令。……自是德裕、宗闵各分朋党,互相倾轧,垂四十年。"《通鉴》所载,仍以此为牛李党争,实则此次科试案与李德裕无关,详见傅璇琮著《李德裕年谱》。不过由唐科试习俗,李绅之举荐士子,在当时也为习见,未能足怪。

李绅之出院及后贬官,均出于当时宰相李逢吉之诬害。《旧传》载:"(长庆)二年二月,超拜中书舍人,内职如故。俄而(元)积作相,寻为李逢吉教人告积阴事,积罢相,出为同州刺史。时(李)德裕与牛僧孺俱有相望,德裕恩顾稍深。逢吉欲用僧孺,惧绅与德裕沮于禁中。二年九月,出德裕为浙西观察使,乃以僧孺为平章事,以绅为御史中丞,冀离内职,易掎摭而逐之。"关于李德裕事,详见其传,此不赘。

李绅出院后,李逢吉又结交宦官王守澄,继续谋害李绅。《旧传》:"中尉王守澄用事,逢吉令门生故吏结托守澄为援以倾绅,昼夜计画。"后穆宗卒,敬宗立,李逢吉更向敬宗进言,"言李绅在内署时,尝不利于陛下,请行贬逐"。《旧唐书》卷一七上《敬宗纪》,敬宗于长庆四年正月癸酉立,二月"癸未(初三),贬户部侍郎李绅为端州司马。丙戌(初六),贬翰林学士、驾部郎中、知制诰庞严为信州刺史,翰林学士、司封员外郎、知制诰蒋防为汀州刺史,皆绅之引用者"。据《通鉴》卷二四三载,李逢吉还使其党与张又新等,"上书言贬绅太轻"。据云敬宗由此"曾许为杀之",后幸赖翰林侍讲学士韦处厚上疏,为之辩解,才止于贬端州。《旧唐书》卷一五九《韦处厚传》记韦上疏,谓"臣窃闻朋党议论,以李绅贬黜尚轻",又云"今逢吉门下故吏,遍满朝行,侵毁加诬,何词不有"。可见当时李逢吉凭其居相位,广结党羽,诟害当时在院的几位学士。李绅后撰《趋翰苑遭诬构四十六韵》(《全唐诗》卷四八〇),详记其事,言此次之贬,实源于在院中任职时"洁身酬雨露,利口扇谗谀"。这如同白居易于元和时贬江州司马,在与友人书信中论此次之贬,亦源于在院中时直论朝政,得罪中外权幸。

李绅此后仕历,大致为:敬宗宝历元年(825),量移为江州长史,后迁滁、寿二州刺史。文宗大和七年(833),李德裕为相执政,绅受擢为浙东观察史。大和九年(835)五月,改太子宾客、分司东都。开成元年(836)三月,为河南尹;同年六月,迁宣武军节度使。武宗即位,开成五年(840)九月,徙淮南节度使。会昌二年(842)二月,因李德裕之荐,入朝任相;四年(844)闰七月,辞出,复为淮南节度使。六年(846)七月,卒于任,年七十五。

李绅后期,仕宦各地,与白居易、元稹、刘禹锡、张祜等有诗交酬。特别是编于开成三年(838)之《追昔游诗》三卷,不仅有记与文士交往,对其本人之生活境遇与创作心态,也有真切记述,甚有研究价值。其自序有云:"追昔游,盖叹逝感时,发于凄恨而作也。或长句,或五言,或杂言,或歌或乐府、齐梁,不一其词,乃由牵思所属耳。……词有所怀,兴生于怨。"(《全唐文》卷六九四)清编

《全唐诗》收李绅诗四卷(卷四八〇—四八三),前三卷即《追昔游集》。

《全唐文》卷六九四载其文十二篇。如前所述,有制文一篇,另有奏议三篇,其他为赋、记、碑、铭等。

庾敬休

庾敬休,两《唐书》有传,见《旧唐书》卷一八七《忠义传》下,《新唐书》卷一六一。《旧传》:"庾敬休,字顺之,其先南阳新野人。"据《元和郡县图志》卷二一,山南道,邓州南阳郡有新野县(即今河南新野县)。

又《旧传》载其祖光烈,玄宗、肃宗朝曾任大理少卿;父河,德宗时为兵部郎中。《新传》则记敬休之父名何,非河。《元和姓纂》九,记庾何生威,威生敬休。由此,则《旧传》所记之"河",当误(中华书局点校本未有校)。而庾何为庾敬休之父或祖,则未确定。清劳格于《唐尚书省郎官石柱题名考》卷一左司郎中庾敬休名下,有按云:"《姓纂》与传不合。按:何在德宗时,敬休当宪宗末年已入翰林,相去仅三十年。"劳格似以庾何为敬休父为是。

《旧传》又云:"敬休举进士,以宏词登科,授秘书省校书郎,从事宣州。"《新传》略同,皆未记年,故徐松《登科记考》亦未有记。唯北宋乐史所著《广卓异记》卷一三《同年五人同为翰林学士》条,于题下注五人名:庾敬休、柳公权、李绅、韦表微、高钺。文中云:"右,按《唐书》,元和元年,礼部侍郎崔邠下一榜,放进士十三人;其后庾敬休等五人,长庆中为翰林学士。"①据《旧唐书》柳公权、李绅、高鍼传,此三人确于元和元年(806)登进士第,而庾敬休等五人亦为长庆时翰林学士。乐史当采自北宋时尚传存之唐登科记名录②。

庾敬休于元和元年进士及第后,至入为翰林学士。《旧传》概记其仕历为:"以宏词登科,授秘书省校书郎,从事宣州。转授渭南尉、集贤校理,迁右拾遗、集贤学士。历右补阙,称职,转起居舍人,俄迁礼部员外郎。"均未记年月。《新传》所记更简。今据有关材料,补考如下。

《白居易集笺校》卷五四"翰林制诰"一,有《除拾遗监察等制》:"渭南县尉庾敬休等,咸文行清茂,士之秀者。宜从吏列,擢在朝行,各随才用,分命以职。司谏执宪,佇有可称。"参《旧传》所记,即庾敬休以渭南县尉迁为右拾遗。按:《元和姓纂》九记有庾敬休,称其为左拾遗。岑仲勉《〈白氏长庆集〉伪文》,即据《元和姓纂》撰于元和七年(812),而此时白居易已出院,因定此制为伪作。按:岑氏此说恐不确。《元和姓纂》撰成于元和七年,时庾敬休已为左拾遗(《旧传》记为右拾遗,此为小异),而拾遗任期也有一定时段,则其由渭南县尉迁左拾遗,也有可能在元和六年四月(白居易出院时)之前,即白居易于翰林学士任期仍作有此制。又

---

① 乐史《广卓异记》,见《全宋笔记》第一编。《全宋笔记》,上海师范大学古籍整理研究所编纂,大象出版社,2003年。按:《广卓异记》此处云元和元年榜,进士为十三人,误,应为二十三人,见徐松《登科记考》卷一六。

② 孟二冬《登科记考补正》卷一六,即据此补庾敬休于元和元年;北京燕山出版社,2003年。

《白居易集笺校》外集卷下"诗文补遗"，据《文苑英华》卷三九五又录有此制，题为《授庾敬休监察御史等制》，应是重载，不宜为补遗，但笺谓作于元和二年至六年间，当是。

又白居易有《庾顺之以紫霞绮远赠以诗答之》（七律），《白居易集笺校》卷一四系于元和五年（810），时白居易正处于翰林学士任。此诗首二句："千里故人心郑重，一端香绮紫氛氲。"云"千里"，则庾敬休（字顺之）时在远地，给白居易"紫霞绮"，参《旧传》所载，庾敬休时在宣州幕。诗末云："不如缝作合欢被，寤寐相思如对君。"则此前二人即已甚有交结。

于此，庾敬休当于元和元年进士登第，又宏词登科，初为秘书省校书郎，元和初期又在宣州幕府，不久又入为渭南县尉，兼集贤校理，后又迁为左（右）拾遗，在元和五六年间。

又，白居易《东南行一百韵》诗（《白居易集笺校》卷一六），作于元和十二年（817），在江州司马任。此诗诗题颇长，于"一百韵"下分列所寄友人姓氏及官衔，如通州元九侍御（即元稹）、澧州李十一舍人（即李建）等，中有"庾三十二补阙"，据岑仲勉《唐人行第录》及朱金城笺，即庾敬休。由此，则庾敬休于元和十二年已在右补阙任。此诗详述元和前期共在长安宴游，"别选闲游伴，潜招小饮徒"，可见庾敬休于元和前期与白居易、元稹、李建、李绅、杜元颖、韦处厚等已多有交往，多为宪、穆朝翰林学士。

元和十二年夏秋间，庾敬休已由右补阙（从七品上）迁为起居舍人（从六品上）。《唐会要》卷五六《起居郎起居舍人》条，载元和十二年九月敕，"自今以后，每坐日，宰臣及诸司对后，如有事可备劝诫、合记述者，委其日承旨宰相宣示左右起居，令其缀录"。

这一措施，据《唐会要》此处载，是时任起居舍人庾敬休上疏建议的。又《唐会要》卷六四《史馆杂录》条，及《册府元龟》卷六五〇《国史部·记注》亦载此，皆记"时起居舍人庾敬休上疏"。

据此，则庾敬休于元和十二年上半年在右补阙任，是年秋（九月）前迁起居舍人，而可能不久即又改为礼部员外郎（礼部员外郎与起居舍人皆为从六品上）。白居易有《浔阳岁晚寄元八郎中庾三十二员外》，《白居易集笺校》卷一七系于元和十二年。诗中云："封事频闻奏，除书数见名。"即称庾敬休与元宗简（元八，时由金部员外郎迁仓部郎中）常有上奏议事，频见擢迁，这就与庾敬休元和十二年仕历相合。

庾敬休于元和十三年（818）上半年，仍在礼部员外郎任。《旧唐书·宪宗纪》下，元和十三年三月丁未，记郑馀庆由太子少师为尚书左仆射；七月庚戌，改为凤翔陇右节度使。《旧唐书》卷一五八《郑馀庆传》，记其任左仆射时，"宪宗以馀庆谙练典章，朝廷礼乐制度有乖故事，专委馀庆参酌施行，遂用为详定使。馀庆复奏刑部侍郎韩愈、礼部侍郎李程为副使，左司郎中崔郾、吏部郎中陈珮、刑部员外郎杨嗣复、礼部员外郎庾敬休并充详定判官。朝廷仪制、吉凶五礼，咸有损益焉。改凤翔尹、凤翔陇右节度使。"则元和十三年七月前，仍为礼部员外郎，且于穆宗即位后，即以礼部员外郎入为翰林学士。

由此可见，《旧传》记庾敬休进士登第后，直至元和末，总宪宗朝十五年间，虽概叙其仕历，但均未记其时。今据白居易诗及有关史书，可大致明了此十五年间经历，并可见其入院前与当时文士已甚有交往。

《旧传》记:"俄迁礼部员外郎,入为翰林学士。"《新传》则于起居舍人后,记云"召为翰林学士",缺记礼部员外郎。

关于庾敬休入院时间及所带官衔,丁居晦《重修承旨学士壁记》记为:"元和十五年闰正月十三日,自礼部员外郎充。"即与李德裕、李绅同日入。而《旧唐书》卷一六《穆宗纪》则载于元和十五年闰正月甲寅,甲寅为该月十一日,有小异。

丁《记》又记:"二月一日,赐绯。二十一日,加左司郎中。"前已记述,李德裕于二月一日赐紫,李绅于二月一日赐绯,庾敬休之赐绯日期,当与李德裕、李绅同。唯丁《记》所谓"加左司郎中",有误。《旧传》谓:"俄迁礼部员外郎,入为翰林学士,迁礼部郎中,罢职归官,又迁兵部郎中、知制诰。"即未记任职期间有迁左司郎中。《白居易集笺校》卷四八"中书制诰"一,有《韦觊可给事中庾敬休可兵部郎中知制诰同制》,前云"朝散大夫、尚书礼部郎中、上柱国庾敬休",后云"敬休可尚书兵部郎中、知制诰,散官、勋如故"。由此,则庾敬休确由礼部郎中改兵部郎中,并知制诰,与《旧传》合,丁《记》误。

按:丁《记》有记出院年月,为:"长庆元年十月二十一日,出守本官。"参前所引白居易制文,则当为以礼部郎中出院,后改为兵部郎中、知制诰。按:白居易于长庆元年(821)十月自尚书主客郎中、知制诰迁中书舍人,长庆二年(822)七月出为杭州刺史。白居易此制当作于庾敬休出院(即长庆元年十月二十一日)后,白居易出任杭州前,即庾敬休改任兵部郎中、知制诰当在长庆二年上半年。又白氏制文曾述及庾敬休在院任职业绩,云:"温裕端明,饰以辞藻。"甚简略。庾敬休在院不到两年,确无所表现。

庾敬休此后仕历，据两《唐书》本传及有关记载，历任尚书户部侍郎、吏部侍郎、尚书左丞，文宗大和九年（835）卒，赠吏部尚书。

这里可择要纠正两《唐书》之失。《旧传》曾记文宗"将立鲁王为太子，慎选师傅，改工部侍郎兼鲁王傅"，而《新传》亦记此事，则谓文宗"慎选师傅，敬休以户部侍郎兼鲁王傅"。即《旧传》作工部侍郎，《新传》作户部侍郎。按：此事在文宗大和六年（832）。《唐会要》卷六七《王府官》条有记："大和六年，上以鲁王永年渐长，择名儒为其府属，用户部侍郎庾敬休兼王傅。"《旧唐书》卷一七五有文宗子庄恪太子李永传，云："（大和）六年，上以王年幼，思得贤傅辅导之。……因以户部侍郎庾敬休守本官兼鲁王傅。"《旧唐书》卷一七六《郑肃传》亦有记："时鲁王永有宠，文宗择名儒为其府属，用户部侍郎庾敬休兼王傅，户部郎中李践方兼司马，以（郑）肃本官（太常少卿）兼长史。"由此可证，应作户部侍郎，《旧唐书·庾敬休传》作工部侍郎，显误。中华书局点校本应据《旧唐书》本书（如卷一七五、一七六），指出同一书前后所记异，并参他书（如《唐会要》、《新唐书》），加以校正。

又如《旧传》记庾敬休"大和九年三月，卒于家"，而同书即《旧唐书》卷一七下《文宗纪》下，则记庾敬休卒子大和九年二月，谓："庚午，左丞庾敬休卒，废朝一日。"据《二十史朔闰表》，大和九年二月丙子朔，二月无庚午，三月丙午朔，庚午为三月二十五日。则《旧纪》记二月庚午，误，应据《旧传》，为三月卒。惜中华书局点校本亦未有校。

《旧传》末有评云："敬休姿容温雅，襟抱夷旷，不饮酒茹荤，不迩声色。"故列之于《忠义传》。但亦甚有艺术素养。李肇《国史补》卷上有记云："王维画品妙绝,于山水平远尤工。今昭国坊庾敬休屋壁有之。"可见庾敬休有意收藏王维山水画。清徐松《唐两京城坊考》卷三西京,有昭国坊;张穆校补卷三"昭国坊·尚书右丞庾敬休宅",有引《唐画断》:"庾右丞宅有壁王维图山水兼题记,亦当时之妙。"似即本李肇书。

庾敬休著述,《旧传》记有"著《谕善录》七卷"。《新唐书》卷五九《艺文志》三,子部杂家类,亦记"庾敬休《谕善录》七卷"。按:《新志》同类著录有魏征《群书治要》、马总《意林》、杜佑《理道要诀》等,则为有关政略、伦理等书。此书后佚。《全唐文》卷七三二载其《请停百官应给匹段以平米价奏》,《唐文拾遗》载《制置除陌等钱奏》,皆据《旧传》载录,非在翰林学士任内所作。《全唐诗》卷五一六载《春雪映早梅》诗一篇,《文苑英华》卷一八二已载,列为省试或州府试之诗题。

韦处厚

韦处厚,两《唐书》有传,见《旧唐书》卷一五九,《新唐书》卷一四二。另刘禹锡有《唐故中书侍郎平章事韦公集纪》(《刘禹锡集笺证》卷一九),亦有记其事迹。

《旧传》:"韦处厚字德载,京兆人。父万,监察御史,为荆南节度参谋。"《新传》亦载其为京兆万年人。《新唐书》卷七四上,《宰相世系表》四上,亦载其父万,兼监察御史,皆同。又刘禹锡《集纪》谓"本名惇","既仕方更名处厚"。当与宪宗名纯,有所避讳有关。

《旧传》称其"元和初登进士第",后"应贤良方正,擢居异等,授秘书省校书郎"。《新传》则仅言"中进士第"。按:《旧传》记其"元和初登进士第",又谓"与(李)绅皆以孤进,同年进士",李绅为元和元年(806)进士及第(见前李绅传)。徐松《登科记考》卷一六即据《旧传》列韦处厚为元和元年登进士第。

按:晚唐张固《幽闲鼓吹》曾有记:"刘禹锡为屯田员外郎,旦夕有腾趋之势。知一僧有术数,寓直日邀至省。方欲问命,报韦秀才在门外,不得已见之,令僧坐帘下。韦献卷已,略省之,意色颇倦,韦觉告去。"后记此韦秀才即韦处厚。按:刘禹锡任屯田员外郎在王叔文施行新政时,故《鼓吹》称其"旦夕有腾趋之势",但后又云"不旬日,贬官",故可确定在顺宗永贞元年亦即贞元二十一年(805),韦处厚则于翌年即元和元年及第。据此,则韦处厚当于应试前一年上半年向尚在朝中任职的刘禹锡献文(行卷),请其举荐,这也是唐代科举试的惯例。不过刘禹锡在《集纪》中未提此事。

《旧传》于进士登第后,又云"应贤良方正"。《新传》则谓"中进士第,又擢才识兼茂科"。刘禹锡《集纪》记为:"宪宗朝河南元公稹、京兆韦公淳以才识兼茂征。"元稹即于元和元年登才识兼茂明于体用科(参《登科记考》卷一六)。由此,则《旧传》所谓"应贤良方正",误。

又据《旧传》,韦处厚卒于文宗大和二年(828)十二月,年五十六,则当生于代宗大历八年(773)。如此,则元和元年(806)进士及第为三十四岁,后元和十五年(820)入院,为四十八岁。

《旧传》接云:"裴垍以宰相监修国史,奏以本官充直馆,改咸阳县尉,迁右拾遗,并兼史职。修《德宗实录》五十卷上之,时称信史。转左补阙、礼部考功二员外。"按:裴垍于元和三年九月拜相(见《新唐书·宰相年表》),则韦处厚当于三年(808)九月后以秘书省校书郎入直史馆,后改咸阳县尉官衔,实际仍任史职。又《旧唐书》卷一四《宪宗纪》上,元和五年(810)十月,"庚辰,宰相裴垍进所撰《德宗实录》五十卷……史官蒋武、韦处厚等颁赐有差"(又参见《唐会要》卷六三《修国史》条)。则韦处厚当于此后历擢左补阙(从七品上),礼部、考功员外郎(从六品上)。

《旧传》接云:"早为宰相韦贯之所重,时贯之以议兵不合旨出官,处厚坐友善,出为开州刺史。"此事《旧唐书·宪宗纪》下有记,元和十一年(816),"八月壬寅,以宰臣韦贯之为吏部侍郎,罢知政事。贯之以淮西、河北两处用兵,劳于供饷,请缓承宗而专讨元济,与裴度争论上前故也"。《通鉴》卷二三九元和十一年八月所记,未言其与裴度争论事,而谓"左补阙张宿毁之于上,云其朋党,八月壬寅,贯之罢为吏部侍郎"。按:元和后期征讨淮西、河北诸镇,朝臣中确有意见分歧,翰林学士亦有因此而被迫出院的。但韦贯之并不一概反对用兵,而是主张先征讨淮西,暂缓王承宗,与裴度并不对立,可能陷于当时人事纷争,而被免相。《通鉴》即于同年九月载:"丙子,以韦贯之为湖南观察使,犹坐前事也。辛巳,以吏部侍郎韦顗、考功员外郎韦处厚等皆为远州刺史,张宿谮之,以为贯之之党也。"《旧唐书·宪宗纪》下,记此次连累贬出者有六人,其中即有韦处厚,但记为"考功郎中韦处厚为开州刺史",作考功郎中,而两《唐书》本传及《通鉴》所记皆为考功员外郎。按:韩愈后于长庆二年(822)所作《韦侍讲〈盛山十二诗〉序》(《韩昌黎文集校注》卷四),亦云"韦侯昔以考功副郎守盛山","考功副郎"即考功员外郎。由此可证《旧纪》所记"考功郎中",误。《旧唐书》,同一书,而纪、传互异,间有错讹,惜中华书局点校本多未校出。

韦处厚在开州(今重庆开县)约有三年。刘禹锡《集纪》云:"居三年,执友崔敦诗为相,征拜户部郎中,至阙下。旬岁间以本官知制诰。"崔敦诗为崔群(见前宪宗朝崔群传)。崔群于元和十二年(817)七月为相,十四年(819)十二月出为湖南观察使。此云韦处厚在开州"居三年",则当于元和十三、十四年间因崔群之援荐,复入朝,为户部郎中,一年间又以本官知制诰,后即于元和十五年(820)以户部郎中、知制诰入翰林学士院。

丁居晦《重修承旨学士壁记》记为:"元和十五年二月二十四日,自户部郎中、知制诰充侍讲学士。"又据丁《记》,同时召入者路随"自司勋员外郎、史馆修撰充侍读学士"。应该说,穆宗于即位初建置侍讲学士、侍读学士,是唐翰林学士的又一新的设置,较宪宗初设置的翰林承旨,在历史上更有影响。当然,翰林侍讲、侍读学士,在中晚唐历时并不长,仅穆宗、敬宗、文宗及武宗初,约二十余年,但自北宋真宗起,即沿袭这一设置,直至明、清,历代都有,且不断调整,趋于规范化。如明代明确规定侍讲、侍读各二员,这当也参照唐代。唐代的侍讲学士一般即不超过二员(参见丁《记》)。又自宋至清,侍读学士,均与侍讲学士平立,且北宋时侍读学士之班秩还在侍讲学士之上(按:关于唐侍讲、侍读学士及对后世之影响,可参阅傅璇琮《唐翰林侍讲侍读学士考论》,载本书上编)。

《旧传》称"穆宗以其学有师法,召入翰林,为侍讲学士"。应当说,这与玄宗建立集贤院时设置侍讲学士的宗旨有关。玄宗于开元十三年(725)四月建立集贤院,集贤院内除学士、直学士外,还特设侍讲学士,当时侍讲学士有国子博士康子元、监察御史虞业、四门博士敬会直等。又《玉海》卷二六引《集贤记注》,开元十九年(731)三月,康子元曾与其他学士陈希烈等"于三殿侍讲。先是,讲《周易》毕,康子元等各蒙锡赉"。由此可见,当时集贤院侍讲学士是以讲儒家经典为主,且甚受皇上之重视。撰成于开元二十六年(738)的《唐六典》,其卷九"中书省"附集贤殿书院,记其职掌为:"掌刊缉古今之经籍,以辨明邦国之大典,而备顾问应对。"其刊辑经籍、辨析国事、备顾问咨询,这应当说是穆宗于翰林院设置侍讲、侍读学士的宗旨。此亦参见傅著《唐翰林侍讲侍读学士考论》。

穆宗于元和十五年二月二十四日召韦处厚、路随为侍讲、侍读学士,稍后十余日,三月壬子,就召见二人于大明宫太液亭,"讲《毛诗·关雎》、《尚书·洪范》等篇。既罢,并赐绯鱼袋"(《旧唐书·穆宗纪》)。丁《记》亦记:"三月十日,赐绯。"可见穆宗对翰林侍讲、侍读职能的重视。

唯丁《记》此后所记有误,即于"三月十日,赐绯"后,云:"二十二日,迁中书舍人。长庆二年五月六日,赐紫。"即其迁中书舍人,为入院同年(元和十五年)之三月二十二日,待经二年,长庆二年(822)五月才又赐紫。而《旧纪》则有确记其迁中书舍人之时间，即长庆二年四月癸未，"翰林侍讲学士韦处厚、路随进所撰《六经法言》二十卷，赐锦彩二百匹、银器二百事，处厚改中书舍人，随改谏议大夫，并赐金紫"。由此，则丁《记》之"二十二日，迁中书舍人"，"二十二日"前应加"长庆二年四月"。

又刘禹锡《集纪》记入院后，有云："初授谏议大夫，续换中书舍人。侍游蓬莱池，延问大义。退而进《六经法言》二十编，优诏答之，赐以金紫。"《旧传》亦云："为侍讲学士，换谏议大夫，改中书舍人，侍讲如故。"即由户部郎中（从五品上）入，后迁谏议大夫（正五品上），长庆二年四月又改为中书舍人（亦为正五品上，故云"换""改"）。此或为丁《记》漏记，但刘禹锡《集纪》将改中书舍人在进《六经法言》之前，亦不确。

丁《记》接云："（长庆二年）闰十月八日，加史馆修撰。三年十月二十三日，权兵部侍郎、知制诰，依前侍讲学士，兼史馆修撰。"刘禹锡《集纪》、《旧传》皆未记年月。

韦处厚后于敬宗即位后，即长庆四年（824）二月改为翰林学士，并充任承旨，如此，则他在穆宗朝任翰林侍讲学士，足有四年。在此四年，有如下业绩：

一、编撰儒家著作。《旧传》："处厚以幼主荒怠，不亲政务，既居纳海之地，宜有以启导性灵，乃铨择经义雅言，以类相从，为二十卷，谓之《六经法言》，献之。"又据《旧唐书·路随传》，此《六经法言》，乃"采三代皇王兴衰"之迹（详见后路随传）。《新唐书》卷五九《艺文志》三，即以此《六经法言》列于子部儒家类。

二、参与编修史书。据《旧唐书·穆宗纪》，《六经法言》于长庆二年四月与路随合作，撰成进上。同年闰十月己亥，穆宗即又命这两位"兼充史馆修撰《宪宗实录》",且明确规定,应"更日入史馆,《实录》未成,且许不入内署,仍放朝参"。这就是说,韦、路二人虽列于翰林学士院,但专职却在史馆修撰《实录》,并应"更日"(隔日)至史馆,在《实录》修撰期间,可不必在学士院内值班。这时韦处厚已由户部郎中、知制诰迁为中书舍人,刘禹锡《集纪》就此特为解释:"内署故事与外廷不同,凡言翰林学士必草诏书,有侍讲者专备顾问。虽官为中书舍人,或它官知制诰,第用其班次耳,不审言于训词。"即侍讲、侍读学士所带官衔虽为中书舍人或他官兼知制诰,但其主要职责不在撰制诏诰,而在于备讲、修书,即"敷尧、舜之大典,畅周、孔之遗风"(《唐大诏令集》卷四八文宗《路随平章事制》);也正因此,乃被誉为"人师"(《文苑英华》卷三八四李虞仲《授学士路随等中书舍人制》)。

三、参预朝政。韦处厚虽处于侍讲学士职位,但仍能积极参预朝政。据《旧传》,当时任户部侍郎的张平叔,"以征利中穆宗意,欲希大任,以榷盐旧法为弊年深,欲官自粜盐,可富国强兵,劝农积货,疏利害十八条"。韦处厚则"抗论不可","乃取其条目尤不可者,发十难以诘之"。《全唐文》卷七一五即载有韦处厚《驳张平叔粜盐法议》。时为兵部侍郎韩愈,也有《论变盐法事宜状》,与韦处厚所议同(见《韩昌黎文集校注》卷四)。《通鉴》卷二四二,亦载此(在长庆二年四月),谓因有韩愈、韦处厚议,张平叔所言"事遂寝"。可见韦处厚并不受侍讲职位限制,仍与其他翰林学士同样,积极议政。

四、撰写有关翰林学士史料著作,即《翰林院厅壁记》。按:此题据《文苑英华》卷七九七、《全唐文》卷七一五《知不足斋丛书》

本之《翰苑群书》题为《翰林学士记》。文末署为"时皇帝统临四海之初元也",当为穆宗刚即位之年,即元和十五年。文中提及在院中任职之宦官内给事李常晖、内谒者王士玖,"并掌院事近乎十年,与直徇公之议,聆于朝端",可见宦官中使在翰林学士院中所起的上下沟通作用。文中记此次院内北阁、前厅有所更改,因此壁记也有所调整,故作此记,惜学士名录未有具体记述。北宋时苏易简《续翰林志》对韦氏此记甚为称许,云:"唐韦处厚《翰林学士壁记》,言禁林之材用备矣。"(见宋洪遵《翰苑群书》)

还有一事值得一提,即韦处厚此时的文学交往活动。如前所述,他于元和十一年(816)九月因受韦贯之罢相的牵累,出为开州刺史。这时诗人张籍在长安,曾有诗寄他,题为《答开州韦使君寄车前子》,诗云:"开州午日车前子,作药人皆道有神。惭愧使君怜病眼,三千余里寄闲人。"按:张籍于元和中曾长期患眼病,其所作《患眼》诗有"三年患眼今年校"之句(此二诗皆见《全唐诗》卷三八六)。由此可见,韦处厚特为此寄开州土产药车前子,张籍乃特作诗答谢之,可见韦处厚与张籍早有交往。另他在开州作有《盛山十二诗》(载《唐诗纪事》卷三一,《全唐诗》卷四七九),为五绝十二首,分题为《隐月岫》、《流杯渠》、《竹岩》、《绣衣石榻》、《宿云亭》、《梅溪》、《桃坞》、《胡卢沼》、《茶岭》、《盘石磴》、《琵琶台》、《上士瓶泉》,颇有地方特色。他回京后,在任翰林侍讲学士时,曾将此诗转交京中友人,由此而和作者多人。韩愈于长庆二年特为此和作之集撰序,题为《韦侍讲〈盛山十二诗〉序》(《韩昌黎文集校注》卷四),谓"于时应而和者凡十人",文中具体提及和者有:"通州元司马为宰相,洋州许使君为京兆,忠州白使君为中书舍人,李使君为谏议大夫,黔府严中丞为秘书监,温司马为起居舍人,皆集阙下。"据此,则六人为:元稹(时任宰相)、许康佐(时任京兆尹)、白居易(时任中书舍人)、李景俭(时任谏议)、严謩(时任秘书监)、温造(时任起居舍人)。另张籍也有和作,见《全唐诗》卷三八六。韩愈于文末特别提出:"于是《盛山十二诗》与其和者,大行于时,联为大卷,家有之焉;慕而为者将日益多,则分为别卷。"这就是说,韦处厚此诗及和作大行于时,长安几乎家家有之。《新唐书·艺文志》四,集部总集类,还著录有《盛山唱和诗》一卷,可见此集在北宋前期还传存。韩愈于文题特标以"韦侍讲",文中又称"侍讲六经禁中",可见当时对侍讲学士的看重。

应当说,《盛山十二诗》在唐长庆时之所以能有名家和作,且能"大行于时",是与韦处厚作为翰林侍讲学士的特殊身份有关。这里可提供一份参证史料:权德舆作有《唐使君盛山唱和集序》(《全唐文》卷四九〇),记唐次于德宗贞元八年(792)夏出任开州刺史后,诗作甚多,而当时和者,有朝臣、地方州刺史、军司马等,约二十余人,故权德舆即特为作序。按:唐次,《旧唐书》卷一九〇、《新唐书》卷八九有传,亦有文名。权德舆此序当作于贞元中,唐次仍在开州任。可以注意的是,唐次在盛山所作及友人和作,均不存,《新唐书·艺文志》亦未有著录。这一现象值得思考。

刘禹锡《集纪》记敬宗即位,即将韦处厚由侍讲改为学士:"长庆四年春,敬宗践阼,以公用经术左右先帝五年,稔闻其德,尤所钦倚。……至是上器公,且有以宠之,乃使内谒者申命,去侍讲之称。虑未谕于百执事,居数日,降命书重举旧官以明新意。寻真拜夏官贰卿,由是内庭词臣无出其右者。凡密旨必承乎权舆,故号承旨学士。"据此，则韦处厚当于长庆四年（824）春敬宗登位后，即改为翰林学士，寻又为承旨学士。刘禹锡以此记叙敬宗对韦处厚的信重，而信重的基础则为韦处厚在前朝乃"用经术左右先帝"。

元稹《承旨学士院记》记韦处厚："长庆四年二月二十三日，以侍讲学士、权知兵部侍郎、知制诰、赐紫金鱼袋为翰林学士充。"按：此前任承旨者为李绅，李绅于长庆三年（823）三月出院（详见前李绅传），至韦处厚此次接任，其间虚位者近一年。

丁《记》所记韦处厚充任承旨时间则有误，云："（长庆）四年十月二十三日，加承旨。"而后又云："十月十四日，正拜兵部侍郎。"应据《承旨学士院记》，加承旨为长庆四年二月二十三日，由权知兵部侍郎正任为兵部侍郎在同年十月十四日。

在此时（即长庆四年初）即发生李绅、庞严等贬谪事，韦处厚特为此上疏辩解。《旧传》记为："敬宗嗣位，李逢吉用事，素恶李绅，乃构成其罪，祸将不测。处厚与绅皆以孤进，同年进士，心颇伤之，乃上疏曰……帝悟其事，绅得减死，贬端州司马。"据此，则因韦处厚上疏，李绅才免死，而贬为端州司马。而据《通鉴》卷二四三，长庆四年二月癸未（初三），记李绅贬端州司马；丙戌（初六），又贬翰林学士庞严、蒋防为外州刺史。此后，李逢吉之党"张又新等犹忌绅，日上书言贬绅太轻，上许为杀之，朝臣莫敢言，独翰林侍读学士韦处厚上疏……于是上稍开寤。"此下有司马光《考异》，谓"今从《实录》，处厚上疏，在绅贬端州后"。《考异》当是，一为系依据《实录》，二为据《旧传》所载韦之疏议，有云"臣窃闻朋党议论，以李绅贬黜尚轻"，即已下诏贬李绅。唯《通鉴》记韦处厚为"侍读",不确,应为"侍讲"。不过据此亦可参知,此年(即长庆四年)二月上旬,韦处厚仍为侍讲,后因上疏论李绅事,为敬宗所信,敬宗可能即因此改其为学士,并于当月二十三日任其为承旨。

又据《旧传》载,韦处厚所上疏议,对李逢吉大兴朋党,诬害李绅,是直言指斥的,如云"今群党得志,谗嫉大兴","今逢吉门下故吏,遍满朝行,侵毁加诬,何词不有"。《旧传》又载:"宝历元年四月,群臣上尊号,御殿受册肆赦。李逢吉以李绅之故,所撰赦文但云左降官已经量移者与量移,不言未量移者,盖欲绅不受恩例。处厚上疏,曰……帝览奏,深悟其事,乃追改赦文,绅方沾恩例。"(又见《通鉴》卷二四三宝历元年四月)由此可见韦处厚作为一位翰林学士,"所论者全大体,所陈者在至公"(上疏语),直参政事,不顾利害。此为当时朝政一大事,但刘禹锡《集纪》却无一字叙及,不知何故。

《旧传》称"处厚为翰林承旨学士,每立视草,惬会圣旨"。不仅如此,据《通鉴》卷二四三所载,长庆四年六月,"上闻王庭凑屠牛元翼家,叹宰辅非才,使凶贼纵暴",似拟罢裴度相位(裴度时任宰相),韦处厚特为上疏申之。十月,韦又"谏上宴游",且谓"臣安敢畏死而不谏"。

敬宗卒、文宗立之际,刘禹锡《集纪》曾有笼统概述:"宝历季年,宫壶间一夕生变,人情大骇,虽鼎臣无所关决,唯内署得参焉。群议哄然,俟公一言而定。"关于此关键时刻韦处厚所起的作用,两《唐书》本传所叙也较一般,唯《通鉴》所载甚为具体。《通鉴》卷二四三宝历二年(826)十二月辛丑记,敬宗(时年十八)夜猎还宫，为内官所杀，宦官刘克明矫旨，奉宪宗子绛王李悟为帝，并使其召见宰相、百官于紫宸殿外庑，而宦官另一派王守澄则拥立江王李涵（穆宗第二子），并发兵斩杀刘克明，绛王李悟也为乱兵所杀。《通鉴》载："时事起苍猝，守澄以翰林学士韦处厚博通古今，一夕处置，皆与之共议。守澄等欲号令中外，而疑所以为辞。处厚曰：'正名讨罪，于义何嫌；安可依违，有所讳避！'又问：'江王当如何践阼？'处厚曰：'诘朝，当以王教布告中外以已平内难，然后群臣三表劝进，以太皇太后令册命即皇帝位。'当时皆从其言，时不暇复问有司，凡百仪法，皆出于处厚，无不叶宜。"这也如刘禹锡《集纪》所谓"虽鼎臣无所关决，唯内署得参焉"。可能因此而以为翰林学士之权大于宰相，实际上这仅是特殊时机，且实权仍在宦官手中，韦处厚仅以宫中值班的文士"与之共议"而已。

正因如此，江王李涵于十二月乙巳（十二日）登位，即文宗，韦处厚遂于同月庚戌（十七日）由翰林学士直擢为相（据《旧唐书》卷一七上《文宗纪》）。而此后仅两年，即大和二年（828）十二月壬申，卒，年五十六。

据刘禹锡《集纪》，韦处厚卒后十年，其子蕃时以太子舍人直弘文馆，"编次遗文七十通"，请刘为作序。刘在《集纪》中评其文云："按：公未为近臣已前，所著词赋、赞论、记述、铭志，皆文士之词也，以才丽为主。自入为学士至宰相以往，所执笔皆经纶制置裁成润色之词也，以识度为宗。"

韦处厚卒后，李翱、白居易均作有祭文。李翱所作为《祭中书韦相公文》（《全唐文》卷六四〇），白居易所作亦题为《祭中书韦相公文》（《白居易集笺校》卷六九）。

韦处厚著述,除前已记述之《六经法言》、《宪宗实录》外,《新唐书》卷五八《艺文志》二,史部职官类,有《大和国计》二十卷;卷六〇《艺文志》四,集部别集类,有《韦处厚集》七十卷,《翰苑集》十卷,卷帙不少,且恐编有在翰学期间之作,惜均不存。《全唐文》卷七一五载其文一卷,十一篇;《全唐诗》卷四七九则仅载其《盛山十二诗》,五言绝句十二首,前已述。

路　随

路随,两《唐书》有传,见《旧唐书》卷一五九,《新唐书》卷一四二。《旧传》:"路随字南式,其先阳平人。"按:阳平郡,三国魏黄初时置,隋开皇初废,故《元和郡县图志》未有记。其所属莘县、冠县等,皆在今山东。

两《唐书》本传记其父泌,字安期,曾在河中节度使浑瑊幕中任判官。德宗贞元三年(787),路泌随同浑瑊至平凉参预与吐蕃结盟,不料吐蕃背盟,与唐交战,路泌被劫未返。

又两《唐书》本传皆载路随曾应试明经登科,但未记年,故徐松《登科记考》卷二七即列于不确定年份中。其早期仕历,可从李翱《荐士于中书舍人书》(《全唐文》卷六三五)中测知。李翱当时向中书舍人荐士四人,即韦词、石洪、路随、独孤朗,称路随为"前宣歙来石军判官、试太常寺协律郎"。此处"来石"当作"采石",据《元和郡县图志》卷二八江南道,宣歙观察使所属宣州,其当涂县即有采石戍。《全唐文》作"来",误。李翱文中称路随,有云:

"如路随首以父在蕃中,未敢昏娶,年六度矣,不畜仆妾,居处常如在丧,虽曾、闵复生,何以加此,其见解高明,事悉相类。"则当在贞元中期。由此,路随于贞元前期曾在宣歙幕府,后曾受李翱之荐,则他在早期与李翱即有交往,且甚受李翱赞许。

《旧传》接云:"后以通经调授润州参军,为李锜所困,使知市事,随翛然坐市中,一不介意。韦夏卿为东都留守,闻而辟之,由是声名日振。"据《旧唐书·德宗纪》,李锜于贞元十五年(799)二月为润州刺史、浙西观察使,后于宪宗元和二年(807)十月因叛变被杀。又《旧唐书·德宗纪》,韦夏卿于贞元十九年(803)十月以太子宾客为东都留守,元和元年(806)卒。据此,则路随当于贞元后期曾先后在润州、洛阳任幕职。

关于元和时期,《旧传》记为:"元和五年,边吏以讣至,随居丧,益以孝闻。服阕,擢拜左补阙。"后历为起居郎、司勋员外郎。《旧传》则谓:"自补阙至司勋员外,皆充史馆修撰。"可见其在元和中后期,虽云任左补阙、司勋员外郎等,仅为官秩,实则就职于史馆,这可能也为穆宗时任翰林侍读学士提供前资和准备基础。

丁居晦《重修承旨学士壁记》记路随:"元和十五年二月二十四日,自司勋员外郎、史馆修撰充侍读学士。"即与韦处厚同时入,韦处厚为侍讲学士,路随为侍读学士,这是唐翰林学士之一新的建置,详见前韦处厚传。

岑仲勉《注补》对"侍读"一词有疑,引《旧传》"与韦处厚同入翰林为侍讲学士",又引韦处厚《翰林学士记》所云"处厚与司勋郎中路随职参侍讲",即谓:"此外如《旧唐书》纪一六、《元龟》五五六、五五七、五九九及《郎官考》七引本记均作侍讲,此作'侍读'误。"按:韦处厚《翰林学士记》,又载于《文苑英华》卷七九七,此句"侍讲"则作"侍读",不过下注云"一作讲"。韦处厚所记,亦认为他与路随同在院中,侍奉皇上稽读经籍。穆宗时设置翰林侍讲学士、侍读学士,对后世有长远影响。《宋史》卷六《真宗纪》,咸平二年(999)七月,即明确记为:"丙午,置翰林侍读学士,以兵部侍郎杨徽之等为之;置翰林侍讲学士,以国子祭酒邢昺为之。"宋叶梦得《石林燕语》卷一,记北宋时侍读学士的班秩还在侍讲学士之上。可见北宋前期正式确定有翰林侍读学士、翰林侍讲学士,当传承唐穆宗时之设置;也可佐证丁居晦所记不误,如无丁居晦记有"侍读",宋真宗也就不可能特设侍读学士,以与侍讲学士并立。又据清鄂尔泰、张廷玉《词林典故》卷二,金、元两朝也都置有翰林侍讲、侍读学士。又明黄佐《翰林志》卷一《官制因革》,记明太祖洪武十四年(1381)五月,更明确规定侍读学士、侍讲学士为各二人;同卷《列衔》又对二者职掌记为:"侍读学士之职,凡遇上习读经史,则侍左右,以备顾问,帅其属以从;侍讲学士之职,凡遇上讲究经史,亦如之。"鄂尔泰、张廷玉《词林典故》更记清前期设置翰林侍读、侍讲学士各三员,官品晋升为从四品。

由此可见,唐时设置翰林侍读学士,虽仅路随一人,但其为侍读,并不误。《旧传》所谓"与韦处厚同入翰林为侍讲学士",《新传》所谓"与韦处厚并擢侍讲学士",当均因自路随后未再设置侍读学士,就误以为与韦处厚同为侍讲学士。

丁《记》记路随以司勋员外郎入,而《旧传》则云"穆宗即位,迁司勋郎中,赐绯鱼袋",后才入院,此亦误。因据丁《记》,路随于元和十五年二月二十四日入院后,与韦处厚同于三月十日赐绯,又三月二十二日，韦处厚迁中书舍人，路随"转本司郎中"，即司勋郎中。又《旧唐书》卷一六《穆宗纪》，元和十五年三月壬子，召侍讲学士韦处厚、路随于太液亭讲《毛诗·关雎》、《尚书》等篇。既罢，并赐绯鱼袋。此为赐绯，后当又迁官。《旧传》记路随于入院前已为司勋郎中，误。

《旧传》又记云："采三代皇王兴衰，著《六经法言》二十卷奏之，拜谏议大夫，依前侍讲学士。"《旧唐书·穆宗纪》记此事于长庆二年（822）四月癸未："翰林侍讲学士韦处厚、路随进所撰《六经法言》二十卷，赐锦彩二百匹、银器二百事，处厚改中书舍人，随改谏议大夫，并赐金紫。"丁《记》则记路随"长庆二年五月四日，迁谏议大夫"，日期稍有差异（韦处厚迁官日期亦有异，见其前传）。司勋郎中为从五品上，谏议大夫为正五品上，穆宗当因韦、路二人上进所撰经史结合之书，故特擢迁（《旧·韦处厚传》谓此书"乃铨择经义雅言，以类相从"；《新唐书》卷五九《艺文志》三，列于子部儒家类）。

编撰《六经法言》后，穆宗又正式任命二人为史馆修撰，参预纂修《宪宗实录》，但仍在院。《旧·穆宗纪》长庆二年闰十月记："敕翰林侍讲学士谏议大夫路随、中书舍人韦处厚，兼充史馆修撰《宪宗实录》，仍更日入史馆。《实录》未成，且许不入内署，仍放朝参。"由此可见，唐穆宗时于翰林学士院设置侍讲、侍读学士，主要职责在修书、陪讲读。路随后于大和二年（828）十二月拜相，文宗在其《路随平章事制》中对路随在穆宗时的业绩，评誉为："祗事穆宗，侍经内殿，敷尧、舜之大典，畅周、孔之遗风。"（《唐大诏令集》卷四八）即赞许其敷释儒家经典，以有益于朝政。又长庆四年

(824)五月路随在职时迁为中书舍人,李虞仲所草拟的《授学士路随等中书舍人制》,就特称为:"澄澄天倪,落落风韵。气含古道,行为人师。"(《文苑英华》卷三八四)应当说,翰林侍讲、侍读学士,虽不起草诏诰,但其"行为人师"的地位是受当时重视的。

《旧传》接云:"敬宗登极,拜中书舍人、翰林学士,仍赐紫。"即迁中书舍人,并由侍读改为学士,为同时。丁《记》则谓:"(长庆)四年四月十四日,改充学士。五月二十四日,赐紫。二十七日,拜中书舍人。"即先改为学士,逾月,又由谏议大夫改为中书舍人(与谏议大夫同为正五品上)。李虞仲《授学士路随等中书舍人制》(《文苑英华》卷三八四、《全唐文》卷六九三),即先称其为"朝议郎、守谏议大夫、充翰林学士",后云"随可守中书舍人,依前翰林学士"。按:敬宗于长庆四年(824)正月即位,当即于二月已将韦处厚由侍讲改为学士(见前韦处厚传),路随即又于同年四月改为学士。

路随改为翰林学士,具体职能就与侍读学士不同。《唐大诏令集》卷四八《路随平章事制》(大和二年十二月),先称在穆宗朝时,为"侍经内殿,敷尧、舜之大典,畅周、孔之遗风",而在敬宗朝,则"复参密命,雍容侍从",即直接参预政事。《旧传》记:"每除制出,以金币来谢者,随却之曰:'公事而当私赆邪!'"翰林学士草制诏,撰碑传,当时有关人士多以金钱、实物酬谢,似已成为风尚。如《通鉴》卷二三七元和四年(809)六月,载宦官左军中尉吐突承璀"盛修安国寺,奏立圣德碑,高大一准《华岳碑》,先构碑楼,请敕学士撰文,且言'臣已具钱万缗,欲酬之。'"亦是一例。

《旧传》接云:"文宗即位,韦处厚入相,随代为承旨,转兵部侍郎、知制诰。"《旧唐书》卷一七上《文宗纪》上，文宗于宝历二年（826）十二月乙巳（十二日）即位，同月庚戌（十七日），以韦处厚为相，"以翰林学士路随承旨"，即接替韦处厚（韦原为翰林承旨、兵部侍郎、知制诰）。而丁《记》则记为："宝历二年正月八日，迁兵部侍郎、知制诰。"按：宝历二年正月，敬宗尚在位，丁《记》此处记时有误，且缺记承旨，丁《记》此处所记应为宝历三年。作于大和元年（827）之韦表微《翰林学士院新楼记》，文中谓"学士韦公秉国钧"，即韦处厚由翰林学士入相，而"明年正月，学士路君迁小司马，为承旨"，即宝历三年（大和元年）正月，路随迁为兵部侍郎（但云同时为承旨，不确）。由此，丁《记》之宝历"二年"应为"三年"，因据《旧唐书·文宗纪》，宝历三年二月乙丑才"改元大和"，当时壁记当为实录，故仍记为"三年"。

《旧传》："大和二年，（韦）处厚薨，随代为相，拜中书侍郎，加照修国史。"《旧纪》大和二年十二月，"壬申，中书侍郎、同平章事韦处厚暴卒。戊寅，诏以兵部侍郎、知制诰、充翰林学士路随为中书侍郎、同平章事"。前已引述之《唐大诏令集》卷四八《路随平章事制》，文末亦署为"大和二年十二月"。而丁《记》则记为："大和二年二月二十七日，拜中书侍郎平章事。""二月"前于抄录时当漏记"十"字。

路随于大和前期在相位六七年，正处于牛、李党争及郑注、李训用事之际，故未能有所作为，《旧传》末称其"藏器韬光，隆污一致，可谓得君子中庸而常居之也"。《旧传》记为："（大和）八年，辞疾，不得谢。会李德裕连贬至袁州长史，随不署奏状，始为郑注所忌。九年四月，拜检校尚书右仆射、同中书门下平章事，兼润州刺史、镇海军节度使、浙江西道观察等使。大和九年七月，遘疾于路，薨于扬子江之中流，年六十，册赠太保，谥曰贞。"《新传》略同。按：据傅璇琮所著《李德裕年谱》，大和八年（834）十月李德裕因受李训、李宗闵之排挤，罢相，十一月出为浙西观察使；九年四月，又被王璠、李汉所诬，但宰相路随为之辩解，仅免浙西任，改为宾客、分司东部，而未行，又于同月（四月）贬袁州刺史。《通鉴》卷二四五记李德裕在浙西任时，"（王）璠、（李）汉等极口诬之，路随曰：'德裕不至有此，果如所言，臣亦应得罪。'言者稍息"。《旧唐书·李德裕传》亦载有此言，但路随何以云"臣亦应得罪"，未有解释。按：宋王谠《唐语林》卷一"德行"类，有云："路相随，幼孤。……李卫公慕其淳笃，结为亲家，以女适路氏。"此云李德裕"以女适路氏"，联系《通鉴》等所记，其"结为亲家"，或有可能。

路随著述，《新唐书》卷五八《艺文志》二，史部杂史类，有《平淮西记》一卷。此书未知作于何时，后佚。《新唐书·艺文志》同卷著录之《宪宗实录》《穆宗实录》，均为监修。另，《六经法言》，前已述。《全唐文》卷四八二载文三篇，皆为奏议，无制诏。《全唐诗》未载其作。

柳公权

柳公权，两《唐书》有传，见《旧唐书》卷一六五，《新唐书》卷一六三，皆附于其兄柳公绰传后。两《唐书·柳公绰传》皆谓京兆华原人。据《元和郡县图志》卷二，华原为京兆畿县，在京兆东北。

《旧传》:"公权字诚悬。幼嗜学,十二能为辞赋。元和初,进士擢第,释褐秘书省校书郎。"此云"元和初",而徐松《登科记考》卷一七据《唐语林》文,系于元和三年(808)。其所引《唐语林》,为:"柳公权擢第,首冠诸生。当年宏词登科,十余年便掌纶诰。"徐松"按"云:"按:首冠诸生,谓状元也。元、二年状元已见,则公权当是此年状元。"

按:徐松所引《唐语林》文,见其书卷四,实则出于唐赵璘《因话录》。《因话录》卷三商部,先叙元和中柳宗元善书,后生多师效,接云:"长庆已来,柳尚书公权,又以博闻强识工书,不离近侍。柳氏言书者,近世有此二人。尚书与族孙璟,开成中同在翰林,时称大柳舍人、小柳舍人。自祖父郎中芳以来,奕世以文学居清列,舍人在名场淹屈,及擢第首冠诸生,当年宏词登高科,十余年便掌纶诰,侍翰苑。……"此条后又小注:"记录此书后二年,柳公方知举。"①按:《因话录》此处所记甚明确,尚书、大柳舍人指柳公权,舍人、小柳舍人指柳璟。"自祖父郎中芳以来"以下,即叙柳璟事,故所云"舍人在名场淹屈,及擢第首冠诸生"即为柳璟,非柳公权,徐松乃误解。《登科记考》卷二〇即已列柳璟为宝历元年(825)状元,且同年又登博学宏词科。《因话录》小注"后二年,柳公方知举",即柳璟曾于武宗会昌元年(841)知举,而柳公权则未有知举事。此事,当代关于《登科记考》补正者,皆未涉及。

又,北宋乐史《广卓异记》卷一三《同年五人同为翰林学士》

---

① 唐赵璘撰、曹中孚校点《因话录》,上海古籍出版社《唐五代笔记小说大观》本,2000年。

条,题下有注:"庾敬休、柳公权、李绅、韦表微、高鈇。"文中有云:"右按:《唐书》,元和元年,礼部侍郎崔邠下一榜,放进士十三人,其后庾敬休等五人,长庆中为翰林学士。"①题下注之庾敬休五人,长庆中确为翰林学士。孟二冬《宋登科记考补正》亦引《广卓异记》,补庾敬休、柳公权、韦表微于元和元年。由此,则《旧传》谓"元和初,进士擢第",当是。

据《旧传》,柳公权卒于懿宗咸通六年(865),年八十八,则当生于代宗大历十三年(778)。元和元年(806)进士及第时,为二十九岁。

《旧传》记其进士擢第后,"释褐秘书省校书郎。李听镇夏州,辟为掌书记"。据《旧唐书》卷一五《宪宗纪》下,元和十四年(819)五月,"庚辰,以楚州刺史李听为夏州刺史、夏绥银宥等州节度使";卷一六《穆宗纪》,元和十五年(820)六月戊寅,又改为灵州大都督长史。夏州治所为朔方(今陕西靖边县北)。据此,则柳公权当于元和元年进士及第后不久,释褐为秘书省校书郎(正九品上),元和十四五年间应辟在夏州幕府。

《旧传》接云:"穆宗即位,入奏事,帝召见,谓公权曰:'我于佛寺见卿笔迹,思之久矣。'即日拜右拾遗,充翰林侍书学士。"《新传》同。

丁居晦《重修承旨学士壁记》记为:"元和十五年三月二十三

---

① 《广卓异记》,见《全宋笔记》第一编,上海师范大学古籍整理研究所编纂,大象出版社,2003年。唯中云"放进士十三人","十三人"应为"二十三人",见前庾敬休传。

日，自夏州观察判官、试太常寺协律郎，拜右拾遗，赐绯，充侍书学士。"如此，则其在夏州幕府时，所带官衔为太常寺协律郎（此为两《唐书》本传未记），入院时改为右拾遗。

按：穆宗于元和十五年（820）闰正月丙午（初三）即位，同月甲寅（十一日）即召李德裕、李绅、庾敬休入为翰林学士；二月，又召韦处厚、路随为翰林侍讲、侍读学士；而三月，又辟柳公权入学士院，因其专长，特加称为侍书学士，于此也可见穆宗当时对翰林设置确有一种创新意识。在柳公权之前，无翰林侍书学士之称。

唯岑仲勉《注补》谓："钱氏《考异》六〇谓侍书学士始柳公权，非也。……张怀远又尝为翰林侍书学士，见下《翰林供奉辑录》。"意谓唐时翰林侍书学士非始于柳公权，此前张怀远已曾为翰林侍书学士。今查岑氏所云其所著《翰林供奉辑录》，并无张怀远，有张怀瓘，或抄刻之误。而张怀瓘名下谓"曾充翰林、集贤两院侍书、侍读学士"，所据之一为《全唐文》卷四四七《述书赋》下注文。经查《述书赋》下篇，有"翰林之寻绎"句，下注云："张怀瓘兄弟怀瓌，盛王府司马，并翰林待诏。"可见并非翰林侍书学士，而为翰林待诏。翰林待诏又称翰林供奉，亦多书画名家，但未为学士。岑氏《注补》之说不确。

应当说，柳公权前未有翰林侍书学士。此后，终唐一朝，及宋以后，也未在翰林院设置侍书学士。宋叶梦得《石林燕语》卷二曾有记云："唐有翰林侍书学士，柳公权尝为之。太祖平蜀，王著，蜀人，善书，为赵州隆平县主簿，或荐其能书，召为卫尉寺丞、史馆祗候，使详定《急就章》等；后遂以为翰林侍书，而不加学士之名，盖惜之也。自著后，不复除人。著后官亦不显。有翰林学士王著者,自别一人,非此人也。"①由此可见,宋太祖平蜀时曾得有书法家王著,召之入朝,但仍授以翰林侍书,未加学士之名,相当于唐翰林供奉。

又李肇《翰林志》曾记翰林学士"其日入院,试制、书、答共三首,诗一首,自张仲素后加赋一首。试毕封进,可者翌日受宣,乃定"。具体详参前宪宗朝白居易传,后昭宗朝韩偓传。而《旧传》记柳公权事,则记柳公权自夏州奉命入朝奏事,帝召见,谓之曰:"我于佛寺见卿笔迹,思之久矣。"于是"即日"即召其为翰林侍书学士,明显未经考试。此前韦处厚之为翰林侍讲学士,路随之为翰林侍读学士,恐亦未如李肇《翰林志》所记有此考试程序与项目者。有唐一朝,文士入院,究竟是否如进士、明经那样经历考试,及是否有试未合格而未能入院者,还可重新考虑。

丁《记》接云:"长庆二年九月,改右补阙。四年,出守本官。"《旧传》亦记有"迁右补阙",与丁《记》同。但《旧传》在记"迁右补阙、司封员外郎"后,云:"穆宗政僻,尝问公权笔何尽善",则似穆宗时已由右补阙改司封员外郎。《新传》亦记为:"再迁司封员外郎,帝问公权用笔法。"按:《旧唐书》卷一七上《敬宗纪》,长庆四年(824)十二月记:"淮南节度使王播厚赂贵要,求领盐铁使,谏议大夫独孤朗、张仲方、起居郎孔敏行、柳公权、宋申锡、补阙韦仁实、刘敦儒、拾遗李景让、薛廷老等伏延英抗疏论之。"《通鉴》卷二四三长庆四年十二月亦载此事,亦称柳公权为起居郎。按:此数人抗疏,当皆为外廷之臣。可见长庆四年十二月前柳公权已出

<hr>

① 《石林燕语》,中华书局点校本,1984年。

院，当如丁《记》，先以右补阙（从七品上）出院，后迁为起居郎（从六品上），其间未有改迁司封员外郎事。丁《记》后又记："柳公权，大和二年五月二十一日，自司封员外郎充侍书学士。"则文宗大和初柳公权任司封员外郎（详见后文宗朝柳公权传），非在穆宗时，两《唐书》本传误。

可能由于侍书学士的特殊性，柳公权除以书法陪侍皇上外，其他如制诏撰写，典籍编纂等，均未参预。《旧传》仅记："穆宗政僻，尝问公权笔何尽善，对曰：'用笔在心，心正则笔正。'上改容，知其笔谏也。"似也以笔法为喻，略参政事。

《旧传》云："历穆、敬、文三朝，侍书中禁。"文宗朝又曾两次入院，后并去侍书之称，为翰林学士，详见后传。

元　稹

元稹，两《唐书》有传，见《旧唐书》卷一六六，《新唐书》卷一七四。另白居易有《河南元公墓志铭》（《白居易集笺校》卷七〇）①。元稹亦为唐代诗文名家，文学史著作多设有专章专节，现代有关其生平及著作，记述者亦不少，较可参考者有：朱金城《白居易研究·白居易交游考》②，《唐才子传校笺》卷六《元稹传》吴

①朱金城撰《白居易集笺校》，上海古籍出版社，1988年。
②朱金城《白居易研究》，陕西人民出版社，1987年。

企明笺①,塞长春《元稹评传》(《白居易评传》附)②,杨军《元稹集编年笺注(诗歌卷)》③,另吴伟斌于20世纪80年代以来有专文考释元稹生平(并对卞孝萱于1980年出版之《元稹年谱》多有纠订)。近二十余年来报刊之有关论文,亦多述及。故此处所作元稹传,即不作全面评述,主要为参考现有成果,对其翰林学士任职情况及有关文学活动,予以概述。

白居易所作《墓志铭》(以下简称白《志》)及《旧传》均记元稹字微之,河南人,唯《新传》云“河南河内人”。吴企明《笺》据《元和郡县图志》卷一六,谓唐河内县属河北道怀州,河南府无河内县,《新传》此处所记误(《全唐诗》小传亦沿袭《新传》,作河内人)。

关于元稹世系,白《志》及有关史书所载甚繁,且亦互有歧异,可详参塞长春《元稹评传》,此不赘。

元稹《诲侄等书》(《全唐文》卷六五三):“吾生长京师。”据当代有关论著所考,元稹即于代宗大历十四年(779)出生于西京万年靖安坊。

元稹早年仕历为:德宗贞元九年(793),十五岁,明经及第;十九年(803),与白居易同登书判拔萃科,亦与白居易同授秘书省校书郎。宪宗元和元年(806)四月,应制举试才识兼茂明于体用科,与白居易同登科,白居易授为盩厔县尉,元稹为左拾遗。据云因

---

①傅璇琮主编《唐才子传校笺》第三册。
②塞长春《白居易评传》,南京大学出版社“中国思想家评传丛书”,2002年。
③杨军《元稹集编年笺注(诗歌卷)》,三秦出版社,2002年。

屡上书言事，为执政者所恶，九月，出为河南尉；同月，母郑氏卒，丁忧服丧。元和四年（809），二月，免丧服除，入朝，为监察御史，时年三十一岁。

元稹早期文学活动，值得注意的，是与李绅、白居易交往。如前所述，元稹与白居易同于贞元十九年书判登科，并同为秘书省校书郎，自此即交往深切。而李绅于贞元二十年再赴长安应试，是年秋在长安即寄住于元稹之靖安里第。元稹《莺莺传》（《太平广记》卷四八八）在详述张生、崔氏之事后，云："贞元岁九月，执事李公垂宿于余靖安里第，语及于是。公垂卓然称异，遂为《莺莺歌》以传之。崔氏小名莺莺，公垂以命篇。"此贞元岁当为贞元二十年（参见朱金城《白居易研究·李绅与"元白"》）。由此，则元稹之作《莺莺传》，当因与李绅闲叙，受李绅赞赏、鼓励，其篇名亦为李绅提议。唐人传奇之作，往往有类似创作背景，如白居易于元和元年（806）任盩厔县尉，在仙游寺与陈鸿、王质夫共话明皇、贵妃事，即各作有《长恨歌》、《长恨歌传》。

后又有李绅、元稹、白居易关于《新乐府》和作。李绅于元和二三年间自江南返朝，任校书郎（见前李绅传），当于此时即作有《新题乐府》二十首。元稹就有和作十二首，题为《和李校书新题乐府十二首》，杨军《元稹集编年笺注（诗歌卷）》系于元和四年，时元稹在京任监察御史。元稹于诗前序云："予友李公垂贶予《乐府新题》二十首，雅有所谓，不虚为文。予取其病时之尤急者，列而和之，盖十二而已。"元稹和作，虽未如李绅有二十首，但此十二首"病时之尤急者"，又转致白居易。白居易时任翰林学士，官左拾遗，即扩而充之，为五十首，其《新乐府》题下自注云："元和四年为左拾遗时作。"(《白居易集笺校》卷三)应当说,李绅是元和时有意识作新乐府诗的倡导者,白居易增作五十首,就更扩大影响。但李绅原诗后佚,如未有元稹和作十二首,白居易也未必再作,则中唐时就没有如后来所称的新乐府运动。由此也可见元稹的文学创新见识。

元稹此后即遭遇坎坷历程。元和四年(809),使蜀返朝,有所弹奏,又为执政者所忌,即令其离朝,分司东都。五年(810),为弹奏河南尹房式有不法事,被召还,途中又受到宦者仇士良等辱击,即被贬为江陵府士曹参军。十年(815)三月,改为通州司马。十三年(818),又移为虢州长史。在近十年外贬期间,与白居易、刘禹锡多有诗酬和,并与后亦为翰林学士的庾敬休、杜元颖亦有诗交往。

元和十四年(819)冬,被召入朝,任膳部员外郎。此后几年为元稹政治活动、文学活动的高峰期。

关于元稹此次被召入朝的时间,白《志》所记有误,云:"长庆初,穆宗嗣位,旧闻公名,以膳部员外郎征用。"意谓元稹由虢州长史返朝为膳部员外郎,为穆宗在位时,且在长庆元年(821)。实则元稹本人即有记述:"元和十四年,宪宗皇帝开释有罪,始授臣膳部员外郎。"(《同州刺史谢上表》,《全唐文》卷六五〇)《旧传》亦谓:"(元和)十四年,自虢州长史征还,为膳部员外郎。"元稹所云"宪宗皇帝开释有罪",即《旧唐书》卷一五《宪宗纪》下,元和十四年七月所记:"辛巳,群臣上尊号曰元和圣文神武法天应道皇帝。是日,御宣政殿受册,礼毕,御丹凤楼,大赦天下。"《全唐文》卷六三即载其《上尊号赦文》:"左降官量移近处,已经量移者,更与量移。"如此,则其入朝,当在元和十四年下半年。

元稹此次入朝,即在宪宗朝,第二年(元和十五年,820)正月,宪宗卒,穆宗即位,元稹又加试知制诰;五月,迁为祠部郎中,并正式加知制诰。白居易《元稹除中书舍人翰林学士赐紫金鱼袋制》中,曾云:"尚书祠部郎中、知制诰、赐绯鱼袋元稹,去年夏拔自祠曹员外,试知制诰。"(《白居易集笺校》卷五〇)此制作于长庆元年(821),所谓"去年",即元和十五年。《通鉴》卷二四一元和十五年明记为:"夏五月庚戌,以稹为祠部郎中、知制诰。"可以注意的是,白居易此制文中称"试知制诰",则在元和十五年五月前,穆宗又授元稹试知制诰,今存元稹制文,即有元和十五年二月后所作者(参吴伟斌《关于元稹知制诰以及翰林承旨学士任内的几个问题》,《苏州大学学报》2002年第2期)。

此后即元稹召入为翰林学士。其最早所记材料仍为白居易《元稹除中书舍人翰林学士赐紫金鱼袋制》(《白居易集笺校》卷五〇),称"一日之中,三加新命","可中书舍人、翰林学士、赐紫金鱼袋"。唯丁居晦《重修承旨学士壁记》记为:"长庆元年二月十六日,自祠部郎中、知制诰充,仍赐紫。十七日,拜中书舍人。"元稹《承旨学士院记》则记为:"长庆元年二月十六日,自祠部郎中、知制诰行中书舍人、翰林学士,仍赐紫金鱼袋。"与白《志》同,即于二月十六日同一天,以中书舍人为翰林学士承旨,仍赐紫金鱼袋。丁《记》以中书舍人列于十七日,即第二天,有小异。

关于元稹之受穆宗信重,两《唐书》本传均以为因受宦官之推荐,如《新传》云:"稹之谪江陵,善监军崔潭峻。长庆初,潭峻方亲幸,以稹歌词数十百篇奏御,帝大悦。问稹今安在,曰'为南宫散郎'，即擢祠部郎中、知制诰。"《新传》于是评谓："然其进非公议，为士类訾薄。"

两《唐书》本传此处实为误记。《旧传》另有记，谓元稹自虢州入朝为膳部员外郎后，"宰相令狐楚一代文宗，雅知稹之辞学，谓稹曰：'尝览足下制作，所恨不多，迟之久矣。请出其所有，以豁予怀。'稹因献其文，自叙曰……"元稹在叙中特称"窃承相公特于廊庙间道稹诗句"，即令狐楚曾向穆宗称誉元稹诗作。时令狐楚任宰相，当起有一定作用。另白《志》有云："尤工诗，在翰林时，穆宗前后索诗数百篇，命左右讽咏。"此当据元稹《进诗状》(《全唐文》卷六五一)所云"臣面奉圣旨，令臣写录杂诗进来者"，又有"微臣入院之始"语，则作此状，已在院中。《唐才子传校笺》卷六《元稹传》吴笺，即据此，断言："可知两《唐书》本传讹误三处：元稹自进诗，非崔潭峻进诗，此其一；进诗乃在元稹入翰林后，非在擢祠部郎中前，此其二；进诗原因乃是'面奉圣旨'，非崔潭峻奏御，此其三。"

元稹于长庆元年二月入院，同年十月出院(出院确切日期，详后)，时间并不长，不到一年。但据前所述，元稹于前一年即元和十五年五月即以祠部郎中加知制诰，此前又有试知制诰之称，如此，则其撰写制诰，将近两年。元稹在此期间颇注意制诰文体的改革，在当时甚为突出，于后世极有影响。

白居易《元稹除中书舍人翰林学士赐紫金鱼袋制》中，即明确提出，元稹自任祠部郎中、知制诰，即已注意于文体革新："去年夏拔自祠曹员外、试知制诰，而能芟繁辞，划弊句，使吾文章言语与三代同风"；并称"凡秉笔者，莫敢与汝争能"。白《志》更明言：

"制诰,王言也。近代相沿,多失于巧俗。自公下笔,俗一变至于雅,三变至于典谟。时谓得人。"白居易诗有"制从长庆辞高古"句,自注:"微之长庆初知制诰,文格高古,始变俗体,继者效之也。"(《白居易集笺校》卷二三《余思未尽加为六韵重寄微之》)

此所谓"俗体",元稹在《制诰自序》中更明确提出:"近世以科试取士文章,司言者苟务刌饰,不根事实,升之者美溢于词,而不知所以美之之谓;黜之者罪溢于纸,而不知所以罪之之来。而又拘以属对,蹋以圆方,类之于赋判者流,先王之约束盖扫地矣。"(《全唐文》卷六五三)元稹此处提出制诰标准,一要求实,反对"苟务刌饰,不根事实";二要复古,提出"制诰本于《书》","率皆浅近",反对"拘以属对,蹋以圆方",如白居易制文中所云"芟繁辞,划弊句",使"文章言语与三代同风"。应当说,唐代诏文是一种骈体文,骈体文特点是讲究对偶与声律,注重用典与辞藻,其基本格式是未能改变的。但元稹提出求实与复古,则是对当时流行文体的一种改革与创新。

就元稹本身的创作实践来看,他所撰写的制诏,虽仍沿用骈体,但注意骈散结合,文词流畅。如其所撰《授沈传师中书舍人制》(《全唐文》卷六四八):"谦而愈光,卑以自牧,专对无不达,群居若不知。而又焕有文章,发为辞诰,使吾禁中无漏露之患,而朕语言与三代同风,勤亦至矣。"又《高铢守起居郎依前充史馆修撰制》(《全唐文》卷六四九),称高铢等"富有文章,优于行实,捃拾匡益,殆无阙遗。前以东观择才,因而命铢,视其所以,足见书词。俾伺朕之起居,遂编之于简牍,不亦详且实耶?"

应当说,这种文风,是受到中唐时韩愈所倡导的古文运动影响的,晚唐诏令,也确有传承元稹文风的,如穆宗后期庞严,武宗时封敖,宣宗时杜牧。这对宋代的制诰撰写也很有影响,如白居易于元稹制词中提出"使吾文章言语与三代同风",欧阳修于其《外制集序》中也提出"复诰命于三代之风"(《欧阳修全集》卷四一)①。两宋时期,特别是南宋,可能受科举试的影响,四六骈体甚为盛行,但与一般讲究对偶、声律的骈文也已有差别,这当与唐宋古文创作及中晚唐诏文革新有关。北宋时,对元稹的诏文,是评价极高,极为赞许的。如范仲淹《述梦诗序》(《范文正公集》卷六),认为元稹"书诏雅远,甚有补益之风"。王禹偁称"长庆中名贤所行诏诰,有胜于《尚书》者",并举元稹所作牛元翼制,谓"以此方之,《书》不如矣"。《丁晋公谈录》记此,称"众皆伏之"②。又北宋时田锡,也以元稹与韩愈、柳宗元、白居易并提:"锡以是观韩吏部之高深,柳外郎之精博;微之长于制诰,乐天善于歌谣。"(《咸平集》卷二《贻宋小著书》)

元稹在院期间,另有一事,即参与长庆元年科试案。此事详记于《旧唐书·钱徽传》,所涉及的翰林学士有段文昌、李德裕、李绅及钱徽,具体已见于段文昌等传,此不重述。应当说,元稹参与此事,并无私见,亦无个人恩怨,但元稹后来连遭贬斥,究其祸根,即与此次科试案有关,可参阅吴伟斌《元稹与长庆元年科试案》(载《中州学刊》1989 年第 2 期)。

---

①李逸安点校《欧阳修全集》,中华书局,2001 年。
②《丁晋公谈录》,见《全宋笔记》第一编第四册,上海师范大学古籍整理研究所编,大象出版社,2003 年。

元稹在院时又著有《承旨学士院记》①,此为唐代第一部记述翰林承旨学士专著,富有史料价值。据元稹自署,作于长庆元年八月十日,自唐第一位承旨学士郑絪起,至杜元颖,共十一人。此后又有元稹自己,及李德裕、李绅、韦处厚。按:元稹于长庆元年十月出院,李德裕等三人之为承旨,均在长庆二至四年间,即均在元稹出院以后,由他人续记,间有失误,不如元稹原作史料性强。

关于元稹出院时间,诸书所记亦有歧异。《承旨学士院记》记为:"其年(长庆元年)十月十九日,拜工部侍郎出院。"丁《记》则仅云:"(长庆元年)十月,迁工部侍郎出院。"白居易所作元稹《墓志》,记翰林学士承旨后,略云"寻拜工部侍郎",年月日均未记。唯其所作《余思未尽加为六韵重寄微之》诗(《白居易集笺校》卷二三),有句云"除官递互掌丝纶",自注:"予除中书舍人,微之撰制词;微之除翰林学士,予撰制词。"元稹充任翰林学士制文,白居易作,前已提及,唯元稹所作白居易除中书舍人制,则现存元稹文集中未有。白居易除中书舍人在长庆元年十月十九日,则据前《承旨学士院记》,与元稹出院,为同一日,后人即以为元稹不可能于此时作此制文。

按:《旧唐书·穆宗纪》长庆元年十月记:"壬午,以尚书主客郎中、知制诰白居易为中书舍人。河东节度使裴度三上章,论翰林学士元稹与中官知枢密魏弘简交通,倾乱朝政。以稹为工部侍郎,罢学士;弘简为弓箭库使。"是月甲子朔,壬午确为十九日。但

---

① 见宋洪遵《翰苑群书》,又辑于傅璇琮、施纯德合编之《翰学三书》点校本,辽宁教育出版社,2003年。

《通鉴》卷二四二长庆元年十月亦记有此事，则非壬午，为癸未，云："癸未，以弘简为弓箭库使，稹为工部侍郎。"癸未为二十日。如此，则元稹之出院与白居易任中书舍人，非同一日，为晚一日，元稹能为白居易撰制，也合情理。又吴伟斌《关于元稹知制诰以及翰林承旨学士任内的几个问题》(《苏州大学学报》2002年第2期)提供一材料，即元稹有《授乌重胤山南西道节度使制》(《全唐文》卷六四八)。据《旧纪》："(长庆元年十月丙戌)授乌重胤检校司徒、兴元尹，充山南西道节度使。"是年十月甲子朔，则丙戌为十月二十三日。因此吴文谓元稹罢职翰林学士承旨，当在十月二十三日之后，同年十二月之前。元稹撰此制文，现代研究者确未有注意。不过乌重胤正式授任山南西道节度使固然在十月二十三日，但元稹撰此制文也可能在此前数日。翰林学士草撰制文，固然要经皇帝阅批，有时还须经宰相审核，并转有关机构。如元和十二年(817)八月裴度率军出征淮西吴元济，由翰林学士令狐楚撰写授裴度淮西招抚使制，令狐楚所撰制文，正式发布前曾送经时任宰相的裴度审阅，"不合度旨，度请改制内三数句"(《旧唐书》卷一七二《令狐楚传》)，并因此迫使令狐楚出院。又刘禹锡《唐故相国赠司空令狐公集纪》(《刘禹锡集笺证》卷一九)，称令狐楚草诏书后，"相府上言，有命中书参详审定"(详见前宪宗朝令狐楚传)。即令狐楚出制，又送至中书省审改。据此，则元稹所撰白居易除中书舍人制文，乌重胤授山南西道节度使制文，很有可能在十月十九日之前。故其出院日期，《通鉴》所载十月二十日，较确。《承旨学士院记》、丁《记》均记为十月，当亦有所据。

关于元稹出院的原因，则由种种人事纠纷，这里就不细释。此后仕历大致为：长庆二年（822），二月，又召入为相；六月，罢相，出为同州刺史。三年（823）八月，改为越州刺史、浙东观察使。文宗大和三年（829）九月，入为尚书左丞。四年（830）正月，改为鄂州制史、武昌军节度使。五年（831）七月，卒于任，年五十三。

《新唐书》卷六〇《艺文志》四，著录其《元氏长庆集》一百卷，又《小集》十卷；另有《元和制策》三卷，分别为元稹、独孤郁、白居易撰。关于《元氏长庆集》流传情况，可参《唐才子传校笺》卷六《元稹传》吴企明笺。

高　鉄

高鉄，两《唐书》有传，见《旧唐书》卷一六八，《新唐书》卷一七七。《旧传》："高鉄字翘之。"未载其籍贯。《新传》则云"史失其何所人"。白居易《有唐善人碑》（《白居易集笺校》卷四一），记善人李建卒于穆宗长庆元年（821）二月，有云："有史官起居郎渤海高鉄作行状。"此所称渤海，当泛指郡望。

《旧传》记其先世，谓："祖郑宾，宋州宁陵令。父去疾，摄监察御史。"《新传》未记。

《旧传》接云："鉄，元和初进士及第，判入等，补秘书省校书郎。"徐松《登科记考》卷一六即据此系于元和元年（806）；又前庾敬休、李绅、柳公权等传引及之《广卓异记》卷一三，即记本年同登进士者,有高釴①。

如此,则高釴于元和元年进士及第,后经吏部试,入等,仕为秘书省校书郎(正九品上)。此当在元和前期。此时有一事颇值得注意,即《太平广记》卷三四三有《庐江冯媪》篇,注云出《异闻集》。鲁迅《唐宋传奇集》卷三即就《太平广记》辑入,题为《庐江冯媪传》,李公佐作。李公佐在详述冯媪奇异事迹后,云:"元和六年夏五月,江淮从事李公佐使至京,回次汉南,与渤海高釴、天水赵儧、河南宇文鼎会于传舍。宵话征异,各尽见闻,釴具道其事,公佐因为之传。"此"渤海高釴"与前所引白居易《有唐善人碑》所记之"渤海高釴",当同为一人。据此,则高釴当时与李公佐等交谈,并由其叙及庐江冯媪事,李公佐乃为之缀录,作此传奇小说。这与贞元二十年(804)元稹与李绅在长安靖安里第,话及崔莺莺事,李绅作《莺莺歌》,元稹作《莺莺传》,及元和元年(806)白居易与陈鸿等在长安畿县盩厔仙游寺,话及唐玄宗、杨贵妃事,白居易作《长恨歌》,陈鸿乃作《长恨歌传》,可谓同一事类。由此亦可见,当时翰林学士在其早期已与文士多作交往。

《旧传》记其为秘书省校书郎后,云:"累迁至右补阙,充史馆修撰。(元和)十四年,上疏请不以内官为京西北和籴使。十五年,转起居郎,依前充职。"按:《唐会要》卷七八《诸使杂录》条亦

————————
①《唐摭言》卷二《府元落》条,首为郭求,下注"元和元年"。所谓"府元落",即京兆府试第一名举荐,但第二年礼部试时仍未中第。郭求于元和元年京兆府试首名,但元和二年未及第,详见前宪宗朝郭求传。而《唐摭言》卷二《府元落》条于郭求后,其四为高釴,下注"九年",则为高釴于元和九年于京兆府试首名,而翌年(即元和十年)未及第。《唐摭言》此处显误。

有记,谓:"其年(元和十四年)四月,命中官五人为京西和籴使,谏议大夫郑覃、右补阙高釴等,同以疏论。上览之,即日罢其使。"则高釴确于元和十四年(819)前已为右补阙,虽充职于史馆(修撰),对朝政仍参预。又左右补阙为从七品上,起居郎为从六品上,据《旧传》,即于元和十五年(820)由右补阙迁为起居郎,但仍在史馆兼职。

元稹有《授高釴守起居郎依前充史馆修撰制》(《全唐文》卷六四九)。据《通鉴》卷二四一,元稹于元和十五年五月庚戌为祠部郎中、知制诰,则高釴之授起居郎,当在是年五月以后,即穆宗即位时,非宪宗朝。

高釴任起居郎一年后,即召入为翰林学士。

《旧传》:"釴孤贞无党,而能累陈时政得失。长庆元年,穆宗怜之,面赐绯于思政殿,仍命以本官充翰林学士。"即丁居晦《重修承旨学士壁记》所记:"长庆元年十一月八日,自起居郎、史馆修撰充。二十八日,赐绯。"

《旧传》接云:"(长庆)二年,迁兵部员外郎,依前充职。"此《新传》未记。丁《记》记有具体月日:"二年五月三日,加兵部郎中。"丁《记》记为兵部郎中,则误,因后长庆四年(824)张韶之变时,高釴始迁为郎中(户部)。关于此事,《旧传》记谓:"(长庆)四年四月,禁中有张韶之变,敬宗幸左军。是夜,釴从帝宿于左军。翌日贼平,赏从臣,赐釴锦彩七十匹,转户部郎中、知制诰。"按:此事《旧唐书》卷一七上《敬宗纪》亦有记,即长庆四年四月丙申,"贼张韶等百余人至右银台门,杀阍者,挥兵大呼,进至清思殿,登御榻而食,攻弓箭库。左神策军兵马使康艺全率兵入宫讨平之。

是日，上闻其变，急幸左军。丁酉，上还宫，群臣称庆。谏议大夫李渤以上轻易致盗，言甚激切”。又见《通鉴》卷二四三。

由此，则高鉄亦当于此夜在院中值班，即从敬宗宿于左军，事平即受赏，由兵部员外郎迁户部郎中。丁《记》记其迁户部郎中为长庆三年十一月十七日，显误。

《旧传》接云：“十二月，正拜中书舍人，充职如故。”丁《记》同，记为：“（长庆）四年五月二十四日，赐紫。十二月十二日，拜中书舍人。”至宝历二年（826）三月，出院。《旧传》：“宝历二年三月，罢学士，守本官。”丁《记》亦记为：“宝历二年三月四日，出守本官。”

高鉄在院，四年有余，据《旧传》，“能累陈时政得失”。如长庆四年十二月迁中书舍人后，“谢恩于思政殿，因谏敬宗，以求理莫若躬亲，用示忧勤之旨也”。此事亦见《唐会要》卷五七《翰林院》，记当时在院之高重、崔郾、高鉄，于思政殿与敬宗对问，“崔郾奏：‘陛下授臣职以侍讲，已八个月，未尝召问经义。臣内惭尸禄，外愧群僚。’上答曰：‘朕机务稍闲，当召卿等请益。’高鉄对曰：‘意虽求治，诚恐万方或未之信；若未加躬亲，何以示忧勤之至。’上深纳其言，各赐锦彩五十匹，银器二事。”可见当时在院之学士（包括侍讲学士）对政事之关切①。

也正因此，白居易在《高鉄等一十人亡母郑氏等赠太君制》（《白居易集笺校》卷四八“中书制诰”一）中，对当时在院诸学士甚加赞许：“起居郎高鉄亡母荥阳郡太君郑氏等：予有侍臣，咸士

---

① 按：《唐会要》此条记事有误，谓在长庆四年十月，详参后崔郾传。

之秀者，或左右以书吾言动，前后以补吾阙遗。森然在庭，各举其职。爰思乃教，知所从来。岂非善禀于亲，行成于内，徙邻断织，训使然耶？不追封邑之荣，曷显统家之庆？可依前件。"此当为白居易于长庆元年、二年任中书舍人时作。制中称高钺为起居郎，又称其为"侍臣"，则当于长庆元年十一月以起居郎入院后，二年五月改兵部员外郎前。制中所云"左右以书吾言动，前后以补吾阙遗"，也可视为对翰林学士职责之概称。

《旧传》所记出院后仕历，大致为：大和三年（829）七月，改授刑部侍郎；四年（830）冬，迁吏部侍郎。七年（833），出为同州刺史、兼御史中丞。八年（834）六月卒。《旧传》传末评云："钺少时孤贫，洁己力行，与弟铢、锴皆以检静自立，致位崇显，居家友睦，为搢绅所重。"

《新唐书·艺文志》未著录其著述。《全唐诗》也未载其诗。《全唐文》卷七二五载其文一篇：《论于頔谥疏》，当据《旧唐书》卷一五六《于頔传》所辑，又见《唐会要》卷八《谥法》。其疏署为右补阙，即元和十五年，尚未转起居郎，亦未入院。又白居易《有唐善人碑》（《白居易集笺校》卷四一），记李建于长庆元年二月二十三日卒，五月二十五日葬，称"有史官起居郎渤海高钺作行状"，则高钺曾为李建作有行状。此行状后未见，可见唐时文士所作多有佚亡，甚惜。

蒋　防

蒋防，两《唐书》无传，书中有关纪、传记其事迹者亦甚少。

宋史能之纂《咸淳毗陵志》卷一六《宜兴·唐》有记云："蒋防，澄之后。年十八，父诚令作《秋河赋》，援笔即成。警句云：'连云梯以迥立，跨星桥而径渡。'于简遂妻以子。李绅即席命赋鞲上鹰诗，云：'几欲高飞上天去，谁人为解绿丝条。'绅识其意，荐之。后历翰林学士、中书舍人。"[1]劳格《唐尚书省郎官石柱题名考》卷六司封员外郎，于蒋防名下引《古今万姓统谱》（八十六），所引文与此《咸淳毗陵志》同。按：《咸淳毗陵志》作"宜兴"，应为"义兴"。《元和郡县图志》卷二五江南道，义兴、无锡均属常州。义兴即今江苏宜兴市。

又《咸淳毗陵志》所记其少时作有《秋河赋》、"鞲上鹰"诗，清编《全唐文》、《全唐诗》亦未有。云李绅曾荐之，李绅为无锡人，与义兴毗近，其早年亦在江东，可能即相识，蒋防后应科举试时，李绅即推荐之。唯蒋防是否科试登第，亦未可知。

蒋防早年事迹不详。《唐会要》卷六一《御史台·馆驿》条，有记："长庆元年九月，中使二人充行营粮料馆驿使，左补阙蒋防等以非故事，恐惊物听，上疏切谏，遂罢之。"由此，蒋防于穆宗长庆元年（821）九月已仕为左补阙（似应为右补阙，见后）。

丁居晦《重修承旨学士壁记》记为："蒋防：长庆元年十一月十六日，自右补阙充；二十八日，赐绯。"参前《唐会要》，蒋防确以补阙入。又据前高钺传，高钺稍早于蒋防入，但也于十一月二十八日赐绯。又《旧唐书》卷一六六《庞严传》："严与右拾遗蒋防俱为

①《咸淳毗陵志》，中华书局影印《宋元方志丛刊》本，1990 年。

（元）稹、（李）绅保荐，至谏官、内职。"①按：李绅于元和十五年
（820）闰正月十三日入，长庆元年（821）十一月仍在院，为司勋员
外郎、知制诰；而元稹于长庆元年二月十六日入，并为承旨，同年
十月即迁为工部侍郎出院，但仍在朝，翌年二月又提升为相，故虽
未在院，仍可与李绅同荐。中唐时翰林学士多有互荐，亦成为一
风尚。

蒋防刚入院，即与王建有诗唱和。王建有《和蒋学士新授章
服》（《全唐诗》卷三〇〇）："五色箱中绛服春，笏花成就白鱼新。
看宣赐处惊回眼，著谢恩时便称身。瑞草唯承天上露，红鸾不受
世间尘。翰林同贺文章出，惊动茫茫下界人。"王建诗题云"和"，
则蒋防当先有诗赠王建，惜蒋防原诗未存。王建时亦仕于朝，长
庆元年约为太府寺丞或太常寺丞（参据《唐才子传校笺》卷四《王
建传》谭优学笺）。据《旧唐书·职官志》，太府丞、太常丞，官阶
均为从六品上，高于右补阙（从七品上），但太府、太常丞均属九卿
寺，为闲职，故王建特称蒋防入翰林，为"惊动茫茫下界人"。由此
也可见当时文士对翰林学士入居禁署之仰慕心情。

丁《记》接云："二年十月九日，加司封员外郎。三年三月一
日，加知制诰。"可注意的是，加知制诰后，又有朱庆馀进诗，即《上
翰林蒋防舍人》（《全唐诗》卷五一四）："清重可过知内制，从前礼
绝外庭人。看花在处多随驾，召宴无时不及旬。马自赐来骑觉

① 《旧唐书·庞严传》此处称蒋防为右拾遗。按：补阙为从七品上，拾遗为从
八品上，蒋防于长庆元年九月已为补阙（见前引述之《唐会要》），何以又降
为右拾遗？《旧唐书·庞严传》此处所载误。

稳,诗缘得后意长新。应怜独在文场久,十有余年浪过春。"诗题
称蒋防为舍人,即唐时以他官兼知制诰之习称,也即作于长庆三
年(823)三月后,四年(824)二月蒋防出院前。就诗末二句,则知
朱庆馀此时尚未及第,且应试已十余年,当久试不第。按:朱庆馀
于宝历二年(826)始进士及第,则此前当屡求举荐。《全唐诗》同
卷于此诗后又有《上翰林李舍人》,前四句云:"记得早年曾拜识,
便怜孤进赏文章,免令汩没惭时辈,与作声名彻举场。"亦为求举,
而时任翰林学士并为中书舍人者,当为李绅。由此亦可见当时举
子、文士对翰林学士荐举之渴望。

关于蒋防之出院,丁《记》记为:"(长庆)四年二月六日,贬汀
州刺史。"蒋防此次不是一般性的出院,而是外贬,涉及当时朋党
之争。《旧唐书》卷一七上《敬宗纪》,长庆四年二月,"癸未(初
三),贬户部侍郎李绅为端州司马。戊戌(初六),贬翰林学士、驾
部郎中、知制诰庞严为信州刺史,翰林学士、司封员外郎、知制诰
蒋防为汀州刺史,皆绅之引用者"。《旧唐书》卷一四九《于敖传》
亦载:"昭愍(即敬宗)初即位,李逢吉用事,与翰林学士李绅素不
叶,遂诬绅以不测之罪,逐于岭外。绅同职驾部郎中知制诰庞严、
司封员外郎知制诰蒋防坐绅党,左迁信、汀等州刺史。"此事详见
前李绅传。由此亦可见当时翰林学士因参预政事所受之牵累,亦
可见宰相对翰林学士之入、出,极有操纵权。

蒋防在院,前后四年,实为两年又三个月。《全唐文》卷七一
九载其制诰两篇。一为《授柳公绰襄州节度使制》。据《旧唐书》
卷一六五《柳公绰传》:"(长庆)三年改尚书左丞,又拜检校户部
尚书、襄州刺史、山南东道节度使。"《通鉴》卷二四三,又确记为:

"（长庆三年）五月，以尚书左丞柳公绰为山南东道节度使。"长庆三年五月，蒋防在院中，为司封员外郎、知制诰，则此制是为蒋防所撰。另一篇为《授李鄘门下侍郎平章事制》。按：据《旧唐书》卷一五七《李鄘传》，鄘早于元和十二年（817）即由淮南节度使征拜门下侍郎、平章事。《旧唐书》卷一五《宪宗纪》下，即系于元和十二年十月。《唐大诏令集》卷四七亦有《李鄘平章事制》，文末署"元和十二年十月"，未著撰者姓名。此时蒋防尚未入院，不可能有此命相之作。《文苑英华》卷四五〇"翰林制诏"，即收有此制，下题"蒋防"名，《全唐文》当即误袭《文苑英华》。按：《文苑英华》所载此篇前为杜元颖《授段文昌中书侍郎平章事制》，时杜亦仍在院中，可能此《授李鄘门下侍郎平章事制》为杜元颖作，《文苑英华》后刻印时误题蒋防之名。

蒋防在院期间，未存有诗作。《太平广记》卷四八七录有蒋防《霍小玉传》，为唐时著名传奇之作。《唐五代文学编年史·中唐卷》系于长庆元年，云："叙李益事已到晚年，作年无可确考。"但又谓："卞孝萱《唐代小说与政治》以为此传系蒋防适应元稹、李绅之政治需要而作，姑系于此。"[1]李时人编校之《全唐五代传奇》，卷二六载有此篇，则未叙及当时政治，云："其写作年代不详，或在元和中。"[2]

蒋防于长庆四年二月出院，贬汀州刺史。汀州治所为长汀县

---

[1]《唐五代文学编年史》，傅璇琮主编；中唐卷，陶敏、李一飞、傅璇琮著。辽海出版社，1998年。
[2]李时人编校《全唐五代传奇》，陕西人民出版社，1998年。

（今属福建）。后又改连州。连州，唐之辖境相当于今广东省连县、阳山等地，较汀州距长安更远，不知何以又为更改。又，李绅于宝历元年（825）五月自端州司马量移江州长史（见前李绅传），蒋防此次改移，或与李绅之量移有关。蒋防有《连州静福山廖先生碑铭并序》（《全唐文》卷七一九），有云："长庆末，余自尚书司封郎、知制诰、翰林学士得罪，出守临汀，寻改此郡。慕先生至道，登先生旧山，扪萝拨云，瞻仰不足，稽首岩户，强为之铭。"又《宝刻丛编》卷一九"连州"引《复斋碑录》，云："唐《放生池铭》，宝历元年四月二十一日刺史蒋防立。"则蒋防可能在李绅之前，于宝历元年三四月间即由汀州改连州。

　　蒋防又有《汨罗庙记》（《全唐文》卷七一九）云："唐文宗大和二年春，防奉命宜春，抵湘阴，歇帆西渚。邑宰马搏谓予曰：三闾之坟，有碑无文，岂前贤缺欤？……郡守东海徐希仁泪马搏，以予常学古道，熟君臣至理之义，请述始终符契，以广忠贤之业云。"则蒋防或于此时（大和二年春）已改任入朝，奉命出使往宜春（袁州治所），途经湘阴，应岳州刺史徐希仁等之请，为作此文。问题是此文称云"唐文宗"，则当在文宗卒后，而李绅于文宗开成初所撰《趋翰苑遭诬构四十六韵》（《全唐诗》卷四八〇），于"旧交封宿草"句下自注："沈八侍郎（传师）、武十五侍郎（儒衡）、元九相公（稹）、庞严京兆、蒋防舍人皆为尘世。"则蒋防当卒于大和时，如此，则《汨罗庙记》中绝不可能称"文宗"，此当为《全唐文》抄辑时致误。《文苑英华》未收此文，《全唐文》不知何所据，此亦为《全唐文》显误之例。

　　《新唐书·艺文志》未著录其著作。《全唐文》卷七一九编其文一卷,大部分为赋,计二十篇。《全唐诗》卷五〇七载其诗十二首,似均为在朝时应制之作。

韦表微

　　韦表微,两《唐书》有传,见《旧唐书》卷一八九下《儒学传》下,《新唐书》卷一七七。《旧传》所记甚略,仅百余字,《新传》稍详,但记翰林学士时情况,多误。

　　《旧传》未载其字号、郡籍。《新传》有记:"韦表微,字子明,隋郿城公元礼七世孙。"按:《旧唐书》卷一八五上《良吏上·韦机传》,记:"韦机,雍州万年人。祖元礼,隋浙州刺史。"又《旧唐书》卷一三五《韦渠牟传》:"京兆万年人。六代祖范,魏西阳太守,后周封郿城公。"如此,则韦表微当为京兆万年人,京兆亦为韦氏郡望。

　　两《唐书》本传皆记其擢进士第,但均未记年,故徐松《登科记考》列于未系年卷(卷二七)。

　　《新传》记:"韦皋镇西川,王纬、司空曙、独孤良弼、裴泏居幕府,皆厚相推挹。"王纬、司空曙等皆为名士,则其于德宗贞元时在韦皋西川幕府,曾向韦皋举荐韦表微。但韦表微恐未曾在西川幕,因《新传》接云"擢进士第",而进士及第后,则"数辟诸使府"。《旧传》亦谓"始举进士登第,累佐藩府"。

　　按:韦表微有《麟台碑铭并序》(《全唐文》卷六三三),中云:"元和五年冬十一月,表微以滑之从事使乎郓阳,停骖访古,经获麟之旧壤。……徘徊道周,乃作铭曰。"据郁贤皓《唐刺史考全编》卷五七河南道滑州,元和元年至七年(806—812)袁滋为滑州刺史、郑滑节度使。滑州治所即今河南滑县,郓阳即郓州(今山东郓城县)。据此,则韦表微于元和五年(810)十一月前已在郑滑节度使幕。

《旧传》又云:"元和十五年,拜监察御史。"《新传》虽未标"元和十五年",但有具体记述,且由此可测算其生年。《新传》云:"久之,入授监察御史里行,不乐。曰'爵禄譬滋味也,人皆欲之。吾年五十,拭镜剪白,冒游少年间,取一班一级,不见其味也。将为松菊主人,不愧陶渊明'云。"据此,则元和十五年授监察御史时,年五十,则当生于代宗大历六年(771)。又《旧传》末云"卒年六十",《新传》亦云"以病痼罢学士,卒,年六十"。即因疾出院,寻卒。丁居晦《重修承旨学士壁记》记其于文宗大和三年(829)八月二十日,"以疾出守本官"。则其卒可能即在大和三四年间。如以大和四年(830)卒,年六十,其生年亦为大历六年(771),与前据《新传》所载测算相合。

据此,则其于长庆二年(822)入院,当为五十二岁。丁《记》:"长庆二年二月,自监察御史充。四日,赐绯。"当与庞严同时入,见后庞严传。

丁《记》接云:"(长庆二年)五月三日,迁右补阙内供奉。三年九月三十日,拜库部员外郎。四年五月二十四日,赐紫。二十七日,加制诰。"李虞仲《授学士路随等中书舍人制》(《全唐文》卷六九三),中有记韦表微,云:"朝议郎、行尚书库部员外郎、充翰林学士、上柱国、赐紫金鱼袋韦表微,符彩外朗,诚明中虚,言皆本仁,动必循矩。……况选自先朝,擢居内职,或依经而谏诤为志,或视草而周密居心。"后称"表微可守本官,知制诰,依前翰林学士,散官勋赐如故"。制文中有"选自先朝""洎予嗣位"语,可见韦表微自库部员外郎加知制诰,确在敬宗时,丁《记》所记是。由此可见,韦表微于长庆二年二月入院,至四年五月才加知制诰,中历两年余,而在此期间即已草制(如制文中称其"或视草而周密居心")。可见唐时翰林学士撰写诏诰,并不受知制诰之限。

丁《记》接云:"宝历元年五月二十五日,拜中书舍人。二年正月,迁户部侍郎、知制诰。"《新传》载:"文宗立,独相处厚,进表微户部侍郎。"按:据《旧唐书》卷一七上《文宗纪》上,文宗于宝历二年(826)十二月乙巳(十二日)即位,韦处厚于同月庚戌(十七日)由翰林学士擢居相位,路随于同日接替为翰林学士承旨。如此,则丁《记》记宝历二年二月韦表微迁户部侍郎、知制诰,误,宝历"二年"应作"三年"。即文宗登位初,韦处厚、路随均有升迁,韦表微当随后亦有升迁。

丁《记》接云:"大和二年二月二十八日,加承旨。"按:随于宝历二年(826)十二月庚戌接替韦处厚为承旨,后于大和二年(828)十二月二十七日为相(见前路随传),则韦表微不可能于大和二年路随仍为承旨时又加承旨。岑仲勉《注补》谓此"二月"应作"十二月",是。

丁《记》接云:"(大和)三年八月二十日,以疾出守本官。"《新传》亦记云:"以病瘤罢学士。"两《唐书》本传皆记其卒年六十,前已考述,即当卒于大和三四年间。

《新传》记韦表微在院时情况,有显误,如云:"俄为翰林学士。

是时，李绅忤宰相，贬端州，庞严、蒋防皆谪去，学士缺人，人争荐丞相所善者，表微独荐韦处厚，人服其公。进知制诰。后与处厚议增选学士，复荐路随。处厚以诸父事表微，因曰：'随位崇，入且翁右，奈何？'答曰：'选德进贤，初不计私也。'"按：李绅贬端州，庞严、蒋防受累外出，在敬宗即位初，即长庆四年（824）二月，此时在院之学士尚有韦处厚、路随、柳公权、高钺及韦表微，共五人，未能云缺。且韦处厚已于元和十五年（820）二月入为翰林侍讲学士，路随亦同时入为翰林侍读学士，早于韦表微两年，而《新传》则记为韦表微拟荐此二人入院。如此舛误，不知《新传》抄自何书。

《新唐书》卷五七《艺文志》一，经部春秋类，著录韦表微《春秋三传总例》二十卷；又同卷经部经解类，著录其《九经师授谱》一卷。可能即由此，《旧唐书》列其入《儒学传》，于传末亦记为："著《九经师授谱》一卷，《春秋三传总例》二十卷。"《新传》又云："尤好《春秋》，病诸儒执一概，是非纷然，著《三传总例》，完会经趣。又以学者薄师道，不如声乐贱工能尊其师，著《九经师授谱》诋其违。"则北宋前期此二书似仍存，宋祁尚见之，故能有此述议。

《全唐文》卷六三三载其文两篇，一为《麟台碑铭并序》，前已述；另一为《翰林学士院新楼记》，文末署"大和元年某月日记"，在院任职时作，时为户部侍郎、知制诰。此记记穆宗时因鉴于当时学士院"庭宇逼仄，屋室卑陋"，于是"撤小屋，崇广厦"，重加扩建，对当时学士院之改建有具体记述，有一定史料价值。

《全唐诗》卷四七三仅载其诗一首，题为《池州夫子庙麟台》，四言，实为《全唐文》之《麟台碑铭并序》之铭文。《唐诗纪事》卷五四即载韦表微此碑铭，题亦作《池州夫子庙麟台碑铭》。按：文中明言"使乎郓阳"，郓阳即郓州，在山东郓城、东平等地，即所谓鲁地，故赞颂孔子。而池州，据《元和郡县图志》卷二八江南道，属宣歙观察使，在今安徽贵池等县。可见《全唐诗》之收载此诗，乃误袭《唐诗纪事》，讹加"池州"二字，且此为铭文，不应列于诗体。

庞　严

庞严，两《唐书》有传，见《旧唐书》卷一一六，《新唐书》卷一〇四。《旧传》："庞严者，寿春人。父景昭。"《新传》："庞严者，字子肃，寿州寿春人。"《元和郡县图志·阙卷逸文》卷二，即记淮南道寿州有寿春县（今安徽寿县）。唐赵璘《因话录》卷四记庞严及第后，"从事寿春"，有江淮举人曾特为拜谒。

《旧传》载："严，元和中登进士第。"《新传》则仅言"第进士"。徐松《登科记考》卷一八即据《旧传》此句，系于元和十年（815）。实则应举引沈亚之《祭胡同年文》（《全唐文》卷七三八），中云："同年韩复、张正谟、庞严、沈亚之，馔庶羞清酌之奠，祭于故安定胡君之灵。"沈亚之即元和十年进士及第（《唐才子传校笺》卷六《沈亚之传》）。

庞严进士及第，释褐后任何官，两《唐书》本传未载。按：庞严曾于穆宗长庆元年（821）应制举试（详后）。《册府元龟》卷六四四《贡举部·考试》二，有记云："（长庆元年十二月）甲申，以登制科人前试弘文馆校书郎庞严为左拾遗。"则庞严当于元和十年进士及第后，曾任弘文馆校书郎（从九品上）。

《旧传》载:"长庆元年应制举贤良方正能直言极谏科,策入三等,冠制科之首。是月,拜左拾遗。"此年制举试很值得注意。唐时制举试策问,有时由翰林学士草拟,如德宗贞元元年(785)九月制举试,就由时在院中的陆贽撰拟《策问贤良方正能直言极谏科》等(《陆宣公集》卷四"制诰",又见前德宗朝陆贽传)。长庆元年贤良方正能直言极谏科,其策问也即由翰林学士李德裕草拟(见《唐大诏令集》卷一〇六,又见前李德裕传)。此篇策问一开始提出:"古人有言,当引一代之人,以理一代之务。虽隽贤茂彦,不乏于时,然亦在敷纳以言,精核其实。"后又云:"当体予衷,不惧后言。"正因有此气度,庞严当受启发,在对策中就面对现实:"今朝廷用人不以仁,而悯默低柔;进人不以义,而因循持疑。言有不符于行,才有不足于用矣。"(《文苑英华》卷四九〇)如此激发之言辞,当受到考策官、中书舍人白居易之赞赏,即擢拔为第三等,也即制举试习用的首等。《全唐文》卷六四穆宗《处分贤良方正等科举人制》,就称此次登科诸人,"粲然高论,深沃朕心"。同卷又有《授庞严等左右拾遗……等官制》。

按:《旧传》载庞严于文宗大和五年(831)后卒,未记年岁。今检庞严此年策文,有云"臣生三十年,实沐唐化",则为此年三十岁(文中又有"迨壮岁而以身处穷贱"语),则生于德宗贞元八年(792)。刘禹锡《哭庞京兆》(《刘禹锡集笺证》卷三〇),诗题下自注:"少年有俊气,尝擢制科之首。"前四句云:"俊骨英才气褒然,策名飞步冠群贤。逢时已自致高位,得疾还因倚少年。"则庞严此时制举首冠,确在壮年,其名声当也因质直敢言,为时所称。

又,此次策试在长庆元年十一月,其授左拾遗当在十二月,而第二年长庆二年二月即召入为翰林学士，仅三十一岁，这在当时也是少见的。

《旧传》记其为左拾遗后，云："聪敏绝人，文章峭丽。翰林学士元稹、李绅颇知之。明年二月，召入翰林为学士，转左补阙。"丁居晦《重修承旨学士壁记》记为："长庆二年三月二日，自左拾遗充。四月，赐绯。十月九日，迁左补阙。"此云三月，与《旧传》之"二月"异。按：丁《记》记庞严前之韦表微，云："长庆二年二月，自监察御史充。四日，赐绯。"则庞严当与韦表微同日入院，又同日赐绯。即当据《旧传》作二月。庞严于制举登科后仅两月，即召入为翰林学士，确当受元稹、李绅之推荐。李绅时在院，为司封员外郎、知制诰；元稹则已于长庆元年十月以工部侍郎出院，但仍受穆宗重视，并于二年二月辛巳拜相，故当仍能举荐。《旧唐书》卷一六六《元稹传》即载："后进之士，最重庞严，言其文体类己，保荐之。"即赞赏庞严之文体。

丁《记》后记云："（长庆）三年三月一日，加知制诰。十月十四日，赐紫。十一月九日，拜驾部郎中、知制诰。"《旧传》则仅略记为："转左补阙；再迁驾部郎中、知制诰。"

长庆四年（824）二月，庞严即受李绅之累，为宰相李逢吉排挤，与蒋防同时贬出。丁《记》："四年二月六日，贬信州刺史。"《旧唐书》卷一七上《敬宗纪》，长庆四年二月，"癸未，贬户部侍郎李绅为端州司马。丙戌，贬翰林学士、驾部郎中、知制诰庞严为信州刺史，翰林学士、司封员外郎、知制诰蒋防为汀州刺史，皆绅之引用者。"《旧传》所记同，唯云"出为江州刺史"，显误。中华书局点校本未有校。据《元和郡县图志》卷二八，江南道信州上饶郡

（今江西上饶市）。关于李绅之贬，详见前李绅、韦处厚传。

又，郁贤皓《唐刺史考全编》卷一四六江南东道衢州，列庞严于敬宗宝历中为衢州刺史，其所据为《太平广记》卷一五六《庞严》所引《前定录》，记载为"唐京兆尹庞严为衢州刺史……时廉使元稹素与严善。"按：仅据《前定录》，未有确证。但据前李绅、蒋防传，李绅、蒋防虽于长庆四年二月贬出，但宝历时均有量移，庞严可能亦于宝历元年改为衢州刺史。

《旧传》后记云："严复入为库部郎中。"当在文宗即位后。《旧传》接云："大和二年二月①，上试制举人，命严与左散骑常侍冯宿、太常少卿贾𫗧等为试官，以裴休为甲等制科之首。有应直言极谏举人刘蕡，条对激切，凡数千言，不中选，人咸以为屈。其所对策，大行于时，登科者有请以身名授蕡者。严再迁太常少卿。"《通鉴》卷二四三大和二年（828）亦载此事，称"考官左散骑常侍冯宿等见刘蕡策，皆叹服，而畏宦官，不敢取"，未提庞严名。但庞严亦为考官，或亦有忌讳，故最终未取刘蕡，而庞严却此后由从五品上之库部郎中迁为正四品之太常少卿，不过由正职改为闲职。

《旧传》又记："（大和）五年，权知京兆尹。"《旧唐书》卷一七下《文宗纪》下，大和五年（831）五月丙寅，"太常少卿庞严权知京兆尹"；而八月丙戌，"京兆尹庞严卒"。

按：《白居易集笺校》卷二六有《病假中庞少尹携鱼酒相过》

_____

① 按：徐松《登科记考》卷二十引《唐大诏令集》策问，作三月二十九日，谓《旧传》作二月，误。

诗。朱金城《白居易研究·白居易交游续考》谓白此诗作于文宗大和二年为刑部侍郎时，即庞严自库部郎中迁太常少卿间，曾任有京兆少尹一职。此为史书未记。贾岛亦有《贺庞少尹除太常少卿》诗(《全唐诗》卷五七四)。

庞严卒后，有好几位诗家撰诗悼念，如前已引之刘禹锡《哭庞京兆》，后四句云："天上别归京兆府，人间空叹茂陵阡。今朝繐帐哭君处，前日见铺歌舞筵。"刘禹锡于此年春在朝任礼部郎中、集贤学士，年已六十，而庞严则仅年四十，距长庆元年制举登科及翌年入院，也仅十年。故刘禹锡又有《再伤庞严》(《刘禹锡集笺证》卷三〇)，谓"可怜鸾镜下，哭杀画眉人"。另马戴《哭京兆庞严》(《全唐诗》卷五五六)云："神州丧贤尹，父老泣关中。"另张祜有《哭京兆庞严》(同上，卷五一一)①。可见庞严当时之声望。

惜庞严之作，除其长庆元年制举对策(《全唐文》卷七二八)外，无诗文传存。前已述及，元稹极赏其文，以为"其文体类己"。《新唐书·艺文志》未著录其著述。可见唐代文士所作，散佚甚多。

崔 郾

崔郾，两《唐书》有传，见《旧唐书》卷一五五，《新唐书》卷一

---

①张祜又有《夏日梅溪馆寄庞舍人》(《全唐诗》卷五一〇)，则为庞严在翰林学士时张祜寄赠之作。

六三,皆附于其兄邠传后。另杜牧有《礼部尚书崔公行状》(《樊川文集》卷一四)①,则详记其生平。

《旧唐书·崔邠传》谓清河武城人,《新唐书·崔邠传》作贝州武城人。《元和郡县图志》卷一六河北道,有贝州清河郡,属县有武城。《新唐书》卷七二下《宰相世系表》二下,即记崔郾为崔氏清河小房。按:贝州治河北清河县,武城则在今山东平道县东南。

崔郾,两《唐书》本传皆记其中进士第,但未记年。杜牧《行状》则云:"既冠,识者知不容于风尘矣。贞元十二年,进士中第。"据《旧传》,郾卒于文宗开成元年(836),年六十九,则当生于代宗大历三年(768),贞元十二年(796)则为二十九岁。同年登第者有李程、孟郊等。

进士登第后,《新传》所记甚略。《旧传》记云:"平判入等,授集贤殿校书郎。三命升朝,为监察御史、刑部员外郎。……居内忧,释服为吏部员外。"杜牧《行状》所记则更具详:"贞元十二年,进士中第。十六年,平判入等,授集贤殿校书郎。陕虢观察使崔公琮愿公为宾,而不乐之,挈辞载币,使者数返。公徐为起之,且曰:'不关上闻,摄职可也。'受署为观察巡官。后转京兆府鄠县尉,迁监察御史、侍御史、刑部员外。丁邠国太夫人忧。……外除,拜吏部员外郎,判南曹事。"据《旧唐书》卷一三《德宗纪》下,贞元十四年九月"乙卯,以同州刺史崔宗为陕州大都督府长史、陕虢观察水陆转运使"。此崔宗即崔琮(他书又作"淙"者)。崔琮

①杜牧撰、陈允吉点校《樊川文集》,上海古籍出版社,1978年。

在陕虢任当至元和时。如此，则崔郾于贞元十六年（800）平判入等后，曾为集贤殿校书郎，后于贞元末、元和初在陕虢观察使幕。又据《旧唐书·崔邠传》，记邠后期，“居母忧，岁余卒，元和十年三月也”。则其母当卒于元和八九年间。如此，则崔郾母丧服除，任吏部员外郎，约在元和十一二年间，后又迁左司郎中。

《旧传》又记：“元和十三年，郑馀庆为礼仪详定使，选时有礼学者共事，以郾为详定判官，吏部郎中。”按：此事又见《旧唐书》卷一五八《郑馀庆传》，云：“（元和）十三年，拜尚书左仆射。……宪宗以馀庆谙练典章，朝廷礼乐制度有乖故事，专委馀庆参酌施行，遂用为详定使。馀庆复奏刑部侍郎韩愈、礼部侍郎李程为副使，左司郎中崔郾、吏部郎中陈珮、刑部员外郎杨嗣复、礼部员外郎庾敬休并充详定判官。朝廷仪制、吉凶五礼，咸有损益焉。”据《旧唐书·宪宗纪》下，元和十三年（818）三月丁未，郑馀庆为左仆射，七月庚戌出任凤翔陇右节度使，则崔郾参与修订礼仪典制，即在元和十三年春夏间。由此亦可见，崔郾此时亦以礼学为世所知，其共参与者庾敬休后即于元和十五年（820）闰正月以礼部员外郎入为翰林学士。

元稹有《授崔郾谏议大夫制》（《全唐文》卷六四八），先称其为尚书吏部郎中，中云：“以尔郾端厚诚明，济之文学，柔而能立，谦而逾光，命汝弼予，式冀无过。”后即云：“可守谏议大夫，余如故。”按：元稹于元和十五年五月以祠部郎中知制诰，则崔郾之迁任谏议大夫当在是年夏秋间。

《旧传》后载：“长庆中，转给事中。昭愍即位，选侍讲学士。”此即丁居晦《重修承旨学士壁记》所记：“长庆四年六月七日，自给事中侍讲学士。"按：敬宗于长庆四年（824）正月癸酉登位，崔郾与高重则为敬宗即位后首批入院者，继穆宗于元和十五年二月召韦处厚、路随后，为有唐一代第二批之翰林侍讲学士。杜牧《行状》记云："敬宗皇帝始即位，旁求师臣。今相国奇章公上言，曰非公不可，遂以本官充翰林侍讲学士，命服金紫。"此云"师臣"，可见当时对翰林侍讲学士特殊地位之重视。又据《新唐书》卷六三《宰相年表》，此时牛僧孺为相，杜牧称之为"奇章公"，则崔郾之入，亦出于当时宰相之举荐。

又，丁《记》记为长庆四年六月七日入，而列于崔郾之后的高重，记为该年六月四日入，亦为侍讲学士，则崔之入当在高之后，不应排列在高之前。崔、高应为同时入，故丁《记》此处所记日期有小误，或皆为七日，或皆为四日。

丁《记》接云："十二月十一日，改中书舍人。"此亦与高重同时改迁，高重为"十二月十一日，迁谏议大夫"。

《旧传》在记转中书舍人后，云："入思政殿谢恩，郾奏曰：'陛下用臣为侍讲，半岁有余，未尝问臣经义。今蒙转改，实惭尸素，有愧厚恩。'帝曰：'朕机务稍闲，即当请益。'高钛曰：'陛下意虽乐善，既未延接儒生，天下之人，宁知重道？'帝深引咎，赐之锦彩。"《唐会要》卷五七《翰林院》亦记，则系之于长庆四年十月，云："其年（长庆四年）十月，翰林院侍讲学士、谏议大夫高重，侍讲学士、中书舍人崔郾，中书舍人高钛，于思政殿中谢。崔郾奏：'陛下授臣职以侍讲，已八个月，未尝召问经义。……'"下同。此云"十月"，而崔郾云授侍讲之职已八个月，则与长庆四年六月入，时间不合，《唐会要》所记不确，应据《旧唐书》，于十二月在思政殿入见，故云"半岁有余"。

又此次在思政殿入谢奏议时，《旧传》、《唐会要》均记高鈇也参与，《新传》亦谓"高鈇适在旁"。岑氏《注补》对此有议，谓"思政召对，于制鈇不应旁侍，宋氏（祁）臆改旧文，往往出乎事理之外，谓当正作高鈇适同入谢因言也"。岑氏之意不明。按：高鈇于长庆四年十二月十一日迁中书舍人，时仍为翰林学士，翌日（十二日）崔、高二人又转迁，故可同时入谢，并对言，崔郾有谏，高鈇适在旁，亦可有言。《新》、《旧》二传均不误。

崔郾于此次谢恩、谏对后，即"与同列高重抄撮《六经》嘉言要道，区分事类，凡十卷，名曰《诸经纂要》，冀人主易于省览。上嘉之，赐锦彩二百匹、银器等"（《旧传》）。《旧唐书·敬宗纪》记此于宝历元年（825）七月："乙丑，侍讲学士崔郾、高重进《纂要》十卷，赐锦二百匹。"唯《新唐书》卷五九《艺文志》三，子部儒家类，著录《诸经纂要》十卷，仅署崔郾名，未及高重，当为疏失。

杜牧《行状》虽未记《诸经纂要》事，却记有一件颇值得注意之事。文中记高承简罢郑滑节度使（约在宝历元年上半年），当时"滑人叩阙，乞为承简树德政碑"。接此请状后，宦者以为"翰林故事，职由掌诏学士"，即由撰制诏诰的翰林学士承担。而敬宗则命崔郾为之，认为高承简既为功臣，"克有善政"，则"吾以师臣之辞，且宠异焉"。《全唐文》卷七二四即载有崔郾《高公德政碑》。杜牧所作《行状》，后又叙二事："居数月，魏博节度使史宪诚拜章为故帅田季安树神道碑，内官执请亦如前辞。上曰：'魏北燕赵，南控成皋，天下形胜地也。吾以师臣之辞，且慰安焉。'居数月，陈许节度使王沛拜章乞为亡父树神道碑，内官执请如前辞。上曰：'许昌，天下精兵处也，俗忠风厚，沛能抚之，吾视如臂。吾以师臣之辞，而彰其忠孝焉。'是三者，皆御札命公，令刻其辞，恩礼亲重，无与为比。"这就是说，按翰林通例，这三篇文应由翰林学士代笔撰写，而敬宗却连续三次称侍讲学士为"师臣"，认为由崔郾以"师臣之辞"起笔，是对藩镇大臣的看重。这也可见侍讲学士当时的声望。

关于崔郾出院，丁《记》记为："宝历二年九月四日，出守本官。"而《旧传》记其所编《诸经纂要》进上，上嘉赐，接云："其年，转礼部侍郎，东都试举人。"意即谓同年（宝历元年）出院，转礼部侍郎。实则《旧唐书》卷一七上《敬宗纪》，宝历二年（826）十月"壬戌，以中书舍人崔郾为礼部侍郎"。即崔郾于宝历二年九月四日以中书舍人出院，十月改为礼部侍郎。《旧传》云"其年"，误，应为"翌年"。

杜牧记其出院，谓"愿出守本官，辞恳而遂"，即自愿出院。可能如前所述，崔郾对敬宗"未尝问臣经义"，深为不满，认为无以作为，不如作中书舍人之本职。而敬宗仍对其重视，出院后，即任其为礼部侍郎，以作明年知贡举试之准备。

崔郾于文宗大和元年（827）、二年（828）连续两年知举。杜牧《行状》称："二年选士七十余人，大抵后浮华，先材实。"《旧传》更赞为："凡两岁掌贡士，平心阅试，赏拔艺能，所擢者无非名士，至大中、咸通之代，为辅相、名卿者十数人。"杜牧即于大和二年进士及第，时崔郾在东都洛阳主试。《唐摭言》卷六《公荐》，即记崔郾赴洛阳，离长安时，有公卿百官钱送，"冠盖之盛，罕有加也"。当时任太子博士之吴武陵也前来相送，向崔郾推荐杜牧，当场朗诵杜牧《阿房宫赋》，崔郾颇为赞赏。"武陵曰：'请侍郎与状头。'郾曰：'已有人。'曰：'不得已，即第五人。'"崔郾后即允诺。此为唐科举试之一佳话，多为后世所传，其细节不一定真实，但也可见崔郾在当时为文人所推重。杜牧当时有诗，即《及第后寄长安故人》："东都放榜未花开，三十三人走马回。秦地少年多办酒，已将春色入关来。"（《樊川文集·外集》，原载《唐摭言》卷三）

崔郾刚出院，即连续两年知举，且为人称誉，这也是唐翰林学士参预科举试值得研究之一例。

据杜牧《行状》及两《唐书》本传，崔郾后历任兵部侍郎、陕虢观察使，及鄂岳、浙西等观察使，多有治绩。开成元年（836）十月二十日卒于浙西任上。《旧唐书·文宗纪》下记为，开成元年十一月，"庚辰，浙西观察使崔郾卒"，年六十九，赠吏部尚书，谥曰德。

如前所述，《新唐书·艺文志》著录其《诸经纂要》一书，实为与高重合著。此书后未存。《全唐文》卷七二四载其《高公德政碑》一文（杜牧《行状》所叙又有为魏博节度使田季安所作神道碑，及为陈许节度使王沛父所作神道碑，此二文，《全唐文》未载，当亦佚）。又《全唐诗》卷五〇七载其诗一首《赠毛仙翁》，七律，一般。

高　重

高重，《旧唐书》无传，《新唐书》卷九五附于《高俭传》后，记为高俭五世孙。据《新传》，高俭曾仕高祖、太宗朝，曾任相，并以其女嫁太宗，为文德皇后。又《新唐书》卷七一下《宰相世系表》一下，渤海高氏，有高重，谓"字文明，检校户部尚书"；其父象，魏州别驾。

《新传》记高重早年仕历颇简，云："以明经中第，李巽表盐铁转运巡官，善职，凡十年，进累司门郎中。"明经中第，未记年。又《旧唐书》卷一二三《李巽传》，巽于顺宗即位时佐杜佑为盐铁转运副使，专领度支、盐铁使，宪宗时亦在职，元和四年（809）四月卒。如此，则高重因李巽之辟，为盐铁转运巡官，当在元和初，后历任十年，改司门郎中，当在元和末、长庆初。据丁居晦《重修承旨学士壁记》，高重即于长庆四年（824）六月以司门郎中入院。

《新传》又云："敬宗慎置侍讲学士，（高）重以简厚惇正，与崔郾偕选。"丁《记》记为："长庆四年六月四日，自司门郎中充侍讲学士。"当与崔郾同时入（见前崔郾传）。这是唐代第二批翰林侍讲学士（首次为韦处厚，穆宗元和十五年二月入，见前韦处厚传），也是敬宗即位后不到半年召入的侍讲学士，此时院中已无侍讲学士。

丁《记》接云："十二月十一日，迁谏议大夫。"按：崔郾亦于长庆四年十二月十一日改任中书舍人，谏议大夫与中书舍人同为正五品上。崔、高二人入院不到半年即有明显迁官，可见敬宗对此二人作为侍讲学士的重视。

二人此次迁官后，敬宗特于思政殿召见，崔郾对当时侍讲之职有所奏议（见前崔郾传）。此后，崔、高即撰有《诸经纂要》。《旧唐书》卷一七上《敬宗纪》宝历元年七月，"乙丑，侍讲学士崔郾、高重进《纂要》十卷，赐锦彩二百匹"。《旧唐书》卷一五五《崔郾传》亦记崔于思政殿为敬宗召见后，"退与同列高重抄撮《六经》嘉言要道，区分事类，凡十卷，名曰《诸经纂要》，冀人主易于省览。"《新唐书》卷五九《艺文志》三，子部儒家类，即著录崔郾《诸经纂要》十卷（按：《新志》此处未署高重名，当为疏失）。此亦为当时翰林侍讲学士有代表性的职责。又《新唐书》卷五七《艺文志》一，经部春秋类，著录有高重《春秋纂要》四十卷，则为高重一人所撰，且为大和七年（833）第二次重又入为侍讲学士应文宗之命而作，详见后文宗朝高重传。

丁《记》记其出院，为："宝历二年正月六月，出守本官。"《新传》未记其出院事。按：韦表微《翰林学士院新楼记》有云："楼成之月，学士韦公秉国钧，旬日，侍讲高学士拜夕郎，明年正月，学士路君迁小司马为承旨。"韦表微此记作于大和元年（827），详见前韦表微传。文中所云"学士韦公秉国钧"，即韦处厚于宝历二年（826）十二月十七日拜相；"学士路君迁小司马为承旨"，即路随于宝历三年（大和元年）正月迁吏部侍郎、知制诰，为承旨。如此，则宝历二年十二月，高重仍在院。丁《记》之"宝历二年正月六日，出守本官"，显误。"二年"当作"三年"，即大和元年正月出院，仍为谏议大夫。文宗后于大和七年（833）十月又召高重入为翰林侍讲学士。关于文宗朝之仕历，详后高重传。

李虞仲《授高重同州刺史兼防御使制》（《全唐文》卷六九三），约作于文宗大和四年（830），制中曾追称其在院中之业绩："属者侍周禁署，驳议琐闱，重席有戴凭之名，通经得陈邵之美。侍从之暇，附益宏多，移于牧人，宜有善政。"亦就侍讲学士之职责着眼。

唐翰林学士年表

（玄宗—敬宗朝）

玄宗朝

开元二十六年（738）

吕　向　自中书舍人充。

尹　愔　自谏议大夫充。

开元二十七年（739）

吕　向　依前中书舍人。

尹　愔　依前谏议大夫。

开元二十八年（740）

吕　向　依前中书舍人。

尹　愔　依前谏议大夫。本年或上年卒。

开元二十九年（741）

吕　向　依前中书舍人。

天宝元年（742）

吕　向　依前中书舍人。

天宝二年（743）

吕　向　依前中书舍人。

天宝三载（744）

吕　向　依前中书舍人。本年或稍后，出为工部侍郎。
刘光谦　本年或明年，自起居舍人充。

天宝四载（745）

刘光谦　依前起居舍人。
张　垍　本年或明年，自太常卿充。

天宝五载（746）

刘光谦　依前起居舍人。
张　垍　依前太常卿。

天宝六载(747)

刘光谦　依前起居舍人。

张　垍　依前太常卿。

张　埱　本年或明后年,自给事中充。

天宝七载(748)

刘光谦　依前起居舍人。或本年前后迁司封郎中。

张　垍　依前太常卿。

张　埱　依前给事中。

天宝八载(749)

刘光谦　依前司封郎中。

张　垍　依前太常卿。

张　埱　依前给事中。

天宝九载(750)

刘光谦　依前司封郎中。

张　垍　依前太常卿。

张　埱　依前给事中。

天宝十载(751)

刘光谦　依前司封郎中。

张　垍　依前太常卿。

张　埱　依前给事中。

天宝十一载(752)

刘光谦　依前司封郎中。约十一月,出院(或本年前已卒)。

张　垍　依前太常卿。

张　埱　依前给事中。

张　渐　约十一月后自中书舍人充。

窦　华　约十一月后自中书舍人充。

裴士淹　约本年或明年以给事中充,并知制诰。

天宝十二载(753)

张　垍　依前太常卿。

张　埱　依前给事中。

张　渐　依前中书舍人。

窦　华　依前中书舍人。

裴士淹　依前给事中、知制诰。

天宝十三载(754)

张　垍　依前太常卿。三月丁酉,出贬为卢溪郡司马。

张　埱　依前给事中。三月,与张垍同时出贬为宜春郡司马。

张　渐　依前中书舍人。

窦　华　依前中书舍人。

裴士淹　依前给事中、知制诰。

天宝十四载（755）

张　渐　依前中书舍人。

窦　华　依前中书舍人。

裴士淹　依前给事中、知制诰。

天宝十五载（756）

张　渐　依前中书舍人。六月，被唐兵诛杀。

窦　华　依前中书舍人。六月，被唐兵诛杀。

裴士淹　依前给事中、知制诰。六月，随玄宗赴蜀。约年末，以礼
　　　　部侍郎出院，明年（至德二载）春在成都知贡举试。

肃宗朝

至德二载（757）

董　晋(34)　约本年春，自秘书省校书郎充，随肃宗在彭原。

于可封　约本年冬，自补阙充。

乾元元年（758）

董　晋(35)　依前秘书省校书郎。约于本年迁为卫尉寺丞。

于可封　依前补阙，约于本年秋冬迁礼部员外郎、知制诰。

苏源明　五月或稍后，自中书舍人充。

乾元二年(759)

董　晋(36)　依前卫尉寺丞。

于可封　依前礼部员外郎、知制诰。

苏源明　依前中书舍人。

潘　炎　约本年或稍后自左(右)骁卫兵曹充。

上元元年(760)

董　晋(37)　依前卫尉寺丞。约去年下半年或本年初出院,为汾
　　　　　州司马。

于可封　依前礼部员外郎、知制诰。

苏源明　依前中书舍人。

潘　炎　依前左(右)骁卫兵曹。

上元二年(761)

于可封　依前礼部员外郎、知制诰。约本年或明年出院,为国子
　　　　　司业。

苏源明　依前中书舍人。

潘　炎　依前左(右)骁卫兵曹,约于本年迁驾部郎中。

宝应元年(762)

苏源明　依前中书舍人。

潘　炎　依前驾部郎中,约于本年迁中书舍人。

代宗朝

宝应元年(762)

苏源明　依前中书舍人。约于本年出院,仍为中书舍人。

潘　炎　依前驾部郎中,约于本年迁中书舍人。

常　衮(34)　四月或稍后,自右补阙充。

柳　伉　约下半年自秘书省校书郎充。

宝应二年、广德元年(763)

潘　炎　依前中书舍人。

常　衮(35)　前右补阙,约本年前后迁起居郎。

柳　伉　依前秘书省校书郎,后改为鄠县尉,十一月已为太常博士。

广德二年(764)

潘　炎　依前中书舍人,约于正月以中书舍人出院。

常　衮(36)　依前起居郎,约于本年迁为考功郎中、知制诰。

柳　伉　依前太常博士,后迁兵部员外郎、谏议大夫。

于　益　约于本年自驾部员外郎充。

永泰元年(765)

常　衮(37)　依前考功郎中、知制诰,下半年出院,为中书舍人。

柳　伉　依前谏议大夫。

永泰二年、大历元年（766）

柳　伉　依前谏议大夫，约于本年丁忧外出。
于　益　依前驾部员外郎，约本年三月前已改为礼部员外郎。
张　涉　约于本年或明年（即大历初），以靖恭太子庙丞充。

大历二年（767）

于　益　依前礼部员外郎。
张　涉　依前靖恭太子庙丞。

大历三年（768）

于　益　依前礼部员外郎，约本年或稍后迁谏议大夫。
张　涉　依前靖恭太子庙丞，约本年或稍后迁国子博士。
于　肃　约于本年自比部员外郎充。

大历四年（769）

于　益　依前谏议大夫，后卒（未知年份）。
张　涉　依前国子博士。
于　肃　依前比部员外郎，约本年迁考功郎中。

大历五年（770）

张　涉　依前国子博士。
李　翰　约于本年五月后（或明后年），以左补阙入。

于　肃　依前考功郎中。

大历六年（771）

张　涉　依前国子博士。

李　翰　依前左补阙。

于　肃　依前考功郎中,约本年迁给事中、知制诰。

大历七年（772）

张　涉　依前国子博士。

李　翰　依前左补阙。

于　肃　依前给事中、知制诰。本年丁忧（其父于休烈本年卒）

大历八年（773）

张　涉　依前国子博士。

李　翰　依前左补阙。本年十月后（或明年）以疾出院。

大历九年（774）

张　涉　依前国子博士。

李　翰　依前左补阙,约本年以疾出院。

大历十年（775）

张　涉　依前国子博士。

大历十一年（776）

张　涉　依前国子博士。

大历十二年（777）

张　涉　依前国子博士。

大历十三年（778）

张　涉　依前国子博士。

德宗、顺宗朝

大历十四年（779）

张　涉　依前国子博士。
张　周　六月，自洛阳县尉充。

建中元年（780）

张　涉　依前国子博士。三月辛未，出院，放归田里。
张　周　依前洛阳县尉。
姜公辅　约于本年三月，自左拾遗充。
赵宗儒（35）　约于本年三月，自左拾遗充。
归崇敬（69）　约于本年三月，自国子司业充。

建中二年（781）

张　周　依前洛阳县尉。

姜公辅　依前左拾遗。

赵宗儒（36）　依前左拾遗。

归崇敬（70）　依前国子司业。

建中三年（782）

张　周　依前洛阳县尉。本年二月前迁为洛阳县丞。

姜公辅　依前左拾遗。

赵宗儒（37）　依前左拾遗。

归崇敬（71）　依前国子司业。

建中四年（783）

张　周　依前洛阳县丞,约于本年又迁为河南府兵曹参军。

姜公辅　依前左拾遗。四月,迁京兆府户曹参军。十月丁巳,出院,以谏议大夫同中书门下平章事。

赵宗儒（38）　依前左拾遗。约于四月,迁屯田员外郎;十一月,出守本官,后丁父忧。

归崇敬（72）　依前国子司业。约于四月,迁左散骑常侍。

陆　贽（28）　三月,自祠部员外郎充。十二月乙丑,迁考功郎中、知制诰。

吴通微　自金部员外郎充。十二月乙丑,迁职方郎中。

吴通玄　十二月乙丑,自侍御史充,为起居舍人。

顾少连(43)　十二月,自水部员外郎充。

兴元元年(784)

张　周　依前河南府兵曹参军。

归崇敬(73)　依前左散骑常侍。

陆　贽(29)　依前考功郎中、知制诰。六月,迁谏议大夫。十二
　　　　　　月辛卯,改为中书舍人。

吴通微　依前职方郎中。

吴通玄　依前起居舍人。

顾少连(44)　依前水部员外郎。六月,迁礼部郎中。

奚　陟(39)　自起居郎充,旋因病辞,实未就职。

吉中孚　本年上半年,自司封郎中、知制诰充。六月,迁谏议大
　　　　　夫,仍兼知制诰。

贞元元年(785)

张　周　依前河南府兵曹参军。六月,改除虢州司马。

归崇敬(74)　依前左散骑常侍。

陆　贽(30)　依前中书舍人。

吴通微　依前职方郎中。

吴通玄　依前起居舍人。

顾少连(45)　依前礼部郎中。

吉中孚　依前谏议大夫、知制诰。

韦执谊(年20余)　本年冬,自左(右)拾遗充。

贞元二年(786)

张　周　依前虢州司马。约此后出院。

归崇敬(75)　依前左散骑常侍。

陆　贽(31)　依前中书舍人。

吴通微　依前职方郎中。

吴通玄　依前起居舍人。

顾少连(46)　依前礼部郎中。

吉中孚　依前谏议大夫、知制诰。正月,出为户部侍郎、判度支
　　　　两税。

韦执谊　依前左(右)拾遗。

贞元三年(787)

归崇敬(76)　依前左散骑常侍。

陆　贽(32)　依前中书舍人。丁忧,出院。

吴通微　依前职方郎中。

吴通玄　依前起居舍人。

顾少连(47)　依前礼部郎中。

韦执谊　依前左(右)拾遗。

贞元四年(788)

归崇敬(77)　依前左散骑常侍。

吴通微　依前职方郎中。二月,加知制诰。

吴通玄　依前起居舍人。二月,加知制诰。

顾少连(48)　依前礼部郎中。二月,加知制诰。

韦执谊　依前左(右)拾遗。二月,加知制诰。

贞元五年(789)

归崇敬(78)　依前左散骑常侍。

吴通微　依前职方郎中、知制诰。

吴通玄　依前起居舍人、知制诰。

顾少连(49)　依前礼部郎中、知制诰。

韦执谊　依前左(右)拾遗、知制诰。

贞元六年(790)

归崇敬(79)　依前左散骑常侍。

吴通微　依前职方郎中、知制诰。

吴通玄　依前起居舍人、知制诰。

顾少连(50)　依前礼部郎中、知制诰。

韦执谊　依前左(右)拾遗、知制诰。

陆　贽(35)　二月,免丧,复以兵部侍郎、知制诰入院。

贞元七年(791)

归崇敬(80)　依前左散骑常侍。六月,改除检校户部尚书。七
月,迁正工部尚书。

吴通微　依前职方郎中、知制诰。改礼部郎中,仍知制诰,旋正除
中书舍人。

吴通玄　依前起居舍人、知制诰。约于本年迁谏议大夫,仍知

制诰。

顾少连(51)　依前礼部郎中、知制诰,迁中书舍人。

韦执谊　依前左(右)拾遗、知制诰。约于本年或后数年,迁起居
　　　　舍人、知制诰。

陆　贽(36)　依前兵部侍郎、知制诰。八月丙申,以本官出院。

梁　肃(39)　自左补阙兼太子侍读充。

韦　绶　自左补阙充。

贞元八年(792)

归崇敬(81)　依前工部尚书。七月,出院,为兵部尚书。

吴通微　依前中书舍人。

吴通玄　依前谏议大夫、知制诰。四月,出贬泉州司马,寻赐死。

顾少连(52)　依前中书舍人。四月,改工部侍郎,出院。

韦执谊　依前起居舍人、知制诰。

梁　肃(40)　依前左补阙兼太子侍读;本年当改兼史馆修撰。

韦　绶　依前左补阙。

郑　絪(41)　约四月,自司勋员外郎、知制诰充;五月,赐绯鱼袋。

郑馀庆(47)　四月二十四日,自库部郎中充。

卫次公(40)　四月二十四日,自左补阙充。

贞元九年(793)

吴通微　依前中书舍人。

韦执谊　依前起居舍人、知制诰。

梁　肃(41)　依前左补阙兼史馆修撰。十一月,卒于任。

韦　绶　依前左补阙。

郑　絪（42）　依前司勋员外郎、知制诰。

郑馀庆（48）　依前库部郎中。

卫次公（41）　依前左补阙。

贞元十年（794）

吴通微　依前中书舍人。

韦执谊　依前起居舍人、知制诰。

韦　绶　依前左补阙。

郑　絪（43）　依前司勋员外郎、知制诰。

郑馀庆（49）　依前库部郎中。

卫次公（42）　依前左补阙。

贞元十一年（795）

吴通微　依前中书舍人。

韦执谊　依前起居舍人、知制诰。

韦　绶　依前左补阙。

郑　絪（44）　依前司勋员外郎、知制诰。

郑馀庆（50）　依前库部郎中。

卫次公（43）　依前左补阙。

贞元十二年（796）

吴通微　依前中书舍人。

韦执谊　依前起居舍人、知制诰。此后丁母忧，约本年或明年出院。

韦　绶　依前左补阙。

郑　絪（45）　依前司勋员外郎、知制诰。

郑馀庆（51）　依前库部郎中。

卫次公（44）　依前左补阙。

贞元十三年（797）

吴通微　依前中书舍人。

韦　绶　依前左补阙。

郑　絪（46）　依前司勋员外郎、知制诰。

郑馀庆（52）　依前库部郎中。五月二十六日出院，为工部侍郎、
　　　　　知吏部选事。

卫次公（45）　依前左补阙。

贞元十四年（798）

吴通微　依前中书舍人。后卒官，约本年或明年。

韦　绶　依前左补阙。

郑　絪（47）　依前司勋员外郎、知制诰。

卫次公（46）　依前左补阙。

贞元十五年（799）

韦　绶　依前左补阙。

郑　絪（48）　依前司勋员外郎、知制诰。

卫次公（47）　依前左补阙。

贞元十六年（800）

韦　绶　依前左补阙。十月，以疾辞，出院。

郑　絪（49）　依前司勋员外郎、知制诰。

卫次公（48）　依前左补阙。

贞元十七年（801）

郑　絪（50）　依前司勋员外郎、知制诰。

卫次公（49）　依前左补阙。

贞元十八年（802）

郑　絪（51）　依前司勋员外郎、知制诰。

卫次公（50）　依前左补阙。

贞元十九年（803）

郑　絪（52）　依前司勋员外郎、知制诰。

卫次公（51）　依前左补阙。

贞元二十年（804）

郑　絪（53）　依前司勋员外郎、知制诰。

卫次公（52）　依前左补阙。

李　程　九月（或十一月），自监察御史充。

张　聿　九月（或十一月），自秘书省正字充。

王　涯（约年40）　九月（或十一月），自蓝田县尉充。

李　建(41)　十二月二十二日,自秘书省校书郎充。

贞元二十一年、永贞元年(805)

郑　絪(54)　依前司勋员外郎、知制诰。二月二十二日,迁中书
　　　　　　舍人,赐紫。

卫次公(53)　依前左补阙。二月二十二日,迁司勋员外郎,赐绯。
　　　　　　三月十七日,加知制诰。

李　程　依前监察御史。三月十七日,迁水部员外郎。

张　聿　依前秘书省正字。三月十七日,迁左拾遗。

王　涯　依前蓝田县尉。三月十七日,迁左补阙。

李　建(42)　依前秘书省校书郎。三月十七日,迁左拾遗。

凌　准　正月六日,自浙东观察判官为侍御史充。三月十七日,
　　　　迁都官员外郎。五月九日,出守本官,判度支。

王叔文(53)　二月二十二日,由苏州司功参军为起居舍人充。三
　　　　　　月十六日,以本官加度支盐铁转运副使。五月二十四
　　　　　　日,迁户部侍郎,出院。

王　伾　三月二日,自左散骑常侍充。

宪宗朝

永贞元年,八月庚子(初四)后(805)

郑　絪(54)　八月四日宪宗即位,即以本官加任翰林学士承旨。

十二月壬戌,出院拜相,为中书侍郎平章事。

王　侁　八月六日,出贬为开州司马。

李吉甫(48)　十二月二十四日,自考功郎中、知制诰充;二十七日,迁中书舍人,为承旨,赐紫。

裴　垍　十二月二十四日,自考功员外郎充;二十七日,迁考功郎中、知制诰,赐绯。

元和元年(806)

卫次公(54)　依前司勋员外郎、知制诰。

李　程　依前水部员外郎。九月,加朝散大夫,赐绯。

张　暣　依前左拾遗。十一月,加朝散大夫,赐绯。

王　涯　依前左补阙。约于本年迁为起居舍人。

李　建(43)　依前左拾遗。后以詹事府司直出院。

李吉甫(49)　依前中书舍人、承旨。十二月,加银青。

裴　垍　依前考功郎中、知制诰。

元和二年(807)

卫次公(55)　依前司勋员外郎、知制诰。

李　程　依前朝散大夫。四月二十一日,转司勋员外郎。

张　暣　依前朝散大夫。正月,出守本官。

王　涯　依前起居舍人。

李吉甫(50)　依前中书舍人、承旨。正月二十一日,出院拜相,为中书侍郎平章事。

裴　垍　依前考功郎中、知制诰。四月十六日,迁中书舍人,为承旨。

李　绛(44)　　四月八日,自监察御史充。

崔　群(36)　　十一月六日,自左(右)补阙充。

白居易(36)　　十一月六日,自盩厔县尉充。

元和三年(808)

卫次公(56)　　依前司勋员外郎、知制诰。正月,以权知中书舍人
　　　　　　　出院,即知本年贡举。六月二十五日,复以兵部侍郎入
　　　　　　　院,并为承旨。七月二十三日,加知制诰。

王　涯　　　　依前起居舍人。四月乙丑,出为都官员外郎;不数日,贬
　　　　　　　虢州司马。

裴　垍　　　　依前中书舍人、承旨。四月二十五日,出院为户部侍郎。

李　绛(45)　　依前监察御史。约于本年加为主客员外郎。

崔　群(37)　　依前左(右)补阙。四月二十八日,加为库部员
　　　　　　　外郎。

白居易(37)　　依前盩厔县尉。四月二十八日,迁左拾遗。

钱　徽(54)　　八月二十六日,自祠部员外郎充。

元和四年(809)

卫次公(57)　　依前兵部侍郎、知制诰、承旨。三月,改太子宾客
　　　　　　　出院。

李　绛(46)　　依前主客员外郎。四月十七日,转为司勋员外郎、
　　　　　　　知制诰,为承旨。五月十九日,赐紫。

崔　群(38)　　依前库部员外郎。

白居易(38)　　依前左拾遗。

钱　徽(55)　依前祠部员外郎。

韦弘景(44)　七月,自左拾遗充;九月,迁左补阙。

元和五年(810)

李　绛(47)　依前司勋员外郎、承旨。五月五日,迁司勋郎中、知
　　　　　　制诰,仍为承旨。十二月,又迁为中书舍人、承旨。

崔　群(39)　依前库部员外郎。五月五日,迁库部郎中、知制诰。

白居易(39)　依前左拾遗。五月五日,改京兆府户曹参军。

钱　徽(56)　依前祠部员外郎。

韦弘景(45)　依前左补阙。

独孤郁(35)　四月一日,自起居郎充。九月,因其岳父权德舆为
　　　　　　相,为避嫌,辞职出院。

元和六年(811)

李　绛(48)　依前中书舍人、承旨。二月二十七日,出院,为户部
　　　　　　侍郎。

崔　群(40)　依前库部郎中、知制诰。二月(当为三月)四日,接
　　　　　　李绛为承旨。

白居易(40)　依前京兆府户曹参军。四月,丁母忧,出院。

钱　徽(57)　依前祠部员外郎。四月,迁祠部郎中。

韦弘景(46)　依前左补阙。

萧　俛　四月十二日,自右补阙充。

元和七年（812）

崔　群（41）　依前库部郎中、知制诰、承旨。四月二十九日,迁中
　　　　　书舍人,仍为承旨。

钱　徽（58）　依前祠部郎中。

韦弘景（47）　依前左补阙。二月五日,迁司门员外郎。

萧　俛　　依前右补阙。八月五日,迁司封员外郎。

元和八年（813）

崔　群（42）　依前中书舍人、承旨。

钱　徽（59）　依前祠部郎中。五月九日,转司封郎中,兼知制诰。
　　　　　十一月,赐绯。

韦弘景（48）　依前司门员外郎。十月二十日,出守本官。

萧　俛　　依前司封员外郎。

刘从周　　七月二十七日,自左补阙充。后卒,其时不详。

独孤郁（38）　十二月二十二日,复自驾部郎中、知制诰充。

元和九年（814）

崔　群（43）　依前中书舍人、承旨。六月二十六日,以礼部侍郎
　　　　　出院。

钱　徽（60）　依前司封郎中、知制诰。

萧　俛　　依前司封员外郎。十一月二十四日,迁驾部郎中;十二
　　　　　月十日,加知制诰。

独孤郁（39）　依前驾部郎中、知制诰。约于十月,以病辞职出院

（十一月,改秘书少监）。

徐　晦　七月二十三日,自东都留守判官、都官员外郎充。

令狐楚(39)　十一月戊戌（二十五日）,自职方员外郎、知制诰充;
　　　　　十二月,迁职方郎中,仍知制诰。

元和十年(815)

钱　徽(61)　依前司封郎中、知制诰。七月二十三日,迁中书
　　　　　舍人。

萧　俛　依前驾部郎中、知制诰。

徐　晦　依前都官员外郎。七月二十三日,迁司封郎中。

令狐楚(40)　依前职方郎中、知制诰。

郭　求　正月,以蓝田县尉、集贤校理充。八月,迁左拾遗。

元和十一年(816)

钱　徽(62)　依前中书舍人。正月十四日,出守本官。

萧　俛　依前驾部郎中、知制诰。正月十四日,出守本官。

徐　晦　依前司封郎中。

令狐楚(41)　依前职方郎中、知制诰。

郭　求　依前左拾遗。八月,出守本官。

王　涯　正月十八日,复以中书舍人入院,并为承旨。十月十七
　　　　　日,迁工部侍郎、知制诰,仍为承旨。十二月十六日出院
　　　　　拜相,为中书侍郎同平章事。

张仲素　八月十五日,自礼部郎中充。

段文昌(44)　八月十五日,自祠部员外郎充。

元和十二年（817）

徐　晦　依前司封郎中。二月十一日，出守本官。

令狐楚（42）　依前职方郎中、知制诰。二月二十四日，加承旨。三月二十日，迁为中书舍人，仍承旨。八月四日，出守本官。

张仲素　依前礼部郎中。

段文昌（45）　依前祠部员外郎。

沈传师（41）　二月十三日，自左补阙、史馆修撰充。

杜元颖（49）　二月十三日，自太常博士充。二十日，改右补阙。

元和十三年（818）

张仲素　依前礼部郎中。正月十二日，改司封郎中、知制诰。二月十八日，赐紫，为承旨。

段文昌（46）　依前祠部员外郎。正月十二日，迁祠部郎中。二月十八日，赐绯。

沈传师（42）　依前左补阙。正月十二日，迁司门员外郎。二月十八日，赐绯。

杜元颖（50）　依前右补阙。二月十八日，赐绯。

李　肇　七月十六日，自监察御史充。

元和十四年（819）

张仲素　依前司封郎中、知制诰、承旨。三月二十八日，迁中书舍人，仍为承旨。年内卒。

段文昌（47）　依前祠部郎中。四月,加知制诰。

沈传师（43）　依前司门员外郎。

杜元颖（51）　依前右补阙。三月二十一日,迁司勋员外郎。

李　肇　依前监察御史。四月五日,迁右补阙。五月二十四日,
　　　　赐绯。

穆宗、敬宗朝

元和十五年（820）

段文昌（48）　依前祠部郎中、知制诰。正月二十三日,迁中书舍
　　　　人。闰正月一日,与杜元颖同加承旨,赐紫。闰正月八
　　　　日,出院拜相,为中书侍郎、同中书门下平章事。

沈传师（44）　依前司门员外郎。正月二十三日,迁司勋郎中。闰
　　　　正月一日,赐紫。同月二十一日,加兵部郎中、知制诰。

杜元颖（52）　依前司勋员外郎。闰正月一日,赐紫,与段文昌同
　　　　加承旨。同月二十一日,迁中书舍人。十一月十七日,
　　　　又迁为户部侍郎、知制诰,仍为承旨。

李　肇　依前右补阙。闰正月一日,赐紫。同月二十一日,迁司
　　　　勋员外郎。

李德裕（34）　闰正月十三日,自监察御史充。二月一日,赐绯。
　　　　同月二十日,迁屯田员外郎。

李　绅（49）　闰正月十三日,自右拾遗内供奉充。二月一日,赐

绯。同月二十日,迁右补阙。

庾敬休　闰正月十三日,自礼部员外郎充。二月一日,赐绯。同
　　　　月二十日,迁礼部郎中。

韦处厚(48)　二月二十四日,自户部郎中、知制诰入充翰林侍讲
　　　　学士。三月十日,赐绯。

路　随(45)　二月二十四日,自司勋员外郎、史馆修撰入充翰林
　　　　侍读学士。三月十日,赐绯。同月二十二日,迁本司
　　　　郎中。

柳公权(43)　三月二十三日,自夏州观察判官、试太常寺协律郎
　　　　为右拾遗,入充翰林侍书学士,赐绯。

长庆元年(821)

沈传师(45)　依前兵部侍郎、知制诰。二月二十四日,迁中书
　　　　舍人。

杜元颖(53)　依前户部侍郎、知制诰、承旨。二月十五日,出院,
　　　　以本官同中书门下平章事,任相。

李　肇　依前司勋员外郎。正月十三日,出守本官。

李德裕(35)　依前屯田员外郎。三月二十三日,迁考功郎中、知
　　　　制诰。

李　绅(50)　依前右补阙。三月二十三日,加司勋员外郎、知
　　　　制诰。

庾敬休　依前礼部郎中。十月二十一日,出守本官。

韦处厚(49)　依前户部郎中、知制诰、侍讲学士。

路　随　依前司勋郎中、侍读学士。

柳公权（44） 依前右拾遗、侍书学士。

元　稹（43） 二月十六日，自祠部郎中、知制诰为中书舍人，入充翰林学士承旨，赐紫。约十月二十日前后，以工部侍郎出院。

高　釴　十一月八日，自起居郎、史馆修撰充；二十八日，赐绯。

蒋　防　十一月十六日，自右补阙充；二十八日，赐绯。

长庆二年（822）

沈传师（46） 依前中书舍人。二月十九日，出守本官，判史馆事。

李德裕（36） 依前考功郎中、知制诰。正月二十九日，加承旨。二月四日，迁中书舍人，仍为承旨。同月十九日，改御史中丞出院。

李　绅（51） 依前司勋员外郎、知制诰。二月十九日，迁中书舍人，接为承旨，赐绯。

韦处厚（50） 依前户部侍郎、知制诰、侍讲学士。闰十月八日，加史馆修撰，其他如前。

路　随　依前司勋郎中、侍读学士。闰十月八日，加史馆修撰，其他如前。

柳公权（45） 依前左拾遗、侍书学士。九月，迁右补阙，仍为侍书学士。

高　釴　依前起居郎、史馆修撰。五月三日，迁兵部员外郎。

蒋　防　依前右补阙。十月九日，迁司封员外郎。

韦表微（52） 二月二日，自监察御史充；四日，赐绯。五月三日，迁右补阙内供奉。

庞　严(31)　　二月二日,自左拾遗充;四日,赐绯。十月九日,迁
　　　　　　　　左补阙。

长庆三年(823)

李　绅(52)　　依前中书舍人、承旨。三月二十七日,改御史中丞
　　　　　　　　出院。

韦处厚(51)　　依前户部侍郎、知制诰、史馆修撰、侍讲学士。十月
　　　　　　　　二十三日,改权兵部侍郎、知制诰,仍为侍讲学士、史馆
　　　　　　　　修撰。

路　随　　依前司勋郎中、史馆修撰、侍读学士。

柳公权(46)　　依前右补阙、侍书学士。

高　钺　　依前兵部员外郎。

蒋　防　　依前司封员外郎。三月一日,加知制诰。

韦表微(53)　　依前右补阙内供奉。九月三十日,迁库部员外郎。

庞　严(32)　　依前左补阙。三月一日,加知制诰;十月十四日,赐
　　　　　　　　绯。十一月九日,迁驾部郎中、知制诰。

长庆四年(824)

韦处厚(52)　　依前权知兵部侍郎、知制诰、侍讲学士、史馆修撰。
　　　　　　　　二月二十三日,由侍讲改为翰林学士,并为承旨,仍为权
　　　　　　　　知兵部侍郎、知制诰。十月十四日,正任兵部侍郎,仍知
　　　　　　　　制诰。

路　随　　依前司勋郎中、史馆修撰、侍读学士。四月十四日,由侍
　　　　　　　　读改为翰林学士。五月二十四日,赐紫。同月二十七

日,迁为中书舍人。

柳公权(47)　依前右补阙、侍书学士。四月六日后出守本官。

高　铢　依前兵部员外郎。四月,迁户部郎中、知制诰。十二月
　　　　十二日,迁中书舍人。

蒋　防　依前司封员外郎、知制诰。二月六日,出贬汀州刺史。

韦表微(54)　依前库部员外郎。五月二十四日,赐紫;二十七日,
　　　　加知制诰。

庞　严(33)　依前驾部郎中、知制诰。二月六日,出贬信州刺史。

崔　郾(57)　六月七日,自给事中入充翰林侍讲学士。十二月十
　　　　一日,改中书舍人,仍为侍讲学士。

高　重　六月七日,自司门郎中入充翰林侍讲学士。十二月十一
　　　　日,迁谏议大夫,仍为侍讲学士。

宝历元年(825)

韦处厚(53)　依前兵部侍郎、知制诰、承旨。

路　随　依前中书舍人。

高　铢　依前中书舍人。

韦表微(55)　依前库部员外郎、知制诰。五月二十五日,迁中书
　　　　舍人。

崔　郾(58)　依前中书舍人、侍讲学士。

高　重　依前谏议大夫、侍讲学士。

宝历二年(826)

韦处厚(54)　依前兵部侍郎、知制诰、承旨。十二月十七日,出院

任相,为中书侍郎、同中书门下平章事。

路　随　依前中书舍人。

高　釴　依前中书舍人。三月四日,出守本官。

韦表微(56)　依前中书舍人。

崔　郾(59)　依前中书舍人、侍讲学士。九月四日,出守本官。

高　重　依前谏议大夫、侍讲学士。

傅璇琮文集

唐翰林学士传论

第三册

中华书局

晚唐卷前言

　　《唐翰林学士传论》上卷（即盛中唐卷），于 2005 年 12 月由辽海出版社印成，2006 年上半年发行。使我感到欣慰的是，此书一出版，就受到学术界的关注，并得到首肯。古典文学界名家陶文鹏、韩经太两位先生，于 2006 年三、四月间就在《光明日报》、《中华读书报》刊发书评，后两位中青年学者胡可先、李德辉，更撰写长篇评论，分别刊于《唐研究》第十二卷（北京大学出版社，2006 年 12 月）、《文学评论》2007 年第 3 期，他们共同肯定此书开拓了一个新的学术空间，通过翰林学士与文学关系的探讨，拓展历史文化层面的整体研究，同时又指出书中订正了史籍的不少错误，为唐代文史的进一步研究提供坚实的史料基础。另外，我又接到好几位学术挚友的信，信函与正式发表的文章不同，不全面论述，但清新、自由，使人备感亲切。如复旦大学陈允吉教授，谓此书"禀具文学家之灵魂，就中贯注着作者对古代上层社会一个特殊群体的同情和了解"。杨明教授认为"既是真实准确，又亲切具体还原历史，读来津津有味"。上海大学董乃斌教授也云"读起来真是津津有味"，"以'传论'的形式来写，也是一种创新"。

但学界对书中所述也有提出探讨意见的。如胡可先教授认为翰林待诏、翰林供奉并非同一职务，而是存有演变与更迭的关系；又指出，关于翰林学士所撰制诏文体的文学与文化价值，关于《蒙求》的境外文献（古抄本与刻本），日本学者已有可观成果，书中未及引用。又如南京师范大学郁贤皓教授，是李白研究权威学者，他在给我的信中详细考述玄宗朝翰林学士张垍并非如我在张垍传中所叙的天宝四载五月为兵部侍郎，后转为太常少卿或太常卿。这些，我都深受启发、教益。学术研究是不断探索的进程，有所得，也会有所失，这就要在自我摸索并广泛吸收意见中踏实行进。宋人叶梦得有云："古之君子不难于攻人之失，而难于正己之是非。"这应当是作学问的君子之风。

董乃斌教授于信中望我"劳逸结合，多加保重"，但仍云"更企望您对晚唐翰林学士研究的结集"。复旦大学王水照教授信中更引用古人所云"老当益壮，宁移白首之心"，称"洵为我侪立帜"，互勉继续做事。胡可先教授于《唐研究》的书评中更明确提出："晚唐时期史料缺失甚多，有关翰林学士的记载更少，即使有些记载，也是多有舛误的，故晚唐时期翰林学士的考索与研究，还是一项极其艰难的大课题，希望能够早日见到'晚唐卷'。"我对晚唐时期的翰林学士材料，好几年间都已有辑集、积聚，即于2006年集中时间撰写此"晚唐卷"。

晚唐期间翰林学士研究，确有不小难度，也当会有极大特色。盛中唐，自开元二十六年（738）建置翰林学士起，至敬宗宝历二年（826），共89年，有学士73人；晚唐，自文宗大和元年（827）起，至哀帝天祐四年（907），共81年，稍少于盛中唐，而学士却有150余人，多一倍。晚唐时期翰林学士，不仅人数多，且政治、文学活动更频繁，由学士直接提升为宰相的固然不少，而学士因朝政纷争而被贬甚至被杀者也常见。翰林学士之敢于直言，有政见，颇值得研究。如僖宗朝一位翰林学士卢携，在职期间就明确提出："国家之有百姓，如草木之有根柢。"（《乞蠲租赈给疏》，《全唐文》卷七九二）这就是颇可注意的"以民为本"，当时有此见识，洵属难得。正因此，他就向皇帝上疏，由于广泛发生旱灾，就须停止向民间征税，还应加以救济赈给。又如另一位懿宗朝翰林学士刘允章，他于咸通八年（867）十一月以礼部侍郎出院后，即于第二年（咸通九年）初知贡举，这也是唐翰林学士与科举考试关系密切之一例。他知举时，当时有交结宦官的"芳林十哲"应试，刘允章皆予排斥，"及掌贡举，尤恶朋党"（《唐语林》卷三）。可能因此即被遣出为鄂州刺史。值得一提的是，他后期任河南尹时，向朝廷进《直谏书》，开篇自称"救国贱臣前翰林学士"。文中着重提出，当时国之弊政，有"九破"，如贿赂公行、权豪奢僭、赋役不等、长吏残暴等，又谓民间有"八苦"，如官吏苛刻、赋税繁多、冤不得理、病不得医等。如此家破人亡情势，文中特为提出："今国家狼戾如此，天下知之，陛下独不知之。"这时距其任翰林学士已二十余年，但他仍称"前翰林学士"，可见他如此直抒己见，抨击弊政，即认为仍执行翰林学士之职责。晚唐翰林学士如此参预政治，直斥朝政，颇值得重视，却为过去研究唐翰林学士之唐史学界所未曾注意。

另可注意的是，晚唐翰林学士在职期间，除撰写制诏等官方文书外，还编撰与时政有关而又具有文献史料价值的著作。现举宣宗时两位学士为例。一为刘瑑，于大中前期在院时，曾编撰《刑法统类》一书,选辑唐太宗贞观二年(628)至宣宗大中五年(851)的刑法条令,二千八百六十五条,分为六百四十六门,并"议其轻重"。刘瑑确是"精于法律"(《旧唐书》本传),能编有这套长达二百二十余年的刑事法条令,应是有唐一代规模最大的法令资料汇编。另一为韦澳,宣宗中期在职时,应皇帝之命,广采各地州郡境土风物及民间习俗资料,编为一书,名为《诸道山河地名要略》,一名《处分语》,备宣宗议政时参考。据《东观奏记》、《通鉴》等所记,新授邓州刺史的薛弘宗,于宣宗召见、应对后,会晤韦澳,深叹皇上对当地情势了解之真切,韦澳询之,实为其所编《处分语》中记叙者。上述二书,确与政事有关,但又有相对独立的文献价值,当时的翰林学士能着意于此,也可见其非同寻常的学术意识。惜此二书后未留存,否则对研究唐代社会极有意义。

晚唐时期翰林学士另一特色,是与文士的广泛文字交往。晚唐时,由于社会动乱,科试风气颓坏,广大文士,特别是清寒知识分子,境遇极差,这是盛中唐时所未有的。也正因此,文士就着意与翰林学士的交往,期望学士以其特殊政治地位与社会声望为其举荐。如丁居晦于文宗大和时为翰林学士,当时以诗闻名的刘得仁,因"出入举场三十年,竟无所成"(《唐摭言》卷一〇),就献《上翰林丁学士》诗(《全唐诗》卷五四五),特为标出:"时辈何偏羡,儒流此最荣。"将翰林学士称誉为儒林学界中"最荣",是晚唐文士群体对翰林学士最具概括性的称誉。也正因此,翰林学士在院期间,文士多有诗文进献。如"咸通十哲"之一张蠙,于懿宗咸通时向翰林学士张裼献诗:《投翰林张侍郎》(《全唐诗》卷七〇二),后又于僖宗乾符时向另一位翰林学士萧遘献诗:《投翰林萧侍郎》

（同上），就是因为十年间未曾得第（"十五年看帝里春，一枝头白未酬身"）。晚唐时期以诗著称者，如薛逢、赵嘏、李频、李山甫、顾云、郑谷等，均有诗求荐。即如晚唐前期两位名家李商隐、杜牧，也是如此。如前所提及的刘得仁进诗称誉"儒流此最荣"的丁居晦，李商隐就连续有两次为泾原节度使王茂元上书（《为濮阳公贺丁学士启》《为濮阳公与丁学士状》）；李商隐又有《为濮阳公与周学士状》，即又代王茂元向学士周墀上书，皆既致祝贺，又望其荐引。李商隐另有以自己身份向武宗时翰林学士孙彀两次上书（《上孙学士状》《贺翰林孙舍人启》），时未授职，望其荐引。杜牧则于宣宗大中四年（850）向翰林学士郑处诲、毕諴等献诗，求举荐其出任外州刺史，以改善经济境遇。李商隐、杜牧不仅是当时文坛大家，且有独特性格，但仍对翰林学士深表企求之情，这也是当时士人的心理状态。

当然，晚唐时翰林学士也有一种反面现象，即宦官对翰林学士起相当大的作用。僖宗广明元年（880）十二月，黄巢军将攻占长安，僖宗出奔西川，宦官田令孜就迫使时任宰相的卢携罢相（卢亦曾为翰林学士），随即举荐王徽、裴澈两位翰林学士擢居相位。又僖宗在蜀期间，时任右拾遗的乐朋龟"谒田令孜而拜之，由是擢为翰林学士"（《通鉴》卷二五四）。后乐朋龟在院时应命撰《西川青羊宫碑铭》，就特颂谀田令孜"赏罚无私"，"恩威普度"。僖宗朝另一翰林学士徐彦若，其能入院，也受宦者杨复恭所荐。又如韦昭度，于僖宗中和元年（881）以翰林学士身份在成都知贡举试，当时有二位应试者由于依附田令孜，田令孜乃出力使此二人登第，韦昭度只能曲意为之。这都值得注意。

就上所述,我们现在研究唐翰林学士,就不能仅局限于考索入院、出院年月及在院期间之官阶迁转,而应较全面地探讨学士的生平行迹、参政方式、生活心态、社会交流,等等。应该说,两《唐书》是这方面研究的基本史料,但晚唐时期,两《唐书》,尤其是《旧唐书》,在记事方面有不少错失。清代学者钱大昕认为,《旧唐书》于晚唐史事,所记虽"卷帙滋繁,而事迹之矛盾益甚"(《廿二史考异》卷五七)。我们要全面研究有唐一代翰林学士,如不订正两《唐书》记事之误,就会出现不少差错,并导致理论探讨不确或失误。

也正因此,这次我集中为晚唐翰林学士一一立传,就仔细考察两《唐书》所记,不仅着眼于其在院任职期间,而且尽可能探索其一生事迹,特别是入院前仕历。但也正因此,发现两《唐书》讹误之繁复,是盛中唐撰传时所未曾有的。今概举数例如下。

如本书文宗朝前十位学士,新旧《唐书》皆有传,但两《唐书》于此十位学士,均有误记。即以第七位丁公著而言,其于文宗大和三年(829)四月以礼部尚书入为翰林侍讲学士,同年七月出院。《旧唐书》卷一八八本传载其前于穆宗时已任为工部侍郎,后"授浙江西道节度使";《新唐书》卷一六四本传也记其出为浙西观察使。而《旧唐书·穆宗纪》长庆元年(821)十月,则记此次出任为浙东观察使。经查核,时任中书舍人的白居易撰有丁公著授职制文(见朱金城《白居易集笺校》卷五〇),即称其为越州刺史、浙东观察使。由此可证新旧《唐书》本传误,《旧纪》所记浙东,是。但《旧纪》记丁公著此次由工部尚书出任,而据白居易制文,应为工部侍郎,则《旧纪》亦有误。另,《新传》记丁公著出院,谓"四迁礼部尚书、翰林侍讲学士。长庆中,浙东灾疠,拜观察使",则将丁公著为翰林侍讲学士列于穆宗长庆前期,实则丁公著于文宗大和三年四月才入院,《新传》误提前五六年,将丁公著误列于穆宗朝学士。又丁公著此次出任外镇,据《旧纪》及丁居晦《壁记》,乃为浙东,非浙西。《新传》记此次出院,又有显误。两《唐书》纪、传记丁公著此后仕迹,又有两误。可见仅丁公著一人,两《唐书》所记,就有七八处讹误。又如文宗朝第四位学士许康佐,《新唐书》卷二○○本传记云:"迁侍御史,以中书舍人为翰林侍讲学士,与王起皆为文宗宠礼。"意即许康佐先为中书舍人,后入院,与同院的王起皆受文宗信重。实则许康佐于大和元年八月以度支郎中入院,至大和四年八月才累迁为中书舍人,非入院前已为中书舍人。且许康佐于大和九年(835)五月已出院,而王起于开成三年(838)才入,则许、王二人未曾同时在院。《新传》此处所记,仅二句,即有二误。

限于篇幅,此处即不细述,书中有具考。前已提及,文宗朝首十位,两《唐书》纪、传所记均有误;又就本书所考,文宗朝共有29位学士,两《唐书》有传的为26人,而所记有误者则有23人,这确应引起注意。文宗朝如此,其他如宣宗、懿宗、僖宗、昭宗朝,误处有时更多。如懿宗朝杨收,两《唐书》纪、传所记,有七八处讹误。又如赵骘,无专传,《新唐书》卷一八二《赵隐传》(赵隐为其兄),记其事仅一句:"终宣歙观察使。"仅此一句,即有误,《新唐书·宰相世系表》及《旧唐书·赵隐传》皆记其终于华州刺史、镇国军节度使。又如宣宗朝学士宇文临,两《唐书》也无专传,仅《新唐书》卷一六○其父宇文籍传附记一句,谓其"大中初登进士第"。按宇文临实于大中元年闰三月以礼部员外郎入为翰林学士,何以于同年即大中元年才登进士第,即于二三月内即入为翰林学士?且入院前已任为礼部员外郎,进士刚登第是绝不可能授以从六品上之礼部员外郎的。可见晚唐时翰林学士,有时虽无专传,仅于他传中记有一句,也会有显误。

就以上概略介绍,确可佐证胡可先教授书评中所说,"故晚唐时期翰林学士的考索与研究,还是一项极其艰难的大课题"。本书是尽量对两《唐书》关于翰林学士记事之误加以辩正,同时也对有关部分予以补述,以有助于全面了解。如郑薰,文宗大和二年(828)登进士第,后于宣宗大中三年(849)以考功郎中入院,《新唐书》卷一七七有其传。但《新传》记其"擢进士第"后,即云"历考功郎中、翰林学士",对其间二十余年无一字叙及。我这次为郑薰撰传,则根据有关史书及诗文集材料,如明陶宗仪《古刻丛钞》著录之《张公洞壁记》,《赤城志》,许浑《陪越中使院诸公镜波馆饯明台裴郑二使君》、《陪郑使君泛舟晚归》等诗,《全唐文》卷七九一王讽《漳州三平大师碑铭并序》,《闽书》卷二九《漳州》,考述郑薰于大和二年登第后,大和四、五年间在岭南幕府任职,武宗会昌六年在台州刺史,与诗人许浑有交游,宣宗大中初又任漳州刺史,后于大中三年初入朝为考功郎中,同年九月以考功郎中入院。又宣宗朝学士萧寘,《旧唐书·萧遘传》、《新唐书·萧俛传》仅记其于咸通中任宰相,别无他记,我这次则据杜牧诗、李商隐文,及《剧谈录》、《东观奏记》等唐人笔记杂文及《资治通鉴》,考其任职前后事略,并辨《旧唐书·懿宗纪》记咸通六年四月萧寘尚在相位之误(萧寘实于咸通六年三月已卒)。又如与萧寘同时的庾道蔚,两《唐书》无传,本书则采辑杜牧制文、李商隐赠诗、笔记《东观奏记》及出土墓志,概述其一生主要事迹。类似者,又有武宗朝李褒,宣宗朝郑颢、崔慎由、孔温裕等,僖宗、昭宗朝更有,请参阅。

除两《唐书》外,我在撰传时还注意纠正其他史书之误。如本书晚唐卷第一位学士,文宗朝王源中,清徐松《登科记考》卷一七记其于宪宗元和二年(807)登进士第,标其所据,云"见《旧书·文苑·卢景亮传》"。实则《旧唐书·文苑传》未有卢景亮传,《旧唐书》全书也未有为卢景亮立传者,徐《考》实为显误。而孟二冬《登科记考补正》也未记及,仅云"亦见《新唐书·卢景亮传》",实则《新唐书·卢景亮传》仅谓王源中"擢进士",未记有登进士年。类似者如文宗朝高元裕,徐《考》亦有误,孟二冬也未补正。另如《全唐文》,也有好几处误。如李让夷,于文宗大和二年入院,《全唐文》卷六九三载有李虞仲《授学士李让夷职方员外郎充职制》,李虞仲与李让夷同时;而《全唐文》卷三六六又载贾至所撰制文,文题同,贾至则为玄宗、肃宗时人,时代不合,《全唐文》误载。又如《全唐文》卷七六七载宣宗朝学士沈询文六篇,而卷七六三以沈珣名载文十六篇,其小传所记实为沈询事,文亦实为沈询所作。《全唐文》乃误袭《文苑英华》,当前《文苑英华》研究,也未注意及此。

以上纠误、补辑,仅举数例。清章学诚《文史通义》卷五曾谓:"浙东之学,言性命者必究于史。"作为浙东人,我确愿承袭浙东之学,着意于文史结合,如上册"前言"所说,希望为唐史研究补一"翰学"传,算是新世纪所补作的一种唐代史书。

本书系安徽师范大学中国诗学研究中心学术项目。

2007 年 3 月

[附记]

    本卷于今年二月写就,送交辽海出版社后,又从有关史料发现新出土的墓志,可以补辑有些翰林学士未传存之作,这一方面可有助于有关翰林学士行迹的了解,另一方面又可纠正两《唐书》记事之误。由于排版已定,不能在行文中补述,故于近期复阅校样时,摘要记述如下。应当说,这些新发现的史料,确是很值得参阅、研索的。

    懿宗朝翰林学士李顗,《全唐文》卷七六一仅载其《连山燕喜亭后记》一文,为入院前所作(武宗会昌五年十一月)。《唐研究》第十二卷(北京大学出版社,2006 年 12 月),载有赵力光《〈唐庆王李沂墓志〉综考》一文,此文据西安碑林博物馆所藏李顗所著《唐故庆王墓志》(西安市灞桥区席王乡出土,2006 年 5 月 15 日入藏)。按庆王李沂,为宣宗第五子。此《志》记,李沂卒于大中十四年(860)八月一日,同年十月二十一日迁葬于京郊万年县崇道乡。《旧唐书》卷一七五、《新唐书》卷八二《宣宗十一子传》,皆记庆王李沂于大中十四年(咸通元年)卒,未记月日,而《新唐书》卷九《懿宗纪》则于咸通元年具记为:“十一月丙子,朝享于太庙。丁丑,有事于南郊,大赦,改元。是月,庆王沂薨。”则李顗所撰此《志》可纠正《新唐书·懿宗纪》此处记时之误。

    另赵力光文又附录西安碑林博物馆新征集之《唐昭王李

汭墓志》，撰者为徐仁嗣，署为"翰林学士、朝散大夫、守中书舍人、上柱国、赐紫金鱼袋臣徐仁嗣奉敕撰"。《志》中记昭王李汭为宣宗第九子，于懿宗咸通六年（865）四月二十七日卒，僖宗乾符三年（876）十月三十日迁葬于京郊万年县。按据《旧唐书·僖宗纪》，徐仁嗣于乾符二年（875）二月为司封郎中，仍在院，后即无记。由此《志》，即可补记：乾符三年十月，徐仁嗣在院时已升迁为中书舍人（现已补记于"学士年表"）。又《旧唐书》卷一七五《宣宗十一子传》载："昭王汭，第八子也，大中八年封，乾符三年薨。"实则据《志》，李汭于咸通六年四月卒，乾符三年十月迁葬，《旧传》显误。

新出土墓志可订正两《唐书》误记，可再举一例。吴钢主编《全唐文补遗》第七辑（三秦出版社，2000年），第155页，载有裴澈《唐故广王墓志铭》。此广王，即宣宗第十一子李滩。《志》中称广王于咸通五年（864）六月一日卒，年十一，乾符四年（877）四月十四日迁葬于万年县浐川乡，与前昭王李汭相似。《旧唐书》卷一七五《宣宗十一子传》，记广王李滩"大中十一年封"，未记其卒，而《新唐书》卷八二《宣宗十一子传》却记其"乾符四年薨"。此亦以迁葬之年误记为卒年。又，裴澈为僖宗朝翰林学士，于乾符二年（875）以度支郎中入，广明元年（880）十二月由户部侍郎擢迁为相，在院期间八年，史书未记有其官阶迁转，《全唐文》也未载其文。此《唐故广王墓志铭》，可补其仕。《志》署名"翰林学士、朝议郎、守尚书礼部员外郎、柱国、赐绯鱼袋臣裴澈奉敕撰"，则乾符四年四月，裴澈已迁为礼部员外郎，可补（今补记于"学士年表")。

另如宣宗朝翰林学士蒋伸，《全唐文》卷七八八载其制文九篇，均为其入院前以他官兼知制诰时所作。今检周绍良主编《唐代墓志汇编》（上海古籍出版社，1992年），其大中一二〇（页2344）载有蒋伸所作《唐故天平军节度赠兵部尚书乐安孙府君墓志铭》，记《志》主孙景商于大中十年（856）八月二十二日卒，同年十月二十七日葬，葬前蒋伸为其作墓志，署为"翰林学士承旨、通议大夫、户部侍郎、知制诰、上护军、赐紫金鱼袋蒋伸撰"。据此亦即可佐证丁《记》记蒋伸于大中十一年（857）十二月以兵部侍郎、知制诰入为翰林学士之误。于此亦可补充蒋伸在院时所作之文，以补《全唐文》之缺。

以上为本卷（晚唐卷）所补之作，另，盛中唐卷，据近所检，亦可补。如陈尚君《全唐文补编》（中华书局，2005年9月）卷三五，据《贞元新定释教目录》卷一四，辑有吕向《金刚智行记》，玄宗开元十八年（730）作。《全唐文补遗》第七辑（页60），载吴通微《大唐故永王第二男（李伶）新妇河东郡夫人宇文氏墓志铭并序》，为早期入院前任校书郎时所作。又《唐研究》第十二卷赵力光《〈唐庆王李沂墓志〉综考》，据《新中国出土墓志·陕西卷一》（文物出版社，2000年），记有吴通微《行内侍省内常侍俱慈顺墓志》，德宗贞元七年（791）作，署"尚书职方郎中、知制诰、翰林学士"。《新中国出土墓志·陕西卷一》又有吴通玄《雷彦芬妻冯氏墓志》，贞元三年（787）作，署为"起居舍人、翰林学士"。

2007年6月

文宗朝翰林学士传

王源中

　　王源中,《旧唐书》无传,《新唐书》卷一六四有传,附于《卢景亮传》后。卢景亮于德宗时曾任右补阙,敢于直谏,"多激发",即受德宗之贬,为朗州司马;宪宗时召回,迁为中书舍人,元和初卒。《新唐书·卢景亮传》乃于传后云:"宪宗时,以直谏知名者,又有王源中。"故附记王源中事。

　　唯《新唐书·王源中传》所记甚简。首云"字正蒙",未记其籍。按《新唐书》卷七二中《宰相世系表》二中,记其为王弘让后裔;《旧唐书》卷八九《王方庆传》,记方庆为雍州咸阳人,其伯父即弘让。则王源中之郡籍当即咸阳(今属陕西)。

　　《新传》于"字正蒙"后,接云"擢进士、宏辞",未记年。清徐松《登科记考》卷一七系于宪宗元和二年(807)状元,云"见《旧书·文苑·卢景亮传》"①。经查核,《旧唐书·文苑传》未有卢景亮传,且《旧唐书》全书也未有为卢景亮立传者,徐《考》显误。孟二冬《登科记考补正》亦未予指正,并又云"亦见《新唐书·卢景亮传》"②。前已引述,《新唐书》卷一六四《卢景亮传》后所附王源中传,仅谓王源中"擢进士",未记有登第年,不知孟之《补正》何以云此。

不过王源中确于元和二年进士登第,且为状元,其现存主要依据当为《唐才子传》卷四《窦巩传》,称"元和二年王源中榜进士"③。窦巩于元和二年进士及第,晚唐时褚藏言所作《窦巩传》已有记,并记同年及第者有王源中,云:"府君元和二年举进士,与今东都留守左仆射孙公简、故吏部侍郎兴元节度使王公源中、中书舍人崔公咸、制诰李公正封同年上第。"(《全唐文》卷七六一)

《新传》于"擢进士"后,接云"宏辞,累迁左补阙",亦未记年,当在宪宗时。又《白居易集笺校》卷四九"中书制诰"二,有《李彤授检校工部郎中充郑滑节度副使、王源中授检校刑部员外郎充观察判官各兼侍御史赐绯紫制》④,制中称"(王)承元有大忠于国,受重任于外",于是朝廷派遣李彤、王源中在其幕府任职,使其"叶力以济"。按此制为中书制诰,白居易于元和十五年(820)十二月任主客郎中、知制诰,长庆元年(821)十月转迁中书舍人,长庆二年七月出为杭州刺史;又《旧唐书》卷一六《穆宗纪》,王承元于元

①清徐松《登科记考》,赵守俨点校,中华书局,1984年。
②孟二冬《登科记考补正》,北京燕山出版社,2003年。
③见《唐才子传校笺》第二册,傅璇琮主编,中华书局,1989年。
④《白居易集笺校》,朱金城笺校,上海古籍出版社,1988年。

和十五年十月为义成节度使、郑滑等州观察使。据此,则白居易此制当作于长庆元年间,王源中于此时具刑部员外郎衔(从六品上),充郑滑节度观察判官。此已为其登第后十余年。

《新传》接云:"累转户部郎中、侍郎,擢翰林学士。"即自此进入翰林学士任(不过《新传》此处所叙,于"侍郎"后云"擢翰林学士",误,详后)。

丁居晦《重修承旨学士壁记》(后简称丁《记》),记"宝历后二人",即王源中、宋申锡,并记王、宋二人同于宝历元年(825)九月二十四日入。按《旧唐书》卷一六七《宋申锡传》记为:"宝历二年,转礼部员外郎,寻充翰林侍讲学士。"宋王应麟《玉海》卷二六"帝学"门,有《唐翰林侍讲学士》条,中云"(宝历)二年,礼部员外郎宋申锡"为翰林侍讲学士。据此,则王源中与宋申锡当皆于宝历二年(826)入,丁《记》误"二"为"元"(岑氏《注补》亦考及)。

丁《记》记王源中:"宝历元年九月二十四日,自户部郎中充。十一月二十八日,赐紫。"此可将"元年"改为"二年"。即王源中此前为户部郎中(《新传》已有记),现即以户部郎中入为翰林学士。

又,敬宗于宝历二年十二月卒,则王源中与宋申锡于宝历二年九月入,在敬宗朝仅三月,二人在院供职主要在文宗时,故本书将王源中、宋申锡列于文宗朝翰林学士,非如丁《记》仅记于宝历敬宗朝。

丁《记》后云:"(宝历)二年正月二十八日,权知中书舍人。"据前所考,则此"二年"当改为"三年",亦即文宗大和元年(827)。按文宗于宝历二年十二月即位,翌年二月乙巳改元大和(《旧唐书》卷一七上《文宗纪》误将乙巳仍列于正月）。由此，则丁《记》所记据院中壁录，故仍将此"正月二十八日"记为宝历三年。

李虞仲有《授学士王源中等中书舍人制》（《全唐文》卷六九三），此云"等"，实即王源中、宋申锡二人，即王、宋二人既同时入院，后又同时擢迁。制中称王源中为朝散大夫、守尚书户部郎中、充翰林学士、上柱国、赐紫金鱼袋，现改授中书舍人，依前翰林学士；宋申锡原为朝议郎、行尚书礼部员外郎、充翰林学士、上柱国、赐紫金鱼袋，现授为尚书户部侍郎、知制诰。但丁《记》所记，王源中为正月二十八日，宋申锡为正月八日，日期有异。按韦表微《翰林学士院新楼记》①，有云："明年正月，学士路君迁小司马为承旨，表微泊王、宋二舍人皆迁秩加职。"此所谓"明年"，即大和元年，路随于此年正月八日为翰林学士承旨，韦表微亦于此年正月（未记日）迁户部侍郎、知制诰（见前穆宗朝路随、韦表微传），岑氏《注补》亦引韦表微此记，谓宋申锡、王源中既与路随同日擢迁，则当为正月八日，非正月二十八日，当是。即丁《记》记王源中于正月二十八日权知中书舍人，当为正月八日。

又李虞仲制曰："朝庭之制，外有纶闱之职，以奉大猷；中有翰苑之司，以专密命。帝王懿范，备举而行，森然在前，其道一贯。"此处虽称中书舍人之职在外，但仍"以奉大猷"，且与翰林学士共将"帝王懿范，备举而行"，"其道一贯"。可见当时对中书舍人仍是看重的。制又云："二者（指王、宋）皆国器也，先皇帝能用之，顾

①韦表微《翰林学士院新楼记》，原载《全唐文》卷六三三，今据傅璇琮、施纯德编校《翰学三书》，页 13，辽宁教育出版社，2003 年。

予冲人，敢不加敬。"云"先皇帝"，即指敬宗，可见此次擢迁、改授，乃文宗刚即位时，此亦可证非丁《记》原所记之宝历二年正月。

丁《记》接云："大和二年二月五日，正拜。十一月五日，迁户部侍郎、知制诰。"即王源中于大和元年正月八日，权知中书舍人，逾一年，大和二年二月五日，正式具为中书舍人官衔（正五品上），而同年十一月五日，又迁为户部侍郎（正四品下）并兼知制诰。李虞仲又有《授学士王源中户部侍郎制》（《全唐文》卷六九三），首称"翰林学士、中散大夫、中书舍人、上柱国、赐紫金鱼袋王源中"，后云"可尚书户部侍郎、知制诰，依前充翰林学士，散官勋赐如故"。此制为十一月作，此前即同年二月王源中已由"权知"改"正拜"，故即称"翰林学士、中书舍人"。

由此，则王源中于大和二年十一月在任职期间，由中书舍人迁户部侍郎，而《新传》未提及中书舍人，仅云"累转户部郎中、侍郎，擢翰林学士"，即先为户部侍郎，后擢入为翰林学士，当为疏失。

另有一误处，即宋陈思《宝刻丛编》（《丛书集成初编》本）卷七长安县，著录有《唐左威卫将军李藏用碑》，引据《集古录目》云"唐礼部侍郎、翰林学士王源中撰，翰林待诏唐玄度篆额"；又谓"碑以大和四年立"。又欧阳修《集古录跋尾》卷九亦有《唐李藏用碑》，题下注"大和四年"，但仅云"右《李藏用碑》，王源中撰，唐玄度书"[1]。如此，则《宝刻丛编》所引《集古录目》，记王源中于大和四年在礼部侍郎任。实则王源中在院期间未曾任礼部侍郎。

---

[1]见《欧阳修全集》卷一四二，中华书局点校本，2001年。

此或为《宝刻丛编》转引之误,非欧阳修原误。《李藏用碑》,《全唐文》未载,为王源中佚文。李藏用亦为宦官,官至冠军大将军、左威卫大将军。为宦官立碑撰传,亦为唐翰林学士之常务。

《新传》记王源中擢为翰林学士后,云"进承旨学士",未标年月。丁《记》则于大和二年(828)十一月五日记其迁户部侍郎、知制诰后,谓:"十二月,加承旨。"则于大和二年十二月又加为学士承旨。按据前穆宗朝韦表微传,韦表微于大和二年二月二十八日加承旨,三年八月以疾出院,如此则王源中不可能在韦表微于承旨任期又加此职。岑氏《注补》亦提及韦表微事,谓可能韦表微于大和三年八月出院后,王源中乃于是年(即大和三年)十二月接任承旨,丁《记》于"十二月加承旨"前应补"三年"二字。岑氏此说虽为揣测,但较合理,可从。

丁《记》接云:"(大和)八年四月二十日,出院。"《旧唐书》卷一七下《文宗纪》下,亦有记,即大和八年四月"乙巳,翰林学士、兵部侍郎王源中辞内职,乃以源中为礼部尚书"。岑氏《注补》曾提及,乙巳为廿四日,丁《记》记为二十日,先四日。但此仅为小异,不必深究。应提及的是,《旧纪》记王源中时为兵部侍郎,而《新传》、丁《记》皆未载王源中曾任兵部侍郎,此有两种可能,一为大和三年十二月任承旨后,又曾由户部侍郎改兵部侍郎,二为《旧纪》有误,所记之"兵部侍郎"应仍为"户部侍郎"。

关于王源中出院,《旧纪》记为自己辞职,《新传》则有具体记述:"源中嗜酒,帝召之,醉不能见。及寤,忧其慢,不悔不得进也。他日,又如之,遂失帝意。以疾自言,出为山南西道节度使。"又《太平御览》卷八四六有记云:"王源中为户部侍郎、翰林承旨学士。性颇嗜酒,尝召对,源中方沉醉,不能起,及醉醒,同列告之,源中但怀忧,殊无悔恨。他日又以醉,不任赴召,遂终不得大任,以眼病求免所职。"①《太平御览》所记,文意更清,似可见当时处境与心态,即王源中任职时间虽长,但于其后期,面对当时政局之宦官专权,朋党纷争,未能如宪宗时敢于直言②。如大和五年(831)宋申锡为宦官诬告而下狱,当时外廷如左常侍、给事中、谏议大夫、补阙等八人有直谏(详见后宋申锡传),而时在内廷、被誉为"心腹"的翰林学士,却未有进言者。可能迫于压力,王源中于后期就嗜酒,后即以疾辞职出院。

《新传》记王源中出院后即为山南西道节度使,而据《旧唐书·文宗纪》,王源中于大和八年四月乙巳出院,为礼部尚书;同年十一月"癸丑,以礼部尚书王源中检校户部尚书,充山南西道节度使"。即《新传》缺记出院时任礼部尚书。《旧纪》又记,大和九年十月庚子,"以前山南西道节度使王源中为刑部尚书";十二月"丙子,以刑部尚书王源中为天平军节度使"。又开成三年(838)十一月,"乙丑,天平军节度使王源中卒"。《新传》亦谓:"开成三年卒,赠尚书右仆射。"传末评云:"源中澹名利,率身治人,约而简,当时咨美。"评价虽高,但其任翰林学士期间之业绩不显。

《新唐书·艺文志》未著录其著作。《全唐诗》、《全唐文》亦未载其诗文。前所记述之欧阳修《集古录目》曾录其所撰《李藏用

---

① 《太平御览》,中华书局影印宋刊本,1963年。
② 如《新传》记王源中于宪宗时任左补阙,"是时,中官领禁兵,数乱法,捕台府吏属系军中。源中上言:'台宪者,纪纲地,府县责成之所。设吏有罪,宜归有司,无令北军乱南衙,庶下重于仗内。'帝纳之"。

碑》，则其任翰林学士时仍有所撰。

宋申锡

宋申锡，两《唐书》有传，见《旧唐书》卷一六七、《新唐书》卷一五二。

《旧传》："宋申锡字庆臣。祖素，父叔夜。"未载其籍。《新传》即谓"史失其何所人"。按《新唐书》卷七五上《宰相世系表》五上，广平宋氏，记有宋申锡。《元和郡县图志》①，卷一五河东道，有洺州广平郡，相当于今河北邯郸、鸡泽等地。广平当为宋氏郡籍。

《旧传》未载其祖、父仕迹，称宋申锡"少孤贫"。后云："有文学，登进士第，释褐秘书省校书郎。"清徐松《登科记考》即列于已登第但未知其年之卷二七。按《旧传》后云："韦贯之罢相，出湖南，辟为从事。其后累佐使府。"据《旧唐书》卷一五《宪宗纪》下，元和十一年(816)八月壬寅，韦贯之罢相，九月，出为湖南观察使。如此，则宋申锡约于元和十年前登第，十一年九月后在湖南幕，"后累佐使府"。《新传》亦简称为"擢进士第，累辟节度府"。

《旧传》接云："长庆初，拜监察御史。"白居易有《张彻宋申锡可并监察御史制》，朱金城《白居易集笺校》卷四八"中书制诰"载

---

①《元和郡县图志》，唐李吉甫撰，贺次君点校，中华书局，1983 年。

此篇,谓长庆元年(821)作,时白居易为中书舍人①。制中云:"今御史中丞僧孺奏,某官张彻、某官宋申锡皆方直强毅,可监察御史。章下丞相府,丞相亦曰可。朕其从之,并可监察御史。"按牛僧孺于元和十五年(820)十一月为御史中丞,长庆二年(822)正月迁户部侍郎,则其荐张彻、宋申锡为监察御史(正八品上),当在长庆元年(821)。

《旧传》接云:"(长庆)二年,迁起居舍人。宝历二年,转礼部员外郎,寻充翰林侍讲学士。"即宋申锡以礼部员外郎入院,为翰林侍讲学士。但丁《记》记为宝历元年(825),云:"宝历元年九月二十四日,自礼部员外郎充侍讲学士。十一月二十八日,赐紫。"前王源中传已考,王源中与宋申锡为同时入院,又同日赐紫,应为宝历二年。宋王应麟《玉海》卷二六"帝学"门,《唐翰林侍讲学士》条,亦明确记"(宝历)二年,礼部员外郎宋申锡"为侍讲学士。丁《记》所记时误。

《新传》于此亦有误述,云:"以礼部员外郎为翰林学士,敬宗时,拜侍讲学士。"则宋申锡于敬宗前即穆宗时已以礼部员外郎入为翰林学士,至敬宗时改为侍讲学士。而据前考,宋申锡与王源中同于宝历二年(826)九月二十四日入院,而穆宗则于长庆四年(824)正月已卒,宋申锡何能在穆宗时已入?且宋申锡于敬宗宝历二年入院时即已为翰林侍讲学士,何以先为翰林学士、后又改为翰林侍讲学士。按唐时士人入院者,有先为翰林侍讲学士,后改为翰林学士者,从未先为学士后又改为侍讲。北宋时亦有翰林

①《白居易集笺校》,朱金城笺校,上海古籍出版社,1988年。

侍讲学士,《新唐书》撰写者何以有此显误?

丁《记》于"十一月二十八日,赐紫"后,接云:"十二月十九日,改充学士。"据前考述,此当为同年即宝历二年,也与《旧唐书》卷一七上《文宗纪》上所载合,即宝历二年十二月庚戌,"侍讲学士宋申锡充书诏学士"。此为文宗即位仅一月,对宋申锡当有重视。

又据前王源中传考,王源中与宋申锡于大和二年(828)正月同迁官秩,丁《记》记王源中"二年正月二十八日,权知中书舍人",宋申锡则为"二年正月八日,迁户部郎中、知制诰"。据李虞仲《授学士王源中等中书舍人制》(《全唐文》卷六九三),王、宋二人既同时授,当为此年正月八日。但《全唐文》所载李虞仲此制,记宋申锡所迁之官秩有误。据丁《记》,宋申锡乃由入院时之礼部员外郎迁为户部郎中并知制诰,而李虞仲所撰之制则谓迁户部侍郎。按唐官制,不可能由从六品上之礼部员外郎直接擢迁正四品下之户部侍郎的。此制亦载于《文苑英华》卷三八四,亦记为户部侍郎。《全唐文》当沿袭《文苑英华》之误。由此可见,当代对《文苑英华》也有必要加以全面点校整理。

丁《记》接云:"大和三年六月一日,迁中书舍人。"而《旧传》则称"大和二年,正拜中书舍人"。岑氏《注补》谓"如依《记》作三年,是申锡试用几二年半而后正拜",不应如此之长,应据《旧传》作大和二年。按宋申锡于大和二年正月为户部郎中、知制诰,至三年六月迁中书舍人,仅一年半,非二年半,岑氏误算。经一年半而由从五品上之户部郎中迁为正五品上之中书舍人,即升两阶,当为习例,非超常规,故当以丁《记》为是,《旧传》不确。

关于出院,丁《记》记为:"(大和)四年七月七日,迁尚书右丞,出院。"《旧唐书》卷一七下《文宗纪》下,大和四年七月,"癸未,诏以朝议郎、尚书右丞、上柱国、赐紫金鱼袋宋申锡为正议大夫、行尚书右丞、同中书门下平章事"。《新唐书》卷六三《宰相年表》同。《旧传》谓:"未几,拜左丞,逾月,加平章事。"此云逾月,则出院当在大和四年六月,此与丁《记》、《旧纪》所记异,且记为左丞,亦异。但此皆为小异。宋申锡于大和四年七月出院,不到一月,即擢为相,这与当时的政局有关。

《旧传》与《通鉴》对此都有具体记述。《旧传》谓:"初,文宗常患中人权柄太盛,自元和、宝历比致宫禁之祸。及王守澄之领禁兵,恃其宿旧,跋扈尤甚。有郑注者,依恃守澄为奸利,出入禁军,卖官贩权,中外咸扼腕视之。文宗雅知之,不能堪。申锡时居内廷,文宗察其忠厚,可任以事。尝因召对,与申锡从容言及守澄,无可奈何,令与外廷朝臣谋去之,且约命为宰相,申锡顿首谢之。未几,拜左丞,逾月,加平章事。申锡素能谨直,宠遇超辈,时情大为属望。"

《通鉴》卷二四四大和四年六月记:"上患宦者强盛,宪宗、敬宗弑逆之党犹有在左右者;中尉王守澄尤专横,招权纳贿,上不能制。尝密与翰林学士宋申锡言之,申锡请渐除其偪。上以申锡沈厚忠谨,可倚以事,擢为尚书右丞。七月癸未,以申锡同平章事。"

正因如此,文宗于《授宋申锡行尚书右丞平章事制》中,赞誉曰:"自选入周行,参我内署,奉职恭肃,率心坦夷。蕴冲用以究国经,铺训词以润王度,密赞弥久,宏益滋多。朕累因暇日,召于别殿,访以大政,观其立诚,而胸襟洞开,肝膈无隐,识精词直,实契虚求。固可以掁持化权,参决理本,是用升于鼎铉,付以枢机。"(《全唐文》卷六九)制中主要称赏其两点,一是"奉职恭肃,率心坦夷",二是"识精词直",故托以重任,委以密谋。

但宋申锡任相仅半年,即出事。《通鉴》卷二四四大和五年(831)二月记:"上与宋申锡谋诛宦官,申锡引吏部侍郎王璠为京兆尹,以密旨谕之。璠泄其谋,郑注、王守澄知之,阴为之备。上弟漳王凑贤,有人望,(郑)注令神策都虞候豆卢著诬告申锡谋立漳王。戊戌,守澄奏之,上以为信然,甚怒。"这样,此年三月,宋申锡即罢相,旋贬为开州司马。关于此事,两《唐书》本传都有详记,不赘述。《旧传》称宋申锡任相后,"望实颇不相副",他以密谋告与京兆尹王璠,亦可见其不慎。但宋申锡此事,实为郑注、王守澄诬告,这是文宗朝宦官对朝官发动的第一次较大的攻击,即制造冤狱,罢黜宰相,间接打击文宗想要削弱宦官专权的谋划。值得注意的是,当时外廷一些官员为宋申锡辩护者不少,据《通鉴》载,就有"左常侍崔玄亮、给事中李固言、谏议大夫王质、补阙卢钧、舒元褒、蒋系、裴休、韦温等复请对于延英,乞以狱事付外覆按",即要求在外廷正式审阅。而当时在院的翰林学士,却无一人言及者。

据《旧纪》《旧传》,大和七年(833)七月,宋申锡即卒于开州(今重庆开县)。当时诗人许浑就特作诗悼念,有《闻开江宋相公申锡下世二首》(《全唐诗》卷五三六),其一云:"权门阴奏夺移才,驲骑如星堕峡来。晁氏有恩忠作祸,贾生无罪直为灾。贞魂误向崇山殁,冤气疑从汨水回。毕竟功成何处是,五湖云月一帆开。"①许浑

---

① 按此诗,《全唐诗》卷五二六亦载,列于"杜牧七",即亦为杜牧作,题为《闻开江相国宋公下世二首》。陈允吉点校之《樊川文集》(上海古籍出版社,1978)未收。罗时进《丁卯集笺证》卷九载《闻开江相国宋公下世二首》,注谓此应为许浑作。《丁卯集笺证》,江西人民出版社,1998年。

此诗确表达当时对宋申锡冤狱的不平之情及对宋申锡悲惨遭遇的吊念。

宋申锡著作未有著录。《全唐文》卷六二三载其文一篇:《义成军节度……李公德政碑铭并序》,为李听作。中云:"圣皇践位之明年,以大和纪岁号。……监军使宋守义列疏其事。……词臣奉诏,勒铭贞石。"则为大和元年作。自称"词臣",即在翰林学士任期,奉命为节度方镇记其德政之作。这是宋申锡在院时所作传存的唯一一篇。

郑　澣

郑澣,两《唐书》有传,见《旧唐书》卷一五八、《新唐书》卷一六五,皆附于其父郑徐庆传后。据两《唐书》本传,郑徐庆为郑州荥阳(今属河南)人。

《旧传》:"澣本名涵,以文宗藩邸时名同,改名澣。"则其改名澣当在文宗即位后,此前名涵,故白居易、韩愈等所作文皆称为涵(见后)。

《旧传》记其"贞元十年举进士"(《新传》仅云"第进士")。清徐松《登科记考》卷一三即据《旧传》系于德宗贞元十年(794)。同年登第者有李逢吉、王璠等,但郑澣此后仕历,与李、王等无甚交往。又《旧传》称其卒于开成四年(839),年六十四,则当生于代宗大历十一年(776)。贞元十年,为十九岁,是当时科举及第中甚为年轻的。

《旧传》接云:"以父谪官,累年不仕。"按郑馀庆于贞元中曾为翰林学士,后于十四年(798)七月入居相位,十六年(800)九月,为德宗所嫉,出贬为郴州司马,至顺宗永贞元年(805)才返朝;宪宗于同年八月即位,又任其为相(见前德宗朝郑馀庆传)。如此,则郑瀚虽于贞元十年及第,此后十年间均未能入仕。

《旧传》于"以父谪官,累年不仕"后,具述其仕历,云:"自秘书省校书郎迁洛阳尉,充集贤院修撰,改长安尉、集贤校理。转太常寺主簿,职仍故。迁太常博士,改右补阙。献疏切直,人为危之。及馀庆入朝,宪宗谓馀庆曰:'卿之令子,朕之直臣,可更相贺。'遂迁起居舍人。"则均在宪宗即位,郑馀庆入朝任相后。

郑瀚任集贤校理,可就韩愈《送郑十校理序》考知其任职之时间,此郑十,即郑瀚(当时称涵)①。文中云:"四年,郑生涵始以长安尉选为校理,人皆曰是宰相子。……求告来宁,朝夕侍侧,东都士大夫不得见其面。于其行日,分司吏与留守之从事,窃载酒肴席定鼎门外,盛宾客以饯之。既醉,各为诗五韵,且属愈为序。"此处明确称此时郑涵"是宰相子",即郑涵之任集贤校理,为其父任宰相之后。今据两《唐书》郑馀庆本传及有关纪、表,郑馀庆于永贞元年(805)八月癸亥拜相,元和元年(806)十一月庚戌罢相,出

①《韩昌黎文集校注》卷四。《韩昌黎文集校注》,马其昶校注,上海古籍出版社,1986年。又岑仲勉《唐人行第录》(中华书局上海编辑所,1962年),引刘禹锡《奉和郑相公以考功十弟山姜花俯赐篇咏》,谓此"考功十弟"即郑瀚。今查瞿蜕园《刘禹锡集笺证》(上海古籍出版社,1989年)别集卷五所载此诗,瞿氏笺证谓是郑覃弟郑朗,作于开成间;陶敏、陶红雨《刘禹锡全集编年校注》(岳麓书社,2003年)所注同,则岑说误。

为河南尹；三年（808）六月，又以检校兵部尚书兼东都留守，仍在洛阳。而韩愈于元和二年秋以国子博士分司东都，四年六月改为尚书都官员外郎、分司东都，亦在洛阳①。故韩愈于文中云："愈为博士也，始事相公于祭酒；分教东都生也，事相公于东太学；今为郎于都官也，又事相公于居守。"今郑涵在集贤校理任时，自长安来洛阳探亲问候（"求告来宁"），在其返京时，洛阳众吏相送，韩愈特为作序，并附诗一首，诗中有"归骑春衫薄"、"杨花共纷泊"句，当在元和五年春。

由此可证，郑澣乃于元和四年以长安尉为集贤校理，在此之前，即元和初，郑馀庆返朝任相后，郑澣才始任秘书省校书郎，后以洛阳尉为集贤院修撰。韩愈对集贤校理之职能是很看重的，认为"校理则用天下之名能文学者"，并特称郑澣"好古义施于文辞者"，"获重语于天下"。可见郑澣仕历早期，已为当时文坛名家韩愈如此赞誉。

《旧传》于集贤校理后，接云："转太常寺主簿，职仍故。迁太常博士，改右补阙。"今检白居易有《郑涵等太常博士制》（《白居易集笺校》卷五五"翰林制诏"二）。按白居易于元和二年至六年五月任翰林学士，而据前述，郑澣于元和五年春任集贤校理，则当五年春后又升迁为从七品上之太常寺主簿，任职如故（即仍为集贤校理），后则正式任为太常博士。白居易制文称其"况雅有学识，进修不已，礼官方缺，宜当此选"，当在元和五、六年间。

---

①参据张清华《韩愈年谱汇证》，见其所著《韩学研究》下册，江苏教育出版社，1998年。

据两《唐书》本传,郑澣后又累擢为起居舍人、考功员外郎,后穆宗、敬宗时又为司封郎中、中书舍人。李虞仲有《授李渤给事中、郑涵中书舍人等制》(《全唐文》卷六九三),先称郑涵为司封郎中、知制诰,现授为中书舍人,赞其"操履坚明,雄文炳蔚,虚怀宏达,雅思冲深,立言尝见其著诚,秉志颇闻其经远"。当在敬宗时,因《旧唐书》卷一七上《敬宗纪》,宝历元年(825)三月辛未,记:"上御宣政殿试制举人二百九十一人,以中书舍人郑涵、吏部郎中崔瑨、兵部郎中李虞仲并充考制策官。"则其任中书舍人,或敬宗即位初。

　　《旧传》:"文宗登极,擢为翰林侍讲学士。"《新传》同。此即丁《记》所记:"大和元年四月二十三日,自中书舍人充侍讲学士。"又据丁《记》,郑澣乃与许康佐同时入,许康佐自度支郎中改驾部郎中入为侍讲学士(见后许康佐传)。郑、许是文宗即位后首批召入的,而二人又同为侍讲学士,则当与文宗看重侍讲学士之学术职能有关(关于翰林侍讲学士,请参另文《唐翰林侍讲侍读学士考论》,见2005年出版之《唐翰林学士传论》上编)。又作于大和元年(827)的韦表微《翰林学士院新楼记》①,即特记为:"夏四月,中书郑舍人,驾部许郎中,皆以鸿文硕学为侍讲学士,有诏赐宴,始觞于斯,中外之知者朝昏皆贺。"

　　所谓"有诏赐宴",当即为丁《记》所记,同月(即大和元年四月)"二十八日,赐紫"。唯《旧传》云:"文宗登极,擢为翰林侍讲

---

①韦表微《翰林学士院新楼记》,见傅璇琮、施纯德编《翰学三书》中《翰苑群书》卷三,辽宁教育出版社,2003年。

学士。上命撰《经史要录》二十卷，书成，上喜其精博，因摘所上书语类，上亲自发问，澣应对无滞，锡以金紫。"岑氏《注补》对此有疑，谓"二十三日加侍讲，二十八日赐紫，中间数日，岂能成二十卷之书，赐紫或与成书无关也"。岑氏说是。郑澣于宪宗、穆宗时曾两次授任史馆修撰，敬宗时又为中书舍人，当已著有《经史要录》，文宗也因有所闻，见其有此专长，故特召为侍讲学士。故《旧传》谓文宗召郑澣入院后始命其撰《经史要录》，书成后"赐以金紫"，不确。

丁《记》后记其出院："（大和）二年六月一日，迁礼部侍郎出院。"《旧传》亦记为："大和二年，迁礼部侍郎。典贡举二年，选拔造秀，时号得人。"[1]由此可见，郑澣在院虽仅一年二月，时间不长，但文宗对其很看重，遂即特遣其出院以主持贡举，选拔人才，因按唐制，翰林学士在内供职，是不能知举的。这也表现文宗对侍讲学士的看重，如大和二年知举者崔郾，也于穆宗、敬宗时为翰林侍讲学士（见前崔郾传及徐松《登科记考》卷二〇）。

此后仕历，据两《唐书》本传，历仕兵部侍郎、吏部侍郎、河南尹，皆有政绩。后又为尚书左丞、刑部尚书、山南西道节度使、兴元尹；"开成四年闰正月，以户部尚书征。诏下之日，卒于兴元，年六十四，赠右仆射，谥曰宣"（《旧传》）。

《旧传》又云："有文集、制诰共三十卷，行于世。"《新唐书》卷六〇《艺文志》四，集部别集类，亦著录"《郑澣集》三十卷"。但其

---

[1] 宋王谠《唐语林》卷八记"神龙元年已来，累为主司者"，中有郑澣，为大和三年、四年。

集与《经史要录》均未传存。《全唐文》卷六一四仅载其文一篇：《敕修应圣公祠堂碑》；《唐文拾遗》卷二六亦载有一文：《唐故同州司兵参军上柱国京兆杜府君墓志铭并序》）。

可以注意的是，李德裕于文宗大和四年（830）十月由义成节度使改为西川节度使，在赴川途中，经汉州（今四川广汉）时，作有《汉州月夕游房太尉西湖》诗二首①，此房太尉，为房琯。房琯于唐肃宗时曾为相，后出为汉州刺史，卒赠太尉。西湖为房琯于汉州住地。李德裕途经此地，缅怀故人，云："丞相鸣琴地，何年闭玉徽。偶因明月夕，重敞故楼扉。"李德裕诗后，附有郑澣和诗二首（亦见《李德裕文集校笺》本），署为"兵部侍郎郑澣"。按郑澣以礼部侍郎知举在大和三年、四年，《旧传》后云"转兵部侍郎"，则郑澣此二首和作当在大和四年冬（此二诗又见于《全唐诗》卷三六八）。另刘禹锡也有和作二首，题为《和西川李尚书汉州微月游房太尉西湖》（《刘禹锡集笺证》外集卷七），时刘禹锡任礼部郎中、集贤殿学士，亦在京。当为李德裕将此诗传至京师，寄于友人，郑澣、刘禹锡即有和作。又李德裕另有《房公旧竹亭闻琴缅慕风流神期如在因重题此作》（五绝），郑澣亦有和作（见《李德裕文集校笺》别集卷四）。按郑澣父郑馀庆，于德宗贞元后期曾与李德裕父李吉甫同官郴州，后李吉甫入朝，多受到郑馀庆支助②。由此，则郑澣与李德裕早有交往，故有诗歌唱和之作。又，《全唐诗》卷三六八除载其和李德裕诗外，另有二篇。

①见傅璇琮、周建国《李德裕文集校笺》别集卷四，河北教育出版社，2000年。
②参见傅璇琮《李德裕年谱》，河北教育出版社，2001年修订新版。

按《全唐诗》卷三六八所载,郑澣与时人所作之和诗,就前所述,除和李德裕二首,另尚有诗与当时名家诗作唱酬。如《全唐诗》同卷又有《中书相公任兵部侍郎日后阁植四松逾数年澣忝此官因献拙什》,刘禹锡即有《和兵部郑侍郎省中四松诗十韵》,陶敏、陶红雨《刘禹锡全集编年校注》卷八载此诗,考谓郑澣诗题中"中书相公",为李宗闵①,李宗闵于敬宗宝历元年为兵部侍郎,文宗大和四年六月为中书侍郎,任相,而郑澣于大和四年在兵部侍郎任。当为郑澣因有感于李宗闵前任兵部侍郎时在署中植有四松,现尚在,故作此诗,刘禹锡即作有和诗。又据《全唐诗》所载,还另有三位文士和作,即唐扶《和兵部郑侍郎省中四松诗》(《全唐诗》卷四八八),姚合《奉和四松》(同上,卷五〇一),雍陶《和兵部郑侍郎省中四松诗》(同上,卷四八八)。郑澣此诗,竟有好几位和作,也可见他与文士交往的情况。又白居易有《和河南郑尹新岁对雪》,朱金城《白居易集笺校》外集卷上载,谓此"河南郑尹"即郑澣②,因据《旧唐书·文宗纪》,郑澣于文宗大和八年九月由吏部侍郎出为河南尹,开成元年四月改为尚书左丞,则白居易此诗当作于大和九年初。而郑澣原作未存,由白居易诗题,当郑澣任河南尹,在洛阳,与白居易亦有交往(白居易时任太子宾客、分司东都),先作诗赠白居易,白居易即作诗和之。

　　另虽非和作,但有主动进献者。如姚合有《送郑尚书赴兴元》(《全唐诗》卷四九六),陶敏《全唐诗人名考证》(页 727),谓此郑

①《刘禹锡全集编年校注》,岳麓书社,2003 年。
②《白居易集笺校》,上海古籍出版社,1988 年。

尚书乃郑澣，因据《旧唐书·文宗纪》，郑澣于文宗开成二年十一月由刑部尚书出为山南西道节度使。此时姚合任为右谏议大夫（参据《唐才子传校笺》卷六《姚合传》吴企明笺），在京，故郑澣出任方镇，就作诗赠之，并特赞誉："儒有登坛贵，何人得此功。"又，前已记述，郑澣于大和二年以礼部侍郎出院，后连续于大和三年、四年知贡举，此时即有应试举子向他献诗，请予荐引，《全唐诗》卷五〇九载顾非熊《陈情上郑主司》，即上主持科试之郑澣。按顾非熊多年应举不第，《唐摭言》卷八《已落重收》条，记顾非熊"在举场三十年，屈声聒人耳"；项斯《送顾非熊及第归茅山》（《全唐诗》卷五五四）已云："吟诗三十载，成此一名难。"而顾非熊进士及第在武宗会昌五年（845）①，则郑澣于大和三、四年（829、830）知举，顾非熊仍未及第，故在试前特向主司者行卷、进诗，首四句为"登第久无缘，归情思渺然；艺惭公道日，身贱太平年"，故末四句深表衷情："愿察为裘意，彷徉和角篇；恳情今吐尽，万一冀哀怜。"此亦为唐翰林学士与科举考试的关系提供研究的史料。惜顾非熊此次仍未及第。

①参见清徐松《登科记考》卷二二。按唐末五代王定保所著之《唐摭言》卷八《已落重收》条，曾记："长庆中，陈商放榜，上怪无非熊名，诏有司追榜放及第。"（据中华书局上海编辑所点校本，1959年）按陈商为会昌五年（845）知举，顾非熊确亦于会昌五年及第，长庆时知举者为钱徽、王起、李宗闵，并无陈商，《唐摭言》此处所记误。但《登科记考》卷二二会昌五年顾非熊名下，亦引及《唐摭言》此条，却将"长庆中"改为"会昌中"，未有说明，此亦不当。孟二冬《登科记考补正》对此亦未有校正。

许康佐

　　许康佐，两《唐书》有传，皆列于《儒学传》，见《旧唐书》卷一八九下、《新唐书》卷二〇〇。《旧传》仅云"父审"，未载郡籍，后称"家贫母老"，《新传》则未记，由此则其出身当较清寒。

　　《旧传》："康佐登进士第，又登宏辞科。"《新传》则谓"贞元中举进士"，亦未记年。唯《新传》后有云："诸弟皆擢进士第，而尧佐最先进，又举宏辞，为太子校书郎。八年，康佐继之。"清徐松《登科记考》卷十，据《册府元龟》《唐会要》列许尧佐为贞元十年（794）登贤良方正能直言极谏科，但未考其进士及第年，于是即以贞元十年为据，参《新传》所云"八年，康佐继之"，即定许康佐为贞元十八年进士第（《登科记考》卷一五）。孟二冬《登科记考补正》卷一二则考许尧佐为贞元六年及进士第，即定许康佐为贞元十四年举进士①。今按《新传》先言许尧佐擢进士第，后又举宏辞，又云"八年，康佐继之"，则此"八年"，是继进士及第年，还是继宏辞登科年，并不明确，进士及第与宏辞登科，通常并非同年。又孟二冬考定许尧佐为贞元六年及进士第，其主要依据为《文苑英华》卷一八九"省试诗"收许尧佐、李君房《石季伦金谷园》诗，而李君房可确定为贞元六年进士，故定许尧佐亦同年及第。按《文苑英华》于卷一八〇至一八九所载诗虽标为"省试"，但又标

---

①孟二冬《登科记考补正》，北京燕山出版社，2003年。

以"州府试",从实际情况看(即参考徐松《登科记考》所录省试诗赋题),此十卷所录诗,多未能定为礼部省试诗,故仅以《文苑英华》所载之诗未能即定许尧佐与李君房同登贞元六年第。

不过《新传》称其"贞元中举进士",则可以肯定。又《旧传》载"卒年七十二",《旧唐书》卷一七下《文宗纪》下,开成三年(838)二月"乙酉,礼部尚书许康佐卒",以此推算,当生于代宗大历二年(767)。如依《登科记考》定其为贞元十四年(798)进士及第,则为二十二岁。

《旧传》叙其早期仕历,概云:"迁侍御史,转职方员外郎,累迁至驾部郎中,充翰林侍讲学士。"《新传》则更简,且有显误,谓"迁侍御史,以中书舍人为翰林侍讲学士"(其误,辨见后)。按据丁《记》,许康佐于大和元年(827)入院,则《旧传》所叙其仕迹,当在宪宗元和、穆宗长庆、敬宗宝历间。

经查,元稹有《酬许五康佐》诗,据杨军《元稹集编年笺注(诗歌卷)》①,系于元和五年(810)。元稹于元和五年三月贬江陵府士曹参军,约五、六月间已至任②。按元稹此诗题下注谓"次用本韵",当为许康佐先寄以诗,元稹用其韵答之。唯许之原作已佚,未见。元稹诗中有云:"蓬阁深沉省,荆门远慢州。课书同吏职,旅宦多乡愁。"按元稹于元和四、五年间在朝曾任监察御史,而许康佐有侍御史之任,元诗中之"课书同吏职",当概指此。由此,则许

---

① 杨军《元稹集编年笺注(诗歌卷)》,三秦出版社,2002年。
② 《唐五代文学编年史》,傅璇琮主编;《中唐卷》,陶敏、傅璇琮撰,辽海出版社,1998年。

康佐当于元和初已任侍御史,元稹出贬,许康佐特作诗寄慰,元稹乃深感"旅宦多乡愁",并志谢情:"珠玉惭新赠,芝兰忝旧游。"①

《旧传》载许康佐由驾部郎中充翰林侍讲学士,但未记年。丁《记》记为:"大和元年四月二十三日,自度支郎中改驾部郎中,充侍讲学士。其月二十八日,赐紫。"其入院与赐紫,与郑澣同时(见前郑澣传)。这是文宗即位后首批召入学士,而召入者先为翰林侍讲学士。中晚唐时,以文宗朝翰林侍讲学士为数最多,这似与文宗拟加深儒学传统、弘扬君权,以抵制宦者有关,值得探索。

又《新传》谓许康佐"以中书舍人为翰林侍讲学士,与王起皆为文宗宠礼",则为显误。许康佐为中书舍人,乃在院任职期间之迁升,在大和四年(830)八月,大和元年(827)入院时为驾部郎中。又王起入院在开成三年(838)五月(见后王起传),而许康佐于大和九年(835)五月已出院,即王起、许康佐未同时在院。《新传》此处所记,当本《补国史》,《唐语林》卷六亦载有此则,其所据之《补国史》②,记文宗"在藩邸"时即"好读书",如《礼记》、《春秋》等儒家经典,即位后,更"取书便殿读之",后记云:"乃诏兵部尚书王起、礼部尚书许康佐为侍讲学士,中书舍人柳公权为侍读学士。

①按杨军《元稹集编年笺注(诗歌卷)》于此诗注①中简介许康佐,中谓"穆宗即位,自扬州刺史入为京兆参军",后又云"迁侍御史",不知何据。实则扬州长官,只能称"淮南节度使、扬州大都督府长史",不能如一般之州称"刺史"。又检郁贤皓《唐刺史考全编》,中晚唐时,扬州长史从未有许康佐之名,两《唐书》本传亦未记许康佐曾节镇扬州者。且按唐官制,扬州大都督府长史,官阶为从三品,而京兆府参军仅为正七品上,何以许康佐返朝竟如此降阶? 此注①当误。
②见周勋初《唐语林校证》卷六,第859条,中华书局,1987年。

每有疑义,即召学士入便殿,顾问讨论,率以为常,时谓'三侍学士',恩宠异等。"据此所述,此三人即同时在院。而据前述,王起在许康佐出院三年后才入,且其入时为工部尚书判太常卿事,又柳公权虽于大和八年十月入,即许康佐出院前,但因其为书法家,故入院时称为侍书学士(见后柳公权传),非所谓侍读学士。可见《唐语林》所据之《补国史》,所记甚误。又宪宗朝翰林学士李肇曾著有《补国史》,经查,现传存之署名李肇《唐国史补》,也未有此记。李肇曾自称,此书乃记开元至长庆间事(参见前宪宗朝李肇传),而《唐语林》所据此条,当为晚唐时有缀异闻夹入者。北宋宋祁撰《新唐书》列传,多采小说笔记,虽可补辑史事,但亦多有误,故应加订正。

《旧传》记其入院后,云"历谏议大夫、中书舍人,皆在内庭",甚简,《新传》则更未有记。丁《记》所记较详,为:"(大和)二年六月一日,迁谏议大夫。三年八月二十三日,改充学士。四年八月二十七日,改中书舍人,充侍讲学士兼侍讲。七年七月二十五日,改户部侍郎、知制诰。八年五月八日,加承旨。"后至九年五月五日,改兵部侍郎出院。如此,则许康佐任两年侍讲学士后,改为学士,这也是唐翰林侍讲学士常例,前穆宗、敬宗朝即有。但丁《记》后又记大和四年(830)八月二十七日,既迁中书舍人,又"充侍讲学士兼侍讲"。岑氏《注补》对"兼侍讲"三字有疑,谓"盖既充侍讲学士,无取乎兼侍讲之职",此无理;但岑氏又谓此"兼侍讲"之"侍讲"当为"学士"之讹,即迁中书舍人后,又改充侍讲学士,而仍兼为学士,则不合实。中晚唐时,一般先由侍讲学士入,后有改为学士(即翰林学士),未有学士改为侍讲,而又再兼学士的。故丁《记》记大和四年八月二十七日迁改中书舍人，未能再有"充侍讲学士兼侍讲"，此当为误记，应删。

又据前王源中传，王源中于大和三年十二月为承旨，八年四月出院，则许康佐当如丁《记》所记，于八年五月八日接为承旨。此时在院者共有五人（参见后"学士年表"），而以许康佐入院最早，资历最深，故依常例，接任承旨。

《通鉴》卷二四五，大和九年（835）四月，记文宗与李训、郑注谋诛宦官事，有《考异》，《考异》引《实录》所云"今年四月癸亥，许康佐进纂集《左氏传》三十卷。五月乙巳朔，以御集《左氏列国经传》三十卷宣付史馆"。又《新唐书》卷五七《艺文志》一，经部春秋类，著录有"许康佐等集《左氏传》三十卷"，下注"一作文宗御集"。当系许康佐在院时，前期为侍讲学士，编纂儒家典籍为侍讲学士之职责，故编成献上，文宗则略改书名，以《左氏传》改为《左氏列国经传》，同为三十卷，而作为御著，宣付史馆。

又《通鉴·考异》所引《实录》所记，即与许康佐出院有关。《考异》引此《实录》前，又引有《补国史》，云："许康佐进新注《春秋列国经传》六十卷，上问阍弑吴子馀祭事，康佐托以《春秋》义奥，臣穷究未精，不敢容易解陈。后上以问李仲言，仲言乃精为上言之。上曰：'朕左右刑臣多矣，馀祭之祸安得不虑？'仲言曰：'陛下留意于未萌，臣愿遵圣谋。'"《唐语林》卷六即据《补国史》有两条记，甚详。《旧传》未记此事，《新传》则有载，云："帝读《春秋》至'阍弑吴子馀祭'，问：'阍何人邪？'康佐以中官方强，不敢对，帝嘻笑罢。后观书蓬莱殿，召李训问之，对曰：'古阍寺，今宦人也。君不近刑臣，以为轻死之道，孔子书之以为戒。'帝曰：'朕迩刑臣多矣,得不虑哉!'训曰:'列圣知而不能远,恶而不能去,陛下念之,宗庙福也。'于是内谋翦除矣。康佐知帝指,因辞疾,罢为兵部侍郎。"文宗与李训(仲言)对语,是否属实,司马光于《通鉴·考异》中即有质疑,谓:"然文宗与(李)训语时,宦官必盈左右,恐亦未敢班班显言,如《补国史》所云也。"《补国史》此记,当为甘露事变后,晚唐人采摭轶闻写入。不过当因大和后期,党朋纷争①,宦官专横,许康佐当未敢有所为,故如王源中那样(见前王源中传),借疾辞出。

丁《记》记:"(大和)九年五月五日,改兵部侍郎,出院。"《旧传》:"以疾解职,除兵部侍郎,转礼部尚书,卒年七十二,赠吏部尚书。"《旧唐书》卷一七下《文宗纪》下,开成三年(838)二月,"乙酉,礼部尚书许康佐卒"。则许康佐出院后,即由兵侍转礼尚,为闲职,甘露事变前后,未有所作为。

其著述,《旧传》仅记为"撰《九鼎记》四卷",其《左氏传》后改为文宗御作,故传中未提。《新唐书》卷五八《艺文志》二史部,亦著录其《九鼎记》四卷。观《新志》此类前后所列之书,则为传记。其书后不存,南宋晁、陈二志亦未有著录。

《全唐文》卷六三三载文一篇:《宣尼宅闻金石丝竹之声赋》。《全唐诗》卷三一九载诗二首:《日暮碧云合》、《白云起封中》,皆五言排律,十二句。其《日暮碧云合》,《文苑英华》卷一八一已载,列省试、州府试行,则《白云起封中》当亦为科举应试时所作。

---

① 可参傅璇琮《李德裕年谱》,河北教育出版社,2001年修订版。

李让夷

　　李让夷,两《唐书》有传,见《旧唐书》卷一七六、《新唐书》卷一八一。

　　《旧传》:"李让夷,字达心,陇西人。"《新传》同。《元和郡县图志》卷三九陇右道,有渭州陇西郡,所属有陇西县。渭州辖境相当今甘肃陇西、渭源等县。《旧传》又谓"祖悦,父应规",皆未记有官职。

　　《旧传》载其于"元和十四年擢进士第",清徐松《登科记考》卷一八即据《旧传》系于宪宗元和十四年(819)。但徐松又引《永乐大典》所辑《元一统志》记李让夷"第进士",即又将李让夷列于未记年之卷二七,则为重复误载。

　　及第后,《旧传》仅概云"释褐诸侯府",《新传》则具体记述为:"辟镇国李绛府判官,又从西川杜元颖幕府。"按《旧唐书》卷一六《穆宗纪》,李绛于长庆二年(822)八月,由前东都留守为华州刺史,充潼关防御、镇国军等使;又据郁贤皓《唐刺史考全编》卷三京畿道华州,崔群于长庆二、三年间,接为华州刺史。又据《旧唐书·穆宗纪》及《文宗纪》,杜元颖于长庆三年(823)十月至大和三年(829)十二月为剑南西川节度使。则李让夷当于元和末进士及第后,于长庆、宝历间先后供职于李绛华州、杜元颖成都幕府。

　　《旧传》接云"大和初入朝,为右拾遗,召充翰林学士"。丁《记》记为:"大和元年十二月二十二日,自左拾遗改史馆修撰。"

则李让夷当于文宗即位后，于大和元年由杜元颖幕入朝，先为左拾遗，后即以左拾遗入为翰林学士。《新传》则记其入院，为宋申锡之荐："与宋申锡善，申锡为翰林学士，荐让夷右拾遗，俄拜学士。"按宋申锡于敬宗宝历二年（826）九月入院，为翰林侍讲学士，同年十二月十九日，即文宗登位后，改为学士，至大和四年（830）七月出院，在院时甚得文宗信重（见前宋申锡传）。则当正由于宋申锡之荐，李让夷能自西川远地返朝，入内廷。这也是唐时翰林学士互荐之一例。

又丁《记》记为左拾遗，两《唐书》本传记为右拾遗，此为小异。问题是，丁《记》云"自左拾遗改史馆修撰"，按拾遗为官名，有官阶（从八品上），史馆修撰则为差职，无官阶。按例制，李让夷自左（右）拾遗（从八品上）入院，兼史馆修撰，在史馆供职，但仍为翰林学士，而不能云由左（右）拾遗改为史馆修撰。此当为丁《记》词语之误。

丁《记》记"大和元年十二月二十二日"入院，后接云："六月二十七日，赐绯。"则为翌年，实为同月（十二月）二十七日赐绯，如前郑澣、许康佐同于大和元年四月二十三日入院，又于同月二十八日赐紫。故岑氏《注补》谓丁《记》之"六"殆为"其"或"同"之讹，岑氏虽以意推之，当是。

《旧传》接云："转左补阙。三年，迁职方员外郎、左司郎中。"《新传》未载。丁《记》记为："（大和）二年二月五日，迁左补阙。三年十一月五日，加职方员外郎。"未记迁左司郎中。李虞仲有《授学士李让夷职方员外郎充职制》（《全唐文》卷六九三），首称"翰林学士、朝议郎、行左补阙、赐绯鱼袋李让夷"，后谓"可行尚书职方员外郎，依前充翰林学士"，与丁《记》合。制中称其"学务研精，文推轶拔。早飞声于戎幕，遂躐位于谏垣"，与其早年仕历合。后又赞誉其在翰学之业绩："忠言屡闻，密命斯委，果扬温雅之称，宜获持谦之效。亦既久次，所宜转迁，受遐宠于握兰，用酬劳于视草。"又，此制又载于《全唐文》卷三六六贾至名下，题亦作《授学士李让夷职方员外郎充职制》，按贾至为玄宗、肃宗时人，时代不合，此亦为《全唐文》之一显误。

丁《记》记李让夷出院，为："（大和）五年九月十六日，守本官出院。"《旧传》却于"三年，迁职方员外郎、左司郎中充职"后，即云"九年，拜谏议大夫"，未记出院，则以大和九年为谏议大夫时仍在翰林学士任，此当有缺文。《新传》则有记其出院事，云："素善薛廷老，廷老不饬细检，数饮酒不治职，罢去，坐是亦夺职。累进谏议大夫。"《新传》明确记李让夷于出院后，才"累进谏议大夫"，较《旧传》为妥。

关于其出院原因，《旧唐书·文宗纪》亦有记，大和五年（831）九月甲辰："翰林学士薛廷老、李让夷皆罢职守本官。廷老在翰林，终日酗醉无仪检，故罢。让夷常推荐廷老，故坐累也。"此九月甲辰为九日，即薛与李同于大和五年九月九日罢职出院。而丁《记》记李让夷出院在此年九月十六日，记薛廷老出院在九月四日，各异，当以《旧纪》为是，详见后薛廷老传。

《旧传》、《新传》皆记李让夷出院，乃受薛廷老饮酒无仪俭之累，这可能仅为表面现象，实则有当时的政治背景。据《新传》，李让夷素与宋申锡善，李之入院，乃宋之推荐，而宋申锡于大和五年三月，因受宦官王守澄之诬害，被迫免相，后又出贬为开州司马

（见前宋申锡传）。数月后，李让夷罢职出院，当即与宋申锡事件有关。

李让夷出院后，仕历则有所升迁。《旧传》记其于大和九年（835）为谏议大夫，即由出院时从六品上之职方员外郎，迁为正五品上之谏议大夫，与中书舍人同阶。此后又涉于牛李两派之人事纷争。两《唐书》本传皆记，开成元年（836），起居舍人李褒因疾罢官，文宗乃使宰相李石、李固言、郑覃提名。据《新唐书·宰相年表》，李石等三人同在相位，为开成元年四月甲午至五月己巳。当时李石、郑覃推荐李让夷，此二人皆与李德裕交好。由此，文宗信从李石、郑覃之荐，任李让夷为谏议大夫兼起居舍人，开元二年又为中书舍人，但牛僧孺、李宗闵之党的李珏、杨嗣复于开成三年（838）正月为相，即抑制李让夷，《旧传》载："以郑覃此言，深为李珏、杨嗣复所恶，终文宗世官不达。"

正因如此，武宗于开成五年（840）正月即位，李德裕于九月为相，李珏、杨嗣复相继罢去，李让夷遂"骤加拔擢，历工、户二侍郎，转左丞。累迁检校尚书右仆射，俄拜中书侍郎、同平章事"（《旧传》）。任相在武宗会昌二年（842）七月（《旧唐书·武宗纪》、《新唐书·宰相年表》）。但正因涉及牛李人事纠纷，宣宗于会昌六年（846）三月即位，李德裕罢相出为荆南节度使，李让夷也于七月罢出为淮南节度使。

但《旧唐书》卷一八下《宣宗纪》却记：会昌六年"七月，以兵部尚书李让夷为剑南东川节度使"。按据《新唐书·宰相年表》，李让夷在相位时，未曾兼兵部尚书，两《唐书》本传也未记其罢相后为兵部尚书。又据《新表》等所载，李让夷罢相后乃出为淮南节度使,而《旧唐书·宣宗纪》却记为剑南东川节度使,竟有如此显误,真使人费解。

据《通鉴》卷二四八载,会昌六年(846)七月壬寅,淮南节度使李绅卒。表面看来,李让夷之出镇淮南,接替李绅,实则为已在相位之白敏中等所排挤。因此深受李德裕信重的郑亚,于大中元年(847)春亦受累由给事中出为桂州刺史,赴任后即托其幕僚李商隐撰书致李让夷,即《为荥阳公上淮南李相公状》(《樊南文集外编》卷三)。中云"即以今月七日赴任",刘学锴、余恕诚《李商隐文编年校注》即系于大中元年三月七日①。文中称:"某素无材术,谬窃宠荣。论驳靡效于掖垣,廉问更叨于藩服。此皆相公十一丈早回抢览,曲赐丹青。"意谓自己(郑亚)前之仕宦,多仗李相公(让夷)之擢助,特致谢忱,并对其罢相出镇深致慰勉。

《旧传》所记又有失实处,谓"宣宗即位,罢相,以太子宾客分司卒",未记出镇淮南事。《新传》所载则较实,在记"拜淮南节度使"后,云:"以疾愿还,卒于道。"据前引述之李商隐为郑亚所撰致李让夷状,郑亚于大中元年三月赴桂州任后向李让夷问候,称"上淮南李相公",则李让夷于会昌六年七月罢相出任淮南节度使,至大中元年三月尚在任。由此更可确证,《旧纪》记李让夷罢相出为剑南东川节度使,《旧传》记罢相后为太子宾客分司东都,均误。

《新唐书·艺文志》未著录其个人著作,仅于《艺文志》二载有《敬宗实录》十卷,注云:"陈商、郑亚撰,李让夷监修。"当于会昌朝李让夷任相时监修。由此亦可见李让夷曾举荐郑亚参与撰

①《李商隐文编年校注》(页1226),中华书局,2002年。

修《实录》。

《全唐诗》、《全唐文》皆未载其所作。

柳公权

柳公权，两《唐书》有传，见《旧唐书》卷一六五、《新唐书》卷一六三。

柳公权于穆宗朝已入院，为翰林侍书学士，于元和十五年（820）三月二十三日入，为右拾遗，长庆四年（824）以右补阙出院（见前穆宗朝柳公权传）。丁《记》记大和后，接李让夷，为柳公权，云：“大和二年五月二十一日，自司封员外郎充侍书学士。”此为柳公权第二次入院。

关于此次入院之时间及所具之官衔，两《唐书》本传所载皆有缺误。《旧传》记其于穆宗时入院，云：“迁右补阙、司封员外郎。穆宗政僻，尝问公权笔何尽善，对曰：‘用笔在心，心正则笔正。’上改容，知其笔谏也。历穆、敬、文三朝，侍书中禁。”《新传》略同，亦载其入院后再迁司封员外郎，后即记穆宗问其笔法。两《唐书》本传皆未记其曾出院，《旧传》且谓“历穆、敬、文三朝”，即意谓历此三朝，均在院内。

丁《记》明确记：“（长庆）四年，出守本官。”即以右补阙出院。又《旧唐书》卷一七上《敬宗纪》，长庆四年（824）十二月：“淮南节度使王播厚赂贵要，求领盐铁使，谏议大夫独孤朗、张仲方、起居郎孔敏行、柳公权、宋申锡、补阙韦仁实、刘敦儒、拾遗李景让、薛廷老等伏延英抗疏论之。"《通鉴》卷二四三长庆四年十二月亦记有此事,并称柳公权为起居郎,均未称其时为翰林侍书学士;且在院之学士是不能与外廷朝臣联名上疏的,时同为起居郎之孔敏行、宋申锡亦非为翰林学士。由此应确定,柳公权于长庆四年以右补阙(从七品上)出院,同年十二月已在起居郎(从六品上)任。两《唐书》本传皆漏载其出院事。

至于其任司封员外郎,则当在文宗即位后。《唐文拾遗》卷二八曾载其笔帖十一篇文,其中有据《三希堂帖》之《题王大令送梨帖》,末署"大和二年三月十日司封员外郎柳公权记"①。由此,则柳公权于文宗大和二年(828)三月在司封员外郎任,再过两月,如丁《记》所记,于五月二十一日即以司封员外郎入院。由此亦可证,两《唐书》本传记柳公权任司封员外郎为在穆宗朝,甚误。

关于柳公权入院后官阶之迁转及再次出院,丁《记》云:"(大和二年五月)二十三日,赐紫。十一月二十一日,改库部郎中。五年七月十五日,改右司郎中,出院。"

关于柳公权此次出院,《旧传》记云:"(柳)公绰在太原,致书于宰相李宗闵云:'家弟苦心辞艺,先朝以侍书见用,颇偕工祝,心实耻之,乞换一散秩。'乃迁右司郎中。"《新传》略同。据《旧唐书·柳公绰传》及《旧唐书·文宗纪》,柳公绰于大和四年(830)三月至六年(832)三月为太原尹、河东节度使,而李宗闵于大和三年八月为相,七年六月罢相,则柳公绰之上书于宰相李宗闵,当在

①《唐文拾遗》,清陆心源辑,中华书局影印,附于影印本《全唐文》后,中华书局,1983年。

大和四年三月后，七年六月前，与丁《记》所记柳公权于大和五年七月出院合。据《旧传》所载柳公绰所上书，可见当时对翰林学士院内另加侍书称号，评议不高，可能有类于翰林供奉。

此次柳公权在院，前后四年，无甚表现。但有一事可记，即《集古录目》卷九著录《丞相王播碑》，云："中书侍郎平章事李宗闵撰，翰林学士承旨柳公权书……碑以大和四年正月立。"下注据《宝刻丛编》。今检《宝刻丛编》（《丛书集成初编》本），卷十有此记，同卷又著录有《唐太尉王播墓志》，系据《金石录》，云："唐牛僧孺撰，柳公权正书，大和四年四月立。"今查《宋本金石录》①，卷九第一千七百九十二，有《唐太尉王播碑》："李宗闵撰，柳公权正书，大和四年正月。"后第一千七百九十三，有《唐王播墓志》，云："牛僧孺撰，柳公权正书，大和四年四月。"按王播，两《唐书》有传（《旧唐书》卷一六四、《新唐书》卷一六七），《旧传》记其卒于大和四年正月，则李宗闵于大和四年正月为其撰碑，与时合。唯《集古录目》记柳公权为其书写，署为"翰林学士承旨"，则甚误。因此时柳公权为侍书学士，侍书学士是不能任承旨的，且此时已有任承旨者，为王源中（见前王源中传）。又据丁《记》，柳公权于大和五年七月出院后，于八年十月又以侍书学士入院，至大和九年九月改为学士，开成三年九月乃任承旨（详后）。则《集古录目》误以柳公权后曾为翰林学士承旨署于大和四年之王播碑。《金石录》著录之《唐太尉王播碑》，仅云"柳公权正书"，当是。

又《全唐文》卷七一四载有李宗闵《故丞相尚书左仆射赠太尉

①《宋本金石录》，中华书局影印本，1991年。

太原王公神道碑铭并序》，牛僧孺所撰之墓志则未有传存，当后佚。不过据南宋陈思所纂之《宝刻丛编》（卷十），李《碑》、牛《志》，也都记由柳公权书。李宗闵于大和三年（829）八月已为相，牛僧孺则于大和四年（830）正月由武昌节度使入相，《通鉴》卷二四四大和四年正月记："李宗闵引荐牛僧孺；辛卯，以僧孺为兵部尚书、同平章事。于是二人相与排摈李德裕之党，稍稍逐之。"而王播则是善于结交宦官的，《旧唐书》卷一七上《敬宗纪》长庆四年（824）十二月即记："淮南节度使王播厚赂贵要，求领盐铁使，谏议大夫独孤朗、张仲方、起居郎孔敏行、柳公权、宋申锡、补阙韦仁实、刘敦儒、拾遗李景让、薛廷老等伏延英抗疏论之。"《通鉴》卷二四三又明确记："王播以钱十万缗赂王守澄，求复领利权。"《旧传》又记文宗即位后，"大和元年五月，自淮南入觐，进大小银碗三千四百枚，绫绢二十万匹"；正因此，即于此年六月加尚书左仆射、同平章事之宰相衔。李宗闵、牛僧孺二人均能为其作碑、志，可见也互有交结。正因此，《宝刻丛编》卷十于著录李《碑》、牛《志》后，又引《集古录目》，谓"（王）播以金钱附离，致位宰相，公权少其为人，□□对延英，发其倾邪关通状矣"，但却"复为播书碑"，甚为置疑，并加讥议。前已记述，柳公权于长庆四年十二月任起居郎时，曾与其他几位朝臣共奏劾王播，而于大和期间在院内为侍书学士时，却为碑、志书写，这或受学士职能之拘束，不得不应命。

柳公权于大和五年（831）七月以右司郎中出院后，《旧传》称其"累换司封、兵部二郎中、弘文馆学士"，实则其实职在弘文馆，司封、兵部二郎中为所具之官衔。

《旧传》后云："文宗思之，复召侍书，迁谏议大夫。俄改中书舍人,充翰林书诏学士。"此为柳公权于文宗时出院后再次入院,但未记年月。丁《记》记为:"大和八年十月十五日,自兵部郎中、弘文馆学士充侍书学士。九年九月十二日,加知制诰,充学士兼侍书。开成元年九月二十八日,迁中书舍人。二年四月,改谏议大夫、知制诰。"据此,则文宗仍重视柳公权之书法声誉,就于大和八年(834)仍以侍书学士召入,而于第二年即大和九年(835)九月,正式转为翰林学士,不过仍兼侍书之名;开成元年(836)九月,又迁为中书舍人,二年(837)四月,改谏议大夫(因中书舍人、谏议大夫皆为正五品上,故不必称迁)。而《旧传》则记刚入为侍书学士,已迁谏议大夫,后改中书舍人,在授中书舍人时,才改为翰林学士,又未记知制诰,颠倒疏失。

又《集古录目》(即《云自在龛丛书》本)卷十著录有《柳尊师墓志》,称"翰林学士、谏议大夫柳公权撰并书",并云"碑以开成二年立,在华原县"。可见柳公权确于开成二年(837)已改为谏议大夫,与丁《记》合;且仅称翰林学士,未提兼侍书,可见其正式为翰林学士后,即不再提侍书。

关于柳公权由中书舍人改谏议大夫,《旧传》有记云:"便殿对六学士,上语及汉文恭俭,帝举袂曰:'此浣濯者三矣。'学士皆赞咏帝之俭德,唯公权无言,帝留而问之,对曰:'人主当进贤良,退不肖,纳谏诤,明赏罚。服浣濯之衣,乃小节耳。'时周墀同对,为之股栗,公权辞气不可夺。帝谓之曰:'极知舍人不合作谏议,以卿言事有诤臣风彩,却授卿谏议大夫。'翌日降制,以谏议知制诰,学士如故。"按柳公权由中书舍人改谏议大夫、知制诰,丁《记》记为开成二年四月,而据本书书后之"学士年表",此时在院者仅陈夷行、柳公权、丁居晦、黎埴四人，且周墀于该年十二月二十五日才入院，亦非为翰林学士①。由此，则《旧传》所记之"对六学士"，亦不确。

丁《记》后云："（开成）三年九月十八日，迁工部侍郎、知制诰，加承旨。"谏议大夫为正五品上，工部侍郎为正四品下，故云迁。据丁《记》，则柳公权于迁工部侍郎、知制诰时，即加承旨。而《旧传》记为"开成三年，转工部侍郎，充职"，后云"累迁学士承旨"（《新传》略同）。即非同时，稍有异。按此前为陈夷行任承旨，于开成二年四月五日出守本官（见后陈夷行传）。陈夷行出院后，在院诸学士，柳公权资历最深，且距陈夷行出院已时隔年余，故即任其为学士承旨。

《集古录目》卷十又著录有《淄王傅元锡碑》，署云"中书侍郎平章事李宗闵撰，翰林学士承旨、工部侍郎柳公权书"，又云"碑以开成四年七月立"。此与丁《记》所记柳公权于开成三年九月已为工部侍郎、翰林学士承旨合。唯李宗闵已于大和九年（835）六月罢相，贬明州刺史，后累贬潮州司户，开成元年（836）量移衢州司马，三年（838）为杭州刺史，四年（839）冬改太子宾客、分司东都。即开成四年七月立碑时李宗闵未在中书侍郎平章事任，且《全唐文》亦未载此碑文。可见《集古录目》著录有误，此碑是否为李宗闵撰，未能定。

丁《记》后记其出院："（开成）五年三月九日，加散骑常侍出院。"《旧传》记为："武宗即位，罢内职，授右散骑常侍。宰相崔珙

---

① 不过据岑氏《注补》引《册府元龟》，周墀此时为考功员外郎、集贤殿直学士，"属承顾问"。或周墀虽非翰林学士，亦又以集贤殿直学士应召入对。

用为集贤学士,判院事。李德裕素待公权厚,及为珙奏荐,颇不悦,左授太子詹事,改宾客。"《旧传》此处所记,亦不合实。按文宗于开成五年(840)元月卒,武宗立,李德裕于此年九月由淮南入相,则柳公权于三月出院,与李德裕无关。又据《新唐书》卷六三《宰相年表》,此时任相者为崔郸、杨嗣复、李珏,崔珙则于五月入相。又《旧唐书》卷一七七《崔珙传》,李德裕于武宗时居相位时,"与珙亲厚"。后崔珙因与崔铉不合,于会昌三年(843)二月罢相,四年六月又贬为澧州刺史。宣宗即位后,因崔珙与李德裕善,终不得用①。如此,则《旧传》所载柳公权因崔珙所荐而为李德裕所抑,亦不合实。

柳公权出院后,据两《唐书》本传,累为太子宾客、金紫光禄大夫、左常侍、国子祭酒、太子少师,多为虚衔。懿宗咸通六年(865)卒,年八十八。

《新唐书·艺文志》对其著作未有著录。《全唐诗》卷四七九载其诗五篇。《全唐文》卷七一三仅载其文一篇:《百丈山法正禅师碑铭》;《唐文拾遗》卷二八则据《三希堂帖》等载其笔帖十一篇。

丁公著

丁公著,两《唐书》有传,见《旧唐书》卷一八八、《新唐书》卷一六四。按丁公著于文宗大和三年(829)任翰林侍讲学士仅三月,也未有业绩,唯两《唐书》记其事迹,甚有误,故特详记之,以订

---

① 参见傅璇琮著《李德裕年谱》,河北教育出版社,2001年修订新版。

史书之误。

两《唐书》本传皆记其为苏州吴郡人。《旧传》称其"祖衷，父绪，皆不仕"，当出身平民。《旧传》又记："年二十一，《五经》及第。"按据《旧唐书》卷一七下《文宗纪》下，大和六年（832）九月，"丁未，太常卿丁公著卒"，又《旧传》记其卒时年六十四，据此推算，则当生于代宗大历四年（769）。年二十一，即为德宗贞元五年（789）。清徐松《登科记考》卷一二，即据此系丁公著于贞元五年明经登第。《旧传》接云："明年，又通《开元礼》，授集贤校书郎。"则其于德宗贞元时已入仕。

《旧传》又接云："秩未终，归侍乡里，不应请辟。居父丧，躬负土成坟，哀毁之容，人为忧之，里间闻风，皆敦孝悌。观察使薛苹表其行，诏赐粟帛，旌其门间。"按据《旧唐书·宪宗纪》，薛苹元和五年（810）八月任为浙西观察使、润州刺史，后李脩于元和十一年（816）十月接任。则丁公著居父丧，在元和五年至十一年间。《全唐文》卷六〇有宪宗《旌前集贤殿校书郎丁公著诏》，云："丁公著辞官侍亲，不顾荣利，高行至性，人伦所称。今执丧致毁，又闻过礼，其所请旌表门间宜依，仍委本州刺史亲自慰问，并量给粟帛。"此可与《旧传》参看。由此也可见他早年即以孝行闻世，故《旧唐书》列于卷一八八《孝友传》。

此后仕迹，据两《唐书》本传，概述如下：李吉甫于元和三年九月至六年正月任淮南节度使，曾表荐丁公著入朝为太子文学，兼集贤殿校理；后李吉甫于元和六年入朝为相，又表荐之，即授为右补阙。宪宗元和中后期，历水部员外郎，太子及诸王侍读。穆宗即位，因丁公著曾为东宫侍读，早已受穆宗信重，故即位后曾"以宰相许之"。丁公著辞之,于是迁为工部侍郎、集贤殿学士。此后,两《唐书》所叙有误。

《旧传》云:"公著知将欲大用,以疾辞退,因求外官,遂授浙江西道都团练观察使。"《新传》略同,谓"迁授浙西观察使"。而《旧唐书·穆宗纪》长庆元年(821)十月壬申则记为:"以工部尚书丁公著检校左散骑常侍,兼越州刺史、御史中丞,充浙东观察使。"此云浙东,非浙西。按白居易有《尚书工部侍郎集贤殿学士丁公著可检校左散骑常侍越州刺史浙东观察使制》(《白居易集笺校》卷五〇"中书制诰")。长庆元年白居易正任为主客郎中、知制诰(十月十九日转中书舍人),故可撰此制。此制制题即称"越州刺史、浙东观察使",且制文中又云:"朕以浙河之左,抵于海隅,全越奥区,延袤千里。宜得良帅,俾之澄清。"即指浙东。由此可证两《唐书》本传所谓"浙江西道",显误。不过《旧唐书·穆宗纪》此处所记亦有误,即称丁公著时为工部尚书,而白居易制文则称为"尚书工部侍郎"。白居易又有《韦绶从右丞授礼部尚书、薛放从工部侍郎授刑部侍郎、丁公著从给事中授工部侍郎三人同制》,朱金城《白居易集笺校》卷五〇亦系于长庆元年。《旧传》亦有记,谓穆宗即位后,本欲擢迁丁公著为相,后因丁公著恳辞,乃"超授给事中,赐紫金鱼袋;未几,迁工部侍郎"。可见《旧纪》记丁公著为浙东观察使,可纠两《唐书》本传之误,但将工部侍郎记为工部尚书,则另有一误[1]。

---

[1] 岑仲勉《唐史馀瀋》卷三《〈新丁公著传〉之紕缪》条,主要纠《新唐书·丁公著传》之误,也提及此浙西事。《唐史馀瀋》,上海古籍出版社,1960年。

又许浑有《送张厚浙东谒丁常侍》(《全唐诗》卷五三五)，陶敏《全唐诗人名考证》(页794)及罗时进《丁卯集笺证》①卷八，皆考定此丁常侍即丁公著，是。据此，亦可佐证丁公著确任为浙东观察使。按此诗末二句云："定知洛下声名士，共说膺门得孔融。"即许浑向丁公著推荐张厚能在浙东幕府供职者，由此亦可见丁公著与当时文士有交往。

此后，丁公著历任河南尹，尚书右丞，兵部、吏部侍郎，后于文宗时迁为礼部尚书，旋即入为翰林侍讲学士。《旧唐书》卷一七上《文宗纪》，大和二年(828)五月，"乙未，以吏部侍郎丁公著为礼部尚书"。丁《记》记为："大和三年四月二十六日，自礼部尚书充侍讲学士。"据唐官制，礼部尚书为正三品，其官阶与门下侍郎、中书侍郎等同，以如此高之官阶入院，在当时翰林学士中是极少见的。而丁公著此次之入又非为翰林学士，而为翰林侍讲学士，这当与他曾为太子侍读时撰有《皇太子及诸王训》十卷(据《旧传》)，后又撰有《礼志》十卷(据《新唐书》卷五七《艺文志》一，礼类)等有关。又大和三年，丁公著入院前，在院者已有六人，其中许康佐为侍讲，柳公权为侍书，而于九月，又召郑覃、路群为侍讲(参书后"学士年表")，可见文宗当时对以儒学为专职的侍讲学士是甚为看重的。

不过，丁公著在院仅三月，于同年七月又出任外镇。丁《记》未记出院年月，仅云："改正户部尚书、浙西观察使。"《旧唐书·文宗纪》则于大和三年七月记为："乙巳，以礼部尚书、翰林侍讲学士

---

① 《丁卯集笺证》，江西人民出版社，1998年。

丁公著检校户部尚书,兼润州刺史,充浙江西道观察使。"何以在院仅三月,即出任浙西?《旧传》有谓:"上以浙西灾寇,询求良帅,命检校户部尚书领之。"不过据《旧纪》,丁公著出镇浙西前,时任浙西观察使为李德裕,而据《旧唐书·李德裕传》及《通鉴》卷二四四,当时任宰相的裴度荐李德裕为相,即得文宗同意,召李德裕入朝,改任丁公著(参傅璇琮《李德裕年谱》)。浙西也为当时重镇,丁公著乃接李德裕,由翰林侍讲学士出任,也可见文宗对他的看重。

又,《新传》记丁公著出院事又有显误,云:"四迁礼部尚书、翰林侍讲学士。长庆中,浙东灾疫,拜观察使。"按丁公著于文宗大和三年入为翰林侍讲学士,《新传》此处所记,乃列于穆宗长庆前,误一;丁公著由翰林侍讲学士出院,任外镇,在大和三年(七月),《新传》则记为"长庆中",误二;丁公著此次出镇,为浙西观察使,《新传》却记为浙东,误三。《新传》此处所记,仅数句,二十余字,竟有三误,真使人费解。

《旧唐书·文宗纪》于大和六年(832)五月又记:"壬子,浙西丁公著奏杭州八县灾疫,赈米七万石。"而前引《旧传》则记为:"上以浙西灾寇,询求良帅,命检校户部尚书领之。诏赐米七万石以赈给,浙民赖之。"即以下诏赐米七万石乃在丁公著受任之时。实则据《旧纪》,丁公著出任在大和三年七月,上奏浙西灾疫,朝中遂下诏赈米七万石,乃在大和六年五月,已时隔三年。此又为《旧传》一误。

又据《旧纪》,大和六年八月,"壬申,以前浙西观察使丁公著为太常卿"。参前所引《旧纪》,大和六年五月,丁公著仍在浙西任,当旋离职,同年八月改授太常卿。《旧传》记云:"改授太常卿,以疾请归乡里,未至而终,年六十四。"《旧纪》又于大和六年九月记:"丁未,太常卿丁公著卒。"则当为:丁公著于大和六年八月,先已离浙西任,被授为太常卿,但未返朝,以疾请归乡里,即由浙西治所之润州(今江苏镇江)返回乡里苏州,但未至而于途中病卒。而《新传》却叙为:"长庆中"出任浙东观察使,"久之,入为太常卿;大和中,以病丐身还乡里,卒",又将"入为太常卿"记于大和前,又一显误。

丁公著一生"清俭守道"。其著作,前已记述,有《皇太子及诸王训》、《礼志》,后皆未传存。《全唐诗》、《全唐文》均未载其诗文。

崔 郾

崔郾,两《唐书》皆附于其兄崔邠传后,见《旧唐书》卷一五五、《新唐书》卷一六三。

《旧唐书·崔邠传》记云"清河武城人",《新传》云"贝州武城人"。《新唐书》卷三九《地理志》三,河北道有贝州清河郡,所辖县有清河。《元和郡县图志》卷一六同。贝州,相当于今河北清河、临城及山东馆陶、威县等地。

《旧唐书·崔郾传》记其祖名结,父名倕,谓"官卑"。而《新唐书》卷七二下《宰相世系表》二下,记崔倕官御史中丞。刘禹锡曾为崔倕撰有神道碑:《唐故朝散大夫检校尚书吏部郎中兼御史中丞赐紫金鱼袋清河县开国男赠太师崔公神道碑》①，记其于德宗贞元时仕为吏部郎中兼御史中丞。按吏部郎中为从五品上，御史中丞则为正五品上，与中书舍人同阶，为中上层官员，不能说"官卑"。又《新唐书·崔郾传》记崔倕，虽未言"官卑"，却更有误，云："至德初，献赋行在，肃宗异其文，位吏部侍郎。"即肃宗于至德元年（756）在西北行在时见崔倕所献赋，异之，即授以吏部侍郎（正四品下），较后德宗时所授之吏部郎中、御史中丞更高好几阶，且时在前十余年。刘禹锡为崔倕所作的神道碑，确也记献赋事，云："至德中，戎羯猾夏，王师出征。公少有奇志，思因时以自奋，乃作《伐鲸鲵赋》上献。既闻尔矣，果器之。"碑文即记授以盐铁使寮属，临晋县丞，太子司仪郎，均为低级官员，何能为吏部侍郎？《新唐书》撰者竟有此显误，确使人费解。

此仅就崔郾之父崔倕，就两《唐书》记事之误，顺加辩正，以供两《唐书》全面整理参考。《旧唐书·崔郾传》记其早年仕迹甚简，云："登进士第，累迁监察御史，三迁考功郎中。大和三年，以本官充翰林学士。"何年进士登第，未有记，后迁监察御史、考功郎中，亦不详其时。《新传》补记一事，则可稍知其时，云："及进士第，补渭南尉。累除刑部郎中，出副杜元颖西川节度府。"据《旧唐书》卷一六《穆宗纪》，长庆三年（823）十月，杜元颖罢相，出为剑南西川节度使；《旧唐书》卷一七下《文宗纪》，大和三年（829）十二月，因南蛮侵陷成都，杜元颖被贬为韶州刺史（详见前宪宗朝杜元颖传）。则崔郾当于穆宗、敬宗朝在杜元颖西川节度幕府，文宗

---

① 见瞿蜕园《刘禹锡集笺证》卷三，上海古籍出版社，1989 年。

大和初入朝,为考功郎中,后于大和三年(829)五月以考功郎中入为翰林学士。

但《新传》于此却另有一误,于"出副杜元颖西川节度府"后,接云:"召入为工部侍郎、集贤殿学士。"即由西川幕府召入朝,任为工部侍郎、集贤殿学士。而据丁《记》,崔郸乃于"大和三年五月七日,自考功郎中充"。《旧传》亦记其迁考功郎中后,"大和三年,以本官充翰林学士"。又据丁《记》,崔郸于大和六年(832)以本官(中书舍人)出院。《旧传》亦记其于"六年,罢学士",接云:"八年,为工部侍郎、集贤殿学士,权知礼部。"清徐松《登科记考》卷二一,即据此系崔郸于大和九年(835)知贡举,其所带官衔为工部侍郎,由此,则《新传》之失,一为将崔郸于大和八年由中书舍人(正五品上)迁为工部侍郎(正四品下),误记为自西川幕府召还时,二为缺记自西川幕府召还,旋于大和前期任翰林学士(《新传》一字未提及崔郸曾任翰林学士)。

丁《记》记崔郸:"大和三年五月七日,自考功郎中充。八月十二日,加知制诰。四年九月十六日,拜中书舍人。六年,以疾陈请出守本官。"此大致与《旧传》合。《旧传》:"大和三年以本官充翰林学士,转中书舍人。六年,罢学士。"按崔郸在院,前后历时三年余,但无论参政、撰诏,均未有记载。大和五年,宋申锡应文宗之命,谋诛宦官,事泄,被贬责,当时外廷有谏议大夫、给事中等朝臣多人上疏请予覆审(详见前宋申锡条),而崔郸等在内廷的翰林学士却无一人议及此事。又,崔郸后于文宗开成四年(839)七月任相(详后),《全唐文》卷七〇载有文宗《授崔郸平章事制》,中叙其在翰学时业绩,有云:"乃者入典训词,出司俊造,能用周密,靡混妍媸。"评价亦较一般。

崔郸出院后,仕历则甚顺速。据两《唐书》本传及纪、表,大致为:大和八年(834)为工部侍郎、集贤殿学士;九年(835),知贡举,后又累为兵部、吏部侍郎。开成二年(837)正月,出为宣歙观察使、宣州刺史;四年(839),入为太常卿,同年七月,以本官同中书门下平章事,即任相。武宗会昌元年(841)十一月,出为剑南西川节度使。按此时李德裕亦在相位,《旧传》称:"会昌初,李德裕用事,与郸弟兄素善。"崔郸此次出镇时,李德裕有诗相送,但李德裕此诗后未存,可就杜牧、姚合之和作诗得悉。杜牧有《奉和门下相公送西川相公兼领相印出镇全蜀诗十八韵》①。李德裕时为门下侍郎、同中书门下平章事,故杜牧诗题称"门下相公"。姚合有《和门下李相公饯西蜀相公》(《姚少监诗集》卷九),中云:"圣朝同舜日,作相有夔龙。理化知无外,烝黎尽可封。燮和皆达识,出入并登庸。"称颂李德裕、崔郸任相之政绩。姚合于文宗开成四年八月由给事中为陕虢观察使,开成五年,入朝为秘书监,会昌元年当亦在长安②。此次崔郸出镇,有两位著名诗人作诗相送,亦可见其与当时文士之交往。

《旧传》末云:"郸在相位累年,历方镇,太子师保,卒。"《新传》则另有记:"宣宗初,以检校尚书右仆射同平章事,节度淮南,卒于军。"即宣宗即位后,崔郸又曾为淮南节度使,卒于任。

其著作未见著录,诗文未有载记。

---

①《樊川文集》卷二,陈允吉点校,上海古籍出版社,1978年。
②参见傅璇琮主编《唐才子传校笺》卷六《姚合传》吴企明笺,中华书局,1990年。

郑覃

郑覃，两《唐书》有传，见《旧唐书》卷一七三、《新唐书》卷一六五。

《旧传》谓："郑覃，故相珣瑜之子。"按珣瑜，《旧唐书》无传，《新唐书》卷一六五有传，郑覃即附于传后。《新传》称"郑州荥泽人"。据《元和郡县图志》卷八河南道郑州，有荥泽县，在郑州西北（黄河北）。

郑珣瑜，据《新唐书》卷六二《宰相年表》，德宗贞元十九年（803）十二月，任相；顺宗时王叔文施行新政，郑珣瑜未予合作，于永贞元年（805）七月罢相，旋卒，郑覃以其父曾居相位，即以父荫补弘文馆校书郎，当在贞元后期。

《旧传》接云："历拾遗、补阙、考功员外郎、刑部郎中。元和十四年二月，迁谏议大夫。"后于穆宗长庆元年（821）转为给事中；四年（824），迁御史中丞，后又权知工部侍郎，升迁甚速。敬宗宝历元年（825），又为京兆尹。刘禹锡于大和五年（831）曾作有《高陵县令刘君遗爱碑》[1]，记京都畿县高陵县令刘仁师，有鉴于泾水经流之地，乡里豪族，倚恃权势，垄断水源，乃立意于更新水道，上奏。刘《碑》记云："居二岁，距宝历元年，端士郑覃为京兆，秋九月，始具以闻。"后即施行。此与郑覃于宝历元年闰七月为京兆尹

---

[1] 参见瞿蜕园《刘禹锡集笺证》卷二，上海古籍出版社，1989年。

合。刘《碑》特称郑覃为"端士",也可见时人对郑覃守正、仗义的赞誉。

文宗即位不久,郑覃即召入为翰林侍讲学士。《旧传》:"文宗即位,改左散骑常侍。三年,以本官充翰林侍讲学士。"丁《记》具体记有时日,云:"大和三年九月二十一日,自右散骑常侍充侍讲学士。"按路群亦与郑覃同时入为翰林侍讲学士(见后路群传),丁公著于同年四月亦自礼部尚书入为翰林侍讲学士(见前丁公著传),文宗于一年之内即召有三位为侍讲学士,也可见其对儒学的重视。

丁《记》又记:"(大和)四年三月三十日,改工部尚书。"《旧传》则记为:"四年四月,拜工部侍郎。"《新传》未记年月,但亦谓"进工部侍郎"。按《旧唐书·文宗纪》大和四年四月有记:"丙午,以右散骑常侍、翰林侍讲学士郑覃为工部尚书。"是月乙巳朔,丙午为初二日,则与丁《记》所记之三月三十日改为工部尚书,日期稍有差异,问题在于两《唐书》本传记为工部侍郎,则为显误。又,郑覃此时改为工部尚书,实与此后出院有关,这又与当时的牛李党争有关。

李德裕于穆宗长庆二年(822)九月由御史中丞出为浙西观察使,文宗大和三年(829),时居相位的裴度推荐李德裕为相,遂于是年八月入朝任兵部侍郎,但此时李宗闵因得宦官之助,遂于是年八月入相,就排挤李德裕①。《通鉴》卷二四四大和三年九月即记:"壬辰,以李德裕为义成节度使。李宗闵恶其逼己,故出之。"

---

① 参《李德裕年谱》,傅璇琮著,河北教育出版社,2001 年修订新版。

《旧唐书》卷一七四《李德裕传》亦记有此事，并提及郑覃，云："德裕为（李）逢吉所摈，在浙西八年，虽远阙庭，每上章言事。文宗素知忠荩，采朝论征之。到未旬时，又为宗闵所逐，中怀于悒，无以自申。赖郑覃侍讲禁中，时称其善，虽朋党流言，帝乃心未已。"可见郑覃此时在院中虽任为侍讲学士，并不拘泥于儒典的研索，仍关心时政，且敢于直言，为李德裕申述自己的政见。

郑覃也正因此，而被排挤出院。《旧唐书·郑覃传》记："（大和）五年，李宗闵、牛僧孺辅政，宗闵以覃与李德裕相善，薄之。时德裕自浙西入朝，复为闵、孺所排，出镇蜀川，宗闵恶覃禁中言事，奏为工部尚书，罢侍讲学士。"中唐时，翰林学士多受党争之牵累，如前穆宗、敬宗朝之李绅、蒋防等也均因此而被迫出院的。

不过《旧传》此处所述，记时有误。据《新唐书·宰相年表》及两《唐书》有关纪传，大和三年八月甲戌，李宗闵由吏部侍郎任相，四年正月辛卯，牛僧孺又继为相，大和五年，李宗闵、牛僧孺确均在相位。但李德裕于大和三年八月已由浙西观察使入为兵部侍郎，旋又被挤，出为义成节度使、滑州刺史；大和四年十月，改为西川节度使，即均在大和五年之前。而丁《记》记郑覃于大和"四年三月三十日，改工部尚书"后，即于同年"六月十七日，出守本官"。由此，则《旧传》记郑覃为李宗闵所奏，使郑覃罢侍讲学士出院，在大和五年，则为显误。

郑覃在院时另一突出表现，即曾有一大项文化项目计划，建议全面校订儒学经书，并加以刊石。《旧传》云："覃长于经学，稽古守正，帝尤重之。覃从容奏曰：'经籍讹谬，博士相沿，难为改正。请召宿儒奥学，校定六籍，准后汉故事，勒石于太学，永代作则,以正其阙。'从之。"后郑覃于大和九年为相(详后),又兼判国子祭酒,更采取实际措施,起用起居郎周墀等,"校定九经文字,旋令上石"。《旧唐书·宣宗纪》于开成二年(837)十月记:"癸卯,宰臣判国子祭酒郑覃进《石壁九经》一百六十卷。"

这就是传于后世的著名"开成石经"。这是唐翰林侍讲学士有代表性的职能表现。

郑覃在文宗朝曾两次入院,其于大和四年六月以工部尚书出院后,丁《记》记为:"大和六年三月十四日,自工部尚书充侍讲学士。"《旧传》亦记云:"文宗好经义,心颇思之,六年二月,复召为侍讲学士。"此云二月,当据丁《记》,为三月。

不过郑覃第二次入院,在院仅一年余,又出院。丁《记》:"(大和)七年六月十六日,改御史大夫出院。"《旧唐书·文宗纪》所记同,于大和七年六月壬申记:"以工部尚书、翰林侍讲学士郑覃为御史大夫。"此年六月壬申,即十六日,与丁《记》合。不过郑覃此次出院与第一次出院不同,第一次出院为宰相李宗闵排斥,而第二次出院则受到宰相李德裕重用。《旧传》记云:"七年春,德裕作相。五月,以覃为御史大夫。"按大和六年十二月,李德裕由西川节度使入朝为兵部尚书,七年二月,以兵部尚书守本官同中书门下平章事,即任相。李德裕任相后,即擢用其所信重的人,如李回、沈传师、韦温、王质,亦即有郑覃(参见傅璇琮著《李德裕年谱》)。翰林侍讲学士,其主要职责为讲经学,编儒典,而御史大夫则为议政言事之实职,故李德裕特使其出任御史大夫。

不过此后,大和八年十月,李宗闵复入相,与李训、郑注同谋,排斥李德裕、李绅,李德裕又出任外镇(先为山南西道节度使,后

766 | 唐翰林学士传论

又为浙西观察使)。《旧唐书·郑覃传》于此亦有记:"其年,德裕罢相,宗闵复知政,与李训、郑注同排斥李德裕、李绅,二人贬黜,覃亦左授秘书监。"秘书监与御史大夫虽同为从五品,但为虚衔,未如御史大夫有实际职责,故云"左授"。此又可参证宋王应麟《困学纪闻》卷一四《考史》:"奸臣惟恐其君之好学近儒,非独仇士良也,吴张布之排韦昭、盛冲,李宗闵之排郑覃、殷侑,亦士良之术也。"可见郑覃又一次受李宗闵之排抑。

郑覃后仕为刑部尚书、尚书右仆射、兼判国子祭酒。大和九年十一月甘露事变后,文宗则擢其为相。《旧传》:"(李)训、(郑)注伏诛,召覃入禁中草制敕,明日以本官同平章事。"郑覃任相至开成四年(839)五月(据《新唐书·宰相年表》)。《旧传》后记:"武宗即位,李德裕用事,欲援为宰相,固以足疾不任朝谒。会昌二年,守司徒致仕,卒。"《旧唐书》卷一八上《武宗纪》,会昌二年(842)五月:"太子太师致仕郑覃卒。"

郑覃著作未有著录。《全唐文》卷七二一载《谏穆宗疏》一文,即穆宗新即位,郑覃时任谏议大夫,奏谏穆宗"内耽宴嬉,外盘游畋"。《旧传》有具体记述。

路　群

路群,两《唐书》无专传,皆附于其子路岩传(《旧唐书》卷一七七、《新唐书》卷一八四),甚简。《旧传》称其阳平冠氏人,《新传》谓魏州冠氏人。冠氏,即今河北馆陶。其父季登,代宗大历六年(771)登进士第,后官至左谏议大夫(又见于《新唐书》卷七五下《宰相世系表》五下)。路群子岩,懿宗朝翰林学士,后曾任相(见后传)。

《旧传》记路群字正夫,《新传》同,而《新唐书·宰相世系表》作"字正大",疑"大"字讹。中华书局点校本未有校。

《旧传》仅云"既擢进士",未记年,清徐松《登科记考》即列于已登第而未知其年之卷二七。今按韩愈有《唐银青光禄大夫守左散骑常侍致仕上柱国襄阳郡王平阳路公神道碑铭》①。此路公为路应。据《新唐书·宰相世系表》,路应与路群父季登同辈,为同族兄弟。据韩《碑》,路应于宪宗元和前期曾为宣歙池观察使,后卒于元和六年(811)九月,元和七年葬。文末记其卒后,云:"既,其子临汉县男贯,与其弟赏贞谋曰:'宜有刻也。'告于叔父御史大夫鄜坊丹延观察使恕,因其族弟进士群以来请铭,遂以其事铭曰。"则韩愈此文作于元和七年,称路群为"进士",当已科试及第。但未称其衔,当及第不久,尚未解褐入仕,其及第当在元和前期。此可补唐登科记。

《旧传》于其进士及第后,概述云:"又书判拔萃,累佐使府。入朝为监察御史。"皆未记时。按《全唐诗》卷四八六载有鲍溶《淮南卧病感路群侍御访别》诗,云:"西台御史重难言,落木疏篱绕病魂。一望青云感骢马,款行黄草出柴门。"则此时鲍溶正寓居淮南,路群当因公出使,途经淮南,特为访问,鲍溶甚有所感,作诗进赠。按《册府元龟》卷一三六有记:"穆宗以元和十五年正月即

---

①马其昶《韩昌黎文集校注》卷六,上海古籍出版社,1986年。

位,二月,命监察御史杨虞卿、卢周仁、高铢、路群分往京西、京北监赏设将士。"则路群确于穆宗即位初在监察御史任,曾出使监察。其往淮南,是否亦为元和十五年(820)二月之行,未可定。又,鲍溶,两《唐书》无传。宪宗元和四年(809)进士及第(《郡斋读书志》卷四中《鲍溶集》提要及《唐才子传》卷六《鲍溶传》),与当时文士多有交往,《唐诗纪事》卷四一记其"与韩愈、李正封、孟郊友善"。《郡斋读书志》又谓:"张荐谓溶诗气力宏赡,博识清度,雅正高古,众才无不备具。"但虽于元和前期已进士登第,仕途仍不顺,《唐才子传》卷六称其"初隐江南山中,避地,家苦贫,劲气不扰,羁旅四方"。则其于元和末、长庆初寓居淮南时,亦仍清贫,故路群以监察御史访之,特有感志。由此可见路群于早期亦对文士甚为重视。

又《全唐文》卷七三〇载有路群文一篇,题为《劾韩愈斋宿违例奏》,有云:"今月九日,孟秋飨太庙,摄太尉、国子祭酒韩愈,准式合令起今月六日于太庙致斋,今于国子监宿,有违格令。"此事亦记于《唐会要》卷一八《缘庙裁制》,云:"长庆元年七月,监察御史路群奏:今月九日孟秋,享太庆庙,摄太尉、国子祭酒韩愈,准式于太庙致斋,今于本寺监省,有违格式。敕,宜罚一季俸。"按韩愈确于元和十五年(820)十一月就任国子祭酒,至长庆元年(821)七月庚申(二十六日),后为兵部侍郎①。《唐会要》所记长庆元年七月韩愈在国子祭酒任,与韩愈事迹合,唯有关韩愈生平事迹材料,皆未载韩愈此时又摄太尉;且《唐会要》及《全唐文》所载路群文,所谓"斋宿违例",文意亦不明,其事之本身待考。不过据此则可

---

①参见张清华《韩愈年谱汇证》,江苏教育出版社,1998年。

考知，路群于穆宗长庆元年，任为监察御史。

《旧传》接云："大和二年，迁谏议大夫，以本官充侍讲学士。"丁《记》记为："大和三年九月二十一日，自右谏议大夫充侍讲学士。"即与郑覃同时入为翰林侍讲学士。第二年即大和四年（830），三月三十日，郑覃由散骑常侍改为工部尚书，皆正三品，官阶相当高，但仍为侍讲学士，而路群则于大和四年八月二十七日改为学士，仍为右谏议大夫（正五品上）。又据丁《记》，五年九月五日，改中书舍人（仍为正五品上）；七年十二月十七日，出守本官，即出院仍任为中书舍人。《新传》记路群事甚简，且又有误，云："累官中书舍人、翰林学士承旨。"岑氏《注补》指出：王源中已于大和二年十二月加为承旨，至八年四月二十日始出院，中间不容有两承旨。又丁《记》及《旧传》亦均未记路群曾任承旨者，《新传》当误。

路群在院，前后历有五年，《旧传》称其"精经学，善属文"，《新传》谓"文宗优遇之"。但在院业绩未有具体记载。《新唐书·艺文志》也未有著录；《全唐文》卷七三〇除前已引述之《劾韩愈斋宿违例奏》外，别无他篇。

《旧传》评其"历践台阁，受时君异宠，未尝以势位自矜。与士友结交，荣达如一"。故《旧传》末云："（大和）八年正月病卒，君子惜之。"

薛廷老

薛廷老，两《唐书》有传，皆附其父薛存诚传后，见《旧唐书》

卷一五三、《新唐书》卷一六二。

《旧传》称薛存诚为河东人，《新传》则云河中宝鼎人。宝鼎本汾阴县，今为山西万荣县西南宝鼎。

薛存诚于宪宗时历任监察御史、殿中侍御史、给事中、御史中丞，直言敢谏，对弊政屡有谏奏，"毅然不可夺"（《新传》）。《旧唐书·薛廷老传》即称"廷老谨正有父风，而性通锐"。薛廷老即因此屡被宦官、权臣斥责，亦由此而被贬斥出院者。

《新传》谓薛廷老"及进士第"。清徐松《登科记考》即据《新传》列于已及第而未能记年之卷二七。今按唐文宗开成年间陈翱所撰之《卓异记》①，其《门生为翰林学士撰座主白麻》条，有云："唯廷老翰林时，座主庾公拜充海节度，廷老为门生，得为麻制。时代荣之。"岑仲勉《登科记考订补》②，即引及《卓异记》此数句，谓此庾公即庾承宣，并云："今《登科记考》一八元和十三、四年承宣两知举，不列廷老，唯于卷二十七附记之，是徐氏未考及《卓异记》也。"岑氏说是。但庾承宣于元和十三、十四年（818、819）两年知举，岑氏未再考述薛廷老在何年及第。孟二冬《登科记考补正》卷一八亦引及岑氏《订补》，列薛廷老于元和十三年，但未考述为何列于此年。

按据《旧传》，薛廷老后于文宗大和四年（830）入翰林学士院，乃因李让夷之荐，李让夷时亦为翰林学士（见前李让夷传），而薛

①《卓异记》，见泰山出版社2000年出版之《中华野史》点校本。
②岑仲勉《登科记考订补》，附见于赵守俨点校《登科记考》后，中华书局，1984年。

廷老于大和五年（831）九月因事出院，李让夷也受累外出（详后）。如此，则薛廷老与李让夷交谊甚切，而李让夷亦于庾承宣知举下，元和十四年及第者。按唐惯习，同年及第者即有深交，故薛廷老当亦于元和十四年及第。此亦为唐登科记之一补。

两《唐书》本传皆记薛廷老"宝历中为右拾遗"。按《旧唐书》卷一七上《敬宗纪》，长庆四年（824）十二月，记淮南节度使王播"厚赂贵要，求领盐铁使"，朝臣多人抗疏论之，其中有"拾遗李景让、薛廷老等"（《通鉴》卷二四三所记同）。由此则宝历（825—826）前，长庆四年（824）薛廷老已为右拾遗，两《唐书》本传则记为"宝历中"，不当。

不过长庆四年十二月，已为敬宗时（敬宗于此年二月接位）。《旧传》称"敬宗荒恣"，《新传》云"敬宗政日僻"，于是薛廷老数与同僚"入阁奏事"，敬宗则常以"厉声"、"厉语"对之。此后，薛廷老即受权臣、宦官嫉害，出贬。两《唐书》本传皆有记，《旧传》记云："时李逢吉秉权，恶廷老言太切直。郑权因郑注得广州节度，权至镇，尽以公家珍宝赴京师以酬恩地。廷老上疏请按权罪，中人由是切齿。又论逢吉党人张权舆、程昔范不宜居谏列，逢吉大怒。廷老告满十旬，逢吉乃出廷老为临晋县令。"此亦未记其时。按据《新唐书·宰相年表》，李逢吉于穆宗长庆二年（822）六月任相，至敬宗宝历二年（826）十一月出为山南东道节度使。而郑权于长庆三年（823）四月为岭南节度使（《通鉴》卷二四三），四年十月卒于任（《旧唐书·敬宗纪》）。《通鉴》于长庆三年四月记穆宗时已有疾，宦官王守澄乃"专制国事，势倾中外"，郑注则"日夜出入其家，与之谋议，语必通夕，关通赂遗"，而时为工部尚书的郑权,"即因(郑)注通于守澄,以求节镇"。《旧唐书》卷一六二《郑权传》接云:"初权出镇,有中人之助,南海多珍货,权颇积聚以遗之,大为朝士所嗤。"据郑权于长庆三年四月出镇岭南,四年十月卒,则薛廷老"上疏请按权罪",当在长庆三、四年间,其贬责为临晋(在今陕西大荔县东)县令,当在敬宗宝历初李逢吉尚在相位时。

有一事值得提出、注意,即郑权出任岭南节度使时,韩愈曾作序送之:《送郑尚书序》①。此序先叙岭南所辖之境广,镇帅所治不易,"故选帅常重于他镇",于是盛称郑权此前历任方镇,颇有治绩,"皆有功德可称道",后云:"及是命,朝廷莫不悦,将行,公卿大夫士苟能诗者咸相率为诗以美朝政。"韩愈此处之记序,与当时朝议时论完全相反。又张籍亦有诗相送,为《送郑尚书出镇南海》(《全唐诗》卷三八四)、《送郑尚书赴广州》(同上,卷三八五),称"班行争路送","共知公望重"。此当韩愈序中所称当时"公卿大夫士","相率为诗以美朝政",实则当为郑权以某种特殊方式邀名人所作。这也可见文学创作的一种复杂情况。

《旧唐书·薛廷老传》接云:"文宗即位,入为殿中侍御史。大和四年,以本官充翰林学士,与同职李让夷相善,廷老之入内署,让夷荐挈之。"丁《记》记为:"大和四年,自御史充。"未记月日,并以殿中侍御史略记为"御史"。按李让夷于文宗大和元年(827)十二月入为翰林学士,大和四年(830)仍在院,为职方员外郎(见前李让夷传)。薛廷老约于敬宗时即出贬为县令,而于文宗即位时

①见马其昶《韩昌黎文集校注》卷四,上海古籍出版社,1986年。

即召入为殿中侍御史（从七品上），可能也出于李让夷大和元年入院后之荐，后李让夷又于大和四年再荐薛廷老入院，如前所述，当于往昔同年登第有关。又前所引《卓异记》，记庾承宣出任兖海节度使，薛廷老为草撰制文，据《旧唐书·文宗纪》，庾之任命在大和四年十一月癸巳，则薛廷老入院当在此年十一月前。

但薛廷老不到一年，即出院。丁《记》："五年九月四日，改刑部员外郎出院。"《旧唐书·文宗纪》，大和五年九月甲辰，有具体记述："翰林学士薛廷老、李让夷皆罢职守本官。廷老在翰林，终日酣醉无仪检，故罢。让夷常推荐廷老，故坐累也。"《旧传》亦记为："廷老性放逸嗜酒，不持检操，终日酣醉，文宗知之不悦。五年，罢职，守本官，让夷亦坐廷老罢职，守职方员外郎。"《新传》略同。按《旧·文宗纪》记薛、李同于五年九月甲辰罢出，九月甲辰为九日，而丁《记》记薛之出院在九月四日，记李让夷出院为九月十六日，稍有小异。问题在于出院之原由，按两《唐书》本传，叙薛廷老仕迹，在此之前，均无嗜酒酣醉之记，《旧传》且称其"当官举职，不求虚誉，侃侃于公卿之间，甚有正人风望"，《新传》也有同评，称其"推为正人"，此皆与所谓"日酣饮，不持检操"，完全相反。据本书李让夷传所记，大和五年三月，宋申锡因受宦者王守澄之诬陷，被迫免相，后又出贬为开州司马，而李让夷之入院，乃受宋申锡之荐，即李让夷与宋申锡关系密切，又李让夷与李德裕之亲信李石、郑覃亦甚有交结，而大和五年居相位者有李宗闵、牛僧孺，李、牛二人与宦者王守澄亦密相勾结，又薛廷老于穆宗、敬宗时因直言进谏，"中人由是切齿"。由此考述，当为：薛廷老、李让夷二人于大和五年九月被迫出院，实为王守澄与李宗闵、牛僧孺相结，出于朋党政见纠纷，使二人排出；所谓"日酣饮，不持检操"，仅为一种借口。

据两《唐书》本传，薛廷老此后仕历，为刑部员外郎，刑部郎中，给事中。开成三年（838）年卒，赠刑部侍郎。其著作未著录，诗文也未有载记。前所引述之《卓异记》，在院时撰有授庾承宣兖海节度使制文，也未存。唐时翰林学士所撰制诏，多未有传存者，未能如陆贽、白居易等保留有相当部分制文，甚可惜。

李　珏

李珏，两《唐书》有传，见《旧唐书》卷一七三、《新唐书》卷一八二。

《旧传》："李珏字待价，赵郡人。父仲朝。"《新传》："其先出赵郡，客居淮阴。"所谓赵郡人，当如李吉甫、李德裕，为赵郡赞皇（在今河北），仅为郡籍，实际上皆客居外地。又《新唐书》卷七二下《宰相世系表》二下，记李珏父名仲塾，与《旧传》所记之"仲朝"有异。

《旧传》记李珏"大中七年卒"，《新传》云卒年六十九。按李珏应卒于宣宗大中六年（852），《旧传》误（详后）。依此推算，则李珏生于德宗兴元元年（784）。就此，又可纠《新传》之误。按《旧传》云"珏进士擢第，又登书判拔萃科"，未记年。《新传》则具体记为："甫冠，举明经，李绛为华州刺史，见之，曰：'日角珠廷，非庸人相，明经碌碌，非子所宜。'乃更举进士高第。"此云"甫冠"，据前关于其生年推算，当为德宗贞元十九年（803），而李珏于宪宗元和十年（815）为华州刺史（《旧唐书》卷一六四《李绛传》），元和十一年（816）二月返朝为兵部尚书（《旧唐书·宪宗纪》）。如此，则李绛为华州刺史时，李珏已为三十二、三十三岁，何能曰"甫冠"？

《新传》所记此事，本于晚唐昭宗时裴廷裕之《东观奏记》（见后昭宗朝裴廷裕传），其书卷上有记云："珏字待价，赵郡赞皇人。早孤，居淮阴，事母以孝闻，弱冠，徒步（下缺六字），举明经，李绛为华州刺史，一见谓之曰：'日角珠庭，非常人也，当掇进士科。明经碌碌，非子发迹之路。'一举不第，应进士，许孟容为宗伯，擢居上第。"①《东观奏记》即云"弱冠"举明经，《新传》即沿此误。至于许孟容知举，据清徐松《登科记考》卷一八，在元和七年（812），亦列李珏于此年。李珏此年已为二十九岁。

两《唐书》本传记李珏于穆宗时曾任右拾遗，因"穆宗荒于酒色"，"珏与同列上疏论之"。《旧传》又记长庆元年（821），"盐铁使王播增茶税，初税一百，增之五十"，此乃"王播希恩增税，奉帝嗜欲"，李珏即又上疏论之。《通鉴》卷二四一记此于长庆元年五月，称穆宗"不从"。李珏即"以数谏不得留，出为下邽令"（《新传》）。此当在长庆后期，不久，即受牛僧孺之辟，入其武昌军节度使幕。《新传》于记"出为下邽令"后，称："武昌牛僧孺辟署掌书记。"此亦据《东观奏记》（卷中）所记："牛僧孺为武昌节度使，奏章先达银台，授殿中侍御史内供奉、武昌掌书记。"牛僧孺任武昌

---

①《东观奏记》，中华书局点校本，1994 年。

节度使，自敬宗宝历元年（825）正月，至文宗大和四年（830）正月（见《旧唐书》之《敬宗纪》、《文宗纪》）。李珏后为牛僧孺所撰之神道碑（《全唐文》卷七二〇），曾叙有此事，云："小子不佞，早栖门墙，考选第叨殊等之科，开宾筵忝入幕之吏，国士相遇，笔札见知。"此后，李珏即屡受牛僧孺荐援，由此也参与牛李党争之列。

李珏后还朝，累任殿中侍御史、吏部员外郎，转司勋员外郎、知制诰，旋即召入为翰林学士。两《唐书》本传皆记李珏之入，实出于牛僧孺、李宗闵之荐援。《新传》谓"（牛）僧孺还相，以司勋员外郎、知制诰为翰林学士"；《旧传》称："大和五年，李宗闵、牛僧孺在相，与珏亲厚，改度支郎中、知制诰，遂入翰林充学士。"按牛僧孺于大和四年（830）正月由武昌节度使入相，李宗闵则于前大和三年（829）八月已由吏部侍郎擢迁为相。《通鉴》卷二四四大和三年八月记："会吏部侍郎李宗闵有宦官之助，甲戌，以宗闵同平章事。"大和五年，二人皆在相位，即引李珏入，这也是唐代文士之入为翰林学士出于宰相所举之一例。

《旧传》谓李珏以度支郎中、知制诰入，《新传》则记以司勋员外郎、知制诰入，丁《记》记为："大和五年九月十九日，自库部员外郎、知制诰充。"均异。裴廷裕《东观奏记》（卷上）谓改司勋员外、库部郎中，文宗召充翰林学士，即先为司勋员外郎，后迁库部郎中，旋即以库部郎中（加知制诰）入院。清劳格《唐尚书省郎官石柱题名考》卷一三度支郎中，于石刻、补遗中皆未记李珏名，仅于"附存"中列有李珏，但加按云："《旧传》度支，当从《奏记》、《壁记》作'库部'；《壁记》员外郎，当从《旧传》、《奏记》作'郎中'。"即李珏入院时所具之官衔，应为库部郎中，非度支郎中、库部员外郎,岑氏《注补》是首肯此说的,可从。不过此仅为小异,主要应注意《东观奏记》所云:"李宗闵为相,以品流程式为己任,擢掌书命。"此可与两《唐书》本传所记李宗闵、牛僧孺"与珏亲厚"相参证。

据丁《记》及两《唐书》本传,李珏于大和五年(831)九月十九日入院,同月二十三日赐紫;七年(833)三月二十八日,迁中书舍人;九年(835)五月六日,加承旨;同月十九日,迁户部侍郎、知制诰,八月五日,出院。《东观奏记》(卷上)记文宗对其极为信重:"文宗召充翰林学士,珏风格端肃,属词敏赡,恩倾一时。"这几年,正是郑注、李训因宦官之助,甚得势,并利用牛李党争,对李宗闵等既有结联,又有排斥。如大和六年十二月,牛僧孺罢相,出为淮南节度使,李德裕由西川节度使入为兵部尚书,第二年二月,即任为相;而同年六月,李宗闵罢相,出为兴元节度使。大和八年十月,李训、郑注又与宦官交结、协议,命李宗闵再入相,李德裕罢相,出为浙西观察使。李珏于九年五月六日加承旨,同月十九日又迁户部侍郎、知制诰,当与李宗闵时在相位有关。但不久,李训、郑注又与李宗闵有利害矛盾,遂使其罢相,并于大和九年六月,使其连续贬为明州刺史、处州刺史。《旧唐书·李珏传》即记为:"(大和九年)七月,宗闵得罪,珏坐累,出为江州刺史。"丁《记》记为:"(大和九年)八月五日,贬江州刺史。"《旧传》云七月,丁《记》云八月,此亦为小异。中晚唐时,翰林学士多因受朋党交争之累而受贬的。

此后,李珏则更涉入牛李党争。据两《唐书》有关纪、传,李珏于大和九年(835)八月出贬为江州刺史,开成元年(836)四月,改为太子宾客、分司东都,又迁河南尹,这可能与李训、郑注事败被诛有关,即前所贬者逐步量移。正因此,开成二年(837)五月,入朝为户部侍郎。三年(838)正月,牛党派杨嗣复入相,即援引李珏亦任为相。《新唐书·李珏传》叙云:"开成中,杨嗣复得君,引珏同中书门下平章事,与李固言皆善。三人者居中秉权,乃与郑覃、陈夷行等更持议,一好恶,相影和,朋党益炽矣。"《旧传》更明确记为:"珏与固言、嗣复相善,自固言得位,相继援引,居大政,以倾郑覃、陈夷行、李德裕三人。"

　　武宗即位后,会昌元年(841),李珏就与杨嗣复罢相,并出贬。《新唐书》卷一七四《杨嗣复传》记:"帝之立,非宰相意,故内薄执政臣,不加礼。"关于此事,《通鉴》卷二四六有具体记述,即开成五年(840)正月,文宗病危,宦者、知枢密刘弘逸、薛季棱与杨嗣复、李珏密议,仍立年尚幼的太子成美嗣位,而另一派宦者、中尉仇士良、鱼弘志拟另立颍王李瀍,遂谋杀刘弘逸及太子成美,颍王接位,即武宗。如此,武宗即位后,仇士良等又进一步谋害杨嗣复、李珏,开成五年八月,连续罢杨嗣复、李珏相位;会昌元年(841)三月,又贬杨嗣复为潮州刺史,李珏为昭州刺史。《通鉴》卷二四六会昌元年三月具体记述为:李珏先出为桂管观察使,宦官仇士良劝武宗将杨嗣复、李珏杀之,时已任宰相的李德裕则未受党争的牵累,极力上奏解救,结果即贬杨为潮州刺史,李为昭州刺史①。又,据此,则《旧传》记李珏"出为桂州刺史、桂管观察使;三年,长流驩州",于"桂管观察使"后漏载贬昭州刺史,而"长流驩州",更

---

① 可参傅璇琮《李德裕年谱》,河北教育出版社,2001年修订新版。

失实。《新传》又有误记，谓"终以议所立，贬江西观察使，再贬昭州刺史"，将"桂管"误为"江西"。可参本人所作另一专文《两〈唐书〉记事辨误》（载《文史》2006 年第 3 辑，中华书局，2006 年 8 月）。

此后事迹，《旧传》记为："大中二年，崔铉、白敏中逐李德裕，征入朝为户部尚书，出为河阳节度使。入为吏部尚书。"后又为淮南节度使。但《旧传》记其卒年，又有一误，云"大中七年卒"。按杜牧有《李珏册赠司空制》（《樊川文集》卷一七）[1]，记李珏因病卒于扬州淮南节度使任上，朝廷乃遣使"持节册赠尔为司空，魂而有知，鉴兹诚意"。而此册文首云："维大中六年，岁次壬申，五月丁卯朔，十六日壬午。"则当卒于大中六年（852）五月。《新传》未记卒于何年，唯云"年六十九"。

《新唐书·艺文志》未著录其著述。蒋伸《授李珏扬州节度使制》（《全唐文》卷七八八），中云："文章穷三变之风，学术洞九流之奥。"则对其文章、学术有较高之评议。当时确有好几位诗文名家有诗进赠李珏的，但都在李珏后期，即翰林学士出院、任相后好几次坎坷境遇，如刘禹锡《奉送李户部侍郎自河南尹再除本官归阙》[2]，《奉和吏部杨尚书太常李卿二相公策免后即事述怀赠答十韵》[3]。白居易有《旱热》诗，末句"迁客向炎州"，句下自注："时杨、李二相，各贬潮、韶。"朱金城《白居易集笺校》卷三五[4]，笺云

---

①《樊川文集》卷一七，陈允吉点校，上海古籍出版社，1978 年。
②陶敏、陶红雨《刘禹锡全集编年校注》卷十，岳麓书社，2003 年。
③同上卷一一。
④《白居易集笺校》，上海古籍出版社，1988 年。

此诗作于会昌元年，白居易时在洛阳；又谓"各贬潮、韶"之"韶"，《全唐诗》所载亦作"韶"，应作"昭"，因李珏所贬为昭州刺史。另姚合有《和厉玄侍御题户部李相公庐山西林草堂》（《全唐诗》卷五〇一）；许浑有《闻韶州李相公移拜郴州因寄》（《全唐诗》卷五三四；按此"韶州"亦为"昭州"之误）、《寄郴州李相公》（同上卷五三七）、《和李相国》（同上卷五三七，有自序，云：蒙宾客相国李公见示《和宣武卢仆射以吏部高尚书自江南赴阙觇大梨白鹇因赠五言六韵》攀和），赵嘏有《舒州献李相公》（同上卷五四九）、《泗上奉送相公》（同上卷五五〇）。按，就上所引诗，李珏有与时人和作者，即自己亦有诗，惜《全唐诗》未载其所作。《全唐文》卷七二〇载文四篇，中即有《牛公（僧孺）神道碑》。

陈夷行

陈夷行，两《唐书》有传，见《旧唐书》卷一七三、《新唐书》卷一八一。

两《唐书》本传皆称其颍川人，据《元和郡县图志》卷七河南道，颍川汝阴，秦时为颍川郡地，治今安徽阜阳县。

《旧传》记其字周道，"祖忠，父邑"。《新唐书》卷七一下《宰相世系表》一下，记其祖名忠，父名邕，此"邕"与《旧传》之"邑"，稍有异。

《旧传》又记"元和七年登进士第"，清徐松《登科记考》卷一八即据此系于宪宗元和七年（812）进士及第。《新传》未有记。

《旧传》此后述云："宝历末，由侍御史改虞部员外郎，皆分务东都。大和三年，入为起居郎、史馆修撰，预修《宪宗实录》。四年献上，转司封员外郎。五年，迁吏部郎中。"后即记其入为翰林学士（但记时有误，详后）。《新传》所记则甚简，云："由进士第，擢累起居郎、史馆修撰。以劳迁司封员外郎，凡再岁，以吏部郎中为翰林学士。"按《旧唐书》卷一七下《文宗纪》，大和四年（830）三月记："丁酉，监修国史、中书侍郎、平章事路随进所撰《宪宗实录》四十卷，优诏答之，赐史官等五人锦绣银器有差。"此史官五人，即《全唐文》卷七一所载文宗《答路随等上宪宗实录诏》有记，其中有"起居舍人陈夷行"，而两《唐书》本传所载，称陈夷行时为起居郎。起居舍人与起居郎皆为史官，亦皆为从六品上，但起居郎属门下省，主要"掌起居注，录天子之言动法度，以修记事之史"，起居舍人属中书省，为"录天子之制诰德音，如记事之制，以记时政损益"（据《旧唐书》卷四三《职官志》二）。即虽皆为史官，但职责有所不同，据《全唐文》卷七一所载诏文，陈夷行当为起居舍人。

　　陈夷行于大和四年三月《宪宗实录》修成上奏后，转司封员外郎，此后，《旧传》记为："五年，迁吏部郎中。四月，召充翰林学士。"意即大和五年四月入为翰林学士。而丁《记》记为："大和七年，自吏部员外郎充。"按陈夷行入院在李珏、郑覃后，而李珏于大和五年九月入，郑覃为六年三月入，按丁《记》所列时序，陈夷行既在李珏、郑覃后，就不可能于大和五年四月入，《旧传》所记误。又，陈夷行入院在郑涯前，郑涯于大和七年四月八日入，参《旧传》所记，陈夷行可能于大和七年四月八日与郑涯同时入，或较郑涯稍早，为四月初。《旧传》当于"四月，召充翰林学士"前缺"七年"

二字。又丁《记》记以吏部员外郎入，两《唐书》本传则记为吏部郎中。岑氏《注补》以为应据丁《记》，作吏外，备考。

丁《记》接云："八月二十三日，授著作郎、知制诰，兼皇太子侍读。八年九月六日，赐绯。七日，迁谏议大夫。"则此"八月二十三日"乃在大和八年前。而《旧传》记云："（大和）八年，兼充皇太子侍读，诏五日一度入长生院侍太子讲经。上召对，面赐绯衣牙笏，迁谏议大夫、知制诰，余职如故。"《新传》亦记此事，唯未记年。依此，则可据《旧传》补丁《记》，于"八月二十三日"前加"八年"二字，后之"八年九月六日"，"八年"二字可去。据《旧唐书·职官志》，著作郎与尚书诸司郎中同为从五品上，谏议大夫为正五品上。则陈夷行于大和八年（834）八月二十三日授著作郎，逾月即又迁为谏议大夫，并加知制诰。

丁《记》接云："九年二月十六日，罢侍读。开成元年五月二十二日，改太常少卿。二十九日，兼太子侍读。"岑氏《注补》谓此处记"开成元年"云云，而后又谓"其年五月二十三日，加承旨"，"其年"即开成元年，相重，岑氏又引两条材料，一为《册府元龟》卷七〇八："王起为兵部尚书判户部事，大和九年七月，以起及翰林学士、太常少卿、知制诰陈夷行并充皇太子侍读。"二为《旧唐书》卷一七下《文宗纪》大和九年七月戊午，记工部侍郎、充皇太子侍读崔侑贬为洋州刺史，考功郎中、皇太子侍读苏涤贬为忠州刺史。岑氏即谓"夷行复兼侍读，似在崔、苏既贬之后"。据此，则丁《记》所记，应为：陈夷行于大和九年（835）二月十六日，罢太子侍读，但仍在院；同年五月二十二日，由谏议大夫（正五品上）迁为太常少卿（正四品）；七月，与王起复兼太子侍读。丁《记》之"开成元年五月二十二日，改太常少卿"，"开成元年"四字应删，并于"二十九日，兼太子侍读"前加"七月"二字。

《旧传》所记，为"九年八月，改太常少卿，知制诰、学士侍讲如故"。此"八月"应为"七月"，特别是"侍讲"必须改为"侍读"，即陈夷行乃兼太子侍读，非一般之翰林侍讲学士。

丁《记》后记于开成元年（836）五月二十三日，加承旨。按归融于大和九年（835）八月一日入为翰林学士，同月五日加承旨，开成元年五月十五日出院（参见后归融传），陈夷行当接归融为承旨。因开成元年在院者六人，以陈夷行入院时日最早（参见本书"学士年表"），资历最深，故依例可接为承旨。又，郑覃自去年甘露事变后，复任为相，开成元年仍在相位，郑覃与李德裕亲近，陈夷行亦与李德裕有交往，可能也出于郑覃之举荐，在归融出院不到十天，陈夷行就接任承旨。

丁《记》又于同年（开成元年）记云："六月二十四日，迁工部侍郎、知制诰。八月七日，赐紫。二年四月五日，出守本官平章事。"《旧传》于"九年八月改太常少卿，知制诰、学士侍讲如故"后接云："开成二年四月，以本官同平章事。"其间缺记工部侍郎，所谓"以本官"，则为以太常少卿同平章事，不合官制。《旧唐书·文宗纪》开成二年四月戊戌即记为："诏将仕郎、守尚书工部侍郎、知制诰、充翰林学士、兼皇太子侍读、上骑都尉、赐紫金鱼袋陈夷行可本官同中书门下平章事。"《新唐书》卷八《文宗纪》开成二年四月戊戌亦记陈夷行原为工部侍郎。《唐大诏令集》卷四九《陈夷行平章事制》（亦载《全唐文》卷七〇）称为："顷在郎署，雅有名称，是用擢居禁密，俾辅导元良，论辩见贤人之业，教谕得名臣之体"；

又赞誉云："孝友为修己之具，文学诚润身之余，众推全才，时号端士。"陈夷行是文宗朝由翰林学士直接擢任宰相之首例。

此时郑覃亦仍在相位，如前所述，陈夷行于上年即开成元年五月为承旨，当由郑覃推荐，而此次任相，当更为郑覃举荐。可能正因此，杨嗣复、李珏于开成三年（838）正月亦入相，就与郑覃、陈夷行多次争议。《旧传》记云："（开成）三年，杨嗣复、李珏继入辅政，夷行介特，素恶其所为，每上前议政，语侵嗣复，遂至往复。"特别是关于李德裕、李宗闵事，更有争执。按大和八年（834）十一月，李宗闵与郑注交结，谋使李德裕罢相，使其出为浙西观察使；后李宗闵又与郑注、李训有利害矛盾，大和九年（835）六月，李宗闵则累被贬为明州、处州刺史，潮州司户。《旧唐书·文宗纪》开成三年二月记："乙未，上谓宰臣曰：'李宗闵在外数年，可别与一官。'郑覃、陈夷行曰：'宗闵养成郑注，几覆朝廷，其奸邪甚于李林甫。'杨嗣复、李珏奏曰：'大和末，宗闵、德裕同时得罪，二年之间，德裕再量移为淮南节度使，而宗闵尚在贬所。凡事贵得中，不可但徇私情。'"双方另有其他事相争者。《旧唐书·陈夷行传》后即云："上竟以夷行议论太过，恩礼渐薄，寻罢知政事，守吏部尚书。"《旧唐书·文宗纪》《新唐书·宰相年表》皆记郑、陈罢相在开成四年（839）五月丙申。《通鉴》卷二四六开成四年五月记郑、陈罢相时，云："覃性清俭，夷行亦耿介，故嗣复等深疾之。"元胡三省于此处注云："史言小人排君子，不遗余力。"即意为陈夷行与郑覃此次罢相，亦出于杨嗣复之谋。

此后仕迹，据史书所载，大致为：开成四年九月，出为华州刺史。五年九月，武宗在位时，李德裕任相，即召陈夷行入朝；会昌元年(841)三月,复任为相。二年(842)六月,罢相,为太子太保;三年(843),出为河中节度使。四年(844)八月,卒。但《旧唐书·武宗纪》于会昌四年八月,记为"河东节度使陈夷行卒",此"河东"当为"河中"之误。又,陈夷行卒后,李德裕撰有《赠陈夷行司徒制》(《李德裕文集校笺》卷四),极称其"言必体要,行归于周,得壶遂之深忠,持颜子之极乐"。李德裕时在相位,也能如翰林学士那样草撰制词,值得研究。

《新唐书》卷五八《艺文志》二,著录有《宪宗实录》,纂修者有陈夷行。《全唐文》卷七四五载其文一篇:《条覆馆驿事宜疏》;《唐文拾遗》卷十载有《仆射上仪依三公奏》一篇。《全唐诗》未载其诗。

郑　涯

郑涯,两《唐书》无传。《新唐书》卷七五上《宰相世系表》五上,有记,记其官职为"检校左仆射,同中书门下平章事"。又据《新表》,郑涯为郑覃从兄弟。郑涯与郑覃同在翰林学士院任职两月余,即郑涯于大和七年(833)四月八日入,而郑覃于七年六月十八日出院。

丁《记》所记为:"(使相)郑涯:大和七年四月八日,自左补阙充。八年九月七日,加司勋员外郎;十六日,赐绯。九年十一月十九日,加知制诰。十二月十五日,守本官出院。"

郑涯入院前,事迹不详,亦未知其是否曾应科举试。至于其出院，岑氏《注补》以为郑覃于九年（835）十一月二十二日入相，"涯之出院，岂避亲嫌"。此亦未能定，因郑涯、郑覃未为亲兄弟，岑说备参。又丁《记》记其为"使相"，《通鉴》卷二五〇懿宗咸通二年（861）有记云："冬十月，以御史大夫郑涯为山南东道节度使；十一月，加同平章事。"（按《通鉴》此处记郑涯于咸通二年十月任山南东道节度使，不确，详见后考。）即郑涯未曾在朝中为相，而任外镇山南东道节度使时加同平章事，故云"使相"。

郑涯在院三年期间，正为文宗朝牛李党争及郑注、李训事件高潮事（详见后李训、郑注等传），但郑涯对此似无甚参预。《全唐文》卷七九宣宗《授郑涯山南东道节度使制》中云："自承明晓对，建礼晨趋，参密命于北门，演纶言于西掖。相如雄丽，咸推视草之工；孔光庄重，空闻言树之诚。"《全唐文》卷七二八封敖《批郑涯谢上表》，有云："内庭西掖，留重价于雄文；宪府南宫，蔼余芳于嘉话。"对其在翰学之业绩，主要赞誉其撰制文辞之优美，任职之慎恪，不涉及对政事之参预。

郑涯以司勋员外郎、知制诰出院，此后数年仕迹不详。现可知者，武宗会昌三年（843）七月在兵部侍郎任。按此时朝廷已立意征讨河北节镇刘稹，《旧唐书》卷一八上《武宗纪》会昌三年："秋七月戊子，宰相奏：'秋色已至，将议进军，幽州须早平回鹘，镇、魏须速诛刘稹，各须遣使谕旨，兼侦三镇军情。今日延英面奉圣旨，欲遣张贾充使。臣等续更商量，张贾干济有才，甚谙军中体势，然性刚负气，虑不安和，不如且命李回。若以台纲缺人，即兵部侍郎郑涯久为征镇判官，情甚精敏，虽无词辩，言事分明，官重事闲，最似相称。'"按此"宰相奏"，即李德裕《幽州镇魏使状》①,中即称"兵部侍郎郑涯久充戎镇判官,性甚精敏",《旧纪》当即本此。于此可见,李德裕对郑涯之才干,甚为称赏,其在朝任兵部侍郎,或亦为李德裕荐引。状中称郑涯"久充戎镇判官",则郑涯入任翰林学士前,当长期在方镇幕府任职。

又前所引述之封敖《批郑涯谢上表》(《全唐文》卷七二八),前叙其任翰林学士、谏官之业绩,云:"出入更践,便蕃宠荣,所莅有声,溢于闻听。是用授之铁钺,镇以荆蛮,压江汉之上游,总吴蜀之都会。苟非良干,其谁付焉。知已下车,故多劳止,勉宏政术,必副忧勤。所谢知。"即郑涯出镇时,按例上谢表,封敖乃代皇上草撰批文。郁贤皓《唐刺史考全编》卷一八九山南东道襄州,据《通鉴》咸通二年(861)所记"冬十月,以御史大夫郑涯为山南东道节度使",即系郑涯于咸通二年至四年为山南东道节度使。但《全唐文》卷七九载有宣宗《授郑涯山南东道节度使制》,即称郑涯先任为御史大夫,现任为襄州刺史、山南东道节度使,则在宣宗时。又《文苑英华》卷四六八"翰林制诏"亦收载封敖此文,封敖于武宗会昌时任翰林学士,但于会昌五年(845)三月出院,为工部侍郎、知制诰,后宣宗大中初为御史中丞、礼部侍郎,《全唐文》卷七二八载其所撰《懿安皇太后哀册文》,作于大中二年(848)十一月;后于大中四年(850)出为兴元尹、山南西道节度使,又曾为淄青节度使,约大中末卒(详后武宗朝封敖传)。由此,则封敖《批郑涯谢上表》绝不可能作于懿宗咸通二年,结合《全唐文》所载宣宗《授郑涯山南东道节度使制》,郑涯当于宣宗初为山南东道节度

①《李德裕文集校笺》卷一五,傅璇琮、周建国校笺,河北教育出版社,2000年。

使，《通鉴》所载咸通二年十月，未有所据，当不确，《唐刺史考全编》亦当为沿袭《通鉴》之误。

唐末康骈《剧谈录》①，卷上《洛中大水》条，记"咸通四年秋，洛中大水，苑囿庐舍，靡不淹没"，称"时郑相国涯留守洛师，闻之，以为妖妄"。如此，则懿宗咸通前期，郑涯在洛阳，当任为东都留守。后无记载，当不久即卒。

《全唐文》卷七六一载其所作《武宗祔庙议》、《武宗祔庙合祧迁议》。前文首云："会昌六年五月，礼仪使奏，武宗昭肃皇帝祔庙，并合祧迁者。"后文又继议此事。《通鉴》卷二四八会昌六年（846）十月记："礼院奏禘祭祝文于穆、敬、文、武四室，但称'嗣皇帝臣某昭告'，从之。"当作于会昌六年，时或已任为御史中丞。

《新唐书·艺文志》未著录其著述，《全唐诗》亦未载其诗作。

高　重

高重，为敬宗时翰林侍讲学士，见前敬宗朝高重传。据丁《记》，高重与崔郾同于长庆四年（824）六月四日入院，为敬宗即位后不到半年首次召入的翰林侍讲学士。在院期间，他与崔郾合作，抄撮儒家经籍中的嘉言要道，分类编排，纂成《诸经纂要》十卷，供帝王阅览，也是唐代翰林侍讲学士有代表性的著作。后于

---

① 《剧谈录》，上海古籍出版社《唐五代笔记小说大观》点校本，2000年。

宝历三年也即大和元年(827)正月出院,为给事中。

　　高重,仅《新唐书》卷九五有传,附于其五世祖高俭传后,所记甚略,仅百余字。《新传》未记其出院年月及所任官职。据丁《记》,出院后,任给事中。此后出任同州刺史,李虞仲有《授高重同州刺史兼防御使制》(《全唐文》卷六九三),有叙其此前仕履,主要即为翰林侍讲学士:"属者侍周禁署,驳议琐闱,重席有戴凭之名,通经得陈邵之美。"李虞仲,《旧唐书》卷一六三有传,记其于敬宗宝历时为兵部郎中、知制诰,后迁中书舍人,大和四年(830)出为华州刺史,则作此制,当在大和初期。又《旧唐书》卷一六五《徐晦传》:"(宝历)二年,入为工部侍郎,出为同州刺史、兼御史中丞。大和四年,征拜兵部侍郎。"又《旧唐书》卷一七下《文宗纪》大和四年十二月癸亥,记云:"以同州刺史高重为潭州刺史、兼御史中丞,充湖南观察使。"据此,则高重当于大和四年(830)初由给事中出任同州刺史,同年十二月,又改为湖南观察使。据《元和郡县图志》卷二,同州属关内道,在今西安市东,相当于今陕西大荔、合阳等地,为关中通关东等地要道,故李虞仲所撰制文中称"襟带山川,接畛甸服,掌离宫之管钥,领近关之式遏",故"俾扬风化,思得兼材",乃授高重为同州刺史,当考虑到高重在敬宗朝曾任翰林侍讲学士,"以礼法为践履之途,以学行为游泳之地",可见文宗对他的信重。

　　可能正因此,高重旋又自湖南调回,任国子祭酒,而于大和七年(833)复又召入为翰林侍讲学士。丁《记》记为:"大和七年十月十二日,自国子祭酒充侍讲学士。"《新传》则未记其出任同州、湖南事,在记敬宗时为侍讲学士后,即谓"再擢国子祭酒"。意即高重未曾出院,在院期间又再擢迁为国子祭酒。由此亦可见《新传》之缺漏。另,《册府元龟》卷五九九《学较部·侍讲》记高重此事,亦有误,云:"高重,开成七年十月,以国子祭酒充翰林侍讲学士,诏令每月一日、十日入院,不绝本司常务。"岑氏《注补》亦引此,指出开成未有七年(开成仅五年),当依丁《记》作大和七年。不过《册府元龟》所记亦提供一种信息,即高重此次虽入学士院,但仍兼国子祭酒之职,"不绝本司常务",每月逢一日、十日入院即可,此当与一般翰林学士须经常值班、撰诰不同。此亦为唐翰林侍讲学士之一特殊点。

高重此次在院,仍如前在敬宗朝时,颇着重于编儒学典籍。《新传》记:"文宗好《左氏春秋》,命分列国各为书,成四十篇。与郑覃刊定《九经》于石。"按高重在敬宗时,曾与崔郾合编《诸经纂要》十卷,《新唐书·艺文志》三,列于子部儒家类,而此次则为高重独自就《左氏春秋》分类编纂,《新唐书·艺文志》一,著录为《春秋纂要》四十卷,列于经部春秋类。郑覃后于大和九年(835)为相,亦兼判国子祭酒,起用起居郎周墀等,"校定九经文字,旋令上石"(《旧唐书》卷一七三《郑覃传》)。后即于开成二年(837)十月"进《石壁九经》一百六十卷"(《旧唐书·文宗纪》)。此当即《新唐书·高重传》所云"与郑覃刊定《九经》于石"。这也是高重第二次入为侍讲学士的具体业绩,而于当时外廷的党派纷争,则未涉及。

丁《记》后记:"(大和)九年九月十八日,改御史大夫、鄂岳观察使。"《旧唐书·文宗纪》大和九年七月辛酉记为:"以鄂岳观察使崔郾充浙西观察使,以国子祭酒高重为鄂岳观察使。"岑氏《注补》云:"辛酉,十八日也,若在九月,则辛酉为十九日,然则(丁氏)记之九月必七月之讹。"此仅为小异,备参。值得注意的是,大和七、八年间,郑注、李训结纳宦官王守澄等,渐次得到文宗的宠信,大和八年(834)十月,郑、李与王守澄合谋,召入李宗闵为相,李德裕罢出;九年(835)六月,郑、李又因与李宗闵有利害矛盾,又使李宗闵罢相、出贬,时连累排出者不少。宋孙甫《唐史论断》卷下,曾论其时朝政纷乱,评文宗"又听(李)训、(郑)注所谮,朝之善士,每日为二党而逐之,此所谓君明不足"。这可能亦为高重此次外出之政治背景。

《旧唐书·文宗纪》后于开成三年(838)五月记云:"癸未,以吏部侍郎高锴为鄂岳观察使,代高重;以重为兵部侍郎。"时郑覃在相位,高重入朝,可能与此有关。

《新传》后云:"久之,拜太子宾客,分司东都。卒,赠太子少保。"皆未记时,可能在武宗时。

《新唐书·艺文志》除著录其《诸经纂要》、《春秋纂要》外,未记其他。又《新唐书·艺文志》一,经部春秋类,著录高重《春秋纂要》四十卷,注云"别名《经传要略》",而同卷经解类,又著录"高重《经传要略》十卷"。既为"别名",当为一书,不必再列,而《新志》则于《春秋纂要》四十卷外,又另录《经传要略》,且标为十卷,不当。

元　晦

元晦,两《唐书》无传,仅《新唐书》卷七五下《宰相世系表》五下，有记其名，但未记其字号及官职；另记其父洪，饶州刺史。此外，两《唐书》皆未有记元晦者。

今检元稹有《唐故京兆府盩厔县尉元君墓志铭》，云："讳某，字某，姓元氏，于有魏昭成皇帝为十四世孙。……享年五十五，以疾殁于衢州。元和十五年四月某日，归祔于咸阳县之某乡某里。……是月二十一日，犹子晦跪于予曰：'某日孤子震襄祔事，请铭于季父。'由是铭。"（《全唐文》卷六五四）则元晦为元稹下一辈，同族，元和十五年（820）时尚为少年。元稹又有《寒食日毛空路示侄晦及从简》诗，杨军《元稹集编年笺注（诗歌卷）》①，系于元和十五年。此诗首二句云："我昔孩提从我兄，我今衰白尔初成。"则元晦确为其侄。时元稹在京，任膳部员外郎；五月，迁为祠部郎中、知制诰（见前穆宗朝元稹传）。

敬宗宝历元年（825）四月，元晦应制举试，登贤良方正能直言极谏科。《唐会要》卷七六《制科举》，即记宝历元年四月，贤良方正能直言极谏科，有元晦。又《全唐文》卷六八敬宗《处分贤良方正等科举人制》，第三等（即甲等）为舒元褒等三人，第四等为萧敞等六人，第四次等为韦缤等五人，第五上等为元晦等四人。此次科举登科，应入仕，唯不知其官职。

此后即丁《记》所记，于文宗大和八年（834）入为翰林学士，丁《记》记云："大和八年八月九日，自殿中侍御史充；九月十六日，赐绯。九年八月二十日，加库部员外郎。九月十一日，出守本官。"则元晦入院前，即文宗大和时，已在朝中任职，大和八年八月前为

①参见杨军《元稹集编年笺注（诗歌卷）》，页837，三秦出版社，2002年。

殿中侍御史(从七品上),九年(835)九月出院时为库部员外郎(从六品上),官阶均不高。

又,元晦后于武宗会昌三年(843)二月任右谏议大夫(详见后),李德裕有《授元晦谏议大夫制》①,中有叙其在学士院供职情况:"往在内廷,尝感先顾,奋发忠恳,不私形骸,俯伏青蒲,至于雪涕。数共工之罪,不蔽尧聪;辨垣平之诈,益彰文德。"清劳格《唐尚书省郎官石柱题名考》卷三吏部郎中记有元晦,亦引及李德裕此制中数语,并加按云:"忤李训辈,故罢内职也。"劳格此说有见。李德裕所撰此制,极赞述其"奋发忠恳",敢于直言,以至"俯伏青蒲,至于雪涕"。大和九年,正为郑注、李训得势之时,李珏、高重均于大和九年七、八月被迫出院的。

元晦出院后之仕迹,可就杜牧《荐韩乂启》得一信息。杜牧此启,载《樊川文集》卷一六②,中云:"韩及第后,归越中,佐沈公江西宣城。府罢,唐扶中丞辟于闽中。罢府归,路由建州,妻与元晦同高祖,扶恶晦为人,不省之。及晦得越,乃弃产避之,居常州。"据《旧唐书·文宗纪》,沈传师于大和四年(830)九月为宣歙观察使,七年四月返朝为吏部侍郎(可参前宪宗朝沈传师传);又唐扶于开成元年(836)五月为福建观察使,开成四年(839)闰正月卢贞由大理卿为福建观察使,开成四年十一月壬申"前福建观察使唐扶卒"。又《旧唐书》卷一九〇下《唐扶传》,载"(开成)四年十一月卒于镇",即开成四年闰正月由卢贞接任福建观察使,但唐扶仍

①傅璇琮、周建国《李德裕文集校笺》卷四,河北教育出版社,2000年。
②杜牧《樊川文集》,陈允吉点校,上海古籍出版社,1978年。

在镇，于同年十一月卒，故《旧唐书·文宗纪》称其为"前福建观察使"。如此，参合前所引述之杜牧荐文，韩乂当于开成四年闰正月因唐扶罢任，他即离幕职，返越中（韩为越人），路过建州，时元晦在建州，当为建州刺史，因某种人事关系，未往见之。

据上所考，元晦当于大和九年九月由库部员外郎出院后，约开成前期改任建州刺史。

又前所引述之李德裕《授元晦谏议大夫制》，称"吏部郎中元晦"，与《唐尚书省郎官石柱题名考》卷三吏部郎中所记合。《册府元龟》卷四五七《台省部·选任》有记："元晦为吏部郎中，会昌三年二月除右谏议大夫，制曰……"此"制曰"，即李德裕《授元晦谏议大夫制》，故《李德裕文集校笺》即系于会昌三年（843）二月。就此，元晦于大和九年九月以库部员外郎出院，不久即发生甘露事变，当于开成初出任建州刺史；武宗即位，李德裕入相后，约于会昌初入朝为吏部郎中（从五品上），至会昌三年二月，又擢迁为右谏议大夫（正五品上），此或亦出于李德裕之荐引，故李德裕虽居相位，亦特为草撰此制文。

据李德裕制文，元晦于会昌三年二月任为右谏议大夫。而《唐刺史考全编》卷二七五岭南道桂州却系元晦于会昌二年为桂州刺史、桂管观察使，其所据为《全唐文》卷七九五孙樵《唐故仓部郎中康公墓志铭并序》所云："三举进士登上第，是岁会昌元年也。……明年临桂元公以观风支使来辟。"即以明年为会昌二年，而未注意有李德裕制文。孙樵所记之"明年"，当误，亦如著于唐末莫休符《桂林风土记》，于《越亭》条，云："会昌初，前使元常侍名晦，搜达金貂，翱翔翰林，扬历台省，性好岩沼，时恣盘游。"以元晦任桂州误为"会昌初"。

据此,则元晦当于会昌三、四年间出任桂州刺史;又据《会稽掇英总集·唐太守题名》,元晦于会昌五年七月改为越州刺史、浙东观察使,大中元年(847)五月又返朝,后改除卫尉、分司东都。此后不详。

《全唐文》卷七二一载其文两篇:《叠彩山记》、《四望山记》,皆记桂林山水,文虽短,颇有文采。前文记于叠彩山西门筑一齐云亭,"北人游此,多轸乡思"。文末署"(会昌)四年七月功既",当为将赴越时所作。又《全唐诗》卷五四七亦载诗二首:《越亭二十韵》、《除浙东留题桂郡林亭》。此二诗当皆本莫休符《桂林风土记》之《越亭》条,记云"金貂从此府除浙东,留题曰",即《全唐诗》之《除浙东留题桂郡林亭》,七律,亦有文采,后四句云:"西邻月色何时见,南国春光岂再游。莫遣艳歌催客醉,不堪回首翠蛾愁。"《桂林风土记》同卷又记:"越亭初成,金貂有二十韵长诗。"即《全唐诗》之《越亭二十韵》。

《新唐书·艺文志》未著录其著述。

李 训

李训、郑注,于大和八、九年间曾先后为翰林侍讲学士,但后因大和九年(835)十一月甘露事变,为宦官仇士良等所杀,而丁居晦之《重修承旨学士壁记》(即丁《记》)撰于开成二年(837)五月,当因避嫌,将李训、郑注及王涯、顾师邕,均未列入。岑氏《注补》

则据两《唐书》有关记载，略有补记。

李训、郑注与宦官冲突而遭致甘露事变，历史上评议有所不同。清王鸣盛《十七史商榷》卷九一认为"训、注皆奇士，特奇功不成耳"（《训注皆奇士》条）。实则李训、郑注之大半时期皆依附于宦者的。李训、郑注虽按照文宗意旨，谋诛宦官，实纯从个人利害出发，并未如顺宗时王叔文之抑制宦官，主要在施行新政（参见前顺宗朝王叔文传）。范文澜《中国通史简编》即明确认为，"唐文宗将心事密告李训、郑注，李训、郑注二人认为有大利可图"，即只从个人权益考虑（见《中国通史简编》第三册，第三编《隋唐五代时期》，页215，人民出版社，1965年）。晚唐朝士，一般对李训、郑注的政治行为多有恶感，甘露之变后，对李、郑也并不表示同情，甚至还加谴责（可参董乃斌《唐人看甘露之变》，《中华文史论丛》1981年第1辑，上海古籍出版社）。

严格说来，李训、郑注并不符合翰林侍讲学士之职责规定的（可参另文《唐翰林侍讲侍读学士考论》，见前《唐翰林学士传论》上编）；且入院时间亦不长，郑注仅五十天。二人之被召入院，完全出于文宗的特殊政治要求。不过此二人既曾为侍讲学士，就此依例记入，着重于记叙其甘露事变前的政治行迹，以有利于作全面了解。甘露事变，两《唐书》的有关纪、传，及《通鉴》，均有详记，就不再赘述。

李训，两《唐书》有传，见《旧唐书》卷一六九、《新唐书》卷一七九。《旧传》："李训，肃宗时宰相揆之族孙也。"《新传》亦称"故宰相揆族孙"。故《全唐文》卷六九文宗《授舒元舆李训守尚书同平章事制》，称李训有云："轩缨鼎族，河岳间贤。"两《唐书》本传又称李逢吉为其从父,《新唐书》卷一七四《李逢吉传》亦称"从子训"。可见较有门第,未如郑注之家世微贱。

又《旧传》云"始名仲言";《新传》记:"李训字子垂,始名仲言,字子训。"

两《唐书》本传皆称其进士擢第,但未记何年。清徐松《登科记考》卷一九载王起曾于穆宗长庆二年、三年知贡举,又据《旧唐书·王播传》载李训为王起贡举门生,姑附于长庆三年(823)。

《新传》记李训擢进士第后,"补太学助教,辟河阳节度府",当即在长庆年间。长庆四年(824)即依附李逢吉,参与谋害李绅,这是他参预政事的第一件事。《通鉴》卷二四三长庆四年,记正月壬申穆宗卒,丙子敬宗即位,时李逢吉为相,因鉴于穆宗原留李绅,李逢吉甚忌之,使李绅族子李虞,"与补阙张又新及从子前河阳掌书记(李)仲言等,伺求绅短,扬之于士大夫间"。二月癸未,乃贬李绅为端州司马(详见前穆宗敬宗朝李绅传)。李逢吉实际上是结交宦官王守澄,谋害李绅的。《旧唐书》卷一七三《李绅传》:"中尉王守澄用事,逢吉令门生故吏结托守澄为援以倾绅,昼夜计画。"《通鉴》卷二四三长庆四年四月又记:"时李逢吉用事,所亲厚者张又新、李仲言、李续之、李虞、刘栖楚、姜洽及拾遗张权舆、程昔范,又有从而附丽者,时人恶逢吉者,目之为八关、十六子。"长庆四年二月,李绅之贬同时,翰林学士庞严、蒋防亦被贬,即出于李逢吉亲厚者张又新等之谋。

由此可知,李训(仲言)于长庆三年进士登第,后供职于河阳节度幕府(掌书记),长庆四年正月前已离任至长安,依附于李逢吉,为其党羽。

李逢吉后历仕内外,文宗大和五年(831)八月任为东都留守,为闲职。时李训亦居于洛阳。《旧唐书·李训传》记云:"时(李)逢吉为留守,思复为宰相,且深怨裴度,居常愤郁不乐。训揣知其意,即以奇计动之,自言与郑注善,逢吉以为然,遗训金帛珍宝数百万,令持入长安,以赂注。注得赂甚悦,乘间荐于中尉王守澄,乃以注之药术,训之《易》道,合荐于文宗。"即李训受李逢吉之托,向郑注进赂,实则李逢吉未副其愿,未授实职,于大和后期致仕卒,而李训则因通过郑注,与宦官王守澄交结,又因王守澄之荐,为文宗所知。《通鉴》卷二四五,大和八年(834)六月,记云:"(郑)注引仲言见王守澄,守澄荐于上,云仲言善《易》,上召见之。"

文宗后即欲召李训入院。《通鉴》同卷于大和八年八月记:"仲言既除服,秋八月辛卯,上欲以仲言为谏官,置之翰林。"但受到时为宰相李德裕的反对,王涯时亦居相位,却设法使文宗之意发下。此时,郑注亦自昭义节度副使入朝,《通鉴》记:"王守澄、李仲言、郑注皆恶李德裕,以山南西道节度使李宗闵与德裕不相悦,引宗闵以敌之。"于是于本年十月庚寅,任李宗闵为相;甲午,李德裕罢相,出为山南西道节度使(后改为镇海节度使),"是日,以李仲言为翰林侍讲学士"①。

_____

①按《旧唐书》卷一七下《文宗纪》,于大和八年九月甲午记:"以助教李仲言为国子《周易》博士,充翰林侍讲学士。"《旧纪》所记此年九月后未有十月,后即为十一月,则《旧纪》此处所记九月李训事,应为十月。因据《新唐书·宰相年表》,李德裕即于此年十月甲午罢相,任为山南西道节度使。又可参见武秀成《〈旧唐书〉辨证》页240(上海古籍出版社,2003年)。

按李德裕于大和四年(830)十月为西川节度使,治蜀有功,成绩斐然,颇受朝中重视,为文宗所知,即于大和六年十二月召入为兵部尚书,七年二月即擢任为相,任相期间,对朝政颇有创革,特别是科举考试制(参见傅璇琮著《李德裕年谱》)。可能即因此遭致宦官的不满,于是李训、郑注即与王守澄相谋,利用李德裕与李宗闵早有朋党纷争,即援用李宗闵,排除李德裕,李训当也想由此更得到文宗的宠用。

文宗召李训为翰林侍讲学士,"两省谏官伏阁切谏,言训奸邪,海内闻知,不宜令侍宸宬;终不听"(《旧传》)。《通鉴》更具体记为:"给事中高铢、郑肃、韩佽、谏议大夫郭承嘏、中书舍人权璩等争之,不能得。"文宗之所以召为侍讲学士,据《旧传》所记,为:"帝犹虑宦人猜忌,乃疏《易》五义示群臣,有能异训意者赏,欲天下知以师臣待训。"即按唐惯例,唐翰林侍讲学士,主要偏重于为君主讲述经书,编纂典籍,未有如翰林学士代皇帝起草制诏,参预政事(参见另文《唐翰林侍讲侍读学士考论》)。文宗谓"以师臣待训",即以此想掩饰其政治意图。

实际上,李训入为翰林侍讲学士后,并未实施所谓讲学、编籍职责,而是直接参预政事,今略记如下:一、大和八年十二月己卯,朝廷正式任郑注由昭义节度副使、检校库部员外郎为太仆卿(《旧纪》)。即由从六品上之库部员外郎擢迁为从三品之太仆卿,与御史大夫、京兆尹同阶,这是极少见的。之所以能如此,李训即与之谋,即使郑注更能参预中朝政事。二、大和九年五月,进擢另一宦官仇士良为左神策军中尉,以分王守澄之权。《通鉴》卷二四五大和九年,记:"上之立也,右领军将军兴宁仇士良有功,王守澄抑之,由是有隙。训、注为上谋,进擢士良以分守澄之权。五月乙丑,以士良为左神策中尉。"三、大和九年六月,郑注与李训谋,罢李宗闵相位,又出贬为明州、处州刺史、潮州司户(详见《通鉴》及《旧唐书》之《李宗闵传》、《杨虞卿传》)。此次之贬,除李宗闵、杨虞卿外,另有宗闵之党如萧瀚、李汉等人,及既非李德裕党,也非李宗闵党者,如工部侍郎、皇太子侍读崔侑,吏部郎中张讽,考功郎中、皇太子侍读苏涤,户部郎中杨敬之,侍御史李甘,殿中侍御史苏特(《旧纪》)。这是李训、郑注乘势对朝官,特别是对言官的一次打击(参傅璇琮著《李德裕年谱》)。

此时,文宗即与之密谋,排诛宦官。《通鉴》卷二四五即谓:"初,宋申锡获罪,宦官益横,上外虽包容,内不能堪。李训、郑注既得幸,揣知上意,训因进讲,数以微言动上,上见其才辩,意训可与谋大事,且以训、注皆因王守澄以进,冀宦官不之疑,遂密以诚告之。训、注遂以诛宦官为己任。"文宗由此于大和九年七月改训为翰林学士,以示提高其地位,并于八月又召郑注为翰林侍讲学士。

《旧唐书·李训传》:"(大和)九年七月,改兵部郎中、知制诰,充翰林学士。"《新传》同。《旧唐书·文宗纪》则记为:大和九年七月"甲子(二十一日),以《周易》博士李训为兵部郎中、知制诰,依前充翰林侍讲学士"。岑氏《注补》又据《旧纪》记九月任李训为相时亦称其"翰林侍讲学士",即谓九年七月虽迁官阶,但仍为侍讲学士。今检《唐大诏令集》[①],卷四九《舒元舆李训平章事

---

① 《唐大诏令集》,商务印书馆点校本,1959年。

制》，即称"守兵部郎中、知制诰、充翰林学士、赐绯鱼袋李训"，《全唐文》卷六九所载此制，亦称为"充翰林学士"，则《旧纪》所谓"依前充翰林侍讲学士"，误。

郑注则于此年八月入为翰林侍讲学士。《旧纪》大和九年八月"丁丑（四日），以太仆卿郑注为工部尚书，充翰林侍讲学士"。

九月，李训又擢迁为相，《旧纪》系于九月己巳（二十七日）①。李训虽居相位，仍可"三五日一入翰林"（《旧传》）。

此后即谋议分诛宦官，最终遭致甘露事变，被杀。甘露事变，两《唐书》及《通鉴》所记甚详，此处即不复述，并可参考今人卢向前《李训郑注矛盾与甘露之变》（《文史》2001 年第 3 辑，中华书局）。

郑　注

郑注，两《唐书》有传，见《旧唐书》卷一六九、《新唐书》卷一七九。两《唐书》本传皆称其绛州翼城人。《元和郡县图志》卷一二河东道绛州有翼城县（今属山西省）。

《旧传》："始以药术游长安权豪之门。本姓鱼，冒姓郑氏；故时号鱼郑。"《新传》："世微贱，以方伎游江湖间。"则其出身为一

---

① 按《旧纪》、《新纪》及两《唐书》本传，皆记李训由兵部郎中为礼部侍郎、同中书门下平章事，唯《新唐书·宰相年表》记为由兵部郎中为兵部侍郎，似非。

般平民，但长于医术，后即以此入仕。《新唐书》卷五九《艺文志》三，子部医术类，著录有郑注《药方》一卷，则其对药术确有一定专长。

《旧传》："元和十三年，李愬为襄阳节度使，注往依之，愬得其药力，因厚遇之，署为节度衙推。从愬移镇徐州，又为职事，军政可否，愬与之参决。"据《旧唐书》卷一五《宪宗纪》，李愬于宪宗元和十二年（817）十一月为襄州刺史、襄邓等州观察使，十三年（818）七月为徐州刺史，在征讨淮西吴元济、淄青李师道等叛镇中立有战功，得到宪宗的信重。此时徐州监军使为宦官王守澄，郑注即因李愬之荐，与王守澄交结，且又作药献之，《旧唐书》卷一八四《宦官·王守澄传》即记为："愬与守澄服之，颇效。"郑注依附于王守澄，即始于此。王守澄后入朝，参与弑宪宗、立穆宗事，而李愬于长庆元年（821）十月卒，郑注当即离李愬幕府，入朝随从于王守澄。《旧传》记云："及守澄入知枢密，当长庆、宝历之际，国政多专于守澄。注昼伏夜动，交通赂遗。"后即与其配合，参预谋害宋申锡，这是郑注第一次参与政事活动。

宋申锡事，详见前宋申锡传。《通鉴》卷二四四大和五年（831）二月，记："上与宋申锡谋诛宦官，申锡引吏部侍郎王璠为京兆尹，以密旨谕之，璠泄其谋，郑注、王守澄知之，阴为之备。上弟漳王凑贤，有人望，注令神策都虞候豆卢著诬告申锡谋立漳王；戊戌，守澄奏之。"宋申锡由此获罪被贬。由此可见，宋申锡之事，郑注是起主要策划作用的，其意图也是想进一步与宦官勾结。此事，当时的舆论对郑注是极为谴责的。《旧唐书》卷一六七《宋申锡传》称："有郑注者，依恃守澄为奸利，出入禁军，卖官贩利，中外咸扼腕视之。"《旧唐书》卷一七一《李中敏传》更有具体记述。此传称李中敏"元和末登进士第,性刚褊敢言;与进士杜牧、李甘相善,文章趣向,大率相类";后叙大和六年夏旱,"时王守澄方宠郑注,及诬构宋申锡后,人侧目畏之。上以久旱,诏求致雨之方。中敏上言曰:'仍岁大旱,非圣德不至,直以宋申锡之冤滥,郑注之奸弊。今致雨之方,莫若斩郑注而雪申锡。'"《全唐文》卷七一六更详载李中敏《大和六年大旱上言》,认为宋申锡"陷不测之辜,狱不参验,衔恨而没,天下士皆指目郑注"。可见当时确以为宋申锡之冤狱,郑注乃起主要作用,以附结于宦者王守澄。许浑有《闻开江宋相公申锡下世二首》(《全唐诗》卷五三六),首句即云"权门阴进夺移才"。实即指王守澄、郑注。

大和七年九月,又有谏臣上奏,弹劾郑注。《通鉴》卷二四四,大和七年,"九月丙寅,侍御史李款阁内奏弹(郑)注内通敕使,外连朝士,两地往来(元胡三省注,两地谓南牙、北司),卜射财贿,昼伏夜动,干窃化权,人不敢言,道路以目,请付法司。旬日之间,章数十上"。朝论虽如此频繁,而王守澄仍"言注于上而释之"。时王涯为宰相,《通鉴》称"王涯之为相,注有力焉,且畏王守澄,遂寝李款之奏",即王涯将李款之奏压住,不上奏。

由此,郑注不受朝论之影响,又有所升迁。《旧唐书·文宗纪》记李款奏后,仍授郑注通王府司马、兼侍御史,充神策军判官,"中外骇异"。大和八年十二月,郑注又以太仆卿兼御史大夫。九年八月丁丑(四日),又"为工部尚书,充翰林侍讲学士"。

郑注此次之任为翰林侍讲学士,受到好几位朝臣的抨责,而这几位直言者则被贬外出。《通鉴》卷二四五,大和九年七月已记有:"时人皆言郑注朝夕且为相,侍御史李甘扬言于朝,曰:'白麻出,我必坏之于庭。'癸亥,贬甘封州司马。"又八月:"丁丑,以太仆卿郑注为工部尚书充翰林侍讲学士。……注之初得幸,上尝问翰林学士、户部侍郎李珏曰:'卿知有郑注乎?亦尝与之言乎?'对曰:'臣岂特知其姓名,兼深知其为人。其人奸邪,陛下宠之,恐无益圣德。臣忝在近密,安敢与此人交通。'戊寅,贬珏江州刺史。"同月又记:"郑注之入翰林也,中书舍人高元裕草制,言以医药奉君亲。注衔之,奏元裕尝出郊送李宗闵。壬寅,贬元裕阆州刺史。"《旧唐书·文宗纪》皆记有李珏、高元裕等受贬事。

郑注后于九月下旬出院。《旧纪》记九月丁卯(二十五日),"以翰林侍讲学士、工部尚书郑注检校右仆射,充凤翔陇右节度使"。据两《唐书》载,郑注之出镇,有受李训之嫉,李训怕郑注在朝,会影响他之专权。此后即发生十一月甘露事变,不复述。

丁居晦

丁居晦,两《唐书》无传。其字号、籍贯及早期事迹,均不悉。

清徐松《登科记考》卷一九记丁居晦于穆宗长庆二年(822)登进士第,所记甚略,仅于丁居晦名下注云"见《文苑英华》",并于该年末录本年进士所试诗赋,为丁居晦《琢玉诗》、浩虚舟《琢玉诗》,及浩虚舟《木鸡赋》,但亦仅署据《文苑英华》,未注理由。孟二冬《登科记考补正》亦未有补记。今稍补有关材料。

据《旧唐书》卷一七六《周墀传》,周墀"长庆二年擢进士第"。

是年知举者为王起(据徐松《登科记考》卷一九)。唐末五代初王定保《唐摭言》卷三,记武宗会昌三年(843)王起再知贡举,时周墀任华州刺史,"墀以诗寄贺",诗中有"曾忝木鸡夸羽翼",并自注"墀初年《木鸡赋》及第"(《唐诗纪事》卷五四亦载此,当即据《唐摭言》)。这是长庆二年进士试赋题之唯一材料,也当是可信之资料。但周墀此赋后未存世,《文苑英华》卷一三八则载有浩虚舟《木鸡赋》。《文苑英华》、《全唐文》所载,以此为题之赋,亦仅浩虚舟此篇,徐松《登科记考》卷一九即据此系浩虚舟与周墀同年,为长庆二年进士登第者。又《文苑英华》卷一八六"省试、州府试"诗,载有丁居晦与浩虚舟之《琢玉诗》。浩虚舟既以《木鸡赋》为长庆二年进士赋试,徐松即以《琢玉诗》为长庆二年进士试之诗题,并据此系丁居晦亦为长庆二年进士及第。

又据徐松《登科记考》及孟二冬《补正》,此年进士及第者尚有李训、白敏中等。

丁居晦于长庆二年进士及第,其后仕历不详,现可知者,为文宗大和五年(831)二月在拾遗任。《旧唐书》卷一七下《文宗纪》下,大和五年二月,"戊戌,神策中尉王守澄奏得军虞候豆卢著状,告宰相宋申锡与漳王谋反,即令追捕。庚子,诏贬宋申锡为太子右庶子。壬寅,左常侍崔玄亮及谏官等十四人伏奏玉阶:'北军所告事,请不于内中鞫问,乞付法司。'"《旧唐书》卷一六七《宋申锡传》载此事,具体记述谏官姓名,其中即有丁居晦,所任为拾遗(唯未记左、右)。按左、右拾遗为从八品上,官阶并不高,距其登第时已近十年。

此后,即入为翰林学士。丁《记》:"大和九年五月三日,自起居舍人、集贤院直学士充。"起居舍人为从六品上,与尚书诸司员外郎同阶。由此,则丁居晦于大和五年二月参与宋申锡奏议事,虽未听从,但本身未受影响,且又有所升迁,大和九年五月前已为起居舍人。丁《记》记为"起居舍人、集贤院直学士",即起居舍人为其所带之官衔,实在集贤院供职,为直学士(按唐官制,集贤殿书院,五品以上可为学士,六品以下则为直学士)。

又,岑氏《注补》曾转引《全唐文》卷七五七丁居晦小传"大和中官起居舍人、集贤院直学士,擢拾遗,改司勋员外郎",谓:"按起居舍人、员外郎均从六上、拾遗止从八上,平添'擢拾遗'三字于起人、员外间,大误。"岑氏说是。但岑氏就官阶加以辨析,未提及两《唐书·宋申锡传》所记大和五年丁居晦曾任拾遗。

丁《记》接云:"(大和九年)十月十八日,赐绯;十九日,迁司勋员外郎。开成二年九月十一日,加司封郎中、知制诰。三年八月十四日,迁中书舍人。十一月十六日,拜御史中丞出院。"《唐尚书省郎官石柱题名考》卷八司勋员外郎、卷五司封郎中均列有其名。按起居舍人与司勋员外郎为从六品上,司封郎中为从五品上,中书舍人与御史中丞同为正五品上,如此,则丁居晦此次在院四年间,其官阶迁转是较为顺利的。

丁居晦在文宗朝曾两次入院,开成三年(838)十一月十六日出院后,又于开成四年(839)闰正月入(详见后)。第一次在院期间,其主要业绩,则为编撰有唐一代最为详切的翰林学士年表。

宋陈振孙《直斋书录解题》卷六职官类有著录此书,题为"《重修翰林壁记》一卷",而同为南宋人之洪遵,其《翰苑群书》卷六,编录其书,则题为《重修承旨学士壁记》。按洪遵《翰苑群书》

先已收元稹《承旨学士院记》，丁氏此书列于其后，加"重修"二字，如仅以书名而言，则当为继元稹之书，续记翰林承旨学士，而实际上所记大多非承旨学士，而为一般的翰林学士，包括翰林侍讲、侍读、侍书学士。故岑氏《注补》以为应如《直斋》所录，当作《重修翰林壁记》。岑氏说是，但因此书编于《翰苑群书》，《翰苑群书》影响较大，故后世引述时大多皆沿称为《重修承旨学士壁记》，为方便起见，本书亦沿袭此称。

丁氏此书书名所以称为"重修"，如前所述，当非传承元稹之《承旨学士院记》，而实为继韦执谊之《翰林院故事》，因《翰林院故事》所记即自唐玄宗朝翰林学士院创建时首批学士吕向、尹愔等开始，丁氏此记也自吕向、尹愔等起。不过丁《记》之特点，一为时段长，二为记事确。韦执谊《翰林院故事》撰于德宗贞元二年（786），其所记学士姓名，即自玄宗朝起，至贞元初，现存之本则尚记此后三十余位学士名录，至宪宗元和末，当为后继者所作（详见前德宗朝韦执谊传）。而丁居晦作此《壁记》，自署为文宗开成二年（837）五月十四日，其所记即至开成初，后亦又有继记者（如《翰林院故事》），至懿宗咸通末，即自玄宗开元后期翰林学士建置开始，至懿宗朝，历时一百三十余年，所记学士近一百八十人，是有唐一代所记翰林学士最多的。又，韦执谊所记，于姓名后，仅略记其官阶迁转（间有缺略），丁居晦所记，则自德宗朝起，就具体记述入院、出院及在院期间官阶迁转之年月日，有些所记，即与两《唐书》本纪之日期切合，极有史料价值。

当然，丁氏此书也有缺漏。首先是受当时政事影响，有意未列几个翰林学士之名，即丁氏作此书在开成二年，而在此之前，大和九年(835)十一月发生甘露事变,当时遭致杀害的王涯、李训、郑注,均曾任翰林学士,以及时任翰林学士的顾师邕也被杀,丁居晦因忌讳,即未列此四人。其他可能因客观原因,也有缺误,详参本书前册《唐翰林学士史料研究劄记》,及其他有关传记考述,此处不复述。

丁《记》记其于开成三年(838)"十一月十六日,拜御史中丞出院"。《旧唐书》卷一七下《文宗纪》下,开成三年十一月亦有记,云:"庚午,以翰林学士丁居晦为御史中丞。"据陈垣《二十史朔闰表》①,此年十一月庚午,即十六日;由此亦可见丁《记》所记,当据当时学士院中之壁记题名。又《册府元龟》卷一〇一《帝王部·纳谏》有记:"(开成三年)十一月庚午,帝于麟德殿召翰林学士柳公权、丁居晦对,因便授居晦御史中丞,翌日制下。"柳公权时确在院,柳、丁是当时在院学士资历最深的,故文宗特召二人密谈。《册府元龟》系此事于《帝王部·纳谏》,则当为文宗召柳公权、丁居晦议事,丁居晦有所谏议,文宗有所看重,故特授以御史中丞之实职。

不过,丁居晦出院后仅三月,又召入院。丁《记》记为:"开成四年闰正月,自御史中丞改中书舍人。"此当为由御史中丞改为中书舍人,又召其入院。岑氏《注补》谓丁《记》之"中书舍人"下应补"充"字,是。

丁居晦此次复入,《册府元龟》亦有记,卷五一五《宪官部·刚正》二,云:"丁居晦为御史中丞,颇锐志当官,不畏强御,然而措置

---

① 陈垣《二十史朔闰表》,中华书局,1963年新1版。

或乖中道，执政请移易，遂复旧官。帝疑与当轴者不叶，故复旧职。"据《旧唐书》卷四四《职官志》三，称"（御史）大夫、中丞之职，掌持邦国刑宪典章，以肃正朝廷"，"凡中外百僚之事，应弹劾者，御史言于大夫"。由此，则丁居晦出院为御史中丞，当时"中外百僚"，多有弹劾，为执政者所忌，文宗当即使其重新入院，并以为中书舍人。又《旧唐书·文宗纪》记开成四年闰正月甲申朔，"以谏议大夫高元裕为御史中丞"。则当为高元裕接丁居晦为御史中丞，丁居晦即由御史中丞改为中书舍人，入院，即在闰正月甲申朔，丁《记》亦与此合。

丁居晦于开成四年闰正月甲申朔再次入院后，丁《记》接云："五年二月二日，赐紫。其年三月十三日，迁户部侍郎、知制诰。其月二十三日，卒官，赠吏部侍郎。"按文宗于开成五年（840）正月四日卒，武宗于此月十四日接位，则丁居晦于五年二月二日赐紫，三月十三日由中书舍人（正五品上）迁为户部侍郎（正四品下），已在武宗时。武宗刚即位，对前朝翰林学士大多赐迁，如丁居晦于二月二日赐紫前，黎埴即于前一日（二月一日）赐紫（黎埴时亦为中书舍人）。又丁居晦于三月十三日由中书舍人迁为户部侍郎、知制诰，周墀也于同一日由职方郎中、知制诰迁为工部侍郎、知制诰（见后周墀传）。本年自三月二十日后，又连续召有七人入院（参书后"学士年表"），由此亦可见武宗对翰林学士的重视。

丁居晦再次入院期间，堪可注意者有二事，一为李商隐代泾原节度使王茂元上书，二为诗人刘得仁献诗。

据《旧唐书·文宗纪》，王茂元于大和九年十月癸未，由前广州节度使为泾原节度使，后李商隐在其幕府。《全唐文》卷七七六载有李商隐《为濮阳公贺丁学士启》，首赞颂丁居晦"学士位以才升，官由德举，光扬中旨，润饰洪猷"，后云"墨丸赤管，岂滞于南宫；黄纸紫泥，聊过于禁掖"，即含喻丁居晦由尚书省郎官升迁为中书舍人，故特为祝贺①。时当在丁居晦于开成三年八月十四日司封郎中、知制诰迁中书舍人后，十一月十六日为御史中丞前。启文有不满于现职，愿有所擢迁："某烧烽边郡，题鼓军门；仰鸾鹤于烟霄，空悲路阻。"而于丁居晦再次入院后，李商隐又代王茂元草撰《为濮阳公与丁学士状》(《全唐文》卷七七三)，首云："近频附状，伏计相次达上。"即自前次贺启后，又曾数次进上。后云："自学士罢领南台，复还内署，朝委攸重，时论愈归。"即离御史中丞之职，复入内廷之学士院，这既为"朝委攸重"，又为"时论愈归"。此状之意望较前启更为明显，谓"某才谢适时，仕无明略，久乘亭障，长奉鼓鼙"，企希"当依余眷，庶惬后图，仰望音徽，不胜丹赤"。可见当时地方节镇，也是很看重翰林学士参预政事的作用的。

　　刘得仁当时以诗闻名，《郡斋读书志》卷四著录《刘得仁诗》时，称其"五言清莹，独步文场"。晚唐张为所作《诗人主客图》举孟郊为"奇僻苦主"，"及门"二人，其一即刘得仁。丁居晦在院供职时，刘得仁写有好几首诗呈献之，其《上翰林丁学士》(《全唐诗》卷五四五)，对翰林学士之声望极为称扬，谓"官自文华重，恩因顾问生；词人求作称，天子许和羹"，于是特为标出："时辈何偏羡，儒流此最荣。"正因如此，就能国理治平："终当闻燮理，寰宇永

---

① 刘学锴、余恕诚《李商隐文编年校注》，页 220，中华书局，2002 年。

升平。""儒流此最荣",这是唐代对翰林学士之社会声望最高的评价。

按刘得仁虽被誉为"贵主之子"(《唐摭言》卷十),实际上长期应科试,未能得举:"自开成至大中三朝,昆弟皆历贵仕,而得仁苦于诗,出入举场三十年,竟无所成。"(同上)可能正因此,他渴望与丁居晦有文字交往,望其荐引。其《山中舒怀寄上丁学士》(《全唐诗》卷五四五),即云:"五字投精鉴,惭非大雅词。本求闲赐览,岂料便蒙知。幽拙欣殊幸,提携更不疑。弱苗须雨长,懒翼在风吹。"自比"弱苗",希望能沾以恩雨,予以"提携"。又此诗后有自注:"学士有禁中诗,早春曾命和。"即同卷刘得仁之《禁署早春晴望》,此当是丁居晦原作之诗题。由此,则丁居晦在院时即作有此诗,并赠予刘得仁,命其和作。此亦为翰林学士与其他文士诗文交往之一例。惜丁居晦原诗已佚,未存。

丁居晦卒后,刘得仁又有《哭翰林丁侍郎》诗(《全唐诗》卷五四五),对丁居晦生前对其荐引甚表感激:"相知出肺腑,非旧亦非亲。每见云霄侣,多扬鄙拙身。"

《新唐书·艺文志》未著录其著述。《全唐诗》卷七八〇载其诗一首,即应进士试之《琢玉诗》。《全唐文》卷七五七载其《重修承旨学士壁记》之前记。

归　融

归融,两《唐书》有传,见《旧唐书》卷一四九、《新唐书》卷一六四,皆附于其祖归崇敬传后。归崇敬,苏州吴郡人,德宗时翰林学士,官至兵部尚书。归融父归登,德宗时曾任右拾遗,顺宗时超拜给事中,宪宗时为兵部侍郎、国子祭酒、工部尚书。

《新传》记:"融字章之,元和中及进士第。"《旧传》则所载甚简,未记字号,仅云"进士擢第"。清徐松《登科记考》卷一八记归融于宪宗元和七年(812)进士及第,系据《永乐大典》所辑之《苏州府志》:"融登元和七年第。"

《旧传》记其进士及第后,云:"自监察、拾遗入省,拜工部员外郎,迁考功员外。"《新传》则仅记云:"累迁左拾遗。"后即记为"事文宗为翰林学士",未载工部、考功员外郎。《唐尚书省郎官石柱题名考》卷十考功员外郎即列有归融,融之前为权璩;劳格笺乃据刘禹锡有关诗文,谓权璩任考外,在大和四年(830)。据此,则归融任考功员外郎,当亦在大和四年、五年间。

丁《记》记归融入院,为:"大和九年八月一日,自中书舍人充。"而《旧传》却于"进士擢第"后谓"自监察、拾遗入省,拜工部员外郎,迁考功员外",接云:"六年,转工部郎中,充翰林学士;八年,正拜舍人。""六年"前缺记年号,当为大和六年,如此,则归融乃于大和六年以工部郎中为翰林学士,大和八年再转为中书舍人。此与丁《记》有明显差异。按丁《记》所列名次乃以入院先后为序,归融列于陈夷行、郑涯、高重、柳公权、丁居晦后,此数人皆分别于大和七、八、九年入,如归融于大和六年入,就不可能在此数人后。此为《旧传》显误。

丁《记》接云:"□年□月五日,加承旨。"年、月前有缺字。按许康佐于大和八年(834)五月八日接王源中为承旨,九年(835)五月五日出院，李珏于同年五月六日接为承旨，但李珏又于同年八月五日出贬江州刺史（许康佐、李珏见前传，并本书后"学士年表"）。岑氏《注补》亦据此，谓归融当接李珏任，于大和九年八月五日加承旨。按归融于此月一日才入院，何以仅数日即加任承旨；且此时在院较归融年历较深者有陈夷行、郑涯、元晦、柳公权、丁居晦，皆甚有声望，何以独着意于归融，此可作进一步考索。

丁《记》接云："八月二十日，迁工部侍郎、知制诰；二十四日，赐紫。"岑氏《注补》以为"上文均是九年八月事，此处'八'字疑误，否则'八月'字亦是衍文矣"。按以"八"字为误，无据，所谓"八月"二字为衍文，亦是小异，当仍可定为八月二十日。不过丁《记》所记之"工部侍郎"，有误。清劳格《唐尚书省郎官石柱题名考》卷十考功员外郎，于归融名下列《旧传》"九年，转户部侍郎"，谓应如丁《记》作"工部"，"疑《传》误"。岑氏《注补》则引《旧唐书·文宗纪》开成元年十二月丙申朔"以户部侍郎兼御史中丞归融为京兆尹"，谓《旧传》与《旧纪》均称为户侍，则"工"字之误无疑。又《唐会要》卷五八《户部侍郎》条，有记云："开成元年，湖南观察使卢周仁进羡余钱十万贯，户部侍郎归融奏曰。"则此时归融尚在院中，亦为户部侍郎之确证①。

丁《记》记归融之出院，云："开成元年五月十五日，出守本官兼御史中丞，出院。"《旧唐书·文宗纪》开成元年（836）五月亦记："癸亥，以翰林学士归融为御史中丞。"五月癸亥，即十五日，与

---

① 两《唐书》本传载归融奏议此事，乃在"开成元年兼御史中丞"后，即已出院后，不确。

丁《记》合。归融在院仅八个月，而官阶升迁甚速，且入院仅五日即加任承旨，似尚可考。又《全唐文》卷七四七载归融草撰之《郑覃平章事制》，据《旧唐书·文宗纪》，大和九年十一月壬戌甘露事变，翌日癸亥，即"诏以银青光禄大夫、尚书左仆射、上柱国、荥阳郡开国公郑覃以本官同中书门下平章事"（又载《唐大诏令集》卷四九，唯未署撰者）。当时正当紊乱之际，文宗任郑覃为相，亦想稳定政局，而命归融草此制文，这可见其对归融之信重。但此后仅半年，归融即出院，似亦出于人事纠纷。

据《新唐书》卷六三《宰相年表》，李固言于开成元年（836）四月甲午由山南西道节度使入相。又《旧唐书·归融传》载，归融出为御史中丞后，旋又任京兆尹，而"李固言作相，素不悦融，罢尹"。所谓"素不悦"，即二人不和已久，则当为李固言于开成元年四月入居相位，即于五月使归融出院，后又罢其京兆尹任。李固言与归融同于元和七年进士及第，可见虽为同年，也可能由于某种人事纠纷，形成无可回避的冲突。

《旧传》记归融罢京兆尹后，"月余授秘书监，俄而（李）固言罢，杨嗣复辅政，以融权知兵部侍郎"。据《旧纪》，开成二年六月庚戌，崔珙为京兆尹，同月乙亥，"以前京兆尹归融为秘书监"。则归融罢京兆尹当在开成二年（837）五月，"月余"，即六月丁亥，改为秘书监。而李固言于开成二年十月罢相，杨嗣复于开成三年（838）元月入相，则归融权知兵部侍郎当在开成三年春。后又改为吏部侍郎（《旧传》）。

此后仕历为：开成四年（839）二月，由吏部侍郎改为检校礼部尚书,出为山南西道节度使①。后改为剑南东川节度使(《新传》,未记年)。武宗会昌五年(845),正月,在兵部尚书任(《旧唐书·武宗纪》、《唐会要》卷三八《服纪》条)。宣宗大中三年(849)十二月,仍在任(《唐会要》卷一《帝号》条)。大中七年(853)正月壬辰卒:《旧唐书》卷一八下《宣宗纪》大中七年正月,"壬辰,金紫光禄大夫、守太子少傅分司、上柱国、晋陵郡开国公、食邑二千户归融卒,赠右仆射"。《新传》亦记于大中七年,但云赠左仆射。左、右,有小异。

归融卒后,杜牧草有《归融册赠左仆射制》(《樊川文集》卷一七),甚为赞誉,其中称其任翰林学士之业绩,云:"发于文华,扬历清近,业冠前辈,才高当时。"可见归融在院时间虽不长,但仍有时誉。按归融在院时,对政事之弊确敢于直言,如《旧唐书》本传载,"湖南观察使卢周仁违敕进羡余钱十万贯",归融即评奏,"臣恐天下放效,以羡余为名,因缘刻剥,生人受弊"。又《旧唐书》卷一六四《王播传》,记王播子王式,"转殿中,亦巧宦。大和中,依倚郑注,谒王守澄,为中丞归融所劾,出为江陵少尹"。《新唐书》卷一六七《王式传》亦载,略同。唯《旧唐书·王播传》此处记归融时在御史中丞任,误,因据前所述,归融于开成元年五月出院才改任御史中丞,而王守澄则于大和九年十月已被杀。《旧唐书·王播传》所载归融责劾事,当在大和九年八、九月间在院时,尚未任御史中丞。

《全唐文》卷七四七载其文四篇:《郑覃平章事制》、《劾卢周

---

① 《旧传》云:"三年,检校礼部尚书、兴元尹、兼御史大夫,充山南西道节度使。"云"三年",误。

仁进羡余状》，前已述;《顺宗加谥至德宏道大圣大安孝皇帝议》、《宪宗加谥昭文章武大圣至神孝皇帝议》，为大中三年任兵部尚书时作，见前所引《唐会要》。《全唐诗》未载其诗。

黎　埴

黎埴，两《唐书》无传，记其事者仅《新唐书》卷一七九《李训传》，及卷一八〇《李德裕传》。

《元和姓纂》记黎埴为黎幹孙。《旧唐书》卷一一八《黎幹传》，记为"戎州人，始以善星纬数术进，待诏翰林"，后历任京兆尹、兵部侍郎，为代宗时;后德宗即位，以其交结宦官刘忠翼，长流，赐死。《旧唐书·黎幹传》未提及黎埴。

丁《记》记黎埴:"大和九年十月十二日，自右补阙充。开成二年二月十日，加司勋员外郎。三年正月十日，加知制诰。其年十二月十八日，赐绯。其月二十一日，加兵部郎中。四年十一月六日，迁中书舍人。五年二月一日，赐紫。三月十六日，拜御史中丞，出院。"记黎埴仕迹，以丁《记》最详，如无丁《记》，唐翰林学士即未有其名。

《新唐书》卷一七九《李训传》，记文宗大和九年（835）十一月甘露事发，宦者率军"大索都城，分掩（王）涯、（李）训等第，兵遂大掠，入黎埴、罗让"等家，"资产一空"。则黎埴亦受其累，但仕历未受影响，仍在院供职，直至开成五年（840）三月十六日，以御史中丞出院，时武宗已于该年元月即位。

《新唐书》之另一记述为卷一八○《李德裕传》："开成初,帝从容语宰相:'朝廷岂有遗事乎?'众进以宋申锡对,帝俯首涕数行下,曰:'当此时,兄弟不相保,况申锡邪? 有司为我褒显之。'又曰:'德裕亦申锡比也。'起为浙西观察使。后对学士禁中,黎埴顿首言:'德裕与宗闵皆逐,而独三进官。'帝曰:'彼尝进郑注,而德裕欲杀之,今当以官与何人?'埴惧而出。"按李德裕于开成元年十一月二十日由太子宾客分司东都之闲职改授浙西观察使,这是文宗有鉴于郑注、李训对李德裕之排斥、诬害,而黎埴则为李宗闵进言,则黎埴较倾向于李宗闵。

　　据丁《记》,黎埴于开成五年三月以御史中丞出院,今检《唐会要》卷三一《内外官章服·杂录》条,有云:"(开成)五年六月,御史中丞黎埴奏①:'伏以朝官出使,自合驿马,不合更乘檐子,自此请不限高卑,不得辄乘檐子。'"此即《全唐文》卷七五九所载之《出使官不得乘檐子奏》。可见其出院后,于同年六月仍在御史中丞任。

　　《太平广记》卷一七五《林杰》,据《闽川士传》,记当地士子林杰,幼即善诗,"至九岁,谒卢大夫贞、黎常侍埴②,无不嘉奖"。卢贞,据《旧唐书·文宗纪》,于开成四年闰正月丙午任福建观察使。《闽川士传》将卢贞、黎埴连叙,则黎埴当接卢贞为福建观察使,或即在武宗会昌时(可参见《唐刺史考全编》卷一五一江南东道福

---

① "御史中丞黎埴"之"埴",原误作"植",今改。
② "黎常侍埴"之"埴",中华书局 1961 年出版之点校本《太平广记》,原作"殖",误,今据傅璇琮等编撰之《唐五代人物传记资料综合索引》(中华书局,1987 年)黎埴条改。

州)。

又《宝刻类编》卷六《浯溪题名》,记有黎埴,为大中元年
(847)七月二日。《唐刺史考全编》卷一五一江南东道福州亦引
此,谓:"当是外任行此,抑罢福刺时路出此处?"按浯溪在今湖
南,元结有《浯溪铭并序》(《全唐文》卷三八二),云:"浯溪在湘
水之南,北汇于湘。爱其胜异,遂家溪畔。"铭中又有"湘水一
曲"之句。据此,则距福州甚远,不可能因赴任或离任而途经此
处者。但据此《浯溪题名》,当可知黎埴于宣宗初尚在世,或出任
江南某节镇。

黎埴此后仕迹不详。《全唐诗》未载有其诗。《全唐文》卷七
五九载文一篇,即前所述之《出使官不得乘檐子奏》。又周绍良所
编《唐代墓志汇编》[1],辑有其文二篇:《唐故河南府士曹参军黎公
(燧)墓志铭》(页 2173)、《唐故赠陇西郡夫人董氏墓志铭》(页
2174)。

顾师邕

顾师邕亦为文宗大和时翰林学士,但因甘露事变时为宦官所
杀,丁居晦于开成二年(837)作《壁记》,当因避讳,与王涯、李训、

---

[1]《唐代墓志汇编》,周绍良编,上海古籍出版社,1992 年。按《黎公志》为开
  成二年撰,署"左补阙内贡奉",《董氏志》亦开成二年撰,署"司勋员外
  郎",即开成二年初由左(右)补阙迁勋外,与丁《记》合。

郑注皆未列入。

顾师邕，《新唐书》卷一七九有传，附于《王璠传》后。《新传》云："顾师邕，字睦之，少连子。"按顾少连，《新唐书》卷一六二有传，苏州吴人，德宗时翰林学士（见前德宗朝顾少连传）。《新唐书·顾少连传》末云："始，少连携少子师闵奔行在，有诏同止翰林院，车驾还，授同州参军。"所谓"奔行在"，当为建中四年（783）十月因泾师之乱，德宗出奔奉天事。此云少子师闵，未记其长子。按顾少连于贞元十九年癸未（803）十月四日卒于洛阳，第二年二月十五日"葬于亳邑"，杜黄裳应约为作神道碑：《东都留守顾公神道碑》（《全唐文》卷四七八），碑中记："有子曰师闵，克家光烈，早岁继明，以拔萃甲科历咸阳尉；次曰师安，太常寺太祝；次曰宗彧、宗宽。"宗彧、宗宽未记官职，当于贞元末尚未入仕。碑中记顾少连卒后，"师闵等考卜先远，以明年二月十五日奉公泊夫人之裳帏合葬于亳邑"，如此，师闵当为其长子，而《新唐书·顾少连传》称"少子师闵"，当误。又杜《碑》记顾少连四子，甚详切，但未记有师邕。岑氏《注补》亦引及此碑文，云："无师邕，岂为后来改名欤，抑少连之侄行而《新传》误曰子欤？"备参。

《新传》云："性恬约，喜书，寡游合。第进士，累迁监察御史。"清徐松《登科记考》卷一九长庆三年（823）进士第有顾师邕，乃据《永乐大典》所辑《苏州府志》："长庆三年，顾师邕登第。"

《新传》接云："李训荐为水部员外郎、翰林学士。"按据《登科记考》卷一九，王起于长庆二年、三年知贡举，徐《考》列李训于长庆三年，乃据《旧唐书·王播传》所载李训为王起贡举门生，"故附此年"。而孟二冬《登科记考补正》却系李训于长庆二年状元。按

《新唐书·顾师邕传》载顾之入院，乃受李训之荐，当为登第同年之故，李训当如徐《考》，在长庆三年。

李训于大和八年（834）十月入为翰林学士，九年（835）九月二十七日拜相（见前传），顾师邕既受李训之荐而入，则当在大和九年上半年或李训任相后，即九年十月间。

但顾师邕很快就受甘露事变之累而被害。《新传》叙"李训荐为水部员外郎、翰林学士"后，接云："训遣宦官田全操、刘行深、周元稹、薛士干、似先义逸、刘英诩按边，既行，命师邕为诏赐六道杀之，会训败，不果。师邕流崖州，至蓝田赐死。"此事，《通鉴》所记较详，卷二四五大和九年十一月记甘露事后，云："初，王守澄恶宦者田全操、刘行深、周元稹、薛士干、似先义逸、刘英诩等，李训、郑注因之遣分诣盐州、灵武、泾原、夏州、振武、凤翔巡边，命翰林学士顾师邕为诏书赐六道，使杀之。会训败，六道得诏，皆废不行。丙寅，以师邕为矫诏，下御史狱。"按李训、郑注先为附结宦官王守澄，后因有交结中的纠纷，又听文宗之命，于十月辛巳，"遣中使李好古就第赐酖，杀之"（《通鉴》卷二四五）。李训、郑注所谓遣宦者田全操等巡边，当在王守澄死前，命顾师邕草撰诏书，使盐州等六道杀之。则顾师邕因李训之荐入院，即听从李训之命。

据前所述，《通鉴》记大和九年十一月丙寅，下狱，后记："十二月壬申朔，顾师邕流儋州，至商山，赐死。"《新传》记为："师邕流崖州，至蓝田赐死。"儋州、崖州均在今海南岛，邻接，蓝田、商山亦在西安东南，实为一地。

顾师邕任翰林学士约仅数月。无诗文传世，《新唐书·艺文志》亦未有著录。

袁　郁

　　袁郁,两《唐书》无传,亦无一字记述。现可知者,唯丁《记》所记,云:"大和九年十二月二十七日,自礼部员外郎、集贤院直学士充。开成元年正月十四日,转库部员外郎。二年三月十一日,丁忧。"其字号、籍贯,早年经历,出院后仕迹,均不详。清劳格《唐尚书省郎官石柱题名考》卷二〇礼部员外郎列有其名,其备考材料亦仅丁《记》。

　　据丁《记》,袁郁为大和九年(835)十一月甘露事变后最早召入的翰林学士。

　　岑氏《注补》对袁郁之名有考,其引《旧唐书》卷一八五下《袁滋传》所记"子都,仕至翰林学士",谓"若依《旧唐书》,则'郁'乃'都'之讹也"。又引《新唐书》卷一五一《袁滋传》"子均,右拾遗,郊,翰林学士",又云:"若依《新唐书》,则'郁'又'郊'之讹也。"又引《新唐书》卷七四下《宰相世系表》袁滋有五子:炯、宴、均、都、郊,及《新唐书》卷五八《艺文志》著录袁郊《二仪实录衣服名义图》下注:"字之仪,滋子也,昭宗时翰林学士。"岑氏谓各互有异,但谓:"总之'郁'字必讹,论字形则《旧唐书》传之'都'近,将以俟征实也。"

　　又陈尚君有《袁郊未任翰林学士》一文(载《中华文史论丛》1985年第1期,上海古籍出版社),认为据《新唐书·艺文志》及《唐诗纪事》等所记,袁郊既为昭宗时翰林学士,则与袁滋卒于元和十三年（818），已近八十年，"揆之传理，恐无除翰林学士事"。但陈文仍以为丁《记》所记"郁"显误，与岑氏之说近，以为"都"字之讹。

　　按《旧唐书》卷一五《宪宗纪》，元和十三年（818）六月，"乙丑，湖南观察使袁滋卒"，而据丁《记》，袁郁于文宗开成二年（837）三月十一日丁忧出院，已在袁滋卒后近二十年，何以能为袁滋子？又岑氏《注补》与陈尚君文，均引有《千唐志斋藏石》所辑大和九年《礼记博士赵口直墓志》，署"将仕郎守右补阙集贤殿直学士袁都撰"。按据丁《记》，袁郁于大和九年十二月入院时，为礼部员外郎，官阶为从六品上，较右补阙（从七品上）高好几阶，皆为同年，则袁郁、袁都应为二人。又今检宋陈思《宝刻丛编》卷八，据《京兆金石录》，有《唐内侍少监第五从直碑》，注云："唐袁郁撰，朱玘行书，毛伯贞篆额，开成元年立。"（《丛书集成初编》本）开成元年为袁郁仍在院中，与唐时翰林学士累应命为宦者撰写墓碑情形合。则《宝刻丛编》著录此碑，所署撰者姓名与丁《记》合，则当为同一人，丁《记》所记袁郁，名并不误，当非袁滋子。

柳　璟

　　柳璟，《旧唐书》卷一四九附于《柳登传》后，《新唐书》卷一三二附于《柳芳传》后。据《旧唐书·柳登传》，柳登弟冕，冕子璟，则柳璟为柳登侄。而《新唐书·柳芳传》，柳芳二子，为登、冕，又谓登子璟，则柳璟为柳登子，柳冕侄。《新唐书》卷七三上《宰相世系表》三上，记柳芳子登，登子璟，又登弟冕，冕下未记有子，与《新传》同。由此，则《旧传》于此所记不确。

据两《唐书》传，柳芳于肃宗时曾任史官，撰有《国史》一百三十卷，上自唐高祖，下止肃宗乾元时（758—760）；后又采高力士口述，记开元、天宝时政事，别撰《唐历》四十卷，"颇有异闻"（《新传》）；柳登则"与弟冕咸以该博著称"（《旧传》）。故晚唐时赵璘《因话录》（卷三）①，称柳璟"自祖父郎中芳以来，奕世以文学居清列"。

《旧传》记："璟，宝历初登进士第。"《新传》同。明徐应秋《玉芝堂谈荟》卷二"历代状元"，记"宝历状元柳璟"。又《因话录》（卷三）亦称其"及擢第，首冠诸生"。清徐松《登科记考》卷二〇即据此系柳璟于敬宗宝历元年（825）登进士第，状元。又《因话录》并云"当年宏词登高科"，《新传》当本此，即谓"第进士、宏词"。

两《唐书》本传于此后云"三迁监察御史"，未记年，实则柳璟于进士及第、宏词登科后，即释褐入仕，为校书郎。此见许浑诗《赠柳璟冯陶二校书》（《全唐诗》卷五三一）："霄汉两飞鸣，喧喧动禁城。桂堂同日盛，芸阁间年荣。香掩蕙兰气，韵高鸾鹤声。应怜茂陵客，未有子虚名。""桂堂"，唐代科举试时，多以喻为试院，此句即称柳璟与冯陶同年登第；"芸阁"，即芸台，亦喻秘书省机构，即称二人后又为秘书省校书郎。此诗首二句称誉二人同时及第、登科，且柳璟又为状元，故"喧喧动禁城"。冯陶，《旧唐书》

---

① 《因话录》，上海古籍出版社《唐五代笔记小说大观》点校本，2000 年。

卷一六八《冯宿传》末有记："子图、陶、韬,三人皆登进士,扬历清显。"《太平广记》卷一八○《冯陶》,据《传载》《故实》,亦记有:"冯宿之三子陶、韬、图,兄弟连年进士及第,连年登宏词科,一时之盛,代无比焉。"虽皆谓登进士第,但未有记年,故徐松《登科记考》系于卷二七,今据许浑诗,可确定冯陶与柳璟同年登第①。

由此可知,柳璟于宝历元年及进士第,后即仕为秘书省校书郎。秘书省校书郎官阶并不高,为正九品上,为唐代科试及第,释褐入仕后初授之官,亦为时人重视。又,许浑,两《唐书》无传,生平可参《唐才子传校笺》卷七谭优学笺②。谭笺谓许浑生年,诸书均未载,闻一多《唐诗大系》订为德宗贞元七年(791),虽未详所据,但大致可信。如此,则许浑于大和元年(827)作此诗时,已三十七岁。此前许浑多次应试,皆未中第,南北奔走,至大和六年(832)才登第。就此,则许浑作此诗,有求柳、冯举荐之意:"应怜茂陵客,未有子虚名。"许浑诗于晚唐时亦颇有声誉,唐末韦庄曾有《题许浑诗卷》,称之为"江南才子许浑诗,字字清新句句奇"(《全唐诗》卷六九六)。有如此声望的诗人,特称柳、陶二人"香掩蕙兰气,韵高鸾鹤声",也可见柳璟早年与文士之交往。

如前所述,两《唐书》本传记其登进士、宏词后,"三迁监察御史",缺记秘书省校书郎事,亦未记任监察御史之时间。按《唐会

---

① 陶敏《全唐诗人名考证》(页787),李立朴《许浑研究》(贵州人民出版社,1994年)中篇《京洛风尘》,罗时进《丁卯集笺证》(江西人民出版社,1998年)卷四,皆有此说。由此可补《登科记考》,列冯陶于宝历元年进士。孟二冬《登科记考补正》未及。
② 《唐才子传校笺》第三册,中华书局,1990年。

要》卷六〇《监察御史》条，有云："大和二年，郊庙告祭，差摄三公行事，多以杂品。监察御史柳璟监祭，奏曰……从之。"此即《旧传》所云："时郊庙告祭，差摄三公行事，多以杂品，璟时监察，奏曰……从之。"如此，则柳璟于大和元年在秘书省校书郎任（正九品上），大和二年已任为正八品上之监察御史。

《旧传》接云："再迁度支员外郎，转吏部。开成初，换库部员外郎、知制诰，寻以本官充翰林学士。"《新传》亦略云："累迁吏部员外郎。文宗开成初，为翰林学士。"皆未记时，《新传》更缺记库部员外郎、知制诰。丁《记》记为："开成二年七月十九日，自库部员外郎、知制诰充。"与《旧传》合，且更记有时日。

不过丁《记》此后所记，字句有缺。丁《记》记其入院后，接云："二年四月十四日，加驾部郎中、知制诰。二月九日，迁中书舍人。"按前已云"二年七月"，何以又云"二年四月"？年份既重，月份时序亦倒。此"二年四月"当为"三年四月"（岑氏说同）。而"四月十四日"后，又记云"二月九日"，亦不合。按《旧传》曾记柳璟续修《永泰新谱》，此后，云："五年，拜中书舍人充职。"《新传》略同，虽未记"迁中书舍人"之年，但亦记于续修之后。此即可补正丁《记》。又《册府元龟》卷六二一《卿监部·司宗》，记开成"四年闰正月，翰林学士柳璟奏，今月十二日面奉进止，以臣先祖所撰《皇室永泰新谱》，事颇精详，令臣自德宗皇帝至陛下御极已来[1]，依旧式修续。伏请宣付宰臣，诏宜令宗正寺差图谱官与柳璟计会

---

[1] 按此句"至陛下御极已来"之"至"字，原无。《册府元龟》卷五六〇《国史部·谱牒》亦载此事，有"至"字，今补。

修撰,仍令户部量供纸笔。璟续成十卷,以附前谱"。又《唐会要》卷三六《修撰·氏族》条,亦记:"其年(开成四年)闰正月,敕翰林学士柳璟修续皇室永泰新谱。"皆记为开成四年闰正月,则《旧传》记此事后云"五年,拜中书舍人充职",当由柳璟修成此谱,即为擢迁。此亦为柳璟此次在院时之主要业绩。

丁《记》于"二月九日,迁中书舍人"后,云:"五年十月,改礼部侍郎出院。"则"二月九日"前,缺"五年"二字,后之"五年十月",此"五年"应移于"二月九日"前。如此,则柳璟入院、任职,应为:开成二年七月十九日,自库部员外郎、知制诰充。三年四月十四日,加驾部郎中、知制诰。五年二月九日,迁中书舍人。十月,改礼部侍郎出院。

按开成五年正月,文宗卒,武宗立。是年九月,李德裕入居相位。则柳璟于开成五年十月改礼部侍郎出院,翌年即知贡举,主持科试,可能与李德裕有关,李德裕是很关注科举试的,并对科试屡有所改革(参见拙作《李德裕年谱》)①。

另可注意的是,柳璟于出院前仍任中书舍人时,李商隐特献一文,望求荐引,即《献舍人河东公启》(《全唐文》卷七七八)。刘学锴、余恕诚《李商隐文编年校注》,谓"此启当上于开成五年九、十月间,正当辞尉移家从调时"②。按李商隐于开成二年进士登第,后释褐为秘书省校书郎,开成四年调补弘农尉,开成五年辞弘农尉,移家从调,即待再仕。正因如此,李商隐即上书于翰林学

---

①参见傅璇琮《李德裕年谱》,河北教育出版社,2001年修订新版。
②见《李商隐文编年校注》(页473),中华书局,2002年。

士、中书舍人柳璟,这也是当时文士有求于翰林学士期望荐引之一例。此启首云:"前月十日,辄以旧文一轴上献,即日补阙令狐子直至,伏知猥赐披阅,今日重于令狐君处伏奉二十三日荣示,特迁尊严,曲加褒饰,捧缄伸纸,终惭且惊。"令狐子直为令狐绹,时为左补阙、兼史馆修撰(详后令狐绹传),时亦在朝中任职,故柳璟通过令狐绹与李商隐作文字交往。李商隐启中详抒自己不遇之心情,乃仰望于柳璟:"方今外无战伐,内富英贤,阁下文为世师,行为人范,廓至公之路,优接下之诚,是愿窃望门闱,仰干闳侍。"一再表示"是当延望,实在深诚","伏惟念录"。《旧唐书》卷一四〇《文苑下·李商隐传》记"会昌二年,又以书判拔萃"。柳璟于会昌二年(842)亦知贡举(见后),书判拔萃虽为吏部试,其能通过此关,恐亦与柳璟当时主持进士试有关。

又《因话录》卷三商部下,有记:"尚书(指柳公权)与族孙璟,开成中同在翰林,时称大柳舍人、小柳舍人。"可见柳璟当时确有名声,与名家柳公权并称。

《旧传》:"武宗朝,转礼部侍郎,再司贡籍,时号得人。"《新传》称:"武宗立,转礼部侍郎。璟为人宽信,好接士,称人之长,游其门者它日皆显于世。会昌二年,再主贡部。"又《太平广记》卷一五五《郭八郎》条据《野史》,有云:"会昌之二年,礼部柳侍郎璟再司文柄。"即会昌元年、二年,见《登科记考》卷二二①。《因话录》卷三商部下,亦记其知举之识拔人才:"性喜汲引后进,出其门者,

---

① 按宋王谠《唐语林》卷八记"神龙元年已来累为主司者",亦记有柳璟,但记为开成五年、会昌元年,误。

名流大僚至多。以诚明待物，不妄然诺，士益附之。"此亦为唐翰林学士出院后接知举试之一例。

但《新传》云："坐其子招贿，贬信州司马，终郴州刺史。"《旧传》未载此事，仅言"子韬，亦以进士擢第"。如此，则柳璟知举时，其子招贿，柳璟即受累出贬。《新唐书·宰相世系表》记其为郴州刺史，当为其终官，但未定于何时。《因话录》卷六羽部，记宣宗大中九年(835)沈询知举时，其登第门生聚会，有右司郎中李从晦曾提及柳璟，《因话录》称即"谓郴州柳侍郎也"。

柳璟著述，《新唐书·艺文志》著录为《永泰皇室续谱》十卷，后未存。《全唐文》卷七四四载文一篇：《郊庙告祭请准开元元和敕例差官奏》，即《唐会要》、《旧传》所载者，前已述。

周墀

周墀，两《唐书》有传，见《旧唐书》卷一七六、《新唐书》卷一八二。另杜牧有《唐故东川节度使检校右仆射兼御史大夫赠司徒周公墓志铭》(《樊川文集》卷七)①，记事较详。

《旧传》："周墀字德升，汝南人。"《新传》同。《新唐书》卷三八《地理志》三，河南道，有蔡州汝南郡，相当于今河南淮河以北，有汝南县。《旧传》又云"祖颎，父需"，则有误。《新唐书》卷七四下《宰相世系表》四下，记周墀之祖名沛，右拾遗，父名颐，左骁卫

---

① 《樊川文集》，陈允吉点校，上海古籍出版社，1985年。

兵参军。杜《志》云:"祖沛,左拾遗;皇考颐,右骁卫兵曹参军,赠礼部侍郎。"与新《表》同(官名,"左"、"右"有小异)。则《旧传》乃将其祖、父名误倒。

《旧传》记周墀"长庆二年擢进士第",《新传》、杜《志》亦皆言其登进士第,但未记年。清徐松《登科记考》卷一九即据《旧传》系周墀于穆宗长庆二年(822)进士及第者。是年知举者为王起。《全唐文》卷七三九载周墀《贺王仆射诗序》,有云:"在长庆之间,春闱主贡,采摭孤进,至今称之。"又云"墀忝沐深恩",即指长庆二年登第事。是年登第者有白敏中、丁居晦等,后皆为翰林学士(见白、丁等传)。

又据杜《志》,周墀卒于宣宗大中五年(851)二月十七日,年五十九,则当生于德宗贞元九年(793)。长庆二年(822)进士及第,当为三十岁。

又《全唐文》卷七三九载有周墀《国学官事书》,记郭彪之于元和七年(812)为国学助教,颇有声誉,中云:"墀元和十年,德彪之道于国学,仰其风。"则元和十年(815),周墀曾入读于国学,时年二十三岁。此为两《唐书》本传及杜《志》均未记。

周墀及第后之早期仕历,《新传》云:"及进士第,辟湖南团练府巡官,入为监察御史、集贤殿学士。长史学,属辞高古,文宗雅重之。李宗闵镇山南,表行军司马,阅岁召还。"《旧传》未叙仕湖南及供职于李宗闵幕府事,于进士及第后,即云:"大和末,累迁至起居郎。墀能为古文,有史才,文宗重之,补集贤学士,转考功员外郎,仍兼起居舍人事。"《新传》当本杜《志》,杜《志》云:"举进士登第,始试秘书正字,湖南团练巡官。"丁母忧,"后自留守府监察真拜御史、集贤殿学士。李公宗闵以宰相镇汉中,辟公为殿中侍御史、行军司马。后一年,复以殿中书职征归"。这里应指正的是,两《唐书》本传及杜《志》均谓周墀以监察御史充集贤殿学士,而按唐制,五品以上官始能为集贤学士,六品以下只能称集贤直学士,监察御史为正八品上,起居郎为从六品上,均不能称集贤学士。周墀当以监察御史兼集贤殿直学士。

又,李德裕于文宗大和五、六年间任剑南西川节度使,因有治绩,文宗"注意甚厚,朝夕且为相"(《通鉴》卷二四四),乃于大和六年(832)十二月召入朝为兵部尚书,七年(833)二月为相,而李宗闵于是年六月罢相,出为山南西道节度使,当出于当时朋党之争。大和八年(834),郑注、李训交结宦官王守澄,渐次得到文宗的宠信,而与李德裕不合,遂合谋劝文宗于九月召李宗闵入,十月使其为相,李德裕则罢相,又出为浙西观察使(参傅璇琮著《李德裕年谱》)。据此,则周墀当于大和七年六月后应李宗闵之辟,仕于山南西道幕府,为行军司马、殿中侍御史;"后一年,复以殿中书职征归",此"后一年",即大和八年九月李宗闵入相,周墀当亦随其返朝。周墀由此即归属于李宗闵党。

《新传》接云:"大和末,训、注乱政,以党语污搢绅有名士,分逐之,独墀虽尝为宗闵所礼,不能以罪诬也。迁起居舍人,改考功员外郎,兼舍人事。"此亦本于杜《志》:"时大和末,注、训用事。夏六月,始逐宰相宗闵,立朋党语,钩挂名人,凡白日逐朝士三十三辈,天下悼慑以目。受意附凶者,屡以公为言,注、训曰:'如去周殿中,恐人益惊。'竟不敢议,注、训取公为起居舍人。"按据前所述,郑注、李训交结宦官王守澄,于大和八年九月召李宗闵入朝,十月为相,同月罢斥李德裕出外。而大和九年,郑、李又与李宗闵有人事矛盾,就又排斥之,屡贬为潮州司户。当时黔贬者甚多,《通鉴》卷二四五大和九年七月载:"是时李训、郑注连逐三相(按指李德裕、路随、李宗闵),威震天下,于是平生丝恩发怨无不报者。"后又云:"时(郑)注与李训所恶朝士,皆指目为二李之党,贬逐无虚日,班列殆空,廷中悩悩。"周墀之所以未受其累,有一事可以注意,即据前所述,周墀于长庆二年进士及第,李训于长庆三年及第,而长庆二年、三年皆为王起知举,即皆为王起门生,李训可能正因此而对周墀特予照顾。

后周墀也未受甘露事变影响,并于开成二年(837)入为翰林学士。《旧传》:"开成二年冬,以本官知制诰,寻召充翰林学士。"丁《记》具体记为:"开成二年十二月二十五日,自考功员外郎、知制诰充。"即大和九年十一月前李训、郑注荐引其为起居舍人,后文宗又改任为考功员外郎(与起居舍人同为从六品上)。杜《志》:"数月,以考功掌言。"即以考功员外郎兼知制诰,亦即《新传》所谓"改考功员外郎,兼舍人事",唐人常称知制诰为中书舍人。

丁《记》记入院后,云:"三年十一月十六日,加职方郎中。"当仍兼知制诰。此后所叙官阶迁转,文字有所缺误,谓:"四年□月十二日,赐绯。五月十三日,改工部侍郎、知制诰。六月十日,守本官出院。"则均为开成四年,且于四年六月十日出院。杜《志》仅云"迁职方郎中、中书舍人",未记年月,后云"武宗即位,以疾辞,出为工部侍郎、华州刺史",则应为开成五年,因武宗于开成五年正月即帝位。《旧传》于"三年,迁职方郎中"后,有云:"四年十月，正拜中书舍人，内职如故。"（《新传》未记）后即云："武宗即位，出为华州刺史。"亦未记改工部侍郎事。可见均互有所缺。不过据杜《志》、《旧传》，周墀在职期间当任有中书舍人。中书舍人为正五品上，尚书诸司侍郎为正四品下，则周墀当先为中书舍人，后迁为工部侍郎。岑氏《注补》亦有论及，谓："意赐绯当在迁舍人前，赐绯下夺去十月迁舍人事。"当可从。如此，则开成四年十月既为中书舍人，而"五月十三日，改工部侍郎、知制诰"前，应有"五年"二字。其出院亦即为开成五年六月十日。由此亦可见，丁居晦作此《壁记》，止于开成二年五月（见前丁居晦传），此后为他人续编，难免有所疏失。

周墀在院期间值得一提的，是李商隐为泾原节度使王茂元上书，即《为濮阳公与周学士状》（《全唐文》卷七七四①）。开成三年秋冬，李商隐正在泾原节度使王茂元幕，当于此时作此书状。状文首称誉翰林学士："学士时仰高标，世推直道，果当清切，以奉恩私。"又云："地接蓬山，居遥阆苑；敢期尘路，获望冰容。"可以体现当时对翰林学士清高地位的仰望心情。后接叙周墀对王茂元之关怀与荐引："然前者犹蒙问以好音，致之尺牍，是何眷遇，孰可钦承？某自领藩条，累蒙朝奖，皆因学士每于敷奏，辄记姓名。"刘学锴、余恕诚笺，谓此数语，"盖指其既加工部尚书，又加兵部尚书之事"，故后云："状当上于开成三年春夏间茂元加兵部尚书之后，是

①按《全唐文》卷七七四、《樊南文集补编》卷四，题内"濮阳"均作"河东"，误，应作"濮阳"。参刘学锴、余恕诚《李商隐文编年校注》（页297），中华书局，2002年。

年十一月十六日周墀加职方郎中之前。"按前句是,后句似可商,因周墀于十一月十六日加职方郎中,仍在院中,而云"之前",则似谓加职方郎中后已出院,未能如题中所称之"周学士"。不过,从此状中,仍可见王茂元对周墀既致谢忱,又有企望再为荐引之意,故末云:"空余深恋,贮在私诚,伏惟特赐信察。"李商隐后于开成四年春又曾为王茂元上书致翰林学士丁居晦:《为濮阳公与丁学士状》,也渴望丁居晦为其援荐(见前丁居晦传)。由此也可见当时地方节镇对翰林学士政治作用的重视。

又,李商隐另又为人撰文提及并赞誉周墀在院时之业绩者。《全唐文》卷七七三载李商隐《为尚书渤海公举人自代状》,所举人有周墀。过去李集笺注本多谓为高元裕任京兆尹时作,刘学锴、余恕诚《李商隐文编年校注》(页1161),详加考证,谓此"尚书渤海公",非高元裕,而为韦正贯。韦正贯于会昌六年四月至大中元年间为京兆尹,此文乃作于会昌六年三至八月间,时周墀在江西观察使任(见后)。其荐周墀,乃赞誉云:"前件官庄栗以裕,简严而宽,玉无寒温,松有霜雪。顷居内署,实事文皇,引裾而外朝莫知,视草而中言罔漏。"

周墀在院,时间并不长,仅两年余,杜牧所撰《墓志》中曾有评论:"政事细大,必时被顾问,公终身不言,事故不传。"即以为周墀对当时政事"不言",故其参预政事亦"不传"。按此期间,同时先后为相者有陈夷行、李石与杨嗣复、李珏,陈、李与杨、李议政事多不合,朋党之争又起,且当时朝政主要仍为宦官操持,这也使翰林学士未能有所作为。而武宗于开成五年正月接位,李宗闵之党杨嗣复于五月罢相,李德裕于七月由淮南节度使入朝,九月拜相。可能由此气氛,周墀即"以疾辞"(杜《志》)。丁《记》记为"六月十日,守本官出院",即出为工部侍郎,旋又改为华州刺史。

据杜《志》及两《唐书》有关纪、传,周墀后历任江西观察使,郑滑节度使,兵部侍郎;宣宗大中二年(848)正月任相,三年(849)四月出为东川节度使;大中五年(851)二月十七日卒,年五十九,赠司徒。卒后,杜牧为作《墓志》,《志》中可注意者,有两处讥及李德裕:一为记周墀出刺华州后,"李太尉德裕伺公纤失,四年不得,知愈治不可盖抑,迁公江西观察使,兼御史大夫"。即当时李德裕任相,欲伺索周墀缺失,但未得,还是改徙于外地。二为记周墀于大中二、三年间任相时,"李太尉德裕会昌中以恩换元和朝实录四十篇,益美其父吉甫为相事,公上言曰:'人君唯不改史,人臣可改乎?《元和实录》皆当时名士目书事实,今不信,而信德裕后三十年自名父功,众所不知者而书之。此若垂后,谁信史?'竟废新本"。按会昌元年确有记李德裕奏议修改《宪宗实录》事,这多出于宣宗朝白敏中等诬蔑之词(参见傅璇琮著《李德裕年谱》会昌元年、大中二年),而杜牧于大中时作周墀墓志竟也特标此事。杜牧于武宗会昌时对李德裕之政绩是极为赞颂的,但宣宗朝时,李德裕被贬责,杜牧在为牛僧孺等所作墓志,就对李德裕多加抨击,甚至谓"时李太尉专柄五年,多逐贤士,天下恨怨"。这也可见当时文人与政治纷争关系的一种心情。

《全唐诗》卷五六三载其诗二首:《贺王仆射放榜》、《酬李常侍立秋日奉诏祭岳见寄》,皆在华州刺史任时所作。《全唐文》卷七三九载文四篇。又宋陈思《书小史》卷十记有其字画,云:"长于史学,尤工小篆,见称于一时;字画颇佳,伤于柔媚。"则其字画,在南宋时尚有传存,后皆未存。

王 起

王起,两《唐书》有传,见《旧唐书》卷一六四、《新唐书》卷一六七,皆附于其兄王播传后。

《旧传》未载其籍贯。《新唐书·王播传》云:"其先太原人,父恕为扬州仓曹参军,遂家焉。"白居易有为王恕所作墓志铭:《唐扬州仓曹参军王府君墓志铭并序》(《白居易集笺校》卷四二)①,记王恕于德宗建中初为扬州仓曹参军,则《新传》所云"遂家焉",即有所本。

《旧传》记王起于德宗贞元十四年(798)登进士第,清徐松《登科记考》卷一四即据此系于贞元十四年,同年及第者有李翱、吕温、独孤郁、李建等,后皆为文坛名人。又据《旧传》,王起卒于宣宗大中元年(847),年八十八,则当生于肃宗上元元年(760)。贞元十四年,为三十九岁,则其及第之年亦并不早。

《旧传》接云:"释褐集贤校理,登制策直言极谏科,授蓝田尉。宰相李吉甫镇淮南,以监察充掌书记。"《新传》略同。按王起于宪

---

① 《白居易集笺校》,朱金城笺校,上海古籍出版社,1988 年。据朱笺,此《志》作于顺宗永贞元年(805)。题下自注"代裴颋舍人作"。裴颋与王恕子王炎同于贞元十五年(799)进士及第。

宗元和三年(808)三月登直言极谏科(《登科记考》卷一七),李吉甫则于元和三年九月免相后出镇扬州,为淮南节度使,六年正月再次入相(参据《旧唐书·宪宗纪》)。王起当于元和三、四年间在淮南幕。时李德裕亦随其父吉甫在扬州,即与王起结交,此后二人相处甚切(详见后)。王起后亦撰有《李赵公行状》一卷,《新唐书》卷五八《艺文志》二,史部杂传记类著录,下注云"李吉甫",当为李吉甫于元和九年(814)卒后所作,不过此文后未存。

按王起于文宗开成三年(838)入为翰林侍讲学士,年已七十九岁,这是唐人入院之年龄最高者。而其于元和三年直言极谏登科,至开成三年,亦已有三十年,历仕既长,官位亦甚高,这在唐翰林学士中也极为稀见。为避于记叙繁琐,今据两《唐书》等有关记载,概述如下,不具论证。

李吉甫于元和六年(811)正月再次入相,王起当亦随之入朝,历为起居郎、司勋员外郎、比部郎中,知制诰。穆宗即位,升迁为中书舍人;长庆二、三年(822、823),连续两年以礼部侍郎知贡举,擢第者有白敏中、周墀、丁居晦、李训、顾师邕等,后皆为翰林学士。史称其"掌贡二年,得士尤精"(《旧传》)。长庆二年,王起已六十三岁。后历任河南尹、吏部侍郎,约穆宗、敬宗时。文宗即位,为兵部侍郎;大和二年(828)出为陕虢观察使;四年(830),入为尚书左丞,后迁为户部尚书、判度支;六年(832),为检校吏部尚书、河中尹、河中晋绛节度使;七年(833),又入为兵部尚书;八年(834),出为襄州刺史、山南东道节度使。大和九年(835),正是李训、郑注结交宦官王守澄、仇士良等,既入为翰林学士,李训又任为相。《旧传》称:"时李训用事,训即(王)起贡举门生也,欲援起为相。八月，诏拜兵部侍郎，判户部事。其冬，训败，起以儒素长者，人不以为累，但罢判户部事。"这样，甘露事变后，文宗又任其为兵部尚书，后"以庄恪太子登储，欲令儒者授经，乃兼太子侍读，判太常卿"（《旧传》）。按庄恪太子（李）永，为文宗长子。据《旧唐书》卷一七五《庄恪太子永传》，王起与陈夷行均曾任太子侍读。此后，开成三年（838），即"以本官充翰林侍讲学士"（《旧传》）。

由此可见，王起入院前，内外皆历任要职，并连续两年知举，仕至兵部尚书、太常卿（皆正三品），这是唐翰林学士入院前之仕历少见的。且此年已七十九岁，文宗仍能召其入院，应当说，这与文宗当时的政治境遇有关。《通鉴》卷二四五记，大和九年十一月甘露事变后，"自是天下事皆决于北司，宰相行文书而已。宦官气益盛，迫胁天子"；"上自甘露之变，意忽忽不乐"。文宗当为保持政局稳定，也为了保全自己，遂于开成期间，甚注意于召用经术、文学之士。

丁《记》记："开成三年五月五日，自工部尚书、判太常卿事充皇太子侍读，充侍讲学士，依前判太常卿事充。"两《唐书》本传及《旧唐书·文宗纪》，此前王起仕为兵部尚书，而丁《记》则记为工部尚书，有异。

丁《记》接云："四年三月十二日，授太子少师兼兵部尚书。四月二日，赐给少师俸料。"《旧传》亦有记："四年，迁太子少师，判兵部事，侍讲如故。以其家贫，特诏每月割仙韶院月料钱三百千添给。"太子少师为从二品，虽为虚衔，但较门下侍郎、中书侍郎还高一阶，惟两《唐书》则谓其家贫，这也值得研究。

其出院，丁《记》记为："五年正月七日，以金紫光禄大夫，守本官出院。"按文宗于开成五年（840）正月四日卒，武宗于正月十一日始即位，王起则于文宗已卒、武宗尚未即位之际出院，且旋又出为东都留守，不知何故。

王起在院仅一年半，于当时政事无所涉及，撰制则仅于庄恪太子开成三年十月卒后，十二月葬时，为撰哀册文（文载《旧唐书》卷一七五《庄恪太子永传》）。王起在院期间，其主要则为备顾问，编撰儒家典籍，如《旧传》云："（王）起侍讲时，或僻字疑事，令中使口宣，即以牓子对，故名曰《写宣》。"《新唐书》卷五八《艺文志》二，著录《写宣》为十卷，列于起居注类。

武宗即位后，王起虽出院，但仕宦仍显达。《旧传》云："会昌元年，征拜吏部尚书，判太常卿事。三年，权知礼部贡举，明年，正拜左仆射，复知礼部贡举。"即会昌元年（841），王起复由洛阳入朝，后于会昌三年、四年（843、844）又连续两年知举。这应当与李德裕时任为相有关。按李德裕于开成五年七月即应武宗之召，由淮南节度使入朝，九月拜相，当于会昌元年即征召王起入朝任吏部尚书。李德裕于会昌元年秋作有《秋声赋》，序云："昔潘岳寓直骑省，因感二毛，遂作《秋兴赋》。况予百龄过半，承明三入，发已皓白，清秋可悲。尚书十一丈鹓掖上寮，人文大匠。聊为此作，以俟知音。"此称尚书，即王起已于会昌元年自东都留守入朝为吏部尚书，此为会昌元年秋作①。李德裕序中称王起为"人文大匠"，彼此为"知音"，可见其对王起之看重。又刘禹锡此时亦作有《秋

①《李德裕文集校笺·别集》卷九，傅璇琮、周建国校笺，河北教育出版社，2000年。据笺，此文作于会昌元年（841）。

声赋》，序云："相国中山公赋《秋声》，以属天官太常伯，唱和俱绝。"此"天官太常伯"，即指王起①。则王起亦有和作（后未存）。

关于会昌三年、四年知举事，《旧传》称："起前后四典贡部，所选皆当代辞艺之士，有名于时，人皆赏其精鉴徇公也。"又唐末五代初王定保《唐摭言》卷三，记会昌三年春王起知举时，周墀刚由翰林学士出为华州刺史（周墀乃长庆二年王起知举时及第者），他就特作诗寄贺，序云"仆射十一叔以文学德行，当代推高"，此次"新榜既至，众口称公"。于是当时及第者有二十二人和周墀诗。《唐诗纪事》卷五五记张籍亦有《喜起放榜》诗（七律），前四句云："东风节气近清明，车马争来满禁城。二十八人初上榜，百千万里尽传名。"可见当时之声誉。会昌三年，王起已八十四岁，以如此高龄知举，世亦罕见。此或亦为李德裕推荐。李德裕于会昌二年正月进位司空（见《新唐书·宰相年表》），特进奏《让司空后举太常卿王起自代状》（见《李德裕文集校笺》卷一八），称誉王起"五朝旧老，一代名臣。孔门四科，实居其首；皋繇九德，无不备包"。

此后，据《旧传》，又任为山南西道节度使，大中元年（847）卒，年八十八。

《新唐书·艺文志》著录王起著述颇多，计有：《艺文志》二，编年类，《五位图》十卷（《旧传》作《五纬图》）；起居类，《写宣》十卷；传记类，《李赵公行状》一卷，下注："李吉甫。"《新唐书·艺文

---

①按刘禹锡此赋，瞿蜕园《刘禹锡集笺证》（上海古籍出版社，1989 年）卷一，笺谓"天官太常伯"及李德裕赋序中之"尚书十一丈"为令狐楚，文作于大和七、八年间，误。陶敏、陶红雨《刘禹锡全集编年校注》（岳麓书社，2003年）同本文。

志》四,集部别集类,《王起集》一百二十卷;《文场秀句》一卷,按此目前后有殷璠《河岳英灵集》、姚合《极玄集》,当亦为诗选,标为"文场",当为及第进士之应试选句。此类又有《大中新行诗格》一卷,前有王昌龄《诗格》、皎然《诗评》,当亦为诗评著作。由此可见王起治学之博洽。《全唐文》编其文三卷(卷六四一至六四三),大部分为赋。赵璘《因话录》卷三商部,有记云:"李相国程、王仆射起、白少傅居易兄弟、张舍人仲素为场中词赋之最,言程式者,宗此五人。"可见其赋作之声誉。其诗作今存者则不多,《全唐诗》卷四六四载其诗六篇,其中有三篇即分别和李德裕、周墀、白居易者。

高元裕

高元裕,两《唐书》有传,见《旧唐书》卷一七一、《新唐书》卷一七七。另《金石萃编》卷一一四载有萧邺《大唐故吏部尚书赠尚书右仆射渤海高公神道碑》,《全唐文》卷七六四亦载,所记甚详,唯多有缺字,且文多不顺。

《旧传》:"高元裕字景圭,渤海人。祖魁,父集,官卑。"《新唐书》卷七一下《宰相世系表》一下,有记高元裕祖彪(非魁),著作佐郎、崇贤馆学士;父集,太原少尹、兼御史中丞,皆本萧《碑》。按御史中丞为正五品上,与给事中、中书舍人同阶,则不能说"官卑",《旧传》所云不确。

两《唐书》本传皆谓登进士第,未记年,萧《碑》有云:"弱冠博学工文，擢进士上第。"清徐松《登科记考》卷一四据萧《碑》，谓"弱冠在贞元十三年"，即系于德宗贞元十三年(797)进士登第者。按萧《碑》记高元裕卒于宣宗大中四年(850)六月，年七十六。据此，则当生于代宗大历十年(775)，如此，其弱冠(年二十)，当为贞元十年(794)。贞元十三年(797)，已为二十三岁，不当云"弱冠"。徐松《登科记考》当误计，孟二冬《登科记考补正》也未涉及，仍列于贞元十三年。

《旧传》于进士及第后所记其略，于"累迁左司郎中"后即叙李宗闵任相时用其为谏议大夫，则已为文宗大和时。《新传》则记"第进士，累辟节度府"，后入朝为右补阙、侍御史内供奉，即亦叙李宗闵擢用事。萧《碑》则稍具详，云："擢进士上第，调补秘书省正字，佐山南西道、荆南二镇为掌书记，转试协律郎、大理评事，摄监察御史，入拜真御史。"亦未记时。《旧传》有云"大和初为侍御史"。又《太平广记》卷二七八《高元裕》，据《集异记》，谓"大和三年任司勋员外郎"。当先为侍御史(从六品下)，后为司勋员外郎(从六品上)，后又累迁左司郎中(《旧传》)，为从五品上。

此后，即有与李宗闵交结及受其累而贬责事。《旧传》记云："李宗闵作相，用为谏议大夫，寻改中书舍人。九年，宗闵得罪南迁，元裕出城饯送，为李训所怒，出为阆州刺史。时郑注入翰林，元裕草注制辞，言注以医药奉君亲，注怒，会送宗闵，乃贬之。"《新传》略同。萧《碑》于此虽亦有记，但多有缺字，文意不明。按李宗闵于大和三年(829)八月入相，七年(833)六月出为山南西道节度使，八年(834)十月又入相，九年(835)六月出贬为明州刺史。高元裕当于大和三年八月后因李宗闵之荐为谏议大夫，后迁中书舍人。李宗闵被贬时,宗闵之党如萧澣、李汉等多被贬出(见《旧唐书·文宗纪》大和九年七月,及《旧唐书》卷一七一《李汉传》)。《通鉴》卷二四五大和九年八月亦记:"郑注之入翰林也,中书舍人高元裕草制,言以医药奉君亲,注衔之,奏元裕尝出郊送李宗闵,壬寅,贬元裕阆州刺史。"郑注之召入为翰林侍讲学士,亦为大和九年八月丁丑(初四),而高元裕于壬寅贬出,在是月二十九日。

可以一提的是,高元裕贬阆州后,令狐楚、刘禹锡皆有诗寄怀。刘禹锡有《和令狐相公晚泛汉江书怀寄洋州崔侍郎阆州高舍人二曹长》(《刘禹锡集笺证·外集》卷三)。此令狐相公为令狐楚,据《旧唐书·文宗纪》,令狐楚于开成元年(836)四月为兴元尹、山南西道节度使,《旧唐书》卷一七二《令狐楚传》同。汉江(汉水)即在兴元南。"洋州崔侍郎"为崔洧。《旧唐书·文宗纪》大和九年七月壬子,李宗闵再贬为处州长史后,记:"戊午,贬工部侍郎、充皇太子侍读崔侑为洋州刺史。"同贬者还有苏涤、李敬之等。《通鉴》卷二四五谓"皆坐李宗闵之党"。洋州,所辖为今陕西洋县等地;阆州,所辖为今四川阆中等地,皆与兴元(南郑)相近,令狐楚可能在兴元尹任,泛游汉江时,对崔洧、高元裕特致怀念,作有诗,刘禹锡亦即作此和诗。刘诗谓令狐楚"望中寄深情",刘本人亦望崔、高"几时还玉京"。可见当时令狐楚、刘禹锡对高元裕出贬是深致同情的(令狐楚此诗,未存)。

《旧传》接云:"训、注既诛,复征为谏议大夫。开成三年,充翰林侍讲学士。"《新传》略同。丁《记》记为:"开成三年五月五日,自谏议大夫充侍讲学士。"按《旧传》于"充翰林侍讲学士"后,云:"文宗宠庄恪太子,欲正人为师友,乃兼太子宾客。"萧《碑》亦于

"充侍讲学士"后记为："寻兼太子宾客。文宗重儒术,尊奉讲席。公发挥教化之本,依经传纳,上倾心焉。"按王起与高元裕同时入,据丁《记》王起为"充皇太子侍读,充侍讲学士"(见前王起传)。如此,则高元裕既与王起同时入为翰林侍讲学士,当亦又兼太子宾客,丁《记》缺记。

又,姚合此时即与高元裕有诗唱和,《全唐诗》卷五〇一载姚合《和高谏议蒙兼宾客时入翰苑》："兼秩恩归第一流,时寻仙路向瀛洲。钟声迢递银河晓,林色葱笼玉露秋。紫殿讲筵邻御座,青宫宾榻入龙楼。从来共结归山侣,今日多应独自休。"按姚合于开成初离杭州刺史任入京,后任谏议大夫,开成三年秋冬改为给事中①。此当为高元裕刚入院时,有诗赠姚合,姚合即作此和诗。因二人在此前皆曾任谏议大夫,现高元裕入院,"紫殿讲筵邻御座,青宫宾榻入龙楼",有清高之地位。由此可见,高元裕确以谏议大夫入,寻又兼太子侍读,与王起同。岑氏《注补》亦引及姚合此诗,但将姚合诗题之"时入翰苑"理解为高已出院,仅有时还入翰苑,"有类乎王叔文'仍许三五日一入翰林'之后命"。实际上,此"时入翰苑",乃姚合记高元裕作此诗时,在翰苑值班。岑氏所解似不确。

按姚合亦为中晚唐时诗坛名家,与白居易、张籍、贾岛、李商隐等多有唱酬。张为《诗人主客图》所列"清奇雅正",姚合为"入室",贾岛为"升堂"。姚合于开成前期任谏议大夫时曾编有《极

① 参见傅璇琮主编《唐才子传校笺》卷六《姚合传》吴企明笺,第三册,中华书局,1990年;又《唐五代文学编年史·晚唐卷》,辽海出版社,1998年。

玄集》，选王维至戴叔伦二十一位诗人诗作，约百首，唐末韦庄又编有《又玄集》，序中即称"昔姚合选《极玄集》一卷，传于当代，已尽精微"。此为唐人选唐诗有代表性之作。由上述姚合此诗诗题，可见高元裕入院时即作有诗赠姚合，姚合亦特作诗和之，惜高氏原作不存，由此亦可见高元裕与当时文士之交往。

两《唐书》本传皆未记出院。丁《记》记为："八月十日，出守本官兼光禄大夫。"即同年八月出院，在院仅三月，萧《碑》因字多缺，未见有出院之记述。岑氏《注补》谓光禄大夫为从二品，是最高散官，非重臣不授，而萧《碑》题中只题银青光禄大夫，为三品散阶，但散官不能兼，故丁《记》之"兼光禄大夫"应为"兼太子宾客"，即出院后兼太子宾客。按岑氏之说，与前所引述之姚合诗不合，未能谓出院后才兼太子宾客。不过可以将丁《记》之"光禄大夫"改为"银青光禄大夫"，萧《碑》即称："未几擢拜御史中丞，兼金章紫绶之锡。"即开成四年由谏议大夫改为御史中丞后，仍为银青光禄大夫。

此后仕历，《旧传》叙为："会昌中，为京兆尹。大中初，为刑部尚书。二年，检校吏部尚书、襄州刺史，加银青光禄大夫、渤海郡公、山南东道节度使，入为吏部尚书。"《太平广记》卷二八《高元裕》篇，据《集异记》，于记叙御史中丞后，即云："是后出入中外，扬历贵位，清望硕德，冠冕时流，海内倾注。"

《旧传》记宣宗大中二年（848）为山南东道节度使。《新传》称"在镇五年，复以吏部尚书召"，当为大中六年（852）。杜牧有《高元裕除吏部尚书制》（《樊川文集》卷一七），叙其仕历："始以御史谏官，在长庆、宝历之际，匡拂时病，磨切贵近，罔有顾虑，知无不为。复以谏议、舍人，在大和末，词摧凶魁，坐以左宦。继为中丞、京兆，公卿藩服。朕始在位，征归朝廷，爰自尚书，裂分茅土。"并称誉其政绩："为政以德，行己惟仁，信而履之，服而乐之，馀三十年，道益昭著。"可以注意的是，杜牧此篇制文，一字未提及高元裕曾任翰林侍讲学士，这可能高元裕在院仅三个月，无可记述。

按杜牧于大中六年在中书舍人任，故可撰此制。这里还可一提，即《旧唐书》卷一八下《宣宗纪》有二误：大中二年记："七月戊午，以前山南西道节度使高元裕为吏部尚书。"按两《唐书》本传及萧《碑》皆记为山南东道节度使，《旧唐书·宣宗纪》此处将"东"误作"西"。另，《旧传》记高元裕出为山南东道节度使在大中二年，《新传》云"在镇五年"，萧《碑》亦谓"公为襄州之五岁，慨然有悬车之念"，即大中六年自山南东道召回，非如《旧唐书·宣宗纪》所记为大中二年七月。且大中二年七月，杜牧尚在睦州刺史任，八月才入朝为司勋员外郎（参傅璇琮主编《唐五代文学编年史·晚唐卷》），即大中二年七月杜牧绝不可能作此制文。《旧唐书·宣宗纪》记此一事，竟有两处显误，确应校正。《新传》记高元裕于大中六年以吏部尚书召，"卒于道，年七十六，赠尚书右仆射"。

《新唐书·艺文志》未有著录。《全唐文》卷六九四载其文二篇，《全唐诗》卷七九五仅载其句二。《书史会要》卷五则概称其"性勤约，善书"。

裴　素

　　裴素,两《唐书》无传,《新唐书》卷七一上《宰相世系表》一上,载有其名,未注字号、官职,其上格也未载其先世名。清劳格《唐尚书省郎官石柱题名考》卷八司封员外郎,于裴素名下,亦据此《新表》,谓"太仆卿羃子",实则羃虽在裴素上格,但在旁几个位置,未能确定即是其父。

　　清徐松《登科记考》卷二〇据《宝真斋法书赞》所载裴素《明日帖》,系裴素于敬宗宝历元年(825)登进士第,是年登第者柳璟,亦为文宗朝翰林学士。又《唐会要》卷七六《制科举》,载文宗大和二年(828)闰三月贤良方正能直言极谏科,有裴素。《全唐文》卷七一文宗《委中书门下处分制科及第人诏》,中云:"贤良方正能直言极谏科举人,第三等裴休、裴素,第三次等李郃,第四等南卓、李甘、杜牧、马植、郑亚、崔屿……"则裴素与裴休为此科首列,裴休后于宣宗大中时任相(见《新唐书》卷六三《宰相年表》)。按大和二年贤良方正制科,刘蕡亦应试,其策文对朝政之弊,特别是对宦官专横,极为斥责,当时考官冯宿等见刘蕡策,"皆叹服,而畏宦官,不敢取"(《通鉴》卷二四三)。此为晚唐制举试之突出事件。

　　上述《委中书门下处分制科及第人诏》末云:"其第三等、第三次等人,委中书门下优与处分。"裴素当即释褐入仕,但限于史料,未详其所授官。

　　此后行迹可知者,为杜牧一诗:《陕州醉赠裴四同年》(《樊川

文集·外集》）："凄风洛下同羁思,迟日棠阴得醉歌。自笑与君三
岁别,头衔依旧鬓丝多。"此裴四即裴素。据吴在庆考辨,杜牧于
文宗大和九年(835)秋为监察御史,分司东都,当与裴素曾在洛阳
聚面;开成二年(837)春,杜牧弟因患眼疾,不能见物,时居扬州,
乃迎同州眼医石生,经陕州时,当又会见裴素,故云"自笑与君三
岁别"。吴说可信,详见其所著《杜牧生平行踪、作品系年及其诗
考论》①。按《旧唐书》卷一七下《文宗纪》下,记开成二年十二月,
"丙申,阁内对左右司裴素等"。按唐官制,门下省有起居郎,中书
省有起居舍人,各分左右,均为从六品以上。如此,则裴素当于文
宗开成初仕为起居郎,"掌起居注,录天子之言动法度,以修记事
之史"(《旧唐书》卷四三《职官志》二)。开成二年春与杜牧在陕
州会见时,当即在起居郎任,其官阶较杜牧之监察御史(正八品
上)要高好几阶。

　　丁《记》记裴素入院："开成三年十二月十六日,自司封员外郎
兼起居郎、史馆修撰充。"则裴素当于开成二年(837)春后,又改为
司封员外郎,但仍兼起居郎、史馆修撰,开成三年(838)十二月六
日,即以此入院。

　　丁《记》接云："四年七月十三日,加知制诰。五年二月二日,
赐绯。六月,迁中书舍人。十一月,加承旨,赐紫。"清劳格《唐尚
书省郎官石柱题名考》卷一六司封员外郎,于裴素名下亦引有丁
《记》,谓"六月"上有脱文,但为何脱文,未有说明。按《文苑英
华》卷七九七、《全唐文》卷七六四均载有裴素《重修汉未央宫

---

①吴在庆著《杜牧论稿》,厦门大学出版社,1991 年。

记》，首云：“皇帝嗣位之年，众灵悦附，日月所照，莫不砥属。……草木畅茂，山川景清。”“皇帝嗣位”，即指武宗于开成五年（840）正月即位。此文后记武宗游览城郊，“视往昔之遗馆，获汉京之馀址；邈风光以遐瞩，眇思古以论都”，于是召左护军中尉（段）志弘等，建修汉宫，“存列汉事，悠扬古风”，即重修汉未央宫，规模很大，“凡殿宇成构，总三百四十九间，工徒役指万计”。由此，则此次工程始于开成五年，后云：“明年……上乃顾新宫，回玉辇……乃命侍臣曰：‘尔为我记之，刻以贞石，传示乎不朽。’臣素任当承旨，不敢固让，惶恐拜舞而文之，时会昌元祀濡大泽之明月也。谨记。”按《旧唐书》卷一八上《武宗纪》：“会昌元年正月壬寅，朔。庚戌，有事于郊庙，礼毕，御丹凤楼，大赦，改元。”“濡大泽”，即大赦，亦即会昌元年正月事，则此时裴素确已任为承旨。由此，则丁《记》所记“六月，迁中书舍人；十一月，加承旨”，当承前开成五年二月二日赐绯，“六月”前并无脱文。

又据本书书后“学士年表”，柳公权于开成五年三月九日出院，此前为承旨；其他较裴素早入院者黎埴、柳璟、周墀、王起，皆于十一月前陆续出院，时裴素为院中资历最深者，故于十一月加任承旨，这也合乎当时院内情况，故丁《记》所记当切合实际。

唯丁《记》接云“十七日，卒官，赠户部侍郎”，则接前“十一月，加承旨”，即于开成五年十一月加承旨后，旋于同月十七日卒，此与前所引述之《重修汉未央宫记》不合，岑氏《注补》据李褒于会昌元年（841）十二月加承旨，当接替裴素，则其卒在会昌元年十二月前，此当是。但岑氏又云或卒于会昌元年十一月十七日，“因涉上文十一月以致脱去会昌元年字”，则仅为揣测。

裴素在院期间亦与当时诗家有文字交往。姚合有《和李十二舍人裴四二舍人两阁老酬白少傅见寄》(《全唐诗》卷五〇一)。如前所述,裴素于开成五年六月为中书舍人,又李褒于开成五年三月二十日自考功员外郎入,其年六月,转库部郎中、知制诰,即二人同于六月行中书舍人职,故姚合诗云:"纶闱并命诚宜贺。"诗又云"罢草王言星岁久,嵩高山色日相亲",即此时白居易正任太子少傅、分司,居洛阳,离过去撰写制诰,已"星岁久"。由姚合此诗,可见裴素、李褒于开成五年夏秋曾作诗寄洛阳白居易,姚合即特作诗和之。又姚合另有《寄裴起居》(《全唐诗》卷四九七):"千官晓立炉烟里,立近丹墀是起居。彩笔专书皇帝语,书成几卷太平书。"则为专叙起居郎之职责,未提及翰林学士事,当在开成初期裴素尚未入院时。姚合又有《同裴起居厉侍御放朝游曲江》(《全唐诗》卷五〇〇),当亦作于同时,可见姚合与裴素甚有交往。姚合时任谏议大夫,曾于此数年间编选唐二十一位诗人诗作,为《极玄集》(见前高元裕传,又参傅璇琮编撰《唐人选唐诗新编》)①。

　　裴素亦善书艺,宋《宣和书谱》卷一八"裴素"条,称其"善草书,其笔意盖规模王氏羲、献父子之学";但又谓:"然力不甚劲,而姿媚有余,顾未得古人落笔之妙。"又称"今御府所藏草书一",则其字迹在北宋时尚有留存。又南宋岳珂《宝真斋法书赞》卷五亦著录其《明日帖》,谓"真迹一卷"。

　　唯《新唐书·艺文志》未有著录。《全唐诗》亦未载其诗;《全

---

①傅璇琮编撰《唐人选唐诗新编》,陕西人民教育出版社,1996年。

唐文》所载即前所记述之《重修汉未央宫记》。

高少逸

　　高少逸，两《唐书》有传，见《旧唐书》卷一七一、《新唐书》卷一七七，附于其弟元裕传后。其家世、籍贯，见前高元裕传。

　　两《唐书》本传皆未记其早年事，也未记是否曾应科试。《旧传》首叙即云："长庆末为侍御史，坐弟元裕贬官，左授赞善大夫。"《新传》云："长庆末为侍御史，坐失举劾，贬赞善大夫。"两《唐书》此处所记，时与事均有误。按高元裕早期仕迹，于穆宗、敬宗朝，均未有贬责事，其贬责乃于文宗大和九年（835）八月因受李宗闵之累由中书舍人出贬为阆州刺史（见前高元裕传），非穆宗长庆末（824）。《新传》虽亦云长庆末，而未提高元裕事，但云"坐失举劾"，亦误。

　　按《旧唐书》卷一六八《独孤朗传》，记独孤朗（宪宗时翰林学士独孤郁弟）于敬宗宝历元年（825）十一月为御史中丞，二年六月赐紫，接云："宪府故事，三院御史由大夫、中丞自辟，请命于朝。时崔冕、郑居中不由宪长而除，皆丞相之僚旧也，敕命虽行，朗拒而不纳，冕竟改太常博士，居中分司东台。其年十月，高少逸入阁失仪，朗不弹奏，宰相衔阻崔冕事，左授少逸赞善大夫，朗亦罚俸。朗称执法不称，乞罢中丞，敬宗令中使谕之，不允其让。"《新唐书》卷一六二《独孤朗传》亦记此事，虽未提高少逸，但仍记在敬宗时。由此可见，两《唐书·高少逸传》记其左授事在穆宗长庆末，误，

《旧传》谓因其弟高元裕事,《新传》云"坐失举劾",亦均不合事实,皆为显误。

由此可知,高少逸于敬宗宝历二年(826)十月前,在侍御史任;十月,即因独孤朗与当时任相者有人事纠纷,乃受牵累,左授赞善大夫(文散官)。

《旧传》于"左授赞善大夫"后,云:"累迁左司郎中,元裕为中丞,少逸迁谏议大夫,代元裕为侍讲学士。"《新传》未提左司郎中,亦云"累迁谏议大夫,乃代元裕"。又《新唐书》同卷《高元裕传》,谓:"自侍讲为中丞,文宗难其代,元裕表言兄少逸才可任,因以命之,世荣其迁。"如此,则高少逸于敬宗宝历二年十月改授赞善大夫后,当于文宗大和期间,历任左司郎中,及司勋郎中、主客郎中(按清劳格《唐尚书省郎官石柱题名考》卷七司勋郎中、卷二五主客郎中,皆列有高少逸名,注谓此二职,"二传失载")。

按两《唐书》本传皆记高少逸以谏议大夫入为翰林侍讲学士,亦误。丁《记》记为:"开成四年闰正月十一日,自左司郎中充侍讲学士,其年八月一日,迁谏议大夫。"即先以左司郎中(从五品上)入,入院后历经半年余,迁谏议大夫(正五品上)。此为唐翰林学士在职期间迁转官衔的常例,而两《唐书》本传却谓以谏议大夫入,误。

又,据丁《记》,高元裕出院为开成三年八月十日(参见前高元裕传),高少逸则于开成四年闰正月入,其间有半年。而两《唐书》本传皆记为高元裕出院时,文宗即因其请,召高少逸继为翰林侍讲学士,此与丁《记》所记有差异,当亦不确。

丁《记》接云:"五年正月二十七日,赐紫,守本官出院。"即出院后仍为谏议大夫,时武宗刚即位。

两《唐书》本传皆记高少逸于会昌中为给事中,未记有年,今查《旧唐书》卷一八上《武宗纪》,会昌二年(842)十月,记云:"帝幸泾阳,校猎白鹿原。谏议大夫高少逸、郑朗等于阁内论:'陛下校猎太频,出城稍远,万机废弛,星出夜归。方今用兵,且宜停止。'上优劳之。"《通鉴》卷二四六记此事于会昌二年十一月:"上幸泾阳校猎。乙卯,谏议大夫高少逸、郑朗于阁中谏曰……"后接云:"己未,以少逸为给事中,朗为左谏议大夫。"按《旧唐书·武宗纪》会昌二年,只记止十月,无十一、十二月,当有缺漏,应据《通鉴》,高少逸、郑朗之谏,在十一月,并改任给事中。

可以注意的是,高少逸任给事中时曾撰有记述西域诸国的一部历史地理著作。宋陈振孙《直斋书录解题》卷五杂史类,有《四夷朝贡录》十卷,云:"唐给事中渤海高少逸撰。会昌中,宰相李德裕以黠戛斯朝贡,莫知其国本原,诏为此书。凡二百一十国,本二十卷,合之为十卷。"关于黠戛斯朝贡,《通鉴》卷二四七会昌三年二月有记:"辛未,黠戛斯遣使者注吾合索献名马二,诏太仆卿赵蕃饮劳之。"会昌二、三年间,唐廷正与回鹘交战,李德裕时为宰相,当极关心西域诸国,即因黠戛斯有所朝贡,即作为契机,约高少逸编撰此书。《直斋书录解题》称此书记有二百一十国,则编撰时确为不易。《新唐书》卷五八《艺文志》二,史部地理类,亦著录高少逸《四夷朝贡录》十卷。惜此书后未存。

高少逸在武宗朝即任为给事中。后于宣宗朝之仕历,两《唐书》本传所记又有误。《旧传》:"大中初,检校礼部尚书、华州刺史、潼关防御、镇国军使。入为左散骑常侍、工部尚书,卒。"此云大中初任为华州刺史，而《旧唐书》卷一八下《宣宗纪》，大中十年（856）四月癸丑，"以给事中、渤海郡开国公、食邑二千户高少逸检校礼部尚书、华州刺史、潼关防御、镇国军等使"；同卷大中十一年十月，记："以华州刺史高少逸为左散骑常侍，以苏州刺史裴夷直为华州刺史、潼关防御、镇国军等使，以太常少卿崔钧为苏州刺史。"所记皆具体，当可信。由此，则高少逸于宣宗大中十年四月前仍为给事中，是年四月改任华州刺史，至十一年十月，《旧传》记为"大中初"，显误。

《新传》未记高少逸任华州刺史事，而谓宣宗时曾任陕虢观察使，云："稍进给事中，出为陕虢观察使。中人责峡石驿吏供饼恶，鞭之，少逸封饼以闻。宣宗怒，召使者责曰：'山谷间是饼岂易具邪？'谪隶恭陵，中人皆敛手。"按此事又见《通鉴》卷二四九，系于大中八年九月丙戌，称"以右散骑常侍高少逸为陕虢观察使"。按据前所引之《旧纪》，高少逸于大中十一年十月离华州刺史入朝才任为左（右）散骑常侍，大中十年四月任华州刺史前为给事中，《新传》亦未记高少逸在陕虢观察使已为左散骑常侍。又王谠《唐语林》卷三亦载有此事，未记年，而称为"高尚书少逸为陕州观察使"。实则高少逸由华州刺史返朝，于晚年才以兵部（工部）尚书致仕。《唐语林》称其为尚书而任陕州观察使，亦误。

《旧传》末云"入为左散骑常侍、工部尚书，卒"；《新传》云："以兵部尚书致仕，卒。""工"、"兵"，有小异。其卒或即在大中末。

《新唐书·艺文志》著录其《四夷朝贡录》十卷，其他别无著录。《全唐诗》、《全唐文》亦未载其诗文。

武宗朝翰林学士传

李 褒

李褒于开成五年(840)三月入院,丁《记》将其与前裴素、高少逸及后周敬复、郑朗、卢懿、李讷、崔铉、敬晦,同列于"开成后十四人",实则自李褒起,已为武宗朝翰林学士,因武宗于开成五年正月十四日即位,开成虽为文宗朝年号,实则开成五年应列于武宗朝。可以注意的是,武宗即位后,以李褒为始,开成五年,新召入者有七人,而文宗时所留于院中者七人,本年内陆续出院者有六人,只裴素于本年十一月加承旨,翌年即会昌元年(841)十一月卒,即文宗朝翰林学士,至会昌元年冬已未有仍留于院中者。这也为唐代历朝翰林学士组建之常例,很值得探索。

李褒,两《唐书》无传。丁《记》记其在院供职,虽仅三年,但也为其一生所记之最详者。岑氏《注补》曾引有若干材料,也可资参考。

《旧五代史》卷九二《李怿传》有记:"京兆人也。祖褒,唐黔南观察使。父昭,户部尚书。"昭,确为李褒子(见后),但云李褒任黔南观察使,似不可靠。不过由此可知其为京兆人。又,李怿,五代梁时曾为翰林学士,于后唐明宗天成(926—930)时又为翰林学士承旨。

　　李褒早年事迹不详,现可知者,宪宗元和后期曾与沈亚之交游。《全唐文》卷七三六沈亚之《旌故平卢军节士文》,记唐宪宗于元和十年(815)征讨淮西方镇吴元济外,另有兵征伐山东、河北诸镇,后十四年二月斩除淄青节度使李顺道,战事平。此文所记甚详,后有云:"(元和)十四年,余与李褒、刘濛宿白马津,俱闻之于郭记室,明日复皆如济北,济北之人尽能言(郭)昈之节,故悉以论著,将请于史氏云。"则此时,沈亚之与李褒、刘濛同聚于山东淄青一带。《元和郡县图志》卷八河南道滑州白马县,有白马津,为黄河南岸渡口;白马县在今河南滑县东,靠近济州(今山东西南)。沈亚之,两《唐书》亦无传。据《唐才子传校笺》卷六《沈亚之传》笺①,沈亚之,吴兴人,元和十年(815)进士及第,后供职于泾原节度使李彙幕府,旋返回;穆宗长庆时为京畿栎阳县尉。沈亚之为中唐时传奇创作名家。刘濛为刘晏孙,附见《新唐书》卷一四九《刘晏传》,"举进士,累官度支郎中,会昌初,擢给事中"。沈氏此文,仅举李褒名,未记其官衔,可能亦为元和时进士及第者。

---

①参傅璇琮主编《唐才子传校笺》卷六《沈亚之传》吴企明笺,中华书局,1990年。

又李商隐《为绛郡公上李相公启》，为会昌五年（845）李褒在郑州刺史时所作（参见刘学锴、余恕诚《李商隐文编年校注》，页1069[1]；关于李商隐作启状及年月，详见后）。此启中有云："且某运偶昌期，年初知命。"刘、余注引《论语》"五十而知天命"，谓"据此，李褒当生于唐德宗贞元十二年（796）左右"，当是。据此，则元和十四年（819），李褒为二十余岁。又李商隐《为绛郡公上崔相公启》（《全唐文》卷七七七），代其自述早年曾"粗沾科第，薄涉艺文"，则亦曾进士及第者。

《旧唐书》卷一七六《李让夷传》，记李让夷于文宗大和九年（835）为谏议大夫（李让夷于大和元年至五年为翰林学士，见前文宗朝李让夷传），"开成元年，以本官兼知起居舍人事"，之所以如此，乃因为"时起居舍人李褒有痼疾，请罢官"（《新唐书》卷一八一《李让夷传》同）。则李褒于开成元年（836）前已任为起居舍人（从六品上，与尚书诸司员外郎同阶），此为现在所知其最早所任之官。此后数年，即入为翰林学士。

丁《记》："开成五年三月二十日，自考功员外郎、集贤院直学士充。"此为武宗即位后第一位召入为翰林学士。

丁《记》接云："其年六月，转库部郎中、知制诰。十二月十二日，赐绯。会昌元年五月，拜中书舍人。十二月，加承旨；六日，赐紫。二年五月十九日，出守本官。"此为开成五年（840）至会昌二年（842）行迹。按裴素于开成五年六月迁中书舍人，十一月加承旨，会昌元年十一月十七日卒官，此时在院中以李褒为资历最深

---

[1] 刘学锴、余恕诚《李商隐文编年校注》，页 1069，中华书局，2002 年。

者,故于十二月加承旨,时间衔接,丁《记》所记合实。

李褒在院期间于翰林学士职责,无有史书记载,所可注意者是有几位文士与其有诗文交往。姚合《和李十二舍人裴四二舍人两阁老酬白少傅见寄》(《全唐诗》卷五〇一),末二句云:"纶闱并命诚宜贺,不念衰年寄上频。"前裴素传已述,裴素于开成五年六月为中书舍人,李褒则于同年六月为库部郎中、知制诰,亦可称舍人,故姚合诗云"纶闱并命诚宜贺"。又此诗首二句云"罢草王言星岁久,嵩高山色日相亲",乃叙白居易。白居易此时任太子少傅、分司,居洛阳,且距过去任翰林学士、中书舍人草撰制诰已有多年,故云"罢草王言星岁久"。开成五年,白居易已六十九岁。就姚合此诗诗题,当为李褒、裴素在院时,白居易特自洛阳作诗,寄贺二人升迁中书舍人及以他官知制诰,李、裴二人即有和作,姚合时在长安(任谏议大夫),亦和李、裴二人诗。由此可见,李褒、裴素与白居易亦有文字交往。

姚合又有《和李舍人秋日卧疾言怀》(《全唐诗》卷五〇一),中云"王言生彩笔,朝服惹炉香",亦记李褒在院中值班,撰写制诏事。后云:"松影幽连砌,虫声冷到床。诗成谁敢和,清思若怀霜。"极赞誉其诗才之清新。姚合又有《和李十二舍人直日放朝对雪》、《和李十二舍人冬至日》(均同上),当皆为会昌元年冬作。由此可见李褒屡有诗寄赠姚合,姚合即有和作,惜李褒诗未存。

李褒于会昌二年(842)五月十九日以中书舍人出院,不久先后任绛州、郑州刺史,乃与李商隐有文字交往,很值得研究。

周绍良编纂之《唐代墓志汇编》据"河南千唐志斋藏石",载有《唐故绵州刺史江夏李公墓志铭并序》①，署"朝散大夫使持节郑州诸军事守郑州刺史上柱国赐紫金鱼袋李褒撰"，称"有唐会昌四年四月十一日，左绵守李公殁于位"，后谓其年十二月十九日葬。如此，则会昌四年冬，李褒在郑州刺史任。这是确证，也是李褒唯一留存之文。在郑州期间，李商隐曾为其撰文数篇，并称其为从叔（见《郑州献从叔舍人褒》）②。按李商隐于会昌二年在陈许节度使王茂元幕（任掌书记），旋以书判拔萃入为秘书省正字，后又因母丧居家，在郑州荥阳，会昌三至五年间即居于洛阳、郑州等地，遂与李褒有接触，故李褒曾多次约李商隐代草启状。李商隐《为绛郡公上李相公》，据《李商隐文编年校注》（页944），此李相公为李德裕，作于会昌四年八月。文中云："周旋二郡，绵历两霜。"所谓"二郡"，结合当时唐廷征讨昭义节镇刘稹，云"绛台北控，有元戎大集之师；郑国东临，过列镇在行之众"，即绛州、郑州。李商隐另有一篇《为绛郡公上崔相公启》（《李商隐文编年校注》，页1042），亦有云："若某者实有何能，可叨出牧。绛田已非厥任，荥波转过其材。"即绛州任在郑州前。参据《唐刺史考全编》、《李商隐文编年校注》，大致可确定，李褒于会昌二年五月出院后，当不久即出任绛州刺史，会昌三、四年间改任郑州刺史，约至会昌五、六年间。

在此期间，可以注意的是，李商隐曾数次代李褒撰文。如《为

①《唐代墓志汇编》，周绍良编纂，上海古籍出版社，1992年。
②刘学锴、余恕诚《李商隐诗歌集解》，页521，台北洪业文化事业有限公司，1992年。

绛郡公上崔相公启》(《李商隐文编年校注》,页 1042),称"某本洛下诸生,东莞旧族,粗沾科第,薄涉艺文",则李褒为瑯琊东莞旧族,早期居于洛阳(按此可与前所引述之《旧五代史·李怿传》所谓"京兆人"比勘),曾举进士及第。在郑州期间,李商隐甚受李褒眷怀,其《上郑州李舍人状一》(同上,页 1051),有云:"伏奉荣示,伏蒙赐及麦粥饼啖饧酒等,谨依捧领讫。某庆耀之辰,早蒙抽擢;孤残之后,仍被庇庥。"《上李舍人状一》(同上,页 1076),作于会昌五年五、六月间,又云:"自春又为郑州李舍人邀留,比月方还洛下。"《上郑州李舍人状三》:"昨者累旬陪侍座下,赉赐稠叠,宴乐频仍。"可见李褒对李商隐生活处境的关怀。

又,李商隐于会昌四、五年间为李褒上书致时任宰相的李德裕、李绅、崔铉、李回,均提出辞郑州刺史任,自称"力有所不任,心有所不逮",希望能在江南任职,"彼吴楚偏乡,非舟车要路","俾之养理,使得便安"。李褒这种心情,也值得探索。

李褒何时离郑州刺史任,不可考。《唐刺史考全编》卷五八河南道虢州,据《全唐文》卷八三二钱珝《授李褒刺史等制》,谓"李褒为虢刺疑在会昌末"。按钱珝于昭宗时知制诰,后于会昌五十余年,时代不合。且钱珝制文,记李褒仅云"或清识雅裁,为时隽才;或检操修身,累居绳准",与前曾任绛、郑二州刺史之任历不合。则钱珝此制之李褒,当为昭宗时人,同名异人。

李褒当于会昌末入朝,宣宗初在朝中任职,于宣宗大中三年(849),知科举试。《唐语林》卷七有记:"大中三年,李褒侍郎知举。"清徐松《登科记考》卷二二即据《唐语林》所记,系李褒于大中三年(849)以礼部侍郎知举。

李褒知举后，即于同年出为浙东观察使、越州刺史。《会稽掇英总集》："李褒，大中三年自前礼部侍郎授，六年八月追赴阙。"李褒于浙东期间，杜牧曾献有诗，题为《李侍郎于阳羡里富有泉石，牧亦于阳羡粗有薄产，叙旧述怀，因献长句四韵》(《樊川文集》卷二)，诗云："冥鸿不下非无意，塞马归来是偶然。紫绶公卿今放旷，白头郎吏尚留连。终南山下抛泉洞，阳羡溪中买钓船。欲与明公操履杖，愿闻休去是何年。"陶敏《全唐诗人名考证》据李褒于大中三年以礼部侍郎知举，杜牧此诗题称"李侍郎"，当为李褒，是。陶《考》又谓杜牧此诗当作于大中三年，"时杜牧为司勋员外郎，牧开成五年已官员外郎，十年后仍在郎署，故云'白头郎吏尚留连'"。按杜牧于大中三年(849)为尚书司勋员外郎、史馆修撰，后于大中四年(850)转吏部员外郎，是年秋出为湖州刺史①。则此诗当作于大中三、四年间。但陶《考》又引《唐语林》卷四所记"李尚书褒晚年修道，居阳羡川石山后，长子召为吴兴，次子昭为常州，当时荣之"，谓与诗中"放旷"及"终南山下抛泉洞，阳羡溪中买钓船"之语合，即谓杜牧作此诗时，李褒已隐居阳羡。按此与前所引述之《会稽掇英总集》所载李褒于大中三年至六年为浙东观察使不合。检《元和郡县图志》卷二五江南道常州有义兴县，云"本汉阳羡县"，在今江苏宜兴市南，太湖西岸，与会稽(今浙江绍兴)尚有一定距离，李褒不可能在任期间又居于该处。

　　按《唐语林》所记此则，有两种可能性，一为有真实性，结合杜牧此诗，即李褒在会稽任期，已着意于阳羡，特于该处先购置住

①参见缪钺《杜牧年谱》，人民文学出版社，1980年。

地，"富有泉石"，后离浙东任后，即隐居于此。另一为是否合于实际尚有可疑，《唐语林》记李褒居阳羡时，"长子召为吴兴，次子昭为常州，当时荣之"。今查核《唐刺史考全编》卷一四〇江南东道湖州(吴兴郡)，据《吴兴志》，记李超于咸通十一年(870)八月自楚州都团练使授，郁氏谓此李超疑即为李褒子李召①。大中六年(852)，咸通十一年(870)，相距近二十年，何以李褒后居阳羡时李召在吴兴任，且"当时荣之"。《唐语林》当依杜牧之诗而揣测写之。

据前所述，李褒当于大中六年离浙东任，此后不详。《旧五代史》卷九二其孙李怿传，谓"祖褒，唐黔南观察使"，即李褒后又任黔南观察使，未知是否属实，俟考。

李褒，两《唐书》无传，现辑集有关史料，确可大致勾稽其主要事迹，且可见其与当时文士之较广交往，确可补唐史之不足。

周敬复

周敬复，两《唐书》无传。其事迹最早可知者，为《旧唐书》卷一七三《郑覃传》所载："其年，李固言复为宰相。固言与李宗闵、杨嗣复善，覃憎之。因起居郎缺，固言奏曰：'周敬复、崔球、张次宗等三人，皆堪此任。'覃曰：'崔球游宗闵之门，且赤墀下秉笔，为

---

①按，《唐刺史考全编》又于卷一三八常州，引《嘉泰吴兴志》所载此文，系李昭于咸通十一年为常州刺史，昭、召混为一人，似误。

千古法,不可朋党。如裴中孺、李让夷,臣不敢有纤芥异论。'乃止。"按据《新唐书》卷六三《宰相年表》,李固言于文宗大和九年(835)七月辛亥任相,同年九月出为山南西道节度使;开成元年(836)四月甲午又任相,二年十月戊申又出为西川节度使。则此所谓"复为宰相",当在开成元年四月后。

由此可知,开成元年时,周敬复已在朝中任有官职,本由李固言荐其与崔球、张次宗为起居郎,但因当时执政者各有朋党之争,未就。又据《旧唐书·郑覃传》,此时郑覃为相,曾建议勒石刻经,乃奏水部员外郎崔球、监察御史张次宗参预校订《九经》文字。水部员外郎与起居郎同为从六品上,监察御史为正八品上,如此,则周敬复此时所任官当亦在七、八品之间。

《旧唐书》卷一七五《文宗子·庄恪太子永传》,记开成三年(838),文宗为加强对太子的教导,"诏侍读窦宗直、周敬慎依前隔日入少阳院"。《新唐书》卷八二《庄恪太子永传》亦载此,记为:"敕侍读窦宗直、周敬复诣院授经。"清劳格《唐尚书省郎官石柱题名考》卷四吏部员外郎,引《旧·庄恪太子传》,即谓"敬慎"当从《新书》作"敬复"。按两《唐书》除《旧唐书》卷一七五记有"周敬慎"外,其他均未有记,则"慎"字当误,应作"复"。由此可见,周敬复于开成前期任太子侍读。

此后,即入院。丁《记》:"开成五年三月三十日,自兵部员外郎、知制诰充。"即此前周敬复已为兵部员外郎、知制诰。据《旧唐书·文宗纪》及两《唐书·庄恪太子永传》,庄恪太子永,于开成三年十月庚子卒,则周敬复当于庄恪太子卒后,离太子侍读任,改为兵部员外郎。

丁《记》接云:"十二月十一日,赐绯。会昌元年二月十三日,转职方郎中、知制诰、中书舍人。二年九月十八日,守本官出院。"此处将职方郎中、知制诰与中书舍人并提,且为同时,岑氏《注补》对此有说,谓:"按知制诰即中书舍人之试用,试用而可者约周年乃正除舍人,唐制如是,可于各条见之,断无同日授知诰复授中舍之理,此处中书舍人四字是衍文,抑其上有夺文,今难确定。"如此,则其出院时所谓守本官,系职方郎中、知制诰,还是中书舍人,确未能定。

出院后仕历未详,现可知者为《旧唐书》卷一八下《宣宗纪》,大中四年(850),"十二月,以华州刺史周敬复为光禄大夫、检校左散骑常侍,兼洪州刺史、江南西道团练观察使,赐金紫"。周敬复何时任华州刺史,未可知。

《全唐文》卷七三三杨绍复《授周敬复尚书右丞制》,中云:"江南西道都团练使观察处置等使检校右散骑常侍周敬复,以精远之词,早登科籍;以深奥之学,遂列显名。振风绩于南宫,奋华辉于翰苑,声猷实著,名以事高。"《唐刺史考全编》卷一五七江南西道洪州,亦提及杨绍复此制,又据严耕望《唐仆尚丞郎表》谓周敬复约于大中七年(853)前后由江西观察迁右丞。杨绍复为杨於陵子,两《唐书·杨於陵传》皆记杨绍复官中书舍人,但未记年。此当为杨绍复为中书舍人时所作。由杨此制,则周敬复亦曾进士及第("早登科籍"),先任尚书省郎官("南宫"),后即入翰林学士院("奋华辉于翰苑")。

又杜牧有《代人举周敬复自代状》(《樊川文集》卷一五),云:"前件官执德以进,向道而行,蔼有令名,备历清贯。掌纶言于西掖,才称发挥;参密命于内庭,众推忠慎。自珥貂近侍,主钥东门,声实益重于搢绅,磨涅始彰其坚白。伏以南省实天下根本,两丞为百司管辖,苟非其选,必致败官。今若以臣所任回授敬复,庶能肃清台阁,提举纪纲,既曰陟明,实不虚受。伏乞天恩允臣所请。"此为杜牧代人所撰,未能定其确切时间。唯因文中有"两丞为百司管辖",杨嗣复有《授周敬复尚书右丞制》,则似有联结。胡可先《杜牧诗文编年》①,有云:"周敬复大中七年由洪州刺史迁尚书右丞,故杜牧作此状于此前不久,当为大中六年(852)杜牧卒前。《唐方镇年表》卷五引杜牧《代人举周敬复自代状》亦在大中六年下,良是。"此说有一定道理。但杜牧此文,周之仕绩,仅言"掌纶言于西掖"(即曾任兵部员外郎、知制诰),"参密命于内庭"(即入院为翰林学士),而未叙出院后连续任绛州、洪州节镇,不知何故。

还值得一提的是,周敬复在江西任时,李商隐作有一文称誉之。李商隐于大中五年至九年(851—855)在柳仲郢东川节度使幕,掌书记,在梓州。当地一寺院建立四位佛教大师碑铭,李商隐应命撰有《唐梓州慧义精舍南禅院四证堂碑铭并序》,作于大中七年(参据刘学锴、余恕诚《李商隐文编年校注》,页2069)②,中谓此时江西廉使汝南公(周敬复),闻讯后特寄赠一大师道貌,深致谢忱,云:"江西廉使大夫汝南公,黄中秉德,业尚资仁,动之则瑶瑟琼钟,锵洋清庙;静之则明河亮月,浩荡华池。远应同声,函缄遗貌。"于此也可见周敬复之文化情趣。

①见胡可先著《杜牧研究丛稿》,人民文学出版社,1993年。
②刘学锴、余恕诚《李商隐文编年校注》,中华书局,2002年。

据前所述，周敬复约于大中七年入朝，任尚书右丞，此后两年，却发生一件意外错失事。《旧唐书》卷一八下《宣宗纪》，大中九年，"三月，试宏词举人，漏泄题目，为御史台所劾，侍郎裴诹改国子祭酒，郎中周敬复罚两月俸料，考试官刑部郎中唐枝出为处州刺史，监察御史冯颛罚一月俸料。其登科十人并落下。其吏部东铨委右丞卢懿权判"。《新唐书》卷八《宣宗纪》、《通鉴》卷二四九皆未记此事。《唐会要》卷七六亦记此，唯云"大中元年二月"（中华书局 1957 年排印本），"元"当为"九"之形讹。又《唐会要》所载此事，谓"考试官刑部郎中唐扶出为虔州刺史"，与前《旧纪》所载之"唐枝"，又异。今查《旧唐书》卷一九〇下《文苑传》下《唐次传》，记唐次弟款，款子枝，有云："枝字已有，会昌末累迁刑部员外，转郎中，累历刺史，卒。"此与《旧纪》所记大致相合。又《旧唐书·唐次传》确亦记有唐扶，为唐次之次子，但未记其曾任虔州刺史，且谓开成四年十一月卒于福建团练观察使，已为大中九年之前十余年。可见《唐会要》此书确需重新全面整理。

此后周敬复仕迹不详。《新唐书·艺文志》未有著录；《全唐诗》、《全唐文》亦未载其诗文。

又，岑氏《注补》于丁《记》记周敬复于会昌二年九月十八日出院后，谓李商隐有《谢邓州周舍人启》，谓此周舍人当为周敬复，见其所著《玉谿生年谱会笺平质》。按刘学锴、余恕诚《李商隐文编年校注》（页 1779）考此文作于大中二年秋，时李商隐由桂管归京途经邓州，但此周舍人"是否即周敬复，则尚待进一步考定"。周敬复似未曾任邓州刺史，且李商隐此文既作于大中二年，距周敬复会昌二年九月出院，已有六年，岑说似不确。

郑　朗

郑朗,两《唐书》有传,见《旧唐书》卷一七三、《新唐书》卷一六五。郑覃为文宗大和时翰林侍讲学士(见前郑覃传)。

《旧传》记:"朗字有融。长庆元年,登进士甲科。"而《新传》则记为:"有司擢朗第一,既又覆实被放。"长庆元年(821)举试事,清徐松《登科记考》卷一九,有详记。此年为钱徽知举,初选后为人所告,谓"今岁礼部殊不公,所取进士皆子弟无艺,以关节得之"(《通鉴》卷二四一长庆元年三月载,此为西川节度使段文昌上言)。后由中书舍人王起、主客郎中知制诰白居易等复试,"诏黜(郑)朗等十人",钱徽等亦被贬(详见前宪宗朝钱徽、段文昌传)。则郑朗于长庆元年应试,初及第,后被黜落,《旧传》仅言"长庆元年,登进士甲科",不确。

《旧传》后又有误,其于"长庆元年,登进士甲科"后,接云"再迁右拾遗",即谓是年进士及第后,即再迁为右拾遗。《新传》则记为:"始辟柳公绰山南幕府,入迁右拾遗。"又《旧唐书》卷一六五《柳公绰传》记云:"钱徽掌贡之年,郑朗覆落,公绰将赴襄阳,首辟之。"

又据《旧唐书》卷一六《穆宗纪》,长庆三年五月,山南东道节度使牛元翼卒,而《旧唐书·柳公绰传》记柳于长庆三年先为尚书左丞,后任山南东道节度使。如此,则郑朗当于长庆元年举试复落后,于长庆三年五月后应辟入柳公绰之山南东道节镇。后柳公绰于敬宗宝历元年（825）入为刑部尚书，则郑朗亦因之入朝，迁右拾遗。

《旧传》后记郑朗于开成中为起居郎，转考功郎中，开成四年又迁为谏议大夫。在这期间，刘禹锡有诗与郑覃、朗兄弟唱酬。刘禹锡有《奉和郑相公以考功十弟山姜花俯赐篇咏》，陶敏、陶红雨《刘禹锡全集编年校注》，即据此系于开成三年，郑朗于四年迁谏议大夫前①。时刘禹锡在洛阳。开成三年，郑覃正居相位，故刘诗题称"郑相公"。此诗有云："响为纤筵发，情随彩翰飞。故将天下宝，万里共光辉。"当为郑朗在考功郎中任时，以名花山姜寄赠刘禹锡，郑覃并撰有诗，刘禹锡即特为和作，以致谢意，并抒情谊。

《旧传》后记郑朗于开成四年迁谏议大夫，会昌初为给事中，未叙开成四年至会昌初入为翰林侍讲学士。《新传》则云："累迁谏议大夫，为侍讲学士。"虽未记年月，但合乎事实，可补《旧传》之不足。

丁《记》记云："开成五年四月十九日，自谏议大夫充侍讲学士，其年五月四日，赐绯。十一月二十九日，出守本官。"

郑朗与卢懿是武宗即位后第一批召入为翰林学士的（卢懿，见后传）。时李德裕任相，李德裕与郑覃甚有交谊，郑朗当因受李德裕之荐而入院的。但仅半年，又以谏议大夫出院，不知何故。不过李德裕于会昌二年（842）十一月所撰《授郑朗等左谏议大夫制》②，对郑朗在谏议大夫任期之职责，是甚加称誉的，称其"贞正

①《刘禹锡全集编年校注》，页719，岳麓书社，2003年。
②傅璇琮、周建国《李德裕文集校笺》卷四，河北教育出版社，2000年。

守道,列于左掖,从容讽谏,每竭嘉猷","执以言责,本于忠诚"。

此后,郑朗仕迹颇显,据两《唐书》本传,历任地方节镇,朝中又任为御史中丞、户部侍郎。又《新唐书》卷六三《宰相年表》,记为:宣宗大中十年(856)正月,任相,守工部尚书、同中书门下平章事;十一年(857)十月,罢为检校尚书右仆射、兼太子少师。而《旧传》所记有异,云:"大中十年,以疾辞位,进加检校右仆射、守太子少师。"此可为又一显误。

《全唐文》卷七九一载其文一篇:《请停直馆增修撰奏》,甚短。其他均未有载记。

卢　懿

卢懿,两《唐书》无传。《新唐书》卷七三上《宰相世系表》三上,载有其名,但未记其字号、官名;又记其祖晊,殿中侍御史,父逢,户部郎中。又《旧五代史》卷六七《卢程传》云:"卢程,唐朝右族。祖懿,父蕴,历仕通显。"即卢懿之仕迹亦为通显者,但未有具述。

卢懿是否科举及第,不详。其事迹最早可知者,为清劳格《唐尚书省郎官石柱题名考》卷三吏部郎中卢懿名下,引石刻《蜀丞相诸葛武侯祠堂碑阴》,有云:"杨嗣复记,后列衔有节度参谋、试大理评事卢懿。大和九年八月八日,四川成都。"按清陆心源辑《唐文拾遗》卷二五有杨嗣复《蜀武侯祠堂碑阴题记》,云:"予以元和初为临淮公从事,因陪刻石,时序荏染,二十有七年。今谬膺戎寄,口继前烈,谒拜祠宇,顾瞻斯文,省躬怀旧,不胜感幸。"文末署《金石苑》。但未列碑阴题名。今检《旧唐书》卷一七六《杨嗣复传》,杨嗣复于文宗大和九年(835)三月为成都尹、剑南西川节度使,开成二年(837)十月入为户部侍郎。《郎考》所引《祠堂碑阴》题名,为大和九年八月八日,则卢懿当应杨嗣复之辟,于大和九年三月后在西川节度幕府任节度参谋,带大理评事之衔(从八品下)。

杨嗣复后于开成二年召还,卢懿可能亦随之入朝,过三年,开成五年(840)四月,即以司封员外郎入院。

丁《记》:"开成五年四月十九日,自司封员外郎充侍讲学士。"与郑朗同时入(见前郑朗传),亦为武宗朝首批召入的翰林侍讲学士。

丁《记》接云:"其年四月,赐绯。"按前所记为开成五年四月十九日入院,而此又云"其年四月",相重。岑氏《注补》有云:"按懿与前条郑朗同日入为讲学,则其赐绯似亦同时,今朗以五月四日赐绯,而懿以四月,殆任一有误,四月近于四日之讹,其误或在本条也。"岑说是,当据郑朗条,改为"其年五月四日"。

丁《记》接记其出院:"会昌元年二月九日,出守本官。"则其在院,不到一年,似也无具体职绩。后崔碬草制的《授卢懿吏部郎中制》(《全唐文》卷七二六),称其"词锋绚练,门绪清华;儒席许其温恭,士林推其端厚",即就其侍讲学士职责而言的。

卢懿以司封员外郎出院,后有迁转。元王恽《玉堂嘉话》卷一,记有"李绅拜相制",又云:"后平书司勋郎中判懿,会昌二年二月。"《唐尚书省郎官石柱题名考》卷七司勋郎中,于卢懿名下引

《淳熙秘阁续法帖》卷六,亦记有:"李绅拜相告后平书司勋郎中判懿。会昌二年二月日。"《李绅拜相制》为孔温业所撰(见《唐文拾遗》卷三,亦据王恽《玉堂嘉话》。《唐大诏令集》未载此制)。李绅由淮南节度使入朝,确在会昌二年(842)二月(参见傅璇琮《李德裕年谱》)。由此,则卢懿于会昌元年二月以司封员外郎出院后,迁司封郎中,会昌二年二月仍在此任。

又崔嘏《授卢懿吏部郎中制》(《全唐文》卷七二六),先称其"河南少尹卢懿",首云"自分曹洛汭,贰尹三川",则卢懿于会昌二年二月后,又曾任河南少尹(洛阳),会昌后期又入为吏部郎中。

又杜牧《唐故东川节度使检校右仆射兼御史大夫赠司徒周公墓志铭》(《樊川文集》卷七),记周墀于宣宗大中五年(851)二月十七日,"讣至,废朝三日,册赠司徒,命谏议大夫卢懿吊恤其家"。则卢懿于大中五年二月在谏议大夫任。

又《旧唐书》卷一八下《宣宗纪》,大中九年(855)三月,记本年试宏词举人,漏泄题目,考官受罚(详见前周敬复传),有云:"其吏部东铨委右丞卢懿权判。"即此次博学宏词试,复由吏部复试,卢懿即以尚书右丞主持其事。《旧唐书·宣宗纪》后于大中十一年(857)四月又记:"以吏部侍郎卢懿检校工部尚书、兼凤翔尹、御史大夫、凤翔陇右节度使。"后又记大中十一年十二月,任蒋係为凤翔尹、凤翔陇右节度观察等使。则卢懿任凤翔陇右节镇,仅半年。此后不详,可能即卒于凤翔节镇任,故仅半年,即另委人接任。

卢懿未有著述著录,亦无诗文传世。

李 讷

　　李讷,两《唐书》有传,见《旧唐书》卷一五五、《新唐书》卷一六二,附于其父李建传后。李建,德宗时翰林学士,详见前传。李建郡籍为陇西,其先世后寓居江陵(今湖北江陵)。

　　《旧唐书·李建传》所记李讷事甚略,仅云:"三子:讷、恪、朴。讷最知名,官至华州刺史、检校尚书右仆射。"《新传》所记稍详,有云:"建子讷,字敦止,及进士第。迁累中书舍人,为浙东观察使。"皆未记翰林学士事,如无丁《记》,则唐翰林学士即缺李讷之名。

　　元稹曾为李建作墓志铭:《唐故中大夫尚书刑部侍郎上柱国陇西县开国男赠工部尚书李公墓志铭》(《全唐文》卷六五五),记李建"生五男","长曰讷",后又依此叙四子名:朴、恪、慤、硕。而《旧传》所记,李建仅三子,且恪在朴之前,元《志》可补其缺失。又据元《志》,李建卒于长庆元年(821)二月二十三日,五月二十五日葬于凤翔府某县,《志》又云:"生五男,长曰讷,始二十。"则长庆元年李讷为二十岁,当生于德宗贞元十八年(802)。此亦可补两《唐书》本传。

　　《新传》谓其"及进士第",未记年。李讷前期事迹不详,其最早仕历可知者唯丁《记》云:"开成五年七月五日,自左补阙充。会昌二年四月十六日,迁职方员外郎。十一月二十一日,赐绯。三年四月□日,守本官。"据此,则李讷于文宗开成年间已任为左补阙(从七品上),武宗即位后,于当年七月五日召入为翰林学士,时年三十九;会昌二年(842)四月,迁职方员外郎(从六品上);会昌三年(843)四月,守本官(职方员外郎)出院。又《唐尚书省郎官石柱题名考》卷四吏部员外郎有李讷,或于出院后又由职方员外郎改为吏部员外郎,旋又迁为礼部郎中(从五品上)、知制诰(见后)。

崔嘏《授李讷中书舍人李言大理少卿制》(《全唐文》卷七二六),称李讷原为礼部郎中、知制诰,现授以中书舍人。按崔嘏于会昌时为中书舍人(见前卢懿传)。如此,则李讷于会昌三年四月以职方员外郎出院,后又改吏部员外郎,随又迁礼部郎中、知制诰,当于会昌后期擢为中书舍人(正五品上)。崔嘏制文称其"以器能犀利,文采光华,演纶推倚马之工,剖竹著悬鱼之化"①。

又,岑氏《注补》,于丁《记》记李讷出院后,曾援引李商隐《郑州李舍人状》《上李舍人状》,谓非李商隐集旧注所谓李褒,应为李讷,李讷于会昌三年出院后,于此年冬出守外郡(郑州),四年复召为吏部员外、知制诰,李商隐即作此二状。按岑氏所言实无据。今检刘学锴、余恕诚《李商隐文编年校注》(第三册),此李舍人仍当为李褒,详见前李褒传。

《新传》记李讷"及进士第"后,即云"迁累中书舍人",未记入

---

① 按崔嘏此制,题中称"李言大理少卿";《唐尚书省郎官石柱题名考》卷四吏部员外郎,于李讷名下亦引有崔嘏此制文,劳格谓"李言"疑"卢言",即谓"李言"当作"卢言",但未叙所据。按卢言,两《唐书》无传,《新唐书》卷一八〇《李德裕传》记宣宗即位后,贬李德裕,大中二年又有讼李绅冤杀吴湘事,大理卿卢言即言,当由此再贬李德裕。大中二年卢言为大理卿,则会昌后期当任为大理少卿。此可补劳格之说。

翰林学士院事,也未记任所谓中书舍人之年。《全唐文》卷四三八载有李讷《授卢弘止韦让等徐滑节度使制》①、《授薛元赏昭义军节度使制》、《授陈君从鄜州节度使塞门行营使制》。按卢弘止、韦让,约于宣宗大中三年(849)为徐、滑节度使(参《唐刺史考全编》卷六四河南道徐州、卷六三滑州),薛元赏亦于大中三年为昭义军节度使(参同上卷八六河东道潞州),陈君从约于大中五、六年间为鄜州节度使(参同上卷七关内道鄜州)。据此,则李讷于会昌后期任中书舍人,至宣宗大中五、六年间仍在任。可注意的是,李讷在翰林学士任期内,未有制文传世,而在中书舍人任内,却存有三篇制文,且此三篇制文,皆为授重镇之作。由此可见,晚唐时中书舍人撰写制诰之职责,亦甚受朝中重视。可再就此时中书舍人崔嘏、钱珝,作进一步考索。

《新传》又记:"迁累中书舍人,为浙东观察使。"即后由中书舍人出任浙东观察使,而杜牧《李讷除浙东观察使兼御史大夫制》(《樊川文集》卷一八),则先称李讷为华州刺史,潼关防御镇国军等使,现授为浙东观察使,即由华州刺史、镇国军节度使改任,非由中书舍人出任,此可纠《新传》之不确。又《会稽掇英总集·唐太守题名》记:"李讷,大中六年八月自华州防御使授。"由此,则李讷当于大中五、六年间自中书舍人出任华州刺史,大中六年八月又改任浙东观察使。

杜牧所撰制文,称李讷"实以君子之德,华以才人之辞,扬历清显,昭彰令闻。辍自掌言,式是近辅,子贡为清庙之器,仲弓有

---

①按此制题,"卢弘止"原作"卢弘正",今改。

南面之才"。即先为翰学,又为中书舍人,均能"表率教化,皆有法度",对其撰制之职责甚为重视。

这里还可纠《旧唐书》一误。《旧唐书》卷一八下《宣宗纪》下,大中十年,"正月乙巳,以正议大夫、华州刺史、潼关防御、镇国军等使、上柱国、陇西县开国男、食邑三百户、赐紫金鱼袋李讷检校左散骑常侍、兼越州刺史、御史大夫、浙江东道都团练观察等使"。即李讷由华州转任浙东,在大中十年正月。而据上所述,李讷任浙东观察使之制文乃杜牧所撰,杜牧则于大中五年八月由湖州刺史擢考功郎中,知制诰,大中六年初入朝,同年八月正除中书舍人,而于同年冬病卒(参见《唐五代文学编年史》)。如此,则此撰制当作于大中六年,与《会稽掇英总集》所记大中六年八月合。《旧纪》记为大中十年,显误。且《通鉴》卷二四九大中九年七月记"浙东军乱,逐观察使李讷";于是"九月乙亥,贬李讷为朗州刺史"。《新唐书》卷八《宣宗纪》亦于大中九年七月记:"是月,浙江东道军乱,逐其观察使李讷。"即大中十年前一年,李讷已离浙东任。此亦可证,晚唐时期,《新唐书》本纪较《旧唐书》确切。

又《通鉴》载浙东之所以发生军乱,是因为李讷"性卞急,遇将士不以礼,故乱作"。《东观奏记》卷下、《唐语林》卷二,亦皆有此记。《新传》后记李讷贬朗州刺史,又召为河南尹,在河南尹时"时久雨,洛暴涨,讷行水魏王堤,惧漂汩,疾驰去,水遂大毁民庐。议者薄其材"。可见李讷仕绩不显。

此后仕迹不详。《旧传》云"官至华州刺史",《新传》则谓"凡三为华州刺史,历兵部尚书,以太子太傅卒",所记互异,且均未记年月。《全唐文》卷七九五孙樵《唐故仓部郎中康公墓志铭并序》，称康氏卒于咸通十三年，中称"今华州刺史李公讷"，则懿宗咸通十三年（872）仍在华州刺史任，时年已七十一。

《新唐书·艺文志》未著录其著述。《全唐诗》卷五六三载其诗一篇，《全唐文》卷四三八载其文数篇。

崔 铉

崔铉，两《唐书》有传，见《旧唐书》卷一六三、《新唐书》卷一六〇，皆附于其父崔元略传后。《旧传》记崔元略为博陵人，《新传》谓博州人。《元和郡县图志》卷一六河北道有博州，其所属县博平，"本齐之博陵邑也"。其地为今山东荏平。又《新唐书》卷七二下《宰相世系表》二下，记崔元略，"义成节度使"。据《旧传》，崔元略为滑州刺史、义成节度使，在文宗大和五年（831），同年十二月卒。

两《唐书》本传皆记崔铉字台硕，登进士第，但未记年。宋计有功《唐诗纪事》卷五一崔铉条，谓"宝历三年登第"。据《旧唐书·文宗纪》，大和元年（827）二月乙巳始改元，唐科试一般在年初，故此云宝历三年。清徐松《登科记考》卷二〇即据《唐诗纪事》系于大和元年。又《太平广记》卷一七五《崔铉》条，据《南楚新闻》，谓崔铉"大历三年侍郎崔郾下及第"。按大和元年确为崔郾知举，而云大历三年，则显误（大历三年知举者为薛邕）。

《唐诗纪事》卷五一又载崔铉"为儿时随父访韩晋公滉，滉指架上鹰令咏焉。吟曰：'天边心胆架头身，欲拟飞腾未有因。万里碧霄终一去,不知谁是解绦人。'滉曰:'此儿可谓前程万里也。'"
按此事,《太平广记》卷一七五亦载,所据亦为尉迟枢《南楚新
闻》。按据《旧唐书》卷一二九《韩滉传》,韩滉卒于德宗贞元三年
(787),若以此年计算,时崔铉尚为儿时,但已能作诗,姑以十岁
计,则当生于大历十二年(777)左右。如此,宝历三年(大和元年)
进士登第,已五十一岁;后于文宗开成三年(838)入李石荆南幕,
为六十一岁,唐时入方镇幕府,似未能有六十余岁的。后崔铉于
懿宗咸通时为荆南节度使,咸通八年(867)曾阻庞勋兵有功,则此
年为九十一岁,九十余岁是不能仍在方镇任的。故《唐诗纪事》据
《南楚新闻》所载此则轶事,当不合实;且前已考述,《南楚新闻》
载崔铉为大历三年及进士第,已误,可见《南楚新闻》所载崔铉事,
均误。

两《唐书》本传记其进士及第后,曾应辟在方镇幕府供职,后
入朝被召为翰林学士。丁《记》记为:"开成五年七月五日,自司勋
员外郎充。会昌二年正月十二日,加司封郎中、知制诰。其年九
月二十七日,加承旨,赐绯。十一月二十九日,迁中书舍人。三年
五月十四日,拜中书侍郎平章事。"按《旧传》云:"会昌初,入为左
拾遗,再迁员外郎、知制诰,召入翰林,充学士。"即崔铉在入院前,
于会昌初,先为左拾遗,再为员外郎并知制诰,而据丁《记》,崔铉
于开成五年(即会昌元年前一年)已以司勋员外郎入院,此云"会
昌初"才为左拾遗,后再迁员外郎、知制诰,才召入院,皆误。《旧
传》又有云:"累迁户部侍郎、承旨。"而据丁《记》,崔铉加任承旨
时,其官衔为司封郎中、知制诰,在院时未有任户部侍郎者。《旧
传》记崔铉入院事,仅数句,却有数误。

又，李褒于会昌元年十二月以中书舍人加承旨，会昌二年五月十九日出院（见前李褒传），崔铉即于会昌二年九月十七日接承旨任。

《全唐文》卷七五九仅载其文一篇：《遣司封员外郎充史馆修撰权审于衢路突尚书左仆射平章事判》，为残篇，权审，两《唐书》无传，仅《新唐书》卷七五下《宰相世系表》五下，记其"字子询"；此判文题中"于衢路突尚书左仆射平章事"，其事亦不详，亦未知其确年，是否在院时所作，亦未可定。可定为在院期间所作的，有《左神策军纪全德碑》，欧阳修《集古录目》卷十据《宝刻丛编》有著录，云："翰林学士承旨崔铉撰，散骑常侍、集贤殿学士柳公权书，集贤直院徐方平篆额。武宗常幸神策军劳策军士，兼统三军上将军仇士良请为碑以纪圣德，铉等奉敕书撰。碑以会昌三年立。"（据《云自在龛丛书》本）按文宗于开成五年正月卒，武宗立，宦者仇士良颇有功，故武宗于会昌前期甚宠信之，故《集古录目》云"武宗常幸神策军劳策军士"，当据崔铉所撰碑文。此当于会昌三年上半年崔铉在承旨任时所撰（又，柳公权于会昌二年二月已由集贤学士、判院事左迁太子詹事，见《通鉴》卷二四六，欧阳修当仍据其原衔所署）。

《旧传》："会昌末，以本官同平章事。"《新传》则具体记为："会昌三年，拜中书侍郎、同中书门下平章事。"《旧唐书·武宗纪》未记，《新唐书》卷八《武宗纪》亦记于会昌三年，谓五月"戊申，翰林学士承旨、中书舍人崔铉为中书侍郎，同中书门下平章事"，与《新唐书》卷六三《宰相年表》同，戊申为二十日。《通鉴》卷二四七则记为会昌三年五月壬寅，壬寅为十四日，与丁《记》同。

此为小异,而《旧传》却记为"会昌末",则不确,会昌共六年,不应将会昌三年称为"末"。

崔铉是武宗朝由翰林学士直接提升为宰相之首例(也仅此一例)。关于崔铉入相,《通鉴》有具体记述,云:"(五月)壬寅,以翰林学士承旨崔铉为中书侍郎、同平章事。铉,元略之子也。上夜召学士韦琮,以铉名授之,令草制,宰相、枢密皆不之知。"(两《唐书》本传未载此)《通鉴》于此处有《考异》,谓:"《实录》,李让夷引铉为相。"即崔铉此次入相,为李让夷所荐引。按据《新唐书·宰相年表》,李让夷于会昌二年七月为相,会昌三年仍在相位,当然有荐引之可能。唯据《旧唐书》卷一七六《李让夷传》,李让夷在文宗时,"深为李珏、杨嗣复所恶,终文宗世官不达"。李珏、杨嗣复为牛僧孺、李宗闵一党。《旧传》接云:"及德裕秉政,骤加拔擢,历工、户二侍郎,转左丞,累迁检校尚书右仆射,俄拜中书侍郎、同平章事。"后武宗卒,宣宗即位,李德裕被贬,李让夷也罢相。由此,则《实录》谓崔铉入相因李让夷所荐,《通鉴·考异》认为不可信,故于正文即未载。

但崔铉确涉入当时朋党之争。《旧唐书》卷一七七《崔珙传》,称珙"性威重,尤精吏术","会昌初,李德裕用事,与珙亲厚,累迁户部侍郎,充诸道盐铁转运等使",后即擢迁为相,时为开成五年五月(据《新唐书·宰相年表》)。又据《旧唐书·崔珙传》,珙素与崔铉不叶,铉即奏劾其非,且"言珙尝保护刘从谏",崔珙即于会昌四年六月被罢贬。可能正因此,崔铉即与李德裕不合,乃于会昌五年五月与杜悰同罢相。《旧传》称"为同列李德裕所嫉,罢相,为陕虢观察使、检校刑部尚书"。《新传》略同,亦称"与李

德裕不叶"。《唐大诏令集》卷五六"宰相罢免"类,载《杜悰右仆
射崔铉户部尚书制》,即谴责杜、崔二人"或趋尚之间,时闻于朋
比;黜陟之际,每涉于依违"。杜悰亦素与牛党接近的。杜、崔此
次罢相,也即含有党争色彩。后宣宗时,崔铉即挟此私怨,积极赞
助白敏中,加害于李德裕(参见傅璇琮《李德裕年谱》)。又白敏
中于会昌二年九月入为翰林学士,会昌三年五月崔铉出院拜相,
白敏中即于是年十二月接任承旨(见后白敏中传)。有可能,崔
铉、白敏中在院时即有朋党交结。

崔铉后于宣宗大中三年(849)又召为相(《新唐书·宰相年
表》);九年,为淮南节度使。懿宗咸通年间,先后任襄州、荆南等
节镇,卒于荆南任。

《新唐书》卷五九《艺文志》三,史部,载《续会要》四十卷,记
杨绍复、裴德融、薛逢等撰,"崔铉监修"。据《旧传》,此书为大中
七年(853)崔铉任相时所上。后未存。《全唐文》卷七五九载其文
一篇:《遣司封员外郎充史馆修撰权审于衢路突尚书左仆射平章
事判》,前已述。《全唐诗》卷五四七载诗二首:《进宣宗收复河湟
诗》、《咏架上鹰》。

敬 晦

敬晦,两《唐书》无传。《新唐书》卷一七七《敬晦传》略有记,
谓:"晦兄昕、晔,弟旷、煦,俱第进士籍。昕为河阳节度使,晔右散
骑常侍,世宠其家。"未提及敬晦为翰林学士事。《新唐书》卷七五

上《宰相世系表》五上，记敬晊字日新，官亦为右散骑常侍。

敬晊仕历，即以丁《记》所记最为具详，云："开成五年十一月十六日，自兵部员外郎、史馆修撰充。会昌二年八月六日，出守本官。"如无丁《记》，则唐翰林学士即无敬晊之名。

按兵部员外郎为从六品上，右散骑常侍为正三品，品阶虽高，但为散官，当为敬晊出院后，累有仕历，最终为散骑常侍。《唐尚书省郎官石柱题名考》卷七司勋郎中有敬晊名，当为出院后，于会昌后期、大中前期，曾由兵部员外郎升迁为司勋郎中（从五品上）。

敬晊无著作载录，为武宗朝翰林学士中最未有著述表现的。

韦 琮

韦琮，《旧唐书》无传，《新唐书》卷一八二有传，但甚简，仅数十字。

《新传》云："韦琮字礼玉，世显仕。"虽云"世显仕"，但未有具体记述，传中亦未记其祖、父名。韦琮后曾任相，丁《记》亦于其姓名前标"相"字，但《新唐书》之《宰相世系表》未列其名。《通鉴》卷二四七会昌三年（843）五月有记韦琮事（详见后），有云："琮，乾度之子也。"可补《新传》之缺。按《新唐书》卷一三九《房式传》记房式曾为宣歙观察使，卒于任，"赐其谥号"，"吏部郎中韦乾度曰"，以为"不宜得谥"。据《新唐书》卷七《宪宗纪》，元和七年（812）八月，"甲辰，宣歙观察使房式卒"，则韦乾度于元和中曾为吏部郎中（又见《唐会要》卷八〇《谥法》条）。后穆宗长庆二年

（822），在国子祭酒任。（《唐会要》卷六六《国子监》条，有云："长庆二年闰十月，祭酒韦乾度奏。"）岑仲勉《唐史馀瀋》卷三①，即据此订正《旧唐书》卷一六《穆宗纪》之误。《旧唐书·穆宗纪》长庆三年，"七月，国子祭酒韦乾庆卒"。即《唐会要》已记长庆二年闰十月韦乾度为国子祭酒，则长庆三年七月国子祭酒卒，当为韦乾度，非"韦乾庆"。

《新传》记韦琮"进士及第"，未记年，故清徐松《登科记考》卷二七列于进士登第未知年者。

《新传》于"进士及第"后，云："稍进殿中侍御史，坐讯狱不得实，改太常博士。擢累户部侍郎、翰林学士承旨。"所记过简，亦有不切者。丁《记》具体记为："会昌二年二月十五日，自起居舍人、史馆修撰充。其年十月十七日，加司勋员外郎。三年五月二十九日，转兵部员外郎、知制诰。四年四月十五日，转兵部郎中。九月四日，拜中书舍人，依前充。"

由丁《记》，可知韦琮于会昌二年（842）二月前已任为起居舍人（从六品上），在史馆供职（为史馆修撰），并以此入院。按武宗于开成五年（840）正月即位，当年即召有七位文士入院，其中有二人为翰林侍讲学士（郑朗、卢懿），而第二年会昌元年（841）则未有召入者，会昌二年则又召入四人，不知何故。或会昌二年，在院已仅五人，其中又有三人陆续出院（李褒、周敬复、敬晦），故复召四人。

《新传》称韦琮曾任太常博士，按太常博士为从七品上，而起

---

① 岑仲勉《唐史馀瀋》，上海古籍出版社，1979 年。

居舍人为从六品上,则韦琮当由太常博士累迁为起居舍人,后即以起居舍人入为翰林学士。入院后,历为司勋员外郎,兵部员外郎(亦从六品上,与起居舍人同阶)。至会昌四年(844)四月十五日,迁兵部郎中(从五品上)。岑氏《注补》谓迁兵部郎中时应仍为知制诰,当于"兵部郎中"后加"知制诰"三字,是。

丁《记》记会昌四年九月四日迁中书舍人(正五品上),云"依前充",即仍在院。又《旧唐书》卷一八下《宣宗纪》,大中元年(847)二月,记:"丁酉,礼部侍郎魏扶奏:'臣今年所放进士三十三人,其封彦卿、崔琢、郑延休等三人,实有词艺,为时所称,皆以父兄见居重位,不得令中选。'诏令翰林学士承旨、户部侍郎韦琮重考覆。敕曰:'彦卿等所试文字,并合度程,可放及第。……'"《唐会要》卷七六《贡举中·进士》亦载此①。由此可知,韦琮于宣宗大中元年正月仍在院,且已由中书舍人(正五品上)升为户部侍郎(正四品下),并已为翰林学士承旨,与《新传》所载合,此可补丁《记》。又,白敏中于武宗会昌三年十二月已加承旨,会昌六年四月,宣宗即位后,即提升为宰相(见后白敏中传),则韦琮当于该年下半年接为承旨(参岑仲勉《补唐翰林学士承旨记》)。

韦琮旋又于同年三月提升为宰相。《旧唐书·宣宗纪》,大中元年,"秋七月,制以正议大夫、尚书户部侍郎、知制诰、翰林学士承旨、柱国、赐紫金鱼袋韦琮以本官同中书门下平章事"。而《新唐书》卷八《宣宗纪》、卷六三《宰相年表》,则记是年三

---

①清徐松《登科记考》卷二二大中元年条,谓据《登科记》与《唐会要》,应作二十三人,是。

月，中书侍郎、同中书门下平章事卢商罢相，崔元式、韦琮同时入相，即："刑部尚书、判度支崔元式为门下侍郎兼刑部尚书，翰林学士承旨、户部侍郎韦琮为中书侍郎，并同中书门下平章事。"《通鉴》卷二四八同。《旧纪》记为七月，又未记崔元式事，《旧纪》所记当为误失。

丁《记》记韦琮于会昌四年九月四日为中书舍人后，即未有记，当据两《唐书》纪、表作补。由此可定，韦琮于会昌二年二月入院，大中元年三月出任宰相，在院前后六年（实为五年）。在院期间，可知者有三事：一、《通鉴》卷二四七会昌三年五月，载："壬寅，以翰林学士承旨崔铉为中书侍郎、同平章事。铉，元略之子也。上夜召学士韦琮，以铉名授之，令草制，宰相、枢密皆不之知。"此事，《新唐书·韦琮传》未记。关于崔铉任相，武宗不先使宰相、宦官知，见前崔铉传。由此亦可见武宗对韦琮之信用，亦可见翰林学士在朝中参预机密之事例。二、即前已引述之大中元年正月参与科试复核事，可见唐翰林学士虽未如宋朝那样可直接主持贡试，但仍可代表皇上检核科试。三、宋欧阳棐据欧阳修编修之《集古录目》（《云自在龛丛书》本）卷十，据《宝刻丛编》，著录《商於驿路碑》，云："翰林学士承旨韦宗（琮）撰，太子宾客柳公权书，秘书省校书李商隐篆额。商州刺史吕公（原注：碑不著名）移建州之新驿，碑以大中元年正月立。"此商州刺史吕公，据《新唐书》卷五八《艺文志》二，史部地理类，有吕述《黠戛斯朝贡图传》一卷，云："字修业，会昌秘书少监、商州刺史。"此即会昌时任商州刺史之吕公（吕述）。吕述，两《唐书》无传。李商隐有《为荥阳公祭吕商州文》，据刘学锴、余恕诚《李商隐文编年校注》①作于大中元年秋。此荥阳公为郑亚，大中元年出为桂管观察使，李商隐以秘书省正字在其幕府供职，为支使兼掌书记。郑亚与吕述同于元和十五年（820）进士及第，后又曾同在幕府，当有交往，故吕述于大中元年秋卒于商州刺史任，李商隐即为其撰写祭文。韦琮所撰《商於驿路碑》，今不存，碑既立于大中元年正月，吕述当尚在世，李商隐也当因在郑亚幕，故特为篆额。

又《全唐文》卷七六六载有薛逢《上翰林韦学士启》，中云："某顷因章句，获达门墙。"但又云："嗟乎！九仞将成，而一篑莫前；三年欲飞，而长风不借。顾影增叹，谁将寤言。"按薛逢于会昌元年登进士第，后释褐为秘书省校书郎，崔铉于会昌三年入相后，即荐授为万年县尉②。薛逢启中云"三年欲飞，而长风不借"，当意为，会昌元年进士及第后，虽已授为秘书省校书郎、万年县尉，但仍未有高阶。又会昌年间，以韦姓为翰林学士者仅韦琮，则此"韦学士"当即韦琮，薛逢乃求其荐引者，故云"方今选限犹远，官秩未期，伏希度以短长，择其任用"。此启之开端，即盛赞韦学士之文采："学士文章拔俗，嵩华让其孤标；学海无边，乾坤以之涯涘。优游仙署，偃息禁闱，笔洒王猷，砚涵天泽。成霖而雨露非远，吐气而虹霓坐舒。流品人伦，衣冠仰其衡镜；扶持大厦，社稷思其栋梁。"薛逢在当时亦有文名，《旧唐书》卷一九〇《文苑下》有其传，载其

①刘学锴、余恕诚《李商隐文编年校注》，中华书局，2002年。
②详参傅璇琮主编《唐才子传校笺》卷七《薛逢传》谭优学笺，第三册，中华书局，1990年。

与杨收、王铎等同年登第，"而逢文艺最优"。薛逢上韦琮此启，于其仕途有所求，故极赞颂，此亦可见韦琮当时之声誉。

据前所述，韦琮于会昌六年下半年在院期间，为户部侍郎、知制诰、承旨，大中元年三月又擢迁为相。按宣宗即位后，由武宗时翰林学士提升为相的，第一个为白敏中（会昌六年五月），后即为韦琮，这值得研究。

不过韦琮任相仅一年半，又被罢免。《新传》记其"以中书侍郎同中书门下平章事，迁门下侍郎兼礼部尚书，无功，罢为太子宾客分司，卒"。《旧唐书·宣宗纪》记于大中二年（848）十一月。《新唐书》卷八《宣宗纪》大中二年十一月壬午记韦琮此事，更明确称为"贬"。按此时居相位者为白敏中、马植、周墀，马植、周墀亦皆为牛僧孺、李宗闵党。

韦琮在洛，闲居，与文人有文字交往。许浑《元处士自洛归宛陵山居见示詹事相公饯行之什因赠》（《全唐诗》卷五三六）。此"詹事相公"即韦琮，《旧唐书·宣宗纪》大中二年十一月记韦琮罢相，即授以太子詹事、分司东都。罗时进《丁卯集笺证》卷九亦载此诗①，谓此元处士，名不详，不过杜牧、许浑在宣州时与之交游颇频，宛陵即在宣城；又谓杜牧有《赠宣州元处士》、《题元处士高亭》诗，并引清冯集梧《樊川诗集》卷一注，谓此詹事相公或即韦琮。陶敏《全唐诗人名考证》（页794）亦谓此"詹事相公"为韦琮。由此，则此元处士自洛阳归宣州宛陵时，韦琮有诗相赠（其时当在大中二年十一月后），但《全唐诗》未载有其诗。

---

①罗时进《丁卯集笺证》，江西人民出版社，1998年。

《全唐文》卷七六〇载其文二篇:《月明星稀赋》、《明月照积雪赋》,皆原载《文苑英华》卷七,可能为州府省试之作。

魏　扶

魏扶,两《唐书》无传。《新唐书》卷七二中《宰相世系表》二中,鹿城魏氏,记有魏扶,"字相之,相宣宗"。又记其祖盈,父昌,皆未记官职。

宋计有功《唐诗纪事》卷五一魏扶条,有云:"扶,登大和四年进士第。"清徐松《登科记考》卷二一,即据此系于文宗大和四年(830)。

魏扶于大和四年登第后,仕历不详,现所知者,即以丁《记》所记,于武宗会昌时入为翰林学士。丁《记》记云:"会昌二年八月八日,自起居郎充。三年四月二十五日,赐绯。五月二十九日,加知制诰。四年四月十五日,转考功郎中。九月四日,拜中书舍人。"按清劳格《唐尚书省郎官石柱题名考》卷六司封员外郎,卷九考功郎中,皆记有魏扶,考功郎中当系在职时迁转之官衔(会昌四年四月十五日);司封员外郎与起居郎同为从六品上,当为会昌二年(842)八月八日以起居郎入院前,曾任司封员外郎。

又丁《记》记魏扶于会昌四年(844)九月四日迁为中书舍人,但后未有记,当有缺。按《旧唐书》卷一八下《宣宗纪》,记魏扶于大中元年(847)初以礼部侍郎知贡举。据唐科举制惯例,知举者多为前一年秋冬任命,魏扶当于会昌六年(846)后半年由中书舍人（正五品上）迁为礼部侍郎（正四品下），出院，以备明年（大中元年）知举。

《唐诗纪事》卷五一魏扶条，又载："李羲叟，义山弟也，是岁登第。义山因上魏公诗曰：'国以斯文重，公仍内署来。……'"李商隐此诗即《喜舍弟羲叟及第上礼部魏公》（《全唐诗》卷五四〇）。此处明言魏扶此次知举，乃从内署（翰林学士院）调来。李商隐又有《献侍郎钜鹿公启》（刘学锴、余恕诚《李商隐文编年校注》，页1188）[1]，亦为其弟羲叟及第放榜后致书魏扶，表示感谢，中亦有"窃计前时，承荣内署"之语。由此当可证，魏扶出院后迁为礼部侍郎，以备知举，时在会昌六年后半年。

魏扶于大中初又参与诬害李德裕事。《新唐书》卷一八〇《李德裕传》有云："白敏中、令狐绹、崔铉皆素仇，大中元年，使党人李咸斥德裕阴事。故以太子少保分司东都，再贬潮州司马。明年，又导吴汝纳讼李绅杀吴湘事，而大理卿卢言、刑部侍郎马植、御史中丞魏扶言：'绅杀无罪，德裕徇成其冤，至为黜御史，罔上不道。'乃贬为崖州司户参军事。"由此可见，魏扶是积极配合白敏中，参与诬害李德裕的（关于吴湘狱事，可参傅璇琮著《李德裕年谱》大中二年条）。

《旧唐书·宣宗纪》，大中二年（848），有记云"十一月，兵部侍郎、判户部事魏扶奏"，则魏扶于大中元年初以礼部侍郎知举后，于大中二年十一月改任兵部侍郎。后又于大中三年（849）四月，擢居相位。《旧唐书·宣宗纪》大中三年四月，"正议大夫、行

---

①刘学锴、余恕诚《李商隐文编年校注》，中华书局，2002年。

兵部侍郎、判户部事、上柱国、钜鹿县开国男、食邑五百户、赐紫金鱼袋魏扶可本官、平章事"。《新唐书·宣宗纪》、《新唐书·宰相年表》所记同,并记与崔铉同日拜相。

不过魏扶不久即卒。《新唐书·宣宗纪》大中四年(850)"六月戊申,魏扶薨",同日即以"户部尚书、判度支崔龟从同中书门下平章事"。《新唐书·宰相年表》及《通鉴》卷二四九所载亦同。而《旧唐书·宣宗纪》却于大中四年十月记:"十月,中书侍郎、平章事魏扶罢知政事。"此处有显误:魏扶于是年六月已卒,而据《旧纪》,却于十月才罢相,而未有记其卒时。

《新唐书·艺文志》未著录其著述。《全唐诗》卷五一六载诗三首;《全唐文》则未有载。

白敏中

白敏中,两《唐书》有传,见《旧唐书》卷一六六、《新唐书》卷一一九,皆附于《白居易传》后。

《旧传》:"敏中字用晦,居易从父弟也。祖鏻,位终扬府录事参军;父季康,溧阳令。"《新传》未载其祖、父名。《新唐书》卷七五下《宰相世系表》五下,记其祖漼,扬州录事参军;父季康,溧水令,与《旧传》大致同。白居易有《唐故溧水县令太原白府君墓志铭并序》①,称"公讳季康,字某,太原人",并称其父"讳鏻",与《旧

---
①朱金城《白居易集笺校》卷七〇,上海古籍出版社,1988年。

传》同，则《新表》作"潾"，疑非。

《旧传》云："长庆初，登进士第。"《新传》同。清徐松《登科记考》卷一九即据《旧传》列于长庆二年（822），又引陈振孙《香山年谱》所云"长庆元年，公从弟敏中及第"，未予辨析。按《唐摭言》卷八即记王起于长庆中知举时，选拔白敏中及第，而王起乃于长庆二年、三年知举（见前文宗朝王起传）。白居易有《喜敏中及第偶示所怀》（《白居易集笺校》卷一九），朱金城笺，即谓此诗作于长庆二年。长庆共四年，则两《唐书》本传云"长庆初"，不切。

《旧传》记其登进士第后，云："佐李听，历河东、郑滑、邠宁三府节度掌书记，试大理评事。"按前所引述之白居易所作白季康墓志，记白敏中于"进士出身"后，云："前试大理评事，历河东、郑滑、邠宁三府掌记。"白居易此志作于大和八年（834），敏中母敬氏卒于大和七年正月，敏中当在服丧期，则其在河东、郑滑、邠宁幕府，皆在大和七年正月前。

白敏中在邠宁幕，白居易有二诗：《送敏中归邠宁幕》（《白居易集笺校》卷二五），《见敏中初到邠宁秋日登城楼诗诗中颇多乡思因以寄和》（同上卷三五）。由此，则白敏中早期即数与白居易有诗唱和，但其在邠宁所作皆未存。

据前述，白敏中于大和七年（833）正月居母丧，约至开成四年（839）又在符澈邠宁幕。《旧唐书·文宗纪》，符澈于开成四年六月任为邠宁节度使。《旧唐书·白敏中传》后记其于会昌初为殿中侍御史，分司东都。白居易有《和敏中洛下即事》（《白居易集笺校》卷三六），题下自注"时敏中为殿中分司"，即《旧传》所云"殿中侍御史，分司东都"。朱金城笺即系此诗于会昌元年（841）。

《旧传》接云："寻除户部员外郎，还京。"白敏中当于会昌元年夏由洛阳返长安，任户部员外郎，后转右司员外郎，召入为翰林学士，从此就步入仕途显迹。

丁《记》记为："会昌二年九月十三日，自右司员外郎充。"

按白敏中此次之入，实出于李德裕之举荐。关于此事，两《唐书》本传所叙较为符实，而《通鉴》所记则有偏见。《旧传》云："武宗皇帝素闻居易之名，及即位，欲征用之，宰相李德裕言居易衰病不任朝谒，因言从弟敏中辞艺类居易，即日知制诰，召入翰林充学士。"《新传》云："武宗雅闻居易名，欲召用之。是时，居易足病废，宰相李德裕言其衰荼不任事，即荐敏中文词类其兄而有器识。即日知制诰，召入翰林为学士。"《通鉴》卷二四六会昌二年九月记为："上闻太子少傅白居易名，欲相之，以问李德裕。德裕素恶居易，乃言居易衰病，不任朝谒，其从父弟左司员外郎敏中，辞学不减居易，且有器识。甲辰，以敏中为翰林学士。"按《通鉴》此处所记，较两《唐书》本传，增叙李德裕素恶白居易，突出李德裕有所谓个人私怨。

按会昌二年（842），白居易已七十一岁，按惯例，是不能再召入为相的，且白居易于文宗开成四年（839）即得"风疾"，左足病残。其《病中诗十五首》（《白居易集笺校》卷三五），即作于开成四年，时年六十八，自序中云："冬十月甲寅旦，始得风痹之疾……左足不支，盖老病相乘时而至耳。"开成五年（840），《强起迎春戏赠思黯》诗云"杖策人扶废病身"，《足疾》诗云"足疾无加亦不瘳，绵春历夏复经秋"；《老病幽独偶吟所怀》诗云"眼渐昏昏耳渐聋，满头霜雪半身风"（以上亦皆《白居易集笺校》卷三五）。至会昌二年(842)，其所作《病中看经赠诸道侣》(同上卷三六)，仍云"右眼昏花左足风，金篦石水用无功"。可见李德裕所说白居易"衰病不任朝谒"，足病残，完全合乎事实。《通鉴》所谓武宗欲召白居易为相，也不合情理的。而李德裕仍荐白居易从弟白敏中入为翰林学士，也可见李德裕之器识。康骈《剧谈录》卷上《李朱崖知白令公》条，即记云："白中书方居郎署，未有知者，唯朱崖李相国器之，许于搢绅间多所延誉。"可见唐末的有关记载，也认为白敏中确得力于李德裕之举荐。

两《唐书》本传记白敏中入院后仕迹，甚简。《旧传》云"召入翰林充学士，迁中书舍人。累至兵部侍郎、学士承旨"，后即叙"会昌末，同平章事"，即宣宗即位后拜相。《新传》所记更略，在院时仅"进承旨"一句。丁《记》具述为："会昌二年九月十三日，自右司员外郎充。其月十五日，改兵部员外郎。十一月二十九日，加知制诰。三年五月二十九日，转职方郎中。十二月七日，加承旨，赐紫。四年四月十五日，拜中书舍人。九月四日，迁户部侍郎、知制诰，并依前充。"确可补两《唐书》本传之简略，且可有所订正，如两《唐书》本传记李德裕向武宗推荐白敏中后，接云"即日知制诰，召入翰林充学士"，即入院前已以右司员外郎兼知制诰，而据丁《记》，白敏中于会昌二年十一月二十九日，即入院后，才以兵部员外郎加知制诰。

丁《记》记白敏中于会昌三年(843)十二月七日加承旨，此乃因崔铉于会昌三年五月十四日拜相出院，崔铉此前在院为中书舍人、承旨，白敏中当接为承旨。

又丁《记》所记仅止于会昌四年(844)九月四日迁户部侍郎、

知制诰,云"并依前充",即仍在院,此后未记出院。按《旧唐书》卷一八下《武宗纪》,会昌五年(845)二月,"谏议大夫、权知礼部贡举陈商选士三十七人中第,物论以为请托,令翰林学士白敏中覆试,落张渎、李玕、薛忱、张觊、崔凛、王谌、刘伯刍等七人"。徐松《登科记考》卷二二亦记此事,所据为《旧纪》、《册府元龟》。由此则会昌五年二月白敏中仍在院,并按唐惯例,以翰林学士身份,应天子之命,参与科举复试。

《新传》记:"宣宗立,以兵部侍郎同中书门下平章事,迁中书侍郎,兼刑部尚书。"《旧传》记其出院拜相为"会昌末"。《旧唐书》卷一八下《宣宗纪》,会昌六年(846)四月辛未,"以兵部侍郎、翰林学士承旨白敏中守本官、同中书门下平章事"。《新唐书》卷八《宣宗纪》则记为五月乙巳,《新唐书》卷六三《宰相年表》、《通鉴》卷二四八均同。按《旧纪》记白敏中入相同日,李德裕罢相出为江陵尹、荆南节度使,而《新纪》、《新表》、《通鉴》则记李德裕于此年四月罢相、外出,五月再擢白敏中为相,较合实际。由此,《旧纪》记白敏中于四月乙巳出院、拜相,时误。

白敏中在院前后共五年,历时不短,但其职迹未有记述,也未有撰写制诰。

宣宗于会昌六年三月即位,于五月即提拔白敏中为相,这是宣宗朝由翰林学士直接提升为宰相之首例。白敏中任相后,即积极应宣宗之命,参与诬陷李德裕。《新传》称:"德裕之贬,敏中抵之甚力。"《旧传》谓:"及李德裕再贬岭南,敏中居四辅之首,雷同毁誉,无一言伸理。"关于白敏中参与迫害李德裕事,详参傅璇琮著《李德裕年谱》大中元年、二年条,此不赘。不过两《唐书》本传,对白敏中此次诬陷事,是有评议的,《旧传》称"物论罪之",《新传》称"议者訾恶"。后世也有评论,如宋李之仪《书牛李事》(《姑溪居士集》卷一七),云:"武宗立,专任德裕,而为一时名相,唐祚几至中兴,力去朋党,卒为白敏中、令狐绹所中伤。"清王士禛《池北偶谈》中说:"及德裕贬,(白敏中)诋之不遗余力。……尤为当世鄙薄。"

白敏中后于大中五年(851)三月出为邠宁庆等州节度使(《新唐书·宰相年表》)。《新传》记为:"崔铉辅政,欲专任,患敏中居右。会党项数寇边,铉言宜得大臣镇抚,天子向其言,故敏中以司空、平章事兼邠宁节度、招抚、制置使。"按崔铉于大中三年四月入相,亦属牛党,与李德裕不协(见前崔铉传),但此时与白敏中又有私权之争,于是策谋使白敏中出任边镇。

白敏中此后即长期在外,历任成都尹、剑南西川节度副大使,江陵尹、荆南节度使,河中尹、河中晋绛节度使。懿宗即位初,曾召其入朝,复相位,但时间不长,仅一年余(大中十三年十二月至咸通二年二月)。

两《唐书》本传皆未载其卒年,《新传》记其于咸通二年(861)出为凤翔节度使,辞,未行,又除东都留守,后"许以太傅致仕,诏书未至,卒",亦未记年。欧阳修《集古录》卷九著录有《唐白敏中碑》,题下注"咸通三年",则当卒于此年。《新传》末云:"博士曹邺责其病不坚退,且逐谏臣,举怙威肆行,谥曰丑。"可见时人对白敏中的评议。

《新唐书·艺文志》未著录其著述。《全唐诗》卷五〇八载诗二首,《全唐文》卷七三九载文五篇。

封　敖

　　封敖,两《唐书》有传,见《旧唐书》卷一六八、《新唐书》卷一七七。《旧传》:"封敖字硕夫,其先渤海蓨人。"《新传》记为"其先盖冀州蓨人"。《元和郡县图志》卷一七河北道德州,所属有蓨县(今河北景南),谓后汉属渤海郡,唐贞观十七年(643)属德州。

　　《旧传》记其祖希奭,父谅,"官卑"。《新传》未记。《新唐书》卷七一下《宰相世系表》一下,载其祖希奭,无官职;父亮,司封员外郎、杭州刺史,则亦非"官卑"。按《元和姓纂》卷一渤海蓨县封氏有记云:"希奭生亮,司封员外、杭州刺史。"《唐尚书省郎官石柱题名考》卷六司封员外郎,列有封亮,无封谅。清劳格并引李益《溪中月下寄杨子尉封亮》诗。此诗见《全唐诗》卷二八二。由此,则应作"亮",《旧传》作"谅",非。

　　《旧传》记其"元和十年登进士第",清徐松《登科记考》卷一八即据《旧传》系于宪宗元和十年(815),并载其《乡老献贤能书赋》(《文苑英华》卷六七)、《春色满皇州》诗(同上卷一八一),为该年进士试之赋诗试题。同年及第者有沈亚之、庞严等。

　　据两《唐书》本传,封敖及第后,曾在方镇节度幕府供职,后入朝。《旧传》:"大和中,入朝为右拾遗。会昌初,以员外郎知制诰,召入翰林为学士。"《新传》云:"转右拾遗。雅为宰相李德裕所器,会昌初以左司员外郎召为翰林学士。"两《唐书》本传于此漏记一事,即封敖于会昌初入朝前曾任池州刺史,今考述之。

《唐诗纪事》卷五〇有记封敖云："敖为池州刺史,《题西隐寺》云:'三年未到九华山,终日披图一室间。秋寺喜因晴后赏,灵峰看待足时还。猿从有性留僧住,云蔼无心伴客闲。胜事傥能销岁月,已拚名利不相关。'"《全唐诗》卷四七九载封敖《题西隐寺》,当即本《唐诗纪事》。《唐诗纪事》记其为池州刺史,可以李群玉二诗作证,即《池州封员外郡斋双鹤丹顶霜翎仙态浮旷罢政之日因呈此章》、《经费拾遗所居呈封员外》(《全唐诗》卷五六九)。题中云"池州封员外郡斋"、"罢政之日",即指其为州之长官。"经费拾遗所居",费拾遗指费冠卿。《唐摭言》卷八记费冠卿于元和二年及第,不想入仕,长期隐于九华山(九华山在皖南西部,靠近池州),长庆中曾征其为右拾遗,亦未应。《唐诗纪事》卷六〇亦记其为池州人。此均与封敖《题西隐寺》诗意合。封敖在任池州刺史时曾游九华山,李群玉当亦游九华山费冠卿故居,有所感,即撰诗呈刺史封敖。《唐刺史考全编》附编即据上所引述之《唐诗纪事》及李群玉诗,称封敖约开成中为池州刺史。陶敏《全唐诗人名考证》(页780)亦云"开成二年杜牧在宣歙幕时,(封)敖为宣歙治内池州刺史"。

　　据前引述之材料,可大致确定:封敖于大和中由外镇幕僚入朝,为右拾遗,后迁为祠部员外郎(《唐郎官考》卷二二祠外有其名),后又外任为池州刺史,为开成时;因其曾任祠外,故李群玉诗题称为员外。此既可补两《唐书》本传之缺,又可考见其早期与诗家之交往。李群玉在晚唐时亦甚有诗名,令狐绹于宣宗时所作之《荐处士李群玉状》(《全唐文》卷七五九),曾称其"佳句流传于众口,芳声籍甚于一时"。

封敖于开成年间任池州刺史,约开成末、会昌初入朝,后即召为翰林学士。《旧传》:"会昌初以员外郎知制诰,召入翰林为学士。"《新传》:"会昌初,以左司员外郎召为翰林学士。"丁《记》记为:"会昌二年十二月一日,自左司员外郎兼侍御史知杂事充。"即会昌二年(842)十二月入院前,任为左司员外郎,但时并兼侍御史知杂事,而《旧传》则云"会昌初以员外郎知制诰",非,其知制诰乃在职时所加。

丁《记》接叙在职期间官阶之迁转:"其月(即会昌二年十二月)三日,改驾部员外郎。三年五月二十五日,加知制诰。四年四月十五日,迁中书舍人。九月四日,迁工部侍郎、知制诰,依前充。"会昌二年十二月一日入院时左司员外郎为从六品上,不到二年,至会昌四年(844)九月四日,即累迁为正四品下之工部侍郎。其会昌四年四月十五日迁中书舍人,同年九月四日迁为尚书侍郎,均与白敏中同时(参见前白敏中传)。由此可见,封敖与白敏中之召入为翰林学士,及在院期间官阶之顺利迁转,均得力于李德裕之荐助。而就现有材料看来,封敖在院之职责表现,较白敏中明显,白敏中未有制诰传存,封敖所撰制诰,《全唐文》卷七二八所载,有二十篇,这是武宗朝翰林学士所撰制文,传存最多的。

封敖所撰,不仅数量多,且甚有特色。《旧传》记:"敖构思敏速,语近而理胜,不务奇涩,武宗深重之。尝草《赐阵伤边将诏》,警句云:'伤居尔体,痛在朕躬。'帝览而善之,赐之宫锦。"这二句,确体现皇帝对受伤边将的深切怀念之情,可比美于陆贽所撰《奉天改元大赦制》代德宗深切自责之辞("天谴于上而朕不悟,人怨于下而朕不知")①。

现存封敖所撰制诏,颇值得研究。制诏文体,一般按传统格式,为骈体,但封敖所撰,多骈散结合,且少用骊语、典故,如《旧传》所云"不务奇涩"。这应当说是继承元稹、白居易所倡导的"芟繁辞,划弊句",使"文章言语与三代同风"(白居易《元稹除中书舍人翰林学士赐紫金鱼袋制》,详见前穆宗朝元稹传)。晚唐时制诏文风的改革,可结合翰林学士,与中书舍人(如杜牧、钱珝)所撰制文,作综合探索,这也有助于对中晚唐骈体文的研究。

丁《记》后记其出院:"五年三月十八日,三表陈乞,蒙恩出守本官。"即会昌五年三月十八日,连续三上表,提出辞职出院,但仍守本官,即任为工部侍郎、知制诰。而《旧传》则谓:"德裕罢相,敖亦罢内职。"按李德裕罢相在宣宗于会昌六年(846)三月即位后,会昌五年三月,李德裕仍居相位,《旧传》所记显误。不过丁《记》所记封敖"三表陈乞",是否属实,也甚可疑,限于史料,未能论定。

《新传》未记封敖出院,在记其在院时,有云:"未几,拜御史中丞。"而据丁《记》,封敖在院时之官阶迁转,未有御史中丞。《新传》所记之拜御史中丞,当在封敖出院后。

《新传》记其"拜御史中丞"后,接云"与宰相卢商虑囚,误纵死罪,复为工部侍郎",亦未记年。据《新唐书·宰相年表》,卢商于会昌六年(846)九月入相,大中元年(847)三月出为武昌军节度使。《新唐书》卷一八二《卢商传》有记:"大中元年春旱,诏商与

---

① 经查《全唐文》卷七六至七八武宗文,卷七二八封敖文,皆未载此诏,可见唐翰林学士所草诏文,后多有佚失者。

御史中丞封敖理囚系于尚书省,误纵死罪,罢为武昌军节度使。"
《通鉴》卷二四八亦记此事,在大中元年二、三月间,亦称封敖为御
史中丞。

据两《唐书》本传所载,封敖在宣宗朝并未受李德裕贬责之
累,且其仕迹较显顺。如大中二年(848)春,以礼部侍郎知贡举,
"多擢文士"(《旧传》)。后转吏部侍郎。大中四年(850)出为兴
元尹、山南西道节度使(《旧纪》记为大中三年二月)。后为淄青
节度使。《唐刺史考全编》卷七六河南道青州,谓吴氏《方镇年
表》列于咸通二、三年(861—862),云"姑从之"。《旧传》记其于
淄青节度使后,"入为户部尚书,卒",当在咸通中。

敖封后期,可以注意的是李商隐曾与他有文字交往。据《旧
唐书·宣宗纪》,封敖于大中三年二月由太常卿出为兴元尹、山南
西道节度使。《新传》记封敖在任时,"蓬、果贼依鸡山,寇三川,敖
遣副使王贽捕平之①。加检校吏部尚书"。《通鉴》卷二四九载此
事于大中五、六年间。李商隐有《为兴元裴从事贺封尚书加官启》
(《全唐文》卷七七七),题下原注:"裴即封之门生。"徐松《登科记
考》卷二二即将此裴某系于大中三年封敖知举时进士及第者。李
商隐在为其所作之贺启中,先赞誉封敖因平定战乱,加封吏部尚
书,云"伏承天恩,荣加宠秩,伏惟感慰",后云:"某早忝生徒,复叨
参佐。汉祖以萧何为人杰,晏子以仲尼为圣相。当今昌运,系我
师门;鸡树凤池,不胜心祷。无任抃贺之至。"竟企望封敖以后当

①按此云"王贽",《通鉴》卷二四九大中五、六年亦载此事,所记之人名为"王
贽弘",疑《新传》缺"弘"字。

擢迁为相。按李商隐自大中五年七月起应辟在柳仲郢东川节度使幕（掌书记），六年春仍在梓州，与兴元近。李商隐当与此裴从事有交，故代撰贺启，由此亦可见其对封敖之仰慕。李商隐又有《为山南薛从事谢辟启》，刘学锴、余恕诚《李商隐文编年校注》（页1975），亦以为代作，向封敖致谢者，作于大中三年。启中称"尚书士林圭臬，翰苑龟龙"，即对其任翰林学士之赞颂。

以上二启为李商隐代人所作，后李商隐又有自作寄呈封敖之诗：《行至金牛驿寄兴元渤海尚书》。刘学锴、余恕诚《李商隐诗歌集解》（页1326），据冯注，谓此渤海尚书即封敖。按李商隐本在柳仲郢幕，大中九年十一月柳仲郢内征，李商隐亦随之赴京，当在途中经山南西道梁州金牛县时所作。诗为七律："楼上春云水底天，五云章色破巴笺。诸生个个王恭柳，从事人人庾杲莲。六曲屏风江雨急，九枝灯檠夜珠圆。深惭走马金牛路，骤和陈王白玉篇。"据前人笺注，此诗乃叙写封敖与幕下文士于楼上宴饮赋诗；末二句抒其慕仰之情，并称颂封敖之诗有似于曹植者（陈王子建）。

又杜牧有《送王十至褒中因寄尚书》（《全唐诗》卷五二四）："阙下经年别，人间两地情。坛场新汉将，烟月古隋城。雁去梁山远，云高楚岫明。君家荷藕好，缄恨寄遥程。"胡可先《杜牧交游考略》①，据岑仲勉《唐人行第录》，谓此王十为王起侄，王起曾为尚书，镇兴元（褒中）。陶敏《全唐诗人名考证》（页780），则以此诗之尚书为封敖，并谓"开成二年杜牧在宣歙幕时，敖为宣歙治内池

---

①见胡可先《杜牧研究丛稿》，人民文学出版社，1993年。

州刺史"。陶说可参。如此则封敖后期确与文士名家多有交往。

《新唐书》卷六〇《艺文志》四,集部别集类,著录有封敖《翰稿》八卷。按此前为李虞仲《制集》四卷,后为崔嘏《制诰集》十卷,则封敖此《翰稿》八卷,当亦为任翰林学士时所撰之制诏。《全唐文》卷七二八载其制文二十余篇。

徐 商

徐商,两《唐书》无专传,附于《旧唐书》卷一七九其子徐彦若传,及《新唐书》卷一一三其先世徐有功传。

《旧传》谓彦若"曾祖宰,祖陶,父商,三世继登进士科"。《新唐书》卷七五下《宰相世系表》五下,记徐商,"字义声,相懿宗";又《新表》记徐商父名为宰,"字舜钧,大理评事",与《旧传》所载徐商父"陶",有异。

《新传》:"商字义声,或字秋卿。客新郑再世,因为新郑人。"

《新传》仅云"擢进士第"未记年。《旧传》谓"大中十三年及第",则为明显错误,因徐商于武宗会昌三年(843)已为翰林学士,宣宗大中十年(856)已为山南东道节度使(详后),皆在大中十三年(859)前,何以进士及第前已历仕高阶? 按《全唐文》卷七二四有李骘《徐襄州碑》,即明载:"始举进士,文宗五年春,考登上第。"李骘曾为徐商山南东道节度使幕僚,对徐商事迹甚为熟悉。故清徐松《登科记考》卷二一即据此《徐襄州碑》,系徐商于文宗大和五年(831)进士及第者,并指出《旧传》误记,而中华书局点校本却未及校正。

《旧传》记其进士登第后，接云："释褐秘书省校书郎。累迁侍御史，改礼部员外郎。寻知制诰，转郎中，召充翰林学士。"未记年，甚简，且有误（见后）。《新传》则更简，未提及翰林学士事，仅云"擢进士第，大中时擢累尚书左丞"，更不明晰。

丁《记》记徐商为："会昌三年六月一日，自礼部员外郎充。"则此前已任为礼部员外郎。李德裕有《授徐商礼部员外郎制》（《李德裕文集校笺》文集卷四）①，此为李德裕于武宗会昌任相时作，当在会昌元年、二年间（841、842）。此制称徐商于礼部员外郎前任为殿中侍御史，有云："尔风度粹和，文词温丽，列于清宪，雅有贞标。"对其文词甚为称赏。又据《徐襄州碑》，徐商之由殿中侍御史改迁为礼部员外郎，乃受到"执政"者之关注。此时执政者亦当为时任宰相的李德裕。

又温庭筠有《病中书怀呈友人》诗（《全唐诗》卷五八〇），自序云："开成五年秋，以抱疾郊野，不得与乡计偕至王府，将议遐适。隆冬自伤，因书怀奉寄殿院徐侍御、察院陈、李二侍御，回中苏端公，鄠县韦少府，兼呈袁郊、苗绅、李逸三友人，一百韵。"陶敏《全唐诗人名考证》（页868）考谓此徐侍御为徐商，是。温诗中"对虽希鼓瑟，名亦滥吹竽"，句下自注云："予去秋试京兆荐，名居其副。"按温庭筠"数举进士不中第"（《新唐书》卷九一本传），由此诗注，则其曾于开成四年（839）秋曾应试于京兆，虽名居其副，而开成五年春仍未及第，开成五年秋因病居于京郊，故特献诗于

---

① 《李德裕文集校笺》，傅璇琮、周建国校笺，河北教育出版社，2000年。

朝中诸臣,先提及"殿院徐侍御",则徐商早期即有文士求其举荐者。

又丁《记》记徐商于会昌三年六月一日自礼部员外郎召入,而《全唐文》所载之《徐襄州碑》却云"会昌二年,以文学选入禁署"。按丁《记》列徐商入院,在封敖后、孙毂前,封敖于会昌二年十二月入,孙毂于会昌三年九月二十八日入,则徐商于六月一日,自当在会昌三年。《全唐文》之《徐襄州碑》所记之"会昌二年",当为形讹(《文苑英华》卷八七〇亦载此篇,亦作"二年",《全唐文》当沿袭此误)。

丁《记》记徐商入院后,接云:"四年八月七日,加礼部郎中、知制诰。其年九月四日,迁兵部郎中,并依前充。"而《旧传》在记徐商任礼部员外郎后,谓"寻知制诰,转郎中,召充翰林学士",即将知制诰与迁兵部郎中均在入院前,又一显误。

丁《记》与《旧传》皆未记其出院,《新传》则未叙及任翰林学士事。现据两《唐书》本传及《徐襄州碑》,大致考述为:会昌四年(844)九月四日迁兵部郎中,仍兼知制诰,仍在院;会昌五年(845)加中书舍人,出院;宣宗时为户部侍郎、判左司事,又改为尚书左丞,后又先后任河中节度使、山南东道节度使。

《全唐文》卷八三载懿宗《授徐商崔玙节度使制》,称徐商由河中尹改任襄州刺史、山南东道节度使。《徐襄州碑》则明确记为:"大中十年春,今丞相东海公自蒲移镇于襄。十四年①,诏征赴阙。"按宣宗于大中十三年(859)八月七日卒,懿宗立。据《旧唐

---

①按此处"十四年",《全唐文》原作"四十年",当为传写之误,今径改。

书》卷一九上《懿宗纪》，第二年十一月才改为咸通元年，则十一月前，时人当仍称为大中十四年。徐商当于咸通元年（860）十一月前由襄州调任入朝，为御史大夫。

据此，徐商于大中十年至咸通元年任襄州刺史、山南东道节度使。此五年期间，堪可注意的是，他能从文化角度，辟请好几位文士在其幕府，进行诗文唱酬，后编有诗歌唱和之作《汉上题襟集》，颇为时人与后世关注。《新唐书》卷六〇《艺文志》四，集部，著录有："《汉上题襟集》十卷：段成式、温庭筠、余知古。"《郡斋读书志》卷二〇总集类亦著录《汉上题襟集》十卷，记为段成式编纂，云："右唐段成式辑其与温庭筠、余知古酬和诗笔笺题。"①《直斋书录解题》卷一五总集类则著录为三卷，非十卷②，但所记唱酬参与者人数稍多，云："唐段成式、温庭筠、逢皓、余知古、韦蟾、徐商等倡和诗什，往来简牍。盖在襄阳时也。"徐商不仅是幕主，也确参与诗文酬和，《唐诗纪事》卷四八徐商条，记云："商镇襄阳，有副使、节判同加章绶，商以诗贺之云……朝仪郎、江州刺史段成式和云……"《全唐诗》卷五九七即载有徐商《贺襄阳副使节判同加章绶》，七律，前四句为："朱紫花前贺故人，兼荣此会颇关身。同年坐上联宾榻，宗姓亭中布锦裀。"段成式诗，见《全唐诗》卷五八四，题《和徐商贺卢员外赐绯》，中云"一篇佳句占阳春"，即赏徐商贺诗者。同卷段成式又有《观山灯献徐尚书》，《全唐诗》卷五九七有温庭筠《观山灯献徐尚书》等诗。

---

① 《郡斋读书志》，孙猛校证，上海古籍出版社，1990年。
② 《直斋书录解题》，上海古籍出版社点校本，1987年。

《汉上题襟集》,《郡斋》、《直斋》均有著录,则南宋前期尚存,但后佚。现代学者贾晋华《唐代集会总集与诗人群研究》①,有《〈汉上题襟集〉与襄阳诗人群研究》专章,据各书所载,辑有诗四十八首,赋一首,连珠二首,书简十九篇。此为唐时著名的诗人群体唱和之作,由此也可见徐商在地方节镇任时对文化活动的重视,这当也与其曾任翰林学士有关。

徐商后入朝,并于懿宗咸通六年(865)擢任宰相。《新唐书》卷九《懿宗纪》,咸通六年六月记,"御史大夫徐商为兵部侍郎、同中书门下平章事"。《新唐书》卷六三《宰相年表》及《通鉴》卷二五〇同。又《新纪》、《新表》及《通鉴》皆记咸通六年四月以剑南东川节度使高璩为兵部侍郎、同中书门下平章事,但高璩于此年六月卒,故即以徐商继任,亦为兵部侍郎、同中书门下平章事。但《旧唐书·懿宗纪》于此又有一显误,即于咸通五年五月记,"兵部侍郎、平章事高璩为中书侍郎、知政事",六年"二月,制以御史中丞徐商为兵部侍郎、同平章事,高璩罢知政事"。实则咸通五年任中书侍郎者为萧寘,非高璩。又《旧唐书·徐商传》更误,竟记为"(咸通)四年,以本官同平章事;六年罢相,检校右仆射、江陵尹、荆南节度观察等使"。实际上徐商于咸通六年四月才任相,而《旧传》却记为六年罢相。又据《新唐书·宰相年表》,徐商乃于咸通十年六月癸卯,才罢相出为荆南节度使,《新唐书·懿宗纪》、《通鉴》卷二五一同。《旧传》竟有如此讹误,真使人费解,而当今点校本皆未有一字提及。

---

① 贾晋华《唐代集会总集与诗人群研究》,北京大学出版社,2001年。

由此，徐商于咸通六年六月至十年六月任相，此数年居相位时，则无政绩可言，且为时人讥评。按同时在相者尚有曹确、杨收、路岩，宋初钱易《南部新书》甲卷记有："曹确、杨收、徐商、路岩同秉政，外有嘲之曰：确确无余事，钱财总被收。商人都不管，货赂几时休。"后王谠《唐语林》卷七亦有记，称"杨、路以弄权卖官，曹、徐但备员而已"。即徐商、曹确虽未有如杨收、路岩弄权卖官，但不管事，仅备员而已。

　　据《旧唐书·懿宗纪》，咸通十年（869）十二月，杜悰在荆南节度使任，则徐商当于咸通十年后半年又返朝。

　　《旧传》称"入为吏部尚书，累迁太子太保，卒"，未记年。《新传》亦仅云"累进太子太保，卒"。

　　《新唐书·艺文志》未著录其著述，唯卷五八《艺文志》二，史部谱牒类，有《徐氏谱》一卷，下注："徐商。"按《新志》谱牒类于书名下注人名，一般非为撰者，则此《徐氏谱》当为后人为徐商所撰家谱。《全唐诗》所载，即前所述之在襄州所作酬和之诗。《全唐文》未有载。

孙　毅

　　孙毅，两《唐书》无传。《新唐书》卷七三下《宰相世系表》三下，记有孙毅，云："字子相，河南尹。"并记其父公乂，睦州刺史；公乂有五子，毅为次子。另《千唐志斋藏石》载有《唐故银青光禄大夫工部尚书致仕乐安县男孙府君(公义)墓志》①,即明确记:"次子"毅,则可与《新表》参证。

孙毅早期事迹不详。晚唐赵璘《因话录》卷三商部有记:"开成三年,余忝列第。考官刑部员外郎纥干公,崔相国群门生也。……是年科目八人,六人继升朝序。鄙人蹇薄,晚方通籍。敕头孙河南毅,先于雁门公为丞。"此纥干公为纥干泉,徐松《登科记考》卷一八记其于宪宗元和十年(815)进士及第,是年知举者即为崔群。据《因话录》此处所载,纥干泉当于开成时为刑部员外郎,参与吏部考铨,孙毅当与赵璘同于开成三年(838)以博学宏词登科。按此时博学宏词已非制科,为吏部试,故宋王谠《唐语林》卷四记此事,即云"书判考官刑部员外郎纥干公"。

又《千唐志斋藏石》亦辑有孙毅所撰《唐故滑州白马县令赠尚书刑部郎中乐安孙府君继夫人河东县太君裴氏墓志铭并序》②,署"第九侄孙将仕郎守京兆鄠县主簿直弘文馆毅撰"。《志》中记裴氏于会昌元年(841)十一月丁酉卒,十二月二十五日葬,孙毅即应约为作此文。据此,则孙毅于会昌元年,其官衔为京兆鄠县主簿,实在弘文馆供职,此当为开成三年博学宏词试后所授。

此后即丁《记》所记:"会昌三年九月二十八日,自左拾遗充。"按京兆县主簿为正九品上,左拾遗为从八品上,孙毅当于会昌二、三年间由鄠县主簿迁为左拾遗,后即以左拾遗入院。这是武宗朝入院诸学士中官阶最低的。

---

① 见周绍良编《唐代墓志汇编》,页 2289,上海古籍出版社,1992 年。
② 见《唐代墓志汇编》,页 2219。

不过孙毅入院后,官阶升迁较快。丁《记》接云:"(会昌)四年九月十日,迁起居郎,依前充。六年二月二十三日,加兵部员外郎。其年四月十五日,浴殿赐绯。其月十七日,守本官,知制诰。六月十日,迁兵部郎中①。大中元年十二月七日,加承旨,思政殿赐紫。其月二十六日,拜中书舍人。二年七月六日,特恩迁户部侍郎、知制诰,并依前充。其年十二月二十四日,除河南尹兼御史大夫。"所记甚详。又《旧唐书》卷一八上《武宗纪》,会昌六年二月,"壬辰,以翰林学士、起居郎孙毂(毅)为兵部员外郎充职"。壬辰为二十一日,与丁《记》所记之"二十三日",有小异,但可确证于会昌六年二月下旬确由起居郎迁改为兵部员外郎,可见丁《记》史料之确切性。又丁《记》记孙毅于大中元年(847)十二月七日加承旨,乃因该年七月,韦琮以户部侍郎、承旨出院任相(见前韦琮传),此时孙毅为在院资历最深者。

关于孙毅出院,王谠《唐语林》卷一有所记叙:"孙侍郎毅在翰林,父为太子詹事,分司东都。毅因春时游宴欢,忽念温清,进状乞省觐。其词曰:'"陟彼岵兮",孰不瞻父?"方寸乱矣",何以事君?'自内廷径出,时皆称之。至华阴,拜河南尹。"岑氏《注补》亦引及此,唯云:"据丁《记》是十二月除河南尹,则非春游时也,小说不尽可信。依《新唐书》表,毅似官终河南尹,然表亦不可确恃。"按《唐语林》所记"春时游宴"与丁《记》记其于十二月出院,时节似有不合,但《唐语林》所记,可提供孙毅出院原由之信息,当由孙

①按,"迁兵部郎中"后,应加"知制诰"三字,因前加兵部员外郎时,已云"知制诰";后于大中二年七月六日迁户部侍郎时,亦加有知制诰。

毅因其父以太子詹事分司东都，居洛阳，乃欲侍奉其父，即辞职，遂授以河南尹。

又前曾引述之孙公义墓志（《唐故银青光禄大夫工部尚书致仕乐安县男孙府君墓志铭》），记孙公义于会昌二年五月自饶刺史移睦州，后又历移亳州、合肥郡，"（会昌）六年五月，征入拜大理卿"；因久居外任，又多病，"愿假以散秩归洛"。《志》后具叙："天子怜其志，即拜宾护分司。明年春，至自上京。公家素清贫，能甘闲寂。次子毅，职参内署，渥泽冠时，天子宠公之归，辍自近侍，除为河南尹，天下荣之，从其私也。"即孙毅愿侍奉其父于洛阳，故辞职出院。

又，据此《孙府君墓志》，可以考知孙毅之卒年。《志》记孙公义至洛后，"当大中三年秋，以工部尚书致仕。是岁仲冬月，有河南意外之丧，不胜其恸，因得风痁"。此"河南"，即时任河南尹之孙毅，即孙毅卒于大中三年（849）河南尹任。按前所引及之岑氏《注补》，怀疑《唐语林》所记不确，又云"依《新唐书》表，毅似官终河南尹，然表亦不可确恃"，即怀疑丁《记》所记之出任河南尹。岑氏当未注意《孙府君墓志》之具体记述，故有不切实之判断。

孙毅在院共五年，无撰制等记载，可注意者，李商隐有二状向其投呈。李商隐有《上孙学士状》，刘学锴、余恕诚《李商隐文编年校注》（页1122）引"张笺"："文有'况自近年，仍多大政，藩方逆竖，夷虏饥戎'，'载观扫荡之勋，密见发挥之力'语，当作于会昌五年。"按唐廷于会昌三年击回鹘，四年征讨泽潞刘稹，四年下半年征回鹘、刘稹等战事皆平，故李商隐于会昌五年作此状，即极赞孙毅"于雷霆赫怒之时，在朝夕论思之地，谋惟入献，事隔外朝，载观扫荡之勋,密见发挥之力"。又称颂其文辞:"学士长离耀采,仁寿含明,奋词笔而赤堇惭芒,钧雅音而泗滨韬响。"按李商隐于会昌二年因母丧,免秘书省正字之职,移居洛阳、郑州等地,后于会昌五年十月服阕入京,复官秘书省正字。刘学锴、余恕诚校笺即定此状作于会昌五年十月入京前,即尚未授职,故李商隐特上此状,对孙毂深有希冀,故文末云:"窃期光价,微借疏芜,濡笔临笺,不胜丹慊。"又李商隐之所以特向孙毂求荐,文中有云:"某早游德宇,尝接恩门,童冠相随,陪舞雩于沂水。"则似李商隐早年曾向孙毂之父求教,并与孙毂"童冠相随",即早年就有交接。尤可注意者,文中又称孙毂"才逾壮室,荣入禁林"。壮室,一般即喻指年三十,如此,则孙毂于会昌三年入翰苑时,年仅三十余。

李商隐另有《贺翰林孙舍人启》,有云:"伏承荣加宠命,伏惟感慰","载迁星次,爰奉夏官。"夏官指兵部。故刘、余即参据前人笺注,谓孙毂于会昌六年二月以起居郎擢迁为兵部员外郎(《李商隐文编年校注》,页1130)。时李商隐已复任秘书省正字,可能有受孙毂之荐引,故启中有"某厚承恩顾"之语,且云"伫当仰承睿旨,近执化权,侣四辅以燮和,合万钱于供养",竟期望其升居相位。这也是当时文士对翰林学士企仰之情。李商隐曾多次向翰林学士上书求荐,这也值得注意。

孙毂所作,除前引述之《裴氏墓志铭》外,其他皆无诗文载记。

宣宗朝翰林学士传

刘瑑

刘瑑,两《唐书》有传,见《旧唐书》卷一七七、《新唐书》卷一八二。《旧传》所记甚略,且未记任翰林学士事;《新传》所记较详,记事有采于小说稗史者。

《旧传》:“刘瑑者,彭城人。祖璠,父煟。”《新传》:“刘瑑字子全,高宗宰相仁轨五世孙。”《新唐书》卷七一上《宰相世系表》一上,亦记刘瑑字子全,其先世仁轨,相高宗,与《新传》同。唯《新表》记其祖名子藩,与《旧传》异。

又据《新唐书》卷六三《宰相年表》,刘瑑卒于宣宗大中十二年(858)五月丙寅任相时,《新传》记其卒时,年六十三,则当生于德宗贞元十六年。

《旧传》记刘瑑“开成初进士擢第”,《新传》则仅言“第进士”,未记年。清徐松《登科记考》卷二一即据《旧传》,记刘瑑进士登第于文宗开成元年(836)。时年已四十一岁。

两《唐书》本传皆未记其及第前事。《太平广记》卷一九九《刘瑑》条,文末署据郑处海所撰《刘瑑碑》,称其"幼苦学,能属文,才藻优赡"。按郑处海所撰《刘瑑碑》,《全唐文》未有载,《太平广记》所辑不知出于何书。郑处海亦为宣宗朝翰林学士,见后传。

《旧传》记其进士及第后,即云"会昌末,累迁尚书郎、知制诰"。《新传》则记谓:"镇国陈夷行表为判官,入迁左拾遗。"据《旧唐书》卷一七三《陈夷行传》及《新唐书》卷六三《宰相年表》,陈夷行于文宗开成四年(839)五月免相,九月出为华州刺史(镇国军)。刘瑑当于开成元年及第,四年九月后应辟在陈夷行华州幕府。

《新传》后云:"入迁左拾遗,谏罢武宗方士,言多恳愊。"按《通鉴》卷二四七武宗会昌四年(844)四月有有关记载:"上好神仙,道士赵归真得幸,谏官屡以为言。"此处所云谏官,当亦有刘瑑,即刘瑑于会昌中仍为左拾遗(从八品上),后擢为殿中侍御史(从七品上)。丁《记》即记刘瑑于会昌六年六月二日,以殿中侍御史入为翰林学士,与裴谂同入,是宣宗即位后首次召入的。

丁《记》记刘瑑入院后迁转情况:"(会昌六年)七月九日,三殿赐绯。大中元年闰三月十二日,加职方员外郎。十一月二十七日,加知制诰。二年七月六日,特恩加司封郎中。三年六月十四日,拜中书舍人。十二月二十七日,三殿赐紫,并依前充。四年十一月二十八日,守本官兼御史中丞,充西讨伐党项行营诸寨宣慰使,依前充。五年五月,守本官出院。"

丁《记》所记,可对两《唐书》本传加以补正。前已提及,《旧传》未记叙刘瑑入院事,而云:"会昌末,累迁尚书郎、知制诰,正拜中书舍人。大中初,转刑部侍郎。"实则所谓会昌末,即会昌六年,刘瑑刚入院,时为殿中侍御史,至大中元年,闰三月,才改为职方员外郎(即尚书郎),后于十一月加知制诰,而《旧传》记谓会昌末,误。又云"大中初转刑部侍郎",实则刘瑑任刑部侍郎在大中四年十二月后(详见后),大中元年、二年间仍为员外郎、郎中,尚未迁至尚书侍郎,《旧传》又误。而《新传》云"大中初,擢翰林学士",亦不确。刘瑑入院,确为宣宗即位后,但仍在会昌六年六月,不应谓"大中初"。

不过据有关史料,也可对丁《记》作些补正。

丁《记》云:"(大中)二年七月六日,特恩加司封郎中。"《唐尚书省郎官石柱题名考》卷五司封郎中确记有刘瑑,可佐证。不过刘瑑于上年(大中元年)十一月二十七日已为职方员外郎并加知制诰,则二年七月六日迁司封郎中时仍应加知制诰,故翌年(大中三年)六月十四日再迁为中书舍人。

关于大中四年(850)十一月充讨伐党项行营诸寨宣慰使,《旧传》未载,《新传》也简云"会伐党项,诏为行营宣慰使",也未记年。《通鉴》卷二四九大中四年,九月有记,云:"党项为边患,发诸道兵讨之,连年无功,戍馈不已";"十一月壬寅,以翰林学士刘瑑为京西招讨党项行营宣慰使。"日期与丁《记》同,唯未称其为御史中丞。

关于任刑部侍郎,《旧唐书》卷一八下《宣宗纪》大中五年(851)有记:"四月癸卯,刑部侍郎刘瑑奏:据今年四月十三日已前，凡二百二十四年，杂制敕计六百四十六门，二千一百六十五条，议轻重，名曰《大中刑法统类》，欲行用之。"则刘瑑于大中五年四月前已任刑部侍郎。又据前述，刘瑑于会昌四年十一月二十八日充京西招讨党项行营宣慰使，则后返京，或即于大中四年底、五年初，由御史中丞迁为刑部侍郎。

关于刘瑑编撰《刑法统类》一书，两《唐书》本传皆有记。《旧传》云："瑑精于法律，选大中以前二百四十四年制敕可行用者二千八百六十五条，分为六百四十六门，议其轻重，别成一家法书，号《大中统类》，奏行用之。"按《旧传》云"选大中以前二百四十四年"，有误。《旧纪》所记原作"三百四十四年"，中华书局点校本于此有校记，据本书卷五〇《刑法志》，及《唐会要》卷三九、残宋本《册府元龟》卷六一三，改为"二百二十四年"。按《旧唐书·刑法志》及《唐会要》卷三九《定格令》均记所选期限，为起贞观二年（628）六月二十八日，至大中五年（851）四月十三日，确为二百二十四年，中华书局点校本据此校正《旧纪》，是，但却未注意《旧传》所云"二百四十四年"亦有误，当为漏校。

不过刘瑑能编这套长达二百二十余年的刑法条令，确为不易。《新传》称"法家推其详"。《新唐书》卷五八《艺文志》二，史部刑法类，著录为：《大中刑法总要格后敕》，六十卷。这是有唐一代所编规模最大的刑法条令，也是刘瑑在翰林学士任期最显著的业绩。

前所引及之郑处诲《刘瑑碑》，也记述刘瑑草撰制诰的业绩，云："是时新复河湟，边上戎事稍繁，会院中诸学士或多请告，瑑独当制，一日近草诏百函，笔不停辍，词理精当。夜艾，帝复召至御前,令草喻天下制,琢濡毫抒思,顷刻而告就。迟明召对,帝大嘉赏,因而赐金紫之服。"这是唐代翰林学士日夜撰写制诰具体描述的史料,很值得研究。按《通鉴》卷二四八,大中三年二月,"吐蕃秦、原、安乐三州及石门等七关来降,以太仆卿陆耽为宣谕使,诏泾原、灵武、凤翔、邠宁、振武皆出兵应接";六月,"泾原节度使康季荣取原州"。《旧唐书·宣宗纪》亦记大中三年六月十三日收复萧关,八月收秦州,于是下诏示以赏赐,《旧纪》即详载此制诏。据郑处海所作碑记述,此类制文当即刘琢所作。丁《记》记云:"(大中)三年六月十四日,拜中书舍人;十二月二十七日,三殿赐紫。"正与当时政事相合,刘琢当因撰制之绩,遂由从五品上之司封郎中升迁为正五品上之中书舍人。不过可惜,刘琢当时所撰制文虽多,但无一篇留存,《全唐文》即未载其所作。

丁《记》记其出院,云:"(大中)五年五月,守本官出院。"据丁《记》,刘琢前为中书舍人,则"守本官出院"即出院后仍任中书舍人。而据前考述,刘琢于大中四年底、五年初已任为刑部侍郎,此当为丁《记》所缺。由此,则刘琢于大中五年五月出院时,任为刑部侍郎。

刘琢出院后,《旧传》接云:"出为河南尹,迁检校工部尚书、汴州刺史、宣武军节度使。"《新传》亦简云"由河南尹进宣武军节度使",皆未记年。据《旧唐书·宣宗纪》及《旧传》,大致为:刘琢于大中五年五月以刑部侍郎出院,出任河南尹,九年十一月改任宣武节度使,十一年五月为河东节度使,同年十二月入朝,次年正月擢任为宰相。据《新传》所叙,刘琢之所以能入居相位,还在于翰林学士任职时之业绩,云:"始,琢在翰林,帝素器遇，至是，手诏追还，外无知者，既发太原，人方大惊。后请间，帝视案上历，谓璩：'为朕择一令日。'璩跪曰：'某日良。'帝笑曰：'是日卿可遂相。'即诏同中书门下平章事，仍领度支。"《新传》此处之具体记叙，即本唐末裴庭裕所撰之稗史杂记《东观奏记》(卷中)。《通鉴》卷二四九亦记此事，《考异》中即引《东观奏记》，云"今从之"。又《全唐文》卷八〇所载宣宗《授刘璩平章事制》，即盛赞其在院时，"润色词林，早参宥密，彩笔既符于宿梦，温树不漏于私言"。

　　《新唐书》卷八《宣宗纪》及《新唐书·宰相年表》、《通鉴》卷二四九，皆记大中十二年（858）"五月丙寅，刘璩薨"。《新传》未记具体时日，记刘璩入相后，大病，"居位半岁卒，年六十三"。此亦与大中十二年五月丙寅卒相合。《通鉴》卷二四九记："璩病笃，犹手疏论事，上甚惜之。"但《旧传》另有记，谓刘璩任相后，又"罢相，又历方镇，卒"，则刘璩于大中十二年正月任相，后又罢相，并出任方镇，即卒于镇，皆与史书所记不合。《旧传》如此显误，真令人奇异。

　　《新唐书·艺文志》除著录其《大中刑法总要格后敕》外，其他皆无。《全唐诗》、《全唐文》亦未载其所作。宋叶梦得《石林燕语》①，卷四，记其"家藏唐碑多"，其中有"大中中《王巨镛碑》，撰者言翰林学士、中散大夫、守中书舍人刘璩之类"。由此则刘璩在院任中书舍人时曾为王巨镛作有碑文，北宋时尚有人收藏，后皆无存。王巨镛，不详。

―――――――――

①《石林燕语》，侯忠义点校，中华书局，1984年。

另有一事可述,即他于大中五、六年间出任河南尹,后于大中九年十一月改任汴州刺史、宣武节度使,即在洛阳期间,诗人许浑与他颇有文字交往。据现有研究①,许浑于大中六、七年间为虞部员外郎、分司东都,亦即在洛阳,他就有好几首诗奉献刘瑑,如《玩残雪寄河南尹刘大夫》(《丁卯集笺证》卷三),《蒙河南刘大夫见示与吏部张公喜雪酬唱辄敢攀和》(同上),《三川守大夫刘公早岁寓居敦行里肆有题壁十韵今之置第乃获旧居洛下大僚因有唱和叹咏不足辄献此诗》(同上卷一二),《中秋日拜起居表晨渡天津桥即事十六韵献居守相国崔公兼呈工部刘公》(同上),《分司东都寓居履道叨承三川尹刘侍郎恩知上四十韵》(同上)。据此数诗诗题,可知刘瑑在任河南尹时,洛中人士多与之宴聚,许浑称自己获刘瑑"恩知"。许浑另一诗《寄献三川守刘公》(同上卷九),自序云:"余奉陪三川守刘公宴,言尝蒙询访行止,因话一麾之任,冀成三径之谋。特蒙俯鉴丹诚,寻许慰荐。属移居履道,卧疾弥旬,辄抒二章寄献。"许浑后就因刘瑑举荐,于大中八年改任郢州刺史实职。

刘瑑后于大中九年由河南尹转为汴州刺史、宣武节度使,许浑又作诗寄献:《中秋夕寄大梁刘尚书》(同上卷九),首二句云:"汴人迎拜洛人留,虎豹旌旗拥碧油。"具体描述刘瑑之深得人心。这在宣宗朝翰林学士中,也是少有的。

---

① 参见《唐才子传校笺》卷七《许浑传》谭优学笺,中华书局,1990年;罗时进《丁卯集笺证》,江西人民出版社,1998年。

裴 谂

裴谂,两《唐书》有传,见《旧唐书》卷一七〇、《新唐书》卷一七三,皆附于其父裴度传后,所记皆甚简。

《旧唐书·裴度传》记度子五人:识、譔、让、谂、议。《新传》亦云裴度"五子,识、谂知名"。唯《新唐书》卷七一上《宰相世系表》一上,列裴度七子,皆具记其名,此当为互异,唯《新表》记裴譔,为"翰林学士、工部侍郎",记裴谂,则仅为"权知刑部侍郎"。实则任翰林学士、工部侍郎者为裴谂(工部侍郎为裴谂入院后于大中二年七月所加之官衔,详后),而裴譔,《旧唐书·裴度传》仅记其"长庆元年登进士第",其他皆未记(《新传》于进士登第也未记)。此当为《新表》误载,中华书局点校本及赵超《新唐书宰相世系表集校》①,皆未及校。

《旧传》记裴谂,自大中五年(851)由宣州刺史、宣歙观察使入朝权知刑部侍郎起,此前皆无记,故亦未叙及翰林学士事。《新传》则有记,先云"谂有文,藉荫累官考功员外郎",后即叙召入为翰林学士。由此,则裴谂当未应科举试,藉其父之荫入仕。清劳格《唐尚书省郎官石柱题名考》卷十考功员外郎即列有裴谂。裴谂后即以考功员外郎入为翰林学士。丁《记》记为:"会昌六年六月二日,自考功员外郎充。"即与刘瑑同为宣宗即位后首批召

---

①赵超《新唐书宰相世系表集校》,中华书局,1998年。

入者。

《新传》记为："宣宗访元和宰相子,思度勋望,故待谂有加。"按宣宗本为宪宗第四子,裴度乃宪宗时宰相,征讨淮西,颇有功,为时所称,宣宗即位后即就巩固其权位着想,"见宪宗朝公卿子孙,多擢用之"(《通鉴》卷二四八大中二年十二月)。《通鉴》并记宣宗即因此更任裴谂为翰林学士承旨:"翰林学士裴谂,度之子也,上幸翰林,面除承旨。"即丁《记》所记大中二年(848)十二月二十六日加承旨。

《新传》记裴谂入院,仅数句,即:"为翰林学士,累迁工部侍郎,诏加承旨。"皆未记时,且有缺。丁《记》则具体记为:"会昌六年六月二日,自考功员外郎充。八月十九日,加司封郎中。大中元年二月三十日,加知制诰。二年七月二日,三殿赐紫。其月六日,特恩加工部侍郎、知制诰。十二月二十六日,加承旨,并依前充。三年五月二十三日,守本官出院。"

按裴谂于会昌六年(846)六月二日以考功员外郎入院,仅逾二月,即迁为司封郎中。《全唐文》卷七二六所载崔嘏《授裴谂司封郎中依前充职制》,先称"翰林学士、考功员外郎裴谂",与丁《记》合。制文后赞誉谓:"袭庆于门,腾芳戴席,端庄抱吉士之操,谨默得贤人之风。灼若春华,皎如瑞素。自擢居文囿,参侍瑶墀,进对益见其周详,词旨不离于雅厚。是宜仍金銮之旧职,荣粉署之新恩。"入院任职仅两月,已撰制诏,且"词旨不离于雅厚",可见翰林学士入院即可撰诏,不一定先要加知制诰。

后再历半年,大中元年(847)二月三十日,即以司封郎中加知制诰,崔嘏又有制文(《授裴谂知制诰制》),中云:"自擢升翰苑,入侍禁闱，勋必知机，静而适道。大玉之韵，清越以长；小山之姿，贞芳自茂。是用资其粉泽，演我丝纶；斧藻方耀于凤衔，挥洒更期于鸿笔。"重点即其撰制之业绩。

可以注意的是，裴谂在院期间，官阶每有升迁，朝中皆发有制文，并传存，这也是唐翰林学士极少见的。如崔瑾所撰，又有《授裴谂中书舍人制》(《全唐文》卷七二六)，先称"翰林学士、司封郎中、知制诰裴谂"，接叙其功绩，后即云："爰因满岁，授以正名。"按裴谂于大中元年二月三十日以司封郎中加知制诰，既云"满岁"，则为大中二年初，"授以正名"，即正式授为中书舍人。既有制文，自当可信，此即可补丁《记》，因丁《记》于大中二年(848)未记裴谂曾任中书舍人。裴谂此次迁中书舍人，当在大中二年正月初，因崔瑾于二年正月己丑出贬端州(见《通鉴》卷二四八)，其作此制，则当在贬前。

丁《记》记裴谂于大中三年(849)五月二十三日守本官出院，本官即工部侍郎。《旧传》未记裴谂有任翰林学士事，另有记云："大中五年自大中大夫检校右散骑常侍、御史大夫、宣州刺史、宣歙观察使、上柱国、河东男、食邑三百户、赐紫金鱼袋，入朝权知刑部侍郎。"即裴谂于大中三年五月出院，为工部侍郎，后又出任宣歙观察使，大中五年(851)又返朝。不过《旧传》记其入朝为权知刑部侍郎，而《旧唐书》卷一八下《宣宗纪》大中五年九月记为："以前宣歙观察使、太中大夫、检校左散骑常侍裴谂权知兵部侍郎。"即入朝任为兵部侍郎，非刑部侍郎。今检杜牧有《裴休除礼部尚书裴谂除兵部侍郎等制》(《樊川文集》卷一七)，中称其"前宣歙等州都团练观察处置等使"，后云"谂可权知尚书兵部侍郎"，与《旧纪》合。则《旧传》所记"刑部侍郎"，误。

《旧唐书·宣宗纪》，大中九年（855），"三月，试宏词举人，漏泄题目，为御史台所劾，侍郎裴谂改国子祭酒，郎中周敬复罚两月俸料"。此事可参见前周敬复、卢懿传。两《唐书》本传皆未载此，《旧纪》也未记裴谂为尚书何部侍郎。按《东观奏记》卷下对此有具体记述，记"吏部侍郎兼判尚书铨事裴谂左授国子祭酒"。由此，则裴谂于大中五年九月自宣歙入朝为权知兵部侍郎，后又改为吏部侍郎，故可主持大中九年之宏词试（晚唐时博学宏词已属吏部铨试，非制举科），而却因漏泄题目事故，改国子祭酒。

《旧传》载裴谂事，即止于大中五年自宣歙入朝，后未有记。《新传》有云："后为太子少师，封河东郡公。黄巢盗国，迫以伪官，不从，遇害。"《旧唐书》卷一九下《僖宗纪》，广明元年（880）十二月，记黄巢军入长安，僖宗出逃，留于长安之朝臣，有为黄巢军所捕而被杀者，中有"太子少师裴谂"。则裴谂于大中九年由吏部侍郎改为国子祭酒后，历二十余年，长期处于闲职。

《新唐书·艺文志》及《全唐诗》、《全唐文》，于其著述、诗文皆未有载记。

萧 邺

萧邺，《旧唐书》无传，《新唐书》有传，见卷一八二。《新传》云："萧邺字启之，梁长沙宣王懿九世孙。"《新唐书》卷七一下《宰相世系表》一下，萧氏齐梁王，记萧懿之弟衍，即南朝梁高祖武帝，懿为长沙宣王。按萧邺虽为南朝梁武帝族后裔,实对萧邺仕迹、政见无甚影响。

《新传》云:"及进士第,累进监察御史、翰林学士。"皆未记年,其记早期事迹,甚简略。《全唐文》卷七二六崔嘏《授萧邺李元监察御史制》,中云:"尔等皆以词华升于俊秀,从事贤侯之府,驰声馆阁之中,筹画居多,操持甚固。"则萧邺进士及第后,当曾在方镇幕府供职("从事贤侯之府"),后入朝为监察御史,当在武宗会昌后期(据《新唐书·艺文志》著录之崔嘏《制诰集》及《新唐书·武宗纪》,崔嘏于会昌四年闰七月由邢州刺史入朝为知制诰、中书舍人)。

丁《记》记萧邺入院:"大中元年二月二十六日,自监察御史里行充。"崔嘏亦有制文:《授萧邺翰林学士制》(《全唐文》卷七二六),称"监察御史萧邺"。则萧邺确以监察御史入为翰林学士。此制概叙翰林学士之职能,云:"吾内有宰辅,重德作为股肱;外有侯伯,虎臣用寄藩翰。至于参我密命,立于内庭,即必取其器识宏深,文翰遒丽,动能持正,静必居中;指温树而不言,付虚襟而无隐,此所以选翰林学士之意也。"将翰林学士参预政事,与宰臣、方镇并提,且特别关注于翰林学士乃"参我密命,立于内庭",颇可注意。

丁《记》记其入院后迁转情况,云:"(大中元年)十一月二十日,迁右补阙。十二月二十七日,三殿赐绯。二年七月六日,特恩迁兵部员外郎。十一月十三日,加知制诰。二年九月十四日,责授衡州刺史。"其出院责授衡州刺史,记为"二年九月十四日",而前已记二年"十一月十三日加知制诰",年份重述,月份颠倒。又丁《记》于萧邺后，为宇文临，其记宇文临，有云"（大中）三年九月十四日责授复州刺史"，即责授外州刺史，二人皆为九月十四日，当为同时，而宇文临所记，明确为"三年"，则萧邺之"二年九月十四日，责授衡州刺史"，"二"当为"三"，丁《记》此处所记形讹。但何以与宇文临同时责授外州刺史，不详，《新传》亦仅云："累进监察御史、翰林学士，出为衡州刺史。"

不过萧邺后又入院，丁《记》记为："大中五年正月二十八日，自考功郎中充。二月一日，加知制诰。七月十四日，迁中书舍人。六年正月七日，三殿召对赐紫。七月二十七日，加承旨。七年六月十二日，迁户部侍郎、知制诰，并依前充。八年十二月十八日，守本官、判户部出院。"按萧邺第一次在院，官阶迁转并不快，大中元年（847）二月入院时为正八品之监察御史，后升迁为右补阙、兵部员外郎，也仅为从七品上、从六品上，且旋又责授外出。而第二次入院，为从五品上之考功郎中（《唐尚书省郎官石柱题名考》卷九考功郎中即列有其名），同年仅历半年，即迁为正五品上之中书舍人，后又加承旨，并提升为正四品下之户部侍郎。可见萧邺与宇文临于大中三年九月同时受责外出，恐未涉及重大政治事件，对其仕途未有大的影响，故不久即又返朝，并再入院，升迁更快。

萧邺第二次在院时曾撰有两篇碑文。《集古录目》（《云自在龛丛书》本）卷十据《宝刻丛编》，著录有《岭南节度韦正贯碑》，记云："翰林学士、中书舍人萧邺撰，左散骑常侍柳公权书。正贯字公理，京兆杜陵人，官至岭南节度使。碑以大中六年立。"按此碑文，《全唐文》卷七六四亦载，称韦正贯于大中五年七月卒，六年二月葬，萧邺为其外侄，应嘱为作此碑铭。萧邺于大中五年七月已为中书舍人,故《集古录目》著录为翰林学士、中书舍人,是。另一篇为《大唐故吏部尚书赠尚书右仆射渤海高公神道碑》,多有缺字,文义不清。宋赵明诚《金石录》目录第一千八百八十九有《唐吏部尚书高元裕碑》,著录为:"萧邺撰,柳公权正书,大中七年十月。"①又《金石萃编目录》卷一一四,亦记有:"《高元裕碑》,大中七年十月。"

萧邺在院期间与其他文人似无交往。岑氏《注补》曾引杜牧一诗《早春阁下寓直萧九舍人亦直内署因寄书怀四韵》,岑氏云:"按萧九是邺抑寔颇难定,疑前者近是,牧诗则六年春作也。"按陶敏《全唐诗人名考证》(页770),胡可先《杜牧交游考略》②,皆考谓此萧九为萧寔,并据《新唐书·沈传师传》,沈传师为江西观察使、宣歙观察使时,"其僚佐如李景让、萧寔、杜牧,极当时选云"。即杜牧与萧寔已早有交谊(详见后萧寔传)。杜牧与萧邺则未有交往,岑说非是。

萧邺在院时与同僚的关系,有不同的记载。《旧唐书》卷一五八《韦澳传》记澳在院时,"与同僚萧邺深为宣宗所遇,每二人同值,无不召见,询问时事"。按韦澳于大中五年(851)七月二十日入,十年(856)五月二十五日以京兆尹出院(见后韦澳传),与萧邺同在院有三年余,当甚有交往,故二人值班时,宣宗多予召见,"询问时事"。但另有一误记,即《旧唐书》卷一七七《崔慎由传》所记:"初,慎由与萧邺同在翰林,情不相洽。及慎由作相,罢邺学

---

①《宋本金石录》,中华书局影印本,1991年。
②载于胡可先《杜牧研究丛稿》,人民文学出版社,1993年。

士。"按崔慎由于大中三年（849）六月八日入院，同年十二月九日即出院，与萧邺同在院仅三月，却有"情不相洽"，甚可疑。问题在于，崔慎由于大中十年（856）十二月任相，而萧邺则于此前两年即大中八年（854）十二月十八日即已出院，《旧唐书·崔慎由传》却云崔慎由作相，遂"罢邺学士"，显误。

《新唐书·萧邺传》记邺"迁户部侍郎、判本司"后，即"以工部尚书同中书门下平章事"，入相。而据丁《记》，萧邺于大中八年（854）十二月十八日以户部侍郎出院，至大中十一年（857）七月才任相，其间尚隔有两年余。《新唐书》卷六三《宰相年表》记为，大中十一年，"七月庚子，兵部侍郎、判度支萧邺本官同中书门下平章事，判如故"（《新唐书》卷八《宣宗纪》同）；又同年十一月己未，"邺为工部尚书"。《旧唐书·宣宗纪》记萧邺拜相为大中十一年六月，月份有异，但仍称其为"兵部侍郎、判度支"，《通鉴》卷二四九同。由此，则《旧传》所云"工部尚书"，误。《全唐文》卷八〇宣宗《授萧邺平章事制》，亦称"守尚书兵部侍郎、判度支"，后云"可守本官，同中书门下平章事，仍判度支"。

《新传》接云："懿宗初，罢为荆南节度使，仍平章事。"《新唐书·宰相年表》记为大中十三年（859），"十一月戊午，邺检校尚书右仆射、同平章事、荆南节度使"。《新唐书》卷九《懿宗纪》也记其于大中十三年十一月戊午罢相。

《新传》记其此后仕历，云："徙剑南西川。南诏内寇，不能制，下迁检校右仆射、山南西道观察使。历户部、吏部二尚书，拜右仆射。还，以平章事节度河东，在官无足称道，卒。"《通鉴》卷二五〇载萧邺由西川节度使改山南西道节度使在懿宗咸通五年（864）二月。而《旧唐书》卷一九上《懿宗纪》，咸通二年（861）二月，记"吏部尚书萧邺检校尚书右仆射、太原尹、北都留守、河东节度观察等使"。实则咸通前期，萧邺在西川节度使任，而《通鉴》卷二五二，咸通十四年（873）十一月，记为："以右仆射萧邺同平章事，充河东节度使。"则萧邺为河东节度使在咸通十四年，而《旧纪》则误前十余年，记为咸通二年。又《旧纪》记萧邺任河东节度使前为吏部尚书，实则萧邺于咸通十一年（870）正月主持考试应宏词选人，时任为吏部尚书（见后）。可见《旧唐书》之晚唐本纪竟有如此众多之显误，值得研究。

《旧唐书·懿宗纪》，咸通十一年正月，记："以吏部尚书萧邺、吏部侍郎于德孙、吏部侍郎杨知温考官，司勋员外郎李耀、礼部员外郎崔澹等，考试应宏词选人。"又咸通十二年三月，十三年三月，皆记萧邺以吏部尚书考宏词选人。此后，即据《通鉴》，于咸通十四年十一月出任为河东节度使，约即卒于任。

《新唐书·艺文志》未著录其著述。《全唐文》卷七六四载其碑文二篇（前已述）。

宇文临

宇文临，两《唐书》无专传，仅《旧唐书》卷一六〇其父宇文籍传附记一句，且有误（详后）。

《旧唐书·宇文籍传》未载其籍贯，记籍于宪宗元和时"以咸阳尉直史馆，与韩愈同修《顺宗实录》，迁监察御史"；后于敬宗、文宗时为史馆修撰，"与韦处厚、韦表微、路随、沈传师同修《宪宗实录》"（《新唐书》卷五八《艺文志》二，著录之《顺宗实录》、《宪宗实录》，纂修者皆记有宇文籍）。《旧传》称"籍性简澹寡合，耽玩经史，精于著述，而风望峻整，为时辈推重"。则宇文临有较好之家学渊源。

《旧唐书·宇文籍传》末，记宇文临，仅一句，云："子临，大中初登进士第。"按据丁《记》，宇文临于大中元年闰三月七日，自礼部员外郎入充为翰林学士，即大中元年（847）闰三月，已入院，且此前已任为礼部员外郎。按唐制，进士及第，须经吏部铨试，且须有一定年限候选，则宇文临绝不可能于"大中初"即大中元年才进士及第。《旧传》此句显误。故清徐松《登科记考》即未列其名。孟二冬《登科记考补正》卷二〇，据胡可先《登科记考补》，疑"大中"为"大和"之误，即附于文宗大和元年（827）。陶敏《全唐诗人名考证》（页777），考述杜牧《寄珉笛与宇文舍人》诗，亦以为《旧传》之"大中"为"大和"之误。

宇文临于进士及第后，仕历皆未有记，后即为丁《记》记其为翰林学士。丁《记》记其入院，曾先后两次，为："大中元年闰三月七日，自礼部员外郎充。其年四月，守本官出院。""大中元年十二月八日，自礼部郎中充。其月二十八日，加知制诰。二年正月二日，思政殿召对赐绯。其年六月七日，特恩迁中书舍人，并依前充。三年九月十四日，责授复州刺史。"

清劳格《唐尚书省郎官石柱题名考》卷二〇礼部员外郎，卷一九礼部郎中，皆列有宇文临，与丁《记》合。

按宇文临在入院前已任礼部员外郎，可以《全唐文》卷七二六崔嘏《授宇文临礼部员外郎制》参证。制云："凡在南宫,必资望实,而仪曹之选,益难其人。"仪曹即指礼部员外郎。制中又云："佐云幕而郁有佳声,处霜台而介然独立。"则宇文临曾在方镇幕府中供职,后入朝曾任谏官。

《全唐文》同卷又载有崔嘏《授宇文临翰林学士制二首》,由此可证丁《记》记其两次入院之确切性。可以注意的是,崔嘏之《授萧邺翰林学士制》中曾评议翰林学士之职责与地位(参见前萧邺传),在授宇文临制文(其二)中,又有云:"吾外有辅臣,以匡大化,中有股肱,以总枢机;而发挥丝纶,参侍顾问,司我耳目,广予腹心。"其授萧邺制文,是称"内有宰辅"、"外有侯伯"的,而此制,则添换为"中有股肱",且谓"以总枢机",即指任枢密使的宦者。这是当时朝中对宦官之中枢职能的看法。但不管如何,仍认为翰林学士,除"发挥丝纶"即草撰制诰外,主要还在于"参侍顾问"、"以参周旋"。

丁《记》中有一处,文字上似有误,即记大中二年,谓"其年六月七日,特恩迁中书舍人,并依前充"。按本年在院学士,如孙毂、刘瑑、裴谂、萧邺、沈询,均记于七月六日特恩迁转(见各人传,及书后"学士年表"),宇文临既亦记为"特恩迁",则此"六月七日",应与诸人同时,为"七月六日"。

其在院时另可注意者,杜牧曾有诗寄献:《寄珉笛与宇文舍人》(《樊川文集》卷四),有云:"调高银字声还侧,物比柯亭韵较奇。寄与玉人天上去,桓将军见不教吹。"胡可先《杜牧诗文人名新考》①,

---

①载于胡可先《杜牧研究丛稿》,人民文学出版社,1993年。

陶敏《全唐诗人名考证》(页777),皆谓此宇文舍人为宇文临,是。按杜牧于大中二年(848)秋由睦州刺史内擢司勋员外郎,十二月抵京,四年(850)秋后又出为湖州刺史,此诗当为大中三年(849)九月前宇文临为中书舍人时所作。珉为似玉之美色,杜牧将此珉笛佳品寄赠"天上"之"玉人",亦可见杜牧对身在翰苑之宇文临仰慕之情。杜牧与宇文临有何交往,不详。

丁《记》记宇文临出院,为大中三年(849)九月十四日,"责授复州刺史",而同时在院的萧邺,也于同日责授衡州刺史(见前萧邺传)。复州属山南东道,治竟陵县(《元和郡县图志》卷二一,今湖北天门市)。宇文临此次与萧邺同时被责外出,不知何故。不过萧邺后复入朝,累有升迁,且擢任宰相,宇文临则限于史料,其后不详。其诗文、著作,皆未有载记。

沈　询

沈询,两《唐书》有传,见《旧唐书》卷一四九、《新唐书》卷一三二,皆附于其父沈传师传后,所记甚简,且有误失(详后)。

沈传师为宪宗朝翰林学士,其本籍为吴兴,后移居于苏州,两《唐书》本传皆称为苏州吴人(详见前宪宗朝沈传师传)。

《旧传》未记沈询科举应试,《新传》记为"字诚之,亦能文辞,会昌初第进士,补渭南尉"。清徐松《登科记考》卷二二亦记于会昌元年(841),所据为《永乐大典》所辑之《苏州府志》:"沈询,会昌元年登第。"据徐《考》,同年及第者有薛逢、杨收、王铎、李宾等,皆有据。唯《旧唐书》卷一九〇《文苑下·薛逢传》记此同年登第事，却有二误，云："既而沈询、杨收、王铎由学士相继为将相，皆逢同年进士。"按沈询未曾任相，王铎未曾为翰林学士，《旧·薛逢传》仅此二句，竟有如此显误，真使人惊异。

《新传》记沈询于会昌初进士及第后"补渭南尉"，则有佐证。《旧唐书》卷一七八《郑畋传》，记大中九年（855）刘瞻作相时曾荐郑畋为翰林学士，转户部郎中，后加知制诰（见后郑畋传）。郑畋曾上书自陈，有云："臣会昌二年进士及第，大中首岁书判别登科，其时替故昭义节度使沈询作渭南县尉。"则郑畋于会昌二年（842）进士登第后，又于大中元年（847）登书判拔萃，即入仕，当于大中初为渭南尉，系接任沈询，则沈询于会昌元年进士及第后，即于会昌中后期任渭南尉。

但《新传》亦有疏漏，其记沈询"补渭南尉"后，即云"累迁中书舍人，出为浙东观察使"，缺记其任中书舍人前曾任翰林学士。《旧传》有记为翰林学士者，但记于中书舍人后，亦有误。幸有丁《记》，才能对两《唐书》传有所补正。

丁《记》记为："沈询：大中元年五月十二日，自右拾遗、集贤院学士充。二年正月二日，思政殿召对赐绯。其年七月七日，特恩迁起居郎，并依前充。十月二日，守本官，知制诰，出院。"按渭南县尉为正九品下，沈询当于会昌末、大中初迁为从八品上之右拾遗，并入朝兼充集贤院直学士，大中元年五月即以此入院为翰林学士。又按唐官制，凡在集贤院任学士者须为五品以上之官阶，六品以下只能称直学士。沈询既以从八品上之右拾遗兼充，只能为直学士。丁《记》此处当缺一"直"字。又《全唐文》卷七二六崔嘏《授沈询翰林学士制》，即称为"右拾遗、集贤殿直学士沈询"。

据丁《记》，沈询于大中二年（848）七月七日，又迁为起居郎。起居郎与尚书诸司员外郎同阶，为从六品上，较右拾遗（从八品上）高好几阶，故称为"特恩"。不过同年十二月，即又以起居郎出院，不过加知制诰，即出院后仍可草撰制诰。沈询在院仅一年半，其所撰制文，现所存者均在其出院后作，值得探索。

两《唐书》本传皆记沈询曾任中书舍人，但所记时序互异。《旧传》记为"中书舍人、翰林学士、礼部侍郎"，即翰林学士前已为中书舍人。而据前所引述之丁《记》，沈询于大中元年五月十二日以右拾遗召入，右拾遗为从八品上，而中书舍人为正五品上，沈询不可能先为中书舍人，后降为右拾遗而入院。沈询在院时，虽有升迁，也仅为从六品上之起居郎。《新传》则未记翰林学士事，而云"累迁中书舍人，出为浙东观察使"，即沈询出院后累迁为中书舍人，后由中书舍人出为浙东观察使，此也不确。现论证如下。

《通鉴》卷二四九大中九年记："秋七月，浙东军乱，逐观察使李讷。……（讷）性卞急，遇将士不以礼，故乱作"；"九月乙亥，贬李讷为朗州刺史。……以礼部侍郎沈询为浙东观察使。"又《会稽掇英总集·唐太守题名》亦记："沈询：大中九年九月，自前礼部侍郎授。"可见沈询在任浙东观察使前，为礼部侍郎。且沈询确于大中九年初在礼部侍郎任，并以礼部侍郎知贡举试。徐松《登科记考》卷二二记大中九年知举，为沈询，所据为《南部新书》。又《唐摭言》卷一三《敏捷》条亦云"山北沈侍郎主文年"，此"山北"即沈询（见后）。但晚唐赵璘所著《因话录》，其卷六羽部记："大中九年，沈询侍郎以中书舍人知举。"含义不清。宋王谠《唐语林》卷八记开元二十四年后主贡举者,其中书舍人一类,亦有沈询(误记为询)。此皆不确。

据上所述,沈询当于大中二年十月以起居郎、知制诰出院,不久即迁为中书舍人,连续好几年,于大中八年秋冬擢为礼部侍郎,遂于大中九年初以礼部侍郎知贡举;同年九月,由于工作需要,出任浙东观察使。沈询于大中中期任中书舍人,其主要职责即撰写制诏,现传存者有十余篇。

关于现存之沈询制文,《全唐文》有误载,应先加辨析。《全唐文》卷七六七载沈询制文六篇,其小传即大致本两《唐书》传。但卷七六三又于沈询名下载制文十六篇,其小传云:"宣宗朝官中书舍人,以礼部侍郎出为浙东观察使。"其仕历实即为沈询。如此,《全唐文》卷七六三之沈询实为沈询,却误分为二人。又《全唐文》之所以如此,为承袭《文苑英华》。中华书局影印本《文苑英华》卷四五〇"翰林制诏",载有沈询《授崔铉魏扶拜相制》、《魏謩拜相制》、《授裴休中书门下平章事依前判盐铁制》,又卷三八四"中书制诏"有沈询《授曹确充翰林学士制》,《全唐文》均列于卷七六七沈询名下,而《文苑英华》卷四五六"翰林制诏"于沈询名下载十余篇授节度使制文,《全唐文》即于卷七六三沈询名下载此十余篇制。由此,则《文苑英华》已将"询"误刊为"询",《全唐文》即沿袭《文苑英华》之误。我们现在应将《全唐文》卷七六三、七六七所载,均作为沈询之文,不应误分为二人。

《全唐文》卷七六七载《授曹确充翰林学士制》,当为大中五年八月所撰,因曹确于大中五年八月十一日入院(据丁《记》,又参后曹确传),又据《新唐书·宰相年表》,《崔铉魏扶拜相制》当作于大中三年四月;《魏謩拜相制》当作于大中五年十月;《授裴休中书门下平章事依前判盐铁制》当作于大中六年八月。又《全唐文》卷七六三所载十余篇授节镇制文,当亦作于大中中期,如《授白敏中邠宁节度使制》,《文苑英华》于篇末署为"大中五年十月";《授杜悰淮南节度使制》,当为大中六年(参《唐刺史考全编》卷一二三淮南道扬州)。其中应予辨析的,如《授李彦佐鄜坊节度使制》,岑氏《注补》,据《吴表》一,列于大中二年,意为此篇乃沈询在院中任职时作。今检《唐刺史考全编》卷七关内道州,谓李彦佐任鄜坊节度使在大中六年。由此可见,《文苑英华》、《全唐文》所载沈询制文,皆为沈询出院后,任起居郎、知制诰及中书舍人时所作。不过《文苑英华》又有误载,如卷四五六所载沈询《授裴休汴州节度使制》,文末署"大中十年六月七日"。据《新唐书·宰相年表》,裴休罢相出为宣武(汴州)节度使,为大中十年十月戊子(《新唐书·宣宗纪》同),而大中十年,沈询在浙东观察使任,不可能作此制文。《全唐文》编纂时,亦未辨析,仍编于卷七六三。

就上所述,有一个现象值得注意,即一般认为,自建置翰林学士后,所撰制诰,翰林学士与中书舍人有明确分工,如李肇《翰林志》所云,"近朝大事,直出中禁,不由两省",特别是授宰相之制文,一般均由翰林学士起草,有时还是皇帝事先与翰林学士面商。但实际上,玄、肃两朝,一些朝政大事,甚至皇帝禅位所下诏文,仍由中书舍人起草。沈询的这几篇授宰相制文,都是他出院后任中书舍人时所撰,这对晚唐时中书舍人职责与作用的探索,以及中书舍人与翰林学士的分工,极有研究参考价值。

沈询在中书舍人任时,还有值得注意的,是他与当时文人的交往。杜牧有《秋晚与沈十七舍人期游樊川不至》(《樊川文集》卷二):"邀侣以官解,泛然成独游。川光初媚日,山色正矜秋。野竹疏还密,岩泉咽复流。杜村连滿水,晚步见垂钩。"按杜牧于大中六年上半年由考功郎中、知制诰迁为中书舍人,缪钺《杜牧年谱》即系于大中六年①。《唐五代文学编年史·晚唐卷》亦据《杜牧年谱》系此诗于此年②。大中六年当为沈、杜二人同在中书舍人任,当时有交游。又《唐五代文学编年史·晚唐卷》大中六年,采据谭优学《唐诗人行年考·赵嘏行年考》,记赵嘏有《访沈舍人不遇》诗:"溪翁强访紫微郎,晓鼓声中满鬓霜。知在禁闱人不见,好风飘下九天香。"按赵嘏亦为晚唐前期诗人名家,其"残星数点雁横塞,长笛一声人倚楼",为人称道,杜牧因而称为"赵倚楼"。但赵嘏一生坎坷,屡次应试不第,后于会昌四年进士及第,大中时曾仕为渭南尉,"卑宦颇不如意",可能即因此上诗于沈询,有求荐之望③。

沈询于大中九年知举,有久困名场、屡试不第之文士,因又失第而进诗于沈询者,如许棠有《东归留辞沈侍郎》(《全唐诗》卷六〇三):"一第久乖期,深心(原校:一作终身)已自疑。沧江归恨远,紫阁别愁迟。稽古成何事,龙钟负已知。依门非近日,不虑旧

---

①缪钺《杜牧年谱》,人民文学出版社,1980年。
②《唐五代文学编年史》,傅璇琮主编,《晚唐卷》,吴在庆、傅璇琮著,辽海出版社,1998年。
③关于赵嘏事迹,可参《唐才子传校笺》卷七《赵嘏传》谭优学笺,中华书局,1990年。

恩移。"许棠后于懿宗咸通十二年(871)才及第①。由许棠此诗,亦可见沈询当时之声望。

据前所述,沈询于大中九年初知举后,同年九月出任为浙东观察使,又据《会稽掇英总集》,大中十二年六月,迁户部侍郎返朝。《新传》亦记其于浙东观察使后,"除户部侍郎,判度支",后于咸通四年(863)"为昭义节度使"。《旧传》亦记为:"咸通中,检校户部尚书、潞州长史、昭义节度使。"此距大中九年知举已有八年,但曹唐作有《游仙诗》,仍称其为"沈侍郎",诗云:"玉诏新除沈侍郎,便分茅土镇东方。不知今夕游何处,侍从皆骑白凤凰。"(《全唐诗》卷六四一)《北梦琐言》卷五《沈蒋人物》条有云:"沈询侍郎,清粹端美,神仙中人也。制除山北节旄,京城诵曹唐《游仙诗》云……即风姿可知也。"按曹唐为桂州人,长期游历北方,屡次应试不第,其举进士约在文宗大和间,但仕途不显,长期在方镇幕府供职②。此首"玉诏新除沈侍郎",当为沈询出任潞州时曹唐奉献之作。

又李频亦有一诗,题为《送崔侍御书记赴山北座主尚书招辟》(《全唐诗》卷五八九)。陶敏《全唐诗人名考证》(页875)考谓诗题中所称之"座主"为沈询。山北,唐人习指为泽潞。李频作此诗,虽为送崔,实为赞誉沈询之赏拔人才,故诗中云:"从来游幕意,此去并酬恩。"李频时亦以诗知名,《新唐书》卷二〇三《文艺

---

① 关于许裳事迹,可参《唐才子传校笺》卷九《许裳传》周祖譔、吴在庆笺,中华书局,1990年。

② 参《唐才子传校笺》卷八《曹唐传》梁超然笺,中华书局,1990年。

传》下有其传，称姚合赏识其诗才，"大加奖挹，以女妻之"。

但沈询此次出任不久，即遭惨祸。《通鉴》卷二五〇咸通四年（863）十二月记："昭义节度使沈询奴归秦，与询侍婢通，询欲杀之，未果。乙酉，归秦结牙将作乱，攻府第，杀询。"同卷咸通五年（864）载，"正月，以京兆尹李蠙为昭义节度使，取归秦心肝，以祭沈询"。两《唐书》本传同①。

《新唐书·艺文志》未著录其著述。《全唐文》所载其文，前已考。《全唐诗》卷八七九"酒令"，载其五言四句，谓在昭义节度使时，"尝宴府中，宾友改令歌此"。即聚宴时酒令，一般。

令狐绹

令狐绹，两《唐书》有传，见《旧唐书》卷一七二、《新唐书》卷一六六，皆附于其父令狐楚传后。令狐楚为宪宗朝翰林学士，与文士多有交往，李商隐早期曾在其幕府，其撰写今体骈文，即受令狐楚之启导。

《旧传》："绹字子直，大和四年登进士第，释褐弘文馆校书郎。"《新传》未记年，仅云"举进士"。清徐松《登科记考》卷二一即据《旧传》系于文宗大和四年（830）。同年登第者魏扶，为武宗

---

① 但《新传》所记有误，谓沈询死后，"刘潼代为节度，驰至，刳奴心，祭其灵坐"。据《旧唐书·懿宗纪》，刘潼为昭义节度使在咸通四年正月，后徙河东，沈询乃接其任者，《新传》所记显误。

朝翰林学士(见前魏扶传);知举者礼部侍郎郑澣,为文宗朝翰林
学士(见前郑澣传)。

《旧传》于"释褐弘文馆校书郎"后,概述云:"开成初为左拾
遗。二年,丁父丧。服阕,授本官,寻改左补阙、史馆修撰,累迁库
部、户部员外郎。"《新传》所记较略,仅云"擢累左补阙、右司郎
中",后即云"出为湖州刺史"。按令狐楚于开成二年(837)十一
月卒于兴元尹、山南西道节度使任,则令狐绹服阕仍为左拾遗①,
当在开成五年(840)上半年。又《旧传》后附记其子滈事,记令狐
绹曾为其子滈应举事上疏(见后),其自序有云:"会昌二年臣任户
部员外郎时,已令应举。"则开成五年上半年至会昌二年(842),历
任为左补阙、史馆修撰,库部、户部员外郎。

又《旧传》谓"会昌五年,出为湖州刺史"。据《吴兴志》,令狐
绹之任在薛褒后,《吴兴志》记薛褒为"会昌六年八月十日自安州
刺史拜,卒官",而令狐绹为"大中元年三月二十一日自右司郎中
授"。由此,则《旧传》记为会昌五年,误。又《新传》记令狐绹先
为右司郎中,后出为湖州刺史,虽未记年,但由右司郎中出任,与
《吴兴志》合;而《旧传》却记先任为户部员外郎,后为湖州刺史,
亦不确。此亦可以李商隐诗作证,李在湖州有诗,诗题即称令狐
绹为郎中(详后)。

---

① 李商隐有《为令狐博士绪补阙绹谢宣祭表》,刘学锴、余恕诚《李商隐文编
年校注》(页161),据前人笺注,谓令狐楚卒于开成二年十一月十二日,后
朝廷命中使前往兴元宣祭,李商隐此表当作于十一月下旬。如此,则令狐
绹于其父卒前已为左补阙,即已由左拾遗改为左补阙,非服阕后才授为左
补阙。此似可订正《旧传》。

《旧传》后云:"大中二年,召拜考功郎中,寻知制诰。其年,召入充翰林学士。"此与丁《记》所记"大中二年二月十日,自考功郎中、知制诰"合。令狐绹当于大中二年(848)正月由湖州返朝,二月即入院。而《旧唐书》卷一八下《宣宗纪》却记令狐绹入朝在大中元年(847)六月,云:"以中散大夫、前湖州刺史、彭阳县开国男、食邑三百户令狐绹行尚书考功郎中、知制诰。"《通鉴》卷二四八于大中元年六月亦记宣宗向白敏中咨询人才,白敏中推荐令狐绹,于是"上即擢为考功郎中、知制诰"。按《两浙金石志》卷三《唐天宁寺经幢》,称:"会昌三年十月九日树,至会昌五年六月十七日准敕废,至大中元年十一月廿八日重建。"后署名有"中大夫使持节湖州诸军事守湖州刺史上柱国彭阳县开国男食邑三百户令狐绹"。据此,则令狐绹于大中元年十一月末尚在湖州,有可能于大中元年十二月或大中二年正月召入朝。《旧纪》、《通鉴》记为大中元年六月,当误。

丁《记》记令狐绹入院,为:"大中二年二月十日,自考功郎中、知制诰充。"关于令狐绹之召为翰林学士,《新传》有记,谓出于白敏中之举荐,云:"大中初,宣宗谓宰相白敏中曰:'宪宗葬,道遇风雨,六宫百官皆避,独见顾而髯者奉梓宫不去,果谁邪?'敏中言:'山陵使令狐楚。'帝曰:'有子乎?'对曰:'绪少风痹,不胜用。绹今守湖州。'因曰:'其为人,宰相器也。'即召为考功郎中、知制诰,入翰林为学士。"《新传》所叙之具体情节,即本于唐末昭宗时裴庭裕所著之《东观奏记》(卷上),裴庭裕所记更详。按宣宗(名忱)为宪宗子,宪宗于元和十五年(820)卒时,宣宗仅十一岁,会昌六年(846)三月即位为三十七岁,他想多用宪宗时旧臣子弟,以巩固自己权位,是合于情理的(参见前裴谂传)。

可能也正因令狐绹受白敏中之荐,史书就有记,认为李德裕于宣宗即位后受贬,乃白敏中与令狐绹共谋。如《旧唐书》卷一七四《李德裕传》记云:"白敏中、令狐绹,在会昌中德裕不以朋党疑之,置之台阁,顾待甚优,及德裕失势,抵掌戟手,同谋斥逐。"《新唐书》卷一八〇《李德裕传》亦谓:"白敏中、令狐绹、崔铉皆素仇,大中元年,使党人李咸斥德裕阴事。"撰于北宋初的钱易《南部新书》丁卷,更云:"大中中,李太尉三贬至朱崖,时在两制者皆为拟制,用者乃令狐绹之词。李虞仲集中此制尤高,未知孰是,往往有俗传之制,云:'蛇ဵ两头,狐摇九尾。鼻不正而身岂正,眼既斜而心亦斜。'此仇家谤也。"①实际上,令狐绹于会昌时历任拾遗、补阙、员外郎之职,官阶虽不高,但仕迹较稳定,时任宰相的李德裕对令狐绹,确"不以朋党疑之"。

又,白敏中出谋诬告李德裕之所谓吴湘狱事,乃为大中元年九月,李德裕后即由太子少保、分司东都贬为潮州司马,《唐大诏令集》卷五八所载《李德裕潮州司马制》,署为"大中元年十二月"。而此前,令狐绹已于大中元年三月出任湖州刺史(见前考述)。可见白敏中于宣宗即位后策划诬陷李德裕,令狐绹实未曾参与。至于大中二年九月李德裕再贬为崖州司户参军,《唐大诏令集》卷五八所载《李德裕崖州司户制》,文末署"大中二年九月",时令狐绹已入为翰林学士,当然有可能撰制,这是翰林学士的职责,但《唐大诏令集》所载此制,未署令狐绹之名,《全唐文》

---

① 《南部新书》,泰山出版社《中华野史》点校本,2000年。

卷七五九所载令狐绹文,亦未有此制。钱易《南部新书》所谓翰林、中书所拟之制,多出于令狐绹,亦仅揣测;且《南部新书》又谓当时李虞仲亦拟有此制,则更误。据《旧唐书》卷一六三《李虞仲传》,李虞仲乃卒于文宗开成元年(836)四月,敬宗、文宗时为中书舍人,《全唐文》卷六九三所载其所撰制文,如《授学士王源中户部侍郎制》《授学士李让夷职方员外郎充职制》等,皆在文宗大和时(见前王源中、李让夷传)。宣宗大中二年(848),已为李虞仲卒后十余年,何以能再作制? 由《南部新书》所记李虞仲此事,亦可佐证令狐绹撰《李德裕崖州司户制》,当亦非实。

关于令狐楚之党派问题,我于1982年所撰《李商隐研究中的一些问题》(《文学评论》1982年第2期),曾有辨释,谓:综观令狐楚的一生,他早期与李逢吉等人交结,与裴度等主张对藩镇用兵的意见相左,但后来与李德裕等人没有发生过政治分歧,与牛李党争无涉。大和九年甘露事变后,宦官气焰嚣张,令狐楚还与李(德裕)党郑覃共事,对宦官专权有所抵制,令狐楚卒于文宗开成二年,则与李德裕于会昌时执政更无关系;令狐绹为其子,就更无牛李党争之成见,令狐绹前期未有涉及牛李党争者。

又李德裕于大中三年十二月卒于崖州,六年,其子烨护其父母灵柩,归葬洛阳①。此事,《新唐书·李德裕传》有记:"德裕既没,见梦令狐绹曰:'公幸哀我,使得归葬。'绹语其子滈,滈曰:'执政皆其憾,可乎?'既夕,又梦,绹惧曰:'卫公精爽可畏,不言,祸将及。'白于帝,得以丧还。"按此事,《东观奏记》(卷中)有载,所记

---

① 此事详见傅璇琮著《李德裕年谱》,河北教育出版社,2001年修订新版。

更详，《新传》当本此。所谓"梦见"，当然为小说家之言，但由此可见，李德裕能以远贬之地返葬，与令狐绹有关。后懿宗时李潘为李德裕子李烨所作墓志，有记云："会先帝（琮按:指宣宗）与丞相论兵食制置西边事，时有以（卫）公前在相位事奏，上颇然之，因诏下许归葬。"（《唐故郴县尉赵郡李君墓志铭并序》，见傅璇琮著《李德裕年谱》大中六年引）大中六年，距李德裕之贬已好几年，宣宗当可允其归葬，而此乃与宰相论议而定，时任宰辅之首者即令狐绹。

以上之所以详引有关材料，并加辨析，是在纠正史书中的某些误载及当今某些研究论者中的有关歧说。应当说，令狐绹在前期，即入院前及翰林学士任期内，并无所谓牛李朋党之见，其为人行事也较允当。

丁《记》记令狐绹曾先后两次入院，云："大中二年二月十日，自考功郎中、知制诰充。三年二月二十一日，特恩拜中书舍人，依前充。其年五月一日，迁御史中丞，赐紫，出院。""大中三年九月十六日，自御史中丞充承旨。其月二十三日，权知兵部侍郎、知制诰，依前充。四年十一月三日，守本官、同中书门下平章事。"按宣宗朝前期，如萧邺、宇文临皆亦有两次入院、出院情况，且第二次在院时官衔迁转更快，令狐绹亦同。如令狐绹于大中三年（849）五月迁御史中丞，即出院，而仅数月，同年九月十六日，又入，且充承旨（当接替裴谂，裴谂于本年五月二十三日出院）。充承旨后之同月二十三日，又由正五品上之御史中丞迁为正四品下之兵部侍郎，第二年即入相。

按《旧传》云："大中二年，召拜考功郎中，寻知制诰，其年，召入充翰林学士。三年,拜中书舍人,袭封彭阳男,食邑三百户,寻拜御史中丞。"与丁《记》合,但未记后以御史中丞出院,而云:"四年,转户部侍郎,判本司事。其年,改兵部侍郎、同中书门下平章事。"

关于令狐绹入相之时间,诸书所记亦有小异。丁《记》记为大中四年(850)十一月三日,《旧纪》记为十一月己亥,同。而《新唐书》卷八《宣宗纪》、卷六三《宰相年表》及《通鉴》卷二四九,皆记为大中四年十月辛未,以翰林学士承旨、兵部侍郎令狐绹守本官、同中书门下平章事。十月辛未,为十月二十七日。《通鉴》所记有《考异》,谓"《旧纪》在十一月,今从《实录》、《新纪》"。既提及《实录》,则当依《实录》,为十月辛未(二十七日)。令狐绹为宣宗时入院之翰林学士首位擢迁为相的。

关于宣宗提拔其为相,《新传》有具记,云:"它夜,召与论人间疾苦,帝出《金镜》书曰:'太宗所著也,卿为我举其要。'绹摘语曰:'至治未尝任不肖,至乱未尝任贤。任贤,享天下之福;任不肖,罹天下之祸。'帝曰:'善,朕读此常三复乃已。'绹再拜曰:'陛下必欲兴王业,舍此孰先?《诗》曰:惟其有之,是以似之。'"此事,唐末昭宗时康骈所著《剧谈录》卷上《宣宗夜召翰林学士》条有详记,《新传》当亦本此。令狐绹在院,虽未有显著业绩,但此处所述向宣宗进言,"欲兴王业",须以"任贤"为先,应该说还是有见识的。

令狐绹于大中四年(850)十月入相,时在相位者有白敏中、崔铉、崔龟从,而白敏中于第二年即大中五年(851)三月即出为邠宁庆等州节度使,终宣宗朝,再未入相;崔龟从亦于五年十一月出为宣武节度使,令狐绹则于大中十三年(859)十二月,懿宗即位后,才出为河中节度使,终宣宗一朝,前后十年,始终居于相位。但任相十年间,实无有作为,未有政绩。《全唐文》卷七九载宣宗《授令狐绹弘文馆大学士制》,称其居相位已"十载于兹",而其政绩则虚称为"保合太和,从容中道;左右王化,清夷国风"。《通鉴》卷二四九,大中十二年十月,曾记:"令狐绹谓人曰:'吾十年秉政,最承恩遇,然每延英奏事,未尝不汗沾衣也。'"令狐绹为维持自己地位,不敢有所措施,"从容中道"而已。

且令狐绹任相时,也有劣绩。《通鉴》卷二四九大中十三年十二月记其罢相时,有云:"司空、门下侍郎、同平章事令狐绹执政岁久,忌胜己者,中外侧目,其子滈颇招权受贿。宣宗既崩,言事者竞攻其短,丁酉,以绹同平章事,充河中节度使。"其主要劣迹,为其子滈,"骄纵不法,日事游宴,货贿盈门,中外为之侧目"(《旧传》)。《旧传》并载谏议大夫崔瑄上疏,谓:"令狐滈昨以父居相位,权在一门,求请者诡党风趋,妄动者群邪云集。每岁贡闱登第,在朝清列除官,事望虽出于绹,取舍全由于滈。喧然如市,旁若无人,权动寰中,势倾天下。"这是晚唐时科举考试腐败的突出事例。令狐滈之所以能如此,即因"父在枢衡,独挠文柄",其主要责任即在于令狐绹。正因如此,"及懿宗即位,讼者不一,故绹罢权轴"(《旧传》)。

令狐绹在院及任相时情况,已大致可清。现就其与当时文士交往,略加概述,并对史料中的某些记载,概予辨析。

李商隐因早期曾在令狐楚幕府,深得令狐楚的荐用,故与令狐绹也早有交往。如李商隐于开成二年(837)进士登第,令狐绹即有推荐之力，如《新唐书》卷二〇三《李商隐传》："开成二年，高锴知贡举，令狐绹雅善锴，奖誉甚力，故擢进士第。"李商隐《与陶进士书》即直述其事："时独令狐补阙最相厚，岁岁为写出旧文纳贡院"（《全唐文》卷七七六）。但两《唐书·李商隐传》对李商隐与令狐绹的关系，仍有不切实际的记述。如李商隐后在河阳节度使王茂元幕，并为其婿，而王茂元为李德裕重用，时即以王茂元为李德裕党。《旧·李商隐传》即记为："商隐既为茂元从事，宗闵党大薄之。时令狐楚已卒，子绹为员外郎，以商隐背恩，尤恶其无行。"又谓令狐绹作相时，"商隐屡启陈情，绹不之省"。《新唐书》卷二〇三《李商隐传》更记李商隐于大中初随郑亚至桂管幕，郑亚前曾与李德裕善，"绹以为忘家恩，放利偷合，谢不通"；"绹当国，商隐归穷自解，绹憾不置"。实则令狐绹于大中元年由左司郎中出为湖州刺史，在湖州任时，他还写有诗寄时在桂管郑亚幕府的李商隐，李商隐即有《酬令狐郎中见寄》[1]，首二句即谓"望郎临古郡，佳句洒丹青"，即令狐绹抵达湖州，就有诗寄至桂管李商隐处。可见此时郑亚虽亦受李德裕之累而被迫外出，令狐绹却仍关注时在郑亚幕府之李商隐，特寄与诗，而《新传》却谓令狐绹因李商隐在郑亚幕，"以为忘家恩，放利偷合，谢不通"，完全不合实际。

令狐绹入为翰林学士后，李商隐又有几首诗寄呈。《寄令狐学士》，刘学锴、余恕诚《李商隐诗歌集解》，引前人笺注，以为大中

---

①见刘学锴、余恕诚《李商隐诗歌集解》，页743，台北洪叶文化事业有限公司，1992年。

二年二月郑亚受李德裕贬之影响,又由桂州改循州,李商隐只得离郑亚幕北归,北返途中即作此诗寄呈令狐绹,令狐绹时已入院。李诗首二句"秘殿崔嵬拂彩霓,曹司今在殿东西",盛赞翰林内署之高宏,亦为喻学士"玉堂天上"之地位。此诗虽未明白表示请求荐引之意,但仍显示仰望之情。后又有《梦令狐学士》(同上页818),首句"山驿荒凉白竹扉",即李商隐于大中二年秋冬之际将达长安,特以"梦"为题,亦显示心有所托。李商隐又有一诗《令狐舍人说昨夜西掖玩月因戏赠》(同上页898),此称舍人,则为令狐绹于大中三年二月二十一日至五月一日为中书舍人时,而李商隐此时已在京畿任盩厔县尉,后为京兆尹留参军事,即仍在京。就诗题,可见李商隐时与令狐绹会聚,令狐绹并向其闲叙宫中赏月之情景。

李商隐后于大中四年在徐州卢弘止幕,但第二年大中五年卢弘止卒,李商隐只得离徐州幕。《旧·李商隐传》有记:"府罢入朝,复以文章干绹,乃补太学博士。"《新传》同。此时令狐绹已任相,则有实权,故举引其为正六品上之太学博士,较尚书诸司员外郎(从六品上)还要高二阶。

由上述材料可见,令狐绹于外任湖州刺史及内任翰林学士及居相位时,均与李商隐有交往,并有所举荐。李商隐则数有诗奉呈,屡表请举之意。二人并无所谓牛李党争之嫌。

李商隐外,另有关于举荐李群玉事。李群玉亦为晚唐时著名诗人,杜牧《送李群玉赴举》诗有"玉白花红三百首"之句(《全唐诗》卷五二三),李频亦称其"逍遥蓬阁吏,才子复诗流"(《江上送从兄群玉校书东游》,《全唐诗》卷五八九)。但其出身清贫,屡应举不第①。"大中八年,以草泽臣来京,诣阙上表,自进诗三百篇"(《唐才子传》卷七),当本宋晁公武《郡斋读书志》卷一八著录《李群玉诗集》,一卷,有云:"大中八年来京师,进诗三百篇。"②《全唐文》卷七九三载其《进诗表》,称献诗三百首,"谨诣光顺门昧死上进",望有所举进。《全唐文》卷七五九载有令狐绹《荐处士李群玉状》:"右,苦心歌篇,屏迹林壑,佳句流传于众口,芳声籍甚于一时。守道安贫,远绝名利。……臣绹等今日延英已面陈奏状,伏奉圣旨,令与一文学官者,臣等商量,望授弘文馆校书郎,未审可否。谨具奏闻,伏听敕旨。"传世之《李群玉诗集》,皆载有令狐绹此表。《四库全书总目》卷一五一集部别集类著录之《李群玉诗集》,提要有云:"其集首载群玉进诗表及令狐绹荐状、郑处约所行制词。"即相传李群玉于大中八年进诗后得授弘文馆校书郎之职,即因令狐绹之荐。两《唐书》本传皆未载此事,现再加考辨。

按李群玉,两《唐书》无传,最早记李群玉得荐之事者,有两书,一为撰于五代末、北宋初之《北梦琐言》,其书卷六称李群玉"尝受知于相国河东裴公休,为其延誉,因进诗,授弘文馆校书"。另一即《新唐书》卷六〇《艺文志》四,集部别集类所著录之《李群玉诗》三卷、《后集》五卷,云:"字文山,澧州人。裴休观察湖南,厚延致之,及为相,以诗论荐,授校书郎。"后南宋两部书目,《郡斋读书志》卷一八亦具体记为:"裴休廉察湖南,延郡中。大中八年

①其生平事迹,可参《唐才子传校笺》卷七《李群玉传》羊春秋笺,中华书局,1990年。
②《郡斋读书志》,孙猛校证,上海古籍出版社,1990年。

来京师,进诗三百篇,休复论荐,授弘文馆校书郎。"《直斋书录解题》卷一九别集类著录《李群玉集》三卷,亦云"裴休以处士荐"。《唐诗纪事》卷五四亦有同记。即唐末五代至宋,均称为裴休举荐,未提及令狐绹。清修《全唐文》卷七九三亦载李群玉《进诗表》,《全唐文》于李群玉小传中亦谓"以裴休荐,征拜校书郎"。按裴休,《旧唐书》卷一七七、《新唐书》卷一八二有传,《旧传》称其"善为文,长于书翰,自成笔法",《新传》略同。《唐刺史考全编》卷一一六载其于会昌三年至大中元年(843—847)为湖南观察使。李群玉本澧州人,即今湖南省澧县。李群玉时当亦在长沙,有《长沙陪裴大夫登北楼》、《三月五日陪裴大夫泛长沙东湖》、《长沙陪裴大夫夜宴》等诗(皆载《全唐诗》卷五六九)。可见李群玉早已受裴休赏识,有交游。据《新唐书·宰相年表》,裴休于大中六年(852)为相,八年(854)十一月罢相,则李群玉于大中八年入京进诗,裴休正在相位。李群玉得到官职后,即撰有一诗,题为《始忝四座奏状闻荐蒙恩授官旋进歌诗延英宣赐言怀纪事呈同馆诸公二十四韵》(同上卷五六八),诗中云:"昨忝丞相召,扬鞭指冥鸿。姓名挂丹诏,文句飞天聪。"据《新唐书·宰相年表》,大中八年上半年在相位者为令狐绹、崔铉、魏謩、裴休,故李群玉诗题中称"四座"。就上述材料,应为:李群玉因与裴休早有交识,时裴休正居相位,故特自湖南北上来京,献诗进表,经裴休推荐,就以令狐绹领衔,四位宰臣共上荐状,荐状中云"臣等商量",即非令狐绹一人。故此荐状虽列令狐绹之名,实出裴休之荐,但令狐绹当时在宰臣中因居首位,当也具见其荐力。

又令狐绹任相时,又有诗人赵嘏进献诗:《上令狐相公》(《全唐诗》卷五四九）。赵嘏，两《唐书》无传，其行迹可参《唐才子传校笺》卷七《赵嘏传》谭优学笺。赵嘏亦有诗名，特别是"残星几点雁横塞，长笛一声人倚楼"，杜牧即特称为"赵倚楼"（《唐摭言》卷七《知己》条）。但赵嘏于会昌四年（844）登第后，仕迹仍不显，宣宗大中，才仕为京郊之渭南尉，《唐才子传》即称其"卑宦颇不如意"。可能正因此，他就向令狐绹进诗，有云"前年风月满江湖"，即指绹前些年曾任湖州刺史。诗末二句云："不知机务时多暇，犹许诗家属和无。"表面上是叙友情，拟于机务之暇有所酬和，实含有求荐之意。按赵嘏另有《和令狐补阙春日独游西街》一诗（《全唐诗》卷五四九），云"左掖初辞近侍班，马嘶寻得过街闲"，末云"此时失意哀吟客，更觉风流不可攀"。令狐绹当于开成末、会昌初为右补阙（见前），时赵嘏以营求科举，滞留长安，与令狐绹有所交游，互有唱和。可能因早期已有交往，故大中时令狐绹为相，赵嘏又作诗进献。但未记载令狐绹对赵嘏进诗有何反响。

令狐绹于大中十三年（859）十二月罢相后，其仕迹亦甚繁，两《唐书》本传具记，不复述，大致为历任河中晋绛节度使、宣武节度使、淮南节度使；懿宗咸通十二年（871）八月，以太子太保分司东都，十三年（872）为凤翔陇右节度使，不久即卒。

《新唐书·艺文志》未著录其著述。《全唐诗》卷五六三仅载其《登望京楼赋》一诗（七绝）。《全唐文》卷七五九载文三篇，即前所述之《请诏男滈就试表》（即《旧传》所载）、《荐处士李群玉状》，及《请申禁天门街左右置私庙并按品定庙室数奏》。

郑　颢

郑颢，两《唐书》有传，见《旧唐书》卷一五九、《新唐书》卷一六五，附于其祖郑絪传后。郑絪，德宗、顺宗朝翰林学士，宪宗即位，擢迁为相（详见前传）。

两《唐书·郑絪传》皆记其子祗德，但仅提其名，未记事。今检吴钢主编《全唐文补遗》第六辑①，有卢轺所撰《唐故范阳卢氏荥阳郑夫人墓志铭》（页 174—175），此郑夫人即郑祗德女，撰者卢轺为其夫，故所记当可信。据《郑志》，此郑夫人卒于宣宗大中十二年（858）闰二月，其年五月葬。《郑志》具体记述祗德仕历，称其以门荫入仕，历任库部郎中、国子司业、河南少尹、汾州刺史、楚州团练，可补两《唐书》传之缺记。

两《唐书·郑絪传》传后记郑颢事甚简，均未记任翰林学士事，《新传》所记则仅十余字。《新唐书》卷七五上《宰相世系表》五上，记有郑颢，云字养正，两《唐书》传则未记其字号。

两《唐书》传皆载郑颢举进士及第，但未记年。清徐松《登科记考》卷二二武宗会昌二年（842），于进士及第郑诚名下引《淳熙三山志》所云"会昌二年郑颢榜进士郑诚"，即据此列郑颢为会昌二年进士科状元。

又前所引述之《荥阳郑夫人墓志》，有具体记叙郑颢者，称其

---

① 吴钢主编《全唐文补遗》第六辑，三秦出版社，1999 年 5 月。

"幼而爽晤,尝遇识者曰:'此儿神宇奥彻,必杰起其类,整志吾言。'长果博文强识,廿六首冠上第"。此为郑颢状元登科之最早第一手材料。按此云时年二十六,参据《淳熙三山志》,即会昌二年为二十六岁,则当生于宪宗元和十二年(817)。又据《郑志》,此郑夫人卒于大中十二年(858),年三十二,则生于文宗大和元年(827)。郑颢为其兄,故《郑志》所记合实。

《旧传》记其登进士第后,云:"结绶弘文馆校书,迁右拾遗,内供奉,诏授银青光禄大夫,迁起居郎。尚宣宗女万寿公主,拜驸马都尉。《新传》简记为:"举进士,以起居郎尚万寿公主,拜驸马都尉。"《新唐书》卷八三《诸帝公主传》,宣宗女,亦记有万寿公主,云"下嫁郑颢"。皆未记年。《通鉴》卷二四八则明确记于大中二年(848),云:"十一月庚午,万寿公主适起居郎郑颢。"《南部新书》壬卷亦记为:"大中二年,以起居郎郑颢尚万寿公主。"以上皆记郑颢时为起居郎。但《旧唐书》卷一八下《宣宗纪》所记有异,记为大中四年,云:"二月,皇女万寿公主出降右拾遗郑颢,以颢为银青光禄大夫、行起居郎、驸马都尉。"按据丁《记》,郑颢于大中三年二月二日,自起居郎充,即大中三年二月前为起居郎,与《通鉴》所记大中二年十一月万寿公主嫁于起居郎郑颢合。即大中二年十一月,郑颢已为从六品上之起居郎,又据丁《记》,郑颢于大中三年闰十一月又迁为右谏议大夫,右谏议大夫为正五品上。而《旧纪》记大中四年二月前郑颢仅为右拾遗(从八品上),尚万寿公主后才迁为起居郎,也仅从六品上,与丁《记》等所记官衔、时间均不合,《旧纪》此处所记当不确。

郑颢当于会昌二年进士登第后,历仕为弘文馆校书郎,右拾遗,于大中二年十一月任起居郎时尚万寿公主,旋即以起居郎召入为翰林学士。可见郑颢之所以能入为翰林学士,与其为驸马都尉有直接关系,这是唐时由驸马都尉入为翰林学士之又一例。此时郑颢已三十三岁,其时能尚公主,似亦不易。

据丁《记》,郑颢于大中三年二月二日入院,后于同年四月十日,以起居郎兼知制诰,又于闰十一月四日,"特恩迁右谏议大夫、知制诰",即入院不到一年,就由从六品上之起居郎迁升为正五品上之右谏议大夫,故称"特恩",当也与为驸马都尉有关。

又,据《新唐书》卷一一九《白敏中传》,郑颢之被选尚万寿公主,系出于白敏中的推荐:"初,帝爱万寿公主,欲下嫁士人。时郑颢擢进士第,有阀阅,敏中以充选。颢与卢氏婚,将授室而罢,衔之。"《东观奏记》卷上、《唐语林》卷七亦皆有记,但未有《新唐书·白敏中传》所谓"时郑颢擢进士第"。据前所述,郑颢登进士第乃在会昌二年,即武宗朝,宣宗尚未立,何以能选驸马? 可见《新唐书·白敏中传》此处所记亦不确。

丁《记》记郑颢于大中三年闰十一月四日迁右谏议大夫,接云:"四年十月七日,拜中书舍人,依前充。五年八月二日,授□庶子出院。""庶子"前空一字。今检前所引述之《郑夫人墓志》,记郑颢入院后,"自谏议大夫、知制诰转中书舍人,固辞出翰苑,守右庶子"。即可补丁《记》所缺之字。又此《志》所述郑颢在院时官阶迁转,即自谏议大夫、知制诰转中书舍人,亦与丁《记》合,由此亦可证此处所记,已为丁居晦出院之后,但仍就当时壁记实录,仍具史料性。

郑颢以右庶子出院,可能不久又改为中书舍人,并于大中九年(855)十一月改迁为礼部侍郎,以备翌年初知举。《旧唐书》卷一八下《宣宗纪》大中九年十一月记:"以中书舍人郑颢为礼部侍郎。"

《旧传》亦记郑颢曾任礼部侍郎,并云"典贡士二年",唯未记年。《新传》不仅未记郑颢任翰林学士事,于礼部侍郎知举亦一字未提,可见其甚有所缺。实则郑颢任礼部侍郎时,不仅有两年知举,且有登科记著作,为其一生之重要学术业绩。

徐松《登科记考》卷二二列郑颢于大中十年(856)知贡举,主要根据为:《唐才子传》记李郢于大中十年进士及第,《唐语林》称李郢为"郑尚书颢门生"。可以注意的是,郑颢不仅于大中十年初知举,并在此期间编撰《诸家科目记》一书,且于是年四月即上进于宣宗。《册府元龟》卷六四一《贡举部·条制》三,记云:"(大中)十年四月,礼部侍郎郑颢进《诸家科目记》十三卷,敕付翰林,自今放榜后仰写及第人姓名及所试诗赋题目进入内,仍付所司逐年编次。"关于此事,宋王谠《唐语林》卷四稍有具体记述:"宣宗尚文学,尤重科名。大中十年,郑颢知举,宣宗索登科记,颢表曰:'自武德以后,便有进士诸科,所传前代姓名,皆是私家记录。臣寻委当行祠部员外郎赵璘采访诸科目记,撰成十三卷,自武德元年至于圣朝。'敕翰林,自今放榜后,仰写及第人姓名及所试诗赋题目进入,仰所司逐年编次。"(《唐语林》此条据《东观奏记》卷上)

按郑颢所上表,谓此前所传之登科名录"皆是私家记录",是。《新唐书·艺文志》三,记有三种:崔氏《唐显庆登科记》五卷,姚康《科第录》十六卷,李奕《唐登科记》二卷;又据《玉海》卷一一五

《选举》引姚康《科第录叙》，在穆宗长庆前，就有十几种登科名录。此次郑颢主持、赵璘具体撰作之《诸家科目记》，当由官家有关机构编撰，汇集前此私家所编之好几种登科名录，故称"诸家"。且此次所编，历时极久，自唐初武德至大中年间，历二百余年，其所辑集除进士科外，当还有其他科目。这应当是唐人所编规模最大、历时最长，并较具规范性的登科记。由此亦可见，郑颢刚出翰林学士院，即有此学术见识，洵属不易。可惜此书后未存，《新唐书·艺文志》及宋时所编的几种书目如《崇文总目》、《郡斋读书志》、《直斋书录解题》，均未著录，当编就后存于宫中（或翰林学士院内），经唐几次战乱，被毁①。郑颢后于大中十三年（859）又知贡举（徐松《登科记考》卷二二）。《旧传》称"典贡士二年，振拔滞才，至今称之"。当时应举及第者，确对其甚为钦仰。唐末五代初王定保《唐摭言》卷三有记："大中十年，郑颢都尉放榜，请假往东洛觐省，生徒饯于长乐驿。俄有记于屋壁曰：'三十骅骝一哄尘，来时不锁杏园春。杨花满地如飞雪，应有偷游曲水人。'"此诗未注著者姓名。按《全唐诗》卷五九〇李郢《春晚与诸同舍出城迎座主侍郎》，即此诗（第三句作"东风柳絮轻如雪"），唯《全唐诗》所载此诗，题作"迎"，据《唐摭言》，似应作"饯"。李郢，《郡斋读书志》（卷四）、《直斋书录解题》（卷一九）及《唐才子传》（卷八），皆记其为大中十年进士及第者，晚唐时有诗名，《金华子杂编》称其"诗调美丽"。由此，则郑颢于大中十年春知举后，赴洛阳省亲，

① 关于郑颢编纂此书及唐登科记，详参傅璇琮著《唐代科举与文学》第一章《材料叙说：唐登科记考索》，陕西人民出版社，1986年。

及第诸生相聚饯送,还作诗刻写于驿站屋壁,确可观。

但关于郑颢知举情况,也有不同记载。孙棨《北里志》自序,有云:"自大中皇帝好儒术,特重科第,故其爱婿郑詹事再掌春闱。"后又云:"然率多膏粱子弟,平进岁不及三数人,由是仆马豪华,宴游崇侈。"《金华子》卷上:"崔起居雍,甲族之子,少有令名,进士第,与郑颢齐名。士之游其门者多登第,时人语为崔雍、郑颢世界。"此亦为晚唐科试风习,可参前令狐绹传所叙其子滈事。不过《金华子》所记崔雍事,有可疑。崔雍,附见于《新唐书》卷一五九其父崔戎传后,未记其知举事,徐松《登科记考》亦未记其曾知举。故《金华子》所记崔雍、郑颢事,究属如何,待核。不过前所引述之《郑夫人墓志》,亦提及郑颢知举,云:"上以公文学之领袖,乃命屈主文柄。其趋名者皆争出其下。既贡事毕,颇归人望。"此《志》为大中末所作,所谓"颇归人望",则当时对郑颢知举是颇为肯定的。

《郑夫人墓志》记郑颢后由礼部侍郎改为户部侍郎、判户部事,"戚戚不乐",不愿作此琐事,乃"亟拜诏,乞守闲职","上知公志不可夺,乃除秘书监"。郑颢以此闲职为"美迁","乃闭关自固,唯以艺植琴书为乐,人罕见其面"。《通鉴》卷二四九亦有记,而系于大中十年,云:"户部侍郎、判户部、驸马都尉郑颢,营求作相甚切。其父祗德与书曰:'闻汝已判户部,是吾必死之年;又闻欲求宰相,是吾必死之日也。'颢惧,累表辞剧务。冬十月乙酉,以颢为秘书监。"据《通鉴·考异》,时其父祗德以太子宾客分司东都(与前所述郑颢知举后赴洛省亲合)。《通鉴》所记郑颢当时之心情与《郑夫人墓志》不同,可参。

《旧传》后记为："大中十三年，检校礼部尚书、河南尹。"据《旧唐书·懿宗纪》，在大中十三年（859）十月。按宣宗于此年八月卒，懿宗立，易代之际，郑颢为前朝驸马都尉，当然外出。《旧传》末云"未几，颢亦卒"，当在咸通初。

前已述，郑颢虽撰有《诸家登科记》，但《新唐书·艺文志》未有著录。《全唐文》卷七九一所载一文，《进科名记表》，即向宣宗上进《诸家科名记》者。

郑处诲

郑处诲，两《唐书》有传，见《旧唐书》卷一五八、《新唐书》卷一六五，皆附其祖郑馀庆传后。郑馀庆，宪宗时曾为相；处诲父澣，文宗时翰林侍讲学士（见前传）。

《旧传》记"处诲字延美"，《新唐书》卷七五上《宰相世系表》五上，亦作延美，而《新传》作廷美。杜牧有一诗，诗题颇长，首云：《道一大尹、存之学士、庭美学士简于圣明，自致霄汉……》（《樊川文集》卷二）。胡可先《杜牧诗文与唐史互证》一文对此有考[1]，谓此"庭美学士"即郑处诲，"庭"与"廷"通。杜牧此诗作于大中四年（850）初，时郑处诲在院为翰林学士（详后）。陶敏《全唐诗人名考证》（页773）亦谓此庭美为郑处诲字。如此，则《旧传》、《新表》作"延美"，当为形讹。

---

[1] 文载胡可先所著《杜牧研究丛稿》，人民文学出版社，1993年。

《旧传》称郑处诲"于昆仲间文章拔秀，早为士友所推。大和八年登进士第，释褐秘府"。《新传》仅云"文辞秀拔"，未言应举事。清徐松《登科记考》卷二一即据《旧传》系于文宗大和八年（834）。

　　《旧传》记其登第后"释褐秘府"，亦可以杜牧诗佐证。杜牧有《东都送郑处诲校书归上都》诗（《樊川文集》卷三）："悠悠渠水清，雨霁洛阳城。槿堕初开艳，蝉闻第一声。故人容易去，白发等闲生。此别无多语，期君晦盛名。"据缪钺《杜牧年谱》①，此诗作于文宗开成元年（836），时杜牧为监察御史、分司东都。郑处诲当于大和八年进士及第后，经铨试，为秘书省校书郎（即《旧传》所云"释褐秘府"），开成元年曾有事至洛阳，与杜牧有交，归还长安时，杜牧特作诗饯送。秘书省校书郎为正九品上，官阶较低，故杜牧特以"此别无多语，期君晦盛名"慰勉之。由此亦可见郑处诲确为"文章拔秀，早为士友所推"，并与杜牧早有交往。

　　又据《旧唐书》卷一六八《韦温传》，郑处诲后于武宗会昌四、五年间（844—845）在韦温之宣歙观察使幕②。韦温后于会昌五年五月卒于任，郑处诲或即返朝。

　　《旧传》未提及郑处诲为外镇幕僚事，于"释褐秘府"后接云

---

① 缪钺《杜牧年谱》，人民文学出版社，1980年。
② 韦温为宣歙观察使在会昌四、五年间，可参《唐刺史考全编》卷一五六江南西道宣州。又《旧唐书·韦温传》谓韦温于武宗时为吏部侍郎，后因替李汉说情，为李德裕不满，"居无何，出温为宣歙观察使，辟郑处诲为观察判官，德裕愈不悦"。按所谓"德裕愈不悦"，不确。《新唐书》卷一六九《韦温传》及杜牧《韦公（温）墓志铭》（《樊川文集》卷八），皆未有记。

"转监察、拾遗、尚书郎、给事中"，未记翰林学士事。《新传》则更简略，应举及早期仕历，以及翰林学士，皆未记，仅云"仕历刑部侍郎、浙东观察、宣武节度使，卒"。晚唐时翰林学士，有时两《唐书》虽有传，但常缺记其入院之事者。

丁《记》记为："大中三年五月二十日，自监察御史里行充。七月十八日，迁屯田员外郎，依前充。闰十一月九日，三殿召对赐绯。四年八月五日，守本官出院。"岑氏《注补》已指出，拾遗为从八品上，监察御史为正八品下，而《旧传》记郑处诲之早期仕历，为"转监察、拾遗"，当不合官序，拾遗应在监察前。由此，郑处诲当于会昌五年五月后由宣歙幕入朝，受仕拾遗，后迁监察御史里行，旋即于大中三年（849）入为翰林学士。

郑处诲任职期间，杜牧即有诗上同在院中之郑处诲、毕諴及时任京兆尹郑涓，诗题为：《道一大尹、存之学士、庭美学士，简于圣明，自致霄汉，皆与舍弟昔年还往；牧支离穷悴，窃于一麾，书美歌诗，兼自言志，因成长句四韵呈上三君子》（《樊川文集》卷二）。据现有研究①，杜牧于大中四年（850）夏为吏部员外郎，因经济等各种原因，屡上书求任外州刺史（有《上宰相求湖州》三启），后即于是年秋出守湖州。杜牧此诗当作于大中四年夏秋间，即郑处诲于八月八日出院前。诗题中之"道一大尹"为京兆尹郑涓，"存之学士"为翰林学士毕諴，"庭美学士"即郑处诲。诗末云"若念西河旧交友，鱼符应许出函关"，表达出守的愿望。由此亦可见当时

---

① 参缪钺《杜牧年谱》，吴在庆《杜牧论稿》，胡可先《杜牧研究丛稿》，及傅璇琮主编《唐五代文学编年史·晚唐卷》。

文士在仕途上多有期求翰林学士为其举荐者。

按郑处诲于大中三年五月入，四年八月即出院，在院仅一年余。杜牧后所作之《郑处诲守职方员外郎兼侍御史知杂事制》（《樊川文集》卷一七），曾有记："以尔处诲常（尝）居内庭，草具密命，自以疾去，于今惜之。"则郑处诲此次之出，乃以疾病告辞。此皆为两《唐书》本传未载，亦可见唐时制文之史料价值。

《旧唐书》卷一八下《宣宗纪》所记有一显误，其大中三年十一月记："以刑部侍郎韦有翼为御史中丞，以职方员外郎郑处诲兼御史知杂。"即以郑处诲仍仕为职方员外郎，但兼为侍御史知杂，隶于御史中丞韦有翼麾下。而据前所记述之丁《记》，大中三年十一月，郑处诲时仍在院中为翰林学士，他于大中三年五月二十日以监察御史入院，同年七月即改为屯田员外郎，并无职方员外郎衔。又杜牧有《郑处诲守职方员外郎兼侍御史知杂事制》（《樊川文集》卷一七），中有引述御史中丞韦有翼上言："御史府其属三十人，例以中台郎官一人稽参其事，以重风宪。如曰处诲族清胄贵，能文博学，人伦义理，无不讲求，朝廷典章，饱于闻见，乞为副贰，以佐纪纲。"宣宗遂接受韦有翼之建言，诏郑处诲："有翼为尔之知己，余为有翼之德邻，上下交举，岂有私爱，勉修职业，所报非一。可守本官，兼御史知杂事，散官勋赐如故。"未提在院任翰林学士事，明确指出郑处诲此前已在尚书省职方员外郎任。按大中三年杜牧确在京，但时任为司勋员外郎、史馆修撰，即在史馆任职，不可能撰写制文。大中五年秋，杜牧又由湖州刺史入为考功郎中、知制诰，六年改为中书舍人，在此期间即可撰制。今《樊川文集》卷一七至二〇，为制词，皆为大中五、六年间杜牧任考功郎中、知制诰及中书舍人时所作,卷一七即有《韦有翼除御史中丞制》。由此,则《旧纪》所记大中三年十一月韦有翼、郑处海授任事,当为大中五年十一月,《旧纪》以"五"讹为"三"。

由此,则郑处海于大中四年八月以屯田员外郎出院,后改为职方员外郎,五年十一月又应御史中丞韦有翼之辟,以职方员外郎兼侍御史知杂。

《旧传》又云:"累迁工部、刑部侍郎,出为越州刺史、浙东观察使。"《新传》略同,但均未记年。《会稽掇英总集·唐太守题名》:"郑处海:大中十二年七月自太子宾客授,十三年移工部尚书,充浙西观察使。"《嘉泰会稽志》记为:"郑处海:大中十二年七月自刑部侍郎授,十二月移浙西观察使。"两书所记稍有异,但大致属实。两《唐书》本传记郑处海由刑部侍郎授浙东观察使,与《嘉泰会稽志》合,唯两《唐书》本传缺记由浙东改浙西事。按罗隐后于懿宗咸通年间在汴州作有《投宣武郑尚书二十韵》(《罗隐集·甲乙集》,页167)[1],即记郑处海连续任浙东、浙西二镇:"绛霄无系滞,浙水忽西东。庾监高楼月,袁郎满扇风。四年将故事,两地有全功。"罗隐本为钱塘人,生于文宗大和七年(参据《唐才子传校笺》卷九《罗隐传》周祖譔、吴在庆笺),大中十二年为二十七岁。

两《唐书》本传又记郑处海于浙东观察使后为汴州刺史、宣武节度使,不仅缺记浙西,又缺记于懿宗咸通三年(862)十一月以吏部侍郎试博学宏词选人事,此事见《旧唐书》卷一九上《懿宗纪》咸通三年十一月:"以吏部侍郎郑处海、萧倣、吏部员外郎杨俨、户

---

[1]《罗隐集·甲乙集》,页167,雍文华校辑本,中华书局,1983年。

部员外郎崔彦昭等试宏词选人。"此时博学宏词已非制举,为吏部铨试,故以吏部主持。由此可知,郑处海当于咸通初又自浙西返朝,于咸通三年已为吏部侍郎。此后,约咸通五至八年间(864—867)为汴州刺史、宣武节度使(参《唐刺史考全编》卷五五河南道汴州)。

郑处海在汴州为宣武军节度使时,曾拟辟罗隐为其幕僚。按罗隐出身清贫,多年应举不第,其作于咸通十三、四年间之《投湖南王大夫启》即感慨云:"一枝仙桂,尝欲觊觎;十年恸哭于秦庭,八举摧风于宋野。"(《罗隐集·杂著》)[1]又据其《陈先生后集序》(《罗隐集·杂著》),他于咸通五年甲申(864)自长安至洛阳,即献诗于郑处海:《投宣武郑尚书二十韵》(《罗隐集·甲乙集》,页167),有对其在翰苑供职时之钦仰:"翰苑论思外,纶闱啸傲中。健毫惊彩凤,高步出冥鸿。"后即望其举荐:"骑儿逢郭伋,战士得文翁。人地应无比,箪瓢奈屡空。因思一枝桂,已作断根蓬。往事应归捷,劳歌且责躬。"当时作为宣武节度使的郑处海拟辟其在幕府供职,罗隐又上进《辞宣武郑尚书启》(《罗隐集·杂著》,页301),一方面致谢,一方面表示另谋仕途。郑处海卒后,罗隐又曾有诗缅怀,题为《故洛阳公镇大梁时,隐得游门下,今之经历,事往人非,聊抒所怀,以伤以谢》(《罗隐集·甲乙集》,页51)[2],诗云:"孤舟欲泊思何穷,曾忆西来值雪中。朱履少年初满座,白衣游子

---

[1]《罗隐集·杂著》,又参《唐才子传校笺》卷九《罗隐传》周祖譔、吴在庆笺,中华书局,1990 年。

[2]陶敏《全唐诗人名考证》页 904,谓此诗题之"洛"当为"荥"之误,郑处海为徐庆孙,徐庆荥阳人,封荥阳郡公,故未能称其为洛阳公。

也从公。狂抛赋笔琉璃冷,醉倚歌筵玳瑁红。今日斯文向谁说,泪碑棠树两成空。"由此也可见郑处诲对晚唐清贫文士的眷顾。

两《唐书》本传皆谓其卒于宣武节度使任。《宝刻丛编》卷六怀州,有《唐太子太师裴休神道碑》,署"唐宣武节度副大使处诲撰,右散骑常侍韩琮书"。据《集古录目》,碑以咸通八年(867)立,此碑文,今不存。据两《唐书》裴休本传,其卒年不详,但由此可知,郑处诲作此碑文在咸通八年,仍在宣武节镇任。又据《旧唐书·懿宗纪》,咸通九年正月,以李蔚为汴州刺史、宣武节度使,则郑处诲当于咸通八年卒于任。

《全唐文》卷七六一载其文二篇。一为《授郑薰礼部侍郎制》,据徐松《登科记考》卷二二,郑薰于大中八年以礼部侍郎知贡举,则郑处诲作制文当在大中七年秋冬间。而据前所述,郑处诲于大中五年十一月任职方员外郎兼侍御史知杂,后迁工部侍郎,以其所任官职,似未能撰此制词,俟考。另一篇为《邠州节度使厅记》,末署"大中二年三月二十日记"。按文中云"廷议以我季父尚书公前为夏帅……迁镇是军",据《旧唐书·宣宗纪》,大中十一年二月,"以夏绥银宥节度使……夏州刺史……郑助为……邠州刺史,充邠宁庆节度"。又据《新唐书》卷七五上《宰相世系表》五上,处诲父瀚,瀚弟浉,则《旧纪》之郑助当即郑浉,故《厅记》称其为季父。由此,则《全唐文》所载此文,其所署"大中二年"应为"大中十二年",于"二"字前缺"十"字。由此亦可对《全唐文》加以订正。

郑处诲值得一提的,是著有《明皇杂录》。《旧传》记谓:"处诲方雅好古,且勤于著述,撰集至多。为校书郎时,撰次《明皇杂录》三篇,行于世。"《新传》亦有记:"先是,李德裕《次柳氏旧闻》,处诲谓未详,更撰《明皇杂录》,为时盛传。"《新唐书》卷五八《艺文志》二,史部杂史类,著录郑处诲《明皇杂录》二卷。《旧传》谓郑处诲于校书郎时撰此书,则为早期之作。但宋陈振孙《直斋书录解题》卷五杂史类著录此书,虽亦云"唐校书郎郑处诲撰",但又云"大中九年序",即成稿于宣宗大中九年。但后所传各本,皆未有其序。关于此书,清《四库全书总目》卷一四〇子部小说家类著录,提要中对其所记失实,有所评议,但仍云:"然小说所记,真伪相参,自古已然,不独处诲,在博考而慎取之,固不能以一二事之失实,遂废此一书也。"此书不仅为史料笔记,也为传奇小说,就文学的角度,也值得探讨。中晚唐时翰林学士,多有传奇及笔记小说之作,也值得研究。关于此书之流传及版本情况,可参阅《四库全书总目提要》及中华书局 1999 年出版之《明皇杂录》点校者田建柱"点校本说明",此处不再复述。

崔慎由

崔慎由,两《唐书》有传,见《旧唐书》卷一七七、《新唐书》卷一一四。《旧传》记其字敬止,《新传》与《新唐书》卷七二下《宰相世系表》二下,所记同。又《旧传》记其为"清河武城人",《新传》云"齐州全节人"。据《元和郡县图志》,清河县属河北道贝州(卷一六),齐州全节属河南道(卷十),所记有异。

关于崔慎由生平事迹,有一出土墓志,值得注意。按《全唐文》未载有崔慎由文,三秦出版社于1998年5月出版之《全唐文补遗》第五辑(吴钢主编),页43著录有《唐太子太保分司东都赠太尉清河崔府君墓志》,云"墓主自撰"。按此志全文不可能全由墓主自撰,即其所卒月日及卒后葬事,当由其家人所补(详见后)。此志当为崔慎由于重病时记述,其前文叙其生平事迹,则间可补正两《唐书》本传。如首云"慎由字敬止,代为清河武城人",清河武城当为其郡籍,与《旧传》合,即可佐证《旧传》,并订正《新传》。

又其自撰志云:"咸通九年六月廿九日,终于河南府洛阳县履道里,年六十五。"两《唐书》本传皆未记其卒年及年岁。由此推算,则其当生于德宗贞元二十年(804)。

《旧传》记其"大和初擢进士第,又登贤良方正制科"。《新传》则仅云"由进士第擢贤良方正异等",未记年。清徐松《登科记考》卷二〇即据《旧传》系于文宗大和元年(827)。

据前所考述之生年,进士登第时为二十四岁。又《唐会要》卷七六《制科举》,记大和二年闰三月贤良方正能直言极谏科,有崔慎由,《登科记考》卷二〇即据此及《册府元龟》系崔慎由于本年登制科。又本年应贤良方正科者有刘蕡,《通鉴》卷二四三大和二年有记,称其对策极言宦官专横之弊,"考官左散骑常侍冯宿等见刘蕡策,皆叹服,而畏宦官,不敢取"。此为有唐一代制举对策之突出事件。

《通鉴》卷二四三大和二年又记:"贤良方正裴休、李郃、李甘、杜牧、马植、崔玙、王式、崔慎由等二十二人中第,皆除官。"则崔慎由当于大和二年制举登科后授官入仕。唯《旧传》仅笼统叙为"释褐诸侯府",即曾在方镇幕府任职,《新传》则具体记云"郑滑高铼辟府判官"。按据《旧唐书》卷一六八《高铢传》，高铢于文宗大和八年前均在朝，未出镇（《新唐书》卷一七七传同），大和九年五月才出为浙东观察使，后又历任他镇，于开成五年（840）才为滑州刺史、义成节度使（《唐刺史考全编》卷五七河南道滑州），已在崔慎由贤良方正登科后十二年，《新传》记其登科后，即由"郑滑高铢辟府判官"，当不确。

其自撰墓志，则于直言极谏制科后，历记其仕迹，云："历秘书省正字、试太常寺协律郎、剑南东川节度推官、浙江东道观察判官、试大理评事、山南东道观察推官，入台为监察御史、试秘书省校书郎、兼殿中侍御史、义成军节度判官，复入台为监察御史，转殿中侍御史、兼集贤殿直学士、尚书户部员外郎、学士如故，吏部员外郎、考功员外郎知制诰、职方郎中知制诰。"由此可知，其应辟为义成（郑滑）节度判官前，已历任中外不少职事。

丁《记》记为："大中三年六月八日，自职方郎中、知制诰充。"即前所引述之自撰墓志，曾任职方郎中、知制诰，而之前为考功员外郎。而两《唐书》本传皆记其先曾任右拾遗，后为员外郎、知制诰，自撰墓志未记其曾任右拾遗者。

丁《记》记其入院后，接云："（大中三年）九月六日，拜中书舍人，依前充。十二月九日，守本官出院。"即入院后，历三月，由从五品上之职方郎中迁为正五品上之中书舍人，而《旧传》则记其入院前已为中书舍人，以中书舍人召为翰林学士，则又为一误。

又《新唐书》记崔慎由在翰林学士任期内一事，亦有一明显错误，即卷二〇七《宦者上·仇士良传》，记宦者仇士良与鱼弘志于大和九年十一月甘露事变后，"愤文宗与李训谋，屡欲废帝。崔慎由为翰林学士，直夜未半，有中使召入，至秘殿，见士良等坐堂上，帷帐周密，谓慎由曰：'上不豫已久，自即位，政令多荒阙，皇太后有制更立嗣君，学士当作诏。'慎由惊曰：'上高明之德在天下，安可轻议？慎由亲族中表千人，兄弟群从且三百，何可与覆族事？虽死不承命。'士良等默然，久乃启后户，引至小殿，帝在焉。士良等历阶数帝过失，帝俯首。既而士良指帝曰：'不为学士，不得更坐此。'乃送慎由出，戒曰：'毋泄，祸及尔宗。'慎由记其事，藏箱枕间，时人莫知。将没，以授其子胤，故胤恶中官，终讨除之，盖祸原于士良、弘志云"。此事记叙得富有情节，甚为动人，实则基本事实完全错。据前述，崔慎由于宣宗大中三年始入为翰林学士，而文宗大和、开成年间，他不过历在方镇幕府供职，何能在宫中以翰林学士为宦者仇士良所胁，使其撰制诏文，废文宗帝位？

按《通鉴》卷二四五大和九年十一月，有《考异》，引皮光业《见闻录》，亦具叙此事，司马光指出"《新传》承皮《录》之误"。可见《新唐书》此处所记，完全抄袭唐末五代之稗志、小说。又《通鉴·考异》所引之皮光业《见闻录》，记崔慎由事，另有一误，即称"崔慎由以元和元年登第"，实则据前记述，崔慎由为文宗大和元年登第，且崔慎由生于贞元二十年（804），元和元年（806）时年仅三岁，可见《见闻录》所记甚为显误①。

按皮光业为晚唐诗人皮日休子，清吴任臣《十国春秋》卷八六

---

① 按王谠《唐语林》卷三亦有一条记崔慎由此事，即据皮光业《见闻录》。《唐语林》此条又云："崔慎由以元和元年登第，至开成已入翰林。"即记其登第年及入院年，均误。《唐语林校证》（中华书局，1987年）未提及此误。

有传，记其唐亡后仕于吴越，五代晋天福二年（937）曾任吴越国宰相，八年（943）去世。《传》称"所撰《皮氏见闻录》十三卷，行世"。《郡斋读书志》卷一三小说类，著录有《皮氏见闻录》五卷，云："右五代皮光业撰。唐末为余杭从事，记当时诡异见闻，自唐乾符四年，迄晋天福二年。"此书后未存。晁《志》评其书"诡异见闻"，则确多不可信者。

崔慎由在院仅半年，实未有业绩。后于大中十年（856）十二月为相时，《全唐文》卷七九宣宗《授崔慎由平章事制》，中称其在院任职："洎擢参内署，润色王猷，忠谠尽规，诚明纳诲。"后大中十二年（858）二月出任剑南东川节度使，宣宗之诏，亦称其"自居名器，累历清华，禁林才擅于多能，纶阁词推于巨丽"（《旧传》），虽为赞词，实为一般。

据两《唐书》本传，崔慎由出院后，累历方镇，后入朝，于大中十年十二月为工部尚书、同中书门下平章事（《新唐书》卷六三《宰相年表》）。《旧传》记其任相时，又有一误，谓："初，慎由与萧邺同在翰林，情不相洽，及慎由作相，罢邺学士。"即任相时将萧邺排斥出院。按崔慎由于大中十年十二月至十二年二月在相位，而萧邺第二次入院在大中五年正月，于八年十二月出院（见前萧邺传），即崔慎由入相时，萧邺已于两年前出院，何以云崔慎由任相时即迫使萧邺出院。此亦为《旧传》显误，《新传》则未有记。

不过两《唐书》本传均记，崔慎由任相后，萧邺亦于大中十一年七月入相（《新唐书·宰相年表》），因与崔有隙，乃又引刘瑑入相（《新表》记为十二年正月），即谋使崔慎由罢相出镇。此与当时情事相合，或即与当初共在院中相处不洽有关。

此后，崔慎由又历任华州刺史、河中节度使，《旧传》末云："入为吏部尚书，移疾请老，拜太子太保、分司东都，卒。"按前所引之自撰墓志，确累叙其仕历，但未记年，末云："咸通九年六月廿九日，终于河南府洛阳县履道里，年六十五。"当为其家属补记。

《新唐书·艺文志》未著录其著述。除前所记述之自撰墓志，亦未有诗文载记。

郑　薰

郑薰，《新唐书》有传，见卷一七七。《新传》："郑薰字子溥，亡乡里世系。"按《全唐文》卷七六一郑处诲《授郑薰礼部侍郎制》，有云："高阳茂族，通德盛门；秉庄氏之遗风，蕴名卿之品业。"则亦出名门，但亦未记其郡籍。

又《新传》仅言"擢进士第"，未记年，故清徐松《登科记考》卷二七列于已登第未记年者。岑仲勉对郑薰之及第年有考，其《唐史馀瀋》卷三《郑薰大和二年进士》条①，引赵璘《因话录》卷六所载："子溥又自说，应举时曾梦看及第榜，榜上但见大书'凤'字。大中元年冬，求解凤翔，偶看本府乡贡士纸之首，便是'凤'字。至东都，试《猴山月夜闻王子晋吹笙》诗，坐侧诸诗悉有'凤'字，明年果登第焉。子溥，郑公之子。"徐松《登科记考》卷二〇即因文宗大和二年（828）于洛阳试举，即以《因话录》此条所记"大中"字改

————————

① 岑仲勉《唐史馀瀋》，上海古籍出版社，1960年。

正为"大和",而系郑子薄为大和二年进士及第者。岑氏考谓"子薄,郑公之子","子"应为"字",即据《新传》所记郑薰字子薄,因此据以考谓大和二年进士及第者非郑子薄,而为郑薰。黄震玉《〈登科记考〉甄补》(《文教资料》1996年第4期)及孟二冬《登科记考补正》即据岑说,谓郑薰于大和二年进士及第。

又,《因话录》记子薄于大和元年冬"求解凤翔,偶看本府乡贡士纸之首,便是'凤'字"。按唐科举制,举子一般应由本籍贯举,郑薰既然"求解凤翔",且言及"本府乡贡",则郑薰之郡籍或即为凤翔,此亦可补《新传》所谓"亡乡里"。

《新传》于"擢进士第"后,即云"历考功郎中、翰林学士"。按据丁《记》,郑薰"大中三年九月十八日,自考功郎中充"。自大和二年(828)进士及第,至大中三年(849)为翰林学士,其间有二十年,《新传》对此期间之仕历却一无所记。今据有关史料,略考如下。

明陶宗仪《古刻丛钞》著录有《张公洞壁记》,后有题名:"前检校户部郎中兼兴元少尹摄御史中丞赐紫金鱼袋杨汉公。岭南观察推官试秘书省校书郎郑薰。"杨汉公,两《唐书》有传(《旧唐书》卷一七六、《新唐书》卷一七五),曾在兴元李绛幕府,"绛死,不与其祸,迁累户部郎中、史馆修撰"(《新传》)。据《旧唐书·文宗纪》,李绛任兴元尹、山南西道节度使在大和三年(829)正月,大和四年(830)二月,兴元军乱,李绛被害。杨汉公题名,于兴元少尹加"前",当为李绛遇害,杨尚未改新职时,即大和四年二月之后。郑薰所题,当亦大致同时,即大和四、五年间,时已于岭南幕府任职(岭南观察判官)。清《四库全书总目》卷八六史部目录类著录《古刻丛钞》一卷,提要对此书颇为肯定,谓"是书摭拾佚文,首尾完具,非惟补金石家之缺漏,即读史谈艺,亦均为有所裨矣"。由此可知,郑薰于大和二年登第后,于大和四、五年间在岭南幕府。

约再过十余年,会昌六年(846),在台州刺史任,与诗人许浑有交往。《赤城志》:"会昌六年,乔庶、郑薰。"《唐刺史考全编》卷一四四江南东道台州,据《唐文拾遗》卷三〇宋诚《苍山庙记》,记乔庶于会昌四年(844)冬就任台州刺史,则会昌六年(846)当为郑薰。许浑有《陪越中使院诸公镜波馆饯明台裴郑二使君》诗,罗时进《丁卯集笺证》卷三①,及陶敏《全唐诗人名考证》,皆考定此郑使君为郑薰,许浑于会昌年间曾再游越中。

此五律诗前四句云:"倾幕来华馆,淹留二使君。舞移清夜月,歌断碧空云。"极写宴饯之盛。许浑又有单独陪郑薰泛舟而游者,有《陪郑使君泛舟晚归》(《丁卯集笺证》卷五)。由此可见郑薰入院前即与文士有交往。

郑薰于大中初又任漳州刺史。《全唐文》卷七九一王讽《漳州三平大师碑铭并序》,记三平大师义中,"宝历初到漳州,州有三平山",因建为寺;武宗时禁佛,"大师至于三平深岩。至宣宗皇帝稍复佛法,有巡礼僧常肇、惟建等二十人,刺史故太子郑少师薰俾藏其事"。则为宣宗即位初复佛时。《闽书》卷二九《漳州》,更具体记"大中三年本州刺史郑薰"。

据此,则郑薰于大中初在漳州刺史任,大中三年初入朝,改任

---

① 罗时进《丁卯集笺证》,江西人民出版社,1998 年。

考功郎中,三年九月十八日,即自考功郎中入为翰林学士。

丁《记》记郑薰于大中三年(849)九月十八日自考功郎中入院后,接云:"(同年)闰十一月二十七日,特恩加知制诰。四年十月七日,拜中书舍人,并依前充。十三日,守本官出院。"于大中四年(850)十月七日由考功郎中(从五品上)迁升为中书舍人(正五品上),而仅数日,即出院,不知何故。在院亦仅一年,而后于七年(853)秋冬间任礼部侍郎(详后),郑处诲草撰之《授郑薰礼部侍郎制》(《全唐文》卷七六一),先赞誉其文才:"文谐骚雅,鼓吹前言,誉洽搢绅,领袖时辈。"后又称其入院时业绩:"叠中词科,亟升清贯;持橐列金华之侍,挥毫擅紫闼之工。"

郑薰在院期间未传存草撰之制文,可以注意的是,他于出院后任中书舍人时,却应命撰有《内侍省监楚国公仇士良神道碑》(《全唐文》卷七九〇)。按仇士良卒于会昌三年(843)六月,四年正月葬。武宗时李德裕为相,对宦官有所抑制,《新唐书》卷二〇七《宦者上·仇士良传》称"李德裕得君,士良愈恐",甚至"死之明年,有发其家藏兵数千物,诏削官爵,籍其家"。而宣宗却于大中五年(851)特命郑薰为撰神道碑文,文云:"皇帝念功轸虑,录旧申恩。惟楚公永贞时祖宫有翼戴之劳,元和时宣徽有委遇之渥。今则已悲封树,未刻松铭,乃命举其殊庸,勒在贞石,用传不朽,昭示将来。特诏词臣,俾其撰述。臣薰恐惶直叙,不敢虚美,谨为铭曰。"虽云"不敢虚美",实则文中叙其一生,过溢之极,特别是提及甘露事变,称诛灭所谓逆臣,"莫不尽苞恢网,同抵国章,由是宗社乂宁,中外协睦",完全与时论相背。按宣宗为宪宗子,仇士良于顺宗时极力反对王叔文新政,策划立宪宗为太子、接位,故郑薰所撰此碑文称其"永贞时祖宫有翼戴之劳"。又仇士良在武宗朝因受李德裕抑制,卒后且被削官籍,宣宗是一反前朝之政的,故亦特为仇士良立碑。郑薰时当仍在中书舍人任,故应命撰写,自称词臣,这也是中书舍人的职责,也是中晚唐时中书舍人职能备受重视的表现。

郑薰时当甚为宣宗宠信,故即由中书舍人(正五品上)擢迁为工部侍郎(正四品下),后又转任礼部侍郎,知贡举。

郑薰于大中八年(854)知举试,唐宋时皆未有记年。《唐才子传》卷八《刘沧传》记有"大中八年礼部侍郎郑薰下进士榜"。元辛文房作此书时,曾辑存有唐人登科记材料,故记唐时文士,多记有登科材料①。徐松《登科记考》卷二二即据此及《唐摭言》等所载,记郑薰于大中八年以礼部侍郎知举。郑处海《授郑薰礼部侍郎制》(《全唐文》卷七六一),先称其"中散大夫、尚书工部侍郎",当于大中七年秋冬间先由工部侍郎转任礼部侍郎,后即于八年初知举。

不过《新传》后又称郑薰"再知礼部举",即于大中八年后又曾知举,实则据现有史料,郑薰知举仅大中八年一次。不过《新传》谓郑薰大中八年知举时,"引寒俊,士类多之",是合实的。如此年进士登第者刘沧,出身清寒,多年应举不第,《唐才子传》卷八《刘沧传》记刘沧于此年及第后,谒谢座主郑薰,郑薰答:"初谓刘君锐志,一第不足取。故人别来三十载不相知闻,谁谓今白头纷纷矣。"刘沧及第后曾任华原县尉,后辞任时,曾上诗郑薰:《罢华

①此可参傅璇琮主编《唐才子传校笺》前言,载第一册,中华书局,1987年。

原尉上座主尚书》(《全唐诗》卷五八六),又致对座主怀念之情,诗末云:"白露黄花岁时晚,不堪霜鬓镜前愁。"则其及第时确已为中老年。刘沧于晚唐时亦有诗名,宋严羽《沧浪诗话》称"马戴在晚唐诸人之上,刘沧、吕温亦胜诸人"。明《艺苑卮言》卷四:"权德舆、武元衡、马戴、刘沧五言,皆铁中铮铮者。"①由此亦可见郑薰知举时确能甄辨人才,这也是唐翰林学士出院后知科举试之一例。

《新传》记郑薰于翰林学士后,"出为宣歙观察使",即郑薰出院后即出任宣歙观察使。实则据前考述,郑薰于大中四年十月出院,五年仍在中书舍人任,后迁为工部侍郎,大中七年秋冬间改为礼部侍郎,八年初知礼部贡举,而在宣歙观察使前又曾任河南尹。可见《新传》甚有缺记。《全唐文》卷七九〇载郑薰《祭梓华府君神文》,有云:"薰以丙子岁自河南尹蒙恩擢授宣歙观察使。"丙子为大中十年(856)。由此则郑薰于大中八年初知举后,曾任河南尹(洛阳),大中十年改任宣歙观察使(宣州)②。在宣州时,郑薰又有一项文化建设工程,即将颜真卿于大历六年(771)经过宣州溧水县时所题一诗,因担心其字迹受损,移于另一处,以备观赏,作有《移颜鲁公诗记》(《全唐文》卷七九〇),具体记叙。文中记此事为"大中之丁丑岁",即大中十一年(857)。但《全唐文》所载此文,文末署为"大中十二年十一月十九日宣歙池观察使检校右

---

① 参《唐才子传校笺》卷八《刘沧传》梁超然笺,中华书局,1990 年。
② 岑仲勉《郎官石柱题名新考订》(上海古籍出版社,1984 年)页 80,谓"郑薰出为宣歙观察在大中三年九月前",仅一句,未有论证,当误。

散骑常侍兼御史大夫郑薰记"。按大中十二年七月宣州兵乱,郑薰出走(详后),不可能于十二年十一月仍在任。今检《宝刻丛编》卷一五"宣州",据《复斋碑录》,著录有:"唐郑薰记颜鲁公题蒲塘客旅:唐宣歙池观察使郑薰记,大中十一年十一月十九日。"由此可确证《全唐文》所载此文,"十二年"为"十一年"之误。又文中记云:"颜鲁公既用贞鲠为元载所忌,由刑部尚书贬夷陵郡别驾。大历六年,又以前秩转庐陵郡,道出宣州之溧水县。县之南经古烈士左伯桃墓,节概交感,即于墓下作诗一首,自题于蒲塘之客舍。词韵凄激,点画崒壮,穷国艺之奇事。"可惜清编《全唐诗》及今人所编《全唐诗补编》皆未有此诗。当后迭经战乱,被毁,后藉郑薰此文,可见颜真卿于代宗大历时道经宣州溧水县作有诗,此亦为书法家颜真卿研究之甚有参考价值之史料。

　　《新传》记郑薰任宣歙观察使,"前人不治,薰颇以清力自将。牙将素骄,共谋逐出之,薰奔扬州"。《新唐书》卷八《宣宗纪》大中十二年:"八月,宣歙将康全泰逐其观察使郑薰,淮南节度使崔铉兼宣歙池观察处置使以讨之……十月,康全泰伏诛。"《通鉴》卷二四九所记同,唯记于十二年七月。宣州之乱虽很快平定,但郑薰仍以此贬责,《新传》称"贬棣王府长史,分司东都"。

　　《全唐诗》卷五四七载有郑薰《赠巩畴诗》,五言十二韵,记"己卯冬十一月半",仍"休居洛师,锁扉独静"。己卯为大中十三年(859)。是年八月宣宗卒,懿宗立。则此年冬,仍在洛阳任。《新传》记云:"懿宗立,召为太常少卿,擢累吏部侍郎。"但郑薰屡有辞,"后以太子少师致仕"。卒年不详。杜宣猷《郑左丞祭梓华府君碑阴记》(《全唐文》卷七六五)。文末署"咸通七年七月十一日宣歙观察使兼御史大夫杜宣猷记",文首称"今左丞郑公",即懿宗咸通七年(866)七月,郑薰仍仕为左丞,后以太子少师致仕,则其卒当在咸通后期。

值得注意的是,郑薰于咸通中虽年老退居,但仍有文士与之交往。如张乔有《隐岩陪郑少师夜坐》(《全唐诗》卷六三八),首二句云"幸喜陪骖驭,频来向此宵",按《新传》记有"既老,号所居为隐岩",则张乔乃常至郑薰居处拜谒。张乔亦为池州人(郑薰即曾为宣歙池观察使),多年应试不第,《唐诗纪事》卷七〇《张乔》条称其有诗名,咸通中与许棠、郑谷等,被称为"十哲",即世所传之"咸通十哲"。《唐摭言》卷十称张乔"诗句清雅",时无与伦者①。另李频有《奉和郑薰相公》(《全唐诗》卷五八七),题下校云"一本此下有'七松亭'三字"。《新传》即记郑薰晚年退居于隐岩时,特植松于庭,"号'七松处士'云"。《南部新书》戊卷亦有记:"郑少师薰于里第植小松七本,自号七松处士,异代可对五柳先生。"则李频所叙亦为郑薰所居之隐岩者。诗题云"奉和",则郑薰此前已有诗赠与李频。唯《全唐诗》所载此诗,诗题称"相公",则误,因郑薰未曾任相(陶敏《全唐诗人名考证》页873亦已指出)。按李频于大中八年进士及第,此年郑薰知举,当为其座主,李频为其门生,故甚有交谊②。

更值得一提的是,郑薰所居之隐岩,经唐末多次战乱(如黄巢

---

①关于张乔事,可参《唐才子传校笺》卷十《张乔传》周祖譔、贾晋华笺,中华书局,1990年。

②参《唐才子传校笺》卷七《李频传》梁超然笺,中华书局,1990年。

军攻占长安），毁坏，唐末知名诗人郑谷，曾游历其故居遗址，作有一诗，深致感怀之情：《故少师从翁隐岩别墅乱后榛芜感旧怆怀遂有追记》①，五言长句。诗称郑薰任翰林学士、中书舍人时，"密行称闺阃，明诚动搢绅。周旋居显重，内外掌丝纶"。又特称其知举时，"生徒得李频"。于"寄鹤眠云叟，骑驴入室宾"句下自注："（张）乔诗苦道贞，孤卿延于门下。"此可参前所引述之张乔《隐岩陪郑少师夜坐》诗，可见郑薰曾主动招张乔至其居，共商诗文。特别是诗中"僻与段卿亲"句，句下自注云："段少常成式奥学辛勤，章句入微，孤卿为前序。"段成式为文宗朝宰相段文昌之孙，与李商隐、温庭筠均工骈文，又著有《酉阳杂著》。就郑谷注，则郑薰将段成式之文学成就置于前列。

又据前所述，郑薰于大中八年以礼部侍郎知举后，出为河南尹，薛能时有《寄河南郑侍郎》诗（《全唐诗》卷五五九），陶敏《全唐诗人名考证》（页 843）谓此郑侍郎即郑薰，是。按薛能亦以诗擅称，据《唐才子传》卷六，薛能于会昌六年（846）及进士第，后历仕方镇幕府，《郡斋读书志》卷一八著录《薛能集》十卷，注谓"李福镇滑，表署观察判官"（《唐诗纪事》卷六〇所记同）。据《唐方镇年表》，李福于大中八年至咸通二年为滑州刺史、义成节度使。则薛能于大中八、九年间去滑州义成节镇幕，与洛阳近，闻郑薰仕为河南尹，故特献寄一诗，中云："大雅何由接，微荣亦已逃。寒窗不可寐，风地叶萧骚。"既抒有郁郁不得志之感，也寓望其荐引之意。

---

①《郑谷诗集笺注》卷二，严寿澂、黄明、赵昌平笺注，上海古籍出版社，1991 年。

由上所述，可见宣宗朝翰林学士中，与当时诗文名家有如此广交深情，如郑薰那样，是极为少见的。

《新唐书·艺文志》未著录其著述，《全唐诗》、《全唐文》所载，前已述及。

毕　諴

毕諴，两《唐书》有传，见《旧唐书》卷一七七、《新唐书》卷一八三。

《旧传》："毕諴者，字存之，郓州须昌人也。"据《元和郡县图志》卷十，郓州属河南道，有须昌县（今山东东平县）。《新传》未载其郡籍，有云："凌生匀，世失官为盐估。"据《旧传》及《新唐书》卷七五下《宰相世系表》五下，记毕凌为諴祖，匀为諴父，匀曾为协律郎。由此，则其父毕匀虽曾任正八品上之协律郎，但不久即失官，改为盐商。唐末昭宗时裴庭裕《东观奏记》卷下，即记"毕諴，本估客子"。五代末北宋初孙光宪《北梦琐言》卷四《毕寡知分》，称："唐毕相諴，家本寒微，其舅向为太湖县伍伯（下注：伍伯，即今号杂职行仗者）。"同书卷三《戏改毕諴相名》，即称其为"吴乡人"，又载毕諴进士登第后，"未遂其志"，乃因"朝士讥其为醝贾之子"。清徐松《登科记考》卷二一载其于文宗大和六年（832）登进士第，所据即《永乐大典》所辑之《苏州府志》。由此可见，毕諴先世郡籍为郓州须昌，后其父匀改官为商，至苏州做盐商，毕諴遂自幼即居于苏州，故其应科试即由苏州举拔。由此也可见唐代科举试对进士出身,其要求较为宽松,特别是晚唐,有好几位进士及第者为盐商之子,如唐欧迟枢《南楚新闻》载,咸通六年(865)进士及第者常修,为江陵某盐商子,"才学优博,越绝流辈"。又《唐诗纪事》卷六七记顾云为"池州醝贾之子",咸通中登第。晚唐诗人曾特有诗寄常修:《广陵秋夜读进士常修三篇因题》(《全唐诗》卷六五七)、《东归别常修》(同上卷六六四),并不因其为盐商子而歧视①。而毕諴由盐商出身,进士及第,后又入为翰林学士,这在唐代文士中是唯一一位。

《旧传》记其年幼时,"少孤贫,燃薪读书,刻苦自励";《新传》也称他"早孤",则其父虽经营盐业,但于毕諴年幼时即卒,毕諴居于苏州,甚贫苦。但仍刻苦读书,"既长,博通经史,尤能歌诗"(《旧传》)。后遂于文宗大和六年(832)进士及第,即徐松《登科记考》卷二一所据《永乐大典》所辑《苏州府志》:"毕諴,大和六年登第。"

又据《旧传》及《旧唐书·懿宗纪》,毕諴于咸通四年(863)十二月二十三日卒,年六十二(详后),则当生于德宗贞元十八年(802)②。如此,大和六年进士及第为三十一岁。

《旧传》记毕諴于进士及第、书判拔萃后,"尚书杜悰镇许昌,辟为从事。悰领度支,諴为巡官。悰镇扬州,又从之"。杜悰,《旧唐书》卷一四七、《新唐书》卷一六六有传,为杜佑孙,元和时尚宪

①参见傅璇琮著《唐代科举与文学》第八章《进士出身与地区》,陕西人民出版社,1986年,又2003年修订版。
②咸通四年为公元863年,但十二月二十三日,当已为864年,现仍按传统纪年计算。

宗女岐阳公主,为驸马都尉。文宗大和七年(833)任凤翔尹、凤翔陇右节度,后丁内艰,八年(834)起复为忠武军节度使、陈许蔡节度观察使,开成初入为工部尚书、判度支(《旧唐书·文宗纪》记于开成二年十二月),会昌初为淮南节度使(据《通鉴》为会昌二年二月)。由此,则自大和后期至会昌前期,毕諴皆随杜悰任职。当正因此,遂涉及当时朋党之争。

《旧传》记谓:"(杜)悰入相,諴为监察,转侍御史。武宗朝,宰相李德裕专政,出悰为东蜀节度。悰之故吏,莫敢饯送问讯,唯諴无所顾虑,问遗不绝。德裕怒,出諴为磁州刺史。"《新传》所记略同,唯"磁"作"慈"。据《元和郡县图志》,磁州与慈州虽皆属河东道,但磁州属河东道泽潞节度(卷一五),慈州属河东道河中府(卷一二),纯为两地,疑《新传》沿袭《旧传》,误将"磁"作"慈"(中华书局点校本未有校)。

关于会昌时杜悰事,据《新唐书》卷六三《宰相年表》,杜悰于会昌四年(844)闰七月由淮南节度使入相,五年(845)五月罢相,乃与崔铉同时罢相者。《唐大诏令集》卷五六"宰相罢免"下,载《杜悰右仆射崔铉户部尚书制》,对二人颇有责语,中云:"或趋尚之间,时闻于朋比;黜陟之际,每涉于依违。"新旧《崔铉传》,皆载铉"为德裕所嫉,罢相","与德裕不叶"。崔铉入相,本非李德裕之意,铉居相位时又奏崔珙罪状,使罢相,而珙与李德裕友善。又杜悰则素与牛党接近。崔、杜此次罢相,确含有党争的色彩。后宣宗时,崔铉即积极配合白敏中,加害于李德裕(详见前崔铉传,并参傅璇琮著《李德裕年谱》会昌五年条)。杜悰与毕諴于宣宗时则未有向李德裕报复,不过两《唐书·杜悰传》对杜悰评价并不高,《新传》更评其"虽出入将相,而厚自奉养,未尝荐进幽隐,(杜)佑之素风衰焉"。

《旧·毕諴传》接云:"宣宗即位,德裕得罪,凡被谴者皆征还。諴入为户部员外郎、分司东都,历驾部员外郎、仓部郎中。……改职方郎中,兼侍御史知杂。期年,召为翰林学士、中书舍人,迁刑部侍郎。"《新传》亦记为"以职方郎中兼侍御史知杂事,召入翰林为学士"。此与丁《记》所记"大中四年二月十三日,自职方郎中兼侍御史知杂事充"合。又,前已述,毕諴生于贞元十八年(802),则大中四年(850)入院,时年四十九。

按丁《记》记毕諴于大中四年二月入院,而《旧唐书》卷一八下《宣宗纪》却记毕諴于大中二年八月由翰林学士出院,云:"八月戊子,朝散大夫、中书舍人、充翰林学士、上柱国、平阴县开国男、食实封三百户、赐紫金鱼袋毕諴为刑部侍郎。"有明显的时间差误。

丁《记》记毕諴于大中四年二月以职方郎中兼侍御史知杂事入院,接云:"六年正月七日,三殿召对赐紫。其年七月七日,授权知刑部郎,出院。"即毕諴授刑部侍郎出院乃在大中六年(852)七月七日。杜牧有《毕諴除刑部侍郎制》(《樊川文集》卷一七)。按杜牧于大中二年尚在睦州刺史任,是年八月任为司勋员外郎、史馆修撰,十二月才抵长安[1]。即大中二年八月不可能撰此制文,再可确证前所引述之《旧纪》记毕諴于大中二年八月出院任刑部侍郎之误。又杜牧后于大中五年秋由湖州刺史入为考功员外郎、

---

[1]参见缪钺《杜牧年谱》,人民文学出版社,1980年。

知制诰,六年迁授中书舍人,杜牧撰此制,即在中书舍人任。

不过《旧纪》记毕諴出院时所带之官衔倒可补丁《记》之缺。按丁《记》记毕諴于大中四年二月自职方郎中兼侍御史知杂事入院,至大中六年七月迁刑部侍郎出院,在院两年余,一无迁转,为当时翰林学士任职所未有的。《旧纪》称为"中书舍人、充翰林学士",则毕諴在院时已迁为中书舍人。杜牧《毕諴除刑部侍郎制》,即称其为"翰林学士、朝散大夫、守中书舍人、上柱国、平阴县开国男、食邑三百户、赐紫金鱼袋毕諴"。毕諴当以从五品上之职方郎中入,其间迁为正五品上之中书舍人,后又授以正四品下之刑部侍郎出院。丁《记》即缺记中书舍人,可能于大中六年正月七日三殿召对赐紫时授以中书舍人。

毕諴在院期间,有两事值得一提。一为李商隐有《为度支卢侍郎贺毕学士启》,为李商隐在徐州武宁镇幕,为节度使卢弘止起草祝贺毕諴任翰林学士①。据《旧唐书》卷一六三《卢弘止传》,卢弘止于大中三年任徐州刺史、武宁军节度使,历两年,至大中四年(参《唐刺史考全编》卷五五河南道汴州)。李商隐此文,一方面代卢弘止对毕諴入任翰林学士表示钦仰,"唯兹出入,不在寻常","击水抟风,一举千里";一方面又请为荐引,望有所升迁:"今则坎轲藩维,淹留气律。……抃贺之余,兼有倚望,伏冀必赐监(鉴)察。"

由此亦可见翰林学士当时之声望,方镇重臣亦望其举荐。又,就李商隐此文,益可证丁《记》记毕諴入院,确在大中四年,非

①参刘学锴、余恕诚《李商隐文编年校注》,页1840,中华书局,2002年。

如《旧纪》所记于大中二年八月即已出院。

　　另一为杜牧一诗，诗题颇长，为：《道一大尹、存之学士、庭美学士，简于圣明，自致霄汉，皆与舍弟昔年还往，牧支离穷悴，窃于一麾，书美歌诗，兼自言志，因成长句四韵，呈上三君子》（《樊川文集》卷二）。此道一大尹为京兆尹郑涓，存之学士即毕諴，庭美学士为郑处诲①。由此则毕諴、郑处诲为同时在院者，当在大中四年二月至八月间（参书后"学士年表"）。按杜牧于大中二年秋冬由睦州刺史入朝为司勋员外郎、史馆修撰，后因京官俸薄，未能赡养全家，曾上书宰相求出知外州，即于大中四年秋出为湖州刺史。杜牧此诗当作于大中四年春夏间，诗题自称"牧支离穷悴，窃于一麾"，故特"呈上三君子"，诗末云"若念西河旧交友，鱼符应许出函关"，寄以期望。这也为向翰林学士祈求，望在仕途上有所引进。

　　后毕諴于大中六年七月出院，杜牧所草撰的《毕諴除刑部侍郎制》（即前已引述者），中称其在院中任职之业绩："爰自郎署，擢居内庭，谋议有同于寿王，奇异辄委于严助。竭尽心力，裨补机要。"实际上，宣宗对毕諴之操政能力是有所认识的，毕諴之授为刑部侍郎，乃出于当时的实际需要。《通鉴》卷二四九大中六年载："党项复扰边，上欲择可为邠宁帅者，而难其人，从容与翰林学士、中书舍人须昌毕諴论边事，諴援古据今，具陈方略，上悦曰：'吾方择帅，不意颇、牧近在禁廷。卿其为朕行乎？'諴欣然奉命。

---

①参胡可先《杜牧诗文人名新考》（《杜牧研究丛稿》，人民文学出版社，1993年），又前郑处诲传。

上欲重其资履,六月壬申,先以诚为刑部侍郎,癸酉,乃除邠宁节度使。"由此可知,毕诚出院,乃因当时安定边境之需要。《旧传》亦记此事,唯云:"自大中末,党项羌叛,屡扰河西。懿宗召学士对边事,诚即援引古今,论列破羌之状。"此处所记"懿宗",显误,中华书局点校本有校,谓应据《新唐书》卷一八三《毕诚传》、《通鉴》卷二四九,改"懿宗"为"宣宗",是;唯《旧传》此处所载又有一误,中华书局点校本未及,即云"自大中末",按宣宗与毕诚论此事乃在大中六年,大中共十三年,何云"大中末"? 此"大中末",当为"大中中"。

又《通鉴》所记毕诚为刑部侍郎,在六月壬申,而丁《记》则记为七月七日。岑氏《注补》谓据陈垣《二十史朔闰表》,大中六年六月丙申朔,月内无壬申,壬申乃七月七日,则丁《记》所记确切,《通鉴》误系于六月。又《唐会要》卷五七《翰林院》,记"(大中)十年,党项屡扰河西,上召翰林学士问边计,学士毕诚即援引古今,论列破羌之计"。《唐会要》竟记为十年,更误。可见现存诸史,确须仔细校勘、辨析。

另《全唐文》卷七六三载有沈询《授毕诚邠宁节度使制》,中云:"权知刑部侍郎毕诚,端悫知善,文学致身,气则沉详,思有高妙。早驰荣问,亟践清途,该洽宪章,抑扬台阁。聿来禁署,益茂芳猷。"对其在职时关心政事并积极参与,甚为肯定。按沈询也于大中元年入为翰林学士,二年十月以起居舍人、知制诰出院(见前沈询传)。此制当作于大中六年,即仍任为起居舍人、知制诰。沈询现存制文,多出院后所撰,这也值得研究。

据两《唐书》本传,毕诚后历任外镇,并于懿宗咸通元年(860)

十月为相，四年（863）正月罢为兵部尚书，同年十二月二十三日卒于河中节度使任，年六十二。

《全唐文》未载毕諴文，今考知其所撰有三篇碑志，存二佚一。在任翰林学士时作有《唐故朝请大夫尚书刑部郎中上柱国范阳卢府君墓志铭并序》，署"翰林学士、朝散大夫、守中书舍人、上柱国毕諴撰"①。文中记卢就卒于大中五年四月六日，葬于六年二月。如此，则更可确证，大中六年二月，毕諴在院时具中书舍人衔。毕諴所撰另一篇为《唐工部尚书杜公长女墓志铭并序》②，署"度支巡官、试大理评事毕諴撰"。此为杜悰长女卒后所作。据《志》，此女卒于开成五年（840）五月，八月葬，称杜悰"是时为工部尚书、判度支"，即据前述，毕諴于开成五年八月仍为杜悰属下之度支巡官，具试大理评事官衔，亦可补其仕迹。

另欧阳修《集古录》卷九著录有《白敏中碑》，下注"咸通三年"，毕諴撰。按两《唐书·白敏中传》，皆未记白敏中之确切卒年，且互异（参见前武宗朝白敏中传）。据《集古录》所记，则白敏中于咸通三年（862）即卒，时毕諴尚居相位，当应命而作。惜此文已佚，故未能知其详情。欧阳修当见过此碑文，谓文中对白敏中甚为颂谀，极为不满。

《新唐书·艺文志》未著录其著述。《全唐诗》也未载其诗。实则毕諴曾撰有诗，与文士交往者。许浑有《和毕员外雪中见寄》

①见周绍良主编《唐代墓志汇编》，页2299，上海古籍出版社，1992年。
②见陈尚君编《全唐文补编》卷八一，页1002，谓据《考古与文物》1988年第4期刊拓本，中华书局，2005年。

（《全唐诗》卷五三〇）："仙署淹清景，雪华松桂阴。夜凌瑶席宴，春寄玉京吟。烛晃垂罗幕，香寒重绣衾。相思不相访，烟月剡溪深。"陶敏《全唐诗人名考证》页786，罗时进《丁卯集笺证》卷三，皆谓此毕员外为毕諴，是。据前考述，毕諴于武宗会昌后期出为磁州刺史，宣宗立，入为户部员外郎、驾部员外郎，在大中初期。许浑此诗谓毕諴时在"仙署"供职，即称其在尚书所属任事。诗末云"烟月剡溪深"，乃大中初期许浑曾游浙中（许浑有几首诗记叙在浙游者）。又许浑亦大和六年登第，由诗题，则毕諴时为京官，作诗远寄其同年好友。惜毕諴原诗未存，由许浑此诗，亦可见毕諴颇注意与士人之交往。

萧 寘

萧寘，两《唐书》无传，仅附见于《旧唐书》卷一七九《萧遘传》，记遘祖湛"生寘，咸通中宰相"，"寘生遘"；又《新唐书》卷一〇一《萧瑀传》，记"湛子寘，咸通中位宰相，无显功，史逸其传"。皆未记萧寘曾为翰林学士。按据丁《记》，萧寘于大中四年（850）至十年（856）任为翰林学士（详后），历时七年，在宣宗朝学士中是在院最长的，且后于懿宗时又曾任相，但两《唐书》皆未为其立传。如无丁《记》，则晚唐时翰林学士即失萧寘之名。

史书未记萧寘事迹，现仅据丁《记》及有关记载，概述如下。

《新唐书》卷一三二《沈传师传》记沈曾先后任江西、宣歙观察使，"传师性夷粹无竞，更二镇十年，无书贿入权家。……故其僚佐如李景让、萧寘、杜牧,极当时选云"。据《唐刺史考全编》,沈传师于文宗大和二年(828)至四年(830)为江西观察使,四年九月至七年(833)四月为宣歙观察使。则萧寘当于文宗大和二年至七年间先后在沈传师幕,并与杜牧同为幕僚。杜牧《唐故平庐军节度巡官陇西李府君(戡)墓志铭》(《樊川文集》卷九),记李戡于大和元年进士及第,后在沈传师江西、宣歙幕府,称"同舍生兰陵萧寘、京兆韩乂、博陵崔寿",又谓萧寘、韩乂、崔寿等"皆得进士第"。李戡于大和元年及第后入沈传师幕,韩乂亦如此(《樊川文集》卷一六《荐韩乂启》有云"韩及第后,归越中,佐沈公江西、宣城")。中晚唐士人,一般多为登第后应辟在方镇幕府任职,据杜牧文,李戡、韩乂均先后进士及第,后入沈传师幕,则萧寘当亦于大和二年前数年间进士及第者(徐松《登科记考》卷二七仅列萧寘名,未有注)。

又《剧谈录》卷上《龙待诏相笏》条,先记文宗开成中有龙复本者善相人,后李德裕执政时,有宋祁(按当从《唐语林校证》卷六,页606,作刉),官补阙,"时永乐萧相寘亦居谏署",则武宗会昌时萧寘曾任拾遗或补阙之职。

后即丁《记》所记:"大中四年七月二十四日,自兵部员外郎充。十月七日,加知制诰。五年□月十四日,加驾部郎中。六年五月十九日,拜中书舍人。七年十月十二日,三殿召对赐紫。八年五月十九日,迁户部侍郎、知制诰,并依前充。九年二月十七日,加承旨。十年八月四日,检校工部尚书、浙西观察使。"萧寘在院,前后历七年,时间较长,且官阶升迁亦甚顺速,入院时兵部员外郎为从六品上,出院时工部尚书已为正三品。

又，岑氏《注补》谓大中五年□月十四日加驾部郎中，应仍有"知制诰"，是。另，萧寘于大中九年（855）二月十七日加承旨，乃因上一年大中八年（854）十二月十八日，萧邺以户部侍郎、知制诰、承旨出院，大中九年，萧寘为在院资历最深者，故依循例，接任为承旨。

萧寘入院时，有崔瑶草撰之《授萧寘充翰林学士制》（《全唐文》卷七五七），称"朝议郎、行尚书兵部员外郎萧寘"，与丁《记》合。又赞誉其文采与政能："文摛锦绣，学富缣缃。早命中于射宫，遂从知于壶奥。静无违心，动有余裕。"并提出在院供职之要求："是宜擢居密地，掌我命书。励凤夜之讲求，备朝夕之视听。"再次声明翰林学士院为"密地"，既掌公文诏书，又备君主咨询，参与政事。

萧寘在院期间，当时士人亦与其有交往。杜牧有《早春阁下寓直萧九舍人亦直内署因寄书怀四韵》（《樊川文集》卷二）："御水初销冻，宫花尚怯寒。千峰横紫翠，双阙凭栏干。玉漏轻风顺，金茎淡日残。王乔在何处，清汉正骖鸾。"按萧寘于大中六年五月十九日由驾部郎中、知制诰迁中书舍人，杜牧则于大中五年秋由湖州刺史入为考功郎中、知制诰，大中六年迁为中书舍人。诗中云"初销冻"、"尚怯寒"，与诗题之"早春"时合，即为大中六年初，萧、杜二人皆为尚书郎中兼知制诰，尚未为中书舍人，但按唐习例，凡带有知制诰者亦可称舍人，故杜牧诗题云"萧九舍人亦直内署"。按萧寘与杜牧早为交友，大和、开成间曾同在沈传师之江西、宣歙幕（见前述），现在则一在学士院，一在中书省，同值班，故即有文字交往。

又李商隐有《为举人上翰林萧侍郎启》，刘学锴、余恕诚《李商隐文编年校注》参据前人笺注，谓此文系李商隐为柳壁作。《旧唐书·柳公绰传》载柳壁于大中九年进士登第，而萧寘于大中八年五月至十年八月具户部侍郎衔，另有翰林学士萧鄴亦于七年六月至八年十二月为户部侍郎。一般为举子求荐者乃在应试前一年秋冬间，故刘、余承前人笺注（包括岑氏《注补》），以为"萧鄴、萧寘均有可能"，当是。不过李商隐此文称"侍郎又绸缪武帐，密勿皇闱。九天九地之兵，宁因旧学；七纵七擒之术，固已玄通。用视草之工，解按剑之怒"。据丁《记》及前所引述之崔瑶制文，萧寘乃先为兵部员外郎，后即以兵部员外郎入，李商隐文此数句乃喻以武入文，则与萧寘官衔合，似为萧寘。时李商隐尚在东川节度使柳仲郢梓州幕，虽在远地，但仍为应试之举子向翰林学士上书求荐，这也为唐代科举考试风气之研究提供值得参考之资料。

又，《全唐文》未载有萧寘文，《新唐书》卷七七《后妃传》下，载宣宗元昭皇后晁氏事，记萧寘在职时曾应命撰有铭文，谓晁氏"大中中薨，赠昭容，诏翰林学士萧寘铭其窆，具载生郓王、万寿公主。后夔、昭等五王居内院，而郓独出阁。及即位，是为懿宗。外颇疑帝非长，寘出铭辞以示外廷，乃解"。按《新传》此处所记，实本《东观奏记》，其书卷下记："晁美人薨，上震悼久之。美人上在藩邸时，承恩遇，实生郓王、万寿公主焉。……及夔、昭已下五王居内院，而郓王独还藩邸。大中末嗣位之后，人间切有拟议者，寘以此事言于公卿，方辨立长之顺。"按宣宗卒，郓王（懿宗）立，当时曾有兵变。《通鉴》卷二四九大中十三年（859）六月记："初，上长子郓王温，无宠，居十六宅，余子皆居禁中。夔王滋，第三子也，上爱之,欲以为嗣,为其非次,故久不建东宫。"是年八月,宣宗病甚,将卒,乃密以夔王托宦官枢密使王归长、马公儒及右军中尉王茂玄等,而左军中尉王宗实为另一派宦者,与王归长等不合,乃仓促之间迎郓王即位,并谋杀王归长等。由此,则郓王之立,当时既有兵争,外廷或亦有歧议,萧寘乃出示宣宗时应命所作昭容后晁氏之铭文,文中当明记郓王乃昭容后所生之长子,"方辨立长之顺"。可见萧寘在院任职所撰之文所起的现实政治作用,当亦有助于萧寘于懿宗即位后迁居相位。

萧寘之出院,《东观奏记》亦有记,卷中:"上听政之暇,多赋诗,多令翰林学士属和。一日赋诗赐寓直学士萧寘、曹确,令继和,寘手状谢曰:陛下此诗虽'湘水日千里,因之平生怀',亦无以加也。明日召学士韦澳问此两句,澳奏曰:'齐太子家令沈约诗,寘以睿藻清新,可方沈约尔。'上不悦,曰:'将人臣比我,得否?'恩遇渐薄,执政乘之出为浙西观察使。"按韦澳于大中五年七月入院,十年五月出院(详后韦澳传),则宣宗与韦澳议萧寘事,当在大中十年五月前。就《东观奏记》所载,宣宗乃不满萧寘以沈约之诗与其相比,乃"恩遇渐薄",终使出院。这一记述,对于翰林学士之处境,也值得参考。

萧寘于大中十年八月出为浙西观察使。《通鉴》卷二四九大中十二年记:"秋七月丙寅,宣州都将康全泰作乱,逐观察使郑薰,薰奔扬州。"此事,见前郑薰传。《东观奏记》卷下又有记:"大中十二年,宣州叛将康全泰噪逐观察使郑薰,朝廷用宋州刺史温璋问罪,时萧寘为浙西观察使,地与宣州接连,遂擢用武臣李璟代寘。"李璟代萧寘事,两《唐书》皆未有记。

不过萧寘离浙西任，即入朝。《剧谈录》卷上《龙待诏相笏》，记萧寘"自浙西观察使入判户部，非久遂居廊庙"。所谓"居廊庙"，即任相。《新唐书》卷六三《宰相年表》，记懿宗咸通五年（864）"四月，兵部侍郎、判户部萧寘本官同中书门下平章事"。《新唐书·懿宗纪》同。不过《新表》于六年三月记："（萧）寘薨。"《新纪》、《通鉴》卷二五〇同，即居相位仅一年即卒。唯《旧唐书》卷一九上《懿宗纪》所记却有异，于咸通五年十一月记，"乙未，以兵部侍郎萧寘本官同中书门下平章事"，即入相在咸通五年十一月，非该年三月；后于咸通六年四月记："兵部侍郎平章事徐商、萧寘转中书侍郎、知政事。"《新表》、《新纪》与《通鉴》则皆记咸通六年六月庚戌，以御史大夫徐商为兵部侍郎、同中书门下平章事，徐商后于咸通七年为中书侍郎，而萧寘则于咸通六年三月即卒于位。《旧纪》所记显误。

萧寘著作、诗文，皆未有载录。《新唐书·后妃传》所记为昭容皇后作有铭文，也未存。

苏　涤

苏涤，两《唐书》无传。今据有关记载，概述如下，并订正两《唐书》数处之误。

《新唐书》卷五八《艺文志》二、史部实录类，著录《穆宗实录》，路随监修，参与撰修者有苏涤，记云："涤，字玄献，冕子也，荆南节度使、吏部尚书。"此记涤为冕子。冕，《旧唐书》卷一八九下

《文苑·苏弁传》有记，冕为苏弁兄。《旧唐书·苏弁传》记苏氏为京兆武功人，苏冕曾"缵国朝政事，撰《会要》四十卷，行于时"。则苏涤其家学有史学渊源，故后能参与撰修《穆宗实录》。

苏涤早年事迹不详，沈亚之《异梦录》有记其元和时与苏涤同在泾州相聚者。文中亦记其为武功人，据《元和郡县图志》卷二关内道，京兆府有武功县，谓"东至府一百四十里"，在渭水南，"今郿县地是也"。即今陕西眉县。《沈下贤集》卷四《异梦录》，有云："元和十年，亚之以记室从陇西公军泾州，而长安中贤士皆来客之。五月十八日，陇西公与客期宴于东池便馆，既坐，陇西公曰：'余少从邢凤游，得记其异，请语之。'客曰愿备听，陇西公……是日，监军使与宾府郡佐及宴客陇西独孤铉、范阳卢简辞、常山张又新、武功苏涤皆叹息曰可记，故亚之退而著录。"沈亚之又有《泾原节度李常侍墓志铭》（《全唐文》卷七三八），此泾原节度使为李彙，李光弼少子，元和"十年春加左散骑常侍，拜节帅泾原"，但同年六月"公疾发，视政不能勤，七月十二日薨"，年五十九。《旧唐书·宪宗纪》亦记李彙于元和十年二月为泾原节度使，七月丙戌卒。据此，则苏涤于宪宗元和十年（794）曾客游泾州（非在其幕府供职），与沈亚之同宴聚于节度使府。沈亚之为中唐时文学名家，以作传奇著称。按据沈亚之所记，苏涤于元和十年即出游外镇，当已成人，若以该年为二十岁计，则至少生于代宗大历十年（775），后于宣宗大中四年（850）入为翰林学士，当已七十六岁，以如此高龄入院，甚罕。不过沈亚之当时记苏涤为武功人，与前所引述之《新唐书·艺文志》著录之苏涤"京兆武功人"同，当为同一人。不过，苏涤之仕迹，与其年岁，也有不当者（见后），似甚有可疑。

《旧唐书》卷一七下《文宗纪》，大和六年（832）七月记："甲午，以谏议大夫王彦威、户部郎中杨汉公、祠部员外郎苏涤、右补阙裴休并充史馆修撰。故事，史官不过三员，或止两员，今四人并命，论者非之。"按据前所引述之《新唐书·艺文志》，此四人及苏景胤皆预修《穆宗实录》者。按《穆宗实录》为路随监修，路随于文宗大和二年（828）二月接韦处厚，由翰林学士为相，其在相位至大和九年；大和六年七月任命王彦威、苏涤等四人为史馆修撰，当为路随任相监修《穆宗实录》所特意安排的（路随监修实录事，参见前穆宗敬宗朝路随传）。由此可见，苏涤于大和六年前已任为祠部员外郎，六年七月兼为史馆修撰，预修《穆宗实录》。以前所计算之 775 年生，则此年苏涤已五十八岁。

《旧唐书·文宗纪》于大和九年（835）七月戊午记："贬工部侍郎、充皇太子侍读崔侑为洋州刺史，贬吏部郎中张讽虁州刺史，考功郎中、皇太子侍读苏涤忠州刺史，户部郎中杨敬之连州刺史。"按李宗闵因受李训、郑注之嫉，于大和九年六月被罢相，出贬，此后，与李宗闵亲党者如杨虞卿等也皆被贬。《新唐书》卷一七七《李景让传》，谓"所善苏涤、裴夷直皆为李宗闵、杨嗣复所擢"，则苏涤于大和九年七月之贬，亦受李宗闵之累。

按杨嗣复于文宗开成三年（838）正月复入相，至五年（840）五月，据前所引述之《新唐书·李景让传》，苏涤当于杨嗣复开成年间为相时亦由忠州刺史入朝，于开成中期任给事中。《唐会要》卷三三《雅乐下·太常乐章》条，有记："庄恪太子庙乐章六，给事中裴泰章、苏涤等共撰。"据《旧唐书》卷一七五《庄恪太子永传》，庄恪太子为文宗长子；又据《旧唐书·文宗纪》，开成三年十月，"庚子，皇太子薨于少阳院，谥曰庄恪"。则此"庄恪太子庙乐章"，乃其卒、赐谥号后所作。裴泰章，两《唐书》亦无传，《新唐书》卷七一上《宰相世系表》一上，记裴泰章字敦藻，给事中。又清劳格《唐尚书省郎官石柱题名考》卷五司封郎中，于裴泰章名下引《淳熙秘阁续法帖》卷六，有《唐李绅拜相告》，后有署"给事中臣裴泰章等言"，为会昌二年（842）二月。则苏涤与裴泰章当于开成三年十月庄恪太子卒后共撰庙乐章，已为给事中。

另《严州图经》有记："苏涤，会昌三年九月十四日自给事中拜。"《唐刺史考全编》卷一四七江南东道睦州，即据此系苏涤于会昌三年（843）九月任睦州刺史，而此前在朝中任给事中。给事中为正五品上，则苏涤自开成时入朝累有升迁，至会昌前期已迁与中书舍人同阶之给事中。按会昌三年，苏涤当为六十九岁，如此高龄尚出为外州刺史，亦甚可疑。且据《唐刺史考全编》又引《严州图经》，韦有翼于会昌五年（845）三月自安州刺史为睦州刺史；又《旧唐书·武宗纪》记会昌六年（846）二月，"贬舒州刺史苏涤为连州刺史"，并云："涤，李宗闵党，前自给事中为德裕所斥，累年郡守，至是李绅言其无政故也。"则会昌三年九月自给事中出为睦州刺史，亦与李德裕有关；会昌五年三月前又由睦州改舒州，会昌六年二月又因李绅奏议，远贬为连州刺史（连州在今广东）。

会昌六年三月武宗卒，宣宗立，局势大变，连贬李德裕，并召还会昌时所贬之牛党成员。苏涤当于大中初即由连州入朝，大中四年十二月任翰林学士前已任为尚书右丞。尚书右丞，官阶为正四品下，与尚书诸司侍郎（如礼部侍郎、户部侍郎等）同阶，官品已相当高,这当与他已有长期仕宦有关。

丁《记》记为:"大中四年十二月二十四日,自右丞入。五年六月五日,迁兵部侍郎、知制诰,并依前充。六年六月九日,上表病免。□年十一月,守本官出院。"按大中四年为公元850年,依前记述,其生年为775年或稍前,则大中四年为七十六岁。以如此高龄,尚召其入院,实亦可疑。现姑依前记,俟考。

岑氏《注补》谓据杜牧集卷一七之制词及《旧唐书》卷一八所载,均提及苏涤为翰林学士承旨,即以为苏涤于大中四年十二月入院时,已为承旨,丁《记》缺记。按岑氏所考,计时有误,今加考辨。

按杜牧有《崔璪除刑部尚书苏涤除左丞崔玙除兵部侍郎制》(《樊川文集》卷一七)。制中称崔璪由正议大夫、尚书左丞为刑部尚书,崔玙由正议大夫、前权知户部侍郎为兵部侍郎,皆为新授官职,则苏涤当亦如此,称其原任为"翰林学士承旨、银青光禄大夫、行尚书兵部侍郎、知制诰、武功县开国男、食邑三百户",现改为"尚书左丞,散官封如故"。《旧唐书》卷一八下《宣宗纪》大中七年七月亦记此三人,其原任与新授官,与杜牧制文同。按崔璪、崔玙,皆为崔珙弟,《旧唐书》卷一七七《崔珙传》记崔璪、崔玙迁授上述官职,亦谓在大中七年。而据现有研究成果,杜牧乃卒于大中六年冬;胡可先《杜牧所撰部分制文〈旧唐书〉系年订误》[1],据郭文镐《杜牧诗文系年小札》(《人文杂志》1984年第4期),考定此制词为大中六年撰,《旧纪》误。按现存杜牧制文,据现有研

---

[1] 载胡可先著《杜牧研究丛稿》,人民文学出版社,1993年。

究，并无他人所作而杂入其集者，即前所引之杜牧制文确为其所作，而《旧唐书·宣宗纪》及《旧唐书·崔珙传》载苏涤三人改授官职在大中七年，则误。又杜牧制文言及苏涤，云："近以微恙，恳请自便，君子之道，进退可观。"丁《记》于大中六年六月九日已记苏涤"上表病免"，杜牧制文称其"近以微恙，恳请自便"，与丁《记》所记合。由此又可证，丁《记》云"□年十一月，守本官出院"，即当为同年。如此，则杜牧此制当作于大中六年十一月，后即病卒。《旧唐书·宣宗纪》于大中七年七月所记崔璪、苏涤、崔玙三人授官事，当原为六年七月，而误列于七年六月。岑氏《注补》则偏信《旧纪》，而未注意杜牧之卒年，故致误。

据此，则杜牧于大中六年十一月所撰制文，其记苏涤此时官衔，又可订正丁《记》所记"守本官出院"，亦不确。因丁《记》所谓"守本官"，据其此前所记，当为大中五年六月五日所授之兵部侍郎、知制诰，而据杜牧制文，则应为"以左丞出院"。至于杜牧制文称其为"翰林学士承旨"，当其入院时未能即为承旨，有可能于五年六月五日改授兵部侍郎、知制诰时，加任承旨。

《旧唐书·宣宗纪》另有一误，其于大中八年五月记："以户部侍郎、翰林学士承旨、上柱国、武功县开国子、食邑三百户苏涤检校兵部尚书、兼江陵尹、御史大夫，充荆南节度管内观察处置等使。"按据前述，苏涤已于大中六年七月以尚书左丞出院，何以于八年五月仍称其为"翰林学士承旨"；且此时萧邺在院，为承旨（见前萧邺传及书后"学士年表"）。《旧纪》竟有此显误，值得作进一步考订、研究。

《旧纪》后于大中十一年（857）二月，记苏涤由荆南节度使改为太常卿，当又入朝；同年八月，又谓"以太常卿苏涤为兵部尚书、权知吏部铨事"。按苏涤出镇荆南在大中八年（854），则为八十岁；十一年入朝，改授太常卿，后又为兵部尚书、权知吏部铨事，则为八十三岁。如此高龄，尚任内外要职。如此，则沈亚之《异梦录》所记元和十年事，确甚可疑，但现代对沈亚之此文，似未有提出疑义者，可作进一步考索。

苏涤所作，现存者仅《全唐文》卷七九〇《宣宗谥议》一文，末云"谨上尊谥曰圣武献文孝皇帝，庙号宣宗，谨议"。按《旧唐书·宣宗纪》记宣宗于大中十三年八月七日卒，"群臣上谥曰圣武献文孝皇帝，庙号宣宗。十四年二月，葬于贞陵"。其谥号与苏涤之文同。则大中十三年八、九月间苏涤尚在世，但未详其官职。

韦　澳

韦澳，两《唐书》有传，见《旧唐书》卷一五八、《新唐书》卷一六九，皆附于其父韦贯之传后。据两《唐书》传，贯之父肇，"官至吏部侍郎，有重名于时"（《旧传》）。韦贯之于宪宗元和时曾任宰相；其兄绶，德宗贞元时翰林学士，"密政多所参逮"（《新传》）。韦氏后世，亦有名士。故《旧传》末"史臣"曰："韦氏三宗，世多才俊"，"澳之贞亮，不替祖风。"

《旧传》记韦澳"字子斐，大和六年擢进士第，又以弘词登科"。《新传》则仅称"第进士，复擢宏辞"，未记年。清徐松《登科记考》卷二一即据《旧传》，系于大和六年（832），又载同年登第者有许浑、毕諴、杜觊（杜牧弟）等。又，徐《考》于韦澳名下引许浑《酬康州韦侍御同年》诗，徐松谓"澳未为御史，俟考"。罗时进《丁卯集笺证》①，卷一一载许浑此诗，亦据徐《考》以"韦侍御"为韦澳，但对徐松所云"澳未为御史"，未有再考，孟二冬《登科记考补正》卷二一亦仅引徐氏语，未有补。按两《唐书》本传确未记韦澳曾任御史，但《全唐文》卷七二六载有崔嘏《授李稹韦澳裴达殿中侍御史等制》，首称"右拾遗李稹等"，后叙李、韦、裴三人仕绩，称"咸用词学器识，累参宾画，研朱益丹，莹玉无玷，皆可以修明宪职，振凛霜标"，即同授三人为殿中侍御史。由此，则韦澳确曾任御史之职，徐松等当未阅及崔嘏制文，故有误断。

《旧传》记韦澳登科后，多年不仕，后"周墀镇郑滑，辟为从事"，《新传》略同。按《旧唐书》卷一七六《周墀传》，墀于宣宗大中初为义成节度、郑滑观察使。《旧唐书》卷一八下《宣宗纪》，记大中元年六月"以义成军节度使周墀为兵部侍郎、判度支"。又前所引述崔嘏撰有韦澳等授以殿中侍御史制，按崔嘏于会昌后期、大中初期任知制诰及中书舍人（参傅璇琮《李德裕年谱》），即于此一时期撰写制文，则韦澳当于会昌后期已由右拾遗改任殿中侍御史，后又应辟在周墀义成节度使幕。

《旧传》后云："墀辅政，以澳为考功员外郎、史馆修撰。"周墀于宣宗大中二年正月任相（按周墀为相，有记此年五月、六月者，参见前周墀传），三年四月出任东川节度使，则韦澳当于大中二年因周墀举荐，由节镇幕僚入朝为考功员外郎。至于史馆修撰，则

①罗时进《丁卯集笺证》，江西人民出版社，1998年。

在大中四、五年间,因《新唐书》卷五八《艺文志》二,史部编年类,著录《续唐历》二十二卷,云:"韦澳、蒋偕、李荀、张彦远、崔瑄撰,崔龟从监修。"据《新唐书·宰相年表》,崔龟从于大中四年六月至五年十一月为相。

《旧传》记韦澳入任翰林学士,有一误,即记韦澳入朝为考功员外郎、史馆修撰后,"不周岁,以本官知制诰,寻召充翰林学士"。丁《记》则记为:"大中五年七月二十日,自库部郎中、知制诰充。"则韦澳当于预修《续唐历》后,就由考功员外郎迁库部郎中,并知制诰,后即以此入院,非以考功员外郎(本官)入。

丁《记》接云:"六年五月十九日,迁中书舍人。八年五月十九日,迁工部侍郎、知制诰,并依前充。七月二日,三殿召对赐紫。十年五月二十五日,授京兆尹。"

《旧传》记韦澳入院后,云"累迁户部、兵部侍郎,学士承旨"。《新传》未记户部,云"累迁兵部侍郎,进学士承旨"。而据丁《记》,韦澳在院迁转,仅为工部侍郎,未有户部、兵部侍郎,两《唐书》本传所载无据。又两《唐书》本传皆谓韦澳于兵部侍郎后为学士承旨,参丁《记》,当为大中八年(854)五月以后,而据前所考,大中八年十二月前萧邺已在承旨任,该年十二月十八日萧邺出院,萧寘即于第二年即大中九年(855)二月十七日接为承旨,直至大中十年(856)八月四日出院(见前萧邺、萧寘传,及书后"学士年表",岑氏《注补》亦于此有辨)。唐翰林学士承旨在同一时期只能一人,不能重复,于此可证两《唐书》本传记其曾为承旨,又误。

又《旧唐书·宣宗纪》另有一误,大中八年记:"五月,以中书舍人、翰林学士韦澳为京兆尹。"实则大中八年五月,韦澳乃由中书舍人迁为工部侍郎并知制诰,仍在院,何以即由中书舍人出为京兆尹?《旧纪》同月又记苏涤由翰林学士承旨、户部侍郎出为江陵尹、荆南节度使,实则苏涤于此前两年即大中六年十一月即已出院(见前苏涤传)。《旧唐书·宣宗纪》于同一月记翰林学士事竟有两误。且此年所记,仅正月、二月、三月、五月、七月、八月,且正月、二月仅各一、二句,可见《旧唐书》本纪晚唐部分失误情况。

韦澳在院期间,颇受宣宗信重,《旧传》有记:"与同僚萧寘深为宣宗所遇,每二人同直,无不召见,询访时事。每有邦国刑政大事,中使传宣草词,澳心欲论谏,即曰:'此一事,须降御札,方敢施行。'迟留至旦,必论其可否,上旨多从之。"可见其敢直言,无党见。另有一事,值得提出的,即唐末昭宗时裴庭裕所著《东观奏记》卷中,详记一事:"上每孜孜求理,焦劳不倦。一日,密召学士韦澳,尽屏左右,谓澳曰:'朕每便殿与节度观察使、刺史语,要知所委州郡风俗物产,卿宜密采访,撰次一文书进来,虽家臣舆老,不得漏泄。'澳奉宣旨,即采十道四蕃志更博探访,撰成一书,题曰《处分语》,自写面进,虽子弟不得闻也。后数日,薛弘宗除邓州刺史,澳有别业在南阳,召弘宗,饯之。弘宗曰:'昨日中谢,圣上处分当州事,惊人。'澳访之,即《处分语》中事也。"此事,《旧传》未记,《新传》虽有记,但甚略,《通鉴》卷二四九则记于大中九年五月,所记较明晰:"上密令翰林学士韦澳纂次诸州境土风物及诸利害为一书,自写而上之,虽子弟不知也,号曰《处分语》。他日,邓州刺史薛弘宗入谢,出谓澳曰:'上处分本州事,惊人。'澳询之,皆《处分语》中事也。"按《新唐书》卷五八《艺文志》二,史部地理类,著录有韦澳《诸道山河地名要略》九卷,云"一作《处分语》"。由此可知,此为广采各地州郡境土风物及民间习俗之书,当甚真切,连某州刺史也甚为叹服,这样的著作在唐翰林学士中也极少见。又,《通鉴》《新传》等所记,当皆本《东观奏记》,于此也可见晚唐五代笔记稗史的史料价值。

据丁《记》,韦澳于大中十年(856)五月出院,由工部侍郎(正四品下)改任京兆尹(从三品),此次出院、改任,不仅是迁阶,主要还是宣宗想再次予以重用,《通鉴》卷二四九大中十年,有记,云:"上以京兆久不理,夏五月丁卯,以翰林学士、工部侍郎韦澳为京兆尹。"关于韦澳此次授任京兆,后僖宗时中书舍人钱珝草撰的《为集贤崔相公论京兆除授表》又特为称述①,谓:"伏以三辅之雄,京兆居首,王畿之理,专制甚难,历代重官,当今急务。比者任用,多是丞、郎、给、舍有才之人,或藩方善政之师,宣宗皇帝求理之切,尝辍翰林学士韦澳授以此官。"此文作于黄巢事平返京后,时僖宗任命郑某为京兆尹,征求崔相公之意,钱珝乃代为草书,不同意任郑某,另推荐一人,就于文中特举韦澳为例,由此也可见韦澳吏治能力在晚唐时甚为人看重。

《旧传》称韦澳"出为京兆尹,不避权豪,京师詟惮"。他出任京兆尹后,在科举试方面作有一项改革措施,即按唐科举制,礼部会试,由各地解送举子,京兆府也有举送。京兆府所送,对省试录取起较大作用,故一般对京兆府解送甚为重视;京兆府所送之举子,又设等第(分殊、次、平三等),权贵者就更关注。《东观奏记》

①载《全唐文》卷八三四。按岑氏《注补》亦引及钱珝此文,但误记为《全唐文》卷八三一。

卷中记,韦澳为京兆尹后,认为京兆府解送时分等第,有弊,谓"礼部格文,本无等第,府庭解送,不当区分。今年合送省进士、明经等,并以纳策试前后为定,不在更分等第之限"。《东观奏记》著者以为,"自文学道丧,朋党弊兴,纷竞既多",韦澳乃"愤浇弊而革之"。五代王定保所著《唐摭言》卷二《废等第》条,亦详载其榜文①。由此亦可见韦澳刚自翰林学士出院,就注意于科举试制的改革,这也是唐翰林学士与科举试研究值得参考的材料。又关于京兆府试情况,可参见傅璇琮著《唐代科举与文学》第三章《乡贡》②。

此后,韦澳历任节镇,晚年累表求辞,约懿宗咸通时卒,赠户部尚书,两《唐书》本传有记,不复述。

其著作,《新唐书·艺文志》著录其《处分语》,前已记述。《全唐诗》卷七九五载其《韦鉴》二句(七言),即《旧传》所载懿宗时罢邠宁节度使任,以秘书监分司东都,有所感慨,戏吟二句。《唐诗纪事》卷五〇亦据《旧传》载此二句。《全唐文》卷七五九载其一文:《解送进士明经不分等第榜文》,即前所述,乃据《唐摭言》辑录者。

曹 确

曹确,两《唐书》有传,见《旧唐书》卷一七七、《新唐书》卷一

---

① 唯《唐摭言》所载,云"大中七年,韦澳为京兆尹","七年"误,应为"十年"。
② 傅璇琮《唐代科举与文学》,陕西人民出版社,1986年,又2003年修订新版。

八一。

《旧传》："曹确字刚中，河南人。"《新传》同。《元和郡县图志》卷五河南道有河南府，即今河南洛阳。据《旧传》，其父景伯，德宗贞元十九年（803）进士及第，后又登制科，未记其他。《新唐书》卷七五下《宰相世系表》五下，亦记其父景伯，但未记其官职。

《旧传》记曹确"开成二年登进士第"，《新传》则仅云"擢进士第"。清徐松《登科记考》卷二一即据《旧传》系于文宗开成二年（837），同年登进士第者有李商隐、韩瞻（昭宗朝翰林学士韩偓父）。徐《考》于曹确名下云："按李商隐《寄四门同年诗》，曹疑即曹确。"按此诗，《全唐诗》卷五三九所载，题为《寄在朝郑曹独孤李四同年》，刘学锴、余恕诚《李商隐诗歌集解》（页 1416）[①]，陶敏《全唐诗人名考证》（页 802），均确定曹为曹确。此诗之作年，详后。

《旧传》于擢进士第后，略云"历聘藩府"。后沈询所撰之《授曹确充翰林学士制》（《全唐文》卷七六七），记其入朝前，亦"爰自侯府，列于王庭"。此为中晚唐时士人之仕途常轨，即科试及第后，先在节镇幕府供职，后再入朝。

《旧传》记其返朝并入为翰林学士，云："入朝为侍御史，以工部员外郎知制诰，转郎中，入内署为学士，正拜中书舍人，赐金紫，权知河南尹事。入为兵部侍郎。"《新传》所记较简，仅云"历践中外官，累拜兵部侍郎"，未提及翰林学士事。按《旧传》虽较《新传》稍详，但有误（见后考）。

[①]刘学锴、余恕诚《李商隐诗歌集解》，台北洪叶文化事业有限公司，1992 年。

丁《记》记为："大中五年八月十一日,自起居郎充。十月十六日,三殿召对赐绯。六年五月十九日,加兵部员外郎。七年四月十一日,加知制诰。八年五月十九日,加库部郎中。九年闰四月六日,拜中书舍人,依前充。十年五月十三日,三殿召对赐紫。十一年八月二十一日,授河南尹,出院。"

按沈询《授曹确充翰林学士制》(《全唐文》卷七六七),即首称"起居郎曹确",与丁《记》合。而《旧传》却谓"以工部员外郎知制诰,转郎中,入内署为学士",即以工部郎中、知制诰入,与沈询制文及丁《记》均不合。曹确当由外镇入朝,先为侍御史(从六品下),后迁起居郎(从六品上),入为翰林学士。入院后,第二年(大中六年)五月九日加兵部员外郎(同为从六品上),后于八年五月十九日迁库部郎中(从五品上),九年闰四月六日,又迁为中书舍人(正五品上),即按官阶常例迁转。《旧传》将其员外郎、郎中官位列于入翰林学士前,则为显误。且据丁《记》,非工部,而应为兵部员外郎、库部郎中。当然,丁《记》也有缺记者,即大中七年四月十一日已由兵部员外郎加知制诰,则八年五月十九日加库部郎中,也应仍加知制诰(岑氏《注补》亦谓须补此三字)。

沈询所撰制文,叙及翰林学士之声望及职责,云:"是用宠尔良吏,为予近臣,俾从琐闼之荣,更侍玉堂之奥。皇猷思畅,用宣秘密之文;清秩不移,尚受无私之旨。秉心勿替于正道,视草勉高乎训词,无忘懿图,伫答休命。"沈询时为中书舍人。

按曹确在院期间颇长,历时七年,但未有制诏传存,似也未记有业绩。现可述者,为当时一位诗家曹邺有与其文字交往。曹邺有一诗,题为《将赴天平职书怀寄翰林从兄》(《全唐诗》卷五九二）。按曹邺，两《唐书》无传，桂州阳朔人，连年累举不第，宣宗大中四年（850）登进士第，其应辟为天平军节度推官，当为大中六年（852）以后①。按曹邺为桂州人，曹确为河南人，可能因同姓，即视为同宗，故曹邺特称为从兄。曹邺多年应试，现总算及第，并出仕为方镇幕僚，故亦甚舒爽，诗中云"谁遣辟书至，仆隶皆展眉"。但仍对曹确有所寄望，因曹确现居内署，境遇异常，"吾宗处清切，立在白玉墀；方得一侍座，单车又星飞"，故诗末云："愿将门底水，永托万顷陂。"以门底水自比，以万顷波赞喻其从兄，望能得其引荐。其实曹邺于早期未及第时已有诗献曹确，有《寄监察从兄》（《全唐诗》卷五九三），梁超然、毛水清《曹邺诗注》②，及陶敏《全唐诗人名考证》（页878），皆谓此"监察从兄"为曹确。按据前考述，曹确于开成二年登进士第，曾历仕于藩府，后入朝为侍御史，当为会昌末、大中初。此诗当亦作于此一时期，时曹邺则尚未及第，故诗中极盼侍御史从兄能为其荐引："吾宗戴豸冠，忽然入西京。怜其羽翼单，恉若亲弟兄。松根已坚牢，松叶岂不荣。言罢眼无泪，心中如酒醒。"由此亦可见晚唐寒士切望举荐之勤苦心情。

曹确于大中十一年（857）八月二十一日出任河南尹，据《旧传》，后又"入为兵部侍郎"，但未记年。丁《记》记孔温裕于大中十二年（858）八月三十日出院为河南尹（见后孔温裕传），则为孔温裕接曹确之河南尹任，曹确即于大中十二年九月入朝为兵部

---

①参《唐才子传校笺》卷七《曹邺传》梁超然笺，中华书局，1990年。
②梁超然、毛水清《曹邺诗注》，上海古籍出版社，1982年。

侍郎。

前曾提及李商隐《寄在朝郑曹独孤李四同年》诗,刘学锴、余恕诚《李商隐诗歌集解》(页1416)系于大中十二年,但未注依据。按李商隐于大中十一年任盐铁推官,十二年罢,还郑州,未几病卒,即卒于十二年。《唐五代文学编年史·晚唐卷》[1],亦记本年李商隐卒前有此寄四同年诗,时在郑州。则李商隐此诗当为曹确于该年九月入朝后作。诗题之郑为郑茂休,独孤为独孤云,李为李定言,皆与李商隐、曹确同年进士及第者(参见徐松《登科记考》卷二一)。李诗七绝:"昔岁陪游旧迹多,风光今日两蹉跎。不因醉本《兰亭》在,兼忘当年旧永和。"当为李商隐当时处境不好,身又有病,故缅怀故友,并深致感伤之情。

曹确则后于懿宗朝仕途顺利,擢居相位。《旧传》记其"入为兵部侍郎"后,云:"咸通五年,以本官同平章事。"而《旧唐书》卷一九上《懿宗纪》则记于咸通四年(863)十一月。又《新唐书》卷九《懿宗纪》、卷六三《宰相年表》及《通鉴》卷二五〇,皆记为咸通四年闰六月,因此前,四月癸巳,时在相位的毕諴罢为兵部尚书,五月戊子,杜审权出为镇海军节度使,故擢曹确为相。《新唐书》之《纪》、《表》及《通鉴》纂修时,有北宋时辑集之唐实录,故所记较一致,有据,当可信,《旧唐书》记曹确入相年月,则不确。

《旧传》又云"在相位六年,九年罢相",如以其所记于咸通五年任相,则九年罢相,也仅五年,何云六年?又所谓"九年罢相",

---

①傅璇琮主编《唐五代文学编年史》,《晚唐卷》,吴在庆、傅璇琮撰,辽海出版社,1998年。

亦误。据《新唐书》之《懿宗纪》、《宰相年表》及《通鉴》卷二五二，均记于咸通十一年（870）三月，并载其出为镇海军节度使。《旧唐书》卷一九上《懿宗纪》于咸通十一年三月亦记曹确"以病求免"，乃出为润州刺史、充浙江西道（即镇海军）观察等使。

《新传》未具体记曹确任相、罢相年月，但亦称其"居位六年"，与《旧传》同。实则曹确于咸通四年闰六月任相，十一年三月罢相，当为历时八年，则《新传》与《旧传》同误。

《旧传》记曹确任相时，"精儒术，器识谨重，动循法度"，实则在位八年间，实无所作为。《南部新书》甲卷有记："曹确、杨收、徐商、路岩同秉政，外有嘲之曰：'确确无余事，钱财总被收。商人都不管，货路（同赂）几时休。'"后宋王谠《唐语林》卷七亦记，更明晰，云："咸通末，曹相确，杨相收，徐相商，路相岩，同为宰相。杨、路以弄权卖官，曹、徐但备员而已。长安谣曰：'确确无论事，钱财总被收。商人都不管，货赂几时休。'"杨收、路岩为懿宗时翰林学士（详见后传）。

据前《新纪》、《通鉴》等记，曹确于咸通十一年出为浙西镇海等节度使，又据《旧唐书》卷一九下《僖宗纪》，乾符元年（874）三月，以宰相赵隐出镇浙西。《新传》则记曹确任浙西后，云："徙河中，卒。"则当于乾符元年初又转为河中节度使，不久即卒，或即在乾符初，因《通鉴》于乾符四年（877）十月记："河中军乱，逐节度使刘侔。"即刘侔于乾符四年前已任河中。

《新唐书·艺文志》未著录其著述，《全唐诗》也未载其诗。《全唐文》卷七六一载其文二篇：《请令场监钱绢直纳延资库奏》、《谏用伶官李可及为威卫将军疏》，皆任相时作。

庾道蔚

庾道蔚，两《唐书》无传。《元和姓纂》七，记："左拾遗庾敬休生道蔚，翰林学士。"庾敬休为穆宗朝翰林学士（见前传），《旧唐书》卷一八七、《新唐书》卷一六一有传，记为"先南阳新野人"。但两《唐书》本传皆未提及道蔚。

庾道蔚早年事迹不详，现可知者，为丁《记》所记，于宣宗大中六年（852）任翰林学士起。丁《记》记云："大中六年七月十五日，自起居舍人充。其年十二月二十九日，三殿召对赐绯。七年九月十九日，加司封员外郎。九年八月十三日，加驾部郎中、知制诰，并依前充。十年正月十四日，守本官出院，寻除连州刺史。"

杜牧有《庾道蔚守起居舍人李汶儒守礼部员外郎充翰林学士等制》（《樊川文集》卷一七）。按杜牧于大中六年任中书舍人，其年冬卒，此制称庾道蔚为起居舍人，与李汶儒同时入，皆与丁《记》合（李汶儒事，见后传）。但《旧唐书》卷一八下《宣宗纪》，于大中三年八月记为："以起居郎庾道蔚、礼部员外郎李文儒并充翰林学士。"按杜牧于大中三年虽在京，但时任司勋员外郎、史馆修撰，未能撰写制诏，故《旧纪》所记年月均误，又将李汶儒之"汶"误作"文"。

又杜牧此篇制文，对翰林学士职能，颇有概括性的评述，云："天下为公，选贤与能也。况乎拔出流辈，超侍帷幄，岂唯独以文学，止于代言，亦乃密参机要，得执所见。若非贤彦，岂膺选擢。"

意谓翰林学士,不仅在于代君主起草制诏,还应当是"密参机要,得执所见",即参与朝政中之机要,这是唐代翰林学士职能之时代特色,宋以后就未能如此。

又杜牧制文称庾道蔚在此前,"尝自侯府,升为谏臣",则曾为方镇幕僚,后入朝在御史府中供职。

庾道蔚在院期间,又有李商隐赠诗,李商隐《赠庾十二朱版》,刘学锴、余恕诚《李商隐诗歌集解》(页1341)[1],结合丁《记》,定李商隐于大中八、九年在东川节度(梓州)幕时,以朱笔书写之手板,远赠于庾,并进此诗:"固漆投胶不可开,赠君珍重抵琼瑰。君王晓坐金銮殿,只待相如草诏来。"此七绝,仅四句,但特表言以此珍贵朱板书远赠,致念,后二句更誉庾之身份贵重,虽未明言,似仍含有望其荐引之意。李商隐为当时一大名家,尚能以诗进献,可见庾道蔚于当时尚有声望,惜两《唐书》未有为其立传。

丁《记》记庾道蔚于大中七年(853)九月十九日由起居舍人(从六品上)改为司封员外郎(亦从六品上),而《唐尚书省郎官石柱题名考》卷六司封员外郎,无庾道蔚名,卷八司勋员外郎则有其名,故清劳格疑丁《记》所记之"司封"应为"司勋"。但此仅为小异,俟考。

又,庾道蔚于大中十年(856)正月十四日出院,寻除连州刺史。连州远在广东(即今广东西北部连州市),唐时多为官员贬地,如宪宗时刘禹锡、敬宗时翰林学士蒋防,均曾贬于此地。关于庾道蔚出任连州刺史事,裴庭裕《东观奏记》(卷中)有记:"翰林

---

①刘学锴、余恕诚《李商隐诗歌集解》,台北洪叶文化事业有限公司,1992年。

学士、驾部郎中、知制诰庾道蔚，敕曰：'以艺文擢居近密，乖检慎，难处禁林。宜守本官，续连州刺史。'郑朗为御史大夫，道蔚以事干之，乞庇罪人者，朗衔之。朗既大用，积前事，尽闻于上，故及此罪。"按郑朗，文宗时曾为翰林侍讲学士（见前传）。据《旧唐书》卷一七三《郑朗传》及《新唐书·宰相年表》，郑朗约于大中五年底、六年初为御史大夫，大中十年正月丁巳，由御史大夫为守工部尚书、同中书门下平章事，任相。庾道蔚于大中六年七月由起居舍人入院，此前曾为谏官（参前杜牧制文），则当为郑朗于大中六年初为御史大夫时，庾道蔚亦在谏任，曾有事干托郑朗，郑朗不满，并记存于心，故于大中十年正月任相时，即迫使庾道蔚出院，后又使其远贬。这是宣宗朝翰林学士因受宰相之迫而出贬的首例，也可由此见宰相对翰林学士所起的作用，既可引荐（如李德裕举荐白敏中），也可促其外出（此类事例甚多，不具述）。

庾道蔚贬连州后，何时召还，不详。按庾道蔚撰有《唐朝散大夫前行尚书司勋员外郎柱国苗绅妻故新野县君庾氏夫人墓志铭并序》，《全唐文》未载，著录于周绍良所编之《唐代墓志汇编》①咸通○三四（页 2404）。此志称庾夫人之祖讳何，即庾道蔚之祖（《旧传》），故志中庾道蔚自称"从父兄"。又志中称此庾夫人卒于咸通癸未即四年（863）冬季月，年四十八，翌年六月归葬于河南府洛阳县平阴乡陶村，庾道蔚自署其官衔为"朝议郎、守太子左庶子、分司东都、柱国、赐绯鱼袋"，即懿宗咸通五年（864）六月，尚为太子左庶子、分司东都，实为闲职。由此，则当为大中十年正月贬

---

① 《唐代墓志汇编》，周绍良编，上海古籍出版社，1992 年。

连州后，懿宗即位，召还，后授以太子左庶子、分司东都，居洛阳。此后或即卒于洛阳。

按庾道蔚，两《唐书》既无专传，两书也无所记（据前述，仅一处，尚有误），今据丁《记》，李商隐、杜牧等诗文，及出土墓志，尚能概述其一生主要事迹，亦属不易。

庾道蔚所著，除前述庾氏夫人墓志外，其他皆无载记。

李汶儒

李汶儒，两《唐书》无传。其事迹，以丁《记》所记最详（当然亦仅限于任翰林学士期间）。唯丁《记》记其名为"李淳儒"，他书所载者，淳皆作汶。岑氏《注补》谓："按宪宗后唐人讳淳，此作淳，当误。"按据《旧唐书》卷一四《宪宗纪》，宪宗名纯，则唐人有名淳者，亦有避讳而改者，丁《记》当据院内壁录，仍录记为"淳"。现据各书所载，作"汶"。

《唐诗纪事》卷五三李汶儒条，云"登大和五年进士第"，清徐松《登科记考》卷二一即据此系于文宗大和五年（831）。及第后仕迹无考，此后即丁《记》所记于宣宗大中六年（852）任为翰林学士，其间已距有二十余年。

丁《记》记为："大中六年七月十五日，自礼部员外郎充。其年十二月二十九日，三殿召对赐绯。七年十二月五日，加礼部郎中、知制诰。九年十月十二日，拜中书舍人，依前充。十年十月十六日，三殿召对赐紫。十一年正月五日，守本官出院。"

杜牧有《庾道蔚守起居舍人李汶儒守礼部员外郎充翰林学士等制》（《樊川文集》卷一七）。据丁《记》，庾道蔚亦于大中六年七月十五日入（见前庾道蔚传）。杜牧所撰制文称李汶儒为"朝议郎、守尚书礼部员外郎"，并称其此前之仕绩："才行冠时，名声华众，扬历台阁，宣昭职业。无入而不得其道，守正而莫混其源。并为儒者之英，咸蕴贤人之操。"即叙其在尚书省任职，即入院前之礼部员外郎。清劳格《唐尚书省郎官石柱题名考》卷二〇礼部员外郎、卷一九礼部郎中皆列有其名。

李汶儒在院期间值得一提的，是他与其他文士，共同参与诗之唱和。《唐诗纪事》卷五三于兴宗条，称于兴宗"大中时以御史中丞守绵州"，"初在左绵作此诗，和者李朋、杨牢辈，皆朝中知友也"。即载有于兴宗《夏杪登越王楼临涪江望雪山寄朝中诸友》诗，五律。《唐诗纪事》同卷载有许浑《酬绵州于中丞见寄》（七律），李朋《绵州中丞以江山小图远垂赐及兼寄诗》（五律），杨牢《奉酬于中丞见寄之什》（五言排律），和作者另有薛蒙、李郢、卢求等十余人，并有李汶儒《和绵州于中丞》（五律）。按于兴宗，两《唐书》无传，《新唐书》卷七二下《宰相世系表》二下，记有其名，谓"河南少尹"。又《唐诗纪事》载李朋和诗时，称李任尚书郎。按杜牧有《李朋除刑部员外郎李从诲除都官员外郎等制》（《樊川文集》卷一七），杜牧撰作制诰，当在大中五、六年间。又罗时进《丁卯集笺证》[1]，卷八载许浑此诗，谓许浑大中八年出任郢州刺史，此诗当作于大中七年在京期间。据此，则李汶儒作此和诗，当

---

① 罗时进《丁卯集笺证》，江西人民出版社，1998年。

即在院时,诗云:"珍重巴西守,殷勤寄远情。剑峰当户碧,诗韵满楼清。日照涪川阔,烟笼雪峤明。征黄看即及,莫叹滞江城。"颇有诗意。

绵州为今四川绵阳市,成都附近。按唐时,在朝中任官出任蜀中州县之职,常为贬出,间有诗作,请朝中友人和作者。如唐次于德宗贞元八年(792)夏出任开州(今重庆开县)刺史,在开州时作有诗,寄与朝臣及地方官员友人,和者甚多,有二十余人,后权德舆为撰《唐使君盛山唱和集序》(《全唐文》卷四九〇)。后韦处厚于宪宗元和十一年(816)因受朝中人事纠争之牵累,由考功员外郎亦出为开州刺史,在开州时作有《盛山十二诗》,记当地胜景。后返京,于穆宗时为翰林侍讲学士,将此诗转赠京中友人,和作者亦多人,韩愈即于长庆二年(822)特为和作之集撰写序文,题为《韦侍讲〈盛山十二诗〉序》,记当时和作者有白居易、元稹等(详见前穆宗朝韦处厚传)。由此亦可见唐时文士以诗唱和,亦为文人群体创作的一种风尚。李汶儒时为翰林学士,职居内廷,但外地文士仍有诗寄他,他亦有诗酬和,也可见他与文士之交往情况。

另有一事须加辨析,即清劳格《唐尚书省郎官石柱题名考》卷一九礼部郎中,于李淳(汶)儒名下,引《宝庆四明志》卷一,云:"大和三年,明州刺史李文孺修得桥,见曾从龙所撰《浮桥记》。"劳格于"文孺"名下校云《通志》作"文儒"。《唐刺史考全编》卷一四三江南东道明州,于大和三年(829)亦列有李文孺,引《延祐志》所云"李文孺,大和三年刺史,修浮桥,见曾从龙所撰《浮桥记》"。按李汶儒于大和六年登进士第,不可能在此前三年即大和三年已任为明州刺史,此李文孺与李汶儒当为二人,劳格作为同一人而列于《唐郎官考》之礼部郎中,非是。又《宝庆四明志》提及之曾从龙《浮桥记》,《全唐文》未载;曾从龙,唐代史传材料中也未有。

李汶儒所作,除前所引述之和于兴宗诗外,其他皆未有载记。

孔温裕

孔温裕,附见于《旧唐书》卷一五四、《新唐书》卷一六三《孔巢父传》后,孔巢父为其伯祖。

《旧唐书·孔巢父传》记为冀州人,《新传》则称其为"孔子三十七世孙"。据两《唐书》传,孔巢父兄岑父,岑父之子戣,孔温裕即为戣子。孔戣,两《唐书》有传,即附于孔巢父传后。唯《新唐书·孔戣传》记温裕,仅一句,云:"温裕,仕为天平节度使。"《旧唐书·孔戣传》亦简云:"子遵孺、温裕,皆登进士第。大中已后,迭居显职。温裕位京兆尹、天平军节度使。"皆未提及翰林学士事,且《旧传》所记,虽仅数句,又有二误(详后)。由此,则孔温裕于两《唐书》实无专传,今检辑有关史料,概述其事迹如下。

按孔戣于宪宗时曾任谏议大夫、吏部侍郎、国子祭酒、岭南节度使,有政绩,与韩愈善交;孔戣于穆宗长庆四年(824)正月卒,韩愈即为孔戣撰写墓志:《唐正议大夫尚书左丞孔公墓志铭》[1]。韩《志》记戣"有四子,长曰温质,四门博士;遵孺、遵宪、温裕,皆明经"。据此,则孔温裕为明经出身,非进士,《旧传》则谓"遵孺、温

---

[1]《韩昌黎文集校注》卷七,马其昶校注,上海古籍出版社,1986年。

裕,皆登进士第",当误。

又《旧唐书》卷一七九《孔纬传》,记纬父遵孺,遵孺即温裕兄。《旧·孔纬传》云:"纬少孤,依诸父温裕、温业,皆居方镇,与名公交,故纬声籍早达。大中十三年,进士擢第。"据此,则孔温裕当于明经及第后,曾历职于方镇幕府,唯具情不详。

《通鉴》卷二四九宣宗大中四年(850)八月,记:"党项为边患,发诸道兵讨之,连年无功,戍馈不已。右补阙孔温裕上疏切谏,上怒,贬柳州司马。"此为孔温裕仕迹最早可知者,由此可知,孔温裕于大中前期曾任右补阙(从七品上),大中四年八月因上疏论用兵党项事,被贬为柳州司马。柳州远在广西,柳宗元于宪宗元和时亦曾贬为柳州刺史,则亦为唐时贬地。又,《通鉴》记此事时,有谓:"温裕,戣之兄子也。"据前所述,温裕为戣子,非"兄子",《通鉴》所记误。另,晚唐赵璘《因话录》卷六亦记有此事,唯云贬郴州司马,云:"河南孔尹温裕任补阙日,谏讨党项事,贬郴州司马。"[1]郴、柳字形近,当以《通鉴》所记为是。

《因话录》又继云:"久之得堂兄尚书温业书,报云'宪府欲取尔作侍御史',日望敕下。忽又得书云:'宰相以右史处之。'皆无音耗。一日,有鹊喜于庭,直若语状,孩稚拜且祝曰:'愿早得官。'鹊既飞去,坠下方寸纸,有'补阙'二字,极异之。无几,却除此官。"《因话录》所记,当然有小说情节,但由此亦可获有信息,即孔

---

[1]此处所引之《因话录》,据上海古籍出版社《唐五代笔记小说大观》点校本,
2003年。经查,《太平广记》卷一三八《孔温裕》条,注据《因话录》,亦记此事,则谓"贬柳州司马",则《因话录》原亦记为"柳州"。

温裕后又以补阙召入朝,故后于大中九年(855)又以礼部员外郎入任翰林学士。

丁《记》记为:"大中九年二月二十九日,自礼部员外郎、集贤院直学士充。其年三月三日,加司封员外郎、知制诰。十二年正月十八日,迁中书舍人。其年八月三十日,除河南尹,出院。"

关于迁中书舍人,《旧唐书》卷一八下《宣宗纪》大中十二年(858)正月亦有记:"以翰林学士、朝议郎、守尚书司勋郎中、知制诰、赐绯鱼袋孔温裕为中书舍人,充职。"虽未记正月何日,但当与丁《记》所记"十二年正月十八日,迁中书舍人"合,不过《旧纪》此处所记,可对丁《记》作一补正,即《旧纪》记谓自司勋郎中、知制诰迁,而丁《记》则记先为司封员外郎、知制诰,后即迁中书舍人,缺记司勋郎中。关于此,清劳格于《唐尚书省郎官石柱题名考》卷七司勋郎中孔温裕名下,即引有《旧纪》此条,又引《东观奏记》所云"孔温裕自礼部员外郎改司封员外,入内廷二十五个月,改司勋郎中、知制诰",谓"《壁记》失载"。按《东观奏记》卷中有云:"皇甫珪自吏部员外召入内廷,改司勋员外,计吏员二十五个月限,转司封郎中、知制诰;孔温裕自礼部员外改司封员外,入内廷二十五个月,改司勋郎中、知制诰。动循官制,不以爵禄私近臣也。"即孔温裕自礼外、司封,经二十余月,改司封郎中、知制诰,则自大中九年二、三月起,于十一年四、五月乃迁为司勋郎中(仍知制诰)。又岑氏《注补》亦云按官制,员外郎不能超迁中书舍人。

另,《新唐书》卷一〇一《萧倣传》亦有提及孔温裕事,但有误,云:"(倣)除累给事中。宣宗力治,喜直言,尝以李璆为岭南节度使,使者已赐节,而倣封还诏书。帝方作乐,不暇命使,遣优工趋出追之，未及璩所而还。后以封敕脱误，法当罚，侍讲学士孔温裕曰：'给事中驳奏，为朝廷论得失，与有司奏事不类，不应罚。'诏可。"《东观奏记》卷上及《通鉴》卷二四九大中十二年（858）五月亦皆记萧倣封还制书事，但均未述及孔温裕。《新唐书·萧倣传》此处记孔温裕，称为翰林侍讲学士，则误。唐翰林侍讲学士始置于穆宗，至武宗朝已未有（详见前《唐翰林学士传论》上编《唐翰林侍讲侍读学士考论》），宣宗朝所有翰林学士也未有侍讲者。

据丁《记》，孔温裕于大中十二年（858）八月三十日以中书舍人出院，为河南尹。河南尹为从三品，其官阶较中书舍人（正五品上）为高，故虽出院，亦可谓升迁。其任河南尹约一年余，因《旧唐书》卷一九上《懿宗纪》，大中十三年（859）十月，记"又以兵部侍郎郑颢为河南尹"，即以郑颢接其任。

又《旧唐书·懿宗纪》于咸通六年（865）正月有记："丁亥，制以河东节度使、检校刑部尚书孔温裕为郓州刺史、天平军节度、郓曹棣观察处置等使。"按此处所记，即有二误：一、据此所记，则孔温裕于咸通六年正月前曾任河东节度使，今检《唐刺史考全编》卷九〇河东道太原府，咸通四年至七年，任河东节度使者为刘潼，咸通元年至四年为卢简求，皆有《旧唐书·懿宗纪》、《通鉴》等记述，则孔温裕未能于此期间亦有任河东节度使。二、孔温裕任郓州刺史、天平军节度使，在咸通八年，非六年（见后）。

《全唐文》卷八三载懿宗《授孔温裕忠武军节度使制》，先称其为"朝散大夫、守尚书户部侍郎"，现任为"检校礼部尚书兼许州刺史、御史大夫、充忠武军节度、陈许蔡州观察处置等使"。参《唐刺史考全编》卷五九，当在懿宗咸通初期。

《旧唐书·孔戣传》记孔温裕之仕迹，仅云"位京兆尹、天平军节度使"，即天平军之任前曾仕为京兆尹。按丁《记》明确记孔温裕于大中十二年八月出院后任河南尹，其他史书皆未有记其为京兆尹者。《旧传》此处所述，疑"京兆"为"河南"之讹。

两《唐书·孔戣传》记孔温裕曾仕为天平军节度使，则属实。《全唐文》卷七九一孔温裕《请修孔庙状》，自称"郓曹濮等州观察使"，状中又自称为孔氏"远裔"，曲阜"咫尺家乡"，既领郓城"故藩"，故特请于兖州修复孔庙。按天平军治郓州（今山东郓城），位山东西南，与曲阜相接，孔温裕状中所叙，与地境合。至于其出任天平的时间，可以《唐故华州衙前兵马使魏公墓志铭》参证。此志，《全唐文》未载，见周绍良编《唐代墓志汇编》（页2437）①，署"留守衙前判官郝乘撰"。志记墓主魏潼（字遵令）曾为孔温裕天平节镇幕僚，有云："至丁亥岁，邹鲁尚书自东都留守节镇天平，遵令获事旌麾。"孔温裕自称孔子后裔，其为忠武节度使时曾检校礼部尚书，故此志称其为"邹鲁尚书"。丁亥岁为咸通八年（867）。由此即可定，孔温裕于咸通八年任天平军节度使、郓州刺史，而此前为东都留守。

又《全唐文》卷七八八贾防《新修曲阜县文宣王庙记》，有云："皇帝御寓之十年，岁在己丑，夫子三十九代孙鲁国公节镇汶阳之三载"，曾赴曲阜，"瞻故乡以徘徊"，于是建议重修孔庙，即前引孔温裕之《请修孔庙状》。己丑为咸通十年，亦即"皇帝御寓之十年"，则咸通十年孔温裕仍在天平任。按贾防，两《唐书》无传，

---

① 周绍良编《唐代墓志汇编》，上海古籍出版社，1992年。

《全唐文》卷七八八小传，称其"咸通中乡贡进士，摄郓曹濮等州馆驿巡官"，则曾在孔温裕天平节镇幕，故有此记。另，《全唐文》卷八一二有郑仁表《左拾遗鲁国孔府君墓志铭并序》，此孔府君为孔纾，即孔温裕子。志称"拾遗始及第，乞假拜庆……时仆射太常公节制天平军"。《登科记考》卷二三记孔纾为咸通九年进士第（郑仁表与其同年），由此亦佐证咸通九年孔温裕在天平节镇任。

孔温裕何时离天平任，史书未有明载。《通鉴》卷二五一咸通十年（869）十二月，记南诏进攻黎雅、邛等州，有《考异》，谓高骈"时为郓州节度使"。又《旧唐书·僖宗纪》记乾符元年（874）四月，高骈由天平节度使、郓州刺史改为成都尹、剑南西川节度副大使，则孔温裕当于咸通十年离天平，入朝。

《旧唐书·懿宗纪》咸通十三年（872）记："三月，以吏部尚书萧邺、吏部侍郎独孤云考官，职方郎中赵蒙、驾部员外郎李超考试宏词选人。试日，萧邺替差右丞孔温裕权判。"按《登科记考》卷二三记博学宏词科，有引《册府元龟》："三月，以礼部尚书萧邺、吏部侍郎独孤云考官，职方郎中赵蒙、驾部员外郎李超，考试宏词选人。试日，萧邺替差右丞孔温裕权判。"按博学宏词于晚唐已非制科，为吏部铨试，循例由吏部主持，《册府元龟》此处记萧邺为礼部尚书，当误。萧邺于咸通十一、十二年皆以吏部尚书主持博学宏词试（参见前萧邺传），故十三年亦当据《旧纪》为吏部尚书，则《登科记考》引《册府元龟》，"礼"字讹（孟二冬《登科记考补正》亦未有订正）。不过由此可知，孔温裕于咸通十年自天平军返朝，后任为尚书右丞，咸通十三年代替吏部尚书萧邺主持博学宏词试。

又郑仁表所作孔纾墓志（见前引），谓僖宗即位后，咸通十五年（乾符元年）三月，孔温裕在翰林侍讲任，于该年五月卒。岑氏《补僖昭哀三朝翰林学士记》即据此，系孔温裕为僖宗朝翰林侍讲学士。僖宗刚即位，不可能又任孔温裕为侍讲学士，且自武宗朝起，即未建置翰林侍讲学士。郑仁表所记当不实。

孙温裕著述，皆未有载记。

于德孙

于德孙，两《唐书》无传，仅《新唐书》卷七二下《宰相世系表》二下，于氏，记："德孙，字承休，吏部侍郎。"吏部侍郎当为其终官。又据《新表》，于氏郡籍为京兆。

于德孙早期仕迹不详，据丁《记》，自大中十年（856）始入为翰林学士。丁《记》记为："大中十年正月三十日，自职方员外郎、知制诰充。其年十一月二十八日，三殿召对赐紫。十一年四月十五日，加驾部郎中充。十二年闰二月，迁中书舍人，并依前充。其年十月十四日（以下缺七字）充。十三年四月二十九日，授御史中丞，出院。"其十一年四月十五日加驾部郎中，岑氏《注补》谓应加知制诰，因此前于十年正月入院时已为职方员外郎、知制诰，是。

又《旧唐书》卷一八下《宣宗纪》大中十二年（858）二月，记："以工部郎中、知制诰于德孙，库部郎中、知制诰苗恪，并可中书舍人，依前翰林学士。"即于德孙与苗恪同时迁为中书舍人。按丁《记》记于德孙于大中十二年闰二月由驾部郎中、知制诰迁中书舍人，未记日；丁《记》又记苗恪于大中十一年八月自库部郎中入，十二年闰二月十三日，由库部郎中迁中书舍人（详见后苗恪传）。参合《旧纪》，于德孙迁中书舍人，可补丁《记》，为十二年闰二月十三日，而《旧纪》所记之二月，当为闰二月。

丁《记》记大中十二年十月十四日后缺七字。按此前已任为中书舍人（正五品上），后十三年四月授御史中丞出院，御史中丞亦正五品上，则大中十二年十月十四日未有迁官，可能为"三殿召对赐紫"之类①。

于德孙出院后，约懿宗咸通前期曾任为鄂州刺史、鄂岳观察使。《唐刺史考全编》卷一六四江南西道鄂州，列于德孙约于咸通二年至五年（861—864）在鄂岳任，其所据为上海图书馆所藏拓片《唐故鄂岳团练判官将仕郎试大理评事太原王公（潭）墓志铭并序》，此《志》有云："洎于公德孙廉问江夏，首辟为观察判官、大理评事，诚佐四年……咸通五年十月二十日，终于鄂州官舍。"署为咸通五年十月二十日。由此，则于德孙出院后，于大中末、咸通初仍在朝任职，后出为鄂岳观察使，于咸通五年十月尚在任。

于德孙约咸通五年后返朝，据《旧唐书》卷一九下《懿宗纪》，其于咸通十年（869）在吏部侍郎任，《旧纪》咸通十年十二月记："以吏部侍郎杨知温、吏部侍郎于德孙、李玄考官，司封员外郎卢荛、刑部侍郎杨戴考试宏词选人。"又十一年正月记："以吏部尚书萧邺、吏部侍郎于德孙、吏部侍郎杨知温考官，司勋员外郎李耀、礼部员外郎崔澹等考试应宏词选人。"按此时博学宏词已非制科，

---

① 按丁《记》记大中十年十一月二十八日"三殿召对赐紫"，此时于之官衔为职方员外郎，按官制，尚未能赐紫，应为赐绯，后即补有赐紫。

乃吏部铨试，故以吏部尚书、吏部侍郎主持，参前孔温裕传。

此后事迹不详。其著述亦皆未有载记。

皇甫珪

皇甫珪，两《唐书》无传，仅《新唐书》卷七五下《宰相世系表》五下有记，唯仅云"珪字德卿"，未记官职。不过《新表》记珪为镈子，皇甫镈，则两《唐书》有传，见《旧唐书》卷一三五、《新唐书》卷一六七。按《旧传》记其为安定朝那人，《新传》记为泾州临泾人，似有异。《元和郡县图志》卷三关内道泾州有临泾县，云："本汉旧县，属安定郡。隋大业元年于今县理置湫谷县，取县内湫谷为名。十二年，复为临泾县，皇朝因而不改。"又同卷于泾州后，记有原州，原州所属有平高县，县内有朝那湫，引苏林云"在安定朝那县"。如此，则两《唐书·皇甫镈传》所记，安定朝那，泾州临泾，实为一地，今为甘肃镇原县。

按皇甫镈于宪宗中期任户部侍郎、判度支时，对当时朝廷征讨淮西，于财力筹集上有所贡献，后宪宗即用以为相，但受到裴度等大臣的反对。史称皇甫镈联结李逢吉、令狐楚，排挤裴度，后穆宗即位，就贬其为崖州司户参军，即卒于贬地。皇甫镈于穆宗朝，时论对其评议亦甚不佳，而珪为其子，于宣宗时却能召入为翰林学士，且在院时间亦甚长。这可能因宣宗为宪宗子，对宪宗朝得用大臣之后人颇为重视，皇甫镈既于宪宗后期颇受信重，故宣宗即召用其子任为翰林学士（又皇甫镈与令狐楚甚有交结，令狐绹为令狐楚子，在宣宗朝长期居相位，则皇甫珪之召入，也可能与时居相位的令狐绹有关）。

皇甫珪前期仕迹不详。丁《记》记为："大中十年六月五日，自吏部员外郎充。其月七日，改司封郎中。十一年正月十一日，三殿召对赐绯。其年十月二日，加司封郎中、知制诰。十二年八月十二日，拜中书舍人，依前充。十三年八月二十六日，赐紫。其年八月二十九日，加朝请大夫。其年十一月，迁工部侍郎、知制诰，依前充。十四年十月，改授同州刺史。"

丁《记》是记皇甫珪事迹最详具的材料，如无丁《记》，则唐翰林学士就无皇甫珪之名。但丁《记》此处所记也有问题，如记皇甫珪于大中十年（856）六月五日自吏部员外郎入院，其月七日，即同月（六月）七日，即迁为司封郎中，而又记十一年（857）十月二日，"加司封郎中"，前后相重。于此，唐末昭宗时裴庭裕《东观奏记》（卷中）有记："皇甫珪自吏部员外召入内廷，改司勋员外，计吏员二十五个月限，转司封郎中、知制诰。孔温裕自礼部员外改司封员外，入内廷二十五个月，改司勋郎中，知制诰。动循官制，不以爵禄私近臣也。"按《东观奏记》称皇甫珪自吏部员外郎入，后曾迁司封郎中、知制诰，均与丁《记》合，唯谓皇甫珪自吏外入，后改为司勋员外郎，则与丁《记》记入院仅三天即迁转司封郎中有异。清劳格《唐尚书省郎官石柱题名考》卷四吏部员外郎于皇甫珪名下，即引《东观奏记》此处所记，劳格加按语，谓"《壁记》前'司封郎中'当从《东观奏记》作'司勋员外郎'"。岑氏《注补》亦引及劳格按语，谓当从《东观奏记》，并据所谓"二十五个月"，推算皇甫珪当于大中九年九月已授吏部员外郎。今按据此，则丁《记》所记之

"其月七日,改司封郎中",当改"司封郎中"为"司勋员外郎"。《唐郎官考》卷八司勋员外郎亦即有皇甫珪名。唯岑氏《注补》以二十五个月迁转推算,谓皇甫珪当于大中九年九月已为吏部员外郎,则仅为揣测。唐代,特别是晚唐,官阶迁转,并不限于此年例,有少于二十五个月,也有多于二十五个月的。

又,丁《记》记皇甫珪于大中十四年十月授同州刺史出院。按宣宗于大中十三年(859)八月卒,懿宗立,第二年应为咸通元年(860),但据《旧唐书》卷一九上《懿宗纪》,咸通元年十一月丙午朔,"丁未,上有事于郊庙,礼毕,御丹凤门,大赦,改元"。即此年十一月二日才改元为咸通,此前亦可称为大中十四年。丁《记》所记,当据当时壁记实录,于此亦可见丁《记》史料之原始性。

又,唐翰林学士迁转有一情况,即前朝之学士,皇室改换时,常逐渐出院,另召新文士入院。如大中十四年(咸通元年),前朝学士,共五人,其中皇甫珪、苗恪、杨知温即于此年冬出院,仅留严祁、高璩,而严祁则于第二年(咸通二年)四月出院,高璩于三年八月出任东川节度使,即至咸通三年八月,宣宗朝之翰林学士皆不在院,而时在院者七人,均懿宗即位后陆续召入的(参见本书后"学士年表")。

同州,据《元和郡县图志》卷二所记,属关内道,所辖相当今陕西大荔、合阳等县。

皇甫珪此后于咸通年间之仕历,可参《元和姓纂》所记。《元和姓纂》卷五,十一,皇甫,记有:"镈,宰相,生焕,中书舍人、福建观察使。"文渊阁《四库全书》本《元和姓纂》,于"焕"下有校,云:"镈子珪,字德卿,此作'生焕',误。"岑氏《注补》亦引及此,同意四库本校语,谓"证诸本记(丁《记》),则中书舍人是珪所历官"。据此,则皇甫珪于同州刺史后,曾任福建观察使,唯未能确定其所任时间。

皇甫珪其他仕迹则不详,其著述亦未有载记。

蒋 伸

蒋伸,两《唐书》有传,见《旧唐书》卷一四九、《新唐书》卷一三二,皆附于其父蒋乂传后。《旧传》记蒋伸事甚简,仅五十余字,然仍有误,《新传》稍详,而误益多,故极须考辨、订正。

《旧唐书·蒋乂传》载其为常州义兴人。《新唐书·蒋乂传》亦云常州义兴人,但又谓"徙家河南"。义兴,今江苏宜兴。当其先世原在江南,后徙于中原。

两《唐书·蒋乂传》皆记蒋乂之父蒋将明曾为集贤殿学士、副知院事,"代为名儒"。蒋乂则于德宗时长期任史馆修撰,宪宗时曾与独孤郁、韦处厚同修《德宗实录》;家藏书一万五千卷,居史馆之任有二十年,所著有《大唐宰辅录》七十卷,及《凌烟阁功臣》、《秦府十八学士》等书。其长子蒋系,亦曾充职于史馆,曾与沈传师等应命纂修《宪宗实录》。世称蒋氏家世有典实史风。

蒋伸为蒋乂次子。《新传》及《新唐书》卷七五下《宰相世系表》五下,记其字大直(《旧传》未记)。新旧《传》皆谓其曾登进士,但未记年,故清徐松《登科记考》列于虽登科而未记年之卷二七。《旧传》后云"历佐使府",即登第后先于外镇幕府供职。

《旧传》接云："大中初入朝,右补阙、史馆修撰。"《新传》则具体记为："大中二年,以右补阙为史馆修撰。"后云："转驾部郎中、知制诰。白敏中领邠宁节度,表伸自副,加右庶子。"按白敏中于宣宗大中五年(851)三月以相位出为邠宁节度使,《通鉴》卷二四九记其出行前,"请用裴度故事,择廷臣为将佐,许之";"四月,以左谏议大夫孙景商为左庶子,充邠宁行军司马,知制诰蒋伸为右庶子,充节度副使"。《通鉴》所记蒋伸此时所带官衔,亦与《新传》合,而《旧传》未有记。

由此可见,蒋伸当于宣宗初入朝,大中二年以右补阙充史馆修撰,后为驾部郎中、知制诰,至大中五年四月出为邠宁节度副使。由此,则大中三年至五年间为驾部郎中、知制诰,即已撰写制诏。《全唐文》卷七八八载蒋伸文九篇,其《封鄂王制》、《封盛唐公主制》,《文苑英华》分别载于卷四四五、卷四四六,均列于"翰林制诏"类,其他七篇为授节镇制文,《文苑英华》分载于卷四五五、四五六,亦列于"翰林制诏",实则此七篇节镇制文均作于大中三至五年间(参见岑氏《注补》所考),即在驾部郎中、知制诰任,非入院为翰林学士时,此亦可见《文苑英华》分类之不当。按蒋伸之《封鄂王制》、《封盛唐公主制》,岑氏《注补》未有考,今补述:《封鄂王制》,制文称"第六男润",《文苑英华》卷四四五载,文末署为"大中五年六月";《旧唐书》卷一七五《宣宗子传》,也谓"鄂王润,第六子也,大中五年封"。《封盛唐公主制》,制文中称"第七女祥开银汉",《新唐书》卷八三《诸帝公主传》,记盛唐公主为宣宗第七女,虽未记何年封,当亦在大中三至五年间。由此可见,中晚唐时,中书舍人,或以他官加知制诰者,不仅有撰写授地方节镇制文,还可草撰封诸王、诸公主文(如《文苑英华》卷四四六载蒋伸《封盛唐公主制》前,载白居易《封大和长公主制》,文末署长庆元年三月,白居易时亦为主客郎中、知制诰)。

蒋伸随白敏中供职于邠宁幕府后,《新传》接云"入知户部侍郎",未记年。按白敏中于大中六年(852)四月由邠宁改为西川节度使,蒋伸当亦于此时返朝,改任户部侍郎,再过数年即以户部侍郎入为翰林学士。

丁《记》记为:"大中十一年八月二十六日,自权知户部侍郎入。九月二日,拜户部侍郎、知制诰。十月二日,加承旨。十一年十二月二十九日,转兵部侍郎、知制诰,依前充。十二年五月十三日,守本官、判户部出院。十二月二十九日,守本官、同中书门下平章事。"

丁《记》此处有一显误,即记蒋伸入院为大中十一年八月二十六日,后又记"大中十一年十二月二十九日,转兵部侍郎、知制诰",记年相重。岑氏《注补》有说,谓前条皇甫珪于大中十年六月入院,后条苗恪于十一年正月入院,蒋伸既在苗恪前入院,则当在十一年正月前,不应在十一年八月入。如此,则蒋伸入院当为大中十年八月二十六日,后叙之九月二日、十月二日,亦均为十年,此后之"十一年十二月二十九日",则不误。

如此,则其接任承旨,即为大中十年十月二日。《旧唐书》卷一八下《宣宗纪》,大中十一年十二月有记:"以翰林学士承旨、通议大夫、守尚书户部侍郎、知制诰、上护军、赐紫金鱼袋蒋伸为兵部侍郎,充职。"即与丁《记》所记于大中十年十月二日为承旨合。按萧寘于大中九年十二月十七日为承旨,十年八月四日出院(见前萧寘传），此时在院共六人，蒋伸入院之时为最后，但其所具之官衔为户部侍郎，较他人为高（如曹确时为中书舍人，正五品上，也较户部侍郎为低），故可能即以官阶较高，即授为承旨。

关于记蒋伸任翰林学士，《新传》即有几处错误。其记蒋于"入知户部侍郎"后，云："九年，为翰林学士，进承旨。十年，改兵部侍郎，判户部。"据前考述，将伸乃于大中十年八月入，同年十月加承旨，《新传》却提前于九年，又将十一年十二月转兵部侍郎也移前一年，列于十年，且改兵部侍郎时加知制诰，非判户部。又《全唐文》卷七八八蒋伸小传，亦云"（大中）九年为翰林学士，进承旨，十年改兵部侍郎、判户部"，当即沿袭《新传》之误。又《旧传》所记既简，亦有数误，如云："转中书舍人，召入翰林为学士，自员外、郎中至户部侍郎、学士承旨，转兵部侍郎。"即蒋伸入院前已为中书舍人，乃以中书舍人入，实则蒋伸乃以权知户部侍郎入，已较中书舍人官阶为高。《旧传》又谓自中书舍人入院后，又"自员外、郎中至户部侍郎"，按中书舍人为正五品上，尚书诸司员外郎为从六品上，郎中为从五品上，何以入院后反而由正五品上之中书舍人降至从六品上之员外郎？真不知《旧传》何以有此舛误。

关于蒋伸出院、拜相，《旧唐书·宣宗纪》所记又有误。据丁《记》，蒋伸于大中十二年五月十三日先以兵部侍郎、判度支出院，同年十二月二十九日，以守本官同中书门下平章事，任相。《新唐书》卷八《宣宗纪》、《新唐书》卷六三《宰相年表》，及《通鉴》卷二四九，虽皆未记蒋伸出院事，但均于大中十二年十二月甲寅记："兵部侍郎、判户部蒋伸同中书门下平章事。"而《旧·宣宗纪》却记于大中十三年四月，谓"以翰林学士承旨、兵部侍郎、知制诰蒋伸本官同平章事"。且《旧纪》此处记蒋伸乃由翰林学士直接提拔为相，实则蒋伸先于大中十二年五月出院，十二月任相，其间有半年。

蒋伸以高品阶之户部侍郎入院，在院前后三年，出院后又任为相，但在院时并无撰写制诰的记载，现传存之九篇制文，皆为入院前以他官知制诰时所撰，这种情况也值得研究。

据《新唐书·宰相年表》，蒋伸于大中十二年（858）十二月入相，后于懿宗咸通三年（862）正月己酉，以检校兵部尚书、同平章事出为河中节度使。《通鉴》卷二五〇同。而《旧唐书·懿宗纪》记蒋伸罢相，竟有两处：一为咸通二年（861）九月，记毕諴为工部尚书、同平章，"蒋伸罢知政事"；二为咸通十年（869）正月："中书侍郎、兼户部尚书、平章事蒋伸为太子太保，罢知政事，病免也。"实则据《新唐书·宰相年表》，毕諴以户部尚书、判度支为礼部尚书、同中书门下平章事，在咸通元年（860）十月，与此同时，夏侯孜罢相，出为西川节度使，非毕諴拜相而接替蒋伸。且蒋伸于咸通三年罢相后，未再入相，何以有咸通十年正月再次罢相事（《新纪》、《新表》及《通鉴》均未有记）。

《旧传》记蒋伸于"大中末，中书侍郎、平章事"后，未再有记。《新传》有记，却又有误，云"咸通二年，出为河中节度使、同中书门下平章事"，而据前述，《新纪》、《新表》、《通鉴》皆记为咸通三年，《新传》之"二"当为"三"之形讹。

《新传》记其出任河中后，云"徙宣武"，未记年。《全唐文》卷八三载有懿宗《授河中节度蒋伸宣武节度使、守兵部尚书毕諴河中节度使同制》，即蒋伸由河中节度改任宣武，而毕諴则同时出任河中,故可同制。据《旧唐书·懿宗纪》,咸通四年(863)十一月,"以中书侍郎、平章事毕諴检校吏部尚书、河中尹、晋绛慈隰节度使"。据《新唐书·宰相年表》,毕諴于咸通四年四月已罢为兵部尚书,同年十一月即出镇河中,接替蒋伸(所署官衔,《旧纪》与《新表》有异,不再考辨)。

按上述懿宗制文,对蒋伸、毕諴任职于翰林学士有所赞誉,今录之,供参:"文飞藻丽之词,位蕴名卿之望,或互参禁署,咸称染翰之工;或继秉国钧,俱播和羹之美。"

《新传》于"徙宣武"后,接云"俄以太子少保分司东都",此则《新唐书·宰相年表》也有记:咸通五年(864),"五月戊戌,伸为太子少保,分司东都"。

《新传》接云:"七年,用为华州刺史。"按周绍良主编《唐代墓志汇编》,页2437,载郝乘《唐故华州衙前兵马使魏公墓志铭》①,记魏潼先于咸通八年丁亥(867)在孔温裕天平节度使幕(见前孔温裕传),后"至戊子年,华州蒋相国飞牒辟授华州衙前兵马使"。戊子为咸通九年(868)。据墓志,此魏潼于该年九月卒。《唐刺史考全编》卷三京畿道华州,即据《新表》及此墓志,系蒋伸于咸通七至九年为华州刺史。

蒋伸于此前尚未见有文士与其交往之资料,而在其任华州刺史时,诗人薛能有一诗:《蒙恩除侍御史行次华州寄蒋相》(《全唐诗》卷五五九):"林下天书起遁逃,不堪移疾入尘劳。黄河近岸阴风急,仙掌临关旭日高。行野众喧闻雁发,宿亭孤寂有狼嗥。荀

---

①《唐代墓志汇编》,周绍良编,上海古籍出版社,1992年。

家位极兼禅理,应笑埋轮著所操。"薛能,两《唐书》无传。据《唐才子传校笺》卷七《薛能传》谭优学笺①,薛能于会昌六年(846)进士及第,大中末曾书判入等中选,为盩厔县尉,后历任节镇幕僚,又累仕侍御史、刑部员外郎。此诗当为由外镇幕府入京进华州,特进诗献于蒋伸。此诗似未有期望举荐之意,但抒发自己长期以来未能得有顺途之感慨,也可见较有真情,确也不易。

又晚唐诗僧贯休有一诗,曾称蒋伸虽仕历内外,仍"常事天王"者,即《全唐诗》卷八二八贯休《送卢舍人三首》,其第三首,有云:"自古皇王与贤哲,顶敬心师刻金玉……君不见近代韦裴蒋与萧,文房书府师百僚。"自注云:"韦处厚相国出入庙堂,礼佛如朝见君父。裴休相国师事空王,信敬无比,出将入相,偏重禅门。蒋□相国墙堑空门,为大檀越,中书藩镇,常事天王。萧倣相国清德冠世,白业常修,为佛骨碑,见行于当世。"此处"蒋□相国",即指蒋伸(参陶敏《全唐诗人名考证》,页1031)。其所举四人,其他三人,均于"相国"二字前记叙其名,《全唐诗》所载此诗,"蒋"字后所缺字当为"伸"。由贯休此诗,似蒋伸亦信奉佛旨者,故前所引述之薛能进献蒋伸诗,亦多喻有禅理。

《新传》记其华州任后,云:"再迁太子太傅,表乞骸骨,以本官致仕,卒,赠太尉。"或即卒于咸通末。

《新唐书·艺文志》及《全唐诗》对其所作均未有载记。如前所述,《全唐文》载其制文九篇,均为入院前以他官兼知制诰时所

---

① 《唐才子传校笺》,傅璇琮主编,卷七《薛能传》列于第三册,中华书局,1990年。

作,即于中书省所履之职责,这对于晚唐时中书省与翰林学士院职能之关系,也有研究参考意义。

苗 恪

苗恪,两《唐书》无传。《新唐书》卷七五上《宰相世系表》五上,有记其名及世系,记苗恪字无悔,唯未注官职。《新表》又记其祖蕃,蕃生著,著三子:愔字宜之,恽字甚鲁,恪字无悔。恪即著之季子。

按苗蕃,两《唐书》无传,韩愈则为其撰有墓志铭:《太原府参军苗君墓志铭》[1]。韩《志》称蕃字陈师,记其登进士第后曾历仕于江西、太原幕府,元和二年(807)卒,年仅四十二,并记有子三人:执规、执矩、必复,并云季子必复即生于卒年之三月。而《新唐书·宰相世系表》记苗蕃之子仅一人,即著,著三子:愔、恽、恪。韩愈集注本有引樊汝霖语,对《新表》所记有辨析,颇详,今具录如下:"按《世系表》,苗袭夔生延嗣,延嗣生含液,含液生颖,颖生蕃,蕃生著,著生愔、恽、恪,愔生台符,恽生延议。又按《登科记》,愔长庆二年,恽大和五年,恪八年,台符大中八年,延议乾符三年,皆相踵登第。然有可疑者:《世系表》以愔、恽、恪为蕃之孙,《志》谓蕃卒于元和二年,男女皆幼。自元和二年至长庆二年甫十五年,岂遂有孙登第耶?然则《世系表》蕃之下所谓'著'者误矣。疑

---

① 见《韩昌黎文集校注》卷六,马其昶校注,上海古籍出版社,1986年。

憎、恽、恪即蕃之子，而执规、执矩、必复者，蕃死时幼而未名，特其小字云尔，其后遂名憎、恽、恪也。"

樊汝霖所辨甚细，且合情理，故当世研究者多从其说，如岑氏《注补》，赵超《新唐书宰相世系表集校》①。又可参苗憎撰《唐故太原府参军赠尚书工部员外郎苗府君夫人河内县太君玄堂志铭并序》（周绍良编《唐代墓志汇编》会昌〇〇三）②。由此可正《新表》之误，并据韩《志》及樊注，可知苗恪生于宪宗元和二年（807），文宗大和八年登进士第（徐松《登科记考》卷二一即据此系于大和八年）。

又韩《志》记苗蕃官职甚低，"位卑而无年"，"四室之孤男女凡二十人，皆幼，遗资无十金，无田无宫以为归，无族亲朋友以为依也"。在宣宗朝翰林学士中，苗恪出身是最为贫寒的。

据前所述，苗恪于文宗大和八年（834）进士及第，当为二十八岁。此后仕迹不详。苗恪曾撰有《唐故朝议郎守殿中少监兼通事舍人知馆事上柱国赐紫金鱼袋苗公墓志铭》（载《唐代墓志汇编》大中〇九三），署为"侄朝议郎行尚书司勋员外郎充集贤殿直学士柱国恪撰"。志主为苗弘本，大中九年乙亥（855）三月六日卒，同年闰四月廿五日葬。由此，则苗恪于宣宗大中九年已任为司勋员外郎，充集贤殿直学士。清劳格《唐尚书省郎官石柱题名考》卷八司勋员外郎，即录有其名。

苗恪于司勋员外郎后，又出为洛阳令，见于裴庭裕《东观奏

<hr>

① 赵超《新唐书宰相世系表集校》，中华书局，1998年。
② 《唐代墓志汇编》，上海古籍出版社，1992年。

记》卷中："李藩自司勋郎中迁驾部郎中、知制诰，衣绿如故。郑裔绰自给事中以论驳杨汉公忤旨，出商州刺史，始赐绯衣、银鱼。沈询自礼部侍郎为浙东观察使，方赐金绶。苗恪自司勋员外除洛阳令，蓝衫赴任。裴处权自司封郎中出河南少尹，到任，本府奏荐赐绯，给事中崔罕驳还，上手诏褒奖曰：'有事不当，卿能驳还，职业既修，朕何所虑。'"此又见《唐语林》卷一。所记官阶与所赐衣制关系，颇值得研究。由此亦可知苗恪当于大中九年后曾任洛阳令。

此后即入为翰林学士。丁《记》记为："大中十一年正月十五日，自库部郎中充。四月十五日，加知制诰。十二年闰二月十三日，迁中书舍人，并依前充。十三年八月二十六日，赐紫。二十九日，加朝请大夫兼户部侍郎、知制诰。十二月十三日，加承旨。十四年十一月八日，以检校工部尚书、山南西道节度使兼御史大夫。"

据前述，苗恪生于元和二年（807），则大中十一年（857）入院，为五十一岁。

关于迁中书舍人，《旧唐书》卷一八下《宣宗纪》亦有记：大中十二年（858）二月，"以工部郎中、知制诰于德孙，库部郎中、知制诰苗恪，并可中书舍人，依前翰林学士"。此云大中十二年二月，丁《记》记为大中十二年闰二月，当以丁《记》为是，参前于德孙传。

关于大中十三年（859）十二月十三日加承旨，是。因此前任承旨者为杜审权，此年十二月三日杜审权由翰林学士直接擢迁为相，出院，时在院具有侍郎官阶之资历较长者，为苗恪，故依常例，加为承旨。

据丁《记》,苗恪于大中十四年(860)十一月八日出任山南西道节度使。按宣宗于大中十三年八月卒,懿宗立,第二年为咸通元年,但据《旧唐书·懿宗纪》,于此年十一月丁未才改元,丁《记》按壁录,则仍记为大中十四年。

又《旧唐书·懿宗纪》,咸通三年(862),"九月,以户部侍郎李从晦检校工部尚书,兼兴元尹、山南西道节度使"。则苗恪当于三年九月离此任,此后仕迹未知。

苗恪所作,除前所引《苗公(弘本)墓志铭》外,其他皆未有载记。

杨知温

杨知温,《旧唐书》卷一七六、《新唐书》卷一七五附于其父杨汝士传后,甚简,《旧传》约五十余字,仅略记其所历官职,《新传》则更简,仅云"以进士第入官","终荆南节度使",未记其任翰林学士事。

杨汝士为杨虞卿从兄,《旧唐书》同卷《杨虞卿传》记为虢州弘农(今陕西灵宝)人。

《新唐书》卷七一下《宰相世系表》一下,记杨知温"字德之,荆南节度使"。两《唐书》皆未记其字号。

两《唐书》传皆谓杨知温登进士第,但未记年。《唐摭言》卷三有记:"杨汝士尚书镇东川,其子知温及第。汝士开家宴相贺,营妓咸集。汝士命人与红绫一匹。诗曰:'郎君得意及青春,蜀国将军又不贫。一曲高歌绫一匹,两头娘子谢夫人。'"则杨知温进士及第时,其父杨汝士正任为东川节度使。清徐松《登科记考》卷二二亦引及《旧传》、《唐摭言》及《旧唐书·杨虞卿传》,记杨汝士于开成元年(836)十二月镇东川,四年(839)九月入为吏部侍郎,而却定杨知温为武宗会昌四年(844)登进士第,未有说明,不知何故。岑仲勉《唐史馀瀋》卷三《文宗朝·杨知温及第》条,对此有辨,认为徐松"殊为失检",云:"知温及第,亦得为二年或三年。"①按据《旧唐书·文宗纪》,杨汝士确于开成元年十二月至四年九月为东川节度使,既于东川任时得知其子知温进士及第,则杨知温及第当在开成二、三、四年,但未能确定在哪一年。孟二冬《登科记考补正》卷二一,据岑氏之说,未列于会昌四年,是,但列于开成四年,未有说明,也不确。

杨知温于文宗开成年间进士及第,此后仕迹不详,现可知者,即丁《记》所记于宣宗后期入为翰林学士,距登进士第已十七、八年。

丁《记》:"大中十一年九月八日,自礼部郎中充。十二月十九日,加知制诰。十二年五月十二日,三殿召对赐绯。十月十一日,拜中书舍人,依前充。十三年九月十三日,召对赐紫。十四年十月,拜工部侍郎、知制诰,依前充。"

按清劳格《唐尚书省郎官石柱题名考》卷二左司员外郎有杨知温,则杨知温于入院前曾任左司员外郎,后迁礼部郎中,并于大中十一年(857)九月以礼部郎中入院。《旧唐书》卷一八下《宣宗

---

① 《唐史馀瀋》,上海古籍出版社,1979年。

纪》，大中十一年九月，"以礼部郎中杨知温充翰林学士"；十二月，"礼部郎中杨知温本官知制诰"，皆与丁《记》合，唯未如丁《记》有确记日期，此亦可见丁《记》之据壁记实录，有史料原始性。

又杨知温于大中十一年（857）九月入院时为礼部郎中（从五品上），至十四年（860）十月为工部侍郎（正四品下），历时实仅三年，即升迁五阶，仕迹较顺。唯丁《记》于十四年十月记其迁工部侍郎、知制诰后，云"依前充"，即仍在院，但后未记出院，似有缺。岑氏《注补》据《旧唐书》卷一九上《懿宗纪》，咸通六年（865）五月，以左丞杨知温为河南尹，未言翰林学士，谓或于转左丞时出院。按宣宗于大中十三年（859）八月卒，懿宗立，翌年十月改元咸通，丁《记》此云"十四年十月"，即此时尚未改元。按唐翰林院习俗，皇室交替，前朝之翰林学士亦逐步出院，新召入，至大中十四年（咸通元年），宣宗朝之学士，杜审权已于上年十二月三日出院拜相，皇甫珪、苗恪于十四年上半年出院，严祁于咸通二年出院，高璩于咸通三年出院，如此，则杨知温亦当于咸通二、三年出院，并据前引《旧唐书·懿宗纪》，由正四品下之工部侍郎，迁正四品上之尚书左丞，唯为闲职，后于咸通六年则出任从三品之河南尹实职，至咸通七年三月（丁《记》记侯备于咸通七年三月九日出院为河南尹，详见后懿宗朝侯备传）。

据此，可略补正《旧传》。《旧传》记杨知温"累官至礼部郎中、知制诰，入为翰林学士、户部侍郎，转左丞，出为河南尹"。此谓杨知温入院前已为礼部郎中、知制诰，与前所述之丁《记》、《旧唐书·宣宗纪》不合，杨知温实先以礼部郎中入院，后再加知制诰。又据丁《记》，杨知温于大中十四年十月为工部侍郎，非户部侍郎。

《旧唐书·懿宗纪》后于咸通十年（869）十二月记："以吏部侍郎杨知温、吏部侍郎于德孙、李玄考官，司封员外郎卢蒙、刑部侍郎杨戴，考试宏词选人。"又十一年一月（疑为二、三月），"以吏部尚书萧邺、吏部侍郎于德孙、吏部侍郎杨知温考官……考试应宏词选人"。则杨知温于咸通六年五月出任河南尹，七年三月返朝，后又累任吏部侍郎。咸通十年、十一年即在吏部侍郎任，参与考试博学宏词选人（时博学宏词为吏部铨试，参见前萧邺、于德孙传）。

《旧传》未记其任吏部侍郎事，仅于河南尹后接云"陕虢观察使"，又云"迁检校兵部尚书、襄州刺史、山南东道节度使"，皆未记年。《新传》则于此皆未记。据前述，杨知温于咸通五年至七年为河南尹，十年、十一年在朝为吏部侍郎，吴氏《唐方镇年表》即据《旧传》所叙，系杨知温为陕虢观察使在咸通七年。《唐刺史考全编》卷五一都畿道陕州，亦据此记杨知温任陕虢观察使在咸通七至九年间。此亦为推测，无确据。《唐刺史考全编》卷一八九山南东道襄州，亦循吴氏《唐方镇年表》，系杨知温于咸通十三、十四年间为襄州刺史、山南东道节度使，不过云"姑从之"。

《旧传》载杨知温仕历，仅止于山南东道节度使，后未有记，《新传》则云"终荆南节度使"，《新唐书·宰相世系表》著录杨知温，亦记为荆南节度使，即为其终官，但均未记年。今按《旧唐书》卷一九下《僖宗纪》，乾符四年（877），"十一月，贼王仙芝率众渡汉，攻江陵，节度使杨知温婴城拒守。知温本非御侮之才，城无宿备，贼急攻之"。则此时确在荆南江陵任。又据《旧唐书·僖宗纪》,乾符三年(876)六月,"敕福建观察使李播、荆州刺史杨权古……黄州刺史计信卿等……并宜停任"。则杨权古于乾符三年六月停荆州任,当由杨知温接任。按此时正当王仙芝、黄巢战事频繁之际,江陵为交战要地,杨知温既非战才,当即为他人接替。《通鉴》卷二五三乾符四年十二月记:"王仙芝寇荆南。节度使杨知温,知至之兄也,以文学进,不知兵,或告贼至,知温以为妄,不设备。"外城遂陷。《通鉴》并于乾符五年正月记:"庚戌,以西川节度使高骈为荆南节度使兼盐铁转运使。"

由此,杨知温当于乾符五年正月离荆南任,此后不详,可能即返朝,卒于乾符中。

有一事可提,即杨知温卒后,唐末约昭宗时,诗人徐寅曾有诗怀念之,题为《经故翰林杨左丞池亭》(《全唐诗》卷七〇八):"八角红亭荫绿池,一朝青草盖遗基。蔷薇藤老开花浅,翡翠巢空落羽奇。春榜几深门下客,乐章多取集中诗。平生德义人间诵,身后何劳更立碑。"徐寅(原作夤),闽莆田人,昭宗乾宁元年(894)进士及第(徐松《登科记考》卷二四据《唐才子传》卷十《徐寅传》所载昭宗景福元年(892)登第,误,今据《唐才子传校笺》卷十《徐寅传》周祖譔、贾晋华笺,中华书局,1990年)。徐寅进士及第后,曾为秘书正字,后约于昭宗光化三年(900)弃职离京,仕于闽。在京时曾与司空图交游,亦为唐末五代著名诗人。由徐寅此诗,杨知温当于晚年闲居长安,有故居,唐末时尚存,徐寅曾特为访游,并作诗寄以怀念之情。末二句"平生德义人间诵,身后何劳更立碑",可见杨知温于唐末时仍有声誉。

又,《全唐诗》卷五五一载有卢肇《喜杨舍人入翰林》诗,当代研究者有以为此杨舍人为杨知温（如陶敏《全唐诗人名考证》，页833），即杨知温刚入院，即有人进诗祝贺者。唯此诗首句云"御笔亲批翰长衔"，"翰长"乃喻指翰林学士承旨，而杨知温则未有任承旨。经考，卢肇此诗乃献于杨收，杨收于懿宗咸通二年（861）四月入院，三年（862）二月迁中书舍人，同年九月加承旨，与诗题意合（详见后杨收传）。

杨知温著述，皆未有载记。

严 祁

严祁，两《唐书》无传，除丁《记》外，其他史书亦未记其为翰林学士，如无丁《记》，则唐翰林学士即无严祁之名。

《新唐书》卷八三《诸帝公主传》，中有宣宗第三女齐国恭怀公主，云："始封西华。下嫁严祁，祁为刑部侍郎。主薨大中时，追赠及谥。"《唐会要》卷六《公主》条，记宣宗女，有西华，云："降严祁。赠齐国，谥恭怀。"按据《旧唐书》卷一八下《宣宗纪》，宣宗于会昌六年（846）三月继武宗，即帝位，时年三十七，西华公主为其第三女，则大中前期即已成年，下嫁严祁亦当为大中中期。严祁当由驸马都尉召入为翰林学士者。

其前期仕迹不详。丁《记》记为："大中十二年五月二十一日，自左补阙内供奉充。九月十二日，加驾部员外郎。十三年七月八日，加知制诰。八月二十九日，加新野县开国男，食邑三百户。十四年六月十三日，改库部郎中，余如故。咸通二年四月，改中书舍人，出院。"

左补阙为从七品上，则其入院前虽已为驸马都尉，其官衔则不高。

丁《记》所记，未能有他书佐证。岑氏《注补》就丁《记》所记大中十三年八月二十九日加封新野县开国男，有志疑，云："此特书封爵，与各条异，盖居晦重修而后，续入者各随己意书之，故体例并不画一。"按大中十三年八月二十九日，为懿宗即位后半月，可能因其姊（或妹）曾嫁严祁，虽已卒，但仍加慰勉，故特授严祁以封爵。懿宗后又累迁其官衔，由从六品上之驾部员外郎迁为从五品上之库部郎中，及正五品上之中书舍人。

严祁于咸通二年（861）四月以中书舍人出院后，仕迹不详，时隔十余年，至咸通十三年（872）始有记，《旧唐书》卷一九上《懿宗纪》，咸通十三年五月丙子，记襄州刺史、山南东道节度使于琮改为守普王傅、分司东都，后又记当月辛巳，"敕尚书左丞李当贬道州刺史"，同时被贬者有十余人，其中有严祁："工部尚书严祁贬郴州刺史。"《旧纪》并云："自李当已下，皆于琮之亲党也，为韦保衡所逐。"

《通鉴》卷二五二咸通十三年亦记有此事，谓二月丁巳，于琮先罢相出为山南东道节度使，五月"丙子，贬山南东道节度使于琮为普王傅、分司，韦保衡潜之也"；后接叙诸人之贬，有工部尚书严祁，因诸人"坐与（于）琮厚善故也"。按于琮、韦保衡皆为懿宗朝翰林学士，两人极有争执（详见后于、韦传）。《旧唐书》卷一七七《韦保衡传》记韦保衡于咸通十年（869）尚懿宗女同昌公主，寻即召为翰林学士，不期年拜相。《旧传》云："保衡恃恩权，素所不悦者,必加排斥。"韦保衡为相时,被其排斥而出贬者多人。严祁于宣宗时虽亦为驸马,当咸通末距时已久,故亦受累被贬,但由此亦可见他于咸通后期已仕为工部尚书。

《旧唐书》卷一四九《于琮传》记于琮被贬后,僖宗即位,"保衡败,僖宗以太子少傅召,未几,复为山南节度使,入拜尚书右仆射"。严祁当亦于僖宗时免贬返朝,但具情未知。宣宗朝翰林学士中,其史料之缺,事迹所记之疏略,无如严祁者。其著作更未有载记。

杜审权

杜审权,两《唐书》有传,见《旧唐书》卷一七七、《新唐书》卷九六(附于其先世杜如晦传后)。杜审权为杜如晦六世孙,杜如晦于唐太宗时曾为相,颇得信重,与房玄龄齐名,"当世语良相,必曰房杜"(《旧传》)。杜审权之伯父元颖,宪宗朝翰林学士,穆宗时由学士擢迁为相(见前宪宗朝杜元颖传)。其父元绛,则仅太子宾客。

《旧唐书·杜如晦传》称其为京兆杜陵人,《新传》亦称杜审权为京兆人。

《新唐书》卷七二上《宰相世系表》二上,记杜审权之先世,有误。其记杜佐有二子,即元颖、元绛,而于元绛名下空一格,空格下为杜审权,如此,则杜审权为元绛孙。而《旧传》记杜审权"祖佐,位终大理正。佐生二子,元颖、元绛","绛生二子,审权、蔚"。

《新传》同,亦明确记"元绛子审权"。钱大昕《廿二史考异》卷五〇即已指出《新表》之误,谓"审权即元绛子,中间不应空格"(此为明显排印之误,中华书局点校本亦已校正)。

两《唐书》本传皆言其登进士第,但未记年。《旧传》接曰"释褐江西观察判官,又以书判拔萃,拜右拾遗,转左补阙",《新传》则云"第进士,辟浙西幕府,举拔萃中,为右拾遗"。一曰江西,一曰浙西,必有一误。

又《新传》于"为右拾遗"后,接云"宣宗时,入翰林为学士",即意谓杜审权任右拾遗后,即于宣宗时入为翰林学士,其间未有仕迹,实则杜审权于宣宗前期任职频繁,甚至大中十年(856)还曾以中书舍人主持科举考试,《新传》此处简述实为缺失。

《旧传》记云:"大中初,迁司勋员外郎,转郎中知杂。"清劳格《唐尚书省郎官石柱题名考》卷八司勋员外郎、卷七司勋郎中皆有杜审权名,又卷四吏部员外郎亦有其名。

《旧传》接云:"又以本官知制诰,正拜中书舍人。"未记年。今检《全唐文》卷七九载有宣宗《授唐技虔州刺史、裴绅申州刺史制》,称:"朝议郎、守尚书刑部郎中、柱国、赐绯鱼袋唐技,将仕郎、守尚书职方员外郎裴绅,早以科名,荐由台阁,声猷素履,亦有可嘉。昨者吏部以尔秉心精专,请委考核,而临事或乖于公当,物议遂至于沸腾。岂可尚列弥纶,是宜并分符竹,善绥凋瘵,以补悔尤。技可虔州刺史,散官勋封如故;绅可申州刺史,散官如故。"按此事,《旧唐书》卷一八下《宣宗纪》记于大中九年(855)三月,谓"试宏词举人,漏泄题目,为御史台所劾,侍郎裴谂改国子祭酒",又记"考试官刑部郎中唐技出为处州刺史"。《东观奏记》卷下亦有载，系此制文于大中九年正月十九日，其所录制文，即《全唐文》所载者，《全唐文》所载此制当即据《东观奏记》。堪可注意的是，《东观奏记》称此制文，"舍人杜德公之词也"。杜德公即杜审权（《旧传》记杜审权卒后谥德）。于此可知大中九年正月，杜审权已在中书舍人任，且撰有制文。又，《东观奏记》所载此制，亦为杜审权现存之唯一一文，清编《全唐文》即未载有杜审权文，于此亦可见唐五代笔记稗史的史料价值。

《旧传》又云："十年，权知礼部贡举。十一年，选士三十人，后多至达官。"关于权知礼部贡举，《旧唐书》卷一八下《宣宗纪》大中十年有记，云："九月，以中书舍人杜审权知礼部贡举。"即大中十年九月，任命杜审权于翌年以中书舍人权知礼部贡举。清徐松《登科记考》卷二二即据《旧纪》系杜审权于大中十一年知贡举。

《旧传》又载杜审权于大中十一年知举后，接云："正拜礼部侍郎，其年冬，出为陕州大都督府长史、陕虢都团练观察使。"此与《旧唐书·宣宗纪》所记合，《旧纪》于大中十一年九月记："以中散大夫、尚书礼部侍郎、上柱国、赐紫金鱼袋杜审权为陕州大都督府长史，兼御史大夫、陕虢都防御观察处置等使。"但《旧传》此后所叙则有误，云："加检校户部尚书、河中尹、河中晋绛节度使。懿宗即位，召拜吏部尚书。"即杜审权于大中十一年冬出镇陕虢，后又改为河中节度使，懿宗即位，则又将其召回，为吏部尚书。《新传》未记其出任陕虢、河中事，而云："宣宗时，入翰林为学士，累迁兵部侍郎、学士承旨。懿宗立，进同中书门下平章事。"虽未记年，而所记事与时则较合于实际，因据丁《记》，杜审权乃于大中十二年自刑部侍郎召入为翰林学士，直至十三年十二月由翰林学士承旨,以兵部侍郎守本官同平章事入相,即大中十二、十三年间未有出任河中节度使者。又据《旧唐书·懿宗纪》,杜审权任河中节镇,乃在咸通十一年(870)正月。由此可见,《旧传》竟将咸通时出镇河中事误提前十余年,叙于大中时。又《唐刺史考全编》卷七九确亦未记杜审权于大中后期有任河中节镇,但仍记杜审权为陕虢观察使在大中十一年至十三年(卷五一都畿道陕州),未顾及杜于大中十二年已入为翰林学士,此亦为疏失。

丁《记》记杜审权入院,为:"大中十二年,自刑部侍郎充。其月二十八日,转户部侍郎、知制诰、承旨。"此处记其入院,仅记年,无月日,而后又云"其月二十八日",则原作记入院时当记有月日,故后接云"其月二十八日",即同月。按据丁《记》所列次序,杜审权在严祁后,而严祁入院在大中十二年五月二十一日,又此年任承旨者原为蒋伸,蒋伸于五月十三日出院(见前蒋伸、严祁传,又书后"学士年表"),如此,则杜审权入院当在大中十二年五月下旬,即该月二十一日后,旋于同月二十八日接蒋伸任,为承旨,丁《记》原文于"大中十二年"后当有月日,当为传抄时缺记。按杜审权入院前,已累任为中书舍人、礼部侍郎、刑部侍郎,并主持过贡举省试,又曾为方镇节帅,其入院前官阶之高,职位之重,在宣宗朝翰林学士中是未有的,故其入院后仅数天,即接任承旨,合于例制。

丁《记》接云:"(大中)十三年八月二十九日,加通议大夫、知制诰,依前充承旨。其年十二月三日,守本官同平章事。"由此,则杜审权于大中十二年五月入院,至十三年十二月由翰林学士直接提拔为相,这是宣宗朝翰林学士直擢入相之第三例(此前为令狐绚、蒋伸）。

又据丁《记》，则杜审权于此二年间均在院内供职，而《旧唐书·宣宗纪》于此又有一误，云："（大中）十三年春正月，以陕虢观察使杜审权为户部侍郎、判户部事。"即大中十三年正月前，即大中十二年内，杜审权在陕虢观察使任，十三年正月乃入朝为户部侍郎，完全与翰林学士无关，这就完全不合实际。

另《旧唐书》卷一九上《懿宗纪》又有误，于大中十三年十二月记："以户部侍郎、翰林学士杜审权为检校礼部尚书、河中晋绛节度等使。"又咸通元年二月，"以河中节度使杜审权为兵部侍郎、判度支，寻以本官同平章事"，同时记令狐绹"执政岁久"，"中外侧目"，懿宗对其有所顾忌，即于此年十二月使其罢相，出为河中节度使，遂拔擢翰林学士承旨杜审权为相。

《唐大诏令集》卷五〇载《杜审权平章事制》，文末即署为"大中十三年十二月"，先称其"翰林学士承旨、通议大夫、守尚书兵部侍郎、知制诰、上柱国、赐紫金鱼袋"，其官衔亦与丁《记》、《新纪》、《新表》、《通鉴》合。中云："先皇帝藉其令誉，擢处禁林，振藻属词，发挥神化。道一贯于终始，器兼适于圆方。逮予嗣统，屡承密旨，每多弘益，弥见慎修。既彰已试之能，宜懋殊常之宠，是用委兹大政，列在中枢。"赞誉其在院时之业绩，即云因此而"委兹大政"，由此可证《旧纪》所记杜审权于大中十三年十二月先出任河中，第二年（咸通元年）二月又召回朝任相，显误。

又《旧传》记杜之任相时间，更有大误，其先叙为河中尹、晋绛节度使，接云："懿宗即位，召拜吏部尚书。三年，以本官同平章事。"即杜审权任相在咸通三年，则较《新纪》、《新表》、《通鉴》及前所引述之《唐大诏令集》所载制词，竟晚两年，真使人诧异。

杜审权在院，前后历两年，实仅一年半，而《新传》称为"居翰林最久"，亦不合实。按五代南唐刘崇远《金华子》卷上记杜审权事，亦有云"在翰苑最久"，《新传》当本此。又宋王谠《唐语林》卷四亦谓杜审权"在翰林最久"，皆为误断。

关于杜审权罢相之时间，《旧传》与《旧纪》又有误。《旧传》谓："（咸通）九年罢相，检校司空，兼润州刺史、镇海军节度使、苏杭常等州观察使。"则杜审权任相有九年之久。而《旧唐书·懿宗纪》则记为咸通五年二月："以门下侍郎、兵部尚书、平章事杜审权为润州刺史、浙江西道节度使。"而《新唐书》卷六三《宰相年表》则记为咸通四年五月："戊子，审权检校吏部尚书、同平章事、镇海军节度使。"《新唐书·懿宗纪》、《通鉴》卷二五○所记此事，年月日均与《新表》同。再可一提的是，此年五月，杨收已以翰林学士承旨、兵部侍郎入相（详见后杨收传），当按例制，有任有免，杜审权即于该年五月免相。《全唐文》卷八三载懿宗《授杜审权镇海军节度使制》，记其任相，"出入五载，初终一途"，则由大中十三年（859）十二月入相，至咸通四年（863）五月免相，前后即为五载。由此可见，《旧传》所云咸通九年，《旧纪》所云五年二月，均误。如此舛误，亦使人费解。

杜审权出任镇海军（浙西）节度使后，《旧传》记云："时徐州戍将庞勋自桂州擅还，据徐、泗，大扰淮南。审权与淮南节度使令狐绹、荆南节度使崔铉，奉诏出师，掎角讨贼，而浙西馈运不绝，继破徐戎。贼平，召拜尚书左仆射。"《新传》略同。按《通鉴》等所记，庞勋乱平在咸通十年（869），杜审权则当于咸通四年至十年间在浙西节镇任。

咸通十年九月庞勋战乱平定后，杜审权当于此年秋冬入朝为尚书左仆射，并于翌年咸通十一年正月出任河中节度使。《旧唐书·懿宗纪》："（咸通）十一年春正月甲寅朔，制尚书右仆射杜审权为检校司徒、河中尹、绛慈隰节度观察处置等使。"又《旧唐书》卷一一三《裴遵卿传》附记裴枢事，谓枢"咸通十二年登进士第，宰相杜审权出镇河中，辟为从事"，则杜审权于咸通十二、三年尚在河中任。

《旧传》后云："数年以本官兼许州刺史、忠武军节度观察等使，入为太子太傅、分司东都，卒，赠太师，谥曰德。"《新传》亦简云"继领河中、忠武节度使，卒"，未记分司东都事。《全唐文》卷八一二载郑仁表《左拾遗鲁国孔府君墓志铭并序》，系为孔温裕子孔纾所作墓志者（见前孔温裕传），此志记孔纾于咸通十五年六、七月间卒，提及"今许昌太傅相国襄阳公"，即指杜审权。如此，则咸通十五年（874）仍在许州任。又据《通鉴》卷二五二，僖宗乾符三年（876）八月，崔安潜在许州任，则杜审权当于乾符元年、二年间已改为太子太傅、分司东都，不久即卒。

又，《旧唐书》卷一七六《郑肃传》，记郑仁表"擢第后，从杜审权、赵骘为华州、河中掌书记"。参前所述裴枢于咸通十二年登第后应辟在杜审权河中幕，可见杜审权于方镇任时是关注招聘文士入其幕府的。如郑谷有《梁烛处士辞金陵相国杜公归旧山因以寄赠》诗，赵昌平等《郑谷诗集笺注》卷一①，谓此杜公即杜审权，既云"金陵"，乃为杜审权于咸通中任镇江节度使时。据笺注，梁烛

---

① 《郑谷诗集笺注》，严寿澂、黄明、赵昌平笺注，上海古籍出版社，1991年。

有声于咸通中，曾登第，不过诗题既称"处士"，当尚未登第，杜审权则聘其在镇海军幕府，后梁辞归旧山，郑谷作诗寄赠，但特提及"相国杜公"，可见当时杜审权招募文士，是颇受人注意的。

又杜审权子让能，为僖宗朝翰林学士。杜审权前后三世，均为翰林学士，也为难得。

以上记述杜审权事迹，考索《旧唐书》之纪、传多有讹误，实为罕见，而《新唐书》所记，其纪、表（如《宰相年表》），多可加以补正，特别是晚唐史事，这也值得研究。

记杜审权事之误，不仅《旧唐书》，笔记亦有，应注意加以订正。如《北梦琐言》卷三《杜审权斥冯涓》条，有云："大中四年，进士冯涓登第，榜中文誉最高。是岁，新罗国起楼，厚赏金帛，奏请撰记，时人荣之。初除京兆府参军，恩地即杜相审权也。杜有江西之拜，制书未行，先召长乐公密话，垂延辟之命，欲以南昌笺奏任之，戒令勿泄。"此事，宋王谠《唐语林》卷七亦载。所谓长乐公，即冯涓。此处所记有二误：一、所谓"恩地"，即应举及第者对知举座主之尊称，此云冯涓于大中四年登进士第，又称恩地为杜审权，而实则杜审权知举在大中十一年。清徐松《登科记考》卷二二据《北梦琐言》所记，列冯涓于大中四年及第者，今人有加订正，列于大中十一年（参孟二冬《登科记考补正》）。二、所谓"杜有江西之拜"，即杜审权曾有江西观察使之任，行前并拟辟冯涓入其幕府，并允以后在南昌时笺奏即由冯涓撰写。实则据史书所载，杜审权未曾出镇江西，当以"浙西"讹为"江西"。

杜审权所著，除前述于大中九年任中书舍人时所撰制文外，其他皆未有载记。

高　璩

高璩,两《唐书》有传,见《旧唐书》卷一七一、《新唐书》卷一七七,皆附于其父高元裕传后,甚简,如《旧传》仅三十余字,且未记及翰林学士者。

高璩父元裕,文宗开成时为翰林侍讲学士,出院后其弟少逸又继为翰林侍讲学士,故《旧传》称"兄弟迭处禁密,时人荣之"。

《旧传》未载高璩字号,《新传》记谓字莹之。《新唐书》卷七一下《宰相世系表》一下,记有高璩,云"字莹之,相懿宗"。

两《唐书》本传皆言其登进士第,未记年。徐松《登科记考》卷二二系于宣宗大中三年(849),所据材料有二,一为张祜《孟才人歌》序,二为孙樵《故仓部郎中康公墓志铭并序》。今检《旧唐书》卷一七八《赵隐传》,载隐于大中三年登进士第,"咸通末,以本官同平章事";同卷《崔彦昭传》亦明记崔为大中三年及第,云:"僖宗即位,就加检校吏部尚书。"接云:"时赵隐、高璩知政事,与彦昭同年进士。"赵隐、崔彦昭确为大中三年进士及第者,既云高璩与此二人"同年进士",则亦为大中三年。《旧唐书》之赵隐、崔彦昭传,较张祜《孟才人歌》序及孙樵之《康公墓志铭》所记,更为明确,唯徐《考》未引及[1]。

---

[1] 不过《旧唐书·崔彦昭传》谓僖宗即位时崔彦昭为检校吏部尚书,"时赵隐、高璩知政事",乃力荐崔彦昭。按据《新唐书·宰相年表》,赵隐确于懿宗咸通十三年(872)二月为相,僖宗乾符元年(874)二月出为镇海军节度使,而高璩,据后记述,于懿宗咸通六年四月为相,同年六月即病卒,不可能于僖宗即位时尚在相位。此为《旧唐书·崔彦昭传》之显误。

《旧传》记高璩登第后，仅云"大中朝，由内外制历丞郎，判度支"，未叙有翰林学士事。《新传》谓"第进士，累佐使府"，后即云"以左拾遗为翰林学士"，入院前也未有具记。

今按《唐诗纪事》卷五三高璩条，有云："白敏中自剑南节度移荆南，经忠州，追寻乐天遗迹，有诗云：'南浦花临水，东楼月映风。'璩时为书记，有诗云：'公斋一到人非旧，诗板重寻墨尚新。'"此为记高璩诗作之最早材料，清编《全唐诗》卷五九七高璩名下即载此二句（非全篇），当辑自《唐诗纪事》；《全唐诗》卷五〇八亦载白敏中此二句，并注云采自《唐诗纪事》。《唐诗纪事》确有史料价值。按据《旧唐书》卷一六六《白敏中传》，白敏中于大中七年（853）为成都尹、剑南西川节度使，十一年（857）二月改任江陵尹、荆南节度使。由此则高璩当先后在白敏中之西川、荆南幕，当即《新传》所谓"累佐使府"者。

高璩后当自白敏中之荆南幕府返朝，任右拾遗内供奉，寻即入院。丁《记》记："大中十三年四月二十三日，自右拾遗内供奉充。其年九月三日，召对赐绯。十一月三日，特恩迁起居郎、知制诰，依前充。十四年十月六日，特恩拜右谏议大夫，依前充。二十六日，召对赐紫。咸通二年七月十九日，加承旨。八月七日，迁工部侍郎，依前充。三年二月二十日，特恩加朝散大夫、兵部侍郎，依前充。八月十九日，加检校礼部尚书、□川节度使。"

丁《记》记以右拾遗入，《新传》载谓左拾遗，仅为小异。又丁《记》十三年十一月三日由右拾遗迁起居郎，并加知制诰，则后历迁右谏议大夫、工部侍郎、兵部侍郎时，当皆应补"知制诰"三字。又，记于咸通二年（861）七月十九日加承旨，按此前任承旨者为苗恪,苗恪于咸通元年(860)十一月八日出院,高璩当于咸通二年七月接任,因此时在院者以高璩资历最深,即入院时间最早者(参见书后"学士年表"),且所具官阶也最高,故当依例接任。唯苗恪于咸通元年十一月出院,高璩于二年七月接任,其间有七八个月未有承旨,也不知何故。

又丁《记》记咸通三年二月二十日"特恩加朝散大夫、兵部侍郎",而《全唐文》卷八三懿宗《授高璩剑南东川节度使制》,称为"翰林学士承旨、朝议大夫"。岑氏《注补》有云:"《记》称朝散大夫,《制》称朝议大夫,后者比前者高两阶,不详孰正。"又云:"观下文杨收条,似'朝议'不误。"岑氏所谓杨收条,乃杨收于咸通四年五月七日由翰林学士承旨直接提升为相时,《全唐文》卷八三所载制文,有称为"翰林学士承旨、朝议大夫"者。据此,则丁《记》记高璩之"朝散大夫",或将"散"改为"议"。

关于高璩出院,丁《记》于"川"前空一字,当为"东"字。《新传》:"懿宗时,拜剑南东川节度使。"《全唐文》卷八三懿宗《授高璩剑南东川节度使制》,称授为"检校礼部尚书、兼梓州刺史、管内观察处置等使"。又制中记其在院时:"顷者名场颉颃,早振词科,桐阁从容,长专奏记。乃升华贯,爰近赤墀。青琐闼中,封章不屈;紫微天上,诏令无双。"对其业绩甚为赞誉,不过据现有史料,其在院前后四年,未记有参预政事,也未记有撰制诏诰。

《新传》于剑南东川节度使后,接云:"召拜中书侍郎、同中书门下平章事。"即由东川节度使召入朝,任相,但未记年。《旧传》略叙为"咸通中,守中书侍郎、平章事"。《新唐书》卷九《懿宗纪》记于咸通六年(865),"四月,剑南东川节度使高璩为兵部侍郎、同中书门下平章事";《新唐书》卷六三《宰相年表》及《通鉴》卷二五〇皆同。而《旧唐书》卷一九上《懿宗纪》则记为咸通四年(863)，谓此年十一月，"以兵部侍郎高璩本官同平章事"，又于五年(864)五月记："兵部侍郎平章事高璩为中书侍郎、知政事。"后于咸通六年(865)二月又记"高璩罢知政事"。实则据《新纪》、《新表》及《通鉴》，高璩于咸通六年四月任相，同年六月庚戌即卒；《新传》亦谓其任相后，"阅月卒"。据《新纪》、《通鉴》等所载，高璩于咸通六年六月庚戌卒，徐商即由御史大夫迁为兵部侍郎、同中书门下平章事，接任为相。《旧唐书·懿宗纪》记高璩任相及所谓罢相，竟有数误。

又高璩自西川还朝途中，又与文士有诗作交往。《唐诗纪事》卷五三载："璩自梓州刺史入朝，经绵州，与刺史薛逢登越王楼，逢以诗赠别曰：'乘递初登剑外州，倾心喜事富人侯。方当游艺依仁日，便到攀辕卧辙秋。客听巴歌消子夜，许陪仙躅上危楼。欲知恨恋情深处，听取长江旦暮流。'璩和云：'剑外绵州第一州，樽前偏喜接君侯。歌声婉转添长恨，管色凄凉似到秋。但务欢娱思晓角，独耽云水上高楼。莫言此去难相见，怨别征黄是顺流。'"高璩此诗，《全唐诗》卷五九七所载题为《和薛逢赠别》，第二句作"尊前偏喜接君留"。《全唐诗》卷五四八亦载薛逢此诗，题为《越王楼送高梓州入朝》。按薛逢，两《唐书》有传，见《旧唐书》卷一九〇《文苑传》下、《新唐书》卷二〇二《文艺传》下，为晚唐后期诗文名家(《旧传》称其"文词俊拔，论议激切")。两《唐书》本传记与沈询、杨收、王铎同年(会昌元年)登第，杨收为相时，因与不和，乃使其出为蓬、绵二州刺史。按绵州巴西郡，属剑南道，今四川绵阳市。薛逢诗题中"越王楼",据仇兆鳌之注杜诗《越王楼歌》,引《绵州图经》,在州城外西北,"有台高百尺,上有楼,下瞰州城,唐高宗显庆中太宗子越王贞为绵州刺史作"①。可见越王楼为当地胜景,高璩路经绵州,薛逢当特为陪游,二人乃互有诗唱和。

高璩于咸通六年(865)四月入相,六月即病卒。《新传》记其卒后,"太常博士曹邺建言:'璩,宰相,交游丑杂,取多蹊径,谥法不思妄爱曰刺,请谥为刺。'从之"。按《新唐书》卷一一九《白敏中传》,亦记白敏中卒后,"博士曹邺责其病不坚退,且逐谏臣,举怙威肆行,谥曰丑。"则曹邺任太常博士时,习于直抒己见。唯其讥讽高璩"交游丑杂",史书未有具记,而其建议加谥为"刺",懿宗竟"从之",也不知何故。

《新唐书·艺文志》未著录其著述。《全唐诗》卷五九七即载前所述之和薛逢诗及和白敏中诗二句。《全唐文》未载其文。

---

① 参见《唐才子传校笺》卷七《薛逢传》谭优学笺,中华书局,1990年。

傅璇琮文集

唐翰林学士传论

第四册

中华书局

懿宗朝翰林学士传

李 贶

李贶，附见于《旧唐书》卷一七一其父李汉传后，然仅一句，云："汉子贶，亦登进士第。"《新唐书》卷七八《宗室·李汉传》则未提及李贶。《新唐书》卷七〇上《宗室世系表》上，雍王房，记李汉子贶，亦未注字号、官名。由此，则李贶当为唐宗室。

李汉曾受韩愈赏识，《旧传》称其"少师愈为文，长于古学"，韩愈即以女嫁之。文宗大和时，李宗闵为相，用为驾部郎中、知制诰；大和九年（835），李宗闵为郑注、李训所陷，被贬，李汉亦受累出贬为汾州司马，后徙绛州长史；宣宗大中时，曾召为宗正少卿。

《旧唐书·李汉传》虽云李贶曾登进士第，但未记年。李贶后于大中十三年（859）入为翰林学士（详后），其前期仕历不详。现可知者，为李贶于武宗会昌三年（843），因公事至连州，因怀念其外祖韩愈，撰有《连山燕喜亭后记》一文（《全唐文》卷七六一），颇值得一提。

　　按韩愈于德宗贞元十九年（803）任监察御史时，曾上奏直言当时天旱人饥事，受掌权者之忌，被贬为连州阳山县令。阳山在今广东省西北部。贞元二十一年（805）春夏间，时值顺宗时永贞新政，韩愈被召北还。任职期间，韩愈作有《燕喜亭记》①，记当地山水胜景。李翙文云："余自幼伏览外王父昌黎文公《燕喜亭记》，则知连州山水之殊，亭之称，因记为天下所嘉。连为郡，既远且秀，亦因亭而高，时谈山水可娱者较数连矣。中州人既以连遐远，不可得与游，皆依记以图，为馆宇饰，味山水者，莫不目登心到焉。"于此可见韩愈《燕喜亭记》的影响，北方中州人有因韩愈文而对连州山水景色颇为向往的。李翙文后云："三年冬，余侍行承诏于连，水陆南驰，幽无所摅，志无所用，乃纵业于山水，以资养志。"如此，则李翙当于会昌三年因公事"侍行承诏"来至连州，因仰慕韩愈文，就专心于寻找燕喜亭，旧址虽有，但亭却已毁无存。他就与当时连州刺史武兴宗商议，重建此亭。亭建就后，刺史就托李翙为作一记，并由刺史书写，文末即署为"会昌五年十一月五日，连州刺史武兴宗书"。这是李翙所作唯一传存的文章，也是唐时继韩愈后记叙连州阳山自然风貌之作，甚有地方史料价值。

　　丁《记》记云："李翙：大中十二年十二月二十四日，自权知右拾遗内供奉充。十四年五月十二日，召对赐紫，加右补阙。十月二十六日，召对赐紫。咸通二年三月十一日，加左补阙，依前充。三年二月二十日，加职方员外郎、知制诰充。九月十四日，守本官

----

① 《韩昌黎文集校注》卷二，马其昶校注，上海古籍出版社，1986年。

出院。"

丁《记》此处记李贶入院之年有误。其记李贶入院为大中十二年（858）十二月二十四日，其排列次序在高璩后，而高璩入院为大中十三年（859）四月十三日，丁《记》是按入院之时序排列的，李贶既在高璩之后，则其入院不能在高璩大中十三年四月十三日之前。且丁《记》记李贶于大中十二年十二月入，后即接为大中十四年五月，其间缺有一年，也不合常例。于此，则李贶入院，应为大中十三年十二月二十四日，即在高璩入院后，又可下接十四年。

按宣宗于大中十三年八月卒，懿宗继立，李贶当为懿宗即位后第一位召入为翰林学士的。唯其入院时官阶不高，右拾遗为从八品上，此后一年，大中十四年（即咸通元年）五月十二日，才迁为从七品上之右补阙。

李贶在院，前后四年，咸通三年（862）九月十四日，以职方员外郎、知制诰出院，其后仕迹则仅见于《旧唐书》卷一九上《懿宗纪》及《通鉴》卷二五二所记咸通十三年（872）五月事。此时，因韦保衡所陷，山南东道节度使于琮贬为普王傅、分司东都，受累而贬者多人，其中即有李贶，"给事中李贶蕲州刺史"，《旧纪》谓"皆于琮之亲党也"。于琮、韦保衡，亦皆为懿宗朝翰林学士，其事详后传。给事中为正五品上，与中书舍人、御史中丞同阶，则李贶以职方员外郎（从六品上）出院后，累有升迁。又据《元和郡县图志》卷二七江南道，蕲州属鄂岳观察使，其州治蕲春县（今属湖北省）。晚唐佚名《玉泉子》亦有记："及咸通，韦保衡、路岩作相，除不附己者十司户。"即有李贶。懿宗后期，朝中人事纠纷极繁，详见后韦保衡等传。

《旧唐书》卷一九下《僖宗纪》，乾符二年（875）记："十月，以秘书少监李贶为谏议大夫。"谏议大夫亦与给事中同阶，正五品上。李贶当于僖宗即位后，韦保衡贬责，原受贬者受召返朝，李贶当即由贬地入朝，又有升迁。

此后不详。其所著，除前所引述之《连山燕喜亭后记》，其他皆未有载记。

刘　邺

刘邺，两《唐书》有传，见《旧唐书》卷一七七、《新唐书》卷一八三。《旧传》："刘邺字汉藩，润州句容人也。"《新传》同。《元和郡县图志》卷二五江南道浙西观察使所属润州，有句容县（今属江苏省）。

两《唐书》本传皆详记其父刘三复事。《旧传》称"长庆中，李德裕拜浙西观察使，三复以德裕禁密大臣，以所业文诣郡干谒。德裕阅其文，倒屣迎之，乃辟为从事，管记室"；"德裕三为浙西，凡十年，三复皆从之"；"又从德裕历滑台、西蜀、扬州"。武宗会昌时，李德裕为相，即擢用刘三复为刑部侍郎、弘文馆学士判馆事。可见刘三复与李德裕之密切关系，刘邺后为李德裕申冤诉情即与此有关（详后）。

《旧传》又云："邺六七岁能赋诗，李德裕尤怜之，与诸子同砚席师学。"可见刘邺于稚童时亦受到李德裕赏识。

刘邺早期仕迹，两《唐书》所记有误。《旧传》云："高元裕廉察陕虢，署为团练推官，得秘书省校书郎。"《新传》云："陕虢高元裕表署推官，高少逸又辟镇国幕府。"即刘邺先应辟在高元裕陕虢幕府，后在高少逸镇国军幕府。高少逸、高元裕为兄弟。按《旧唐书》卷一七一、《新唐书》卷一七七《高元裕传》，皆未记高元裕有镇陕虢事，《新唐书》卷一七七《高少逸传》则记高少逸于宣宗大中时曾为陕虢观察使。《通鉴》卷二四九记高少逸为陕虢观察使在大中八年（854）九月；又《旧唐书》卷一八下《宣宗纪》，大中十年（856）四月癸丑，高少逸又任华州刺史、镇国军使。由此，则两《唐书》本传载刘邺曾在高元裕陕虢幕，误，刘邺当于大中后期先后在高少逸之陕虢、镇国节度幕府。高元裕、高少逸皆于宣宗时为翰林学士（见前传）。

丁《记》记刘邺入院："大中十四年十月十二日，自左拾遗充。"大中十四年即咸通元年（860），是年十一月才改元，故翰林学士院内壁录仍记为十四年。但《旧唐书》卷一九上《懿宗纪》，却记为：咸通元年二月，"以右拾遗刘邺充翰林学士"。另，《唐会要》卷五七《翰林院》，谓："（大中）十四年三月，左拾遗刘邺充翰林学士。"所记之左拾遗、右拾遗，为小异，而《旧纪》、《唐会要》所记二月、三月，与丁《记》所记差逾半年；但未能定，现仍据丁《记》。

关于刘邺入院，《旧传》所记又有误，云："咸通初，刘瞻、高璩居要职，以故人子荐为左拾遗，召充翰林学士。"按据《旧唐书》卷一七七《刘瞻传》，刘瞻于咸通前"历佐使府"，"咸通初升朝，累迁为太常博士"，后于咸通六年（865）自太常博士入为翰林学士（据丁《记》，并详后传）。由此，则刘瞻于咸通初才由外镇幕僚入朝，后才累迁为太常博士，太常博士官阶仅为从七品上，官品并不高，何以云"居要职"，荐刘邺入院；且刘瞻入院在咸通六年，又后于刘邺五年。故《旧传》记刘瞻于咸通初居要职，举荐刘邺，不当（岑氏《注补》亦谓《旧传》所载刘瞻荐邺，当误）。高璩则于大中十三年四月入院，十四年（即咸通元年）十月由起居郎（从六品上）迁右谏议大夫（正五品上），且为翰林学士，故可称为"居要职"。又高璩为高元裕子，据前述，刘邺曾有数年在高元裕幕中供职，故可谓"以故人子荐"。则刘邺此次入院，乃出于高璩荐，亦为翰林学士荐士人入院之一例。

丁《记》记刘邺于大中十四年（咸通元年）十月十二日自左拾遗入院，接云："其月二十六日，召对赐绯。咸通二年九月二十七日，迁起居舍人，依前充。三年二月二十一日，加兵部员外郎、知制诰，依前充。七月二十九日，召对赐绯。十一月八日，迁中书舍人充。五年九月五日，迁户部侍郎，依前充知制诰。十一年十一月二十二日，加承旨。十二月二十三日，守本官出院，充诸道盐铁等使。"如此，则刘邺在院，前后共历十一年，任职期间之长，于晚唐翰林学士中似居首位。

刘邺在院期间，可记述者有二事，一为有两首诗直叙在院时情景，颇为人所称，二为为李德裕申冤，直接参预政事。

《全唐诗》卷六〇七载刘邺诗二首，一题为《翰林作》，一题为《待漏院吟》，皆在院时所作，颇有参考、研究价值，今具录于此。《翰林作》："曾是江波垂钓人，自怜深厌九衢尘。浮生渐老年随水，往事曾闻泪满巾。已觉远天秋色动，不堪闲夜雨声频。多惭不是相如笔，虚直金銮接侍臣。"《待漏院吟》："玉堂帘外独迟迟，明月初沉勘契时。闲听景阳钟尽后，两莺飞上万年枝。"宋《诗话总龟》卷十《雅什》门引卢璨《抒情》记刘邺入院后，"为同列所轻，因作诗曰"，即作此二诗。所谓"为同列所轻"，不知何意，且未有具体记述。不过《诗话总龟》仍称此二诗"才调清高"。此二诗自抒在院值班之情景及心态，颇真切，很有特色。

又，《旧传》于其入院后，记云："邺以李德裕贬死珠崖，大中朝以令狐绹当权，累有赦宥，不蒙恩例。懿宗即位，绹在方镇，属郊天大赦，邺奏论之。"《旧传》载其奏状颇详，大致谓李吉甫、李德裕均为宏才，"险夷不易，劲正无群"，后李德裕被"窜于遐荒"，"竟归冥寞"。奏中特请"俾还遗骨，兼赐赠官"。《新传》亦于其"迁承旨"后，为李德裕"申直其冤，复官爵，世高其义"。不过《通鉴》卷二五〇载此事于咸通元年九、十月间，并称刘邺此时为右拾遗，即入院前，云："右拾遗句容刘邺上言：'李德裕父子为相，有声迹功效，窜逐以来，血属将尽，生涯已空，宜赐哀闵，赠以一官。'冬十月丁亥，敕复李德裕太子少保、卫国公，赠左仆射。"《通鉴》并有《考异》，引裴旦《李太尉南行录》有谓"咸通二年九月二十六日右拾遗内供奉刘邺表，略云"，即上述之奏议。而《考异》又引《实录》，谓当在咸通元年，非二年。按《通鉴·考异》所引裴旦《李太尉南行录》，记刘邺上此奏时为咸通二年九月二十六日，其官衔为右拾遗，此即与丁《记》合。丁《记》记刘邺于大中十四年（咸通元年）十月十二日以左拾遗入，咸通二年九月二十七日迁起居舍人，则九月二十六日尚具拾遗官衔，可能刘邺上此奏后，颇得懿宗所重，既从其奏，又即于翌日（九月二十七日）迁为起居舍人。故两《唐书》本传记此事在入院后，亦合情理。刘邺如尚为左拾遗，未为翰林学士，是不大可能敢于论此事的。刘邺在院时论及此事，亦为其参预政事。后《北梦琐言》卷一《刘三复记三生事》条,有谓刘邺"上表雪德裕"后,"士大夫美之"。

刘邺在院还有一事值得一提,即所谓"敕赐及第"。盖刘邺未曾应科试,故未有进士资历。唐末五代王定保所著《唐摭言》卷九有记,谓"永宁刘相邺,字汉藩,咸通中自长春宫判官召入内庭,特敕赐及第,中外贺缄极众"①。可见刘邺之"敕赐及第",在当时颇有影响,这也是唐翰林学士唯一一例。

又丁《记》记刘邺于咸通十一年(870)十一月二十二日,以户部侍郎、知制诰加承旨,盖此前任承旨为韦保衡,韦保衡于此年四月二十五日拜相出院,刘邺即接其任。

据丁《记》,刘邺于咸通十一年十二月二十三日以户部侍郎出院,并充诸道盐铁转运使。《旧传》则谓:"寻以本官领诸道盐铁转运使,其年同平章事,判度支。"即于出院后,同年,即擢迁为相。而《新唐书》卷九《懿宗纪》、卷六三《宰相年表》及《通鉴》卷二五二,均记咸通十二年(871)十月,"兵部侍郎、诸道盐铁转运使刘邺为礼部尚书、同中书门下平章事"。即出院将近一年,才任相,于此则《旧传》误。又《旧唐书·懿宗纪》记刘邺为相在咸通十三年

---

① 按徐松《登科记考》卷二三亦记刘邺敕赐及第事,附于咸通十年。岑氏《注补》以为徐《考》误,应为咸通初,孟二冬《登科记考补正》即据岑说,列于咸通元年。按据前所引述之《唐摭言》卷九所记,刘邺敕赐及第时,李碞有贺词,时李碞任郓州刺史,由其幕僚韦岫草撰。据《唐刺史考全编》卷六六河南道郓州,李碞于咸通三至四年(862—863)间任郓州刺史,此时进贺词,正为刘邺在院时。岑氏及孟二冬《登科记考补正》定于咸通元年,不确。徐《考》列于咸通十年,则更误。

正月甲戌，又后两月，也不当。

《旧传》接云："僖宗即位，萧倣、崔彦昭秉政，素恶邺，乃罢邺知政事，检校尚书左仆射、同平章事、扬州大都督府长史、淮南节度使。"按据《新唐书·宰相年表》，萧倣于咸通十四年（873）十月入相，崔彦昭于乾符元年（874）八月入相，即刘邺罢相前，萧、崔均已在相位。又据《新唐书》卷九《僖宗纪》、卷六三《宰相年表》、《通鉴》卷二五二，乾符元年十月刘邺罢相，出为淮南节度使，亦与《旧传》所载合。按《新传》有云："初，韦保衡、路岩与邺同秉政，为迹亲，俄而萧倣、崔彦昭得相，罢邺为淮南节度使、同平章事。"按路岩于咸通五年十一月任相，十二年四月出为西川节度使，而刘邺则于十二年十月才任相，则未与路岩"同秉政"，《新传》此处所记亦不合实。但刘邺于咸通后期与韦保衡确有同在相位的，僖宗即位，韦保衡出贬，刘邺当亦受累，罢相外出。

《旧传》记刘邺出镇淮南后，云："黄巢渡淮而南，诏以浙西高骈代还。"《旧唐书·僖宗纪》，记高骈于乾符六年（879）十月为淮南节度使，当接刘邺。则刘邺任淮南节镇，前后六年，任期不短。在此期间，他对文士是颇为照顾、看重的。如《金华子杂编》卷上，记杜牧子晦辞，曾历仕于浙西、淮南幕，皆不如意，后隐居于阳羡别墅，"永宁刘相邺在淮南，辟为判官，方应召"。又《唐语林》卷七，亦记辟许棠"为淮南馆驿官"，并与之和诗。又《唐摭言》卷九《误掇恶名》条，记："杨篆员外，乾符中佐永宁刘丞相淮南幕，因游江失足坠水，待遣人归宅取衣，久之而不至。公闻之，命以衣授篆。"此虽为小事，亦见其对幕府文士之关怀。

另薛能有一诗《谢刘相寄天柱茶》（《全唐诗》卷五六〇）："两

串春团敌夜光,名题天柱印维扬。偷嫌曼倩桃无味,捣觉嫦娥药不香。惜恐被分缘利市,尽应难觅为供堂。粗官寄与真抛却,赖有诗情合得尝。"按薛能,两《唐书》无传,据《唐才子传校笺》卷七《薛能传》谭优学笺,薛能于武宗会昌六年(846)进士及第后历仕中外,咸通十四年(873)至乾符五年(878)任徐州刺史(参《唐刺史考全编》卷六四),后又于乾符五年(878)改任许州刺史(参其《柳枝词五首并序》,《全唐诗》卷五六一)。陶敏《全唐诗人名考证》(页845)据上述薛能此诗诗题"刘相"及次句"名题天柱印维扬",定为时任淮南节度使刘邺,是。此诗当作于乾符中,时薛能为徐州刺史,刘邺特以名茶寄赠,薛能即作诗答谢。当然薛能与前述之刘邺幕僚不同,已为州节要臣,但薛能亦为晚唐著名诗人,由此也可见刘邺颇注意与当时文士之交往。

刘邺离淮南任后,《旧传》记云:"寻除凤翔尹、凤翔陇右节度使,以疾辞,拜左仆射。巢贼犯长安,邺从驾不及,与崔沆、豆卢瑑匿于金吾将军张直方之家旬日。贼严切追捕,三人夜窜,为贼所得,迫以伪命,称病不应,俱为贼所害。"《新传》略同。《通鉴》卷二五四僖宗广明元年(880)十二月亦详记此事,当时被杀者于琮、豆卢瑑及刘邺,均曾为翰林学士。

《新唐书》卷六〇《艺文志》四,集部别集类,著录有刘邺《甘棠集》三卷,当为其诗文集,唯后不存①。《全唐诗》卷六〇七载诗

---

① 又《唐五代文学编年史·晚唐卷》(吴在庆、傅璇琮撰),广明元年十二月记刘邺卒,除著录《甘棠集》三卷,又谓:"《秘书省续编到四库阙书目》记其《翰苑集》一卷。"此《翰苑集》,似为任翰林学士时所作之诗文。唯《秘书省续编到四库阙书目》于《翰苑集》如何著录,俟考。

二首,即前所引述之《翰林作》、《待漏院夜吟》。《全唐文》卷八〇二所载一篇,即前所述论李德裕事。

张道符

张道符,两《唐书》无传;《新唐书》卷一七四《牛僧孺传》附其子牛丛传,有略提其名(唯其名有缺字,详后),两《唐书》其他处均未提及。记张道符事者,唯丁《记》最为具详,如无丁《记》,则唐翰林学士即未有张道符之名。

王定保《唐摭言》卷三载王起于武宗会昌三年(843)知贡举,时任华州刺史之周墀以诗寄贺,王起以诗答之,当时"王起门生一榜二十二人和周墀诗",其中第十四位为张道符(字梦锡),其和诗云:"三开文镜继芳声,暗指云霄接去程。会压洪波先得路,早升清禁共垂名。莲峰对处朱轮贵,金榜传时玉韵成。更许下才听白雪,一枝今过郤诜荣。"为致谢座主王起。王起此前曾任翰林学士,其诗三、四句即叙此。周墀亦曾任翰林学士,见前传。

清徐松《登科记考》卷二二即据此系张道符于会昌三年进士及第者。此后仕历不详。清劳格《唐尚书省郎官石柱题名考》于卷五司封郎中、卷一一户部郎中、卷二六主客员外郎,皆记有张道符名。户中、司中,皆为任翰林学士时所带之官衔(见后丁《记》),主客员外郎则当为入院前所任。

又赵璘《因话录》卷一有云:"大中七年冬,诏来年正月一日,御含元殿受朝贺。璘时为左补阙,请权御宣政殿。"后记宣宗与宰臣魏謩议此事,宣宗即从赵璘议,接叙云:"其后宰相因奏对,以遗、补多缺,请更除八人。上曰:'谏官但要职业修举,亦岂在多。只如张道符、牛丛、赵璘辈三数人足矣,使朕闻所未闻。'"赵璘此为记叙己事,当可信,后史书亦有采辑者,如《通鉴》卷二四九,大中七年(853),记:"冬十二月,左补阙赵璘请罢来年元会,止御宣政。"又大中八年(854),"二月,中书门下奏,拾遗、补阙缺员,请更增补。上曰:'谏官要在举职,不必人多,如张道符、牛丛、赵璘辈数人,使朕日闻所不闻足矣。'"此事又见于《新唐书》卷一七四《牛僧孺传》所附其子牛丛传,云:"第进士,由藩帅幕府任补阙,数言事。会宰相请广谏员,宣宗曰:'谏臣唯能举职为可,奚用众耶?今张符、赵璘、牛丛,使朕闻所未闻,三人足矣。'"《新传》此处将"张道符"之名缺一"道"字,讹为"张符",惜中华书局点校本未有校及。

由此,则张道符于宣宗大中七、八年间在补阙任。左右补阙为从七品上,张道符后当累迁为主客员外郎(从六品上)、户部郎中(从五品上),懿宗咸通元年(860),即由户部郎中入为翰林学士。

丁《记》记为:"咸通元年十一月二十五日,自户部郎中、赐绯充。二年二月六日,加司封郎中、知制诰,依前充。四月二十一日卒官,至五月二日,赠中书舍人,仍赐赠布绢及赐绢三百尺。"则张道符在院,实仅半年,故其在院情况,无有记载。

其所著,即前所述会昌三年登第时和座主王起诗,《全唐诗》卷五五二载,当即据《唐摭言》辑录者。其他皆未有载记。

杨 收

杨收,两《唐书》有传,见《旧唐书》卷一七七、《新唐书》卷一八四。《旧传》载:"杨收字藏之,同州冯翊人。自言隋越公素之后。高祖悟虚,应贤良制科擢第,位终朔州司马。曾祖幼烈,位终宁州司马。祖藏器,邠州三水丞。父遗直,位终濠州录事参军。家世为儒。遗直客于苏州,讲学为事,因家于吴。"《新传》叙其家世较简,亦言其父遗直"客死姑苏"。即其父遗直,长期居于苏州,并"客死姑苏"。故清徐松《登科记考》卷二二记其于会昌元年(841)进士及第,即据《永乐大典》所辑之《苏州府志》,则苏州为其实籍,杨收应礼部省试,乃由苏州举荐。

《新唐书》卷七一下《宰相世系表》一下,亦载其先世为隋杨素,而如《旧传》所记,为杨收"自言"。实则杨收自其高祖悟虚以下,皆为地方小官,故《旧传》载杨收最终因被贬责赐死,所作上表,即云"臣出自寒门,旁无势援"。

又《旧传》记其高祖名悟虚,而《新唐书·宰相世系表》载为悟灵,即其祖之名,一作"虚",一作"灵",有异。中华书局点校本未校,赵超《新唐书宰相世系表集校》亦失校①。

两《唐书》本传皆记杨收自幼即居于苏州,通经义,善属文,吴人号为神童。

---

①赵超《新唐书宰相世系表集校》,中华书局,1998年。

《旧传》记其兄杨假于文宗开成末登第，"是冬，收之长安，明年，一举登第，年才二十六"。按开成记年为五年（836—840），开成五年后为会昌元年（841）。徐松《登科记考》卷二二据《永乐大典》所辑之《苏州府志》，系杨收于会昌元年登进士第，亦与《旧传》所记"明年，一举登第"合。又，杨收于会昌元年登第时，年二十六，则当生于宪宗元和十一年（816）。

《旧传》接云："收得第东归，路由淮右，故相司徒杜悰镇扬州，延收署节度推官，奏授校书郎。悰领度支，以收为巡官。悰罢相镇东蜀，奏授掌书记，得协律郎。悰移镇西川，复管记室。"据两《唐书》有关纪、传、表等所记，杜悰于武宗会昌二年（842）为淮南节度使，四年（844）七月入朝为相，会昌五年（845）罢相出镇东川，宣宗大中二年（848）八月改西川节度使，至六年（852）四月。据此，则杨收自会昌二年至大中六年，历时十年，均在杜悰幕府供职。按杜悰，《旧唐书》卷一四七、《新唐书》卷一六六有传。元和时曾尚宪宗长女岐阳公主，为驸马都尉，文宗时历仕外州节镇，武宗会昌时曾为相，后又历仕方镇。史称其未有人才，但"常延接寒素"（《旧传》），能长期辟用杨收，确亦不易，后又荐引杨收为翰林学士（见后）。

《旧传》后云："裴休作相，以收深于礼学，用为太常博士。"据《新唐书》卷六三《宰相年表》，裴休于宣宗大中六年（852）八月为相，至十年（856）十月。据此，则杨收当于宣宗大中六年离杜悰西川幕府，应裴休之辟，入朝为太常博士。按太常博士为从七品上，"掌五礼之仪式"，"凡大祭祀及有大礼，则与（太常）卿导赞其仪"（《旧唐书》卷四四《职官志》三）。

《旧传》后所记，则有误，云："寻丁母丧，归苏州。既除，崔珙罢相，镇淮南，以收为观察支使。"此云崔珙，《新传》则记为崔铉："服除，从淮南崔铉府为支使。"据《新唐书·宰相年表》，崔铉于大中三年（849）四月为相，九年（855）七月出为淮南节度使（《通鉴》卷二四九同）。如此，则与杨收丁母丧、服除，时间相合。而崔珙，据两《唐书》本传（《旧唐书》卷一七七、《新唐书》卷一八二），宣宗即位后为凤翔节度使，素与崔铉不合，大中三年崔铉任相，崔珙即辞职归里，后为太子少傅、分司东都，未几卒。如此，则崔珙于宣宗朝，既未任相，又未为淮南节度使，《旧传》所记显误。武秀成《〈旧唐书〉辨证》①页335，亦注意及此，但云"疑误"，实则不必谓"疑"，据前所考，可确定《旧传》是以"铉"误写为"珙"的。

据两《唐书》本传，杨收后历任侍御史、职方员外郎分司东都、司勋员外郎、长安县令，后即于懿宗咸通二年（861）以吏部员外郎入为翰林学士。

关于杨收入为翰林学士，《旧传》所记又有显误，云："时故府杜悰、夏侯孜皆在洛，二公联荐收于执政，宰相令狐绹用收为翰林学士。"按丁居晦《重修承旨学士壁记》记杨收入院，为："咸通二年四月十八日，自吏部员外郎充。"而据《旧唐书》卷一七二《令狐绹传》，绹于大中十三年（859）罢相出镇河中；咸通二年（861）又改为汴州刺史、宣武节度使，三年（862）冬，又徙镇淮南。经检《新唐书·宰相年表》，终懿宗朝，令狐绹均未在朝任相。又据《新表》，杜悰确于咸通二年二月拜相，夏侯孜则早于大中十二年

①武秀成《〈旧唐书〉辨证》，上海古籍出版社，2003年。

（858）为相，但于咸通元年（860）十月即出为剑南西川节度使，《新表》、《通鉴》记夏侯孜于咸通三年七月又由西川入相。据此，则杨收于咸通二年四月入院时，令狐绹根本未在相位，而《旧·杨收传》却云"宰相令狐绹用收为翰林学士"；又杜悰、夏侯孜也均未在洛阳，《旧·杨收传》却云此二人"皆在洛"。《旧传》竟有如此无据的误记，真使人费解。

又据前述，杨收早期曾在杜悰淮南、东西川幕府任职，深为杜悰所知，咸通二年杜悰正居相位，则当由杜悰荐其入为翰林学士，非令狐绹。这也是唐翰林学士由宰相举荐之一例。

丁《记》记杨收在院时官衔迁转，云："咸通二年四月十八日，自吏部员外郎充。其月二十一日，加库部郎中，依前充。七月八日，加知制诰。十月十六日，三殿召对，赐紫。三年二月二十日，特恩迁中书舍人充。九月二十三日，加承旨。其月二十六日，迁兵部侍郎充，兼知制诰。四年五月七日，以本官同中书门下平章事。"

据前所考，杨收生于宪宗元和十一年（816），则咸通二年入院时，为四十六岁，咸通四年出院任相，为四十八岁，皆为年富力强之时。

按丁《记》记杨收于咸通二年四月十八日自吏部员外郎充，而同月二十一日，即加为库部郎中，即入院仅三日，就迁职，不合官制，当其在入院前已有年任吏部员外郎。

关于杨收任翰林学士事，《旧传》有简记，但又有不确，云："以库部郎中、知制诰，正拜中书舍人，赐金紫，转兵部侍郎、学士承旨。"据丁《记》，杨收以库部郎中知制诰，及赐金紫，迁兵部侍郎，均在入院后，而《旧传》则记为任学士前。《新传》亦先叙"懿宗时擢累中书舍人"，后记为"翰林学士、承旨"，实则其擢迁为中书舍人，亦在入院之后。两《唐书》本传记翰林学士事，既简略，又不合实。

杨收在院，前后历时三年，实仅两年，其间由从六品上之吏部员外郎累迁为正四品下之兵部侍郎，且旋又任相，这在宣、懿两朝是少见的。《全唐文》卷八三所载懿宗《授杨收平章事制》，有评云："文冠一时，而若非游艺；学该千古，而似不能言。自鸿飞名场，鹭振班列，宪署每闻其守法，曲台咸著于推公。所莅有声，历试皆可。……由是擢于禁苑，升以台阶，俾申匡辅之勤，用□燮和之重。"甚为称誉。但杨收在院期间，未见有制诏撰作，也未有制文传存，其参预政事，也未有记载。

关于杨收出院拜相之时间，《旧唐书·懿宗纪》有误，于咸通四年（863）三月记："以兵部侍郎、判度支杨收本官同平章事。"实则《新唐书·懿宗纪》、《新唐书·宰相年表》皆记于咸通四年五月己巳，"翰林学士承旨、兵部侍郎杨收同中书门下平章事"，与丁《记》同；《通鉴》卷二五〇亦同。今检《旧唐书·懿宗纪》所记咸通四年事，五、六两月皆缺，无一字记，《旧唐书》纂修、传刻时，当原将五月所记杨收任相事，误提前于三月（且未如《新纪》、《新表》、《通鉴》均记有月日，可见当时史料之缺略）。

杨收在院时间并不长，但能直接由翰林学士升任宰相，有一事值得注意。《旧传》有云："左军中尉杨玄价以收宗姓，深左右之，乃加银青光禄大夫、中书侍郎、同平章事。"《新传》则更记为："收之相，玄价实左右之。"《通鉴》卷二五〇记杨收于咸通四年五月任相,亦云:"与左军中尉杨玄价叙同宗相结,故得为相。"左军中尉为晚唐时宦者掌军权的紧要官职。大中十三年(859)八月宣宗临卒时,宦官枢密使王归长等本密谋立宣宗第三子夔王滋,后左军中尉王宗实获知信息,立即遣兵谋杀王归长等,立宣宗长子郓王温为帝,即懿宗。咸通后期,左军中尉田令孜,亦"专制中外"(《旧唐书》卷一八四《宦官·杨复恭传》)。咸通十四年(873)七月懿宗将没,亦由左军中尉刘行深等立普王俨为帝,即僖宗(参见《通鉴》卷二五二)。由此亦可见时为左军中尉之杨玄价,掌有实力,而他之所以与杨收交结,表面看来是为同姓同宗,实则亦借助与翰林学士联结,以增加其声望。杨收在院期间官阶升迁既快,且又直接提拔为相,当也与杨玄价有关。这也是晚唐时期翰林学士与宦官交结之一例。

不过杨收任相后,既与宦官交结,自身亦夸侈求利,为人所讥。《旧传》记云:"收居位稍务华靡,颇为名辈所讥,而门吏僮奴,倚为奸利。"《新传》略同。后《南部新书》卷甲,即记有轶闻:"咸通末,曹相确、杨相收、徐相商、路相岩同为宰相,杨、路以弄权卖官,曹、徐但备员而已。长安谣曰:'确确无余事,钱财总被收。商人都不管,货赂几时休。'"(此则,宋王谠《唐语林》卷七亦载)此云"长安谣",即当时京都民间已广有传播。此四句,每句讥喻一人,于杨收则重在"钱财"。又此处所记曹确、杨收、徐商、路岩,皆为宣宗、懿宗朝翰林学士,又在懿宗朝任相,亦可见晚唐时翰林学士的另一种风气。

不过杨收就此也与杨玄价发生冲突,因此遭到贬责。两《唐书》本传皆有记,《新传》所记较明晰,云:"既益贵,稍自盛满,为夸侈，门吏僮客倚为奸。中尉杨玄价得君，而收与之厚，收之相，玄价实左右之，乃招四方赇饷，数干诿，收不能从①，玄价以负己，大恚，阴加毁短。知政凡五年，罢为宣歙观察使。"当是杨收毕竟是文人，不能完全实现杨玄价之委托，遂被斥贬。

关于杨收此次罢相、外出，《旧纪》及两《唐书》本传又有误。按《新唐书·懿宗纪》、《新唐书·宰相年表》皆记咸通七年（866）十月壬申，杨收罢相，出为宣歙池观察使，《通鉴》卷二五〇亦记于咸通七年十月，并谓："收性侈靡，门吏僮奴多倚为奸利。杨玄价兄弟受方镇之赂，屡有请托，收不能尽从；玄价怒，以为叛己，故出之。"由此可见，晚唐时宦官之权有时在宰相之上，可以操纵宰相之出入。由此，则《新传》所云杨收"知政凡五年"，不合。盖杨收于咸通四年五月任相，七年十月罢相，前后亦仅四年，何云"五年"？《旧唐书·懿宗纪》所记则更误，于咸通八年三月，记杨收"检校兵部尚书，充浙江西道观察使；以浙西观察使杜审权守尚书左仆射，以兵部侍郎于悰（琮）本官同平章事"。即以杨收接杜审权之浙西任，以于琮入相接杨收任，实则于琮任相在咸通八年七月，非三月（详见后于琮传）。又杜审权于咸通八年三月仍在浙西任，后庞勋战乱于咸通十年九月平，杜才入为尚书左仆射。咸通年间，未有杨收任浙西节镇者（参《唐刺史考全编》卷一三七江南东道润州）。《旧唐书·懿宗纪》乃以杨收此次之出为宣歙池观察使误记为浙西观察使，并以咸通七年十月误记为八年三月。《旧

①"数干诿"之"干"，原作"千"，中华书局点校本有校，谓此句文义欠明，"千"当为"干"之讹。今据改。

传》亦记谓:"(咸通)八年十月,罢知政事,检校工部尚书,出为宣歙观察使。"又较《旧纪》晚半年,记时更误。由此可见,仅记杨收罢相,出镇事,《旧纪》及两《唐书》本传均各有误;晚唐史书记事类似之误者不少,确须注意。

由此可以确定,杨收于咸通七年(866)十月出为宣歙池观察使,《旧传》接云:"韦保衡作相,又发收阴事,言前用严譔为江西节度,纳赂百万。明年八月,贬为端州司马,寻尽削官封,长流驩州。"即韦保衡作相时又告发杨收,乃于其任相之"明年八月",又贬杨收为端州司马。按韦保衡于咸通十一年(870)四月才由翰林学士入相(详见后韦保衡传),而据《通鉴》卷二五〇所记,杨收之复贬端州司马,乃在咸通八年八月,《旧传》此处所记又误。《通鉴》卷二五〇咸通八年,记云:"宣歙观察使杨收过华岳庙(元胡三省注:华岳庙在华州华阴县),施衣物,使巫祈祷,县令诬以为收罪,右拾遗韦保衡复言收前为相,除严譔江西节度使,受钱百万,又置造船务,人讼其侵隐。八月庚寅,贬收端州司马。"《通鉴》并有《考异》,亦引及《旧传》所谓韦保衡作相云云,考云:"按是时保衡未作相,《旧传》误,今从《实录》。"《通鉴》记杨收于咸通八年八月贬端州,乃据《实录》,当可信。《唐大诏令集》卷五八载有《杨收端州司马制》①,文末即署"咸通八年八月",更可佐证。《通鉴》所载,即杨收于咸通七年十月出为宣歙观察使,途经华阴,有祭华岳庙,后即被当地县令所告,第二年,咸通八年,时韦保衡仕为右拾遗,得所告,又以严譔事相联,上告,遂于此年八月再贬杨收为

①宋宋敏求编《唐大诏令集》,商务印书馆点校本,1959年。

端州司马,与时相合。

《旧传》所记有误,《旧纪》竟另又有误,于咸通九年十月记:
"贬浙西观察使杨收为端州司马同正。"将咸通八年八月误系于九
年十月,真未知所据,又仍将"宣歙观察使"误记为"浙西观察使"。

按严譔事,当属实,见《新唐书》卷一五八《严震传》后所附
(譔为震之从孙)。《唐大诏令集》卷五八所载《杨收端州司马
制》《杨收长流驩州制》,皆记其"贪黩为业",并特称"江西置节
制之额,务在虚兵",即指严譔事。

《旧传》记贬端州司马后,云:"寻尽削官封,长流驩州。又令
内养郭全穆赍诏赐死。"并记咸通九年(868)三月十五日,郭全穆
至驩州,宣诏,杨收即自服药卒。《旧传》此处所记年月,又有误。
《唐大诏令集》卷五八所载《杨收长流驩州制》,文末署为"咸通十
年二月",即咸通十年二月才正式下诏,使杨收由端州司马再流放
于驩州。《通鉴》卷二五一亦于咸通十年记:"二月,端州司马杨收
长流驩州,寻赐死,其僚属党友,坐长流岭表者十余人。"《新唐
书·懿宗纪》亦谓:"(咸通)十年二月,杀驩州流人杨收。"而《旧
传》竟记宦者郭全穆于咸通九年三月十五日已至驩州,迫杨收自
尽。杨收一人之事,两《唐书》,特别是《旧唐书》,所记之具体时、
事,竟如此多误,确应对《旧唐书》之编纂、流传作进一步较全面地
探索。

又,《旧唐书》记有杨收与当时二位文士之关系,亦有误。一
为与温庭筠,《旧唐书》卷一九〇下《文苑下·温庭筠传》,记温庭
筠在扬州时曾受淮南节度使令狐绹迫害,后还至长安,"属徐商知
政事,颇为言之;无何,商罢相出镇,杨收怒之,贬为方城尉"。似

温庭筠之贬方城尉，乃出于杨收之怒。按据《新唐书·宰相年表》，徐商任相在咸通六年（865）六月，罢相出镇在咸通十年（869）六月，而据前考述，杨收已于咸通七年（866）罢相出为宣歙观察使，十年（869）二月长流驩州，被赐死。如此，则何以徐商于咸通十年六月罢相后杨收仍居于相位，并迫使温庭筠出贬？

二为与薛逢，《旧唐书》卷一九〇下《文苑下·薛逢传》，记薛逢与杨收同年进士，后薛逢因与宰相刘瑑不合，出为巴州刺史，"既而沈询、杨收、王铎由学士相继为将相，皆逢同年进士，而逢文艺最优。杨收作相后，逢有诗云：'须知金印朝天客，同是沙堤避路人。威凤偶时皆瑞圣，潜龙无水谩通神。'收闻，大衔之，又出为蓬州刺史"。按沈询、杨收确曾为翰林学士，而王铎则未为翰林学士，此处将王铎与沈询、杨收并提，谓"由学士相继为将相"，则误。另有更误，《唐才子传校笺》卷七《薛逢传》谭优学笺①，有所辩析，谓据《新唐书·宰相年表》，刘瑑以宣宗大中十二年（858）正月入相，五月卒，此时薛逢在朝任尚书郎之职，后改为某县令，又谓今存薛逢诗，仅有记其出任蓬州刺史之作，未有记出任巴州者。谭说可从。另，《旧传》所载薛逢此诗，《全唐诗》卷五四八有载，题为《贺杨收作相》，乃杨收由翰林学士直接提拔为相，薛逢特献诗致贺，皆为赞誉之辞，何以使杨收"大衔之"，《旧唐书·薛逢传》所记亦不合。

应当说，当时文士与杨收亦有文字交往者，如上述薛逢《贺杨收作相》，也有文士献诗致贺其在翰林学士院供职者。但当代研

①《唐才子传校笺》，傅璇琮主编；卷七《薛逢传》，第三册，中华书局，1990年。

究者对有些诗作尚有歧见，也应辨析。如卢肇有《喜杨舍人入翰林》（《全唐诗》卷五五一），云："御笔亲批翰长衔，夜开金殿送瑶缄。平明玉案临宣室，已见龙光出傅岩。"陶敏《全唐诗人名考证》（页833），以为此"杨舍人"为杨知温，据丁《记》，杨知温于宣宗大中十一年九月八日自礼部郎中入，十二月十九日加知制诰，十二年十月十一日迁为中书舍人。陶《考》以为杨知温于大中十一年十二月十九日已以礼部郎中加制诰，故入院时仍可称为"舍人"。按杨知温入院年月及官衔，陶《考》所述是，但问题是，卢肇此诗首句称"翰长衔"，按唐翰林学士建制，承旨为在院学士班首，仅一人，故称"翰长"；且承旨一般为帝君亲自任命者，故卢肇此句云"御笔亲批"。而杨知温在院时未曾任承旨，而杨收则于咸通二年四月入，三年二月二十日迁中书舍人，同年九月二十三日即加承旨，则与卢肇诗题与诗句，皆意合。卢肇当于咸通二年九月下旬闻讯后特作诗致贺。末二句乃更喻现已为承旨，在宫中值班，以后当如殷商时傅说，为殷高宗举以为相。卢肇，两《唐书》无传，袁州宜春（今属江西）人，文宗时曾受李德裕赏识、举荐，于武宗会昌三年进士及第。及第后曾历仕于方镇幕府，后在朝任仓部员外郎、集贤院直学士，咸通时曾任歙、宣等州刺史。卢肇作此诗，亦寓有望请举荐之意，可见杨收在任翰林学士时，亦与文士有交往。

《新唐书·艺文志》未有著录其著述。《全唐诗》卷五一七载其《咏蛙》等三诗。《全唐文》卷七六五载其两文：《与安浞论乐意》、《乞贷弟严死罪疏》，皆为两《唐书》本传所载者。

路　岩

路岩，两《唐书》有传，见《旧唐书》卷一七七、《新唐书》卷一八四。《旧传》："路岩者，字鲁瞻，阳平冠氏人也。"《新传》记为"魏州冠氏人"。《元和郡县图志》卷一六河北道，有魏州冠氏县（今河北馆陶）。

路岩父路群，文宗时入为翰林侍讲学士，后为翰林学士、承旨，"历践台阁，受时君异宠，未尝以势位自矜"（《旧传》），颇有声誉（见前文宗朝路群传）。

又路岩于懿宗咸通五年（864）为相，时年三十六（见后），则生于文宗大和三年（829）。

两《唐书》本传皆谓其登进士第，但未记年。《旧传》云"父友践方镇，书币交辟，久之方就"，《新传》略同，则其及第后曾历仕于方镇幕府。唐末阙名所著《玉泉子》，曾记："始（路）岩在淮南，与崔铉作度支使，除监察。"①按崔铉于宣宗大中九年（855）七月为淮南节度使（《通鉴》卷二四九），至懿宗咸通三年（862），则路岩当于进士及第后，于大中后期在崔铉淮南幕府供职。唐末五代之笔记稗史亦可有补于正史。

《旧传》叙其前期仕历甚简，记其于方镇就职后，即云"数年之间，出入禁署，累迁中书舍人、户部侍郎"，未提及翰林学士。《新

---

① 《玉泉子》，上海古籍出版社所编《唐五代笔记小说大观》点校本，2000年。

传》记有翰林学士，但亦甚简略，云"懿宗咸通初，自屯田员外郎入翰林为学士"，后即谓"以兵部侍郎同中书门下平章事"，入相。

丁《记》有具记，云："咸通二年五月二十八日，自屯田员外郎入。十一月二十八日，三殿召对赐绯。三年二月二十一日，加屯田郎中、知制诰充。四年正月九日，迁中书舍人。五月九日，赐紫。十六日，加承旨。九月十八日，迁户部侍郎、知制诰充。五年九月二十六日，迁兵部侍郎、知制诰充。十一月十九日，以本官同中书门下平章事。"

按杨收于咸通二年（861）四月十八日入，路岩则于此后仅月余，亦入；咸通四年（863）五月七日，杨收出院任相，时杨收任为承旨，路岩于四年五月十六日加承旨，当接杨收之任。路岩入院时，年仅三十三，当是懿宗朝翰林学士最为年轻的。

《新传》亦云"自屯田员外郎入"，与丁《记》合。又前所引述之《玉泉子》，谓"自监察入翰林"，不确。

丁《记》记路岩于咸通五年（864）十一月十九日出院任相，《新唐书》卷九《懿宗纪》，记咸通五年十一月，"壬寅，翰林学士承旨、兵部侍郎路岩同中书门下平章事"。《新唐书》卷六三《宰相年表》及《通鉴》卷二五〇所记同。此年十一月壬寅，即十九日，亦与丁《记》合。《通鉴》并云"时年三十六"。《新传》谓"以兵部侍郎同中书门下平章事，年三十六"，但未记年。而《旧传》、《旧纪》却各有异。《旧传》记于咸通三年，非五年，云"咸通三年，以本官同平章事，年始三十六"（《全唐文》卷七九二路岩小传，亦云"咸通三年以本官同平章事"，当即沿袭《旧传》）。《旧纪》却系于咸通七年十一月："以翰林学士承旨、户部侍郎路岩为兵部侍郎、同平章事。"按《旧传》前谓"累迁中书舍人、户部侍郎",后云"咸通三年,以本官同平章事",而据丁《记》,路岩于咸通四年九月十八日才由中书舍人迁户部侍郎,何以于此前一年即已出院任相?可见《旧传》、《旧纪》又误。

路岩在院,前后四年。《全唐文》卷七九二载其文一篇《义昌军节度使浑公神道碑》,记浑偘于咸通二年为义昌军(沧州)节度使,六年三月卒,十二月葬,则作文时路岩已出院,在相位。唐翰林学士在院任职期间,有应皇帝之命,为外地节镇撰写碑志者,路岩此文,则受浑偘从父弟右威卫上将军浑佶所托而作(文末云"他日持故吏行状托余斯文")。

路岩此次亦继杨收,由翰林学士直接擢迁为相,且亦与杨收相类,执政时"稍务奢靡,颇通赂遗"(《旧传》)。《新传》更评为"乃通赂遗,奢肆不法"。据《新唐书·宰相年表》,咸通六年六月后,杨收、曹确、路岩、徐商皆在相位,《南部新书》卷甲有记云:"咸通末,曹相确、杨相收、徐相商、路相岩同为宰相,杨、路以弄权卖官,曹、徐但备员而已。长安谣曰:'确确无馀事,钱财总被收。商人都不管,货赂几时休。'"即以"货赂"喻指路岩。由此可见懿宗咸通时之政治腐败情况。此四人于任相前均曾为翰林学士,入相后有如此表现,由此可见晚唐时翰林学士也有一种不良风尚。

路岩与杨收同样,后亦受韦保衡之陷斥,罢相外出。《新传》云:"俄与韦保衡同当国,二人势动天下,时目其党为'牛头阿旁',言如鬼阴恶可畏也。既权侔则争,故与保衡还相恶。俄罢岩为剑南西川节度使。"《旧传》更明确记为"保衡作相,罢岩知政事"。按韦保衡于咸通十一年(870)四月由翰林学士承旨入相,路岩则于第二年四月罢相外出。《通鉴》卷二五二有具体记叙:咸通十二年(871),"门下侍郎同平章事路岩与韦保衡素相表里,势倾天下,既而争权,浸有隙,保衡遂短岩于上。夏四月癸卯,以岩同平章事充西川节度使。岩出城,路人以瓦砾掷之。权京兆尹薛能,岩所擢也,岩谓能曰:'临行,烦以瓦砾相钱。'能徐举笏对曰:'向来宰相出,府司无例发人防卫。'岩甚惭"。联系上述《南部新书》所载"长安谣曰",可见当时民间对路岩甚为不满。

但路岩被罢相外出,在四川成都,仍"喜声色游宴"(《通鉴》卷二五二咸通十四年十月)。《北梦琐言》卷三《路侍中襄巾》条又有记云:"(路岩)镇成都日,委执政于孔目吏边咸,日以妓乐自随,宴于江津。"边咸为其任相时亲吏,随其赴镇,在蜀时则与人"相依倚为奸"(《新传》)。当地即以事上闻,据《通鉴》卷二五二,遂于咸通十四年(873)十一月戊辰,改徙为荆南(江陵)节度使。《通鉴》又记:乾符元年(874)正月,"路岩行至江陵,敕削官爵,长流儋州。岩美姿仪,因于江陵狱再宿,须发皆白,寻赐自尽,籍没其家。岩之为相也,密奏三品以上赐死,皆令使者剔取结喉三寸以进,验其必死,至是自罹其祸。所死之处,乃杨收赐死之榻也"。据《通鉴》此处所记,可见路岩为相执政时亦甚刻薄。

按路岩由西川改江陵,在咸通十四年十一月。而是年七月,僖宗即位,十月,贬韦保衡,寻赐自尽(见后韦保衡传),如此,则路岩此次之再贬、赐死,非再出于韦保衡。可能僖宗即位后,朝中对路岩又有所议,故如韦保衡作同样的处理。

路岩未有所著。《全唐文》卷七九二载其文一篇,即前所引述之浑偘墓志铭。

赵骘

　　赵骘,附见于《旧唐书》卷一七八《赵隐传》,赵隐为其兄。《新唐书》卷一八二《赵隐传》仅记赵骘一句,谓"骘终宣歙观察使",且有误(见后)。《新唐书》卷七三下《宰相世系表》三下,记赵骘"字玄锡";两《唐书》传皆未记其字号。

　　两《唐书·赵隐传》皆记为京兆奉天人。《新唐书·宰相世系表》谓:"新安赵氏,后徙京兆奉天。"京兆奉天,即今陕西乾县。赵骘父存约,曾在李绛兴元幕府(山南西道节度判官),文宗大和三年(829)军乱,与李绛同时遇害。正因如此,赵隐兄弟"少孤贫,弟兄力耕稼以奉亲,造次不干亲戚"(《旧传》)。按,《旧传》称隐为兄,骘为弟,"与弟骘尤称友悌";《新唐书·宰相世系表》亦记赵存约二子:隐、骘。而《新唐书·赵隐传》则谓:"隐以父死难,与兄骘庐墓几十年。"称骘为兄,《新传》当误。

　　赵隐于宣宗大中三年(849)登进士第,历仕内外,后于懿宗咸通十三年(872)二月任相,《旧传》称其"既居宰辅,不以权位自高"。《旧传》谓赵骘"亦以进士登第",但未记年。清徐松《登科记考》卷二二,据《广卓异记》所载"大中六年,崔玙知举,放赵骘及第",即系于宣宗大中六年(852)进士及第,后于其兄赵隐三年。

　　《旧传》接云:"大中末,与兄隐并践省阁。咸通初,以兵部员外郎、知制诰,转郎中,正拜中书舍人。"未记任翰林学士事。

　　丁《记》记为:"咸通二年八月六日,自右拾遗充。十一月二十六日,三殿召对赐绯。三年二月二十日,迁起居舍人充。四年八月七日,改兵部员外郎,特恩知制诰。五年正月十七日,三殿召对赐紫。七月八日,加驾部郎中、知制诰,依前充。九月十七日,加朝散大夫、户部□□,依前充。其月三十日,改礼部侍郎,出院。"则《旧传》所谓"以兵部员外郎知制诰,转郎中",即在学士任期内迁转之官衔,至于《旧传》所云"正拜中书舍人",尚待议(见后)。

丁《记》中记"九月十七日,加朝散大夫、户部□□,依前充",接云"其月三十日,改礼部侍郎,出院",此"九月十七日"前,应有"六年"二字,因《旧唐书》卷一九上《懿宗纪》,记咸通六年(865),"九月,以中书舍人赵骘权知礼部贡举"。按唐科举制惯例,知贡举前一年,先任礼部侍郎或其他有关官职,以备次年年初主试。徐松《登科记考》卷二三咸通七年,即据《唐摭言》所记"韩衮,咸通七年赵骘下状元及第",及《唐才子传》载沈光"咸通七年,礼部侍郎赵骘下进士",列赵骘于咸通七年知举,是。由此,即可确定丁《记》之"九月十七日"前应加"六年"二字。至于"户部□□"之两个缺字,检核后云"其月三十日,改礼部侍郎",则当为"侍郎",即由驾部郎中迁为户部侍郎。不过岑氏《注补》谓由驾部郎中迁户部侍郎,升迁过速,不合制例,乃参据《旧传》所谓"正拜中书舍人",云应将"户部□□"改为"中书舍人"。实则徐松于《登科记考》卷二三咸通七年记"知贡举,礼部侍郎赵骘",已有考,即引《唐摭言》、《广卓异记》,皆称其为礼部侍郎知举。徐松所考当是。

又,《唐摭言》卷九《芳林十哲》条,谓"咸通十三年,赵骘主文",则误,参后于琮传。

《旧传》称赵骘于咸通七年"选士,多得名流",确是如此。如此年登第者,首列韩衮,为韩愈子昶之次子。另如沈光,《唐才子传》卷八《沈光传》,谓"咸通七年礼部侍郎赵骘下进士"。沈光及第后,罗隐特作诗赠之:《送沈光及第后东归》(《全唐诗》卷六五五)。又同年登第者汪遵,宋《诗话总龟》卷一五引《诗史》,谓汪遵《咏史》诗,"何光远称此诗卓绝千古"。赵骘于咸通七年知举,是懿宗朝翰林学士出院后即知贡举试之首例,且为当时所称,也是懿宗朝翰林学士品行称誉之较好者。

不过赵骘因此年知举,却受累而外出。《唐摭言》卷一三《无名子谤议》条,有云:"赵骘试《被衮以象天赋》,更放韩衮为状元。或为中贵语之曰:'侍郎既试《王者被衮以象天赋》,更放韩衮状元,得无意乎?'骘由是求出华州。"即赵骘于咸通七年知举时,其赋诗之题,后为人向宦者("中贵")所告,宦者当又向皇上诬告。赵骘不愿因此受累更深,即求外出,乃任为华州刺史。按《唐刺史考全编》卷三京畿道华州,蒋伸于咸通七年至九年为华州刺史,有据;又据《千唐志斋藏志》之《唐故河南府洛阳县尉孙府君(备)墓志铭并序》所记,咸通十年赵骘在华州刺史任,由此定赵骘任华州刺史在咸通十年至十二年,是。

又刘允章于咸通九年知举,郑仁表于此年进士及第(参见《登科记考》卷二三)。《唐语林》卷三有记:"仁表后为华州赵骘幕,尝饮酒,骘命欧阳琳作录事,酒不中者罚之。仁表酒不能满饮,琳罚之。"按欧阳琳亦为咸通七年赵骘知举时进士及第者(见徐《考》)。由此,则郑仁表当于咸通九年及第后应辟在赵骘华州幕(《旧唐书》卷一七六《郑肃传》,亦有记郑仁表及第后,"从杜审权、赵骘为华州、河中掌书记")。此亦可佐证赵骘于咸通十年至十二年为华州刺史。

又《旧传》先记赵骘为中书舍人，后知举，接云"拜礼部侍郎、御史中丞，累迁华州刺史、潼关防御、镇国军等使，卒"。此处记先任中书舍人，知举后才任礼部侍郎，误，见前考述。不过据《旧传》此处所记，赵骘似即卒于华州刺史任，《新唐书·宰相世系表》，记赵骘，亦为"华州刺史"。《新表》所记官名，一般皆为终官，此云华州刺史，亦与《旧传》合。唯《新唐书·赵隐传》记赵骘，仅一句，云"终宣歙观察使"，未记年，亦未有所据，参《旧传》、《新表》，当误。《唐刺史考全编》卷一五六江南西道宣州，列赵骘于咸通十一年，亦仅据《新传》，并云："按《旧书》本传未及宣歙。吴氏《方镇年表》列咸通十一年，姑从之。"实则吴氏《方镇年表》仅揣测，不足据。

赵骘未有著作载录。

刘允章

刘允章，两《唐书》有传，附于《旧唐书》卷一五三《刘迺传》、《新唐书》卷一六〇《刘伯刍传》。刘迺为其曾祖，刘伯刍为其祖。刘允章父宽夫，敬宗时为监察御史、左补阙。《新唐书》卷七一上《宰相世系表》一上，记为"广平刘氏"，《旧唐书·刘迺传》亦称为洛州广平人。广平为今河北永年。

《新传》记刘允章字蕴中，《新表》作韫中，当互通。《旧传》未记其字号。

《旧传》谓其登进士第,但未记年,后即云"累官至翰林学士、承旨、礼部侍郎"。《新传》亦于记其字蕴中后,云"咸通中为礼部侍郎",早期事迹皆未有记。今按李商隐《樊南乙集序》,作于宣宗大中七年(853)十一月在东川节度(梓州)幕府时①,文中自谓大中二年自桂林北返,选为盩厔县尉,后参见京兆尹,乃留于府中代草奏章,大中三年亦在任,即云:"时同寮有京兆韦观文、河南房鲁、乐安孙朴、京兆韦峤、天水赵璜、长乐冯颛、彭城刘允章。是数辈者,皆能文字,每著一篇,则取本去。"由此可知,刘允章在大中初期亦在京兆府任职,并与李商隐有所交往。唯具体官衔不知。此为记叙刘允章前期仕迹之第一手材料。其登第年或亦在会昌末、大中初。

此后即丁《记》所记,于懿宗咸通时曾两次入院,记为:"咸通三年九月二十七日,自起居郎入。其年十一月二十七日,三殿召对赐绯。四年三月二十四日,授歙州刺史。""咸通五年十一月二十七日,自仓部员外郎守本官再入。六年正月九日,加户部郎中、知制诰。五月九日,三殿召对赐紫。八年十一月四日,迁工部侍郎、知制诰,依前充。其年十一月十六日,改礼部侍郎,出院。"

按刘允章第一次入院时,已任为起居郎(从六品上),与尚书诸司员外郎同阶,但在院仅半年,未有迁转,即出为歙州刺史,未知何故。时在院者有刘邺、杨收、路岩、赵骘(参见书后"学士年表"),人数也并不多。

刘允章在歙州任时间并不长,约不到一年即又返朝,先为仓

---

①参见刘学锴、余恕诚《李商隐文编年校注》,页2177,中华书局,2002年。

部员外郎（从六品上），后即于咸通五年（864）十一月二十七日入院。第二次在院期间，迁转较快，入院仅月余，即迁为从五品上之户部郎中，并加知制诰。又历二年，即咸通八年（867）十一月四日，迁正四品下之工部侍郎，又于同月十六日改为礼部侍郎，以备翌年主持贡举考试。

《旧传》记有"累官至翰林学士、承旨、礼部侍郎"。按丁《记》未记刘允章加任承旨，且咸通五年十二月至七年三月，侯备为承旨，七年三月，独孤霖接为承旨（见后侯备、独孤霖传，及书后"学士年表"），则《旧传》所记之承旨，误。《新传》叙刘允章仕迹，则未提及翰林学士，当为缺记。

又《旧唐书》卷一九上《懿宗纪》，咸通八年（867）十月，"以中书舍人刘允章权知礼部贡举"。按据丁《记》，咸通八年十月，刘允章尚在院，为户部郎中、知制诰，至十一月四日，迁工部侍郎，同月十六日又改为礼部侍郎，则《旧纪》所记，时、事皆不合，且谓以中书舍人知举，据丁《记》，刘允章在院期间未有迁转中书舍人者。唯岑氏《注补》据《旧纪》，有云："于制，郎中、知制诰必正除舍人而后迁侍郎。"未能如丁《记》所记由户中超迁工侍，又谓"咸通朝以舍人出知举者居多数，改礼侍者犹云权知礼侍也"。按岑氏此说仅为揣测，翰林学士在院中超阶迁升者甚有，至于刘允章于咸通九年以礼部侍郎知贡举，史书及有关材料记载者甚多。《唐语林》卷八详记唐时以中书舍人知举者名单，即未有刘允章。徐松《登科记考》卷二三咸通九年，即记刘允章以礼部侍郎知举，其所列此年进士及第者羊昭业，引《永乐大典》所辑之《苏州府志》，亦记为"侍郎刘允章知举，羊昭业登第"。

关于刘允章知举，《旧传》仅云"咸通九年知贡举"，《新传》稍述数句，云："请诸生及进士第并谒先师，衣青衿，介帻，以还古制。"值得一提的另有一事，《唐摭言》卷九《芳林十哲》条，叙及当时沈云翔、郭薰等，"咸通中自云翔辈凡十人，今所记者有八，皆交通中贵，号芳林十哲。芳林，门名，由此入内故也"。即此所谓"芳林十哲"，多与宦官（"中贵"）交结，并以此串通，谋取通过科试。《唐语林》卷三又特为记述："允章少孤自立，以臧否为己任。及掌贡举，尤恶朋党。初，进士有'十哲'之号，皆通连中官，郭繀、罗虬，皆其徒也。每岁，有司无不为其干挠，根蒂牢固，坚不可破。都尉于琮方以恩泽主盐铁，为繀极力，允章不应，繀竟不就试。"后又记罗虬亦应试，其所试诗，也不为刘允章所取，落第。由此可见，刘允章此次知举，确能持正不阿，不受人请托，力排串通"中贵"之所谓"十哲"，这有助于对晚唐科举考试风气之研究。

按咸通七年知举者赵骘，九年知举者刘允章，皆为由翰林学士出院即就此任者。赵骘知举时，也被誉为"进士多得名流"，但不久即为宦官（"中贵"）所告，出为华州刺史。刘允章亦如是，《旧传》记其知举后，即"出为鄂州观察使"。据《旧唐书·懿宗纪》，刘允章于咸通九年冬，已在鄂岳任，即咸通九年十二月记："是岁，江、淮蝗食稼，大旱。庞勋奏：'当道先发戍岭南兵士三千人春冬衣，今欲差人送赴邕管。'鄂岳观察使刘允章上书言：'庞勋聚徒十万，今若遣人达岭表，如戍卒与勋合势，则祸难非细。'"按庞勋本于此年七月率徐州戍卒赴桂林，后叛乱，攻江淮，时为淮南节度使令狐绹"畏其侵轶，遣使诇勋说谕，许为之奏请节钺，勋乃息兵俟命"（《通鉴》卷二五一咸通九年闰十二月）。由此，则《旧纪》所记刘允章于此年十二月上奏,合实。

由此可确证,刘允章于咸通九年春知举后,旋即外出。何以如此,史书皆未有记。《唐摭言》卷一三《无名子谤议》条,既有记赵骘知举时所出试题为人所告(见前赵骘传),又有记云:"刘允章试《天下为家赋》,为拾遗杜裔休驳奏,允章辞穷,乃谓与裔休对。时允章出江夏,裔休寻亦改官。"杜裔休于咸通时亦为翰林学士(见后传)。则时任谏官(拾遗)者,可对科试题上奏,加以驳议。不过刘允章是否因杜裔休之奏议而外出,限于史料,亦未能定。

《旧传》记刘允章任鄂岳观察使后,接云"后迁东都留守"。《唐语林》卷三亦谓"允章自鄂渚分司东都"。实则所谓自鄂岳改任东都留守,非。据史书所记,黄巢于僖宗时起兵,后于广明元年(880)十一月攻陷洛阳,时刘允章为东都留守,迎之。广明元年距咸通九年(868)有十余年,刘允章不可能长期在留守任(《唐刺史考全编》卷四八都畿道东都,记咸通八年至乾符六年,皆有他人任东都留守)。《旧唐书·僖宗纪》乾符三年(876)六月记,"抚王府长史刘允章凉王府"。按《旧唐书》卷一五〇记抚王纮,为顺宗第十七子,"咸通四年,特册拜司空,五年,册司徒。乾符三年,册太尉,其年薨"。又卷一七五,记凉王侹,懿宗子,"咸通三年封,乾符六年薨"。据此,刘允章当于乾符三年前已在京为抚王府长史,其年抚王卒,又转为凉王府长史。又《唐大诏令集》卷一一七《宣抚东都官吏敕》,文末署"乾符三年九月",首云"敕东都留守王讽、河南尹刘允章",则此时刘允章又在河南尹任,即乾符三年六月由抚王府长史改为凉王府,旋又改任河南尹。敕文述及"昨者草寇凭陵","王仙芝等纵助生灵,联攻县邑",洛阳又"工商失业以无依,黎庶舍家而竟出",故"今差左谏议大夫杨授、工部员外郎李巢专往慰抚"。乾符三年为公元 876 年,此后数年间刘允章当又改任东都留守。由此可证前所引述之《旧传》、《唐语林》等所云由鄂岳观察使转为东都留守,实误。

值得一提的是,《全唐文》卷八〇四载有刘允章《直谏书》一文,开篇自称"救国贱臣前翰林院学士刘允章",此云"救国贱臣",参前《宣抚东都官吏敕》所述当时家破人亡之动乱情势,很可能即作于乾符中任河南尹、东都分司期间。文中称"陛下初登九五",亦即僖宗即位不久。文中特为提出:"今国家狼戾如此,天下知之,陛下独不知之。"应该说,陆贽敕文,刘蕡对策,尚未能如此直言的。文中又详言国之弊政,云有"九破",即:终年聚兵;蛮夷炽兴;权豪奢僭;大将不朝;广造佛寺;赂贿公行;长吏残暴;赋役不等;食禄人多,输税人少。又谓"天下苍生,凡有八苦":官吏苛刻;私债征夺;赋税繁多;所由乞敛;替逃人差科;冤不得理,屈不得伸;冻无衣,饥无食;病不得医,死不得葬。刘允章此时距翰林学士任已二十余年,但仍称"前翰林院学士",由此可见他如此直抒己见,抨击弊政,乃认为仍执行翰林学士之职责。晚唐时曾任翰林学士,能如此直斥朝政,可谓尚无第二人者。此文值得注意,故特提出,以供研索。

可能刘允章有如此心情,当黄巢于广明元年(880)十一月攻破洛阳时,"留守刘允章率分司官迎之"(《旧唐书》卷二〇〇下《黄巢传》)。又《通鉴》卷二五四广明元年十一月亦有记:"丁卯,黄巢陷东都,留守刘允章帅百官迎谒。"这在当时唐朝官员中也是未有的。

《旧传》记为："黄巢犯洛阳，允章不能拒，贼不之害，坐是废于家，以疾卒。"则刘允章虽对黄巢军有所迎谒，但未有作为，退居于家，后病卒。

刘允章文，除前所引述载于《全唐文》卷八〇四《直谏书》外，近世尚有出土墓志一篇，即周绍良主编之《唐代墓志汇编》所辑之《故楚国夫人赠贵妃杨氏墓志铭并序》，署为"翰林学士、朝议郎、守尚书户部郎中、知制诰、赐紫金鱼袋臣刘允章奉敕撰"①。文中称楚国夫人杨氏卒于咸通六年四月十九日，七月廿三日葬。如此，正与丁《记》所记咸通六年正月九日加户部郎中、知制诰合，由此亦可见丁《记》有壁记实录之史料价值。文中称皇上震悼，"遂诏侍从之臣，受以彤管之史，臣实当御，承命直书"。翰林学士在院期间，应命为贵妃、宫主等撰作碑志，也是职责之一。另可注意的是，此志又署有："翰林待诏、将仕郎、守泗州司马臣张宗厚奉敕书。""翰林待诏、承奉郎、守建州长史臣董咸奉敕篆。"即志文为翰林学士撰，书写与题篆，可由翰林待诏担任，可见晚唐时翰林院中仍有翰林待诏。又，这两位待诏，所具官衔，皆为外地官名，一为泗州司马，一为建州长史，这也是有唐一代翰林待诏之特点（可参前顺宗朝王叔文传），可能由此可获较高之俸薪，也值得研究。

---

① 见周绍良主编《唐代墓志汇编》，咸通〇四一，页 2410；上海古籍出版社，1992 年。

独孤霖

独孤霖，两《唐书》无传。《新唐书》卷七五下《宰相世系表》五下，独孤氏，记有独孤霖，云"秘书监"；又记其父密，云州刺史；其兄云，字公远，吏部侍郎。独孤云，清徐松《登科记考》卷二一，据李商隐《妓席暗记送同年独孤云之武昌》诗，系于文宗开成二年（837）与李商隐同年进士及第。又《太平广记》卷二七三引《玉泉子》，有云："（韦）保衡既登第，独孤云除东川，辟在幕下。"韦保衡于懿宗咸通五年（864）登第（见后韦保衡传），则独孤云于咸通中曾为剑南东川节度使，后曾历任吏部侍郎、江西观察使（参见《唐尚书省郎官石柱题名考》卷四吏部员外郎）。独孤云子独孤损，于昭宗时曾任相，《新唐书·宰相世系表》即谓独孤氏任相者唯独孤损。

独孤霖前期仕迹不详，现所知者为丁《记》所记自入为翰林学士始，云："咸通三年九月二十七日，自右补阙赐绯入。四年闰六月十九日，加司勋员外郎充。十二月二十一日，加知制诰。五年五月九日，三殿召对赐紫。七月八日，加库部郎中、知制诰，依前充。六年六月五日，迁中书舍人，依前充。九月十七日，加朝散大夫、工部侍郎，依前充。七年三月十七日，三殿召对，面宣充承旨。八年正月二十七日，改户部侍郎、知制诰，依前充。十一月四日，迁兵部侍郎、知制诰，依前充。十年九月八日，守本官、判户部，出院。"此为记独孤霖仕迹最详实的资料，如无此记，则唐翰林学士即缺独孤霖之名。

丁《记》记独孤霖于咸通七年（866）三月十七日加任承旨，因此前任承旨者为侯备，侯备于此年三月九日出院（见后侯备传），故即于数日后接任。又，咸通六年（865）九月十七日由中书舍人迁工部侍郎，按此前记有库部郎中、知制诰，后改任户部侍郎、兵部侍郎时亦皆兼知制诰，则由中书舍人迁工部侍郎时，亦应加有"知制诰"三字。

独孤霖在院，前后历有七年，不短。《全唐文》卷八〇二载有其所作《抚王纮开府仪同三司守司空制》。据《旧唐书》卷一五〇《顺宗诸子传》，抚王李纮为顺宗第十七子，"贞元二十一年封，咸通四年，特册拜司空。五年，册司徒。乾符三年，册太尉，其年薨"。独孤霖草撰之制，为册封司空，即于咸通四年，则正在任职。另又有数篇，乃为玉晨观修功德、祈雨所作，如《七月十一日玉晨观别修功德叹道文》、《九月一日玉晨观别修功德叹道文》、《玉晨观祈雨叹道文》。可以注意的是，至玉晨观祈道，多称"女道士某等奉为皇帝虔修法事"，可能即在宫中所设。撰此类修道祈雨之文，则亦为翰林学士职责之一。按《新唐书》卷六〇《艺文志》四，集部别集类，著录有独孤霖《玉棠集》二十卷，未有注。按此书前后，著录者均为制诰集，如《李虞仲制集》四卷，封敖《翰稿》八卷，崔嘏《制诰集》十卷，刘崇望《中和制集》十卷，李磎《制集》四卷等。其撰者，既有翰林学士，也有知制诰、中书舍人。则独孤霖之《玉棠集》，当亦为任翰林学士期内所撰之制文，既为二十卷，则所撰制文甚多，这当也与其在院时间历有七年有关。由此可见，唐时文臣于任职时所撰制诰等官方文书，可自编成集，不必避讳者，与宋以后不同。这也是唐时文士参预政事的一个特点。

据丁《记》，独孤霖于咸通十年（869）九月出院，为兵部侍郎、判户部。《全唐文》卷八〇二又载其《书宣州叠嶂楼》，文末署"咸通十二年十二月辛亥，宣州刺史独孤霖书"，文中有云："予春至逮秋，偶步池北，得小亭之直上，居然最胜，因命植栋斗梁，出城屋之脊。"即建此叠嶂楼。则独孤霖当于咸通十二年（871）春即在宣州任，很可能于咸通十年九月出院后，在朝中任职不久，于咸通十一年又出为宣州刺史。此文对宣州城景颇为欣赏。又，《宝刻丛编》卷一五宣州，著录有："唐《叠嶂楼记》，刺史独孤霖书，咸通十二年十二月辛亥。"注云"据《复斋碑录》"。则宋时此记文尚存于宣州。

此后仕迹不详。据《旧唐书·懿宗纪》，其兄独孤云于咸通十三年（872）三月，尚以吏部侍郎参与考试博学宏词举人；又《旧唐书·僖宗纪》，乾符三年（876），记以江西观察使独孤云为太子少傅。则独孤云颇有显迹，独孤霖于咸通末、乾符初或亦在仕。

据前述，《全唐文》载其文数篇，《全唐诗》未载其诗。

李 瓒

李瓒，两《唐书》皆附于其父李宗闵传后，见《旧唐书》卷一七六、《新唐书》卷一七四，所记皆甚简，仅数十余字，且多有误（见后）。

两《唐书》传皆未记其字号，《新唐书》卷七〇下《宰相世系表》记云"桂管观察使瓚，字公锡"。

《旧唐书·李宗闵传》谓："子琨、瓚，大中朝皆进士擢第。"未记年。前人及当今研究者有考，定于宣宗大中八年（854）。如清劳格《读书杂识》（清光绪戊寅吴兴丁氏刊本）卷七《李瓚》条，引《唐语林》卷六所载"郑舍人縠之父，瓚座主也"，谓"瓚称（郑）薰为座主，知是八年进士"。又《全唐诗》卷五八七载有李频《贺同年翰林从叔舍人知制诰》诗，陶敏《全唐诗人名考证》（页873），考此"翰林从叔舍人"为李瓚，李频即大中八年进士及第者（《登科记考》卷二二据《唐才子传》）。陈尚君《登科记考补》亦谓李频此诗所贺即李瓚。故孟二冬《登科记考补正》卷二二即据陈、陶等说，补李瓚于大中八年进士及第者。

两《唐书》传皆于进士及第后即记其入任翰林学士，亦未记年，且有误。现先引丁《记》所记："咸通四年四月七日，自荆南节度判官、检校礼部员外郎、赐绯充。其月十日，迁右补阙内供奉充。九月十八日，加驾部员外郎充。十二月二十八日，加知制诰。五年六月一日，改权知中书舍人，出院。"

据此，则懿宗咸通四年（863）四月前，李瓚曾在荆南幕府，为节度判官，其官衔为检校礼部员外郎（如杜甫在四川幕府，其官衔为检校工部员外郎）。时裴休为荆南节度使（参见《唐刺史考全编》卷一九五山南东道荆州）。

据丁《记》，李瓚初入院时，为检校礼部员外郎，后"迁右补阙内供奉"，按尚书诸司员外郎为从六品上，左右补阙为从七品上，按例未能云迁。不过此检校礼部员外郎乃其在荆南幕府时所带之空衔，故于入院后仅数日，即加为右补阙，故即云迁；且再过五月,于同年(咸通四年)九月十八日,又加迁为驾部员外郎。而《旧传》所记,却为"瓒自员外郎知制诰,历中书舍人、翰林学士",即李瓒于入院前,已为员外郎并加知制诰,即已为实职,后又迁中书舍人,再入为翰林学士,实则李瓒出院后才加为中书舍人。《旧传》所记官序,皆不合实。

李瓒在院时,李频有《贺同年翰林从叔舍人知制诰》诗(《全唐诗》卷五八七):"仙禁何人蹑近踪,孔门先选得真龙。别居云路抛三省,专掌天书在九重。五色毫挥成涣汗,百寮班下独从容。芳年贵盛谁为比,郁郁青青岳顶松。"按李频亦为大中八年进士第者(《登科记考》卷二二)。据《唐才子传校笺》卷七《李频传》梁超然笺①,李频进士登第后,累于黔中、鄂岳、郎坊等节镇幕府任职,后约于咸通八年(867)前后任南陵县主簿。可见其虽进士及第,但宦途不顺,故当李瓒入院后,特进献一诗,有望荐之意。诗题称"舍人知制诰",按李瓒在院期间未曾任中书舍人,且中书舍人也不必加知制诰之称,此所谓"舍人知制诰",当指咸通四年十二月二十八日由驾部员外郎再加知制诰。此诗第三、四句极夸翰林学士之声望,甚至可以抛中书、门下、尚书"三省"者。又云"芳年贵盛谁为比",则李瓒入院时正当壮龄,有再迁高位之望("郁郁青青岳顶松")。按李频当时亦以诗见称,姚合赏识其才,"大加奖挹,以女妻之"(《新唐书》卷二〇三《文艺下·李频传》)。此为李瓒在院时与文士交往之唯一材料,他在院实仅一年两月,未有业绩。

按两《唐书》本传记李瓒翰林学士事,又有显误。《旧传》云:

---

① 《唐才子传校笺》卷七《李频传》,第三册,中华书局,1990年。

"令狐绹作相,特加奖拔,瓒自员外郎知制诰,历中书舍人、翰林学士。绹罢相,出为桂管观察使。"《新传》亦记为:"令狐绹作相,而瓒以知制诰历翰林学士;绹罢,亦为桂管观察使。"即李瓒之入院、出院,均与令狐绹任相、罢相有关。今按令狐绹于宣宗大中四年(850)十月任相,十三年(859)十二月罢相,出为河中节度使,终懿宗朝,令狐绹未曾返朝者(见前宣宗朝令狐绹传)。据前记述,李瓒任免翰林学士,则均在懿宗朝,李瓒于咸通五年(864)出院,距令狐绹罢相,已有五六年,何以谓令狐绹罢相,李瓒也受累外出?且李瓒于咸通五年六月出院,也未如两《唐书》本传所云,即出为桂管观察使。据丁《记》,李瓒出院,仍任为中书舍人。另据《通鉴》卷二五二,僖宗乾符三年(876)十二月,李瓒在桂州观察使任,其时距出院已有十二、三年,唐时刺史在任者不可能有如此之久的。又《唐刺史考全编》卷二七五岭南道桂州,在此期间任桂管观察使者有严譔、李丛、鱼孟威等,并未有李瓒。两《唐书》本传之所以有此误记,可能以李瓒为李宗闵子,令狐绹为牛僧孺、李宗闵党,即以朋党之交记述李瓒与令狐绹的关系。

李瓒是曾任桂管观察使的,约在僖宗乾符初。《通鉴》卷二五二乾符三年(876)十二月有具体记述:"青、沧军士戍安南,还,至桂州,逐观察使李瓒。"《旧传》记李瓒在桂管任,"御军无政,为卒所逐",《新传》略同。乾符三年十二月为士卒所逐,则当于乾符初任桂管观察使。

又,两《唐书》传记其为戍军所逐,即云"贬死",未有具记。宋王谠《唐语林》卷六,则有补记,云:"李瓒,故相宗闵之子,自桂州失守,贬昭州司户,后量移卫州刺史①。给事中柳韬疏之,复贬。韬始与瓒相善,瓒先达而弃韬。瓒既重为所贬,性强躁,愤且死。"按,昭州,据《元和郡县图志》卷三七,属岭南西道,约今广西平乐、恭城等地。卫州则属河北道,其辖境相当今河南新乡、卫辉等地,衡州在今湖南,故可云量移。但又为给事中柳韬所奏,复贬,寻即卒,但未记其复贬于何地。

李瓒未有著作载记。

于 琮

于琮,两《唐书》有传,《旧唐书》卷一四九附于其曾祖于休烈传后,《新唐书》卷一〇四附于其先世于志宁传后。《旧传》称"河南人"。于志宁,唐太宗时曾召为十八学士,后入相。于休烈,有文名,与会稽贺朝、万齐融、延陵包融,齐名一时,后于肃宗、代宗时历任工部侍郎、国子祭酒,长时期参预纂修国史。休烈子益、肃,则均为代宗朝翰林学士(见前传)。于肃子敖,宪宗元和时任监察御史,穆宗长庆时为给事中,为迎合李逢吉,上疏论李绅友庞严之贬过轻,"众皆嗤"(见前穆宗朝庞严传),但仍为李逢吉拔奖,迁户部侍郎。

---

① 周勋初《唐语林校证》卷六,谓《永乐大典》卷一〇三一〇《为贬愤死》条所引《玉泉子闻见录》,此"卫州"作"衡州"。《唐语林校证》,中华书局,1987年。

于琮即敖之子，可见其家世门第甚高。唯《旧传》称其"虽以门资为吏，久不见用"。后于宣宗大中十二年（858）登进士第，又为驸马都尉。《旧传》有详记："大中朝，驸马都尉郑颢，以琮世故，独以器度奇之。会有诏于士族中选人才尚公主，衣冠多避之。颢谓琮曰：'子人才甚佳，但不护细行，为世誉所抑，久而不调，能应此命乎？'琮然之。会李藩知贡举，颢托之登第，其年遂升谏列，尚广德公主，拜驸马都尉。"《新传》亦载此，唯记知举者为李潘。孟二冬《登科记考补正》卷二二，据严耕望《唐仆尚丞郎表》（卷一六《辑考五下·礼侍》）、陈尚君《登科记考补》等，谓应作"潘"，是。

　　由此，于琮于大中十二年（858）登进士第。《旧唐书》卷一八下《宣宗纪》，大中十二年正月，"以前乡贡进士于琮为秘书省校书郎，寻尚皇女广德公主，改银青光禄大夫，守右拾遗，驸马都尉"。即于琮于大中十二年初登第后，即授以秘书省校书郎（正九品上），旋即尚广德公主，迁右拾遗（从八品上）。

　　《旧传》记其"拜驸马都尉"后，仅概称"累践台阁，扬历藩府"，缺记任翰林学士事，且有误记，云"乾符中同平章事"，实则于琮任相在懿宗咸通后期，僖宗乾符时从未任相（详后）。《新传》有记于琮"咸通中以水部郎中为翰林学士，迁中书舍人"，与丁《记》合。

　　丁《记》记为："咸通四年六月七日，自水部郎中、赐绯入。八月七日，加库部郎中、知制诰充。五年七月八日，迁中书舍人充。九月二十七日，改刑部侍郎，出院。"据丁《记》，《新传》所记稍有误，即记于琮"迁中书舍人"后，云"阅五月，转兵部侍郎、判户部"，实则于琮于咸通五年七月八日迁中书舍人，九月二十七日改刑部侍郎并出院，其间仅两月余。

于琮在院，前后两年，实仅一年余，其任职之业绩未有所记。

至于于琮由兵部侍郎擢迁为相，两《唐书》所记又互有异。《旧·懿宗纪》于咸通八年（867）三月记为："以兵部侍郎于悰（琮）本官同平章事。"《新·懿宗纪》、《新·宰相年表》则记为咸通八年七月，甲子，"兵部侍郎、诸道盐铁转运使、驸马都尉于琮同中书门下平章事"；《通鉴》卷二五〇同。按《旧·懿宗纪》咸通八年，于三月记若干事，三月末最后一事为"以兵部员外郎于琮本官同平章事"，而三月后则缺四、五、六、七、八月，皆未有记，于琮任相当原即记于七月，因《旧唐书》本纪于晚唐时多有缺失，记于琮任相即误列于三月。

又《旧·懿宗纪》于此年（八年）三月又有两误，今一并考之：即此年三月记杨收罢相，"充浙江西道观察使"，未记日。实则杨收于咸通七年十月甲申罢相，出为宣歙观察使，见前杨收传。又《旧纪》记杨收为浙西观察使后，接云"以浙西观察使杜审权守尚书左仆射"，即意为杨收出任浙西，杜审权即离任。实则《新唐书·杜审权传》载，咸通十年庞勋于徐州兵乱，时任浙西节镇之杜审权与令狐绹、崔铉等联合供应唐军粮食，咸通十年九月，庞勋被破，杜审权则进封检校司空，入为尚书左仆射、襄阳郡公。《旧纪》此处则又将杜审权咸通十年事误移于八年。《旧纪》于咸通八年三月，一月之内即有三误，则研究晚唐史事，于《旧唐书》晚唐本纪，确应审慎检核。

于琮于咸通八年（867）七月入相，十一年（870）四月韦保衡由翰林学士承旨、兵部侍郎、驸马都尉入相（详见后韦保衡传），同在相位,即有利害冲突。《新传》记云:"为韦保衡所构,检校司空、山南东道节度使,三贬韶州刺史。"诸史皆记于琮于咸通十三年(872)二月罢相,出为山南东道节度使,同年五月,又再贬为普王(懿宗子,后为僖宗)傅、分司东都,同时被贬者甚多,亦有其亲属者。《通鉴》卷二五二有详记,即:咸通十三年"二月丁巳,以兵部侍郎、同平章事于琮为山南东道节度使";五月"丙子,贬山南东道节度使于琮为普王傅、分司。韦保衡潜之也"。以下具记被贬者十六人姓名,皆远贬于湖、岭之地。所贬人数之多,是宣、懿两朝所未有的,由此亦可见懿宗朝后期政局之混乱。所贬者,有现任翰林学士张裼,有曾任翰林学士严祁、李贶。

《通鉴》于咸通十三年五月记诸人被贬后,又于同月记:"寻再贬琮韶州刺史。"《新传》记于琮贬韶州后,接云:"保衡败,僖宗以太子少傅召,未几,复为山南节度使。"按懿宗于咸通十四年(873)七月卒,僖宗立,当时有多人告发韦保衡,遂于是年九月,使其罢相,贬贺州刺史;十一月,再贬崖州澄迈令,并令其自尽(详后韦保衡传)。《旧唐书》卷一九下《僖宗纪》咸通十四年九月,记韦保衡贬贺州刺史后,接云"以岳州刺史于琮为太子少傅"。此处记于琮曾为岳州刺史,当又误,因据前记述,于琮于咸通十三年五月贬韶州刺史,此后至咸通十四年九月,韦保衡居于相位,不可能使其量移为岳州刺史,且两《唐书》本传及《通鉴》亦皆未记其曾移于岳州者,《旧纪》此处当以"韶"讹为"岳",又为一误。

《通鉴》卷二五二于乾符元年(874)正月记:"以太子少傅于琮同平章事,充山南东道节度使。"《旧唐书·僖宗纪》记为咸通十四年十一月,亦有异。

《新传》后云："入拜尚书右仆射。"据两《唐书》本传及《通鉴》卷二五四,黄巢军于广明元年(880)十二月攻入长安,时于琼以病卧家,未及出奔,为所害。

于琼未有著作载记。

侯　备

侯备,两《唐书》无传,亦无一字提及者,其他史书及唐宋笔记等亦未有记,现所见者仅丁《记》及清劳格纂编《唐尚书省郎官石柱题名考》。《唐郎官考》卷四吏部员外郎、卷七司勋郎中,皆记有侯备,唯此二者,丁《记》亦皆有记,即侯备在院期间所具之官衔。

丁《记》为记述侯备事迹之唯一材料,如无丁《记》,则唐翰林学士即无侯备之名。丁《记》记为:"咸通五年六月五日,自吏部员外郎赐绯充。其月八日,加司勋郎中充。九月五日,加知制诰。十二月二十六日,加承旨。六年二月二十三日,迁中书舍人,依前充。五月二十□日,迁户部侍郎,依前知制诰充。九月十七日,加朝散大夫、兵部侍郎、知制诰充。七年三月九日,授河南尹,出院。"

按侯备于咸通五年(864)六月五日以吏部员外郎入,仅过三天,六月八日,即迁司勋郎中,则其任吏部员外郎当在入院前已累有年。又,侯备于咸通五年六月入,同年十二月二十六日,即以司勋郎中、知制诰加任承旨,入院后仅半年;按此前承旨者为路岩,路岩于该年十一月十九日拜相出院(见前路岩传,又书后"学士年表")。此时在院中尚有三人,均早于侯备入院,且资历皆深,又如赵骘为驾部郎中、知制诰,独孤霖为库部郎中、知制诰,与侯备同阶,何以偏选侯备接任,未可知。

据丁《记》,侯备于咸通七年(866)三月九日,授河南尹出院。《唐刺史考全编》卷五〇都畿道河南府,即据丁《记》,系侯备于咸通七年为河南尹,别无其他史料。

侯备此后仕迹不详。

裴 璩

裴璩,两《唐书》无传。《新唐书》卷七一上《宰相世系表》一上,南来吴裴氏,有裴璩,记为:"璩字挺秀,检校司空。"据《新表》,其兄珪,杭州刺史;弟瓒,字公器,刑部尚书、给事中;父克,河南府司录参军。此诸人,两《唐书》亦皆无传。

裴璩早期仕迹不详,所知者即自丁《记》起,丁《记》记为:"咸通五年六月六日,自兵部员外郎入。六年正月九日,加户部郎中、知制诰充。五月九日,三殿召对赐紫。九月十七日,加朝散大夫、中书舍人充。八年正月二十七日,迁水部侍郎、知制诰,依前充。其年九月二十三日,除同州刺史。"

清劳格《唐尚书省郎官石柱题名考》卷一一户部郎中列有其名,即丁《记》于咸通六年(865)正月九日由兵部员外郎所迁,并加知制诰。又丁《记》记咸通八年(867)正月二十七日迁水部侍郎,据《旧唐书》卷四三《职官志》二,工部尚书,其属有四,即工部、屯田、虞部、水部,则此所谓水部侍郎,当即指工部侍郎。

裴璩在院,前后历四年。出院授同州刺史后,于懿宗朝仕迹,亦不详。现可知者,僖宗乾符前期,曾任镇海军节度使。《新唐书》卷九《僖宗纪》,乾符三年(876)七月,记"镇海军节度使裴璩及王郢战,败之"。《旧唐书》卷一九下《僖宗纪》未记。《通鉴》卷二五三则系此事于乾符四年(877)闰二月,谓:"王郢横行浙西,镇海节度使裴璩严兵设备,不与之战,密招其党朱实降之。"后王郢"东至明州,甬桥镇遏使刘巨容以筒箭射杀之,余党皆平"。此前王郢主要作乱于浙东、闽北,乾符三年十一月尚在温州,请温州刺史鲁寔代为上奏求降,而乾符四年复"横行浙西"。由此,则当据《通鉴》,裴璩在镇海(浙西)战胜王郢,又使之退回浙东,当在乾符四年闰二月;《新唐书·僖宗纪》记于乾符三年七月,则当不确。

《通鉴》乾符五年(878)四月又记:"曹师雄寇湖州,镇海节度使裴璩遣兵击破之。"①同年六月,"王仙芝余党剽掠浙西,朝廷以荆南节度使高骈先在天平有威名,仙芝党多郓人,乃徙骈为镇海节度使"。即于乾符五年六月,高骈接裴璩浙西(镇海军)任。

据此,裴璩当于乾符五年六月离浙西节镇任,返朝,后为尚书左仆射。广明元年(880)十二月,黄巢军攻占长安,僖宗出奔于川西成都;后中和三年(883)四月唐军收复长安,僖宗于光启元年(885)正月离成都返京。宋《益州名画录》卷上曾记,僖宗将离蜀时,命常重胤于成都中和院记叙随僖宗至蜀之文武臣僚,其中即记有尚书左仆射裴璩。又《新唐书》卷二二五下《黄巢传》,记僖

---

①《唐刺史考全编》卷一三七江南东道润州,亦引此,但记为五月,误。

宗返京后，"诏尚书右仆射裴璩修复宫省"。

裴璩后于昭宗时仍在仕。《旧唐书》卷二〇上《昭宗纪》，大顺元年（890），"三月丁亥朔，朱全忠上表：'关东藩镇，请除用朝廷名德为节度观察使。如藩臣固位不受代，臣请以兵诛之。如王徽、裴璩、孔晦、崔安潜等皆缙绅名族，践历素高，宜用为徐、郓、青、兖等道节度使。'从之"。则裴璩于此时尚有官位，且为朱全忠称为"朝廷名德"。但裴璩此后并未出任徐、郓等道节度使，经检核《唐刺史考全编》，此诸州，于昭宗朝皆未有裴璩之名。《旧纪》所云"从之"，当不确。

裴璩此后不详。

又，《北梦琐言》卷五《裴氏再行》条，记裴璩事，亦有误者，中云："唐裴司徒璩，性靳啬，廉问江西日，凡什器图障，皆新其制，闭屋缄贮，未尝施用，每有宴会，即于朝士家借之。"此云"廉问江西"，"江西"当为"浙西"之讹，因裴璩从未任江西观察使。《北梦琐言》又接云："在番禺时，钟爱一女，选荥阳郑进士以婿之。"则似裴璩于浙西任后又为广州刺史、岭南东道节度使，亦不合实。

裴璩未有著述载记。

郑　言

郑言，两《唐书》无传。《新唐书》卷七五上《宰相世系表》五上，记有郑言，但仅列其名，未记字号、官名。《新唐书》卷五八《艺文志》二，史部杂史类，著录郑言《平剡录》，记其字垂之。

清徐松《登科记考》卷二二系郑言于武宗会昌四年（844）进士及第，且为状元，所据为《唐才子传》之《赵嘏传》。《唐才子传校笺》卷七《赵嘏传》谭优学笺①，有考，可参。又，明徐应秋《玉芝堂谈荟》卷二《历代状元》，亦记会昌四年"进士二十五人，状元郑言"，可为佐证（按《玉芝堂谈荟》此处所记，孟二冬《登科记考补正》未引）。

如此，则郑言于会昌四年进士及第，后即于方镇节度幕府供职。昭宗时裴庭裕所著《东观奏记》，卷中有记："（郑）朗先为浙西观察使，（郑）言实居幕中。"据《唐刺史考全编》卷一三七江南东道润州，郑朗于宣宗大中元年至五年（847—851）为浙西观察使。据此，则郑言当于进士及第后，即于大中前期在浙西幕府。

按郑朗于大中元年任浙西观察使，大中五年转宣武（汴州）节度使，郑言当于郑朗离浙西任后，即入朝，在史馆任职。《旧唐书》卷一八下《宣宗纪》，大中七年（853），"十二月，尚书左仆射、门下侍郎、平章事、太清宫使、弘文馆大学士崔铉进《续会要》四十卷，修撰官杨绍复、崔瑑、薛逢、郑言等，赐物有差"。又《新唐书》卷五九《艺文志》三，子部类书类，著录《续会要》四十卷，亦云"崔铉监修"，撰者有杨绍复等九人，其中亦有郑言。由此，则郑言当于大中五年入朝，即在史馆供职，参预撰修《续会要》。

又郑言另有一部史书类著作，为懿宗咸通初作，名《平剡录》。《新唐书》卷五八《艺文志》二，史部杂史类，著录郑言《平剡录》一卷，云："裴甫事。言，字垂之，浙西观察使王式从事，咸通翰林学

_____

①《唐才子传校笺》卷七《赵嘏传》，第三册，中华书局，1990年。

士、户部侍郎。"按裴甫于大中十三年(859)十二月起兵,攻占浙东。《通鉴》卷二五〇,咸通元年(860)二月,唐廷任王式为浙东观察使;四月,王式至浙东与裴甫战,六月,事平。《通鉴》记六月擒获裴甫并械送京师时,有《考异》,引及《平剡录》、《玉泉子闻见录》两书,皆详记王式率军平裴甫事。由此可知,郑言原在史馆,王式被任为浙东(按前所引述之《新唐书·艺文志》误记为浙西)观察使时,郑言受任为其从事,随赴浙东,事平后即作此《平剡录》。《通鉴·考异》所引,记事甚详,可见北宋尚存,但《郡斋读书志》、《直斋书录解题》未有著录,则南宋前期已不存,甚惜。

王式于咸通元年二月任浙东观察使,三年七月,改为徐州节度使(《通鉴》卷二五〇),郑言当于裴甫事平,撰《平剡录》,后即返朝。再过数年,即以驾部员外郎入为翰林学士。丁《记》记云:"咸通六年正月十日,自驾部员外郎入。四月十日,加礼部郎中、知制诰,依前充。其月十九日,中谢赐紫。八年十一月四日,迁工部侍郎、知制诰,并依前充。九年六月十八日,守户部侍郎,出院。"

由此,则入院前任驾部员外郎当已有数年,故入院后仅三月,即迁为礼部郎中,并兼知制诰。郑言入院前,已参预纂修官方史书(《续会要》),又以个人身份撰写当代史事(《平剡录》),这在懿宗朝翰林学士中是较为突出的。但在院前后历四年,无有所记。此后仕历不详。前所述《通鉴·考异》所引之《玉泉子闻见录》,曾谓郑言"虽骤历清显,而卒以丧明不复起"[1]。按《玉泉子》著

---

[1] 按上海古籍出版社编印之《唐五代笔记小说大观》(2000年),有《玉泉子》点校本(阳羡生点校),《通鉴·考异》所引者,未有辑录。

者,无姓名可考,但当作于晚唐时,或稍后于郑言,对郑言有所见闻。此称郑言"卒以丧明不复起",当为郑言出院后,阅书撰文过勤,丧明,即未有仕。

郑言未另有诗文传世。

刘　瞻

刘瞻,两《唐书》有传,见《旧唐书》卷一七七、《新唐书》卷一八一。

《旧传》:"刘瞻字几之,彭城人。"《新传》亦云字几之,并云:"其先出彭城,后徙桂阳。"《通鉴》卷二五一咸通十年(869)六月记刘瞻以翰林学士承旨、户部侍郎入相时,亦云"瞻,桂州人也"。则其郡籍为彭城(今江苏徐州),后其先世徙桂州(今广西桂林)。

《旧传》云:"祖升,父景。"《新唐书》卷七一上《宰相世系表》一上,彭城刘氏,亦记其祖名升,未注官职;父景,字司光,鄜坊从事。可见其家世微薄。关于刘景,两《唐书》未另有记,唐末佚名《玉泉子》则有一条详记,首云"刘瞻之先,寒士也",后谓刘景十余岁时即在郑絪左右,"主笔砚",郑絪为御史时,有一次"西巡荆部商山",刘景随往,并于山水驿亭间题诗,郑絪甚赏之。按郑絪为德宗时翰林学士,后于宪宗时擢迁为相(见前德宗朝郑絪传)。又《北梦琐言》卷三亦称刘景曾为郑絪"掌笺札,因题商山驿侧泉石,荥阳奇之,勉以进修";后郑絪任相时,乃举荐其"擢进士第,历台省"。可见刘景甚有文采,惜两《唐书》未有记叙。

《旧传》谓刘瞻"大中初进士擢第;四年,又登博学宏词科"。清徐松《登科记考》卷二二即据此系刘瞻于宣宗大中元年(847)进士及第。

《旧传》记其登博学宏词后,接云"历佐使府",未具述。《新传》记为:"徐商辟署盐铁府,累迁太常博士。"据《旧唐书》卷一七九《徐彦若传》,徐彦若父徐商,"咸通初加刑部尚书,充诸道盐铁转运使",《新唐书》卷一一三《徐商传》略同。由此,则刘瞻当于咸通初在盐铁府署供职,后迁为与左右补阙、殿中侍御史同阶(从七品上)之太常博士,并即以太常博士入为翰林学士。

丁《记》记刘瞻于咸通年间曾先后两次入院,云:"咸通六年十月八日,自太常博士入。其月二十六日,加工部员外郎,依前充。七年三月九日,授太原少尹,出院。""咸通八年十一月二十二日,自颍州刺史不赴任,再入,召对。二十六日,三殿召对赐紫。九年五月二十六日,拜中书舍人,依前充。九月十二日,迁户部侍郎、知制诰、承旨。十月十七日,以本官同中书门下平章事。"

关于刘瞻此次之入为翰林学士,《旧传》云:"刘瑑作相,以宗人遇之,荐为翰林学士。"《新传》亦云:"刘瑑执政,荐为翰林学士。"即刘瞻之入,乃出于时为宰相刘瑑之举荐。于此,岑氏《注补》据《新唐书·宣宗纪》及《宰相年表》,并引钱大昕《纠谬案语》,谓两《唐书·刘瞻传》所记有误。按据《新唐书·宰相年表》,大中十二年(858)正月戊戌,刘瑑任相,而于同年五月即病卒。《新唐书》卷八《宣宗纪》同。而刘瞻入为翰林学士乃在咸通六年(865),已在刘瑑任相及卒之后七、八年,两《唐书》本传竟有如此显误,真使人诧异。又岑氏《注补》未及者,尚有《通鉴》卷二五一咸通十年六月记刘瞻任相,有《考异》,引《玉泉子闻见录》,谓刘瞻以宦官杨玄翼权重,"可倚以图事",遂予以交结,"每玄翼归第,瞻辄候之,由是日加亲熟,遂许以内廷之拜",即刘瞻之入为翰林学士,乃出于宦者之力。《通鉴·考异》则以为"瞻素有清节,必不至如《玉泉子》所云"。可见稗史小说亦间有揣测,司马光于《通鉴·考异》多有辨析者。

《新传》记刘瞻在院官阶迁转,极简,仅云"拜中书舍人,进承旨",未记两次入院事。《旧传》所记,则又有误,其记第一次在院事,谓:"转员外、郎中,正拜中书舍人、户部侍郎、承旨,出为太原尹、河东节度使。"而据丁《记》,其由太常博士转为工部员外郎,确在第一次在院期间(咸通六年十月二十六日),而转郎中、中书舍人、户部侍郎、承旨,均在第二次,即咸通九年,至于所谓出为太原尹,更误(详后)。

关于刘瞻第一次出院,丁《记》记为:"(咸通)七年三月九日,授太原少尹,出院。"《旧传》却云"出为太原尹、河东节度使"。关于此,岑氏《注补》曾引《通鉴·考异》、钱大昕《纠谬案语》、劳格《读书杂识》,有辨,但文意似不清,今再考述之。按据《旧唐书·懿宗纪》,郑从谠于咸通七年三月以吏部侍郎出为太原尹、河东节度使,正与丁《记》记刘瞻于咸通七年三月九日出院为太原少尹,时合,可见此时郑从谠出任太原尹、河东节度使,刘瞻为太原少尹(副职)。按郑从谠于咸通七年三月出任太原尹,十年十二月召还朝,又见《旧唐书》卷一五八、《新唐书》卷一六五《郑从谠传》。

又《北梦琐言》亦有记,卷三《河中饯刘相瞻》条,有云:"尔后授河中少尹,幕僚有贵族浮薄者蔑视之。一旦有命征入,蒲尹张筵而祖之。"清劳格《读书杂识》卷一亦曾引及,谓"与《壁记》大致略同",以证刘瞻确为少尹,岑氏《注补》即谓"劳说最为得之"。但《北梦琐言》此处所记,为河中少尹,非河东,并言刘瞻返朝时,蒲州之尹特设筵钱送。按蒲州于天宝元年曾改为河东郡,乾元三年又改为河中府,蒲州即河中府治,此后均将蒲州河中府与太原河东府分记,《北梦琐言》此处谓刘瞻出为河中少尹,亦误。

关于刘瞻第二次入院,两《唐书》所记又有误。《旧传》云:"入拜京兆尹,复为户部侍郎、翰林学士。"按据丁《记》,刘瞻于咸通七年三月出任太原少尹后,又于咸通八年十一月,本已转任颍州刺史,但未赴任,又再召为翰林学士。《旧传》此处则谓先召为京兆尹,后再入任翰林学士,实则此时在京兆尹任者正有人,为温璋(据《唐刺史考全编》卷二京畿道京兆府,为咸通七年至十一年)。此为《旧传》一误。其二误,有云"复为户部侍郎、翰林学士",即谓任京兆尹后,又改为户部侍郎,并以户部侍郎入院。实则据丁《记》,刘瞻第二次入院,为咸通八年十一月二十二日,至九年五月二十六日,为中书舍人,又于同年九月十二日,再迁为户部侍郎,并加知制诰,承旨。《旧传》记刘瞻入任翰林学士,竟有好几处显误,极为少见,也是当今重新整理、校订两《唐书》所必须认真关注的。

不过丁《记》记刘瞻第二次入院,亦有缺失。一、记其入院,仅云"自颍州刺史不赴任,再入,召对",未记所具之官衔。按例,应记为"自……入",不能以颍州刺史为官衔,此当为缺记。二、记其出院,云"十月十七日,以本官同中书门下平章事",而此前为咸通九年九月十二日迁户部侍郎、知制诰、承旨,则此"十月十七日"即亦为咸通九年。而据《新唐书·宰相年表》，咸通十年六月癸卯，徐商罢相出为荆南节度使，同日，"翰林学士承旨、户部侍郎刘瞻本官同中书门下平章事"。《新唐书·懿宗纪》、《通鉴》卷二五九均同。清劳格《读书杂识》已注意于此，并谓咸通十年六月癸卯，为十七日。如此，则丁《记》之"十月十七日"，"十七日"未误，而"十月"当为"十年六月"，当于传抄时，"十"字下缺"年六"二字，原壁记著录时并不误。

又《旧唐书·懿宗纪》记刘瞻出院、任相之时亦又有误，其于咸通十年正月，记为"以翰林学士、户部侍郎刘瞻守本官同平章事"，同月又记徐商罢相出为荆南节度使。则以六月之事误记于正月，又为显误。

以上是考索两《唐书》纪、传等记事之误，现再另述他事。刘瞻在院期间撰有一文，值得一提，即《全唐文》卷七四七所载之《唐故内庄宅使银青光禄大夫行内侍省内侍员外置同正员上柱国彭城县开国子食邑五百户赐紫金鱼袋赠左监门卫大将军刘公墓志铭并序》。《金石萃编》卷一一七亦著录此文，署为"翰林承旨学士将仕郎守尚书户部侍郎知制诰赐紫金鱼袋刘瞻撰"。志中记此刘公（遵礼）于咸通九年六月十四日卒，十一月八日葬。此时刘瞻确在院，为户部侍郎、承旨，与丁《记》合，由此亦可见丁《记》之史料原始性。又此刘遵礼为宦官，多次为外州监军使，在宫中为内庄宅使。文中云："瞻叨职内廷，特承宗顾，刊刻期于不朽，叙述固以无私。"当亦为应命而作，唐翰林学士在职期间有应皇上之命而为宦官撰作碑志者。不过刘瞻此数句云，虽墓志之主与其同姓，"特承宗顾"，即选其与同姓作志，但记述是着意于"无私"的。

刘瞻于咸通十年六月入相,仅年余,即被贬。《旧传》记云:"(咸通)十一年八月,同昌公主薨,懿宗尤嗟惜之。以翰林医官韩宗召、康仲殷等用药无效,收之下狱。两家宗族,枝蔓尽捕三百余人,狴牢皆满。瞻召谏官令上疏,无敢极言,瞻自上疏曰……帝阅疏大怒,即日罢瞻相位,检校刑部尚书、同平章事、江陵尹、充荆南节度等使。再贬康州刺史,量移虢州刺史。"《新传》亦记此,唯加云"路岩、韦保衡从为恶言闻帝"。按同昌公主为懿宗之女,咸通十年正月,懿宗以同昌公主嫁与韦保衡,韦保衡后即以驸马都尉入为翰林学士,并于十一年四月擢迁为相。则同昌公主于是年八月卒,懿宗固因之重罚翰林医官,但刘瞻及其他朝臣之贬,当出于韦保衡之谋。《通鉴》卷二五二有详记,记刘瞻上疏谏议,时京兆尹温璋也"力谏于上前",温璋也贬为振州司马。《通鉴》同月记又贬右谏议大夫高湘等,"为韦保衡所逐也"。韦保衡又与同在相位的路岩共谋,《通鉴》记:"路岩素与刘瞻论议多不叶,瞻既贬康州,岩犹不快,阅《十道图》,以驩州去长安万里,再贬驩州司户。"由此亦可见路岩之为人,路岩为相时,亦多为人所讥者(见前路岩传)。懿宗后期,政局确甚混乱,朝中任职者多因人事纠纷而受累贬责者。

刘瞻此次罢相外出,《剧谈录》卷下有记云:"及出镇荆南,朝野无不惋惜,都城士庶以少及长,闻之俱为涕泣。"可见当时长安民间对刘瞻之不幸遭遇深为伤感。

关于刘瞻此次之贬地,两《唐书》本传所记互异。《旧传》记罢相出任江陵尹、荆南节度使后,"再贬康州刺史,量移虢州刺史"。《新传》记先出为荆南节度使,后路岩、韦保衡再"为恶言闻帝"，即"俄斥廉州刺史"，而路岩又按图视察地理，以骥州更远，即再贬为骥州司户参军；至僖宗即位，才量移，徙为康、虢二州刺史。即康、虢二州之任，非懿宗朝所贬，乃僖宗之后量移，而刘瞻实际所贬，则为骥州司户参军，此为《旧传》未记。似以《新传》所记为切。

《旧传》记刘瞻"量移虢州刺史"后，即云"入朝为太子宾客、分司"，后未记。《新传》："僖宗立，徙康、虢二州刺史，以刑部尚书召，复以中书侍郎平章事，居位三月卒。"则召还后又迁为相。《通鉴》卷二五二有具记，僖宗乾符元年（874）二月，"以虢州刺史刘瞻为刑部尚书。瞻之贬也，人无贤愚，莫不痛惜。及其还也，长安两市人率钱雇百戏迎之。瞻闻之，改期，由他道而入"。后于五月，时居相位的裴坦卒，即"以刘瞻为中书侍郎、同平章事"。

《新唐书·宰相年表》亦记，乾符元年五月乙未，裴坦卒，刘瞻以刑部尚书为相，但同年八月辛未，刘瞻又卒。《新唐书·僖宗纪》同。《通鉴》对刘瞻此次之卒，有一新说，记为："初，瞻南迁，刘邺附于韦、路，共短之，及瞻还为相，邺内惧。秋八月丁巳朔，邺延瞻置酒于盐铁院（元胡三省注：刘邺以盐铁转运使为相，故延刘瞻宴于盐铁院）。瞻归而遇疾，辛未薨，时人皆以为邺鸩之也。"则刘瞻之卒，乃刘邺为之毒害，实无据。刘邺为人亦正直，咸通十一年刘瞻被贬，刘邺并未参与（参见前刘邺传）。

刘瞻所作，仅见于《全唐文》卷七四七所载文两篇（前已述），其他皆无。

李 骘

　　李骘,两《唐书》无传。清劳格《唐尚书省郎官石柱题名考》卷二二祠部员外郎李骘,所辑资料,有《新唐书·宰相世系表》所记吏部员外郎李华子骘,又有崔嘏《授李骘祠部员外郎等制》、丁《记》,及李骘所作《题惠山寺诗序》,即以《新表》之李骘与丁《记》之咸通时翰林学士李骘为同一人。岑氏《注补》有考,谓时代不合,非同一人,是。按《新唐书》卷七二上《宰相世系表》二上,赵郡李氏东祖房,记李骘之父李华(字遐叔),弟肇(大理评事)。《旧唐书》卷一九〇下、《新唐书》卷二〇三皆有《李华传》,字遐叔,即与《新表》之李华为同一人。据两《唐书》本传,李华为玄宗、肃宗时古文名家,《新传》称其"大历初卒"。按大历元年为公元766年,而据丁《记》,李骘于咸通七年入为翰林学士,咸通七年为866年,即距李华卒已百周岁。又《新表》记李骘为李肇兄,李肇为宪宗时翰林学士(见前宪宗朝李肇传),而此李骘则为晚唐懿宗时翰林学士。由此可以确定,咸通时翰林学士李骘,与《新表》所记李华子、李肇兄之李骘,非同一人。劳格《唐郎官考》仅汇辑材料,但未有辨①。

　　今按周绍良纂编《唐代墓志汇编》乾符〇二〇(页2487)②,有

---

①赵超《新唐书宰相世系表集校》(中华书局,1998年),于此未有校考。
②周绍良编纂《唐代墓志汇编》,上海古籍出版社,1992年。

崔晔所撰《亡室姑臧李氏墓志铭并序》，记其亡室（亡妻）李氏卒于乾符三年（876）七月九日，中云："显考骘，自中书舍人、翰林学士出拜江西观察使，薨于位，赠工部尚书。"则此李氏确与李骘同时，其父李骘即咸通年间之翰林学士。此出土墓志为研究李骘提供极有价值之资料，既可辨正《新表》之李骘，又可纠正丁《记》所记李骘后出院为浙西观察使之讹（详后）。

《李氏志》称其先世为陇西成纪人。《元和郡县图志》卷三九陇右道秦州，有成纪县（今甘肃静宁县）。由此亦可证与《新纪》所记赵郡李氏之李华，非同一宗族。《李氏志》又记李骘祖名侨，官终相州成安令；父名应，官终岳州巴陵令，更可确证与《新表》所记李华子李骘非同一人。

李骘于懿宗咸通七年（866）三月入为翰林学士，今辑有关史料，考察其前期事迹。

《全唐文》卷七二四李骘《题惠山寺诗序》，有云："大和五年四月，予自江东将西归涔阳，路出锡邑，因肄业于惠山寺。居三岁，其所讽念《左氏春秋》、《诗》、《易》及司马迁、班固《史》，屈原《离骚》，庄周、韩非书记，及著歌诗数百篇，其诗凡言山中事者，悉记之于屋壁，文则不载。"涔阳，在今湖北公安县南，锡邑当为当时之无锡县（即今江苏无锡）。由此可知，文宗大和五年（831）四月，李骘自江东西归涔阳。按据前《李氏志》，其父官终岳州巴陵令，巴陵在今湖南岳阳，与湖北公安相近，可能其家后即移居涔阳，故李骘称"归涔阳"。由此文则可知，李骘于大和五年四月由江东西归涔阳，途经无锡，又居于惠山寺，读书作文，历三年，除广读经史诸子等书，还着意于撰作诗文，其诗竟有三百篇，凡述及山中诸事者,即书之于屋壁。《全唐诗》卷六〇七即载有李骘《慧(惠)山寺肄业送怀坦上人》、《读惠山若冰师集因题故院三首》、《自惠山至吴下寄酬南徐从事》,甚有诗意,亦可见其早年之文采。此亦提供唐人有关文学与交通颇有参研价值的材料(可参李德辉《唐代交通与文学》)①。由此可知,文宗大和时,李骘尚年轻,肄业读书,未入仕。

　　《全唐文》卷七二四又载李骘《为江陵镇李石贺崔铉笺》。据《旧唐书·文宗纪》,李石于文宗开成三年(838)正月为荆南节度使;又《旧唐书·武宗纪》,会昌三年(843)十月,李石由荆南改为太原尹、河东节度使。则此一时期李骘在李石荆南(江陵)节度幕府。关于贺崔铉笺,宋王谠《唐语林》卷四有记,云:"崔魏公铉与江西李侍郎骘同在李相石襄阳幕中。铉自下追入,不二年拜丞相,骘时在幕,为李相草贺书曰:'宾筵初启,曾陪樽俎之欢;将幕未移,已在陶钧之下。'""宾筵初启"四句,即见于《全唐文》所载之贺笺中②。《新唐书》卷一六〇《崔铉传》亦记崔铉进士及第后,"从李石荆南为宾佐"。又《新唐书·宰相年表》,记会昌三年五月,崔铉由翰林承旨入相;又李石于会昌三年十月由荆南改河东,

①李德辉《唐代交通与文学》,上海古籍出版社,2001年。
②周勋初《唐语林校证》(中华书局,1987年),谓此条不知原出何书。按《唐摭言》卷一五《杂记》,有云:"李石相公镇荆,崔魏公在宾席;未几公擢拜翰林,明年登相位,时石犹在镇,故贺书云:'宾筵初启,曾陪樽俎之欢;将幕未移,已在陶钧之下。'此李骘之词也,时为节度巡官。"《唐语林》或即以此为参据。又,《唐语林》有谓崔铉、李骘"同在李相石襄阳幕中",误。襄阳为山南东道节度治所,非在荆南,荆南治所在江陵。

则李骘此启当即作于会昌三年五、六月间。

由此,李石于会昌三年十月改任,李骘当亦于此时离荆南幕府,入朝。《全唐文》卷七二六载有崔嘏《授李骘祠部员外郎等制》。按崔嘏于会昌后期至大中初任考功郎中、知制诰及中书舍人①,此制当作于会昌后期。制中云"自藩方而升粉署",即称李骘乃由节镇幕府而入尚书郎署供职。李骘当由荆南节镇返朝,于会昌后期仕为祠部员外郎。《唐尚书省郎官石柱题名考》卷二二祠部员外郎即有李骘,在封敖等后,杜宣猷、张彦远前(张彦远于大中初为祠外,见《旧唐书·张彦远传》),亦可参证其任祠部员外郎在会昌后期。

《全唐文》卷七二四又载李骘《徐襄州碑》。徐襄州为徐商,徐商为武宗朝翰林学士,宣宗大中十年(856)为襄州刺史、山南东道节度使,十四年(亦咸通元年,860),入为御史大夫、刑部尚书,充诸道盐铁转运使(见前武宗朝徐商传)。《徐襄州碑》记徐商于大中十四年自襄州返朝,咸通五年(864)为御史大夫时,襄州军民向朝廷上言,请记述徐商在襄之政绩,刻于碑石,《碑》云:"于是天子嘉公之勤,诏可其奏。明年二月,襄之父老请词于公之旧军副使、太常少卿、弘文馆学士李骘。"李骘即为作此《徐襄州碑》。由此可见,李骘于宣宗大中后期又在徐商幕,为节度副使,咸通初返朝,咸通五、六年间已为太常少卿、弘文馆学士。徐商在山南东道节度使任时,召聘不少文士,互相唱和,形成当时颇有特色的地方作

①关于崔嘏任考功郎中、知制诰及中书舍人年期,可参傅璇琮《李德裕年谱》,河北教育出版社,2001年修订新版。

家文学群体(见前徐商传)。《徐襄州碑》详记徐商在襄州的政绩，又详记山南东道水利、驿站之设施，对唐代交通研究颇有参考价值。

李骘作此碑文后，第二年，即入为翰林学士。丁《记》记云："咸通七年三月二十四日，自太常少卿、弘文馆直学士入。二十七日，加知制诰。七月，迁中书舍人。十月二十五日，三殿召对赐绯。九年五月十六日，除浙西观察使。"丁《记》记其入院时，称"弘文馆直学士"，而前所引述之《徐襄州碑》，李骘自述，为"太常少卿、弘文馆学士"。岑氏《注补》即谓："常少，正四品上，依《(唐)会要》六四，长庆三年七月，弘文馆奏请准集贤、史馆元和中定例，其登朝五品以上充学士，六品以下充直学士，是骘之结衔，应如碑称学士，本记'直学士'之'直'衍。"岑说是。

丁《记》另一处须改正者，为记出院"除浙西观察使"。实则杜审权于咸通四年至十年皆在浙西观察使任(参见《唐刺史考全编》卷一三七江南东道润州)。前所引述之李骘《题惠山寺诗序》，文后自署："咸通十年二月一日，江南西道都团练观察处置等使、中散大夫、检校左散骑常侍使持节都督洪州诸军事兼洪州刺史、御史中丞、上柱国、赐紫金鱼袋李骘题记。"又《全唐文》卷八一七黄璞《王郎中传》云："李公骘时擅重名，自内翰出为江西观察使，辟为团练判官。"可见丁《记》之"浙西"，应为"江西"，可能原壁录所记未有误，后传抄时笔误。

又前所引述之《李氏志》，称："显考骘，自中书舍人、翰林学士出拜江西观察使，薨于位，赠工部尚书。"则李骘于咸通九年五月出为江西观察使(治洪州)，后即卒于任。

李骘在江西任时，值得一提的，是晚唐诗人许棠有诗进献：

《陈情献江西李常侍五首》(《全唐诗》卷六〇三)。诗题称"李常侍",即李骘《题惠山寺诗序》中自署之"检校左散骑常侍"。左散骑常侍虽为文散官,但为正三品,官阶高于州刺史,故许棠特称其为"常侍"。按许棠于咸通时已以诗著称,为"咸通十哲"之一(见《唐摭言》卷十《海叙不遇》条),与当时诗人多有交往,但久困科场,于咸通十二年进士及第(《登科记考》卷二三),年已五十(《唐才子传》卷九)。其《陈情献江西李常侍五首》之四,有云:"春闱久已滞,秋赋又逢停。选士疑长阻,伤时自不宁。"按《旧唐书》卷一九上《懿宗纪》,咸通十年十二月,"诏以兵戈才罢,且务抚宁,其礼部贡举,宜权停一年"。即此时下诏,明年(咸通十一年)停试。故许棠谓,年初春试久已困落,此次因第二年停试,则秋季报到、行卷等亦停,甚感"伤时自不宁"。许棠此诗当即作于咸通十一年春(诗中有"始见红叶落,又闻黄鸟啼"之句),望明年举试,能有名人推荐,故特献诗五首。由此可见李骘当时也为文士仰望,并可佐证他于咸通十一年春尚在江西任。当不久即卒。

李骘诗文,载于《全唐诗》卷六〇七,《全唐文》卷七二四者,已见前述。《新唐书·艺文志》未有著录。

卢 深

卢深,两《唐书》无传,书中无一字提及。清劳格《唐尚书省郎官石柱题名考》卷一一户部郎中,列有卢深,其所辑引材料,亦即丁《记》,卢深在院期间,即曾具户部郎中衔。

卢深事迹记载,除丁《记》外,可知者为明徐应秋《玉芝堂谈荟》卷二《历代状元》所记:"宣宗大中元年进士二十二人,状元卢深。"而清徐松《登科记考》卷二二却系于大中二年。孟二冬《登科记考补正》卷二二,即据《玉芝堂谈荟》及陈尚君《登科记考补》,系于大中元年(847)。同年登第者刘瞻,亦较卢深早一年(咸通六年)入为翰林学士者。

丁《记》记卢深入院事,为:"咸通七年三月三十日,自起居郎入。七月一日,加兵部员外郎充。十月二十五日,三殿召对赐绯。八年正月二十四日,加知制诰。其年八月八日,召对赐紫。十月十一日,加户部郎中、知制诰,依前充。九年十月二十六日,拜中书舍人,依前充。十年十一月十一日,迁户部侍郎,依前知制诰。其年十二月卒官,赠户部尚书。"

在院前后历有四年,无有他记,限于史料,也未能对丁《记》所记有所参辨。如无丁《记》,唐翰林学士也未有卢深之名。

崔 珮

崔珮,两《唐书》无专传,仅附见于《旧唐书》卷一五五、《新唐书》卷一六三《崔邠传》。《旧传》记崔邠有弟郿、鄲、郸等六人,并记鄲"子瑶、璪、瑾、珮、璆",又云"璪、珮、璆官至郎署给谏",仅此一句,即崔珮为崔鄲子。按崔鄲为敬宗朝翰林侍讲学士,见前传。《新传》亦记崔珮为鄲子。

另《新唐书》卷七二下《宰相世系表》二下,所记稍有异。《新表》记崔珮,云:"字声谏。"两《唐书》传则未记其字号者。又《新表》记崔郾之子为瑞、瑶、瑾、璆,鄯之子为琢、瑄、琛、珮、琪,则崔珮为崔鄯子,非崔郾子,与两《唐书》传异。因无其他佐证,故未能定。

清劳格《唐尚书省郎官石柱题名考》卷九考功郎中列有崔珮,考功郎中亦为崔珮在院时所带之官衔。

崔珮事迹,主要即为丁《记》所记,为:"咸通八年十月二十三日,自监察御史入。二十五日,守本官充。九年正月二十一日,赐绯。七月二十一日,加工部员外郎,依前充。十二月七日,赐紫。十年三月十三日,改考功郎中,出院。"

按丁《记》记其自监察御史入,而仅二日(二十五日),又谓"守本官充",文意不明。岑氏《注补》有释,云:"岂珮本检校监察,既入内署,乃改真除,故曰'守本官充'欤?"岑氏仅为揣测,可备参。但也可有另一解释,即崔珮先已任监察御史,咸通八年(867)十月二十三日,先召其入,可能按制例,先进行考试;后经测试通过,历二天,于此月二十五日,即正式任为翰林学士,唯仍具监察御史官衔,故云"守本官充"。"充",有正式任命之意。这样解释,似较合情理。

崔珮在院,前后经历三年,无有所记。出院后仕迹亦不详,甚惜。

郑 畋

郑畋,两《唐书》有传,见《旧唐书》卷一七八、《新唐书》卷一八五。

两《唐书》记其事颇详,文亦甚繁,但多叙其于僖宗朝任相时政迹,唯其间有误,前人已有指正者。当代研究者于郑畋事迹亦有考,如《唐研究》第三卷(北京大学出版社,1997年12月出版,荣新江主编),刊有陈明光《郑畋宦绩考论》,主要考辨郑畋后期即僖宗朝之仕迹,对其任翰林学士及有关活动,则未有论及。为避免重复,并依据本书体例,本传主要为记述、考论其任翰林学士之先后及业绩。

《旧传》:"郑畋字台文,荥阳人也。"《新唐书》卷七五上《宰相世系表》五上,亦称荥阳郑氏。荥阳,即今河南荥阳。其父郑亚,曾在李德裕浙西幕府,李德裕于武宗会昌时为相,郑亚也在朝,累迁为谏议大夫、给事中;宣宗立,李德裕贬责,郑亚也受累外出,终贬循州刺史,卒于任(郑亚事,及与李德裕关系,可参傅璇琮《李德裕年谱》)。郑畋早期也受此影响,长期不得顺仕。

《旧传》载其在翰林学士任期以户部郎中加知制诰时,曾上奏自陈,有云:"臣会昌二年进士及第。"清徐松《登科记考》卷二二即据此系郑畋于武宗会昌二年(842)进士及第;《旧传》又载其授官自陈(即《全唐文》卷七六七郑畋《擢官自陈表》),有云"臣年十八登进士及第"。据此推测,则当生于敬宗宝历元年(825)。晚唐时能以未冠及第,确极少见,亦可见其早有文采。

据两《唐书》本传,郑畋进士及第后,释褐后供职于汴宋幕府,为节度推官,检校秘书省校书郎。会昌六年(846),年二十二岁时,书判拔萃登科,授渭南县尉。《新传》云:"以书判拔萃擢渭南尉,父丧免。"按郑亚于大中二年二月贬循州刺史,旋卒,故郑畋守丧，免渭南尉任。此后，即长期不得仕。《旧传》有云："大中朝，白敏中、令狐绹相继秉政十余年，素与德裕相恶，凡德裕亲旧多废斥之，畋久不偕于士伍。"后懿宗即位，郑畋仕迹则有所变化。《旧传》接云："咸通中，令狐绹出镇，刘瞻镇北门，辟为从事。入朝为虞部员外郎。右丞郑薰，令狐之党也，摭畋旧事覆奏，不放入省，畋复出为从事。五年，入为刑部员外郎，转万年令。"按懿宗于大中十三年（859）八月立，同年十二月，即出令狐绹为河中节度使，《旧传》此处称令狐绹于"咸通中"出镇，不确。不过此为小异，其显误者为所谓"刘瞻镇北门，辟为从事"。按刘瞻于咸通六年（865）入为翰林学士，七年（866）三月出为太原少尹（见前刘瞻传），而《旧传》却叙郑畋于咸通五年为刑部员外郎前曾应刘瞻之辟，为河东府（太原）从事，于时不合。今检《旧唐书·懿宗纪》，《旧传》此处所记之"刘瞻"，当为"刘潼"之误。

《旧唐书·懿宗纪》咸通四年（863）正月记，刘潼由昭义节度使转为太原尹、河东节度使。刘潼，《新唐书》卷一四九附见于《刘晏传》，亦记有"拜昭义节度使，徙河东"。据《新·刘晏传》，刘潼为刘暹孙，暹为刘晏兄；刘晏有子宗经，宗经子濛，会昌初任给事中，"以材为宰相李德裕所知"，而"宣宗立，德裕得罪，濛贬朗州刺史"。据此，则刘潼与刘濛为同祖兄弟，刘濛既原为李德裕所知，后又受累出贬，郑畋之父郑亚也受累贬官，郑畋本人也长期为人所抑，则刘潼出镇河东，即辟郑畋入其幕府。则《旧传》所云"刘瞻镇北门"，此"刘瞻"当为"刘潼"之误。刘潼既于咸通四年正月为太原尹、河东节度使，郑畋在其幕府供职，后入朝，咸通五年为刑部员外郎，亦与时合。且刘瞻之在河东，为太原少尹，为副职（参见前刘瞻传），亦未能称"镇北门"，刘潼则可云"镇北门"。又关于此事，前所提及的《郑畋宦绩考论》未有论及。

据《旧传》，郑畋于咸通五年（864）入为刑部员外郎，转万年县令，后即以万年令入为翰林学士。但《旧传》谓郑畋此次入院，又因刘瞻之荐，则又为一显误。

《旧传》云："九年，刘瞻作相，荐为翰林学士。"按据丁《记》，郑畋确于咸通九年（868）五月入，而此时刘瞻亦为翰林学士，在院，至十年（869）六月才由翰林学士擢迁为相①。即刘瞻入相前一年，郑畋已入为翰林学士。《旧传》此处，既误记刘瞻作相之时间，又误以刘瞻为相才举荐其入院。

丁《记》记云："咸通九年五月二十日，自万年令入。二十四日，改户部郎中充。八月十一日，守本官、知制诰，依前充。"可以注意的是，郑畋刚入院，还未加知制诰，即已撰制文。《文苑英华》卷四五七"翰林制诏"，载有郑畋二文：《授武臣邠宁节度使制》、《授李师望定边军节度使制》（又载于《全唐文》卷七六七）。按《通鉴》卷二五一咸通九年六月，记凤翔少尹李师望曾上言议边事，"朝廷以为信然"，即授李师望为定边军节度使（又见《新唐书》卷二二二中《南蛮中·南诏传》下）。郑畋《授李师望定边军节度使制》，即先称其为凤翔少尹，与《通鉴》所记合。由此，则此制为咸通九年六月作，郑畋入院刚一月，尚未加知制诰。可见晚

①《郑畋宦绩考论》据《旧唐书·懿宗纪》，定于咸通十年正月刘瞻入相，误；本书前刘瞻传已有考，据《新唐书·懿宗纪》、《新唐书·宰相年表》及《通鉴》，应为咸通十年六月。

唐时翰林学士入院后虽未加知制诰，仍可草撰制诰，此类情况值得探索。又，郑畋生于敬宗宝历元年（842），则咸通九年（868）入院，仅二十七岁，恐亦为有唐一代入院翰林学士年龄最轻者。

丁《记》记其于咸通九年八月以兵部郎中知制诰后，接云："十年六月四日，迁中书舍人，依前充。其年十一月十一日，迁户部侍郎。十一年四月二十六日，加承旨。"按，咸通九年起，徐州及江淮一带即发生庞勋兵乱，对当时政治、经济影响极大，这也使翰林学士撰制职责加重。《旧传》记云："俄迁中书舍人。十年，王师讨徐方，禁庭书诏旁午，畋洒翰泉涌，动无滞思，言皆破的，同僚阁笔推之。寻迁户部侍郎。庞勋平，以本官充承旨。"《新传》亦记云："会讨徐州贼庞勋，书诏纷委，畋思不淹晷，成文粲然，无不切机要，当时推之。"按咸通十年（869），在院之学士，前后有十人（参书后"学士年表"），人数之多，在晚唐时也较为突出，而郑畋在此期间，则以撰写制文"洒翰泉涌"，"成文粲然"，为"当时推之"，堪可注意。咸通十年，郑畋亦仅二十八岁，未至三十，当亦与年富力强有关。如前所引述之《授李师望定边军节度使制》，近五百字，其篇幅于晚唐时也极少见（一般类似之授节镇制文，仅二、三百字）。不过郑畋于此期间所撰制文虽繁多，但后所传存者仅数篇（见《全唐文》卷七六七）。唯《新唐书》卷六〇《艺文志》四，集部别集类，著录郑畋所作，有：《玉堂集》五卷，《凤池稿草》三十卷，《续凤池稿草》三十卷。就书名而言，当为在院时所草制诰后编成集的，其《稿草》前后共六十卷，也是晚唐时极少见的。

又，郑畋另有十二篇诗，抒写在院值班时情景，也是懿宗朝翰林学士所未有的。现录其诗题（《全唐诗》卷五五七），供参研：

《中秋月值禁苑》,《五月一日紫宸候对时属禁直穿内而行因书六韵》(有云:"朱夏五更后,步廊三里余。有人从翰苑,穿入内中书。"),《初秋寓直三首》,《夜景又作》,《抄秋夜直》,《禁直寄崔员外》,《闻号》,《禁直和人饮酒》,《下直早出》,《金銮坡上南望》(有云:"极眼向南无限地,绿烟深处认中书。")。这对了解、研究当时翰林学士处境、心情,很有参考价值。

郑畋还与在院同僚有文字交往,如《酬隐珪舍人寄红烛》:"蜜炬殷红画不如,且将归去照吾庐。今来并得三般事,灵运诗篇逸少书。"此隐珪为韦蟾,《唐诗纪事》卷五八韦蟾条,称其字隐珪。韦蟾于咸通十年六月入院,同年十一月十一日,由户部郎中、知制诰迁中书舍人,十二年正月二十六日,迁工部侍郎、知制诰(见丁《记》)。郑畋诗题称其舍人,当作于咸通十年、十一年间(知制诰亦可称舍人)。诗中所云"三般事",即韦蟾赠以红烛并诗,及郑畋所作答诗。这也是当时翰林学士交友之情谊,在懿宗朝也非常见。惜韦蟾原诗未见(韦蟾有诗载《全唐诗》卷五六六)。

丁《记》记郑畋出院,为:"(十一年)九月二十七日,授梧州刺史。"此事,两《唐书》本传有记,《旧传》:"其年八月,刘瞻以谏因医工宗族罢相,出为荆南节度使,畋草制过为美词,懿宗省之甚怒。"遂贬为梧州刺史。《新传》亦记为"畋草制书多褒言",但云"韦保衡等怨之,以为附下罔上,贬梧州刺史"。关于刘瞻被贬事,详见前刘瞻传。据《通鉴》(卷二五二)及两《唐书·刘瞻传》,咸通十一年(870)八月,同昌公主卒,懿宗乃将翰林医官韩宗召等二十余人杀死,并收捕其亲族三百余人,时为宰相的刘瞻直言上奏,认为此乃"肆暴不明",使"物议沸腾,道路嗟叹"。这就使懿宗更为大怒,并由韦保衡谋划,使刘瞻出贬为荆南节度使。当时郑畋作为翰林学士承旨,乃受命草撰刘瞻罢相之制,其制中却有"安数亩之居,仍非己有;却四方之赂,惟畏人知",确为褒辞,表达独立之见,以示翰林学士之职责,但却因此被诬为"乃表荐刘相",立即使其出院,外贬。郑畋虽因此受贬,但此次所撰之制,却广为人所知,"是时都下传写,为之纸贵"(《剧谈录》卷下)。

郑畋于咸通十一年(870)九月被贬于梧州,历经数年,僖宗即位后,韦保衡等被贬,郑畋召还,并于乾符元年(874)十月任命为相。此后又值战乱,两《唐书》本传及《通鉴》等记其事甚繁,间有误,《郑畋宦绩考论》于此有所辨析,这里就不再复述。又,郑畋卒年,《旧传》记为僖宗中和二年(882)冬,年五十九,《新传》、《通鉴》记于中和三年(883),谓年六十三,当以《新传》、《通鉴》所记为是。另《中国史研究》2005年第1期刊有《郑畋卒年考》一文(旷天全著),据四川省通江县文物管理所保存有郑畋所撰《壁州新建山寺记》,谓据文中所记,中和四年七月,郑畋尚在世。此备考。

郑畋之著,前所引《新唐书·艺文志》已著录。其诗文,载于《全唐诗》卷五五七,《全唐文》卷七六七,前亦已述及,其余大部分则为出院后任相及外任节镇时所作。

张　祎

张祎,《旧唐书》卷一七八有传,《新唐书》无传。《旧传》:"张褐，字公表，河间人。"《新唐书》卷七二下《宰相世系表》二下，河间张氏，亦记有张褐。河间，当为其郡籍。

《旧传》记其父君卿，"元和中举进士，词学知名，累历郡守"。《新唐书·宰相世系表》记其祖绸，兰溪令；父君卿，正字。此正字或为太子正字，从九品上。可见其家世官秩不高。

又张褐卒年，所记有异（详后），据《通鉴》卷二五三，当卒于僖宗乾符六年（879），又据《旧传》，卒年六十四，则当生于宪宗元和十一年（816）。

《旧传》载其"会昌四年进士擢第"，清徐松《登科记考》卷二二即据此系于武宗会昌四年（844）。时当为二十九岁。

《旧传》记张褐及第、释褐后仕于寿州，为防御判官，当类似于在节镇幕府供职。寿州，唐时属淮南道，辖境相当于今安徽淮南、寿县等地。《旧传》并记张褐在寿州时，于琮尚为布衣，"客游寿春，郡守待之不厚"，而张褐则"异礼遇之"，尽以自己俸薪所得绢五十匹赠之。按于琮于宣宗大中十二年（858）才登进士第，即在张褐寿州任后十余年，故当时确尚为布衣。张褐如此厚礼待之，故《旧传》记于琮后任宰相时，即举荐张褐入朝，先为司勋员外郎，后即召为翰林学士。但《旧传》所记年时，却有显误。

《旧传》谓张褐后曾在太原河东节镇幕府任职（掌书记），接云："大中朝，琮为翰林学士，俄登宰辅，判度支。琮召褐为司勋员外郎、判度支，寻用为翰林学士。"按据前所述，于琮于大中十二年才登进士第，而宣宗于大中十三年八月即卒，于琮怎能于进士及第后一年间，即于宣宗朝任为宰相？据丁《记》，于琮乃于懿宗咸通四年（863）六月才入为翰林学士，又据《新唐书·宰相年表》，于琼于咸通八年（867）七月任相。《旧唐书·张裼传》竟叙于琼入院、任相，有如此显误，其所记之"大中朝"，当为"咸通朝"之误，而当前点校本则未涉及。

丁《记》记张裼，"咸通九年六月十三日，自刑部员外郎入"。时于琼确在相位，当由于琼推荐，此亦为翰林学士受宰相举荐之一例。

按《旧传》称"（于）琼召裼为司勋员外郎、判度支，寻用为翰林学士"，而丁《记》则记为自刑部员外郎入。清劳格《唐尚书省郎官石柱题名考》对此有所考，卷八司勋员外郎原未载有张裼，而于卷末"附存"列有张裼，引丁《记》，即谓"不云勋外，疑《传》误"。岑氏《注补》云"劳氏所疑近是"，则《旧传》所谓于琼召为司勋员外郎，当不确，应为刑部员外郎。

丁《记》记张裼于咸通九年六月十三日自刑部员外郎（从六品上）入，仅两日，同月十五日，即迁祠部郎中（从五品上），则张裼任刑部员外郎至少已有一、二年，当为于琼于咸通八年七月任相后即召张裼入朝任此职。

丁《记》接云："（咸通九年）九月十七日，知制诰，依前充。十月十六日，召对赐紫。十年七月十日，迁中书舍人，依前充。其年十一月，迁工部侍郎，依前充。十一月二日，加承旨。十二年正月二十六日，迁户部侍郎、知制诰，依前充。十一月十八日，迁兵部侍郎、知制诰，依前充。十三年五月十二日，贬封州司马。"

此处记咸通十年十一月迁工部侍郎，应加"知制诰"，因前已为中书舍人（正五品上），现既迁为正四品下之工部侍郎，当兼知制诰，此为唐翰林学士在职期间之惯例，如后记户部侍郎、兵部侍郎，均加有"知制诰"三字。又丁《记》记咸通十年十一月迁工部侍郎，后接云："十一月二日，加承旨。"则其为承旨亦为咸通十年，后又记咸通十二年正月二十六日迁工部侍郎，其间未有记十一年事。而韦保衡于咸通十年三月十三日入院，即加承旨，直至十一年四月二十五日拜相出院（见后韦保衡传），则张祎如于咸通十年十一月二日加承旨，则与韦保衡所任有冲突。岑氏《补文宗至哀帝七朝翰林承旨学士记》亦有说，乃谓应将"十一月二日"改为"十一年十二月"，虽为推测，但可信，因韦保衡于咸通十一年四月出院拜相后，刘邺于十一年十一月二十二日为承旨，但旋于同年十二月二十三日出院（参据丁《记》），张祎当接刘邺任，于十一年十二月二十三日后加为承旨。

张祎在院，前后历时五年，并不短，但未有撰制、议政等记载。可以提及的，为有士人向其献诗以求举荐者，如张蠙有《投翰林张侍郎》（《全唐诗》卷七〇二）："举家贫拾海边樵，来认仙宗在碧霄。丹穴虽无凡羽翼，灵椿还向细枝条。九衢马识他门少，十载身辞故国遥。愿与吾君作霖雨，且应平地活枯苗。"按诗题称"翰林张侍郎"，当为咸通十年（869）十一月张祎迁工部侍郎后。张蠙于昭宗乾宁二年（895）才登进士第，距咸通十年有二十余年，可见多年不第。据《唐摭言》卷十《海叙不遇》条，张蠙亦为"咸通十哲"之一，即虽有文才，但多为家贫累试不第者。张蠙于咸通十一年京兆府试，曾名列第七，但翌年仍未及第，故张蠙屡有诗抒怀："十载长安迹未安，杏花还是看人看"（《下第述怀》）、"十五年看帝里春，一枝头白未酬身"（《投所知》，均《全唐诗》卷七〇二）。由此，则张蠙《投翰林张侍郎》诗，咸通十一、二年间，自称"举家贫拾海边樵"（张为池州人，即今安徽贵池县），但为应举，故特"来认仙宗在碧霄"。其末二句，喻身在天上的翰林，能"作霖雨"以活"枯苗"①。按《全唐诗》于此诗后又载其《投翰林萧侍郎》，为投献萧遘，萧遘于僖宗乾符初为翰林学士（见后传），当亦为张祎于应试前向时为翰林学士萧遘求荐者。

关于张祎出院，丁《记》记为："十三年五月十二日，贬封州司马。"此事，《旧唐书·懿宗纪》亦有记，咸通十三年（872）五月辛巳，云"翰林学士承旨、兵部侍郎、知制诰张祎贬封州司马"，与丁《记》合。《旧传》则述及出贬之原因："咸通末，（于）琮为韦保衡所构谴逐，祎坐贬封州司马。"《通鉴》卷二五二更有详记，咸通十三年二月，于琮即已罢相，出为山南东道节度使，同年五月，又因韦保衡之谮，再贬为普王傅、分司（详见前于琮传），同时韦保衡又谋议贬朝臣十四人，"坐与琮厚善故也"，其中即有张祎。这是懿宗朝人事纷争最突出事件，也是翰林学士出于宰相之谋而被贬之一例。

《旧传》接云："（韦）保衡诛，（于）琮得雪，祎量移入朝，为太子宾客，迁吏部侍郎、京兆尹。"《旧唐书》卷一九下《僖宗纪》，于

---

①按陶敏《全唐诗人名考证》（页915）引及郑谷《寄司勋张员外学士》诗，即据《旧传》所云张祎因于琮之荐，为司勋员外郎，寻为翰林学士，故疑此张员外为张祎。按据前考，张祎未曾任司勋员外郎，且据丁《记》，张祎乃以刑部员外郎入，在职期间也未有任司勋员外郎。赵昌平等《郑谷诗集笺注》（上海古籍出版社，1991年）卷一为此诗所作注，也未提及张祎，引岑仲勉《补唐代翰林两记·昭宗朝》疑为张文蔚（张祎子），赵昌平等注认为张文蔚仕迹亦与诗题不合，谓此张员外当为张茂枢，备参。由此可确定郑谷此诗非寄张祎。

咸通十四年（873）九月记韦保衡贬贺州刺史，"以岳州刺史于琮为太子少傅，缘琮贬逐者并放还"，"前兵部侍郎、知制诰、翰林学士张裼为太子宾客"；后于乾符二年（875）四月记："新除吏部侍郎张裼为京兆尹。"

关于张裼晚年仕迹及卒年，《旧唐书》之纪、传均有误。《旧传》云："乾符三年，出为华州刺史。其年冬，检校吏部尚书、郓州刺史、天平军节度观察等使。四年，卒于镇，时年六十四。"即乾符三年由京兆尹出为华州刺史，其年冬，改为郓州刺史、天平军节度使，乾符四年卒于任。而《旧唐书·僖宗纪》，乾符二年七月载："以京兆尹张裼检校户部尚书，兼郓州刺史、御史大夫，充天平军节度、郓曹濮观察等使。"后则未记。据《旧纪》，张裼乃由京兆尹出为郓州刺史、天平军节度使，未曾任华州刺史，与《旧传》异。而《新唐书》卷九《僖宗纪》则于乾符五年（878）记："是岁，天平军节度使张裼卒，衙将崔君裕自知州事。"云乾符五年卒，亦异于《旧传》所云四年卒。两《唐书》纪、传竟有如此互异，而当前点校本均未有校。

按《全唐文》卷八四二载许鼎《唐通和先生祖君墓志铭》，记此通和先生祖贯，本为道家，以治丹著称，"喧动公卿耳目，求见就谒，凡累十人"，于是，"丁酉年，鄂侯杨公为华牧张公乞丹于先生"。丁酉，即乾符四年。于此可证，张裼确曾任华州刺史，乾符四年尚在任，则《旧唐书·僖宗纪》记乾符二年由京兆尹出为郓州刺史，未有任华州刺史，误。

关于卒年，《通鉴》则有详切的记载，卷二五三乾符五年（878）二月记："（黄）巢袭陷沂州、濮州，既而屡为官军所败，乃遗天平节度使张裼书,请奏之,诏以巢为右卫将军,令就郓州解甲,巢竟不至。"《通鉴》于此有《考异》,谓据《实录》,当可信。由此,则《旧传》所云乾符四年卒,《新唐书·僖宗纪》谓五年卒,均非。《通鉴》后即于乾符六年(879)记:"三月,天平军节度使张裼薨,牙将崔君裕自知州事,淄州刺史曹全晟讨诛之。"则张裼确于乾符六年三月卒于郓州任。

另,笔记中亦有误记者,如北宋初钱易《南部新书》丁卷记云:"张裼尚书牧晋州,外贮营妓,生子曰仁龟。"《唐刺史考全编》卷八一河东道晋州即据此系张裼于咸通中为晋州刺史,但未记年。按据前所述,张裼于咸通九年入任翰林学士前,历任司勋员外郎、刑部员外郎,未有记出任晋州刺史者;咸通九年六月入院,十三年五月出贬封州司马,直至咸通末均在封州;僖宗时返朝,又居相位、历节镇,更不可降任晋州刺史。《南部新书》所记当本于五代末《北梦琐言》,见其书卷八《张仁龟阴责》条。又《北梦琐言》卷八《三朝士以名取戏》条,更称张裼"与韦相保衡有分",甚有交情,后韦保衡贬,张裼遂"竟不大拜",完全不合事实,实际上张裼是受韦保衡之陷害而被贬。

张裼著述,未有载记,《全唐诗》、《全唐文》也未载其诗文。

崔 充

崔充,附见于《旧唐书》卷一五九《崔群传》后,仅数句,云:"子充,亦以文学进,历三署,终东都留守。"未记翰林学士事。崔群为其父。群系宪宗朝翰林学士，后曾为相，文宗大和六年(832)卒(见前传)。此亦为唐时父子连任翰林学士之一例。

《旧唐书·崔群传》记为清河武城人。武城即今河北省武成县。《新唐书》卷七二下《宰相世系表》二下，崔氏清河小房，记有崔充，云"字茂用，东都留守"。《旧传》未记其字号。

崔充，入院前仕迹不详。丁《记》记为："咸通九年□月十七日，自考功员外郎入，守本官充。十月十六日，召对赐绯。闰十二月二日，三殿召对赐紫。十年五月二十五日，加库部郎中、知制诰，依前充。十二年正月二十六日，迁户部侍郎、知制诰，依前充。十三年六月十日，宣充承旨。九月二十八日，加检校工部尚书、东川节度使。"

按丁《记》记其入院，于咸通九年(868)，月份缺字。按同年入院，在崔充之前者张裼，为六月十三日，丁《记》又记崔充入院后"十月十六日召对赐绯"，则其入院当在七至十月之间(岑氏《注补》亦有此说，谓所缺之字当为六、七、八、九)。又清劳格《唐尚书省郎官石柱题名考》卷十考功员外郎记有崔充，则崔充于入院前即已任考功员外郎。

又丁《记》记崔充于咸通十三年(872)六月十日充承旨，按此前任承旨者为张裼，张裼于此年五月十二日因受于琮之累，为韦保衡所谮，出贬封州司马(见前张裼传)，此时崔充为在院资历最深者(参见书后"学士年表")，故于六月十日接任承旨。

崔充于咸通十三年九月二十八日出院，授为检校工部尚书、东川节度使。临行前，薛能有诗送之：《送崔学士赴东川》(《全唐诗》卷五六〇)："羽人仙籍冠浮丘，欲作酇侯且蜀侯。导骑已多行剑阁,亲军全到近绵州。文翁劝学人应恋,魏绛和戎成自休。唯有夜樽欢莫厌,庙堂他日少闲游。"按薛能于会昌六年(846)登进士第,后仕历颇顺,咸通十一年(870)八月,时居相位之刘瞻因谏被韦保衡所谮,罢相被贬(见前刘瞻传),时京兆尹温璋亦与刘瞻同谏,被斥责而死(《通鉴》卷二五二),薛能遂接其任为京兆尹。薛能亦"耽癖于诗","尝以第一流自居"(《唐才子传》卷七)①。薛能此送行诗,首句"羽人仙籍",喻翰林学士地位不同凡俗。次句"欲作酂侯且蜀侯",酂侯,以西汉萧何为喻,萧何曾封为酂侯,后为相。此句即谓本可由学士擢拔入相,现在只好暂任蜀镇。第五句之"文翁",据《汉书·循吏·文翁传》,文翁于汉景帝末为蜀郡守,仁爱好教化,修学馆于成都,招子弟入学,后武帝令天下郡国皆立学校官,当自文翁为之始。句六之魏绛,见《左传·襄公十一年》,春秋时晋大夫,以和戎为主。此二句当望其节镇东川,修学、和戎,即能为朝廷所重。薛能时为京兆尹重任,故特以修政之事慰勉,与一般文士不同。

崔充于咸通十三年九月出任东川节度使,至僖宗乾符二年(875)四月,改任河南尹。《旧唐书》卷一九下《僖宗纪》,乾符二年四月,"以东川节度使、检校户部尚书崔充为河南尹"。按丁《记》记崔充出为东川节度使时,为检校工部尚书,而此处云检校户部尚书,疑当据丁《记》,仍为检校工部尚书。

《新唐书·宰相世系表》及《旧唐书·崔群传》,皆记崔充官终东都留守,未记年。按《唐大诏令集》卷一一七《宣抚东都官吏

---

①薛能事,可参《唐才子传校笺》卷七《薛能传》谭优学笺,中华书局,1990年。

敕》，为乾符三年（876），云："敕东都留守王讽、河南尹刘允章。"
则于乾符三年，河南尹、东都留守皆未有崔充，可能崔充于乾符二
年四月为河南尹后，不久即卒。

崔充诗文等著作皆未有载记。

韦保衡

韦保衡，两《唐书》有传，见《旧唐书》卷一七七、《新唐书》卷
一八四。

《旧传》："韦保衡者，字蕴用，京兆人。祖元贞，父悫，皆进士
登第。"《旧传》并谓韦悫于宣宗大中四年（850）为礼部侍郎，五年
（851）知贡举，"颇得名人"。《新传》谓韦悫，宣宗时终武昌军节
度使，《全唐文》卷七六三沈珣（当作询，见前沈询传）《授韦悫鄂
岳节度使制》，即武昌军节度使。沈询此制，对韦悫评议甚佳，称
其"自驰声词苑，耀价儒林，雅范兰馨，词雄绮丽"，特举其以礼部
侍郎知贡举事："洎职司诰命，参贰春官，业弥振于训词，道愈光于
得士。"则韦悫于礼部侍郎前，当曾任中书舍人（"职司诰命"）。
又，就沈询此制所称，则其时甚有声望，当对韦保衡能尚公主，较
有影响，因韦保衡本人是无甚才艺的。如韦保衡于懿宗咸通五年
（864）登进士第，《旧唐书》卷一七九《萧遘传》有云："与韦保衡同
年登进士第，保衡以幸进无艺，同年门生皆薄之。"

又，韦悫之名，《新唐书》卷七四上《宰相世系表》四上，所记
有异，记为韦悫，"字端士"。前所引述之沈询制文，其名作悫，与

两《唐书》本传同，当以作"愨"为是。

《旧传》记其登第后，云"累拜起居郎"，而据晚唐佚名《玉泉子》所记，韦保衡于进士登第后，曾在东川节度使幕府供职。《玉泉子》有云："又保衡初既登第，独孤云除西川，辟在幕中。……无何，堂牒追保衡赴阙下，乃尚同昌公主也。"①按咸通五至九年间（864—868），剑南西川节度使为李福、刘潼，《通鉴》皆有记。而《太平广记》卷二七三《韦保衡》条，亦据《玉泉子》，但谓"独孤云除东川"。如此，则韦保衡当于咸通五年后曾在东川节镇幕府，后又入朝，累为起居郎（从六品上，与尚书诸司员外郎同阶）。但未如《玉泉子》所云在东川幕府时即下诏召回，尚同昌公主。

《旧唐书》卷一九上《懿宗纪》，咸通十年（869）正月，"癸亥，以右拾遗韦保衡为银青光禄大夫、守起居郎、驸马都尉，尚皇女同昌公主"。《通鉴》卷二五一咸通十年正月丁卯，亦记为："同昌公主适右拾遗韦保衡，以保衡为起居郎、驸马都尉。"右拾遗为从八品上，韦保衡当由东川幕府返朝后，先为右拾遗，后选其尚同昌公主，乃擢迁为起居郎（从六品上）、驸马都尉。按韦保衡当时并无文名，何以被选为尚同昌公主，并加重礼，不知何故，史书亦无有记。据前所述，其父曾任礼部侍郎，知举，"颇得名人"，可能与其父之声望有关。

又，《通鉴》卷二五〇咸通八年（867）七月记："宣歙观察使杨收过华岳庙，施衣物，使巫祈祷；县令诬以为收罪。右拾遗韦保衡

---

①此见上海古籍出版社编印之《唐五代笔记小说大观》点校本，页1430，2000年。

复言，(杨)收前为相，除严譔江西节度使，受钱百万，又置造船务，人讼其侵隐。八月庚寅，贬收端州司马。"杨收事，见前传，由此，则韦保衡于咸通八年已任为右拾遗。

同昌公主，为懿宗妃郭淑妃女，《旧传》称："妃有宠，出降之日，倾宫中珍玩以为赠送之资。"《通鉴》更有具体描述，云"赐第于广化里，窗户皆饰以杂宝"，"赐钱五百万缗，他物称是"。这实是懿宗朝后期朝政不正常现象，尤其是表现在韦保衡自翰林学士擢迁为宰相后，政局更加混乱。

《旧传》记韦保衡尚同昌公主，为驸马都尉后，接云："寻以保衡为翰林学士，转郎中，正拜中书舍人，兵部侍郎、承旨。"《新传》则仅一句："俄历翰林学士、承旨。"丁《记》具记为："咸通十年三月十三日，自起居郎、驸马都尉入守左谏议大夫、知制诰，充承旨。其年十一月十日，迁兵部侍郎，依前充。十一年四月二十五日，以本官同中书门下平章事。"即尚公主、为驸马都尉后，不到三个月，即入为翰林学士，这也是唐翰林学士之特例。另有一特例，即据丁《记》，入院时即加承旨，而此时在院者刘瞻尚任承旨，于该年六月十七日出院任相，则韦保衡于是年三月入，同时即加承旨，则与刘瞻相重。岑氏《注补》及《补文宗至哀帝七朝翰林承旨学士记》于此有说，谓"唐制无两人同承旨"，丁《记》有脱文。按岑说有一定道理，但此有两种可能，一为懿宗特予破例，以显示其对韦保衡之宠信；另一为韦保衡接刘瞻之任，即刘瞻于六月十七日出院，韦保衡即于此后接为承旨，或于十一月十日迁兵部侍郎时，又加承旨。《旧传》也提为翰林学士、承旨。《通鉴》卷二五一记韦保衡于咸通十年三月入院，仅云"充翰林学士"，未提承旨。则当参据前说,以第二种可能性较合实际。但《旧传》记韦保衡入院后,谓"转郎中,正拜中书舍人",后为"兵部侍郎、承旨",而丁《记》未记韦保衡在院时曾有迁转郎中、中书舍人者,《旧传》此处所记则不合实。

丁《记》记咸通十一年(870)四月二十五日,拜相出院,《新唐书·懿宗纪》、《新唐书·宰相年表》及《通鉴》卷二五二皆同。但《旧唐书·懿宗纪》却系于咸通十一年正月:"以兵部侍郎、翰林学士承旨、扶风县开国子、食邑五百户、驸马都尉韦保衡本官同平章事。"按《旧纪》记此年事,正月所记多未记日,后缺二、三月,未有记,后接四月。则韦保衡入相,原当亦列于四月,因实录佚失甚多,遂误移于正月。

韦保衡在院,实仅一年,无有业绩。任相后,《旧传》记云:"保衡恃恩权,素所不悦者,必加排斥。王铎贡举之师,萧遘同门生,以素薄其为人,皆摈斥之。以杨收、路岩在中书不加礼接,媒孽逐之。"据《通鉴》所载,咸通十二年(871)四月,路岩罢相出为西川节度使;十三年(872)五月,山南东道节度使于琮贬为普王傅、分司;十四年(873)六月,王铎亦罢相,出为宣武节度使;《通鉴》皆记为"保衡皆摈斥之"。而最为突出的是,咸通十一年八月,因同昌公主病卒,懿宗杀翰林医官韩宗召等二十余人,并收捕其亲族三百余人,时居相位的刘瞻上奏直谏,即被免相出贬,并由韦保衡所谋,此次被贬者更多,详见前刘瞻传。

可能正因此,咸通十四年(873)七月,懿宗卒,僖宗立,韦保衡即为人所告,于是年九月,免相,出贬贺州刺史。《通鉴》卷二五二于十月又记:"韦保衡再贬崖州澄迈令,寻赐自尽。又贬其弟翰林学士、兵部侍郎保乂为宾州司户，所亲翰林学士刘承雍为涪州司马。"韦保乂、刘承雍，见后传。这也是翰林学士因朝事纠纷而受牵累，晚唐时这类事例不少。

关于韦保衡被贬外出，《南部新书》辛卷有具体、形象记述："驸马韦保衡之为相，以厚承恩泽，大张权势。及败，长安市儿忽竞彩戏，谓之'打围'。不旬徐，韦祸及。""围"，谐音"韦"，可见当时民间对其忿恨之情。

《新唐书》卷五八《艺文志》二，史部，著录有："《武宗实录》三十卷，韦保衡监修。"则为其任相时监修。《直斋书录解题》卷四起居类，亦著录为三十卷，但云："《唐志》惟有《武宗实录》三十卷，其后皆未尝修纂。更五代，《武录》亦不存，《邯郸书目》惟存一卷而已。"即宋时已未存。

韦 蟾

韦蟾，附见于《旧唐书》卷一八九下《儒学下·韦表微传》，京兆万年人。韦表微为其父，穆宗朝翰林学士。

《旧唐书·韦表微传》后附记韦蟾事，甚简，仅数句，云："子蟾，进士登第，咸通末为尚书左丞。"未提及翰林学士事。

《唐诗纪事》卷五八韦蟾，记其字隐珪，大中七年（853）进士及第。清徐松《登科记考》卷二二即据《唐诗纪事》系于宣宗大中七年。

《唐诗纪事》又记其"初为徐商掌书记，终尚书左丞"。按徐商于宣宗大中十年（856）春至十四年（860）十一月任山南东道（襄州）节度使，曾辟有不少文人在其幕府，多有诗酬和，后编有《汉上题襟集》（参见前武宗朝徐商传、懿宗朝李骘传）。《直斋书录解题》卷一五总集类，著录《汉上题襟集》三卷，云："唐段成式、温庭筠、逢皓、余知古、韦蟾、徐商等倡和诗什，往来简牍，盖在襄阳时也。"①又《唐诗纪事》卷五八："尚书东苑公镇襄阳，（段）成式、（温）庭筠、韦蟾皆从其事，上元唱和诗各三篇。"此"上元唱和诗"，即段成式《观山灯献徐尚书》三首并序，温庭筠与韦蟾亦各有和作（《唐诗纪事》卷五八）。韦蟾之作又载于《全唐诗》卷五六六，题《上元（一作奉和山灯）三首》。《唐诗纪事》同卷又记韦蟾《题僧壁》诗，段成式有和作。韦蟾另有《和柯古穷居苦日喜雨》（《全唐诗》卷五六六），柯古即段成式字。由此可见，韦蟾于大中七年进士登第后，于大中后期在徐商山南东道节度幕府（任掌书记），与段成式、温庭筠等多有诗唱和，可见其早期即与文士甚有文学交往。

离徐商幕后，历武宗、宣宗及懿宗朝前期，共二十余年，未有载其仕迹。后即丁《记》所记："咸通十年六月□日，自职方郎中充。九月七日，加户部郎中、知制诰。十一月十一日，迁中书舍人，依前充。十二月二十八日，三殿召对赐紫。十二年正月二十六日，迁工部侍郎、知制诰，依前充。十三年十月十五日，加承旨。十一月十五日，改御史中丞兼刑部侍郎出院。"

丁《记》记其入院，"六月□日"，"日"前缺字。在院期间，官

---

① 《直斋书录解题》，上海古籍出版社，点校本，1987 年。

衔迁升甚速，如刚入院不到半年，即由从五品上之职方郎中、户部郎中迁为正五品上之中书舍人，又仅历时一年，迁为正四品下之工部侍郎。懿宗朝翰林学士之官阶迁转，较前朝甚快，可以注意。

又，丁《记》记韦蟾于咸通十三年（872）十月十五日加承旨，按此前任承旨者先后有张袆、崔充，张袆于咸通十三年五月十二日出贬，崔充于六月十日接任，后于九月二十八日出为东川节度使，则此时在院，资历最深者即为韦蟾，故于十月十五日接任承旨。唯丁《记》记郑延休于咸通十三年正月四日宣充承旨，当不确（详见后郑延休传）。

丁《记》记韦蟾于咸通十三年十一月十五日，由工部侍郎、知制诰改御史中丞兼刑部侍郎出院。按御史中丞为正五品上，较工部侍郎（正四品下）低二阶，故仍兼刑部侍郎，其实职则为御史中丞。

《旧唐书·懿宗纪》咸通十四年（873）正月载："御史中丞韦蟾奏……"即《全唐文》卷八〇五韦蟾《请禁托故请假奏》。由此，则此时韦蟾仍任为御史中丞。此年七月懿宗即卒，则《旧唐书·韦表微传》记韦蟾"咸通末为尚书左丞"，误，其为尚书左丞，已在僖宗乾符时（见后）。

又韦蟾在院，前后历时四年，并不短，但并未有草撰制诰等记载，也未有制文传存。不过与同院学士有交往，郑畋有《酬隐珪舍人寄红烛》诗，见前郑畋传。出院后，则与文士交往更多。

《全唐诗》卷五八九载有李频《送鄂渚韦尚书赴镇》①。又《太

---

① 《唐刺史考全编》卷一六四江南西道鄂州韦蟾名下亦引有此诗，但所记《全唐诗》卷次误作卷五八八。

平广记》卷二七三《武昌妓》，引自《抒情诗》，有云："韦蟾廉问鄂州，及罢任，宾僚盛陈祖席。"即韦蟾曾出任鄂州刺史，但均未记年。《唐代墓志汇编》（周绍良编纂，上海古籍出版社，1992 年）载有韦厚所撰《唐故陇西李氏墓志铭并序》（乾符〇九一，页 2471），记此李氏嫁于河南府洛阳县丞韦府君，生有子秉谊，此韦秉谊长大后"不专宦途，志在进取，亲友咸称其德"，于是"新授鄂州观察使韦蟾早以才气知重，累于名府推荐"。按此墓主李氏卒于咸通十四年（873）十一月，葬于乾符元年（874）甲午二月，志中称韦蟾为"新授鄂州观察使"，则其出任鄂州当在咸通十四年秋冬，李频此诗当作于此时。

李频《送鄂渚韦尚书赴镇》诗："夏口本吴头，重城据上游。戈船转江汉，风月宿汀州。执宪倾民望，衔恩赴主忧。谁知旧寮属，攀饯泪仍流。"按李频于宣宗大中八年（854）进士及第，后历任秘书郎、南陵主簿、武功令等，据《新唐书》卷二〇三《文艺下》本传，"懿宗嘉之，赐绯衣、银鱼，俄擢侍御史，守法不阿徇，迁累都官员外郎"。据《唐才子传校笺》卷七《李频传》梁超然笺（中华书局，1990 年），其任侍御史约在咸通十三年前后。李频此诗自称"旧寮属"，当韦蟾于咸通十三年十一月出院为御史中丞，李频曾为其寮属，故此次韦蟾由御史中丞出为鄂州观察使，李频即作诗相送，并特云"攀饯泪仍流"。按李频当时亦有诗名，《新唐书·李频传》称姚合极为赞颂其诗，"大加奖挹，以女妻之"。

李频为韦蟾赴鄂州送行，而韦蟾在鄂州时，罗隐又频有诗文进献。罗隐《上鄂州韦尚书》（《全唐诗》卷六五六）："往岁先皇驭九州，侍臣才业最风流。文穷典诰虽馀力，俗致雍熙尽密谋。兰省换班青作绶,柏台前引绛为鞴。都缘未负江山兴,开济生灵校一秋。"前四句即称誉韦蟾在前朝(懿宗朝)任翰林学士,"才业最风流",撰制诏诰,参预密谋,都甚出色;五、六两句又称其在御史台时之政绩;末二句期望其在鄂州必当"开济生灵"。按罗隐长期应举不第,《唐摭言》卷二《等第罢举》,记罗隐于乾符三年(876)虽州府荐送,礼部省试仍落第。黄滔《司直陈公墓志铭》称咸通、乾符之际,富有才名者温歧、韩铢、罗隐,"皆退黜不已"(《全唐文》卷八二六)。由此,则罗隐当于乾符前几年在鄂州,献诗于韦蟾,当求其举荐。后韦蟾返朝,为尚书左丞,罗隐又有《投寄韦左丞》(《全唐诗》卷六五九)。

《旧唐书》卷一七七《豆卢瑑传》:"(乾符)六年,与吏部侍郎崔沆同日拜平章事。宣制日,大风雷雨拔树,左丞韦蟾与瑑善,往贺之。瑑言及雷雨之异,蟾曰:'此应相公为霖作解之祥也。'瑑笑答曰:'霖何甚耶?'"按据《新唐书》卷六三《宰相年表》,豆卢瑑、崔沆并同中书门下平章事,在乾符五年(878)五月丁酉,《新唐书》卷九《僖宗纪》、《通鉴》卷二五三同。因此时郑畋、卢携议南诏事争论激怒,同日罢相,遂以翰林学士承旨、户部侍郎豆卢瑑为兵部侍郎,吏部侍郎崔沆为户部侍郎,并同平章事,入相。而前所引述之《旧唐书·豆卢瑑传》记于乾符六年,《旧唐书》卷一九下《僖宗纪》更具记于乾符六年五月,则又为显误。由此亦可定,韦蟾于乾符五年五月已在尚书左丞任,其由鄂州入朝,当在乾符四、五年间。由此并可订正《旧唐书·韦表微传》称韦蟾"咸通末为尚书左丞"之误。

韦蟾此后事迹不详,尚书左丞当为其终官。

《全唐诗》卷五六六载其诗十首，颇有文采，主要即为在徐商幕府时唱和之作。《全唐文》卷八○五载《请禁托故请假奏》，即《旧唐书·懿宗纪》所载者，前已述。

又有一事须辨正者，《全唐诗》卷五三九载有李商隐《和孙朴韦蟾孔雀咏》诗，陶敏《全唐诗人名考证》（页798）谓此韦蟾即懿宗朝翰林学士韦蟾。刘学锴、余恕诚《李商隐诗歌集解》[①]，亦载有此诗（页853），及此诗之后的《寄怀韦蟾》，题中皆作"蟾"，并引《旧唐书·韦表微传》所记韦蟾事，则当亦谓此韦蟾即懿宗朝翰林学士韦蟾，与陶《考》同。刘、余《集解》辑引前注，有云："此篇大中三年从桂管还京，选为盩厔尉，京尹初留假参军、管章奏时所作，全以孔雀自喻"（"张曰"）。于《寄怀韦蟾》诗后，又引"张曰"："大中三年，义山自桂返京，曾和韦蟾《孔雀咏》。"按李商隐《樊南乙集序》，自叙于大中二年（848）自桂林幕府归，"选为盩厔尉"，并云："是同寮有京兆韦观文、河南房鲁、乐安孙朴、京兆韦峤。……是数辈者，皆能文字。"此处将孙朴、韦峤并提，而前所引述之《和孙朴韦蟾孔雀咏》诗，亦以孙朴、韦蟾并提，当为同时所作，但其中一为韦峤，一为韦蟾。《樊南乙集序》谓此数人皆为京兆任职时之"同寮"，则此韦姓者已入仕。而据前考述，韦蟾于大中七年才登进士第，则大中二年绝未能入仕；且大中三年为其登第前四、五年，不可能称之为"皆能文字"。故李商隐《和孙朴韦蟾孔雀咏》诗之韦蟾，不可能为本传记述之懿宗朝翰林学士韦蟾，此诗中之韦蟾当与《樊南乙集序》中韦峤为同一人，唯"蟾"、"峤"，

————————
①刘学锴、余恕诚《李商隐诗歌集解》，台北洪叶文化事业有限公司，1992年。

何者为是，则俟考。关于此事，当今研究者似未有注意者，故特提出，以供参研。

杜裔休

杜裔休，两《唐书》无专传，仅附于《新唐书》卷一六六《杜悰传》后。杜悰为其父，武宗、宣宗时曾居相位，又历任方镇。

《新唐书》卷七二上《宰相世系表》二上，京兆杜氏，记有杜裔休，云字徽之，未记官名。《新唐书·杜悰传》附记杜裔休，甚简，仅云："懿宗时历翰林学士、给事中，坐事贬端州司马。"今据有关史料，略考如下。

《唐语林》卷六记欧阳琳尝拜谒杜悰，乃因杜悰子裔休与其同年（"杜邠公在岐下，以子裔休同年，谒之"）。清徐松《登科记考》卷二三，据《永乐大典》所辑之《闽中记》，载欧阳琳为咸通七年（866）及第，乃《唐语林》所记与欧阳琳同年，亦以杜裔休为咸通七年进士及第。

杜裔休于咸通七年及第，咸通九年（868）初已在拾遗任。唐末五代初王定保《唐摭言》卷一三《无名子谤议》条，有记云："刘允章试《天下为家赋》，为拾遗杜裔休驳奏，允章辞穷，乃谓与裔休对。时允章出江夏，裔休寻亦改官。"关于此事，《太平广记》卷一八三《刘允章》，据《卢氏杂记》，亦有记，云："杜裔休进疏论事，虽不行，时以为当。"按《唐摭言》所记杜裔休奏议刘允章赋试题事，文意不清。徐松《登科记考》卷二三，即据《唐摭言》，载咸通九年刘允章知举之赋试题即为《天下为家赋》，但未有诗试题。徐《考》也未考述杜裔休所奏何意，此赋试之题究有何缺，刘、杜二人如何辨议；又"裔休寻亦改官"，也未有具体记述。实则刘允章此年知举，甚为公正，其"通连中官"即勾通宦官之"十哲"，刘允章也坚予拒绝（详见前刘允章传）。

不过据《唐摭言》所记，杜裔休于咸通九年已任为拾遗，拾遗为从八品上，并不低，其进士及第后仅两年已有此官阶，甚不易。且后又仅历两年，又改迁为从六品上之起居郎，并入为翰林学士。

丁《记》记为："咸通十一年正月十一日，自起居郎入守本官充。五月二十七日，三殿召对赐紫。九月十一日，加司勋员外郎、知制诰，依前充。十三年二月九日，守本官出院。"

司勋员外郎，清劳格《唐尚书省郎官石柱题名考》卷八司勋员外郎，列有其名。

丁《记》记杜裔休于咸通十三年（872）二月九日以司勋员外郎（从六品上）、知制诰出院，当旋又升迁为给事中（正五品上），即《旧唐书》卷一九上《懿宗纪》咸通十三年五月记："给事中杜裔休贬端州司马。"即此年出贬时，已为给事中。关于此次出贬，《通鉴》卷二五二有具记：咸通十三年，"五月，国子司业韦殷裕诣阁门，告郭淑妃弟内作坊使敬述阴事，上大怒，杖杀殷裕，籍没其家。乙亥，阁门使田献铦夺紫，改桥陵使，以其受殷裕状故也。殷裕妻父太府少卿崔元应、妻从兄中书舍人崔沆、季父君卿皆贬岭南官。给事中杜裔休坐与殷裕善，亦贬端州司户"。按同月又贬山南东道节度使于琮、翰林学士承旨、兵部侍郎张裼等十余人，《通鉴》载谓"韦保衡谮之也"（详见前张裼等传）。韦保衡即尚郭淑妃女同昌公主。应该说,国子司业韦殷裕告郭淑妃弟内作坊使敬述阴事,是正当行为,杜裔休乃因与之善,即受累出贬,这也是晚唐时翰林学士不幸遭遇之一例。

杜裔休此后事迹不详。北宋初钱易《南部新书》癸卷,记韦保衡、路岩作相时,因不附己而被贬者,列有十位,其中有杜裔休贬端州;又记崔彦融贬恩州,云"唯恩州不回"。即僖宗于咸通十四年(873)七月即位后,除贬于恩州之崔彦融未回,其他皆返朝①,则杜裔休当亦返回,但具体事迹不详。

杜裔休著作也未有载记。

郑延休

郑延休,两《唐书》无传,仅《新唐书》卷七五上《宰相世系表》五上,郑氏北祖房,记有郑延休,"山南西道节度使";《新表》又记其父涯,为检校右仆射、同中书门下平章事。郑涯为文宗大和时翰林学士(见前传)。则郑涯、郑延休亦为有唐一代父子连任翰林学士之一例。但郑涯父子,两《唐书》皆无传,故事迹亦不详。

《旧唐书》卷一八下《宣宗纪》,大中元年(847)二月,"丁酉,礼部侍郎魏扶奏:'臣今年所放进士三十三人,其封彦卿、崔琢、郑

---

① 《太平广记》卷一八八《高湘》条,据《玉泉子》,亦载此,唯云"内绣州、播州、雷州(崔彦融)三人不回",稍有异。据《南部新书》,贬绣州为李渎,贬播州为萧遘。

延休等三人，实有词艺，为时所称，皆以父兄见居重位，不得令中选。'诏令翰林学士承旨、户部侍郎韦琮重考覆，敕曰：'彦卿等所试文字，并合度程，可放及第。有司考试，只在至公，如涉请托，自有朝典。今后但依常例放榜，不得别有奏闻。'"清徐松《登科记考》卷二二即据以列郑延休等三人为大中元年续放进士及第者。魏扶知举时，是着意于不宜使举试者以名门家世列为优选者，故特提出郑延休等三人（郑延休当因其父郑涯曾为相），以见其公正。魏扶为武宗朝翰林学士（见前传）。

郑延休于进士及第后，仕历不详，至懿宗咸通十一年（870），入为翰林学士，其间历有二十三年。

丁《记》记为："咸通十一年五月十八日，自司封郎中、知制诰迁中书舍人充。十二年正月二十八日，三殿召对赐紫。十一月十八日，迁工部侍郎、知制诰，依前充。十三年正月四日，宣充承旨。七日，迁工部侍郎，依前充。十四年八月二十二日，加金紫光禄大夫、尚书左丞、知制诰，依前充。十五年正月十三日，除检校吏部尚书、充河阳三城节度使。"

据丁《记》，郑延休于咸通十一年（870）五月十八日入院时，即由司封郎中、知制诰迁中书舍人，则入院前，至少已有年余任为司封郎中、知制诰，故入院时即迁为中书舍人。又十二年十一月十八日，即入院仅一年半，又自正五品上之中书舍人迁为正四品下之工部侍郎，可见懿宗朝翰林学士官阶迁转之速。不过岑氏《注补》对此有疑，云："按工部侍郎只一员，今前文韦蟾条于十二年正月迁工侍、知制诰，至十三年十一月十五始改中丞出院，同时焉得有两工侍？唐制虽常设同正或员外置之官，然不过位置闲员，非所以待禁林要职也，故知两条中必任一有误。"岑说有一定道理，但工部侍郎等，于翰林学士仅为所带之官衔，并非实际行职，如白居易于元和时在翰林学士任期内曾为京曹参军，但实际未去京兆任职，故不必严限。如以咸通十二年为例，郑畋于正月至九月为户部侍郎、知制诰，张裼于正月二十六日至十一月十八日为户部侍郎、知制诰，崔充于正月二十六日亦迁为户部侍郎、知制诰，即同一时期，户部侍郎有三员，因户部侍郎于此三位翰林学士仅为挂衔。故不能说韦蟾与郑延休之工部侍郎必有一误。

又丁《记》记咸通十三年（872）正月四日宣充承旨，则确与张裼于五月十二日前已任承旨相重，且此后张裼于五月十二日出贬，崔充又于六月十日接任承旨，后崔充于九月二十八日出为东川节度使，韦蟾于十月十五日接任。后韦蟾于同年十一月十五日出院，则郑延休当可能于十一月二十四日或十二月四日接为承旨。总之，丁《记》记为"正月四日"，误，当为后传抄时讹写。如此，则丁《记》于宣充承旨后，记"七日，迁工部侍郎"，当亦应为十一月二十七日或十二月七日，并于工部侍郎后补"知制诰"三字。

至于其出任河阳节度使后，《新唐书》卷二二五下《黄巢传》有记："巢寇叶、阳翟，欲窥东都。会左神武大将军刘景仁以兵五千援东都，河阳节度使郑延休兵三千壁河阴。"《通鉴》卷二五三则记此事于僖宗乾符五年（878）三月："黄巢攻卫南，遂攻叶、阳翟，诏发河阳兵千人赴东都与宣武、昭义兵二千人，共卫宫阙，以左神武大将军刘景仁充东都应援防遏使。"此处虽未提及郑延休之名，但所叙之事与《新唐书·黄巢传》同，由此亦可确定郑延休于乾符五年三月在河阳节度使任。

后黄巢军于广明元年(880)十二月攻占长安,僖宗奔蜀,郑延休当于乾符五、六年间离河阳任返朝,亦随僖宗至蜀。《益州名画录》卷上,记常重胤于中和时录记僖宗幸蜀随驾文武臣僚画像,即记有检校司徒郑延休。此后仕迹不详。《新唐书·宰相世系表》记郑延休为"山南西道节度使",似为其终官,但未有史料确定其时间。《唐刺史考全编》卷二〇五山南西道梁州,列郑延休于乾符六年至广明元年,其所引材料,亦仅《新表》,未有说明,不过于乾符元年、广明元年后各打问号(?),可能即表示存疑。

郑延休,无著述载记。

薛 调

薛调,两《唐书》无传。《新唐书》卷七三下《宰相世系表》三下,薛氏西祖房,记有薛调,未注字号、官名;又记其祖莘,浙西观察使,父膺,婺州刺史。《旧唐书》卷一八五《良吏下·薛苹传》,记为河东宝鼎人。据《元和郡县图志》卷一二河东道河中府,有宝鼎县,本汾阳县,今山西万荣县西南。薛苹,宪宗时历任湖南、浙东、浙西观察使。两《唐书·薛苹传》则皆未记薛调。

《唐语林》卷四:"薛调、季瓒,同年进士。"清劳格《读书杂识》卷七《李瓒》条引《唐语林》此文,谓季当作李,并考为大中八年进士及第。按李瓒为李宗闵子,亦为懿宗时翰林学士(见前传)。由此,则薛调为宣宗大中八年(854)登进士第。孟二冬《登科记考补正》卷二二即据《唐语林》及陈尚君《登科记考补》,亦补薛调于大中八年进士及第。

又前所引《唐语林》同条又记："刘元章罢江夏入朝，以风标自任。一日，（薛）调谒之，倒屣出迎，爱其风韵，去而复留者数四。"此处提及之"刘元章"，清劳格《唐尚书省郎官石柱题名考》卷一二户部员外郎，薛调名下亦引有《唐语林》此文，谓"元"当作"允"，是①。按刘允章亦为懿宗时翰林学士，咸通九年（868）知礼部贡举，后出为鄂州观察使，又改任东都留守（见前传）。《唐语林》云"罢江夏入朝"，当在咸通十年间。时薛调亦已在朝任职（见后）。

丁《记》记为："咸通十一年十月十七日，自口部员外郎加驾部郎中充。十二年正月二十六日，加知制诰，依前充。十三年二月二十六日，卒官；三月十一日，赠户部侍郎。"丁《记》记薛调入院时"自口部员外郎"，清劳格《唐尚书省郎官石柱题名考》卷一二户部员外郎薛调名下亦引丁《记》此记，谓所缺"疑即'户'字"。因卷一二为户部员外郎，既有薛调，则薛调曾任户部员外郎，劳格说是，可补。又丁《记》记其入院时即由原户部员外郎加改为驾部郎中，则其入院前任户部员外郎当已有数年。刘允章自鄂州返朝时，薛调前往谒见，当已为户部员外郎。

前所引《唐语林》，同条又云："（薛）调为翰林学士，郭妃悦其貌，谓懿宗曰：'驸马盍若薛调乎？'顷之暴卒，时以为中鸩。卒年四十三。"按薛调于咸通十一年十月入院，郭妃于其入院后见到他，悦其貌，欲以其为驸马，而实则其女同昌公主已于咸通十年正

①周勋初《唐语林校证》（中华书局，1987年）未提及劳格订正事。

月嫁于韦保衡,韦保衡后即以驸马都尉入为翰林学士(见前韦保衡传)。如此,则郭妃何以又能向懿宗进言:"驸马盍若薛调乎?"且据其所记,薛调卒时已四十三岁,则其入院为四十一岁,唐时年龄过大,不能再尚公主。由此,则《唐语林》此处所记亦不合实。

又,《唐语林》记其卒时为四十三岁,可备一说,则当生于文宗大和四年(830),大中八年(854)进士及第时为二十五岁,咸通十一年(870)入院为四十一岁。

其著作未有载记。

韦保义

韦保义,附于两《唐书》其兄韦保衡传后,即《旧唐书》卷一七七、《新唐书》卷一八四,所记甚简。《旧传》:"弟保义,进士登第,尚书郎、知制诰,召充翰林学士,历礼、户、兵部三侍郎,学士承旨。坐保衡免官。"《新传》更简略,仅谓"自兵部三侍郎贬宾州司户参军",未记任翰林学士事。

《旧传》云"进士登第",未记年。《唐摭言》卷九《敕赐及第》条有云:"韦保义,咸通中以兄在相位,应举不得,特敕赐及第,擢入内庭。"清徐松《登科记考》卷二三即据此系于咸通十二年(871),谓:"按韦保衡于咸通十一年四月同平章事,十三年十一月拜司空,应附此年。"谓韦保衡于咸通十一年(870)四月拜相,此年二月科试时尚未能敕赐及第,当于十二年初特赐及第,后即于同年十二月召入为翰林学士。岑氏《注补》有不同意见,谓:"今按记

（丁《记》）十二年二月前，保乂已官尚书郎，安复应举，《摭言》所闻，殆不实不尽，大抵保乂以兄有宠而赐第，非以应举不得而赐第也。"按韦保乂于咸通十二年二月，以户部员外郎入院，户部员外郎为从六品上，当此前已累历官，即虽未科试及第，但当以其他途径入仕。后其兄韦保衡入相，即因此而敕赐及第，亦为唐科举常例，如前刘邺亦然（见前刘邺传）。

其入院，丁《记》记为："咸通十二年二月十三日，自户部员外郎入守本官。三月十六日，特恩赐紫。五月十日，加户部郎中、知制诰，依前充。十四年十月，贬宾州司户。"

按丁《记》所记韦保乂在院所具官衔，如户部员外郎、户部郎中，清劳格《唐尚书省郎官石柱题名考》卷一二户外、卷一一户中，确有其名。唯丁《记》未有记咸通十三年，则咸通十四年十月出院外贬前仍为十二年五月所授之户部郎中，而《通鉴》卷二五二咸通十四年十月记为："翰林学士、兵部侍郎保乂为宾州司户。"《新传》亦谓"自兵部侍郎贬宾州司户参军"。则当于咸通十三年某月，由户部郎中、知制诰迁为兵部侍郎，仍知制诰。唯《旧传》云："历礼、户、兵三侍郎，学士承旨。"即兵部侍郎前又曾迁礼部侍郎、户部侍郎，一年之内，不可能如此重迁。《旧传》又记迁三侍郎时，加任承旨，按咸通十三年，任承旨者历为张裼、崔充、韦蟾、郑延休，时间皆相接（见前张裼等传，及书后"学士年表"），咸通十四年郑延休仍在承旨任，韦保乂于此期间当未能任承旨，《通鉴》于咸通十四年十月记其出贬时，亦称其为翰林学士，未加称承旨。此又为《旧传》之误。

宾州，《元和郡县图志》卷三八岭南道，有宾州，谓"古越地"，其州治为领方县,今广西宾阳县东南。按韦保衡于咸通十四年十月贬崖州澄迈县,后令其自尽,韦保乂被贬后,不详。

韦保乂任翰林学士实为两年半,乃因韦保衡之弟,在韦保衡任相时举荐而入者,时朝政甚混乱,韦保乂在院当亦无甚业绩,亦无著述。

刘承雍

刘承雍,附见于《旧唐书》卷一六〇《刘禹锡传》后,为刘禹锡子,所记甚简,仅云"登进士第,亦有才藻"。

《旧唐书·刘禹锡传》记为彭城人,而据刘禹锡《子刘子自传》(陶敏、陶红雨《刘禹锡全集编年校注》卷一九)[1],实为洛阳人。又,刘禹锡《名子说》(同上,卷二〇),有云:"今余名尔长子曰咸允,字信臣;次曰同廙,字敬臣。"陶敏、陶红雨注,据《云溪友议》卷中《中山海》条所记刘禹锡诫"子弟咸元、承雍",谓承雍似即同所改名。按此文所作,确切年代无考,当作于元和、长庆间。又柳宗元有《殷贤戏批书后寄刘连州并示孟崙二童》(《柳宗元集》卷四二)[2],此孟、崙二童,当即指刘禹锡之咸允、同(承雍)二子。此云"刘连州",则时为刘禹锡在连州刺史任,时柳宗元为永州刺史,柳宗元此文当作于元和十年至十四年间(815—819)。据

---

[1]陶敏、陶红雨《刘禹锡全集编年校注》,岳麓书社,2003年。
[2]《柳宗元集》,中华书局点校本,1979年。

此,则刘承雍时为孩童,随其父在连州(今广东北部连州市)。

《旧传》谓刘承雍"登进士第",未记年,故清徐松《登科记考》列于已登科但未记年之卷二七。登第后仕迹皆不详。

丁《记》亦仅记为:"咸通十四年十月,贬涪州司户。"未记入院及在院迁转情况。按丁《记》将其列于韦保乂后,韦保乂入院为咸通十二年(871)二月十三日;刘承雍既与韦保衡、韦保乂同时出贬,则其入院当亦受韦保衡之举荐,与韦保乂大致同时入院,当亦为咸通十二年二月或稍后。又清劳格《唐尚书省郎官石柱题名考》卷二左司员外郎列有刘承雍,则刘承雍可能即以左司员外郎入院。

又丁《记》记其于咸通十四年(873)十月出贬涪州司户,亦未载其出院前之官衔。按咸通十四年七月,懿宗卒,僖宗立,是年九月,即罢免韦保衡相位,贬贺州刺史。《通鉴》卷二五二咸通十四年十月接记云:"韦保衡再贬崖州澄迈令,寻赐自尽。又贬其弟翰林学士、兵部侍郎保乂为宾州司户,所亲翰林学士、户部侍郎刘承雍为涪州司马。"则刘承雍出贬前,在院时任为户部侍郎(当兼知制诰)。两《唐书·僖宗纪》未记刘承雍被贬事。又,丁《记》记为涪州司户,《通鉴》记为涪州司马,此为小异。涪州,治涪陵县(今重庆涪陵市)。

刘承雍后数年当返朝。《旧唐书》卷一九下《僖宗纪》,乾符三年(876)记:"七月,草贼王仙芝寇掠河南十五州,其众数万。是月,贼逼颍、许,攻汝州,下之,虏刺史王镣。刑部侍郎刘承雍在郡,为贼所害。"《通鉴》卷二五二乾符三年,记王仙芝陷汝州,执刺史王镣,在九月(《旧纪》作七月,当非),但未记刘承雍。由此,刘承雍于咸通十四年十月被贬后，乾符初又入朝，至乾符三年七月前已任为刑部侍郎，而于乾符三年九月，因事至汝州，为王仙芝军所害。

又，《唐文拾遗》卷三二杨检《唐故岭南节度使右常侍杨公女子书墓志》，记此女名芸，字子书，为杨发女，卒于乾符五年六月七日，葬于十月廿八日。文中云："子书之诸姊皆托华胄，如户部侍郎、翰林学士刘公承雍，五朝达。"由此，则刘承雍为杨发婿，在院时确具户部侍郎衔。杨发，《旧唐书》卷一七七、《新唐书》卷一八四有传，为懿宗朝翰林学士杨收兄，宣宗时曾任福建观察使、岭南节度使，后以事贬婺州刺史。

刘承雍亦未有著述著录。

崔　璆

崔璆，两《唐书》无传，仅附见于《旧唐书》卷一五五、《新唐书》卷一六三《崔郾传》。《旧传》记崔郾有子五人，为：瑶、瓘、瑾、珮、璆，并云"瓘、珮、璆，官至郎署给谏"。《新传》亦仅记其五子名，未记事。按崔郾为敬宗时翰林侍讲学士，有令誉；郾弟郸，文宗大和时翰林学士；崔郾子珮，懿宗咸通八年至十年亦为翰林学士（见前传）。则崔璆之父、叔、兄，皆曾在院供职，可见崔氏确为当时名族，于晚唐时亦为少见。

《新唐书》卷七二下《宰相世系表》二下，记有崔璆，云："璆字致美，相黄巢。"可能正因此，丁《记》即仅列其名，而未记其事。

按丁《记》记懿宗朝晚期翰林学士,自前刘承雍起,记事即残缺,有仅记出院而未记入院者(刘承雍),有仅记入院而未记出院者(崔湜),有虽记有入、出,但未记月日及其间迁转者(卢携),而崔璆、李溥、豆卢瑑三人则仅列名而未记事。

　　据前刘承雍传所考,刘之入院,当在咸通十二年(871)二月以后,而后崔湜,于咸通十四年(873)十一月二十三日入(见后传),已为僖宗即位后,则崔璆、李溥、豆卢瑑或即于咸通十二年至十四年间入者。崔璆之入,以在咸通十二年下半年或十三年为是。何时出院,则不详。丁《记》记崔璆,虽仅列名,但总提供其为翰林学士之信息,如无丁《记》记名,则唐翰林学士即未有崔璆。

　　《会稽掇英总集》有崔璆任越州刺史、浙东观察使,云:"崔璆:乾符四年闰二月自右谏议大夫知匦使授,五年六月加正议大夫。"则有可能崔璆于僖宗乾符四年(877)前即已出院,于此年闰二月出任为浙东观察使、越州刺史。

　　《旧唐书》卷一九下《僖宗纪》,乾符六年(879),"五月,贼(指黄巢军)围广州,仍与广南节度使李岩、浙东观察使崔璆书,求保荐,乞天平节钺。璆、岩上表论之,诏公卿议其可否。宰相郑畋、卢携争论于中书,词语不逊"。由此,则崔璆于乾符六年五月仍在浙东任。

　　《通鉴》卷二五三于乾符六年五月后,记黄巢率兵由岭南北上,先攻江陵,后沿江东下,十一月,"转掠饶、信、池、宣、歙、杭十五州,众至二十万"。《新唐书》卷二二五下《黄巢传》,则记黄巢军北上,"转寇浙东,执观察使崔璆"。即崔璆于乾符六年十一、二月间在浙东任时为黄巢军所掳。

第二年，广明元年（880）十二月，黄巢攻占长安，自立帝位。《旧唐书·僖宗纪》广明元年十二月，记黄巢"以赵章为中书令，尚让为太尉，崔璆为中书侍郎、平章事"。《旧唐书》卷二〇〇下《黄巢传》亦载："贼搜访旧宰相不获，以前浙东观察使崔璆、杨希古、尚让、赵章为四相。"《通鉴》卷二五四广明元年十二月亦载此事，但记崔璆，云"时罢浙东观察使，在长安，巢得而相之"，则与《新唐书·黄巢传》所载黄巢攻占浙东时又掳崔璆不同，即黄巢攻占浙东，崔璆即离任返朝。不过黄巢于广明元年十二月占长安，自立为帝，迫使崔璆为相，则可确定。

黄巢后败，离长安，崔璆事，未有记载，可能即被处死。

李　溥

李溥，两《唐书》无传，丁《记》亦仅列其名，未有记，在崔璆后。据前崔璆传所述，李溥当亦于咸通十三、四年（872、873）间入院，但何时出院，任何官职，未见记载。现仅可知者，为僖宗广明元年（880）十二月黄巢军攻入长安后，李溥被杀，时为刑部侍郎。

《旧唐书》卷一九下《僖宗纪》，广明元年十二月，"时宰相豆卢瑑、崔沆，故相左仆射刘邺，太子少师裴谂，御史中丞赵蒙，刑部侍郎李溥，故相于琮，皆从驾不及，匿于闾里，为贼所捕，皆遇害"。《新唐书》卷九《僖宗纪》、卷二二五下《黄巢传》，及《通鉴》卷二五四，所载皆同，并记李溥时为刑部侍郎。

李溥事，唐五代笔记稗史亦皆无记。

豆卢瑑

豆卢瑑,两《唐书》有传,见《旧唐书》卷一七七、《新唐书》卷一八三。《旧传》:"豆卢瑑者,河东人。"《新传》:"豆卢瑑者,字希真,河南人。"一云河东,一云河南,有异,未能定。

《旧传》记其父名籍。《新唐书》卷七四下《宰相世系表》四下,记豆卢籍,为左司郎中兼侍御史、知杂事。

《旧传》载豆卢瑑"大中十三年亦登进士科"。清徐松《登科记考》卷二二即据此系于宣宗十三年(859)。

豆卢瑑进士登第后,约十余年未详其仕迹。《旧传》记其进士登第后,接云:"咸通末,累迁兵部员外郎,转户部郎中、知制诰,召充翰林学士,正拜中书舍人。乾符中,累迁户部侍郎、学士承旨。六年,与吏部侍郎崔沆同日拜平章事。"《新传》亦略云:"仕历翰林学士、户部侍郎,与崔沆皆拜同中书门下平章事。"按丁《记》所记,于崔瑑、李溥后有豆卢瑑,但亦仅列其名,未记事。豆卢瑑后为崔湜,崔湜于咸通十四年(873)十一月二十三日入院(见后崔湜传),已为僖宗即位后,豆卢瑑之入或仍在懿宗时,即咸通十三、十四年间,但其在院任职,主要在僖宗时,现姑仍列于懿宗朝,为懿宗朝最后一位翰林学士。

因丁《记》全未有记,故岑氏《注补》即据《旧传》仿丁《记》例,略记其迁转官衔。今亦略考述如下。

《旧传》云:"咸通末,累迁兵部员外郎,转户部郎中、知制诰,召充翰林学士。"则当咸通十一、二年间为兵部员外郎,咸通十四年上半年以兵部员外郎入为翰林学士,又转迁为户部郎中、知制诰。清劳格《唐尚书省郎官石柱题名考》卷一一户部郎中有豆卢瑑,在韦保义后,韦保义则于咸通十二年二月十三日自户部员外郎入,五月十日加户部郎中、知制诰,则豆卢瑑亦当先由兵部员外郎入,后改迁户部郎中、知制诰。

《旧传》接云"正拜中书舍人",当在乾符初。后云:"乾符中,累迁户部侍郎、学士承旨。"按郑延休约于咸通十三年(872)十二月为学士承旨,咸通十五年(乾符元年,874)正月出院(见前郑延休传),当由卢携接任,而卢携又于同年五月拜相(见后卢携传),则豆卢瑑当于乾符元年五月后,或秋冬间,接为承旨,因乾符元年、二年未另有学士为承旨之记载。至乾符五年(878)五月,豆卢瑑迁为宰相(见后),即由王徽继任(见后僖宗朝王徽传)。《旧传》谓豆卢瑑于乾符中为学士承旨,不确。

《旧传》后云:"(乾符)六年,与吏部侍郎崔沆同日拜平章事。"《新传》未记年,但亦谓"与崔沆皆拜同中书门下平章事"。《旧唐书》卷一九下《僖宗纪》亦记于乾符六年,其五月记黄巢围广州,求天平节度,浙东观察使崔璆等上疏为之请,时宰相郑畋、卢携争议不合,乃俱罢相,接云:"以吏部侍郎崔沆为户部侍郎,户部侍郎、翰林学士豆卢瑑为兵部侍郎,并本官同平章事。"即豆卢瑑、崔沆乃接郑畋、卢携为相者。而《新唐书》卷九《僖宗纪》则记此免相、任相事,在乾符五年,云:"五月丁酉,郑畋、卢携罢。翰林学士承旨、户部侍郎豆卢瑑为兵部侍郎,吏部侍郎崔沆为户部侍郎,同中书门下平章事。"《新唐书》卷六三《宰相年表》所记同,亦具体系于五月丁酉。

《通鉴》卷二五三所记年月亦与《新纪》、《新表》同，可以注意的是，《通鉴》所记郑、卢所以罢相之事，与《旧纪》异，非黄巢事，而为南诏事。《通鉴》于乾符五年记云："五月丙申朔，郑畋、卢携议蛮事，（卢）携欲与之和亲，（郑）畋固争以为不可。携怒，拂衣起，袂罥砚堕地，破之。上闻之，曰：'大臣相诟，何以仪刑四海！'丁酉，畋、携皆罢为太子宾客、分司。以翰林学士承旨、户部侍郎豆卢瑑为兵部侍郎，吏部侍郎崔沆为户部侍郎，并同平章事。"《通鉴》于此处并有《考异》，详为辨析，并引《实录》亦记乾符五年五月丙申朔宰臣郑畋、卢携议南蛮事，谓卢携请降公主通和，郑畋固争以为不可；《考异》并引郑延昌所撰郑畋行状，亦云"议蛮事"，故定以《新纪》、《新表》为是。按《通鉴》于此年四月即记有"南诏遣其酋望赵宗政来请和亲"，可见五月丙申朔郑畋、卢携所议确为南诏和亲事。又《新唐书》卷二二二中《南蛮中·南诏传》，亦记南诏遣使者"再入朝议和亲"，"宰相郑畋、卢携争不决，皆赐罢"。且黄巢攻占广州乃在乾符六年九月，而《旧纪》却记郑畋、卢携议黄巢事在五月，与时不合。由此可定，《旧纪》所记郑、卢罢相，豆卢、崔接任，在乾符六年五月，且为争议黄巢事，时、事皆误。而岑氏《注补》则谓仍当据《旧纪》，不确。

　　《旧传》后云："及（黄）巢贼犯京师，从僖宗出开远门，为盗所制，乃匿于张直方之家，遇害。"时为广明元年（880）十二月。《通鉴》卷二五四即记："豆卢瑑、崔沆及左仆射于琮、右仆射刘邺、太子少师裴谂、御史中丞赵濛、刑部侍郎李溥、京兆尹李汤扈从不及，匿民间，巢搜获，皆杀之。"此处豆卢瑑、于琮、刘邺、李溥，皆为懿宗时翰林学士，另卢携亦被杀，为僖宗朝翰林学士。

僖宗朝翰林学士传

崔　湜

　　崔湜,两《唐书》无传,两《唐书》全书亦无一字提及者,唐五代其他史料亦未有叙及。记其事者,仅丁《记》,但丁《记》所记,仅记其入院,后皆未记,云:"咸通十四年十一月二十三日,自殿中侍御史改司封员外郎充。"按咸通十四年(873)七月辛巳,懿宗卒,僖宗即位,崔湜既于咸通十四年十一月入院,则当为僖宗朝首次召入的翰林学士。丁《记》原记有"咸通后三十二人",即此三十二人均为懿宗朝咸通时翰林学士,实则最后两位,即崔湜、卢携,崔湜于咸通十四年十一月入,卢携于咸通十四年十二月入(据丁《记》),皆为僖宗即位以后,故应列于僖宗朝。

　　按僖宗即位后,受众议,罢韦保衡相位,又出贬,赐死;另两位翰林学士,即韦保衡之弟保乂,其亲善者刘承雍,亦于此年十月贬出(见前懿宗朝此三人传)。此时在院者为郑延休、豆卢瑑,另如崔璆、李溥，是否仍在院，未能定，即此时在院者甚少，可能即于十一月、十二月召崔湜、卢携入。

丁《记》记崔湜，仅此一句，入院后仕迹如何，何时出院，皆不详，唯丁《记》虽仅一句，亦提供僖宗朝翰林学士之材料，如未有丁《记》所记，唐翰林学士即未有崔湜。

卢　携

卢携，两《唐书》有传，见《旧唐书》卷一七八、《新唐书》卷一八四。《旧传》："卢携字子升，范阳人。"《新传》则云："其先本范阳，世居郑。"《新唐书》卷七三上《宰相世系表》三上，即记其为范阳卢氏。范阳当为其郡望，其实籍当如《新传》所载为郑州。

《旧传》记其"大中九年进士擢第"，《新传》未记。清徐松《登科记考》卷二二即据《旧传》，系于宣宗大中九年（855）。

《北梦琐言》卷五《韦尚书鉴卢相》条曾记卢携早年即为人所知，而卢携执政后亦着意于提拔人才，云："唐大中初，卢携举进士，风貌不扬，语亦不正，呼'携'为'彗'（平声），盖短舌也。韦氏昆弟皆轻侮之，独韦岫尚书加钦，谓其昆弟曰：'卢虽人物甚陋，观其文章有首尾，斯人也，以是卜之，他日必为大用乎！'尔后卢果策名，竟登廊庙，奖拔京兆，至福建观察使。"按韦岫为韦丹子，韦丹见于《新唐书》卷一九七《循吏传》，曾历任河东、江西等节镇，有治迹，文宗大和时江西特为其"刻功于碑"。韦岫为其次子，《新唐书·韦丹传》称其"亦有名"，并记云："卢携举进士，陋甚，岫独谓携必大用。携执政，岫自泗州刺史擢福建观察使。"《北梦琐言》所谓卢携"奖拔京兆"，即指韦岫，因《新唐书·韦丹传》记为京兆万年人。

《旧传》记卢携进士登第后，接云："授集贤校理，出佐使府。咸通中，入朝为右拾遗、殿中侍御史，累转员外、郎中、长安县令、郑州刺史。召拜谏议大夫。"《新传》所叙较简，云："擢进士第，被辟浙东府。入朝为右拾遗，历台省。"

此后即入为翰林学士。《旧传》记云："乾符初，以本官召充翰林学士，拜中书舍人。乾符末，加户部侍郎、学士承旨。四年，以本官同中书门下平章事。"《新传》云："累进户部侍郎、翰林学士承旨。乾符五年，进同中书门下平章事。"新旧《传》所记有异，且有误，详后辨。

按丁《记》有记，为："咸通十四年十二月，自左谏议大夫充承旨学士。十五年，拜相。"丁《记》于卢携前列为崔湜，记崔湜于咸通十四年（873）十一月二十三日入，卢携在其后，于同年十二月入，虽未记日，当合于事理；且记其以左谏议大夫入，亦与《旧传》所叙先为谏议大夫，后"以本官召充翰林学士"合。唯《旧传》谓"乾符初"入，稍不确，当云："咸通末。"

唯丁《记》所记亦有错失，记卢携初入院，即为承旨学士："自左谏议大夫充承旨学士。"实则咸通十四年任承旨者为郑延休，郑延休于第二年即咸通十五年（乾符元年）正月十三日出院（见前郑延休传）。则卢携于咸通十四年十二月入院时未能即为承旨，《旧传》记其入院，亦谓"以本官召充翰林学士"，未提及承旨。或可能于咸通十五年正月十三日郑延休出院后卢携接任承旨。《新唐书·僖宗纪》《通鉴》卷二五二记卢携于乾符元年十月出院任相，皆记其为翰林学士承旨（详后）。又《旧传》叙其在院时累迁中书舍人、户部侍郎，《新传》亦提及户部侍郎，丁《记》则记其入院后，即谓"十五年，拜相"，缺记在院时之官阶迁转。

不过卢携出院拜相之时间，新旧《传》所记互异，《旧传》谓乾符四年，《新传》谓乾符五年，实则均误。按《旧唐书》卷一九下《僖宗纪》，乾符元年，"五月，以吏部侍郎郑畋为兵部侍郎、同平章事，户部侍郎、知制诰、翰林学士、赐紫金鱼袋卢携本官同平章事"，即卢携与郑畋同时入相，时间为乾符元年（874）五月。而《新唐书》卷九《僖宗纪》，记于乾符元年十月："十月，刘邺罢。吏部侍郎郑畋为兵部侍郎，翰林学士承旨、户部侍郎卢携，同中书门下平章事。"《新唐书》卷六三《宰相年表》同。《通鉴》卷二五二亦于乾符元年记："冬十月，以门下侍郎、同平章事刘邺同平章事，充淮南节度使；以吏部侍郎郑畋为兵部侍郎，翰林学士承旨、户部侍郎卢携守本官，并同平章事。"《通鉴》并有《考异》，提及《旧唐书·郑畋传》亦记郑畋于乾符四年以吏部侍郎同平章事，谓"今从《实录》此年为相"。当为北宋修《唐书》时，曾搜辑唐遗存之《实录》，司马光撰《通鉴》时亦获见，曾多次提及《实录》。

由此可以确定，卢携于咸通十四年十二月自左谏议大夫入为翰林学士，旋迁为中书舍人，并于十二月二十三日后或咸通十五年（乾符元年）初加为承旨，此后又迁为兵部侍郎、知制诰，同年十月，拜相出院。卢携是僖宗朝由翰林学士直接擢拔为宰相之首例，他入院不到一年，即提升为相，也极少见。

关于卢携与郑畋罢相年月，《旧唐书·僖宗纪》所记又有误，其于乾符六年（879）记云："五月，（黄巢）贼围广州，仍与广南节度使李岩、浙东观察使崔璆书，求保荐，乞天平节钺。璆、岩上表论之，诏公卿议其可否。宰相郑畋、卢携争论于中书，词语不逊，俱罢为太子宾客，分司东都。以吏部侍郎崔沆为户部侍郎，户部侍郎、翰林学士豆卢瑑为兵部侍郎，并本官同平章事。"实则郑畋、卢携罢相，豆卢瑑、崔沆接相，为乾符五年（878）五月，且郑、卢之争议非黄巢事，为南诏请和亲事，详见前豆卢瑑传，此不赘。《旧·卢携传》亦记其罢相为乾符五年，是；但仍谓与郑畋争议黄巢请降事，与《旧纪》同误。《新·卢携传》所载与郑畋争议，涉及"南诏和亲"，与《新纪》《通鉴》同，较确切。

据两《唐书》纪、表等所载，卢携后于乾符六年（879）十二月复为相，而又于广明元年（880）十二月贬为太子宾客、分司东都。关于卢携此次贬责事，《旧·僖宗纪》广明元年十二月记为："辛巳，贼据潼关，时左军中尉田令孜专政，宰相卢携曲事之，相与误谋，以至倾败。令孜恐众罪加己，请贬携官，命学士王徽、裴澈为相。甲申……贬右仆射、门下侍郎、平章事卢携为太子宾客。携闻贼至，仰药而死。"《通鉴》卷二五四则未记卢携曲事宦官田令孜事，直言卢携之贬即受田令孜之诬诮，云："（广明元年十二月甲申）以卢携为太子宾客、分司。田令孜闻黄巢已入关，恐天子责己，乃归罪于携而贬之，荐（王）徽、（裴）澈为相。是夕，携饮药死。"当时之所以归罪卢携，乃在于黄巢攻广州时，曾请降并授以天平军节度使，卢携与淮南节度使高骈善，使其讨伐黄巢以立功，故不从黄巢之请，后黄巢乃北上，攻陷洛阳、潼关，田令孜即以此归罪于卢携。当然，这可能使黄巢对卢携也甚愤恨，故《新传》记："巢入京师,斫棺磔尸于长安市。"

两《唐书》本传记卢携事均有所偏见,实则卢携对朝政,敢直言,颇有见识,如其《乞蠲租赈给疏》(《全唐文》卷七九二),首云"陛下初临大宝",当为僖宗初立,卢携正任翰林学士时。《通鉴》卷二五二即记卢携上此疏于乾符元年正月丁亥,云"翰林学士卢携上言"。卢携于此疏中特提出:"国家之有百姓,如草木之有根柢,若秋冬培溉,则春夏滋荣。"这就是"以民为本",古人有此见识,实不易。正因此,文中指出,"关东去年旱灾,自虢至海,麦才半收,秋稼几无,冬菜至少",可见卢携作为翰林学士,身居宫中,但仍关心民生疾苦,故特提出停止征税,还应加赈给。这在当时翰林学士中也是少见的。可能正因此,晚唐时舆论对卢携甚为称誉,如《唐阙史》卷下《卢相国指挥镇州事》条,称其"清苦律身,剸断无滞","以是四方之誉,翕然归之"①。

卢携对文士亦甚关切。如《旧唐书》卷一九〇下《文苑下·司空图传》记司空图于乾符中为殿中侍御史,因人事纠纷,为御史台所劾,降为光禄寺主簿,分司东都,接云:"乾符六年,宰相卢携罢免,以宾客分司,图与之游,携嘉其高节,厚礼之。……明年携复入朝,路由陕虢,谓陕帅卢渥曰:'司空御史,高士也,公其厚之。'渥即日奏为宾佐。"此事后亦为《北梦琐言》(卷三)、《唐才子传》(卷八)所载,可见后人对卢携关注司空图事之看重②。不过《旧唐书·司空

①《唐阙史》,上海古籍出版社《唐五代笔记小说大观》点校本,2000年。
②按《北梦琐言》记卢携题诗,作"官班御史雄","雄"字误,应作"卑"。又《唐才子传》卷八《司空图传》所载,谓"卢相携还朝,过陕虢,访图",亦误。

图传》谓"乾符六年,宰相卢携罢免",误,据前考述,卢携于乾符五年五月免相,为太子宾客、分司东都,六年十二月又召入朝。

又陆龟蒙晚年长期隐居于苏州松江甫里,虽有田屋,但仍自称"苦饥"(陆龟蒙自作之《甫里先生传》,《全唐文》卷八〇一)。《新唐书》卷一九六《隐逸·陆龟蒙传》,有云:"李蔚、卢携素与善,及当国,召拜左拾遗;诏方下,龟蒙卒。"此处谓"诏方下,龟蒙卒",误,因据前考述,卢携曾两度为相,先为乾符元年十月至五年五月,后为乾符六年十二月至广明元年十二月;李蔚任相在乾符二年六月至五年九月。而陆龟蒙至中和(881—885)初才卒(参《唐五代文学编年史·晚唐卷》中和元年)。则卢携、李蔚为相时下诏召其为左拾遗,陆龟蒙实未卒。陆龟蒙当未应诏。不过由此亦可见卢携对清贫文士之关切。《北梦琐言》卷六《陆龟蒙追赠》条亦记云:"丞相李公蔚、卢公携景重之。"

《全唐诗》卷六六七载其诗一首,即《旧唐书·司空图传》所载卢携分司东都时对司空图"厚礼之","尝过图舍,手题于壁曰:'姓氏司空贵,官班御史卑。老夫如且在,不用念屯奇。'"可见其对司空图清贫境遇之关切。《全唐文》卷七九二载文二篇,一为前所记述之《乞蠲租赈给疏》,另一为《临池诀》,具述写字之法,可见其对书法亦有研究。

孔 纬

以丁居晦署名之《重修承旨学士壁记》,止于懿宗朝,即至咸通末,前崔澂、卢携因皆于咸通十四年十一、十二月入,故仍列于丁《记》,卢携后即无(关于丁《记》,可参前《唐翰林学士传论》上编《唐翰林学士史料研究劄记》)。丁《记》所记,有记入院、出院年月日及在院期间官阶迁转者,现则仅据两《唐书》、《通鉴》及其他有关史料,并参考岑仲勉《补僖昭哀三朝翰林学士记》,加以考述。

岑氏《补记》于僖宗朝,列首位者为孔温裕,谓僖宗即位后授以翰林侍讲学士。岑说不确,不应列,详见前宣宗朝孔温裕传。现大致按岑氏《补记》所列次序,于卢携后,记叙孔纬。

孔纬,两《唐书》有传,见《旧唐书》卷一七九、《新唐书》卷一六三。《旧传》:"孔纬字化文,鲁曲阜人,宣尼之裔。"即山东曲阜人,孔子后世。

《旧传》又云:"曾祖岑父,位终秘书省著作佐郎,谏议大夫巢父兄也。祖戣,位终礼部尚书,自有传。父遵孺,终华阴县丞。"《新传》亦记其父为遵孺。唯《新唐书》卷七五下《宰相世系表》五下,载戣四子,为温质、温孺、温宪、温裕,温孺之子即纬(云字化文)。则两《唐书》本传记孔纬之父,名遵孺,《新表》作温孺,有异,中华书局点校本未有校。按韩愈《唐正议大夫尚书左丞孔公墓志铭》(《韩昌黎文集校注》卷七)①,志主即孔戣,记云:"有四子:长曰温质,四门博士;遵孺、遵宪、温裕,皆明经。"据校注,韩愈此志作于长庆四年(824),则此时名为遵孺,而《新表》所记四子,其名皆以"温"相领,则有可能遵孺、遵宪后统一改为温孺、温宪,

────────────

① 《韩昌黎文集校注》,马其昶校注,上海古籍出版社,1986 年。

当然也有可能如马其昶所云，"以嫡庶为异"。总之，遵孺、温孺为同一人。

孔戣，宪宗时曾任岭南节度使，穆宗时为吏部侍郎、右散骑常侍，韩愈于长庆任吏部侍郎时曾上疏请留其用（即前所引韩愈所作墓志，及《新唐书》卷一六三《孔戣传》）。孔纬叔父孔温裕，宣宗大中时翰林学士（见前传）。孔纬父遵孺（温孺），《新传》、《新表》仅载其名，未记其事及官名，《旧传》云"终华阴县丞"，则官位甚卑。

《旧传》记孔纬"大中十三年进士擢第，释褐秘书省校书郎"。清徐松《登科记考》卷二二引《广卓异记》所载之《登科记》所云"孔纬，大中二年状元"，谓当从本传，即系于宣宗大中十三年（859），但仍标孔纬为该年状元。又，此年进士及第者有李磎、豆卢瑑、崔澹，皆为僖宗朝翰林学士。

《旧传》接云："崔慎由镇梓州，辟为从事。又从崔铉为扬州支使，得协律郎。崔慎由镇华州、河中，纬皆从之，历观察判官。"据《唐刺史考全编》卷二二九，崔慎由于大中十二年至咸通初为梓州刺史；又卷一二三，崔铉于大中九年至咸通三年为淮南节度使。则孔纬于大中十三年初进士及第后，释褐为秘书省校书郎，当旋于大中末、咸通初至崔慎由梓州东川节度使幕，后又至扬州在崔铉淮南幕。崔慎由于咸通四至五年为华州刺史，五年为河中节度使（参据《唐刺史考全编》），则孔纬当于咸通前期又在崔慎由幕。长期在节镇幕中供职，是中晚唐士人举试及第后求仕的一大特色。

又据《旧传》，孔纬当于咸通中因宰相杨收、徐商等之荐，入朝累仕为长安尉（直弘文馆）、监察御史、礼部员外郎、考功员外郎。清劳格《唐尚书省郎官石柱题名考》卷十考功员外郎、卷二○礼部员外郎，皆列有孔纬。

《旧传》后云："丁内忧免，服阕，以右司员外郎入朝。宰臣赵隐嘉其能文，荐为翰林学士。"据《新唐书》卷六三《宰相年表》，赵隐于懿宗咸通十三年（872）二月丁巳，以刑部侍郎、判户部改为户部侍郎、同中书门下平章事，入相，僖宗乾符元年（874）二月癸丑出为镇海军（浙西）节度使。《旧唐书》卷一九上《懿宗纪》亦记赵隐任相为咸通十三年二月丁巳。唯岑仲勉《补僖昭哀三朝翰林学士记》（后皆简称为岑氏《补记》），谓"《新唐书》卷六三作三月丁巳，误"，实则《新表》所记为"二月丁巳"，非"三月"，当为岑氏误读。又《旧唐书》卷一九下《僖宗纪》，记赵隐罢相，出为润州刺史、浙西观察使在乾符元年三月，而《新唐书》卷九《僖宗纪》、《通鉴》卷二五二，皆记为乾符元年二月，与《新表》同，则《旧纪》作三月，当误以"二"作"三"。

按据丁《记》，此前卢携入院为咸通十四年（873）十二月，赵隐既于乾符元年（874）二月罢相，则孔纬因赵隐任相时之荐入为翰林学士，当在乾符元年元月。按僖宗于咸通十四年七月即帝位，年仅十二，其立位，宦者左军中尉刘行深、右军中尉韩文约起主要作用，故于是年八月，刘、韩二人"皆封国公"（见《旧·僖宗纪》、《通鉴》卷二五二）。后另一宦者田令孜又得宠，接韩文约为右军中尉，"政事一委令孜，呼为'阿父'"（《通鉴》卷二五二乾符二年）。故僖宗初立时，翰林学士之入，均未出于僖宗，当受宰相或宦者之举荐，特别是宦者所起的作用，是僖、昭二朝的特色（详见有关之学士传）。

孔纬入院后，《旧传》记云："转考功郎中、知制诰，赐绯。正拜中书舍人，累迁户部侍郎。谢日，面赐金紫之服。乾符中，罢学士，出为御史中丞。"《新传》则甚简，仅云"拜翰林学士，俄知制诰，频迁户部侍郎，擢御史中丞"，皆未记时，也未记曾迁中书舍人。按《旧传》有云："宰臣萧遘在翰林时，与纬情旨不协。"据后萧遘传考述，萧遘于乾符二年（875）十月尚未入院，三年（876）九月已为翰林学士，则孔、萧二人有同时在院者，当在乾符三年。《旧传》既云"乾符中"出院，乾符共六年（874—879），则孔纬出院当在乾符三、四年间。

由此，可大致确定，孔纬于乾符元年（874）正月以右司员外郎入，本年即改为考功郎中（《唐尚书省郎官石柱题名考》卷九考功郎中即列有孔纬），并知制诰，后迁中书舍人。乾符三年（876），又迁户部侍郎，复加知制诰。乾符三、四年间，出为御史中丞①。孔纬在院，当为三年余。在院时任职情况，无有载记。《旧传》记其"出为御史中丞"后，云："纬器志方雅，嫉恶如仇。既总宪纲，中外不绳而自肃。""宪纲"乃指御史中丞，其在院时，当亦能"器志方雅，嫉恶如仇"。

孔纬此后仕历颇繁，据两《唐书》本传，及纪、表等，略述如下：乾符中出院为御史中丞，又历户部、兵部、吏部侍郎。广明元年（880）十二月黄巢军入长安，僖宗出奔西川，孔纬亦随从至蜀，改

---

① 严耕望《唐仆尚丞郎表》卷一二《辑考四下·户侍》，谓其出院在乾符二、三年，不确。《唐仆尚丞郎表》，中华书局重印本，1986年。

为刑部尚书,判户部事。在蜀期间,萧遘居相位,因在院时与孔纬不协,即使其改为太子少保之散衔。光启元年(885)三月,孔纬又随僖宗,自蜀返京。同年十二月,李克用等犯京师,僖宗又受田令孜之挟,出奔凤翔、兴元,孔纬亦随行,改授御史大夫。光启二年(886)二月,孔纬与翰林学士承旨、兵部侍郎杜让能并为兵部侍郎,同中书门下平章事,任相。据《新唐书·宰相世系表》,孔纬是唐时曲阜孔氏唯一一任宰相者。后随僖宗返京,僖宗于文德元年(888)三月卒,昭宗立,孔纬仍居相位。大顺二年(891),另一宰相张濬因出兵征讨太原,败,罢相贬官,孔纬亦受累于是年正月出为荆南节度使,旋再贬均州刺史,后因朱全忠之援,未就贬,寓居华州。乾宁二年(895)六月,又复为相,但因疾求罢,九月卒。

可以注意的是,孔纬在昭宗朝任相时,对宦官、藩镇是力主加以抑制的。僖宗于文德元年(888)三月将卒时,宦者十军观军容使杨复恭即谋立寿王(李)傑为帝,是为昭宗。据《通鉴》卷二五八龙纪元年(889)十一月记,昭宗即位后,"杨复恭恃援立功,所为多不法",昭宗有所不平,乃与时居相位的孔纬、张濬谋商,"孔纬、张濬劝上举大中故事抑宦者权。复恭常乘肩舆至太极殿。他日,上与宰相言及四方反者,孔纬曰:'陛下左右有将反者,况四方乎!'上矍然问之,纬指复恭曰:'复恭陛下家奴,乃肩舆造前殿,多养壮士为假子,使典禁兵,或为方镇,非反而何!'"对掌有军权的宦者,敢于面斥,在当时朝臣是极为少见的。《通鉴》同卷又载时已封为东平郡王、兼中书令的汴州节度使朱全忠,"求领盐铁","孔纬独执以为不可,谓进奏吏曰:'朱公须此职,非兴兵不可!'全忠乃止"。元胡三省于此处评云:"史言孔纬相唐,欲振纪纲,惜制于时,不得行其志耳。"应当说,孔纬任相时敢于直言,当与其任翰林学士时,有所相通。

《全唐文》卷八〇四载其《请助修孔子庙奏》,文甚短,云:"文宣王祠庙,经兵火焚毁,有司释奠无所,请内外文臣各于本官料钱上,每一缗抽十文,助修国学。"此实本《唐会要》卷三五《褒崇先圣》条,记为"大顺元年二月,宰臣兼国子祭酒孔纬奏"。亦即《旧传》所载,"以国学盗火所焚,令纬完葺,仍兼领国子祭酒"。亦可见孔纬对儒学的重视。

崔　澹

崔澹,两《唐书》皆附记于《崔珙传》,见《旧唐书》卷一七七、《新唐书》卷一八二。按崔珙有弟玙,玙子澹,则崔珙为澹之伯父。

《旧唐书·崔珙传》记为"博陵安平人",《新唐书·崔珙传》亦称为"其先博陵人";《新唐书》卷七二下《宰相世系表》二下,亦标为"博陵安平崔氏"。博陵当为崔氏郡籍。《元和郡县图志》卷一七河北道深州,有安平县,云:"后汉属博陵郡。后魏以来,博陵诸崔,即此邑人也。"安平即今河北省安平县。

据两《唐书》本传,崔珙,武宗会昌时因与李德裕相善,曾入相,后因与崔铉不协,被贬出;宣宗立,召还,又出为凤翔节度使,后分司东都。其弟崔玙,即崔澹父,宣宗大中六年(852)曾以礼部侍郎知贡举。

两《唐书·崔珙传》附记崔澹事,甚简,《旧传》云:"大中十三年登进士第，累迁礼部员外郎，位终吏部侍郎。"《新传》则记有轶闻，而其仕迹，则仅云"擢进士第，累进礼部员外郎"，又云"终吏部侍郎"，与《旧传》同，皆未叙及翰林学士事。

清徐松《登科记考》卷二二即据《旧传》，列崔澹于宣宗大中十三年（859）进士及第者，同年及第者有孔纬、李磎、豆卢瑑等，皆为僖宗朝翰林学士。

崔澹进士及第后之仕迹，《唐诗纪事》卷六〇崔澹条有所记，先记崔澹《赠美人》诗（七绝），后云："大中末，崔铉自平章事镇淮海，杨收为支使，收状云：'前时里巷，初迎避马之威；今日藩垣，便仰问牛之代。'澹之词也。"关于所谓《赠美人》诗，其写作背景与时间，详后论述。据《旧唐书》卷一六三《崔铉传》，崔铉于宣宗大中九年（855）为淮南节度使，"咸通初，移镇襄州"，即咸通三年（862）冬令狐绹接任（《旧唐书·懿宗纪》）。由此，则崔澹当于大中十三年进士及第后，于咸通初在崔铉淮南幕府供职，时杨收亦在淮南，任节度支使，崔澹则为其起草状词。按崔铉于会昌前期亦为翰林学士（见前传），后任相，与崔澹伯父崔琪不协而罢相，而此时节镇淮南，尚能不念前嫌，辟崔澹在其幕府。

此后，崔澹当入朝，咸通十一年（870）初已在礼部员外郎任。《旧唐书》卷一九上《懿宗纪》，咸通十一年正月，"以吏部尚书萧邺、吏部侍郎于德孙、吏部侍郎杨知温考官，司勋员外郎李耀、礼部员外郎崔澹等考试应宏词选人"。徐松《登科记考》卷二三咸通十一年亦据此载于正月博学宏词科试。按，晚唐时博学宏词已非制举科，为吏部铨试，进士、明经等贡举试一般在正月，吏部铨试不可能亦在正月。《旧纪》咸通十一年，正月有记，无二月、三月，后接四月,此次考试应宏词选人,当在三月,因咸通十二年博学宏词试即在三月(《旧纪》),十三年亦在三月(《登科记考》引《册府元龟》)。

由此,则崔澹于咸通十一年三月前已任为礼部员外郎。《唐尚书省郎官石柱题名考》卷二〇礼部员外郎亦列有崔澹。

此后,《旧唐书·僖宗纪》于乾符二年(875)二月记:"以翰林学士崔澹为中书舍人,翰林学士徐仁嗣为司封郎中,学士如故。"即乾符二年二月,崔澹已在院,且升迁为中书舍人,则当于乾符元年入院,因入院迁转尚需一定时间。又《唐尚书省郎官石柱题名考》卷五司封郎中有崔澹,据前所述,崔澹于咸通十一年三月在礼部员外郎任,至乾符二年已有五年,当于咸通末由礼部员外郎迁为司封郎中,乾符元年即以司封郎中入为翰林学士,逾一年,乾符二年二月,又迁为中书舍人,仍在院。

《旧唐书·僖宗纪》,乾符四年(877),"九月,以中书舍人崔澹权知贡举"。《登科记考》卷二三即载崔澹于乾符五年初知贡举。按唐制,知贡举者,一般均在前一年秋冬任命,故崔澹当于乾符四年九月出院,仍为中书舍人,并于翌年知举。这是唐时翰林学士参预科举考试之一例。

关于崔澹此次知举,晚唐笔记记有一轶事,《唐摭言》卷一三《无名子谤议》条,有云:"崔澹试以《至仁伐至不仁赋》,时黄巢方炽,因为无名子嘲曰:'主司何事厌吾皇,解把黄巢比武王!'"又《太平广记》卷一八三《刘允章》条,中亦云:"崔澹《至仁伐至不仁赋》,亦颇招时议。"时王仙芝、黄巢确已起兵,不过仍在山东一带,还未入中原、淮南等地,影响不大,恐未能就此题引起讥议。《唐摭言》、《太平广记》所记,仅为轶闻,恐不合实。

且此所谓谤议、流言,实际上也并未影响崔澹仕途。据《通鉴》卷二五三,乾符五年(878)四月,南诏曾遣使向唐廷谋请和议,"诏百僚议之,礼部侍郎崔澹等"议。即崔澹于此年初知举,四月,尚参预军政诸事。此后《旧唐书·僖宗纪》,乾符六年(879),"三月,以吏部侍郎崔沆、崔澹试宏词选人,驾部郎中卢蕴、刑部郎中郑顼为考官"。此为吏部铨试,崔澹与崔沆为主试者,且已改转为吏部侍郎。

此后事迹不详,两《唐书》本传皆谓"位终吏部侍郎",《新唐书·宰相世系表》亦记其为吏部侍郎,当其于乾符六年初由礼部侍郎转任吏部侍郎后,不久即卒。

《全唐诗》卷五六六载其诗一首,题《赠王福娘》,下校云"一作《赠美人》",诗云:"怪得清风送异香,娉婷仙子曳霓裳。惟应错认偷桃客,曼倩曾为汉侍郎。"前所引述之《唐诗纪事》卷六○崔澹条,即先载此诗(题《赠美人》),后云大中末崔铉在淮南节度使任,杨收时为节度支使,崔澹曾为起草状文(前已述)。依文意顺序,则此诗为崔澹早期在淮南幕府时作。惟王仲镛《唐诗纪事校笺》[①],未注此诗出处。今检晚唐孙棨《北里志》之《王团儿》条,记北里志"前曲自西第一家"家主,雇有女数人,"次曰福娘,字宜之,甚明白,丰约合度,谈论风雅,且有天裁,故天官崔知之侍郎尝于筵上与诗曰……"即《全唐诗》所载之《王福娘》诗,其诗题当即据《北里志》。又《北里志》于"崔知之"句下注:"名澹,赠诗方在内

---

① 王仲镛《唐诗纪事校笺》,巴蜀书社,1989年。

庭。"内庭,一般乃指为翰林学士院。而于诗末又注云:"时为内庭月部侍郎。"月部系喻指礼部,天部喻指吏部。据《北里志》所记,则此诗为崔澹任礼部侍郎时,在北里妓院,与妓女宴饮时所作。此其可疑。孙棨于此书序中曾谓,当时来京应试之举子常至北里诸院玩游,中云:"诸妓皆居平康里,举子、新及第进士、三司幕府但未通朝籍未直馆殿者,咸可就诣。"即应试举子,新及第而尚未入仕之进士,才可至平康里妓院游宴,以礼部侍郎之高位,及曾居于禁署之翰林学士,如何能公然在妓院欢宴作诗? 故《北里志》所载崔澹任礼部侍郎于北里妓院作此诗,当不确。很可能就《唐诗纪事》所记,为崔澹早期在淮南幕府,于扬州与当地歌伎宴饮时所作。

笔记稗史所载,确有错失不合实际的。如前所引述,《新唐书·宰相世系表》记崔珙子涓、潼,崔珙弟玙,玙子澹,即崔涓与崔澹为堂兄弟。《旧唐书·崔珙传》同,亦记"子涓,大中四年进士擢第",又记其弟玙,玙子澹;《新唐书·崔珙传》亦同。而五代南唐刘崇远《金华子杂编》卷上有云:"崔涓,大夫玙之子,小宗伯澹之兄。"又云"崔涓弟澹"①。《唐语林》卷三亦谓:"崔大夫涓,玙之子,礼部侍郎澹之兄。"当承袭《金华子杂编》,皆误以崔涓为崔玙子,与崔澹为亲兄弟。

崔澹之作,除《全唐诗》所载《赠美人》外,其他皆无诗文载记。

_____

①孟二冬《登科记考补正》卷二二,大中十三年,崔澹名下亦引及此,未注其误。

徐仁嗣

徐仁嗣，两《唐书》无传。《新唐书》卷七五下《宰相世系表》五下，记有徐仁嗣，唯未注字号、官名。

《唐尚书省郎官石柱题名考》卷五司封郎中，列有徐仁嗣，清劳格即引《新唐书·宰相世系表》，谓徐仁嗣为徐商子，徐彦若弟。按《新表》于徐商下格为徐彦若，即彦若确为徐商子，又见《旧唐书》卷一七九《徐彦若传》；而《新表》于徐彦若平列，依次横排者为仁嗣、仁矩、仁范、仁勖，而仁嗣等四人上格未有名，劳格即定仁嗣为徐商子。赵超《新唐书宰相世系表集校》(页905)对此有考，谓："《旧唐书》卷一七九《徐彦若传》云：'弟彦枢，位至太常少卿。'今《新表》彦若有弟仁嗣、仁矩、仁范、仁勖，皆以仁字排名，《新表》不载彦枢，颇疑此仁嗣等人非彦若弟。"[1]赵说有一定道理。《新表》似于徐仁嗣上格缺载其父之名；其非徐商子，可以肯定，劳格说非。

不过劳格于徐仁嗣之进士及第，提供确切材料，云："《文苑英华》百八十五有徐仁嗣省试《天骥呈材诗》。黄璞《王郎中传》：咸通三年，郑侍郎从谠试《倒载干戈赋》、《天骥呈材诗》。仁嗣当是三年进士。"清徐松《登科记考》卷二三即据《文苑英华》所载徐仁嗣此诗，系于懿宗咸通三年(862)，是年知举者郑从谠。

---

①赵超《新唐书宰相世系表集校》，中华书局，1998年。

此后,即《旧唐书》卷一九下《僖宗纪》乾符二年(875)二月所记:"以翰林学士崔澹为中书舍人,翰林学士徐仁嗣为司封郎中,学士如故。"即僖宗乾符二年二月前,徐仁嗣已为翰林学士,此时则进迁司封郎中。崔澹,前已考述,当为乾符元年入,此时与徐仁嗣同时迁,则徐仁嗣或亦为乾符元年同时入院者。又《唐尚书省郎官石柱题名考》卷五司封郎中、卷六司封员外郎皆有徐仁嗣,司封郎中即据《旧纪》,乃在院时改迁者,则司封员外郎当为徐仁嗣于乾符元年入院前所任之官职,并以此充。又《唐郎官考》卷六司封员外郎,徐仁嗣在卢胤徵前,劳格考引《旧唐书·僖宗纪》,卢胤徵于乾符四年以侍御史为司封员外郎,判户部案。则徐仁嗣确当于乾符元年四月前已为司封员外郎。

此后,就未有徐仁嗣记载,何时出院也未可知。

《全唐诗》卷七八二载其诗一首,即《天骥呈材》,咸通三年应试时所作,当据《文苑英华》辑载。《全唐文》未载其文。

王　徽

王徽,两《唐书》有传,见《旧唐书》卷一七八、《新唐书》卷一八五。

《旧传》:"王徽字昭文,京兆杜陵人。"《新传》同。《旧传》又载其曾祖择从,择从兄易从,曾于武周时登进士第,"王氏自易从已降,至大中朝登进士科者一十八人,登台省,历牧守、宾佐者三十余人",可谓当时名族。

《旧传》记王徽"大中十一年进士擢第,释褐秘书省校书郎";《新传》则仅云"第进士",未记年。按据传,王徽卒于昭宗大顺元年(890),未记年岁,但《旧传》有云:"徽登第时,年逾四十。"以大中十一年(857)为四十岁计算,则约生于宪宗元和十二年(817),或稍前。

《旧传》后又云:"时宣宗诏宰相于进士中选子弟尚主,或以徽籍上闻。徽性冲澹,远势利,闻之忧形于色。徽登第时,年逾四十,见宰相刘瑑哀祈,具陈年已高矣,居常多病。"于是刘瑑"于上前言之,方免"。按据《新唐书》卷六三《宰相年表》,刘瑑于宣宗大中十二年(858)正月入相,同年五月卒于位。则王徽辞尚公主,请宰相刘瑑为言,当在大中十二年上半年,即其登进士第之第二年。可见王徽当时已有名声,也可见其"性冲澹,远势利"。

据两《唐书》本传,王徽后历仕于令狐绹宣武、淮南幕府,徐商江陵幕府,当在懿宗咸通二年至十余年间(参《唐刺史考全编》)。后入朝,为侍御史知杂,兼职方员外郎,转考功员外郎,为宰相萧倣所重。《旧传》接云:"乾符初①,迁司封郎中、长安县令。学士缺人,倣用徽为翰林学士。"据此,则王徽任考功员外郎时,已为宰相萧倣所重,后遂由萧倣之荐,入为翰林学士。据《新唐书·宰相年表》,萧倣于咸通十四年(873)十月为中书侍郎兼兵部尚书、同中书门下平章事,乾符二年(875)五月卒,则王徽入院,当在乾符

----

① 此处"乾符"原作"乾封",中华书局点校本有校记,谓乾封为高宗年号,王徽为大中、大顺间人,不应作乾封,"疑此'乾封'为'乾符'之误"。按此不必云疑,故此处改。

元年秋冬间。又《太平广记》卷七〇《王氏女》，有云："王氏女者，徽之侄也。父随兄入关。徽之时在翰林。"后叙王氏女善赋诗，旋卒，末云"即乾符元年也"①。如此，则王徽于乾符元年已为翰林学士。此时王徽当已为五十七、八岁。

王徽入院后，《旧传》记为："改职方郎中、知制诰，正拜中书舍人。延英中谢，面赐金紫，迁户部侍郎、学士承旨。改兵部侍郎、尚书左丞，学士承旨如故。"至广明元年(880)十二月三日，出院拜相。《新传》则仅简云："擢翰林学士。广明元年，卢携罢宰相，以徽为户部侍郎、同中书门下平章事。"未记在院时官阶迁转情况。

据《旧传》，王徽当于乾符元年先为司封郎中，后为长安县令，入院，即改为职方郎中、知制诰。唯《旧传》谓时"学士缺人"，故萧倣荐其为翰林学士，实则乾符元年下半年，在院者有崔璆、豆卢瑑、孔纬、崔澹、徐仁嗣，已有五位(见"学士年表")，未能谓缺人。《旧传》所云不确。

《旧唐书》卷一九下《僖宗纪》，乾符三年(876)九月，"户部郎中、知制诰、翰林学士王徽为中书舍人，户部员外郎、翰林学士萧遘为户部郎中，学士并如故"。即其为中书舍人在乾符三年九月。唯《旧传》记其入院后"改职方郎中、知制诰"，后即云"正拜中书舍人"，未叙及户部郎中。岑氏《补记》谓《唐郎官石柱题名考》户中题名，"乾符初部分尚完好，并无王徽"，因而疑《旧唐书·僖宗

---

① 此条末注云"出《墉城集仙录》"，此书后未存。岑氏《补记》亦引此，谓"徽之"之"之"字衍，是。方积六、吴冬秀编撰《唐五代五十二种笔记小说人名索引》页61，亦云"据两《唐书·王徽传》及《类说》，其'之'字衍"。《唐五代五十二种笔记小说人名索引》，中华书局，1992年。

纪》所载之"户部郎中"误,《旧传》仅记职方郎中,可信。今检中华书局点校本(1992年)卷一一户部郎中,有王徽(页593),岑氏当漏记。如此,则王徽当于乾符元年秋冬入院时,改为职方郎中、知制诰,乾符二年又改为户部郎中,仍知制诰,三年九月,"正拜中书舍人"。

《旧传》记其为中书舍人后,云"迁户部侍郎、学士承旨"。按豆卢瑑于乾符二年前后为承旨,五年五月丁酉任相出院(参见前传),如此,则王徽迁户部侍郎并任承旨,当在乾符五年五月后,当即在乾符五年下半年。按严耕望《唐仆尚丞郎表》①,卷一二《辑考四下·户侍》,以豆卢瑑由承旨入相在乾符六年五月,乃误从《旧唐书·僖宗纪》,谓"徽以户侍充承旨不能早过六年五、六月",严氏此说误(豆卢瑑事,详见前豆卢瑑传考述)。

又《全唐文》卷七九三载王徽《创筑罗城记》,有云:"皇帝改元之六年,诸道盐铁转运兼镇海军节度等使、开府仪同三司、检校司徒中书门下平章事、燕国公高骈奏:'臣前理成都,筑大城,请纪其事。'上命翰林学士承旨臣王徽授其功状,臣徽承诏,再拜上言。"按据《旧唐书·僖宗纪》,高骈于乾符四年六月由宣歙观察使改镇海军(浙西)节度使,六年十月改淮南(扬州)节度使。此云"皇帝改元之六年",则据王徽此记,当为乾符六年上半年,即此时确已任为承旨。

《旧传》后云:"改兵部侍郎、尚书左丞,学士承旨如故。"未记年,当为乾符六年。翌年即广明元年(880)十二月,即出院拜相。

---

①严耕望《唐仆尚丞郎表》,中华书局重印本,1986年。

《旧传》记为广明元年十二月三日。两《唐书·僖宗纪》及《新唐书·宰相年表》等皆记于十二月甲申。按是月庚辰朔，甲申为初五日，《旧传》之"三日"，"三"当为"五"之形讹。此为小事，问题在于王徽此次任相之政治背景，《通鉴》卷二五四广明元年十二月有记，云："甲申，以翰林学士承旨、尚书左丞王徽为户部侍郎，翰林学士、户部侍郎裴澈为工部侍郎，并同平章事。以卢携为太子宾客、分司。田令孜闻黄巢已入关，恐天子责己，乃归罪于携而贬之，荐徽、澈为相。"按僖宗时虽已十九岁，但仍由宦者田令孜掌权，可见当时使宰臣罢相，另提拔两位翰林学士任相，竟由宦官操纵，可见僖宗朝政之荒败，这也是唐末僖、昭两朝翰林学士政治境遇的一大特色。

据两《唐书》本传，王徽任相当日，黄巢兵入潼关，僖宗当夜即出奔，王徽于第二日晨才知，亦仓黄而出，奔赴行在，但为黄巢军所得，迫还京师，王徽未受任命，后又奔窜至蜀，僖宗嘉之，授以光禄大夫、守兵部尚书。故后钱易《南部新书》乙卷，称"王徽为相只一日"，并引王徽后于中和五年（885）请免昭义节度使之表奏，有云："六年内署，虽叨捧日之荣；一日台司，未展致君之恳。"此即《全唐文》卷七九三所载王徽《辞泽州节度表》所云"六年内值，虽叨侍从之荣；一日台司，未展匡扶之志"，文字有小异。又此云"六年内署"，亦可证王徽确于乾符元年入院。

王徽后历仕中外，两《唐书》本传皆有具述，此不赘。后于昭宗大顺元年（890）十二月卒，时为检校司空、守尚书右仆射，赠太尉，谥曰贞。据前记述，约为七十三、四岁。

《全唐文》卷七九三载其文三篇，即前所引述之《创筑罗城记》、《辞泽州节度表》及《请车驾还京表》,亦《旧传》所载者。

裴 澈

裴澈,两《唐书》无传。《新唐书》卷七一上《宰相世系表》一上,东眷裴氏,有裴澈,云"字深源,相僖宗"。此所谓"相僖宗",即《旧唐书》卷一九下《僖宗纪》,广明元年(880)十二月所记:"辛巳,贼据潼关。时左军中尉田令孜专政,宰相卢携曲事之,相与误谋,以至倾败。令孜恐众罪加己,请贬携官,命学士王徽、裴澈为相。甲申,宣制以户部侍郎、翰林学士王徽、裴澈本官同平章事。"此为《旧唐书》首记裴澈之事者。《旧纪》此处所谓"宰相卢携曲事之",不合实,参见前卢携传。

按《旧唐书·僖宗纪》此处所记裴澈之名,原作"徹",而前已引述之《新唐书·宰相世系表》,及《新唐书》卷九《僖宗纪》、卷六三《宰相年表》、《通鉴》卷二五四所记,则皆作"澈"。又《旧唐书》卷一七五《嗣襄王煴传》,卷一七九《孔纬传》、《萧遘传》,提及裴澈事,亦作"澈"。《新唐书·宰相世系表》记裴俅有子二人,为渥、澈,兄弟二人之名皆为水字旁,且裴澈字深源,名与字,文意相合。如此,则《旧唐书·僖宗纪》所记广明元年十二月事,作"徹",误。又岑氏《补记》虽亦引及《新纪》、《新表》、《通鉴》作"澈",但未有考述,仍据《旧纪》作"徹",当不确。

关于裴澈为相事,详后。

另,《唐尚书省郎官石柱题名考》卷一二户部员外郎,有裴澈,在韦宗卿前,清劳格于韦宗卿名下有引柳宗元《为韦京兆祭杜河中文》,即柳宗元与韦宗卿同时,则此裴澈任户部员外郎既在韦宗卿前,当与僖宗时之裴澈非同一人。又同书卷一一户部郎中亦有裴澈,接大历时卢纶之后,当亦为另一人。卷一三度支郎中,有裴澈,在李羽、归仁绍前。据劳格所引材料,李羽,咸通十年(869)正月,因被指控为杨收党而被流放;归仁绍,咸通十年进士及第,则与裴澈同时,当为此裴澈。据此,裴澈于入院前曾任度支郎中。

又,裴澈既于广明元年十二月与王徽同时由翰林学士入相,裴澈时为户部侍郎,而王徽于乾符元年(874)秋冬以司封郎中入(见前传),则裴澈入院,或稍后于王徽,可能即于乾符二年(875),以度支郎中入。

如此,则其在院期间,当有所迁转,至乾符六年(879)下半年,当已为户部侍郎。广明元年(880)十二月,黄巢军攻占潼关,入华州,将攻长安,僖宗即西出,出前,时为左军中尉的宦官田令孜乃使卢携罢相,提拔两位翰林学士王徽、裴澈入相。按僖宗即位前为普王时,田令孜曾在其府供职,僖宗即位后,乃擢任其为神策中尉,掌有军权。《通鉴》卷二五二乾符二年(875)正月记:"上时年十四,专事游戏,政事一委令孜,呼为'阿父'。"田令孜由是掌有实权,"除官及赐绯紫皆不关白于上","宰相以下,钳口莫敢言"。《新唐书》卷二〇八《宦者下·田令孜传》所载略同。由宦官将两位翰林学士提拔为相,有唐一代,似也未有。

僖宗避黄巢兵,出奔居蜀,至光启元年(885)三月才由成都返回长安,在蜀有四年余。裴澈自广明元年(880)十二月甲申自户部侍郎改为工部侍郎入相,光启元年随僖宗返京,仍在相位。

后田令孜与河东节度使李克用、邠宁节度使朱玫利害冲突，交战，田令孜兵败，李克用等于光启元年十二月至京师，田令孜挟僖宗出奔凤翔；光启二年四月，朱玫奉嗣襄王煴（肃宗玄孙）为帝。时裴澈未能随僖宗出奔，被迫留于长安，朱玫乃使其仍居相位，并加判度支（《通鉴》卷二五六光启二年五月）。而同年十二月，朱玫为河中节度使王重荣军所败，被杀，光启三年三月，唐朝廷下令，"诏伪宰相萧遘、郑昌图、裴澈，于所在集众斩之，皆死于岐山"（《通鉴》同上卷）。裴澈、萧遘等被杀，实受当时朝政紊乱之累。

裴澈无著作载录。

萧　遘

萧遘，两《唐书》有传，见《旧唐书》卷一七九、《新唐书》卷一〇一。两《唐书》本传，皆称为南朝梁皇室后裔，《新唐书》卷七一下《宰相世系表》一下，即列于"梁高祖武皇帝"房。萧遘五世祖萧嵩，曾为玄宗时宰相；高祖华，为肃宗时宰相；其曾祖复，相德宗，父寘，相懿宗，而萧遘在僖宗时亦曾任相，故《新唐书》卷一〇一，传末"赞曰"："自瑀逮遘，凡八叶宰相，名德相望，与唐盛衰。世家之盛，古未有也。"可见晚唐时，士族之风仍为人所重。

《新传》、《新·宰相世系表》皆记萧遘字得圣，《旧传》未记。《旧传》又记萧遘于懿宗咸通五年（864）登进士第，后云"释褐秘书省校书郎、太原从事；入朝为右拾遗，再迁起居舍人"，皆未记年，当在咸通五年至十一年间（864—870），因咸通十一年四月韦保衡任相后,萧遘即被贬出。《旧传》记云:"与韦保衡同年登进士第,保衡以幸进无艺,同年门生皆薄之。遘形神秀伟,志操不群,自比李德裕,同年皆戏呼'太尉',保衡心衔之。及保衡作相,摘遘之失,贬为播州司马。"《新传》略同。按韦保衡于咸通十一年(870)四月为相,十四年(873)九月贬出(见前懿宗朝韦保衡传),则萧遘之贬当在咸通十一、二年间。

按播州,据《元和郡县图志》卷六江南道,其治即遵义县(今贵州遵义),可见萧遘此次被贬之僻远。《旧传》有记其贬途情景:"途经三峡,维舟月夜赋诗自悼,虑保衡见害,遽有神人谓之曰:'相公勿忧,予当御侮奉卫。'遘心异之。过峡州,经白帝祠,即所睹之神人也。"《新传》所载略同。即途经三峡,顾虑韦保衡于途中见害。此所记恐非实。今检《全唐文》卷八一六有袁循《修黄魔神庙记》,亦记萧遘于"咸通末岁","自右史窜黔南",途经三峡,时值大雨,蜀水方涨,乃畏惧,于夜间梦神人,谓"险不足惧",后即于僖宗乾符间萧遘命人维修秭归庙祠。两《唐书》本传所记当本稗史杂闻。

萧遘被贬后,《旧传》接云:"(韦)保衡诛,以礼部员外郎征还,转考功员外郎、知制诰。乾符初,召充翰林学士。"《新传》仅云:"未几,保衡死,召为礼部员外郎。乾符中,累擢户部侍郎、翰林学士承旨。"则初入院时已为户部侍郎,且为翰林承旨,《新传》所记极不当(详后)。按韦保衡于僖宗即位后,于咸通十四年(873)十月被贬赐死,同月,因韦保衡所陷而被贬者亦陆续放还,萧遘亦当于咸通十四年冬入为礼部员外郎(清劳格《唐尚书省郎官石柱题名考》卷二〇礼部员外郎,亦列有其名)。

《旧传》后记萧遘由礼部员外郎转考功员外郎、知制诰。按《旧唐书》卷一九下《僖宗纪》，乾符二年（875）十月有记："以考功员外郎赵蕴为吏部员外郎，户部员外郎卢庄为起居员外郎，礼部员外郎萧遘为考功员外郎。"赵蕴、卢庄皆非翰林学士，萧遘与此二人并改授官，当亦未为翰林学士；其于考功员外郎加知制诰，当稍后。

　　《旧唐书·僖宗纪》后于乾符三年（876）九月记："户部郎中、知制诰、翰林学士王徽为中书舍人，户部员外郎、翰林学士萧遘为户部郎中，学士并如故。"即乾符三年九月，萧遘已在院，并由户部员外郎迁户部郎中。按据前述，乾符二年十月萧遘由礼部员外郎为考功员外郎，尚未入院，此后当又改为户部员外郎，并以户部员外郎入院，则当在乾符二年冬或三年初。岑氏《补记》谓《唐郎官考》户外题名未见萧遘，故萧遘究以何官入，殊难确定。今按中华书局点校本（1992年）《唐尚书省郎官石柱题名考》卷一一户部郎中，卷一二户部员外郎，均有萧遘，其以户部员外郎入，当可定，后即又改迁户部郎中，加知制诰。又《旧传》云萧遘于乾符初召充翰林学士，按乾符共六年，萧遘于乾符二年冬或三年初入，不当云乾符初。

　　《旧传》记萧遘"召充翰林学士"，接云"正拜中书舍人，累迁户部侍郎、翰林承旨"，缺记入院后由户部员外郎迁户部郎中事。前所引述之袁循《修黄魔神庙记》（《全唐文》卷八一六），作于乾符四年（877）二月九日，文中称"今翰林、舍人兰陵公"。据此，则萧遘当于乾符四年二月九日前已由户部郎中升迁为中书舍人，其时或在乾符三年末、四年初。

《旧唐书·僖宗纪》后于中和元年（881）记："正月庚戌朔，车驾在兴元，以翰林学士承旨、尚书户部侍郎、知制诰萧遘为兵部侍郎、充诸道盐铁转运等使。"即中和元年正月前，萧遘已为户部侍郎、翰林学士承旨。按王徽于乾符五年（878）五月继豆卢瑑为承旨，广明元年（880）十二月五日拜相，时黄巢军入长安，僖宗出奔，朝政紊乱，萧遘亦随僖宗出幸，当即于十二月继王徽为承旨，而此前约于乾符六年已为户部侍郎。广明元年十二月，在院者以萧遘资历最深，故当以其接王徽。

至于萧遘出院为相，两《唐书》所记有异。《旧传》云："中和元年三月，自襃中幸成都，次绵州。以本官同平章事，加中书侍郎。"《通鉴》卷二五四，中和元年正月，记僖宗自兴元出发赴蜀，辛未至绵州，"壬申，以兵部侍郎、判度支萧遘同平章事"。《新唐书·僖宗纪》、《新唐书·宰相年表》亦记于中和元年正月壬申，谓以兵部侍郎、判度支萧遘为工部侍郎、同中书门下平章事。《旧唐书·僖宗纪》于中和元年正月记："以翰林学士承旨、尚书户部侍郎、知制诰萧遘为兵部侍郎，充诸道盐铁转运等使，寻以本官同平章事，领使如故。"则《旧传》记于中和元年三月入相，"三"字误。

又，《旧纪》及两《唐书》本传皆记萧遘以兵部侍郎本官入相，而《新纪》、《新表》则记以兵部侍郎改工部侍郎入相，《通鉴》亦记为以工部侍郎、判度支同平章事。《全唐文》卷八六所载僖宗《授王铎萧遘平章事制》，先称萧遘为朝散大夫、守尚书兵部侍郎、判度支，授以银青光禄大夫、守工部侍郎、门下平章事，即与《新纪》、《新表》、《通鉴》同。如此，则《旧纪》及两《唐书》本传记其以兵部侍郎本官入相,误①。

据此,则萧遘当于中和元年(881)正月初出院,改为兵部侍郎,充诸道盐铁转运等使,后又于同月壬申(二十三日),以工部侍郎入相。

萧遘在院,前后约四年。《全唐文》卷八六僖宗《授王择萧遘平章事制》中曾概誉为:"自精通艺行,履历清崇,逸翰摩云,高踪绝地。"同卷《萧遘罢判度支制》亦称其:"负严乐之才华,既司天语;将徐庾之事业,尤润帝谟。"又乐朋龟草撰的《萧遘判度支制》(《全唐文》卷八一四),先称其才华:"众谓国华,雅得韦平之称;时推人瑞,谅齐管乐之名。"后叙其在院时之业绩:"由右史以践南宫,自中戎而升内署。久传密命,粲组绣于笔端;旋总宪台,定准绳于朝右。"不过萧遘任职期间,未撰有制诏传存,对当时政事也未有所参与。值得一提的是,有一位文士向其进献诗作。

《全唐诗》卷七〇二载张蠙《投翰林张侍郎》、《投翰林萧侍郎》二诗,前诗之张侍郎为张祎,见前懿宗朝张祎传。张蠙为晚唐寒士群体"咸通十哲"之一,多年应试不第,在献张侍郎诗中自叹"举家贫拾海边樵",至此已"十载身辞故国遥"。按张祎于咸通九年(868)六月至十三年(872)五月在翰林学士任,张蠙乃求其举荐,"愿与吾君作霖雨,且应平地活枯苗"。但咸通年间他仍未及第,故于僖宗乾符时又向翰林学士萧遘献诗,即此《投翰林萧侍

① 按岑氏《补记》,仍谓以兵部侍郎本官同平章事,并有考,而严耕望《唐仆尚丞郎表》卷一二《辑考四下·户侍》,则谓岑说"迂回解析,以明兵侍本官入相之为正,以未见此制耳",即谓岑氏未见及《全唐文》所载之僖宗《授王铎萧遘平章事制》。严说是。《唐仆尚丞郎表》,中华书局重印本,1986年。

郎》，诗云："九仞墙边绝路岐，野才非合自求知。灵漱岂要鱼栖浪，仙桂那容鸟寄枝？纤草不销春气力，微尘还助岳形仪。从来为学投文镜，文镜如今更有谁?"诗题称萧遘侍郎，当作于乾符六年（879）萧遘由中书舍人迁户部侍郎时。时黄巢已率军由广东北上，后又攻陷洛阳，形势迫急，张蠙为自己仕途，仍不忘向享有高誉之翰林学士求荐，特别是末二句，以"文镜"喻萧遘，誉其为能鉴别诗文优劣之高才。由此亦可见当时士子之心情。

萧遘随僖宗，避乱在成都，后于光启元年（885）返京师。任相期间，他对宦者田令孜专政极为不满，屡有抵制。后田令孜与河东节度使李克用、邠宁节度使朱玫矛盾，李克用、朱玫率兵攻长安，田令孜乃挟僖宗出奔凤翔。光启二年（886），朱玫奉嗣襄王熅（肃宗玄孙）为帝。时萧遘未随僖宗西出，仍在京，朱玫乃迫使萧遘撰写襄王即位册文，萧遘辞，而朱玫仍任其为相，萧遘乃以疾退居于汉中之永乐县（时其弟遽为永乐县令）。后朱玫兵败，僖宗返京。《旧传》记云："僖宗再还京，宰相孔纬与遘不协，以其受伪命，奏贬官，寻赐死于永乐。"《旧唐书·僖宗纪》，光启三年（887）三月，亦记"太子少师致仕萧遘赐死于永乐县"。萧遘之所以赐死，表面上虽为宰相孔纬提出，实际上恐还是宦官田令孜之意。《新传》曾记，萧遘任相时，"（田）令孜持禁军，权宠可炙，公卿无不附顺，唯遘未尝少下"。《旧传》末云："遘为大臣，士行无缺。逢时不幸，为伪熅所污，不以令终，人士惜之。"

《全唐诗》卷六〇〇载其诗三首:《春诗》、《和王侍中谒张恶子庙》、《成都》，当皆随僖宗在蜀时所作，有诗意。又宋《宣和书谱》卷四"正书"，记有萧遘，云："遘之字画，虽罕传于世，观其景公、幽公二帖笔迹，有廊庙之气，而足规矩，学者未易到也。今御府所藏二：正书·景公帖，行书·幽公帖。"则其书迹，北宋时尚有存，也可见萧遘确颇有才艺。

张　祎

张祎，《旧唐书》有传，附于卷一六二其祖张正甫传后；《新唐书》无传。

《旧唐书·张正甫传》称为南阳人，文宗时曾为工部尚书、集贤殿学士，大和八年（834）卒，年八十三，"仁而端亮，莅官清强"。张正甫子毅夫，即纬父，官至户部侍郎、弘文馆学士判院事；其从兄弟登第者甚多，"相次登科"，"大和中，文章之盛，世共称之"，又云"诸群从登第者数人，而毅夫子祎最知名"。可见其家世之文化背景。

《旧·张祎传》："祎字冠章，释褐汴州从事、户部判官。"当亦科试登第，但未详其年。《旧传》接云："入为蓝田尉、集贤校理。赵隐镇浙西，刘邺镇淮南，皆辟为宾佐，入为监察御史，迁左补阙。"按据《旧唐书》卷一九下《僖宗纪》，赵隐于乾符元年（874）三月罢相，出为润州刺史、浙西观察使，后约乾符二年（875）四月后因部将王郢作乱，赵隐改除太常卿（见《通鉴》、《新唐书·赵隐传》）。又《新唐书》卷六三《宰相年表》，刘邺于乾符元年十月罢相，出为淮南节度使，后因黄巢军进攻，于乾符六年（879）由高骈代其任（《通鉴》，并参《唐刺史考全编》）。由此，则张祎当于乾符元年三月后在浙西赵隐幕，乾符二年四月后改至淮南（扬州）刘邺幕，当于乾符三年入朝，为监察御史（正八品上）、左补阙（从七品上）。

《旧传》接云："乾符中，诏入翰林为学士。"据前考述，张祎于乾符二、三年间在淮南幕，后入朝累任监察御史、左补阙，当有一定时间，《旧传》既云乾符中，则当于乾符四年以左补阙入为翰林学士。

《旧传》又接云"累官至中书舍人"。由从七品上之左补阙，至正五品上之中书舍人，其间当有其他官衔历迁的，如尚书员外郎（从六品上）、郎中（从五品上），并需有一定时间，惜限于史料，未能具知。唯其为中书舍人，或为乾符六年（879）。

此后，《旧传》云："黄巢犯京师，从僖宗幸蜀，拜工部侍郎、判户部事。"未记年。按《唐文拾遗》卷三三据《金石苑》载有张祎《南龛题名记》，多有缺文，前半篇云："圣上西巡之辰，余自金门飞骑追扈大驾，中途隔烟尘遁迹。及中秋方达行在，由青琐判吏，视事未浃旬，复归内署。明年自贰□授是官，又明年出绾是职。"按僖宗因黄巢攻长安，于广明元年（880）十二月西奔，中和元年（881）正月至成都。即僖宗出奔时，张祎未能及时随行，后才坎坷跋涉，至中和元年中秋才到达成都。抵达成都后，朝中使其"青琐判吏"。岑氏《补记》谓未实指何官。可能当时因政事繁忙，临时安排某种职事，不过"未浃旬，复归内署"，即仍任为翰林学士，归院中。又云"明年自贰□授是官"，有缺字。但当与《旧传》所谓"拜工部侍郎、判户部事"合，即中和二年（882），时仍在院。

张祎《南衙题名记》接云"又明年出绾是职",所谓"又明年",当为中和三年(883)。按此文署为"中和四年甲辰三月八日尚书右丞判户部张祎记",则"是职"即为"尚书右丞判户部",亦即张祎于中和三年出院,任尚书右丞判户部。此为《旧传》未载,《旧传》仅记为"从僖宗幸蜀,拜工部侍郎,判户部事",后未记,此亦为《旧传》所缺。

按唐军于中和三年四月收复长安,但僖宗于中和三、四年仍在成都,未还。则张祎于中和三年出院后,亦仍在成都。宋黄休复《益州名画录》卷上常重胤条,记"僖宗幸蜀,回銮之日",蜀民奏请留写御容于成都大圣慈寺,乃令画师常重胤画写御容及从驾臣寮于中和院,其中即记有"尚书右丞判户部张祎",与《南衙题名记》所具衔合。严耕望《唐仆尚丞郎表》表六《辑考一下·右仆》裴璩条,对常重胤作画及记之时间有考,谓作于中和四年九、十月间①。严氏所考是。由此,则张祎后于光启元年(885)三月随僖宗返朝,仍任尚书右丞判户部之职。

张祎返京后,《旧传》有记云:"奉使江淮,还,为当途者不协,改太子宾客、左散骑常侍。"后转吏部侍郎。据严耕望《唐仆尚丞郎表》卷十《辑考三下·吏侍》,张祎由左散骑常侍转为吏部侍郎,约在昭宗初大顺、景福(890、892)。如此,则张祎奉使江淮,当为随僖宗返京不久,为当时征赋税需要,因判户部事,遂出使江淮,当在光启元年、二年间(885—886)。

值得一提的是,张祎出使江淮,杜荀鹤有诗上之:《投宣谕张

---

① 严耕望《唐仆尚丞郎表》,中华书局重印本,1986年。

侍郎乱后遇毗陵》(《全唐诗》卷六九二)。陶敏《全唐诗人名考证》(页934),谓此张侍郎为张祎,即引《旧传》为证,当是。诗题所谓"乱后",即黄巢之事平后不久,张侍郎因判户部事,即至江南"宣谕"。诗云:"此生今日似前生,重着麻衣特地行。经乱后囊新卷轴,出山来见旧公卿。雨笼蛋壁吟灯影,风触蝉枝噪浪声。闻道中兴重人(原校:一作文)物,不妨西去马蹄轻。"诗中有对张祎前在翰林任职的赞誉("重着麻衣特地行"),亦有对现时乱后"中兴"重展其文才之期望。按杜荀鹤虽早有诗名,但亦如晚唐时一般贫寒士人,屡试不第,宋葛立方《韵语阳秋》卷一八即云:"杜荀鹤老而未第,求知已甚切。"杜荀鹤于昭宗大顺二年(891)才进士及第,则张祎出使江淮时,杜仍未及第,时在江南(毗陵在今江苏常州),可能即因此向张祎献诗,以求举荐。

张祎自江淮出使还,累迁为礼部尚书、兵部尚书。《旧传》云:"从昭宗在华,为韩建所构,贬衡州司马。昭宗还京,征拜礼部尚书、太常卿,充礼仪使,迁兵部尚书。""昭宗在华",为乾宁三年(896)七月,西北节镇李茂贞逼京师,昭宗应华州刺史韩建之请出驻华州。张祎何以为韩建所挤而受贬,未可知。昭宗后于光化元年(898)八月还朝,张祎则亦被召入朝,并有升迁,累迁为兵部尚书。卒年不详,或即在光化中(898—901)。

《全唐诗》卷六六七载其诗二首,一为《巴州寒食晚眺》,一为《题击瓯楼》,皆七绝,在蜀时作。其文,即前已引述之《南龛题名记》(《唐文拾遗》卷三三)。

韦昭度

韦昭度,两《唐书》有传,见《旧唐书》卷一七九、《新唐书》卷一八五。《旧传》:"韦昭度字正纪,京兆人。祖绪,父逢。"《新传》同,但未记其祖、父名。《新唐书》卷七四上《宰相世系表》四上,京兆韦氏,亦记有韦昭度,"字正纪,相僖宗、昭宗",并记其祖名绥,父名逄,字形与《旧传》异。中华书局点校本未有校,赵超《新唐书宰相世系表集校》(页679)有校及《新表》与《旧传》有异,但未有考①。

《唐摭言》卷七《起自寒苦》条,有记叙韦昭度年少时贫寒,"常依左街僧录净光大师,随僧斋粥。净光有人伦之鉴,常器重之"。其少年贫苦事,两《唐书》本传皆未载,可见唐五代笔记对正史亦可有补。

《旧传》记其"咸通八年进士擢第",《新传》则简云"擢进士第",未记年。清徐松《登科记考》卷二三即据《旧传》系于懿宗咸通八年(867),同年登第者有皮日休、韦承贻等。

《旧传》于其及第后,接云:"乾符中,累迁尚书郎、知制诰,正拜中书舍人。从僖宗幸蜀,拜户部侍郎。"此处所述仕迹,实为韦昭度任翰林学士期间所历之官阶,而《旧传》却未提及其任翰林学士事。《新传》有记,云:"擢进士第,践历华近,累迁中书舍人。僖

---

① 赵超《新唐书宰相世系表集校》,中华书局,1998年。

宗西狩,以兵部侍郎、翰林学士承旨从。"所谓"践历华近",即喻指翰林学士;后又提及翰林学士承旨,虽未记有年月,但较《旧传》确切。

岑氏《补记》谓韦昭度约乾符末入,未有考述,亦未叙及以何官入院。按《唐尚书省郎官石柱题名考》卷一二户部员外郎,有韦昭度,在孔纬后。劳格有引《旧唐书·僖宗纪》,记孔纬于乾符二年(875)十一月由殿中侍御史改任户部员外郎,韦昭度既列于孔纬后,则其为户部员外郎当在乾符三、四年间。《旧传》提及"累迁尚书郎、知制诰,正拜中书舍人",很可能即于乾符三、四年间以户部员外郎入院,后又迁尚书郎、知制诰,随后又正拜中书舍人,当在乾符五、六年及广明元年间(878—880)。

《旧传》于"正拜中书舍人"后,云:"从僖宗幸蜀,拜户部侍郎。中和元年,权知礼部贡举。"《新传》则云:"迁中书舍人。僖宗西狩,以兵部侍郎、翰林学士承旨从。"《新传》此处未记中和元年权知礼部贡举事,而云"未几,进同中书门下平章事",即在蜀时旋又拜相。按广明元年(880)十二月,黄巢攻陷潼关,僖宗西出,两《唐书》本传皆记僖宗出奔前韦昭度已为中书舍人。又据前考述,广明元年十二月僖宗即将离京时,王徽、裴澈二人由翰林学士为相,此前王徽为承旨,其任相出院,即由萧遘接为承旨,亦当于广明元年十二月。而萧遘旋于广明元年十二月底或中和元年元月出院,为兵部侍郎、判度支,则韦昭度当于中和元年元月接为翰林学士承旨。由此可见,《新传》记僖宗西狩,韦昭度以翰林学士承旨随行,则合于实际,《旧传》缺记。但《新传》记韦昭度接任承旨时任为兵部侍郎,《旧传》则谓户部侍郎,有异。此当有时间先后，即广明元年十二月僖宗西出，韦昭度随从，由中书舍人迁为户部侍郎，后于中和元年元月萧遘由户部侍郎、承旨改为兵部侍郎、判度支出院，韦昭度乃接任承旨，又改为兵部侍郎（萧遘事，见前萧遘传）。

《旧传》后云："中和元年，权知礼部贡举。"清徐松《登科记考》卷二三即据此载韦昭度于广明二年（即中和元年，881）知贡举。《唐摭言》卷九《敕赐及第》条，记僖宗"驾幸西蜀"时，"韦中令自翰长拜主文"，即韦昭度知举时，仍为学士承旨。按僖宗于中和元年元月中下旬才达成都，此年科试，就不可能如往常那样在年初元月，当因战乱，虽仍举试，但在二、三月间举行。

又，唐时翰林学士按例是不知举的，一般是前一年秋冬出院，任礼部侍郎或中书舍人，于第二年初主试。中和元年当因战事匆乱，故临时安排，命韦昭度知举，这也为有唐一代之特例。北宋初钱易《南部新书》己卷曾记："卢携在中书，深耻之。广明元年，乃追陕州卢渥入典贡帖经。后巢贼犯阙，天子幸蜀，韦昭度于蜀代之矣。"五代末之《北梦琐言》卷九亦言："乾符中卢携在中书，歉宗人无掌文柄，乃擢群从陕虢观察使卢渥知礼闱。是岁十二月，黄巢犯阙。"按卢渥，两《唐书》无传，司空图则为其作有神道碑：《故太子太师致仕卢公神道碑》（《全唐文》卷八〇九），记卢渥任陕虢观察使时，"（广明元年）冬十月，拜礼部侍郎。……洎入贡署，才引明经，则美称已哗于外议。遇大驾南幸，乃中辍，人至今惜之。明年春，自都潜出，二月至中条，舍于幕吏司空图"。司空图曾为卢渥幕僚，故此处所记，确切可信。

由此，可见中和元年知举者本已定，但因战乱，君主出奔外地，临时安排翰林学士韦昭度代掌举试，且此次科试也只能在成都举办。可能正因此，录取者亦甚少。《唐语林》卷四有记，谓"韦昭度侍郎于蜀代之，放十二人"。徐松《登科记考》卷二三亦即据《唐语林》，记此年进士及第者十二人。

此次举试，另可注意者，是《唐摭言》卷九《恶得及第》条所载："黄郁，三衢人，早游田令孜门，擢进士第，历正郎金紫。李瑞，曲江人，亦受知于令孜，擢进士第，又为令孜宾佐。"徐松《登科记考》卷二三即据《唐摭言》此处所载，系此二人于中和元年进士及第者。由此，则黄郁、李瑞乃先曲附田令孜，后即由田令孜出力，使此二人登第。宦官还能操纵登第之人选，这也表现晚唐时科举考试的不良风习。韦昭度当也迫于客观环境，只能曲意为之。

《新传》接云"未几，同中书门下平章事"，即意为，知举后，同年，即中和元年就任相。而《旧传》则谓："中和元年，权知礼部贡举。明年，以本官同平章事，兼吏部尚书。"即于中和二年入相。而《旧唐书·僖宗纪》则仍记于中和元年，此年七月记："以兵部侍郎、判度支韦昭度本官同平章事。"同一书，纪、传竟如此互异，当代点校本未有校。按《新唐书》卷九《僖宗纪》中和元年七月具记为："庚申，翰林学士承旨、兵部侍郎韦昭度同中书门下平章事。"《新唐书》卷六三《宰相年表》、《通鉴》卷二五四，所记皆同。又《唐大诏令集》卷五〇《韦昭度平章事制》，文末署"中和元年七月"，文中先称其"翰林学士承旨、银青光禄大夫、行尚书兵部侍郎、知制诰、上柱国"，后云"又守本官同中书门下平章事"（《全唐文》卷八六亦载僖宗此制）。由此可证《旧传》所谓"明年"，误。

按上述《韦昭度平章事制》，有称其任翰林学士业绩者，云：

"旋召宥密,备著声猷,使我语言追三代之风,使我典则符百王之法。当风雨之如晦,励节敬恭;念艰难之在途,夙勤晨夜。临难得近臣之体,效忠彰明哲之心。"甚为赞誉。值得注意的是,制文云"使我语言追三代之风",可以参照元稹于穆宗长庆时任中书舍人、翰林学士,白居易称其制文文体之改革,亦提及制文文体创新应有三代语言之风(见前元稹传)。由此可见,元稹对制文文体革新的主张,在晚唐也甚有影响。晚唐制诰文体,很值得作综合研究。

据两《唐书》载,僖宗后于光启元年(885)三月返京,韦昭度仍在相位。文德元年(888)三月,僖宗卒,昭宗即位。时田令孜之弟陈敬瑄长期任两川节度使,多专政,不缴赋税,昭宗乃使韦昭度以太尉检校中书令,出任剑南西川节度使兼两川招抚处置等使,以代替陈敬瑄。陈敬瑄不受代,乃与韦昭度所率兵交战。《通鉴》卷二五七,昭宗大顺二年(891)二月记,"韦昭度将诸道兵十余万讨陈敬瑄,三年不能克,馈运不继",即召还。

韦昭度讨蜀期间,后于昭宗朝任翰林学士之吴融,曾在其幕中供职。《新唐书》卷二〇三《吴融传》记云:"韦昭度讨蜀,表掌书记。"《北梦琐言》卷四亦有载:"唐吴融侍郎策名后,曾依相国太尉韦公昭度,以文笔求知。"吴融本人也有诗叙及,如其《灵池县见早梅》(《全唐诗》卷六八四),题下自注:"时太尉中书令京兆公奉诏讨蜀,余在幕中。"诗中有"小园晴日见寒梅"、"春日暖时抛笠泽"句,或即作于龙纪元年(889)、大顺元年(890)春。据《元和郡县图志》卷三一剑南道成都府,所属有灵池县,"西至府六十里",则已靠近成都。又有《简州归降贺京兆公》(《全唐诗》卷六八六)。《通鉴》卷二五八大顺元年(890)正月,记简州将杜有迁执刺史员虔嵩,求降。简州亦属成都府,辖境相当今四川简阳、资阳二县。可见吴融本人当时在韦昭度幕府,甚自重,由此亦可见韦昭度与文士之交往。

韦昭度后返朝,除东都留守;景福二年(893)九月,又由东都留守为司徒兼门下侍郎、同中书门下平章事,复相(据《新唐书·宰相年表》)。但旋又以太保致仕。后乾宁二年(895)五月,静难军节度使王行瑜、镇国军节度使韩建及凤翔陇右节度使李茂贞,与当时宰相崔昭纬联谋,率军攻京师,杀朝臣多人,其中有韦昭度、李磎,即亦曾任宰相者。昭宗时,地方节镇一方面以兵胁迫君主,另一方面又谋杀朝士,其中有不少曾为翰林学士者。唐末昭宗朝,翰林学士多有不幸遭遇,详见后昭宗朝翰林学士传。

韦昭度著作,《新唐书》卷五八《艺文志》二,史部杂史类,著录有《续皇王宝运录》十卷,下注:"韦昭度、杨涉撰。"杨涉,《旧唐书》卷一七七、《新唐书》卷一八四附于其伯父杨收传后。据传,杨涉于僖宗乾符二年登进士第,昭宗时历任礼、刑二侍郎,后从昭宗徙洛阳,改吏部尚书,哀帝时为相,未记与韦昭度合撰此书。《新唐书·艺文志》所载,同类,有杨岑《皇王宝运录》,注云:"卷亡。岑,宪宗时人。"杨岑,两《唐书》无传。据《新唐书·艺文志》,同类著录者有刘肃《大唐新语》、李肇《国史补》等,确为杂史类,但《续皇王宝运录》后未传存,具体内容不详,书名含义也不清。此书或为韦昭度在翰林学士任期内与杨涉合著,杨涉当于乾符二年进士及第后,在史馆任职。

又,《全唐文》卷八○五载其文三篇:《元中观瑞石贺表》、《又贺瑞石表》、《请复李克用官爵表》。《全唐诗》未载其诗。

徐彦若

徐彦若,两《唐书》有传,见《旧唐书》卷一七九、《新唐书》卷一一三。其父徐商,为武宗朝翰林学士,懿宗时曾为相(见前徐商传)。

《新唐书》卷七五下《宰相世系表》五下,记有徐彦若,云字俞之;两《唐书》本传皆未载其字号。

《旧传》载其"咸通十二年进士擢第",《新传》未有记。按清徐松《登科记考》卷二二系徐彦若于宣宗大中十二年(858),引《广卓异记》:"大中十二年,徐商为襄州节度使,长子彦若与于琮同年及第。"于琮,据《旧唐书·宣宗纪》,为大中十二年进士及第者。徐松即据此谓《旧传》所记之"咸通"为"大中"之讹。按《旧唐书》此卷(卷一七九)又载徐商"大中十三年及第",实则徐商于大中十二年已为襄州刺史、山南东道节度使,何以第二年又应科试并及第?徐商实为文宗大和五年(831)登进士第(见前徐商传)。《旧唐书》同一卷内记徐商父子登第之年皆误,此亦为《旧唐书》记晚唐史事有明显错误之突出事例。

《旧传》接云:"乾符末,以尚书郎知制诰,正拜中书舍人。"《新传》又略云"事僖宗为中书舍人",皆未记其任翰林学士事。岑氏《补记》引及《金华子杂编》文,指出徐彦若曾为翰林学士,当是。但岑氏所引较简,亦未有考述,且有志疑。今据上海古籍出

版社 2000 年出版之点校本《金华子杂编》(《唐五代笔记小说大观》本)卷上,全录于下:

> 故事,南曹郎既闻除目,如偶然忽变改授他人,纵未领命,亦不复还省矣。南海端揆为主客员外时,有除翰林学士之命。既还省,吏忽报除目下,员外徐彦若除翰林学士。端揆以己未承旨,乃驾而将复治故厅。至省,省门子前曰:"员外已受报出省,不可更入南曹。"例举不敢避,遂退。彦若,公相之子,能驰誉清显,中尉杨复恭善之,故能变致中授耳。

按据《旧传》,徐彦若于昭宗时曾罢相出任岭南节度使(其出镇年月,《旧传》、《新纪》有异,详后),故称为"南海端揆"。由此,则其任主客员外郎时,即授为翰林学士。

岑氏《补记》引及《金华子杂编》时,云:"所疑者今《郎官柱》主外题名完全无缺,并不见彦若,《金华子杂编》所载,未必全信耳。"但岑氏后于所著《郎官柱题名新考订》(上海古籍出版社,1984 年),对此说有纠正,谓此段"应行抹去",因《郎官考》题名,不一定包括全唐,有些仅至乾符而止,故《郎官考》之主客员外郎虽未有徐彦若名,但不能谓徐彦若未曾任此职。

又《旧唐书》卷一九下《僖宗纪》,乾符元年(874)十一月,"以吏部员外郎徐彦若为长安令"。按《唐郎官石柱题名考》卷四吏部员外郎即有徐彦若,在杨堪前(《旧唐书·僖宗纪》,乾符二年二月,杨堪以库部员外郎为吏部员外郎)。

据前所述,徐彦若于乾符元年十一月前已为吏部员外郎,十一月改为长安县令，后当又改为主客员外郎，入为翰林学士，则如《旧传》所云，在乾符末（五、六年间）。后迁为尚书郎中、知制诰，又正拜中书舍人，当随僖宗在成都任职。《益州名画录》卷上常重胤条，记僖宗返朝，于中和四年（884）秋令常重胤于成都中和院壁上写录随驾文武臣寮名，其翰林学士无徐彦若，则当于中和四年秋前已出院，但未详其以何官出院。

另，可以注意的是，前所引述之《金华子杂编》，载徐彦若"驰誉清显，中尉杨复恭善之，故能变致中授耳"，即徐彦若之所以能授为翰林学士，中尉杨复恭起实际作用，使授命落实。按杨复恭为宦官，《旧唐书》卷一八四有传，记其于懿宗咸通十年（869）为枢密使，后僖宗时田令孜掌军权，"专制中外"，与杨复恭有矛盾，杨则仍具虚衔，称疾退于蓝田。昭宗时杨复恭又受重用（昭宗之立，即由杨复恭操持），即代田令孜为右军中尉。《金华子杂编》称其为中尉，实为昭宗时，僖宗时尚未任中尉。不过徐彦若于乾符后期入院时，杨复恭当在宫中仍有权。晚唐时，特别是僖、昭两朝，翰林学士之入、出，宦官甚起作用，这也是晚唐政治之一时代特色。

《旧传》于"正拜中书舍人"后，接云："昭宗即位，迁御史中丞，转吏部侍郎，检校户部尚书，代李茂贞为凤翔陇节度使。茂贞不受代，复拜中丞，改兵部侍郎、同平章事。"按《新唐书》卷十《昭宗纪》，卷六三《宰相年表》，及《通鉴》卷二五八，皆记昭宗大顺二年（891）正月，孔纬、张濬罢相，"翰林学士承旨、兵部侍郎崔昭纬，御史中丞徐彦若为户部侍郎，同中书门下平章事"。但《旧唐书》卷二〇上《昭宗纪》则记于上一年大顺元年（890）十二月，当误。

《旧传》另又有误,其云:"昭宗自华还宫,进位太保、门下侍郎。时崔胤专权,以彦若在己上,欲事权萃于其门。二年九月,以彦若检校太尉、同平章事、广州刺史、清海军节度、岭南东道节度等使。"按昭宗自华州还京,在光化元年(898)八月,而据《新唐书·宰相年表》,徐彦若于光化二年正月兼门下侍郎,十一月为太保,即光化二年仍在相位;三年九月乙巳,则以检校太尉、同平章事,出为清海军节度使。《旧唐书·昭宗纪》《通鉴》卷二六二皆同,《新唐书·昭宗纪》亦于光化三年九月乙巳记"徐彦若罢"。由此,则《旧传》所云"二年九月","二"当为"三"之形讹。惜中华书局点校本未有校。

两《唐书》本传记其出镇岭南后,云"卒于镇",未记年。《新唐书·昭宗纪》《通鉴》卷二六二则于天复元年(901)末,记是岁"清海军节度使徐彦若卒"。

吴融《海棠二首》(《全唐诗》卷六八六)有提及徐彦若在长安之故居,诗云:"太尉园林两树春(句下自注:今番禺太尉徐公兴化亭子有海棠二株),年年奔走探花人。今来独倚荆山看,回首长安落战尘。""云绽霞铺锦水头,占春颜色最风流。若教更近天街种,马上多逢醉五侯。"陶敏《全唐诗人名考证》(页928),谓诗中注之"徐公"为徐彦若,并有考述,云:"诗云'今来独倚荆山看,回首长安是(按当为落)战尘',当天复二年春作,时朱全忠犯阙,昭宗幸岐下,吴融奔阌乡。然时徐彦若已卒,疑注中'今'字误。或者乱中未得彦若死讯欤。"陶说是。按朱全忠于天复元年(901)十月即已出兵,《通鉴》卷二六二载是年十月戊申,"朱全忠至河中,表请车驾幸东都,京城大骇,士民亡窜山谷"。十一月,昭宗即西出,由李茂贞迎至凤翔，朱全忠即占长安，后又西往凤翔，与李茂贞战，天复二年二月乃还军河中。时吴融在翰林学士任，但昭宗西奔凤翔，吴融来不及随从，暂时客居于阌乡（详见后昭宗朝吴融传）。吴融作此诗时，当正南北战乱，未得徐彦若死讯，故仍云"今番禺太尉徐公"。由吴融此诗，可见徐彦若在长安住地园林，颇受人欣赏，竟"年年奔走探花人"，也可见吴融对徐彦若缅怀之情。又，李浩《唐代园林别业考录》①，关内道京兆府，记有"兴化池亭"（页15），谓兴化池亭在长安兴化坊裴度宅，并引有白居易《宿裴相公兴化池亭兼蒙借船舫游泛》诗，又引《唐两京城坊考》卷四记有西京外郭兴化坊，即此池亭在长安外郭城兴化坊内。徐彦若当任相时，曾在兴化池附近亦建有住宅，但此事及吴融诗，李浩书中未有记。

《全唐诗》、《全唐文》未载其完整诗文。《全唐诗》卷八七〇"谐谑"，载其《戏答成汭》二句（页9866），当本于笔记稗史，不一定可靠。

乐朋龟

乐朋龟，两《唐书》无传，仅《新唐书》卷六〇《艺文志》四，集部别集类，载："乐朋龟《纶阁集》十卷，又《德门集》五卷，《赋》一卷。"下注云："字兆吉，僖宗翰林学士，太子少保致仕。"又宋《太

---

①李浩《唐代园林别业考录》，上海古籍出版社，2005年。

平寰宇记》卷一四单州成武县,有云:"唐乐朋龟墓在县西二十里,路南一百步。"未另有记叙。岑氏《补记》亦引此,谓可能乐朋龟即为成武县人。按《元和郡县图志》卷一一河南道曹州,所属有成武县(今山东省成武县)。

《北梦琐言》卷五《张濬乐朋龟与田军容中外事》条,有云:"乐公举进士,初陈启事谒李昭侍郎自媒云:'别于九经、书史,及《老》、《庄》泊八都赋外,著八百卷书。请垂比试。'诚有学问也。"但未记是否登第。清徐松《登科记考》卷二三,据《唐语林》、《唐才子传》(载《高蟾传》),及《北梦琐言》此条,疑李昭为懿宗咸通十四年(873)知贡举,但此年进士及第者未记有乐朋龟。孟二冬《登科记考补正》卷二三引述胡可先、陈尚君等补考,谓李昭知举误。李昭,两《唐书》无传,史书中亦未记其知举事。但据《北梦琐言》所记,乐朋龟曾应举试,有行卷,自炫所作有八百卷,其事或亦在咸通中。

乐朋龟是否及第,及第后仕迹,均未知。最早记其翰林学士事者,为《通鉴》卷二五四。《通鉴》记,广明元年(880)十二月,黄巢军攻占关中,僖宗由宦官田令孜侍奉出行,西奔赴蜀,中和元年(881)正月丁丑至成都。《通鉴》即记云:"时百官未集,乏人草制,右拾遗乐朋龟谒田令孜而拜之,由是擢为翰林学士。"由此可知,乐朋龟此前已为右拾遗,广明元年十二月随僖宗至成都。又,此时翰林学士,可知者已有张祎、韦昭度、徐彦若(见前传,及书后"学士年表"),皆为知名人士,恐未能谓"乏人草制"。但据《通鉴》所载,则乐朋龟乃向田令孜求荐,田令孜即擢举其为翰林学士。前所引及之《北梦琐言》卷五《张濬乐朋龟与田军容中外事》，即详述此事："旧例，士子不与内官交游。十军军容田令孜擅回天之力，僖皇播迁，行至洋源，百官未集，缺人掌诰。乐朋龟侍郎亦及行在，因谒中尉，仍请中外，由是荐之充翰林学士。"由此亦可见乐朋龟当时之心意，亦与当时"政事一委令孜"（《通鉴》卷二五二乾符二年）有关。

宋黄休复《益州名画录》卷上《常重胤》条，记僖宗将返回长安时，曾命常重胤录写随驾文武臣僚真像，中即记有"翰林学士承旨、兵部尚书乐朋龟"。据严耕望《唐仆尚丞郎表》，此所录在中和四年（884）秋，则乐朋龟于中和元年正月由右拾遗入，后当累有迁转，至中和四年秋，仍在院，且已为翰林承旨、兵部尚书（正三品），官阶已相当高。

《全唐文》卷八一四载乐朋龟文六篇，岑氏《补记》曾考证其所作年月，可参。如《萧遘判度支制》，据《新唐书》卷六三《宰相年表》，当作于中和二年二月；《王铎弘文馆大学士等制》，亦据《新唐书·宰相年表》，为中和元年四月庚寅；《王铎中书令诸道行营都统权知义成军节度使制》，亦据《新表》，在中和二年正月辛亥；《赐陈敬瑄太尉铁券文》，据文中所记，为中和三年十月十六日。乐朋龟制文，传存者此四篇，皆随僖宗在蜀时所作。其传存之篇数不多，而据前所引述之《新唐书·艺文志》，其所著如《纶阁集》十卷，当为在院任职时所撰之制文及有关碑志、奏议等，当有一定数量。又此四篇制文，每篇多为五、六百字，有逾千字者，较唐时一般制文字数为多。前所引述之《北梦琐言》卷五则称其"于制诰不甚简当，时人或未可之"，这也为当时人的另一种评议。

乐朋龟另有《西川青羊宫碑铭》，虽非制文，但亦在院时所作。

按中和三年四月,唐军收复长安,僖宗鉴于即将返京,乃决定于成都建一道观青羊宫以志留念。杜光庭《历代崇道记》(《全唐文》卷九三三),有记叙建立青羊宫事,谓中和三年九月二十一日,先立青羊宫名,十月十七日,"敕高品郭遵泰监造",后云"又敕翰林学士承旨、尚书兵部侍郎、知制诰乐朋龟撰碑立之,伏乞颁示天下,以表皇家承神仙之苗裔",末署"中和四年十二月十五日"。另《全唐文》卷九八六有阙名《奉敕立青羊宫碑牒》,题下注"中和四年中书门下",即中书门下所敕之牒,奉皇帝之命将乐朋龟所撰之碑文刻于青羊宫内,中云:"乐朋龟职司内翰,首冠近臣,妙回掷地之金,镂入他山之石。铺陈尽善,蔡邕当患于先知;述作无遗,子建何劳于独步。宜刊盛事,以证斯文。"极赞誉乐朋龟此文,称堪与蔡邕、曹植媲美。

由上所述,则乐朋龟当于中和三、四年间(883—884)已为翰林学士承旨、兵部尚书(据杜光庭《历代崇道记》,当先为兵部侍郎、知制诰,后迁为兵部尚书)。按乐朋龟所撰此篇《西川青羊宫碑铭》,有七千二百余字,亦为唐时碑文极少见的,可见乐氏确长于文辞之挥洒。可以注意的是,文中先记叙唐本朝历代君主对道教的信奉与重视,后即重点称誉左神策军中尉田令孜及其弟、时为剑南西川节度使陈敬瑄。其称陈敬瑄,谓"虽文翁、武侯之才,萧猷、王濬之策,未可与俦",甚至可"掩裴度淮西之功"。对田令孜,则赞誉更多,称其"有逾千越万之才,有闻一知十之智","赏罚无私,九土之诸侯怀惠;恩威普度,十军之将帅归心"。由此可见,乐朋龟当初之入为翰林学士,确受田令孜之引荐,此后即一直附事之,作此碑文,如此谀词,也可见晚唐时期翰林学士另一种心境。

　　僖宗于光启元年（885）三月返京，乐朋龟当仍以翰林学士随还。《通鉴》卷二五六，光启二年（886）正月八日记，僖宗又因兵乱，西出宝鸡，翰林学士承旨杜让能亦追随至宝鸡。则此时杜让能既已为承旨（详见后杜让能传），则乐朋龟此前当已出院，由杜让能接为承旨，其出院或即在光启元年三月后，但以何官出院，不详。

　　《全唐文》所载乐朋龟另一文为《僖宗皇帝哀册文》，云：“维文德元年岁次戊申十月乙丑朔二十七日辛卯，僖宗皇帝将迁于靖陵，礼也。”按僖宗于文德元年（888）三月卒，《旧纪》：“其年十二月，葬于靖陵。”则乐朋龟于光启元年出院，至此已三年，当仍在朝中任职，故能奉命撰此册文，但亦未知其所任官。《新唐书·艺文志》记为以“太子少保致仕”，当在昭宗初。

　　前已引述，《新唐书·艺文志》著录其所著，有《纶阁集》十卷，《德门集》五卷，《赋》一卷。《纶阁集》当为在院时所撰之制诏、奏议、碑志等，《德门集》、《赋》则当为诗文集。今存者仅《全唐文》所载六篇，前已述；《全唐诗》未有载。

柳　璧

　　柳璧，两《唐书》有传，附于其祖柳公绰传后，见《旧唐书》卷一六五、《新唐书》卷一六三。两《唐书·柳公绰传》皆记为京兆华原人。

柳公绰历仕于宪、穆、敬、文四朝,终兵部尚书。其弟公权,书法家,穆宗、文宗朝为翰林侍书学士、翰林学士。柳公绰子仲郢,武宗会昌时为李德裕所知,曾被荐为京兆尹,"宣宗初,德裕罢政事,坐所厚善,出为郑州刺史"(《新传》)。柳仲郢后又历仕中外,其早年曾著有《尚书二十四司箴》,颇受韩愈咨赏;又善藏书,"家有书万卷","尝手抄《六经》,司马迁、班固、范晔史皆一抄,魏晋及南北朝史再,又类所抄它书凡三十篇,号《柳氏自备》,旁录仙佛书甚众,皆楷小精真,无行字"(《新传》)。

仲郢有四子:璞、珪、璧、玭。据两《唐书》传,柳璞著有《春秋三氏异同义》,又有《天祚长历》,"断自汉武帝纪元,为编年,以大政、大祥异、侵叛战伐随著之,闰位者附见其左"(《新传》),则为司马光《资治通鉴》之前资。柳珪,"与(柳)璧继擢进士,皆秀整而文,杜牧、李商隐称之"(《新传》)。又柳玭,僖宗时曾以吏部侍郎预修国史,"直清有父风"(《新传》)。

由上所述,可见柳璧有良好的文化家世境遇。

《新传》记柳璧"字宾玉",《新唐书》卷七三上《宰相世系表》三上,记为"璧字宝玉,右谏议大夫"。其字号,一作"宾",一作"宝",互异。中华书局点校本及赵超《新唐书宰相世系表集校》[①],皆未校及。

《旧传》记其"大中九年登进士第",《新传》未记。清徐松《登科记考》卷二二即据《旧传》系于宣宗大中九年(855)。《旧传》接云:"尝为《马嵬》诗,诗人韩琮、李商隐嘉之。"按韩琮、李商隐诗

---

①赵超《新唐书宰相世系表集校》,中华书局,1998年。

文,未有评及柳璧者。又李商隐卒于大中十二年(858);韩琮于大中后期任湖南观察使,大中十二年五月,湖南军乱,韩琮被逐,后未知其行踪(参《唐五代文学编年史·晚唐卷》大中十二年)①。据此,则柳璧之《马嵬》诗当作于早期,进士登第年(大中九年)前后,故能为韩琮、李商隐所知。惜此诗后未传存,《全唐诗》也未载有柳璧之诗。

《旧传》接云:"马植镇陈许,辟为掌书记,又从植汴州。李瓒镇桂管,奏为观察判官,军政不惬,璧极言不纳,拂衣而去。桂府寻乱,入为右补阙。"《新传》略同。参据《唐刺史考全编》,马植于大中九年至十一年为许州刺史,十一年改任汴州,卒于任,则柳璧登第后即先后在许州、汴州幕府。又李瓒(李宗闵子)于乾符前期任桂管观察使,据《通鉴》卷二五三,乾符三年(876)因曲奉监军、宦官李维周,失政,于是年十二月为军所逐(《新唐书·僖宗纪》记于乾符四年十二月,《通鉴·考异》据《实录》,定于乾符三年十二月)。《旧传》所云柳璧对李瓒"军政不惬"曾直言评议,当合实,并于乾符三年十二月军乱前即离去,入朝擢为右补阙。《新传》记为"擢右补阙,再转屯田员外郎"(《旧传》未记屯田员外郎),即于乾符后期在朝,历为右补阙(从七品上)、屯田员外郎(从六品上)。

《旧传》接云:"僖宗幸蜀,召充翰林学士,累迁谏议大夫,充职。"《新传》同,并记为"右谏议大夫"。按僖宗因避黄巢军,于广明元年(880)十二月离京赴蜀,中和元年(881)正月抵达成都,后

---

① 《唐五代文学编年史》(傅璇琮主编),《晚唐卷》,吴在庆、傅璇琮撰,辽海出版社,1998年。

于光启元年（885）春返长安，中和四年间（881—884）皆在蜀。如此，则柳璧以屯田员外郎随僖宗赴蜀，于中和元年入院为翰林学士，后又迁为右谏议大夫，仍在院。

又，前曾引述之《益州名画录》卷上《常重胤》条，记僖宗于中和四年秋命从臣常重胤绘记当时从驾之文武臣寮（参见前韦昭度、乐朋龟传），中有翰林学士乐朋龟、杜让能等五人，但未有柳璧之名，则中和四年秋前柳璧已出院。在院时曾为右谏议大夫，出院时所带何官，及出院后仕迹，两《唐书》传皆未有记。

柳璧诗文著作，亦皆未有载记。

杜让能

杜让能，两《唐书》有传，《旧唐书》卷一七七附于其父杜审权传后，《新唐书》卷九六附于其先世杜如晦传后。杜如晦，仕于唐初高祖、太宗朝，太宗时曾为相。杜审权，宣宗时翰林学士、承旨，懿宗时任相。又杜审权之伯父杜元颖，亦为宪宗时翰林学士，穆宗时为相。则杜让能自其伯祖起，连续三代，皆为翰林学士，且后又任为宰相，这也是中晚唐翰林学士仕途进展之一特点。

《旧唐书·杜让能传》："咸通十四年登进士第，释褐咸阳尉。"《新传》则略云"擢进士第"，未记年。清徐松《登科记考》卷二三即据《旧传》，系于咸通十四年（873）。

据两《唐书》本传所载，杜让能后又在汴州、扬州（淮南）、兴元（山南西道）等节镇幕府任职，约在乾符时，入朝为礼部、兵部员外郎。《唐尚书省郎官石柱题名考》卷一九礼部郎中、卷二〇礼部员外郎，列有其名。

《旧传》接云：“黄巢犯京师，奔赴行在，拜礼部郎中、史馆修撰。寻以本官知制诰，正拜中书舍人。谢日，面赐金紫之服，寻召充翰林学士。”黄巢攻占长安，僖宗出奔，在广明元年（880）十二月，中和元年（881）正月至成都。则杜让能随僖宗奔赴成都后，由礼部员外郎（从六品上）迁为礼部郎中（从五品上），又为史馆修撰，可能因当时军政繁杂，就未在史馆任职，即以礼部郎中加知制诰，参预草撰制文。后又迁为中书舍人（正五品上），旋即任为翰林学士。《唐会要》卷五七《翰林院》，亦有记，但稍有异，云：“中和二年，僖宗幸蜀，时黄巢犯京畿，关东用兵，书诏重委，翰林学士杜让能，草辞迅速，笔无点窜，动中事机，上嘉之，迁户部侍郎、承旨。”据《唐会要》此处所记，中和二年（882），杜让能已任为翰林学士，则其入院，当确为中和元年。不过《唐会要》记杜让能于中和二年迁为户部侍郎、承旨，则不确。中和二年至四年间，乐朋龟为承旨（见前乐朋龟传），未能重复。不过杜让能于中和元年以中书舍人入为翰林学士，入院后因撰制“草辞迅速”、“动中事机”，即于中和二年又迁为户部侍郎，当合实；《旧传》亦称其“词才敏速，笔无点窜，动中事机，僖宗嘉之，累迁户部侍郎”。不过其迁户部侍郎时，当加知制诰，而非任承旨。

又，《益州名画录》卷上《常重胤》条，记僖宗将返京，于中和四年秋绘记随驾文武臣寮（见前乐朋龟等传），所记有“翰林学士承旨、守兵部尚书乐朋龟”，后为“翰林学士、守礼部尚书杜让能”。由此，则杜让能当于中和三、四年间又由户部侍郎迁为礼部尚书，仍在院。此亦可纠正《旧传》一误，即《旧传》先叙"僖宗嘉之，累迁户部侍郎"，后接云"从驾还京，加礼部尚书"，即僖宗于光启元年(885)三月返回京都后才改为礼部尚书，与《益州名画录》所记之实际著录不合。

不过《旧传》后记杜让能为承旨，当合实。《旧传》于"加礼部尚书"后，接云："转兵部尚书，学士承旨。"前已述，乐朋龟于中和四年秋为兵部尚书、翰林学士承旨，时在蜀，后僖宗于光启元年返京，乐朋龟行踪不详，未有记载，或即于光启元年即已出院(或卒)，杜让能则约于光启元年上半年转为兵部尚书、承旨学士。

僖宗返京后，黄巢之事虽平，但北方藩镇各掌军权，又互相交战，并兵胁朝廷，时又宦官操政，故政事甚为紊乱。光启元年十一月，河东节度使李克用联结河中节度使王重荣，起兵南下，上表请诛宦者田令孜，并进逼京师，田令孜遂挟持僖宗出奔凤翔，光启二年又奔赴兴元。《旧传》有记："沙陀逼京师，僖宗苍黄出幸。是夜，让能宿直禁中，闻难作，步出从驾。"即杜让能此时仍在院，值夜班，乃匆促随僖宗出奔，并于赴兴元途中，"崎岖险阻之间，不离左右"，颇得僖宗信重，于是"至褒中，加金紫光禄大夫，改兵部侍郎、同平章事"，即由翰林学士擢迁为相。《通鉴》卷二五六光启二年(886)三月戊戌记："以御史大夫孔纬，翰林学士承旨、兵部尚书杜让能并为兵部侍郎、同平章事。"《新唐书》卷九《僖宗纪》、《新唐书》卷六三《宰相年表》同。

僖宗后于文德元年(888)二月返京，但三月病卒，昭宗立，杜让能仍居相位。但昭宗时，西部凤翔节度使李茂贞更持兵骄横，屡求重任，并迫使朝中大臣去职。景福二年(893)九月，李茂贞即率兵逼京师,并与另一宰臣崔昭纬交结,胁迫昭宗使杜让能外贬(先为梧州刺史,后贬雷州司户),又迫其自尽。《旧传》后记昭宗"念让能之冤,追赠太师"。《全唐文》卷九〇载昭宗《昭雪杜让能等制》,中称"竟因连谤,终至祸名,郁我好望,嗟乎强死"。

按杜让能于中和元年(881)入为翰林学士,光启二年(886)三月任相,在院历时六年,且任职时草撰制诰,"笔无点窜,动中事机"(《旧传》),"思精敏,凡号令行下,处事值机,无所遗算"(《新传》)。但可惜,其制文未有传存,《全唐文》未有载,《新唐书·艺文志》也未有著录。唐翰林学士所撰制文,就《全唐文》所载,还未如中书舍人撰制较多,这也值得研究。

侯翽(翩)

侯翽(翩),两《唐书》无传,全书亦无一字记及。记其为翰林学士的,为崔致远《与翰林侯翽书》,见崔致远文集《桂苑笔耕集》卷四,又见于清陆心源编《唐文拾遗》卷三七。

崔致远本新罗国人,早期入唐求学,后在高骈淮南节度幕府任职,僖宗中和四年(884)归国。高骈任淮南节度使在僖宗乾符六年(879)十月至光启三年(887)九月间,据《旧唐书·僖宗纪》,又参见《唐刺史考全编》卷一二三淮南道扬州。崔致远此文乃其在淮南道幕府,代高骈起草,文云:"某材略素贫,勋劳甚薄,谬蒙睿渥,累陟华资。今者拜以古官,加之真食。伏蒙学士亲奉宸眷,过垂奖词,烦郭璞之彩毫,荣胜轩冕;使夷吾之琐器,顿异斗笥。……荷载兢惶，不任诚恳，末由拜赐，但切依攀云云。"同卷又有《上三相公书》，亦叙及"拜以古官"事，云："某蒙恩忝官，不任感惧，伏以风后古官，是圣代弼谐所重；国侨美赏，非贤才负荷固难。必也挺秀儒林，钩深学海，方可夺席占五十重之誉，享秩称二千石之荣。"

此所谓拜古官、享秩，即见《旧唐书》卷一八二《高骈传》所载，时僖宗在蜀，欲高骈率兵北上，协同诸镇与黄巢战，但高骈仍固守淮南，"僖宗知骈无赴难意，乃以宰臣王铎为京城四面诸道行营兵马都统，崔安潜副之，韦昭度领江淮盐铁转运使；增（高）骈阶爵，使务并停"。所谓增高骈"阶爵"，《新唐书》卷二二四下《高骈传》，记为"加骈侍中，增实户一百，封渤海郡王"。这就是所谓"拜以古官，加之真食"。《通鉴》卷二五四记此事，为中和二年正月。高骈对其"使务并停"，当然不满意，但对"增阶爵"，于表面上仍表谢意，故使幕僚崔致远撰草，除致三相公书外，还向撰制诏的翰林学士侯翮致函。由此，则僖宗先下制，加高骈侍中，增实户一百，当为侯翮所撰。值得注意的是，当时僖宗在蜀，高骈在扬州，两地相距极远，其间且有战地，而高骈尚能知朝廷所发之制文，为翰林学士侯翮所撰，这也是唐翰林学士草撰制诏的一种时代特色。

由此，则中和二年（882）正月，侯翮已在院，且为中书舍人，则其入院当在中和元年，僖宗至蜀后召入（因侯翮为蜀人，详后），但以何官入，则不详。

按《桂苑笔耕集》所载崔致远致侯翮信，岑氏《补记》提出，又参据《益州名画录》卷上所记僖宗将返京时命记随驾臣寮画像、姓名，岑氏谓："僖宗自蜀回銮日，宣令于中和院上壁画随驾臣寮，翰林学士中书舍人侯翱，据此知在中和、光启间以中舍充学士。至何时、何官出，他无可考。"岑氏所云"他无可考"，即仅引及崔致远函及《益州名画录》，实则撰于五代末、北宋初之《北梦琐言》另有记述，岑氏未有阅及。其书卷五《符载侯翱归隐》条，有记云："唐光启中，成都人侯翱，风仪端秀，有若冰壶。以拔萃出身，为邠宁从事。僖皇播迁，擢拜中书舍人、翰林学士。内试数题目，其词立就，旧族朝士，潜推服之。僖宗归阙，除郡不赴，归隐导江别墅，号'卧龙馆'。王蜀先主图霸，屈致幕府。先俾节度判官冯涓俟其可否，冯有文章大名，除眉州刺史，田令孜拒朝命，不放之任，羁寓成都，为侯公轸恤，甚德之。其辞（原注：一作辟）书，即冯涓极笔也。侯有谢书上王先主，其自负云：'可以行修笺表，坐了檄书。'（下原注：其先人，蜀之小将也。）"后清初吴任臣撰《十国春秋》，卷四四"前蜀诸臣列传"，有《侯翙传》，所据即《北梦琐言》此条所记者，其《侯翙传》记云："僖宗幸蜀，拜中书舍人、翰林学士，已而归隐导江卧龙馆不出。高祖镇西川时，翙素于冯涓有恩，涓力荐，高祖辟为节度判官、掌书记，终于其官。翙尝上书高祖，有云：'翙可以行修笺表，坐了檄书。'其自负如此。"

由此可知，崔致远文中之侯翱，当与《北梦琐言》之侯翙为同一人，当时在蜀之翰林学士，仅有一侯姓者，并无二人，且翱、翙二字，字形也近。但以何字为是，未能定，故本传以二字并提。

据《北梦琐言》《十国春秋》，侯翙原为成都人，其先父曾为蜀之小将。侯氏曾应科试，及第，书判拔萃后，入仕，曾在邠宁节度幕府供职。后当亦随僖宗至蜀，召入为翰林学士，任中书舍人。

《益州名画录》卷上所录之随驾文武臣寮，乃作于中和四年(884)秋，僖宗返京在第二年光启元年(885)三月，则侯翾未随赴京，当于光启元年初出院，归隐，后在王建(即《北梦琐言》所称之"王蜀先主"，《十国春秋》所称之蜀"高祖")幕府，为节度判官、掌书记，即出院时间可以确定，未如岑氏所云"至何时、何官出，他无可考"。

又岑氏《补记》曾引及黄滔《喜侯舍人蜀中新命三首》，但未有考述。为读者参阅方便，今据《全唐诗》卷七〇五录于下："八都词客漫喧然，谁解飞扬诰誓间。五色彩毫裁凤诏，九重天子豁龙颜。巴山月在趋朝去，锦水烟生入阁还。谋及中兴多少事，莫愁明月不收关。""却搜文学起吾唐，暂失都城亦未妨。锦里幸为丹凤阙，幕宾征出紫微郎。来时走马随中使，到日援毫定外方。若以掌言看谏猎，相如从此病(原校：一作并)辉光。""贾谊才承宣室召，左思唯预秘书流。赋家达者无过此，翰苑今朝是独游。立被御炉烟气逼，吟经栈阁雨声秋。内人未识江淹笔，竟问当时不早求。"

按黄滔为福州侯官人，曾多次赴京应试，屡未及第。广明元年(880)冬入京求试，但正值僖宗避黄巢军，入蜀，黄滔只得东归闽越，中和二、三年间(882、883)则又赴蜀求试。据徐松《登科记考》卷二三，中和元年、二年、三年，僖宗虽在蜀，但仍举试(中和四年停举)。上述《喜侯舍人蜀中新命三首》，当即中和二、三年间于成都向侯翾所献之诗①。按黄滔后于昭宗乾宁二年(895)才登

①彭万隆《黄滔考》(《古籍研究》1999 年第 2 期)，同意吴汝煜《全唐诗人名考》谓此侯舍人为侯圭。陶敏《全唐诗人名考证》(页 942)谓是侯翾，陶说是。

第,中和二、三年尚在此前十余年,可见黄滔求仕之艰苦。黄滔此诗亦求时为翰林学士侯翮为之举荐,并赞鉴侯翮撰制之业绩:"五色彩毫裁凤诏,九重天子豁龙颜。"并将其与贾谊、左思相比,可见侯翮当时在文士中之声望。

崔　凝

　　崔凝,两《唐书》无传,全书亦未有一字提及。叙及其为翰林学士者,唯刘崇望制文及《益州名画录》(卷上)。今考述如下。

　　《文苑英华》卷三八四"中书制诰",载刘崇望《授中书舍人崔凝右补阙沈仁伟并守本官充翰林学士制》,后又载于《全唐文》卷八一二。制中未具体记叙崔、沈二人官历。

　　岑氏《补记》亦提及刘崇望此制,但考谓刘崇望任翰林学士在僖宗光启二年(886)至文德元年(888)间,又据《益州名画录》(卷上),僖宗自蜀回銮日令中和院中壁画随驾臣寮,中有翰林学士崔凝,岑氏谓"是光启初凝已进户侍,且已入翰林",岑氏即云:"(刘)崇望入内署在光启二年,亦无可驳尔,岂凝及仁伟之制非崇望所作而《英华》误署其名欤?"岑氏意谓,刘崇望于光启二年才任翰林学士,而崔凝、沈仁伟在光启元年初已为翰林学士,刘崇望则不可能作此制文,《文苑英华》所载此制,当非刘崇望所作。

　　按刘崇望确于光启二年入为翰林学士,详见后传。《益州名画录》卷上《常重胤》条,记僖宗返京前,令常重胤描记从驾之文武臣寮于成都中和院,其中记有:"翰林学士、户部侍郎崔凝,翰林学士、中书舍人沈仁伟。"据严耕望《唐仆尚丞郎表》，此为中和四年（884）秋所作（参见前乐朋龟等传）。则可以确定，中和时僖宗在蜀（成都），崔凝已为翰林学士，中和四年秋前且已具户部侍郎官衔，品阶为正四品下，已甚高，则其入院当已有一定时间，官阶有所迁转，其入院当在中和二、三年间。岑氏定为光启初不确，即误以为《益州名画录》所载记画文武臣寮在光启元年三月僖宗返京前。

又《新唐书》卷六〇《艺文志》四，集部别集类，著录有刘崇望《中和制集》十卷，此前有崔嘏《制诰集》十卷，为会昌末、大中初崔嘏任知制诰、中书舍人时所作制诰。刘崇望在蜀时曾任司勋员外郎、吏部员外郎，当如崔嘏，兼有知制诰，《全唐文》所载其制词，多为在中和时所作（详见后传），故刘崇望后编其在蜀时所作，名《中和制集》。由此亦可证，崔凝、沈仁伟所授翰林学士制文，当为刘崇望在蜀时所作，非光启时任翰林学士时作，岑氏所疑无据。

又据《益州名画录》，崔凝当于中和四年秋仍在院，为户部侍郎，翌年光启元年（885）春当亦随僖宗返京；但何时出院，不详。

此后之仕迹，为昭宗乾宁二年（895）春知贡举事。此事，两《唐书》本纪及《通鉴》均未有记。黄滔《黄御史集》附录有《唐昭宗实录》（此《黄御史集》系《丛书集成》本，据清王懿荣校刊《天壤阁丛书》本），记乾宁二年春崔凝以刑部尚书知礼部贡举，黄滔及第，昭宗后又令重试，黄滔又得第。《实录》记举试后，昭宗令重试新及第进士，"（二月）丁酉，宣翰林学士承旨、户部侍郎、知制诰陆扆，秘书监冯渥，于云韶殿考所试诗赋"，结果有所升黜，原所取者张贻宪等五人，"所试诗赋，不副题目，兼句稍次，且令落下，许后再举",又谓崔砺等四人,"诗赋最下,不及格式,芜类颇甚,曾无学业,敢窃科名? 浼我至公,难从滥进,宜令所司落下,不令再举"。可见此次重试,甄别甚严,昭宗也因而对知举者崔凝严加处理,先云"其崔凝爵秩已崇,委寄殊重,司吾取士之柄,且乖慎选之图,辜朕明恩,自贻伊咎",后于同月丁未下敕:"而闻刑部尚书、知贡举崔凝,百行有常,中年无党,学窥典奥,文赡菁英。洎遍践清华,多历年数,累更显重,积为休声。遂辍其宪纲,任之文柄,宜求精当,稍异平常。朕昨者以听政之余,偶思观阅,临轩比试,冀尽其才,及览成文,颇多芜类。岂宜假我公器,成彼私荣? 既观一一之吹,尽乏彬彬之美。且乖朕志,宜示朝章。尚遵含垢之恩,俾就专城之任,勉加自省,勿谓无恩。可贬合州刺史。"此敕对崔凝前期仕绩还是相当肯定,并称赞其"学窥典奥,文赡菁英"。但却以此次举试不正,远贬合州(合州,辖境相当今重庆合川、大足等地)。

关于此次科试,后人亦有评议,《唐摭言》卷七《好放孤寒》条,有云:"崔合州榜放,但是子弟,无问文章厚薄,邻之金瓦,其间屈人不少。孤寒中唯程晏、黄滔擅场之外,其余呈试考之,滥得亦不少矣。"就此,则此次科试,在选士上还着眼于"子弟"(即士族或有官方背景者)。

崔凝后即卒于合州。诗僧贯休有《春送赵文观送故合州座主神榇归洛》诗(《全唐诗》卷八三七)。此"赵文观"当作"赵观文"(陶敏《全唐诗人名考证》页1039引《昭宗实录》谓应作赵观文,是)。贯休诗云:"喜继于悲锦水东,还乡仙骑却寻嵩。再烧良玉尧云动,方报深恩绛帐空。远道灵輀春欲尽,乱山羸马恨无穷。他年必立吾君侧,好把书绅答至公。"按赵观文,崔凝知举时,初试即入选，据前所引述之《昭宗实录》，重试时，敕中有云："其赵观文等四人，并卢赡等十一人并与及第。"徐松《登科记考》卷二四即系赵观文为乾宁二年进士及第之榜首，并引有黄滔《和同年赵先辈观文》、褚载《贺赵观文重试及第》等诗。赵观文，两《唐书》无传，《全唐文》卷八二八载其文一篇《桂州新修尧舜祠祭器碑》，《全唐文》小传称其为临桂（即桂州）人。由贯休此诗，则崔凝卒于合州，赵观文亦仕于蜀，或闻讯后赴蜀，特护送其枢归葬洛阳。由此亦可见崔凝当年知举，及第之文士对他还是甚为景仰的。

崔凝著述无有载记。

沈仁伟

沈仁伟，两《唐书》无传，全书也未有记。

《元和姓纂》卷七，记有沈询："进士，浙东观察、泽潞节度；生仁卫，进士。"清劳格《读书杂识》卷七引《北梦琐言》卷五、《益州名画录》卷上及《文苑英华》所载制文，谓作"卫"，误，是，详见后考述。

《北梦琐言》卷五《沈蒋人物》条，有云："沈询侍郎，清粹端美，神仙中人也。"后所记，有小注云："沈询字仁伟，官至丞郎，人物酷似先德，所谓世济其美。"此云"沈询字仁伟"，系据上海师范大学古籍研究所编、大象出版社 2003 年出版之《全宋笔记》本，经查文渊阁四库全书本，亦同，而上海古籍出版社编印之《唐五代笔记小说大观》点校本《北梦琐言》，则作"沈询子仁伟"。按《旧唐书》卷一四九《沈询传》未载其字,《新唐书》卷一三二《沈询传》则谓"字诚之"。由此可证,《北梦琐言》卷五小注中所记,应为"沈询子仁伟",即沈仁伟为沈询子。唯两《唐书·沈询传》未记其子。

沈仁伟前期事迹未可知。《文苑英华》卷三八四"中书制诏"载有赵崇望《授中书舍人崔凝右补阙沈仁伟并守本官充翰林学士制》,据前崔凝传考,此制作于僖宗中和年间在蜀时。则沈仁伟当与崔凝同时召入,在中和二、三年间(882、883),以右补阙(从七品上)入,其官阶较崔凝之中书舍人(正五品上)为低。唯制文特称沈仁伟:"三代丝纶,一门冠盖,不坠其业者,伊仁伟有之。"按沈传师为宪宗朝翰林学士,子沈询为宣宗朝翰林学士,则沈传师、沈询、沈仁伟祖孙三代均为翰林学士,在唐代也为少见。

《益州名画录》卷上《常重胤》条,记僖宗将返时,令于成都中和院内壁上绘记随驾文武臣寮,并记姓名、官衔,其中有"翰林学士、中书舍人沈仁伟"。此作于中和四年(884)秋(参见前乐朋龟等传)。如此,则中和四年,沈仁伟已由右补阙迁中书舍人,其间(即中和三、四年间)当另有所迁转,未有记载。

僖宗于光启元年(885)春返长安,沈仁伟可能亦随还京,唯何时出院,及后之仕迹,均不可知。其著作也无有载记。

郑延昌

郑延昌,《旧唐书》无传,《新唐书》卷一八二有传,亦甚简。《新唐书》卷七五上《宰相世系表》五上,记有郑延昌,但未记字号,仅云"相昭宗";又记其父名猗,抚州刺史。

《新传》记"郑延昌字光远",接云"咸通末,得进士第"。清徐松《登科记考》卷二三,咸通十三年,于赵崇名下引《广卓异记》:"咸通十三年,礼部侍郎崔殷梦下三十人及第。其后郑昌图、赵崇、裴贽、郑延昌等四人相次拜相。"徐《考》即据此系郑昌图等四人于咸通十三年(872)进士及第。按咸通纪元为十四年,郑延昌即于咸通十三年及第,《新传》记为"咸通末",亦合。

《新传》接云:"迁监察御史。郑畋镇凤翔,表在其府。黄巢乱京师,畋倚延昌调兵食,且谕慰诸军。"据《旧唐书》卷一九下《僖宗纪》,乾符六年(879)十二月,郑畋任凤翔尹、凤翔节度使;中和元年(881)九月,"凤翔节度使郑畋以病征还行在,以凤翔大将李昌言代畋为节度使,兼京城西面行营都统"。而据《通鉴》卷二五四,中和元年十月,凤翔行军司马李昌言因见凤翔府兵少,军粮亦少,就率军攻城,郑畋不得已,"乃以留务委之,即日西赴行在",十一月即以李昌言为凤翔节度使。则郑畋之弃凤翔任,赴行在(成都),乃受其部将李昌言挟迫,非《旧纪》所谓"以病征还",且时在是年十月。《新唐书》卷九《僖宗纪》亦记于中和元年十月,云:"十月,凤翔行军司马李昌言逐其节度使郑畋。"可见《旧纪》所记不如《通鉴》、《新纪》确切。

由此,则郑延昌于咸通十三年(872)登第后,仕历不详,后约于僖宗乾符时在朝为监察御史(正八品上),乾符六年十二月至中和元年十月在郑畋凤翔幕府,颇受重用("调兵食,且谕慰诸军");后郑畋至成都,郑延昌当亦随赴行在。

《新传》接云:"(郑)畋再秉政,擢司勋员外郎、翰林学士。"所谓郑畋再秉政,《旧唐书·僖宗纪》于中和二、三年间未有记。《新唐书》卷六三《宰相年表》,记郑畋于中和元年(881)六月戊戌,由京城西面行营都统为守司空兼门下侍郎、同中书门下平章事、京城四面行营都统;十一月,罢为太子少傅、分司东都。所谓罢为太子少傅、分司东都,即上述郑畋在凤翔任时为李昌言所迫,返蜀,朝中即免其“守司空、兼门下侍郎”之虚衔,仍挂为“太子少傅、分司东都”,实则仍在成都,未去东都(洛阳)。《新唐书·宰相年表》又记,中和二年(882)二月己卯,又任郑畋为司空兼门下侍郎同中书门下平章事,此则为实职,但仅年余,中和三年(883)七月,又罢为检校司徒,守太子太保。《通鉴》卷二五四亦记中和二年二月己卯,“以太子少傅、分司郑畋为司空兼门下侍郎、同平章事,召诣行在,军务一以咨之”。由此可见,郑畋于中和二年二月后任相,执掌实权,即擢拔原在其幕府的郑延昌入为翰林学士,即郑延昌当于中和二年春夏间以司勋员外郎(从六品上)入。

但岑氏《补记》有不同意见。他引《新传》所载郑畋再秉政,乃擢郑延昌为司勋员外郎、翰林学士,又引《新·宰相年表》所载郑畋于中和二年二月复相、三年七月罢相,乃云:“以此推之,延昌擢勋外充翰林似在中和二、三年。唯中和院画真无延昌,《郎官柱》勋外亦未见其名,则疑是光启初始入,唐末迁转甚速,观下崇望行制,亦足为此疑之旁证也。”他所谓“观下崇望行制”,即此下又引刘崇望《授翰林学士郑延昌守本官兼中书舍人制》(《文苑英华》卷三八二,《全唐文》卷八一二),岑氏谓其于崔凝条已述,刘崇望为翰林学士在光启二年末至文德元年,此前未任翰林学士,就不应撰此制文。实则前已考述(前崔凝传,并参后刘崇望传),

刘崇望于中和年间在蜀时,任司勋员外郎、吏部员外郎兼知制诰,即已草撰制诰,《新唐书·艺文志》四集部别集类载有其《中和制集》十卷,即编集其在中和时所撰制文,则此《授翰林学士郑延昌守本官兼中书舍人制》非其于光启二年后任翰林学士时所作。且岑氏未细读此制文意,此制非授郑延昌继续在院中任职,而是使其出院,亦与郑畋于中和三年七月罢相有关(详后)。又岑氏云《郎官考》勋外无郑延昌,今检中华书局1992年出版之点校本《唐尚书省郎官石柱题名考》,卷八司勋员外郎即列有郑延昌,在裴赞后,刘崇望前,亦与二人仕迹相合。

由此可以确定,郑延昌于中和二年(882)二月后因宰相郑畋举荐,以司勋员外郎入为翰林学士,而后出院,亦与郑畋罢相有关。据《新唐书·宰相年表》,中和三年(883)七月,郑畋罢为检校司徒,守太子太保。《新唐书·僖宗纪》同。《通鉴》卷二五五中和三年七月有具体记述:"司徒、门下侍郎、同平章事郑畋,虽当播越,犹谨法度。田令孜为判官吴圆求郎官(元胡三省注:吴圆,田令孜之属官),畋不许。陈敬瑄欲立于宰相之上,畋以故事,使相品秩虽高,皆居真相之下,固争之。二人乃令凤翔节度使李昌言上言:'军情猜忌,不可令畋扈从过此。'畋亦累表辞位,乃罢为太子太保。"宦官田令孜对僖宗有操纵之权,陈敬瑄为田令孜弟,时为西川节度使,掌有军权。此二人乃联结前曾排挤郑畋之凤翔节度使李昌言,迫使郑畋去位。

郑延昌既为郑畋所荐入院,郑畋罢相,当亦受累而出。此可以刘崇望《授翰林学士郑延昌守本官兼中书舍人制》(《文苑英华》卷三八二)为证。为便于了解原情,今将此制全录:"敕:以尔髟缨著称,梦笔为文,富以美才,披其禁闼,典由中之诏,成布下之言,方谓得人,雅当入侍。盖闻羊祜谋议,是草皆焚;周仁重厚,其言不泄,亲近之地,慎密为先。尔既不能,何爽居外,西省亦吾教诰之地,戒之可矣。可依前件。"此制先赞其在院任职,有文才,后即责其未能慎密,泄言,实则为托辞,主要当因受郑畋罢相之累而被迫出院。

又《益州名画录》卷上《常重胤》条所记随驾文武臣寮,为中和四年秋所作(参见前乐朋龟等传),所记翰林学士乐朋龟、崔凝等诸人,无郑延昌,这因据前所述,郑延昌已于中和三年七月后出院。岑氏《补记》却据《益州名画录》卷上《常重胤》条未记有郑延昌名,乃谓其入院即在此后,即乃误读刘崇望之制文。

《新传》未记其出院,仅云"进累兵部侍郎,兼京兆尹,判度支"。未记年。《唐语林》卷四有云:"郑延昌相公为京兆尹,兼知贡举。"清徐松《登科记考》卷二三记郑延昌于光启二年(886)以中书舍人知举,孟二冬《登科记考补正》卷二三,则据陈尚君《登科记考补》,定于光启四年(888),是。又据《唐语林》卷四,则郑延昌先为京兆尹,后兼知贡举。

《新传》记其任京兆尹后,接云:"拜户部尚书,以中书侍郎同中书门下平章事,兼刑部尚书。"亦未记年。《旧唐书》卷二〇上《昭宗纪》,大顺二年(891)十二月,记:"户部尚书郑延昌为中书侍郎、平章事、判度支。"而《新唐书》卷十《昭宗纪》、卷六三《宰相年表》及《通鉴》卷二五九,均记于景福元年(892)三月,当是。因此前二月,刘崇望罢相,出为武宁军节度使,故以郑延昌代之,而大顺二年十二月,时居相位者有崔昭纬、徐彦若、刘崇望,不可能再增，《旧纪》当误。

《新传》记其入相后，云："无它功，以病罢，拜尚书左仆射，卒。"仍未记年。而郑延昌罢相年月，两《唐书》又互有异。《旧唐书·昭宗纪》景福二年（893）十一月，"中书侍郎、刑部尚书、平章事、判度支郑延昌罢知政事，守尚书左仆射，以病求罢故也"。而《新唐书·宰相年表》，于第二年即乾宁元年（894）二月，仍记郑延昌为尚书右仆射兼门下侍郎，即仍在相位，至同年五月，则记为："延昌罢为尚书右仆射。"《新唐书·昭宗纪》、《通鉴》卷二五九同，北宋前期纂修《唐书》时，曾辑集实录，此当以《新纪》、《新表》及《通鉴》为是。

郑延昌罢相后，卒年不知。《全唐文》卷八一八载其文一篇：《奉修神主请参详典礼奏》，为其任京兆尹时奉命葺修京城宗庙（参见《旧唐书·僖宗纪》光启三年六月）。

刘崇望

刘崇望，两《唐书》有传，见《旧唐书》卷一七九、《新唐书》卷九〇。《旧传》："刘崇望字希徒。其先代郡人，随元魏孝文帝徙洛阳，遂为河南人。"《新唐书》卷七一上《宰相世系表》一上，河南刘氏，即记有刘崇望："字希徒，相昭宗。"

《旧传》记其"咸通十五年登进士科"；《新传》仅云"及进士第"，未记年。清徐松《登科记考》卷二三即据《旧传》系于咸通十五年（874）。按据《旧传》，刘崇望卒于昭宗光化二年（899），年六十二,则当生于文宗开成三年(838),咸通十五年进士及第,年三十七。

据两《唐书》本传,刘崇望进士及第后,曾先后在王凝宣歙及崔安潜许昌、成都幕府供职。王凝为宣歙观察使在僖宗乾符四至五年(877—878);崔安潜于乾符三至五年(876—878)为许州刺史,乾符五年至广明元年(878—880)为成都尹、西川节度使(王凝、崔安潜事,参据《唐刺史考全编》)。据此,则刘崇望在王凝、崔安潜幕,约在乾符四、五年间。

《旧传》于崔安潜成都幕后,云:"入为长安尉,直弘文馆,迁监察御史、右补阙、起居郎、弘文馆学士,转司勋、吏部二员外郎。"即乾符末由西川幕返朝,先为长安尉,实在弘文馆供职,后为起居郎,仍在弘文馆,但当为直学士,因据唐官制,于集贤院、弘文馆任职者,五品以上称学士,六品以下只能称直学士,刘崇望时为起居郎,从六品上,故只能称弘文馆直学士。《旧传》此处所记不确,当缺"直"字。

刘崇望之任司勋、吏部二员外郎,当已随僖宗在蜀时。按广明元年(880)十二月,黄巢兵逼长安,僖宗匆促西行,中和元年(881)正月至成都。僖宗于中和元年至光启元年初在蜀,刘崇望于此期间在朝为司勋员外郎、吏部员外郎,当兼知制诰,撰有制诏,《全唐文》卷八一二即载其制文二十篇,多在蜀时作。如《授翰林学士郑延昌守本官兼中书舍人制》、《授中书舍人崔凝右补阙沈仁伟并守本官充翰林学士制》,皆作于中和年间(见前郑延昌、崔凝等传)。又如《授郑绍业工部尚书制》,先云"洎扬我休命,出守荆门,颇闻理声",后云因其所请,愿还朝,"是命进尔于冬官八座",即郑绍业原曾在荆州任,后因事调回,授为工部尚书。按郑绍业,两《唐书》无传,《通鉴》卷二五三有记其事,广明元年(880)四月,"以工部侍郎郑绍业为荆南节度使";卷二五五中和二年(882)十二月又记:"初,朝廷以郑绍业为荆南节度使,时段彦谟方据荆南,绍业惮之,逾半岁,乃至镇。上幸蜀,召绍业还,以彦谟为节度使。"则郑绍业自荆南召还,乃在僖宗刚入蜀时,即于中和元年。又《新唐书》卷一八六《陈儒传》,卷二〇七《宦者·杨复光传》,亦皆记僖宗入蜀,"召绍业还行在"。由此可证,刘崇望于中和元年即撰有制文,当已兼知制诰。《新唐书》卷六〇《艺文志》四,集部别集类,著录刘崇望《中和制集》十卷,即刘崇望后将其于中和时所撰制文编集,即以"中和"名之。

据此,则岑氏《补记》谓刘崇望于中和年间尚未任翰林学士,则《文苑英华》所载授崔凝、沈仁伟为翰林学士制文,当非刘崇望作,《文苑英华》误署其名,又谓刘崇望所撰郑延昌有关翰林学士之制,当为光启二年刘崇望入为翰林学士时所作。岑氏此处所记皆不确,前已辨述(参见前崔凝等传)。

关于刘崇望任翰林学士,《旧传》记谓:"田令孜干政,藩镇怨望,河中尤甚,不修职贡。僖宗在山南,以蒲坂近关,欲其效用,选使谕旨,以崇望为谏议大夫。既至,谕以大义,重荣奉诏恭顺,誓心匡复,请杀朱玫自赎。使还,上悦,召入翰林充学士。"《新传》略同,但皆未记年,故眉目不清。今梳理如下。

黄巢之事平后,僖宗于光启元年(885)三月自成都返长安。时宦官田令孜专权,外镇甚不满,是年十二月,河东节度使李克用、河中节度使王重荣联兵进逼京城,请诛田令孜,田令孜就挟奉僖宗出奔凤翔。光启二年(886)正月,田令孜又迫僖宗赴汉中兴元。四月,邠宁节度使朱玫奉嗣襄王煴(肃宗玄孙)自凤翔至长安,欲奉为帝(十月即位)。此时田令孜自知不为人所容,就荐另一宦者杨复恭为左神策中尉,掌军权,自为西川监军使,往依西川节度使陈敬瑄(陈为其弟)。《通鉴》卷二五六光启二年五月载:"是时,诸道贡赋多之长安,不之兴元,从官、卫士皆乏食,上涕泣,不知为计。"于是时任宰相杜让能建议,杨复恭现已接替田令孜,其弟杨复光与王重荣相善,可派重臣去王重荣处,"谕以大义,且致复恭之意"。于是僖宗即"遣右谏议大夫刘崇望使于河中",诏谕王重荣,"重荣即听命,遣使表献绢十万匹,且请讨朱玫以自赎"。《旧唐书·僖宗纪》光启二年五月亦记此事,云"崇望使还,君臣相贺"。

岑氏《补记》亦引《旧纪》,云"故拟为是年六月自谏议大夫充",当是。刘崇望当于光启二年五月自河中出使回,即为僖宗以右谏议大夫召入为翰林学士。时仍随僖宗在兴元,年四十九。

《旧传》接云:"累迁户部侍郎、承旨,转兵部,在禁署四年。昭宗即位,拜中书侍郎、同平章事。"《新唐书·宰相年表》记:龙纪元年(889),"正月,翰林学士承旨、兵部侍郎刘崇望本官同中书门下平章事"。两《唐书·昭宗纪》及《通鉴》卷二五八所记同。

由此可定,刘崇望于僖宗光启二年(886)六月以右谏议大夫(正五品上,与中书舍人、给事中同阶)入为翰林学士,后迁为户部侍郎(正四品下)、承旨,又转为兵部侍郎,仍为承旨,至昭宗龙纪元年(889)正月出院任相。按僖宗于光启四年三月卒,昭宗立,刘崇望为昭宗即位后由翰林学士直接迁拔为相的第一位。此时在院者确也不多，仅三位（刘崇望、崔昭纬、崔汪），而以刘崇望在院时间最长，且有治绩，昭宗当有鉴于此，即自翰林学士擢迁为相。

《旧传》称其"在禁署四年"，前后确历时四年，但实仅两年半，且大半随僖宗在外（凤翔、兴元）。时多战乱，可能在院时撰制不多，《全唐文》所载其制文，皆为中和时以尚书员外郎兼知制诰时所作，后又编《中和制集》十卷。这对探索唐中书省与翰林学士院之修撰制诰，颇有价值。

堪可注意者，刘崇望任翰林学士期间，文士有诗文向其进献。《全唐诗》卷六四三载李山甫《谒翰林刘学士不遇》，云："梦绕清华宴地深，洞宫横锁晓沉沉。鹏飞碧海终难见，鹤入青霄岂易寻。六尺羁魂迷定止，两行愁血谢知音。平生只耻凌风翼，随得鸣珂上禁林。"陶敏《全唐诗人名考证》（页894）谓此"刘学士"即刘崇望，是，但未有具体考述。按李山甫，两《唐书》无传，在当时亦较有诗名，宋《诗话总龟》卷三八并称"李山甫诗名冠于当代"。司空图《偶诗五首》之二，有云："谁似天才李山甫，牡丹属思亦纵横。"（《全唐诗》卷六三四）但李山甫屡举试不第，仕途坎坷，约僖宗中和三、四年间（883—884）在魏博节度使幕。文德元年（888）魏博军乱（见《通鉴》卷二五七），李山甫当避乱离职①。而文德元年三月，刘崇望已随僖宗返京。李山甫诗云"梦绕清华"，当在长安时所作。李山甫此诗深为自己遭遇感慨，极愿"鹤入青霄"之翰林学士能加举荐，"随得鸣珂上禁林"。就诗题，当为李山甫已就谒于刘崇望，未得见，故再作诗进献。

---

① 参见《唐才子传校笺》卷八《李山甫传》梁超然笺；中华书局，1990年。

另,《全唐文》卷八一五载有顾云《投翰林刘学士启》、《上翰林刘侍郎启》二文。顾云,两《唐书》亦无传。据徐松《登科记考》卷二三,顾云于咸通十五年(874)与刘崇望同登进士第。又据《唐诗纪事》卷六七、《唐摭言》卷一二,顾云曾在高骈淮南节度使幕任从事,后高骈为部将毕师铎所杀(时在光启三年,887),顾云退居,杜门著书。昭宗大顺中(890—891),在京,与羊昭业等修史。《新唐书》卷六〇《艺文志》四,集部别集类,著录其《顾氏编遗》十卷等好几种。据此,则淮南乱后,顾云初退居著书,后至京,于大顺前,即光启四年(888)刘崇望亦在京,顾云即向有同年之交的翰林学士上书。《投翰林刘学士启》先称:"伏以学士辨敌飞龟,才雄白凤,鉴同止水,公甚平衡。润青藻于词林,薙榛芜于义路。"后请举荐:"傥假以风云,赐之慰荐,奏扬雄于汉殿,始郭隗于燕台,愿借吹嘘,岂无裨助。"另一文《上翰林刘侍郎启》提及已曾上书,"辄贡菲词,上干英眄",乃再进书,"傥蒙垂一顾之恩,出陆沈之所,平生进退,决在指纵,干犯清严,无任惶惧企望之至"。此亦可见当时文士企求荐引之心理。顾云后于大顺中入史馆修史,可能与刘崇望之举荐有关。

刘崇望于龙纪元年(889)正月任相后,历年均有藩镇之争,战乱甚盛,刘崇望累受其难,于景福元年(892)二月罢相,授武宁军节度使,但原任之武宁军节度使时溥不受代,刘崇望即改为太常卿之虚职。后又受河东李克用、河中王行瑜"入诛执政"之累,贬昭州司马,尚未行,王行瑜被杀,即召为吏部尚书,后改兵部尚书。

刘崇望任相期间,诗人李洞曾访谒其居,并为题诗:《题刘相公光德里新构茅亭》(《全唐诗》卷七二二):"野色迷亭晓,龙墀待押班。带涎移海木，兼雪写湖山。月白吟床冷，河清直印闲。唐封三万里，人偃翠微间。"按光德，为刘崇望在长安里居。《新传》即谓："光德，崇望所居坊也。"清徐松《唐两京城坊考》卷四，记西京外郭城光德坊有刘崇望宅。当代学者李浩《唐代园林别业考录》关内道，即据李洞诗及徐松所录，记有"刘相公茅亭"①。又《唐五代文学编年史·晚唐卷》系此诗于大顺元年（890）正月，即刘崇望龙纪元年（889）正月任相后第二年，云："（李）洞此诗确年难考，约在本年前后。"②按李洞于晚唐时以宣扬贾岛诗著称（详见《唐摭言》卷十《海叙不遇》条，《唐诗纪事》卷五八《李洞》），但家贫，屡试不第，其《乙酉岁自蜀随计趁试不及》（《全唐诗》卷七二三），乙酉岁为龙纪元年，即此年冬自蜀赴京应试，但启程过晚，致误试期，则大顺年间（890—891）即在长安，再次应试③。在京期间，即曾访谒刘崇望居所，似亦有仰望举荐之意。

《旧传》后云："时西川侵寇顾彦晖，欲并东川，以崇望检校右仆射、平章事、梓州刺史、剑南东川节度使。未至镇，召还，复为兵部尚书。"《通鉴》卷二六一即记于光化元年（898）正月："以兵部尚书刘崇望同平章事，充东川节度使。"按吴融时为翰林学士（见后昭宗朝吴融传），撰有《授刘崇望东川节度使制》（《全唐文》卷八二〇），中云："文含大雅，道茂中庸，蔼玉烛以舒和，挺金相而禀秀。闺门密行，每垂范于缙绅；朋友推诚，自可期于风雨。"即称其

---

① 李浩《唐代园林别业考录》，上海古籍出版社，2005 年。
② 《唐五代文学编年史·晚唐卷》，辽海出版社，1998 年。
③ 但仍未及第，参见《唐才子传校笺》卷九《李洞传》周祖譔、吴在庆笺，中华书局，1990 年。

任翰学时既密行慎职,又能使"朋友推诚"。另刘崇望此次出任时,诗僧贯休时在京,有《送吏部刘相公除东川》诗(《全唐诗》卷八三一)①,中云:"一日离君侧,千官送渭滨。酒倾红琥珀,马控白骐骥。渥泽番番降,壶浆处处陈。"由此确可见刘崇望有"朋友推诚"之声望。

《旧传》末云:"光化二年卒,时年六十二,册赠司空。"光化二年为公元 899 年。

《新唐书·艺文志》四,集部别集类,著录其《中和制集》十卷,前已述。《全唐文》卷八一二即载其制文二十篇。

李 磎

李磎,两《唐书》有传,见《旧唐书》卷一五七、《新唐书》卷一四六,皆附于其祖李鄘传后。《旧唐书·李鄘传》记为江夏(今湖北武昌)人,顺宗、宪宗时曾任京兆尹,后历为凤翔、淮南节度使,有治绩。

《旧传》记鄘子名柱,"官至浙东观察使"。《新传》则记其子名拭。《新唐书》卷七二上《宰相世系表》二上,江夏李氏,亦记李鄘子拭。按《通鉴》卷二四六武宗会昌二年(842)正月记:"朝廷

---

① 据两《唐书》本传,刘崇望此前为兵部尚书,此次出任,未至镇,召还,复为兵部尚书;《通鉴》记此出任,亦称其为兵部尚书。则《全唐诗》所载此诗,诗题称"吏部",当误。

以回鹘屯天德、振武北境，以兵部郎中李拭为巡边使，察将帅能否。拭，郾之子也。"又《会稽掇英总集》记："李拭，大中二年二月自京兆尹授，二年十月追赴阙。"即《旧传》所记"官至浙东观察使"者。由此，则《旧传》所载李郾子（亦即李磎父）"柱"，误，应作"拭"。中华书局点校本及赵超《新唐书宰相世系表集校》均未校及。

两《唐书》本传及《新表》均记李磎字景望。《旧传》谓李磎"博学多通，文章秀绝。大中十三年，一举登进士第"。清徐松《登科记考》卷二二即据《旧传》系于宣宗大中十三年（859），同年有孔纬、豆卢瑑，皆为僖宗初翰林学士（见前传）。

《旧传》接云："归仁晦镇大梁，穆仁裕镇河阳，自监察、殿中相次奏为从事。"按归仁晦于懿宗咸通十三、十四年间（872—873）为汴州（大梁）刺史，穆仁裕于咸通十二年（871）至乾符元年（874）镇河阳（参见《唐刺史考全编》），则李磎于咸通末至乾符初，相继以监察御史（正八品上）、殿中侍御史（从七品上）在汴州、河阳使府任职。

《旧唐书》卷一九下《僖宗纪》，乾符三年（876）九月，"以刑部郎中李磎为户部郎中，分司东都"。《新传》亦有云："累迁户部郎中，分司东都。"李磎当于乾符初由河阳返朝，后累迁刑部郎中（从五品上），又于乾符三年九月以户部郎中分司东都（洛阳）。《唐尚书省郎官石柱题名考》卷一一户部郎中即记有李磎，又卷三吏部郎中、卷五司封郎中亦有其名。

《新传》后云："黄巢陷洛，磎挟尚书八印走河阳，时留守刘允章为贼胁，遣人就磎索印，拒不与。允章悟，亦不臣贼。"黄巢陷洛,在广明元年(880)十一月,《通鉴》卷二五四广明元年十一月记:"丁卯,黄巢陷东都,留守刘允章帅百官迎谒;巢入城,劳问而已,闾里晏然。"

由此可知,李磎于乾符三年(876)九月以户部郎中分司东都,在洛阳,至广明元年(880)十一月仍在任。黄巢攻占洛阳,他只得出走,后当南下至淮南高骈幕,因《新传》记洛阳事后,有云:"嗣襄王之乱,转侧淮南,高骈受伪命,磎苦谏,不纳。"嗣襄王事,已在广明元年之后好几年。广明元年十二月黄巢进军关中,继陷长安,僖宗出奔成都。中和三年(883)四月,唐军收复长安;光启元年(885)三月,僖宗返京师。但同年十一月,河东节度使李克用、河中节度使王重荣又进兵至关中,请诛宦官田令孜及邠宁节度使朱玫,僖宗由田令孜挟持又出奔凤翔、兴元。光启二年(886),朱玫奉唐宗室嗣襄王(李)煴自凤翔至长安,又奉嗣襄王称帝,并联络诸方镇,"以淮南节度使高骈兼中书令,充江淮盐铁、转运等使、诸道行营兵马都统",而高骈乃"奉笺劝进"(《通鉴》卷二五六)。此即为《新·李磎传》所谓"高骈受伪命",但"(李)磎苦谏,不纳"。

由此,则广明元年十一月黄巢攻占洛阳,李磎出走,后即至高骈淮南幕府任职;光启二年嗣襄王事发,高骈"受伪命",李磎苦谏不纳,当离淮南幕,北上返朝。《新传》接谓:"入为中书舍人、翰林学士。"则于光启二、三年间至兴元、凤翔僖宗行在,约光启三年(887)后半年以中书舍人入为翰林学士。岑氏《补记》亦大致据《新传》,谓:"李磎约光启末自中书舍人充。"

但《旧传》所叙,却极为紊乱,其记李磎于归仁晦大梁、穆仁裕河阳幕府后,云:"入为尚书水部员外郎,累迁吏部郎中,兼史馆修撰,拜翰林学士、中书舍人。广明中,分司洛下。遇巢、让之乱,逃于河桥。光启中避乱淮海,有伪襄王诏命,磎皆不从。"据此,则其以中书舍人入为翰林学士,在广明元年(880)以前,至广明时,再由翰林学士出院,分司东都,皆与前所引述之《旧唐书·僖宗纪》、《通鉴》所记不合,为《旧传》显误。

《新传》记其入院后,接云:"辞职归华阴,复以学士召。"按磎于昭宗即位后,约龙纪元年(889)再入为翰林学士,且又任承旨,甚受重用,此于昭宗朝再为立传,详叙。僖宗则于光启四年(888)初自凤翔返朝,三月病卒,李磎当于此年三、四月间辞职出院,退居华阴,唯不知何故。

李磎于僖宗时在院,不到一年,时间甚短。《全唐文》卷八〇三所载其草撰之制文,皆为昭宗朝在院时所作。

昭宗、哀帝朝翰林学士传

崔昭纬

崔昭纬,两《唐书》有传,见《旧唐书》卷一七九、《新唐书》卷二二三下《奸臣传》。

《旧传》:"崔昭纬,清河人也。祖庇,滑州酸枣县尉。父璙,鄂州观察使。"《新传》记其字蕴曜,亦云"其先清河人"。据《元和郡县图志》卷一六河北道贝州,所属有清河县(今属河北省)。

两《唐书》本传皆谓崔昭纬及进士第,但未记年。清徐松《登科记考》卷二三引《唐摭言》(卷一一)所记:"张曙、崔昭纬,中和初西川同举,昭纬其年首冠。后七年,自内庭大拜。"徐氏按云:"按《宰相表》,崔昭纬以大顺二年正月同平章事,自此年至大顺二年为七年。"徐氏即系于僖宗中和三年(883)。时僖宗尚在成都,未返长安。又孟二冬《登科记考补正》引有《广卓异记》卷七所记"昭纬中和三年亦状元及第",则亦可作为佐证。

两《唐书》本传记崔昭纬进士及第后，皆为昭宗时仕迹。《旧传》谓"昭宗朝，历中书舍人、翰林学士"；《新传》云"至昭宗时，仕寝显，以户部侍郎同中书门下平章事"，未记翰林学士事。则昭宗朝前，崔昭纬仕迹不明。

按《全唐文》卷八三七载薛廷珪《授前京兆府参军钱珝蓝田县尉充集贤校理、乡贡进士崔昭纬秘书省秘书郎充集贤校理制》，即为崔昭纬进士及第后初授之官，为秘书省秘书郎（正九品上），并充集贤校理。唐时进士及第后，其释褐所授，一般即为品阶较低之秘书省秘书郎、校书郎。崔昭纬于中和三年登进士第，则其授此职，当在中和末、光启初。但这里就有此制文的撰者问题。《旧唐书》卷一九〇下《文苑下·薛逢传》附子廷珪传，载廷珪"中和中登进士第，大顺初累迁司勋员外郎、知制诰，正拜中书舍人"。又《旧五代史》卷六八有薛廷珪专传，明确载其"中和年在西川登进士第"，"乾宁中为中书舍人"。如此，则薛廷珪亦于僖宗中和时在西川应科举试及第者，与崔昭纬大致同时，而他于昭宗大顺初（890）才任为司勋员外郎、知制诰，即此时才能撰写制诰，而大顺元年崔昭纬已为翰林学士承旨、中书舍人（详见后）。又此制文为同授钱珝任蓝田县尉、充集贤校理，蓝田县尉为正九品下，官阶亦低，故与崔昭纬同充集贤校理。又《旧唐书·昭宗纪》载，龙纪元年（889）十一月，钱珝时为太常博士。太常博士为从七品上，则钱珝由蓝田县尉充集贤校理肯定在龙纪元年前，即早于薛廷珪大顺初（890）任司勋员外郎、知制诰前，薛廷珪是不可能撰此制文的。

又此制文中云"佐予中兴，乃眷于是"，所谓"中兴"，即指黄巢事平，僖宗于光启元年（885）三月由蜀返京，故大致可以确定，光启元年上半年僖宗返至长安时,即授崔昭纬、钱珝以本官入充集贤校理,以使"良重集贤藏书之府","无使我集贤殿不及汉兴之东观秘书也"。

由上所考,此制文之真实性是没有问题的,但撰者署为薛廷珪有误(《文苑英华》卷四〇〇"中书制诰"二,亦著录为薛廷珪撰,《全唐文》当沿袭《文苑英华》之误)。不过制文中有一提法,值得注意,其称崔昭纬,云:"以昭纬名冠来籍,道绝下交,居德行之科,不减颜子,方设铅椠,有期丹青。""方设铅椠"二句,涉及版刻,则此时朝廷官方已对铅印甚为注意,可为晚唐时雕版印刷研究提供一信息。

关于崔昭纬任翰林学士,两《唐书》本传所记甚为简略。《旧传》云:"昭宗朝,历中书舍人、翰林学士、户部侍郎、同平章事。"未记崔昭纬何时、以何官入院。《新传》则仅云"至昭宗时,仕寖显,以户部侍郎同中书门下平章事",未记翰林学士事。

按崔昭纬为昭宗朝由翰林学士直接提拔为宰相之第二例,其任相之年月,两《唐书》所记有异。《旧唐书·昭宗纪》大顺元年(890)十二月记:"以翰林学士承旨、兵部侍郎崔昭纬本官同平章事。"而《新唐书·昭宗纪》则记为大顺二年(891)正月:"兵部侍郎崔昭纬、御史中丞徐彦若为户部侍郎,同中书门下平章事。"《新唐书》卷六三《宰相年表》、《通鉴》卷二五八同。按大顺二年正月,孔纬、张濬罢相,故以崔、徐接任。《旧纪》当误(又《旧纪》记其以兵部侍郎入相,亦误,应为户部侍郎)。

据此,崔昭纬于大顺二年正月以翰林学士承旨、户部侍郎任相,则其入为翰林学士承旨当有一定时间。又刘崇望约于僖宗光启三年（887）接杜让能为承旨，昭宗龙纪元年（889）正月出院任相（见前僖宗朝刘崇望传），则很可能崔昭纬于文德元年（888）夏秋入院，昭宗于是年三月即位，时在院者仅刘崇望一人（李磎于一、二月间辞职出院，参见书后"学士年表"），昭宗有鉴于此，当召崔昭纬与崔汪于此年夏秋入（崔汪事见后传）；后刘崇望于翌年（龙纪元年）正月拜相出院，崔昭纬即接为承旨，并具中书舍人衔。大顺元年（890），又迁为兵部侍郎；二年（891）正月，擢为相。故《新传》称"至昭宗时，仕寖显"。

　　崔昭纬为昭宗朝入任翰林学士之第一人，前后四年（实为两年半）。其在院期间，似无有业绩，而其任相后，则其参预政事纠争，《旧传》概括为："内结中人，外连藩阃，属朝廷微弱，每托援以凌人主。"昭宗于文德元年（888）三月即位，时年二十七，鉴于僖宗朝内外紊乱，颇想有所改革，《通鉴》卷二五七文德元年三月记："昭宗即位，体貌明粹，有英气，喜文学，以僖宗威令不振，朝廷日卑，有恢复前烈之志，尊礼大臣，梦想贤豪，践祚之始，中外忻忻焉。"但此时外地藩镇掌有军权，多不听朝令，尤其是西部之凤翔李茂贞，东部汴州之朱全忠，更经常以兵胁迫昭宗，昭宗多为所折，而时居相位的崔昭纬则交结外镇，忌嫉朝臣同列，据《通鉴》卷二五九，景福二年（893），凤翔节度使李茂贞恃功骄横，向昭宗上表，并致宰相杜让能书，辞语不逊，昭宗怒，欲招讨之，命杜让能主其事，杜让能鉴于凤翔军力强，有顾虑，推辞。崔昭纬此时则与李茂贞相交结，"为之耳目"，并告李茂贞，杜让能是主张征讨的，李茂贞乃于此年九月兵临京城，"表（杜）让能罪，请诛之"。昭宗只得先贬杜让能为梧州刺史，后贬为雷州司户，后又迫令其自尽。

《通鉴》卷二六〇载,乾宁二年(895)二月,"崔昭纬与(凤翔)李茂贞、(邠宁)王行瑜深相结,得天子过失,朝廷机事,悉以告之"。是年五月,李茂贞、王行瑜即又率兵至京师,"坊市民皆窜匿"。李、王又上告,请诛韦昭度、李磎,昭宗未许,而王行瑜等则杀韦昭度、李磎于京城郊外之都亭驿。这就是《新唐书·崔昭纬传》所叙:"始,帝委杜让能调兵食以讨凤翔,昭纬方倚李茂贞、(王)行瑜为重,阴得其计,则走告之,激使称兵向阙,遂杀让能。后又导三镇兵杀韦昭度等。"昭宗朝的翰林学士入相者有好几位,但任相后并不执公行事,往往交结藩镇,诬害同列,而其自身后也遭致恶果,这是唐末翰林学士参预政事的一种特殊政治境遇。

杜让能、韦昭度被杀后,《新唐书·崔昭纬传》记云:"帝性刚明,不堪忍,会诛行瑜,乃罢昭纬为右仆射。复请朱全忠荐己,又厚赂诸王,为所奏,贬梧州司马,下诏条其五罪,赐死。行次江陵,使者至,斩之。"《旧传》略同,并详载其赐自尽制文,列五大罪状。王行瑜被杀事,在乾宁二年(895)。前已述,是年五月,王行瑜等杀韦昭度、李磎。时河东节度使李克用闻李茂贞、王行瑜率兵逼京师,乃出军南下,七月,至同州。昭宗为避战争,离长安避于南山莎城之石门镇,并邀李克用继续进兵,下诏削夺王行瑜官爵。八月,昭宗返京,并使崔昭纬罢相。十一月,李克用攻王行瑜于邠州,王行瑜兵败,为部下所杀。崔昭纬之贬梧州在此年十月间,他在贬谪途中,又复求救于汴州节镇朱全忠,但未受朱全忠接受。《通鉴》于乾宁三年(896)五月记,昭宗"遣中使赐昭纬死,行至荆南,追及,斩之,中外咸以为快"。

崔昭纬无著作著录,亦无诗文载录。

崔　汪

崔汪,两《唐书》无传。《旧唐书》卷一一一、《新唐书》卷一四一《崔光远传》,载其父崔汪,但光远仕于玄宗,时代不合,则其父崔汪非此唐末时崔汪。另《新唐书》卷七二下《宰相世系表》二下,记有崔汪,字希度,未注官职,但有记其父珣。按《旧唐书》卷一七七《崔珙传》,记珙弟有珣,兄弟中另有瑤,刑部尚书,另有玙,宣宗大中六年(852)曾以礼部侍郎知举;其兄弟共八人,时称"八龙"。又崔远为崔玙孙,崔汪为崔珣子,珣为玙兄,则崔汪为崔远从叔。《旧唐书·崔珙传》末称崔氏"大中以来盛族,时推甲等"。薛廷珪《授翰林学士承旨户部侍郎崔汪尚书右丞、学士中书舍人崔涓李磎并户部侍郎知制诰充学士制》(《全唐文》卷八三七),称崔汪"门地轩冕,甲于当时"。由此,则可确定《新唐书·宰相世系表》所记之崔汪,即为本传传主崔汪,字希度,与同为昭宗朝之翰林学士崔远为同一族,其叔崔珙之子崔涓亦为昭宗朝翰林学士(皆见后传),则此家族同时前后有翰林学士三人,确非寻常。

崔汪为翰林学士之唯一材料即前所引述之薛廷珪制文。《旧唐书》卷一九○下《文苑下·薛廷珪传》,记薛"大顺初累迁司勋员外郎、知制诰,正拜中书舍人。乾宁三年,奉使太原复命,昭宗幸华州,改左散骑常侍"。昭宗出华州,在乾宁三年(896)七月,则薛廷珪撰制文,在大顺元年(890)至乾宁三年(896)间。岑氏《补记》亦引及薛氏此制,谓:"今观李磎同制除授,而景福末磎已加承旨。《旧唐书》纪二〇上,大顺元年末(或二年初)复有崔昭纬以承旨出相,故疑汪继承旨,即在此时,后无考。"岑氏即定为:"崔汪大顺中充加承旨、户部侍郎知制诰,迁尚书右丞,仍依前充。"但未记崔汪何时入院。

按据《新唐书》卷六三《宰相年表》,崔昭纬于大顺二年(891)正月由翰林学士承旨、兵部侍郎入相,则崔汪继崔昭纬为承旨,当在大顺二年上半年,且此时已为户部侍郎,则当初入院,当有一定时间,可能为龙纪元年(889)入,即昭宗即位(文德元年,888)之第二年,但未知带何官衔。大顺元年(890)当有所迁转,二年(891)上半年即接崔昭纬为承旨,并迁户部侍郎(正四品下),或景福元年(892)又改为尚书右丞(亦正四品下)。景福二年李磎加承旨(详后李磎传),则崔汪当在此年出院。后不详。

薛廷珪所撰此制,其称叙崔汪,为:"山岳镇地,望之而秀绝无涯;金石在悬,扣之而宫商有序。门地轩冕,甲于当时。"对于崔氏一族甚为赞誉,因制中所叙还有崔涓。另值得注意的,是对翰林学士职能之评议,云:"朕以万乘之尊,托于人上;居九重之奥,以御区中。财成天地之宜,外委于良辅;夙夜宥密之命,内咨于近臣。"此则将翰林学士与外廷宰相平列,翰林学士之职责与宰臣并重,体现昭宗初即位时"尊礼大臣,梦想贤豪"(《通鉴》卷二五七文德元年三月)之识见。昭宗初即位,注意引用人才,召入好几位翰林学士,且甚快迁升其官阶,且多有提拔为相的;但后迫于外镇兵力,为其胁迫,朝臣与翰林学士多被贬责、杀害,这也是唐末翰林学士政治境遇之一大特点。

崔　涓

　　崔涓,两《唐书》无专传,附于《旧唐书》卷一七七、《新唐书》卷一八二其父崔珙传后。

　　两《唐书·崔珙传》,记其为博陵安平(今河北安平县)人。又崔珙弟玙,玙子澹,澹子远,远即昭宗时翰林学士崔远(见后传),则崔远为崔涓之从侄。

　　又《新唐书》卷七二下《宰相世系表》二下,崔涓字道源,所记官职为御史大夫,皆为两《唐书》传所未记者。

　　《旧唐书·崔珙传》:"子涓,大中四年进士擢第。"清徐松《登科记考》卷二二即据此系于宣宗大中四年(850)。《新唐书·崔珙传》未记崔涓进士及第事,称其"性开敏",曾为杭州刺史:"为杭州刺史,受署,未尽识卒史(吏?),乃以纸各署姓名傅襟上,过前一阅,后数百人呼指无误。"按此事,《金华子杂编》卷上有详记,《新唐书》当本此。《金华子杂编》也未记年,仅云"初典杭州"。郁贤皓《唐刺史考全编》卷一四一江南东道杭州,据清劳格《杭州刺史考》,列于李远后,即附于大中末,但标有问号,即似有疑。按崔涓于大中四年才登进士第,恐未能于大中末期即能任杭州刺史。且《金华子杂编》谓"崔涓,大夫玙之子,小宗伯澹之兄",而据前所引述之《新唐书·宰相世系表》及两《唐书·崔珙传》,崔涓为崔珙子,应非澹兄。《金华子杂编》既有此显误,则其记曾任杭州刺史,似亦非实。

又《旧唐书》卷一六四《王荛传》记云："乾符初，崔瑾廉察湖南，崔涓镇江陵，皆辟为从事。"则崔涓于懿宗乾符元、二年间（874、875）曾为荆南节度使、荆州刺史。另五代王定保《唐摭言》卷二《置等第》条，有云："乾符四年，崔沆为京兆尹，复置等第，差万年县尉公乘亿为试官。试《火中寒暑退》赋、《残月如新月》诗。"《唐刺史考全编》卷二京畿道京兆府，以崔沆为崔涓，系崔涓于乾符三、四年（876、877）为京兆尹。据此，则崔涓于僖宗时已历居要职，且京兆尹为从三品，高于尚书诸司侍郎。

关于崔涓为翰林学士，即薛廷珪草撰之《授翰林学士承旨户部侍郎崔汪尚书右丞、学士中书舍人崔涓李磎并户部侍郎知制诰充学士制》（《全唐文》卷八三七）。据前崔汪传考述，此制约作于景福元年（892），即景福元年崔涓已在院，并由中书舍人（正五品上）迁户部侍郎（正四品下）、知制诰。由此，则有可能于大顺元、二年间（890、891）入院，其入院时，或为诸司郎中，于大顺二年迁中书舍人。

薛廷珪制文，称崔涓："公台华胄，名教伟人。禀象纬之英姿，得乾坤之秀气。器业事望，镇于周行。"极赞誉其家世之声望。《旧唐书·崔珙传》末云："崔氏，咸通、乾符间，昆仲子弟，纡组拖绅，历台阁、践藩岳者二十余人。大中以来盛族，时推甲等。"崔珙兄弟及子侄，确多达官（参见前崔汪传）。不过这里有崔涓历仕的年岁问题，即《旧唐书·崔珙传》载崔涓于大中四年（850）进士擢第，则此年至少当已二十岁，如此，大顺元、二年（890、891）入院，至少已六十一、二岁。又《全唐文》卷七九一载崔涓《赐许国公韩建铁券文》，作于光化元年（898）（详后），则已为六十八、九岁。

以如此高龄入院,懿、僖两朝亦无,昭宗即位召入之翰林学士,多为中青年。故《旧唐书·崔涓传》记崔涓于大中四年进士及第,疑有误,恐为大中十四年(懿宗于大中十四年十一月改元咸通),缺一"十"字。

崔涓何时出院,不可知。崔涓《赐许国公韩建铁券文》(《全唐文》卷七九一),首云:"维光化元年岁次戊午九月戊辰朔八日乙亥。"据《旧唐书·昭宗纪》,光化元年九月,"制以镇国、匡国等军节度使韩建守太傅、中书令、兴德尹,封颍川郡王,赐铁券,并御写'忠贞'以遗之。建累上表辞王爵,乃改封许国公"。按昭宗于乾宁三年(896)七月,因凤翔节度使李茂贞兵逼京师,应华州刺史韩建之请,出驻华州,时历三年,光化元年(898)正月,昭宗下诏与李茂贞修好,拟返长安,并任韩建为修宫阙使,预修宫室。八月,改华州为兴德府,返京,九月乙亥,即加韩建守太傅、兴德尹(《通鉴》卷二六一)。如此,则崔涓于乾宁年间亦随昭宗在华州,光化元年九月返京时,又应命草撰《赐许国公韩建铁券文》,当此时仍在院。后不详。

崔涓所作,仅《全唐文》卷七九一所载此篇制文,其他未有载记。

崔 远

崔远,两《唐书》有传,见《旧唐书》卷一七七、《新唐书》卷一八二《崔珙传》后。按崔珙,武宗、宣宗时曾为相,有声誉。崔珙弟珌,宣宗大中六年(852)曾以礼部侍郎知贡举。珌子澹,大中十三年(859)进士登第,后累为吏部侍郎。崔远即澹子。《旧传》于传末云:"崔氏,咸通、乾符间,昆仲子弟,纡组拖绅,历台阁、践藩岳者二十余人。大中以来盛族,时推甲等。"《新传》亦谓"天下推士族之冠"。可见士族崔氏,于晚唐时仍人才辈出,仕绩显著。

《旧唐书·崔琪传》记为"博陵安平人"。安平,今河北安平县。又《新唐书》卷七二下《宰相世系表》二下,记有崔远,谓字昌之,两《唐书》传未记其字号。

《旧唐书·崔远传》:"龙纪元年登进士第。"《新传》未载。清徐松《登科记考》卷二四即据《旧传》系于龙纪元年(889),同年有吴融、韩偓,后皆为翰林学士。按僖宗此前因避河东节度使李克用进逼京师,出奔凤翔、兴元,文德元年(888)二月返京,三月卒,昭宗接位。龙纪元年为昭宗即位之第二年。

《旧传》接云:"大顺初,以员外郎知制诰,召充翰林学士,正拜中书舍人。"《新传》未载其进士登第及召充翰林学士事,仅于其名下略云:"乾宁中以兵部侍郎同中书门下平章事。"按崔远于龙纪元年(889)及第,大顺元年(890)为其及第后之第二年,即进士及第后就被授为尚书员外郎、知制诰,并召为翰林学士,确为罕见,也为唐科举考试后一般所未有的。《通鉴》卷二五七记昭宗于文德元年(888)三月即位后,云:"昭宗即位,体貌明粹,有英气,喜文学,以僖宗威令不振,朝廷日卑,有恢复前烈之志,尊礼大臣,梦想贤豪,践祚之始,中外忻忻焉。"昭宗当意有所为,乃不拘常例,擢提有文识之士。其初即位之年,前朝所存之翰林学士仅一人(刘崇望),即于此年夏秋召入崔昭纬、崔汪两位;龙纪元年(889),刘崇望于正月出院为相，乃又召两位(崔涓、李磎)。大顺元年，即崔远进士及第后之第二年，先为员外郎、知制诰，大顺二年即以员外郎、知制诰入为翰林学士。

《旧传》于"召充翰林学士"后，接云："正拜中书舍人。乾宁三年，转户部侍郎、博陵县男、食邑三百户，转兵部侍郎、承旨①。寻以本官同平章事。"按崔远既于大顺二年(891)以员外郎(从六品上)、知制诰入，其迁中书舍人(正五品上)，当历尚书郎中(从五品上)，惜清劳格《唐尚书省郎官石柱题名考》未载有崔远。当为入院后历一年，于景福元年(892)迁郎中，景福二年(893)迁中书舍人，乾宁元年(894)迁户部侍郎(正四品下)，三年(896)七、八月间转兵部侍郎、承旨，寻于九月拜相出院。按乾宁三年正月陆扆在院为承旨，七月任相出院(陆扆事见后传)，则崔远当接陆扆为承旨，并由户部侍郎转为兵部侍郎。

又《全唐文》卷八一八载有张玄晏《上承旨崔侍郎启》，为感谢时为翰林学士并任为侍郎之崔远举荐其人为翰林学士。按张玄晏乃于乾宁三年下半年入院(详见后张玄晏传)，于此亦可佐证崔远确于乾宁三年秋为兵部侍郎、承旨，又可证崔远之重视人才，注意荐人入院。

关于崔远入相之时间，新旧《唐书》又有较大之差异。《旧唐书·昭宗纪》记："光化元年(898)春正月辛未朔，车驾在华州。以兵部侍郎崔远为户部侍郎、同平章事。"而《新唐书·昭宗纪》、

———————

① 中华书局点校本于"兵部侍郎"后不加顿号，即谓"转兵部侍郎承旨"，乃以承旨为兵部侍郎附属之职，误。

《新唐书·宰相年表》则于乾宁三年(896)九月乙未记,崔远与崔
胤同日为相:"武安军节度使崔胤为中书侍郎,翰林学士承旨、兵
部侍郎崔远,同中书门下平章事。"《通鉴》卷二六〇同。前已引
述,《旧传》记崔远于乾宁三年转户部侍郎,又转兵部侍郎,承旨,
"寻以本官同平章事",即指同年出院拜相;《新传》亦谓"乾宁中
以兵部侍郎同中书门下平章事"。《新唐书·宰相年表》于光化元
年正月,记崔胤兼吏部尚书,崔远兼工部尚书,即此前乾宁三年九
月任相,于光化元年正月仍在相位,不过改兼官衔。由此可证《旧
纪》记光化元年正月昭宗迁徙华州后,崔远才入相,确为显误。
《唐大诏令集》卷五〇载有《崔胤崔远平章事制》①,文末即署为
"乾宁三年九月",称崔远为"翰林学士承旨、银青光禄大夫、行尚
书兵部侍郎、知制诰",即又一确证②。

　　就上所述,崔远此次在院,前后共六年,在当时翰林学士中,
任职时间是较长的。唯《全唐文》卷八一九仅载其制文两篇:《授
苏文建邠州节度使制》,据岑氏《补记》,为乾宁三年七月作,即崔
远在院期间,另《授泾州节度使张琏检校司徒同平章事制》,据《通
鉴》卷二六一乾宁四年(897)十月,"加彰义节度使张琏同平章
事",则此制当作于乾宁四年十月,而崔远于三年九月已拜相出

①《唐大诏令集》,商务印书馆点校本,1959年。
②《通鉴》卷二六〇记崔胤此次任相乃由湖南武安节度使召入,此制亦称其
　为"湖南管内观察处置等使"。而《旧唐书·昭宗纪》及卷一七七《崔胤
　传》则记自清海军节度使、岭南东道观察使入。《通鉴》有《考异》,指出
　《旧传》误,谓《新传》记为"武安节度使",是,乃云"今从《实录》"。岑氏
　《补记》亦提及,谓《新唐书》当有宋敏求新辑之《实录》,《通鉴》亦从之。

院,岑氏《补记》谓既已任相,"不应草制"。实则唐时先曾任翰林学士后又为宰相,仍有草撰制文的。如陆贽于德宗贞元八年(792)四月为相,而有《贞元九年冬至大礼大赦制》①。李德裕于武宗会昌任相时,所撰制文更多,如《授张仲武东面招讨回鹘使制》《授王元逵平章事制》《授李丕汾州刺史制》等②,有十余篇。故不能以此怀疑非崔远所作。

　　昭宗《崔胤崔远平章事制》,对崔远翰学任职期间之业绩,甚为赞誉,云:"珪璋蕴德,鸾鹤呈姿,持伟望以标奇,蕴神锋而匿耀……体国励志,问牛之美早传;致君载诚,吐凤之名夙著。"

　　崔远任相期间,亦与文士有交往。吴融有《和集贤相公西溪侍宴观竞渡》(《全唐诗》卷六八四)。陶敏《全唐诗人名考证》(页926)谓诗题之"集贤相公"为崔远,是。据《旧唐书·昭宗纪》,崔远于光化三年九月罢相时,其官衔有"集贤殿大学士"者。又《旧纪》光化元年(898)记:"六月己亥,帝幸西溪观竞渡。"按乾宁三年(896)七月,凤翔节度使李茂贞率兵迫京师,昭宗从华州节度使韩建之请,出徙华州,至光化元年八月才返京,则《旧纪》所记昭宗于光化元年六月至西溪观竞渡,即在华州。吴融诗云:"片水耸层桥,祥烟霭庆霄。昼花铺广宴,晴电闪飞桡。浪叠摇仙仗,风微定彩标。都人同盛观,不觉在行朝。"时吴融在翰林学士任(见后传),当亦随昭宗、大臣在华州。此诗描绘西溪竞渡,甚为欢乐,特

---

①《陆宣公集》卷一,浙江古籍出版社,刘泽民点校,1998 年。
②《李德裕文集校笺·文集》卷三、卷四,河北教育出版社,傅璇琮、周建国校笺,2000 年。

表以"都人同盛观,不觉在行朝",这也是当时一种特殊情景。由诗题,当崔远先有诗作,吴融即和之。惜崔远原作未存。又《唐五代文学编年史·晚唐卷》①,亦于光化元年记吴融此诗,并引有郑谷《驻跸华下同年司封员外从翁许共游西溪久违前契戏成寄赠》诗,有"北渚牵吟兴,西溪爽共游",则西溪确为华州之一游地。

另,郑谷亦于华州有进献崔远之诗:《转正郎后寄献集贤相公》(《郑谷诗集笺注》卷三),此"集贤相公"亦即崔远,乃郑谷作于乾宁四年(897)初为都官郎中时②。据《郑谷诗集》笺注者严寿澂等所作《郑谷传笺》,郑谷此前长期奔波,仕途并不顺利,乾宁元年(894)始释褐为鄠县尉,后历任右拾遗、补阙,至乾宁四年迁都官郎中,实为不易,故心情舒爽,特向时居相位的崔远进诗:"干名初在德门前,屈指年来三十年。自贺孤危终际会,别将流涕感阶缘。止陪鸳鹭居清秩,滥应星辰浼上玄。平昔苦心何所恨,受恩多是旧诗篇。"诗中深寓感激之情,似郑谷之迁转官阶,曾得到崔远举荐。

由前所述吴融、郑谷之诗,可见崔远任相时,仍能与文士交往,并加荐引,未有如崔昭纬那样,由翰林学士擢居相位,即专心于结交藩镇,诬害同列。但崔远晚期结局,仍极不幸。

《旧传》记乾宁三年(896)任相后,云:"天祐初,从昭宗东迁洛阳,罢相,守右仆射。"即崔远自乾宁三年至天祐元年(904),均

---

① 《唐五代文学编年史》,傅璇琮主编,《晚唐卷》吴在庆、傅璇琮撰,辽海出版社,1998年。
② 《郑谷诗集笺注》,严寿澂、黄明、赵昌平笺注,上海古籍出版社,1991年。

在相位。实则据《新唐书·宰相年表》，崔远于光化三年（900）九月丙午，罢为兵部尚书，两《唐书·昭宗纪》均同。《通鉴》卷二六二光化三年九月丙午亦记崔远罢守本官，并"以刑部尚书裴贽为中书侍郎、同平章事"。《新唐书·宰相年表》后于天祐元年（904）正月乙巳，记崔胤罢为太子少傅、分司东都，"兵部尚书崔远为中书侍郎，翰林学士、左拾遗柳璨为右谏议大夫，并同中书门下平章事"。两《唐书·昭宗纪》及《通鉴》卷二六四亦同。由此可知，崔远曾于光化三年（900）九月罢相，至天祐元年（904）正月，又复为相。而《旧传》未记光化三年罢相事，却云天祐元年罢相，即既有所缺，又有误。

崔远第二次罢相实已为哀帝时，天祐二年（905）三月，又为朱全忠所杀。据《通鉴》及两《唐书》，崔远于天祐元年（904）正月与柳璨同任为相后，昭宗寻即为朱全忠所迫，由长安徙洛阳；八月，朱全忠谋杀昭宗，昭宗第九子辉王柷即位（年十三），称昭宣帝。时诸宰臣亦皆随在洛阳，柳璨即依附朱全忠，排斥同列崔远、裴枢、独孤损，三人即于天祐二年罢相。《通鉴》卷二六五，天祐二年五月载："柳璨恃朱全忠之势，恣为威福。会有星变，占者曰：'君臣俱灾，宜诛杀以应之。'璨因疏其素所不快者于全忠曰：'此曹皆聚徒横议，怨望腹非，宜以之塞灾异。'"朱全忠乃听其言，贬朝臣多人，"搢绅为之一空"。崔远初贬为莱州刺史，又贬为白州司户；同年六月，流贬者皆被杀，"时（朱）全忠聚（裴）枢等及朝士贬官者三十余人于白马驿（胡注：白马驿在滑州白马县），一夕尽杀之，投尸于河"。《旧唐书·崔远传》亦载："行至滑州，被害于白马驿。"这可以说是有唐一代文士，最后一次大屠杀，其中崔远、陆扆、王溥皆曾为翰林学士。

崔远,除《全唐文》卷八一九载有两篇制文外,其他无诗文传存。宋《宣和书谱》卷四"正书",记有崔远,称"观其笔迹,虽不传于世,然赠詧光帖,其楷体可喜,想见其家范云。今御史府所藏正书一:送詧光诗"。则确如《旧传》所云:"远文才清丽,风神峻整,人皆慕其为人。"

李　磎

李磎,两《唐书》有传,见《旧唐书》卷一五七、《新唐书》卷一四六。

李磎约于僖宗光启三年(887)下半年以中书舍人入为翰林学士;四年(888)二、三月间,即僖宗三月病卒前,辞职出院,归居于华阴(见前传)。

《旧传》接云:"王铎镇滑台,杖策诣之,铎表荐于朝,昭宗雅重之,复召入翰林为学士,拜户部侍郎,迁礼部尚书。"《新传》略云:"辞职归华阴,复以学士召。"《新传》所记虽简略,但未有《旧传》之误。据《旧传》,李磎乃由王铎向昭宗举荐,昭宗即又召入,但此与王铎行迹不合。据《旧唐书》卷一九下《僖宗纪》,中和元年(881)七月,王铎以检校太尉、中书令兼滑州刺史、义成军节度使、郑滑观察处置使;四年(884)十一月,改为沧州刺史、义昌军节度、沧德观察处置等使。《旧唐书》卷一六四《王铎传》亦载:"其年(中和四年)冬,僖宗自蜀将还,乃以铎为沧景节度使。"即王铎在郑滑节镇任为中和元年七月至四年十一月间,而此期间李磎在高骈淮南幕府供职(见前传)。尤可注意者,《旧纪》于中和四年十二月载:"新除沧德节度使王铎,为魏博节度使乐彦祯害之于漳南县之高鸡泊,行从三百余人皆遇害。"《通鉴》卷二五六所记同①。如此,则王铎于僖宗中和四年(884)十二月已为人所害,而昭宗于光启四年(888)三月才即位,怎能谓李磎因王铎向昭宗举荐而入为翰林学士?

　　李磎于昭宗朝再入为翰林学士,其主要之证据材料,为薛廷珪草撰之《授翰林学士承旨户部侍郎崔汪尚书右丞、学士中书舍人崔涓李磎并户部侍郎知制诰充学士制》(《全唐文》卷八三七)。据前崔汪、崔涓传,此制作于昭宗大顺二年(891),即此时李磎已在院,且已为中书舍人(正五品上),则入院当已有一、二年,当为龙纪元年(889),即昭宗即位后之第二年。唯不知带何官入。岑氏《补记》只引述薛廷珪此制,但定李磎于大顺中入,并接谓"自中书舍人加户部侍郎知制诰,依前充"。按大顺仅二年,薛廷珪此制为大顺二年作,此时李磎已在院,并由中书舍人(正五品上)迁户部侍郎(正四品下),则何能谓李磎于大顺中(即一、二年间)始入?岑氏之说当不确。

　　《旧传》记其入院后,云:"拜户部侍郎,迁礼部尚书。景福二年十月,与韦昭度并命中书门下平章事。"《新传》则甚简,于"复

----

①《旧唐书》奏一六四《王铎传》记王铎遇害在光启四年十二月,当以"中和"讹为"光启",中华书局点校本于此有校,但仅云"《通鉴》卷二五六作'中和四年'",未有判断,似亦不当。

以学士召"后,即云"乾宁元年,进礼部尚书、同中书门下平章事"。即出院拜相,一为景福二年(893),一为乾宁元年(894),又互异。经检《新唐书》卷六三《宰相年表》,乾宁元年六月,"戊午,翰林学士承旨、礼部尚书李磎本官同中书门下平章事"。《新唐书》卷十《昭宗纪》、《通鉴》卷二五九所载均同。按与韦昭度并命为相、同中书门下平章事者,为御史中丞崔胤,时为景福二年(893)九月壬辰,《新唐书·昭宗纪》、《通鉴》卷二五九同。据此,则《旧传》谓李磎于景福二年十月与韦昭度并命为相,时、事均误①。

　　由此,应定为李磎于乾宁元年六月由翰林学士承旨、礼部尚书,以本官同中书门下平章事(任相后又骤有变,详后)。即乾宁元年六月前已为承旨、礼部尚书,而崔汪于景福二年(893)由尚书右丞、承旨出院,则李磎当于景福二年下半年接为承旨,并由户部侍郎迁为礼部尚书,再过一年,乾宁元年六月任相(《旧唐书·昭宗纪》记于乾宁元年十月,又误)。

　　据前所述,则李磎于昭宗时第二次入院,前后共历六年,时间并不短(第一次在僖宗朝,不到一年)。薛廷珪于大顺二年所作之制文,称李磎为:"学际天人,道隆姬孔;参言语侍从之列,擅渊云贾马之才。履正居中,格于公论。"虽较概略,但评价仍高。值得一提的是,《全唐文》卷八〇三载李磎文,一卷,中有制文二十五篇,这在僖、昭两朝翰林学士所撰制文传存者,数量是最多的。《新唐书》卷六〇《艺文志》四,集部别集类,即著录有李磎《制集》

①岑氏《补记》亦谓李磎于景福二年十月以本官同中书门下平章事,记时误同《旧传》。

四卷,当为李磎自编其所草制文。《全唐文》所载的李磎制文,除《授吏部侍郎徐彦若御史中丞制》为较高官阶外,其他多为中下阶之官,如河南府参军充集贤校理,虔州司马,州刺史,县令,甚至有授县主簿、县尉的。一般以为翰林学士所撰授官制文,多为授宰相、三公、侯妃、公主等,以与中书舍人有别,可见实际情况并非如此。晚唐时以他官知制诰及中书舍人,多有撰授翰林学士制文者,很值得作综合考索。李磎另有几篇制文,为授宦官者,对内官甚为赞誉,这当然是应命之作,但这也有可能后被人评为"磎怀奸,与中人杨复恭昵款"(见后)。

《旧传》记李磎与韦昭度同于景福二年十月命相,前已考辨,应为乾宁元年六月,且非与韦昭度同任,乃为李磎个人,《旧传》误记。不过两《唐书》本传皆记李磎命相之制下宣时,水部郎中、知制诰刘崇鲁极力谏阻。《通鉴》卷二五九乾宁元年(894)六月戊午有具体记述:"方宣制,水部郎中、知制诰刘崇鲁出班掠麻恸哭。上召崇鲁,问其故,对言:'磎奸邪,依附杨复恭、西门君遂,得在翰林,无相业,恐危社稷。'磎竟罢为太子少傅。"而刘崇鲁之所以如此,乃"崔昭纬恐磎为相,分己权,故使崇鲁沮之"。李磎后上奏十表弹劾刘崇鲁,但仍未任相。李磎是否与宦者杨复恭有交结,其于昭宗时复召为翰林学士,是否得宦者杨复恭等之力,别无记载。

《新唐书·宰相年表》后记:乾宁二年(895)"二月乙未,李磎为户部侍郎、同中书门下平章事,判度支",即又召入为相。此即《旧传》所云:"昭宗素爱其才,而急于大用;至乾宁初,又上第十一表,乃复命为相。"《旧传》此云"乾宁初",不确,乾宁仅四年,不能以二年定为"初"。且后又云"数月,与昭度同为王行瑜等所杀",

则当仍为乾宁元年,亦误。

据《通鉴》卷二六〇,李磎于乾宁二年二月乙未复任相,时亦同居相位之崔昭纬与凤翔节度使李茂贞、邠宁节度使王行瑜深相结,"朝廷机事,悉以告之",于是向李、王建议,由李、王上表"称磎奸邪",昭宗于是被迫于此年三月使李磎罢相(罢为太子少师),即李磎此次任相,仅一月。后同年五月,李茂贞、王行瑜又率兵至京,王行瑜乃将韦昭度、李磎擅杀于京郊都亭驿。

王行瑜后因河东节度使李克用出兵,于乾宁二年十一月为部下所杀(据《通鉴》卷二六〇)。两《唐书·李磎传》即记王行瑜被杀后,昭宗乃下诏复李磎官爵,赠司徒,谥曰文。由此也可见昭宗是"素爱其才"的(《旧传》)。《全唐文》卷九〇即载有昭宗《昭雪杜让能等制》,其中提及李磎,云:"李磎文章宏赡,迥出辈流,竟以朋党之间,挤于死地,凡在有识,孰不咨嗟。宜并与昭洗,仍复官爵。"

李磎文化素养是不错的,《新传》称:"磎好学,家有书至万卷,世号'李书楼'。所著文章及注解诸书传甚多。"李磎之著作确颇丰硕,且为当时文士赏识。五代末、北宋初孙光宪著《北梦琐言》①,即记司空图曾为其撰有行状,并详记其著述,卷六《李磎行状》条云:"司空图侍郎撰李公磎行状,以公有出伦之才,为时辈妒忌,罹于非横。其平生著文,有《百家著诸心要文集》三十卷,《品流志》五卷,《易之心要》三卷,注《论语》一部,《明无为》上下二

---

① 《北梦琐言》,载《全宋笔记》第一辑。《全宋笔记》,上海师范大学古籍研究所编,大象出版社,2003年。

篇,《义说》一篇。仓卒之辰,焚于贼火,时人无所闻也,惜哉!"此处所录书名,《新唐书·艺文志》皆未著录。此云司空图为其撰行状,但后传存之司空图文集也未有。司空图颇重视文士之品质,能特为李磎撰写行状,并详细著录其著作,亦可见其与李磎之交情。

李磎确颇有才艺,宋《宣和书谱》卷四"正书",即列有李磎条,中云:"其书见于楷法处是宜,皆有胜韵,大抵饱学宗儒,下笔处无一点俗气,而暗合书法,兹胸次使之然也。至如世之学者,其字非不尽工,而气韵病俗者,政坐胸次之罪,非乏规矩耳。如磎能破万卷之书,则其字岂可以重规叠矩之末,当以气韵得之也。今御府所藏正书一:送篘光诗。"唯《全唐诗》未载其诗。前已述,《全唐文》载其文一卷,大部分为制文,另有奏议、论、记、传等。《新唐书·艺文志》四,著录其《制集》四卷,另有《表疏》一卷,当亦为翰林学士任职期间所上之奏议,亦可见其对时政之关注。

李昌远

　　李昌远,两《唐书》无传。《新唐书》卷七二上《宰相世系表》二上,记有李昌远,未记其前世,但记其同辈有希远,希远曾孙固言,《新表》记为文宗时宰相,如此,则与昭宗时李昌远时代不合,非同一人。由此,则两《唐书》皆未有此李昌远材料。

　　唯一材料为薛廷珪《授起居郎李昌远、监察陆扆并守本官充翰林学士制》(《全唐文》卷八三七),即与陆扆同时入院。陆扆乃于昭宗大顺二年(891)三月入(详后陆扆传),则李昌远当亦于大顺二年三月以起居郎入为翰林学士。按《旧唐书》卷一九〇下《文苑下·薛逢传》附记薛廷珪事,谓其"大顺初,累迁司勋员外郎、知制诰,正拜中书舍人",后乾宁三年(896)七月从昭宗赴华州,改左散骑常侍。则李昌远之入为翰林学士,正与薛廷珪以知制诰或中书舍人草撰制文时间合。

薛廷珪制中称李昌远"魁梧博厚,宽裕温良,蕴是粹和,发为符采",虽赞誉之,但较概略,并不具体。不过制中对翰林学士职能之评估,堪可注意,云:"近侍宸严,参予密命;韬经济弥纶之望,为言语侍从之臣。"即既为皇上撰制文诰,又与皇上密议朝政。其对翰林学士参预朝政特殊地位之评议,当为当时文士之共识。

又据薛廷珪制,李昌远于大顺二年(891)三月前已任为起居郎(从六品上),与尚书诸司员外郎同阶。但其入院后官阶是否有所迁转,何时出院,皆未能确知。在院当延续后两年,可至景福二年(893)。

李昌远无诗文记载,亦未有著作著录。

陆　扆

陆扆,两《唐书》有传,见《旧唐书》卷一七九、《新唐书》卷一八三。《旧传》:"陆扆字祥文,本名允迪,吴郡人,徙家于陕,今为陕州人。曾祖泮,位终殿中侍御史。祖师德,淮南观察支使。父鄯,陕州法曹参军。"《新传》略云:"陆扆字祥文,宰相贽族孙。客于陕，遂为陕人。"《新唐书》卷七三下《宰相世系表》三下，载其父墠，青州从事、监察御史，名与官职，与《旧传》异；中华书局点校本及赵超《新唐书宰相世系表集校》①，均未校及。

《旧传》接云："扆，光启二年登进士第，其年从僖宗幸兴元。"按光启元年(885)十二月河东节度使李克用进兵讨宦官田令孜，田令孜遂迫奉僖宗出奔，二年正月由凤翔赴兴元，三月至兴元。由此，则此年科试即在兴元。据《唐摭言》卷八《自放状头》，乃于此年六月始科试并放榜②。陆扆当于光启二年初先至兴元，后即于六月在兴元应试并登第，即《新传》所云"光启二年，从僖宗幸山南，擢进士第"。而《旧传》先云陆扆"光启二年登进士第"，后云"其年从僖宗幸兴元"，似先在京师应试及第，后从僖宗赴兴元，不如《新传》所叙确切。

按陆扆卒于天祐二年(905)，年五十九(详后)，则当生于宣宗大中元年(847)。光启二年及第时为四十岁。

陆扆及第后，《旧传》有具体记述："(光启二年)九月，宰相韦昭度领盐铁，奏为巡官。明年，宰相孔纬奏直史馆，得校书郎。寻丁母忧免。龙纪元年冬，召授蓝田尉，直弘文馆，迁左拾遗，兼集贤学士。中丞柳玭奏改监察御史。"按陆扆年四十及第，及第后仅三个月，即入仕，而一般唐科举应试虽及第，尚须经吏部铨试，又须候一定时间，才能释褐入仕。此当僖宗因避乱外出，亟需人才，

---

①《新唐书宰相世系表集校》，中华书局，1998年。

②《唐诗纪事》卷六九陆扆条，亦云"六月榜出"，但谓"扆，昭宗末举进士及第"，以僖宗误记为昭宗。孟二冬《登科记考补正》卷二三光启二年，于陆扆名下亦引及《唐诗纪事》，但仍记为"昭宗"，未加订正。

《旧传》所记，当合于当时实际情况。但《旧传》记其以左拾遗兼集贤学士，则不确，因左右拾遗为从八品上，按唐制，入集贤院为学士者须五品以上，六品以下只能称直学士。《旧传》此处所记，应于"集贤"下补"直"字。

陆扆于任翰林学士前，即与文士有文学交往。吴融有《和陆拾遗题谏院松》诗(《全唐诗》卷六八四)："落落孤松何处寻，月华西畔结根深。晓含仙掌三清露，晚上宫墙百雉阴。野鹤不归应有怨，白云高去太无心。碧岩秋涧休相望，捧日元须在禁林。"陶敏《全唐诗人名考证》页926谓此"陆拾遗"即陆扆，是，但未考此诗作年。按吴融于昭宗龙纪元年(889)与韩偓同登进士第，此前吴融长期举试落第，《唐摭言》卷五《切磋》条有云："吴融，广明、中和之际，久负屈声。"吴融《祝风》诗亦自叹"余仍辗轲者，进趋年二纪"。应试达二十余年，于龙纪元年才及第，确难得。而据《旧唐书·陆扆传》，陆扆于龙纪元年冬为蓝田尉、直弘文馆，后迁左拾遗、兼集贤直学士，则其为左拾遗，当为龙纪元年末、大顺元年初。而据《通鉴》卷二五七，韦昭度于文德元年(888)六月任西川节度使，奉命入蜀征讨陈敬瑄，吴融曾应辟在其幕府赴蜀，至大顺二年(891)随韦昭度返回(关于吴融事，参见《唐才子传校笺》卷九《吴融传》周祖譔、吴在庆笺)[1]。则吴融此诗当作于大顺元年初尚未入蜀时[2]。据诗题，陆扆时在左拾遗任，尚未入院，但已有

---

[1]《唐才子传校笺》，傅璇琮主编，卷九为第四册，中华书局，1990年。
[2]《唐五代文学编年史·晚唐卷》系吴融此诗于景福元年(892)，不确。按陆扆已于大顺二年(891)三月以监察御史入为翰林学士，景福元年仍在院，迁为祠部郎中、知制诰，已非左拾遗。

诗,吴融为和作。

陆扆后由左拾遗改为监察御史(正八品上),《旧传》即记叙其入院:"大顺二年三月,召充翰林学士,改屯田员外郎。"薛廷珪有《授起居郎李昌远、监察陆扆并守本官充翰林学士制》(《全唐文》卷八三七),即与李昌远同于大顺二年(891)三月入(李昌远事,见前传)。制中称陆扆:"监察陆扆,珪璋缜密,咸韄玎璁,蔼然休声,砺乃佳器。"

《旧传》详叙其在院时迁转情况,《新传》则仅云:"累进翰林学士、中书舍人。"今据《旧传》,并参《旧纪》等,概述如下。

大顺二年(891)三月,以监察御史入。约于本年后半年迁为屯田员外郎(从六品上),知制诰。时年四十五,即进士及第后五年。

景福元年(892),迁祠部郎中(从五品上),仍知制诰。

景福二年(893),元日朝贺,赐紫。六月二十二日,迁中书舍人(正五品上)。按《旧传》记于五月,《旧唐书·昭宗纪》记于此年六月戊午:"以祠部郎中、知制诰陆扆为中书舍人,依前翰林学士。"此年六月戊午即为二十二日。

乾宁元年(894)五月,迁为户部侍郎(正四品下)、知制诰。《旧传》未记月份,《旧纪》记为五月:"以翰林学士、中书舍人陆扆为户部侍郎、知制诰,充职。"

乾宁二年(895)五月,由户部侍郎转兵部侍郎,仍知制诰。《旧传》未记月份,《旧纪》记于五月:"以翰林学士、户部侍郎、知制诰陆扆为兵部侍郎,充职。"

乾宁三年(896)正月,加承旨,寻改尚书左丞。《旧传》:"(乾宁)三年正月,宣授学士承旨,寻改左丞。"按黄滔文集附录《昭宗实录》,记乾宁二年二月九日丁酉"宣翰林学士承旨户部侍郎知制诰陆扆、秘书监冯渥于云韶殿考所试诗赋",则乾宁二年二月前陆扆已为承旨。而乾宁二年赵光逢已为承旨(见后赵光逢传),则任承旨时间有冲突,承旨只能为一人。岑氏《补记》亦提及,谓当据《旧·陆扆传》系于乾宁三年正月。按据后赵光逢传,赵光逢自乾宁元年六月后已为承旨,乾宁三年六月辞职,崔远于乾宁三年秋接为承旨。而据《新唐书·宰相年表》,乾宁三年七月,"丙午,翰林学士承旨、尚书左丞陆扆为户部侍郎、同中书门下平章事",则乾宁三年正月,陆扆与赵光逢同为承旨,此其可疑(岑氏《补记》未提及此事,但谓崔远乃接陆扆于乾宁三年秋为承旨)。赵光逢事,待考。

又《旧纪》于乾宁三年二月又记:"以银青光禄大夫、户部尚书、嘉兴县子、食邑五百户陆扆为兵部尚书。"按两《唐书》本传皆未记其在职期间先后历衔户部、兵部尚书;且同年正月为尚书左丞,七月出院时亦提及尚书左丞,未提及兵部尚书(据两《唐书》本纪、《新·宰相年表》及《通鉴》卷二六〇)。《旧纪》乾宁三年二月此记当误。《旧纪》于乾宁二年五月曾记"以翰林学士、户部侍郎、知制诰陆扆为兵部侍郎",《旧纪》当将乾宁二年五月所记误移于三年二月,并将"侍郎"误书为"尚书"。

据两《唐书》本纪、《新·宰相年表》及《通鉴》卷二六〇,陆扆即于乾宁三年七月丙午,由翰林学士承旨、尚书左丞为户部侍郎、同中书门下平章事。《唐大诏令集》卷五〇即载有《陆扆平章事制》,文末署"乾宁三年七月",但未署撰者姓名。《文苑英华》卷四五〇"翰林制诏"亦载有此制,署为杨钜作,制中称"翰林学士承旨、银青光禄大夫、守尚书右丞、知制诰、上柱国、嘉兴县开国男、食邑三百户陆扆"。但《唐大诏令集》所载,称"可尚书兵部侍郎同中书门下平章事",《文苑英华》则为"可尚书户部侍郎",两《唐书》本纪亦皆记为户部侍郎,《唐大诏令集》之"兵"当为"户"之讹。

此制甚赞陆扆"六年专诏诰之勤",即自大顺二年(891)三月,至乾宁三年(896)七月,前后六年,"谠正自持,闻望弥峻"。又称颂其族祖、德宗时翰林学士陆贽:"况尔伯祖贽,昔以才行尝居禁林,当德宗避狄之时,实乃祖纳言之日;积其伟业,升于鼎司,书命谏章,流在人口。"可见陆贽甚有特色之制文,在晚唐仍极有影响。《旧传》亦载昭宗曾面对陆扆云:"朕闻贞元时有陆贽、吴通玄兄弟,能作内庭文书,后来绝不相继。今吾得卿,斯文不坠矣。"

《全唐文》卷八二七载陆扆文十篇,全为制文,除《封棣王虔王沂王遂王制》为封诸王册文外,其余均为授节度使文,未有授任朝中大臣者,与当时几位中书舍人(及以他官兼知制诰者)相比,则晚唐时翰林学士撰诏,已可不受限制,面可以开广。又陆扆所撰制文,文辞亦甚畅通,确有受陆贽影响;且字数亦多,一篇至少有六、七百字。确如《旧传》所评:"扆文思敏速,初无思虑,挥翰如飞,文理俱惬,同舍服其能。"

陆扆在院时,除积极参预政事,撰写制诰外,还特作诗记抒值班之情景,《全唐诗》卷六八八载其《禁林闻晓莺》一诗:"曙色分层汉,莺声绕上林。报花开瑞锦,催柳绽黄金。断续随风远,间关送月沉。语当温树近,飞觉禁园深。绣户惊残梦,瑶池啭好音。

愿将栖息意,从此沃天心。"颇有诗意。

当时文士亦有与其文学交往者。诗僧贯休有《寄翰林陆学士》诗(《全唐诗》卷八三四)。贯休长期居于荆南,当陆扆任翰林学士时,贯休特寄以诗,先称颂其所处之高位:"宝辇千官捧,宫花九色开。"又抒期望之情:"何时重一见,为我话蓬莱。"另黄滔有《和陈先辈陪陆舍人春日游曲江》(《全唐诗》卷七〇六)。陆扆在院任中书舍人在景福二年(893)五月至乾宁元年(894)五月间,《唐五代文学编年史·晚唐卷》即系于乾宁元年三月,当确切。此陈先辈为陈峤,光启三年(887)擢第,故黄滔于此时即称其先辈。由此诗题,当为陈峤曾陪陆扆于此年春游曲江,并作有诗,黄滔又作诗和之。黄滔于乾宁二年登第,则此时尚未及第,此七绝后二句云:"红杏花旁见山色,诗成因触鼓声回。"似亦有期望陆扆请予举荐之意。

以上较详记述陆扆任职情况,今接叙其任相后之行迹。按乾宁三年七月,凤翔节度使李茂贞又出兵进逼长安,昭宗乃从华州节度使韩建之请,出驻华州,"(李)茂贞遂入长安,自中和以来所葺宫室市肆,燔烧俱尽"(《通鉴》卷二六〇)。可见当时藩镇对朝廷之凌视。昭宗至华州,仅十余日,即将陆扆由翰林学士(承旨)擢拔为相。杨钜所撰《授陆扆平章事制》,即称:"於戏!奸凶尚炽,干革未平,生灵流离,宗稷榛莽。尔其举坠典,正颓纲,进贤良,远奸慝。勿依违以避事,无拱默以叨恩,庶乎艰难有望康济。"可见昭宗是寄予重望的,杨钜之文笔亦甚舒畅,值得注意。

但唐末僖、昭两代,翰林学士虽擢迁为相,其仕途甚为坎坷,结局往往不幸。据《新·宰相年表》,陆扆于乾宁三年(896)七月丙午为户部侍郎、同中书门下平章事,八月戊午为中书侍郎、判户部,而九月丁酉即贬峡州刺史(据《通鉴》卷二六〇,为受另一宰相崔胤所诬陷。又《旧传》所载贬峡州刺史,涉及覃王率师送徐彦若赴凤翔事,《通鉴·考异》谓此乃景福二年杜让能讨凤翔事,时陆扆尚未为相,《旧传》误,《新传》亦误)。光化二年(899)正月,陆扆又以兵部尚书同中书门下平章事,复相;三年(900)九月戊申,为门下侍郎兼户部尚书;天复元年(901)五月,又兼兵部尚书。而天复三年(903)二月甲戌,又贬为沂王傅、分司东都(亦为崔胤所陷)。后天祐元年(904)四月,昭宗因朱全忠所迫,自长安迁洛阳,八月,被朱全忠谋杀,其子祚被立(年仅十三)。时陆扆又在吏部尚书任(《旧唐书·哀帝纪》)。天祐二年(905)五月,时任宰相之柳璨,依仗朱全忠,并向朱全忠诬告同时居相位之独孤损、崔远、裴枢等,及朝臣吏部尚书陆扆等,于是独孤损等均被贬谪,陆扆被贬为濮州司户,次月,即六月,诸人又为朱全忠谋杀于滑州白马驿(《通鉴》卷二六五)。《旧传》云陆扆时年五十九。

陆扆著作,《新唐书》卷六〇《艺文志》四,集部别集类,著录《陆扆集》七卷。后传存不多,《全唐诗》仅载其在院时所作诗一首,《全唐文》载其制文十篇,前已述。另,宋《宣和书谱》卷四"正书",记有陆扆,中云:"亦善作真字,尝有赠眘光草书歌,笔迹不减古人,翰墨耀映,真可尚也。今御府所藏正书一:赠眘光草书歌。"则陆扆亦以书法著称。

赵光逢

赵光逢，两《唐书》有传，见《旧唐书》卷一七八、《新唐书》卷一八二，皆附于其父赵隐传后。《新传》甚简，仅二十余字。而新旧《五代史》则有专传，即《旧五代史》卷五八、《新五代史》卷三四，因赵光逢后仕于梁，并曾任为相。

《旧唐书·赵隐传》记为京兆奉天（今西安乾县）人。赵隐于懿宗咸通十三年（872）曾为相（此据《新唐书》卷六三《宰相年表》，《旧传》云咸通末），僖宗乾符元年（874）二月出为浙西镇海军节度使（此据《新唐书·宰相年表》，《旧传》云"乾符中"，不确），广明元年（880）卒（《旧传》云"广明中卒"，广明纪元仅一年，不当云"广明中"）。《旧传》称赵隐"少孤贫，弟兄力耕稼以奉亲"，"既居宰辅，不以权位自高"。

《新唐书》卷七三下《宰相世系表》三下，记有赵光逢，云："字延吉，太常卿。"两《唐书》本传皆未记其字号，两《五代史》本传则均记为字延吉。

《旧传》记赵光逢"乾符五年登进士第，释褐凤翔推官"。《新传》仅云"第进士"，未记年。清徐松《登科记考》卷二三即据《旧传》系于僖宗乾符五年（878）。《旧五代史》本传有具体记载："光逢与弟光裔，皆以文学德行知名。光逢幼嗜坟典，动守规检，议者目之为'玉界尺'。僖宗朝，登进士第。"则其早年即有文名。

《旧传》记其进士及第后，云"释褐凤翔推官"，《旧五代史》传则谓"逾月,辟度支巡官",稍有异。

《旧传》后记为:"入朝为监察御史,丁父忧免。僖宗还京,授太常博士,历礼部、司勋、吏部三员外郎,集贤殿学士,转礼部郎中。"《新传》则甚简,于登进士第后,仅云"历台省华剧",后即谓"以中书舍人为翰林学士"(亦有误,见后)。按据前述,其父赵隐卒于广明元年(880),则僖宗为避黄巢攻占长安而移居蜀中时,赵光逢即丁父忧,后僖宗于光启元年(885)三月返京,赵光逢则于僖宗后期及昭宗初期,如《旧传》所记,在朝中历任礼部等员外郎及郎中之职。清劳格《唐尚书省郎官石柱题名考》卷二○礼外、卷八勋外、卷四吏外及卷一九礼中,皆有其名。唯《旧传》谓其以任员外郎时兼充集贤殿学士,误。按唐官制,集贤殿学士须以五品以上充,六品以下只能称"直学士",尚书员外郎为从六品上,不能称学士,《旧传》当于"学士"前缺一"直"字。

关于赵光逢任翰林学士,《新传》仅记为"以中书舍人为翰林学士",未记年,且有误。《旧五代史》传未记其入院,却云"转尚书左丞、翰林承旨",《新五代史》传亦仅云"昭宗时为翰林学士承旨"。《旧传》则有具体记述,云:"景福中,以祠部郎中知制诰,寻召充翰林学士。"按景福纪元为两年(892、893),赵光逢此前(约大顺时)为礼部郎中(从五品上),景福元年转为祠部郎中、兼知制诰,寻召为翰林学士,则当于景福元年、二年间以祠部郎中、知制诰入。由此即可证《新传》所云"以中书舍人为翰林学士"确误,赵光逢之具中书舍人衔,是入院后由祠部郎中迁转的。

关于赵光逢入院时所带之官衔,还须有一辨,即岑氏《补记》记赵光逢入院,有云:"《全唐文》八二四黄滔《上赵员外启》,三称员外学士,按唐末赵姓学士,今知者唯有光逢,岂光逢实自员外入而《旧唐书》传从略欤。"岑氏乃据黄滔文,以为既称员外,又称学士,则赵光逢当由员外郎入,《旧唐书》记为祠部郎中,当有所缺略。按黄滔此文,首云:"伏以曦辔流辉,已侵穷腊,禹门飞浪,即到登时,莫不禺多士之精诚,伫有司之新命。"即为年底腊月时所作。唐代科举会试,一般在年初举行,但各地州府所贡的举子须于前一年秋冬之际陆续集中于京师,履行报到及行卷、求荐等活动(参傅璇琮《唐代科举与文学》第四章《举子到京后活动概说》,陕西人民出版社,1986 年)。黄滔此处所述的"已侵穷腊"、"即到登时",当是他作为应试的举子,已在京师,快到年底,表现一种期望登榜的心理。黄滔虽为唐末一位著名文人,但他多年应试不第,最终于昭宗乾宁二年(895)登第。如果此篇《上赵员外启》在此次登第前所写,则当为乾宁元年(894)冬,而此时赵已为翰林学士承旨、兵部侍郎,不可能称其为员外。据前引述之《旧传》,僖宗于光启元年(885)返京后,赵光逢历任太常博士、礼部、司勋、吏部员外郎,并兼集贤殿直学士,即当僖宗末、昭宗初。黄滔此启,也当在这一期间,其称学士者,当并非指翰林学士,而是指集贤殿直学士,与时任员外郎相合。唐时只称学士,不一定即为翰林学士,如黄滔另有《寄同年崔学士》诗(《全唐诗》卷七○五),此即作诗寄其同年登第者崔仁宝(见徐松《登科记考》卷二四)。黄滔又有《出京别崔学士》(《全唐诗》同上卷)。此崔仁宝未曾任翰林学士。

由此,黄滔此篇《上赵员外启》进上赵光逢,无疑,但非如岑氏《补记》所云赵光逢时已为翰林学士。黄滔曾多次应试不第,故文中云,"若滔也,折角有年,争锋无主,空秉龙钟之态,仰希伤悯之求",即期望时任尚书员外郎并兼集贤直学士之对方能大力加以推荐、举拔:"伏惟员外、学士猥隆恩遇,克异等伦,近者面获起居,亲叨然诺,自归旅舍,彻坐寒宵,历将往事以思惟,洞见今辰之通塞。"

《旧传》接叙赵光逢入院后之官阶迁转:"正拜中书舍人、户部侍郎、学士承旨,改兵部侍郎、尚书左丞,学士如故。"皆未记年,亦未记何时出院。后云"乾宁三年,从驾幸华州,拜御史中丞,改礼部侍郎",则当于乾宁三年(896)前已出院。而《旧五代史》传云:"转尚书左丞、翰林承旨。昭宗幸石门,光逢不从,昭宗遣内养戴知权诏赴行在,称疾解官。驾在华州,拜御史中丞。"据《通鉴》等所记,乾宁二年(895)五月,凤翔节度使李茂贞与静难节度使王行瑜等交结,率兵入朝,杀朝臣韦昭度、李磎于都亭驿(见前韦、李传)。后河东节度使李克用闻讯,出兵南下,向昭宗上表,议征讨王行瑜、李茂贞,王、李即还镇;七月,李克用仍率军至河中,时京都长安有军中大乱,昭宗只得"徙幸石门镇"。石门镇在长安之南南山。后李克用击败王行瑜,昭宗下诏"削夺王行瑜官爵",并于八月返京。为此,则昭宗当于乾宁二年七、八月间在南山石门。《旧五代史·赵光逢传》又称,昭宗出赴石门时,赵光逢未从行,后又"称疾解官",则于此时辞职出院。至于昭宗出幸华州,乃在乾宁三年(896)七月,因此年六月凤翔节度使李茂贞又率兵攻京,昭宗应华州节度使韩建之请,徙驻华州,至光化元年(898)八月才返京。由此,则《旧传》所云"乾宁三年,从驾幸华州,拜御史中丞",赵光逢时已出院一年,乃出院后又授为御史中丞,非在院时由尚书左丞改为御史中丞。

又《旧唐书·昭宗纪》，乾宁二年（895）三月，"以翰林学士承旨、兵部侍郎、知制诰赵光逢为尚书左丞，依前充职"。则乾宁二年三月前，已为承旨、兵部侍郎，三月改为尚书左丞，仍为承旨，至是年七月辞职出院。而兵部侍郎前，曾任户部侍郎，并为学士承旨，按乾宁元年前半年，李磎为承旨，六月拜相出院，则赵光逢当于乾宁元年六月后接为承旨。

由上考述，赵光逢之入、出，当为：

景福元年、二年间（892、893），以祠部郎中、知制诰入，寻又迁中书舍人。

乾宁元年（894），前半年，即六月前，由中书舍人迁为户部侍郎，并兼知制诰；六月后改兵部侍郎、知制诰，接任承旨。

乾宁二年（895）三月，改尚书左丞，仍为承旨，七、八月间辞职出院。

可以注意的是，黄滔于乾宁二年初又向赵光逢进献一诗，诗题与前不同，明确标为《投翰长赵侍郎》（《全唐诗》卷七〇六），这就与此年一、二月间赵光逢已为兵部侍部、翰林学士承旨相合，将翰林学士承旨称誉为翰长。按黄滔正于乾宁二年初登进士第，这是二十余年来夙愿所及，故诗中云："禹门西面逐飘蓬，忽喜仙都得入踪。……手扶日月重轮起，数是乾坤正气钟。"黄滔此次及第，当有赵光逢举荐之力，故诗中对赵光逢之任职翰林学士，赞誉为："五色笔驱神出没，八花砖接帝从容。诗酬御制风骚古，论似人情鼎鼐浓。"这也可见唐翰林学士在科举选士中所起的作用。

据前所述，赵光逢于乾宁二年七、八月间出院，乾宁三年七月昭宗出驻华州，复召为御史中丞。《旧唐书·昭宗纪》乾宁三年十二月有记："以前翰林学士承旨、尚书左丞、知制诰赵光远为御史中丞。"此处记为"赵光远"。据《新唐书》卷七三下《宰相世系表》三下，赵光远为赵骘子，骘为赵隐弟，则赵光远虽有其人，乃赵光逢之堂兄弟。《旧纪》此处之"赵光远"，显为"赵光逢"之讹。如此显误，中华书局点校本也未有校。

《旧传》记其为御史中丞后，接云"改礼部侍郎"，《旧五代史》传更记为："改礼部侍郎、知贡举。"徐松《登科记考》卷二四即记赵光逢于光化二年（899）以礼部侍郎知举，其所据为《唐摭言》所云"光化二年，赵光逢放柳璨及第"，即《唐摭言》卷一五《杂记》条。此亦是唐翰林学士出院后，虽转任别职，但又曾知举之一例①。

据两《唐书》、《五代史》，赵光逢后因事又退居洛阳。昭宗于天祐元年（904）四月因朱全忠所迫，由长安迁至洛阳，即又起用赵

---

① 《全唐诗》卷七〇七载殷文圭《赵侍郎看红白牡丹因寄杨状头赞图》（七律），陶敏《全唐诗人名考证》（页947）谓此赵侍郎为赵光逢，引《旧传》"乾宁三年，从驾幸华州，拜御史中丞，改礼部侍郎"，即谓"杨赞图乾宁四年赵光逢下状元"。按杨赞图确为乾宁四年进士及第，状元（参见《登科记考》卷二四），但乾宁四年（897）知举者为礼部侍郎薛昭纬，赵光逢知举为光化二年（899），则杨赞图非"赵光逢下状元"。又，据前所述，赵光逢于乾宁三年十二月为御史中丞，而乾宁四年知举为礼部侍郎薛昭纬，则赵光逢此时仍未转礼侍，其为礼部侍郎可能在光化元年（898）秋冬，翌年初即以礼侍知举。殷文圭于乾宁五年（898）登进士第（参见《登科记考》卷二四），亦在赵光逢任礼部侍郎前，殷文圭此诗题之"赵侍郎"是否即为赵光逢，俟考。

光逢为吏部侍郎，尚书左丞。天祐元年八月，昭宗被杀，昭宣帝立；天祐四年(907)三月，昭宣帝又被迫禅位，"御史大夫薛贻矩为押金宝使，左丞赵光逢为副"(《旧唐书》卷二〇下《哀帝纪》)。由此，赵光逢即仕于梁。据两《五代史》传，赵光逢在梁时曾任中书侍郎、平章事，居相位；梁末帝时以疾辞。后唐明宗天成(926—930)初，"迁太保致仕，封齐国公，卒于洛阳"。撰于五代末、北宋初之《北梦琐言》，卷一九《玉界尺》有云："太傅致仕赵光逢，仕唐及梁，薨于天成中。文学德行，风神秀异，号曰玉界尺。扬历台省，入翰林、御史中丞，梁时同平章事。时以两登廊庙，四退丘园，百行五常，不欺暗室，缙绅仰之。"则五代士人对其亦甚首肯。

赵光逢著作未见载记。

薛贻矩

薛贻矩，两《唐书》无传，两《五代史》有传，见《旧五代史》卷一八、《新五代史》卷三四。

《新唐书》卷七三下《宰相世系表》三下，薛氏西祖房，记有薛贻矩："字式瞻，一字熙用，御史大夫。"记其终官御史大夫，当以其在唐时所授，实则其由唐入梁，在梁时曾为相。《旧五代史》传称其为"河东闻喜人"，河东闻喜，即今山西闻喜县。

《旧五代史》传记其早年已有文名，谓："贻矩风仪秀耸，其与游者皆一时英妙，藉甚于文场间。"并记其于"唐乾符中登进士第"，即僖宗乾符年间(874—879)。清徐松《登科记考》卷二七记已登科而未确定年份者,但未记有薛贻矩,不知何故。

《旧五代史》传接云:"历度支巡官,集贤校理、拾遗、殿中、起居舍人,召拜翰林学士,加礼部员外郎,知制诰,转司勋郎中,其职如故。"《新五代史》传则仅云:"仕唐为兵部侍郎、翰林学士承旨。"按薛贻矩曾两次入院,《新五代史》传所记,为第二次入院所授之官衔,未记其初入院之仕迹。

按据《旧五代史》传所述,薛贻矩当以起居舍人入,但未记年。岑氏《补记》引黄滔《上翰林薛舍人书》及《薛舍人启》,谓薛贻矩"约乾宁初自起居舍人充",大致可从。今具体考述如下。

按黄氏此二文(《全唐文》卷八二四),均为黄滔应试前求举荐者,而黄滔于昭宗乾宁二年(895)进士及第(参见《登科记考》卷二四)。则此二文只能作于乾宁二年初以前,而乾宁二年七月前,薛贻矩已为翰林学士(详后),则黄滔《上翰林薛舍人书》,既称学士,又称舍人,此舍人非薛贻矩第二次入院时所授之中书舍人。《上翰林薛舍人书》,黄滔称自己已多年应试不第:"哀滔昔年五随计吏,刖双足以全空,今复三历贡闱,救陆沉而未暇。"并云:"礼司取士,寒进升名,若无喆匠以斫成,未有良时而自致。"即亟盼身居翰林学士要职之薛舍人能力荐之,故另一《薛舍人启》又云:"伏以舍人学士,半千膺数,全硕负才,嘉名冠绝于九流,逸步翱翔于四户。"则此二启当作于乾宁元年冬,可能因薛氏之举荐,黄滔即于乾宁二年初登第。

唯岑氏《补记》谓黄氏此二文所称之舍人,为《旧五代史》传所记之起居舍人。岑氏所说尚可议。按起居舍人虽与尚书诸司员外郎同阶(从六品上),但唐时一般不概称其为舍人者。就薛贻矩而言,他以起居舍人入任翰林学士,但后历任礼部员外郎、知制诰,又迁转司勋郎中,当仍知制诰,唐时对以他官兼知制诰者,多称舍人,因知制诰为中书舍人之前资。由此大致可定:薛贻矩当于景福二年(893)、乾宁元年(894)间以起居舍人入为翰林学士,入院后即累转为礼部员外郎、司勋郎中,并兼知制诰。

《旧五代史》传接云:"乾宁中,天子幸石门,贻矩以私属相失,不及于行在,罢之。"按此所谓"天子幸石门",乃乾宁二年(895)五月,凤翔节度使李茂贞、静难军节度使王行瑜等率兵入朝,杀朝臣韦昭度、李磎于都亭驿(见前韦昭度、李磎传);河东节度使李克用闻讯,即起兵讨李茂贞、王行瑜,于此年七月兵至同州,李茂贞等虽还镇,而京都仍大乱,于是昭宗仓促间出奔南山石门镇。《通鉴》卷二六〇详记此事,谓"时百官多扈从不及"。则薛贻矩当亦于忙乱中未及随从,即罢职出院。

昭宗出幸后,李克用又攻讨王行瑜,败之,关中复稍安定,故昭宗即于同年八月返京。《旧五代史》传即云:"旋除中书舍人,再践内署。"当为昭宗返京后,即再召薛贻矩入,并由司勋郎中(从五品上)升迁为中书舍人(正五品上)。自此薛贻矩在院期间较长,且官阶累有迁转。《旧五代史》传云:"历户部、兵部侍郎、学士承旨。及昭宗自凤翔还京,大蒐阉寺,贻矩尚为韩全海等作画赞,悉记于内侍省屋壁间,坐是谪官。"其谪官即在天复三年(903)二月(详后)。如此,则薛贻矩此次在院,前后有八、九年。在此长时期中,虽无草撰制诰的记载,但甚与同院学士有文学交往。如吴融有《中秋陪熙用学士禁中玩月》诗(《全唐诗》卷六八四),诗题"学士"下,《全唐诗》本有校,谓"此下一本有'侍郎'二字",即两《五代史》传记其再次入院后曾历户部、兵部侍郎(《新五代史》传未记户侍)。按吴融于乾宁三年(896)以礼部郎中入院,后历迁中书舍人,至天复三年(903),则二人亦长期共在院供职。吴融诗云:"月圆年十二,秋半每多阴。此夕无纤霭,同君宿禁林。未高知海阔,当午见宫深。衣似繁霜透,身疑积水沉。遭逢陪侍辇,归去忆抽簪。太液池南岸,相期到晓吟。"则虽为中秋佳节,二人仍在院中值班,"衣似繁霜透,身疑积水沉",有朝政紊乱,身负重压之感。

关于贬官事,据《通鉴》等史书所载,天复元年(901)七月,时为宰相的崔胤,拟抑制宦官,即与汴州节镇朱全忠交结,请其率兵至京;十月,朱全忠发兵至河中,请昭宗徙洛阳。时宦官、中尉韩全海与凤翔节镇李茂贞交结,乃挟奉昭宗徙往凤翔,由李茂贞奉接。朱全忠占长安后,又西至凤翔,与李茂贞交战。天复二年(902),李茂贞与朱全忠战,屡败,乃与朱全忠和议,谋共诛宦官。天复三年(903)正月,昭宗仍在凤翔,李茂贞独向昭宗进奏,请诛宦官韩全海等,以与朱全忠和解,即可返京都。昭宗遂听从李茂贞,后即返京。而与朱全忠交结甚深的崔胤,恃朱全忠之势,待昭宗返京后,又谋逐朝臣多人,又贬谪翰林学士韩偓为濮州司马。据《旧唐书》卷一八四《宦官传》,"(天复)三年正月,(李)茂贞杀两军中尉韩全海、张弘彦、枢密使袁易简、周敬容等二十二人,皆斩首,以布囊贮之,令学士薛贻矩送于(朱)全忠求和"。则此时薛贻矩仍在职。又《旧唐书》卷一七七《崔胤传》载崔胤亦参与谋杀宦官,而于昭宗返京后,"又贬陆扆为沂王傅,王溥太子宾客,学士薛贻矩夔州司户,韩偓濮州司户,姚洎景王府咨议"。据前《通鉴》所载,韩偓被贬在天复三年二月,薛贻矩当亦与韩偓同时被贬出院。按陆扆、王溥曾为翰林学士，韩偓、薛贻矩、姚洎时正为翰林学士，可见唐末翰林学士多受当时政治斗争之牵累。

另，薛贻矩在院期间尚有一事须予辨清，即两《五代史》传皆记其第二次入院时，迁转侍郎，又为学士承旨。按乾宁三年（896），陆扆先为承旨，七月拜相出院，此后直至光化四年（901）十一月韩偓为承旨，其间五年，未记另有人任承旨者，而乾宁五年（898）至光化四年（901），薛贻矩为院中资历最深者（以上可参"学士年表"）。按惯例，薛贻矩当可于其间接任承旨，但又按唐制，如仍在院，不可能另有其他学士予以接任，故韩偓于光化四年十一月为承旨，时薛贻矩仍在院，不可能由韩偓接其为承旨，故两《五代史》传记薛贻矩在任侍郎期间又任为承旨，当不确，但这四、五年期间竟无一人为承旨，亦甚可疑。

按《旧五代史》传，谓薛贻矩天复三年之贬，乃因薛贻矩曾为宦者韩全诲等作画赞，且"悉记于内侍省屋壁间"，正值崔胤等与李茂贞交结，谋杀宦官，即亦因薛贻矩曾为韩全诲等作有画赞，"坐是谪宦"（《新五代史》传所载亦同）。实则薛贻矩作画赞，非个人所为，此实为翰林学士之职责，乃应君主之命而作。此当亦为崔胤假托之辞。

薛贻矩出贬，当时有文士送行之作。吴融有《送薛学士赴任峡州二首》（《全唐诗》卷六八五）。按前已述，吴融与薛贻矩长期共在院中，前两年昭宗奔赴凤翔时，吴融不及从，退居阌乡，天复三年正月昭宗返长安，吴融又被召入院，不料其复入院仅一月，薛贻矩即被贬，当甚使其不安，故其送行诗，首二句即谓："负谴虽安不敢安，叠猿声里独之官。"不过仍加以慰勉："莫将彩笔闲抛掷，更待淮王诏草看。"又时在江陵的贯休有《送薛侍郎贬峡州司马》（《全唐诗》卷八三七）。当为薛贻矩自长安南下,经江陵,再溯长江而上,在江陵会晤贯休,贯休特作诗送之:"得罪唯惊恩未酬,夷陵山水称闲游。人如八凯须当国,猿到三声不用愁。花落扁舟香冉冉,草侵公署雨脩脩。因人好寄新诗好,不独江东有沃州。"将其赴贬之行慰为旅游,这也是诗僧开阔之心境。贯休虽在江陵,有好几首诗赠献韩偓、吴融、姚洎几位翰林学士,值得注意。

又,两《唐书》传,记薛贻矩此次之贬,仅云"谪官"、"左迁",未记贬地。前所引述之《旧唐书·崔胤传》,则谓贬"夔州司户",而吴融、贯休二诗诗题皆称峡州,贯休诗更明确记为峡州司马。《唐五代文学编年史·晚唐卷》乃据吴融、贯休诗,谓《旧唐书》所谓夔州,误,应是峡州①,是。但岑氏《补记》谓唐无峡州,薛贻矩乃为贬峡州,非《旧唐书·崔胤传》所谓贬夔州,或先贬硖州,后贬夔州。实则中唐时李吉甫《元和郡县图志》②,其"阙卷逸文"卷一,就有峡州,州内并有夷陵县、西夷陵等,与贯休诗"夷陵山水称闲游"合。《新唐书》卷四〇《地理志·山南道》,也有峡州夷陵郡。又《全唐诗》卷五八八有李频《峡州送清彻上人归浙西》,李频亦为晚唐时人,因此结合吴融、贯休诗,不能说唐无峡州。

不过薛贻矩很快即被召回,《旧五代史》传:"天祐初,除吏部侍郎,不至,太祖素重之,尝言之于朝,即日拜吏部尚书。"《新五代

①按《唐五代文学编年史·晚唐卷》于此处,引据《旧唐书·薛贻矩传》,当为误写,因《旧唐书》未有薛贻矩传,应为崔胤传。
②《元和郡县图志》,贺次君点校,中华书局,1983年。

史》传更明确记为："赗矩乃自结于梁太祖,太祖言之于朝,拜吏部尚书。"薛赗矩似于翰林学士任职期间即与朱全忠已有交往,昭宗时曾奉命将被诛之宦官首脑向朱全忠进献(见前述)。按昭宗于天祐元年(904)八月在洛阳时已被朱全忠谋杀,其子立(昭宣帝),朱全忠当于此时将薛赗矩召回,并授以吏部尚书。后天祐四年(907)正月,昭宣帝下诏禅位于梁(朱全忠),也特命薛赗矩"持诏赴大梁,议禅代之事"。《旧五代史》卷三《梁太祖纪》,开平元年(即天祐四年)正月记薛赗矩奉命至汴梁传禅代之意,载谓:"赗矩谒帝,陈北面之礼,帝揖之升阶,赗矩曰:'殿下功德及人,三灵所卜已定。皇帝方议裁诏,行舜、禹之事,臣安敢违。'既而拜伏于砌下,帝侧躬以避之。"正因此,梁太祖登位后,即于是年五月任薛赗矩为相:中书侍郎、平章事。

《旧五代史》传接谓"在任绵五载",《新五代史》传亦谓其"为梁相五年"。而清邵晋涵《旧五代史考异》有云:"案《欧史·梁本纪》,赗矩以开平元年同平章事,至乾化二年薨,统计赗矩居相位共六年。"即新旧《五代史》传所云为相五年,误。按《旧五代史》卷七《梁太祖纪》,薛赗矩卒于乾化二年(912)五月,则邵氏《考异》说是。唐末朝臣,入梁时即任为相,居相位有六年,这也极为少见。

薛赗矩著作无载记。《唐文拾遗》卷四六载其《上大梁新定格律奏》,辑自《册府元龟》卷六一三,唯仅数行,乃仕梁时所上奏议。

宋《宣和书谱》卷五"正书",记有薛赗矩,颇为称誉,云:"赗矩风仪秀耸,所与游者咸一时之英杰,自此声名籍甚。喜弄翰墨,正书得古人用笔意。且唐末接五代,工书者笔迹疑皆扫地矣。观

其赠昙光草书序,秀润可观,一时学者亦鲜俪焉。今御府所藏正
书一:赠昙光草书序。"

杨　钜

　　杨钜,两《唐书》有传,见《旧唐书》卷一七七、《新唐书》卷一
八四,皆附于其父杨收传后。杨收为懿宗时翰林学士,后曾为相,
为另一宰相韦保衡所诬,被贬死(见前传)。

　　《新唐书》卷七一下《宰相世系表》一下,载杨钜"字文硕",两
《唐书》本传皆未载其字号。

　　《旧唐书·杨收传》谓"收子鉴、钜、鏻,皆登进士第",《新传》
未记诸子进士及第事。清徐松《登科记考》卷二三,僖宗广明元年
(880)据《永乐大典》所辑《苏州府志》"广明元年,钱珝、杨钜登
第",系杨钜于广明元年进士及第。钱珝确为广明元年及第(参见
《唐才子传校笺》卷九《钱珝传》周祖譔、吴在庆笺),但杨钜却未
与钱珝同年及第。今检《全唐文》卷八一九载杨钜《唐御史里行虞
鼎墓志铭》,记虞鼎"登咸通十年进士",徐松《登科记考》卷二三
即据杨钜所作此志,系虞鼎于懿宗咸通十年(869)进士及第。又
杨《志》后历叙虞鼎仕迹,如御史里行、饶州刺史等,并记其卒于五
代唐庄宗同光元年(923)十月十六日,十月十八日葬。文末云,葬
前,虞鼎子虞盘受其父之托,请杨钜为作墓志,"冀出一言为永远
记",杨钜乃云:"况钜与公同年,知公为最深,铭安得而辞耶?"唐
时称"同年",即指同一年登科者。杨钜自称与虞鼎同年登科,有

深交,故愿撰志。志中已特记虞鼎为咸通十年进士及第,则杨钜亦当同年及第者,此为第一手材料,不能仅据后世所纂之方志。徐松《登科记考》、孟二冬《登科记考补正》皆未注意于此。

两《唐书》本传皆未具体记述其登第后之仕历,仅自其为翰林学士起叙。《旧传》云:"乾宁初以尚书郎知制诰,召充翰林学士。"《新传》亦谓"乾宁初为翰林学士"。岑氏《补记》即据两《唐书》本传所记,谓乾宁初以尚书郎入为翰林学士。

按乾宁共五年,既云"初",当为元年。由此当可定,杨钜于乾宁元年(894)以尚书郎(当为郎中)、知制诰入。《旧传》后叙其官阶迁转为:"拜中书舍人、户部侍郎,封晋阳男,食邑三百户。"《新传》未记。《新唐书》卷五八《艺文志》二,史部职官类,著录杨钜《翰林学士院旧规》,记杨钜为"昭宗时翰林学士,吏部侍郎"。或杨钜在职时,先由尚书郎中迁中书舍人,后又历迁户部侍郎、吏部侍郎。

至于其出院,《旧传》记为:"从昭宗东迁,为左散骑常侍。"《新传》亦谓"从入洛,终散骑常侍"。按昭宗因朱全忠所迫,于天祐元年(904)元月自长安起行,闰四月至洛阳,杨钜当随昭宗东迁洛阳,后改授左散骑常侍出院。左散骑常侍虽为正三品,官阶较高,但终为散衔,杨钜当因故出院,不过授以高阶,以示慰谕。

据此,则杨钜在院,前后共有十年,在本朝翰林学士中,任职时间是最长的。《全唐文》卷八一九载其制文五篇,岑氏《补记》据两《唐书》、《通鉴》等曾简考其撰写年月,今再具考如下。

《册淑妃何氏为皇后文》,又载于《文苑英华》卷四四六"翰林制诰"。《旧唐书·昭宗纪》,光化元年(898),"四月庚子,制淑妃何氏宜册为皇后"。按《文苑英华》卷四四六"翰林制诏"又载有钱珝《册淑妃为皇后文》，在杨钜文前，首云："维乾宁（琼按原作"元"，误，径改）五年岁次戊午四月庚子朔二十七日丙寅，皇帝若曰……"《新唐书》卷十《昭宗纪》亦记为"四月丙寅"。则《旧纪》记为"四月庚子"，误，庚子应为四月朔日，下诏册封则为丙寅。按乾宁三年（896）七月，昭宗因凤翔节镇李茂贞率兵攻京师，因华州刺史韩建之请，出迁华州，至乾宁五年（898）八月才返京，并改元光化。钱珝制文仍称乾宁五年，即昭宗于此年四月尚在华州，未改元。《旧唐书·何后传》亦云册为皇后在昭宗幸华州时。这里可以注意的是，此次册淑妃何氏为皇后，所下制敕，既有翰林学士（杨钜）作，又有中书舍人（钱珝）作，可见中书舍人撰制敕未受限制；当然也可能中书省受皇帝之命，受翰林学士以皇帝之名所下之制，即再撰制向尚书门下下诏。又，《通鉴》卷二六一亦记有"立淑妃何氏为皇后"，却系于乾宁四年十一月戊寅，提前半年，而未注所据，当误。

《授陆扆平章事制》，《文苑英华》卷四五〇所载，文末署"三年七月"。《新唐书》卷六三《宰相年表》，即记于乾宁三年（896）七月，"丙午，翰林学士承旨、尚书左丞陆扆为户部侍郎、同中书门下平章事"。

《赵凝进封南康王制》，按此"赵凝"应作"赵匡凝"，《文苑英华》（卷四五一）辑入时当避宋讳（赵匡胤），删"匡"字，而清编《全唐文》仍沿袭《文苑英华》，未补"匡"字。岑氏《补记》据《通鉴》卷二六一光化二年（899）十一月所载，加封忠义节度使赵匡凝兼中书令，并引制中所云"贵仍迁于右座"，以为即加兼中书令，乃定于光化二年。今查《旧唐书・昭宗纪》,天祐元年(904)六月记:"荆南襄州忠义军节度、开府仪同三司、检校太师、中书令、江陵尹、襄州刺史、上柱国、楚王、食邑六千户赵匡凝宜备礼册命。"杨钜此制中有云:"况我襄岘奥壤,荆吴要津,资上将之抚宁,兴庶人之歌咏。"即与江陵、襄州之地相合。赵匡凝于景福元年(892)至天祐二年(905)为忠义军(山南东道襄州)节度使(参见《唐刺史考全编》卷四)。则此制当即作于天祐元年六月,因进封南康王,故命其备礼册命。岑氏《补记》列于光化二年,证据不足。

《授韩建华州节度使制》,岑氏《补记》只略云:据《通鉴》二六一,乾宁四年十月,以建为镇国、匡国两军节度使。今按制中云"越自去秋狩于太华"。乾宁三年七月,昭宗即因凤翔李茂贞所迫,徙驻华州,与制文所记时合。又《旧唐书・昭宗纪》,乾宁四年十月,"以华州节度使韩建兼同州刺史、匡国军节度使";《通鉴》卷二六一乾宁四年十月明确记:"以(韩)建为镇国、匡国两军节度使。"故杨钜制文称:"今者沙泽之阳,疆理相接……俾兼统制之权。"即韩建已为华州刺史,此次更兼同州刺史,故下此制文。

《授王搏威胜军节度平章事制》,此文岑氏《补记》未提及。按《唐大诏令集》卷五四有载此文,文末署"乾宁三年八月"。

由此可见,杨钜所撰制文,数量虽不多,仅五篇,但制文所记,其所授之官位甚高,除册封皇后外,有授陆扆为相,册封山南东道节镇赵匡凝为南康王,等等,可见杨钜当时在职撰制,是甚受重视的。

杨钜在职时除应命撰制文外,还有个人所作的《翰林学士院旧规》，此亦为唐时记述翰林学士建置之专著①。此书未如韦执谊《翰林院故事》、元稹《承旨学士院记》、丁居晦《重修承旨学士壁记》等均记有年月。不过书中所叙，所记之时，最早者为乾宁二年（895）十月（《沿革》），最晚为天复三年（903）七月（《草书诏例》），当即撰于在院时。此书体例亦与韦执谊、元稹、丁居晦等不同，未具体记述翰林学士入院、出院年月，而为分类记学士在院任职之规则、习俗，重点在昭宗朝，故亦有史料价值。

杨钜在院时，除上述撰有制文及专著外，还有与文士之交往。徐寅有《献内翰杨侍郎》诗（《全唐诗》卷七〇九）："窗开青琐见瑶台，冷拂星辰逼上台。丹凤诏成中使取，白龙香近圣君来。欲言温署三缄口，闲赋宫词八斗才。莫拟吟云避荣贵，庙堂玉弦待盐梅。"陶敏《全唐诗人名考证》（页950）谓此"内翰杨侍郎"即杨钜，是。按徐寅，两《唐书》、《五代史》均无传，《闽书》、《十国春秋》有传，其事迹可参《唐才子传校笺》卷十周祖譔、贾晋华笺。徐寅虽已于乾宁元年（894）进士及第，但仕途不顺，仅为秘书省正字，光化二年（899）仍在京供职，后离京，至汴梁朱全忠幕，历二年，即返闽中依王审知，后终老于泉州乡里。此诗或于光化二、三年（899、900）作，时杨钜在院中，为户（吏）部侍郎。前数句喻翰学接近皇宫，地处禁密，可见其才识，末二句提及之"盐梅"，乃借喻殷高宗任傅说为相，即期望杨钜亦当擢迁入相。此诗当为徐寅因久在下

_____

① 《翰林学士院旧规》，原载于南宋洪遵《翰苑群书》，今编于傅璇琮、施纯德编校之《翰学三书》，页20；辽宁教育出版社，2003年。

位，期望杨钜能予以引荐①。

又吴融有《和杨侍郎》、《寄杨侍郎》诗(《全唐诗》卷六八六)，皆为吴融与杨钜同在院时所作(吴融在院时间，详后吴融传)。关于吴融此二诗之杨侍郎，陶敏《全唐诗人名考证》(页928)，《唐五代文学编年史·晚唐卷》(天祐元年)，皆以为是杨注，不当，应为杨钜(后杨注传对此有考，可参)。

关于杨钜晚年结局，亦须考辨。《旧传》记："从昭宗东迁，为左散骑常侍，卒。"《新传》亦记为："从入洛，终散骑常侍。"则意谓天祐元年(904)闰四月随昭宗至洛阳，出院改为左散骑常侍，即卒。岑氏《补记》论及《翰林学士院旧规》撰人时，引宋洪遵曾云此书为李愚作，岑氏先云："李愚在唐(非后唐)，未尝入翰林，则似称(杨)钜撰者近是。"而又云："但《旧规》内有云：契丹书头云，敕契丹王阿保机。"岑氏即谓，阿保机为辽太祖名，其称王(帝)始天祐四年，直至后唐明宗天成元年乃卒，就此而论，"又应与(李)愚为翰林时相当，故若谓其书与愚完全无关，亦未惬当"。岑氏即据两《唐书》，以杨钜即卒于唐末，而《翰林学士院旧规》中提及契丹

_____

①徐寅另有二诗，一为《经故翰林杨左丞池亭》(《全唐诗》卷七〇八)，陶敏《全唐诗人名考证》(页949)，即谓此"杨左丞"为杨钜；另一首《伤前翰林杨左丞》(《全唐诗》卷七一〇)，《全唐诗人名考证》(页951)，谓"疑为杨钜"。按此二诗，当徐寅仍在长安时作，就二诗诗题，则此杨左丞均已去世，前诗云"八角红亭荫绿池，一朝青草盖遗基"，即目见其墓。据前述，徐寅约于光化三年(900)离京，在汴梁二年，后返闽，而杨钜至天祐元年(904)二月前仍在京任职，直至五代后唐(详见后考)，绝不可能于徐寅离京前即已去世。故徐寅此二诗之"翰林杨左丞"，绝非杨钜。但究为何人，俟考。

王阿保机,则已为五代后唐时,故此书当是五代后唐时翰林学士李愚所作。案前已引述杨钜所作《唐御史里行虞鼎墓志铭》(《全唐文》卷八一九),志中明确记虞鼎卒于同光元年。按同光元年为五代后唐庄宗年号,元年为公元923年,则杨钜此时仍在世,可确证非卒于唐末。又阿保机为辽太祖名,其称王(帝)始于天祐四年(907),其卒在后唐明宗天成元年(926),则《旧规》中称"契丹王阿保机",杨钜亦仍在世。杨钜当于昭宗朝任职时即撰《翰林学士院旧规》,后于五代梁、唐时又有所增补(如补述"契丹王阿保机"事)。由此,则两《唐书》记杨钜卒于唐末,岑氏疑《旧规》为五代后唐时李愚所作,皆非。

杨钜著作,《新唐书·艺文志》著录其《翰林学士院旧规》一卷,《全唐文》载其制文五篇,前已述。其他则无有载记,唯宋《宣和书谱》有记,卷四"正书",记有杨钜,中并详引其书法之论。为供参考,今具载如下:"喜作字,得正书体,其沉着处有类钟繇,而点画则柳公权法也。当时赠晉光草书诗,序者无虑数十人,而各出一家之见,以附载于文。独钜之立论,以性之与习自是两途,有字性不可以无学,有字学者复不可以无性,故其为言曰:习而无性者,其失也俗,性而无习者,其失也狂。盖以谓有规矩绳墨者,其习也,至于超诣绝尘处,则非性不可,二者相有以相成,相无以相废,至此然后可以论书欤。又为说曰:羲之七子,独献之能嗣其学,则知用此以求古人,庶几天下书眼同一纲纽耳。噫,钜之能为此论,则能知书之病也夫。今御府所藏正书一:赠晉光草书序。"由此,则杨钜对书法之论,尚为宋人所称。惜所引之论,原文未存。

王彦昌

　　王彦昌，两《唐书》无传，全书也未有记。记其事迹之唯一材料，为唐末五代初王定保所著之《唐摭言》卷九《敕赐及第》条，今全文录如下：

　　　　王彦昌，太原人，家世簪冕，推于鼎甲。广明岁，驾幸西蜀，恩赐及第，后为嗣薛王知柔判官。昭宗幸石门，时宰臣与学士不及随驾，知柔以京尹判蹉，权中书，事属近辅，表章继至，切于批答。知柔以彦昌名闻，遂命权知学士。居半载，出拜京尹。又左常侍、大理卿，为本寺人吏所累，南迁。

　　按广明元年（880）十二月，僖宗因避黄巢兵，匆促出奔，二年（881）正月至成都。因兵乱，又临时在蜀举办科试，故应试与录取者不多。据清徐松《登科记考》卷二三，此年又续赐第二人，即王彦昌、杜昇（杜昇，亦据《唐摭言》卷九《敕赐及第》）。

　　嗣薛王（李）知柔，《新唐书》卷八一有传，为睿宗子惠宣太子（李）业后裔，李业曾封为薛王，故李知柔称为嗣薛王。据《新传》，知柔曾任为京兆尹，《旧唐书》卷二〇上《昭宗纪》，乾宁二年（895）六月丁亥朔，"以京兆尹、嗣薛王知柔兼户部尚书、判度支，兼诸道盐铁转运等使"，则王彦昌当于乾宁二年六月应辟为其判官，此距前广明二年敕赐及第，已十四年。

按乾宁二年五月,凤翔节度使李茂贞、静难节度使王行瑜等率兵入京,诛杀朝臣韦昭度、李磎,河东节度使李克用闻讯,即起兵南下,李茂贞、王行瑜遂返镇。七月,李克用仍南下至河中,京都内左右神策军闻讯亦大乱互斗,昭宗遂仓猝出奔南山石门。《唐摭言》所记"昭宗幸石门",即指此事。《通鉴》卷二六〇乾宁二年七月亦有记:"时百官多扈从不及,户部尚书、判度支及盐铁转运使薛王知柔独先至,上命权知中书事及置顿使。"王彦昌于六月已由嗣薛王知柔辟在其府署中供职,七月当亦随至南山,当时亦有学士未及扈从者(如薛贻矩,见前传),故嗣薛王知柔即举荐其入为翰林学士。《唐摭言》所谓"权知学士",即匆促间临时安排,实为正式入院。但未详带何官入。

按李克用后又与王行瑜战,未来长安,昭宗遂于是年八月返京,王彦昌当亦返朝,仍在院供职。

《唐摭言》接云:"居半载,出拜京尹。"按《旧唐书·昭宗纪》,"(乾宁)三年春正月癸丑朔,制以特进、户部尚书、兼京兆尹、嗣薛王知柔检校司徒,兼广州刺史、御史大夫,充清海军节度、岭南东道观察处置等使"。即嗣薛王李知柔于乾宁三年(896)正月由京兆尹出任广州刺史、岭南东道等使,可能李知柔即举荐王彦昌接其任。王彦昌于乾宁二年七月入院,三年正月接为京兆尹,即与《唐摭言》所云"居半载,出拜京尹"合。

京兆尹是一个要职,但两《唐书》本纪皆未载王彦昌由翰林学士改任京兆尹事。《旧唐书·昭宗纪》于乾宁三年九月记为:"以京兆尹孙偓为兵部侍郎、同平章事。"即孙偓于乾宁三年九月前已在京兆尹任。于是《唐刺史考全编》卷二京畿道京兆府,虽亦将王彦昌列于乾宁三年，但却排于孙偓之后，则王彦昌乃于乾宁三年九月接孙偓为京兆尹，此则与《唐摭言》所记王彦昌于乾宁二年七月入为翰林学士，"居半载，出拜京尹"不合。且《旧纪》虽记孙偓于乾宁三年九月由京兆尹入相，但未记其任京兆尹之年月。就诸人仕迹加以比勘，当为：嗣薛王知柔于乾宁三年正月由京兆尹出任岭南节镇，王彦昌接任，时正为居翰苑半年；后约近数月，又由孙偓接为京兆尹，同年九月，孙偓又由京兆尹入相。又据《旧纪》，此年十一月，华州节度使韩建兼领京兆尹，皆相接。

《唐摭言》记王彦昌任京兆尹后，接云："又左常侍、大理卿，为本寺人吏所累，南迁。"按京兆尹为从三品，左散骑常侍、大理卿皆为正三品，王彦昌当离京兆尹实职后，朝中则授以较高品阶之虚衔。至于"为本寺人吏所累，南迁"，则不详。

王彦昌为昭宗朝翰林学士任职期间最短的。其诗文未有载记。

裴廷裕

裴廷裕，两《唐书》无传。《新唐书》卷七一上《宰相世系表》一上，东眷裴氏，河东闻喜（今属山西），记有裴廷裕，字膺馀，又其父绅，字子佩，唯皆未记官名。《旧唐书》卷一八下《宣宗纪》，大中九年（855），记："三月，试宏词举人，漏泄题目，为御史台所劾。"考试官即有处罚，其中刑部郎中唐技出为处州刺史。清徐松《登科记考》卷二二据裴廷裕《东观奏记》（卷下），时裴绅亦为试官，即因此由职方员外郎出为申州刺史。裴绅其他事不详。

关于裴廷裕登科,首见于《唐摭言》卷三《慈恩寺题名游赏赋咏杂记》条,中云"小归尚书榜,裴起部与邹之李搏先辈旧友",后记李搏以诗贺之,裴亦和之。清徐松《登科记考》卷二三,据《益州名画录》所记僖宗由蜀返京,于中和院记有随驾文武臣姓名,内有礼部侍郎、知贡举归仁泽,即《唐摭言》所叙之"小归尚书",乃系裴廷裕于中和二年(882)进士及第。但严耕望《唐仆尚丞郎表》①,卷一六《辑考五下·礼侍》有考,记中和二年知举者为归仁绍,《益州名画录》所记中和院写真,乃作于中和四年秋,记为礼部侍郎、知贡举归仁泽,则当于中和五年(光启元年)知举。严氏并据《广卓异记》卷一九引《登科记》所载,归仁绍为咸通十年(869)状元及第,归仁泽为乾符元年(874)状元及第,则归仁绍、归仁泽为两人,但徐松《登科记考》则定为一人,以"绍"断为"泽",实误。后陈尚君《〈登科记考〉正补》②,又据乾隆《山西通志》,考定裴廷裕于光启元年(885)登第,时僖宗尚在成都,即将返京,科试仍在成都举办。

前所引述之《唐摭言》(卷三)在记叙裴廷裕于"小归尚书榜"登第后,其先辈旧友李搏(按据《唐诗纪事》卷六一,李搏"登乾符进士第",即早于裴廷裕六、七年,故云先辈),特以诗贺之:"铜梁千里曙云开,仙箓新从紫府来。天上也张新羽翼,世间无复旧尘埃。嘉祯果中君平卜,贺喜须斟卓氏杯。应笑戎藩刀笔吏,至今

---

① 严耕望《唐仆尚丞郎表》,中华书局重印本,1986 年。
② 载《唐代文学研究》第 4 辑,广西师范大学出版社,1993 年。

泥淳曝鱼鳃。"又有七绝一首:"曾随风水化凡麟,安上门前一字新。闻道蜀江风景好,不知何似杏园春?"《唐摭言》乃谓"裴有六韵答",中云:"仅劳问我成都事,亦报君知便纳降。蜀柳笼堤烟矗矗,海棠当户燕双双。富春不并穷师子,濯锦全胜旱曲江。"皆抒写蜀地美景,更可证裴廷裕确在成都应试及第者。

裴廷裕及第后,约历六、七年,于大顺二年(891)二月间,在左补阙任。《唐会要》卷六三《修国史》条有记云:"大顺二年二月,敕吏部侍郎柳玭等修宣宗、懿宗、僖宗实录。始丞相、监修国史杜让能,三朝实录未修,乃奏吏部侍郎柳玭、右补阙裴廷裕、右拾遗孙泰、驾部员外郎李允、太常博士郑光庭等五人修之。逾年,竟不能编录一字,惟廷裕采宣宗朝耳目闻睹,撰成三卷,目曰《东观奏记》,纳于史馆。"按杜让能于僖宗光启二年(886)三月已由翰林学士承旨、兵部尚书入相,昭宗大顺二年(891)仍居相位,是年正月,又加为弘文馆大学士(《旧唐书》卷二○上《昭宗纪》),且又监修国史,故特安排柳玭、裴廷裕等修前三朝实录。不过此时昭宗刚即位,虽欲有所作为,但此后外镇如凤翔李茂贞、汴梁朱全忠、河东李克用仍不断以兵威胁朝廷,率兵入关,且僖宗时长安已数次历经兵乱,史书材料已极损毁,故《唐会要》称"逾年,竟不能编录一字"。裴廷裕在《东观奏记》自序中也称,自宣宗卒,"垂四十载,中原大乱,日历与起居注不存一字,致儒学之士搁笔未就"。不过裴廷裕自己仍有所作为,在参预修撰实录时,乃"采宣宗朝耳目闻睹",著有《东观奏记》三卷,即其自序中所谓:"廷裕自为儿时,已多记忆,谨采宣宗朝耳目闻睹,撰成三卷。"

《东观奏记》,主要记宣宗朝政事,历为后人重视。清《四库全书总目》卷五一，史部杂史类，于《东观奏记》提要，即称其"司马光作《通鉴》，多采其说"。光绪时缪荃孙《东观奏记跋》，更云："《通鉴》采及三十二条，《考异》一条，在唐朝杂史中最称翔实。"《新唐书》于本传中也有采录。其书确有史料价值。不过此书有一缺点，即对宣宗朝政绩称誉过分，并不合实，本书有关宣宗朝翰林学士传中，间有甄辨，可参。

裴廷裕后即于乾宁时入任翰林学士。《唐摭言》卷一三《敏捷》条，即云："裴廷裕，乾宁中在内庭。"又《全唐文》卷八四一载有裴廷裕《大唐故内枢密使特进左领军卫上将军知内侍省事上柱国濮阳郡开国侯食邑一千户食实封一百户吴公墓志铭并序》，记墓主宦官内枢密使吴承泌卒于乾宁二年（895）正月二十日，十一月二十日葬，中云："公之季知象、犹子恕己以书寓门僧，请铭于裴廷裕，时为天子词诏之臣，不得辞。""天子词诏之臣"，即翰林学士。又《金石萃编》卷一一八载其石刻文，首题："翰林学士、朝议郎、守尚书司封郎中、知制诰、上柱国、赐紫金鱼袋裴廷裕撰。"（《唐尚书省郎官石柱题名考》卷五司封郎中裴廷裕条，亦引此，并记为"乾宁二年，陕西咸宁"）。由此，则乾宁二年冬，裴廷裕已在院，官衔为司封郎中、知制诰。由此，则其入院可能在乾宁元年、二年间。大顺二年（891）已为左补阙（从七品上），或历二、三年，迁为尚书诸司员外郎（从六品上），乾宁元年（894）即以员外郎入为翰林学士，乾宁二年再迁为司封郎中（从五品上）。

《全唐文》卷八四一载其制文两篇，一为《授孙偓判户部制》，先称为"正议大夫，守中书侍郎、同中书门下平章事，上柱国、赐紫金鱼袋"，后云"可银青光禄大夫、依前中书侍郎、同中书门下平章

事,充集贤殿大学士、兼判户部事"。据《新唐书》卷六三《宰相年
表》,孙偓于乾宁二年(895)十月,由京兆尹为户部侍郎、同中书门
下平章事,判户部;三年(896)七月为中书侍郎。而同年八月戊
午,时居相位的陆扆为中书侍郎,判户部,九月丁酉,陆扆出贬峡
州刺史,则裴廷裕此制当作于乾宁三年九月丁酉,因同月戊申孙
偓又改为门下侍郎兼诸道盐铁转运使、判度支,与制文所记官衔
不合(岑氏《补记》谓在七、八月间,恐亦不合)。另一篇制文为
《授孙储邠州节度使制》。《唐刺史考全编》卷六京畿道邠州,又
引吴融《授孙储秦州节度使制》(《全唐文》卷八二〇),谓孙储先
授邠州,未之任,旋又改秦州,当在乾宁四年(897)。岑氏《补记》
亦谓孙储由邠迁秦约亦在乾宁四年。

由此,则裴廷裕所撰此二制,及前记述之所撰吴承泌墓志,均
作于乾宁年间,此可确证裴廷裕在乾宁元年至四、五年间均在院。

又吴承泌,题中称"知内侍省事",文中谓"充学士使",又云:
"严徐论思之地,枚马视草之司,公以精识通才,光膺是选。丝纶
夜出,得以讲陈;鸳鹭会同,靡不宴洽。"这就是所谓"翰林院使"。
据杜元颖《翰林院使壁记》①,此翰林院使(亦即学士使),有二员,
"进则承睿旨而宣于下,退则受嘉谟而达于上,军国之重事,古今
之大体,庶政之损益,众情之异同,悉以关揽,因而启发"。结合裴
廷裕所作此志,可见唐时翰林学士虽为皇帝内臣,而由宦官所任
之学士使,实际上起上下贯通之作用。

---

① 见傅璇琮、施纯德编《翰学三书》之《翰苑群书》卷二;辽宁教育出版社,
  2003 年。

关于裴廷裕出院事，见于钱珝《授裴廷裕左散骑常侍制》（《全唐文》卷八三一），云："敕：具官裴廷裕，国之用材，在乎称职。况词臣之任，君命所垂，苟详慎之有乖，系事机而实重，既闻舆论，得以移官。以尔学植素深，文锋甚锐，自居侍从，亦谓勤劳。乃推游刃之功，庶叶匿瑕之道。未能降秩，且复立朝，珥貂犹假于宠光，夹乘乃亲于左右。将存大体，以息多言。可依前件。"文辞有所蕴含，未有明显谴责，但仍指其不慎，有所漏言，故使其出院。具体原因不明。但仍未加贬谪，且授以正三品之左散骑常侍，虽为散秩，唯制中仍云"且复立朝"。钱珝在昭宗朝曾任中书舍人，后于光化三年（900）获谴外出（见后张玄晏传），裴廷裕出院，当在此前。具体年月，尚未能定，或在乾宁五年、光化二年间（898、899）。

如此，裴廷裕出院后为左散骑常侍，仍在朝，但《新唐书·艺文志》二，著录《东观奏记》，下有注文，谓裴廷裕"贬湖南，卒"。则此后又因事贬湖南，卒于贬所。前所引述之《唐摭言》卷一三《敏捷》条，亦有类似记载："裴廷裕，乾宁中在内庭，文书敏捷，号为下水船。梁太祖受禅，姚洎为学士，尝从容，上问及廷裕行止，洎对曰：'顷岁左迁，今闻旅寄衡水。'"姚洎于昭宗后期为翰林学士，后又入仕于梁（见后姚洎传）。据《唐摭言》此处所记，裴廷裕则确于昭宗后期被贬于湖南，据姚洎所云"今闻旅寄衡水"，则梁初尚在世。

裴廷裕著作，主要是《东观奏记》。《全唐诗》卷六八六载其诗二首。《全唐文》卷八四一载其文四篇，前已述。

郑　璘

郑璘,两《唐书》无传。《新唐书》卷七五上《宰相世系表》五上,记有郑璘,谓字华圣,未注官名;又记其父从谠,"相僖宗"。按郑从谠,两《唐书》有传,《旧唐书》卷一五八本传记其为荥阳人。《元和郡县图志》卷八河南道郑州,有荥阳县(即今河南省荥阳县)。郑从谠于僖宗时曾为相,《新唐书》卷六三《宰相年表》记为乾符五年(878)九月至广明元年(880)二月,又历任节镇,有政绩。但《旧传》及《新唐书》卷一六五本传皆未载其子郑璘。

郑璘早年事迹不详。清劳格《唐尚书省郎官石柱题名考》卷十考功员外郎列有其名。按《全唐文》卷八三七载有薛廷珪《授考功员外郎郑璘司勋员外郎卢择并充史馆修撰制》,中云:"纪纲专总于丞相,笔削分任于名儒,非夫望蕴司南,才膺载笔者,不当其选。而崇望言尔璘等博闻强识,绳直冰清。"由此可见,刘崇望任相、监修国史时曾推荐郑璘、卢择兼充史馆修撰,预修国史。《旧唐书》卷一七九《刘崇望传》,谓张濬罢相后,"崇望代为门下侍郎、监修国史、判度支"。《新唐书》卷六三《宰相年表》,记刘崇望于昭宗龙纪元年(889)正月已由翰林学士承旨、兵部侍郎任相,为"本官同中书门下平章事";大顺二年(891)正月,张濬罢相出为鄂岳观察使,刘崇望乃于二月为门下侍郎。《旧唐书》卷二〇上《昭宗纪》,大顺二年正月,"以中书侍郎、吏部尚书、平章事刘崇望为门下侍郎、监修国史、判度支事",较《新表》所记早一月。刘崇望后于景福元年（892）二月出为武宁军节度使（据《新·宰相年表》）。如此，则郑璘当于大顺二年，因宰相刘崇望之荐，以考功员外郎充史馆修撰，预修国史。由此亦可见，此时郑璘尚未为翰林学士。

郑璘为翰林学士，唐时未有记载。宋晁公武《郡斋读书志》卷七职官类①，著录《翰林杂志》一卷，云："右不题撰人。辑唐韦执谊《故事》、元稹《承旨壁记》、韦表微《新楼记》②、杜元颖《监院使记》、郑璘《视草亭记》并诗、李宗谔《题名记》为一编。"按此处所述韦执谊、元稹、韦表微、杜元颖均为唐翰林学士，其所著已收辑于傅璇琮、施纯德所编之《翰学三书》③，李宗谔为宋真宗景德时翰林学士（《宋史》卷二六五本传）。郑璘既与此唐宋几位翰林学士并列，并将其所著合编于《翰林杂志》，则当亦曾为翰林学士；其《视草亭记》并诗虽未存（《新唐书·艺文志》亦未著录），但就书名含义，当为在翰林学士院内任职时所记。岑氏《补记》亦引及此，唯对郑璘早期事迹（如以考功员外郎充史馆修撰），未有记述。

郑璘之为翰林学士，除上述《郡斋读书志》所录其著作外，还可就《全唐文》卷八二一所载其制文六篇作为佐证。《全唐文》所载之六篇制文，其中五篇载于《文苑英华》之"翰林制诏"。岑氏《补记》对制文撰作时间有所考述，今参岑氏所述，复考如下。

《皇帝第八男祕第九男祚第十男祺封王制》，又见于《文苑英

---

①《郡斋读书志》，孙猛校证本，上海古籍出版社，1990年。
②韦表微之"表"，原书作"来"，孙猛校证本改。
③《翰学三书》，辽宁教育出版社，2003年。

华》卷四四五"翰林制诏"，题下注："《诏令》作封景王辉王祁王制。"文末署"乾宁四年十月"。按《唐大诏令集》（商务印书馆点校本，1959 年）卷三三即载有《封景王祕等制》，题郑璘撰，文末署"乾宁四年十月"。《文苑英华》所载此篇，题下校所谓《诏令》，或即指此宋敏求所编之《唐大诏令集》。按《新唐书》卷十《昭宗纪》亦于乾宁四年（897）十月记："甲子，封子祕为景王，祚辉王，祺祁王。"《旧唐书》卷一七五《昭宗十子传》及《通鉴》卷二六一同。而《旧唐书》卷二〇上《昭宗纪》却系于乾宁四年二月，显误。又值得注意的是，《唐大诏令集》卷三四亦载有钱珝《册景王祕文》、《册辉王祚文》、《册祁王祺文》，当亦同时作。时钱珝为中书舍人，则册封诸王文，中书舍人亦可撰制，这对于唐中书舍人的职能及与翰林学士的比较，可作进一步研究。

《授安友权安南节度使制》，又见于《文苑英华》卷四五八"翰林制诏"，未署撰年。安友权，两《唐书》无传，亦无有载记。《唐刺史考全编》卷三一〇安南都护府，亦引及郑璘此制，云："吴氏《方镇年表》系于乾宁四年（897）至光化三年（900），姑从之。"别无他考。

《授李镶邕州节度使制》，《文苑英华》卷同上，未署年月。《通鉴》卷二六二光化三年（900）五月，载："邕州军乱，逐节度使李镶；镶借兵邻道讨平之。"即光化三年五月，已在邕州节度使任。《唐刺史考全编》卷二九〇岭南道邕州，亦据吴氏《方镇年表》，系李镶于乾宁四年（897）始任邕州节度使，则此制即撰于乾宁四年。

《授李继密山南西道节度使制》，《文苑英华》所载卷同上。《通鉴》卷二六一光化元年（898）五月载："以武定节度使李继密为山南西道节度使。"郑璘此制当即作于此时。

《授钱镠润州节度使制》,《文苑英华》所载卷同上。《通鉴》卷二六〇乾宁三年十月记:"钱镠令两浙吏民上表,请以镠兼领浙东;朝廷不得已,复以王抟为吏部尚书、同平章事,以镠为镇海、威胜两军节度使。"元胡三省注:"钱镠自此遂跨有浙东、西。"此即郑璘此制所云:"是用益其疆土,盛彼旌旄,增镜水之名封,兼金陵之奥壤。合此重寄,殷为大藩。""镜水"喻浙东,"金陵"喻浙西。

《授王抟诸道盐铁转运等使制》,《文苑英华》未载。按此制前称王抟为"守吏部尚书、同中书门下平章事",后云"可门下侍郎、依前兼吏部尚书、同中书门下平章事、监修国史、充诸道盐铁转运等使"。据《新唐书·宰相年表》,王抟于乾宁三年(896)十月戊午为吏部尚书、同中书门下平章事,四年(897)四月为门下侍郎兼吏郎尚书、诸道转运等使。则郑璘此制即当作于乾宁四年四月。

据以上六文,所撰时间在乾宁三年(896)十月至光化三年(900)五月,即此五年内在院供职。唯其何时以何官入,未能确知。据前所述,郑璘已于大顺二年(891)为考功员外郎,并充史馆修撰,则郑璘可能于乾宁二、三年间以尚书郎中入。其出院,当在光化三年五月以后。按韩偓于五代梁开平三年(909)有《余寓汀州沙县病中闻前郑左丞随外镇赴洛兼云继有急征旋见脂辖因作七言四韵以赠之或冀其感悟也》(《全唐诗》卷六八一)。就此诗,韩偓与郑璘颇有交谊,二人曾同在院中。按韩偓于光化二年(899)入院,天复三年(903)二月出贬濮州司马(见后韩偓传),时为翰林学士之薛贻矩、姚洎亦同时被贬出院（见薛、姚传）。有可能郑璘亦同时被迫出院（或稍前）。另，《新唐书》卷一九〇《王潮传》附王审邽传，称其"为泉州刺史、检校司徒。……中原乱，公卿多来依之，振赋以财，如杨承休、郑璘、韩偓、归传懿、杨赞图、郑戬等赖以免祸，审邽遣子延彬作招贤院以礼之"。王审邽于乾宁元年（894）至天祐元年（904）为泉州刺史（参《唐刺史考全编》卷一五三江南东道泉州）。就韩偓诗题，可能郑璘在院时曾迁至尚书左丞（正四品上），后于天复三年二月与韩偓等同时被迫出院，即南下依附于泉州刺史王审邽幕。

又前所引韩偓诗，题下自注"己巳年"，即梁开平三年（909），时韩偓居于汀州沙县①。诗云："莫恨当年入用迟，通材何处不逢知。桑田变后新舟楫，华表归来旧路歧。公幹寂寥甘坐废，子牟欢抃促行期。移都已改侯王第，惆怅沙堤别筑基。"由此则郑璘在闽时，亦曾与韩偓相聚。后南闽节镇王审知称臣于朱梁，当向其举荐人才，中有郑璘，韩偓闻郑璘将赴洛，就特寄诗劝谏。郑璘可能听从韩偓之劝，未北赴，仍留于闽，因两《五代史》及有关史书均未载郑璘仕梁之讯息。

据前所引《郡斋读书志》，郑璘当于在职时著有《视草亭记》，惜后未存，《新唐书·艺文志》未著录。其诗也未载于《全唐诗》。其文，即《全唐文》卷八二一所载制文六篇，前已述。

---

① 参见邓小军《韩偓年谱》，载其所著《诗史释证》，中华书局，2004年；又《唐五代文学编年史·五代卷》，页81；辽海出版社，1998年。

张玄晏

张玄晏,两《唐书》无传。关于其事迹,两《唐书》仅见《新唐书》卷六〇《艺文志》四,集部别集类,著录《张玄晏集》二卷,注云:"字寅节,昭宗翰林学士。"

《全唐文》卷八一八载有张玄晏文十余篇,另有《唐故楚州盱眙县令荥阳郑府君墓志铭并序》,为《全唐文》所未载者,见于周绍良主编《唐代墓志汇编》①,咸通一一六。此文署"乡贡进士张玄晏撰"。文中记述此郑府君(名濆),卒于"咸通甲午岁六月乙酉",葬于其年十月十五日。按咸通甲午,为咸通十五年,实为乾符元年(874)。懿宗卒于咸通十四年(873)七月,僖宗立,第二年十一月始改元乾符。张玄晏此制作于此年十月,故仍称"咸通甲午"。据此,则张玄晏于僖宗乾符元年冬曾为乡贡进士,唯后是否及第,未可知。就其以后仕迹,曾长期在朝中任职,则当为科试及第者。

《新唐书·艺文志》记张玄晏为昭宗时翰林学士,未记时。就《全唐文》卷八三七所载薛廷珪一篇制文,可考见张玄晏于入院前曾历任殿中侍御史、都官员外郎。薛廷珪此篇制文,题为《授侍御史沈栖远右司员外郎、殿中张玄晏都官员外郎制》,中称"具官沈栖远等,由御史属为尚书郎",即沈、张二人皆由御史台所属徙为

---

① 《唐代墓志汇编》,周绍良编,上海古籍出版社,1992年。

尚书郎官署。就此制题，张玄晏原为殿中侍御史（从七品上），升迁为都官员外郎（从六品上）。

按《旧唐书》卷一九〇下《文苑下·薛逢传》附其子廷珪传，称薛廷珪"大顺初累迁司勋员外郎、知制诰，正拜中书舍人。乾宁三年奉使太原"，光化中复为中书舍人。据后钱珝制文，张玄晏于乾宁三年秋由驾部员外郎入院，则薛廷珪此制当在乾宁三年前，或在乾宁初。薛氏此制，称张玄晏云："以玄晏词无枝叶，道有污隆，履君子之中庸，练国朝之故实。直方之气，佥论多之；文艺之优，前辈高许。"则张玄晏入院前已有文名。

张玄晏之入为翰林学士，首见于钱珝《授右司郎中张玄晏翰林学士制》，载于《文苑英华》卷三八四，文末未署年月；又载于《全唐文》卷八三一。按钱珝撰写制文之时间，见于其《舟中录序》（《全唐文》卷八三六），云："己丑岁冬十一月，余以尚书郎得掌诰命。庚申岁夏六月，以舍人获谴，佐抚州。"按此"己丑"，误，《文苑英华》所载钱珝此序，作"乙卯"，是。乙卯为乾宁二年（895），庚申为光化三年（900），故序中云"冒居六年"。钱珝乃于乾宁二年十一月因宰臣王抟之荐，以膳部郎中知制诰，又于乾宁三年迁为中书舍人；后王抟于光化三年（900）六月罢相被贬，又被迫自尽，钱珝亦受累出贬抚州司马[1]。由此，钱珝此篇授张玄晏翰林学士制文，即当在乾宁二年十一月后。又制中云："吾越在关辅，不遑燕居。"按乾宁三年六、七月间，凤翔节镇李茂贞率兵逼京师，昭宗应华州刺史韩建之请，出驻华州，长安为李茂贞所占，甚

---

[1]《唐才子传校笺》卷九《钱珝传》，周祖譔、吴在庆笺，中华书局，1990年。

受破坏。昭宗在华州整整有两年,于光化元年(898)八月,才返京。由此,则当为昭宗匆促徙迁华州,军政紊乱,人才不足,张玄晏即于乾宁三年下半年受召入院。钱珝制中称此时"大盗未屠,蒸人且坠",亟需用人,故勉励张玄晏,"尔其据体会机,剪烦总要"。并对张玄晏此前仕绩,亦甚赞誉:"具官张玄晏,尝闻荐绅论者,多以尔儒行践修,出言之章,能顾于是,聚问之学,斯不为人。乃知发外之文,实自积中之性。"

《全唐文》卷八一八载张玄晏《上承旨崔侍郎启》,中云:"自忝班行,寻逾涯分,岂谓承旨侍郎念兹单拙,悯及埋沈,密回吹借之隆私,显示挈维之重德。今日早面承尊旨,曲奉恩言,必欲拔自泥沙,置之霄汉。"即对时为翰林学士承旨崔侍郎之荐拔甚表谢意,因崔侍郎之力,乃"拔自泥沙,置之霄汉"。此崔侍郎为崔远,时亦在院,于乾宁三年秋由户部侍郎转为兵部侍郎,七月,接陆扆为承旨,又于九月拜相出院(参见前崔远传及书后"学士年表")。由此即可参证张玄晏当于乾宁三年秋(九月前)入为翰林学士。

又据钱珝制题,张玄晏乃以右司郎中入,而岑氏《补记》援引张玄晏《谢奉常仆射启》(《全唐文》卷八一八)所云"伏奉敕命,授尚书驾部员外郎知制诰,依前充职者",又引张玄晏另一文《谢时相启》(《全唐文》同上卷)"某伏奉今日敕授尚书驾部郎中知制诰、依前充职者。……忽自秋而徂冬,每素飧而尸禄",遂以为钱珝制文题"右司郎中"四字误,张玄晏应以驾部员外郎、知制诰入,至同年冬,迁改驾部郎中。实则张玄晏《谢奉常仆射启》,《文苑英华》卷六五三已载,其文为:"某伏奉敕命,授尚书驾部郎中、知制诰,依前充职者。"《全唐文》所载,乃据《文苑英华》录入,但误将

"驾部郎中"改为"驾部员外郎",岑氏仅据《全唐文》,未复核《文苑英华》,故致误断,并未加考析,即断钱珝制文题"右司郎中"四字误,更不确。

《全唐文》卷八一八载有张玄晏数篇书启,涉及入院受朝臣举荐,值得一提,并应予注意。中有《未召试前与孙相公启》,此孙相公为孙偓。据《新唐书》卷六三《宰相年表》,孙偓于乾宁二年(895)十月入相,四年(897)二月罢相,这正与张玄晏入为翰林学士时段相合。张玄晏当在正式入院前须先参预考试(可参韩偓《金銮密记》,见后韩偓传),在试前乃先上书给宰相孙偓,对孙"许与之恩言"、"提拔之隆旨",深表感恩之情;"倍怀感激之心,冀竭效酬之节"。另有一篇《谢时相启》,则为考试后对宰相致谢:"某今日伏奉宣召,伏蒙圣慈令充职翰林者。"由此可见,晚唐时士人入院前,似仍须参预考试,而张玄晏则于试前特向宰相进献书启,有期望举荐之意。

《全唐文》所载,张玄晏另有一《谢时相启》,与前所述之《谢时相启》,文题虽同,所作之时则不同。后一《谢时相启》,云:"顾惟鲰浅,寻过津涯,忽自秋而徂冬,每素飧而尸禄。"可见虽已入院,且已自秋至冬,仍致谢意,并云:"某伏奉今日敕,授尚书驾部郎中、知制诰,依前充职者。"此与《文苑英华》卷六五三所载之张玄晏《谢奉常仆射启》之"某伏奉敕命,授尚书驾部郎中、知制诰,依前充职者",意合。此"奉常仆射",据郁贤皓、胡可先《唐九卿考》①,为乾宁三、四年间任太常卿的孙储,而孙储则为孙偓亲兄。

---

① 《唐九卿考》,中国社会科学出版社,2003年。

由此可见，张玄晏于乾宁三年秋由司封郎中入院，本年冬改为驾部郎中，但加兼知制诰，故再次向宰相孙偓及其兄孙储致谢。前一《谢时相启》云："相公殊常降德，不次施恩，拔自迷途，置诸密地。……遂使专诏诰教令之事，为言语侍从之臣。内省屡微，益深荣惧。"后一《谢时相启》云："相公曲示洪钧，重磨顽璞，降始终之茂德，宏特达之深恩。再假丹青，复掀羽翼。"即应试入院，受宰相之举荐，在院时官衔之迁转，亦由宰相"曲示洪钧"。由此可见，当时翰林学士本人对宰相之推荐、提拔，是极为重视的。这也可见宰相对翰林学士地位、境遇所起的作用，所谓翰林学士为"内相"，甚至超越宰相之权，就张玄晏这几篇书启，可证是不合实的。

今将现存张玄晏数篇制文之年月略考如下：

《皇第十一男禛封雅王第十二男祥封琼王制》。《旧唐书》卷一七五《昭宗诸子传》，记："雅王禛，琼王祥，并光化元年十一月九日封。"《新唐书》卷十《昭宗纪》、《通鉴》卷二六一亦均记于光化元年十一月甲寅。《文苑英华》卷四四五"翰林制诏"亦载张玄晏此制，后署"光化元年十一月"。可以注意的是，《文苑英华》同卷又载钱珝《册雅王文》、《册琼王文》。张玄晏是册雅王、琼王合为一制，而钱珝分为二制，可与前郑璘所撰同类制文相参。中书舍人亦能撰此类册文，且与翰林学士同时诏发，可为研究唐中书舍人职能提供有用之材料。又钱珝此二篇制文，均有"今遣某官某乙持节册尔为雅（琼）王"辞句，而张玄晏所撰，首云"门下"，末云"仍令所司择日备礼册命，主者施行"，此可能为翰林学士与中书舍人之职能有所不同，一为皇帝诏发，一为中书省承皇帝之命（即翰林学士所发），又下敕"令所司择日备礼册命"。

《授庞从武宁平难军节度使改名师古制》，称"具官庞从，夙怀明略，早负壮图。……可某官，仍改名师古"。《通鉴》卷二六一，乾宁四年，"三月丙子，朱全忠表……庞师古为武宁留后"。武宁即治徐州。

《授王敬荛武宁军张珂彰义军节度使制》。《旧唐书·昭宗纪》，乾宁四年十一月，"以颍州刺史王敬荛检校尚书左仆射，兼徐州刺史，加司空，充武宁军节度使"。未记张珂。《通鉴》卷二六一光化二年正月则记："朱全忠表李罕之为昭义节度使，又表权知河阳留后丁会、武宁留后王敬荛、彰义留后张珂并为节度使。"即朱全忠为交结诸道统帅，请朝中授以正式节钺。《旧唐书·昭宗纪》记于乾宁四年，且仅记王敬荛，则又误又缺，应以《通鉴》为是。

《授冯行袭昭信军节度使制》。据《通鉴》卷二六一光化元年（898）正月，"以昭信防御使冯行袭为昭信节度使"。

《授李思敬宣武军李继颜保大军节度使制》。为光化元年（参《唐刺史考全编》卷二〇九山南西道洋州）。

《授王潮威武军节度使制》。《通鉴》卷二六〇乾宁三年，"九月庚辰，升福建为威武军，以观察使王潮为节度使"。

《授李继徽秦州节度使制》。《通鉴》卷二六〇乾宁三年，"三月，以天雄留后李继徽为节度使"。天雄节镇所治在秦州。而岑氏《补记》却误为邠州，云："李继徽邠州制在乾宁四年。"

就上所述，其所撰制，在乾宁三、四年至光化元年间，即随昭宗在华州期间。按昭宗于光化元年八月返京师，张玄晏所撰封雅王、琼王制在光化元年十一月，则随昭宗返京，仍在院内供职。但何时出院，未可知，可能在光化二年（899）以后。

张玄晏著作,《新唐书·艺文志》著录其集二卷,后未存。《全唐文》卷八一八载其文十余篇,另又有《千唐志斋》所辑之盱眙令郑瀆墓志(前已述)。其诗未有载记。

吴　融

吴融,《新唐书》卷二〇三《文艺传》下,有传。另《唐才子传校笺》卷九《吴融传》周祖譔、吴在庆笺,及《唐五代文学编年史·晚唐卷》,对吴融事迹有较详考述[1],今即参据此二书,记述如下。

《新传》:"吴融字子华,越州山阴人。"越州山阴(今浙江绍兴)为其祖籍,中年时(约年三十左右)曾徙家于松江畔之长洲县(今属江苏苏州市),其间曾与陆龟蒙、皮日休等交往(详后)。

《新传》记:"龙纪初,及进士第。"《直斋书录解题》卷一九著录其《唐英集》三卷时,注云:"融与(韩)偓皆龙纪元年进士。"[2]元辛文房《唐才子传》卷九又具体记为"龙纪元年李瀚榜及进士第"。标为"李瀚榜",当据元时尚存之唐登科记。清徐松《登科记考》卷二四即据《唐才子传》,记龙纪元年(889)科试进士榜,状元为李瀚,同年及第者有吴融。

按韩偓后于任翰林学士期间,曾屡与吴融有诗唱和,其《与吴

---

① 《唐才子传校笺》,傅璇琮主编,中华书局,1990年。《唐五代文学编年史》,傅璇琮主编,《晚唐卷》为吴在庆、傅璇琮撰,辽海出版社,1998年。
② 《直斋书录解题》,上海古籍出版社点校本,1987年。

子华侍郎同年玉堂同直怀恩叙恳因成长句四韵兼呈诸同年》(《全唐诗》卷六八〇),于"二纪计偕劳笔研"句下自注云:"余与子华俱久困名场。"吴融于其《祝风》诗(《唐英歌诗》卷中)亦云:"余仍辙轲者,进趋二年纪。"则其登第前已有二十余年屡举试不第者。

但吴融早期已多与文士交往,有名声。《唐摭言》卷五《切磋》条有记云:"吴融,广明、中和之际,久负屈声;虽未擢科第,同人多赞谒之如先达。"如晚唐另一著名诗人方干,《唐摭言》卷十《韦庄奏请追赠不及第人近代者》条,记方干"幼有清才,为徐凝所器,诲之格律",后曾谒访浙东观察使王龟,"王公将荐之于朝,请吴子华为表章。无何公遘疾而卒,事不谐矣"。按据两《唐书·王龟传》,王龟于咸通十四年(873)为越州刺史、浙东观察使,后乾符元年(874)六月,为当地乱兵所害(参见《唐刺史考全编》卷一四二江南东道越州)。则吴融当于咸通十四年、乾符元年间在浙东王龟幕,并代为撰表举荐方干(《唐五代文学编年史·晚唐卷》亦记此,系于乾符元年,并举方干有《谢王大夫奏表》诗,载《全唐诗》卷六五二)。本年前后,吴融又与皮日休有交往,如吴融有《和皮博士赴上京观中修灵(宝)斋赠威仪尊师兼见寄》、《高侍御话及皮博士池中白莲因成一章寄博士兼奉呈》(《全唐诗》卷六八七)。皮博士即皮日休,乾符元年任太常博士(参见《唐五代文学编年史·晚唐卷》乾符元年)。又,《唐摭言》卷十《海叙不遇》条,记陆龟蒙于僖宗中和元年(881)卒于苏州故里,"颜荛给事为文志其墓,吴子华奠文千余言"。颜荛所作墓志不存,吴融所作祭文,见《全唐文》卷八二〇。由此可见,吴融进士登第前已与当时诗文名家甚有交往。

《新传》记吴融及第后,接云:"韦昭度讨蜀,表掌书记,迁累侍御史。坐累去官,流浪荆南,依成汭。"韦昭度,僖宗朝翰林学士,其奉命征讨西蜀陈敬瑄之时间,详见前韦昭度传。吴融随韦昭度赴蜀,在龙纪元年(889)春,大顺二年(891)秋又随韦昭度返京,在蜀两年,有诗作(参见《唐五代文学编年史·晚唐卷》)。吴融返京后迁为侍御史(从六品下),但于乾宁二年(895)夏又因事南贬流寓荆南,在荆南节度使成汭幕;后于乾宁三年(896)冬又返京(详参《唐才子传校笺》卷九《吴融传》笺)。成汭,《新唐书》卷一九〇、《旧五代史》卷一七有传,其任荆南节度使在文德元年至天复三年间(888—903),参见《唐刺史考全编》卷一九五山南东道荆州。

　　吴融在荆州一年半,又与诗僧贯休甚有交往。初抵达荆州时,即有《访贯休上人》诗(《全唐诗》卷六八六),后又曾为其集作序,即《禅月集序》(《全唐文》卷八二〇),有云:"沙门贯休……止于荆门龙兴寺。余谪官南行,因造其室,每谈论未尝不了于理性。自是而往,日入忘归,邈然浩然,使我不知放逐之感。此外商榷二雅,酬唱循环,越三日不得往来,恨疏矣。如此者凡期有半。"又记乾宁三年丙辰,吴融返京时,贯休又特赠其《西岳集》:"丙辰岁,余蒙恩诏归,与上人别,袖出歌诗草本一,曰《西岳集》,以为赆(琼按:原作尽,当误,今改)矣。"吴融离荆时,贯休特作诗送之,有《送吴融员外赴阙》(《全唐诗》卷八三一);吴融返京后,即作诗寄酬:《寄贯休上人》(《全唐诗》卷六八四)。

　　晚唐八十余年期间,翰林学士在入院前,即与文士有如此广泛、深入之交往,应当说吴融是较为突出的。

《新传》记吴融"流浪荆南,依成汭"后,接云:"久之,召为左补阙,以礼部郎中为翰林学士。"据前所述,吴融于乾宁二年初夏流贬荆南,乾宁三年即已返京,仅一年余,而《新传》称为"久之",措词不确。又吴融有《壬戌岁阌乡卜居》诗(《唐英歌诗》卷中),中云:"六载抽毫侍禁闱,可堪多病决然归。"壬戌为天复二年(902)。天复元年(901)十一月,昭宗因朱全忠兵胁,出徙凤翔,吴融因未能随从,避乱居于阌乡(详后)。自天复元年上溯六载,则为乾宁三年(896)。由此可以确定,乾宁三年初秋,吴融受召自荆南返京,初为左补阙(从七品上),旋即迁礼部郎中(从五品上),入为翰林学士,即乾宁三年秋冬际。按乾宁三年七月,昭宗因凤翔节度使李茂贞率兵逼京,出徙华州,当时正处于匆促之中,故急召人才,张玄晏即于此时入(见前张玄晏传),吴融当亦与张玄晏同时入。

据前所引吴融《壬戌岁阌乡卜居》诗,吴融当于乾宁三年初秋入院,直至天复元年十一月,均在院。按昭宗后于光化元年(898)八月自华州返京,吴融当亦随返,则在华州有两年余,后在京有三年余。其在院内官阶之迁转,据《新传》,以礼部郎中入,后为中书舍人(正五品上),接云:"昭宗反正,御南阙,群臣称贺,融最先至。于时左右欢骇,帝有指授,叠十许稿,融跪作诏,少选成,语当意详,帝咨赏良厚。进户部侍郎。"《新传》此处所谓"昭宗反正",未记具体年月。《唐摭言》卷一三《敏捷》条则有具体记述:"昭宗天复元年正旦,东内反正,即御楼,内翰维吴子华先生,上命令前跪草十余诏,简备精当,曾不顷刻。上大加赏激。"此时确记为天复元年正旦。据《通鉴》卷二六二,光化三年(900)十一月,"上猎苑中,因置酒,夜,醉归,手杀黄门、侍女数人",于是宦官、左军中尉刘季述密谋陈兵殿廷,迫使昭宗及后妃出居少阳院,以太子嗣位。十二月底,时任盐州雄毅军使孙德昭为左神策军指挥使,乃与宰臣崔胤谋,诛杀刘季述等。《旧唐书·昭宗纪》即于天复元年(901)正月甲申朔记:"昭宗反正,登长乐门楼,受朝贺。"由此,则吴融当于天复元年正月即迁为户部侍郎(正四品下)。岑氏《补记》仅云"拜中书舍人,进户部侍郎",对具体年月未有考。

又韩偓《无题》诗(《全唐诗》卷六八三),自序有云:"余辛酉年戏作《无题》十四韵,故奉常王公相国首于继和,故内翰吴侍郎融、令狐舍人涣……相次属和。"辛酉为天复元年,此亦为吴融于天复元年为户部侍郎之确证。

《全唐文》卷八二○载吴融所撰制文六篇,岑氏《补记》有考其撰写时间,除《授王行审鄜州节度使制》谓待考外(《唐刺史考全编》卷七关内道鄜州,引吴融此制及《新唐书·吴融传》,谓作于天祐三、四年间,显误),皆作于乾宁三、四年至天复元年间,是。唯《授孙德昭安南都护充清江军节度使制》,此"清江"应为"静海",岑氏未辨正(详见傅璇琮《岑仲勉〈补僖昭哀三朝翰林学士记〉正补》,载《唐研究》第十卷,北京大学出版社,2004年,又编于前《唐翰林学士传论》))。

吴融在此期间,常与同院诸学士有诗唱和,如《和诸学士秋夕禁直偶雪》(《全唐诗》卷六八五),特别与韩偓唱酬更多,详见后韩偓传,此不赘。现可提二事。一为当时以草书著名之诗僧詧光,曾得昭宗赏识,乾宁四年(897)昭宗仍在华州时,詧光归永嘉,当时有不少在朝之文臣以诗送之,后辑送行者五十家之作为一集,其中即有吴融诗。宋赞宁《宋高僧传·后唐明州国宁寺聱光传》,称聱光"多作古调诗,苦僻寡味,得句时有得色。长于草隶";并云自华归故乡时,"有朝贤赠歌诗,吴内翰融、罗江东隐等五十家,仅成一集"。司空图亦有《送草书僧归楚越》(《全唐文》卷八○七)。宋《宣和书谱》卷一九有记:"释聱光,江南人也。潜心草字,名重一时。吴融赠其歌曰:'忽时飞动更惊人,一声霹雳龙蛇活。'"吴融又有《送广利大师东归》(《全唐诗》卷六八五)。《宣和书谱》多有载当时文士赠聱光诗,其笔迹于北宋徽宗宫内尚有存者。由此亦可见吴融参与之文学群体活动。另一事为贯休诗集撰序,其《禅月集序》称作此序在"己未岁嘉平月之三日"。己未为光化二年(899),嘉平月为十二月。序中称"太白、乐天既殁,可嗣其美者,非上人而谁",即贯休诗又上接李白、白居易;而所以能"嗣其美",即在于"气骨高举",并讥评"迩来相教学者,靡漫浸淫,困不知变",亦可见吴融对晚唐诗界的评论。

　　《新传》记吴融"进户部侍郎"后,接云:"凤翔劫迁,融不克从,去客阌乡。俄召还翰林,迁承旨,卒官。"按据《通鉴》卷二六二,天复元年(901)十月,朱全忠与宰臣崔胤联系,发兵赴长安,欲迫昭宗迁徙洛阳;十一月初,昭宗乃受宦者、中尉韩全海之挟,出奔凤翔。当时韩偓倒是连夜追赶,随昭宗西出的,而吴融则不知何故,未及随从,遂客居阌乡,即辞职出院。按阌乡在今河南西部灵宝市西北,已在潼关东,不知何以吴融远出关东。这就历一年余。天复三年(903)正月,昭宗与朱全忠和解,返长安,并诛宦者韩全海等。吴融当于此年春返朝,复入院。而此年二、三月间,宰相崔胤与朱全忠交结,又胁迫昭宗贬谪同列宰臣陆扆,并贬翰林学士韩偓出为濮州司马,薛贻矩出为峡州司户。薛贻矩出贬时,吴融有《送薛学士赴任峡州二首》(《全唐诗》卷六八五),其一有云:"莫将彩笔闲抛掷,更待淮王诏草看。"即仍期望以后仍能召还,入院充职。

关于吴融出院及卒年,《新传》仅云:"迁承旨,卒官。"未有确记。岑氏《补记》谓吴融当继韩偓为承旨,又云:"融卒何年,虽乏明文,但据《旧唐书》一七九《柳璨传》,璨天祐元年正月十日命相时,充承旨者已是张文蔚,则文蔚殆于天复三年加充。换言之,即融以天复三年卒官也。"即吴融天复三年(903)正月返朝,再入院,并接任承旨,但又于同年卒。但吴融有《寄杨侍郎》诗(《全唐诗》卷六八六):"目极家山远,身拘禁苑深。烟霄惭暮齿,麋鹿愧初心。""禁苑深",则此杨侍郎亦在翰林学士院中任职。陶敏《全唐诗人名考证》(页928)谓此杨侍郎为杨注。《唐五代文学编年史·晚唐卷》天祐三年条引吴融另一首《寄杨侍郎》诗(《全唐诗》同上卷),亦以为杨注。据《旧唐书·昭宗纪》,杨注于天祐元年(904)六月以中书舍人充翰林学士,又同书《哀帝纪》天祐二年三月,记杨注时为户部侍郎。则吴融此二诗,当作于天祐元年、二年间(904、905),即此时吴融仍在世,非天复三年(903)已卒。关于张文蔚于天复三年接任承旨,可再考。可能吴融于天复三年下半年离职出院,张文蔚接任,而吴融非卒于在院中任职时。

又前所述之韩偓《无题》诗,自序称"丙寅年九月"作,中称"故内翰吴侍郎融"。丙寅为天祐三年(906),既称吴融为"故",则天祐三年九月前吴融已卒,当卒于天祐二、三年间(参《唐五代文学编年史·晚唐卷》天祐二年条)。

《新唐书》卷六〇《艺文志》四,集部别集类,著录《吴融诗集》四卷,又《制诰》一卷。其所撰制诰,能专辑为一卷,可见在职时所撰亦多。《直斋书录解题》卷一九诗集类,著录吴融《唐英集》三卷。清《四库全书总目》卷一五一集部别集类,亦著录《唐英歌诗》三卷,当承宋时所传之本,其《提要》有将其所作与韩偓评比者,谓:"偓心在朝廷,力图匡辅,以孱弱文士毅然折逆党之凶锋,其诗所谓报国危曾捋虎须者,实非虚语,纯忠亮节,万万非融所能及;以文章工拙论之,则融诗音节谐雅,犹有中唐之遗风,较偓为稍胜焉。"又将其与当时诗家相比,云:"在天祐诸诗人中,闲远不及司空图,沉挚不及罗隐,繁富不及皮日休,奇辟不及周朴,然其余作者,实罕与雁行。"吴融诗文创作,在唐末还是较为突出的,可进一步结合其政治活动加以探讨。

《全唐诗》编其诗为四卷(卷六八四—卷六八七)。《全唐文》卷八二〇载其文十余篇。

韩　仪

韩仪,为韩偓兄,《新唐书》卷一八三《韩偓传》后有其附传,但所记甚简。

《新传》记其字羽光,"亦以翰林学士为御史中丞",未载其入院前仕迹。按《唐摭言》卷一《述进士》下篇,有云:"近年及第,未过关试,皆称'新及第进士',所以韩中丞仪尝有'知闻近过关试仪',以一篇纪之曰:'短行纳了付三铨,休把新衔恼必先。今日便称前进士,好留春色与明年。'"据此,韩仪曾自称"前进士",即曾登进士第,但未知其年。

《新传》仅称其曾为翰林学士,但未记何时入院。《全唐文》卷八四〇载其制文八篇,当在院任职时所撰。中有《授朱朴平章事制》,可考定于昭宗乾宁三年(896)八月作,则此前即已入院。

《授朱朴平章事制》,岑氏《补记》谓《文苑英华》卷四五〇所载,文末署乾宁三年八月;《新唐书》卷二〇《昭宗纪》、卷六三《宰相年表》均记朱朴拜相在乾宁三年八月乙丑,《旧唐书》卷二〇上《昭宗纪》记为四年五月乙亥朔,岑氏于此未作判断。按朱朴任相事,《通鉴》卷二六〇乾宁三年(896)七、八月有具体记述,七月记:"水部郎中何迎表荐国子《毛诗》博士襄阳朱朴,才如谢安,道士许岩士亦荐朴有经济才。"同年八月记:"上愤天下之乱,思得奇杰之士不次用之,国子博士朱朴自言:'得为宰相,月余可致太平。'上以为然。乙丑,以朴为右谏议大夫、同平章事。朴为人庸鄙迂僻,无他长。制出,中外大惊。"《通鉴》卷二六一又记乾宁四年(897)二月朱朴与孙偓同罢相,并云:"朴既秉政,所言皆不效,外议沸腾。"《旧唐书》卷一七九、《新唐书》卷一八三《朱朴传》亦皆记朱朴拜相后仅数月即罢相。由此,则《旧纪》记朱朴于乾宁四年五月乙丑朔,"以国子博士朱朴为右谏议大夫、同平章事",显误。又,韩仪所撰此制,确对朱朴甚为赞誉,称其"学业优深,识用精敏,久徊翔而不振,弥贞吉以自多。朕知其才,遂召与语,理乱立分于言下,闻所未闻;兵农皆在于彀中,得所未得。不觉前席,为之改容"。可能正因此,遂使制文一出,"中外大惊"。韩仪作为翰林学士,当然不得不听从君主意旨撰文,但中唐时如白居易等,还是有自己相对独立见解的。

　　韩仪于乾宁三年八月即已撰授宰臣制文，则其入院当已有一定时间，或当在乾宁三年初。但以何官入，入院后官衔如何迁转，限于史料，皆未可知。

　　《全唐文》所载其他七篇制文，岑氏《补记》也多有所考，谓"年月之较可确定者，为乾宁三年秋至四年冬"。即均在华州时作。时昭宗即出驻于华州。《新传》云："以翰林学士为御史中丞。"似意为出院任御史中丞。御史中丞为正五品上，与中书舍人同阶，很可能韩仪在院时曾历任尚书诸司郎中、中书舍人。又昭宗于乾宁五年（898）八月自华州返京师，改元光化，按现存韩仪制文之时日推测，很可能随昭宗返朝后，昭宗即授以谏职，出院。但另有一可能，即韩仪于光化元年仍未出院，而韩偓于光化三年（900）六月以司勋郎中兼侍御史入为翰林学士（见后韩偓传），韩仪当因与韩偓为亲兄弟，乃避嫌辞出，昭宗即授以御史中丞。唐时以亲兄弟同时入为翰林学士者，首例为张垍、张埱（见前玄宗朝传），但有其特殊性，即张垍为驸马都尉，玄宗之婿。有唐一代，仅此一例。后懿宗朝，韦保衡亦先为驸马都尉，后入为翰林学士（咸通十年，869，三月），其弟韦保义，也于懿宗朝为翰林学士，但其入院在咸通十二年（871）二月，而韦保衡已于前一年（咸通十一年）四月任相出院，亲兄弟二人并未同时在院（详见前传）。当然，韩仪现存制文，未见有乾宁四年以后者，但唐时翰林学士有不少在院好几年，连一篇制文也未有传存者。故此处推测，韩偓于光化三年六月入院，韩仪即避嫌辞职出院，可能性较大。

　　《新传》后云："（韩）偓贬之明年，帝宴文思毬场，全忠入，百官坐庑下,全忠怒,贬仪棣州司马,侍御史归蔼登州司户参军。"按韩偓由翰林学士出贬濮州司马在天复三年(903)二月,则此时韩仪当仍为御史中丞,未受累。所谓"偓贬之明年",当为天复四年,亦即天祐元年(904)。按此年正月,朱全忠即迫使昭宗离长安东迁,闰四月徙至洛阳。《旧唐书·昭宗纪》天祐元年七月记:"甲子,(朱全忠)自汴至洛阳,宴于文思毬场。全忠入,百官或坐于廊下,全忠怒,笞通引官何凝。丙寅,制金紫光禄大夫、行御史中丞、上柱国韩仪责授棣州司马,侍御史归蔼责授登州司户,坐百官傲全忠也。"(此事,《通鉴》、《新唐书·昭宗纪》皆未载)由此可见朱全忠之专横跋扈,也可见韩仪等之政见品德。

棣州,《元和郡县图志》卷一七所载,属河北道,其辖境相当今山东阳信、惠民等县。韩仪被贬后,事迹不详。可知者,韩偓有《寄上兄长》一诗(《全唐诗》卷六八〇):"两地支离路八千,襟怀凄怆鬓苍然。乱来未必长团会(原注:一作聚),其奈而今更长年。"按韩偓于天复三年(903)二月被迫出院,贬濮州(今山东鄄城北)司马,四年二月再贬荣懿县尉、邓州司马,未赴任弃官南下,留于湖南。天祐二年(905)又移居江西;三年,移福州。邓小军《韩偓年谱》记韩偓居于福州后,稍安定,乃作此《寄上兄长》诗,棣州与福州亦近八千里,故诗中云"两地支离路八千"①。据此,则韩仪长期留于棣州贬地,未如韩偓弃官南下。很可能后即卒于棣州。

《全唐文》卷八四〇载其文八篇,前已述。《全唐诗》卷六六

────────────

① 邓小军《韩偓年谱》,见其所著《诗史释证》,中华书局,2004年。

七载其《记知闻近过关试》一诗，即辑自《唐摭言》卷一《述进士》下篇者，前亦已述。

卢　说

卢说，两《唐书》既无专传，亦无一字记及。《文苑英华》卷四一九"中书制诏"载有钱珝《翰林学士兵部侍郎卢说妻博陵郡君崔氏进封博陵郡夫人制》，岑氏《补记》即引此，谓卢说为昭宗时翰林学士，并谓此制当为乾宁二年末至光化三年夏所行，因钱珝于此期间任为知制诰、中书舍人。当是。但岑氏又据《文苑英华》卷四五八所载卢说《授马殷湖南节度使制》，定卢说约于乾宁末入充翰林学士，则不合，今考如下。

按岑氏所引卢说此制，谓题为《授马殷湖南节度使制》，而《文苑英华》所载，题为《授李思敬马殷湖南节度使制》，《全唐文》卷八二一同，实则此制非仅记授马殷湖南节度使，另尚有李思敬事，岑氏所引，于题中漏"李思敬"三字。但《文苑英华》、《全唐文》所载，题与文亦有差误，如仅就制题，则似李思敬与马殷同授湖南观察使，此与制文内容亦不合。

按《通鉴》卷二六〇，乾宁三年（896）三月记："保大节度使李思孝表请致仕，荐弟思敬自代，诏以思孝为太师，致仕，思敬为保大留后。"同年九月，即"以保大留后李思敬为节度使"。《通鉴》于同年九月又载："以湖南留后马殷判湖南军府事。"关于湖南事，《旧唐书》卷二〇上《昭宗纪》有较详记载，即乾宁三年四月，"湖南军乱,杀其帅刘建锋,三军立其部将权知邵州刺史马殷为兵马留后"。《新唐书》卷十《昭宗纪》亦记乾宁三年四月武安(湖南)节度使刘建锋因军乱被杀,"其将马殷自称留后"。由此,则可知乾宁三年四月,湖南军乱,其主帅、湖南节度使刘建锋被杀,马殷被推为兵马留后,至同年九月,朝廷正式任命其判湖南军府使,也就是使其任为湖南节度使。按保大节度治鄜州,唐时属关内道,即在陕中。由此可见,卢说此制,所任实为二人,一在北,一在南,称保大为"束神京襟带",称湖南为"扼衡越咽喉",非常清晰。其叙李思敬,制中称"有以难兄告老,沥恳以闻,俾谐内举之诚,爰颁试守之命",即乾宁三年三月保大节度使李思孝表请致仕,荐其弟思敬,乃授以为保大留后,即制中所云"爰颁试守之命"。后叙马殷,称"有以元戎殒丧,军俗上陈,言其以得士心,可使为帅,姑徇人欲,爰假武符",也与该年四月湖南事合。制文在记叙上述事后,一称"或曾未半期",一称"或始逾星纪",即不到半年,即于九月授以正职,故制文云"不有即真之命,曷明劝赏之文"。由此可以考定,此制当撰于乾宁三年九月,因二人同任节度使,在同一期间,故可以在同一制文中颁发,这在唐代制文中是常有的。由此,则其制题实应为《授李思敬保大节度使、马殷湖南节度使制》,《文苑英华》缺记,《全唐文》沿袭。又,乾宁纪元为五年,即公元894—898,卢说既于乾宁三年九月已撰有制文,则其入院当更在此前。而岑氏定为乾宁末入,则不确。

由上考述,则卢说当于乾宁二、三年间入为翰林学士,但以何官入,限于史料,未可知。前所引之钱珝制文,称卢说为"翰林学士、兵部侍郎",兵部侍郎为正四品下,官阶高于中书舍人(正五品上），当为入院后逾一定年月所授。《全唐文》卷八二一仅载卢说制文一篇（即前所述者），故未能考索其出院时间。

又钱珝此制，称所以进封卢说妻崔氏，乃因"（卢）说代我之言，必能恪居其职，助于内者，足以彰焉"，乃勉励卢说恪守其职。

关于卢说仕迹，《全唐文》卷八二一小传，未记翰林学士事，但云"官汝阳主簿"。据《元和郡县图志》卷九河南道，汝阳属蔡州，为上县，其主簿为正九品下，官阶甚低，当为初入仕时所授。又齐己有《送卢说乱后投知己》诗（《全唐诗》卷八三九）："兵寇残江墅，生涯尽荡除。事堪煎桂玉，时莫倚诗书。暮狄啼空半，春山列雨余。舟中有新作，回寄示慵疏。"按此诗题仅记卢说之名，未称其官衔，而唐末乱事甚多，故未能确定其所撰之时；或亦为卢说早年未入仕时，故齐己称其"投知己"，当以求举荐。不过由此亦可见卢说与当时已有盛誉之诗僧齐己亦曾有交往。

韩　偓

韩偓，《旧唐书》无传，《新唐书》卷一八三有传，所记甚详。近现代学者有关韩偓事迹之记述、考证者亦不少，正因如此，现为韩偓所作传论，为避免重复，当以记其翰林学士任期为主，主要参考者除岑氏《补记》外，为《唐才子传校笺》卷九《韩偓传》周祖譔、吴在庆笺，邓小军《韩偓年谱》①，《唐五代文学编年史》之《晚唐

----

①邓小军《韩偓年谱》，载其所著《诗史释证》，中华书局，2004年。

卷》、《五代卷》；其他单篇论文，如周祖譔、叶之桦《韩偓年谱补正》①，吴在庆《韩偓贬官前后的心态及其对诗歌创作的影响》②，亦间加参辑。

《新传》："韩偓字致光，京兆万年人。"韩偓之字，诸书所载不一，有作致尧、致元者。宋计有功《唐诗纪事》卷六五韩偓条，清《四库全书总目》卷一五一《韩内翰别集》提要，及岑氏《补记》，皆以为作致光误，应为致尧。然吴融有《和韩致光侍郎无题三首十四韵》（《全唐诗》卷六八五），为吴融与韩偓同任翰林学士时所作，既为同在院中，当有所据。故韩偓之字致光、致尧，诸说皆可并存。

关于韩偓生年，亦有歧说，现据周祖譔、吴在庆《唐才子传·韩偓传》笺、邓小军《韩偓年谱》（以下简称邓《谱》），定于武宗会昌二年（842）。

又据有关记载，韩偓父瞻（字畏之），文宗开成二年（837）与李商隐同年进士及第（徐松《登科记考》卷二一）。又韩瞻与李商隐同为文宗、武宗时节度使王茂元之婿，故李商隐为韩偓姨父。又韩偓兄韩仪，亦为昭宗时翰林学士，在韩偓前入院，见其前传。

韩偓早年即有诗才，并极受李商隐赏赞。李商隐于宣宗大中五年（851）七月应东川节度使柳仲郢之聘，入其幕府，离长安赴任

---

①《韩偓年谱补正》，周祖譔、叶之桦撰，载《唐代文学研究》第六辑，中国唐代文学学会等编，广西师范大学出版社，1996年。

②吴在庆《韩偓贬官前后的心态及其对诗歌创作的影响》，载其所著《唐代文士与唐诗考论》，厦门大学出版社，2006年。

时,韩瞻携韩偓送行,于饯别寓席时,韩偓特作诗赠别,有"连宵侍坐徘徊久"之句,甚得李商隐欣赏;后李商隐在梓州时,也特作诗回寄,诗题为:《韩冬郎即席为诗相送,一座尽惊,他日余方追吟"连宵侍坐徘徊久"之句,有老成之风,因成二绝寄酬,兼呈畏之员外》(《全唐诗》卷五三九)。冬郎为韩偓幼年时小称(见《南部新书》卷乙及《唐诗纪事》卷六五),时为十岁,故李商隐诗中称"十岁裁诗走马成",又称其诗"雏凤清于老凤声",与诗题所云"有老成之风"相合。由此可见韩偓少年时即甚有诗才,惜此诗整篇未存,仅李商隐于诗题中录其一句。

《新传》云"擢进士第",但未记年。清徐松《登科记考》卷二四,据《新唐书·吴融传》所记吴融于龙纪初及进士第,又据《唐诗纪事》所载韩偓与吴融同年及第,即载韩偓与吴融同为昭宗龙纪元年(889)同年进士及第。《唐才子传·韩偓传》亦记为"龙纪元年,礼部侍郎赵崇下擢第"。按韩偓后与吴融同在翰林学士任内时,曾有一诗,题为:《与吴子华侍郎同年玉堂同直怀恩叙恳因成长句四韵兼呈诸同年》(《全唐诗》卷六八〇),中有"二纪计偕劳笔研"句,自注云"余与子华俱久困名场"。即韩偓应试已二十余年,屡试不第。龙纪元年,韩偓已四十八岁,可见确为"久困名场"。

值得注意的是,在这长时期中,他虽"久困",但仍专注于诗歌创作。《四部丛刊初编》影印之旧抄本韩偓《玉山樵人集》,其卷末附有《玉山樵人香奁集序》,为后任翰林学士承旨、户部侍郎、知制诰时所作,有记其早期之作,云:"余溺章句,信有年矣。诚知非大夫所为,不能忘情,天所赋也。自庚辰、辛巳之际,迄辛丑、庚子之间，所著歌诗不啻千首，其间以绮丽得意者，亦数百篇，往往在士大夫之口，或乐工配入声律，粉墙椒壁，斜行小字，窃咏者不可胜记。大盗入关，缃帙都坠。"按《全唐文》卷八二九亦载有韩偓《香奁集自序》，却甚简，未有此所引语句。故陈尚君《全唐文补编》卷一一六即据以补入①。此也可确定此序确出于韩偓之手，所记可信。序中提及之庚辰、辛巳为懿宗咸通元年、二年（860、861），庚子、辛丑为僖宗广明元年、二年（880、881），亦即在韩偓十九、二十岁至三十九、四十岁之间。即此二十年间，所作诗有千余首，其间"以绮丽得意者"有数百篇，且传诵于士大夫，又传播于社会。可惜广明元年、二年间，黄巢等攻占长安、关中，其诗作大多散佚。

《新传》记其登进士第后，云："佐河中幕府，召拜左拾遗，以疾解。后迁累左谏议大夫。"据邓《谱》，韩偓于昭宗乾宁三年（896）曾为刑部员外郎；乾宁五年即光化元年（898）迁为司勋（封）郎中兼侍御史，后于光化三年（900）入为翰林学士。

关于韩偓入院之年，唐末五代初王定保《唐摭言》卷六《公荐》条记为："韩偓，天复初入翰林。"元辛文房《唐才子传》卷九《韩偓传》谓："天复中，王抟荐为翰林学士。"近现世之有关著述多有辨其误者，其所据主要即《新传》所云"宰相崔胤判度支，表以自副，王抟荐为翰林学士"，及《全唐文》卷八三一钱珝《授司勋（《文苑英华》之总目卷三八四作"封"）兼侍御史知杂事赐绯鱼韩偓本官充翰林学士制》。今考述如下：

_____

①陈尚君《全唐文补编》，中华书局，2005年。

《新唐书》卷六三《宰相年表》,记崔胤于乾宁三年(896)九月已再任为相,光化二年(899)正月丁未罢守吏部尚书,至光化三年(900)六月丁卯,又为尚书左仆射兼门下侍郎、同中书门下平章事、诸道盐铁转运使。两《唐书·昭宗纪》及《旧唐书》卷二二三下《崔胤传》,皆记崔胤复相兼领度支、盐铁、户部使时,又诬使王抟罢相,后又贬死。《通鉴》卷二六二光化三年六月所记同。而钱珝,原即因王抟之荐,为中书舍人,后王抟为崔胤所诬,罢相贬谪,钱珝亦受累贬抚州司马(见《新唐书》卷一七七《钱珝传》)。钱珝《舟中录序》即云:"庚申岁夏六月以舍人获谴,佐抚州。"(《文苑英华》卷七〇七)庚申即光化三年。由此,则钱珝《授司勋郎中兼侍御史知杂事赐绯鱼韩偓本官充翰林学士制》,当撰于光化三年六月贬出前。邓《谱》定韩偓入充翰林学士在此年六月十一日至十三日左右,是①。

韩偓入院,另一值得注意的,是入院应试事。韩偓后于晚年曾追叙其在院任职事,著有《金銮密记》。宋陈振孙《直斋书录解题》卷五著录其为三卷,谓"具述在翰苑时事"。此书后佚,当代学者陈尚君曾采辑诸书所引,得十七条,刊于《中华野史·唐朝

---

①邓《谱》在引《唐摭言》卷六《公荐》"韩偓,天复初入翰林"时,又引《通鉴》卷二六二天复元年六月所记:"上之返正也,中书舍人令狐涣、给事中韩偓皆预其谋,故擢为翰林学士。"谓《通鉴》与《唐摭言》皆记韩偓为翰林学士在天复元年,误。按《通鉴》此处所记,乃天复元年六月韩偓与令狐涣在任职翰林学士时昭宗与之交谈,咨询政事,所谓"上之返正也",乃光化三年十二月事,此为《通鉴》追叙,《通鉴》并未谓天复元年六月才召韩偓、令狐涣入院。

卷》①。中有引自《说郛》卷四、卷七五者,云:"昭宗召偓入院,试文五篇:《万邦咸宁赋》、《禹拜昌言诗》、《武臣授东川节度使制》、《答佛詹国进贡书》、《批三功臣让图形表》。"关于翰林学士入院考试,李肇《翰林志》曾有记:"凡初迁者,中书、门下省召令右银台门候旨。其日入院,试制、书、答共三首,诗一首,自张仲素后加赋一首。试毕封进,可者翌日受宣,乃定。"李肇作《翰林志》在宪宗元和十四年(819),时亦在院(见前宪宗朝李肇传)。而此前,白居易于元和二年(807)入院时,即有《奉敕试制书诏批答诗等五首》②,此为首次记叙有此考试者,并有原文。此后长时期即未记入院考试事,至唐末昭宗时才又有韩偓所记,但韩偓所记仅有题,无文。如此,则唐时翰林学士入院前确须经过考试。但唐时科举考试,有及第,有未及第者。按体制,既有考试,当亦有不合而未能入选者,但有唐一代,未有记虽经荐举,但经考试而不合格,终未召入者。唐翰林学士入选,往往先由皇帝提名,或宰相大臣等推荐,其入院已定,所谓考试当仅是一种程式,未起实际作用。

韩偓于光化三年(900)六月入院,时年五十九,天复三年(903)二月出院被贬(见后),在院前后不到三年。时间并不长,但有两点值得注意:一、在职期间,虽未有制文传世,但积极参预朝政。《新传》与《通鉴》对此所记甚详。宋晁公武《郡斋读书志》卷六杂史类著录《金銮密记》,其提要有云:"予尝谓偓有君子之道四焉:唐之末,南北分朋而忘其君,偓,崔胤门生,独能弃家从上,一

①《中华野史·唐朝卷》,泰山出版社,2000年。
②见《白居易集笺校》,朱金城撰,上海古籍出版社,1988年。

也;其时搢绅无不交通内外,以躐取爵位,偓独能力辞相位,二也;不肯草韦贻范起复麻,三也;不肯致拜于朱温,四也。《诗》曰'风雨如晦,鸡鸣不已',偓之谓也。"可见韩偓积极参政,坚持己见,至南宋尚为人重视①。二、韩偓在院时,作诗甚多,有记院中值班事,有与诸学士唱和,有记学士时俗,这在晚唐翰林学士中极为突出,可与中唐时白居易并称。

韩偓参预政事,《新传》与《通鉴》所叙甚详,邓《谱》等亦有具记,限于篇幅,此处就不再复述。今大致考索其任职期间所历官阶。

《新传》:"王溥荐为翰林学士,迁中书舍人。偓尝与(崔)胤定策诛刘季述,昭宗反正,为功臣。"据《通鉴》卷二六二,光化三年(900)十一月,宦官、左军中尉刘季述率禁兵逼昭宗困居,挟太子缜嗣位,后崔胤与左神策指挥使孙德昭谋,于天复元年(901)正月诛杀刘季述等,昭宗复位。则天复元年正月前韩偓已为中书舍人,即为"功臣",即迁左谏议大夫。《通鉴》卷二六二天复元年正月丙午即记有"左谏议大夫万年韩偓"②。

《通鉴》卷二六二又载,天复元年(901)十月,朱全忠发兵西进,至河中,表请昭宗迁徙洛阳,京城大骇,士民多逃窜山谷。十

---

① 晁氏此处所述亦有小误,即韩偓于龙纪元年及第时,知举者为赵崇,非崔胤,而晁氏云"偓,崔胤门生",误。应为崔胤为相兼知盐铁等使时,曾辟韩偓为副使。

② 邓《谱》有两处记有"迁中书舍人、加知制诰"(页230、233)。按唐时,知制诰者例以他官兼,一般为尚书诸司郎中、员外郎,或侍郎,中书舍人本身即行撰制时,不再兼知制诰,故不能称"中书舍人、加知制诰"。

一月，昭宗乃受宦官韩全诲等之挟，出奔凤翔，凤翔节度使李茂贞相接。《新传》记："（韩）偓夜追及鄠，见帝恸哭。至凤翔，迁兵部侍郎，进承旨。"韩偓此时有《辛酉岁冬十一月随驾幸岐下作》诗（《全唐诗》卷六八〇）。辛酉即天复元年。按崔远于乾宁三年（896）秋自户部侍郎、知制诰改迁兵部侍郎、知制诰，为翰林学士承旨，同年九月十七日出院任相，此后未见有谁接任承旨，历四年，至天复元年十一月才由韩偓接为承旨。这可能由于史料所限，其间承旨学士有所缺记。

天复二年（902），昭宗仍在凤翔。韩偓因在学士承旨重任，此年就发生一件大事：此年五月，宰相韦贻范遭母丧罢位，《通鉴》卷二六三于七月记："韦贻范之为相也，多受人赂，许以官，既而以母丧罢去，日为债家所譟。"于是汲汲于起复，"日遣人诣两中尉、枢密及李茂贞求之。甲戌，命韩偓草贻范起复制，偓曰：'吾腕可断，此制不可草！'即上疏论贻范遭忧未数月，遽令起复，实骇物听，伤国体。学士院二中使怒曰：'学士勿以死为戏！'偓以疏授之，解衣而寝；二使不得已奏之，上即命罢草，仍赐敕褒赏之"。至八月乙亥朔，仍无命相制诏，凤翔节度使李茂贞即公然对昭宗说："陛下命相而学士不肯草麻，与反何异！"（此又见《金銮密记》，陈尚君据《类说》卷七辑）于是，同月即起复韦贻范为相。由此可见韩偓之坚持己见，但此事亦为其以后致贬之原由。

《旧唐书·昭宗纪》，天复三年正月丙午，"上又令户部侍郎韩偓、赵国夫人宠颜宣谕于（朱）全忠军"，则天复二年，其官衔已由兵部侍郎改为户部侍郎，当仍知制诰，依前为承旨。

天复三年（903）正月，昭宗从李茂贞之请，与朱全忠和解，还京都,诛杀宦官韩全诲等,而朝中则为崔胤专权,崔胤与朱全忠交结,又贬责朝臣王溥、陆扆等,韩偓亦于同时贬出。《通鉴》卷二六四,天复三年二月记:"初,翰林学士承旨韩偓之登进士第也,御史大夫赵崇知贡举。上返自凤翔,欲用偓为相,偓荐崇及兵部侍郎王赞自代;上欲从之,崔胤恶其分己权,使朱全忠入争之。全忠见上曰:'赵崇轻薄之魁,王赞无才用,韩偓何得妄荐为相!'上见全忠怒甚,不得已,癸未,贬偓濮州司马。"可见,韩偓之贬,即出于宰臣崔胤与节镇朱全忠之谋,这也是唐末翰林学士所处之政治境遇。韩偓《出官经硖石县》(《全唐诗》卷六八〇),题下自注:"天复三年二月二十日。"首二句云:"谪宦过东畿,所抵州名濮。"句下自注:"是月十一日贬濮州司马。"硖石在今河南三门峡东南,濮州在今山东鄄城北,如此,则韩偓于天复三年二月十一日受令贬濮州司马,同月二十二日已在洛阳途中。

韩偓在院任职时,常与同院学士以诗唱和,其所作有《与吴子华侍郎同年玉堂同直怀恩叙恳因成长句四韵兼呈诸同年》、《和吴子华侍郎令狐昭化舍人叹白菊衰谢之绝次用本韵》等(《全唐诗》卷六八〇),即与吴融、令狐涣唱和者。特别是韩偓《无题》诗(《全唐诗》卷六八三)更值得注意。此诗自序有云:"余辛酉年戏作《无题》十四韵,故奉常王公相国首于继和,故内翰吴侍郎融、令狐舍人涣、阁下刘舍人崇誉、吏部王员外涣相次属和。余因作第二首,却寄诸公。二内翰及小天亦再和。余复作第三首,二内翰亦三和。王公一首,刘紫微一首,王小天二首,二学士各三首。余又倒押前韵成第四首,二学士笑谓余曰:'谨竖降旗,何朱研如是也?'遂绝笔。是岁十月末,余在内直,一旦兵起,随驾西狩,文稿咸弃,更无子遗。"辛酉年,即天复元年,时吴融、令狐涣同在院,王溥即序中所云"奉常王公相国",时为相,但天复元年二月前亦曾在院。由此,则韩偓此时作《无题》诗,不仅院内学士,且外廷宰臣、中书舍人、吏部员外郎等均与唱和。惜天复元年十月末、十一月初随昭宗匆促西奔,诗稿佚失。当时唱和者,现所存唯吴融有《和韩致光侍郎无题三首十四韵》(《全唐诗》卷六八五)。

此外,韩偓与社会人士亦有文字交往。诗僧贯休有《送陈秀才赴举兼寄韩舍人》诗(《全唐诗》卷八三一),陶敏《全唐诗人名考证》(页1035)谓此韩舍人即韩偓,是。贯休长期居于江陵,多与翰林学士有交往,如《送令狐涣赴阙》、《送吴融员外赴阙》、《送姚泊拾遗自江陵幕赴京》等(均见《全唐诗》卷八三一)。此诗称韩偓为舍人,当在光化三年秋冬在院为中书舍人时。此位陈秀才(名不详)当于此时赴京应试,贯休特为向韩偓献诗,诗云"主圣臣贤日,求名莫等闲",即期望韩偓予以荐举。这也是晚唐时翰林学士在科举应试中常为人相求举荐之一例。

韩偓出院被贬后之经历,这里就不具述,谨就邓《谱》等,概述如下:

天复三年(903)十二月或天祐元年(904)正月,又改贬荣懿县尉。荣懿在今贵州北部边境,即自濮州南下;途中又徙邓州(今河南邓县)司马,于是又沿汉水北上改赴邓州。天祐元年正月,朱全忠迫昭宗罢崔胤相位,旋又杀之,并胁迫昭宗迁都洛阳。韩偓闻讯,即弃官南下。后累居于湖南、江西、福建等地,多有诗作。五代梁末帝贞明六年(920),去世于福建泉州南安,年七十九。

韩偓诗,见《全唐诗》卷六八〇—六八三,共四卷;《全唐文》

卷八二九载其文十余篇，无制文。另有专集传世，可参邓小军《韩偓集版本》一文（亦见其所著《诗史释证》，中华书局，2004 年）。

张文蔚

张文蔚，附于《旧唐书》卷一七八其父张祎传后（以下皆简称《旧传》），另《旧五代史》卷一八、《新五代史》卷三四有专传，因在梁太祖（朱全忠）时曾任为相。

张祎，河间人，文宗时曾为翰林学士、承旨（见前传）。《旧五代传》称："张文蔚，字右华，河间人也。"《新五代传》同。唯《新唐书》卷七二下《宰相世系表》二下，记张文蔚，谓"字在华"。"在"、"右"互异，中华书局点校本及赵超《新唐书宰相世系表集校》均未校及，陈尚君《旧五代史新辑会证》卷一八《张文蔚传》亦未有校①。疑《新表》作"在"，误。

《旧传》记张文蔚"乾符二年进士擢第"。清徐松《登科记考》卷二三即据此系于僖宗乾符二年（875）。《旧五代传》仅概称为"唐乾符初登进士第"，未记年，但记其早年即有文名："文蔚幼砺文行，求知取友，蔼然有佳士之称。"但《旧五代传》记其登第后仕迹，有误，云："时丞相裴坦兼判盐铁，解褐署巡官。"按《新唐书》卷六三《宰相年表》，乾符元年（874）二月癸丑，"检校户部尚书兼华州刺史裴坦为中书侍郎、同中书门下平章事"；同年"五月乙未，

---

① 陈尚君《旧五代史新辑会证》，复旦大学出版社，2005 年。

坦薨"。《新唐书》卷九《僖宗纪》、《通鉴》卷二五二,所记均同。裴坦,《旧唐书》无传,《新唐书》卷一八二本传亦记其由华州刺史"召为中书侍郎、同中书门下平章事,不数月卒",则与《新表》、《通鉴》等所记合。由此,则裴坦于张文蔚进士及第前一年,已任相,并卒,《旧五代传》所记显误①。

另,《旧唐书》卷一九下《僖宗纪》所记亦有误。按《旧唐书·僖宗纪》未如《新纪》、《新表》、《通鉴》所记裴坦于乾符元年任相及卒之事,但于乾符二年二月记为:"以吏部侍郎裴坦为兵部侍郎,充诸道盐铁转运使。"此处记裴坦由吏侍改为兵侍,未记其任相事,尤其是裴坦于前一年乾符元年五月已卒,而《旧纪》却于第二年乾符二年二月仍记其仕迹,更为显误。

《旧传》记张文蔚进士及第后之仕历,为:"累佐使府。龙纪初,入朝为尚书郎。乾宁中,以祠部郎中知制诰,正拜中书舍人,赐紫。"《旧五代传》所记较详,记其曾两次丁忧,两次任中书舍人,唯未如《旧传》所记曾任祠部郎中、知制诰,后迁为中书舍人,而载为"拜司勋郎中、知制诰,岁满授中书舍人",未记任祠部郎中。清劳格《唐尚书省郎官石柱题名考》卷二一祠部郎中列有张文蔚,并谓《旧五代传》"失载祠中"。按《文苑英华》卷四一九"中书制诰",有刘崇望《祠部郎中知制诰张文蔚母扶风郡太夫人苏氏封冯翊郡太夫人等制》,则任祠部郎中、知制诰时其母尚在世。《旧五

---

① 徐松《登科记考》卷二三,于张文蔚名下亦据《新唐书·宰相年表》纠《旧五代传》之误,但未提及《新纪》、《通鉴》等加以佐证。陈尚君《旧五代史新辑会证》有校,引朱玉龙《中华版〈旧五代史〉考证》,谓据《新唐书·宰相年表》,裴坦于乾符元年二月为相,五月卒,与徐松所述同。

代传》云："拜司勋郎中、知制诰，岁满授中书舍人。丁母忧，退居东畿。"由此，则《旧五代传》"司勋郎中"当为"祠部郎中"之误。

关于张文蔚入为翰林学士，《旧传》记其任中书舍人后，云："崔胤擅朝政，与蔚同年进士，尤相善，用为翰林学士、户部侍郎。"按崔胤确亦于乾符二年登进士第（《登科记考》卷二三）。岑氏《补记》引《旧唐书》卷一七七《崔胤传》"光化中，贬（王）溥溪州司马……自是朝廷权政皆归于己"，定张文蔚于光化末自中书舍人充。岑说可从。《通鉴》卷二六二光化三年（900）六月，记崔胤因交结朱全忠，由湖南复召为相，同月，王抟罢相出贬溪州刺史，寻赐死途中，"于是（崔）胤专制朝政，势震中外"。由此，则张文蔚当于光化三年秋冬因宰臣崔胤举荐，由中书舍人（正五品上）入为翰林学士，后又迁为户部侍郎（正四品下）。又，迁为户部侍郎时，当加知制诰。

《旧传》未记张文蔚在院时曾任承旨，仅记其入院后为"户部侍郎，转兵部"，也未记年月。《旧五代传》则云"俄召入翰林，为承旨学士"，后转为户部侍郎。《新五代传》则甚简，仅云"唐昭宗时为翰林学士承旨"，未记中舍、户侍、兵侍等官衔。关于张文蔚任翰林学士承旨事，《旧唐书》卷一七九《柳璨传》曾提及，云："崔胤得罪前一日，召璨入内殿草制敕。胤死之日，既夕，璨自内出，前驱传呼相公来。人未见制敕，莫测所以。翌日对学士，上谓之曰：'朕以柳璨奇特，似可奖任。若令预政事，宜授何官？'承旨张文蔚曰：'陛下拔用贤能，固不拘资级。恩命高下，出自圣怀。若循两省迁转，拾遗超等入起居郎，临大位，非宜也。'帝曰：'超至谏议大夫可乎？'文蔚曰：'此命甚惬。'即以谏议大夫平章事。"按据

《新唐书》卷六三《宰相年表》，崔胤罢相，柳璨由翰林学士、左拾遗为右谏议大夫、同中书门下平章事，在天祐元年（904）正月乙巳。《通鉴》卷二六四天祐元年正月亦记此，不过先于正月乙巳记崔胤罢相，为太子少傅、分司，翌日，迁柳璨为相，并有《考异》，谓"（崔）胤未死，璨已除平章事，新、旧《柳璨传》云胤死后，误也"。《通鉴》即后于同月戊申记朱全忠密令兵围崔胤宿第，杀之。由此，则张文蔚于天祐元年正月已为承旨，则当于前一年即天复三年（903）下半年任承旨。按天复三年，二月前韩偓为户部侍郎、翰林学士承旨，二月中被贬出院（见前韩偓传），吴融接任承旨，后吴融于天复三年内又辞职出院，则即由张文蔚接任（参书后"学士年表"）。时当为户部侍郎。

《旧传》记张文蔚于户部侍郎后"转兵部"，《旧五代传》则于户部侍郎后云"寻出为礼部侍郎"。《新五代传》未记。《唐摭言》卷一四《主司称意》条记有："（天祐）二年，张文蔚东洛放榜后大拜。"徐松《登科记考》卷二四，即据以记张文蔚于天祐二年（905）以礼部侍郎知贡举。由此，则张文蔚当于天祐元年以礼部侍郎出院。《旧传》仅云"转兵部"，未记改任礼部侍郎出院事。疑其所云"转兵部"，此"兵部"为"礼部"之误。

如此，则张文蔚于光化三年（900）秋冬以中书舍人入院，天祐元年（904）秋冬以礼部侍郎出院，前后历三年余。《旧五代传》称其"所发诏令，靡失厥中，论者多之"；《新五代传》亦谓："是时，天子微弱，制度已隳，文蔚居翰林，制诏四方，独守大体。"惜其制文均未有传存。

又，《旧传》曾云："从昭宗迁洛阳。辉王时，拜中书侍郎、平章事。"按昭宗因受朱全忠之胁,于天祐元年(904)正月离长安东徙,闰四月至洛阳,张文蔚时当仍在院,随从赴洛。同年八月,昭宗为朱全忠谋杀,其子辉王(李)祚接位,为昭宣帝(哀帝)。就前所述,张文蔚于天祐元年秋冬以礼部侍郎出院,即昭宗已卒,哀帝即位之时,第二年(天祐二年)春知举,即在洛阳。但两《五代史》本传于此又有误记。《旧五代传》云:"寻出为礼部侍郎,天祐元年夏,拜中书侍郎、平章事,兼判户部。"《新五代传》云:"昭宗迁洛,拜中书侍郎、同中书门下平章事。"《旧五代传》即记张文蔚拜相在天祐元年夏,时昭宗尚在位;《新五代传》亦谓昭宗迁洛,即任张文蔚为相。而前已考述,张文蔚于天祐元年秋冬才以礼部侍郎出院,天祐二年春尚知贡举。两《五代史》本传所记,确为显误。

关于张文蔚任相,《新唐书·宰相年表》,于天祐二年三月戊寅,明确记为:"礼部侍郎张文蔚同中书门下平章事。"《新唐书》卷十《哀帝纪》同。《通鉴》卷二六五亦于天祐二年三月戊寅记:"以礼部侍郎河间张文蔚同平章事。"即张文蔚于天祐二年初以礼部侍郎知举后,即擢迁入相。《旧唐书》卷二〇下《哀帝纪》亦记于天祐二年三月,但云以"尚书吏部侍郎"为中书门下平章事,此处"吏"当为"礼"之音讹。

《旧五代传》记张文蔚任相后,云:"时柳璨在相位,擅权纵暴,倾陷贤俊,宰相裴枢等五家及三省而下三十余人,咸抱冤就死,搢绅以目,不敢窃语其是非,余怒所注,亦不啻十许辈。文蔚殚其力解之,乃止,士人赖焉。"《新五代传》所记同。《旧传》则未有记。《通鉴》卷二六五即于天祐二年五月记柳璨恃朱全忠之势,贬裴枢等,六月,又下令迫使裴枢等自尽,实为朱全忠所杀。《通鉴》有记云："柳璨余怒所注，犹不啻十数，张文蔚力解之，乃止。"可见张文蔚尚能为朝士解祸。

《旧五代传》后云："（柳）璨败死，文蔚兼度支盐铁使。"按柳璨虽交结朱全忠，但亦为朱全忠所忌，乃于天祐二年十二月罢其相，出贬，旋又斩杀之。而据《新唐书·宰相年表》，张文蔚于此年三月甲申已为中书侍郎、判度支，即在柳璨罢相、贬死前，此亦为《旧五代传》一误。

据史书所载，哀帝后为朱全忠所迫，禅位。《旧唐书·哀帝纪》，天祐四年（907）三月，"乙酉，乃以中书侍郎、平章事张文蔚充册使"；"甲午，文蔚押文武百僚赴大梁"，行事。后朱全忠即位，建国号为梁，仍命张文蔚为相。《旧五代史》卷三《梁太祖纪》，开平元年即天祐四年（907），"五月，以唐朝宰臣张文蔚、杨涉并为门下侍郎、平章事"。

《旧传》仅载张文蔚"入梁，卒"。《旧五代传》则具体记为："开平二年春，暴卒于位，诏卒赠右仆射。"

张文蔚仕梁为宰臣，实仅一年，但《新五代传》记"梁初制度皆文蔚所裁定"，即颇有政绩。《旧五代传》于传末称誉其"沈邃重厚，有大臣之风"。不过《新五代史》卷三五标为"唐六臣传"，其中张文蔚、张策、赵光逢、薛贻矩及所附杜晓，于唐昭宗、哀帝时曾任翰林学士，后仕于梁，《新五代史》于此传前有小序，中云："呜呼！唐之亡也，贤人君子既与之共尽，其余在者皆慵懦不肖，倾险狡猾，趋利卖国之徒也。"极予讥评，此亦为欧阳修之史观。

张文蔚无诗文载记。

王　溥

王溥,《旧唐书》无传,《新唐书》有传,见卷一八二。《新传》:
"王溥字德润,失其何所人。"《新唐书》卷七二中《宰相世系表》二
中,太原王氏,记有王溥,云:"字德润,相昭宗。"太原当为其郡籍。
《新表》又记其祖堪,定陵令;父聪,未注官职。

《新传》称其"第进士",未记年,故清徐松《登科记考》列于卷
二七进士及第未记有年者。

《新传》后云:"擢累礼部员外郎、史馆修撰。崔胤镇武安,表
署观察府判官。胤不赴镇,溥留充集贤殿直学士。御史中丞赵光
逢奏为刑部郎中、知杂事。"按据《新唐书》卷六三《宰相年表》,乾
宁三年(896)七月乙巳,时任宰相的崔胤,改为检校礼部尚书、同
平章事、武安军节度使;九月乙未,复为中书侍郎兼户部尚书、同
中书门下平章事。《通鉴》卷二六〇乾宁三年七月亦载:"乙巳,以
中书侍郎、同平章事崔胤同平章事,充武安节度使。上以胤,崔昭
纬之党也,故出之。"而崔胤则密求援于朱全忠,朱全忠乃迫使昭
宗仍将崔胤召回,复为相。崔胤此次本辟王溥为其节镇幕府任职
(判官),但实未赴任,故王溥仍留于朝,充集贤殿直学士。不过由
此亦可见崔胤对王溥已有赏识。

至于《新传》所云"御史中丞赵光逢奏为刑部郎中、知杂事",
则有钱珝制文,《文苑英华》卷三九四载钱珝《授礼部员外郎集贤
院直学士赐紫金鱼袋王抟刑部郎中兼御史知杂事制》,此又载《全

唐文》卷八三一,题中仍作"王抟"。清劳格《唐尚书省郎官石柱题名考》卷二〇礼部员外郎,于王溥名下亦引钱珝此制,特为指出:"依《新传》,'抟(搏)'当作'溥'。"制中云:"御史中丞光逢,以望执宪,搢绅间咸观其初,故选荐府僚,审而后定。以尔学文惟博,藏器则深。正道甚夷,有进不竞。其守则峻,其用必通。斯可正秋曹郎,率白简吏。"即《新传》所云由御史中丞赵光逢奏为刑部郎中者。按赵光逢于昭宗景福时入为翰林学士(见前传),《旧唐书》卷一七八《赵光逢传》谓"乾宁三年,从驾幸华州,拜御史中丞"。昭宗即于乾宁三年(896)七月因凤翔节度使李茂贞率兵迫长安,从华州刺史韩建之请,出徙华州,则王溥因赵光逢之荐,由礼部员外郎(从六品上)、集贤殿直学士迁为刑部郎中(从五品上)兼御史知杂事,当亦于乾宁三年八、九月份以后。

《新传》接云:"昭宗蒙难东内,溥与(崔)胤说卫军执刘季述等杀之。帝反正,骤拜翰林学士、户部侍郎。"按光化三年(900)十一月,宦官、左军中尉刘季述率兵至宫,召百官,议废帝,另立太子,昭宗被困。翌年天复元年(901)正月,右神策军将孙德昭等以兵讨乱,诛刘季述等,昭宗复位。崔胤与孙德昭有所交结,故《通鉴》卷二六二天复元年正月记平乱后,崔胤进位司空,"上宠待胤益厚"。据《新传》,王溥亦与崔胤有所谋议,当即于昭宗复位后,即天复元年正月,召王溥为翰林学士,并迁授户部侍郎(正四品下)。

又《旧唐书》卷二〇上《昭宗纪》,光化三年(900)十月,"辛酉,以前清海军节度副使、朝散大夫、检校左散骑常侍、御史大夫、上柱国王溥守左散骑常侍,充盐铁副使"。岑氏《补记》即据此,谓王溥于光化四年（901）正月以左散骑常侍入院。按据前所述，王溥于乾宁三年（896）九月后为刑部郎中、御史知杂事，《新传》于此后未记其他官职事，且左散骑常侍为正三品，诸司侍郎为正四品下，不应其由左散骑常侍入，又降阶为户部侍郎。《旧唐书·昭宗纪》于光化三年十月记王溥事，甚可疑，故当仍定为以刑部郎中入，入院后又迁为户部侍郎。

《新传》记其入院后，即云："以中书侍郎同中书门下平章事，判户部。"未记年月。今检《新唐书·宰相年表》，天复元年（901），"二月，翰林学士、户部侍郎王溥为中书侍郎，与裴枢并同中书门下平章事"。《新唐书·昭宗纪》、《通鉴》卷二六二同。而《旧唐书·昭宗纪》则记于天复三年（903）三月乙未："以户部侍郎王溥同平章事。"较《新纪》、《新表》、《通鉴》等所记，竟晚两年，实则天复三年二月为王溥罢相之时（见后），此又为《旧纪》显误。

又《通鉴》载王溥授相，乃因王溥"尝在崔胤幕府，故胤引之"。此确合乎实际（见前述）。由此可见，晚唐时翰林学士之入院、迁拔，常出于宰相荐引，此亦为唐翰林学士与宰相之关系提供值得研究之材料。

关于王溥此次任相，《文苑英华》卷四五〇"翰林制诏"，载有吴融《授王抟中书侍郎同中书门下平章事判户部制》，又载于《全唐文》卷八二〇。岑氏《补记》谓王抟以乾宁初为相，时吴融尚未掌制，当为溥之误。按据《新唐书·宰相年表》，王抟于乾宁二年三月由户部侍郎判户部为中书侍郎、同中书门下平章事，而吴融则于乾宁三年以礼部郎中入为翰林学士，确未能撰王抟为相之制文。且吴融此制有云："昨者朕失遵王度，致降天灾……而赖能谋于上相，说彼中权，反正乘舆。"即叙刘季述于内廷起乱，王溥能与宰臣谋议平反。云"昨者"，时仅二月。又云："畴其忠节，虽已擢于禁林，惜此奇才，难久留于诰命。"即谓王溥前已擢入为翰林学士，今因惜此奇才，即再擢拔为相，这与王抟由户部侍郎入相，不合。前已记述《文苑英华》所载钱珝所撰授王溥刑部郎中兼御史知杂之制文，以王溥误为王抟，而吴融此制又同样有误。此或为《文苑英华》传刻之误。

《新传》记其任相后，云："不能有所裨益，罢为太子宾客，分司东都。"但两《唐书》本纪及《新唐书·宰相年表》皆未载王溥罢相事及年月，甚可怪。按《通鉴》卷二六二，天复元年（901）十一月，"甲戌，制：守司空兼门下侍郎同平章事崔胤责授工部尚书，户部侍郎、同平章事裴枢罢守本官"。元胡三省于此处注云："皆宦官之意也，时宰相皆不扈从。"按此前宦者韩全海等因朱全忠进兵，挟迫昭宗西赴凤翔，而崔胤因交结朱全忠，不随从，故昭宗即迫于韩全海，下制罢崔胤等相位。胡注云"时宰相皆不扈从"，当王溥亦未随昭宗西出，遂就此罢为太子宾客、分司东都。由此，则其任相，亦仅十月。

按韩偓《无题》诗（《全唐诗》卷六八三），自序中云："余辛酉年戏作《无题》十四韵，故奉常王公相国首于继和，故内翰吴侍郎融、令狐舍人涣、阁下刘舍人崇誉、吏部王员外涣相次属和，余因作第二首，却寄诸公。"后又云："是岁十月末，余在内直，一旦兵起，随驾西狩，文稿咸弃，更无孑遗。"辛酉，即天复元年，时韩偓正任为翰林学士。就此序所云，韩偓于院中作《无题》诗时，时任宰相之王溥先为和作，后又有翰林学士及诸文臣继和，惜同年十月末随昭宗西出凤翔，诗稿均佚（详见前韩偓传）。由此亦可见王溥于天复元年，先为翰林学士，后为相，与韩偓皆有文字交往。

《新传》接云："未几，召拜太常卿、工部尚书。"按据《通鉴》等载，天复三年（903）正月，凤翔节度使李茂贞与朱全忠和解，并谋诛杀宦官韩全诲等，昭宗返京，二月，复以崔胤为相。可能王溥亦于天复三年二月后亦入朝，任太常卿、工部尚书，后昭宗于天祐元年（904）八月在洛阳为朱全忠谋杀，太子辉王即位，即后称为哀帝。《旧唐书》卷二〇下《哀帝纪》记哀帝即位时，"差太常卿王溥充礼仪"；天祐二年（905）二月，"庚戌，制以太常卿王溥为工部尚书"。而同年五月，时任宰相的柳璨，又恃朱全忠之势，陷害朝中诸臣。《通鉴》卷二六五天祐二年五月记，又贬谪宰臣裴枢、崔远等，王溥亦由工部尚书贬淄州司户，而旋于六月，裴枢等三十余人于滑州白马驿尽为朱全忠所杀。此即《新传》所云"会朱温侵逼，贬淄州司户参军，赐自尽，与裴枢等投尸于河"。这是唐末文士群体参预政事而遭致的一场悲剧。

据前所引述的韩偓《无题》诗序，王溥在朝居相位时是乐于与翰林学士等作诗歌酬和的。但王溥未有诗文传存。又据王定保《唐摭言》卷三《散序》，王定保于唐末即开始撰写此书，颇着意于"谘访于前达"，"蒙言及京华故事，靡不录之于心，退则编之于简策"，其中就提及王溥，称"从翁丞相溥"，视为家族前辈。此亦可见王溥颇注意与社会文士之交往。

令狐涣

令狐涣，两《唐书》无专传，仅附见于《旧唐书》卷一七二、《新唐书》卷一六六《令狐楚传》后。令狐楚为涣祖，于宪宗元和时曾为翰林学士，后又曾任相；其子绹，宣宗时翰林学士，后亦居相位达十年。绹有三子：滈、涣、涚。据《旧传》，令狐滈于宣宗时因其父绹长期为宰相，遂内外勾结，货贿盈门，"讼者不一"；懿宗时，"为众所非，宦名不达"。不过令狐涣祖孙三代，皆曾为翰林学士，在唐代也甚难得。

《旧传》仅云"涣、涚俱登进士第，涣位至中书舍人"，《新传》同，其他皆未有记，即两《唐书》传均未记令狐涣任翰林学士事。

贯休有《送令狐涣赴阙》诗（《全唐诗》卷八三一）："渚宫遥落日，相送碧江湄。陟也须为相，天乎更赞谁。风高樯力出，霞热鸟行迟。此去多来客，无忘慰所思。"首句云"渚宫"，当在江陵时作。贯休长期居于江陵，在江陵期间有《送姚洎拾遗自江陵幕赴京》、《送吴融员外赴阙》等作（《全唐诗》卷同上）。此二诗于姚洎、吴融名下均记有官名，即姚、吴时在江陵幕府任职，但送令狐涣诗则仅提及姓名，或令狐涣早期游历荆湖时尚未入仕，而与诗僧贯休已有交往。

明确记及令狐涣为翰林学士者，为《通鉴》卷二六二天复元年（901）六月，云："上之返正也，中书舍人令狐涣、给事中韩偓皆预其谋，故擢为翰林学士，数召对，访以机密。"此为追记，所谓"上之返正",为天复元年正月。据《通鉴》等所记,光化三年(900)十一月,宦官刘季述率兵入宫,挟昭宗困居,拥立太子嗣位,后宰相崔胤与左神策指挥使孙德昭谋,于天复元年(901)正月,由孙德昭领兵诛杀刘季述等,昭宗复位,即返正。据《通鉴》所记,当时崔胤与孙德昭谋议时,时为中书舍人的令狐涣亦曾参与,故于昭宗复位后,即由崔胤举荐,召令狐涣入为翰林学士(韩偓已前于光化二年入院,见前传)。

据前《通鉴》天复元年六月所记,昭宗曾召韩偓、令狐涣,"访以机密"。韩偓有《六月十七日召对自辰及申方归本院》(《全唐诗》卷六八○),即记此六月召对事。

韩偓于此年常与同院友人作诗唱和,其《无题》诗(《全唐诗》卷六八三),自序有云:"余辛酉年戏作《无题》十四韵,故奉常王公相国首于继和,故内翰吴侍郎融、令狐舍人涣、阁下刘舍人崇誉、吏部王员外涣相次属和。余因作第二首,却寄诸公,二内翰及小天亦再和。余复作第三首,二内翰亦三和。"可见韩偓当时就《无题》诗连作三首,令狐涣与吴融均有和作。

韩偓又有《和吴子华侍郎令狐昭化舍人叹白菊衰谢之绝次用本韵》(《全唐诗》卷六八○):"正怜香雪披千片,忽讶残霞覆一丛(自注:此花将谢,却有红色)。还似妖姬长年后,酒酣双脸却微红。"吴子华即吴融,子华为其字(见前吴融传),则昭化当为令狐涣字①。

---

① 岑氏《补记》引《长安志》,谓昭化为令狐涣于长安所居之坊名,不确。陶敏《全唐诗人名考证》(页923)亦谓岑说误。

不过韩偓与令狐涣于当时政事，所见亦有异。据前所述，天复元年正月，崔胤与左神策指挥使孙德昭谋，诛杀刘季述等，平乱，凤翔节度使李茂贞即又率兵来朝，以示对昭宗返正之支持。后李茂贞还镇，崔胤想以外镇之兵抵制宦官所掌之军，就向昭宗奏议，留李茂贞之兵三千于京师，以李茂贞之义子继筠掌管。当时韩偓以为不可，恐有后患，但崔胤不纳。《新唐书》卷一八三《韩偓传》曾记此事，并云："偓又语令狐涣，涣曰：'吾属不惜宰相邪？无卫军则为阉竖所图矣。'偓曰：'不然，无兵则家与国安，有兵则家与国不可保。'"当时外镇之威胁已较宦官为重，东为汴州朱全忠，西为凤翔李茂贞，经常出兵胁迫昭宗。韩偓是为"家与国"之总局考虑的，而令狐涣则偏重于宰相之安全："吾属不惜宰相邪？"这当令狐涣因受崔胤之举荐有关。

岑氏《补记》仅记令狐涣"天复元年自中书舍人充"，未记出院事。实则令狐涣之出院亦与崔胤交结有关，其时即在天复元年冬。

崔胤与朱全忠素有交结，想利用朱全忠兵力抵制李茂贞，加强其在朝中之控制权，朱全忠亦欲挟昭宗东徙洛阳。《通鉴》卷二六二天复元年六月载，崔胤"遗朱全忠书，称被密诏，令全忠以兵迎车驾"。朱全忠乃于是年十月即"大举兵发大梁"，同月"戊申，朱全忠至河中，表请车驾幸东都，京城大骇，士民亡窜山谷。是日，百官皆不入朝，阙前寂无人"。十一月，昭宗即受宦官韩全诲之挟，离京西奔，后受凤翔节度使李茂贞接待。《通鉴》载，昭宗离京前，曾"遣供奉官张绍孙召百官，崔胤等皆表辞不至"。很明显，崔胤是想奉迎朱全忠的，故不随昭宗西出。当时令狐涣亦留京未出,《通鉴》记昭宗于十一月,出至鄠县,《考异》曾引《续宝运录》所云"圣上幸凤翔,宰臣裴谂、翰林学士令狐涣等扈从",《考异》谓"其说妄谬,今不取"。

又朱全忠于十一月至长安后,又继续西进,至凤翔,与李茂贞对话,昭宗也劝朱全忠还镇。朱全忠可能出于全局考虑,不便与李茂贞交战,即返回,于是昭宗即下诏罢崔胤相,《通鉴》于十一月甲戌载:"制:守司空兼门下侍郎、同平章事崔胤责授工部尚书,户部侍郎、同平章事裴枢罢守本官。"《新唐书》卷六三《宰相年表》天复元年十一月亦记:"甲戌,(崔)胤、(裴)枢罢,并守工部尚书。"时裴枢亦未随昭宗西出。《旧唐书》卷一七七《崔胤传》即详录崔胤罢相制文,其中指责崔胤"四居极位,一无可称"。《通鉴》于十一月甲戌,有《考异》,亦云:"《实录》载制辞曰:'四居极位,一无可称。'又曰:'无功及人,为国生事。'"可以注意的是,《旧唐书·崔胤传》所载崔胤罢相制文,又特为提及令狐涣,谓:"令狐涣奸纤有素,操守无堪,用作腹心,共张声势。遂令滥居深密,日在禁闱,罔惑朕躬,伪行书诏,致兹播越,职尔之由。"对令狐涣指责甚深,明确指出,令狐涣是为崔胤"用作腹心",故受其意旨,"伪行书诏"。在罢崔胤之制文中,又如此公开谴责令狐涣,则肯定亦同时贬其出院。岑氏《补记》之所以未记令狐涣出院,当未注意到此制文。作为昭宗一朝之翰林学士,令狐涣之品行确是较低的①。

---

① 北宋宋敏求所编之《唐大诏令集》卷五八"宰相·贬降",亦载《崔胤工部尚书制》,中亦有指责令狐涣语,与《旧唐书·崔胤传》所录制文同。唯《唐大诏令集》所载,文末署为"天复二年十一月","二年"误,应为"元年"。

由此可定，令狐涣于天复元年正月因受宰相崔胤之荐，由中书舍人入为翰林学士，同年十一月，受崔胤罢相之累，出院。出院后仕迹不详。其诗文也未有著录。

姚洎

姚洎，两《唐书》无传。其仕迹最早可知者，当为贯休《送姚洎拾遗自江陵幕赴京》(《全唐诗》卷八三一)，中有"銮辂方离华，车书渐似秦"之句。按乾宁三年(896)七月，昭宗因凤翔节度使李茂贞率兵攻京之胁，应华州节度使韩建之请，出徙华州，至乾宁五年(898)八月始返京，并改元光化。贯休此诗"銮辂方离华"，当指昭宗自华州返京师。贯休作此诗，当在光化元年秋，姚洎由江陵幕入朝任拾遗。按贯休于昭宗乾宁时即居于江陵，甚得荆南节度使成汭礼待，宋赞宁《宋高僧传》卷三〇本传，记其"北谒荆帅成汭，初甚礼焉，于龙兴寺安置"；又云"时内翰吴融谪官相遇，往来论道论诗，融为休作集序，则乾宁三年也"。吴融为贯休诗集作序，详见前吴融传。由此可知，贯休于乾宁时即居于江陵，姚洎亦当于此期间在荆南节度幕中供职，与贯休有交往，故其离职赴朝时，贯休即特作诗送之。

姚洎籍贯，未知，其是否曾应科试及第，亦不详。

姚洎返朝后，不久即当入为翰林学士。《新唐书》卷一八三《韩偓传》，有记云："宰相韦贻范母丧，诏还位，偓当草制，上言：'贻范处丧未数月，遽使视事，伤孝子心。今中书事，一相可办。

陛下诚惜贻范才,俟变缫而召可也,何必使出峨冠庙堂……'"韩偓是坚持按礼制而办的,故坚不撰制。但韦贻范与凤翔节度使李茂贞有交结,李茂贞坚请复其相位,故《新唐书·韩偓传》云:"既而帝畏(李)茂贞,卒诏贻范还相,(姚)洎代草麻。"

据《新唐书》卷六三《宰相年表》,天复二年(902)"五月庚午,(韦)贻范以母丧罢";同年,"八月己亥,贻范起复"。《新唐书》卷十《昭宗纪》同(《旧唐书·昭宗纪》未有记)。由此,则姚洎于天复二年五月已在翰林学士任,且能为授宰相位撰制,其入院或当在前一年,即天复元年(901)。但以何官入院,此时所带何官,皆未可知。

《通鉴》卷二六三天复二年五月又有记:"庚午,工部侍郎、平章事韦贻范遭母丧,宦官荐翰林学士姚洎为相。洎谋于韩偓,偓曰:'若图永久之利,则莫若未就为善;傥出上意,固无不可。且汴军旦夕合围,孤城难保,家族在东,可不虑乎?'洎乃移疾,上亦自不许。"就此,则宦官尚对姚洎有好感,欲荐其为相。

又,天复元年十一月,昭宗因朱全忠出兵至关中,乃受宦官韩全诲之挟,出徙凤翔,至天复三年(903)正月才返长安。《旧唐书·昭宗纪》天复三年正月记,"甲辰,天子遣中使到(朱)全忠军,(李)茂贞亦令军将郭启奇来达上欲还京之旨";"辛亥,全忠令判官李振入奏,上令翰林学士姚洎传宣,令全忠唤崔胤令率文武百僚来迎驾"。由此则可确知姚洎一直随昭宗守于凤翔。

昭宗于天复三年正月返长安,时任宰相的崔胤,数年来即交结朱全忠,此时更"恃全忠之势,专权自恣,天子动静皆禀之,朝臣从上幸凤翔者,凡贬逐三十余人"(《通鉴》卷二六四天复三年二月）。《旧唐书》卷一七七《崔胤传》记有被贬责者姓名："昭宗初幸凤翔，命卢光启、韦贻范、苏检等作相，及还京，胤皆贬斥之。又贬陆扆为沂王傅，王溥太子宾客，学士薛贻矩夔州司户，韩偓濮州司户，姚洎景王府咨议。"《通鉴》记陆扆、韩偓之贬，均在天复三年二月，则姚洎亦于此时被迫出院。不过姚洎此时未外贬，仍留于京中，为景王府咨议，虽为虚职，但较韩偓、薛贻矩等处分较轻。

正因此，姚洎当不久即又迁改中书舍人。《旧唐书》卷二〇下《哀帝纪》，天祐二年（905）八月，"戊子，制中书舍人姚洎可尚书户部侍郎，充元帅府判官，从（朱）全忠之请也"。按天祐元年（904）正月，昭宗为朱全忠所胁，离长安东徙，闰四月至洛阳，同年八月又为朱全忠谋杀，皇太子柷即位（即哀帝），年仅十三，时朝政实受朱全忠操纵。由《旧唐书·哀帝纪》所记，则姚洎虽于天复三年（903）二月被责出院，后又授中书舍人，至天祐二年八月又迁为户部侍郎，而实在朱全忠之元帅府充职，即为朱全忠所聘。

又《旧五代史》卷四《梁太祖纪》，记开平二年二月，"兵部侍郎姚洎为卤簿使"。开平二年为公元 908 年，即朱全忠受禅之第二年，此时朱全忠拟巡幸洛阳，即又以姚洎为卤簿使（时又已改任兵部侍郎）。

按岑氏《补记》引《唐摭言》卷一三所记"梁太祖受禅，姚洎为学士"，即谓"则洎逮事朱梁，其终官不可考"，未提及《旧五代史·梁太祖纪》开平二年二月事。应当说，姚洎于天祐二年八月虽为户部侍郎，实在朱全忠之元帅府充职，梁朝建立，开平二年仕梁由户侍改为兵侍，仍于朱全忠出外巡幸时为卤簿使，即姚洎由唐入梁，并未任翰林学士，《唐摭言》所记非实，岑氏引以为据，亦不确。

又徐松《登科记考》卷二五,梁开平四年(910)十二月,记姚洎曾以兵部尚书、知贡上奏,论及公卿子弟贡举荐送事(据《册府元龟》、《五代会要》),《全唐文》卷八四一即载此篇,题为《请令公卿子弟准赴贡举奏》。翌年乾化元年(911),知举者即姚洎。

又《旧五代史》卷八《梁末帝纪》,乾化三年(913),"秋九月甲辰,以光禄大夫,守御史大夫、吴兴郡开国侯姚洎为中书侍郎、平章事"。《新五代史》卷三《梁末帝纪》、《通鉴》卷二六八所记同。则姚洎在梁时,甚受重视。岑氏《补记》谓其"逮事朱梁,其终官不可考",当失检五代史书。

姚洎仕梁任相,后不详。《全唐诗》未载其诗。《全唐文》卷八四一仅载其文一篇,前已述,实为梁时所作。

柳璨

柳璨,两《唐书》有传,见《旧唐书》卷一七九、《新唐书》卷二二三下,《新唐书》卷二二三标为《奸臣传》。

《旧传》:"柳璨,河东人。曾祖子华。祖公器,仆射公绰之再从弟也。父遵。"《新传》:"柳璨字炤之,公绰族孙也。"未载其祖、父名。《新唐书》卷七三下《宰相世系表》三下,记其祖名器,无"公"字;父名仲遵,则多"仲"字;又记柳璨字昭之,与《新传》之"炤之"异。中华书局点校本均未有校。

柳璨之祖、父,皆未记有官职。《旧传》记柳璨"少孤贫",但

"好学","僻居林泉,昼则采樵,夜则燃木叶以照书"。又记其"光化中登进士第"。《唐摭言》卷一五《杂记》条有记,云:"光化二年,赵光逢放柳璨及第。"清徐松《登科记考》卷二四即据此系于昭宗光化二年(899)。

柳璨早年即以博学著称。《旧传》记其登第后,云:"尤精汉史,鲁国颜荛深重之。荛为中书舍人,判史馆,引为直学士。璨以刘子玄所撰《史通》讥驳经史过当,璨纪子玄之失,别为十卷,号《柳氏释史》,学者伏其优赡。"按颜荛,两《唐书》无传。《旧唐书》卷二〇上《昭宗纪》,光化三年(900)八月,"丁卯,以朝请大夫、虞部郎中、知制诰、上柱国、赐紫金鱼袋颜荛为中书舍人"。则柳璨当于光化二年登第,光化三年八月后因中书舍人颜荛之荐,为史馆直学士,但以何官入直,未知。柳璨此后则迁为左拾遗(从八品上)。

柳璨早期勤于著述,值得注意。《新唐书》卷六〇《艺文志》四,集部文史类,即著录前已记述之《柳氏释史》,十卷,下注:"柳璨。一作《史通析微》。"《直斋书录解题》卷二二文史类,亦著录有《史通析微》十卷,谓:"唐柳璨撰,讥评刘氏之失。"则此书南宋前期尚存,惜后佚。唐本朝能对刘知几(子玄)《史通》有专书评议者,除柳璨外,别无他作。后世多有评注,如明陆深《史通会要》三卷,李维桢《史通评释》二十卷,王维检《史通训故》二十卷,清黄叔琳《史通训故补》二十卷,浦起龙《史通通释》二十卷(参见清《四库全书总目》史部史评类)。《四库全书总目》卷八八于《史通》提要,亦有评刘知几"性本过刚,词复有激,诋诃太甚,或悍然不顾其安,《疑古》、《惑经》诸篇,世所共诟,不待言矣"。可见后世对《史通》确多有议,而柳璨能着意于此,开其端,确亦不易。又据《新唐书·艺文志》二,史部编史类,又著录柳璨《正闰位历》三卷,谱牒类有其《姓氏韵略》六卷;《艺文志》三,子部五行类,有其《梦隽》一卷。其治学之面确甚博,在昭宗朝翰林学士中是较特出的。惜其入院、任相后,参预政事,人品迥异。

《旧传》记其曾任左拾遗,但未记年,后云:"昭宗好文,初宠待李磎颇厚,洎磎不得其死,心常惜之,求文士似磎者。或荐璨高才,召见,试以诗什,甚喜,无几,召为翰林学士。"《新传》略同,也均未记。按李磎于文德元年(888)复入为翰林学士,乾宁元年(894)六月任相,二年(895)五月为邠宁节度使王行瑜所杀(见前李磎传)。则虽已逾数年,昭宗仍对李磎甚有怀念,现得悉柳璨有文才,故即召为翰林学士。

两《唐书》未有记柳璨何时入院,现可知其在院年月者,为杨钜《翰林学士院旧规》之《草书诏例》条,云:"唐天复三年七月二十一日,学士柳璨准宣于思政殿对,便令到院宣示待诏,自今后写敕书,后面不得留空纸。"[1]按杨钜于乾宁初入为翰林学士,至天祐元年(904)正月出院,则天复三年(903)仍在院,故所记可信。由此,则柳璨于天复三年七月已在院。又,此前他已任为左拾遗,后又由左拾遗升阶为宰相,则他可能于天复二年以左拾遗入,在院时官阶未有迁转。

《旧传》接云:"崔胤得罪前一日,召璨入内殿草制敕。胤死之

---

[1] 杨钜《翰林学士院旧规》,原辑于宋洪遵《翰苑群书》,今编于傅璇琮、施纯德《翰学三书》,辽宁教育出版社,2003年。

日，既夕，璨自内出，前驱传呼相公来，人未见制敕，莫测所以。翌日对学士，上谓之曰：'朕以柳璨奇特，似可奖任。若令预政事，宜授何官？'承旨张文蔚曰：'陛下拔用贤能，固不拘资级。恩命高下，出自圣怀。若循两省迁转，拾遗超等入起居郎，临大位，非宜也。'帝曰：'超至谏议大夫可乎？'文蔚曰：'此命甚惬。'即以谏议大夫、平章事，改中书侍郎。任人之速，古无兹例。"《新传》所载略同，唯有云："起布衣，至是不四岁，其暴贵近世所未有。"按《新唐书》卷六三《宰相年表》，天祐元年（904）正月乙巳，崔胤罢为太子少傅、分司东都。《新唐书》卷十《昭宗纪》天祐元年，亦记正月乙巳，"崔胤罢"；"己酉，朱全忠杀太子少傅崔胤及京兆尹郑元规、威远军使陈班"。而据《新纪》、《通鉴》，崔胤罢相之同日，柳璨即由翰林学士、左拾遗为右谏议大夫、同中书门下平章事。《通鉴》记此事时并有《考异》，曰："按（崔）胤未死，璨已除平章事，新、旧《传》云胤死后，误也。"则与两《唐书》所载崔胤死后，柳璨才任为相，有异。

又据前考述，柳璨于光化二年（899）登第，光化三年（900）八月后，因中书舍人颜荛之荐，为史馆直学士，后迁左拾遗，至天祐元年（904）正月又由翰林学士、右谏议大夫入相，确如《新传》所云"起布衣，至是不四岁"，是唐时少见的。

按天复三年，在院之学士，如薛贻矩、韩偓、姚洎，已为宰臣崔胤贬责出院，吴融于同年出院，杨钜于天祐元年正月出院，即柳璨被任为相时，在院者仅张文蔚（参见书后"学士年表"）。时张文蔚任承旨学士，故昭宗特向他咨询。

柳璨任相后，有很大变化，一方面积极依附于朱全忠，另一方面又蓄意谋害不少朝士。按天祐元年正月，昭宗受朱全忠之胁，被迫离长安东徙，闰四月至洛阳，同年八月又为朱全忠谋杀，其子祚继位（年十三）。《旧唐书·柳璨传》记云："昭宗迁洛，诸司内使、宿卫将佐，皆朱全忠腹心也，璨皆将迎，接之以恩，厚相交结，故当时权任皆归之。"《通鉴》卷二六五天祐二年（905）三月记："时天子左右皆朱全忠腹心，（柳）璨曲意事之。同列裴枢、崔远、独孤损皆朝廷宿望，意轻之，璨以为憾。"乃"谮于全忠"，此年三月，即将裴枢等三人皆罢去相位。同年五月，柳璨又言于朱全忠，进一步使裴枢等出贬；六月戊子朔，又由朝廷下令，"敕裴枢、独孤损、崔远、陆扆、王溥、赵崇、王赞等并所在赐自尽"，实则当时所贬者三十余人皆于滑州白马驿为朱全忠所杀。《旧传》记此事，谓"班行为之一空，冤声载路"。《旧唐书》卷一一三《裴枢传》，即记谓：哀帝时，柳璨希朱全忠意，罢裴枢相。又卷一七七《崔远传》记"为柳璨希朱全忠旨，累贬白州长史"，又被害于白马驿。卷一七八《卢携传》又载："子晏，天祐初为河南县尉，为柳璨所杀。"又卷一九〇下《司空图传》亦有云："昭宗迁洛，鼎欲归梁，柳璨希贼旨，陷害旧族。"可见时人对柳璨依附朱全忠，陷害朝士，甚为谴责。《新唐书》卷一八三《陆扆传》即云："柳璨始附朱全忠，谋去朝廷衣冠有望者。"

当正因此，《旧唐书》卷二〇下《哀帝纪》，天祐二年（905）十二月甲午，记云："上召三宰相议其事，柳璨曰：'人望归元帅，陛下揖让释负，今其时也。'"即促使禅位于朱全忠。但虽然如此，"（柳）璨陷害朝士过多，（朱）全忠亦恶之"（《通鉴》卷二六五天祐二年十二月）。即于天祐二年十二月癸丑贬为登州刺史，次日甲寅,杀之。两《唐书》本传及《通鉴》皆记其临刑时大叫:"负国贼柳璨,死宜矣!"这当是临终时一种心境变态。

柳璨著述甚多,前已记述。《全唐文》卷八三〇载其《移置元元观奏》、《请黜司空图李敬义奏》,皆任相时作。《唐文拾遗》卷四五,据《天中记》,载《请创阁图画梁王奏》,亦为昭宗将迁洛时,柳璨请再创建凌烟阁,"图画梁王,以旌德业",亦为谀附朱全忠之作。

另,陶敏《全唐诗人名考证》(页920),考郑谷《恩门小谏雨中乞菊栽》,谓此"恩门小谏"为柳璨,小谏乃指柳璨任左拾遗事,恩门为柳玭,郑谷在柳玭知举时及第。今检赵昌平等笺注之《郑谷诗集笺注》卷三(页425),谓郑谷此诗作于乾宁五年(898),是。就此,则柳璨于光化二年(899)才进士及第,光化三年(900)八月因颜荛之荐入直史馆,后迁为左拾遗,则与郑谷此诗作年不合,陶《考》此说俟考。

沈栖远

沈栖远,两《唐书》无传。《新唐书》卷六〇《艺文志》四,集部别集类,著录"沈栖远《景台编》十卷",注云:"字子鸾,咸通进士第。"按懿宗咸通共十五年(860—874),则沈栖远登进士第之时甚早,在昭宗朝前二、三十年。但限于史料,其早期仕迹不详。

《全唐文》卷八三七载有薛廷珪《授侍御史沈栖远右司员外郎、殿中张玄晏都官员外郎制》。据前张玄晏传,此制当为薛廷珪于张玄晏入院前约大顺元、二年（890、891）所作，由此，则沈栖远此时由侍御史（从六品下）迁为左司员外郎（从六品上）。制中称："以栖远清白向正，艺实扬名，鲁人将以为木铎，太一下传其洪范。石渠铅椠，谏署淹翔，动静有常，职业惟允。"对其任侍御史之仕绩亦甚赞誉。

《旧唐书》卷二〇上《昭宗纪》，天祐元年（904）五月，"乙酉，翰林学士、左谏议大夫、知制诰沈栖远守本官，以病陈乞故也"。《旧唐书》记沈栖远，仅此一处，就此，则沈栖远于天祐元年五月前已入院，至此出院，在院当已有一、二年，或为天复三年（903）以左谏议大夫入，入院后又加知制诰。按天复元年（901）十一月，朱全忠发兵来河中，欲昭宗东徙洛阳，昭宗乃西奔凤翔（由凤翔节度使李茂贞接待）。天复三年正月，因李茂贞与朱全忠和解，朱全忠还兵，昭宗返京。时崔胤居相，执掌大权，多贬责朝臣，"朝臣从上幸凤翔者，凡贬逐三十余人"（《通鉴》卷二六四天复三年二月）。时朝中人员变动甚大，沈栖远可能即在此时被召入院。

又天祐元年正月，昭宗受朱全忠之挟，离长安东徙，闰四月至洛阳。则沈栖远当为不满朱全忠对皇上之挟持，遂随昭宗徙至洛阳后，即托病辞职出院。

又岑氏《补记》引《元和姓纂》，记沈栖远"宾客致仕"后，"梁征详定礼仪、户部侍郎"，即后又仕于梁。此恐不一定可靠。经通检，新旧《五代史》均未提及沈栖远。

《新唐书·艺文志》四，集部别集类，著录沈栖远《景台编》，当在朝中供职时所记，包括左司员外郎及翰林学士任内，且有十卷，份量不少。惜后未存，其诗文也未有载记。

杨 注

    杨注,附于两《唐书·杨收传》后,见《旧唐书》卷一七七、《新唐书》卷一八四。杨收,懿宗时翰林学士,又曾任相,后为韦保衡陷害致死,详见懿宗朝杨收传。收三子:鉴、钜、鳞。杨钜亦为昭宗时翰林学士,见前传。又杨收弟严,严有二子:涉、注。则杨收为杨注之伯,而岑氏《补记》谓"注,《旧唐书》一七七附见其父收传",以杨收为其父,有所疏失。

    两《唐书》传皆未载其字号,《新唐书》卷七一下《宰相世系表》一下,记杨注字文台(其兄涉字文川)。

    《旧传》:"中和二年进士登第。"清徐松《登科记考》卷二三即据此系于僖宗中和二年(882)。

    《旧传》接云:"昭宗朝,累官考功员外、刑部郎中。寻知制诰,正拜中书舍人,召充翰林学士。"《新传》则仅云"注为翰林学士",皆未记年。

    杨注之入院,《旧唐书》卷二〇上《昭宗纪》有记,天祐元年(904)六月,"丙申,通议大夫、中书舍人、赐紫金鱼袋杨注可充翰林学士"。按此年正月,昭宗被迫离长安东徙,闰四月至洛阳,政局大变。正月,杨钜已出院,五月,沈栖远又以病辞出,时在院中仅二、三人(参见书后"学士年表"),杨注可能即因此召入。

    《旧传》叙其入院后云:"累迁户部侍郎。辉王缵历,兄涉为宰相,注避嫌辞内职,守户部侍郎。"辉王即昭宗子(名祚)。按天祐元年八月,昭宗为朱全忠谋杀,太子辉王柷嗣位(时年十三),故曰"缵历"。《新唐书》卷六三《宰相年表》,天祐二年三月,"甲申,吏部侍郎杨涉同中书门下平章事、判户部",即杨注入院后翌年三月,其兄杨涉任相,杨注乃避嫌出院。《旧唐书》卷二○下《哀帝纪》天祐二年(905)三月亦有记:"丁亥,敕:翰林学士、户部侍郎杨注是宰臣杨涉亲弟,兄既秉于枢衡,弟故难居宥密,可守本官,罢内职。"这也是唐时习例。如独孤郁于宪宗元和五年(810)四月入为翰林学士,同年九月出院,即因此年九月其岳父权德舆由太常卿为礼部尚书、同中书门下平章事,入相。韩愈《唐故秘书少监赠绛州刺史独孤府君墓志铭》①,即记云:"权公既相,君以嫌自列,改尚书考功员外郎。"

由此,则杨注于天祐元年(904)六月以中书舍人(正五品上)入为翰林学士,后迁为户部侍郎(正四品下),二年(905)三月以本官出院,在院仅八、九个月。主要即随哀帝在洛阳供职,当时朝政为汴梁朱全忠操纵,故当时在内廷之翰林学士实无有作为。

其在院时之与文士交往,有一事须辨析。吴融有《和杨侍郎》诗(《全唐诗》卷六八六),有云:"目极家山远,身拘禁苑深。烟霄惭暮齿,麋鹿愧初心。"陶敏《全唐诗人名考证》(页928)即据此,以杨侍郎为杨注,谓:"诗云'身拘禁苑深',融时当与杨同在翰林。"按吴融早于昭宗乾宁三年(896)入院,光化四年(901)十一月昭宗出徙凤翔时,吴融因仓促未及随从,暂居于阌乡;天复三年(903)正月,因昭宗返回,吴融又返朝入院,并接韩偓为承旨(韩偓

---

①见《韩昌黎文集校注》卷六,马其昶校注,上海古籍出版社,1986年。

于此年二月贬出）。但吴融于天复三年出院，张文蔚即于此年接为承旨（见前吴融、张文蔚传）。而杨注于天祐元年（904）六月后才入院，约本年秋冬由中书舍人迁为户部侍郎。吴融与杨注未曾同时在院。又，杨钜于乾宁初以尚书郎、知制诰入为翰林学士，后累有迁转，约光化四年前后由中书舍人改为户部侍郎，至天祐元年（904）正月才出院，而光化三、四年间吴融正在院，则吴融此篇《和杨侍郎》诗，乃与杨钜和作，此杨侍郎非杨注。

杨注出院后仕迹不详。其兄杨涉，《新五代史》卷三五"唐六臣传"有传，称："唐亡，事梁为门下侍郎、同中书门下平章事。在位三年，俯首无所施为，罢为左仆射，知贡举，后数年卒。"其子凝式，亦历仕五代，有文名。唯新旧《五代史》皆未记有杨注，或未仕于梁。

杨注未有诗文著录。

杜　晓

杜晓，两《唐书》无专传，仅附于《旧唐书》卷一七七、《新唐书》卷九六《杜让能传》后。杜晓为杜让能子。杜让能，僖宗朝翰林学士，昭宗时曾为相，景福二年（893）十月，因另一宰臣崔胤陷害，与凤翔节度使李茂贞谋，使杜让能受贬、自尽。《新唐书·杜让能传》后略有记云："子光乂，次子晓，不复仕。晓入梁，贵显于世。"《旧唐书·杜让能传》亦云："子光乂、晓，以父枉横，不求闻达。晓入梁，位亦至宰辅。"另《新唐书》卷七二上《宰相世系表》

二上,记有杜晓,云:"字明远,膳部郎中、翰林学士。"此为两《唐书》唯一记其曾为翰林学士传者。由此,则杜晓在唐末仍入仕,《新唐书·杜让能传》谓其二子"不复仕",则不确。

两《五代史》则有杜晓专传,见《旧五代史》卷一八、《新五代史》卷三五。《旧五代传》云:"杜晓,字明远,京兆杜陵人。"又记其父杜让能被害后,"晓居丧柴立,几至灭性。忧懑,服幅巾七年,沉迹自废者将十余载"。《新五代传》亦云"自废十余年"。陈尚君《新辑会证》本引清邵晋涵《旧五代史考异》卷一二:"案《欧阳史》作'自废十余年',吴缜《纂误》据景福二年让能死,乾宁四年崔远判户部,光化三年崔远罢相,相隔七、八年。晓为崔远判户部所举,不得云'自废十余年'。"邵氏《考异》是,详后考述。

可能受其父被害所累,杜晓未曾应举科试。《旧五代传》云:"光化中,宰相崔远判盐铁,奏为巡官,兼校书郎。"按《新唐书》卷六三《宰相年表》,崔远于昭宗乾宁三年(896)九月乙未,由翰林学士承旨、兵部侍郎以本官同中书门下平章事,入相,四年(897)三月,判户部,直至光化三年(900)九月罢为兵部尚书。则崔远居相判户部(盐铁),奏荐杜晓为其巡官,并兼校书郎,当在光化二、三年间(899、900),即由此入仕。此距景福二年(893)其父杜让能被害,确仅八年左右。

《旧五代传》接云:"寻除畿尉,直弘文馆,皆不起。及昭宗东迁,宰相崔远判户部,又奏为巡官兼殿中丞。"据《新唐书·宰相年表》,天祐元年(904)正月,崔远复为相。昭宗则于此年正月,受朱全忠所胁,离长安东徙,闰四月至洛阳。如此,则天祐元年闰四月后,崔远又奏荐杜晓为其判户部之巡官,并予以殿中丞之官衔。

殿中丞为从五品上，与尚书省诸司郎中同阶，品阶已不低。

《旧五代传》又接云："未几，拜左拾遗，寻召为翰林学士，转膳部员外郎，依前充职。"按据《新唐书·宰相年表》天祐二年（905）三月甲申，崔远又罢为尚书右仆射。岑氏《补记》即据此，谓杜晓当于天祐元年末以左拾遗入为翰林学士，即受崔远之荐。可从。

《旧五代传》后云："及崔远得罪，出守本官。"按昭宗于天祐元年八月被害，太子柷立，时居相位之柳璨依附朱全忠，执掌大权，即又排挤同列。《通鉴》卷二六五天祐二年三月甲申载，时崔远、裴枢皆罢相，五月癸酉，又使其贬官，"贬逐无虚日，搢绅为之一空"；六月，崔远、裴枢及朝士贬官者三十余人皆被杀于滑州白马驿。杜晓既数次为崔远所辟，其入院当亦受崔远之荐，则当亦于天祐二年五、六月以本官出院，即仍为膳部员外郎。

《旧五代传》接云："居数月，以本官知制诰，俄又召为翰林学士，迁郎中充职。"按《旧唐书·哀帝纪》，天祐二年十二月辛卯，已记有"膳部员外、知制诰杜晓"，则当于是年秋已以本官（膳部员外郎）知制诰。又此年十二月癸丑，宰臣柳璨又为朱全忠贬责，被杀，则杜晓当即于此际复召入为翰林学士，迁为膳部郎中。

《旧五代传》又云："太祖受禅，拜中书舍人，职如故。"按朱全忠受禅，建梁立国，在天祐四年（亦为开平元年，907）三月。则杜晓于朱全忠即位后，应聘仍在院供职，并由膳部郎中（从五品上）迁为中书舍人（正五品上）。此为唐翰林学士入梁任职之首例。

入梁后仕历，《旧五代传》记云："开平三年，转工部侍郎，充承旨。明年秋，拜中书侍郎、平章事，仍判户部。"《新五代传》则谓："梁太祖即位，迁工部侍郎、奉旨。开平二年，拜中书侍郎、同中书门下平章事。"则杜晓在梁时为相，有二说，一为开平四年（910），一为二年（908），实则皆误（《全唐文》卷八三六杜晓小传，亦云"（开平）四年拜中书侍郎平章事，仍判户部"，仍沿袭《旧五代传》之误）。

按《旧五代史》卷五《梁太祖纪》，于开平三年九月记云："太常卿赵光逢为中书侍郎、平章事，翰林学士奉旨、工部侍郎、知制诰杜晓为尚书户部侍郎、平章事。"《新五代史》卷二《梁太祖纪》开平三年九月："辛亥，韩建、杨涉罢。太常卿赵光逢为中书侍郎，翰林学士承旨、工部侍郎杜晓为户部侍郎，同中书门下平章事。"《通鉴》卷二六七亦于开平三年九月记："辛亥，侍中韩建罢守太保，左仆射、同平章事杨涉罢守本官。以太常卿赵光逢为中书侍郎，翰林奉旨、工部侍郎杜晓为户部侍郎，并同平章事。"（元胡三省于此处有注："梁改翰林承旨为翰林奉旨，以庙讳诚，避嫌讳也。"）则可确定杜晓于梁开平三年秋九月由翰林学士（承旨）擢为宰相，新旧《五代史》之《杜晓传》皆误。按陈尚君《新辑会证》本曾于《旧五代传》之"明年秋，拜中书侍郎、平章事，仍判户部"处作校，但仅引《旧五代史考异》卷一所云"按杜晓入相之岁，《欧阳史》纪作三年，传作二年，吴缜已辨其误"，但未对《旧五代传》加以辨正。应当说，《旧五代传》之"开平三年，转工部侍郎，充承旨"，此"开平三年"应为"开平二年"，如此则"明年秋"即开平三年秋，与《旧五代史·梁太祖纪》等合。可能《旧五代传》原书本作"开平二年"，清邵晋涵就《永乐大典》辑时，误将"二"作"三"。

《旧五代传》接云："庶人友珪篡位，迁礼部尚书、平章事、集贤殿大学士，依前判户部。及袁象先之讨友珪，禁兵火纵，晓中重创而卒。"《新五代传》略同。按据史书所记，郢王友珪于乾化二年（912）六月谋杀太祖朱全忠，自立为帝。《通鉴》卷二六八乾化三年（913）二月记，侍卫亲军都指挥使袁象先，为朱全忠之甥，乃于此月庚寅率禁兵数千人突入宫中，杀友珪，"诸军十余万大掠都市，百司逃散，中书侍郎、同平章事杜晓，侍讲学士李珽，皆为乱兵所杀"。则杜晓在梁，任相有四、五年。《旧五代史》卷一八列传，有张文蔚、薛贻矩、张策、杜晓，皆为唐昭宗、哀帝时翰林学士，后仕于梁，传末称："杜晓著文雅之称，张策有冲淡之量，咸登台席，无忝士林。"极予肯定。

《全唐文》卷八三六载杜晓文一篇《匡国节度使冯行袭德政碑》。此篇多有缺字，不堪读，但《旧五代史》卷一五《冯行袭传》有记。据传，冯行袭于昭宗时曾任节镇，后入梁，任为匡国节度使，梁太祖朱全忠乃"诏翰林学士杜晓撰德政碑以赐之"。则杜晓此篇，为在梁任翰林学士时所作，其在唐于院中任职时，无一篇传存。

封　渭

封渭，两《唐书》无传，《新唐书》卷七一下《宰相世系表》一下，记有封敖侄孙封渭，云"字希曳"，未注官职。封敖为武宗朝翰林学士（见前传）。

清徐松《登科记考》卷二四，据《黄御史集》后所附《莆阳志》，记黄滔于昭宗乾宁二年（895）登进士第，徐氏又引黄滔《二月二日宴中贻同年封先辈渭》诗,定封渭与黄滔同年及第,是。此诗见《全唐诗》卷七〇五,云:"帝尧城里日衔杯,每倚嵇康到玉颓。桂苑五更听榜后,蓬山二月看花开。垂名入甲成龙去,列姓如丁作鹤来。同戴大恩何处报,永言交道契陈雷。"按此诗前为《放榜日》诗,则当皆作于刚及第放榜时。

封渭此后仕迹不详。按黄滔另有《寄同年封舍人渭》(《全唐诗》卷七〇五),题下自注:"时得来书。"诗云:"唐城接轸赴秦川,忧合欢离骤十年。龙颔摘珠同泳海,凤衔辉翰别升天。八行真迹虽收拾,四户高扃奈隔悬。能使丘门终始雪,莫教华发独潸然。"按黄滔于昭宗光化三年(900)已在闽,后为闽王审知所辟,以监察御史里行充威武军节度使推官(参《唐五代文学编年史·晚唐卷》光化三年正月、四年十一月)。梁太祖乾化元年(911)时,仍仕为闽节度使推官,约后数年卒(参《唐五代文学编年史·五代卷》乾化元年)。黄滔《寄同年封舍人渭》诗,首句称"唐城接轸赴秦川",则昭宗时仍在长安。昭宗因朱全忠所胁,于天祐元年(904)正月即离长安东徙,闰四月至洛。封渭寄黄滔信,昭宗尚在长安,则黄滔作此诗,当在天复三年(903)、天祐元年(904)间,亦距登第年乾宁二年(895)近十年,故诗云"忧合欢离骤十年"。诗题称"封舍人渭",则此时封渭已任为中书舍人。

至于封渭曾任翰林学士,仅见于《册府元龟》卷七七一《总录部·世官》:"封舜钦,庄宗同光已来累历清显。封氏自大和已来,世居两制,以文笔称于时。舜钦从子渭,昭宗迁洛时为翰林学士,舜钦为中书舍人,叔侄对掌内外制。"按《新唐书》卷七一下《宰相世系表》一下,记舜钦为封敖子,其弟信卿,信卿子渭,则封渭为舜钦侄,故云"从子"。《旧五代史》卷六八有《封舜钦传》。又《旧五代史》卷三《梁太祖纪》,开平元年(907)九月,封舜钦已在中书舍人任,则《册府元龟》卷七七一所云"昭宗迁洛时(封渭)为翰林学士,舜钦为中书舍人",与时合。据此,则封渭于昭宗天祐元年闰四月迁洛前已为中书舍人,迁洛后即以中书舍人为翰林学士(岑氏《补记》亦引及《册府元龟》,但未详考,亦未引及《旧五代史》)。

但封渭在院仅一年,又出院。《旧唐书》卷二〇下《哀帝纪》,天祐二年五月,"甲戌,敕中书舍人封渭贬齐州司户,右补阙郑辇密州莒县尉,兵部员外卢协祁州司户,并员外置"。按关于此时朝臣贬责,《通鉴》卷二六五天祐二年五月有记,此时"柳璨恃朱全忠之势","因疏其素所不快者于(朱)全忠",当时宰臣独孤损、裴枢、崔远等罢相被贬,"自余或门胄高华,或科第自进,居三省台阁,以名检自处,声迹稍著者,皆指为浮薄,贬逐无虚日,搢绅为之一空"。封渭当亦于此时自院中出贬为齐州司户(以员外置)。《通鉴》并于此年六月记裴枢等朝士三十余人被贬者,又为朱全忠谋杀于滑州白马驿,未知封渭是否亦及于此难,因此后事迹不详。而其从父舜钦,历仕于五代梁、唐,"累历清显"(《旧五代史》卷六八《封舜钦传》)。

封渭诗文未有载记。

韦 郊

韦郊,两《唐书》无专传,《旧唐书》卷一五八《韦贯之传》记贯之有二子：澳、潾；潾有五子：庾、庠、序、雍、郊；后略有记韦郊仕迹。

《新唐书》卷七四上《宰相世系表》四上，亦有记，但有误。据《新表》所列，韦贯之有三子，即澳、庾、潾，又记庾有四子，为庠、雍、序、郊。与《旧唐书·韦贯之传》相校，《新表》所记韦贯之子多一人，即庾，实则韦贯之确为二子，即澳、潾，其名皆以水字（氵）旁，而庾则与庠、序等皆以广部行，庾当与庠、序等同列，非贯之子。又《新表》未记潾有子，而将庠、序等列于庾之下格，并将韦郊之官名记于雍之名下，均误。岑氏《补记》及赵超《新唐书宰相世系表集校》均有辨正，中华书局点校本则未有校。唯岑氏《补记》引述之《旧唐书·韦贯之传》，记韦庾四子，将韦序误作"韦亭"，谓"亭字休之"，实则《新表》记为"序字休之"。此当岑氏笔误或所见之版本有异。

韦贯之于宪宗元和时曾以礼部侍郎连续两年知贡举（清徐松《登科记考》卷一八），"所选士大抵抑浮华，先行实，由是趋竞者稍息"；后曾为相，"严身律下，以清流品为先，故门无杂宾"（《旧唐书·韦贯之传》）。其伯兄韦绶，为德宗朝翰林学士；韦贯之子澳，宣宗时翰林学士承旨。此亦可见韦郊家世之文化渊源。

《旧唐书·韦贯之传》记潾子序、雍、郊皆登进士第，但未记年。关于韦郊，记云："郊文学尤高，累历清显。自礼部员外郎知制诰，正拜中书舍人。昭宗末，召充翰林学士，累官户部侍郎、学士承旨，卒。"按前所引述之《新唐书·宰相世系表》，于韦郊仅记"字延休"，而于其兄雍处，则记有："户部侍郎、翰林学士承旨。"即将韦郊之官名移于韦雍名下，此又为《新表》之误。

据《旧传》，韦郊本已任中书舍人，昭宗末召为翰林学士，则当为天祐元年（904）上半年昭宗东徙洛阳时。按张文蔚于天复三年（903）后半年接吴融为承旨，天祐元年冬出为礼部侍郎，以备翌年春知举（参见前张文蔚、吴融传，及"学士年表"），时在院学士未记有任承旨者，则当由韦郊接任。由此可定：韦郊于天祐元年上半年以中书舍人为翰林学士，同年冬迁为户部侍郎、承旨。

唯《旧传》于"累官户部侍郎、学士承旨"后，即云"卒"，似即卒于唐末（哀帝时）。岑氏《补记》谓韦郊"以某年入充，卒于某年，均未得他文为证，故附于昭宗之末"；其《补文宗至哀帝七朝翰林承旨学士记》，亦谓仅据《旧传》，"郊究以何年加承旨，尚难确定"，当亦未检核张文蔚、吴融事。

今检《旧五代史》卷三《梁太祖纪》，记开平二年（908）十月，提及"翰林学士张策、韦郊、杜晓"。杜晓确以翰林学士入梁，见前传。开平二年为朱全忠立朝之第二年，由此可以确定韦郊亦以翰林学士入仕于梁，故谓卒于唐末，不确（岑氏《补记》未引及《旧五代史》此处所记）。但韦郊此后事迹不详。

韦郊未有诗文著录。

张　策

张策，两《唐书》无传，两《五代史》有传，见《旧五代史》卷一八、《新五代史》卷三四。

《旧五代传》记其"字少逸，敦煌人"，《新五代传》同。《旧五代传》又载其父名同,"仕唐,官至容管经略史"。容管属容州(今广西容县),当时属岭南道。《旧唐书》卷一九下《僖宗纪》,记乾符三年(876)九月,"商州刺史张同为谏议大夫",其他不详。

两《五代史》本传皆称张策少年时聪警,并特记一事。《旧五代传》谓:"居洛阳敦化里,尝浚甘泉井,得古鼎,耳有篆字曰:'魏黄初元年春二月,匠吉千。'且又制作奇巧,同甚宝之。策时在父傍,徐言曰:'建安二十五年,曹公薨,改年为延康,其年十月,文帝受汉禅,始号黄初,则是黄初元年无二月明矣。鼎文何谬欤!'同大惊,亟遣启书室,取《魏志》展读,一不失所启,宗族奇之,时年十三。"《新五代传》所记略同。由此可见,张策十三岁时,已对史书记诵极熟,且能订正遗物所记之失,确为不易。

张策曾在邠州王行瑜幕。《旧五代传》:"王行瑜帅邠州,辟为观察支使,带水曹员外郎,赐绯。"约在昭宗乾宁初(894、895)。后又在华州节度使韩建幕,《旧五代传》云:"天复中,(张)策奉其主书币来聘,太祖见而喜曰:'张夫子且至矣。'即奏为掌记,兼赐金紫。"《新五代传》亦记云:"华州韩建辟判官,建徙许州,以为掌书记。建遣策聘于太祖,太祖见而喜曰:'张夫子至矣。'遂留以为掌书记。"按据《通鉴》卷二六二,天复元年(901)十月,朱全忠发兵,请昭宗徙洛阳;十一月,昭宗因宦官韩全海之挟,出奔凤翔,朱全忠仍发兵至关中,逼华州,"韩建遣节度副使李巨川请降,献银三万两助军"。《新唐书》卷十《昭宗纪》,天复元年十一月亦记:"丁巳,朱全忠陷华州,镇国军节度使韩建叛附于全忠。"则张策当于此时受韩建之命,至朱全忠处求和,朱全忠赏识其才,遂聘张策入其幕府,掌书记。这是张策依附朱全忠的开端。

故《旧五代传》后云："天祐初，表其才，拜职方郎中，兼史馆修撰，俄召入为翰林学士。"《新五代传》叙朱全忠留其为掌书记后，亦云："荐之于朝，累拜中书舍人、翰林学士。"这就是，张策先于天复元年（901）十一月在朱全忠幕，后又由朱全忠之荐入朝，任职方郎中，兼史馆修撰，随又入为翰林学士。这是唐末文士因节镇重臣之荐而入任翰林学士之一例。

《旧唐书》卷二〇下《哀帝纪》，天祐二年（905）五月记："丁亥，敕以翰林学士、尚书职方郎中张策兼充史馆修撰，修国史。"由此，则天祐二年五月，张策已在院中，其入院或当在天祐元年，以职方郎中入。

《旧五代传》后云："转兵部郎中、知制诰，依前修史。未几，迁中书舍人，职如故。"其迁中书舍人，或为天祐下半年。由此，则张策先为职方郎中，后以职方郎中入任翰林学士，在院期间又累迁为中书舍人。而《新五代传》则谓，因朱全忠之荐，"累拜中书舍人、翰林学士"，即意为先任中书舍人，后入为翰林学士，则与前考述不合，当不确。

《旧唐书·哀帝纪》天祐四年（907）三月记，哀帝因朱全忠所逼，传位，"庚寅，诏薛贻矩再使大梁，达传位之旨"；乙酉，以"中书侍郎、平章事杨涉押传国宝使，翰林学士、中书舍人张策为副"。《通鉴》卷二六六梁太祖开平元年（即天祐四年，907）三月，所记同。

朱全忠即位后，于同年四月改元开平，国号梁，"唐代中外旧臣官爵并如故"（《通鉴》）。张策仕于梁，仍为翰林学士，但有较快之升迁。《旧五代传》云："太祖受禅，改工部侍郎，加承旨。其年冬,转礼部侍郎。明年,从征至泽州,拜刑部侍郎,平章事,仍判户部,寻迁中书侍郎。"《旧五代史》卷四《梁太祖纪》开平二年(908)四月即记:"以吏部侍郎于兢为中书侍郎、平章事,以翰林奉旨学士张策为刑部侍郎、平章事。时帝在泽州,拜二相于行在。"据《通鉴》卷二六六,梁开平二年,三月"癸巳,门下侍郎、同平章事张文蔚卒";四月"癸卯,门下侍郎、同平章事杨涉罢为右仆射",故以于兢、张策继为相。

《旧五代传》接云:"寻迁中书侍郎,以风恙拜章乞骸,改刑部尚书致仕。"未记年。《新五代史》卷二《梁太祖纪》则具记为:开平二年十一月,"癸巳,张策罢"。《旧五代传》记张策致仕后,"即日肩舆归洛,居于福善里,修篁嘉木,图书琴酒,以自适焉。乾化二年秋,卒"。《新五代传》未记其卒年,仅云"致仕,卒于洛阳"。按乾化二年为公元912年,则其闲居于洛,有四年。《旧五代史》卷一八,于传后有评云:"张策有冲淡之量。"

《旧五代传》对其著作有记,谓:"所著《典议》三卷,制词歌诗二十卷,笺表三十卷,存于其家。"则其著述颇多,惜均未存。

张　衍

张衍,《旧五代史》有传,见卷二四。《传》云:"张衍,字元用,河南尹魏王宗奭之犹子也。"此宗奭,即张全义,《旧五代史》卷六三有传,称濮州临濮人。濮州,辖境相当今山东鄄城及河南濮阳等地。僖宗时起兵者王仙芝即濮州人,故《旧五代史·张全义传》

称"乾符末,黄巢起冤句,全义亡命入巢军";后与朱全忠相交,累得其助,"全义感梁祖援助之恩,自是依附,皆从其制",即为朱全忠任为河南尹。

张衍早期事迹,《旧五代传》记为:"衍乐读书为儒,始以经学就举,不中选。时谏议大夫郑徽退居洛阳,以女妻之,遂令应辞科,不数上登第。"郑徽,《旧五代史》卷五八《郑珏传》称张全义为河南尹时曾为其判官。

关于张衍任翰林学士,《旧五代传》记为:"唐昭宗东迁,以宗奭勋力隆峻,衍由校书郎拜左拾遗,旋召为翰林学士。"按昭宗因朱全忠所迫,于天祐元年(904)正月离长安东徙,此时张全义任河南尹(治洛阳),《旧五代史·张全义传》即记:"梁祖迫昭宗东迁,命全义缮治洛阳宫城。"《通鉴》卷二六四天祐元年记:"夏四月辛巳,朱全忠奏洛阳宫室已成,请车驾早发,表章相继。"昭宗遂于闰四月抵达洛阳。由此可见,朱全忠之促迫昭宗徙洛阳,洛阳宫室建成是作为表面理由之一的。于此,则如《旧五代史·张衍传》所云,当以全义"勋力隆峻",受到朱全忠之赏识,张衍即因张全义之"犹子",即由校书郎(正九品上)迁左拾遗(从八品上),随即召为翰林学士,当在天祐三年四、五月间。

张衍由天祐三年四、五月间入院,后天祐四年(907)四月唐哀帝禅位,朱全忠立,建梁,并改元开平。奇怪的是,朱全忠接位后,并未使张衍仍在院任职。《旧五代传》云:"太祖即位罢之,特拜考功郎中,俄迁右谏议大夫。"则虽使其出院,仍升其官阶。左拾遗为从八品上,较低,而考功郎中为从五品上,右谏议大夫为正五品上,与中书舍人同阶,升迁较快。

不过此后又有不幸的结局。《旧五代传》云："衍巧生业，乐积聚。太祖将北伐，颇以扈从间糜耗力用，系意屡干托宰执，求免是行，太祖微闻之，又属应召稽晚，与孙隲等同日遇祸。"《旧五代史》同卷《孙隲传》更详记其事："乾化二年春，太祖将议北巡，选朝士之三十余人扈从。二月甲子，车驾发自洛阳。禺中，次白马顿，召文武官就食，以从臣未集，驻跸以俟之，命飞骑促于道，而隲与谏议大夫张衍、兵部郎中张俨等累刻方至，太祖性本卞急，因兹大怒，并格杀于前墀。"《通鉴》卷二六八乾化二年（912）二月亦记有此事，谓："甲子，帝发洛阳，从官以帝诛戮无常，多惮行，帝闻之，益怒。"由是杀张衍、孙隲、张俨三人。

孙隲、张俨，《旧五代史》卷二四亦皆有传，此二人亦由唐入仕于梁的，据传所记，"隲雅好聚书，有《六经》、《汉史》洎百家之言，凡数千卷，皆简翰精至，披勘详定，得暇即朝夕耽玩，曾无少怠"。张俨则"善为五言诗，其警句颇为人所称"。张衍亦"乐读书为儒"。如此，则以文博著称的文士，虽仕于梁已有五六年，但终为朱全忠忌杀。这也是唐翰林学士仕梁后遭致不幸结局之一例。

唐翰林学士年表

（文宗—哀帝朝）

文宗朝

大和元年（827）

路　随　依前中书舍人。正月八日，迁兵部侍郎、知制诰，并加
　　　　承旨。

韦表微　依前中书舍人。正月八日，迁户部侍郎、知制诰。

王源中　宝历二年（826）九月二十四日，自户部郎中充。本年正
　　　　月八日，改权知中书舍人。

宋申锡　宝历二年（826）九月二十四日，自礼部员外郎为翰林侍讲学
　　　　士，后改为翰林学士。本年仍依前为礼部员外郎、学士。

郑　瀚　四月二十三日，自中书舍人充侍讲学士。二十八日，
　　　　赐紫。

许康佐　四月二十三日,自度支郎中改驾部郎中充侍讲学士。二
　　　　十八日,赐紫。
李让夷　十二月二十二日,自左拾遗充。同月二十七日,赐绯。

大和二年(828)

路　随　依前兵部侍郎、知制诰、承旨。十二月二十七日,为中书
　　　　侍郎同平章事,出院任相。
韦表微　依前户部侍郎、知制诰。十二月二十八日,加承旨。
王源中　依前权知中书舍人。二月五日,正拜中书舍人。十一月
　　　　五日,迁户部侍郎、知制诰。
宋申锡　依前礼部员外郎。正月八日,迁户部郎中、知制诰。
郑　澣　依前中书舍人、侍讲。六月一日,迁礼部侍郎出院。
许康佐　依前驾部郎中、侍讲。六月一日,迁谏议大夫。
李让夷　依前左拾遗。二月五日,迁左补阙。
柳公权　五月二十一日,自司封员外郎充侍书学士。二十三日,
　　　　赐紫。十一月二十一日,改库部郎中。

大和三年(829)

韦表微　依前户部侍郎、知制诰、承旨。八月二十日,以疾出守
　　　　本官。
王源中　依前户部侍郎、知制诰。十二月,加承旨。
宋申锡　依前户部郎中、知制诰。六月一日,迁中书舍人。
许康佐　依前谏议大夫、侍讲。八月二十三日,改为学士,仍为谏
　　　　议大夫。

李让夷　依前左补阙。十一月五日,改职方员外郎。

柳公权　依前库部郎中、侍书。

丁公著　四月二十六日,自礼部尚书充侍讲。七月二十七日,改
　　　　户部尚书,出为浙西观察使。

崔　郸　五月七日,自考功郎中充。八月十二日,加知制诰。

郑　覃　九月二十一日,自右散骑常侍充侍讲。

路　群　九月二十一日,自右谏议大夫充侍讲。

大和四年(830)

王源中　依前户部侍郎、知制诰、承旨。

宋申锡　依前中书舍人。七月七日,迁尚书右丞出院,寻拜相。

许康佐　依前谏议大夫。八月二十七日,改中书舍人,又改为侍
　　　　讲,仍兼学士。

李让夷　依前职方员外郎。

柳公权　依前库部郎中、侍书。

崔　郸　依前考功郎中、知制诰。九月十六日,迁为中书舍人。

郑　覃　依前右散骑常侍、侍讲。三月三十日,迁工部尚书。六
　　　　月十七日,以工部尚书出院。

路　群　依前右谏议大夫、侍讲。八月二十七日,改为学士,仍为
　　　　右谏议大夫。

薛廷老　十一月前,自殿中侍御史充。

大和五年(831)

王源中　依前户部侍郎、知制诰、承旨。

许康佐　依前中书舍人，学士兼侍讲。

李让夷　依前职方员外郎。九月十六日，守本官出院。

柳公权　依前库部郎中、侍书。七月十五日，改右司郎中出院。

崔　郸　依前中书舍人。

路　群　依前右谏议大夫。九月五日，改中书舍人。

薛廷老　依前殿中侍御史。九月四日，改刑部员外郎出院。

李　珏　九月十九日，自库部员外郎、知制诰充；同月二十三日，
　　　　赐紫。

大和六年（832）

王源中　依前户部侍郎、知制诰、承旨。

许康佐　依前中书舍人，学士兼侍讲。

崔　郸　依前中书舍人。本年以疾出守本官，月日不详。

路　群　依前中书舍人。

李　珏　依前库部员外郎、知制诰。

郑　覃　三月十四日复入院，自工部尚书充侍讲。

大和七年（833）

王源中　依前户部侍郎、知制诰、承旨。

许康佐　依前中书舍人，侍讲兼学士。七月二十五日，迁户部侍
　　　　郎、知制诰。

路　群　依前中书舍人。十二月十七日，出守本官。

李　珏　依前库部员外郎、知制诰。三月二十八日，迁为中书
　　　　舍人。

郑　覃　依前工部尚书、侍讲。六月十六日,改御史大夫出院。

陈夷行　四月,自吏部员外郎充。

郑　涯　四月八日,自左补阙充。

高　重　十月十二日,复入为侍讲,国子祭酒。

大和八年(834)

王源中　依前户部侍郎、知制诰、承旨。四月二十日,迁礼部尚
　　　　书,出院。

许康佐　依前户部侍郎、知制诰,学士兼侍讲。五月八日,加
　　　　承旨。

李　珏　依前中书舍人。

陈夷行　依前吏部员外郎。八月二十三日,改为著作郎、知制诰
　　　　兼皇太子侍读。九月六日,赐绯。同月七日,迁谏议大
　　　　夫、兼知制诰。

郑　涯　依前左补阙。九月七日,改为司勋员外郎;同月十六日,
　　　　赐绯。

高　重　依前国子祭酒、侍讲。

元　晦　八月九日,自殿中侍御史充。九月十六日,赐绯。

柳公权　十月十五日复入,自兵部郎中、弘文馆学士充侍书学士。

李　训　十月十七日,自国子监四门助教改国子周易博士充
　　　　侍讲。

大和九年(835)

许康佐　依前户部侍郎、知制诰、承旨,侍讲兼学士。五月五日,

改兵部侍郎出院。

李　珏　依前中书舍人。五月六日，加承旨。五月十九日，迁户
　　　　部侍郎、知制诰。八月五日，出贬江州刺史。

陈夷行　依前谏议大夫、知制诰、太子侍读。二月十六日，罢太子
　　　　侍读。五月二十二日，改太常少卿。七月二十九日，复
　　　　兼太子侍读。

郑　涯　依前司勋员外郎。十一月十九日，加知制诰。十二月十
　　　　五日，出守本官。

高　重　依前国子祭酒、侍讲。七月十八日，出为鄂岳观察使。

元　晦　依前殿中侍御史。八月二十日，改库部员外郎。九月十
　　　　一日，出守本官。

柳公权　依前兵部郎中、侍书。九月十二日，加知制诰，改充学
　　　　士，仍兼侍书。

李　训　依前国子周易博士、侍讲。七月二十一日，加兵部郎中、
　　　　知制诰，改学士。九月二十七日，守礼部侍郎、同平章
　　　　事，任相。十一月甘露事变，被杀。

丁居晦　五月三日，自起居舍人、集贤院直学士充。十月十八日，
　　　　赐绯。同月十九日，迁司勋员外郎。

归　融　八月一日，自中书舍人充。同月五日，加承旨。又同月
　　　　二十日，迁工部侍郎、知制诰；二十四日，赐紫。

郑　注　八月四日，自太仆卿改工部尚书充侍讲学士。九月二十
　　　　五日，出为凤翔陇右节度使。

黎　埴　十月十二日，自右补阙充。

顾师邕　约前半年自水部员外郎充。十二月初被贬，流崖州，

赐死。

袁　郁　十二月二十七日,自礼部员外郎、集贤院直学士充。

开成元年(836)

陈夷行　依前太常少卿兼太子侍读。五月二十三日,加承旨。六
　　　　月二十四日,迁工部侍郎、知制诰。八月七日,赐紫。

柳公权　依前兵部郎中、知制诰。九月二十八日,迁中书舍人,仍
　　　　为学士兼侍书。

丁居晦　依前司勋员外郎。

归　融　依前工部侍郎、知制诰、承旨。五月十五日,以本官兼御
　　　　史中丞出院。

黎　埴　依前右补阙。

袁　郁　依前礼部员外郎。正月十四日,转库部员外郎。

开成二年(837)

陈夷行　依前工部侍郎、知制诰、承旨。四月五日,以本官平章事
　　　　出院,任相。

柳公权　依前中书舍人。四月,改谏议大夫、知制诰,仍兼侍书。

丁居晦　依前司勋员外郎。九月十一日,迁司封郎中、知制诰。

黎　埴　依前右补阙。二月十日,改司勋员外郎。

袁　郁　依前库部员外郎。三月十一日,丁忧外出。

柳　璟　七月十九日,自库部员外郎、知制诰充。

周　墀　十二月二十五日,自考功员外郎、知制诰充。

开成三年（838）

柳公权　依前谏议大夫、知制诰。九月十八日，迁工部侍郎、知制诰，仍以学士兼侍书，并加承旨。

丁居晦　依前司封郎中、知制诰。八月十四日，迁中书舍人。十一月十六日，改御史中丞出院。

黎　埴　依前司勋员外郎。正月十日，加知制诰。十二月十八日，赐绯。十二月二十一日，迁兵部郎中，知制诰。

柳　璟　依前库部员外郎、知制诰。四月十四日，迁驾部郎中、知制诰。

周　墀　依前考功员外郎、知制诰。十一月十六日，迁职方郎中，仍兼知制诰。

王　起　五月五日，由兵部尚书判太常卿事充皇太子侍读，入为侍讲学士。

高元裕　五月五日，自谏议大夫充侍讲学士。八月十日，出院，兼太子宾客。

裴　素　十二月六日，自司封员外郎兼起居郎、史馆修撰充。

开成四年（839）

柳公权　依前工部侍郎、知制诰、承旨，仍兼侍书。

黎　埴　依前兵部郎中、知制诰。十一月六日，迁中书舍人。

柳　璟　依前驾部郎中、知制诰。

周　墀　依前职方郎中、知制诰。九月十二日，赐紫。

王　起　依前兵部尚书判太常卿事、侍讲。三月十二日，授太子少师兼兵部尚书,仍为侍讲。

裴　素　依前司封员外郎兼起居郎。七月十三日,加知制诰。

高少逸　闰正月十一日,自左司郎中充侍讲。八月一日,迁谏议
　　　　大夫,仍为侍讲。

丁居晦　闰正月,自御史中丞改中书舍人,复入。

武宗朝

开成五年(840)

柳公权　依前工部侍郎、知制诰、承旨。三月九日,加散骑常侍
　　　　出院。

黎　埴　依前中书舍人。二月一日,赐紫。三月十六日,改御史
　　　　中丞出院。

柳　璟　依前驾部郎中、知制诰。二月九日,迁中书舍人。十月,
　　　　迁礼部侍郎出院,以备明春知举。

周　墀　依前职方郎中、知制诰。五月十三日,迁工部侍郎、知制
　　　　诰。六月十日,守本官出院。

王　起　依前兵部尚书、太子少师、侍讲。正月七日,守本官出院。

裴　素　依前司封员外郎、起居郎、知制诰。二月二日,赐绯。六
　　　　月,迁中书舍人。十一月,加承旨,赐紫。

高少逸　依前谏议大夫、侍讲。正月二十七日,赐紫,守本官
　　　　出院。

丁居晦　依前中书舍人。三月十三日,迁户部侍郎、知制诰。同
　　　　月二十三日,卒,赠吏部侍郎。

李　褒　三月二十日,自考功员外郎、集贤院直学士充。六月,转
　　　　库部郎中、知制诰。十二月十二日,赐绯。

周敬复　三月三十日,自兵部员外郎、知制诰充。十二月十一日,
　　　　赐绯。

郑　朗　四月十九日,自谏议大夫充侍讲学士。五月四日,赐绯。
　　　　十一月二十九日,守本官出院。

卢　懿　四月十九日,自司封员外郎充侍讲学士。五月四日,
　　　　赐绯。

李　讷　七月五日,自左补阙充。

崔　铉　七月五日,自司勋员外郎充。

敬　晦　十一月十六日,自兵部员外郎、史馆修撰充。

会昌元年(841)

裴　素　依前中书舍人、承旨。约十一月十七日,卒官。

李　褒　依前库部郎中、知制诰。五月,迁中书舍人。十二月,加
　　　　承旨。同月六日,赐紫。

周敬复　依前兵部员外郎、知制诰。二月十三日,迁职方郎中、知
　　　　制诰,又中书舍人。

卢　懿　依前司封员外郎、侍讲。二月九日,出守本官。

李　讷　依前左补阙。

崔　铉　依前司勋员外郎。

敬　晦　依前兵部员外郎、史馆修撰。

会昌二年（842）

李　褒　依前中书舍人、承旨。五月十九日，出守本官。

周敬复　依前职方郎中、知制诰（或中书舍人）。九月十八日，出守本官。

李　讷　依前左补阙。四月十六日，迁职方员外郎。十一月二十一日，赐绯。

崔　铉　依前司勋员外郎。正月十二日，迁司封郎中、知制诰。九月二十七日，加承旨，赐绯。十一月二十九日，迁中书舍人，仍为承旨。

敬　晦　依前兵部员外郎、史馆修撰。八月六日，出守本官。

韦　琮　二月十五日，自起居舍人、史馆修撰充。十月十七日，改加司勋员外郎。

魏　扶　八月八日，自起居郎充。

白敏中　九月十三日，自右司员外郎充。同月十五日，改兵部员外郎。十一月二十九日，加知制诰。

封　敖　十二月一日，自左司员外郎兼侍御史知杂事充。同月三日，改驾部员外郎。

会昌三年（843）

李　讷　依前职方员外郎。四月，出守本官。

崔　铉　依前中书舍人、承旨。五月十四日，迁中书侍郎同平章事，出院任相。

韦　琮　依前司勋员外郎。五月二十九日，转兵部员外郎、知制诰。

魏　扶　依前起居郎。四月二十五日,赐绯。五月二十九日,加
　　　知制诰。

白敏中　依前兵部员外郎、知制诰。五月二十九日,迁职方郎中。
　　　十二月七日,加承旨,赐紫。

封　敖　依前驾部员外郎。五月二十五日,加知制诰。

徐　商　六月一日,自礼部员外郎充。

孙　毅　九月二十八日,自左拾遗充。

　　会昌四年(844)

韦　琮　依前兵部员外郎、知制诰。四月十五日,迁兵部郎中。
　　　九月四日,迁中书舍人。

魏　扶　依前起居郎、知制诰。四月十五日,转考功郎中、知制
　　　诰。九月四日,迁中书舍人。

白敏中　依前职方郎中、知制诰、承旨。四月十五日,迁中书舍
　　　人。九月四日,迁户部侍郎、知制诰,仍为承旨。

封　敖　依前驾部员外郎、知制诰。四月十五日,迁中书舍人。
　　　九月四日,迁工部侍郎、知制诰。

徐　商　依前礼部员外郎。八月七日,迁礼部郎中、知制诰。九
　　　月四日,转兵部郎中、知制诰。

孙　毅　依前左拾遗。九月十日,迁起居郎。

　　会昌五年(845)

韦　琮　依前中书舍人。

魏　扶　依前中书舍人。

白敏中　依前户部侍郎、知制诰、承旨。

封　敖　依前工部侍郎、知制诰。三月十八日,上表辞,出守本官。

徐　商　依前兵部郎中、知制诰。约于本年迁中书舍人,后即出院。

孙　毅　依前起居郎。

宣宗朝

会昌六年（846）

韦　琮　依前中书舍人,后改为户部侍郎。下半年加承旨。

魏　扶　依前中书舍人。约本年冬迁为礼部侍郎,出院,以备明
　　　　春知举。

白敏中　依前户部侍郎、知制诰、承旨。四月辛未,以兵部侍郎同
　　　　中书门下平章事,出院任相。

孙　毅　依前起居郎。二月二十三日,加兵部员外郎。四月十七
　　　　日,加知制诰。六月十日,迁兵部郎中。

刘　瑑　六月二日,自殿中侍御史充。七月九日,三殿赐绯。

裴　谂　六月二日,自考功员外郎充。八月十九日,加司封郎中。

大中元年（847）

韦　琮　依前户部侍郎、承旨。七月,出院任相。

孙　毅　依前兵部郎中、知制诰。十二月七日,加承旨。同月二

十六日,迁中书舍人,仍为承旨。

刘　瑑　依前殿中侍御史。闰三月十二日,改职方员外郎。十一月二十七日,加知制诰。

裴　谂　依前司封郎中。二月三十日,加知制诰。

萧　邺　二月二十六日,自监察御史里行充。十一月二十日,迁右补阙。十二月二十七日,三殿赐绯。

宇文临　闰三月七日,自礼部员外郎充。四月,守本官出院。十二月八日,复自礼部郎中入;同月二十八日,加知制诰。

沈　询　五月十二日,自右拾遗、集贤院直学士充。

大中二年(848)

孙　毅　依前中书舍人、承旨。七月六日,迁户部侍郎、知制诰。十二月二十四日,除河南尹兼御史大夫,出院。

刘　瑑　依前职方员外郎、知制诰。七月六日,迁司封郎中。

裴　谂　依前司封郎中、知制诰。约正月,迁中书舍人。七月六日,又迁工部侍郎、知制诰。十二月二十六日,加承旨。

萧　邺　依前右补阙。七月六日,迁兵部员外郎。十一月十三日,加知制诰。

宇文临　依前礼部郎中、知制诰。正月八日,思政殿召对赐绯。七月六日,迁中书舍人。

沈　询　依前右拾遗、集贤院直学士。正月二日,思政殿召对赐绯。七月七日,迁起居郎。十月二日,守本官、知制诰,出院。

令狐绹　二月十日,自考功郎中、知制诰充。

大中三年（849）

刘　璩　依前司封郎中、知制诰。六月十四日,迁中书舍人。十二月二十七日,三殿赐紫。

裴　谂　依前工部侍郎、知制诰、承旨。五月二十三日,守本官出院。

萧　邺　依前兵部员外郎、知制诰。九月十四日,责授衡州刺史。

宇文临　依前中书舍人。九月十四日,责授复州刺史。

令狐绹　依前考功郎中、知制诰。二月二十一日,迁中书舍人。五月一日,迁御史中丞,出院。九月十六日,又自御史中丞入,并加承旨。同月二十三日,权知兵部侍郎、知制诰,仍为承旨。

郑　颢　二月二日,自起居郎充。四月十日,加知制诰。闰十一月四日,迁右谏议大夫、知制诰。

郑处海　五月二十日,自监察御史里行充。七月十八日,迁屯田员外郎。闰十一月九日,三殿召对赐绯。

崔慎由　六月八日,自职方郎中、知制诰充。九月六日,迁中书舍人。十二月九日,守本官出院。

郑　薰　九月十八日,自考功郎中充。闰十一月二十七日,加知制诰。

大中四年（850）

刘　璩　依前中书舍人。十一月二十八日,守本官兼御史中丞,充西讨伐党项行营诸寨宣慰使。后返京,改迁刑部侍郎,仍在院。

令狐绹 依前兵部侍郎、知制诰、承旨。十月二十七日,守本官出
　　　院,任相。

郑　颢 依前右谏议大夫、知制诰。十月七日,迁中书舍人。

郑处诲 依前屯田员外郎。八月五日,守本官出院。

郑　薰 依前考功郎中、知制诰。十月七日,迁中书舍人。十月
　　　十三日,守本官出院。

毕　諴 二月十三日,自职方郎中兼侍御史知杂事充。

萧　邺 七月二十四日,自兵部员外郎充。十月七日,加知制诰。

苏　涤 十二月二十四日,自右丞入。

大中五年(851)

刘　瑑 依前刑部侍郎。五月,守本官出院。

萧　邺 正月二十八日,复自考功郎中充。二月一日,加知制诰。
　　　七月十四日,迁中书舍人。

郑　颢 依前中书舍人。八月二日,授右庶子出院。

毕　諴 依前职方郎中兼侍御史知杂事。

萧　邺 依前兵部员外郎、知制诰。□月十四日,迁驾部郎中,仍
　　　知制诰。

苏　涤 依前右丞。六月五日,迁兵部侍郎、知制诰。

韦　澳 七月二十日,自库部郎中、知制诰充。

曹　确 八月十一日,自起居郎充。十月十六日,三殿召对赐绯。

大中六年（852）

萧　邺　依前中书舍人。正月七日，三殿召对赐紫。七月二十七日，加承旨。

毕　诚　依前职方郎中兼侍御史知杂事。正月七日，三殿召对赐紫。七月七日，权知刑部侍郎出院。

萧　寘　依前驾部郎中、知制诰。五月十九日，迁中书舍人。

苏　涤　依前兵部侍郎、知制诰。六月九日，上表病免。十一月，以左丞出院。

韦　澳　依前库部郎中、知制诰。五月十九日，迁中书舍人。

曹　确　依前起居郎。五月十九日，改兵部员外郎。

庾道蔚　七月十五日，自起居舍人充。十二月二十九日，三殿召对赐绯。

李汶儒　七月十五日，自礼部员外郎充。十二月二十九日，三殿召对赐绯。

大中七年（853）

萧　邺　依前中书舍人、承旨。六月十二日，迁户部侍郎、知制诰，仍为承旨。

萧　寘　依前中书舍人。十月十二日，三殿召对赐紫。

韦　澳　依前中书舍人。

曹　确　依前兵部员外郎。四月十一日，加知制诰。

庾道蔚　依前起居舍人。九月十九日，改司封员外郎。

李汶儒　依前礼部员外郎。十二月五日，迁礼部郎中、知制诰。

大中八年（854）

萧　邺　依前户部侍郎、知制诰、承旨。十二月十八日，守本官、
　　　　判户部，出院。

萧　寘　依前中书舍人。五月十九日，迁户部侍郎、知制诰。

韦　澳　依前中书舍人。五月十九日，迁工部侍郎，知制诰。七
　　　　月二日，三殿召对赐紫。

曹　确　依前兵部员外郎、知制诰。五月十九日，迁库部郎中、知
　　　　制诰。

庾道蔚　依前司封员外郎。

李汶儒　依前礼部郎中、知制诰。

大中九年（855）

萧　寘　依前户部侍郎、知制诰。二月十七日，加承旨。

韦　澳　依前工部侍郎、知制诰。

曹　确　依前库部郎中、知制诰。闰四月六日，迁中书舍人。

庾道蔚　依前司封员外郎。八月十三日，迁驾部郎中、知制诰。

李汶儒　依前礼部郎中、知制诰。十月十二日，迁中书舍人。

孔温裕　二月二十九日，自礼部员外郎、集贤院直学士充。三月
　　　　三日，改司封员外郎、知制诰。

大中十年（856）

萧　寘　依前户部侍郎、知制诰、承旨。八月四日，检校工部尚
　　　　书、浙西观察使，出院。

韦　澳　依前工部侍郎、知制诰。五月二十五日,授京兆尹出院。

曹　确　依前中书舍人。五月十三日,三殿召对赐紫。

庾道蔚　依前驾部郎中、知制诰。正月十四日,守本官出院,寻除
　　　　连州刺史。

李汶儒　依前中书舍人。十月十六日,三殿召对赐紫。

孔温裕　依前司封员外郎、知制诰。

于德孙　正月三十日,自职方员外郎、知制诰充。十一月二十八
　　　　日,三殿召对赐紫。

皇甫珪　六月五日,自吏部员外郎充。六月七日,改司勋员外郎。

蒋　伸　八月二十六日,自权知户部侍郎充,九月二日,正授户部
　　　　侍郎、知制诰。十月二日,加承旨。

大中十一年（857）

曹　确　依前中书舍人。八月二十一日,授河南尹,出院。

李汶儒　依前中书舍人。正月五日,守本官出院。

孔温裕　依前司封员外郎、知制诰。约二、三月间,迁司勋郎中、
　　　　知制诰。

于德孙　依前职方员外郎、知制诰。四月十五日,迁驾部郎中。

皇甫珪　依前司勋员外郎。正月十一日,三殿召对赐绯。十月二
　　　　日,迁司封郎中、知制诰。

蒋　伸　依前户部侍郎、知制诰、承旨。十二月二十九日,转兵部
　　　　侍郎、知制诰,仍为承旨。

苗　恪　正月十五日,自库部郎中充。四月十五日,加知制诰。

杨知温　九月八日,自礼部郎中充。十二月十九日,加知制诰。

大中十二年(858)

孔温裕　依前司勋郎中、知制诰。正月十八日,迁中书舍人。八
　　　　月三十日,除河南尹出院。

于德孙　依前驾部郎中、知制诰。闰二月十三日,迁中书舍人。

皇甫珪　依前司封郎中、知制诰。八月十二日,迁中书舍人。

蒋　伸　依前兵部侍郎、知制诰、承旨。五月十三日,守本官、判
　　　　户部出院。十二月二十九日,任相。

苗　恪　依前库部郎中、知制诰。闰二月十三日,迁中书舍人。

杨知温　依前礼部郎中、知制诰。五月十二日,三殿召对赐绯。
　　　　十月十一日,迁中书舍人。

严　祁　五月二十一日,自左补阙内供奉充。九月十二日,改驾
　　　　部员外郎。

杜审权　约五月自刑部侍郎充;同月二十八日,转户部侍郎、知制
　　　　诰,加承旨。

大中十三年(859)

于德孙　依前中书舍人。四月二十九日,授御史中丞出院。

皇甫珪　依前中书舍人。八月二十六日,赐紫;同月二十九日,加
　　　　朝请大夫。十一月,迁工部侍郎、知制诰。

苗　恪　依前中书舍人。八月二十六日,赐紫;同月二十九日,加
　　　　朝请大夫兼户部侍郎、知制诰。十二月十三日,加承旨。

杨知温　依前中书舍人。九月十三日,召对赐紫。

严　祁　依前驾部员外郎。七月八日,加知制诰。八月二十九

日,加新野县开国男,食邑三百户。

杜审权　依前户部侍郎、知制诰、承旨。八月二十九日,加通议大
　　　　夫、兵部侍郎、知制诰,仍为承旨。十二月三日,守本官
　　　　同平章事,出院,任相。

高　璩　四月二十三日,自右拾遗内供奉充。九月三日,召对赐
　　　　绯。十一月三日,迁起居郎、知制诰。

李　贶　十二月二十四日,自权知右拾遗内供奉充。

懿宗朝

咸通元年(860)

皇甫珪　依前工部侍郎、知制诰。十月,改授同州刺史,出院。

苗　恪　依前户部侍郎、知制诰、承旨。十一月八日,出院,授检
　　　　校工部尚书、山南西道节度使兼御史大夫。

杨知温　依前中书舍人。十月,迁工部侍郎、知制诰。

严　祁　依前驾部员外郎、知制诰。六月十三日,迁库部郎中,仍
　　　　知制诰。

高　璩　依前起居郎、知制诰。十月六日,迁右谏议大夫、知制
　　　　诰;同月二十六日,召对赐紫。

李　贶　依前右拾遗内供奉。五月十二日,召对赐绯,迁右补阙。
　　　　十月二十六日,召对赐紫。

刘　邺　十月十二日,自左拾遗充;同月二十六日,召对赐绯。

张道符　十一月二十五日,自户部郎中、赐绯充。

咸通二年(861)

严　祁　依前库部郎中、知制诰。四月,改迁中书舍人,出院。

高　璩　依前右谏议大夫、知制诰。七月十九日,加承旨。八月
　　　　七日,迁工部侍郎、知制诰,仍为承旨。

李　觇　依前右补阙。三月十一日,加改左补阙。

刘　邺　依前右拾遗。九月二十七日,迁起居舍人。

张道符　依前户部郎中。二月六日,改司封郎中、知制诰。四月
　　　　二十一日,卒。五月二日,赠中书舍人。

杨　收　四月十八日,自吏部员外郎充。同月二十一日,迁库部
　　　　郎中。七月八日,加知制诰。十月十六日,三殿召对
　　　　赐紫。

路　岩　五月二十八日,自屯田员外郎充。十一月二十八日,三
　　　　殿召对赐绯。

赵　骘　八月六日,自右拾遗充。十一月二十六日,三殿召对
　　　　赐绯。

咸通三年(862)

高　璩　依前工部侍郎、知制诰、承旨。二月二十日,加朝散大
　　　　夫、兵部侍郎,依前充。八月十九日,加检校礼部尚书、
　　　　东川节度使,出院。

李　觇　依前左补阙。二月二十日,改迁职方员外郎、知制诰。
　　　　九月十四日,守本官出院。

刘　邺　依前起居舍人。二月二十一日,改兵部员外郎、知制诰。
　　　　七月二十九日,召对赐紫。十一月八日,迁中书舍人。

杨　收　依前库部郎中、知制诰。二月二十日,迁中书舍人。九
　　　　月二十三日,加承旨;同月二十六日,迁兵部侍郎、知
　　　　制诰。

路　岩　依前屯田员外郎。二月二十一日,迁屯田郎中、知制诰。

赵　骘　依前右拾遗。二月二十日,迁起居舍人。

刘允章　九月二十七日,自起居郎充。十一月二十七日,三殿召
　　　　对赐绯。

独孤霖　九月二十七日,自右补阙、赐绯入。

咸通四年(863)

刘　邺　依前中书舍人。

杨　收　依前兵部侍郎、知制诰、承旨。五月七日,守本官同中书
　　　　门下平章事,出院任相。

路　岩　依前屯田郎中、知制诰。正月九日,迁中书舍人。五月
　　　　九日,赐紫;同月十六日,加承旨。九月十八日,迁户部
　　　　侍郎、知制诰。

赵　骘　依前起居舍人。八月七日,改兵部员外郎、知制诰。

刘允章　依前起居郎。三月二十四日,授歙州刺史,出院。

独孤霖　依前右补阙。闰六月十九日,改司勋员外郎。十二月二
　　　　十一日,加知制诰。

李　瓒　四月七日,自荆南节度判官、检校礼部员外郎、赐绯充。
　　　　同月十日,迁右补阙内供奉。九月十八日,改驾部员外

郎。十二月二十八日,加知制诰。

于　琮　六月七日,自水部郎中、赐绯入。八月七日,改库部郎
　　　　中、知制诰。

咸通五年(864)

刘　邺　依前中书舍人。九月五日,迁户部侍郎、知制诰。

路　岩　依前户部侍郎、知制诰、承旨。九月二十六日,改兵部侍
　　　　郎、知制诰。十一月十九日,以本官同中书门下平章事,
　　　　出院任相。

赵　骘　依前兵部员外郎、知制诰。正月十七日,三殿召对赐紫。
　　　　七月八日,迁驾部郎中、知制诰。

刘允章　十一月二十七日,复自仓部员外郎再入。

独孤霖　依前司勋员外郎、知制诰。五月九日,三殿召对赐紫。
　　　　七月八日,迁库部郎中、知制诰。

李　瓒　依前驾部员外郎、知制诰。六月一日,改权知中书舍人
　　　　出院。

于　琮　依前库部郎中、知制诰。七月八日,迁中书舍人。九月
　　　　二十七日,迁刑部侍郎出院。

侯　备　六月五日,自吏部员外郎、赐绯充。同月八日,迁司勋郎
　　　　中。九月五日,加知制诰。十二月二十六日,加承旨。

裴　璩　六月六日,自兵部员外郎充。

咸通六年(865)

刘　邺　依前户部侍郎、知制诰。

赵　骘　依前驾部郎中、知制诰。九月十七日,加朝散大夫,户部
　　　　侍郎、知制诰。九月三十日,改礼部侍郎出院。

刘允章　依前仓部员外郎。正月九日,迁户部郎中、知制诰。五
　　　　月九日,三殿召对赐紫。

独孤霖　依前库部郎中、知制诰。六月五日,迁中书舍人。九月
　　　　十七日,加朝散大夫、工部侍郎、知制诰。

侯　备　依前司勋郎中、知制诰、承旨。二月二十三日,迁中书舍
　　　　人。五月二十□日,迁户部侍郎、知制诰。九月十七日,
　　　　加朝散大夫、兵部侍郎、知制诰。

裴　璩　依前兵部员外郎。正月九日,迁户部郎中、知制诰。五
　　　　月九日,三殿召对赐紫。九月十七日,加朝散大夫,迁中
　　　　书舍人。

郑　言　正月十日,自驾部员外郎充。四月十日,迁礼部郎中、知
　　　　制诰;同月十九日,中谢赐紫。

刘　瞻　十月十八日,自太常博士充。同月二十六日,改工部员
　　　　外郎。

咸通七年(866)

刘　邺　依前户部侍郎、知制诰。

刘允章　依前户部郎中、知制诰。

独孤霖　依前工部侍郎、知制诰。三月十七日,三殿召对,面宣充
　　　　承旨。

侯　备　依前兵部侍郎、知制诰、承旨,三月九日,授河南尹出院。

裴　璩　依前朝散大夫、中书舍人。

郑　言　依前礼部郎中、知制诰。

刘　瞻　依前工部员外郎。三月九日,授太原少尹出院。

李　骘　三月二十四日,自太常少卿、弘文馆直学士充。同月二
　　　　十七日,加知制诰。七月,迁中书舍人。十月二十五日,
　　　　三殿召对赐紫。

卢　深　三月三十日,自起居郎入。七月一日,改兵部员外郎。
　　　　十月二十五日,三殿召对赐紫。

咸通八年(867)

刘　邺　依前户部侍郎、知制诰。

刘允章　依前户部郎中、知制诰。十一月四日,迁工部侍郎、知制
　　　　诰。十一月十六日,改礼部侍郎出院。

独孤霖　依前工部侍郎、知制诰、承旨。正月二十七日,改户部侍
　　　　郎、知制诰;十一月四日,改兵部侍郎、知制诰,仍为
　　　　承旨。

裴　璩　依前朝散大夫、中书舍人。正月二十七日,迁水部侍郎、
　　　　知制诰。九月二十三日,除同州刺史出院。

郑　言　依前礼部郎中、知制诰。十一月四日,迁工部侍郎、知
　　　　制诰。

刘　瞻　十一月二十二日,自颍州刺史不赴任,再次入院;二十六
　　　　日,三殿召对赐紫。

李　骘　依前中书舍人。

卢　深　依前兵部员外郎。正月二十四日,加知制诰。八月八
　　　　日,召对赐紫。十月十一日,加户部郎中、知制诰。

崔　珮　十月二十三日,自监察御史入;二十五日,守本官充。

咸通九年（868）

刘　邺　依前户部侍郎、知制诰。

独孤霖　依前兵部侍郎、知制诰、承旨。

郑　言　依前工部侍郎、知制诰。六月十八日,守户部侍郎出院。

刘　瞻　依前在院,未详官衔。五月二十六日,为中书舍人。九月十二日,迁户部侍郎、知制诰、承旨。

李　骘　依前中书舍人。五月十六日,除江西观察使出院。

卢　深　依前户部郎中、知制诰。十月二十六日,迁中书舍人。

崔　珮　依前监察御史。正月二十一日,赐绯。七月二十一日,改工部员外郎。十二月七日,赐紫。

郑　畋　五月二十日,自万年县令入;二十四日,改户部郎中充。八月十一日,加知制诰。

张　褐　六月十三日,自刑部员外郎入;十五日,改祠部郎中充。九月十七日,加知制诰。十月十六日,召对赐紫。

崔　充　六至九月间（十七日）,自考功员外郎充。十月十六日,召对赐绯。闰十二月二日,三殿召对赐紫。

咸通十年（869）

刘　邺　依前户部侍郎、知制诰。

独孤霖　依前兵部侍郎、知制诰、承旨。九月八日,守本官,判户部,出院。

刘　瞻　依前户部侍郎、知制诰。六月十七日,以本官同中书门下平章事，出院任相。

卢　深　依前中书舍人。十一月十一日，迁户部侍郎、知制诰。
　　　　十二月，卒，赠户部尚书。

崔　珮　依前工部员外郎。三月十三日，改考功郎中出院。

郑　畋　依前户部郎中、知制诰。六月四日，迁中书舍人。十一
　　　　月十一日，迁户部侍郎。

张　裼　依前祠部郎中、知制诰。七月十日，迁中书舍人。十一
　　　　月，迁工部侍郎、知制诰。

崔　充　依前考功员外郎。五月二十五日，迁库部郎中、知制诰。

韦保衡　三月十三日，自起居郎、驸马都尉，入守左谏议大夫、知
　　　　制诰。十一月十日，迁兵部侍郎，并加承旨。

韦　蟾　六月□日，自职方郎中充。九月七日，改户部郎中、知制
　　　　诰。十一月十一日，迁中书舍人。十二月二十八日，三
　　　　殿召对赐紫。

咸通十一年（870）

刘　邺　依前户部侍郎、知制诰。十一月二十二日，加承旨。十
　　　　二月二十三日，守本官出院，充诸道盐铁等使。

郑　畋　依前户部侍郎、知制诰。四月二十六日，加承旨。九月
　　　　二十七日，授梧州刺史出院。

张　裼　依前工部侍郎、知制诰。十二月二十三日后，加承旨。

崔　充　依前库部郎中，知制诰。

韦保衡　依前兵部侍郎、知制诰、承旨。四月二十五日，以本官同
　　　　中书门下平章事，出院任相。

韦　蟾　依前中书舍人。

杜裔休　正月十一日,自起居郎充。五月二十七日,三殿召对赐
　　　　紫。九月十一日,改司勋员外郎、知制诰。

郑延休　五月十八日,自司封郎中、知制诰迁中书舍人充。

薛　调　十月十七日,自户部员外郎加驾部郎中充。

咸通十二年(871)

张　祎　依前工部侍郎、知制诰、承旨。正月二十六日,改户部侍
　　　　郎;十一月十八日,又改兵部侍郎,仍为知制诰、承旨。

崔　充　依前库部郎中、知制诰。正月二十六日,迁户部侍郎、知
　　　　制诰。

韦　蟾　依前中书舍人。正月二十六日,迁工部侍郎、知制诰。

杜裔休　依前司勋员外郎、知制诰。

郑延休　依前中书舍人。正月二十八日,三殿召对赐紫。十一月
　　　　十八日,迁工部侍郎、知制诰。

薛　调　依前驾部郎中。正月二十六日,加知制诰。

韦保义　二月十三日,自户部员外郎充。三月十六日,特恩赐紫。
　　　　五月十日,迁户部郎中、知制诰。

刘承雍　约二月后以左司员外郎充。

咸通十三年(872)

张　祎　依前兵部侍郎、知制诰、承旨。五月十二日,出贬封州
　　　　司马。

崔　充　依前户部侍郎、知制诰。六月十日,加承旨。九月二十

八日,加检校工部尚书、东川节度使出院。

韦　蟾　依前工部侍郎、知制诰。十月十五日,加承旨。十一月
　　　　十五日,改御史中丞兼刑部侍郎出院。

杜裔休　依前司勋员外郎、知制诰。二月九日,守本官出院。

郑延休　依前工部侍郎、知制诰。十一月二十四日(或十二月四
　　　　日),加承旨。后约于十二月七日,迁工部侍郎。

薛　调　依前驾部郎中、知制诰。二月二十六日,卒;三月十一
　　　　日,赠户部侍郎。

韦保义　依前户部郎中、知制诰。本年内又升迁为兵部侍郎。

刘承雍　依前左司员外郎,后迁为户部侍郎。

崔　璆　约本年入院,官位不详。

李　溥　约本年入院,官位不详。

咸通十四年(873)

郑延休　依前工部侍郎、知制诰、承旨。八月二十二日,加金紫光
　　　　禄大夫、尚书左丞、知制诰。

韦保义　依前兵部侍郎。十月,出贬宾州司户。

刘承雍　依前户部侍郎。十月,出贬涪州司户。

崔　璆　约仍在院,官位不详。

李　溥　约本年出院,官位不详。

豆卢瑑　约上半年以兵部员外郎充。

崔　湜　十一月二十三日,自殿中侍御史改司封员外郎充。

卢　携　十二月,自左谏议大夫充,后迁为中书舍人。

僖宗朝

乾符元年(874)

郑延休　依前尚书左丞,知制诰、承旨。正月十三日,除检校吏部
　　　　尚书、充河阳三城节度使,出院。

崔　璆　仍在院,官位不详,约本年以右谏议大夫出院。

豆卢瑑　依前兵部员外郎,约五月后为户部侍郎。

崔　湜　依前司封员外郎。何时出院,不详。

卢　携　依前中书舍人。约正月后迁户部侍郎,加承旨。十月,
　　　　以本官同中书门下平章事,出院任相。

孔　纬　正月、二月间以右司员外郎充。

崔　澹　本年以司封郎中充。

徐仁嗣　本年以司封员外郎充。

王　徽　秋冬间,以司封郎中充。

乾符二年(875)

豆卢瑑　依前户部侍郎、承旨。

崔　湜　依前司封员外郎。何时出院,不详。

孔　纬　依前右司员外郎。可能于今年迁考功郎中、知制诰。

崔　澹　依前司封郎中。二月,迁中书舍人。

徐仁嗣　依前司封员外郎。二月,迁司封郎中。

王　徽　依前司封郎中。约本年改职方郎中、知制诰,后又改户

部郎中(当仍知制诰)。

裴　澈　约本年以度支郎中充。

萧　遘　约本年冬或明年初以户部员外郎充。

乾符三年(876)

豆卢瑑　依前户部侍郎、承旨。

孔　纬　依前考功郎中、知制诰。约于本年迁中书舍人,后又迁
　　　　为户部侍郎、知制诰。

崔　澹　依前中书舍人。

徐仁嗣　依前司封郎中。本年十月前,已迁为中书舍人。何时出
　　　　院,不详。

王　徽　依前户部郎中、知制诰。九月,迁中书舍人。

裴　澈　依前度支郎中。

萧　遘　约上年冬或今年初,以户部员外郎充。九月,迁户部郎
　　　　中,后兼知制诰。

乾符四年(877)

豆卢瑑　依前户部侍郎、承旨。

孔　纬　依前户部侍郎、知制诰。本年出为御史中丞。

崔　澹　依前中书舍人。九月以本官出院,拟于明春知举。

王　徽　依前中书舍人。

裴　澈　仍在院,十月前在礼部员外郎任。

萧　遘　依前户部郎中、知制诰。约本年初迁中书舍人。

张　祎　约本年以左补阙充。

韦昭度　约本年以户部员外郎充。

乾符五年(878)

豆卢瑑　依前户部侍郎、承旨。五月丁酉,为兵部侍郎、同中书门
　　　　下平章事,出院任相。

王　徽　依前中书舍人。五月丁酉后,迁户部侍郎,并接豆卢瑑
　　　　为承旨。后又改为兵部侍郎、尚书左丞,仍为承旨。

裴　澈　仍在院,或由礼部员外郎有所升迁,具体官位不详。

萧　遘　依前中书舍人。

张　祎　依前左补阙。今年或明年,迁为中书舍人。

韦昭度　依前户部员外郎。

徐彦若　约本年以主客员外郎充。

乾符六年(879)

王　徽　依前兵部侍郎、尚书左丞、承旨。

裴　澈　仍在院,本年或已为户部侍郎。

萧　遘　依前中书舍人。

张　祎　约今年迁中书舍人。

韦昭度　依前户部员外郎,后改为户部侍郎、知制诰。

徐彦若　依前主客员外郎。

广明元年(880)

王　徽　依前兵部侍郎、尚书左丞、承旨。十二月五日,守本官同
　　　　平章事,出院任相。

裴　澈　依前户部侍郎，十二月五日，与王徽同时任相。
萧　遘　依前中书舍人，后又迁为户部侍郎、知制诰。十二月三日后继王徽为承旨。
张　祎　依前中书舍人。
韦昭度　依前户部侍郎、知制诰。
徐彦若　依前主客员外郎，后加知制诰。

中和元年（881）

萧　遘　依前户部侍郎、知制诰、承旨。或正月以兵部侍郎、判度支出院。
张　祎　依前中书舍人。秋后改为工部侍郎、判度支。
韦昭度　依前户部侍郎、知制诰。正月，加承旨。本年春代知贡举，后迁兵部侍郎。七月十四日，以本官同平章事，出院任相。
徐彦若　依前主客员外郎、知制诰，后迁中书舍人。
乐朋龟　正月后，以右拾遗充。
柳　璧　本年或明年，以屯田员外郎充。
杜让能　约于本年以中书舍人充。

中和二年（882）

张　祎　依前工部侍郎、判度支，后改为尚书右丞、判度支。
徐彦若　依前中书舍人。
乐朋龟　依前右拾遗。约后累迁为兵部侍郎，加承旨。
柳　璧　依前屯田员外郎。
杜让能　依前中书舍人，后迁为户部侍郎、知制诰。

侯翱（翾）　约今年入院，后迁为中书舍人。

崔　凝　约今年以中书舍人充。

沈仁伟　约今年以右补阙充。

郑延昌　二月后以司勋员外郎充。

中和三年（883）

张　祎　依前尚书右丞、判度支。约春时守本官出院。

徐彦若　依前中书舍人。

乐朋龟　依前兵部侍郎、承旨。

柳　璧　依前屯田员外郎。约后迁左谏议大夫。

杜让能　依前户部侍郎、知制诰。

侯翱（翾）　依前中书舍人。

崔　凝　依前中书舍人。

沈仁伟　依前右补阙。

郑延昌　依前司勋员外郎。二月后出院任中书舍人。

中和四年（884）

徐彦若　依前中书舍人。

乐朋龟　依前兵部侍郎、承旨。后迁兵部尚书，仍为承旨。

柳　璧　依前左谏议大夫。秋前已出院，任何官不详。

杜让能　依前户部侍郎、知制诰。本年前半年迁礼部尚书。

侯翱（翾）　依前中书舍人。

崔　凝　依前中书舍人。约本年迁为户部侍郎。

沈仁伟　依前右补阙。秋前已迁为中书舍人。

光启元年（885）

徐彦若　依前中书舍人。

乐朋龟　依前兵部尚书、承旨。后数月出院。

杜让能　依前礼部尚书。二、三月后改兵部尚书，加承旨。

侯翩（翩）　依前中书舍人。本年春出院，留蜀隐居。

崔　凝　依前户部侍郎。后不详。

沈仁伟　依前中书舍人。后出院，不详。

光启二年（886）

徐彦若　依前中书舍人。约本年出院，为御史中丞。

杜让能　依前兵部尚书、承旨。三月戊戌，为兵部侍郎、同平章
　　　　事，出院任相。

刘崇望　约五、六月间自谏议大夫充。

光启三年（887）

刘崇望　依前谏议大夫。后迁户部侍郎，加承旨。

李　磎　夏季后以中书舍人充。

昭宗朝

文德元年（888）

刘崇望　依前户部侍郎、承旨，后转兵部侍郎，仍为承旨。

李　磎　依前中书舍人。三、四月间辞职归居华阴。

崔昭纬　约夏秋间入，未详带何官。

崔　汪　约夏秋间入，未详带何官。

龙纪元年（889）

刘崇望　依前兵部侍郎、承旨。正月，以本官同平章事，出院
　　　　任相。

崔昭纬　仍在院，未详何官，约上半年为中书舍人，并加承旨。

崔　汪　仍在院，未详何官。

李　磎　本年复入，未详何官。

大顺元年（890）

崔昭纬　依前中书舍人、承旨。本年改为兵部侍郎，仍为承旨。

崔　汪　仍在院，本年或迁为户部侍郎。

李　磎　仍在院，未详何官。

崔　涓　本年以尚书诸司郎中入。

崔　远　约本年以尚书员外郎、知制诰入。

大顺二年（891）

崔昭纬　依前兵部侍郎、承旨。正月庚申，以户部侍郎同中书门下
　　　　平章事，出院任相。

崔　汪　依前户部侍郎，正月后加承旨。后改尚书右丞，仍为
　　　　承旨。

李　磎　仍在院。本年为户部侍郎、知制诰。

崔　远　依前尚书员外郎、知制诰。

崔　涓　依前尚书诸司郎中,后迁中书舍人。

李昌远　三月,以起居郎充。后不详,当延续二年。

陆　扆　三月,以监察御史充。后改屯田员外郎。

景福元年(892)

崔　汪　依前尚书右丞、承旨。

李　磎　依前户部侍郎、知制诰。

崔　远　依前尚书员外郎、知制诰。约今年迁中书舍人。

崔　涓　依前中书舍人。

李昌远　依前起居郎。

陆　扆　依前屯田员外郎。后迁为祠部郎中、知制诰。

景福二年(893)

崔　汪　依前尚书右丞、承旨。本年出院。

李　磎　依前户部侍郎、知制诰。后迁礼部尚书,加承旨。

崔　远　依前中书舍人。

崔　涓　依前中书舍人,后未详带何官。

李昌远　依前起居郎。约本年出院。

陆　扆　依前祠部郎中、知制诰。六月二十二日,迁中书舍人。

赵光逢　以祠部郎中、知制诰充,后迁中书舍人。

乾宁元年(894)

李　磎　依前礼部尚书、承旨。六月,以本官同中书门下平章事,出院任相。

崔　远　依前中书舍人。约本年迁户部侍郎。

崔　涓　仍在院,未详何官。

陆　扆　依前中书舍人。五月,迁户部侍郎、知制诰。

赵光逢　依前中书舍人。后迁户部侍郎、知制诰。六月后改兵部
　　　　侍郎、知制诰,加承旨。

薛贻矩　本年以起居舍人充,后改礼部员外郎、知制诰。

杨　钜　约本年以尚书郎、知制诰入。

裴庭裕　约本年以尚书员外郎入。

乾宁二年(895)

崔　远　依前户部侍郎。

崔　涓　仍在院,未详何官。

陆　扆　依前户部侍郎、知制诰。五月,改兵部侍郎、知制诰。

赵光逢　依前兵部侍郎、知制诰、承旨。三月,改尚书右丞,仍为
　　　　承旨。约七、八月间辞职出院。

薛贻矩　依前礼部员外郎、知制诰,后迁司勋郎中、知制诰。七月,
　　　　因未能随帝出幸,出院。同年冬,又以中书舍人复入。

杨　钜　依前尚书郎、知制诰。

裴庭裕　依前尚书员外郎。十一月前为司封郎中、知制诰。

王彦昌　六月入,未详何官。

乾宁三年(896)

崔　远　依前户部侍郎。秋,转兵部侍郎,加承旨。九月,以兵部

侍郎同平章事,出院任相。

崔　涓　仍在院,未详何官。

陆　扆　依前兵部侍郎。正月,加承旨,并改为尚书左丞。七月丙午,同中书门下平章事,出院任相。

薛贻矩　依前中书舍人。

杨　钜　依前尚书郎、知制诰。

王彦昌　仍在院。正月,出任京兆尹。

裴庭裕　依前司封郎中、知制诰。

韩　仪　约上半年入,未详何官。

卢　说　约上半年入,未详何官。

郑　璘　约十月前入,曾为考功员外郎,以尚书郎中入。

张玄晏　秋,以右司郎中充。冬,改驾部郎中、知制诰。

吴　融　秋,以礼部郎中充。

乾宁四年(897)

崔　涓　仍在院,未详何官。

薛贻矩　依前中书舍人。本年或转为户部侍郎。

杨　钜　依前尚书郎、知制诰。约后迁中书舍人。

裴庭裕　依前司封郎中、知制诰,后有升迁,未详何官。

韩　仪　仍在院,未详何官。

卢　说　仍在院,曾任兵部侍郎,后出院。

郑　璘　仍在院,未详何官。

张玄晏　依前驾部郎中、知制诰。

吴　融　依前礼部郎中。

光化元年（898）

崔　涓　仍在院，未详何官。后出院。

薛贻矩　依前户部侍郎。

杨　钜　依前中书舍人。

裴庭裕　仍在院。本年出为左散骑常侍。

韩　仪　仍在院，未详何官。

郑　璘　仍在院，未详何官。约本年出院。

张玄晏　依前驾部郎中、知制诰。后或有升迁，未详何官。

吴　融　依前礼部郎中。后迁中书舍人。

光化二年（899）

薛贻矩　依前户部侍郎。

杨　钜　依前中书舍人。

韩　仪　仍在院，未详何官。

张玄晏　仍在院，未详何官。后出院。

吴　融　依前中书舍人。

光化三年（900）

薛贻矩　依前户部侍郎。

杨　钜　依前中书舍人。

韩　仪　仍在院。约本年辞职，以御史中丞出院。

吴　融　依前中书舍人。

韩　偓　六月中旬，自司勋郎中兼侍御史知杂事充。冬，迁左谏议大夫。

张文蔚　秋冬,以中书舍人充。

天复元年(901)

薛贻矩　依前户部侍郎,后改兵部侍郎。

杨　钜　依前中书舍人,后改户部侍郎。

吴　融　依前中书舍人。正月,改户部侍郎。十一月,暂离职居
　　　　于阌乡。

韩　偓　依前左谏议大夫。前半年迁中书舍人。十一月随昭宗
　　　　赴凤翔,旋迁为兵部侍郎、知制诰,加承旨。

张文蔚　依前中书舍人。后迁户部侍郎、知制诰。

王　溥　正月,以户部侍郎充。二月,为中书侍郎同平章事,出院
　　　　任相。

令狐涣　年初以中书舍人充。十一月,出院。

姚　泊　本年未详何官入,后为中书舍人。

天复二年(902)

薛贻矩　依前兵部侍郎。

杨　钜　依前户部侍郎。

韩　偓　依前兵部侍郎、知制诰、承旨。后改户部侍郎、知制诰,
　　　　仍为承旨。

张文蔚　依前户部侍郎、知制诰。后改兵部侍郎、知制诰。

姚　泊　依前中书舍人。

柳　璨　约本年自左拾遗充。

天复三年（903）

薛贻矩　依前兵部侍郎。二月，出贬为峡州司户。

杨　钜　依前户部侍郎。

韩　偓　依前户部侍郎、知制诰、承旨。二月十一日，出贬濮州司马。

张文蔚　依前兵部侍郎、知制诰。下半年，加承旨。

姚　洎　依前中书舍人。二月，出贬，为景王府咨议。

柳　璨　依前左拾遗。

吴　融　正月，复入院。二月，为承旨。下半年离职出院。

沈栖远　约本年入，为左谏议大夫、知制诰。

天祐元年（904）

杨　钜　依前户部侍郎。正月，以左散骑常侍出院。

张文蔚　依前兵部侍郎、知制诰、承旨。冬，改礼部侍郎，出院，以备明春知举。

柳　璨　依前左拾遗。正月乙巳，以右谏议大夫同中书门下平章事，出院任相。

沈栖远　依前左谏议大夫、知制诰。五月，以病辞出。

封　渭　闰四月昭宗徙洛阳后，以中书舍人充。

韦　郊　上半年以中书舍人充。冬，迁户部侍郎，加承旨。

杨　注　六月丙申，以中书舍人充。后迁户部侍郎。

杜　晓　冬，以左拾遗充，转膳部员外郎。

张　策　约本年以职方郎中、史馆修撰充。

哀帝朝

天祐二年(905)

杨 注　依前户部侍郎。三月,辞职,出守本官。

封 渭　依前中书舍人。五月甲戌,出贬齐州司户。

韦 郊　依前户部侍郎、承旨。

杜 晓　依前膳部员外郎,后迁膳部郎中。六月,出守本官。冬,
又以本官复入,加知制诰。

张 策　依前职方郎中、史馆修撰。下半年,改兵部郎中、知制诰。

天祐三年(906)

杜 晓　依前膳部郎中、知制诰。

韦 郊　依前户部侍郎、承旨。

张 策　依前兵部郎中、知制诰。可能后改中书舍人。

张 衍　四、五月间以左拾遗充。

天祐四年(907)

杜 晓　依前膳部郎中、知制诰。三月,入梁,仍在院,迁中书
舍人。

韦 郊　依前户部侍郎、承旨。三月,入梁,仍在院。

张 策　依前中书舍人。三月,入梁,仍在院,迁工部侍郎、承旨。

张 衍　依前左拾遗。三月,入梁,出院,仕为考功郎中。